KB100846

현상학사전

엮은이 기다 겐+노에 게이이치+무라타 준이치+와시다 기요카즈 옮긴이 이신철

도서출판 b

□ 엮은이 □
기다 겐(木田 元)__ 1928년 출생. 추오(中央) 대학 명예교수
노에 게이이치(野家啓一)__ 1949년 출생. 도호쿠(東北) 대학 대학원 문학연구과 교수
무라타 준이치(村田純一)__ 1948년 출생. 도쿄(東京) 대학 대학원 총합문화연구과 교수
와시다 기요카즈(鷲田清一)__ 1949년 출생. 오사카(大阪) 대학 대학원 문학연구과 교수

□ 옮긴이 □
이신철(李信哲): 연세대학교 철학과를 졸업하고 건국대학교 대학원에서 철학박사 학위를 받았다. 지은 책으로는『논리학』『진리를 찾아서』『주체사상과 인간중심철학』『한국철학의 탐구』, 옮긴 책으로는『순수이성비판의 기초개념』『우리는 어디로 가는가』『학문론 또는 이른바 철학의 개념에 관하여』『역사 속의 인간』『신화철학』『칸트사전』『헤겔사전』『맑스사전』『현상학사전』등이 있다.

서 문

후설이 현상학을 제창한 지 머지않아 한 세기가 지나게 된다. 이 사이 현상학은 윤리학과 미학 등 철학의 영역들은 말할 것도 없고 심리학, 인지과학, 법학, 사회학, 문화인류학, 언어학, 종교학, 생명과학들, 의학, 특히 정신의학과 간호학 등 많은 학문 분야들에 강력한 영향을 주어 왔다. 이와 동시에 현상학은 다른 한편으로 프래그머티즘, 실존주의, 맑스주의, 정신분석 운동, 구조주의, 분석철학 등 다양한 사상운동들과 중요한 상호관계를 맺으며 성장해 왔다.

현상학 운동 내부에서도 특히 20세기 후반에 『후설 전집』, 『하이데거 전집』 등의 기본 텍스트들의 간행과 『페노메놀로지카*Phaenomenologica*』를 비롯한 현상학 연구의 총서와 잡지들의 간행에 의해 기초 연구가 두터워지는 등, 이 운동은 세계적인 범위에서 눈부신 전개를 보이고 있다. 일본에 한정하여 이야기하더라도 일본현상학회가 결성된 지 이미 10여 년이며, 기관지 『현상학 연보』도 순조롭게 계속 발간되는 등, 견실한 본격적인 연구가 전개되어 왔다. 현상학을 기반으로 하면서도 단순한 학설의 조술祖述에 그치지 않는 독자적인 책들도 계속해서 저술됨으로써 현상학은 일본에서도 일시적인 유행을 넘어서서 넓고 깊게 정착돼 가고 있는 것으로 보인다.

그러나 그러한 만큼 현상학에 관한 사고방식도 더욱 더 다양해지고 기본 개념들에 대한 이해와 관련해서도 다양한 엇갈림이 드러나고 있다. 그리하여 이쯤에서 한 번 현상학의 역사와 기본 개념들을 말끔히 정리해 볼 필요가 있지 않은가 하는 것이 이 『현상학사전』의 편집을 결심하게 된 동기다. 네 사람의 편집위원은 1988년 10월 이후 셀 수 없을 만큼 많은 편집회의를 거듭하며 1,000여 개의 항목을 선정하고 그것들을 가장 적당하다고 생각되는 백여 명의 집필자에게 의뢰하였으며, 이제 그것이 5년여의 세월을 지나 드디어 완성을 보기에 이르렀다. 현상학에 관한 이런 종류의 사전은 아직 전례가 없어 이 사전의 간행은 이를테면 세계에서 선구적인 대담한 시도가 되었다. 하지만 우리로서는 현 시점에서 바랄 수 있는 가장 좋은 성과가 얻어졌다고 자부한다.

본 사전 집필에 즈음하여 우리가 세운 기본 방침은 다음과 같다.

1. 어디까지나 후설 현상학을 중심에 두면서도 그 전사前史와 영향 관계를 포함하여 현상학 운동을 폭넓게 바라볼 수 있는 내용으로 한다.
2. 철학에서의 현상학에 국한하지 않고 현상학이 인간과학들, 자연과학, 다양한 사상운동과 예술운동 등 현대의 지적 세계의 총체와 서로 공명하고 있는 모습을 그려 보인다.
3. 연구자에게는 현상학의 기본 개념들과 텍스트들, 현상학 운동에 관련된 인물들에 대한 정확한 정보원과 편람이 될 수 있어야 한다. 초학자에게는 현상학의 전모를 살펴 그 범위 전체를 알며, 나아가 그 내적 깊이에 발을 들여놓을 수 있는 실마리가 될 수 있어야 한다. 이를 위해 주요 저작 목록 외에 부록을 정비한다.

하지만 인명 항목에 첨가한 생몰년월일 가운데 몇 가지는 아무리 해도 찾아낼 수 없었다. 이에 관해 정보를 가지고 계신 분은 반드시 고분도弘文堂 편집부로 알려주실 것을 부탁드린다. 증쇄할 때에 보완하고자 한다. 그 밖에 남아 있을 수 있는 불완전함과 잘못에 관해서는 식자 여러분께서 엄하게 꾸짖어 바로 잡아 주실 것을 간곡히 부탁드린다.

20세기도 7년밖에 남지 않은 지금, 세기를 꿰뚫은 사상운동이 된 현상학을 중심축에 두고 20세기 전체를 되돌아봄으로써 21세기에 대한 하나의 전망이 열릴 수 있다고 생각된다. 이를 위해 본 사전이 얼마간이나마 공헌할 수 있었으면 하는 것이 편집위원 일동의 바람이다.

마지막으로 집필자 여러분, 편집 협력자 여러분, 그리고 본 사전의 성립을 위해 협조해 주신 수많은 분들께 감사드린다. 아울러 본 사전의 기획부터 완성에 이르기까지 모든 과정에서 견인차의 역할을 맡아주신 고분도 편집부의 우라쓰지 유지로浦辻雄次郎 씨에게 진심으로 감사하다는 말씀을 드린다.

1994년 1월 23일

편집위원 기다 겐(木田 元)
노에 게이이치(野家啓一)
무라타 준이치(村田純一)
와시다 기요카즈(鷲田清一)

옮긴이 서문

이『현상학사전』은 일본의 고분도弘文堂 출판사에서 1994년에 출간한『現象學事典』을 옮기고 표제 항목들을 우리말 순서에 따라 다시 편집한 것이다.『현상학사전』은 이미 출간된『칸트사전』,『헤겔사전』,『맑스사전』과 함께 도서출판 b의 현대철학사전 시리즈를 구성하는데, 이 시리즈는 곧이어 2012년 전반기에 출간될『니체사전』과 더불어 그 완결이 예정되어 있다.

이『현상학사전』에는 현상학 및 그와 관련된 다양한 분야에서 전문적인 연구 성과를 내놓은 일본의 130여 명의 학자들과 조가경 및 K. 리젠후버가 집필자로 참여하여 현상학의 근본 개념들 및 현상학 연구와 관련된 기본적 사항들을 망라하여 설명하고 있다. 이 기본적 사항들에는 현상학의 역사에 참여한 수많은 사상가, 철학자들과 그들의 저작들도 포함되는데, 이『현상학사전』은 사항 항목과 인명 항목 그리고 저작명 항목을 구별하여 편집함으로써 현상학의 역사에 관여한 인물들과 저작들도 포괄적이고 자세하게 조감할 수 있도록 하고 있다. 또한 철학적으로 중요한 현상학의 개념들과 연구사의 중요 쟁점들의 경우에는 거의 하나의 논문 분량으로 해설하고 있기도 하다. 나아가 이『현상학사전』에는 부록으로 '후설 문고와 초고군', '현상학 관계 주요 저작 일람', '『철학 및 현상학 연구 연보』 내용'과 같은 현상학 연구에 있어 필수적이고 기본적인 내용들이 덧붙여져 있다. 옮긴이는 거기에 새롭게 '한국어로 읽을 수 있는 현상학 관련 문헌 일람'을 정리하여 덧붙였다. 사항 색인과 인명 색인 및 저작명 색인은 상세하고 치밀하게 마무리되어 있어 독자들은 사전 이용에서 큰 도움을 받을 수 있을 것이다. 한국어판『현상학사전』은 이 색인들도 빠짐없이 충실하게 정리했다.

현상학은 후설에게서 세계를 의미로서 받아들여 분석하되 그것을 지향성이라는 작용 그 자체로서의 초월론적 주관성의 상관항으로 이해하는 데서 출발했다. 요컨대 현상학은 의미와 지향성으로부터 우리가 날마다 체험하는 삶으로서의 세계를 고찰하는 것이지만, 이제 그렇게 출발한 현상학은 그 의미가 어떻게 구성되는가의 물음을 둘러싸고 시간화 작용, 수동적 종합, 역사, 생활세계, 몸, 흔적 등등과 같은 철학의 여러 근원적 문제들에 몰두함으로써 철학의 영역들과 수많은 학문 분야들에 강력한 영향을 미치고 다양한 사상운동들과 밀접한 상호관계를 형성하며 발전해왔다. 전사前史로서 브렌타노 등을 지나는 그 전개과정은 후설로부터 셸러, 하이데거, 사르트르, 메를로-퐁티, 레비나스, 슈츠, 데리다, 들뢰즈 등으로 이어지지만, 그것은 곧 20세기 사상사 자체라고도 할 수 있는 진폭을 지닌 것이었다.

그러나 그러한 만큼 현상학의 전개과정은 현란하다 싶을 정도로 복잡한 양상을 드러내고 그 철학적 지향과 기본 개념들에 대한 이해도 다양한 엇갈림을 현시하고 있다. 그리하여 현상학 관련 저작들을 충분한 이해를 갖추어 독해해 나가는 일은 대단히 어렵고 일종의 미로헤매기가 되지 않을 수 없다. 그렇다면 우리에게는 이 미로에서 벗어날 수 있게 해주는 아리아드네의 이끄는 실이 필수적인 것으로 요구된다 할 것인데, 우리는 그 실마리를 현상학의 복잡한 개념 세계를 밝히 해명해주는 개념적 지도와 현상학 운동의 기초적 사항들에 대한 설명에서 찾지 않을 수 없을 것이다.

이런 상황에서 이 『현상학사전』은 일본어판 서문에서 볼 수 있듯이 첫째, 후설 현상학을 중심으로 그 전사와 영향 관계를 폭넓게 조감하고 둘째, 현상학과 다양한 학문 분야들 및 사상운동들과의 상호 연관을 그려 보이며 셋째, 현상학의 기본 개념들과 텍스트들 그리고 인물들을 망라하여 정확한 정보를 제공할 것을 목표로 집필됨으로써 우리가 필요로 하는 그 개념적 지도와 현상학 운동 전체의 조감도를 제공하고 있다. 요컨대 이 『현상학사전』은 20세기 최대의 사상운동으로서 전개된 현상학의 내용 전체에 그야말로 다각적인 시점에서 접근함으로써 20세기 사상을 총괄하고 있는 것이다. 옮긴이로서는 이 『현상학사전』이 전문가에게는 안성맞춤의 편람으로, 초학자에게는 이 학문의 내적 깊이로 들어가기 위한 표지판이 될 수 있길 바랄 뿐이다.

옮긴이가 이 『현상학사전』을 번역하고 다듬어가는 과정은 곧 많은 분들과의 만남과 대화 속에서 깊은 깨우침을 얻고 또 격려 받는 시간이기도 했다. 그 과정에서 도움 받은 고마운 분들 모두에게 이 자리에서 일일이 거명하며 감사의 마음을 전하지 못하는 것은 죄송스런 일이 아닐 수 없다. 그럼에도 불구하고 정지은 선생께만큼은 특별히 이름을 들어 감사드리지 않을 수 없다. 그 자신이 메를로-퐁티를 비롯한 현상학 전문가인 정 선생께서는 번역이 진행되는 내내 관심을 기울이며 내용 이해와 용어 선택과 같은 많은 문제들에서 헤아릴 수 없는 귀중한 조언을 아끼지 않았다. 오히려 그 조언의 넓이와 깊이에 제대로 부응하지 못한 게 아닐까 하는 것이 두려울 따름이다. 옮긴이는 『헤겔사전』의 출간 작업 이래로 도서출판 b의 조기조 대표, 이성민, 조영일 선생 등의 기획위원들, 그리고 편집부의 백은주, 김장미 두 선생과 함께 존경과 우정의 기쁨 속에서 『사전』들 작업의 그 긴 과정을 통과해올 수 있었다. 이번에도 도서출판 b는 수많은 어려움 가운데서도 견인불발의 인내와 너그러움을 보여주었고, 특히 편집부의 성원들은 이 『현상학사전』을 예의 그 능란한 솜씨로 훌륭하게 마무리해 주었다. 다시 한 번 그분들 모두에게 진심으로 감사드린다.

2011년 12월

이신철

집필자 및 협력자 일람

◉ 본문 집필자

가가노이 슈이치(加賀野井秀一), 가나모리 아쓰시(金森 敦), 가나모리 오사무(金森 修), 가나타 스스무(金田 晉), 가야노 요시오(茅野良男), 가와이 가즈요시(川合一嘉), 가쿠 도모유키(加来知之), 가쿠코 다카시(加國尚志), 가토 세이시(加藤精司), 가토 시게루(加藤 茂), 가토와키 슌스케(門脇俊介), 고다 마사토(合田正人), 고바야시 도시아키(小林敏明), 고바야시 마코토(小林 睦), 고스다 겐(小須田 健), 고지마 요(児島 洋), 고토 요시야(後藤嘉也), 구니시마 가즈노리(國嶋一則), 구도 가즈오(工藤和男), 구마노 스미히코(熊野純彦), 구메 히로시(久米 博), 구쓰나 게이조(忽那敬三), 구지라오카 다카시(鯨岡 峻), 구키 가즈토(九鬼一人), 기노시타 다카시(木下 喬), 기다 겐(木田 元), 기무라 빈(木村敏), 기타가와 사키코(北川東子), 나스 히사시(那須 壽), 나오에 기요타카(直江清隆), 나카무라 노보루(中村 昇), 나카무라 후미로(中村文郎), 나카야마 요시키(中山善樹), 나카오카 나리후미(中岡成文), 노에 게이이치(野家啓一), 노에 신야(野家伸也), 누키 시게토(貫 成人), 니시하라 가즈히사(西原和久), 다니가와 아쓰시(谷川 渥), 다니구치 가즈히로(谷口佳津宏), 다니 도오루(谷 徹), 다이코쿠 다케히코(大黑岳彦), 다지마 사다오(田島節夫), 다카다 다마키(高田珠樹), 다카하시 데쓰야(高橋哲哉), 다케다 스미오(竹田純郎), 다케시타 겐(竹下 賢), 다케우치 오사미(竹內修身), 다케이치 아키히로(竹市明弘), 다키우라 시즈오(滝浦静雄), 다테마쓰 히로타카(立松弘孝), 도미야마 다카오(富山太佳夫), 도쿠나가 마코토(德永恂), K. 리젠후버, 마루야마 게이자부로(丸山圭三郎), 마루야마 다카시(丸山高司), 마루야마 도쿠지(丸山德次), 마쓰이 요시카즈(松井良和), 마토바 데쓰로(的場哲朗), 모리나가 가즈히데(森永和英), 모리무라 오사무(森村 修), 모치즈키 다로(望月太郎), 무라타 준이치(村田純一), 미나미 히로시(南 博), 미나토미치 다카시(港道隆), 미시마 겐이치(三島憲一), 미야사카 가즈오(宮坂和男), 미야우치 마사루(宮内 勝), 미야타케 아키라(宮武 昭), 미야하라 이사무(宮原 勇), 미우라 마사시(三浦雅士), 미조구치 고헤이(溝口宏平), 미즈타니 마사히코(水谷雅彦), 미카미 신지(三上眞司), 사사키 가즈야(佐々木一也), 사사키 치카라(佐々木力), 사이토 요시미치(斎藤慶典), 사카베 메구미(坂部 恵), 사카키바라 데쓰야(榊原哲也), 사토 도오루(佐藤 透), 사토 야스쿠니(佐藤康邦), 사토 요시카즈(佐藤嘉一), 사토 히데아키(佐藤英明), 스기타 마사키(杉田正樹), 스다 아키라(須田 朗), 스와 노리오(諏訪紀夫), 스즈키 유이치로(鈴木祐一郎), 시나가와 데쓰히코(品川哲彦), 시노 겐지(篠 憲二), 시노하라 모토아키(篠原資明), 시마타니 요(嶋谷洋), 시모미세 에이이치(下店榮一), 시미즈 마코토(清水 誠), 시바타 마사요시(柴田正良), 쓰네토시 소자부로(常俊宗三郎), 아소 겐(麻生建), 아카마쓰 히로시(赤松 宏), 안라쿠 가즈타카(安楽一隆), 야마가타 요리히로(山形頼洋), 야마구치 세쓰오(山口節郎), 야마사키 요스케(山崎庸佑), 야시로 아즈사(矢代 梓), 에리구치 아키토시(江里口明俊), 오가와 다다시(小川 侃), 오구마 마사히사(小熊正久), 오카모토 유키코(岡本由起子), 오타 다카오(太田喬夫), 오하시 히데오(大橋秀夫), 와다 와타루(和田 渡), 와시다 기요카즈(鷲田清一), 와타나베 지로(渡辺二郎), 요네야마 마사루(米山 優), 우노 마사토(宇野昌人), 우시지마 겐(牛島 謙), 우오즈미 요이치(魚住洋一), 유아사 신이치(湯浅慎一), 이마무라 히토시

(今村仁司), 이소야 다카시(磯谷 孝), 이케가미 데쓰지(池上哲司), 이토 도오루(伊藤 徹), 이토 하루키(伊藤春樹), 조가경(曺街京), 치다 요시테로(千田義光), 치바 다네히사(千葉胤久), 하마나카 도시히코(濱中淑彦), 하마우즈 신지(浜渦辰二), 하세 쇼토(長谷正當), 하야사카 다이지로(早坂泰次郎), 하코이시 마사유키(箱石匡行), 혼마 겐지(本間謙二), 히구라시 요이치(日暮陽一), 히키타 다카야(引田隆也)

◉ 협력자 (항목 선정, 부록 작성, 교열에 다음 분들께서 많은 도움을 주셨다)

가토와키 슌스케(門脇俊介), 고다 마사토(合田正人), 고스다 겐(小須田 健), 구마노 스미히코(熊野純彦), 나오에 기요타카(直江清隆), 나카무라 노보루(中村 昇), 누키 시게토(貫 成人), 니시하라 가즈히사(西原和久), 다니구치 가즈히로(谷口佳津宏), 다카하시 데쓰야(高橋哲哉), 무라오카 신이치(村岡晋一), 미즈타니 마사히코(水谷雅彦), 사이토 요시미치(斎藤慶典), 사카키바라 데쓰야(榊原哲也), 와다 와타루(和田 渡), 하마우즈 신지(浜渦辰二), 후쿠다 오사무(福田 收)

또한 고바야시 도시아키(小林敏明), 다니 도오루(谷徹), 미야하라 이사무(宮原 勇), 소가 히데히코(曾我英彦), 시모미세 에이이치(下店榮一), 이소야 다카시(磯谷 孝), 치다 요시테로(千田義光)를 비롯한 많은 분들께서 자료조사 및 정보 제공 등과 관련하여 각별한 협력을 아끼지 않으셨다.

사용 안내

【항목 표제어 및 배열】

1) 구성은 크게 사항, 인명, 저작명으로 구별했다(참조해야 할 항목의 지시에 사용한 ㉮, ㉯, ㉰의 기호는 각각 사항과 인명, 저작명에 속하는 항목이라는 것을 의미한다. 다만 동일한 그룹에 속하는 항목을 여러 개 지시하고 있는 경우의 두 번째 이후에는 기호를 생략했다).
2) 배열은 사항과 인명, 저작명 각각의 가나다순으로 했다.
3) 사항 항목의 표제어에는 원칙적으로 그에 대응하는 원어(독일어, 프랑스어, 영어, 필요에 따라서는 그리스어와 라틴어 등)를 덧붙였다.
4) 인명 항목 가운데 서구 인명에 대해서는 한글로 성만을 제시하고, 알파벳으로 표기되는 이름 전체와 생몰년월일을 덧붙였다. 일본인에 대해서는 우선 한글로 성명을 기록하고, 이어 한자로 표기되는 이름과 생몰년원일을 덧붙였다.

   {예} 메를로-퐁티 [Maurice Merleau-Ponty 1908. 3. 14–61. 5. 4]
   니시다 기타로 [西田幾多郎 1870. 6. 17(舊 5. 19)–1945. 6. 7]

   우리말로 읽기가 동일한 항목은 성의 알파벳순으로, 같은 성인 경우에는 이름의 알파벳순으로 배열했다.
5) 외국의 저작명 항목에는 원제와 간행년도를 덧붙였다. 다만 공간된 경위가 복잡한 저작에 관해서는 본문 안의 해설에 위임한 경우가 있다.
6) 검색 빈도가 높은 것으로 보이는 다른 번역과 맞짝 형식의 표제어 후반부 등은 빈 항목(빈 표제어)으로 하여 ⇨로 참조해야 할 독립 항목을 지시했다.
7) 표제어에서의 { }, ( ), [ ]은 아래의 기준에 따라 사용했다.

   ① { } : 동의어나 다른 명칭을 가리킨다.
   {예} 단일체{통일체}

   ② ( ) : 생략 가능한 부분의 삽입이나 추가. 다만 ( ) 안의 문자는 배열을 위한 읽기에는 포함되지 않는다.
   {예} 역사(성)

   ③ 표제어 말미의 [ ] : 기술의 범위를 나타낸다.
   {예} 현상학 비판 [독일]

【인용 범례 및 약호】

내용 기술의 전거 또는 인용 지시는 본문 중의 [ ] 안에 표시하고 있지만, 많이 사용되는 것에 대해서는 아래와 같은 요령에 따라 약호를 사용했다.

1) 후설

(1) 『후설 전집』(*Husserliana*; 약호는 Hu를 사용한다)에 수록되어 있는 저작으로서 약호를 정하지 않은 것으로부터의 인용에 대해서는 전집의 권수(굵은 아라비아 숫자)를 사용한다.

(2) 『후설 전집』에 수록되어 있지 않은 저작은 그 번역의 존재 유무에 관계없이 한국어 제목(다만 약호를 정한 것은 그 약호)으로 표기하며, 쪽수는 원서의 것으로 지시한다.

(3) 대표적인 저작들에 대해서는 아래 (4)의 약호를 사용하지만, 전집판에 포함되어 있는 것들에 대해서는 특별히 표기하고 있는 예외를 제외하여 쪽수를 전집판의 것으로 나타낸다.

(4) 약호 (오른쪽 난은 본문에서 사용되는 한국어 표기)

CM	데카르트적 성찰
Ideen Ⅰ	이념들 Ⅰ (쪽수는 초판에 의함)
Ideen Ⅱ	이념들 Ⅱ
Ideen Ⅲ	이념들 Ⅲ
Krisis	위기 (유럽 학문의 위기와 초월론적 현상학)
PA	산술의 철학
FTL	형식논리학과 초월론적 논리학
LU Ⅰ	논리연구 Ⅰ (쪽수는 제2판에 의함)
LU Ⅱ/1	논리연구 Ⅱ/1 (쪽수는 제2판에 의함)
LU Ⅱ/2	논리연구 Ⅱ/2 (쪽수는 제2판에 의함)
Dok Ⅰ	후설 연대기
Dok Ⅱ/1	(핑크) 제6성찰 Ⅰ
Dok Ⅱ/2	(핑크) 제6성찰 Ⅱ
PW	엄밀한 학으로서의 철학
EU	경험과 판단

2) 셸러

(1) Francke판의 Gesammelte Werke(약호는 SGW를 사용한다)에 수록되어 있는 저작으로부터의 인용

① 약호를 정하지 않은 것들에 대해서는 전집의 권수(굵은 아라비아 숫자)를 사용한다.

② 대표적인 저작들에 대해서는 아래 (3)의 약호를 사용한다.

①과 ② 모두 쪽수는 전집판의 것으로 표시한다.

(2) 「노동과 윤리」, 「수치와 수치 감정에 대하여」, 「전형과 지도자」 등, 전집에 수록되어 있지 않은 개별 논문과 소책자는 그 번역의 존재 유무에 관계없이 한국어 제목으로 표기하며, 쪽수는 원서의 것으로 지시한다.

(3) 약호 (오른쪽 난은 본문에서 사용되는 한국어 표기)

Formalismus	윤리학 (윤리학에서의 형식주의와 실질적 가치윤리학)
UM	가치의 전도
VEM	인간에서의 영원한 것
SSW	사회학 논집

Sympathie	동정의 본질과 형식들
SMK	우주에서의 인간의 지위

3) 하이데거

(1) Klostermann판의 Gesamtausgabe(약호는 HGA를 사용한다)에 수록되어 있는 저작으로부터의 인용

① 약호를 정하지 않은 것들에 대해서는 전집의 권수(굵은 아라비아 숫자)를 사용한다. 다만 중요 저작에 대해서는 권수가 아니라 한국어 표제로 표시하는 경우도 있다.

② 대표적인 저작들에 대해서는 아래 (3)의 약호를 사용한다.

①과 ② 모두 쪽수는 전집판의 것으로 표시한다.

(2) 전집에 수록되어 있지 않은 저작은 한국어로 표제를 표기하며, 원서의 판수와 쪽수를 지시한다.

(3) 약호 (오른쪽 난은 본문에서 사용되는 한국어 표기)

SZ	존재와 시간
KM	칸트와 형이상학의 문제
HW	숲길
WM	이정표
BH	휴머니즘 서간
GP	현상학의 근본문제들
EM	형이상학 입문
N Ⅰ	니체 (강의) Ⅰ
N Ⅱ	니체 (강의) Ⅱ
BP	철학에의 기여
FD	사물에 대한 물음

4) 사르트르

주요 저작들에 대해서는 아래의 약호를 사용하며, 쪽수는 원서 단행본에 따른다(오른쪽 난은 본문에서 사용되는 한국어 표기).

Imn	상상력
ETE	정서론 소고
Ime	상상적인 것
EN	존재와 무
EH	실존주의란 무엇인가
Sit Ⅰ~X	상황 Ⅰ~X
CRD	변증법적 이성비판
TE	자아의 초월
Mo	말
QL	문학이란 무엇인가
IF	집안의 천치
QM	방법의 문제

5) 메를로-퐁티

주요 저작들에 대해서는 아래의 약호를 사용하며, 쪽수는 원서 단행본에 따른다(오른쪽 난은 본문에서 사용되는 한국어 표기).

SC	행동의 구조
PP	지각의 현상학
HT	휴머니즘과 테러
SN	의미와 무의미
RE	유아의 대인관계
SP	인간의 과학과 현상학
EP	철학의 찬미
AD	변증법의 모험
Signes	기호들
OE	눈과 정신
VI	보이는 것과 보이지 않는 것
MS	소르본 강의
RC	강의 요록
PM	세계의 산문

사항 항목

ㄱ

가능성/현실성 可能性/現實性 [(독) Möglichkeit/Wirklichkeit]

후설에서 '가능성'이라는 말은 "이러이러한 사태가 현실에서는 성립해 있지 않지만, 성립할 수 있다"는 의미를 지니며, '현실성'에 대한 관계방식에 따라 '공허한 가능성'(leere M.)을 나타내는 경우와, '동기지어진 가능성'(motivierte M.)을 나타내는 경우가 있다. (1) '공허한 가능성'은 다른 사실에 의해 뒷받침되지 않는 가능성이다. 경험적으로 직관되는 개별적 사실은 언제나 "다른 모양으로도 <있을 수 있다>"는 특징을 지니지만, 이 경우의 가능성은 공허한 가능성이다. 개별적 사실이 지니는 '본질'은 이런 의미에서의 가능성의 범위를 나타낸다. 본질직관에서는 이러한 가능성의 범위가 본질로서 직관되어 현실적 소여로 되기 때문에, "가능성은 현실성과 합치한다"고 말해진다. (2) '동기지어진 가능성'이란 무언가의 현실에 뒷받침되어 있는 가능성이다. '신빙적 양상들'의 하나로서의 가능성은 이런 의미에서의 가능성이다. 또한 근원적인 신빙적 양상(확신)의 변양으로서의 모든 신빙적 존재 양상도 이런 의미에서의 가능성을 함의한다. 예를 들면 "S는 P일지도 모른다"는 추측의 양상은 "S는 P이다라는 것을 올바른 것으로서 뒷받침하는 무언가 어떤 것이 있다"라는 근원신빙적 명증과 동등한 가치를 지닌다. 그밖에 후설은 '형식논리적 가능성' 또는 '수학적 형식적 무모순성'이라는 의미에서 '가능성'이라는 말을 사용하기도 한다[Ideen Ⅰ 특히 §140 참조]. ☞ [사] 양상

—오구마 마사히사(小熊正久)

가치 價値 [(독) Wert (불) valeur]

현상학적인 입장에서의 가치론에서는 가치의 객관성이라는 것이 감정의 지향적 대상으로 확보된다. 브렌타노의 경우는 심적 현상을 표상, 판단, 정의情意활동의 셋으로 나눈 다음, 정의활동의 지향적 관계로서 사랑한다, 미워한다는 것을 들고 있다. 이것은 흡사 판단에서 긍정 또는 부정이라는 지향적 관계가 보이는 것과 마찬가지다. 이와 같이 주관적인 것으로 생각되어 온 감정에서 지향성을 발견한 점이 브렌타노의 공적인바, 이후의 현상학 운동에로 이어지는 결정적인 발단이었다.

브렌타노의 발상을 후설의 본질직관이라는 생각에 의해 다듬어낸 것이 셸러였다. 브렌타노에게서는 확실히 가치는 감정에 의해 지향되는 것이었지만, 지향하는 측과 지향되는 측의 관계에 애매함이 남아 있었다. 그에 반해 셸러는 실재하는 것으로서가 아니라 어디까지나 이념적 대상으로서 가치를 파악했다. 요컨대 감정이라는 직관에 의해 가치가 객관적, 선험적으로 감득된다는 것이다. 그의 가치론의 개요는 다음과 같다 [Formalismus 65ff.].

(1) 가치에는 형식적 본질 연관이 있고, 적극적 가치와 소극적 가치로 가치가 나누어지며, 적극적 가치는 소극적 가치보다 고차적이다. (2) 가치와 가치의 담지자 사이에 선험적인 연관이 있다. 예를 들면 가치적 윤리(선과 악)는 인격에 의해 담지되며, 쾌와 불쾌의 가치 또는 유용가치는 사건 또는 사물에 의해 담지되고, 존귀와 비천과 같은 가치는 생물에 의해 담지된다. (3) 가치는 감정에 의해 지향적으로 감득된다. (4) 가치에는 절대불변의 가치 서열이 존재하며, 선취 및 후치

안에서 주어진다. 이들 두 활동은 결코 선택되는 것이 아니라 선택 자체가 이미 이 두 활동 안에 근거지어져 있다. 따라서 가치의 감득도 이 두 활동에 의해 근거지어져 있다. 그러나 이들 활동도 시대에 따라 변화하며, 절대적인 것이 아니다. (5) 사랑은 감득할 수 있는 가치의 영역을 확장한다(사랑의 창조성). 따라서 사랑은 가치의 인식작용 중에서 가장 근본적인 작용이다. (6) 가치에는 네 가지 양태가 있으며, 그것들 사이에 선험적인 서열이 있다. 생명 가치는 감각 가치보다 고차적이며, 정신적 가치는 생명 가치보다 고차적이고, 성聖과 불성의 가치는 정신적 가치보다 고차적이다. 셸러의 말에 따르면, 니체는 생명 가치를 가장 높은 위치에 놓은 점에서 이 가치 서열을 잘못 보고 있다.

이상과 같은 셸러의 생각에 대해 당연히 다양한 의문이 제기될 수 있다. 예를 들면 (2)에서는 가치와 그 담지자 사이에 선험적인 연관이 있게 되지만, 본래 담지자가 되는 인격과 자아와 신체의 구별이 그만큼 명료한 것일까? 실제로 셸러 자신의 문장에서도 그것들의 구별이 동요하고 있으며, 그에 대응하게 되는 가치 감득을 위한 정서작용에도 역시 애매함이 남아 있다. 또한 (6)의 가치 양태의 서열에 관해서도 그것을 결정한 규준이 과연 타당한 것이며 또한 완전한 것일까라고 물을 수 있다. 그리고 이것은 또한 선험적인 가치 서열과 가치 창조적인 사랑 그리고 시대에 따라 변화하는 선취・후치의 관계와 같은 문제와도 관계된다. 그러나 가장 중요한 것은 가치의 선험성을 보증하는 본질직관이라는 것이 정말로 가능한 것일까라는 현상학의 근본에 관계되는 문제이다.

하르트만은 셸러의 영향을 받으면서도 독자적인 가치론을 전개했다. 셸러와의 가장 큰 차이는 그가 가치를 가치 판단하는 주관에 의존하지 않는 독립된 이념적 자체 존재(ideales Ansichsein)라고 주장하는 점에 있다. 그러나 또한 가치의 높고 낮음 이외에 가치의 강약도 지적하며 거기서 세 개의 법칙을 주장한다. (1) 강함의 법칙. 고차적인 원리는 저차적인 원리에 의존한다. 따라서 이런 의미에서 고차적인 원리는 약한 원리이다. (2) 질량의 법칙. 저차적인 원리는 스스로의 위에 서는 원리에 대한 질료에 지나지 않는다. 그러나 저차적인 원리는 강한 원리이기 때문에 고차적인 원리를 조건짓고 있다. (3) 자유의 법칙. 고차적인 원리는 저차적인 원리에 의존함에도 불구하고 저차적인 원리에 대해 자유롭다[『윤리학』 598]. 가치의 강약을 도입함으로써 가치 평가의 현실에 좀 더 부응한 것이 되었지만, 그 반면에 가치의 자체 존재는 위태롭게 될 수밖에 없었다. 또한 라이너는 가치를 즐거운 것이라고 하고, 가치의 절박성에도 주목하여 좀 더 현실적인 가치론을 전개하고자 했지만, 셸러나 하르트만처럼 절대적인 가치 서열은 주장하지 않았다. 이리하여 가치의 윤리학은 현실적으로 되면서도 가치의 객관성을 보존할 수 없게 되어 그 힘을 상실하게 되었다. ☞㉷가치 감득, 가치윤리학, 사랑

—이케가미 데쓰지(池上哲司)

㊟ B. Waldenfels, "Abgeschlossene Wesenserkenntnis und offene Erfahrung", in *Phaenomenologica*, Bd. 65, 1975(鷲田淸一 譯, 「閉じられた本質認識と開かれた經驗」, 新田義弘・小川侃 編, 『現象學の根本問題』, 晃洋書房, 1978에 수록). H. Reiner, *Die philosophische Ethik*, 1964(松本良彦 譯, 『哲學としての倫理學』, 大明堂, 1969).

가치 감득 價値感得 [(독) Wertfühlen]

셸러의 가치윤리학의 기본 용어 중 하나. 그가 말하는 실질적 가치윤리학은 심리학주의에 대해서는 가치의 '선험성'을, 논리주의에 대해서는 가치의 '실질성'을 주장하고자 하는 입장이지만, 특히 후자에 대해 말하자면 셸러의 시도에 대립하여 철학 그 자체를 가치론으로서 구성하고자 하는 신칸트학파의 시도가 나란히 이루어지고 있었다. 셸러는 가치문제를 가치판단의 문제로 환원하는 신칸트학파의 논객들에 대항하여 지각판단에 대해 지각 그 자체가 선행하듯이 가치판단에 대해서는 '가치체험'이 선행한다는 것을 강조한다[SGW 1. 383]. 그 가치체험이란 우선은 가치 그 자체를 "소여성으로 가져오는" "어떤 것의 감득"(Fühlen von Etwas), 요컨대 가치 감득에 다름 아니다[Formalismus

249]. 이러한 셸러의 주장 배후에는 '이성'과 '감성'의 분리를 초극하고 '정감적 생'의 권리를 복권하고자 하는 지향이 숨어 있다. '비논리적인 것'의 영역, 예를 들면 의욕하고 사랑하며 미워하는 작용 내에도 선험적인 '합법칙성'이 존재하며 '위계'의 구별이 존재하는 것이다[같은 책 259]. 그러나 가치 감득을 매개로 하여 현시되는 가치 자체는 그 담지자('재화' Güter)뿐 아니라 감득의 작용으로부터도 독립적으로 존재하며, 가치 서열은 가치의 '선취 규칙' 그 자체와는 독립적으로 존립한다. 이러한 셸러의 입장은 후설이 말하는 '본질 직관' 또는 '현상학적 직관'에 대한 그 나름의 이해에 기초하는 것이었다고 말할 수 있을 것이다. ☞ ㊄가치윤리학, 선취/후치, ㊁셸러

—구마노 스미히코(熊野純彦)

가치윤리학價値倫理學 [(독) Wertethik]

셸러로 대표되는 윤리학에서의 입장. 셸러에 의하면 에토스 그 자체가 다양화된 현대에서는 에토스를 '형식화'하고 그것을 '근거짓기' 한다고 하는, 칸트에게서 전형적으로 찾아볼 수 있는 윤리학 상의 형식주의는 이미 효력을 상실하고 있다. 제기되어야 하는 것은 에토스의 다양성을 통일적인 입장에서 위계적으로 질서지우는 "윤리적인 직접적 명증의 의미와 가능성"에 대한 물음이다[SGW **1**. 373f.]. 추구되는 것은 "하나의 철학적 가치론"[381]이다. 그 선례로서 셸러가 드는 것은 브렌타노와 마이농의 시도이지만, 그것들은 여전히 어느 정도 "전통적 방법"[376ff.]에 얽매여 있다. 셸러에 의하면 오로지 현상학적 방법만이 전통적 방법을 초극하여 실질적 가치윤리학을 수립할 수 있다. 즉 그것은 심리학주의에 대해서는 가치의 '선험성'을, 논리주의에 대해서는 가치의 '실질성'을 주장하는 입장에 다름 아닌 것이다. 특히 후자에 대해 말하자면 셸러의 시도에 대립하여 철학 그 자체를 가치론으로서 구성하고자 하는 신칸트학파의 시도가 나란히 이루어지고 있었다. 셸러는 가치문제를 가치판단의 문제로 환원하는 신칸트학파의 논객들에 대항하여 지각판단에 대해 지각 그 자체가 선행하듯이 가치판단에 대해서는 '가치체험'이 선행한다는 것을 강조한다[383]. 그 가치체험이란 우선은 가치 그 자체를 "소여성으로 가져오는" "어떤 것의 감득"(Fühlen von Etwas), 요컨대 가치 감득에 다름 아니다[Formalismus 249]. 그밖에도 "어떤 가치가 다른 가치보다 <높다>는 것"이 '선취'(Vorziehen)라고 불리는 "가치 인식의 어떤 특별한 작용"[105]에 의해 파악된다. 그러한 가치의 선취(및 '후치'(Nachsetzen))에 의해 현시되는 것이 바로 '가치 서열'인바, 그것은 구체적으로는 (1) 쾌적가치, (2) 생명가치, (3) 정신가치, (4) 신성가치로 이루어지며, 좀 더 고차적인 가치가 좀 더 저차적인 가치보다 객관적으로는 영속성이 더 높고, 주관적으로는 감득될 때에 만족이 좀 더 깊게 된다. 가치 자체는 더 나아가 그 담지자('재화' Güter)뿐 아니라 감득의 작용으로부터도 독립적으로 존재하며, 가치 서열은 가치의 '선취 규칙' 그 자체와는 독립적으로 존립한다. 이러한 셸러의 입장은 N. 하르트만의 『윤리학』으로 계승되며, 거기서 일정한 체계화를 이루게 되었다. ☞ ㊄가치 감득, 선취/후치, 연대성, ㊁셸러, ㊅윤리학에서의 형식주의와 실질적 가치윤리학

—구마노 스미히코(熊野純彦)

㊟ 和辻哲郎, 「實質的價値倫理學の構想」, 『和辻哲郎全集 第9卷』, 岩波書店, 1962에 수록.

가치지각價値知覺 [(독) Wertnehmung]

후설의 『이념들 Ⅰ』에 따르면 자연적 태도에서 주어지는 세계는 가치를 띤 세계, 즉 '실천적 세계'이다[Ideen Ⅰ 50]. 『이념들 Ⅱ』에서는 객체에 대한 평가나 향유와 같은 태도와 결부된 지각이 '지각'(*Wahrnehmung*) 일반과의 평행성이 강조되는 가운데 '가치지각'(*Wertne*hmung)이라고 명명된다. '가치파악'(Werterfassung)에 의해 포착되는 '가치객체'(Wertobjekt)는 고차적인 대상이지만, 그 파악은 직접적이다[Ideen Ⅱ 9f.]. 셸러는 '가치 소여의 우위'(Priorität der Wertgegebenheit)라는 관점을 좀 더 전면에

내세워간다. 그에 의하면 "객관적 권역 일반의 가능적인 소여의 질서에 있어서는 이 질서에 속하는 가치질과 가치통일(Wertqualitäten und Werteinheiten)이 몰가치적인 존재층에 속하는 일체의 것에 앞서 주어져 있다"는 것이다[VEM 80-82]. 그 이유는 바로 가치 그 자체를 "소여성에로 가져오는" 가치의 체험, 요컨대 가치 감득이 존재하기 때문이다[Formalismus 249]. 그러나 후설에게서 전형적으로 보이는 영역적 존재론의 프로그램에서 보면 객체의 가치적 · 실천적 성격은 결국 '물질적 실재'에 기초하여 중층적으로 구성된 구성요소라고도 말할 수 있을 것이다. 『존재와 시간』 소장본에 써넣은 것에 의하면, 도구존재성의 제1차성의 주장에 기초하는 이른바 '성층법'(Aufschichtung)에 의한 세계 해석에 대한 하이데거의 비판은 데카르트 비판을 가장하면서도 그러한 영역적 존재론의 구성에 대해 던져진 비판에 다름 아니었던 것이다[SZ 132 Randanm.]. ☞ ㉦가치, 객관화 작용, 지각

―구마노 스미히코(熊野純彦)

가톨릭주의와 현상학―主義―現象學

현상학의 특징인 자명한 진리에 대한 의욕은, 후기 후설이 자각하고 있듯이, 그 자체가 윤리적 희구이자 절대적인 것의 개시성과 그에 대한 승인이라는 종교적 차원에까지 이르고자 하는 것이다. 후설의 빈에서의 스승인 브렌타노와 슈툼프가 마르티와 마찬가지로 경건한 가톨릭 신도임과 동시에 "자명성(self-evidence)을 결여한"(브렌타노)[스피겔버그, 『현상학운동』 (1982) 46] 교회의 권위로부터는 거리를 취하고 있었던 것에서도 엿볼 수 있듯이, 현상학 운동은 그 당초부터 초월에 대한 기독교적인 열망과 개개인의 자율적인 이성의 자유로운 행사와의 긴장 아래 놓여 있었다.

유대인 가정에서 태어난 후설은 1884년부터 86년까지 브렌타노 밑에서의 연구와 신약성서에 대한 정독을 거쳐 1886년에 루터파 기독교의 세례를 받으며, 브렌타노의 동의에 기초하여 로체에 의한 신의 존재증명에 관한 수업을 행한다. 전 생애를 통해 그는 성서, 그중에서도 신약성서의 여러 판본을 서재의 책상 위에 두었으며, 후년의 고백에서는 "(나는) 젊었을 적부터 언제나 신에 대한 열심 있는 탐구자였다"고 말한다(1931. 4. 28)[예거슈미트, 49]. 후설에게 있어 철학이란 신에 의해 주어진 사명 또는 책무인바, 그러한 확신에 기초하여 교의나 종파의 문제로부터는 독립한 형태로 현상학이 교회와는 소원한 사람들에게 신에 이르는 길을 제시하고 토마스주의와 더불어 교회에 있어서도 유익한 것이 되기를 바랐던 것이다. 실제로도 일기(1906년 등)나 초고[슈트라서 참조], 그리고 가톨릭의 지도적 인물과의 서신교환[스피겔버그, 151], 나아가 가까운 사람들의 증언(1916년 이후 친교를 맺은 베네딕트회 수녀 Ad. 예거슈미트에 의한 30년대에 관한 증언) 등에 따르면 후설의 생애와 사상에서는 공간된 저작의 표현([Ideen Ⅰ 78, 96f., 110f., 157, 315], 예컨대 "신의 문제라 해도 그것은 분명히 세계에서의 모든 이성의 목적론적 원천으로서의 «절대적» 이성의 문제, 즉 세계의 «의미» 문제를 포함한다"[Krisis 7])으로부터 생각되는 이상으로 신에 대한 물음이 중요한 역할을 담당하고 있다. 후설은 이미 『이념들 Ⅰ』[110f.]과 특히 후기의 저작[Krisis §73 참조]에서 의미와 진리를 지향하는 이성의 역사적 운동의 목적 및 근원으로서 신을 생각하고 있었지만, 만년에 이르면 스스로를 유신론 사상가로서 간주하는 경향을 강화하고, 기독교를 종교의 최고 형태로서 이해하게 되었다. 확실히 후설은 스스로의 철학적 영위의 순수한 학문성을 유지하기 위해 교의 및 종파로부터 자유로운 입장을 보존하고자 했지만, 다른 한편으로는 가톨릭 생활(대화에서의 많은 종교적 화제들. 1934년의 수도원 방문)과 중세의 신비주의자에 대한 흥미를 반복해서 표명하고 있다. 에디트 슈타인의 가톨릭교회로의 개종을 계기로 하여 후설은 아비라의 테레사(Teresa 1515-82)의 신비적 저작에 접하며, 또한 구아르디니(Romano Guardini 1885-1968)의 예수전인 『주』(*Der Herr*, 1937)를 높이 평가한다. 이리하여 만년의 후설은 가톨릭적인 색채가 강한 기독교에 경도되어 있었던 것이다.

후설에게 있어서도 놀라운 일이었지만 그의 제자들

가운데는 기독교에 접근한 사람이 많은데, 어떤 이(H. 콘라트-마르티우스)가 열렬한 프로테스탄트로 되는 한편, 예를 들면 윤리학자와 사회철학자로서 가톨릭 세계에 이후 큰 영향을 미친 D. v. 힐데브란트는 1914년, 후설의 조교였던 슈타인(1933년 카르멜회 입회, 1942년 유대인으로서 아우슈비츠 수용소에서 사망)은 1922년에 가톨릭교회로 옮기며, G. 발터(『신비주의의 현상학』 1923)와 슈타인(『유한한 존재와 영원한 존재』 1950, 『십자가의 학문』 1950)은 종교적 주제에 대한 탐구를 전진시켰다. 또한 프란체스코회 신부 반 브레다는 후설의 유고를 나치스의 위협으로부터 구출하고 루뱅의 후설 문고를 창립했다. A-T. 티미에니에츠카 주변의 현상학자들 가운데 여럿은 가톨릭인데, 그들은 후설의 사상을 이어받는 형태로 기독교 철학의 전통에 속하는 주제들을 현상학적으로 해석하고자 시도하고 있다.

김나지움 시대에 가톨릭에 입교한 셸러는 후설의 영향 하에 현상학 방향으로 나아가 "자유로운 동시에 비스콜라적이면서도 가톨릭 문화권의 정신에 의해 감화된 철학자"[칼 무트에게 보낸 서간, 1921. 11. 12]임을 자인하고 있었다. 그는 윤리학・형이상학(인격 및 신 개념)・종교철학 영역에서 현상학을 독자적인 방식으로 전개함으로써 1913년부터 23년 사이에 독일에서의 가톨릭 사상을 신스콜라학의 폐쇄성으로부터 해방시키는 지도적 역할을 담당했다. (가치)인식의 구성에서의 정감적 생(특히 사랑)의 활동, 신적인 것의 직관과 경험, 인격의 자기 계시에 기초하는 인격 인식, 교회 및 국가라는 사회생활 상의 권력의 의의 등, 셸러는 자기 사상의 근본적 계기를 아우구스티누스적인 전통에서 유래하는 것으로서 파악한다. 보이티와(Karol Józef Wojtyła 1920-, 교황 요한 바울로 2세)의 인격 분석은 셸러에게서 출발하고 있다.

프라이부르크의 가톨릭계 김나지움에 다니며 가톨릭 신학 공부에 착수한 하이데거는 1916년경부터 서서히 가톨릭교회에서 멀어지기 시작하면서도 1923년까지는 여전히 기독교를 견지하고자 하고 있었지만, 『존재와 시간』(1927) 시기에는 기독교 그 자체로부터 거리를 취했다. 30년대 이후에는 형이상학의 존재・신론적인 전통을 비판하기에 이르지만, 그러면서도 여전히 암묵적으로는 신학적 계기의 영향을 받으며, 특히 신에 대한 물음을 사상의 동기로 삼는 이의성을 보인다. 그의 사유의 요소들은 가톨릭의 성서 해석(슐리어: Heinrich Schlier 1900-78)・신학(라너: Karl Rahner 1904-84)・종교철학(벨테: Bernhard Welte 1906-), 그리고 가톨릭 철학자(H. 롬바흐) 등에게 영향을 준다.

프랑스어권에서는 마르셀이 후설과는 독립적인 자기의 사유를 현상학이라고 부르면서 리쾨르 및 (청년시대에 가톨릭이었던) 메를로-퐁티 등의 현상학자에게 감화를 미쳤다. 존재를 비의秘義로 포착하는 마르셀의 사유는 가톨릭의 견해와도 일치하는 철학적 입장에 도달하는데, 이 점을 모리악(François Mauriac 1885-1970)에게 지적당하고서부터 마르셀은 1929년에 가톨릭으로 개종했다. 또한 그는 자신의 단편적 사상을 유기적으로 정리하는 일을 친우이자 예수회 수도사인 트롸퐁텐느(Roger Troisfontaines)에게 맡기고, 그 서술을 자기의 사상을 표현하는 것으로서 승인했다. ☞ [사]스콜라 철학과 현상학, 종교학과 현상학

—K. 리젠후버, 번역: 무라이 노리오(村井則夫)

[참] St. Strasser, "Das Gottesproblem in der Spätphilosophie Edmund Husserls", in *Philosophisches Jahrbuch* 67, 1959. Ad. Jaegerschmid OSB, "Gespräche mit Edmund Husserl 1931-1936", in *Stimmen der Zeit* 199, 1981. Ad. Jaegerschmid, "Die letzten Jahre Edmund Husserls (1936-1938)", in *Stimmen der Zeit* 199, 1981. K. リーゼンフーバー,「ハイデガーにおける神學と神への問い」,『現象學年報』, 6, 1990에 수록.

간결성 簡潔性 [(독) Prägnanz (불) prégnance]

베르트하이머는 소여가 여러 가지 통합방식이 가능함에도 불구하고 그 조건 하에서 가장 간결하고 가장 질서 있는 형태로 통합되고자 하는 경향이 있음을 지적하고, 이것을 게슈탈트 심리학에서의 간결성 원리라고 불렀다. '가장 간결하고 질서 있는 형태'란 의미의 차원을 지시하고 있다고 말할 수 있기 때문에, 이 원리

의 이면에는 소여와 의미 혹은 질료와 형식의 관계 문제가 있다고 볼 수 있을 것이다. 카시러는 『상징 형식의 철학』 제3권 제5장을 '상징적 간결성'이라는 제목을 붙여 이 문제에 대해 고찰하고 있으며, 후설의 지각 분석은 언제나 휠레(질료)와 의무부여작용(형식)이라는 이원론적 틀 안에서 수행되고 있지만, 오히려 형식과 질료의 상호 규정성이야말로 문제인 것이 아닐까 그리고 그것은 '상징이 의미를 내포한다'라는 사고방식에 의해 이해할 수 있는 것이 아닐까라고 생각된다. 상징적 간결성이란 지각 경험이 한편으로는 감성적 경험이면서 다른 한편으로는 의미의 직접적 구현이라는 것을 말하는 것이다. 이러한 생각은 베르너(Heinz Werner 1890-1964)의 상모적 지각에 대한 연구로 계승되며, 또한 메를로-퐁티도 『보이는 것과 보이지 않는 것』의 연구 노트에 포함되어 있는 「경험적 간결성과 기하학적 간결성」이라는 단편 속에서 "감각적인 사물 속에서 침묵 중에 발어되는 이러한 로고스가 문제인 것인바, …… 우리의 신체에 의해 그 '의미하는' 방식에 따르는 것에 의해서만 그 로고스를 깨달을 수 있다"라고 말하고 있다.

—구지라오카 다카시(鯨岡 峻)

간접태間接態 ⇨㊕직접태/간접태

간주관성間主觀性 ⇨㊕상호주관성

간호와 현상학看護—現象學

Ⅰ. 주제의 성격. 정신과 의사이자 역사가이기도 한 현상학자 반 덴 베르크(Jan Hendrik van den Berg 1914-)는 '현상학과 간호'라는 제목의 강연에서 "나이팅게일은 현상학자이며, 간호사는 행동하는 현상학자이다"라고 되풀이한다[J. H. van den Berg, 早坂泰次郎{共著}, 『현상학에로의 초대現象學への招待』, 現代社 (1982) 93]. 나이팅게일(Florence Nightingale)의 주저 『간호 노트』(*Notes on Nursing*)가 출판된 1859년은 후설이 태어난 해이기 때문에 학문적으로 엄밀하고자 하는 한에서 이 말은 난센스이자 난폭함이라고 말할 수밖에 없다. 그러나 간호—에 한정하지 않고 일반적으로 실천의 장—의 현실에 주의 깊게 눈길을 돌릴 때 반 덴 베르크의 위의 말은 간호뿐만 아니라 현상학에 대해서도 깊은 통찰과 치열한 문제제기를 포함한다는 점을 볼 수 있게 된다. 후설의 현상학은 그의 저서의 주제에 반영되어 있듯이 '엄밀한 학'을 향한 강렬한 문제의식과 전통적 과학의 존재방식에 관한 철저한 비판 및 학문적 도전의 성격을 지니고 있었다. 도전은 때때로 싸움의 양상마저 띠기도 한다. 그러나 간호가 현상학이라고 말해질 때 도전이나 싸움은 전혀 필요 없다. 오히려 친화성이 있다고까지 말할 수 있을 것이다.

간호 업무의 핵심은 '환자의 요양에서의 보살핌'에 있다. 의학적 지식과 기술은 의사와의 팀워크를 수행하기 위한 중요한 필요조건이긴 하지만 결코 충분조건은 아니다. 의사에게 있어 병원은 근무의 장임과 동시에 의학(이라는 과학기술)의 실천 및 연구의 장이기도 하다. 대부분의 경우 의사는 환자를 병을 앓고 있는 유기체로서, 요컨대 천문학자가 미지의 천체를 대하는 것과 동일한 태도로 대한다. 이러한 태도는 단지 과학적 요청일 뿐만 아니라 때로는 윤리적 요청이기도 하다. 남성인 의사가 여성을 진료하는 장면을 상정하면 납득할 수 있을 것이다. 이러한 과학적・윤리적 요청은 의사들에게 주・객 분리의 자연적 태도를 만들어내기 쉽다. 그 결과 의사들은 자연히 근무의 장으로서의 병원과 사생활의 장을 엄격하게 구별하게 된다. 근무원으로서는 간호사의 경우도 마찬가지이다. 그러나 간호사들은 의사와 달리 근무 시간의 대부분을 병실에서 환자의 침대 옆에서 보낸다. 그러나 환자에게 있어 그곳은 근무의 장이 아니라 생활의 장이다. 사람마다 다 다른 환자의 몸 주변에 대한 보살핌이 적확하게 이루어질 수 있기 위해서는 반드시 환자 한 사람 한 사람의 생활세계에 대한 통찰을 지니지 않으면 안 된다. 이를 위해 필요한 것은 도전이나 싸움이 아니라 어떤 믿음이나 편견에서 해방되어 있는 그대로의 환자와 관계하고자 하는 유연함이다. 괄호 넣기와 지향성이라는 말이 여기서 저절로 떠오르지만, 많은 간호사들 스스로는 그러한 말은 알지 못한 채 나이팅게일 시절부터 그것을 다소나마 실천해오고 있다. 따라서 간호사에 대해서나 간호에 있어 현상학이란 기본적으로 지금까지 임상에서 의식하지 못한 채 실천해 왔던 것을 의식적으로 명확화하는 것이라고 말할 수 있다. 즉 주로 철학자들이 주장해왔던 지금까지의 현상학이 본질학을 지향하는 경향이 있는 데 반해, 여기서는 오히려 실천의 학으로서의 방법론적 성격이 강하게 기대되고 요청되며 실천되게 된다.

II. 간호에서의 현상학. 그러나 지금까지의 간호(학)계의 실상에 대해 말하자면, 동서양을 막론하고 현상학에 대한 학적 관심은 겨우 싹을 틔웠을 뿐이다. 이러한 후진성의 가장 큰 이유는 어느 나라에서도 간호 교육의 커리큘럼이나 교육이 전통적으로 의학에 치우치는 경향이 있었기 때문이다. 최근 이러한 편향은 서서히 나아지고 있으며, 특히 후진적이었던 일본에서도 대학원을 가진 간호학부, 간호대학 등이 차례로 설립되고 몇 차례에 걸친 커리큘럼 개정 등도 행해지고 있다. 하지만 학으로서의 방법론 자체에 대한 음미에까지 눈길이 미치고 있다고는 말할 수 없다. 그런 상황에서 미국에서는 소렌슨과 에이미스(K. M. Sorenson and D. B. Amis, "Understanding the World of the Chronically Ill", in *Amer. J. Nurs*. vol. 67, no. 4, 1967)를 비롯하여 패터슨(J. G. Paterson)과 즈델라드(L. T. Zdelard) 등의 『인간주의적 간호』(*Humanistic Nursing*, 1976) 등의 업적이 나왔지만, 파시(Rosemarie R. Parse)의 『건강을-살아가는-인간』(*Man-Living-Health*, 1981), *Nursing Research, Qualitative Methods* (1985) 등의 간행은 북구와 오스트레일리아 등에도 영향을 주고 있다. 일본에서 간호 분야에 대한 현상학 도입의 가능성을 처음으로 제언했던 것은 하야사카 다이지로早坂泰次郎, 「병과 인간—현상학적 시론病氣と人間—現象學的試論」(大森文子 外 編, 『환자에게 눈을 돌리자患者に眼を向けよう』, 醫學書院, 1966에 수록)이다. 1980년의 반 덴 베르크의 일본에서의 강연(앞에서 언급한 『현상학에로의 초대』)은 간호사들 사이에 현상학이란 말을 정착시켰다. 지금까지 일본의 간호사의 손으로 이루어진 저작으로서는 위에서 언급한 파시의 번역 외에 다카하시 데루코高橋照子, 『인간과학으로서의 간호학 서설—현상학적 접근人間科學としての看護學序說—現象學的アプローチ』(醫學書院, 1991), 이케가와 기요코池川清子, 『간호—체험된 세계의 프로네시스看護—生きられる世界のプロネシス』(ゆるみ出版, 1991), 다카사키 기누코高崎絹子, 『간호 원조의 현상학看護援助の現象學』(ゆるみ出版, 1993) 등이 있다.

의학은 고도의 전문성으로 수렴되어가는 까닭에 단독으로 의료를 폭넓게 떠맡는 것에는 어려움이 따른다. 다른 한편 간호는 전통적 전문성에 어울리지 않는 확산성으로 인해 좀 더 넓은 의료적 케어care의 실현에 관해 좀 더 커다란 가능성을 지닌다. 간호에서의 현상학은, 그리고 현상학에서의 간호는 풍부한 배움의 보고라고 말할 수 있을 것이다. ☞ [사]의학과 현상학

—하야사카 다이지로(早坂泰次郎)

감각感覺 [(독) Empfindung (영·불) sensation]

경험주의적인 사고방식에 따르면 감각은 지각을 구성하는 원자적인 요소로서 감각기관을 매개하는 세계로부터의 물리적 자극에 의해 형성된다. 메를로-퐁티는 이와 같은 감각 개념의 근저에는 그 자체로서 존재하는 즉자적 세계가 전제되고 있다(자연주의)고 비판한다. 주지주의의 입장도 결국은 동일한 전제에 서 있으며, 양자의 차이는 요소로서의 감각이 지각으로 되기 위해 무엇에 의해 어떻게 결합되는가라는 결합·종합의 방식에 관한 것에 지나지 않는다. 이에 반해 세계를 현상으로서, 다시 말하면 '세계-내-존재'로서의 신체의, 즉 세계를 지향하는 실존의 운동의 '상관자'로서 고쳐 파악하는 그는 지각을 그 세계로 향하는 실존의 운동으로 이해하고, 감각들을 그와 같은 운동의 양태들, 그것도 추상적으로밖에 분리되지 않는 양태들로 생각한다. 따라서 메를로-퐁티는 후설처럼 휠레와 그것에 지각대상으로서의 의미를 부여하는 파악작용을 구별하지 않고 시간화에 의한 휠레의

구성을 이미 지각적 차원에서 성립하는 것으로 간주했다고 말할 수 있다.

후설에 따르면 이른바 초월론적 환원을 수행하여 자연적 태도를 괄호에 넣으면, 현상학적 소여로서의 의식류라고 말해지는 체험이 남는다. 그 체험은 크게 나누어 두 개의 구성요소, 즉 휠레적 소여와 지향적 내지는 노에시스적 체험으로 성립한다. 노에시스적 체험은 언제나 '~에 대한 의식'으로서 대상을 지니지만, 전자는 지향성이 없는 체험이다. 그러한 휠레적 소여에 대해 그것을 소재로 하는 본질적으로 의미부여 작용인 노에시스적 체험이 활동하여 초월적인 지각대상이 형성된다. 후설에서 휠레적 소여는 동시에 감각 소여이기도 하기 때문에, 그에게 있어 감각이란 본래적으로는 지각을 구성하는 파악작용(모르페)을 위해 제공되는 질료에 관계되는 것이다.

후설에게 있어 우리가 보고 있는 사과의 빨강은 지각에 고유한 지향작용에 의해 노에마로서 이미 대상적으로 구성된 후의 대상・감각이다. 후설이 말하는 감각은 의식류의 계기를 이루는 휠레로서의 빨강이며, 그 변전을 통해 하나의 대상・빨강이 지향적으로 사념된다. 그러나 이와 같은 구별이 현상학의 연구에 있어 중요한 의미를 지니게 되는 것은 오로지 체험류 속의 노에시스적 체험에 대한 해명에 관심이 향해 있던 『이념들 Ⅰ』에서가 아니다. 『이념들 Ⅰ』에서는 이런 종류의 문제들이 연구의 형편에 따라 주의 깊게 조직적으로 회피되고 있다.

휠레의 문제로서 감각이 전면에 나서게 되는 것은 후설이 『내적 시간의식의 현상학』에서 단지 자연 시간만이 아니라 일체의 초월적 시간을 대상적 시간이라고 하여 차단하고, 의식류 그 자체의 흐름으로서의 내적 시간에, 즉 휠레적 소여와 그것들에 활력을 부여하는 지향작용 그 자체의 연속적 변이를 현상학적 시간으로서 끄집어낼 때이다. 즉, 그는 시간의 문제를 고찰함에 있어 지속하는 대상을 지각하는 작용 그 자체가 일순간에 행해진다는 "의식 전체의 순간성의 도그마"의 전제를 뒤집어엎고, 지각작용이 지속하기 때문에 우리가 지속하는 지각 대상을 가질 수 있다고 생각했던 것이다. 이리하여 지각작용의 시간의 문제가, 따라서 그 작용이 탁월하게 대상의 구성을 지향하는 또 하나의 체험류의 계기・휠레적 소여의 시간이 주제화된다. 이것인 "의식 경과의 내재적 시간"이다.

확실히 『내적 시간의식의 현상학』이 추구하는 것은 이러한 내재적 시간이 어떻게 해서 구성되는 것인가 하는 문제이다. 그러나 휠레적 소여가 나타나는 방식이 다름 아닌 내재적 시간이기 때문에 후설에서 시간론은 곧 감각론이었다고 말할 수 있다.

이 점을 명확히 지적한 것이 레비나스이다. 그는 일체의 지향성의 본질이 시간에 있다는 것을 확인함과 동시에 시간이야말로 또는 시간의식이야말로 감각하는 것 바로 그것이라고 강조한다. 시간을 구성하는 시간의식은 결국 스스로 시간이 되어 흐름으로써 시간을 형성한다는 것이 레비나스의 해석이지만, 감각하는 작용은 시간의 흐름이 되어 감각되는 것과의 사이에 시간의 간격을 산출하는 데서 수행된다.

그러나 레비나스에게 있어 이렇게 하여 시간에 의해 지향적으로 구성되는 감각은 아직 본래적인 감각이 아니다. 그것은 앎이며 인식이다. 그것은 다른 실재와의 직접적인 접촉・만남이 아니라 나의 의식의, 곧 지성의 대상으로서 내 속에 거둬들여져 동화됨으로써 나와 동일물로 되는 것이다. 이에 반해 본래적인 감각에서는 다른 실재가 지향적인 거리를 두지 않는, 즉 그가 '가까움'이라고 부르는 윤리적 관계에서 내게 나타난다. 이러한 가까움에서 만나게 되는 것은 그에게 있어 본래적으로는 타인이지만, 이러한 타자와의 만남의 장소를 그는 시간의식의 원천인 근원인상에서 찾는다. 근원인상은 이미 의식이 아니며, 여기서의 감각은 인식이 아니라 고통과 향유의 감정이다. 이것이 레비나스에게 있어 참된 감각이 의미하는 것이다. 그러나 그가 '사이를 두지 않는 반복'이라든가 '본원적 반복'이라는 개념을 구사하여 주체가 곧바로 대상으로 이행하는 것으로서 근원인상을 규정하는 가까움을 설명할 때, 이러한 개념들은 메를로-퐁티나 브란트가 후설의 시간론 해석에서 하이데거로부터 차용한 시간의 자기촉발 개념과 근본적으로 어디가 다른 것일까?

이 문제를 레비나스보다 일찍, 그것도 훨씬 더 넓고 깊은 범위에서 존재론으로서 깊이 생각했던 것이 다름 아닌 앙리의 『현현의 본질』이다. 앙리는 서양의 철학이 전통적으로 나타남의 가능성을, 따라서 나타나는 한에서의 존재의 가능성을 무언가의 방식으로 대상과의 사이에 열리는 간격에서 찾아왔다는 점을 명확히 한다. 이 간격은 근대에서는 의식이라고 불리며, 이어서 지향성으로서 좀 더 한정되고, 최종적으로는 그 본질이 시간화에 있는 초월의 작용으로서 정의되기에 이르렀다. 즉 초월의 작용에 의해 순수 시간에 다름 아닌 존재의 지평이 기투되는 것이다. 그 지평에서 받아들여지는 것에서 존재자의 존재가 성립한다. 다시 말하면 대상이 주어진다. 대상을 받아들이기 위해 이 지평을 설립하는 것이 표상함이며 지각함이다. 이런 의미에서는 이른바 기능하고 있는 지향성도 의식이며 표상작용이다. 따라서 시간의식에 의한 휠레의 구성에 대해 감각의 특성을 인정하는 것은 가능하지 않다.

존재의 지평이 성립하기 위해서는 그 순수한 지평이 그저 앞서 던져 놓일 뿐만 아니라 나아가서는 동일한 초월의 작용에 의해 받아들여져야만 한다. 그때 지평의 수용과 더불어 지평 내의 대상도 한꺼번에 받아들여진다. 이리하여 초월의 작용의 일부로서 수행되는 수용을 통해 대상은 우리를 촉발한다. 이것이 감각이다.

레비나스에게 있어 본래적인 감각인 가까움에서의 고통과 향유는 앙리에게 있어서는 이미 초월의 작용이 여는 간격에 기초하는 나타남・존재가 아니라 초월의 작용 그 자체가 자신을 어떠한 거리도 두지 않는 내재의 근원적 수용에서 받아들이는 정감성・감정에 속한다. 이러한 정감성에 관한 내재의 현상학적 규정은 그대로 후설의 근원인상과 초월론적 자아의 존재 규정이기도 하다. ☞ ㊕내재의 철학, 시간의식, 휠레/모르페

—야마가타 요리히로(山形頼洋)

㊟ E. Levinas, *En découvrant l'existence avec Husserl et Heidegger*, J. Vrin, Paris, 1974. M. Henry, *L'Essence de la manifestation*, P. U. F., Paris, 1963, [2]1990.

감각소여感覺所與 [(독) Empfindungsdaten]

『논리연구』에서 <제1차 내용>(primäre Inhalte)으로서 도입된 감각소여는 초기의 후설에서는 대상에 대한 지각을 만들어내기 위한 단적인 질료로 간주되며, 이러한 감각소여에 모종의 파악의 활동이 가해짐으로써 비로소 대상에로 향하는 지향적 의식이 성립한다고 생각되고 있었다[LU Ⅱ/1 75f., 392]. 이러한 <파악-파악내용>(Auffassung-Auffassungsinhalt) 내지 <형상-질료> 도식 하에서 발견되는 것은 감각을 형상 없는 질료로 간주하는 그리스 이래의 누스 중심주의인바, 감각소여는 그것에 가해지는 파악의 활동에 의해 살려지지 않으면 아무것도 아닌 <죽은 소재>로 간주되어 버린다. 『이념들 Ⅰ』에 들어서면 파악내용은 감각적 휠레(sensuelle Hyle), 파악은 지향적 모르페(intentionale Morphé)로 불리기에 이르지만 사태에 변함은 없다. 요컨대 초기의 후설에서 감각소여는 극복되고 부정되어야만 하는 존재로서 그 고유의 존재방식은 물어지지 않은 채 끝나는 것이다.

그러나 이러한 감각 개념의 협애함을 타파하는 움직임이 후설 자신에게서도 발견된다. 왜냐하면 내적 시간의식과 수동적 종합의 분석에 의해 감각 그 자체가 능동적인 파악의 활동에 선행하여 이미 수동적으로 구조화되어 있다는 것, 그것이 의식의 좀 더 깊은 지향성에 의해 구성된 것이라는 것이 밝혀지기 때문이다. 나아가 『이념들 Ⅱ』에서는 대상화하는 파악을 당하기에 앞서 그 자체로서 감각되는 감각 상태의 존재가 주장되기에 이른다[Ideen Ⅱ 22f.]. 이러한 주장은 감각을 대상 구성의 계기로서만 파악하는 종래의 입장을 뒤집는 것이며, 감각을 바로 란트그레베의 이른바 <자기감각>(Sich-empfinden), 요컨대 자기의식의 가장 저층에 놓여 있는 계기로 하여 하이데거의 <정황성(Befindlichkeit)>으로 이어지는 모습에서 파악하는 길을 여는 것이다. 후설에게서는 그것이 반드시 명료하게 사유영역 내에 받아들여져 있지는 않지만, 신체에 국부화되는 감각으로서 정의되는 <감각태>(Empfindnis)라는 『이념들 Ⅱ』의 개념은 감각이 대상 구성의 계기로 되는 것에 선행하여 어떤 신체적 상태의 감각으로서

바로 자기의식을 성립시키는 시원적 계기라는 것을 명확히 보여준다[Ideen Ⅱ 146, Ideen Ⅲ 118]. ☞ ㈔감각, 수동적 종합/능동적 종합, 파악, 휠레/모르페

—우오즈미 요이치(魚住洋一)

㊟ L. Landgrebe, "Prinzipien der Lehre vom Empfinden", in *Der Weg der Phänomenologie*, Gütersloh, 1963(山崎庸佑 外 譯, 『現象學の道』, 木鐸社, 1980에 수록). H. U. Asemissen, *Strukturanalytische Problem der Wahrnehmung in der Phänomenologie Husserls*, Kant-Studien, Ergänzungshefte, Nr. 73, Köln, 1957.

감성적 직관感性的直觀 [(독) sinnliche Anschauung] ⇨㈔직관

감정感情 [(독) Gefühl (불) sentiment; émotion]

감정의 현상학적 분석과 관련하여 먼저 다루어야 할 것은 감정의 지향성을 둘러싼 논의일 것이다. 지향성 개념이 가리키는 것이 "주관과 객관이 비로소 대치하게 되는 <사이>"(롬바흐)라고 한다면, 감정에 대해 지향성을 인정하는 것은 거기에서 감정 고유의 주관-객관 관계를 인정하는 것에 다름 아니다. 그렇다고 한다면 이 점에 대해서는 브렌타노가 『도덕적 인식의 원천에 대하여』에서 표상이나 판단과는 다른 제3의 심리현상으로서 받아들인 '정의情意활동' 내지 '정동情動'(Gemütsbewegung)이나 후설의 『논리연구』의 '지향적 감정'(intentionales Gefühl)과 같은 개념에서 이미 지적되고 있는바, 감정이 표상이나 판단 등의 작용과는 다른 대상으로 향하는 독자성을 지닌다는 것이 이미 주장되고 있었던 것이다. 그러나 후설의 <기초짓기>라는 개념이 보여주고 있듯이 그들에게 있어 감정의 지향성은 표상의 지향성에 기초지어진 것일 뿐이어서, 감정의 대상이란 말하자면 표상의 지향성이 부여해 주는 있는 그대로의 <단순한 사태>가 있어 비로소 가능해지는 2차적인 대상에 지나지 않았던 것이다. 여기서 보이는 것은 <로고스> 중심주의에 물든 편견일 것이다. 그것을 처음으로 지적한 것은 셸러였다. 왜냐하면 그는 윤리학의 근거짓기를 의도한 『윤리학』에서 <가치>의 인식이 표상작용에 기초한 2차적인 것이 아니라 1차적인 <가치>의 감득(Fühlen)이 존재한다고 주장했기 때문이다. 그는 그에 의해 감정의 지향성이 표상작용의 지향성과 동등한 지위를 점하든가 아니면 역으로 대상의 <가치>가 대상에 선행하여 주어진다는 것, 요컨대 표상의 지향성보다 감정의 지향성이 선행하며 존재의 몰가치적 인식은 그 <가치>에 대한 일종의 추상에 의해 비로소 성립한다는 것을 주장했던 것이다.

그런데 사르트르는 셸러와는 다른 입장에서 감정의 지향성에 대해 말한다. 그가 『정서론 소고』에서 감정의 지향성을 주장한 것은 종래의 감정에 대한 기계론적 해석에 대해 이의를 제기하기 위해서였다. 요컨대 그에 의하면 감정은 지향적 의식으로서 우리의 세계-내-존재의 하나의 존재방식인바, 제임스/랑게 설과 같이 감정을 신체의 생리현상의 반영으로 간주하게 되면 우리의 세계에 대한 관계방식으로서의 감정이 지니는 <의미>를 보지 못하게 되는 것이다. 그때 그가 감정의 기계론적 해석에 대치시키는 것은 감정의 목적론적 해석이다. 그는 감정적인 행동도 합목적적인 행위라고 생각하고자 하는 것인데, 그에 의하면 예를 들어 뭔가를 말하라고 강요받아 울기 시작하는 것과 같은 감정적인 행동은 통상적인 행위의 수순을 밟아 성취할 수 없는 목적을 일종의 마술에 의해 일거에 성취하는 행위인 것이다. 그러나 그 자신도 감정은 통상적인 행위의 목적-수단 계열로 이루어지는 결정론적 세계를 와해시켜 마술적 세계로 변모시켜 버린다고 하고 있는 것에서도 분명히 드러나듯이, 감정을 합목적적인 행위라고 하는 이러한 논의는 대단히 억지스러운 것이다. 왜냐하면 아무것도 말하지 않기 위해 운다고 하면 그 눈물은 거짓 눈물에 지나지 않기 때문인데, 그는 감정의 지향성을 강조하는 나머지 행위와는 다른 감정의 무목적성을 무시하고 말았던 것이다. 그러나 사르트르에서 감정이 행위와 등치된 것은 지향성이 주관-객관 관계를 성립시키는 <사이>라기보다는 오히려 주관적 작용의 의지성으로 해석된 결과이기도 할 것이다.

그렇다고 한다면 이것은 감정과 기분을 구별하기 위해 지향성의 유무를 증거로 내놓는 볼노우나 슈트라서 등의 논의에서도 공통된 오해가 아니었을까? 예를 들면 볼노우는 방향지어지지 않은 기분과 방향지어진 감정을 구별하고, 선지향적인 기분이야말로 모든 지향적인 감정의 지반을 이룬다고 하고 있지만, 무언가를 목표로 하는 행위에서 본래적인 의지성을 지향성으로 생각하는 오해가 있는 한에서 이러한 구별은 본질적인 구별일 수 없을 것이다.

그런데 슈미츠는 어디까지나 의지성으로서 해석되는 한에서의 그러한 감정의 지향성을 부정한다. 그는 『주관성』(*Subjektivität*, 1968)과 『철학의 체계』(*System der Philosophie*, 1964-80)에서 <파토스>로서의 감정의 수동성을 강조함으로써 감정을 의지를 모델로 한 지향적 작용이라고 생각하는 것이 잘못일 뿐만 아니라 감정을 본래 주관적 작용으로 간주하는 것도 잘못이라고 되풀이하여 주장한다. 그에 의하면 감정이란 어디까지나 수동적인 <신체적으로 닥쳐 있음>(leibliches Betroffensein)인바, 주관적 작용이 아니라 주관에게 닥치는 초주관적인 <힘>인 것이다. 나아가 그는 감정을 개개의 인간의 개인적이고 비밀스러운 내적 생기사건이라고 하는 근대적 선입관도 부정하고자 하여 감정을 우리에게 밖으로부터 덮쳐오는 분위기적인 <힘>이라고 말하고, 호메로스 등에 의거하여 그로부터 근대적인 주관-객관 도식을 타파하고자 하지만, 그러나 거기에서는 조금은 신비주의적인 독선이 느껴진다.

그런데 감정의 수동성을 슈미츠와는 다른 모습으로 추구한 것이 앙리이다. 그가 『현현의 본질』(*L'Essence de la manifestation*, 1963)에서 문제로 삼은 것은 감정이 대상으로 향하는 지향작용이라 하더라도 그러한 지향작용으로서의 감정을 바로 감정으로서 느끼는 것 역시 지향작용이라고 한다면 악순환에 빠질 수밖에 없는데, 따라서 비대상적·비지향적인 활동을 인정할 수밖에 없다고 하는 것이었다. 요컨대 그에 의하면 감정의 지향성이 대상으로 향하여 자기를 넘어서는 <초월>(transcendance)의 활동이라고 하더라도 감정을 깨달아 아는 것은 이미 그러한 <초월>의 활동이 아니라 자기 자체 속에 머무는 <내재>(immanence)의 활동이라는 것이다. 이리하여 앙리는 감정의 감정성을 규정하는 것은 그 지향성이 아니라 그것을 내재에서 받아들이는 근원적 수용성이라고 간주하는 것이며, 그럼으로써 그는 표상에서 주어지는 초월적 존재와는 다른 존재의 가능성을 감정에서 주어지는 내재적 존재에서 발견하고자 하는 것이다. ☞ ㊄기분, 분위기, 지향성 ㊁슈미츠, 앙리

—우오즈미 요이치(魚住洋一)

㊟ J.-P. Sartre, *Esquisse d'une théorie des émotions*, Paris, 1939(竹内芳郎 譯, 「情緒論素描」, 『哲學論文集』, サルトル全集 第23卷, 人文書院, 1957에 수록). ヘルマン・シュミッツ(小川侃 編譯), 『身體と感情の現象學』, 産業圖書, 1986. M. Henry, *L'Essence de la manifestation*, Paris, 1963.

감정이입 感情移入 [(독) Einfühlung] ⇨㊄자기이입

감정충박 感情衝迫 [(독) Gefühlsdrang] ⇨㊄충박

개념적 의미 概念的意味 ⇨㊄동작적 의미/개념적 의미

개방성 開放性 [(독) Offenheit]

하이데거가 주로 중기에 <존재 그 자신>(Sein selbst)의 특성을 지시하여 표현하기 위해 사용하는 중심 개념의 하나. 개재성開在性, 열려 있음과 같은 번역어도 있다. 하이데거는 이 개념을 이미 전기의 『존재와 시간』에서도 조금이나마 사용하고 있지만, 거기서 이 개념은 현존재가 본질적으로 세계에 대해, 따라서 또한 자기 자신의 고유한 존재 가능성에 대해 열려 있다고 하는 현존재 자신의 탈자적인 존재방식을 의미했다. 그러나 전회(Kehre)의 경험 이후 진리의 본질에 대한 물음을 통해 이 개방성은 이미 현존재의 존재방식에 그치지 않고 오히려 존재 그 자신이 드러나는 하나의

국면으로서의 <존재의 개방성>을 의미하게 된다. 존재의 개방성이란 존재 그 자신이 그 속에서 존재자가 존재자로서 밝힘에로 가져와져 현전하게 되는 열린 장으로서 스스로를 주는 존재 그 자신의 존재방식 내지는 그와 같은 장의 개방적인 존재방식을 가리킨다. 또는 그와 같은 열린 장 그 자체를 가리키는 경우도 있다. 따라서 이러한 개방성 개념은 세계(Welt) 또는 <존재의 밝힘>(Lichtung des Seins), 나아가서는 진리의 본질을 표시하는 <비은폐성>(Unverborgenheit) 개념과 거의 같은 뜻이라고 말할 수 있을 것이다. 그리고 존재 그 자신이 미리 이와 같은 개방적인 장으로서 스스로를 줌으로써 비로소 존재자가 맞닥뜨려질 수 있으며, 인간적 현존재 역시 그로부터 현現(Da)으로서의 스스로의 본질을 받아들인다. 다시 말하면 이러한 개방성 속에 서는 것, 그것이 바로 탈-존(Ek-sistenz)으로서의 인간의 본질인 것이다. 그러나 존재 그 자신은 이러한 개방성으로서 스스로를 주어 존재자를 밝힘에로 가져옴으로써 역으로 그 자신을 숨기는 본질적 계기를 지니는바, 그것이 존재망각으로서의 서양의 역사를 형성하는 근본 원인으로 간주되게 된다. 덧붙이자면, 이러한 개방성 개념은 후기의 <밝힘>(Lichtung) 개념에로 계승되어간다. ☞ [사]개시성, 밝힘, 은폐성/비은폐성, 탈-존

―미조구치 고헤이(溝口宏平)

[참] 渡辺二郎, 『ハイデッガーの存在思想』, 勁草書房, 1962, [2]1985. 細川亮一, 『意味・眞理・場所』, 創文社, 1992.

개시성 開示性 [(독) Erschlossenheit]

『존재와 시간』(및 그 전후의 강의와 논문)에서의 하이데거의 용어. 개시태라고도 번역된다. 우선 <개시성>이란 '밝혀져 있음'을, <개시하다>(erschließen)란 '밝히다'를 의미한다. 전통적 진리관에서 진리는 언명(판단)에 귀속되며 언명은 대상과 합치할 때 참이 되지만, 『존재와 시간』에 의하면 언명이 참일 수 있는 것은 현존재가 세계 내부의 존재자를 발견하기(entdecken, 덮개를 벗겨내다) 때문이며, 존재자의 이러한 피발견성(Entdecktheit) 내지 비은폐성(Unverborgenheit)은 세계가 개시되어 있는 것에 기초한다. 그러므로 개시성이야말로 진리의 근원적 현상인바, 합치로서의 진리는 그 파생태에 불과하다. 그런데 개시성은 세계-내-존재를 근본구조로 하는 현존재의 구조계기이며, "현존재는 스스로의 개시성을 존재한다{개시성이다}"[SZ 177]. 현존재의 <현>(Da)이란 본래 개시성에 다름 아니다. <현>을 구성하는 세 가지 계기, 즉 이해・정황성情況性(기분)・말은 본질적인 개시성을 성격짓는 것이자 모두 다 개시하는 방식이다. 덧붙이자면, 이른바 <전화> 이후 진리를 현존재의 구조계기로 간주하는 입장이 포기되고 진리 내지 <현>이 존재의 밝힘 내지 열려 있음{개방성}으로서 다시 생각되게 되면, <개시성>이나 <개시하다>라는 표현은 사용되지 않게 된다. ☞ [사]개방성, 밝힘, 은폐성/비은폐성

―고토 요시야(後藤嘉也)

개체/보편 個體/普遍 [(독) Individuum/Allgemeinheit]

개체와 보편의 관계에 대해서는 옛날부터 서로 다른 입장의 논의가 다툼을 이어왔으며, 특히 중세에는 플라톤주의의 흐름을 길어내 보편을 실재라 하고 개체를 그로부터의 파생태에 불과한 것이라고 하는 실념론(실재론)과, 보편보다 앞서 개체가 실재하며 보편은 개체의 이름에 지나지 않는다고 하는 로스켈리누스 이래의 유명론(명목론)이 날카롭게 대립했다. 이 논전은 근대에 들어서서도 새로운 모습으로 계속되었지만, 후설에 의하면 그것은 결국 개체와 보편을 다른 두 개의 실재로서 구별함으로써 생겨난 사이비 문제일 뿐인바, 그는 개체와 보편의 관계를 '사실'과 '보편'의 관계로 치환함으로써 이 문제를 해소시키고자 했다. 즉 그에게 있어 개체란 경험적인 사실학이 정립하는 '실재적인 것', '공간적・시간적으로 현존재하는 것', '우연적'인 것이다. 그러나 그것은 결코 아리스토텔레스의 τόδε τι와 같은 '여기에 있는 이것'(ein Dies da), '일회적인 것', 무엇인지 포착하지 어려운 것이 아니라, 자기 자신 속에 '본질보편성'(Wesenallgemeinheit)을 지

니고 그것에 따르는 한에서 다른 존재방식도 취할 수 있다는 의미에서 우연적인 것이다. 예를 들면 모든 소리는 '소리 일반'이라는 본질을 지니며, 모든 물질적 사물은 '물질적 사물 일반'이라는 본질을 지닌다. 이러한 보편성은 개체와는 다른 실재가 아니라 개체의 '영역'(Regionen) 내지 '범주'(Kategorien)였다[Ideen Ⅰ 9]. ☞ [사]대표상, 사실존재/본질존재

—마쓰이 요시카즈(松井良和)

객관客觀 ⇨[사]주관/객관

객관적 신체客觀的身體 ⇨[사]현상적 신체/객관적 신체

객관적 정신客觀的精神 ⇨[사]주관적 정신/객관적 정신

객관적인 것客觀的— [(독) Objektiv]

마이농이 『가정에 대하여』(*Über Annahme*, 1902) 제1판에서 표상작용의 대상인 객체(Objekt)에 준해 도입한 판단 내지 가정(Annahme)의 사유작용에 대응하는 자존적 대상. 문장의 형태로 표시되는 대상을 말한다. 볼차노의 명제 자체(Satz an sich), 슈툼프와 후설의 사태(Sachverhalt)와 동등하며, 주요한 점에서는 전기 브렌타노와 마르티의 판단내용(Urteilsinhalt)에도 상응한다. 판단 내지 가정의 긍정·부정의 질에 대응하여 적극성(Position) 또는 소극성(Negation)의 어느 쪽인가의 이극대립적인 규정성을 지닌다. 비시간적, 이념적인 대상이며, 실재하는(existieren) 것이 아니라 존립한다(bestehen)·존립하지 않는다고 말해진다. 존립할 때에는 사실적(tatsächlich), 존립하지 않을 때에는 비사실적(untatsächlich)이라고 말해지며, 사실성, 가능성(사실성으로부터 비사실성에 이르기까지의 가능성의 계열이 있다), 필연성 등의 양상적 규정은 이러한 객관적인 것에 대해서만 부가된다. 객체를 하위체(inferiora)로 하여 성립하는 고차 대상(Gegenstand höherer Ordnung)에서 위쪽으로 열린 위계계열(Ordnungsreihen)을 지닌다. 객관적인 것은 존재를 지닐 뿐 아니라 그 자신이 언제나 가장 넓은 의미의 존재이기도 한 대상이라는 관점에서 이 객관적인 것은 대체로 세 가지 종류로 다음의 범형에 따라 분류된다. 협의의 존재(Sein): A가 있다(A ist.), 상존재相存在(Sosein): A는 B이다(A ist B.), 공존재共存在(Mitsein): A라면 B이다(Wenn A, so B.). 이것들은 각각 존재 객관적인 것(Seinsobjektiv), 상존재 객관적인 것(Soseinsobjektiv), 공존재 객관적인 것(Mitseinsobjektiv)이라고 칭해진다[*Über Annahme*. 2. Aufl. (1910), §14, *Selbstdarstellung* (1921), 17-20 참조]. ☞ [사]대상론, 명제 자체, 상존재, [서]대상론에 대하여

—에리구치 아키토시(江里口明俊)

객관주의客觀主義 [(독) Objektivismus]

후설의 『위기』에 의하면 객관주의는 갈릴레오의 '수학적 전체로서의 자연'의 이념에 의해 출현한 사상이며, <초월론주의>(Transzendentalismus)에 대립한다. 갈릴레오는 이미 성립해 있던 극한형태(이념적 형태)의 영역의 학인 기하학을 기반으로 하여 <보편적 인과성에 의한 전체적 통일로서의 자연>이라는 이념을 형성했다. 그때 감성적인 것은 형태와의 인과관계를 매개로 하여 간접적으로 수학화되는데, 기하학은 수식에 의해 산술화되었다. 객관주의의 특징은 경험에 의해 자명한 것으로서 미리 주어져 있는 세계의 기반 위에서 그 '객관적 진리', 요컨대 '세계가 그 자체에서 무엇인가'를 묻는 데 있다. 데카르트는 세계에 대한 판단중지와 '나는 생각한다'에로의 귀환에 의해 근원적 명증성의 영역을 발견했지만, 객관주의의 영향을 받아 이 영역을 잘못되게도 실체로서의 마음으로 해석했다. 이러한 근원적 명증성의 영역을 발견한 데서 동기를 부여받아 성립한 초월론주의에 따르면 미리 주어져 있는 생활세계의 존재의미는 주관적 형성체인 것이고, 학문에서의 객관적으로 참된 세계도 학 이전의 경험과 사고에 기초하는 한층 더 고차적인 형성체인

바, 객관적 진리와 세계의 궁극적인 존재의미는 전학문적인 내지 학문적인 방식으로 세계를 성립시키는 주관성에 대한 문제제기에 의해서만 이해 가능한 것이 된다. 후설은 근대 철학은 객관주의와 초월론주의의 격렬한 긴장의 역사이지만, 그것은 결국 초월론적 철학의 최종 형식인 현상학에 이른다고 보고 있다. ☞㉦초월론적 철학

—오구마 마사히사(小熊正久)

객관화 작용 客觀化作用 [(독) objektivierender Akt]

후설은 『논리연구』 제5연구에서 브렌타노의 테제, 즉 "모든 심적 현상은 표상이든가 표상에 기초한다"는 테제를 비판하고, 그 대신에 "모든 지향적 체험은 객관화 작용이든가 객관화 작용에 기초한다"는 테제를 제출했다. '객관화 작용'이란 표상과 판단 및 이들과 동일한 질료를 가지면서도 대상의 정립을 포함하지 않는 중립성 변양의 총칭인데, 그것들은 동일한 작용 성질의 유類에 속한다고 간주된다. 그 밖의 유에 속하는 성질을 지니는 의욕, 의문, 기쁨 등의 작용은 '비객관화 작용'(nichtobjektivierender Akt)이라고 불린다. 비객관화 작용은 객관화 작용을 기반으로 함으로써 대상에 관계하는 지향적 체험이 된다. 『이념들 Ⅰ』의 구분에 따르면 위의 '객관화 작용'에 상당하는 것은 신빙적 정립의 성격을 지니는 작용 및 그 중립성 변양이 된다. 그러나 『이념들 Ⅰ』에서는 모든 작용은 신빙적 정립을 포함한다는 의미에서 '객관화하는' 작용이자 대상을 근원적으로 '구성한다'고도 말해지고 있는데, 이 점에서 보면 모든 작용은 객관화 작용으로 간주되게 된다. 이러한 견해에 의해 지향적 작용에 포함된 '논리적인 것'의 보편성 및 대상영역을 가치 등으로까지 확대할 가능성이 보이게 된다. 나아가 객관화 작용과 비객관화 작용의 구별을 어떻게 생각할 것인가 하는 것은 주장문과 그 밖의 원망, 의문, 의사 등을 표현하는 문장 사이에서 의미부여・의미충족과 관련하여 본질적인 구별을 행할 수 있는가 없는가라는 의미론상의 문제와 밀접하게 관련된다[『논리연구』 제5연구 제3장, 제6연구 제9장, 『이념들 Ⅰ』 §117 참조]. ☞㉦대상, 작용, 표상

—오구마 마사히사(小熊正久)

객체존재성 客體存在性 ⇨㉦도구존재성/객체존재성

거리 [(불) écart; distance]

주로 『보이는 것과 보이지 않는 것』에서 <차이>, <열개裂開>와 병행하여 사용되는 개념. 본래는 기호 간의 변별적인 대립을 나타내기 위해 사용되었지만, 메를로-퐁티는 그것을 자기와 자기, 존재, 타자와의 합치나 융합을 비판하는 개념으로 전용한다. 자기 현전에서의 내재적 합치를 기본으로 한 자기=주관의 전통적 이해에 맞서 "자기와의 거리(écart)에 의한 자기와의 접촉"[VI 246], "거리(distance)를 통한 가까움"[같은 책 170]이 주장되는바, 지각 주체의 현전은 사실은 "차이화된 세계로의 현전"[같은 책 245], "현전 불가능한 것의 본원적 현전화"[같은 책 257]로서 자기를 차이화하면서 월경해가는 것이게 된다. 메를로-퐁티는 바로 이와 같은 '거리'를 통해서 비로소 존재를 아는 것이 보증되며 타자나 사물과의 이입이나 측면적 관계도 가능해진다고 생각한다. '거리'는 합치의 개념에 대한 비판이면서도 또한 자기와 존재나 타자와의 "서로 겹치지 않는 동일성", "모순함이 없는 차이"[같은 책 179]의 관계를 보여주는 개념이자, 두 개의 항이 상호적으로 거리를 취하고 부조화를 함축하면서 끝나지 않는 차이화를 통해 전체성을 구성하는 것에 관한 개념이기도 하다. 그런 의미에서 '거리'(distance)는 합치를 지니지 않는 '사슬'(lien)인 것이다[RC 79]. ☞㉦동일성/차이, 시차적 의미, 열개

—가쿠코 다카시(加國尙志)

거부 拒否 ⇨㉦승인/거부

거울상—像 [(불) image spéculaire]

1950년의 소르본에서의 강연에서 메를로-퐁티는 다른 발생적 심리학설과 더불어 라캉의 '거울상 단계'의 이론을 검토한다. 라캉에 의하면 유아기의 발달에서 거울은 결정적인 역할을 담당한다. 발달 초기에 유아는 자기의 신체적 통일성을 결여하며, 그와 상관적으로 세계의 게슈탈트적 분절도 실현할 수 없다. 생후 6개월 무렵부터 유아는 거울에 비친 자기의 신체상을 보고 기뻐하며, 아직 존재하지 않는 자기의 통일성을 '상상적'으로 선취한다. 유아는 이후 자기의 전체상에 대한 이러한 상상적 동일시에 의해 시각의 우위하에 그때까지 짤막하게 끊어진 신체의 불안을 넘어섬과 동시에 자아의 '근원상'으로 통일되며, 이러한 자기의 모습을 바라보는 타자와 공유하는 공간—현상학적으로 말하면 <거기>와 <여기>의 공간적 분절—을 손에 넣게 된다. 이후 메를로-퐁티에게 있어 거울 문제는 그 중요성을 잃은 적이 없었다. 『보이는 것과 보이지 않는 것』을 준비하던 그는 라캉의 경우와 비슷하게 거울상을 매개로 한 이러한 시선의 가역성 속에서 '나르시시즘'을 읽어낸다. "누군가 사람이 자리 잡고 살고 있는 어떤 신체의 윤곽을 다른 사람들이 보듯이 외부에서 보는 것이 아니라 특히 그 신체에 의해 보이고 그 신체 속에서 실존하며 그것 속으로 이주하고, 환영에 의해 매혹되고 이끌리며, 소외된다"[VI 193]. 여기서 <나>의 <존재>가 그 <보이는 모습>으로 환원되지 않는다는 것과, <내>가 (타자의 시선을 매개로 하여) 자기의 <보이는 모습>에 홀린다는 것, 이러한 이중의 방향성을 가능하게 하는 필연적인 어긋남을 포함한 '보이는 것/보이지 않는 것'의 본질현성(Wesen)이 실현되는 것이다[VI 375, 401 등을 참조]. 그러나 신체적 <자기>가 타자(로서의 자기의 상) 쪽으로부터 가능해진다고 하는, <자기>의 수동성을 사유할 수 있게 만드는 '거울상 단계'에서의 라캉의 독창성은, 제로 점 → (타자로서의) 자기의 거울상 → 자기 → 타자(의 상) → 자기(=제로 점)의 네 개 항을 화살표 방향에 따라 종점 없이 운동하는, 즉 욕망의 눈길의 공간을 발견한 점에 놓여 있다. 쌍수적雙數的인 눈길로 이루어진 이러한 '상상계'의 폐쇄계는 평화적인 질서 없는 악무한의 카오스를 초래한다. 동일하게 헤겔의 주인과 노예 관계로부터 출발하여 '사도-마조히즘'에 이르는 사르트르와는 달리 라캉은 어떤 의미에서는 다시 헤겔적으로 이러한 폐쇄계에 질서를 부여하는 초월적인 제3자의, 대문자의 <타자>의, 언어의 차원을 구상한다. 그에 반해 메를로-퐁티는 거울의 '가역성'의 공간에서 욕망의 악무한이나 부성적父性的인 제3자의 위치를 인정하지 않고 어떤 의미에서는 모성적인 통일을 추구한다고 말할 수 있을 것이다.

—미나토미치 다카시(港道 隆)

참 J. Lacan, *Ecrits*, Paris, 1966(宮本忠雄 外 譯, 『エクリ』, I-III, 弘文堂, 1972-81). M. Merleau-Ponty, *Le visible et l'invisible*, Paris, 1964(瀧浦靜雄・木田元 譯, 『見えるものと見えないもの』, みすず書房, 1989). 水野和久, 『現象學の射程—フッサールとメルロ・ポンティ』, 勁草書房, 1991.

거주居住 [(불) habitation]

<집>(maison), <주거>(demeure)의 관념과 더불어 특히 『전체성과 무한』 II부 '내면성과 경제'에서 주제적으로 논의된 레비나스의 관념으로서, 하이데거가 말하는 <집>과 <거처하기>의 관념을 비판하고자 하는 의도를 그로부터 읽어낼 수 있다. "자아는 내 집에서 체재하면서 자기를 집약한다"[『전체성과 무한』 167]는 말이 보여주듯이 <거주>는 <원기元基>의 위협을 피하여 <집>에 틀어박힌 자아가 그 자기를 집약하여 <분리>를 성취하고 <내면성>을 지닌 <무신론적 자아>로 화하는 구체적인 양식을 의미한다. 후년의 레비나스는 <거주>를 포기하고 <비장소>로 추방되는 것을 <윤리>의 요청으로 간주하지만, 『전체성과 무한』에서는 <거주>와 <소유> 및 <노동>과의 연계가 상술됨과 동시에 <거주>와 <여성적인 것>의 연관이 추구되고, <같음>과 <다름>을 말하자면 다리로 이어주는 것으로서 <거주>가 포착되고 있다. "집은 뿌리와는 정반대의 것이다"[같은 책 187]라는 말대로 <집> 그 자체가 <원기>의 차고 넘침으로 꿰뚫린 <비장소>(utopie)이자 정주定住와는

거꾸로 된 <헤맴>(errance)을 증시한다. 더 나아가 <집>에서의 자아의 집약은 <내 집>이라고 생각하고 있던 것에 먼저 거처하는 <여성적인 것>에 의한 자아의 <영접>의 소산에 다름 아니다. <내 집>은 자아를 맞아들이는 타인의 <집>인바, 이러한 역설을 지렛대로 하여 타인을 <내 집>에 맞아들이는 <환대성>이 말해지게 된다. ☞ ㉿전체성과 무한

—고다 마사토(合田正人)

건너뜀 [(불) enjambement] ⇨㉿월경

게슈탈트 이론—理論 [(독) Gestalt-theorie]

좁은 의미로는 베를린 대학을 중심으로 베르트하이머, 쾰러, 코프카, 레빈 등에 의해 전개된 전체론적인 입장에 서는 심리학 이론(게슈탈트 심리학)을 말한다. 19세기 말부터 20세기 초두에 걸쳐 심리학은 분트의 요소주의적이고 분석주의적인 구성심리학의 강한 영향 하에 있었지만, 이러한 분트의 입장은 (1) 전체는 병렬적으로 주어진 요소적 내용의 총화라는 모자이크 테제, (2) 개개의 자극과 그 감각(내지 그 생리적 과정)과의 사이에는 일대일 대응이 있다는 항상가설(항상가정), 나아가 (3) 각 요소가 시간·공간적으로 접근하여 주어지면 연합이 형성된다는 연합테제에 입각해 있었다. 그러나 이러한 분석주의적인 입장은 '관찰된 의식내용에 대한 올바른 기술을 가져올 수 있는가'라는 심각한 물음 앞에 서게 된다. 눈앞의 사물이 입체적으로 보인다고 할 때의 그 입체성의 지각은 두 눈의 감각들과 그 차이로 환원될 수 없는 본원적인 것으로서 있기 때문이다. 이리하여 심적 현상들은 그 이상의 분석을 받아들이지 않는 직접 경험으로서 주어져 있다고 하는 반분석주의, 반요소주의의 움직임이 철학계와 심리학계에서 나타나게 된다. 게슈탈트 심리학도 그 하나로서, 1912년에 베르트하이머가 발표한 키네마성 운동 지각에 관한 실험은 위의 (1)-(3)에 반대하기 위한 결정 실험의 의미를 지니는 것이었다. 실제로 서로 다른 장소에서 독립하여 계기적으로 제시되는 빛의 띠가 그와 같은 것으로서는 지각되지 않고 한쪽에서 다른 쪽으로 '나는 듯이' 보이는 키네마성 운동지각은 바로 (1)과 (2)에 모순하고 (3)의 설명을 받아들이지 않는 직접 경험에서 주어지는 현상 그 자체인바, 부분과 요소로 분해한 것에서는 그 살아 있는 전체 특성이 상실되어 버리는 성격의 것이다. 이리하여 '전체 특성은 부분의 총화로 환원될 수 없다'는 부분에 대한 전체의 우위를 설파하는 게슈탈트 이론의 기본테제가 도출된다. 형태 지각을 예로 들면, 지금 세 점이 정삼각형의 '형태'를 구성하고 있을 때 그 한 변 위에 또 하나의 점을 덧붙이더라도 그 '형태'에 변화가 생기지 않지만, 그 한 점이 한 변 위를 벗어나면 그 '형태'의 인상은 크게 변화한다. 따라서 그 '형태'는 구성요소의 수보다는 그 전체적인 배치에 규정된 전체 성질=게슈탈트 성질을 지닌다고 말하지 않으면 안 된다. 좀 더 일반화하여 말하자면, 소여는 본래 다양한 질서에서 구조를 갖추어 '모양이 갖춰진' 하나의 통합(형태=게슈탈트)으로서 주어진다. 그러한 통합=게슈탈트는 무언가의 경험 요인에 귀속되는 것이 아니라 그러한 자극 분포 자체에 갖춰진 자발적인 체제화의 결과이다. 베르트하이머는 이와 같은 체제화의 규정 요인을 게슈탈트 요인이라고 부르는 한편, "심적 현상은 그때마다의 조건이 허락하는 한에서 전체로서 형태적으로 가장 뛰어나고 가장 질서 있으며 가장 간결한 통합을 이루려고 하는 경향이 있다"고 말하고 이것을 "간결성 Prägnanz 원리"라고 불렀다. '게슈탈트'라는 용어는 원래는 에렌펠스가 마흐의 『감각의 분석』(1886)에서 시사 받아 사용하기 시작하고, 그 후 그라츠학파에게도 인계된 '형태질(Gestaltqualität)'에서 유래한다. 그들에 의하면 그것은 멜로디처럼 "요소로 분해한 것에서는 산산이 흩어져 버리는 그 자체가 하나의 전체인 바의 성질"을 말한다. 다만 그들은 그것을 "요소의 총화에 뭔가가 덧붙여진 것"이라는 식으로 생각하고 있었다. 베르트하이머는 그러한 요소주의의 잔재를 불식하고, 이 개념을 부분에 대한 전체 우위의 입장을 나타내는 표어로 다듬어냈다고 말할 수 있다. 에렌펠스와 같은

무렵 마흐의 동일한 책의 영향을 받아 후설 역시 『산술의 철학』(1891)에서 이러한 전체적 성질을 '준성질적 계기' 내지 '도형적 계기'라고 부르며 문제로 삼고 있다. 이 개념은 『논리연구』와 『이념들 Ⅰ』에도 계승되어 그의 현상학의 전개에 중요한 역할을 담당하고 있다. 에렌펠스와 그라츠학파의 지도자 마이농 그리고 후설 모두 동일한 브렌타노의 문하이고, 베를린학파의 한 사람인 코프카는 직접 후설의 강의를 듣고 그 영향을 인정하고 있기 때문에, 게슈탈트 이론과 현상학은 상당히 가까운 곳에서 병행하여 전개된 두 개의 사상운동이라고 생각할 수 있을 것이다. 물론 후설 자신은 게슈탈트 심리학에 대한 이해가 없었지만[『이념들』 후기], 셸러와 메를로-퐁티는 게슈탈트 이론에 깊은 이해와 공감을 보이고 있다.

그런데 직접적으로 체험된 심적 현상에 대한 정향과 부분에 대한 전체 우위의 입장을 넓은 의미의 게슈탈트 이론으로 이해하면, 그것은 베를린학파의 그것에 멈추지 않는다. 괴팅겐의 실험현상학파의 한 사람인 루빈(Edgar John Rubin 1886-1951)은 현상적 세계가 '그림-바탕'의 구조를 지니며, 그때마다의 조건에 의해 그것이 교대한다는 것을 밝혔다. 지각에 본래 갖춰진 이러한 그림-바탕 체제에 대한 실험현상학적 기술은 베를린학파에게 높이 평가되어 게슈탈트 이론의 중요한 일부로서 끼워 넣어졌다. 다른 한편 크뤼거(Felix Krueger 1874-1948) 등 라이프치히학파는 아직 명확히 체제화되어 있지 않은 복합적이고 미분절적인 전체를 복합질이라고 부르고, 그와 같은 전前게슈탈트(Vorgestalt)가 체제화되어 분절화된 최종 게슈탈트(Endgestalt)로 전개되는 것을 현실발생(Aktualgenese)이라 불러 발생론적인 게슈탈트 이론을 전개했다. 이 학파의 입장은 전체성 심리학이라고도 불리지만, 그것의 유기체론적 전체론은 특히 공감각적인 현상들의 이해를 위해 중요한 틀이 된다. 덧붙이자면, 메를로-퐁티가 『행동의 구조』나 『지각의 현상학』에서 게슈탈트에 대해 언급할 때 베를린학파의 연구 성과뿐 아니라 라이프치히학파의 그것을 자주 참조하고 있다는 점은 주목할 만하다. ☞ ㉶간결성, 공감각, 그림과 바탕, 베를린학파

—구지라오카 다카시(鯨岡 峻)

㊟ E. G. Boring, *A History of Experimental Psychology*, New York, 1950. P. Guillaume, *La psychologie de la forme*, Paris, 1937(八木冕 譯, 『ゲシュタルト心理學』, 岩波書店, 1952). 矢田部達郎, 『思考心理學1』, 培風館, 1948.

결여缺如 [(불) manque]

인간 존재는 사르트르에 의하면 하나의 결여이다. 인간에게 욕망이 있는 것이 그것을 증명해 보여준다. 대자로서의 인간 존재는 자기 자신과의 일치를 결여하고 있다. 대자란 그것인 바의 존재가 아니라 그것이 아닌 바의 존재인 것이다. 요컨대 대자존재는 무를 분비하는 무화작용, 부정작용에 의해 특징지어진다. 이러한 무화작용이 대자를 존재 결합이게끔 한다. 대자존재의 본질적 구조를 이루는 내적인 부정관계란 '우리가 부정하는 것'과 '우리가 무언가에 대해 그것을 부정할 때의 그 무언가'와의 사이에 설정되는 부정관계이다. 이것은 '부정이 무언가에 대해 부정할 때의 그 무언가의 존재'와 '부정이 부정하는 존재'를 자기의 존재에서 구성하는 부정이다. 요컨대 결여는 다음과 같은 3원적 구조를 지니게 된다. 즉 (1) 결여하고 있는 몫, 요컨대 결여분, (2) 결여분을 결여하고 있는 자, 요컨대 결여자 또는 현실존재자; (3) 결여에 의해 분해되어버리지만 결여분과 현실존재자의 종합에 의해 복원될 하나의 전체, 요컨대 결여를 받는 것, 이 3자이다. 인간이란 이와 같은 구조를 지닌 현실적 존재자이자 결여자인 까닭에 인간은 하나의 전체를 지향하여 자기를 미래로 기투한다. 더 나아가 이러한 전체란 <즉자-대자>, 결국 신이다. 인간은 이러한 신이고자 하는 욕망이지만, 이러한 기도는 언제나 좌절로 끝날 수밖에 없다. 인간은 무익한 수난인 것이다. ☞ ㉶무, 실존주의, 영유, ㉿존재와 무

—하코이시 마사유키(箱石匡行)

결의성決意性 [(독) Entschlossenheit]

『존재와 시간』(및 그 전후의 강의) 등에서의 하이데거의 용어로서 각오성覺悟性이라고도 번역된다. <세인> 속에 매몰되어 자기를 상실하고 있는 일상적이고 비본래적인 현존재를 향해 양심은 자기를 되찾을 것을 부르짖지만, 이러한 부르짖는 소리를 이해하고 <양심을 갖고자 의지하는 것>이 결의성이다. <양심을 갖고자 의지하는 것>은 현존재의 개시성의 세 가지 계기에 입각하여 분석하면 <침묵하고, 불안을 받아들이고, 가장 자기적인 책무를 지닌 존재로 자기를 기투하는 것>이다. 결의성은 형식적인 실존론적인 것인바, 그것이 구체적으로 무엇에로 향할 것인가를 규정하지 않는다. 이러한 미규정성은 결의성이 개시하는 상황 속에서 그때마다의 사실적인 가능성에로 기투하는 것, 요컨대 결의(Entschluß, 결단)에 의해 실존적으로 규정된다. 그런데 현존재는 언제나 이미 비결의성 속에 놓여 있기 때문에 결의성이 전체적이고 항상적이기 위해서는 그것은 현존재의 전체성(탄생부터 죽음까지)을 개시하여 선취하게 만드는 <죽음에의 선구>와 결합하지 않으면 안 된다. 그러므로 결의성의 본래적인 가능성은 <선구적 결의성>인바, 선구적 결의성은 현존재의 실존적으로 본래적인 전체적 존재 가능성이다. 『존재와 시간』 시기 이후 결의성이라는 말은 거의 등장하지 않게 된다. 때때로 사용되는 경우에도 점차 의미가 변화하여 Ent-schlossenheit(탈-폐쇄성)라고도 표기됨으로써 현존재가 스스로의 속에 갇힌 존재방식으로부터 그리고 나중에는 또한 존재자 속에 갇힌 존재방식으로부터 탈출하는 것, 단적으로 말하면 존재의 밝힘에로 몸을 여는 것으로 다시 해석되기에 이른다. ☞ ㊕본래성/비본래성, 세인, 양심, 죽음

—고토 요시야(後藤嘉也)

경제經濟 [(불) économie]

<가정>이라는 어원적 의미에 더하여 레비나스는 <구조>의 동의어로서, 그리고 <소유>와 <노동>과 같은 이른바 경제적 연관들의 뜻으로, 나아가서는 <경제의 정의>라는 뜻으로 이 말을 사용한다. 레비나스 철학의 통주저음이라고도 말해야만 할 <화폐> 문제도 거기에 연결된다. <전체성>을 사칭하는 자아의 <부정>을 <경제적>이라고 부르고 있던 레비나스는 『전체성과 무한』 II부에서 <같음>의 구조의 분지로서 <경제>를 논하게 된다. <경제>는 우선 <집>에 수용되는 것으로 집약되는 <가정적 실존>으로서의 자아의 양태를 의미하며, <원기元基>로부터 사물을 떼어내는 <노동>도 사물을 <집>에 저장하여 내일의 <향유>를 보증하는 <소유물>로서 그것을 보존하는 것을 본의로 하고 있다. 그러나 <집>이 <여성적인 것>이라는 타자성(altérité)을 이미 전제하고 있는 것과 마찬가지로, 초월 없는 <경제>도 이미 타자의 초월에로의 통로를 내장하고 있다. <집>을 비워줌으로써 <소유물>을, 나아가서는 자기 그 자체를 <증여>하는 말하자면 반경제적인 일이 <경제의 정의>로서 다시 파악되는 까닭이다. 자아의 <타율성>에 의해 강요되는 이러한 <증여>를 레비나스는 갚으면 갚을수록 늘어나는 <빚>의 지불로서 파악한다. 타인을 속죄하는 것이 아니라 자기를 교환 불가능한 <화폐>이게끔 하는 것이 타인에 대한 <속죄>인 것이다.

—고다 마사토(合田正人)

경험經驗 [(독) Erfahrung (불) expérience]

경험을 넘어선 주장은 경험에 의해 반박되지도 않는 동시에 확증되지도 않는다. 확증과 반박, 참과 거짓을 묻지 않는 주장은 무의미하다. 상식은 이와 같이 생각하며 학의 성립을 경험의 범위에 한정하여 인정하고자 한다. 그렇다면 경험의 사실을 넘어서는 '초월론적' 현상학은 '학'이 아닌 것일까? '사태 자체로!'를 모토로 하는 현상학은 특정한 선험적(a priori)인 원리를 전제하여 그로부터 연역적으로 체계 구축을 시도하는 '위로부터' 유형의 철학에 반대한다. '사태 자체로!'란 본원적인 명증('참'의 현현의 장)인 본원적인 '경험'에로 돌아가 거기서 주어지는 '현상'의 본질을 일체의 선입견을 배제하고서 정직하게 본질을 직관하라는 것이었다. 경험의 본질직관과 그에 의한 기술의 학이

라는 현상학 이념은 좁은 의미의 철학만이 아니라 윤리학, 미학, 심리학, 정신의학, 언어학, 사회학, 즉 인간이 '경험'하는 많은 사태 영역의 학에 영향을 주기도 했다. 메를로-퐁티는 현상학과 심리학, 언어학, 역사학과의 관계를 논의한 『인간의 과학과 현상학』이라는 강의에서 현상학은 사고와 논리의 합리성, 보편성, 사실비의존성을 경험에 앞서 선험적으로 전제된 권리 위에 기초짓는다든지 하지 않는다는 의미에서 현상학적 실증주의에 대해 말할 수 있다고 주장한다 [*Les sciences de l'homme et la phénoménologie* (1975) 13]. 그것은 느닷없이 나타난 권리 위에서가 아니라 순수하게 그 본질을 직시한 경험, 즉 '사태'와 '현상'에 합리성과 객관성을 뿌리내리게 하는 태도이자, 연역적 인식은 아니지만 단지 사실적이지도 않은 인식, 즉 사태를 떠나지 않지만 바로 그런 까닭에 본질의 직시에 기초하는 형상形相적인 인식을 추구하는 태도이다.

현상학에서 말해지는 경험과 현상이 단순한 자연주의나 사실주의가 말하는 사실 경험이 아니라 본질적・형상적인 성격을 지니고 있다는 점은 특히 유의하지 않으면 안 된다. 후설의 경우 문제로 되는 경험과 현상은 주로 판단, 지각, 인식, 타자 경험이었지만, 그는 그것들에 대한 경험의 형상을 본질직관하기 위한 방법에 대해 다양하게 구상하고 있다. 그 중에서도 특히 중요한 것은 현상학적 환원이라고 불리는 방법이다. 이것은 문제로 하고 있는 사태의 형상・본질을 간취하기 위해 그 사태를 '본원적으로 부여하는' 의식체험, 즉 명증성('참')의 영역인 본원적인 경험영역으로 되돌아가는 방법적 태도이다. 더 나아가 그때 '초월론적' 현상학을 초월론적이게 하는 본질적 특징은, 이미 '완성된' 대상으로서 객체적으로 존재하는 대상세계로부터 그 대상세계를 반영해야 하는 또는 그 대상세계의 인과적인 작용의 결과이어야 하는 의식경험에로라는, 요컨대 자연주의적・객관주의적 견해에 있어 '자연스러운' 방향의 견해를 받아들이지 않는다는 점에서 알아볼 수 있다. 현상학은 객체적으로 존재하는 대상세계로부터 주관의 의식에로라는 방향을 채택하지 않는다. 그것은 오히려 역으로 '사태 자체'이자 본원적인 명증("참")의 장인 주체적인 의식경험의 영역 그 자체 속에서 '완성되어' 있는 대상의 가능성의 제약을 보고자 하는 '반자연적'이고 초월론적인 학문적 지의 길을 걸어간다.

이러한 반자연주의적이고 초월론적인 현상학의 발걸음을 후설의 후기 사상권역에 속하는 『경험과 판단』을 실례로 하여 제시해보자. 본서는 문자 그대로 경험과 판단을 문제로 하고 있다. 그러나 거기서 '경험'이라고 불리는 것은 대상으로서 '완성되어' 있는 객관물이나 객관적 사태에 대한 주제적・객관적인 '판단'과는 구별되며, 그것들에 대한 '판단'에 선행하여 그것들을 가능하게 하는 기반으로서의 '경험' 영역인 것이다. '생(활)세계'라고도 고쳐 말해지는 이러한 기반적인 '경험계'는 '전술어적(수용적) 경험'의 영역으로 규정되는데, 엄밀한 의미에서의 대상성・객관성이 성립하는 '술어적 사유'의 영역 또는 본래의 논리적 판단이 그것에 관계하는 '보편적 대상성의 구성'의 영역과는 명확히 구별된다.

술어 '판단'의 근원을 전술어적 '경험'에서 구한다는 것은 전술어적인 경험의 장에서 대상으로서 '완성되어' 있는 사물이나 사태, 요컨대 일상인이 '자연적'으로 그것이야말로 사실이라고 생각하는 사물이나 사태의 '가능성의 제약'(칸트의 용어)을 구한다는 것이다. 이것은 발생적 현상학임과 동시에 대상세계의 '가능성의 제약'을 문제로 삼는 초월론적 현상학이다. 근원적인 경험의 장은 요컨대 초월론적 주관성의 구성작용이 기능하는 기반적 장소라고 하는 것이다. 이러한 발생적 현상학에 의하면 술어적・대상화적으로 판단되는 것, 즉 일상의 자연인인 '사실인간'이 세계는 그것으로 이루어진다고 생각하는 사물과 사태를 근저에서 가능하게 하는 초월론적 경험의 장의 근본구조로서 세계지평, 시간의식의 종합, 동질적 및 이질적 연합 등이 특별히 제시된다. ☞ ㉚명증성, 초월적/초월론적, 형상{에이도스}, ㉛경험과 판단

—야마사키 요스케(山崎庸佑)

㊟ L. Landgrebe, *Der Weg der Phänomenologie*, 1963(山崎庸佑・甲斐博見・高橋正和 譯, 『現象學の道』, 木鐸社, 1980).

山崎庸佑, 『現象學と歷史の基礎論』, 新曜社, 1980(제1부, 「現象學的存在論の概要」).

경험비판론과 현상학 經驗批判論—現象學

경험비판론(Empiriokritizismus)이란 좁은 의미로는 R. 아베나리우스에 의해 창시되고 페촐트(Joseph Petzoldt 1862-1929)와 곰페르츠(Heinrich Gomperz 1873-1942) 등에 의해 계승된 <순수 경험>에 기초를 두는 실증주의적 인식론의 한 형태를 가리킨다. 넓은 의미로는 동일한 실증주의 계보에 속하는 E. 마흐와 H. 코르넬리우스 등의 견해도 포함하여 이 호칭이 사용되는 경우가 많다. 사상적 영향은 주로 독일어권에 머물렀지만, 영국의 과학철학자 K. 피어슨(Karl Pearson 1857-1936)에게서도 동일한 모양의 생각이 보인다. 그것의 반형이상학적인 주장은 이후의 논리실증주의 운동의 성립에 커다란 영향을 주었다. 아베나리우스는 사물과 마음, 의식과 존재 등의 이원론적 가정이나 실체나 인과 등의 형이상학적 범주들을 주관의 <투입작용>에 의한 부가물로서 배제(Ausschaltung)함으로써 주관·객관의 분리에 선행하는 <순수 경험>을 회복하고 그에 기초하여 <자연적 세계 개념>을 되살려내는 것을 철학의 임무라고 생각했다. 나아가 인식의 목표는 이러한 자연적 세계 개념을 <최소역량의 원리>에 따라 기술하고 이해하는 데 있게 된다. 형이상학적 혼입물을 배제하고 일체의 지식의 기반인 <순수 경험>으로 되돌아가는 이러한 절차는 자연적 태도의 선입견을 괄호에 넣고 <순수 의식>의 영역에로 되돌아가는 후설의 <현상학적 환원>의 조작과 일맥상통하는 바가 있다. 그러나 후설은 <최소역량의 원리>(마흐의 경우에는 <사유경제의 원리>)에 기초하는 인식의 근거짓기 시도에 대해서는 일관되게 비판적이었다. 그는 “인식론의 사유경제적 근거짓기는 결국 심리학적 근거짓기에 귀착한다”[LU Ⅰ 203]고 하여 그 오류를 “자체적으로는 순수 논리학은 모든 사유경제학에 선행하는 것이며, 따라서 후자에 기초하여 전자를 건설하는 것은 불합리이다”[같은 책 209]라는 점에서 찾는다. 요컨대 경험비판론자는 “말하자면 나무는 보고 숲은 보지 못한다. 그들은 생물학적 현상으로서의 학문의 해명에 노력하는바, 객관적 진리의 이념적 통일로서의 학문의 인식론적 문제를 전혀 건드리지 못한다는 점에 대해서는 깨닫지 못하고 있다”[같은 책 210]는 것이다. 그러나 이러한 부정적 태도에도 불구하고 후설은 그 후에도 아베나리우스의 저작에 대한 상세한 검토를 계속하고 있으며, 1910/11년 겨울학기 강의에서는 “자연적 태도와 <자연적 세계 개념>”에 대한 논구가 이루어졌다[Hu **13**. 111ff.]. 또한 1915년에는 「내재철학—아베나리우스」라는 제목의 초고를 쓰고[같은 책 196ff.], 1926년 가을에는 <상호주관적 환원> 및 <자연적 태도로의 귀환>이라는 관점에서 다시 아베나리우스의 견해를 음미한다. 이러한 사정으로부터 나중의 후설의 <생활세계> 개념은 <자연적 세계 개념>에 대한 비판적 검토에서 배태된 것이라는 점이 현재 지적되고 있다. 그런 까닭에 후설 현상학은 당시 독일 철학 중에서 일정한 세력을 과시하고 있던 경험비판론과의 끊임없는 긴장관계 속에서 형성되었다고 말할 수 있다. ☞ [인]아베나리우스, [서]인간적 세계 개념

—노에 게이이치(野家啓一)

[참] M. Sommer, *Husserl und der frühe Positivismus*, Frankfurt a. M., 1985.

경험주의 經驗主義 ⇨ [사]합리주의/경험주의

계기/단편 契機/斷片 [(독) Moment/Stück]

전체와 부분이라는 관계에서 비독립적인 것과 독립적인 것의 구별. 독립성과의 정의적 관련은 추상체/구체자의 구별과 거의 중첩된다. 독립적이란 그것 단독으로 존재할 수 있는 것이고, 비독립적이란 어떤 전체에 부대附帶해서만 존재할 수 있는 것이다. 그리하여 어떤 전체에 대해 상대적으로 독립적인 모든 부분이 단편이라고 불리며, 어떤 전체에 상대적으로 비독립적인 모든 부분이 계기(추상적 부분)라고 불린다. 예를

들면 동으로 만든 재떨이의 다리는 재떨이의 단편이지만, 재떨이의 빨강은 재떨이의 계기이다. 그러나 전체 그 자체가 독립적인가 아닌가는 아무래도 좋다. 따라서 계기적 부분이 더 나아가 단편을 지니는 경우도, 또한 단편이 더 나아가 계기적 부분을 지니는 경우도 있다. 다수의 서로 배척하는 단편에로의 전체의 구분은 세분화(Zerstückung)이며, 단편들이 완전히 이접적인 경우 그것들은 분리되어(getrennt) 있다고 말해진다 [LU Ⅱ/1 266f.]. 그러나 전체에 포함된 단편들은 그 상호간의 결합성 때문에 집합의 요소와는 구별된다. 전체는 단편(부분)의 단순한 모임 이상의 것이다[EU 162]. 그렇지만 대상에 대한 해명을 행하는 주체 측에서 보면 주목되는 단편은 여전히 해명되어 있지 않은 남은 단편의 <밖에>, 즉 그것으로부터 <분리되어> 있지만, 재떨이의 공간적 연장을 뒤덮는 빨강의 계기의 경우는 그렇지 않다. 요컨대 단편은 상호적으로 <병존>하는 데 반해 계기는 <서로 침투하는> 것이다. ☞㉮독립성/비독립성, 전체와 부분, 추상체/구체자

—시바타 마사요시(柴田正良)

고독한 심적 생활 孤獨─心的生活 [(독) einsames Seelenleben]

타자와의 의사소통의 문을 닫은 채 이루어지는 내면적 의식생활을 후설은 '고독한 심적 생활'이라고 부른다.

후설은『논리연구』의 제1연구 '표현과 의미'의 서두에서 기호를 두 가지 범주, 즉 '지시기호'와 '의미기호'로 분류함과 동시에 기호의 기능으로서 세 가지를 들고 있다. 요컨대 원칙적으로 언어 바깥의 사물을 지시하는 '지시기능', 특히 발화자의 심적 내용을 고지하는 '고지기능', 그리고 순수하게 '의미' 내용을 의미하는(bedeuten) '의미기능'의 셋이다. 이러한 '의미기능'을 수행하는 말하자면 유의미한 기호를 '표현'이라고 부른다. 특히 언어기호의 경우 지시기능과 고지기능은 <화자가 무언가에 대해 청자에게 말하는> 의사소통적 상황에서 발휘되지만, 후설에 의하면 '표현'은 '혼잣말'과 같은 '고독한 심적 생활'에서도 '의미를 지닌 기호로서' 기능하는바, 요컨대 거기에서도 '의미기능'은 작용하고 있다. 사고 내지는 '스스로의 마음속에서만' 이루어지는 이야기의 경우에는 청자가 없기 때문에 '지시기능'이나 '고지기능'은 필요 없으며, 남는 것은 '유의미한' 기호로서의 의미를 짊어진 기능뿐이게 된다. 그와 같은 의사소통적 상황에서의 언어사용에서는 우선 (1) 타자의 존재와, (2) 언어 표현의 물리적 매체('음성'이나 '잉크의 얼룩' 등)가 전제되어 위에서 말한 '지시기능'과 '고지기능'이 수행되지만, 후설은 '내부 언어'(internal speech) 등의 경우에서도 언어 표현의 '유의미성'이 보존된다고 생각하고 언어 표현의 본질적 기능은 의사소통적 상황에서가 아니라 바로 '고독한 심적 생활'이라는 장면에서 현실화된다고 생각했다.

그와 같은 1인칭적인 심적 체험에로의 의미론적 '환원'은 후설 현상학에서 언제나 작용하고 있는 데카르트적 동기, 즉 <'고독화'와 '성찰'에 의한 철학적 근거짓기에 대한 지향>의 전형적인 예이다. ☞㉮지표와 표현

—미야하라 이사무(宮原 勇)

고유영역 固有領域 [(독) Eigenheitssphäre; Eigensphäre]

후설이 타자론에서 사용한 용어로서 낯선(fremd) 주관(즉 타자)에게 직접·간접적으로 관계하는 일체의 것을 사상하는 "독특한 주제적 에포케"[CM 124]에 의해 얻어지는 자아에게 고유한(eigen) 영역을 말한다. 문화적 술어와 정신적 술어는 모두 다른 주관을 지시하기 때문에 사상되며, 만인에게 있어 객관적이라는 의미를 상실한 "단순한(bloß = 벌거벗은) 자연"[CM 128]만이 이러한 추상에 의해 추출된다. 그러나 거기에서는 여러 가지 물체 중에서 하나의 특이한 것으로서 "나의 신체"가 발견되는데, 그 밖의 물체는 모두 이러한 "절대적인 여기"의 주위에 방위지어져 현출한다. 이러한 것으로부터 생겨나는 현전화{예를 들면 상자의 볼 수 있는 면의 현출}를 넘어서는 부대현전화{예를 들면 상자의 볼 수 없는 면의 부대적 현출}라는

구조화에 의해 이러한 고유영역 내부에서도 모종의 초월("내재적 초월"[CM 134], 즉 "원초적 초월"[같은 책 136])이 발견된다. 그러나 고유영역을 굳이 '추상적'으로 추출하고자 하는 것은 이 고유영역을 초월하는 낯선 것의 경험(＝타자 경험Fremderfahrung)을 해명하고, 그에 의해 "구성적으로는 이차적인, 본래적인 의미에서의 객관적 초월"[CM 146]을 초월론적으로 해명하기 위해서이다{후설은 (1) 시간적인 "근원초월"[Hu **11**. 204], (2) 고유영역 내에서의 원초적 초월, (3) 타자경험을 통한 고차적인 초월이라는 세 개의 단계에서 '초월'의 문제를 생각하고 있다}. ☞ ㉏신체, 초월/내재, 추상, 타자

—하마우즈 신지(浜渦辰二)

고향세계/이향세계故鄕世界/異鄕世界 [(독) Heimwelt/Fremdwelt]

후설이 상호주관성론에서 사용한 용어. 그는 세계의 상호주관적 구성을 두 개의 단계에서 생각하는데, 제1단계(타자론)에서 구성된 인간 공동체로서의 문화세계가 낯선(fremd) 문화세계{＝이문화}와의 만남에 의해 극복되는 것을 제2단계의 문제로 하고 있다[CM §58]. 그것은 고향세계와 이향세계의 만남에서 동일한 세계의 구성이라는 문제이다[Hu **15**. 214ff.]. 제1단계{자아와 타자}와 제2단계{고향세계와 이행세계}는 평행적으로 고찰된다. 즉 원초적 세계가 절대적 영점인 나의 신체에 방위지어져 있는 것과 마찬가지로 문화세계도 고향세계로부터 이향세계에로 방위지어져 경험된다. 후설은 한편으로 자아가 타자와의 대비에서 비로소 구성되는[Hu **13**. 247] 것과 마찬가지로 고향적인 것은 이향적인 것과의 대비에서 비로소 두드러지게 된다[Hu **15**. 176]고 양자가 상대성에 놓여 있는 차원을 인정하면서도, 다른 한편으로 나의 신체가 근원신체(Urleib)로 되는 것과 마찬가지로 근원적 기반으로서의 고향세계를 근원고향(Urheimat)이라고 불러[「코페르니쿠스설의 전복」] 초월론적인 차원에 대해 말하고자 한다. 그리고 후설에 의하면 고향세계와 이향세계의 상대성을 넘어서서 근저에서 공통의 동일한 세계를 탐구하고자 하는 데에 그리스에서의 철학과 학문의 시작이 놓여 있었던 것이다. ☞ ㉏원초적, 이타성/친근성, 타자

—하마우즈 신지(浜渦辰二)

㊟ K. Held, "Heimwelt, Fremdwelt, die eine Welt", in *Phänomenologische Forschungen*, Bd. 24/25, Alber, 1991.

공간空間 [(독) Raum (불) espace]

공간이란 사람이나 사물이 점하고 있는 장소 또는 인간의 활동이 행해지는 장이나 물체의 운동이 그 속에서 전개되는 넓이를 말한다.

Ⅰ. 공간의 존재방식에 대해서는 지금까지 (1) 물체와 그 운동, (2) 인간과 그 활동이라는 두 가지 측면에서 다루어져 왔다.

(1) 공간은 아무것도 없는 공허한 것(고대 원자론자)이라든가, 연장, 넓이야말로 물체의 본질이기 때문에 물체와 공간은 결국 동일한 것{이러한 생각에서는 기하학과 물리학이 동일화된다} 데카르트)이라든가, 또는 공간은 사물들이 인접하는 경계, 따라서 사물을 받아들이는 용기와 같은 것인 장소(다만 용기처럼 실체적인 것이 아니라 부대적인 것)의 총화(아리스토텔레스)라든가, 나아가서는 일체의 부분공간이나 상대운동이 그것과의 연관에서 규정되는 유일한 기준으로서의 절대공간이 존재한다(뉴턴)든가, 또는 공간은 물체와 독립하여 존재하지 않고 사물과 사물의 상호관계의 총체에 지나지 않는다(라이프니츠)라든가로 논의되어 왔다. 그리고 공간을 초월론적 주관의 직관형식으로 하여 뉴턴과 라이프니츠의 생각의 조정을 시도한 것(칸트)도 잘 알려져 있다. 이러한 문제와 관련하여 공간은 유한한가 무한한가, 또 등질, 등방(방향이나 방위가 없는 것)인가 아닌가와 같은 것도 문제로 되어 왔지만, 특히 주목을 끈 것은 고대와 중세에는 이 우주공간이 지구를 중심으로 하여 항성천에 의해 한계지어진 유한한 세계이고 나아가 달 아래의 세계는 천상의 세계와 질적으로 다르고 무거운 물질이 중심을 향하는 것으로서 특징지어짐으로써 공간에 방향성이 주어진

데 반해, 근세의 과학의 견해에서는 공간이 등질적이고 무한한 것으로 된 것이다. 그러나 19세기에 확립된 전자장 이론에서는 공간의 이질이방성이 다시 제기되고, 아인슈타인의 일반상대성 이론에서는 이 세계의 유한성이 주창되며, 나아가 기하학과 물리학의 일체화라는 데카르트적인 생각이 다시 도마 위에 올라 재평가되고 있다.

(2) 다른 한편 인간과 인간의 활동의 존재방식과 관련하여 공간은 생활공간, 환경공간, 도시공간 등으로서, 즉 물체와 그 운동에 관련된 공간과 달리 정의적情意的 가치와 결부된 의미공간으로서 규정된다. 예를 들면 사람과 사람의 대면상의 거리는 물리적인 거리에만 그치지 않고 인간관계의 친소, 사회신분상의 차이에 따라 변하는 심리적 거리도 반영한다. 그리고 지각심리학이나 문화인류학의 깨달음과 인간과 동물의 행동양식의 같고 다름이나 정신병리학적 현상 등에 대한 고찰로부터 인간적 공간의 특성이 다양하게 제시되어 왔다.

Ⅱ. 현상학에서는 공간도 인간의 존재방식과 상관적으로 다루어지기 때문에 인간적 공간만이 의미공간인 것이 아니라 물리학적 공간이나 수학적 공간도 인간의 의식에 의해 구성된(konstituiert) 의미공간인바, 공간의 의미의 중층적 구조가 분석, 해명된다. 거기서는 공간이 지각되는데, 그리하여 행동이 행해지는 구체적 공간과 이념화하는 추상에 의해 극한개념(점, 선, 면, 질점 등)이 설정되어 이를 기초로 하여 전개되는 이념적 공간이 구별된다. 전자는 그 기저층으로서 전공간적(prespacial) 위상을 기초로 하여 구성되며, 후자는 기호를 매개로 하여 형식화하는 조작에 의한 형식적 수학적 공간과 실질적 물리학적 공간으로 나누어진다.

(1) 전공간적 위상. 지각에는 감각이 그 휠레적 계기로서 포함되어 있듯이 전공간적 영역은 구체적 공간에 대해 생기가 불어넣어지고 통각되기 이전의 내재적 영역이다. 이것은 감각장(시각장, 촉각장, 청각장)과 기관운동장(안구운동장, 촉각운동장)으로 나누어진다. 전자는 중심을 지닌 원 형상의 불명확하게 경계지어진 2차원 연속체이고 중심과 주변이라는 위치체계가 보이며 변화라는 것은 있지만 어떠한 운동도 존재하지 않는 데 반해, 후자는 '나는 움직인다'는 의식의 근거를 형성하는 운동감각(Kinästhese)적 소여에 기초하는 것으로서 자세나 운동의 빠르기 또는 가속의 감각, 긴장감, 나아가서는 이들에 수반되는 고통감 등이 이에 속한다. 예를 들면 감각장의 어떤 형태의 변화가 형태 자신의 변화인 것인가 아니면 나에 대한 위치의 이동에 의한 변화인 것인가 하는 것은 '내가 움직인다'(예를 들면 눈의 움직임)에 의해 그 변화가 본래대로 되돌려지는지 아닌지에 의해 결정된다. 이리하여 감각적인 합동이동과 기관운동적인 운동이 구별되고 중심-주변이라는 위치의 체계가 임의로 움직여질 수 있게 되면, 눈은 그 육체성을 제거 당해 시광전향(Blickwendung)의 <비물체적> 기관이 되고 기관운동장은 시광운동장으로 된다. 신체 구성의 중요한 계기인 이중감각은 이러한 영역의 특이현상이다.

(2) 구체적 공간. 이 공간은 체험된 공간이라든가 생활공간이라고도 불리지만, 그에 대한 해명은 후설의 지각이론과 하이데거의 현존재의 공간성에 대한 분석 및 메를로-퐁티의 신체론을 정초적인 업적으로 하여 진전되어 왔다. 이 공간은 인간의 지정의라는 존재방식에 대응하여 표상적, 상모적相貌的, 행동적인 세 가지 국면을 지니는 것으로서 이들 세 가지가 통합된 것이지만, 그때마다의 두드러진 국면에 따라 표상적(직관적) 공간, 상모적(기분지어진) 공간, 행동(행위) 공간으로 나눌 수도 있다. 행동 공간에서는 상하, 좌우, 전후라는 방향성이 두드러져 보이지만, 그것은 신체의 기능성(오른손잡이라든가 전진이나 하방운동의 용이함 등)에 의한 바가 크다. 상모적 공간에서는 이러한 방향성이나 표상공간에서의 퍼스펙티브Perspektive라는 것이 보이지 않으며, 등방도 이방도 아닌 무방無方(atrop)이고 분위기적이다. 종교적 내지는 축제적인 성스러운 공간이나 예술적 공간은 다분히 상모적 공간에 의거한다. 표상적 공간에서는 신체가 놓여 있는 여기를 원점으로 한 깊이와 퍼스펙티브가 주목되는 현상이지만, 다른 공간과 달리 이 공간은 미세하게 구조화되며 공간의 장소도 점적인 것으로까지 줄어든다. 더 나아

가 시점視點과 장소의 이동에 의해 신체라는 표상 공간 내의 중심점이 탈중심화되어 상호주관적인 공동공간이 구성되고, 나아가 이념화에 의해 극한형태가 선취됨으로써 이념적 공간이 성립한다.

(3) 형식적 수학적 공간. 수학적 공간은 예를 들면 곡면 상에서 직선을 그을 수 있는가(원주면이나 원추면 등) 없는가(구면이나 의구면 등)와 같은 그 위상적(topologisch)인 성질과 전곡률이라고도 불리는 공간의 일그러짐 정도나 그 곡률이 일정한가 아닌가 하는 계량 관계에 의해 분류된다(유클리드 공간, 타원공간 등). 그때 공간론의 전개는 몇 가지 수학적 절차에 기초한다. 기호를 매개로 한 형식화의 조작에 의해 수행되는 것(기하학의 대수화), 곡률의 판정이 근방近傍이라는 극미의 범위에서 성립하는 것(미분기하학) 등이 그것들이다. 즉 수학적 공간은 이념화와 형식화의 조작에 의해 구성되는 것이지만, 그러한 조작에는 수학적 귀납법에서도 보이는 회귀적(반복 가능성의) 법칙성에 의한 무한의 과정의 선취라는 것이 따라붙는다. 따라서 예를 들어 이념적 존재인 수학적인 점은 구성이 완결되지 않는 한에서 구성 가능한 형성체라는 역설적인 의미를 짊어진다.

(4) 실질적 물리학적 공간. 구체적 공간, 특히 표상 공간의 이념화에 의해 얻어지는 공간은 유클리드 공간이지만, 이것은 실질적 공간(유클리드 기하학에서의 공간)이어서 수학에서의 형식화된 유클리드 공간과 구별된다. 이에 대해 고전 물리학에서의 공간은 공간을 채우는 질(질량, 강체, 온도 등)이 그것에 짜 넣어진다는 것(예를 들면 점은 질점으로 된다), 나아가 질의 규정이 인과성을 기초로 한다는 것(예를 들면 '체적/온도=일정'에 의한 온도의 규정)에 놓여 있다. 결국 고전 물리학에서의 공간은 물질적 인과적 사물과 유클리드 공간이 종합된 데서 성립한다. 그때 사물의 길이가 장소와 이동에 의해 변하지 않는다(기하학적으로는 합동변환이 성립한다는 것)고 하는 것에서 전형적으로 보이듯이 공간과 사물은 상호작용이 없는 독립된 것으로 여겨진다. 현대 물리학에서 공간은 시간과 일체화된 4차원 시공으로서 통합되고, 고전 물리학에서의 자연의 인과성이 의문에 붙여지며, 물질로부터의 공간의 독립성이 포기되었지만, 시공적인 장과 물질이 어떻게 관계지어지는가 하는 것은 해결되지 않고 있다.

☞ ㊄운동감각, 이념화, 체험된 시간/체험된 공간

—쓰네토시 소자부로(常俊宗三郞)

㊟ Oskar Becker, *Beiträge zur phänomenologischen Begründung der Geometrie und ihrer physikalischen Anwendung*, Max Niemeyer, 1923. Elisabeth Ströker, *Philsophische Untersuchungen zum Raum*, Vittorio Klostermann, 1965. Otto Friedrich Bollnow, *Mensch und Raum, W. Kohlhammer*, 1963(大塚惠一 外 譯, 『人間と空間』, せりか書房, 1978).

공감共感{동정同情} [(독) Sympathie]

셸러의 타자 이론의 중심 개념. 좁은 의미에서의 공감이란 통상적으로 '공환共歡(Mitfreude) 및 공고共苦(Mitleid)라고 불리는 과정', 요컨대 타자와 함께 기뻐하고 함께 괴로워하는 경험, 그런 한에서 또한 '우리에게 있어 타자의 체험들이 직접적으로 <이해>되는 것으로 볼 수 있고, 나아가 우리가 그 체험들에 <참여>하는 과정'을 말한다[Sympathie 17]. 이러한 공감은 한편으로는 우선 '추감득'(Nachfühlen), 요컨대 일상적인 감정이입의 과정과 구별되며, 다른 한편으로 또한 단순한 일체감으로서의 일체감과도 구별된다. 그런데 공감이 그와 같은 체험인 한에서 그것은 이미 타아의 존재를 전제한다. 『동정의 본질과 형식들』 제2판은 타아를 주제로 다루는 한 장을 덧붙이고 있지만, 그 장에서의 셸러의 논구는 그런 의미에서 그의 공감론의 기저를 형성하는 것임과 동시에, 현상학 계통의 타자 이론 중에서도 특이한 지위를 차지한다. 셸러는 그 장에서 우리에게는 <자기의> 자아만이 주어지는 것인가 아니면 타자에 대해 우리에게 주어져 있는 것은 그의 신체의 현출, 구체적으로는 그 표정운동뿐인가 하는 물음을 설정하고, 그 양자에 대해 부정적인 해답을 제시한다. 그때 그가 제기한 "나-너에 관해 무관심한 체험류"[240]라는 기초적인 경험에 우선 주목하는 발상은 자주 '자아론적'이라고 칭해지는 현상학 계통의 타자

론 중에서는 이채로운 것이라고 말할 수 있을 것이다. ☞ [사]일체감, [서]동정의 본질과 형식들

—구마노 스미히코(熊野純彦)

공감각 共感覺 [(독) Synästhesie (불) synesthésie]

좁은 의미로는 어떤 감각의 수용계에 자극이 주어졌을 때 그 감각계통에 직접적으로 속하는 반응과는 다른, 본래는 그 이외의 감각계통에 속해야 할 감각반응이 야기되는 사태를 말한다. 예를 들면 음 자극에 대해 색채 감각이 야기되는 경우 등이다. 이때 지각 주체는 외계에 그 색채감각에 대응하는 자극이 없다는, 따라서 그 감각이 주관적이라고 하는 점을 의식하고 있다. 이 점에서 이것은 환각과는 다르다. 그러나 공감각 현상을 넓은 의미로 취하면, 감각 양상이 다른 경험 사이에 공통된 경험 질이 인정되는 사태, 즉 통양상성通樣相性 지각(inter-modal perception) 또는 역동적 지각(dynamic perception)이라고 불리는 사태도 이 범주에 포함될 수 있을 것이다. '까칠한 소리', '달콤한 음색' 등은 전자의, 또한 종이 위에 그려진 톱니처럼 깔쭉깔쭉한 선을 '따끔따끔하다', 매끄럽게 내려가는 곡선을 '우아하다'고 보는 등은 후자의 알기 쉬운 예이다. 베르너(Heinz Werner 1890-1964)는 이러한 지각들은 단순히 서로 다른 감각 영역의 결합이라기보다 지각의 미분화된 층에서 세계가 우선 공통감각(sensus communis)적으로 파악되는 것의 표현이라고 생각하고, 특히 지각 과정과 정동적情動的 과정이 뒤섞인 사태를 상모적相貌的(physiognomic) 지각이라고 불렀다. '찌뿌듯한 날씨', '거룩한 산'과 같은 비유적 표현도 이러한 생각에 따라 이해할 수 있다. 카시러는 세계의 표정 기능이라는 맥락에서 이에 대해 언급하고 있으며, 메를로-퐁티도 『지각의 현상학』의 곳곳에서 이런 종류의 지각에 대해 언급한다.

—구지라오카 다카시(鯨岡 峻)

공동존재 共同存在 [(독) Mitsein]

하이데거에 의하면 현존재는 세계-내-존재로서 고립적인 자아로서 주어지지 않는다. 왜냐하면 세계-내-존재로서의 현존재가 도구와 만날 때 그 배후에서 그 도구가 그 사람을 위해 있는 누군가, 즉 타자가 동시에 만나지기 때문이다. 예를 들면 해변에 매어 있는 보트는 그에 의해 그것을 타고자 하는 누군가를 그 자체에서 나타낸다. 이와 같은 방식으로 세계 속에서 만나게 되는 타자는 사물적으로 존재하는 것이 아니라 오히려 현존재가 자기 자신을 그것으로부터 구별하지 않는, 자기도 그 속에 존재하는 바의 사람들이다. 현존재는 이 타자와 함께 둘러보고 배려하여 마음 쓰면서 세계를 서로 나누어 가진다. 현존재의 세계는 공동세계(Mitwelt)인 것이며, 따라서 세계-내-존재는 본래 타자와의 공동존재인 것이다[SZ §26]. 그러나 하이데거는 도구 연관 속에서 파악되는 공동존재를 현존재의 본래성에서가 아니라 오히려 비본래성 속에서 보아가고자 한다.

이에 반해 뢰비트는 하이데거의 논의에 따라 타자를 논구하면서도 포이어바흐와 셸러 등에 의거하여 언어의 상호성 등을 실마리로 하여 단독 주체로서의 개인(Individuum)을, 역할에 의해 변해가는 다양한 페르소나(Person)의 존재방식에 기초하여 파악했다. 여기서 사람은 타자와의 바로 그 교섭관계 속에서야말로 자기의 본질을 지닌다고 간주된다. 하이데거가 말하지 않는 자기(Ich)와 너(Du)의 관계를, 즉 일상성으로부터도 간취되는 것을 보여줬다고 말할 수 있을 것이다[K. 뢰비트, *Das Individuum in der Rolle des Mitmenschen*, München, 1928]. ☞ [사]상호주관성, 현존재

—사사키 가즈야(佐々木一也)

공동체 共同體 [(독) Gemeinschaft]

공동체에 대해서는 전통적으로 두 개의 서로 대립하는 사고방식이 있다. 하나는 <개인에 선행하는 공동체>라는 사고방식{'인간은 폴리스적 동물이다'(아리스토텔레스)}이며, 또 하나는 <개인의 다음인 공동체>라는 사고방식{사회계약설(홉스, 로크, 루소)}이다. 현

상학파의 상호주관성론에서도 공동체{Gemeinschaft는 공동태나 공동성이라고도 번역된다}에 관한 이 두 가지 사고방식을 발견할 수 있다. 후설이 자아론에서 출발하여 타자 경험에 의해 "자아공동체"[CM 137]가 구성된다고 말할 때 후자의 사고방식에 이끌리고 있다. 다른 한편 처음에 자아를 타아로부터 전적으로 분리된 개인으로 한 다음 그 단절을 어떻게 넘어설 것인가 하는 타아 문제의 제기방식이 잘못이며, 처음에 존재하는 것은 "나와 너에 관련하여 무차별한 체험의 흐름"이라고 하는 셸러[Sympathie 240], 그것을 "자타의 혼합계"로서 이어받는 메를로-퐁티[RE 42], 또는 "공동존재가 감정이입을 가능하게 하는 것이지 그 역은 아니다"라고 하는 하이데거[SZ 167] 등은 오히려 전자의 사고방식에 서는 것이라고 말할 수 있다. 그러나 후설에서도 공동체가 한편으로는 앞에서 말한 것과 같은 <구성된 공동체>{"인간공동체"[CM 162]}로서, 다른 한편으로는 "초월론적 상호주관성"[CM 137]이라는 말하자면 <구성하는 공동체(성)>로서 생각되고 있는바, 거기서는 두 가지 사고방식이 서로 뒤얽혀 있다고 말할 수 있을 것이다. ☞[사]모나드론, 상호주관성, 자아론, 타자

—하마우즈 신지(浜渦辰二)

공범주어共範疇語{**공의어**共義語} [(독) Synkategorematika]

자의어自義語(Kategorematika)를 반대개념으로 하는 문법적 구별. 아리스토텔레스로까지 소급되는 이 구별에서 자의어란 <그것 자체로 완전한 의미를 지니는 언어표현>인 데 반해, 공범주어란 <그것 단독으로는 완전한 의미를 지니지 못하고 다른 언어표현과 결합해서야 비로소 의미를 지니는 언어표현>이다. 예를 들면 '와 결부되어', '와', '또는' 등의 표현은 'A와 B'와 같이 다른 표현과 결부됨으로써 비로소 의미를 이룬다. 마르티는 이러한 구별을 표상과 판단 등의 심적 현상의 관점에서 다시 파악하여 독립된 심적 현상을 단독으로 전달할 수 있는 언어기호를 자의적(autosemantisch)이라 하고 그렇지 않은 것을 공의적(synsemantisch)이라 했다. 그러나 문법적 구별은 오히려 한층 더 본질적인 의미 영역에서의 구별이 표현된 것이라고 생각하는 후설은 의미와 관련하여 '독립적 의미'와 '비독립적 의미'를 구별하고, 의미 그 자체의 비독립성이야말로 공범주어의 본질을 이룬다고 말한다. 즉 "비독립적 의미는 어떤 구체적인 의미작용의 비독립적인 부분작용 속에서만 실현되고, 이 의미를 보완하는 다른 다양한 의미와 결합함으로써만 구체성을 획득할 수 있는바, 의미의 전체 속에서만 그것은 <존재>할 수 있는 것이다"[LU Ⅱ/1 304f., 312]. 그러므로 이 문제는 실은 독립성과 비독립성이라는 좀 더 커다란 현상학적 주제의 문법학적인 변주에 다름 아니다. ☞[사]독립성/비독립성, 독립적 의미/비독립적 의미, [인]마르티

—시바타 마사요시(柴田正良)

공수행共遂行 [(독) Mitvollziehen]

셸러의 인격론·타자론에서의 기본 개념의 하나. 셸러에 의하면 "인격은 본래 객관화될 수 없는 존재이며, 작용과 마찬가지로 현존재와 관련하여 오로지 공수행을 통해서만 존재에 참여할 수 있는 존재이다"[Sympathie 219]. 셸러는 이와 같은 인격론에 기초하는 가운데 타자론에서 유추설과 감정이입설에 대한 비판을 통해 (1) 나와 너에 관련하여 무차별한 체험의 흐름과, (2) 심적인 것과 물적인 것에 관련하여 무차별한 지각에 의해 '타아의 지각이론'을 전개했다[같은 책 240, 256]. 슈츠는 후설의 시간론을 원용하면서 "나는 살아 있는 현재에서 타자의 의식의 흐름에 관여할 수 있지만, 나 자신의 의식의 흐름에 대해서는 그것의 지나가버린 위상만을 파악하는 데 지나지 않는다"는 것과 "'우리'의 살아 있는 동시성"을 주장하여 셸러의 공수행의 생각을 되살리고자 했다[Schutz, *Collected Papers* Ⅰ, 147, 175]. 또한 후설이 타자를 "거기에 지금 함께"라는 "공존"[CM 148, 156]에서의 "공동주관"[Hu **5**. 153]으로서, 즉 "세계의 구성에 있어 초월론적으로 함께 작동하고 있는(mitfungieren) 타자"[Hu **15**. 210]로서 생각하고 있던 것을 받아들여 헬트는 살아 있는

현재 속에서 비주제적이고 익명적으로 작동하고 있는 타자에로의 통로를 보고 있지만, 이것도 셸러의 공수행의 사상에 연결되는 것이라고 생각할 수 있다. ☞㉯ 인격(성), 작용, 타자

—하마우즈 신지(浜渦辰二)

공시세계 共時世界 [(독) Mitwelt] ⇨㉯주위세계/공시세계

공의어 共義語 ⇨㉯공범주어{공의어}

공허한 지향 空虛—志向 [(독) leere Intention]

'순수 표상작용', '공허한 사념', '단순한 사념'과 같은 뜻. 예를 들면 책을 통해 처음으로 『수련』이라는 그림의 존재를 알게 된 사람은 그 그림에 대해 설명하는 일련의 언어표현을 더듬어 생각해 볼 수 있긴 하지만 그림은 아직 보지 못하고 있다. 이러한 상태에서 그 그림에로 향한 지향은 공허하다. 표현에 대해 말할 수 있는 것을 지향적 체험 일반의 의미지향으로 확대하면, 예를 들어 집의 정면을 볼 때에 아직 보고 있지 않은 이면에로 향한 지향은 공허하다. 이러한 공허한 지향들에서 대상은 사념된 그대로인지 아닌지가 확증되어 있지 않으며, 따라서 아직 인식되어 있지 않다. 인식이 성립하기 위해서는 대상이 직관되고 지향이 충족되어야만 한다. 즉 공허란 충족을 결여하고 있으며 충족될 것을 요구한다는 의미이다. 지향적 체험은 공허한 지향으로부터 직관에 의한 충족에로 향하는 목적론적 경향을 지닌다. 다시 말하면 인식이란 공허한 지향에서 부여된 의미가 충족하는 직관에서 재발견된다는 것이다. 충족하는 직관에 비하여 공허한 지향에 결여되어 있는 것은 사념되는 그대로의 방식으로 대상으로부터 주어지는 직관적인 대표상적代表象的 내용과 그것에 수반하는 충족이다. 따라서 공허라고 하더라도 직관적 내용 일반을 결여하는 것은 아니다. 예를 들면 상술한 예에서 『수련』이라는 문자는 지각에 직관적으로 주어지지만, 그에 의해 마음에 그려지는 그림으로 향하는 지향은 여전히 공허하다[LU II/1 86-96]. ☞㉯사념하다, 의미지향/의미충족, 직관

—시나가와 데쓰히코(品川哲彦)

공현재화 共現在化 ⇨㉯현재화/준현재화/공현재화

과거파지/미래예지 過去把持/未來豫持{**파지/예지**把持/豫持} [(독) Retention/Protention (불) rétention/protention]

과거파지{파지}와 미래예지{예지}란 모두 후설 현상학에서 가장 근원적인 의식층인 시간의식의 활동을 가리키는 용어인데, 그의 초기 시간론에서 당초 <제1차 상기>(primäre Erinnerung＝신선한 상기frische Erinnerung)와 <제1차 예기>(primäre Erwartung)라고 불렸던 것이 각각 과거파지{파지}와 미래예지{예지}로 말이 바뀌어 많이 사용되게 되었다고 하는 경위를 지닌다. 본 항목의 이하에서는 관용적인 용례에 따라 과거파지, 미래예지라는 번역어를 사용하지만, 원어에는 과거나 미래를 표현하는 말이 들어 있지 않다는 데 주의해야 한다.

그런데 <과거파지>란 모든 존재의 원천인 <근원인상>(Urimpression)에서 산출되어 <지금>으로서 의식된 것을 다음 순간에 여전히 <지금 막 지나가 버린> 것으로서 자기 내에 보존하는 의식의 활동인바, 근원인상이라는 핵에 대한 "혜성의 꼬리"[Hu **10**. 30]에 비교된다. 또한 <미래예지>란 <바로 도래하고 있는 것>을 기다리는 의식의 활동이다[같은 책 52]. 의식의 현재는 이러한 근원인상들을 중핵으로 하는 <과거파지－근원인상－미래예지>에 의한 시간의식의 종합 활동에 의해 구성되며, 그에 의해 순간적인 점적인 <지금>이 아니라 시간적인 폭을 지닌 <지금>이 의식되고, 의식의 현재에 <이전>과 <이후>의 지평이 형성되는 것이다. 그런데 미래예지는 기다리고 있던 것이 근원인상에서 산출되면 차례차례 충족되어 가지만, 다른 한편 근원인상은 다른 새로운 근원인상이 끊임없이 출현함으로써

과거파지로, 나아가 과거파지의 과거파지로 변양하여 연속체를 이루면서 서서히 소실되어간다. 더욱이 후설에 의하면 미래예지는 뒤집혀진 과거파지이고 결국 연속체를 이루게 되기 때문에[Ideen Ⅰ 145, 149, 164], 이리하여 의식은 형식상으로 그때마다의 근원인상을 경계로 하여 미래예지와 과거파지가 각각 연속체를 이루고, 그 전체가 근원인상의 끊임없는 출현과 함께 하나의 <흐름>을 형성한다고 생각되는 것이다.

초기 시간론에서는 후설이 시간의 기원을 상상의 영역에서 구한 브렌타노의 근원적 연합설과 시간 객관에 대한 순간적인 지각작용을 주장한 마이농과의 비판적 대결을 통해 <시간적 확장을 지닌 지각> 및 그것의 <시간적 폭을 지닌 지금>이라는 사상을 형성할 때에 특히 과거파지(제1차 상기) 개념이 중심적인 역할을 담당했다. 거기서는 과거파지(제1차 상기)가 시간 객관의 완전한 지각을 구성하는 본래적인 계기로서 파악되는데, 이것이 <제2차 상기>(sekundäre Erinnerung)로서의 <재상기>(Wiedererinnerung)에 대치되어 두드러지게 놓여 있다. 요컨대 재상기(제2차 상기)가 준현재화(Vergegenwärtigung)의 하나의 작용인 데 반해, 과거파지(제1차 상기)는 작용(특히 지각)의 하나의 구조계기이자 현재화(Gegenwärtigung)에 속한다고 생각되는 것이다[Hu **10**. 38-42, 45-47].

중기 이후의 후설에서는 시간의식이 수동성의 가장 깊은 차원에 위치지어지게 됨에 따라 과거파지와 미래예지는 자아의 관여 없이 수동적인 동시에 연속적으로 기능하는 종합의 활동으로서 파악되게 된다. 그리고 이와 같은 가장 보편적이고 근원적인 내적 시간의식의 종합에 기초하여 다양한 단계의 의식의 종합이 발생적으로 해명되었던 것이다. ☞㉶상기, 수동적 종합/능동적 종합, 시간, 시간의식, 연합

—사카키바라 데쓰야(榊原哲也)

참 千田義光, 「フッサールの時間・空間論」, 立松弘孝 編, 『フッサール現象學』, 勁草書房, 1986에 수록.

과학사 · 과학철학과 현상학 科學史・科學哲學─現象學

후설의 현상학은 무엇보다도 수학과 과학의 기초를 묻는 시도로서 시작된 철학적 사유이며, 따라서 과학론의 역사적 · 철학적 탐구인 과학사 · 과학철학과 밀접한 불가분의 관계에 있다고 할 수 있다. 현상학적 과학론은 영미 문화권에서의 실증적인 과학사 연구 · 분석철학 계열의 과학철학과 더불어 커다란 지적인 힘이라고 말할 수 있을지도 모른다. 현상학은 그 자체가 과학철학으로 간주되는 성격을 지니지만, 본격적인 전문 학문 분야로서의 과학사의 탄생에도 관계하고 있다. 과학사는 과학 프로퍼갠더와 거의 동일한 역사를 지닌다고 할 수 있다. 예를 들면 아리스토텔레스나 프랜시스 베이컨이 창도한 학문적 형태는 그 역사적 정당화를 동반한 것이었기 때문이다. 그러나 비판적인 역사적 탐구로서의 과학사는 적어도 부분적으로는 후설의 근대 과학관에 그 동기가 놓여 있었다고도 볼 수 있다. 후설의 1907년 무렵으로 돌려지는 <초월론적 전회>는 수학과 과학의 통상적인 영위를 '과학 현상'으로 간주하고, 그것에 소박하게 관계하는 입장을 '자연적 태도'라고 규정하는 것이었다. 그것에 비판적인 관점에서 다가가 그것을 학문 내적 · 초월론적으로 다시 음미하는 작업은 '현상학적 환원'이라고 명명되었다. '에포케'라든가 '괄호 넣기'라고 말해지는 작업이 이것이다. '에포케'라는 고대 회의주의자의 단어로부터도 추측되듯이 <전회> 이후의 현상학은 수학과 과학의 독단론적 수행에 모종의 의문을 제기하는 시도였다. 후설 자신은 가능한 한에서 이 작업을 초월론적인 틀 안에서 시도하고자 했다. 그러나 예를 들면 핑크에 의해 1939년에 간행된 후설 만년의 유고 「기하학의 기원」은 고대 그리스에서 성립된 기하학이 토지의 측정이라는 실천적 기원에서 분리되어 자율적인 이론적 학문이 되는 역사적 경과를 논의한 것이었다. 그것은 반드시 현실의 역사를 연구한 것에 의해 이루어진 논고라고는 말할 수 없지만, 초월론적인 에피스테메라고 간주되는 엄밀한 학으로서의 철학으로부터 현실적인 독사도 자기의 범위 안에 받아들인 학으로서의 후기의 발생적 현상학으로의 전환에 부합한 문제제기라고 볼 수 있다. 후설의 현상학적 과학 비판은 수학과

근대 자연과학을 초월론적으로 다시 음미해야 한다는 당위를 주장한 것에 머무는 것일지도 모른다. 그렇지만 제도적 권위를 갖고서 수행되는 과학이 '침전된 의미'의 집성이자 그 근저에 '상호주관적 인식공동체'가 엄연히 가로놓여 있다는 만년의 인식은 현실의 과학사 연구를 고무시키지 않을 수 없는 깨달음이었다.

이와 같은 현상학적 문제제기에 영향 받아 후설의 괴팅겐 대학 시대의 제자인 알렉상드르 코이레와 프라이부르크 시대의 제자인 오스카 베커는 실제로 과학과 수학의 역사적 연구에 착수했다. 또한 야콥 클라인은 30년대 후설의 영향으로 수학사가가 되었다. 또는 역으로 이들 과학사가의 영향으로 후설도 앞에서 언급한 「기하학의 기원」과 같은 사상사적 논고를 썼을 가능성도 있다. 현상학의 영향을 받아 과학사 연구에 뜻을 둔 사람은 일반적으로 사회사적인 것과는 대비되는 사상사적인 관점에서 과학사를 보는 경향이 있다. 클라인의 장편 논문인 「그리스 계산법과 대수학의 성립」(1934-36)은 그리스의 수학사상과 근대의 기호대수학의 사유방법의 계승과 단절을 밝힌 글로서 수학의 근저에서 명확한 사상성을 찾아볼 수 있다는 것을 주장하고 있다. 그 기본적 시각은 레오 슈트라우스(Leo Strauss 1899-1973)에 의한 근대 정치사상사 연구에도 영향을 미친다. 오스카 베커의 고대 그리스 수학사 연구는 근대 수학과는 소원한 에우독소스에 의한 <비례론>에 주목한 것이었다. 그리고 과학사가 자율적인 학문으로서 성립했음을 각인해준 기념비적 저작인 코이레의 『갈릴레오 연구』(1939)는 근대 자연과학의 기초에 있는 플라톤주의적인 사상적 전제를 드러냈다는 점에서 주목받았다. 과학사는 현실의 역사라는 장에서 문헌학적 수법으로 과학에 대한 비판적 검토를 수행하는 영위라고 정의되지만, 그것은 '현상학적 환원'의 정신을 이어받고 있다고 볼 수도 있다. 전후의 프랑스와 미국에서의 과학사 연구의 융성은 코이레의 『갈릴레오 연구』를 하나의 출발점으로 하고 있다고 생각할 수 있다. 뉴턴 연구로 저명한 코헨(I. Bernard Cohen 1914-), 현대의 가장 훌륭한 과학사 사전으로 간주되는 『과학인명사전』(*Dictionary of Scientific Biography*)을 편찬한 길리스피(Charles C. Gillispie 1918-), <패러다임>이라는 개념을 구사하여 과학사 연구에 새로운 시대를 연 쿤(Thomas S. Kuhn 1922-) 등은 모종의 의미에서 코이레의 제자로 간주할 수 있는 것이다. 쿤이 『과학혁명의 구조』(*The Structure of Scientific Revolution*, 1962)에서 제시하기 시작한 과학사 내지 '역사적 과학철학'은 이미 현상학의 흔적을 남기고 있다고는 말할 수 없을지 모르지만, 현장의 과학자가 소박하게 전제하는 사상적·제도적 전통을 '패러다임'이라고 부르면서 그것을 사상사적·사회사적으로 개념화해가는 작업에서 모종의 현상학적인 '지향적 역사'와 공통된 의도를 찾아보지 못할 것도 없다. 현상학은 현대의 과학사·과학철학 연구의 동기들 가운데 하나라고 말할 수 있는 것이다. ☞ ㉿현상학적 과학론, ㉤베커, 코이레, 클라인

—사사키 치카라(佐々木力)

㊟ Jacob Klein, "Phenomenology and the History of Science", in M. Farber, ed., *Philosophical Essays in Memory of Edmund Husserl*, Cambridge, Mass., 1949(佐々木力 譯, 「現象學と科學史」, 『思想』, 1982年11月号). Joseph K. Kockelmans and Theodore J. Kisiel, *Phenomenology and the Natural Sciences: Essays and Translations*, Evanston, 1970. 佐々木力, 『科學革命の歷史構造』, 下卷, 岩波書店, 1985.

관념론/실재론 觀念論/實在論 [(독) Idealismus/Realismus]

근대 이후에 생겨난 인식론 상의 대립적 입장. (중세 철학에서는 이데아를 참된 실재로 간주하는 idealism{이데아주의}은 오히려 보편적인 유와 종의 실재를 주장하는 realism{실념론}과 결부되며, 보편은 이름에 불과하다는 nominalism{유명론}과 대립했다.) 사물이 의식에서 독립하여 그 자체로 실재한다고 설명하는 것이 실재론이며, 이에 반해 객관이나 외계가 모종의 형태로 인식 주관에 의존하는바, 외계의 사물은 의식의 현상이나 소산이라고 주장하는 것이 관념론이다. 실재론의 가장 단순한 형태는 지각 내용 그 자체가 실재한다고 생각하는 소박실재론이며, 이 경우 인식은

거울처럼 실재를 반영하게 된다. 그러나 감각의 모든 것이 참으로 실재하는 것은 아니라는 반성으로부터 지각 내용을 주관적인 성질(제2성질)과 객관적인 성질(제1성질)로 구별하고 객관적 성질만이 실재 그 자체(연장)를 반영한다고 설파하는 로크와 같은 입장이 등장했다. 그러나 제1성질과 제2성질의 구별 불가능성을 통찰한 버클리는 "존재한다는 것은 지각되어 있다는 것이다"고 하는 관념론으로 향했다. 그의 입장은 외계의 실재와 규정이 개인적 주관・심리학적 자아에 의존한다고 이야기하는 주관적(질료적・경험적) 관념론에 가깝다고 말할 수 있을 것이다. 이에 반해 칸트는 외적 사물(물리적 세계)이 개별적 자아로부터 독립하여 실재한다는 것은 인정하지만(경험적 실재론), 경험세계의 인식 전체가 의식 일반(논리적 주관)이나 초월론적 주관의 필연적 형식에 제약된다고 생각하는 비판적・초월론적 관념론의 입장에 선다. 이와 같이 경험세계(시공간적 세계)의 현상성(관념성)을 설파하는 칸트는 현상의 배후에 사물 자체가 실재한다는 것도 인정했지만, 이와 같은 사물 자체는 우리에게 알려질 수 없다는 불가지론의 입장에 서서 인식을 현상계에 한정했다. 칸트의 초월론적 관념론은 독일 관념론이 전개되는 가운데 사물 자체의 극복이라는 형태로 점차 형이상학적으로 해석되어감으로써 셸링의 객관적 관념론과 헤겔의 절대적 관념론이 생겨났다. 후설의 현상학은 실재론이라기보다는 오히려 초월론적 관념론의 계보에 속한다. 의식을 넘어선 초월적 존재자를 '있다'고 단정하는 이른바 '자연적 태도'를 현상학적으로 환원하여 존재자를 의식의 지향적 의미로 간주하는 것이 그 방법적 출발점이기 때문이다. 다만 현상학적 관념론은 『논리연구』의 후설의 말에 따르면 "형이상학설을 의미하는 것이 아니라 이념(이데아)적인 것을 객관적 인식 일반의 가능성의 조건으로서 승인하고, 심리학주의적으로 해석하지 않는 인식론의 형식"[LU Ⅱ/1 108]이다. 그런 점에서 그의 입장은 동시에 실념론＝이데아(형상)주의에 가깝다고 말할 수 있을 것이다. ☞ ㈊독일 관념론과 현상학, 영국 경험주의와 현상학

―스다 아키라(須田 朗)

관련성 關聯性 [(독) Relevanz (영) relevance]

슈츠의 용어. 슈츠는 관심(Interesse) 등과의 연관에서 체험 총체로부터 왜 이 데이터가 관련된(relevant) 것으로서 선택되는가 하는 문제가 사회과학에 있어 본질적으로 중요한바, 그에 대한 해명은 현상학적 분석에 기초해서만 가능하다고 하여 이후 언제나 이 문제에 대한 고찰에 유의했다. 그러나 약간의 초고나 논고가 남아 있긴 하지만, 그의 논의는 상이한 관점에서 다양하게 이루어지고 용어에도 일부 다름이 보이는 등, 그에 대한 완전한 해명이 성취되었다고는 말하기 어렵다. 그런 이유 때문에도 번역어도 이 개념의 어떤 측면에 주목하는가, 나아가서는 슈츠 현상학의 의의를 어디에서 보는가(예를 들면 주관성의 중시인가 아니면 상호주관성의 중시인가)에 따라 관련성, 유의성有意性 등으로 나누어진다. 확실히 relevance란 개개인이 표명하고 행하는 구체적인 선택, 태도, 결정 등을 설명하는 기저적인 원리라고 이야기할 수 있지만, 바로 그 원리야말로 문제가 되는 것이기 때문에 여기서는 이 말이 <무언가와 무언가의 관련・관계를 지시하는 개념>이라고 하는 공통항을 강조하여 <관련성>이라 번역하며 설명하고자 한다.

슈츠의 관련성의 관점에는 자기와 대상의 관련성의 짙고 옅음을 표현하는 일차적, 이차적인 관련성, 상대적, 절대적인 무관련성(irrelevance)의 구분이라는 논점과, 관련성이 자기에게 있어 부과적인 것인가 내발적인 것인가 하는 논점이 있다. 그러나 가장 중요한 것은 주제(화)와 지평과의 관련을 나타내는 주제적 관련성, 주제(문제)와 지식(유형)과의 관련을 나타내는 해석적 관련성, 행위의 동기(목적동기와 이유동기)를 둘러싼 동기적 관련성의 세 가지 관련성의 논점일 것이다. 그때 슈츠는 이러한 세 가지 관련성들이 상호적으로 관계하는 점도 지적하여 <자명성의 세계>를 기술하고자 했다고 말할 수 있다. 다른 한편, 그는 사회과학 방법론의 수준에서도 "관련성의 원리"에 대해 언급하

고, 또한 의사소통 성립의 조건으로서 당사자 간의 "관련성 체계의 합치의 이념화"에 대해서도 말한다. 나아가 그는 이러한 관련성의 전 체계는 <죽음>이라는 "근본적 불안"에 기초한다고도 말한다. 그리고 그의 이러한 관련성을 둘러싼 고찰 범위는 "유형화와 관련성의 체계"라는 표현으로써 사회학적인 논의에도 미친다. "사회적으로 시인된 유형화와 관련성의 체계는 집단의 개개 성원의 사적인 유형화와 관련성이 생기는 공통의 장이다." 이와 같이 관련성은 다양하게 논의되었지만, 적어도 슈츠가 무언가 관심이나 선택의 문제를 해명하고자 했던 것은 확실하며, 나아가 그것은 <생활세계>의 구조 해명과 동시에 그가 일종의 인간학적 탐구를 과제로 했다는 것을 나타낸다고 말할 수 있을 것이다. ☞ ㉮목적동기/이유동기, 유형, ㉤슈츠

—니시하라 가즈히사(西原和久)

㊂ A. Schutz, *Collected Papers* Ⅱ, *Studies in Social Theory*, The Hague, 1964(渡部光・那須壽・西原和久 譯,『アルフレッド・シュッツ著作集 第3巻・社會理論の研究』, マルジュ社, 1991). A. Schutz, *Reflections on the Problem of Relevance*, New Haven, 1970.

관심 關心 ⇨㉮조르게

관점주의 觀點主義 [(독) Perspektivismus]

퍼스펙티브, 관점이란 르네상스 시대에 확립된 회화의 깊이 표현의 기법을 가리킨다. 원근법 혹은 투시도법이라고도 번역되는데, 하나의 고정된 관점에서 보이는 그대로 그림을 그리는 기법을 말한다. 이것이 관점주의라는 철학적 비유로서 사용되는 예로는 니체(Friedrich Wilhelm Nietzsche)를 들어야만 할 것이다. 이 말로써 그는 인식론, 실증주의, 객관성에 대항하는 생의 입장을 분명히 하고자 한다. 생의 관점에서 보게 되면, 우리의 행위, 평가, 감수성은 각각 다른 것과 비교하고자 해서도 안 될 정도로 개성적이다. 이것을 전면적으로 긍정하는 것이 본래의 관점주의의 의미이다. 그에 반해 인식론적 객관성은 세계를 평준화해 버리는 것에 다름 아닌바, 이에 대해서도 굳이 관점 Perspektive이라는 명칭을 사용하게 된다면, '무리의 관점'이라는 것으로 될 것이다[『즐거운 지식』 §354 등].

이러한 니체에 의한 인식론적 객관성에 대한 비판은 그 독특한 악센트를 제외하면 현상학의 과학 비판과 통하는 것이라고 말할 수 있다. 후설 자신은 그다지 관점이라는 말을 사용하고 있지 않지만, 그럼에도 불구하고 『경험과 판단』에서 이것을 '음영'과 등치하여 다양한 관점을 관통하여 대상의 동일성이 주어진다고 설명하고 있는 것이 주목된다[EU 60]. 이와 같은 경우 관점이라는 말이 의미하고 있는 것은 동일물이라 하더라도 멀리 있을 때에는 작게 보이고, 가까이 있을 때에는 크게 보이며, 그 배후면은 은폐되어 볼 수 없는 것과 마찬가지로 우리의 인식 경험이 언제나 고유한 '시점視點, Aspekt'에 속박된 것이라는 점이다. 그 점에서 이것은 '지평' 개념과 연결되는 것이라고 말할 수 있다. 그러나 이것을 회화의 깊이 표현의 기법이라는 원래 뜻으로 소급하여 생각해 보게 되면, 다른 측면과 만날 수밖에 없을 것이다. 깊이지각(입체시)의 문제는 메를로-퐁티에게도 자극을 준 문제이다. 르네상스적인 퍼스펙티브 기법은 이에 반해 공간을 균질적이고 무한한 조직으로 포착하고, 시각을 해부학적으로 해명 가능한 것으로 한 점에서 수학적 자연관과 궤를 같이하는 답을 주었지만, 메를로-퐁티의 대답은 이것을 현상학의 관점에서 다시 포착하고자 하는 것이었다[OE 45]. 여기서는 우선 다음과 같은 결론을 내리고자 한다. 하나의 '시점'에 속박된 이른바 관점적 견해라 하더라도 사실은 다른 다양한 '시점'으로부터의 관점을 잠재적으로는 전제하고 있을 것이다. 다른 한편, 르네상스적인 수학적 관점 쪽도 다양한 독특한 시점들로부터의 관점의 교차로부터 추상된 것일 터이다. 따라서 양자 사이에서는 상이함뿐만 아니라 연속성도 찾아볼 수 있다. ☞ ㉮음영, 회화와 현상학

—사토 야스쿠니(佐藤康邦)

㊂ Erwin Panofsky, "Die Perspektive als 'symbolische Form'",

in *Aufsätze zu Grundfragen der Kunstwissenschaft*, Berlin, 1964 (木田元　監譯, 『<象徵形式>としての遠近法』, 哲學書房, 1993). 佐藤康邦, 『繪畵空間の哲學』, 三元社, 1992.

괄호 넣기 括弧― [(독) Einklammerung] ⇨㉶에포케

괴팅겐학파―學派 [(독) Göttingener Kreis]

후설이 괴팅겐 대학의 조교수로 임명된 1901년 9월부터 프라이부르크 대학에 초청되어 괴팅겐을 떠나는 1916년 4월까지의 약 14년 반의 기간에 후설의 현상학에 감명을 받아 괴팅겐에서 독자적인 현상학을 형성한 그룹을 말한다. 뮌헨학파의 현상학과 역사적으로나 사상적으로 밀접하게 관계된다. 따라서 뮌헨・괴팅겐 현상학이라고 합쳐서 부르는 경우도 많다(이 경우 프라이부르크 현상학과 대비된다). 괴팅겐에서의 후설의 직접적인 제자는 1905년까지는 W. 샤프뿐이었다. 1905년에 우선 A. 라이나흐와 J. 다우베르트, 그에 더하여 M. 가이거가 뮌헨에서 괴팅겐으로 옮겨왔다. 1907년에 Th. 콘라트가, 1909년에 D. 폰 힐데브란트, 그 다음 1910년에 H. 콘라트-마르티우스가 역시 뮌헨에서 괴팅겐으로 왔다. 그들은 일시적인 방문자로서 원래 뮌헨학파에 속해 있었다. 1909년 이후 A. 코이레, J. 헤링, R. 잉가르덴, F. 카우프만, E. 슈타인 등이 괴팅겐에 모였다. 이 사람들은 1907년경부터 독자적인 그룹을 형성하고 주 1회 모여 서로 의논함으로써 연구를 거듭했다. 중심은 1909년 괴팅겐의 사강사가 된 A. 라이나흐. 제1차 대전까지는 위에서 언급한 사람들은 상호간에 그리고 후설과도 생생한 대화를 수행한다. 이 학파는 특히 심리학주의와 실증주의를 강하게 비판한 『논리연구』 I 에 기초하는 현상학을 독자적으로 발전시켜 객관적인 사태 그 자체를 중시하고, 존재론도 포함하는 '본질의 현상학'을 전개했다. 윤리적 가치와 미학의 문제에 특히 관심을 보인다. 그러나 후설 자신은 괴팅겐 시대에 점차로 초월론적・구성적 현상학으로 이행 내지 심화해 가는 방향을 보이며 의식의 지향적 분석으로 중심을 옮긴다. 제자들은 『이념들 Ⅰ』의 초월론적 현상학에 대해서는 비판적으로 되며, 또한 제1차 대전의 발발이나 후설의 프라이부르크로의 전출과 같은 사정과도 겹쳐져 이 학파는 쇠퇴한다. ☞㉶뮌헨학파{뮌헨 현상학}

―오타 다카오(太田喬夫)

㊟ H. Spiegelberg, "The Göttingen Circle", in *The Phenomenological Movement*, vol. 1, 169ff. E. Avé-Lallemant, "Die Antithese Freiburg-München in der Geschichte der Phänomenologie", in *Die Münchener Phänomenologie*, 1975.

교접 交接 [(독) Kopulation]

만년의 후설의 중요한 개념. 특히 유고에서 자아-타아-관계를 충동지향성에 관련짓는 데서 나타난다. 충동지향성이란 의식의 가장 낮은 층의 지향성이다. 지향성이 언제나 충족에로 향하듯이 충동지향성도 충족에로 향한다. 충동은 보통 막연한 미규정의 것에로 향한다. 따라서 배고픔은 일반적으로 먹는 일로 향한다. 그러나 현상학은 자연적-자연주의적인충동을 다루는 것이 아니라 충동을 지향성으로서 고찰한다. 배고픔이라는 충동지향성은 먹을 것으로 향하며, 이를 통해 충족(배고픔의 충족, 요컨대 배부름)에로 향한다. 이것과 마찬가지로 성적인 주림으로서의 충동지향성은 타자 속에서, 즉 타자의 신체 속에서 충족을 발견한다. 성적인 주림, 성적 충동에 있어서는 타자가 그 충동을 촉발하며 성행위에서의 '성적 신체적 합일'(교접)에서 충족된다. 이러한 충족은 상호적인바, 따라서 충족 또는 성의 향락이 각자의 향락임과 동시에 향락의 착종이 발생함으로써 '향락하는 공동성의 통일'이 형성된다. 이것은 충족의 상호 채움이며 이러한 시간적 동시성이 자아와 타아의 공동주관성의 가장 원초적인 발생을 의미한다. 그뿐만 아니라 이러한 교접에 의해 다음 세대가 산출되는 것이기 때문에, 성충동으로서의 충동지향성 속에서 후설은 공동화와 사회화에의 '본능적인 근원지향성'을 발견한다. 이것은 '사회에 대한 근원의식'이기도 하다. 세대성과 역사성도 최종적으

로는 이와 같은 충동지향성에 뿌리박고 있다. ☞㉔충동지향성

―오가와 다다시(小川 侃)

교차 · 교차배열 交叉 · 交叉配列 [(불) chiasme] ⇨㉔키아즘

교착 交錯 [(불) entrelacs] ⇨㉔키아즘

구성 構成 [(독) Konstitution (불) constitution]

Ⅰ. 어원상으로는 '놓다, 세우다'를 의미하는 라틴어에서 유래하는데, 보에티우스에 의해 그리스어 σύστασις(결합)의 번역으로서 도입되었다. 철학사적으로는 결합, 규정, 원리짓기, 근거짓기, 구조, 성질 등의 의미를 가졌다. 칸트의 초월론적 철학에서 객관적 경험을 근거짓는 가능성 문제와 결부되어 구성 문제에서의 커다란 전기가 마련되었다. 그에게 있어서는 '구성적'(konstitutiv)이라는 형용사형으로 사용되며, '규제적'(regulativ)과 맞짝개념을 이루어 사용된다. 객관적 경험을 근거짓고 대상의 인식을 제약하고 규정하는 원리가 구성적이며, 그에 반해 사유를 규제하여 인식에로 이끌 뿐으로, 절대적 한계에 멈추어 서지 않고 이미 인식된 경험에 체계의 통일을 부여하는 원리로서의 규제적 원리와 구별된다. 또한 수학적 인식에서와 같은, 그 밑에 포함되는 모든 가능적 직관에 대한 보편적 타당성을 표현하는 비감성적인 순수 직관에서의 특정한 대상의 '구성'(Konstruktion)과도 구별된다.

Ⅱ. 후설 현상학에서 구성 개념은 중심 문제로 되는데, 특히 1910년대 이후 끊임없이 주제적으로 분석되었다. 그는 이 말을 신칸트학파, 특히 나토르프로부터 이어받았다고 생각되지만 술어적으로는 '구축'(Konstruktion)과 구별하는데, 이것은 형이상학적 전통에 기초하는, 즉 사태 그 자체에 의거하지 않는 외적인 이론적 구축을 가리키는바, 칸트적 의미에서의 구성은 후설에서는 구축이 된다. 현상학적 의미에서의 구성은 그의 초월론적 철학 전체와 연관되는 중심 문제인데, 그 때문에 경우에 따라 다의적으로 사용되어 말뜻 그대로 "많은 것의 결합"에서 시작하여 "사물들의 질서짓기", "사물들의 완성, 산출", "사물들에 대한 우리의 표상들의 질서짓기", "우리에게 표상적으로 주어진 사물들의 대상의미의 산출"[Fink, *Nähe und Distanz*, 200]을 의미하지만, 형식적으로는 지향성 개념과 연관하여 다양한 인식작용을 관통하여 지속하는 대상적 동일성의 구성, 형성을 의미한다. 후설 자신에 입각하여 보면, 크게 두 가지 의의를 구별할 수 있다. (1) 그가 어떤 서간에서 말하는 바에 따르면 어떤 작용에 의해서 대상이 구성된다는 것은 "대상을 표상하는" 작용의 성질을 의미하는 바, 이 말의 본래적 의미에서 사용되고 있는 것은 아니다. 그런 의미에서 구성이란 뭔가의 능동성이 불가결하다 하더라도 "이미 현존하고 있는 것이 주관에 의해 재확립되는 것", 한마디로 말하면 "재확립"이다[W. Biemel, "Die entscheidende Phasen der Entfaltung von Husserls Philosophie", in *Ztschr. f. philos. Forschg.* 13 (1959) 200]. 의식에서 자기를 '고지하고 고하는'(bekundend, darstellend) 대상의 구성은 후설에게서 또한 '의미부여'(Sinngebung) 내지 '의미형성'(Sinnbildung)과 거의 동일한 의미에서 말해진다. (2) 초월론적 현상학이 확립되고 그것이 또한 초월론적 관념론이라는 것이 강조된(1920년대) 이래로, 구성은 능동적인 의미도 갖게 되어 예를 들면 능동적 발생의 원리의 경우[CM 111]와 같이 '산출'(erzeugend)이라는 표현과도 결부되어 사용된다. 그러나 이 경우의 산출은 실재하는 영역과 관계하는 실증주의적인 의미에서 말해지는 것이 아니라 "실재하는 심적 과정에서 주어져 있고" "심적 실재성에서가 아니라 이러한 심적 과정으로 향해진 내실적 주제설정"에서 논의되는, 즉 존재정립을 괄호에 넣은 이념적 의미의 지향적인 산출을 말한다. 따라서 이념적 대상성이 근원적으로 산출된다는 것이란 그것 자체가 명증적으로 근원적인 능동성의 지향성 속에서 의식되는 것이라고 주장된다[FTL 175f.].

어쨌든 후설에서 구성 개념은 반드시 명확하게 규정되어 있는 것이 아니라 다의성과 "의식되지 않는 그늘"

이 따라붙고 있으며, 그런 까닭에 "후설의 경우 초월론적 구성의 의미는 의미형성과 창조(Creation) 사이를 동요하고 있다"[Fink, *Nähe und Distanz*, 152]고 말하는 것이 정당할 것이다.

III. 후설의 구성 분석은 다양한 의식작용과 이 작용에서 고지되는 지향적 대상통일과의 상관관계에 대한 현상학적 분석이다. 현상학은 사태 그 자체가 자기를 보이는 대로 볼 수 있게 하는 것, 그런 의미에서의 세계의 개시를 목표로 한다. 그러나 우리가 보통 소박하게 또는 학적으로 실재한다고 간주하는 다양한 객관과 인간과 세계는 현상학적으로는 결코 그대로 절대적 소여성인 것이 아니다. 한편으로 사물 지각은 원리적으로 음영을 통해 일면적으로 주어지고, 언제나 "비본래적인, 규정되어 있지 않은 애매한 지평을 수반하며", 따라서 세계의 존재는 "가정적인 현실"인 데 비해, 체험 지각의 내재적 소여성은 반성하는 의식과 반성되는 의식이 동일한 의식의 흐름에 속하기 때문에 절대적이며, 그 존재는 "필연적인 정립"이다[Ideen Ⅰ §44-47]. 다른 한편, 의식의 내재적 존재는 그 존재를 위해 원리적으로 어떠한 존재도 필요로 하지 않기에 절대적이지만, 그러나 초월적인 사물의 세계는 의식에 의거한다[Ideen Ⅰ §49]. 그러므로 절대적으로 자기를 우리의 인식에 주는 것은 의식의 삶의 영역에 놓여 있다. 연구를 이러한 절대적으로 주어지는 영역으로 이끌기 위한 방법이 초월론적 환원이며, 그에 의해 의식 체험이라는 경험의 내재적 영역이 파헤쳐지지만, 그 경우 환원에 의해 나타나는 내재적 영역에는 의식작용과 상관적으로 인식객관이 현상으로서 남겨진다. 환원 이전에는 의식에게 전적으로 초월적이라고 생각된 이러한 객관은 내재적인 의식 속에 일종의 초월로서 존재하는 것인바, 이러한 의식의 내재에서의 "현출과 현출하는 것"의, 즉 "현출하는 것의 소여성과 대상의 소여성"의 지향적 관계 문제[Hu **2**. 11], 좀 더 말하자면 "일정한 무한히 다양한 현출"과 "통일성으로서의 일정한 현출하는 것" 사이의 "상관관계의 법칙적 작용"[Ideen Ⅰ 316]이라는 문제가 현상학의 중심문제로 된다. 실제로 존재하는 대상은 의식의 연관에서 사념되는 동시에 사념되어야만 하는 통일성이며, 어떠한 경험도 자기를 넘어서서 일치하여 계속되는 무한한 가능적 경험을 지시하는 것이기 때문에 대상과 나아가 세계라는 것은 "일치하여 결합되어야만 하는 경험들과 관계하는 무한의 이념"[CM 97]이다. 대상과 세계의 현출에서의 모든 종합이 일정한 질서를 갖고서 함께 기능하고, 일체의 가능적이고 현실적인 대상성 및 그것과 상관적인 의식이 성립하는 것은 초월론적 주관성의 구성적 종합에 의한다.

후설은 자기의 현상학에 초월론적 관념론이라는 성격을 부여하고 있지만, 이와 같은 특징부여에 의해 그는 전통적인 관념론과 실재론을 넘어서서 제3의 철학의 길을 모색했다. 이들 양자의 해결할 수 없는 수수께끼, 즉 의식과 초월적 실재성의 관계가 어떠한 것이며 이 관계가 어떻게 가능한 것인지를 해명하는 것이 그의 작업이었다. 그것은 초월론적 현상학의 문제제기 틀 내에서 각각의 의식 지향성으로부터만 그 정당성과 타당성을 얻을 수 있어 의식의 생이 돌파되는 장소는 후설에게 있어 전혀 생각될 수 없는 것인바, "의식의 주관성 그 자체 속에서 나타나는 지향적인 통일이라는 의미와는 다른 의미를 지니는 것이 가능한 초월"[FTL 242]과 만나는 것은 아니다. 생각되는 모든 의미와 존재는 의미와 존재를 구성하는 것으로서의 초월론적 주관성의 활동에 의해 현실적 및 잠재적으로 함의된 형성체이다. 더 나아가 초월론적 주관성의 함의된 지향성은 개별주관적인 의미 형성에 의할 뿐 아니라 상호주관적 내지 공동체적으로 생성된 것이기도 하다. 풍부한 구체성에서 존재하는 인간으로서의 존재도 그에게 있어 초월론적 주관성이 하나의 모나드로서 자기 구성한 것에 다름 아니다. 초월론적 관념론으로서의 현상학은 함의된 지향성에 대한 수미일관한 자기 해석의 작업이며, "구성하는 지향성 그 자체의 체계적 해명"[CM 119]이다. 현상학이 과연 이와 같은 학으로서 성립하는지는 구성 분석을 관철할 수 있는가의 여부에 관계되는 것인바, 구성적 현상학[Ideen Ⅰ §153]이 그의 엄밀한 학으로서의 철학의 중심개념이 되었던 것이다.

Ⅳ. 초월론적인 구성 분석은 정태적 분석과 발생적 분석으로 나누어진다. 후설에서 이러한 구별이 충분히 명확하게 이루어지고 있는 것은 아니지만, (1) 정태적 현상학은 발생적 현상학에 '선행'[FTL 257]하여 이미 형성된 '완성된'(fertig) 대상성과 관계하며, 그것에 대응하는 주관적 체험의 종합의 본질 법칙성을 밝히고자 한다. 구성하는 의식의 다양성은 "구성적 아프리오리"[FTL 255]라고 불리는 불변의 선험적 법칙에 따라서 작용하고 있으며, 이것이 "초월론적 자아의 규칙 구조"[CM 90]로서 수동성과 능동성, 수용성과 자발성, 잠재성과 현실성에 따라서 구별되는 다양한 의식의 방식의 종합을 규정한다. 대응하는 지향적 분석에서의 다양한 존재 영역의 "존재적 아프리오리"[FTL 255]는 대응하는 구성적 아프리오리로부터 분리될 수 없다. 그러나 정태적 분석이 내재적인 시간의 흐름의 현재성에 머무르고 의식의 지향성의 현실성과 잠재성이 이 단계에서는 아직 현실성과 비현실성의 관계로 간주되어 지평적으로 함께 주어진 것으로서 분석되는 한에서, 비록 그것이 현상학적 연구의 실질적인 제1단계라 하더라도 근원적으로 시간적으로 구조지어진 의식의 존재방식은 적절하게 파악되고 있지 않다.

(2) 발생적 현상학. 발생적 구성 분석은 주제적으로는 1920년대에 시작된다. 지평지향성, 특히 내부 지평의 발견과 함께 새로운 분석에 이르게 되었다. 함께 주어진 것의 주제화는 현실적인 의식의 지금을 둘러싸고 있는 시간적 전후의 지평으로 나아간다. 대상성의 노에마적 구성은 그 시간성을 고려하지 않으면 온전히 제기될 수 없게 되었으며, 무한히 나아가는 규제된 경험의 다양성에서 구성의 위상들이 의식의 시간적 양상에 따라서 경험될 뿐 아니라, 구성 과정의 시간성이 구성 성과를 규정하고, 의미 형성이 그때마다 새로운 의미형성과 함께 기능하여 좀 더 새로운 의미를 형성하며, 이전에 이루어진 작용이 현재의 구성에 들어옴으로써 의식 경험은 그때마다 새로운 경험에서 재구조화되게 되었다.

발생적 구성 분석에 의해 초월론적 현상학은 소여성의 개개의 의미구조와 의미연관에 대한 분석에서 새로운 단계에 도달했다. 지향적 작용의 능동적 의미형성에 선행하여 그 저층을 이루는 전술어적인 수동적으로 구성하는 의미지평으로까지 심화되기 위한 개념 장치를 획득했던 것이다. 새로운 의미의 구성은 언제나 이미 선행하는 소여성의 함의를 통해 행해지는바, 수동적으로 미리 주어진 의미 저층을 캐묻는 발생적 구성적 연구는 수동성의 영역 내에서 능동적인 대상구성의 조건을 탐구하고 그것과의 관련에서 수동적 종합을 미리 구성하는 의미의 층으로서 밝혀내게 되었다.

발생적 구성은 또한 초월론적 주관성의 자기 구성을 주제로 하게 되지만, 그것의 기초짓기 질서에서 3단계로 구별된다. (1) 근원구성(Urkonstitution)[Hu **11**. XIV]. 내재적 시간과 그 시간 내용의 수동적 구성 및 초월론적 주관성의 시간적 자기 구성. (2) 원초적 구성. 타자를 모종의 의미에서 함의하는 의미를 배제한 개개의 정신물리적인 자아와 그 주위세계의 구성. (3) 상호주관적 구성. 초월론적 주관성의 공동체와 그것의 객관적 세계에서의 인간 공동체의 구성. ☞㊄구축/구성, 발생적 현상학, 지평, 지향성, 현상학적 환원

—치다 요시테루(千田義光)

㊂ E. Fink, "Die intentionale Analyse und das Problem des spekulativen Denkens", in *Nähe und Distanz*, Alber, 1976(高橋允昭 譯, 「志向的分析と, 思弁的思考の問題」, 『現象學の課題』, せりか書房, 1969에 수록). K. Held, "Das Problem des Intersubjektivität und die Idee einer phänomenologischen Transzendentalphilosophie", in *Perspektiven transzendental- phänomenologischer Forschung*, hrsg. v. Claesges und Held, Nijhoff, 1973(坂本滿 譯, 「相互主觀性の問題と現象學的超越論的哲學の理念」, 新田義弘・村田純一 編, 『現象學の展望』, 國文社, 1986에 수록). R. Sokolowski, *The Formation of Husserl's Concept of Constitution*, Den Haag, 1964.

구성적 현상학 構成的現象學 [(독) konstitutive Phänomenologie]
⇨㊄구성

구조 構造 [(독) Struktur (영・불) structure]

구조 개념은 부분과 전체의 관계를 언표한다. 이런 의미에 기초하는 한에서 구조 개념은 아주 멀리 헤라클레이토스와 파르메니데스에까지 소급한다. 그러나 용어로서 구조가 사용되게 된 것은 비교적 새로운 일이다. 구조라는 술어가 철학적 문헌에 등장하고 그것이 철학적으로 오늘날에 가까운 의미로 주조된 것은 딜타이와 특히 후설에서이다. 딜타이는 요소심리학과 대결하여 자기의 기술적 심리학을 건설하고자 하는 데서 더 나아가 이러한 건설에 의해 "정신과학의 근거짓기"를 기도했을 때 구조 개념을 말하자면 재발견한다["Der psychische Strukturzusammenhang", in Wilhelm Dilthey, *Gesammelte Schriften*, Bd. VII(「심적인 구조 연관」 1905, 전집 제7권)]. 그러나 이 딜타이의 논문은 후설의 『논리연구』의 영향 하에 있었다. '부분과 전체의 관계'라는 의미에서의 구조 개념을 발견하고 기술적으로 분석한 것은 후설이었다. 유럽 철학의 역사 속에서 처음으로 후설은 『논리연구』 제2권의 제3연구 「전체와 부분에 대한 교설」[LU II/1]에서 구조 개념을 해명하고 현저하게 드러나도록 했다. 또한 그에 그치지 않고 이 후설의 연구는 구조주의의 성립사에서도 특히 커다란 역할을 수행했다. 동구의 구조주의는 이 제3연구 속에서 자기의 이론적 지주를 발견했으며(야콥슨과 파토츠카의 증언), 나아가 로만 야콥슨을 통해 이것은 프랑스 구조주의(특히 레비-스트로스)의 성립에 우연한 계기 이상의 영향을 미쳤다.

후설의 제3 논리연구의 원형은 「기초적 논리학을 위한 심리학적 연구」(1894)[Hu **22**.]에서 이미 보인다. 전체와 부분에 대한 후설의 이론 그 자체는 대상의 의미가 지닌 자립성과 비자립성의 상호관계에 관계되는 소박한 현상학적 분석으로 이루어진다. 플라톤과 아리스토텔레스에서도 보였던 전체의 두 가지 성격(홀론holon과 판pan)에 호응하여 부분도 자립성과 비자립성이라는 두 가지 성격을 지닌다. 홀론이란 비자립적 부분으로 이루어지는 전체인데, 예를 들면 원주가 많은 비자립적인 호로 이루어지듯이 비자립적 부분은 상호적으로 융합하여 전체로 합일한다. 이에 반해 판이란 자립적 부분들로부터 성립하는 전체로서, 자립적 부분은 서로 융합하는 것이 아니며 따라서 자립적 성격을 상실하는 것이 아니라 상호적으로 조합되어 전체를 형성한다. 단어와 그 속에 놓여 있는 음절(음절문자)의 관계는 이러한 것이다. 후설은 부분과 전체의 관계를 특히 기초짓기 관계에 의해 해명했다. 기초짓기란 두 개의 부분과 포괄적 전체 사이의 관계를 말한다. α라는 부분계기가 포괄적 전체 속에서 존립하는 것이 가능하기 위해 μ에 의해 보완될 필요가 있을 때 이러한 보완 필요성이 바로 기초짓기이다. 이 경우 α는 μ에 의해 기초지어진다고 정의된다. 기초짓기 관계에는 상호적 기초짓기와 일방적 기초짓기의 두 종류가 있다. 연장과 색의 관계는 상호적 기초짓기이다. 연장은 색을 수반함으로써 존재할 수 있고, 색은 연장을 수반함으로써 양자를 넘어선 고차적인 전체 속에서 양자의 융합이라는 방식으로 존립할 수 있다. 이에 반해 표상과 판단 성격(긍정, 부정 의심 등)의 관계는 판단 성격이 표상에 의해 기초지어지면서 그 반대(판단 성격이 표상을 기초짓는 것)는 있을 수 없다는 특성을 지닌다. 판단 성격은 표상을 수반하여 표상과의 관련 속에서 비로소 존재할 수 있지만, 표상 쪽은 아무런 판단 성격도 수반함이 없이, 즉 정립적 성격을 갖지 않고서 정립・중화화中和化된 단순한 표상으로서 존재할 수 있다. 또는 음의 계열과 멜로디의 관계를 생각해볼 수도 있을 것이다. 멜로디는 반드시 일정한 음을 수반하지만 모든 음의 연속이 반드시 멜로디를 형성하는 것은 아니다. 단순한 음의 연쇄, 예를 들면 드릴로 철판에 구멍을 뚫는 음의 연속은 멜로디가 아니다. 멜로디는 그 구성요소인 일정한 음의 연속에 의해 기초지어지지만, 더 나아가 그것들로부터 해방된 고차적인 자립성을 지닌다. 이때의 기초짓기는 일방적이다. 동일한 것을 판단 성격에 대해서도 말할 수 있다.

이와 같은 기초짓기의 이론은 구조 이론으로서 의식과 세계 지평의 구조에 대한 광범위한 적용 가능성을 열고 있다. 부분이 다른 부분과 상호적으로 관련지어지면서 전체에 관계하는 곳에서는 그리고 또한 그와 같은 견해에서는 언제나 구조의 이론을 찾아볼 수

있다. 부분과 부분의 상호관계와 부분과 전체의 관련성에 대한 분석적 추출을 유례없이 철저하게 해명한 '제3 논리연구'의 직접적인 영향은 구조언어학자 로만 야콥슨의 음운론 체계에서 발견된다. 야콥슨은 모스크바 대학의 학생 시절부터 이 저작을 애독했으며, 그리하여 그 자신의 구조주의적 언어학을 형성하는 데로 인도되었다. 그는 기초짓기 법칙을 철저하게 연구하여 구사함으로써 유아에서의 음운의 획득 과정을 분석하고 해명했다. 또한 실어증에서의 어휘의 망각과 해체 과정에서 보이는 법칙성을 해명했다. 로만 야콥슨에게서 현상학적 구조주의를 알아본 홀렌슈타인의 저서(E. Holenstein, *Roman Jakobson : ein phänomenologischer Strukturalismus*, Frankfurt a. M., 1975 : 『로만 야콥슨—현상학적 구조주의ロマン・ヤコブソン—現象學的構造主義』 白水社, 1979)는 이 점을 잘 해명하고 있다. 메를로-퐁티는 『행동의 구조』에서 게슈탈트 이론과 현상학적인 구조 개념 사이에 다리를 놓았다. 그에게 있어 게슈탈트란 의식에 있어 존재하는 지각의 구조인바, 그가 말하는 물리적 질서, 생명적 질서, 인간적 질서의 각 단계는 각각 후자가 전자에 의해 기초지어지면서 전자로부터 해방되어 있는 일방적 기초짓기 관계에 의해 해석된다. 유고가 된 『보이는 것과 보이지 않는 것』에서는 후기 하이데거의 구조론적 존재 사상의 영향을 받아 신체를 그것 자신에서 열고 우리를 신체에서 여는 신체의 '열개裂開'와, 본다든지 만진다든지 하는 신체와 보이고 만져지는 신체의 키아즘과 재교차, 나아가 보는 것과 만지는 것의 차이라는 신체의 존재론적 차원을 구명하고 있다. 이것은 구조론적인 것으로 해석할 수 있다. 일반적으로 말해 메를로-퐁티와 구조주의의 관계는 상호적으로 착종한다.

현상학과 구조주의의 관계는 독일의 롬바흐에게서 일종의 독창적인 종합을 보았다. 후설과 후기의 '나타나 있음'과 '벗어나 감'이라는 존재의 서로 배치되는 동향의 사유에 의해 일종의 구조론적 사상에 도달한 (『사유의 사태로』) 하이데거의 이른바 프라이부르크 현상학의 흐름 속에서 이 양자와의 대결을 통해 롬바흐는 새로운 구조론적 현상학 체계를 만들었다. 그것은 『구조존재론—자유의 현상학』(1971), 『실체・체계・구조』(1965/66), 『구조인간학』(1987)으로서 결실을 맺는다. 일본에서는 오가와 다다시小川侃가 단순한 소개의 범위를 넘어서서 현상의 차원들 속에서 구조관계를 읽어내는 작업을 수행하여 『현상의 로고스現象のロゴス』(勁草書房, 1986)에서 구조론적 현상학을 전개하고 있다. ☞ ㉷구조주의와 현상학, 전체와 부분, ㉻롬바흐, ㉶구조존재론

—오가와 다다시(小川 侃)

㊟ 小川侃, 『現象學と構造主義』, 世界書院, 1990.

구조주의와 현상학 構造主義—現象學

1960년대 이후의 정형화된 이해에 따르면 구조주의는 '주체' 없는 구조의 학이기 때문에 당연히 '초월론적 주관성'에 기초하는 현상학과는 양립할 수 없다. 확실히 구조주의는 근대 사상이 만들어낸 원리로서의 주체주의를 해체시켰지만, 그렇다고 해서 예전에 '주체'가 점했던 '위치'(경험)의 문제가 사라져버린 것은 아니다. 통속적 구조주의로 이끌린 인류학은 사실의 일람표가 되어 인간의 경험의 의미에 대한 이해를 불가능하게 만들었다. 구조주의와 현상학의 중개를 생각해 보는 쪽이 양자의 잠재적 가능성을 되살리는 데 공헌하는 것이 아닐까? 메를로-퐁티는 그렇게 생각했다. 현상학이 '경험'을 이해하는 데서 시작하는 것이라고 한다면, 후설의 '현상학'과 헤겔의 '현상학'은 일치한다. 둘 다 경험의 의미를 드러내고자 하기 때문이다[「인간의 과학과 현상학人間の科學と現象學」, 滝浦静雄・木田元 譯, 『눈과 정신眼と精神』, みすず書房].

메를로-퐁티는 구조주의 인류학에 대해 "객관적 분석을 체험된 것에 결부시키는 것, 아마도 이것이 인류학의 가장 고유한 일일 것이다"[「마르셀 모스에게서 레비-스트로스에게로マルセル・モースからレヴィ=ストロースへ」, 木田元 譯, 『기호 Ⅰシーニュ Ⅰ』, みすず書房]라고 말하고 있다. 이미 여기에 구조주의(인류학)와 현상학의 공통의 지반이 놓여 있다. "우리가 민족학적 경험에 의해, 요컨대 끊임없이 타인에 의해 자기를

음미하고 자기에 의해 타인을 음미함으로써 손에 넣는 측면적 보편(un universel latéral)"이 문제가 된다. 우리는 타자와 접근하여 "확장된 경험"을 구성하지만, 그렇게 함으로써 "우리가 스스로 우리 자신을 변화시킬 필요를 강요받게" 된다. 우리 자신이 변화하는 것은 우리 자신의 사회에 대해 거리를 취하는 것이자 민족학자의 눈으로 자기 자신과 사회를 조망하게 되는 것이다. 그것은 자기 자신을 '이방인'으로 만드는 방법이다.

이리하여 민족학(인류학)에서의 구조주의는 현상학에 대해 하나의 특이한 경험을 강제하게 된다. 메를로-퐁티는 이것을 다음과 같이 정식화하고 있다—"우리 자신의 것을 이방의 것으로 보고, 우리에게 있어 이방의 것이었던 것을 우리의 것인 것처럼 보기를 배우는 것"[「마르셀 모스에게서 레비-스트로스에게로」]. 여기서는 타자 구성의 문제 등과는 다른 좀 더 엄혹한 타자와의 교통 문제가 드러나고 있다. 도대체가 우리가 다른 이(이자異者, 메를로-퐁티가 말하는 '이방인')로서의 타자와 교통한다든지 타자의 경험의 의미를 이해한다든지 하는 것이 가능할 것인가 하는 물음이 거기에 걸려 있다. 자기 자신의 사회와 문화에 대해 '거리를 취하는'(자신을 이방인화하는) 것 없이는 다른 문화의 이해에 대해 말할 수 없다. 구조주의는, 특히 인류학의 형태를 취하는 구조주의는 자기 이자화의 방법을 끼워 넣지 않고서는 학문이 될 수 없는 숙명을 지닌다. 그렇다면 현상학이 경험의 의미의 이해를 진지하게 추구하고자 할 때 구조주의의 타자 경험과 그 경험의 학문화로부터 배울 수 있을 것이다. 현상학이 근대의 자아논리주의(egologisme)의 폐쇄계에 사로잡혀 있는 한 자기의 이방인화를 실현할 가망은 없다. 현상학은 구조주의 인류학과의 만남을 통해 그것의 전통적인 주관주의를 넘어서지 않으면 안 된다. 구조주의가 말하는 '구조'는 근대의 전통적인 '주체' 개념을 붕괴시킨다. 그것은 대단히 적극적이고 생산적인 효과를 낳는 것이어서, 구조를 사물이나 제도로 잘못 이해한 휴머니스트의 구조주의 비판은 전적으로 과녁을 벗어나는 것이라고 말할 수 있을 것이다. 구조 개념은 인간적 주체라는 자민족 중심주의적 이데올로기를 떼어냄으로써 학문적 인식을 탈중심화하고 타자의 경험에 이르는 통로를 만들어내는 것이다. 메를로-퐁티의 다음의 말은 지금도 되풀이해서 숙독하고 음미할 만하다.

"철학자에게 있어 구조란 우리 밖에서는 자연과 사회의 조직 안에, 우리 안에서는 상징 기능으로서 존재하는 것인바, 데카르트로부터 헤겔에 이르는 사이에 철학을 지배해온 주관-객관의 상관관계로부터 탈출하는 길을 지시해 보여준다. 이 개념은 특히 우리가 어떻게 해서 사회역사적 세계와 일종의 회로를 형성하는 것인지, 요컨대 인간은 자기 자신의 중심으로부터 밖으로 벗어나고 사회적 사태는 인간 속에서만 자기의 중심을 발견하는 일이 어떻게 해서 일어나는지를 이해할 수 있게 해주는 것이다"[「마르셀 모스에게서 레비-스트로스에게로」].

인간과학에 있어서도 철학에 있어서도 구조주의와의 만남이 지니는 의미는 크다. 구조주의는 첫째로, 인간적 사태를 인식하는 방법을 혁신했다. 그것은 자기 자신의 내부에서 '이자'를 발견하고 자기 자신을 이자화하는 것 없이는 다른 시대와 문화(자기의 과거도 포함하여)를 파악할 수 없다는 원칙을 확립했다. 둘째로, 구조주의는 간접적으로긴 하지만 철학적 반성의 스타일의 변경을 강요함으로써 근대주의의 지평을 넘어설 가능성을 시사했다. 특히 현상학은 구조주의와의 만남을 통해 비로소 역사적 사회적 현실에 이르는 통로를 발견함과 동시에 현상학의 탈현상학화라는 예기치 않은, 그러나 긍정적인 경험을 얻게 되었다.
☞ ㉧구조, 타자, ㉥레비-스트로스

—이마무라 히토시(今村仁司)

㊟ P. Ricœur, *Le conflit des interprétations*, 1969.

구체자 具體者 ⇨㉧추상체/구체자

구체적 태도 具體的態度 ⇨㉧범주적 태도/구체적 태도

구축/구성構築/構成 [(독) Konstruktion/Konstitution(Konstituieren)]

'구성'이 "현상학적 철학의 중심이 되는 기초 개념"이라고 말해지고 "초월론적 주관성의 구성에서의 세계의 생성"이야말로 현상학적 연구의 미래의 테마라고 주장되는[E. 핑크, 『현대의 비판 속의 에드문트 후설의 현상학적 현상학』, 119] 데 반해, '구축'은 후설에게 있어서는 비현상학적이고 때로는 부정적인 의미에서 사용된다. 『논리학』에서는 논리학 내지 수학과 같은 형식적 학이 '구축'의 영역[FTL 196]으로서 특징지어진다. 예를 들면 형식적 명제론에서의 논리학적 형식들(Sp ist q, wenn A, dann B)은 모두 근원형식(Urform) "S ist p"의 종차로서 구축에 의해 도출되며[같은 책 56], 또한 수학은 다양체의 구축에 다름 아니다. 결국 보편수학(Mathesis Universalis)은 보편적 구축의 영역이 게 된다[같은 책 108]. 그렇지만 무한의 이념적 형태를 산출하는 방법으로서의 구축에 대해서는 더 나아가 그것의 주관적인 구성적 기원을 묻지 않으면 안 되는 바, 그것이 초월론적 논리학의 과제이다[같은 책 196]. 『위기』에서는 갈릴레오로 상징되는 근대적 자연과학의 영위 전체가 생활세계를 뒤덮는 '이념의 옷'의 구축으로서 파악된다. 근대에 있어 기하학은 공리적 개념 및 명제를 토대로 감성적인 경험의 공간과는 전혀 다른 이념적 공간(내지 형태)을 연역적・일의적으로 구축하는 무한하긴 하지만 완결된 이론이 된다[Krisis 23]. 이러한 이념은 더 나아가 자연 일반에까지 확대되는데, 구체적 인과적 세계 일반도 유한한 요소로부터 출발하여 즉자적인 동시에 객관적인 세계로서 구축하는 방법인 응용기하학과 더 나아가 물리학이 자명한 가설이 되기에 이른다[같은 책 29f.]. "구축에 의한 (세계의) 지배"[같은 책 33]라고도 불러야만 할 이러한 국면에서는 이념적 세계가 구축에 의해 창출(Erfindung)되어 있는바, 이와 같은 이념화를 산출하는 "근원적으로 의미를 부여하는 수행(Leistung)"[같은 책 49]에 대해 묻길 잊어버리는 "숙명적 태만"이 저질러졌다고 후설은 논의하는 것이다. ☞ ㉮구성, 다양체, 세계

—누키 시게토(貫 成人)

구축적 현상학構築的現象學 ⇨㉮소행적 현상학/구축적 현상학

구토嘔吐 [(불) nausée]

생전에 출판된 사르트르의 최초의 소설 표제임과 동시에 그의 전기 철학의 기본 개념 중 하나이기도 한 이 말은 대자對自가 자기 자신을 포함한 사물의 "우연성"을 "비정립적으로" 포착할 때의 "전신감각적인 기분"을 의미하며[EN 404, 409], 따라서 정확하게는 <구역질> 등으로 번역해야만 할 말이지만, 일본에서는 이 소설의 역자인 시라이 고지白井浩司가 "활자체의 효과를 고려하여" 굳이 '구토'라고 번역한 이래 이 번역어가 정착되어 있다. 덧붙이자면, 소설 속에서 이 말은 대문자(Nausée)로 표기되어 있다. 사르트르가 말하는 <구토>는 <구역질>이라고 하더라도 추악한 것을 앞에 둔 경우 등에서 우리가 자주 느끼는 생리적인 메슥거림과 같은 구체적이고 경험적인 구역질과 같은 것이 아니다. 오히려 실제의 '구토'(vomissement)에까지 이르는 그러한 구체적이고 경험적인 구역질은 사물의 우연성에 관한 비정립적인 파악인 이 '철학적인' 구역질을 근거로 하여 생겨난다[EN 404]. 사르트르는 우연성에 관한 자기의 사상의 발단을 그 자신의 영화 감상 체험에서 찾고 있으며[보부아르 『이별의 의식』 181], 나아가 소설 『구토』 자체가 상당한 정도로 사르트르의 실제 체험에 기초한 것으로 간주할 수 있지만, 그 자신은 거기서 묘사된 구역질 체험이 실제로 자신이 느낀 구역질과 동일한 것은 아니라고 말한다[『사르트르—자신을 말하다』 57].

—다니구치 가즈히로(谷口佳津宏)

권태倦怠 [(독) Langeweile (불) l'annui]

권태가 철학이나 문학의 주제로서 다루어지는 것이 반드시 새로운 일은 아니다. 이미 파스칼이 침착하지 못함과 불안에 더하여 권태를 인간의 상태로 간주하며[『팡세』 브룅슈비크판, 단편 127], 또한 아무것도 하지

않고 있을 때 사람들은 자신의 무, 권태, 허무를 느끼는 바, 그것들은 영혼의 깊은 곳으로부터 솟아난다고 지적하고 있다[같은 책 131]. 파스칼에게 있어 세상의 다양한 영위와 오락, 결국은 학문적인 정열마저도 사실은 권태를 회피하고 기분을 달래기 위한 수단이었다. 권태에서 사람들은 비참하고 슬픈 자기에 직면하는 것이다[같은 책 139]. 이러한 '권태가 사람을 무에 직면하게 한다', 또는 갈리아니 신부에게서 유래한다고 하는 '신이 권태를 견디기 위해 우주를 창조했다'고 하는 모티브는 독일 낭만주의(특히 보나벤투라의 『야경』과 그라베의 『농담, 풍자, 아이러니 및 한층 더 깊은 의미』 등), 키르케고르 등에 의해 되풀이하여 다루어지는 모티브이다. 또한 계속해서 권태에 빠진 귀족이 권태로부터 벗어나고자 시도하여 성공하지 못한다는 낭만주의에서 보이는 주제(예를 들면 티크의 『셰르비노 왕자』나 뷔히너의 『레온스와 레나』)는 인간의 깊은 곳에 가로 놓인 권태가 광범위하게 공통의 토포스를 형성하고 있었다는 것을 엿볼 수 있게 해준다.

인간 존재의 근저에서 권태를 보고 또한 '세인'이 언제나 다양한 기분 전환을 생각해내어 권태로부터 벗어나고자 한다는 파스칼 이래의 모티브를 현상학 안에서 다시 다룬 것이 하이데거였다. 하이데거에게 있어 기분 또는 정황성이라는 현상은 본래 인간을 근본적으로 조율하여 세계를 개시하는 계기인바, 철학적인 사유도 그와 같은 기분에 의해 포착되어 규정됨이 없이는 현존재의 근저에서 생기하는 일이라 할 수 없다. 분산된 일상적인 존재방식으로부터 철학적인 물음에로 현존재의 태도 전환을 불러일으키는 데서 권태는 대단히 중요한 의미를 지닌다. 하지만 파스칼은 모든 영위는 권태 견디기라고 하는 자기의 지적도 기분 전환으로 간주했다. 자기의 근저에 권태가 숨어 있다는 것을 살짝 엿보는 자기의 사유 그 자체도 일종의 권태 견디기로 간주하는 파스칼의 이러한 역설적인 자세와는 대조적으로 하이데거에게 있어 권태를 회피하기 위한 기분 전환은 엄격하게 단죄되어야만 하는 것이었다. 거기에서는 양자 사이의 철학적 자질의 차이뿐만 아니라 하이데거 사유의 중요한 형성과정이 되는 1920년대에 독일이 제1차 대전 패전 후의 혼란 속에서 처음으로 본격적인 도시의 대중오락 산업의 융성을 맞이했다고 하는 시대적 배경도 볼 수 있을 것이다.

『존재와 시간』(1927)에서는 자기의 존재를 무거운 짐으로 느끼는 권태감이나 나날의 업무에 종사하는 중에 때때로 닥쳐오는 혐오 등에 대한 기술 외에는 아직 권태에 관한 깊이 파고드는 논의가 없다. 그러나 이미 거기에서의 '퇴락'이나 '세인'에 대한 분석에서는 분명하게 자기 자신의 존재로 향하는 것을 회피하고 나날의 다양한 사항들에 몰두하는 현존재의 존재방식에 대한 하이데거의 비판적인 자세를 읽어낼 수 있다. 다만 『존재와 시간』에서는 일상에 매몰된 현존재를 그 '퇴락'으로부터 흔들어 일깨우고 "그 자신의 존재를 통해 그 자신 앞으로 데리고 나오는"[SZ 245] 탁월한 정황성은 권태가 아니라 불안이었다. 불안에서 현존재를 둘러싸고 있는 도구 세계의 귀추 연관이 붕괴하고, 세계는 세계로서 개시되며 섬뜩하게(unheimlich) 나타나게 된다. 1929년 7월의 프라이부르크 대학 교수 취임 강연인 「형이상학이란 무엇인가?」에서는 본래적인 권태에서 현존재는 자신이 존재자 전체의 한가운데에 있다는 것을 발견한다고 주장된다[WM 7]. 무언가 구체적인 사물이 현존재를 권태롭게 한다는 표면적인 권태가 아니라 '아무튼 그냥 권태롭다'(es ist einem langweilig)고 하는 '본래적 권태' 혹은 '깊은 권태'에서 모든 것이 어떻게 되더라도 좋게 된다. '말 없는 안개처럼 흔들리는' 이러한 깊은 권태가 존재자를 전체로서 개시한다는 것이다. 취임 강연 후 곧바로 행해진 29/30년 겨울학기의 강의 「형이상학의 근본 개념들」은 권태의 현상을 실마리로 하여 이러한 근본 기분으로부터 어떻게 해서 철학적인 물음이 생겨나는 것인지를 밝히고자 하는 것이다. '무언가에 의해 권태롭게 된다', '권태로워 무언가의 곁에 있다', '아무튼 그냥 권태롭다'라는 말하자면 권태의 표면적인 나타남으로부터 깊은 층으로까지 고찰을 진전시킴으로써 그 현상들에 대한 해명을 통해 세계, 유한성, 고독과 같은 하이데거 사유의 기본적인 개념들에 대한 전개가 시도된다. 원활하게 기능하고 있는 한에서 알려지지 않았던 것이 무언가 장애나 막힘에 의해 다시 그것으로서 주목된다고 하는 것은 하이데거의 사유에서 일관되게 찾아볼 수 있는 모티브이지만, 존재자 전체 혹은 세계가 물어져야만 하는 것으로 되는 계기로서 권태는 여기서 대단히 중요한 위치를 점한다. 구도 자체는 취임 강연과 유사하지만, 취임 강연에서는 존재자가 전체로서 개시된다 하더라도 그것이 요컨대 무가 개시되었다는 것을 의미하는 것이 아니라 불안에 의해 비로소 무의 개시가 있게 되는바[WM 111], 권태에 비해 분명히 불안이 우월했던 것이다. 그러나 강연에서는 이미 권태에서 더 나아가 불안에 의해 탁월한 개시가 기대되는 것이 아니다. 이와 마찬가지 것이 1962년 7월 고향 메스키르히의 시정 700년 축하행사에서 강독된 「메스키르히 700년」에서도 보이는데, 이 강연은 29년의 취임 강연을 염두에 두어 일부 중복되는 부분도 있긴 하지만, 역시 불안에 관한 언급은 없어졌다. 여기서 하이데거는 독일어로 권태가 말뜻 그대로는 '긴 시간'을 의미하는바, '이 사람은 긴 시간을 지닌다'라는 독일어 표현이 '그는 고향을 그리워한다'는 것을 의미한다는 것을 지적하고, 대규모의 산업화가 석권하여 인간이 고향을 상실하고 있는 시대에 권태를 지키는 것에서 다시 고향과의 이어짐을 회복할 가능성을 찾고 있다. 일상의 존재방식으로부터 철학적인 물음에로의 전환을 불러일으키는 기분이라고 하여 종래에 하이데거와 관련해서는 오로지 불안이 강조되어 왔지만, 30년경 이후의 하이데거 사유에서는 오히려 권태라는 계기가 그 위치를 점하고 있었다는 사실은 주목받아 마땅할 것이다. ☞ ㊕기분, 불안, 일상, 정황성

—다카다 다마키(高田珠樹)

규정성/미규정성 規定性/未規定性 [(독) Bestimmtheit/Unbestimmtheit]

경험된 것은 이미 체험된 측면과 아직 체험되지 않은 측면으로 이루어진다. 예를 들면 눈앞에서 사과를 볼 때 내실적으로 지각되는 빨강과 윤기 등 이외에 사실상 그 경험에는 뒷면의 빨강, 들 때의 무게, 먹을 때의 싱싱함과 달콤함, 나아가서는 생산유통 과정에서의 내게는 불확정적인 사람들과의 관계 등, 아직 확정되어 있지 않은 무수히 많은 가능한 규정들(Bestimmung)이 그 경험대상의 지평으로서 포함되어 있다. 이미 체험된 규정이 규정성, 지향되었을 뿐 체험되지 않은 규정들이 미규정성이다.

미규정성은 가능적 규정성이자 미지성未知性이기도 하지만 모든 경험에서 완전한 미지라는 것은 있을 수 없으며, 예를 들어 사과에 포함되는 미규정성은 나의 경험에 축적된 사과에 붙어 다니는 특성들의 범위로 수습되는 어떤 유형적 기지성을 지닌다. 지평이란 그와 같이 시점視點에 상관적인 범위를 나타낸다. 뒷면은 실제로는 빨갛지 않고 녹색일지도 모르지만, 그럼에도 불구하고 사과의 색이다. 만약 유형을 넘어서는 규정이 출현한다면 사과와는 다른 것의 경험인 것이다. 결코 넘어설 수 없는 보편적인 유형적 기지성은 "<세계 내의> 존재자이다"[EU 35]라는 것이지만, 통상적인 경험에서는 각각의 '명사'로서 제시되는 구체적인 유형이 작용하고 있다. 이와 같이 경험은 기지와 미지, 규정성과 미규정성의 동태적인 구조로서 파악할 수 있는 것이다. ☞ ㊕밑그림 그리기{미리 그리기}, 충전성, 유형, 지평, 현출

—구도 가즈오(工藤和男)

그들 관계—關係 ⇨㊕우리 관계/그들 관계

그라츠학파—學派 [(독) Grazer Schule]

19세기 말부터 20세기 초두에 걸쳐 오스트리아의 그라츠 대학에서 마이농을 중심으로 모여 실험심리학의 기초를 닦고 대상론·가치론적 연구를 전개한 사람들. 후설의 현상학과 영미의 신실재론에 커다란 영향을 주었으며, 게슈탈트 현상의 특유성을 설파한 마흐로부터 베를린학파의 게슈탈트 심리학에로의 중개역

을 맡았다. 마이농 사후에는 조락했지만, 최근에 이 학파의 노작이 역사적·체계적 관점에서 다시 파악되기에 이르러 그들의 특이한 과학적 게슈탈트 이론이 인지심리학적 관점에서 재인식된다든지 마이농적 의미론이 존재 가정을 하지 않는 자유논리학(free logic)이 발전하는 가운데 논의되게 되었다.

마이농이 존재·비존재를 넘어선 대상의 광대한 영역을 선양하고 대상론을 창도한 것을 받아들여 아메제더(Rudolf Ameseder 1877-1937)는 이러한 대상론적 연구를 체계적으로 전개했으며, 빈델반트(Wilhelm Windelband 1848-1915) 아래에서 참여한 피힐러(Hans Pichler 1882-1958)는 이것을 사상사적 연구로까지 진전시켜 열매 맺게 하였다. 회플러(Alois Höfler 1853-1922)는 마이농의 협력을 얻어 『논리학』(*Logik*, 1890)을 저술함으로써 빈에서 이름을 떨치며, 슈바르츠(Ernst Schwarz 1878-1938)는 두 책으로 이루어진 「마이농 연구」를 세상에 내놓고 있다. 마이농 후임이 된 말리(Ernst Mally 1879-1944)는 마이농의 대상론과 가치론을 계승하여 의무논리학의 공리적 체계화를 도모하고, 논리 공간의 이론을 만들어 그 후의 연구 방향을 예시했다. 다른 한편, 심리학이 대상론의 기초 부분으로 간주됨으로써 마이농의 노력으로 설립된 심리학 연구소에서 지각심리학의 많은 고전적 실험이 정력적으로 행해졌다. 에렌펠스는 마흐에게 자극 받아 형태질(Gestaltqualität)에 관한 학설을 제기했는데, 마이농은 이에 감화되어 기초짓는 내용(fundierende Inhalte)과 기초지어지는 내용(fundierte Inhalte)을 구별하고 멜로디와 같은 고차 대상의 지각에는 주체의 능동적인 기초짓는 작용의 개입을 필요로 한다고 주장했다. 이와 같은 식견에 기초하여 비타젝(Stephan Witasek 1870-1915)과 베누시(Vittorio Benussi 1878-1927)는 존재론은 경험과학이어야만 한다는 관점에서 시각적 공간 및 게슈탈트 구조에 관련된 지각의 실험연구를 여러 가지 시도했다. 그리고 유사성과 차이성의 표상에는 감각내용을 비교하는 생산적인 심적 작용이 필요하다는 것을 설파하고, 그것을 표상산출(Vorstellungsproduktion)이라고 칭하며 그 산출과정의 존재를 주장함으로써 쾰러와 코프카의 논쟁을 야기했다. 덧붙이자면, 지각심리학과 대인인지 연구로 저명한 하이더(Fritz Heider 1896-1988)는 마이농 최후의 학생으로서 그라츠에서 학위를 받았다. ☞[사]게슈탈트 이론, 독오학파와 현상학, [인]마이농, 에렌펠스

—에리구치 아키토시(江里口明俊)

[참] M. Stock/W. G. Stock, *Psychologie und Philosophie der Grazer Schule*, 2Bde., Amsterdam, 1990.

그림과 바탕 [(독) Figur und Grund]

실험현상학파의 한 사람인 루빈(Edgar John Rubin 1886-1951)은 지각의 장이 몇 개의 분절된 영역을 포함할 때 그것이 그림과 바탕의 구조를 지닌다는 점을 지적했다. 여기서 <그림>이란 지각의 장에서 지각 주체가 '무언가를 무언가로서' 파악할 때에 그 중심에 위치하여 떠오르는 것이며, <바탕>이란 그 그림의 주위에서 배경으로 물러나는 것이다. 균질적인 회색의 배경에 한 개의 사과가 그려져 있을 때 사과가 그림, 배경이 바탕이 되어 그 이외의 그림–바탕 관계에서는 파악하기 어렵다. 이러한 사태를 강強 게슈탈트라고 부르고, 이때 그림–바탕 체제는 안정되어 있다. 그러나 지각의 장이 많은 영역으로 구성되어 다양한 의미가 중층적으로 관여할 때에는 그 그림–바탕 관계는 양의적으로 되어 무엇이 그림이 될 것인가는 지각의 장의 자발적 체제에 의하기보다 오히려 지각의 맥락 요인과 흥미와 관심 등의 주체적 요인에 토대한 지각 주체의 그때마다의 형태화(Gestaltung)에 규정되는 측면이 존재한다. 이러한 사태를 약 게슈탈트라고 부르지만, 이 경우에는 바탕과의 관계의 문제가 강 게슈탈트의 경우보다도 전경에 나서기 쉽다. 루빈이 그림과 바탕의 성질이나 작용에 관해 도출한 몇 개의 결론은 게슈탈트 심리학 전체의 기본 명제의 하나로서 찬양받게 되었다. 덧붙이자면, 그림과 바탕이라는 문제성 그 자체는 '의식'과 '의식의 지평', '주제'와 '맥락', '중심'과 '주변' 등등의 현상학적 관심과 중첩되는 일면을 지닌다.

—구지라오카 다카시(鯨岡 峻)

근거 根據 [(독) Grund]

근거 개념은 전통적으로는 두 가지 의미를 지닌다. 즉 논리적인 관점에서는 추리 내지 논증에서의 귀결에 대한 이유, 논거{전제}를 의미하며, 존재론적 관점에서는 어떤 사항 내지 사물의 사실존재 및 양상존재의 이유{원인}를 의미한다. 이러한 존재근거에 대한 사고방식은 라이프니츠에 의해 충족이유율('어떤 것도 근거 없이는 없다')로서 정식화되어 제1의 원리로 간주되었지만, 그 원리 자체의 본질 내지 근거는 더 이상 물어지지 않았다. 그에 반해 전기의 하이데거는 근거의 의미 즉 본질을, 존재자에게 존재의 의미를 주는 시간성을 스스로의 본질로 하는 현존재 속에서 구함으로써 근거 개념에 새로운 의미를 부여하고, 그로부터 종래의 근거 개념에 대해서도 의미짓기를 이루고자 했던 것이다. 현존재는 피투적 기투로서 스스로의 존재 가능의 무無적인(피투적인) 근거인바, 그것은 현존재가 초월이라는 존재방식 속에서 세계를 개시하며 스스로 근거로서 존재자에게 의미를 부여한다는 것을 의미한다. 그와 같은 현존재의 존재방식은 또한 유한한 자유 또는 근거에 대한 자유라고도 말해지는데, 그것이 근거의 본질 즉 근거의 근거(심연Abgrund)로 생각된다. 그러나 중기 이후의 하이데거는 근거 개념 및 근거짓기 사상을 존재 그 자신에 대한 시선을 결여한 전통적인 형이상학적 사유로 간주하고, 더 이상 적극적인 의미를 부여하지 않았다. 신비주의적인 시인인 실레지우스(Angelus Silesius 1624-77)의 말에 기대어 말한 '무엇 때문에 없이'(ohne warum)라는 말은 후기의 그의 근거 개념에 대한 태도를 상징하고 있다. ☞ ㉮시간, 초월

—미조구치 고헤이(溝口宏平)

근거짓기 根據— [(독) Begründung]

'근거짓기'가 문제로 되는 장면은 둘인데, 첫째는 '논리학'의 이념에 관해서이고, 둘째는 '제일철학'이어야만 하는 '현상학'의 이념에 관해서이다. '학문론'으로서의 '논리학'을 전개한 『논리연구』 I 에서 학문의 이념과 관련하여 '근거짓기'가 문제로 된다. '학문'은 단순히 지식을 긁어모은 것이 아니라 그것이 체계화된 이론인바, 직접적으로 명증적인 사항을 넘어서기 위해 '근거짓기'를 필요로 한다. 따라서 '학문'은 반드시 '근거짓기 연관의 통일'을 지녀야만 한다. 이러한 '근거짓기'의 '형식'을 탐구하는 것이 '학문론'으로서의 '논리학'이다. 이에 맞서 '근거짓기'는 후설의 철학관으로서도 말해진다. 참된 철학은 '궁극적인 근거짓기' 또는 '절대적인 근거짓기'를 행하는 보편학이어야만 하며, 이러한 '근거짓기'를 수행할 수 있기 위해 철학은 '엄밀'해야만 한다는 것이 후설이 평생 변함없이 지니고 있었던 철학의 이념이다. 이러한 이념을 실현하기 위해 '초월론적 현상학'이 구상된 것이며, 그런 의미에서 '현상학'이 제일철학으로 생각된다. '학문론'으로서의 '논리학'도 궁극적으로는 '현상학'에 의해 '근거지어'져야만 한다고 후설은 주장하기 때문에, 앞에서 거론한 '근거짓기' 가운데 두 번째 것이 본래적인 '근거짓기'라고 말할 수 있다. ☞ ㉮학문론

—우시지마 겐(牛島 謙)

근원신념 根元信念 [(독) Urglaube] ⇨㉮독사

근원인상 根元印象 [(독) Urimpression] ⇨㉮시간의식

근원자아 根元自我 [(독) Ur-Ich] ⇨㉮자아{에고}

근원적 독사 根元的— [(독) Urdoxa] ⇨㉮독사

근원정립 根元定立 [(독) Urthesis] ⇨㉮독사

근원창설根元創設 ⇨㊏창설/근원창설

글쓰기 ⇨㊏에크리튀르

기능국재론機能局在論 [(영) theory of functional localization]

뇌의 특정 부위에 특정 기능이 국부적으로 존재한다는 신경심리학의 학설. 기원은 고대 그리스의 디오클레스(Diocles)의 좌뇌와 우뇌의 기능분화설과 헤로필로스(Herophilos) 이후의 뇌실학설 등으로도 소급될 수 있지만, 근대 신경심리학에서는 갈(Franz Joseph Gall 1758-1828)의 두개관학頭蓋觀學(caniscopie, 19세기 초두)을 둘러싼 논쟁에 매듭을 지은 브로카(Paul Broca 1824-80)에 의한 실어환자 뇌의 부검 연구, 요컨대 '구음언어의 자리'가 좌하전두회후부라고 하는 학설(1861/65)과 '감각실어'의 책임병변이 좌하측두회라고 하는 베르니케(Carl Wernicke 1848-1905)의 연구(1874) 등에서 시작된다. 후자가 창시한 브레슬라우학파 이래의 고전론은 실행失行이나 실인失認의 병변국재를 시험하는 동시에 복수의 뇌 부위 사이의 연합기능도 역설하는 것이었지만, 20세기 초두 이후에는 국재론과 연합론을 모두 비판하는 전체론이 잭슨(John Hughlings Jackson 1835-1911)의 신경기능 계층론, 게슈탈트 심리학, 인간학, 현상학 등을 배경으로 하여 대두했다(모나코프{Constantin von Monakow 1853-1930}, 피크{Arnold Pick 1851-1924}, 헤드{Henry Head 1861-1940}, 골드슈타인, 바이츠제커, 콘라트{Klaus Conrad 1905-61} 등). 1960년대 후반부터는 다시 국재·연합주의적 경향(게슈빈트{Norman Geschwind 1926-84}, 스페리{Robert Sperry 1913-} 등)이 우세해지고 있지만, 그 후에는 인지심리학적 관점 등도 도입되어 단순한 학설이 아니게 되고 있다. ☞㊏생명과학과 현상학

—하마나카 도시히코(濱中淑彦)

참 H. Hécaen and G. Lanteri-Laura, *Evolution des connaissances et des doctrines sur les localisations cérébrales*, 1977(濱中淑彦・大東祥孝 譯, 『大脳局在論の成立と展開』, 醫學書院, 1983).

기분氣分 [(독) Stimmung]

인간을 1차적으로는 인식 주체로 간주하는 근세 철학의 틀 안에서는 적극적으로 주제화되지 않았던 기분은 하이데거에서 현존재와 세계의 상호관계의 기저로서 파악되기에 이른다. 하이데거에 의하면 현존재가 세계-내-존재라는 방식으로 존재하는 이상, 세계는 언제나 이미 일정한 방식으로 열려 있다. 세계는 현존재에 대해 우선 직관과 인식의 대상으로서가 아니라 그 속에서 현존재가 자신이 거기에 있다는 것을 발견하는 장으로서 열려 있는 것이다. 현존재의 의지와 관계없이 자기가 세계 속에 그와 같이 말하자면 기성사실로서 던져져 일정한 존재방식에 맡겨져 있는 것을 하이데거는 정황성(Befindlichkeit)이라고 부른다[SZ §29]. 그리고 정황성은 구체적으로는 다양한 기분으로서 경험된다. 이러한 일정한 기분에 의한 규정과 조율 속에서 비로소 개개의 사물과의 관계도 가능하다. 기분을 의미하는 독일어인 Stimmung의 동사형 stimmen은 '조율하다', '리듬을 맞추다'와 같은 의미를 지닌다. 무언가가 두려운 것으로서 만나지게 되는 것은 두려움이라는 정황성 속에서 세계가 두려움 쪽으로 개시되어 조율되어 있기 때문이다[SZ §30].

세계가 우선 기분에 의해 개시되어 있다는 것을 하이데거가 강조하는 이유의 하나는 이성과 인식에 정위된 근대의 주체의 철학에 대해 현존재의 사실성, 피투성, 기재성 등의 성격들로부터 인간의 존재를 다시 파악하고자 하기 때문이지만, 동시에 하이데거에게 있어서는 자기를 마주대하길 회피하는 일상성에의 매몰로부터 인간을 흔들어 일깨우고 반성과 철학적인 사유에로 몰아세우는 것도 바로 이 기분이었다. 다양한 기분 중에서도 『존재와 시간』에서는 불안이, 나중에는 무료함이나 경악 또는 예감 등이 다루어지는 것은 그 때문이다. 이와 같은 기분이 일상성으로부터 철학에로의 태도변경을 불러일으킨다. 그런 까닭에 예를 들면 『철학에의 기여』에서는 "모든 본질적인

사유는 그 사상이나 명제가 그때마다 새롭게 마치 광석처럼 근본기분으로부터 새겨질 것을 요구한다. 이러한 근본기분 없이는 모든 것은 개념이나 언어라는 그릇의 무리한 흔들림에 불과하다"[BP 21]고 말해진다.

하이데거의 영향 하에 독자적인 철학적 인간학을 전개한 볼노우는 『기분의 본질』에서 하이데거가 불안만을 특권화시켜 불안으로부터 현존재의 근원적이고 본래적인 시간성의 구조를 도출하는 것을 비판한다. 그리고 슬픔이나 무료함, 불안이나 절망과 같은 소극적인 기분에 대립하여 기쁨이나 행복감, 고양감과 같은 적극적인 기분이 있다는 것을 강조하고, 각각의 기분에는 독자적인 시간성이 갖춰져 있다고 지적한다. 그 자체로서는 매우 흥미로운 지적이지만, 하이데거의 기분론에서는 반드시 현존재의 존재를 구성하는 계기로서의 정황성에 대해 포괄적인 기술이 시도되고 있는 것은 아니다. 오히려 그 정상적인 상태인 일상성을 위협하여 동요시키는 기분의 추출에 역점이 두어져 있다. 하이데거에 의한 현존재의 태세에 대한 분석은 그 태세에 무언가의 균열과 장벽이 생기는 것에서 유발되며, 그러므로 이러한 균열이 생기는 과정도 고찰 속에 받아들이고자 한다. 볼노우의 관점과의 차이는 뜻밖에도 하이데거의 사유에 독특한 이러한 일그러진 순환구조를 부각시키고 있다고 말할 수 있을 것이다. ☞ [사]권태, 불안 정황성, [인]볼노우, [서]기분의 본질

—다카다 다마키(高田珠樹)

기술 記述 [(독) Beschreibung; Deskription]

현상학의 연구방법의 하나. 근대의 과학들은 수학적 방법을 사용함으로써 크고 많은 성공을 거두었지만, 이러한 '정밀'과학들에 반해 지향적인 의식체험을 연구 분야로 하여 '엄밀'한 학을 지향하는 현상학이 채용한 방법이 '기술'이다. '기술'이라는 방법이 채용되는 것은 브렌타노의 '기술심리학'('기술적beschreibende 현상학'이라고도 한다)의 경우와 마찬가지이지만, 지향성에 관한 수학은 불가능하다는 통찰에도 기초한다. 『논리연구』(초판)에서는 의식체험의 '내실적' 내용을 기술하는 것을 '현상학적 기술'이라고 부르고 있었다. 그러나 그 후 후설은 '현상학적 기술'과 '심리학적 기술'을 날카롭게 대립시켜 생각하게 된다. '심리학적 기술'은 개인의 내적으로 경험된 체험을 기술하고 그 분류를 행하는 것을 목적으로 한다. 이에 반해 '현상학적 기술'은 사실의 기술이 아니라 본질의 기술이며, 경험된 체험들을 '범례'로서 사용하여 의식체험의 본질을 간취하는 것 내지 이 본질을 기술에 의해 확정하는 것을 지향한다. 그러나 더 나아가 후설은 본질학으로서의 심리학, 즉 '합리적 심리학'으로부터도 현상학을 엄격히 구별하고, 현상학에 고유한 기술을 '순수 기술'이라고 칭했다(이 단계의 현상학은 '순수 기술적 현상학'이라고 불린다). 후설에 의하면 기술의 순수성이 확보되는 것은 세계의 '실재적'인 사물에 관한 정립을 일절 행하지 않음으로써 이루어지는데, 이를 위해서는 의식체험을 기술할 때에 그 체험이 어떤 인간에게 속하는 의식체험이라고 하는 '초월화하는 통각'을 수행하지 않는 것이 필요하다고 생각된다. 따라서 '순수 기술'을 획득하기 위해서는 '세계 정립'을 차단하는 것이 불가결한바, '초월론적 환원'을 수행함으로써만 기술의 순수성이 확보될 수 있다.

"내적 경험 속에서 행해지는 심리학적 기술은 외적 경험 속에서 행해지는 외적 자연현상의 기술과 대등하다고 생각되지만, 다른 한편 그것은 현상학적 기술과는 서로 대립한다. 현상학적 기술에서는 내재적 소여성의 초월화하는 해석이나 {그것들을} 내실적인 자아의 ≪심적 활동 및 상태≫로 하는 해석은 모두 완전히 배제되는 것이다"[LU Ⅰ XIV f.]. ☞ [사]기술심리학, 엄밀학, 현상학적 환원

—우시지마 겐(牛島 謙)

기술 技術 [(독) Technik (영) technics; technology]

기술이라는 개념은 대단히 다의적인바, 무언가의 도구를 사용하여 대상에 관계하는 활동 일반으로부터, 근대 과학과 결합하여 산업혁명의 추진력이 되고 현대

의 문화와 사회의 존재방식 전체를 규정하게 된 과학과 기술 또는 테크놀로지까지를 의미하는 것으로서 사용된다. 기술이란 무엇인가를 생각하는 경우에 자주 실마리로 되는 것은 아리스토텔레스의 정의이다. 아리스토텔레스는 인간의 활동을 크게 이론적인 것과 실천적인 것의 둘로 나눈 후 후자를 특정한 목적을 실현하기 위해 이루어지는 제작과 자기 목적적인 행위로 구분했다. 그리고 제작을 이끄는 앎을 기술(테크네)이라고 불렀다. 이러한 정의는 제작에는 '본다'라는 것이 본질적으로 갖춰져 있다는 것을 지적했다는 점에서 넓은 의미에서 현상학적 기술관의 선구로 간주될 수도 있다. 그러나 근대의 기술은 자연과학의 이론적 지와 불가분하게 결합하며, 또한 기술 혁신은 특정한 목적을 위해 서라기보다는 자기 증식적이고 자기 목적적으로 이루어지는 경향이 강하다는 점에서 보면 아리스토텔레스의 정의를 그대로 유지하기는 곤란한데, 바로 이 점에 기술을 다시 현대의 철학적 문제로 만드는 이유의 하나가 존재한다.

후설은 기술을 고찰의 중심 주제로 놓은 것은 아니었지만, 생활세계론 안에서 일정한 위치지우기를 행하고 있다. 예를 들면 측량술이 기하학 성립의 기초로 되었다는 점 등으로부터 광범위하게 과학의 기반이 되는 생활세계적인 실천으로서의 기술을 중시한다. 그러나 다른 한편 갈릴레오 이후의 근대 과학이 그 의미 기반을 망각한 단순한 '기술'로 되어버린 것(과학의 '기술화')을 비판했다[Krisis 26, 46ff., 197ff.]. 셸러는 근대 과학과 기술 그리고 사회의 기초에는 공통의 에토스가 있다고 보고 그것을 '지배에의 의지'로 간주했다. 이와 같은 관점에서 보면 실증주의와 프래그머티즘 그리고 맑스주의 등의 기술관은 모두 일면적인바, 과학과 기술 그리고 사회의 상호작용으로부터 각각이 성립해왔다는 점이 강조되어야만 한다[SGW **8**, 92ff.].

현상학의 계보 중에서 기술을 중심적인 주제로 정립한 것은 하이데거였다. 하이데거는 『존재와 시간』에서 일상적인 도구적 행위의 존재방식에 기초하여 도구와 기술적 행위가 일정한 의미연관 속에 존재한다는 것을 지적하고 '세계-내-존재'의 존재방식을 해명했다. 나아가 후기의 『기술에 대한 물음』을 비롯한 저작에서는 현대의 기술을 주제로 하여 기술의 존재론적 규정을 행했다. 그 속에서는 기술이 단지 도구나 수단에 관계하는 것이 아니라 대상의 현상방식에 관계하는 것이며, 그런 까닭에 또한 기술은 과학의 응용이 아니라 오히려 존재론적으로는 과학에 기술이 선행한다고 하는 것과 같은 중요한 테제들이 제출되었다. 이러한 테제들을 제출함에 있어 하이데거는 특히 근대 이후의 기술이 근대 이전의 기술과는 달리 인간의 모든 영역을 규정하게 되었다는 것을 강조하고, 그와 같은 세계의 존재방식을 '몰아세움', 그리고 '위험'이라고 불렀다. 그러나 하이데거 자신은 이와 같은 위기에 대해 명확한 지침을 제시하지는 않았다. 그에 반해 요나스는 근대의 인간중심주의를 넘어선 새로운 '책임의 윤리'를 제창함으로써 인간의 존재 자체를 위태롭게 하는 생태학적 위기를 이끌어 들인 '기술의 형이상학적 힘'에 대항하고자 시도했다.

확실히 기술을 둘러싼 문제는 현대의 중심적 문제이다. 그러나 만약 '기술의 현상학'에 고유한 과제가 있다고 한다면, 그것은 우선 기술에 대한 가치적이고 이데올로기적인 전제를 괄호에 넣고 기술이 기술적인 것으로서 경험되고 나타나는 장에 의거하여 분석하는 것을 제1의 과제로 해야 할 것이다. 최근에는 이와 같은 '기술의 현상학'의 시도도 보인다.

이데는 기술에서의 '보는' 기능을 일관되게 문제 삼아 기술의 '지각-도구 모델'을 제창하고 있다. 기술적 경험에서는 아무리 단순한 도구를 사용하는 경우라 하더라도 대상의 경험방식과 현상방식이 변환되며, 그 변환방식은 이전의 경험방식의 단순한 연장 내지 축소로서 생각될 수 없다. 대상에 대한 경험에서는 나타나는 부분이 확대되면 그에 대응하여 반드시 은폐되는 부분이 생겨난다. 이와 같은 도구적 지향성의 '양의성' 내지 '비중립성'에 주목하게 되면, 기술을 긍정적으로 보는 견해든 부정적으로 보는 견해든 모두 일면적이게 된다. 나아가 드레이퍼스는 하이데거와 메를로-퐁티의 관점에 기초하여 컴퓨터 기술의 한계를 지적한다. 드레이퍼스에 의하면 인간의 사고에 있어 신체가 불가결한 구성적 역할을 담당하고 더욱이 컴퓨터는 신체를 지니지 않는 이상, 컴퓨터에게는 인간과 같은 사고가 불가능하다. 또한 발덴펠스는 기술이 언제나 경험의 새로운 조직화를 초래하며, 그 조직화 방식은 사전에 규정할 수 없는 우연적이고 창조적인 요인을 포함한다는 점을 지적한다. 이것은 인간이 기술을 완전하게 제어할 수 없다는 것을 의미하지만, 역으로 기술 역시 인간을 완전히 대체한다든지 아니면 인간을 완전히 종속시키는 시스템을 제작하는 것이 불가능하다는 것을 보여준다. 이러한 기술관들은 모두 목적인가 수단인가, 지배인가 종속인가와 같은 양자택일의 틀에서 기술과 인간의 관계를 생각하는 것이 아니라 양자의 '공생' 방식을 찾고자 한다고 생각할 수 있다. ☞㉫몰아세움, 현상학적 과학론

—무라타 준이치(村田純一)

참 D. Ihde, *Technology and the Lifeworld*, Bloomington and Indianapolis, 1990. B. Waldenfels, "Reichweite der Technik", in *Der Stachel des Fremden*, Frankfurt a. M., 1990.

기술심리학 記述心理學 [(독) deskriptive Psychologie]

'설명적 심리학'에 대립하여 주장된 심리학상의 입장. 브렌타노와 딜타이 등의 심리학이 이 입장을 취하지만, 후설의 현상학은 브렌타노의 '기술심리학'을 철저화한 것으로 간주할 수 있다.

'설명적 심리학'은 크고 많은 성공을 거둔 근대의 물리과학의 방법을 심리현상에도 적용하여 심리현상을 요소로 분해하고 그 요소간의 결합의 인과법칙을 밝히고자 한다. 이에 반해 '기술심리학'은 심리현상을 주어진 그대로 기술하여 그 고유한 특성을 파악하고, 그에 걸맞은 방법으로 고찰하고자 한다. 딜타이는 '설명적 · 구성적 심리학'에 대립하여 『기술적 · 분석적 심리학』(전집 제5권)을 제창하고, 정신적 삶의 전체적인 '구조 연관'을 '이해'하고자 시도했다.

브렌타노에서 '기술심리학'은 '발생적 심리학'에 대치되며, '발생적 심리학'이 '심적 현상'의 발생과 지속 및 소멸의 인과적 법칙성을 밝히고자 하는 데 반해, '기술심리학'은 '내적 지각'의 명증에 기초하는 기술에 의해 '심적 현상'의 구성요소에 대한 분류를 행하고자 한다. 이러한 '기술심리학'은 '심리고찰'(Psychognosie) 내지 어떤 시기에는 '기술적 현상학'이라고도 불리며, 또한 내적 경험의 반성에 기초하는 데로부터 '경험적 심리학'이라고도 불린다. 브렌타노는 '심적 현상'을 '표상', '판단', '정의情意활동'의 세 종류로 나누고, '심적 현상'의 본질적인 특징은 '지향성'에 있다고 주장했다.

후설은 브렌타노의 '기술심리학'에서 출발하여 일정한 시기에는 '현상학'을 '기술심리학'과 동일시했지만, 곧바로 이러한 생각을 철회하고 양자를 날카롭게 대립시키게 되었다. 그러나 '초월론적 현상학'과 '기술심리학'은 둘 다 지향적 의식체험을 연구 분야로 할 뿐만 아니라 그 사이에는 엄밀한 '대응관계' 내지 '평행관계'가 존재하기 때문에, 양자를 실질적으로 구별하는 것은 언뜻 보아 생각되는 것만큼 쉬운 것이 아니다. 이러한 사정 때문에도 후설은 반복하여 '현상학적 환원'에 대해 숙고를 거듭하여 그 이론을 심화시켰다. 그 성과가 '심리학을 넘어서는 길'이다. ☞㉫기술, 내적 지각

—우시지마 겐(牛島 謙)

기술적 현상학 記述的現象學 [(독) deskriptive Phänomenologie]

⇨㉫기술記述

기억 記憶 [(불) mémoire]

일반적으로 기억이라고 할 때에는 기억되는 내용과 그것을 환기시키는 작용이 구별되는 경우가 많다. 이미 아리스토텔레스는 '므네메'(μνήμη, 회상)와 '아남네시스'(ἀνάμνησις, 상기)를 구별하지만, 이것은 중세에서도 토마스 아퀴나스의 «memoria»와 «reminiscentia»의 구별로서 계승되었다. 이러한 사고방식에 서면, 무엇보다 우선 기억이 어디에 그리고 어떻게 보존되는가를 문제 삼지 않을 수 없다. 아우구스티누스는 그의 『고백』(제10권)에서 "기억의 광대한 궁전"이라는 표

현을 사용하고 있는데, 이것은 고심하여 정신적 영역과 물질적 영역을 유비적으로 중첩시킨 비유이다. 이러한 사고방식은 기억을 생리적으로 남겨진 변화 또는 뇌 내부의 물질적 흔적('엔그람(engram)')에 관계된다고 상정하는 흔적설로서, 데카르트를 단적인 예로 하여 여러 차례 학문적 꾸밈새를 새롭게 하며 집요하게 존속되어 왔다. 그러나 기억이 대뇌피질의 특정한 부위에 보존되는 것이 아니라는 것은 정신병리학에서의 여러 관찰이 보여주는 대로이며, 또한 그것이야말로 베르그송이 그의 『물질과 기억』(1896)에서 논증하고자 했던 것이다. 그러나 베르그송도 현재 속에서 과거를 반복적으로 행하는 습관으로서의 기억과, 과거를 과거로서 재인하는 직접적 경험으로서의 기억을 구별한다. 현재에서 과거가 존속되는 것으로서의 습관을 기억에 포함시키게 되면 인간에게서 뿐만 아니라 동물과 식물 또는 전자기기와 금속의 대자帶磁현상('형상기억합금'과 같은 것까지 존재한다)에서도 기억에 대해 말할 수 있게 될 것이다. 그러나 습관은 그 자체로서는 과거에 대한 대응을 전혀 포함하지 않기 때문에 개인적인 과거를 과거로서 재인 또는 표상한다는 엄밀한 의미에서의 혹은 **참된** 기억과는 본질적으로 구별되어야만 한다. 베르그송의 이론적 노력은 양자를 일단 구별한 다음 양자를 체계적 관점에서 통일적으로 논구하고자 하는 데에 있었다. 그가 '기억의 현실화'라고 부르는 활동에 관한 사변이 그 점을 단적으로 보여준다. '어디에'에 관해 말하자면, 결국 베르그송은 기억이 뇌수 속에 보존되는 것이 아니라 **그 자체로서** 보존되며, 뇌수는 기억을 불러내는 기관에 불과하다고 생각하는 것이지만, 질 들뢰즈(Gilles Deleuze)도 말하듯이[『베르그송주의』(1966)] '순수한 과거'와 '과거 일반'을 인정한다는 점에서 베르그송은 즉자존재의 과거를 상정하고 있다. 의식과 지속과 기억을 그의 장대한 철학적 사변 속에서 동일시하는 베르그송에게 있어서는 결국 "모든 것은 마치 우주가 두려워해야만 할 하나의 기억인 것처럼 진행된다"(들뢰즈)는 것이다. 후설은 그의 『내적 시간의식의 현상학』(1905)에서 과거파지로서의 제1차적 기억과 상기로서의 제2차적 기억을 구별하지만, 사르트르는 후설의 파지 개념에서의 시간적 초월의 불철저함을 베르그송적인 의식의 즉자성과 함께 비판한다. 그때 그는 "모든 의식은 그 대상을 정립한다. 그러나 그 정립의 방식은 각양각색이다"[Ime 30]라는 기본적 입장에서 지각과 기억과 상상이라는 세 가지의 차이에 대해 논의하고 있긴 하지만, 그와 더불어 대상을 부재하는 것으로서 정립하는 기억과 상상의 구별이 반드시 설득력 있게 논해지고 있다고는 말하기 어렵다. 일반적으로 현상학적 논의에서는 기억의 문제도 오로지 의식의 작용 문제로서 다루어지는 경향이 강하다. 말하자면 기억의 '무엇'과 '어디에'가 '어떻게'로 해소되어버리는바, 기억이란 다시 말하면 상기하는 것인 것이다. 그러나 귀스도르프(Georges Gusdorf[『기억과 인격』(1951)]에 의하면 "비존재의 소유, 부재하는 것의 현전"으로서, 메를로-퐁티[『지각의 현상학』(1945)]에 의하면 "과거의 직접적 소유"로서 규정되는 기억도 그러한 규정에 의해 그 풍요로운 의미 내용이 남김없이 다 길어 올려지는 것은 아니다[PP 307]. 고대로부터 전해 내려온 기억술의 전통도, 또는 무의식적 기억이라는 근본적 모티브를 둘러싸고 전개되는 마르셀 프루스트의 『잃어버린 시간을 찾아서』(1913-27)와 같은 문학작품도 그 점을 시사하고 있는 것으로 생각된다. ☞ ㉶과거파지/미래예지{파지/예지}, 시간, 시간의식, ㉤베르그송

—다니가와 아쓰시(谷川 渥)

㊟ Frances A. Yates, *The Art of Memory*, Routeledge & Kegan Paul, 1966(玉泉八州男 監譯, 『記憶術』, 水聲社, 1993).

기재성 旣在性 [(독) Gewesenheit] ⇨㉶시간

기초존재론 基礎存在論 [(독) Fundamentalontologie]

『존재와 시간』 출판 당시의 하이데거의 중심적인 물음의 입장을 나타내는 용어이다. 예전의 특수 형이상학에 해당하는 다양한 영역존재론을 연구하기 위해서는 그 연구대상인 다양한 존재하는 것들의 존재가

일반적으로 어떠한 의미를 지니는가 하는 것, 즉 존재 일반의 의미가 미리 해명되지 않으면 안 된다. 존재 일반의 의미를 묻는 물음은 예전의 일반 형이상학에 해당하지만, 하이데거는 이것을 '철학 일반의 기초적 물음'이라고도 불러 기초존재론과 구별하고 있었다. 존재 일반의 의미를 해명하는 길은 존재의 의미를 이해하는 '존재이해'의 가능성을 명확히 함을 통해서이며, 이를 위해 존재이해를 지니는 바의 인간적 현존재의 구조를 분석하는 것이 우선 추구된다. 이와 같이 존재 일반의 의미에 대한 물음을 수행하기 위해 행해지는 인간의 현존재의 분석론이 '기초존재론'인 것이다.

기초존재론과 (철학적) 인간학은 엄밀하게 구별된다. 왜냐하면 기초존재론은 인간 존재의 일반적 구조에 대한 해명을 추구하는 것이 아니라 존재의 의미에 대한 물음에 의해 철저히 주도되고 제약된 현존재 분석이기 때문이다. 따라서 그것은 현존재의 '실존론적 분석론'이라고도 불린다.

『칸트와 형이상학의 문제』에서는 기초존재론을 형이상학을 위한 기초를 준비하는 '현존재의 형이상학'이라고 설명하지만, 내용에는 변함이 없다.

『존재와 시간』의 프로그램에 따르면 기초존재론은 우선 우리가 지금 당장 지니고 있는 "실존의 형식적 이념"을 실마리로 하여 이루어지는데, 그 연구의 결과 존재 일반의 의미가 해명되면 그에 기초하여 인간에 관한 특수존재론으로서의 현존재 분석론이 다시 한 번 행해지게 된다. 여기에서는 분명히 연구방법에서의 순환구조가 보인다. 이러한 순환을 우리가 가장 비근한 존재 이념으로부터 출발할 수밖에 없다는 의미에서 불가피한 도정으로서 승인한다 하더라도, 인간의 현존재의 분석론이 존재 일반의 의미에 대한 물음 속에서 **기초**존재론의 역할을 담당하는 것에 대해서는 역시 당시의 하이데거에게 칸트로부터 후설에 이르는 근대의 초월론적 주관성의 철학의 영향이 남아 있었다는 것을 보여주는 것이라고 말할 수 있을 것이다. 중기 이후에는 '기초'라는 것도 '근거짓기'의 방향에서가 아니라 지금까지의 형이상학이나 존재론의 물어지지 않은 채 은폐되어온 원천을 의미하는 식으로 역전된 방향에서 생각되게 된다[『니체 Ⅱ』, 『형이상학이란 무엇인가』 서문 참조]. ☞ ㉵존재, 현존재

—다케이치 아키히로(竹市明弘)

기초짓기 基礎— [(독) Fundierung]

본래는 후설이 『논리연구』 Ⅱ/1 제3연구에서 정의를 내린 순수 논리학적 개념이지만 의식의 지향적 분석이나 '구성'론 혹은 생활세계론에서도 중요한 역할을 수행한다. '기초짓기' 관계에 주목함으로써 초월론적인 세계 구성의 단계들 내지 층들이 구별된다.

순수 논리학적인 개념으로서의 '기초짓기'는 다음과 같이 정의된다. 즉 어떤 α와 어떤 μ 사이에서 μ와 결부되지 않으면 α가 실재할 수 없는 본질적인 관계가 성립하는 경우에 α는 μ에 의한 '기초짓기'를 필요로 하거나 아니면 단적으로 α는 μ에 의해 '기초지어진다'고 말해지며, '기초짓기'를 필요로 하는 것은 "비독립적인 것"이라고 한다[LU Ⅱ/1 261].

나아가 "지향적 체험"과 관련하여 이러한 엄밀한 의미에서의 '기초짓기'를 문제로 하는 것에서 기쁨·원망·의욕과 같은 비객관화 작용은 "객관화 작용"에 의해 "기초지어져" 있다는 것, 나아가서는 "궁극적인 기초짓기를 행하는 객관화 작용은 명사화하는 작용이라는" 것이 통찰된다[LU Ⅱ/1 519]. 이리하여 '구성'론의 틀이 서서히 형성되어 가는데, 그 개요는 사물·마음·정신의 세 층으로 대별되는 『이념들 Ⅱ』의 지향적 분석에서 엿볼 수 있다.

후기의 『위기』는 '생활세계'라는 개념을 중심으로 하여 전개되었지만, 이 개념은 후기에 특유한 새로운 것이라고 말해야 할 것이 아니다. 과학적 진리를 기초짓는 근원적 명증으로서 '생활세계'가 주제화되는 것도 "본질적인 기초짓기 질서"[Krisis §34a]에 주목해서 이루어진 일인 것이다. "자연과학의 잊혀진 의미 기저로서의 생활세계"가 "근원적 명증의 영역"으로서 현상학의 주요한 테마가 되는 것도 '기초짓기' 관계를 독해하고자 하는 탐구의 하나의 필연적인 귀결로서 이해할 수 있을 것이다. ☞ ㉵객관화 작용, 계기/단편, 근거짓

기, 독립성/비독립성

—우시지마 겐(牛島 謙)

기투 企投 [(독) Entwurf (불) projet; pro-jet]

하이데거에게서 유래하는 용어. 『존재와 시간』에 따르면 기투(실존성)는 피투성(사실성) 및 퇴락과 더불어 현존재의 존재인 조르게(관심)를 구성한다. 현존재의 개시성의 하나의 계기인 이해는 기투라는 실존론적 구조를 지닌다. 즉 이해는 현존재가 **스스로의 존재 가능성을 향해 몸을 던지는**(스스로를 기투하는) 일인 바, 기투는 스스로의 존재 가능(Seinkönnen)에로 개시하면서 관계하는 가운데 존재하는 일인 것이다. 그때 현존재는 스스로를 세계(세상)로부터 이해・기투함(비본래적 기투)일 수도, 가장 고유한 존재 가능으로부터 이해・기투함(본래적 기투)일 수도 있다. 또한 가능성은 무차별적인 자유가 아니고 현존재는 한정된 가능성들로 들어가고 있기 때문에, 기투는 자의적인 선택이 아니라 어디까지나 피투적인 기투이다. 계보를 더듬어 가면 기투는 후설의 '나는 할 수 있다'를 전개시킨 것으로 볼 수도 있겠지만, 본질적으로는 근대적 주관성의 자율적 능동적 성격을 계승한 것이라고 말할 수 있을 것이다. <전회> 이후의 하이데거는 기투보다 피투성을 강조함과 동시에, 존재에 의해 던져져 존재의 밝힘 속으로 탈자적으로 서는 것이 피투적 기투라고 해석하게 된다. 다른 한편, 기투는 하이데거 이후의 철학, 특히 현상학에 의해 수용되었다. 사르트르는 의식이 스스로의 가능성을 향해 즉자로부터 탈출하는 것을 기투라고 부르며, 전기 메를로-퐁티는 후설의 의식의 지향성을 신체의 세계기투(세계에 내속하면서 세계를 경험하고 묘사하는 것)라고 해석하여 현상학의 새로운 국면을 열었다. ☞ ㉹나는 할 수 있다, 이해, 탈자태, 피투성

—고토 요시야(後藤嘉也)

기표/기의 記表/記意 [(불) signifiant/signifié]

소쉬르(Ferdinand de Saussure 1857-1913)에서 유래하는 언어학 용어. 본래는 중세 이래의 <시그난스/시그나툼signans/signatum>의 맞짝으로서 언어와 사물이나 언어와 개념 등을, 즉 <의미하는 것>과 <의미되는 것>을 막연히 가리키고 있었지만, 그에 의해 각각이 기호 내의 <기호표현>부와 <기호내용>부에 해당되는 명칭이 되었다. 현상학자로서 이 표현을 최초로 의식적으로 받아들인 것은 메를로-퐁티이며, 특히 1950년 이후에 자주 사용한다. 다만 그 사용범위는 언어 영역에 머물지 않고 미술, 음악, 그 밖의 모든 표현활동, 나아가서는 사건이나 역사의 의미하는 바에까지 확대되어 오히려 구래의 막연한 용법에 가까워지고 있다. 일반적으로 <기호/의미> 또는 <표현/의미>의 맞짝과 같은 뜻으로 사용되는 경우가 많지만, 기표 측을 복수성 또는 작동성으로서 파악함으로써 양항의 일대일 대응관계를 피하여 언어명명론에서 벗어난다. 이것은 다른 방도에 의해 소쉬르의 의도를 실현함과 동시에 개념에 한층 더한 팽창을 지니도록 한 것이라고 생각할 수도 있는데, 이후 리쾨르, 리오타르, 앙리 등도 이 용법에 특히 엄밀한 사용법을 부과하지는 않고 있다. 덧붙이자면, 라캉(Jacques Lacan 1901-81)도 정신분석학적인 관점에서 기표의 우위성과 기표로부터 기의에로의 이행현상에 대해 논의하고 있으며, 이것이 이후의 현상학자들의 용어에 영향을 주고 있다는 점도 잊어서는 안 된다.

—가가노이 슈이치(加賀野井秀一)

기호 記號 [(독) Zeichen (불) signe (영) sign]

기호를 둘러싼 고찰은 고대로부터 존재했지만, 오늘날 볼 수 있는 것처럼 이 용어에 광범위한 적용 범위가 주어진 예는 근세에는 J. 로크에서 발견된다. 『인간지성론』의 마지막 장은 학문에서 크게 자연학, 실천학 및 기호학(semeiotike)의 세 부문을 구별하고, 이 기호학에서 연구하는 것을 우선 가장 일반적인 기호인 언어 및 마음이 고찰하는 사물의 기호(Sign) 또는 대리(Representation)로서의 관념(idea)이라고 제시했다. 사

물의 기호인 관념은 기록되어 타인에게 전달될 필요가 있기 때문에 이번에는 관념의 기호로서 언어가 사용되는 것이다.

현대 기호론(semiotics)의 창시자라고도 말해야만 할 퍼스는 관념을 기호라고 이해한 로크와 마찬가지로 일반적으로 사상(thought)도 기호로 이해하는 포괄적인 시야를 가지고서 기호의 체계적인 분류를 시도했다. 기호를 그 대상과의 관계(제2차성)에서 구분하여 회화처럼 유사에 의해 대상을 표시하는 아이콘, 연기가 불의 소재를 알려주듯이 실재적 연접에 의해 대상을 지시하는 인덱스, 언어와 같이 습관이나 약속에 의한 심벌의 세 종류를 구별한 것은 유명하지만, 그밖에 기호 자체의 존재방식에 의한 성질 기호와 개물 기호와 법칙 기호의 3분할, 그리고 해석항을 포함하는 3항 관계(제3차성)에 의한 명사와 명제와 논증의 3분할이 덧붙여진다. 고차적인 것은 저차적인 것을 포함하지만 그 역은 있을 수 없다는 원칙에 서서 이들을 조합시키면 모두 10종류, 고차로부터 저차로 퇴화하여 사용되는 경우를 합치면 모두 66종류의 기호가 합성된다고 하는 상세한 분류였다.

퍼스 이후 행동주의적 입장에서 기호론을 계승한 모리스(Charles William Morris)에 의하면 일반적으로 기호란 "그때 자극이 없는 것에 대해 행동을 이끄는 것"이며, 특히 심벌이란 "해석자에 의해 산출되어 그것과 동의적인 다른 기호를 대신하여 활동하는" 기호이고, 심벌 이외의 기호는 시그널이라고 불렀다. 모리스는 또한 기호론을 구문론, 의미론, 어용론의 3분과로 나눌 것을 제창하여 현대에 폭넓게 영향을 미쳤다.

기호를 둘러싼 고찰은 후설에게도 있었다. 초기의 초고「기호의 논리학」[Hu **12**. 340-73]은 '기호론'(Semiotik)이라는 부제를 달고 있는데, 포괄적인 기호 개념 하에 일반적으로 기호는 어떤 내용을 간접적으로 제공하는 매개를 이루지만 밖으로부터 부가된 외적 기호만이 아니라 개념적 징표(begriffliches Merkmal) 역시 기호라고 하는 점에서 로크의 전통이 인정된다. 그 후『논리연구』에서는 개념적 징표라는 용어는 모습을 감추고 그 대신 '의미'(Sinn, Bedeutung)가 나타나며, 넓은 의미의 기호에서 지표(Anzeigen)와 표현(Ausdruck)이 구별된다. 지표는 퍼스의 인덱스에 해당하여 다른 것의 실재의 확신 내지 억측을 동기지우는 실재물이지만, 표현은 음성 기호나 문자 기호가 실제로 거기에 없더라도 상상되는 것만으로 의미를 이해시키며, 또한 대상이 존재하지 않더라도 유의미할 수 있다. 이리하여 의미지향과 의미충족의 구별이나 단정 유보(중립화) 등의 중요한 현상학적 개념이 도출되지만, 기호라는 말은 그 후 한정적으로 사용되게 된다. 대표상적代表象的인 내용 또는 대표(Representant)라는 용어가 유사에 의한 직관적인 경우와 근접에 의한 표의적(signitiv)인 경우를 포함하는 포괄적인 의미에서 사용되는데, 협의의 기호(Zeichen)는 후자의 경우에 해당된다.

언어학자 소쉬르(Ferdinand de Saussure) 역시 기호학(sémiologie)이라는 이름 아래 기호의 일반이론을 생각하고 있었다. 그에 의하면 언어기호(signe)에서는 의미하는 것(signifiant)과 의미되는 것(signifié)의 결합이 자의적인 데 반해, 저울이 정의를 상징하는 것처럼 그것이 유연적有緣的(motivé)인 경우에는 상징(symbole)이라고 불린다.

소쉬르는 언어를 차이의 체계로 간주했지만, 후설의 연구로부터 출발한 데리다는 차연(différance, différer는 '다르다'와 '연기하다'라는 두 가지 의미를 지닌다)이라는 새로운 개념에 기초하는 기호 이론을 생각하고 로고스 중심주의적, 음성 중심주의적 전통을 비판했다. 그러나 각 이론의 기호 개념에 비추어보는 한에서 음성중심주의 비판은 딱 맞아떨어지지 않는다.

소쉬르와 후설의 쌍방으로부터 영향을 받은 언어학자 야콥슨은 퍼스의 3분할에 의한 분류를 수정하여 4분할을 제안했다. 언어활동에 기본적인 선택과 결합의 두 축에 대응하는 유사와 근접의 2대 관계는 기호 성립의 기초이기도 한바, 아이콘과 인덱스가 이 양 관계에 기초한다는 것은 분명하다. 약속에 의한다고 하는 심벌은 사실적(factual) 근접에 의한 인덱스에 반해 귀속적(imputed) 근접에 기초하며, 그와 마찬가지로 사실적 유사에 의한 아이콘에 반해 멜로디의 반복이나 추상화에서는 귀속적 유사를 찾아볼 수 있다. 내향적

(introversive) 기호라고 불리는 것이 이것이다. ☞ ㊙상징, 언어학・기호학과 현상학, 의미지향/의미충족, 지표와 표현, 차연, ㉤데리다, 야콥슨, 퍼스

—다지마 사다오(田島節夫)

㊟ 田島節夫, 『現象學と記號論』, 世界書院, 1988. Ch. W. Morris, *Foundations of the Theory of Signs*, University of Chicago Press, 1938(内田種臣・小林昭世 譯, 『記號理論の基礎』, 勁草書房, 1988). U. Eco, *Trattato di semiotica generale*, 1975; *A Theory of Semiotics*, 1976(池上嘉彦 譯, 『記號論』, Ⅰ, Ⅱ, 岩波書店, 1980).

깊이 [(독) Tiefe (불) profondeur]

깊이란 나의 신체를 원점으로 하여 그 주위에 그때마다 일거에 설립되어 있는 가까움-멈-지평의 계열로서의 지각의 장의 공간 구조로서, 그 속에서 모든 사물은 다양한 거리, 크기, 명료도, 음영, 중첩의 관계 체제에서 현상한다. 따라서 깊이 구조의 성립은 무세계적인 사유 주관에서가 아니라 세계에 참여하여 구속되어 있는 신체 주관에서만 가능한바, 그것은 세계에 내속하는 동시에 세계에 열려 있는 주관(시점視點)의 양의성을 잘 보여준다. 깊이는 또한 신체의 지향적-행동적인 파지력에 있어 세계와 사물들의 사실적인 범위 상황을 표현하는데, 거기에는 신체의 가능적인 행동 기투와 세계의 현실적 질서가 상호적으로 동기를 부여하는 양의적인 동시에 역동적인 관계가 존재한다. 실제로 세계에 대한 파지력과 그 세계파지에 함축되는 현실의 항상성에 대한 믿음에 따라, 그리고 동일한 하나의 항상적인 세계와 사물들의 그때마다의 사실적 상황에 따라 세계의 장은 일정한 작용 범위에서는 사물들의 상대적 항상성을 어느 정도는 보존하면서도 깊이라는 경사-수렴의 구조로서 조직화되며, 또한 하늘의 구름과 별과 같이 그 범위를 넘어서면 깊이 구조도 소실된다. 따라서 깊이는 기하학적 원근법에 따르는 객관적인 구조가 아닌바, 대상의 겉보기의 크기와 거리 사이에서 표지와 의미의 주지주의적인 관계나 원인과 결과의 경험주의적인 관계를 상정할 수 없다. 본래 깊이 속에 있는 겉보기의 크기, 예를 들면 지평선에로 연장되어 가는 저편의 겉보기의 길의 너비를 수량적으로 측정하는 것 등은 가능하지 않으며, 지각의 장 그 자체도 일정한 면적이나 용적을 지니는 것이 아니다. 따라서 깊이야말로 객관주의적으로 이미 구성된 공간 표상으로부터 전前객관적, 시원적인 현상성의 차원으로 돌아올 수 있게 해주는 탁월한 구조 현상인 것이다. 다른 공간 차원에 비해 깊이에는 대단히 독자적인 우월한 성격이 갖추어져 있다. 높이와 넓이는 현실적인 사물들과 그 국면들이 서로 병렬되어 있는 차원에 지나지 않지만, 깊이는 그것들이 서로 숨기고 품어가는 포함의 차원이기 때문이다. 좀 더 말하자면, 깊이는 그로부터 추출된 차원에 불과한 높이와 넓이 및 거리를 모두 포함하는 것과 같은 차원성, 그 모든 차원들의 파출과 전환이 가능해지는 모태, 전체적인 장소성 그 자체이다. 거기에는 사실적으로는 공共현전적, 공가능적으로 존재할 수 없는 국면들, 사물들, 장들이 모두 현실성과 잠재성의 제한 없는 중첩에서 한꺼번에 동시에 공존한다. 이와 같은 깊이의 전체 동시성의 차원에서야말로 세계 역시 단지 현전성의 평면으로 환원되는 것이 아니라 단 하나의 전체 포함적인 개방성으로서, 요컨대 바로 세계로서 존립하는 것이다.

현상학자 중에서는 특히 메를로-퐁티가 깊이의 현상에 함의된 이러한 모티브들—신체 주관의 세계 내속성, 지각의 장의 전객관성, 세계의 전체 동시성—을 자기 철학의 핵심적인 주제로서 전개하고 있다. 거기서는 이를테면 깊이의 현상학, 깊이의 존재론과 같은 것이 엿보이는 것이다[PP 294-309, OE 64-5, Ⅵ 40-1, 272-3, 290]. ☞ ㊙공간, 지각

—시노 겐지(篠 憲二)

꿈 [(독) Traum (불) rêve]

고대에 꿈은 깨어 있는 상태의 현실에 못지않은 중요성을 지녀 그에 대한 해석은 신의 뜻에 대한 해석이라고 말해지지만, 현대에 꿈은 상상적인 심상이고

그에 대한 해석은 <무의식>에 대한 해석이라고 하는 견해가 유포되고 있다. 핑크도 꿈을 일종의 상상의식(준현재화)으로서 취급한다. 후설은 각성 상태의 의식(특히 지각)을 본원적이라고 하여 특권화하기 때문에 거의 꿈을 논하지 않는다. 꿈을 무의식을 지시하는 <의미 있는 정신적 형성물>로서 적극적으로 다루어온 것은 프로이트의 정신분석이나 융의 심리학 등이다. 이들은 무의식의 존재를 전제하지만, 그 무의식은 의식에 의거하여 얻어진 것이 아니기 때문에 많은 현상학자는 그것을 거부한다. 현상학과 정신분석은 방법론적으로 양립하지 않는 것으로 볼 수 있다. 그러나 메를로-퐁티는 「정신분석과 현상학」에서 양자가 모두 의식의 잠재층으로 향한다는 점에서 양자의 **친연성**을 강조하고, 또한 깨어 있는 상태의 경험이 지닌 "꿈과 같은 성격"[RC 69]을 말하여 깨어 있는 상태와 꿈의 단절성을 부인했다. G. 바슐라르는 『물과 꿈』 등에서 지각적 관조에 대한 꿈의 우선성마저 주장하면서 독자적인 실질적(물질적) 상상력론을 정신분석적으로 전개했다.

빈스방거에 의하면 현상학은 의식을 분석하지만 외부로부터 설명 개념을 가지고 들어오는 것이 아니라 의식에 주어진 것에만 기초하여 분석한다. 더욱이 현상학은 본질만을 문제로 삼는다. 이 때문에 언뜻 보면 현상학은 정신병리학과 대립하는 것으로 볼 수 있지만, 사실은 그런 것이 아니라 **상호적으로 영향을 준다**. 논문 「꿈과 실재」에서 빈스방거는 하이데거의 영향도 받아 논의를 전개한다. 꿈은 현실과 무관계한 상상이 아니라 인간 실존의 구조에 관계하는 것으로 파악된다. 그리고 실존의 자기관여적·자기이해적인 구조로서 <깨어남>이 중요해진다. "인간은 꿈꾸고 있을 때에는 '생명기능'에서 '있지'만, 꿈에서 깨어날 때에는 '생활사'를 창조한다." 꿈에서 깨어남으로써 인간은 그 이전의 자신의 무의식적인 폐쇄된 세계로부터 벗어나 사건의 운동에 자기를 관여시키게 되는 것이다. 그러나 생명기능과 생활사라는 양자의 기초에 있는 것은 어디까지나 실존이다. 꿈은 이러한 실존 속에 자리매김되어야 한다는 것이다.

M. 보스는 프로이트의 꿈의 원망 충족 이론도 자의적이고 무근거하다고 하여 비판한다. 나아가서는 빈스방거의 위에서 말한 학설도 꿈을 깨어 있는 상태의 모상이라고 하는 선입견을 가지고 있다고 하여 비판한다. 보스 자신은 꿈의 현실성을 **현실성으로서 인정하고자 한다**. 꿈속에서 마음의 의미의 투사를 보는 것은 마음의 실체화에 지나지 않는다. 꿈은 하이데거적으로 세계 개방적인 인간 실존의 하나의 양식으로서 풍부하게 기술된다고 하는 것이다. 그러나 보스도 실제로는 꿈을 현실성으로서 받아들일 뿐 아니라 그것을 깨어 있는 상태와 관계지어 해석하고 있다고 비판 받는다.

우슬라는 보스의 이러한 혼란이 오히려 보스가 <꿈의 현실성>과 <꿈의 해석 가능성>의 관계를 고찰하지 않는 것에서 유래한다고 생각한다. 우슬라는 꿈을 <꿈속>·<깨어남>·<해석>의 세 국면으로 구별함으로써 <꿈의 현실성>과 <꿈의 해석 가능성> 쌍방의 유효영역과 한계를 확정함과 동시에 양자 사이에 잠재해 있는 근원적인 **동일성**을 발견한다. 꿈은 **존재함**과 동시에 **의미한다**. 이러한 <존재함>과 <의미함>의 동일성이 <꿈의 현실성>과 <꿈의 해석 가능성> 쌍방을 근거짓는다. 이러한 동일성에 의해 꿈의 존재는 그것을 꿈꾸는 인간의 존재가 지니는 비밀을 의미하는 현상학적 통로가 된다. 이리하여 꿈을 통한 인간 존재의 해석 가능성이 방법론적으로 근거지어진다. 나아가 이때 꿈 그 자체 속에 빈스방거와 보스가 부정한 생활사(꿈의 역사)가 **잠재적으로** 존재한다는 것도 발견된다. 이에 대해 주목함으로써 프로이트적인 분석의 의의도 복권되며, 나아가 그 잠재성이라는 신분에 의해 현존재 분석의 파악방식과의 통합이 성취되기에 이른다. 꿈은 그 잠재성을 통해 탄생으로부터 죽음까지를 살아가는 신체적인 세계-내-존재의 구조를 개시한다. ☞ ㊀무의식, 상상, 정신의학과 현상학, ㊀보스, 빈스방거, 우슬라

—다니 도오루(谷 徹)

㊟ L. Binswanger, "Traum und Existenz", in *Ausgewählten Vorträgen und Aufsätzen*, Bd. Ⅰ, Berlin, 1947(荻野恒一 譯, 「夢と實存」, 荻野恒一・宮本忠雄・木村敏 譯, 『現象學的人

間學』, みすず書房, 1967에 수록). M. Boss, *Der Traum und seine Auslegung*, Bern, 1953(三好郁男・笠原潔・藤縄昭 譯, 『夢—その現存在分析』, みすず書房, 1970). D.v. Uslar, *Der Traum als Welt*, Stuttgart, 1964(谷徹 譯, 『世界としての夢』, 法政大學出版局, 1990).

나-너 [(독) Ich-Du]

부버(Martin Buber 1878-1965)에 의하면 인간과 세계의 관계는 이중적이다. 하나는 '나-너' 관계라고 불리는데, 나는 그 존재(Wesen) 전체를 **가지고서만** 그 속에 들어갈 수 있다. 다른 하나는 '나-그것' 관계라고 불리는데, 나는 그 존재 전체를 **가지고서는** 그 속에 들어갈 수 없다. 이 경우 '그것'은 '그' 또는 '그녀'를 가지고서 치환될 수 있다. 너에게 대향하는 나는 인격(Person)이라고 불리며 만남과 대화의 주체이고, '그것'에 대향하는 나는 개아個我(Eigenwesen, 개적 존재)라고 불리며 인식과 경험의 주체이다. 그 두 나는 동일하지 않다.

'그것'은 인식과 경험의 대상이며, 객관적 공간 속에서 서로 인접하여 존재한다. 그러나 너는 어떠한 대상도 아니며, 다른 너나 '그것'에 의해 한계지어져 있지도 않다. 너는 '하늘을 가득 채우고' 있으며, 독자적인 배타성(Ausschließlichkeit)을 지니고 있음에도 불구하고 다른 모든 것을 스스로의 빛에 의해 비추어 떠오르게 한다.

이렇게 하여 만나게 되는 너도 시간의 경과 속에서 머지않아 '그것'으로 될 수밖에 없는 것이 유한한 너의 운명인바, 부버는 너를 나비에, '그것'을 **번데기**에 비유한다. 그러나 이러한 '그것'도 다시 너로 변할 가능성을 간직하고 있다. 그에 따라 대향하는 나도 인격과 개아 사이를 동요한다.

부버의 '나-너' 관계는 세 개의 영역을 포함한다. (1) 언어에 의한 대화의 영역. (2) 동식물이나 자연과의 전-언어적 관계의 영역. (3) 정신에 의한 창조활동의 영역. 예술적 창작도 '나-너' 관계에 속하며, 그 원동력은 작자(나)에 대한 소재(너)의 '형태를 주어라'라는 호소인바, 작자의 그것에 대한 응답으로서의 창작활동에 의해 작품이 생겨난다. 언어와 사랑도 '나-너' 관계의 가장 중요한 결실인데, 이때 언어나 사랑은 나의 내부에 있는 것이 아니라 너와 너 '사이'에서 발생한다. 만년에 이르러 부버는 점점 더 이 '사이'의 영역에 중점을 두게 되어 '나-너' 관계의 중심을 거기서 보게 되었지만, 이 '사이'와 너와의 관계에 대해서는 여전히 해명해야 할 점이 남겨져 있다.

마르셀의 '나-너' 관계도 기본적으로는 부버의 그것과 거의 다르지 않지만, 다만 '나-너'와 '나-그것'의 중간이라고 말해야 할 불순한 '나-너' 관계(예를 들면 사회적 역할 관계)를 인정하는 점이 다르다. ☞ ㉧대화, 사이, 인격(성), ㉢마르셀

—고지마 요(兒島 洋)

㊟ M. Buber, *Ich und Du, Heidelberg*, [10]1979(田口義弘 譯,『我と汝・對話』, みすず書房, 1978). G. Marcel, "Ich und Du bei Martin Buber", in Schilpp und Friedman Hg., *Martin Buber*, Stuttgart, 1963.

나는 할 수 있다 [(독) Ich kann]

인격주의적 태도에서 포착되는 의사意思의 도구로서의 자아 능력의 체계를 나타내는 후설의 용어이다[Ideen II 151ff., 247ff.]. 그러나 코기토에 속하는 순수자아에 대한 순수한 자아 반성과, 이러한 인격적, 경험적 자아에 대한 반성적, 주제적 경험은 구별된다[같은 책 249]. 그리고 이러한 경험이 "나는 할 수 있다의 체계"로서의 인격적 자아의 체계에서 성립하는 것이다[같은 책 253]. 이러한 자아는 더 나아가 "나는 피아노

를 칠 수 있다"에서와 같은 신체적 능력의 도구로서, 또한 "나는 생각할 수 있다"에서와 같은 정신적 능력의 도구로서 포착된다. 이러한 능력은 지금 침전되어 있는데, 현재의 활동(Akt)은 내가 거의 알고 있는 나의 이러한 잠재능력(Potentialität), 즉 "습성"이 된 능력 및 주관의 원초적 능력(Urvermögen)에 기초하며, 이것을 운동감각(Kinästhese)적인 동기로 하여 성립한다[같은 책 252]. 이 능력은 모든 지향을 가능하게 하는 예지(Protention)이며 하나의 새로운 지향적 통일, 하나의 새로운 통각을 산출한다. 그러나 이러한 "자기의 능력을 아는" 통각은 인격적인 것이다. 베르그송은 저항에서 만나는 "나는 할 수 없다"라는 능력이 자기의식을 강화한다고 지적하지만[『창조적 진화』 상권 제2장], 이 의식도 잠재능력의 부정적 자각화이며 인격적 자아의 경험이다. ☞ ㊄기투, 능력, 운동감각, 의식, 자아{에고}, 자연주의적 태도/인격주의적 태도

—유아사 신이치(湯淺愼一)

나치즘 문제—問題

후설이 나치스에 의해 박해당한 것은 그가 유대인이었기 때문만은 아닐 것이다. 그의 프로그램이 추구한, 불순물을 제거한 영원의 철학, 자연{주의}적 태도를 괄호에 넣은 본질직관의 기술 등은 그 보편주의 때문에 민족, 국가, 권력, 피와 대지의 사상과는 본래부터 상용할 수 없는 것이었다. 1928년에 정년퇴임해 있던 후설은 35년 12월 31일자로 교수권도 박탈당했다. 또한 슈타인, 가이거 등 괴팅겐 시대의 제자들과 란트그레베, 귄터 안더스, 구르비치 등 프라이부르크에서의 제자들 중 여럿은 망명하지 않을 수 없게 된다. 나아가 뮌헨의 알렉산더 펜더도 1935년에는 퇴임했다. 후설의 제자로 독일 대학에 남은 것은 한스 립스와 오스카 베커 정도이다. 그에 반해 현상학의 영향 하에 있으면서 딜타이와도 관계되고 나아가서는 좀 더 강하게 하이데거의 영향을 받은 사람들, 예를 들면 한스-게오르크 가다머, 오토 프리드리히 볼노우 등은 1939년에 각각 라이프치히 및 기센의 정교수가 된다. 그들은 또한 1933년 11월의 비민주적인 선거를 당해 「독일 대학 교수들의 히틀러 및 나치스 국가에 대한 신앙고백」에 서명한다. 덧붙이자면, 이 선언에 임하여 연설을 행한 것은 하이데거이다. 가다머 및 볼노우는 전후의 복고주의 시기의 독일 철학을 주도하는 존재가 된다. 이밖에도 L. F. 클라우스처럼 현상학적이라고 칭하는 「인종의 영혼이론」을 작성하여 생물학적인 인종 이론에 대항하는 사람도 있었지만, 결국은 당국으로부터 기피되었다. 하이데거는 후에 『슈피겔』 지와의 인터뷰에서 후설에 대한 처사에 관해서는 자기비판을 하지만, 어쨌든 나치스와의 관계는 개인의 약함을 넘어서서 사상의 리트머스 시험지가 되어 있다 할 것이다. 망명한 사람들은 예를 들어 프라하에서의 란트그레베와 파토츠카 등의 '프라하 철학 서클'과 같이 머지않아 현상학과 구조주의의 만남을 준비한다든지, 또한 빈에서 미국으로 도피한 알프레드 슈츠와 같이 미국과 유럽 사회학의 생산적 교류를 산출한다든지 했다. 그렇지만 이른바 프랑크푸르트학파의 사람들과 같이 나치스의 폭력과 유럽 철학의 존재방식에서 모종의 공범관계를 찾아내고자 하는 엄혹한 문제제기는 스승인 후설을 제외하면 현상학의 흐름을 흡수한 사람들 사이에서는 전후에도 특별히 생겨나지 않았다. ☞ ㊄유대적인 것, ㊀하이데거, 후설[1]

—미시마 겐이치(三島憲一)

㊟ Thomas Laugstein, *Philosophieverhältnisse im deutschen Faschismus*, Hamburg, 1990.

날것 그대로의 존재—存在 [(불) l'être brut; l'Être brut]

메를로-퐁티의 『보이는 것과 보이지 않는 것』에서 많이 나오는 용어. '야생의 존재'라고도 불리며, 전기에서의 전객관적인 <체험된 지각세계>를 존재론적으로 다시 파악한 것이라고 말할 수 있을 것이다. 날것 그대로의 혹은 야생의 존재란 언어적으로 표상되고 객관화되기 이전의, 문화적으로 형성되고 정련되기 이전의, 획득된 것으로서 습관적으로 순화되고 자명화되기 이전의, 아직 말 없는 그대로의 지각된 존재이다. 언어

와 문화와 습관이 망각하고 은폐하는 그러한 존재로 귀환하여 그것을 복원하고자 하는 시원론적인 과제가 "날것 그대로의 혹은 야생의 존재의 회복으로서의 철학"[VI 139]으로서, 또한 그것과 상관적으로 "날것 그대로의 혹은 야생의 지각에로 돌아오는"[같은 책 265] 것으로서 강조되고 있다. 역으로 말하면 표상적, 술어적으로 형성된 의미 대상과 논리는 모두 존재론적으로 시원적인 날것 그대로의 존재로부터 길어내어지고 꺼내지는 것인바, 따라서 모든 의미의 원천으로부터 그것들이 출현하는 형태화와 객관화의 길을 열어 보이는 것이 "날것 그대로의 존재 및 로고스의 존재론"[VI 219]으로서 구상된다. 이와 같이 날것 그대로의 존재는 모든 의미 형태가 그로부터 발원하면서 어느 정도 그것을 표현하고 있지만, 그것들에 의해 다 길어내어지지 않는 원천, 그 자신은 부정형이면서 모든 의미 형성의 가능성을 잉태하고 있는 다형 현상의 모태인바("문화적인 것은 야생의 존재의 다형 현상에 기초한다"[VI 307]), 이러한 가능성들의 동시-전체적인 포월이라는 관점에서는 "수직의 존재"라고도 불린다. 덧붙이자면, 회화 속에서 세계의 표현적 탐구의 전형을 보고 있던 메를로-퐁티에게 있어 그와 같은 날것 그대로의 존재야말로 "각각의 화가에게 표현의 새로운 노력을 되풀이하여 환기하는"[VI 223] 가능적 원천이었다. 이러한 회화 일반에 대한 존재론적인 견해는 회화의 어떤 특정한 입장이나 경향과는 수준을 달리 하는 것이지만, 인간적 가능성을 폐쇄시키는 '문화적 예술'에 대립하여 아동과 정신병자 등에 의한 다양한 원초적인 가능력을 잉태한 '날것 그대로의 예술'(l'art brut)을 찬양하는 뒤뷔페(J. Dubuffet)와 같은 화가와는 초문화적인 야생과 부정형성에 대한 탐구 의식에서 동시대적으로 그 근저에서 통하는 바가 있다고 말할 수 있을 것이다. ☞㉲야생의 존재

—시노 겐지(篠 憲二)

내맡김 [(독) Gelassenheit]

하이데거 후기 사상의 개념. 하이데거는 원자력으로 대표되는 근대 과학기술 사상을 비판하는데, 이 비판이 그의 후기 사상의 사유에 연결된다는 것을 보여주는 것이 바로 이 개념이다. 원자력이라는 거대한 힘을 산출한 20세기의 과학기술은 인간을 좀 더 행복하게 하고자 하는 의도 하에 많은 생활 기술을 개발해 왔다. 그것은 오늘날 우리에게 있어 불가결한 것으로 됨과 동시에 다른 한편으로 현대인의 고향상실을 산출하고 있다고 하이데거는 본다. 우리는 과학기술에 대해 찬성과 반대의 갈등적인 태도를 취할 수밖에 없다. 그에 맞서 하이데거가 제창하는 것이 찬반의 갈등을 폐기하여 평온해진 태도인바, 그것이 바로 사물에 대한 내맡김(die Gelassenheit zu den Dingen)이라고 불린다. 이러한 태도에서 사물은 기술의 대상이 아니다. 오히려 대지와 하늘의 결합 하에 신적인 것으로부터 우리 죽을 수밖에 없는 존재에게 보내진 선물로서, 사물은 사물로서 생기한다(Das Ding dingt). 그러나 하이데거에 의하면 사물이 생기한다는 의미는 스스로를 은폐하면서 우리에게 스스로를 보여준다는 것인바, 우리는 그 비의적인 무언가에 언제나 열려 있어야만 한다(die Offenheit für das Geheimnis). 사물에 대한 내맡김과 비의에 대한 개방은 서로 공속하기 때문에, 동시에 그것들을 실현함으로써 우리는 인간의 주체성에 의한 세계파악을 폐기하고, 보내진 무언가로서의 사물의 생기 속에 몸을 두는 것으로서의 사유(Denken)를 심화시킬 수 있다[『내맡김』, 『기술에 대한 물음』 참조]. ☞㉲기술, 사물

—사사키 가즈야(佐々木一也)

내밀한 인격 內密—人格 [(독) Intimperson] ⇨㉲인격(성)

내세계적 內世界的 [(독) mundan (불) mondain]

후설의 초월론적 현상학을 특징짓는 맥락에서 자주 사용되는 용어이다. 후설 자신이 예를 들어 현상학적 환원의 참신함의 소재는 "내세계적인 주관성(즉 인간)으로부터 '초월론적 주관성'으로의 상승에 있다"고

하고 있다[Ideen III 140]. 오이겐 핑크가 신칸트학파가 말하는 의미에서의 '초월론적 관념론'과 현상학에서의 그것을 구별하기 위해 이 말을 사용한 이래로 일반적으로 사용되게 되었다. 핑크에 의하면 현상학과 신칸트학파 모두 '초월론적 관념론'을 표방하고 주관적 관념론을 배척한다는 점에서 언뜻 보아 공통성을 지닌다. 그러나 신칸트학파가 그 두 관념론을 구별할 때 지배적인 맞짝개념은 '경험적'(empirisch)과 '초월론적'이다. 주관적 관념론이 배척되는 이유도 경험적 존재자를 절대화하고 존재자에 의한 존재자의 설명을 기도하는 전前철학적 문제권역에 머무른다는 점에 놓여 있다. 다른 한편 현상학에서의 지배적인 맞짝개념은 '내세계적'과 '초월론적'이다. 주관적 관념론은 세계 내에 있는 존재자와, 마찬가지로 세계 내에 있는 인간 또는 주관의 형식 사이의 내세계적인 관계를 다루는 내세계적 관념론이라고 하여 배척된다. 그에 반해 초월론적 현상학은 인간에 맞선 존재자의 내세계적 독립성이나 자연적 태도의 근원적 실재론을 부정하는 것이 아니라 오히려 세계의 초월론적 기원에 관한 전적으로 새로운 문제제기와 해석의 지평을 세계에 대해 개시하게 된다. 그 결과 세계는 초월론적 구성의 결과로서 발견된다고 한다[오이겐 핑크, 『현대의 비판 속의 에드문트 후설의 현상학적 철학』, 146ff., 참조: 127, 138.] 덧붙이자면, 『위기』에서 후설은 세계의 존재가 "주관적 수행에서 유래하는 존재"라고 하는 "세계의 수수께끼"를 칸트는 잘못 파악했다고 말한다[Krisis 99-100]. 메를로-퐁티는 후설의 이러한 지적에 동조하여[PP viii, 40] 세계의 초월의 원천인 양의적인 생을 다시 묻고 있다. ☞ ㊀관념론/실재론, 구성, 세계, 초월론적 현상학, 현상학적 환원

—누키 시게토(貫 成人)

내속內屬 [(불) inhérence]

이 말은 보통 성질과 그 성질을 지탱하는 실체와의 관계를 가리키기 위해 사용되지만, 메를로-퐁티는 초기 저작 이래로 이것을 특히 의식과 신체의 관계를 표시하기 위해 사용하는데, 의식이 신체 속에 자기의 장을 지니고 그에 의해 지탱되고 있는 모양을 다양한 맥락에 따라 "의식의 유기체에의 내속"[SC 225]이라든가 "의식의 관점에의 내속"[PP 48], 나아가서는 주관성의 "신체적 내속"[같은 책 247]과 같은 형태로 표현하고 있다. 이와 같이 말함으로써 메를로-퐁티는 결국은 자기의 신체도 포함하여 자연 전체를 객관화하는 이른바 초월론적 의식이 처음부터 자명한 것으로서 우리에게 주어져 있는 것이 아니라 사실은 새로운 평형을 추구하면서 상승해가는 신체의 초월운동의 하나의 도달점에서 성립하는 의식의 존재방식, 그러므로 우리의 신체가 거쳐 온 역사에 뒷받침되어 그것 없이는 성립할 수 없는 의식의 존재방식에 다름 아니라는 것을 강조하고자 하고 있다. 메를로-퐁티가 "주관성의 역사적 내속"[PP 69]과 같은 표현을 하는 것은 물론이고 "주관의 세계에의 내속"[같은 책 325]과 같은 표현을 하는 것도 이 때문이다. 왜냐하면 우리의 신체가 초월론적 의식으로 되는 것은 그것이 살아온 내세계적 관계들을 폐기함으로써가 아니라 오히려 이러한 관계들을 승화시킴으로써 이루어지는 이상, 초월론적 의식이라 하더라도 내세계적 관계들을 참으로 단절시켜버리는 것은 아니기 때문이다.

—다케우치 오사미(竹內修身)

내실적/이념적內實的/理念的 [(독) reell/ideell]

'내실적'(reell)인 것이란 후설에서는 지향적 의식 체험의 '구성요소'(Bestand, Komponent, Konstituens)를 말한다. reell이라는 형용사는 프랑스어의 réel에서 취한 것이다. 후설에서는 '내실적'(reell)과 '실재적'(real)이 구별되어야만 하지만, 이 'real'이란 실재적 사물을 형용하는 것으로서 '사물'을 나타내는 라틴어 res로부터 차용된 형용사이다. '실재적, real'이 실재적 사물 내지는 그것에 관계하는 영역에 한정되는 데 반해, 독일어의 reell이란 본래는 '현실적, 실제로'(wirklich)라든가 '실제로 발견됨'(wirklich vorhanden)과 같은 의미이지만, 후설 현상학의 용어로서는 현상학적 반성에 의해

우리의 지향적 체험 내에 <실제로 발견되는> 구성요소, 요컨대 그 체험의 내재적(immanent)인 구성요소를 말한다.

『이념들 I』의 제41절에 따르면 사물의 지각과 같은 구체적인 지향적 체험의 '내실적' 구성요소에 "색채 음영, 형태 음영" 등의 현시적 기능('darstellende' Funktion)을 수행하는 '감각소여'가 속하며, 나아가 그것에 "생기를 불어넣는" 파악(Auffassung)도 속하게 된다. 즉,

지향적 체험의 '내실적'인 구성요소란:

① '감각소여'(Empfindungsdatum=sensuelle hylé)
— '현시적 기능'(die Funktion der Darstellung)

② '파악'(Auffassung=intentionale morphé)
— '생기를 불어넣는 기능'(die Funktion der Beseelung)='의미부여'(Sinngebung)

이와 같이 우선은 '초월적' 대상 영역과 구별된 '내재적' 영역에서 실제로 발견되는 요소가 '내실적'이라고 형용된다.

또한『이념들 I』의 제88절에서는 지향적 체험의 구성요소들 중에서 (1) 내실적 요소와 (2) 지향적 상관자, 요컨대 넓은 의미의 '의미'라고 불리는 '노에마'(내지는 '노에마적 내실')가 구별된다.

우선 지향적 체험의 내실적 구성요소 안에는 감각적 휠레(질료)가 속하며, 그것이 "의미 부여하는 기능"을 수행하는 파악에 의해 통일된다. 후자는 특히 노에시스적 계기라고도 불리는데, 그 활동에 의해 예를 들어 지각 등의 체험 내에 '노에마'가 생성하게 된다. 그리고 이 '노에마'가 그 자체로는 체험의 내재 영역에 속하지 않는 '초월적' 대상의 상관자가 되는 것이다. 이상의 개념들의 상호 관계를 정리하면 다음 그림과 같이 된다.

'이념적ideell'이라는 형용사의 용례는『논리연구』에서 '이념적ideal'과 거의 같은 뜻으로 사용되고 있는 것이 보이지만('이념적ideell인 존재'라는 표현법으로), 특히 한정적인 사용으로서는『이념들 I』의 제99절에서의 사용례가 중요하다. 그에 따르면 우리의 지향적 체험에서는 동일한 대상이 지각에서 주어진다든지 상기에서나 화상적畫像的 의식에서 주어진다든지 한다. 그때 다양한 작용 성격의 의식작용은 "동일한 대상에 대한 작용"인 한에서 <동일한 대상적 의미>를 노에마적 상관자 내에 지니지만, 그 동일한 의미는 의식 체험 내에 '내실적'으로 발견되는 것이 아니라 어디까지나 '이념적ideell'인 것, 요컨대 이념과 같은 것이라고 한다. ☞ ㊓감각소여, 노에시스/노에마, 실재적/이념적, 파악

—미야하라 이사무(宮原 勇)

내재內在 ⇨㊓초월/내재

내재의 철학內在—哲學 [(불) philosophie de l'immanence]

후설에게 있어서는 초월론적 환원을 시행하여 자연적 태도에서 즉자적인 것으로서 정립되어 있는 초월자를 배제한 후에 발견되는, 노에시스-노에마 구조를 지니는 체험류(Erlebnisstrom)의 영역이 내재라고 불린다. 따라서 이 내재를 지배하고 있는 것은 여전히 지향성이다. 거기에는 의식의 지향적 상관자로 된 세계가 여전히 자리 잡고 있다. 이와 같이 모든 것이 그 안에 내재적 초월로서 동화되어버리는 지향적 내재에 대해 레비나스는 참된 초월(타인의 존재)을 대치시키고, 그것을 '가까움'(proximité)에서 찾았다.

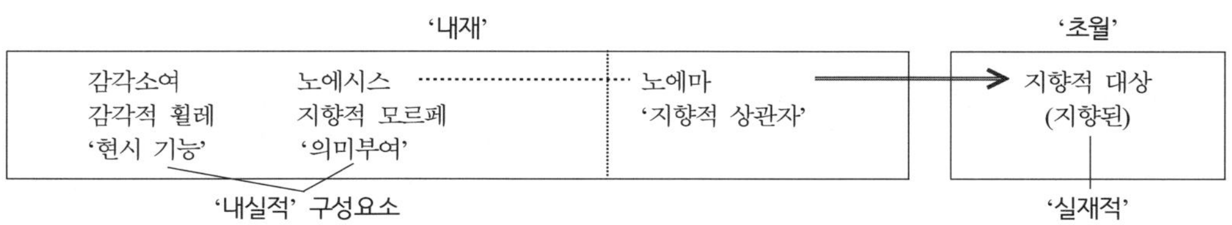

후설의 내재가 지향성에 기초하고 있고 또한 지향성의 본질이 시간화로서 수행되는 초월의 작용에 놓여 있는 한, 이와 같은 내재는 앙리에게 있어 초월을 의미한다. 그가 『현현의 본질』에서 하이데거의 『칸트와 형이상학의 문제』의 도식 기능을 분석하여 밝혀주듯이 작용으로서의 초월은 순수 시간인 존재의 지평을 앞에 던져 세울 뿐 아니라 그 지평을 받아들임으로써 볼 수 있는 것으로 만들고 있다. 오히려 초월이란 자신이 창조한 존재의 순수한 지평을 받아들이는 데서 성립한다. 혹은 좀 더 일반적으로 말하자면 초월은 탈자・탈립에 의해 자신을 차이화・외재화하고, 자기 자신에 대해 거리를 창설하는 데 있다.

이에 반해 앙리가 내재라는 개념을 사용하여 문제로 삼고 있는 것은 이러한 자신이 창출하는 시간 지평을 받아들이는 초월의 작용 그 자체의 존재・현상의 가능성이다. 이러한 작용 그 자체는 이미 무언가의 지향성의 대상으로서 존재할 수 없다. 앙리에게 있어 현상한다는 것은 순수한 지평의 현상성이 그러했듯이 앞에 두는 것에서가 아니라 받아들이는 데서 찾아진다. 존재의 지평의 가능성을 지평을 받아들임으로써 가능하게 하는 초월의 작용 그 자체는 초월의 작용이 자기 자신을 직접 받아들임으로써 그 존재를 얻고 있다. 앙리의 내재란 자신이 결코 창조하지 않은 것을 절대적인 수동성에서 받아들여 현상에로 가져오는 존재론적 영위이다. 내재 개념이 말하고자 하는 것은 초월론적 자아의 존재방식으로서의 살아 있는 현재이며, 나아가 일반적으로 표상에서는 결코 파악되지 않는 작용・힘의 존재에 다름 아니다. ☞㊍실질적 현상학

—야마가타 요리히로(山形頼洋)

내재적 초월 內在的超越 [(독) immanente Transzendenz]

후설이 『데카르트적 성찰』에서 사용한 용어로 모나드로서의 자아가 경험하는 세계를 나타낸다. 한 마디로 '세계'라고 하더라도 '세계'는 중층적으로 구성되는데, 그 중에서 가장 기저에 놓여 있는 층을 '내재적 초월'이라고 부른다. 세계는 상호주관적으로, 즉 '모나드의 공동체'에 의해 구성되는바, 세계 구성에는 '자아' 뿐만 아니라 '타아'가 반드시 관여하고 있다. 세계 경험의 총체로부터 타아의 구성 분석을 공제할 때에 추출되는 것이 '내재적 초월'로서의 세계이다. '내재적 초월'로서의 세계는 세계 구성에서의 제1의 것, 즉 그 저층이며, 이 위에 층들을 쌓음으로써 초월적 세계 내지 객관적 세계가 구성된다. 객관적 세계 및 타아의 초월론적 구성에서 '나의 세계', '나에게 고유한 자연'이 '기저가 되는 층'으로서 추출되지만, 이러한 '저층'이 되는 세계를 '원초적 세계' 내지 '내재적 초월'이라고 부른다 [CM Ⅴ. Md., 특히 §48]. '내재'와 '초월'은 『이념들 Ⅰ』의 정의에 따르면 대립하는 개념이며, 따라서 '내재적 초월'이란 얼마간 역설적인 표현이지만, 초월적인 세계에까지 이르는 구성의 제1단계를 나타내기 위해 편의상 사용되었다고도 이해할 수 있을 것이다. 덧붙이자면, 같은 책에서 '순수 자아'가 '내재에서의 초월'이라고 불리고 있는데, '내재적 초월'과 혼동하기 쉽기 때문에 주의를 요한다. ☞㊍고유영역, 원초적, 초월/내재

—우시지마 겐(牛島 謙)

내적 시간의식 內的時間意識 [(독) inneres Zeitbewußtsein] ⇨㊍시간의식

내적 지각 內的知覺 [(독) innere Wahrnehmung]

브렌타노는 현상을 물적 현상과 심적 현상의 둘로 나누고 각각에게 외적 지각과 내적 지각이라는 경험 방식을 대응시켰다. 그리고 내적 지각만이 명증적 경험이며 외적 지각은 맹목적 신념에 불과하다고 간주했다. 그러나 브렌타노에 의하면 내적 지각은 외적 지각과 나란히 서 있는 경험이 아니다. 왜냐하면 내적 지각은 대상의 주제적 경험이 아니라 어떠한 체험에도 속하는 이차적인 의식이고, 그런 까닭에 외적 지각은 이차적으로는 언제나 동시에 내적 지각이기도 하기 때문이다. 더욱이 내적 지각은 이와 같은 비주제적인

이차적 의식인 까닭에 주제적인 자기의식처럼 무한퇴행의 난점에 빠지지 않고서 마무리된다. 그러나 만약 내적 지각이 이와 같이 비주제적인 이차적 의식이라고 한다면, '경험적 입장에서의 심리학'을 내적 지각에만 기초하여 구축하기는 곤란한바, 브렌타노도 단기적인 상기 등의 필요성을 인정하고 있다[『경험적 입장에서의 심리학』 I 61]. 다른 한편, 후기의 브렌타노에서는 표상의 두 가지 양태라는 생각이 지향성의 중심을 차지하게 되며, 그와 더불어 내적 지각의 비중이 좀 더 커지게 된다. 외적 지각에 있어서 본래적 의미에서, 요컨대 "직접태에서"(in modo recto) 객관이 되는 것은 지각자 자신이며, 외적 객관인 물적 현상은 비본래적 의미에서, 즉 "간접태에서"(in modo obliquo) 객관이 되고 있을 뿐이다. 다시 말하면 외적 지각은 본래적으로는 내적 지각 내지 자기지각에 다름 아닌 것이다[같은 책 III 20f.]. 이와 같은 사고방식은 사태 등의 추상적 존재자를 인정하지 않는 후기 브렌타노의 존재론의 하나의 귀결이다. 그리고 현대에는 치솜의 '직접적 귀속이론'(direct attribution theory, '내가 무언가에 대해 생각한다'는 것은 '무언가에 대해 생각한다'는 성질을 내게 직접 귀속시키는 것이다)에로 계승되고 있다. 후설은 브렌타노의 내적 지각 · 외적 지각의 구별을 비판하고, 그것과는 반드시 중첩되지 않는 완전한 지각 · 불완전한 지각의 구별을 제기함으로써 새로운 지각관을 성립시켰다[LU II/2 222ff.]. ☞ ㉯심적 현상/물적 현상, 지각, 직접태/간접태, ㉮경험적 입장에서의 심리학

—무라타 준이치(村田純一)

내적 지평 內的地平{**내부 지평** 內部地平} [(독) Innenhorizont]

⇨㉯지평

노에시스/노에마 [(독) Noesis/Noema (그) νόησις/νόημα]

『이념들 I』에서 제시된 초월론적 현상학의 현상학적 분석이란 "초월론적 현상학적 환원"에 의해 개시되는 "지향성의 소여를 간취하는" 것이다[Ideen I 227]. 노에시스 · 노에마는 이러한 '지향적 분석'에서 기본적인 역할을 수행하는 방법론적인 맞짝개념.

노에시스적 계기 혹은 노에시스는 의식의 작용적 측면을, 그리고 노에마적 계기 혹은 노에마는 그 작용의 대상적 측면을 나타낸다. 두 개념은 모든 노에시스가 반드시 그 상관자로서 각각의 노에마를 지닌다고 하는 지향적 체험에서 보이는 평행적 구조를 분명히 하기 위해서 도입되었다. 후설 스스로가 확인하듯이 『논리연구』에서는 의식의 지향성에서의 '작용'과 '대상'의 평행성 및 그 상관관계가 "일면적으로 노에시스적 포착방식"에 의해 고찰되고 있었다. 그에 반해 "지향성은 노에시스와 노에마의 양 측면을 본질적으로 지닌다는 것", 더욱이 그 "양 본질은 상호적으로 불가분하다"는 인식 하에 『이념들 I』에서는 노에마적 측면에 고찰의 중점이 두어지며[265], 특히 지향적 체험에서의 "의식대상성의 구성" 문제가 "노에시스 · 노에마적 구성"이라는 측면에서 탐구된다[316]. 또한 노에마는 넓은 의미에서의 '의미'(Sinn)로 이해되는데, "어떠한 지향적 체험도 모두 어떤 노에마를 지니며, 그 노에마에서 어떤 의미를 지니고, 이 의미를 매개로 하여 그 체험은 대상과 관계한다"[278]. 이와 같이 체험의 노에마적 측면에 눈을 돌림으로써 의미 부여작용과 지향적 대상에 대한 깊이 파고드는 분석이 가능해졌다.

노에시스적 측면이란 체험의 내실적(reell) 구성요소를 지시한다. 예를 들어 정원의 나무를 볼 때의 '나무지각'과 같은 단순하고 소박한 '감성적 지각'으로부터 판단 등의 사고작용, 심정작용, 의지작용 등과 같은 노에시스적 층들이 겹쳐 쌓인 복합적인 것까지 의식의 지향적 체험에서는 다양한 작용적 측면들이 발견된다[201-202]. 이러한 지향적 체험에서의 노에시스적 측면은 더 나아가 '소재적(휠레적) 계기'와 '노에시스적 계기'라는 두 가지 계기로 구별된다. 휠레적 계기를 이루는 체험의 구성요소는 지각 체험의 기반을 이루는 구성요소로서의 감각적인 소여로서 노에시스적 계기에 의해 '파악'되고 '의미부여'됨으로써 '생기가 불어넣어진다'(beseelt). 예를 들면 '나무줄기의 색' 등과 색

이나 음과 같은 사물의 감성적 성질은 휠레적 계기 속으로 자기를 음영하는바, 다시 말하면 음영을 통해 현출한다. 그리고 이와 같은 감성적 성질의 현출작용(Erscheinen)도 체험의 내실적 구성요소를 형성한다[203f.]. 이러한 체험의 기저 위에서 넓은 의미의 사고작용으로서의 노에시스적 계기들에 의해 초월론적으로 대상성이 구성된다. 이에 반해 자기를 음영하는 음 그 자체나 색 그 자체는 노에마에 속한다.

노에마에는 작용들에 따라 지각노에마, 판단노에마 등이 있다. 예를 들어 나무에 대한 지각에서는 그것이 현실에 존재하는지의 여부 등 일체의 '정립'(Setzung)을 차단한 '지각된 것 그 자체', 여기서는 괄호에 넣어진 '지각된 나무 그 자체'가 지각노에마, 즉 "현상학적으로 환원된 지각의 본질에 속하는 상관자"로서 제시된다[187]. 노에마적인 것은 음영이나 지각작용, 판단작용과 같은 체험적 작용들 등의 내실적 구성요소들로부터 명확히 구별되는바, 그것들과 혼동되어서는 안 된다[75, 77]. 이와 같이 지향적 대상으로서의 노에마는 "체험의 내실적이지 않은 지향적 구성요소"이지만 [181] 그 자신도 복합적인 계기들로 이루어진다. 그 "노에마적 계기들" 중에서 특히 의미의 계기를 이루는 것이 "노에마적 의미"인데, 이것은 노에마의 핵(Kern)을 형성한다[185]. 노에마의 핵은 의미적 규정성(즉 '대상의 어떻게(Wie) 있는가'라는 존재 성격들을 제외한 내용)과 그러한 규정성들의 "필연적 중심점"으로서의 "공허한 X"로 구별된다. "완전한 노에마"(das volle Noema)라고 불리는 것은 그 "의미(Sinn)의 핵"과 노에시스 측의 확신이나 의문 등의 작용에 따라 그 대상이 확실하게 존재하거나 아니면 의심스럽게 존재하는 등과 같은 "존재 성격"으로 이루어진다[196-197]. 심정이나 판단 등의 좀 더 복잡한 의식작용에서는 복수의 작용에 대한 복수의 노에마(노에마타)가 대응하며, 그것들이 핵을 중심으로 융합하여 동일한 대상이 의식된다.

이러한 "대상성의 노에마적 구성"의 문제는 판단론으로도 연결된다. 나아가 의미의 발생에 대한 물음을 예상케 하며, "수동성의 영역" 및 "근원적 시간의식"의 구성 문제와도 관계된다[Hu **11**. 52, 333]. 발생의 문제는 노에시스·노에마적인 '정태적' 분석의 방법적 한계를 넘어서지만[CM §37], "노에시스·노에마적인 의미해명"은 그 후의 발생적 구성적 현상학의[FTL 298, Hu **11**. 342-5], 그리고 상호주관적 구성의 문제들에 대한 실마리가 된다[CM §55].

노에마 개념을 둘러싸고서는 다양한 해석이 있다. 노에마를 "체계적으로 조직된 음영적 현시"라고 하는 A. 구르비치의 해석에 대해서는 드레이퍼스 등의 비판이 있다. "음영은 체험이다"[Ideen Ⅰ 75]라는 의미에서 구르비치의 해석에 대해서는 노에시스적 측면과의 혼동을 지적할 수 있을 것이다. 푈레스달에서 시작되는 프레게의 'Sinn'(의의, 표현적 의미) 개념과의 유비 시도는 노에마를 대상적인 것이라기보다는 지향적 의식의 특성으로서 파악한다는 점에서 소콜로우스키 등에게 비판받고 있다. 푈레스달의 해석을 발전시켜 노에마적 의미를 언어적 의미와 동일시하는 해석도 있지만, 후설 자신은 노에마로서의 '의미'(Sinn)와 좁은 의미의 언어표현의 '의의'(Bedeutung)를 구별한다. 표현작용은 작용들의 하나로 노에시스들 위에 더해지는 새로운 작용인바[256-258], 표현작용과 표현되는 것의 층은 구별된다[259]. 따라서 '노에마적 의미'를 언어적 의미와 동일시하는 해석에도 문제가 남는다. 그러나 이러한 해석 시도들은 모두 후설의 지각론과 언어론에 새로운 빛을 비추고 있다 할 것이다. ☞ [사]구성, 대상, 의미, 작용, 지향성, [인]구르비치, 푈레스달, [서]이념들

—오카모토 유키코(岡本由起子)

[참] H. L. Dreyfus and H. Hall, eds., Husserl, *Intentionality, and Cognitive Science*, London, 1982. J. J. Drummond and L. Embree, eds., *The Phenomenology of the Noema: Contributions to Phenomenology*, vol. 10, Dordrecht, 1992.

논리주의論理主義 [(라) Logismus (독) Logizismus (영) logicism]

18세기에 계산 수법으로서의 수학은 중요한 발전을 이룩한다. 이러한 성과를 이어받아 19세기에 들어서면 특히 해석학解析學에서 그때까지 직관적으로 자명한

것으로 간주되고 있던 함수의 연속성이나 극한, 무한과 같은 개념이 볼차노, 코시(Augustin Louis Cauchy), 바이어슈트라스, 크로네커 등에 의해 수학적으로 엄밀한 것으로서 정의되게 된다. 여기서 자연수론에 기초하여 해석학을 구축해가는 오늘날 보이는 것과 같은 엄밀한 해석학이 가능하게 되었다. 이 결과 수학에서의 자연수론의 기본적인 의의와 논리적인 구성의 중요성이 명확해진다. 수학의 엄밀화는 다음으로 자연수론(산술) 그 자체로 향하게 된다. 수(특히 자연수)와 계산의 본질에 대해서는 계산을 심리적인 조작으로 간주하고 수를 심리적인 것으로 보는 J. S. 밀과 같은 심리학주의가 수학자들 사이에서도 주류였다. 이에 맞서 프레게는 라이프니츠를 따라 계산을 논리적인 추론으로서 자리매김하고 수를 집합 개념을 사용하여 논리적으로 정의할 수 있는 가능성을 보여주었다. 19세기의 수학의 기초를 둘러싼 철학적 입장으로서 볼 때 논리주의는 이러한 프레게에게서 전형적으로 보이듯이 무엇보다도 우선 심리학주의에 대립하는 입장으로서 위치지어진다. 이것이 넓은 의미에서의 논리주의이다. 그리고 프레게처럼 수를 논리학적으로 정의하고, 나아가서는 수학 전체를 논리학적인 연역체계로 간주하는 입장은 좀 더 한정된 의미에서의 논리주의로서 위치지어질 수 있다. 그러나 프레게의 이러한 논리주의는 러셀(Bertrand Russell)에 의해 집합론의 패러독스가 발견됨으로써 일시적으로 좌절할 수밖에 없게 된다. 프레게는 집합론을 논리학과 일체를 이루는 것으로 간주하고, 논리학과 마찬가지로 그 근거를 묻는 것이 배리인 바의 확실한 것으로 보고 있었지만, 이러한 신념이 무조건적으로 타당하지는 않게 되었던 것이다. 이로부터 이른바 '기초론의 위기'가 발생한다. 이러한 위기에 대해 브로우베르(Luitzen Egbertus Jan Brouwer)는 그 원인이 배중률의 무제한한 사용에 있다고 생각했다. 여기서 직관주의가 발생한다. 힐베르트는 수학을 무의미한 기호의 체계로 간주하고, 이러한 기호의 체계가 무모순이라는 것을 메타수학적으로 증명함으로써 수학을 구출하고자 했다. 이것이 형식주의이다. 그리고 러셀은 논리주의를 관철하는 방도를 취한다. 그는 패러독스의 원인이 집합 그 자체를 집합의 원소로 하는 것과 같은 개념 수준의 혼동에 있다고 생각하고, 다만 개념의 계층 구조를 견지함으로써 수학을 전개할 수 있다고 하는, 집합론과 동등하게 강력한 논리적 장치(분지계형이론)를 개발했다. 집합론을 사용하지 않고서 어디까지나 논리학적으로 구축된 장치에 의해 프레게의 교설을 잇고자 하는 이러한 러셀의 논리주의는 가장 좁은 의미에서의 논리주의이다. 『산술의 철학』 당시의 후설은 심리학주의를 채택하고 있었지만, 그것은 곧바로 포기되고 산술을 논리적인 것으로 간주하게 된다. 이것은 계산을 논리적 조작으로 이루어지는 것으로 간주하고, 자연수, 음수, 분수, 허수, 복소수 등의 수 개념의 확장을 계산이라는 논리 조작이 좀 더 일반화하기 위해 요청된 규약적인 것으로 이해함으로써 이루어지게 된다. 후설에게 있어 수학은 논리적인 것이지만, 이것은 수학적 개념이 논리학에 의해 정의될 수 있기 때문이 아니라 수학이 후설이 보편적 형식학이라고 부르는 좀 더 일반적인 논리적 형식적 학문의 한 분야이기 때문이다. 이런 의미에서 후설의 입장은 넓은 의미에서의 논리주의의 하나이긴 하지만, 프레게, 러셀의 그것과는 근본적으로 이질적이다. ☞ [사]산술화, 수학과 현상학, 심리학주의, 프레게와 현상학

—이토 하루키(伊藤春樹)

논리학과 현상학 論理學—現象學

후설은 학문을 학문이게 하는 것으로서 논리학을 파악한다. 다양한 언명을 그저 수집하는 것만으로 그것은 학문이 되지 않는데, 언명의 집합이 학문일 수 있는 것은 언명이 근거짓기 연관 아래 놓여 그것들이 명증성에 의해 뒷받침된 진리의 체계로 되는 경우에 한정된다. 그리고 이러한 근거짓기 연관의 내실을 부여하는 것이 논리학이다. 논리학은 전통적인 삼단논법과 같은 개개의 언명의 추론의 원리뿐만 아니라 형식 측면에서 본 학문의 학문성 일반도 대상으로 하는 학문이다. 이로부터 후설의 논리 사상에는 특유의 두 가지 측면이 나타난다. 하나는 학문론으로서의 논리학

이라는 측면이며, 또 하나는 형식적인 것 일반에 관한 선험적인 학으로서의 논리학이라는 측면이다. 논리학을 이와 같이 파악하는 것은 결코 새로운 것이 아니지만 그것을 철저화한다는 점에서 눈에 띈다.

이러한 후자의 측면은 보편학(보편수학, mathesis universalis)이라는 라이프니츠적인 이념의 추구라는 모습을 취한다. 19세기 중엽부터 시작되는 새로운 논리학의 움직임을 합리주의적인 입장에서 적극적으로 계승하고, 수학을 포함하는 모든 형식적 학문을 철학적으로 엄밀하게 근거지어진 하나의 종합적인 체계 속에 통합하고자 하는 것이다. 후설의 현상학은 단지 기존의 학문을 근거지을 뿐 아니라 이러한 장대한 프로그램의 실현을 지향하는 것이기도 했다. 마찬가지로 라이프니츠를 스승으로 우러르면서도 프레게가 라이프니츠의 보편기법의 이상을 표기용 언어(lingua characterica)로서 이어받고, 후설이 보편수학의 이상을 계승한 것은 논리학에 대한 이 두 사람의 입장 차이를 결정적으로 특징짓고 있다. 프레게는 논리학을 수학을 전개하기 위한 엄밀한 언어로 간주한다. 이로부터 논리학과 수학의 관계는 언어와 그것을 사용하여 이루어진 이론의 관계로 된다. 수학은 논리학으로 환원되며, 이로써 수학은 엄밀하게 근거지어진 것이 된다. 이것이 프레게 유의 논리주의이다. 이에 반해 후설에게는 논리학을 언어로 간주하는 시점視點이 없다. 후설에게 있어 논리학은 부울 논리가 전형적으로 보여주고 있듯이 대수적인 조작의 체계인 것이다. 그런 까닭에 예를 들면 논리법칙과 사칙연산의 규칙은 모두 형식적인 조작 체계의 일부를 구성할 뿐이며, 수학이 논리학으로 환원될 수도 논리학이 수학을 근거지을 수도 없다. 그것들은 각각 형식적 분석학이라는 보편학의 일부를 이루는 것이다. 대수적인 조작의 체계로서 논리학을 이해함으로써 논리학과 대수학은 동일한 형식적 법칙 아래 통일적으로 파악되게 된다. 이러한 아이디어를 후설은 모든 형식학으로 확장한다. 이로부터 '명제', '판단', '개념', '진리' 등의 의미 범주의 본질 구조에 기초하여 전통적인 논리학을 그 일부로 포함하는 형식적 명제론과, '대상', '속성', '사태', '통일성', '수', '관계' 등의 존재론적 범주의 본질 구조에 기초하여 자연수론이나 다양체론과 같은 순수 수학을 그 일부로 하는 형식적 대상론이 동일한 형식 법칙을 공유하는 두 개의 측면으로서 위치지어지게 된다.

학문론으로서의 논리학이라는 측면은 형식적인 것에 관한 학인 논리학의 체계 속에서 진리 개념을 대상으로 하는 부문을 포함하게 되지만, 그 이상으로 중요한 것은 이 측면이 논리학 자신을 반성의 대상으로 하여 논리학적인 형식적 아프리오리의 근거를 묻는 것을 논리학의 진정한 임무로서 자리매김하게 된다는 점이다. 이것이 초월론적 논리학이다. 후설의 초월론적 논리학은 칸트의 그것과는 달리 논리학적 이성 비판을 목표로 하고 있다. 그것은 논리학에 고유한 반성의 계기를 현상학적인 지향성 분석을 이용하여 초월론적 주관성의 차원으로까지 소급하여 전개하고자 하는 것이다. 이러한 반성은 논리적 아프리오리의 근거짓기를 지향하는 데 그치지 않고 논리학 그 자체가 무비판적으로 지니고 있는 다양한 전제를, 그 중에서도 특히 논리학이 세계의 존재를 소박하게 전제한다는 것을 밝혀내게 된다. 고대의 회의주의와 상대주의에 대항하여 학문의 이념을 높이 내걸고 진리의 나라의 선두에 서서 학문을 이끈 논리학이 이제 실증과학의 하나로 영락했다는 것이 후설의 진단이다. 그런 까닭에 초월론적 논리학에게는 한편으로 논리학의 이러한 변절을 규탄하고 논리학의 실증과학화의 뿌리를 들추어냄과 동시에, 다른 한편으로는 논리학의 선험성을 근거짓고 이성의 복권을 도모한다고 하는 이중의 과제가 부과되게 된다. 이러한 과제들은 이념적인 논리적 세계의 성립을 초월론적 주관성의 구성작용에서 물음으로써 성취되지만, 이것은 한편으로는 이념적인 논리 공간을 존립시키고 있는 지향작용에 대한 해명이며, 또 한편으로는 전학문적인 세계로부터 학문적인 세계가 발생하는 기제에 대한 해명이다. 이러한 문제들을 통해 후설은 논리학을 지탱하고 있는 궁극적인 전제로서 경험의 통일성 문제에 다다르게 된다. 기묘하게도 칸트의 초월론적 논리학과 동일한 문제에 봉착하는 것이다. ☞ ㉔논리주의, 명제론, 보편학{보편수학}, 순

수 논리학, 초월론적 논리학, 프레게와 현상학

—이토 하루키(伊藤春樹)

참 S. Bachelard, *La Logique de Husserl*, Paris, 1957. M. Dufrenne, *Language and Philosophy*, trans. by Henry B. Veatch, Indiana U. P., 1963(長谷川宏 譯, 『言語と哲學』, せりか書房, 1979). L. Eley, *Metakritik der Formalen Logik*, Den Haag, 1969.

놀이 [(독) Spiel (불) jeu (영) play; game]

<놀이, 유희> 개념은 각 나라 언어를 통해 다의적이다. 문자 그대로의 놀이 행동을 의미할 뿐 아니라 연주, 연기, 경기를 의미하기도 하며, 성적인 장난, 짬이나 활동의 여지와 같은 의미도 있다. 놀이의 이론에도 다양한 방향이 있다. 전통적으로는 우선 미학과의 연관에서 논의되기 시작하며, 이어서 교육학과 심리학 방면에서 논의되었고, 현재는 현상학과 정신분석학, 사회심리학 등이 덧붙여져 있다.

프리드리히 실러는 감성적 충동과 형태충동의 내적 대립을 지양하는 중간적인 것을 '유희충동'(Spieltrieb)이라고 부르는데, "인간은 말의 온전한 의미에서 인간인 경우에만 놀이하며, 놀이하는 경우에만 완전히 인간이다"[『인간의 미적 교육』 제15서간]라고 논의했다. 유희란 "주관적으로도 객관적으로도 우연이 아니지만, 그렇다고 해서 외적으로나 내적으로 강제되고 있지 않은 것 일체"이기 때문이다. 실러가 '인간의 미적 교육'론을 전개한 것은 칸트 미학의 영향과 낭만주의 풍토에서였지만, 놀이의 이론적 주제화는 동시에 산업혁명의 진전에 수반되는 '어린이의 발견' 및 유아 교육에 대한 의식의 각성에 호응하는 것이기도 했다.

놀이의 이론적 주제화가 심화된 19세기 후반은 심리학주의의 시대이기도 한데, 스펜서(Herbert Spencer)는 『심리학 원리』에서 놀이를 과잉된 힘의 방출로서 이해하여 일종의 유희운동론을 전개했다. 이 이론은 그 후에도 카타르시스 이론(반드시 정신분석학에 기초하는 것만은 아니다)과 재현설(어린이는 놀이에서 인간 문화의 오랜 층을 재현, 반복한다는 견해) 등의 변주 주제로 되었다. 오로지 하나의 원리로부터 놀이 현상을 설명하고자 한 이러한 이론에 대해 비판을 제기한 것은 세기가 바뀔 때 동물의 놀이에 대한 연구로부터 출발하여 놀이의 이론을 전개한 그로스(Karl Groos)였다. 놀이는 그 자체 안에 목적과 계기를 지니고 있는 것이어서 어디까지나 어린이의 자유로운 활동을 나타낸다. 그러나 좀 더 고차적인 의미에서 놀이는 성인의 생활 상황에 대응하는 훈련이라는 목적론적인 의미를 지니는데, 바로 그렇기 때문에 인지적・언어적・사회적인 놀이로 체계화 가능하다고 그로스는 생각한다.

20세기 전반에 놀이가 인간 문화 전체를 이해하는 열쇠가 된다고 하는 거대한 놀이의 문화 이론이 출현하게 된다. 호이징가(Johan Huizinga)의 『호모 루덴스』(1938)가 그것이다. 호이징가는 놀이를 자유로운 행동, 일상성으로부터의 이탈(허구성・몰이해관계성・독립된 시간과 공간・독자적인 규칙성)과 같은 측면들로부터 규정하고, 특히 투쟁 및 표현 활동으로서의 놀이를 파악하여 인간 문화는 모두 놀이로서 발생하고 발전하여 왔다고 주장하는 문화사 이론(현상학적 문화철학으로 성격지어지기도 한다)을 전개했다. 이에 반해 상호적으로 환원 불가능한 네 개의 충동・본능에 기초하여 놀이를 좀 더 상세하게 분류할 것을 제창한 카이와(Roger Caillois)는 경쟁(Agôn)・우연(Alea)・모방(Mimicry)・현기증(Ilinx)으로 놀이를 구분하고, 나아가 각각으로 분류되는 놀이는 규칙성에 반하여 자유분방함을 원리로 하는 놀이(Paidia='어린이'라는 말에 연관되는 그리스어)나 규칙성을 지닌 채 노력과 인내와 기예를 요구하는 놀이(Ludus='투기・시합'을 주로 의미하는 라틴어)의 어느 쪽인가의 요소로 채색된다고 주장했다[『놀이와 인간』(1958)].

놀이의 현상학적 이론은 놀이하는 주체의 주체성을 분석함으로써 놀이의 본질을 드러내는 것이어야만 하지만(이 점이 호이징가와 특히 카이와에서 결여되어 있다), 그 최초의 시도는 호이징가에게도 영향을 미친 보이텐디크(Frederik Jacobus Johannes Buytendijk)에게서 보이며, 나아가 교육학 분야에서의 쇼이에를(Hans Scheuerl), 사르트르의 실존주의에 의거하는 앙리오(Jaques Henriot) 등의 시도가 있다. 그러나 현상학 운동 속에서 특히 무시할 수 없는 것은 핑크의 업적이다.

어린이의 놀이를 참된 놀이라고는 보기 어렵다고 하여 놀이에 대한 탐구로부터 배제하는 것은 지나치지만, 동물의 모종의 행동을 본래적으로 놀이라고 부를 수 있는지의 여부는 의문이다. 핑크에 의하면, 놀이는 죽음 · 노동 · 투쟁(지배) · 사랑과 더불어 인간 실존의 근본 현상들 가운데 하나이며, 실존의 자기관계성 및 상상력을 조건으로 한다. 그러나 미래 기투적인 현실 생활의 구조와는 달리 놀이는 현재 속에서 기쁨을 누린다. 놀이의 목적은 놀이하는 것 자체이며, 놀이의 행동은 내적인 의미와 규칙성에 의해 분절된다. 또한 어떠한 놀이도 원리적으로는 함께 놀이한다고 하는 공동성의 구조를 지니고 일정한 사물이 놀이도구로서의 의미를 띠는데, 이러한 놀이의 구조 계기들이 하나가 되어 유희의 세계를 구성한다. 놀이하는 주체는 스스로를 놀이하는 자로 삼음으로써 놀이의 세계에서 살아간다. 그러나 놀이의 세계는 독특한 방식으로 일상적인 현실과 상호적으로 꿰뚫고 들어가기도 한다. 놀이의 세계는 고유한 시간과 공간에 의해 채워지지만, 그것은 또한 현실의 시간과 공간에 자리를 차지하기도 한다. 놀이하는 자를 매료시키는 사물은 놀이의 세계에서는 놀이도구로서의 의미를 지닐 뿐이지만, 그것은 또한 현실의 사물이기도 하여 단순한 공상물이 아니다. 오히려 사물이 놀이의 세계를 비칠 때 사물은 놀이도구의 의미를 띠는 것이며, 이 비침의 구조가 놀이의 가상성의 의미이다. 나아가 핑크의 놀이 이론은 역으로 놀이로부터 출발하여 존재의 의미를 규정하고자 하는 사변적인 놀이 개념에 대한 고찰로 발전한다. 그것은 헤라클레이토스와 니체에게서 보이는 세계를 놀이로 간주하는 은유의 의미, 즉 '놀이하는 자 없는 놀이'의 의미를 사유하고자 하는 시도이다.

『진리와 방법』에서 가다머는 오히려 놀이의 본래의 주체는 놀이하는 자가 아니라 놀이하는 자를 매료시켜 놀이하게 하는 놀이 자체라고 생각하고, 거기서 무언가가 생기하는 한에서 스스로를 표현하는 자기표현의 구조에서 놀이의 본질을 파악함과 동시에 그러한 놀이에서 예술작품의 존재양식의 의미를 해명해주는 실마리를 찾았다. ☞ ㉮세계 상징으로서의 놀이

—마루야마 도쿠지(丸山德次)

㊟ E. Fink, *Oase des Glücks*, Freiburg/München, 1957(石原達二 譯, 『遊戯の存在論』, せりか書房, 1976). J. Henriot, *Le Jeu*, Paris, 1969(佐藤信夫 譯, 『遊び』, 白水社, 1974). 西村清和, 『遊びの現象學』, (勁草書房, 1989).

눈길 [(불) regard]

사르트르의 타자론의 중심 개념. 『존재와 무』 제3부, 제1장, 제4절에서 주제적으로 논의되고 있는데, 그 착상은 1939년의 소론인 「얼굴」에서 이미 보인다. 나와 타자와의 근원적 관계는 <타자에 의해 보이고 있다>라는 나의 체험에 놓여 있다. 수치, 오만, 자부, 공포와 같은 감정을 수반하는 이러한 눈길의 체험에서 나는 '대타존재'로서의 나와 함께 타자의 포착하기 어려운 주관성을 '직접적으로' 체험한다. <눈길>은 감각기관으로서의 <얼굴>과 동일하지 않다. 마찬가지로 눈길로서의 타자는 어떤 구체적인 모습, 형태를 가진 인간을 가리키는 것이 아니다. 사르트르의 타자론은 철두철미하게 비반성적 차원에 정위하고 있으며, 따라서 거기서는 타아(타자)의 <인식>이 문제로 되는 것이 아니다. 처음에 누군가에게서 눈길이 보내지고 있다고 생각하고 나중에 그렇지 않다는 것이 밝혀진 경우에도 거기서 의심스러운 것으로 되는 것은 타자의 사실성, 현존재(거기에 있는 것)이지 타자의 존재 그 자체가 의심되는 것은 아니다. 그리고 나의 <눈길을 받은 눈길>은 <눈길을 보내는 눈길>로 전화하는 것이 언제라도 가능하다. 눈길을 축으로 한 이러한 <보다>-<보이다>라는 관계에 기초하는 나와 타자와의 <상극>이 『존재와 무』의 타자론의 기본을 이루며 또한 희곡 『출구 없음』 등의 주제가 되기도 하지만, 전후의 사르트르는 맑스주의에로의 접근과 더불어 오히려 인간들의 연대를 주장하게 된다. ☞ ㉺대타존재

—다니구치 가즈히로(谷口佳津宏)

눈앞에 있음 ⇨㈂도구존재성/객체존재성

뉴스쿨 [New School for Social Research]

뉴스쿨, 즉 신사회연구소는 1919년 뉴욕에서 사회과학 계열의 최초의 성인 교육을 위한 대학으로서 설립되었다. 경제학자 존슨(Alvin Johnson)과 철학자 칼렌(Horace M. Kallen) 등이 설립자가 되는데, 듀이(John Dewey)와 사회학자 토머스(William Isaac Thomas)도 여기서 강의를 행했다. 1920년대에는 진보적 활동의 중심지가 되었으며, 오늘날에도 또한 정치 공개토론회를 비롯하여 철학의 연구토론회로부터 어학 과정, 기타 교실과 무대 · 영화 교실을 포함한 예술 · 예능 과정에 이르기까지 실로 다종다양한 과목들이 개설되어 있다. 제2차 세계대전 중에는 <망명자의 대학>(The University in Exile)으로서 알려졌다. 독일의 대학과 그 밖의 연구소의 전통을 나치즘으로부터 지키고, 독일의 자유로운 문화를 존속시키기 위해 1933년에 뉴스쿨 안에 정치 · 사회과학 계열의 대학원 학부를 설립했기 때문이다. 발족 당시 이 대학원 학부는 레데러(Emile Lederer, 초대 학부장), 베르트하이머(게슈탈트 심리학자), 에드워드 하이만(Eduard Heïmann, 사회학자) 등, 유대계 망명학자 12명의 교수진으로 출발했다. 그러나 유럽 전역으로 히틀러의 독일군이 진공을 개시한 1939년 이후에는 유럽의 도시들로부터 정치적 망명자가 쇄도하여 한때 이 대학원 학부는 176명의 교수진을 거느렸다고 기록되어 있다. A. 슈츠와 A. 구르비치 등의 활약에 의해 미국에서 현상학 운동의 거점 중 하나가 된 것 이외에도 유럽 학문과 미국 학문의 교류에서 커다란 역할을 수행했다. ☞㈂구르비치, 슈츠

—사토 요시카즈(佐藤嘉一)

능동적 발생 能動的發生 [(독) aktive Genesis] ⇨㈂발생

능동적 종합 能動的綜合 ⇨㈂수동적 종합/능동적 종합

능력 能力 [(독) Vermögen; Vermöglichkeit]

'능력'이란 후설이 '인격적 자아'의 특성을 표현하기 위해『이념들 Ⅱ』에서 사용한 말로, '인격적 자아'는 '능력의 주체'로 생각된다. 정신적 세계는 '사물'과 '마음'에 기초지어진 층으로서 구성되지만, 정신세계에서 새롭게 등장하는 '인격적 자아'는 역사적 지평을 지닌다. 거기에는 자아의 이전의 활동이 <나는 할 수 있다>는 형태로 잠재적으로 포함되어 있는데, 이것을 '능력'이라고 말한다. '능력'에는 본능과 감성 등 자아에 본래 갖추어져 있는 '근원적인 능력'과 '획득된 능력'의 두 종류가 있다. 후자가 인격적 자아의 '성격특성'을 규정하지만, 양자 모두 인격적 자아의 수동적이고 잠재적인 층을 형성한다. '인격적 자아'는 이러한 '능력'에 기초하여 '자유' 혹은 '이성의 자율'을 실현하고자 능동적으로 활동하기 때문에, '능력'은 이를테면 정신의 휠레에 해당하는 것이라고 말할 수도 있다. ☞㈂나는 할 수 있다

—우시지마 겐(牛島 謙)

능산적/소산적 能産的/所産的 [(불) naturant/naturé]

일반적으로 지식의 발생을 그 기원에서 문제로 삼을 때 '아는 것'과 '알려지는 것'의 관계에 대해 이와 같은 표현이 이루어진다. 옛날에는 플로티노스의 '일자'로부터의 자연의 유출설, 중세의 기독교 신학, 스피노자 철학 등에서 능산적 자연/소산적 자연이라는 것이 말해졌지만, 근래에는 마르부르크학파의 코헨(Hermann Cohen)이 순수 사유로부터의 내용의 산출을 주장했다. 그가 말하는 순수 사유는 일체의 규정성에 선행하는 무의 심연으로부터 내용을 산출하는 생산적 본원이다. 이에 반해 현상학은 본래 감성적인 내용이 논리적인 형식을 근거짓는다고 하는 '아래로부터의 철학'일 뿐만 아니라 그 지향성 개념이 브렌타노의 그것을 계승한 것인 한에서는 이런 종류의 철학과는 성격을 달리하는 것이기도 하다. 그러나 후설도 후기에는 발생론적인 견해를 가미하고 있었으며, 메를로-퐁티는 베르그송의 영향도 있어 처음부터 발생론적인 입장을 취했

다. 그렇지만 원래 현상학은 '아래로부터의 철학'이면서도 '사실학'이 아니라 '본질학'인 이상, 경험에 기초하는 사실진리가 동시에 선험적인 영원진리라는 것과, 사건으로서의 진리가 도래로서의 진리이기도 하다는 것을 인정한다. 메를로-퐁티는 『지각의 현상학』에서 현상학적 환원에 의한 '구성된 것'으로부터 '구성하는 것'에로의 이행을 소산적 자연으로부터 능산적 자연에로의 이행에 비교하면서 "선험적인 것이란 이해되고 현실화되며 그 말없는 논리의 모든 귀결이 더듬어진 사실을 가리키며, 후험적인 것이란 고립된 함축의 어떤 사실을 가리킨다"[PP 256]고 말하고 있다. 그러나 이것은 아직 사태를 기술한 것에 그치기 때문에 『보이는 것과 보이지 않는 것』에서 '진리의 근원'에 관련된 이 문제에 대답하고자 했던 것이다.

—시미즈 마코토(淸水 誠)

㊟ 高橋里美, 『認識論』, 岩波書店, 1938.

다광선적 多光線的 ⇨㈔단일광선적/다광선적

다름 [(불) altérité] ⇨㈔타자성

다양체 多様體 [(독) Mannigfaltigkeit]

다양체라는 말은 본래 수학에서 칸토어에 의해 집합(Menge)과 같은 뜻으로 사용되었는데, 후에 후설이 당시의 수학의 동향으로부터 읽어낸 형식적 이념을 나타내기 위해 사용했다. 이 이념이 현대 수학에서 전개되고 있는 다양체와 일치하는 것인지의 여부는 분명하지 않지만, 양자가 리만의 논문 「기하학의 기초에 놓여 있는 가설에 대하여Über die Hypothesen, welche der Geometrie zu Grunde liegen」에서 유래한다는 점에서 무관계하지 않다. 후설에서의 다양체의 이념은 수론에서의 복소수론에로의 확대, n차원 유클리드 기하학과 비유클리드 기하학에서의 기하학의 형식적 일반화를 토대로 하여 형성되었다. 거기서는 수, 점, 선 등의 이념들과 그 결합이 모두 기호 표현되고 결합률, 가환율, 분배율 등의 법칙들이 추출되지만, 거기서의 대상 영역은 구체적인 의미 내용이 박탈되어 일정한 기본 법칙에 의해 결합 가능한 대상의 영역으로 획정되고, 대상의 결합도 기본 법칙에 의해 형식적으로 규정된다. 그러므로 거기서의 공리와 증명은 현실의 대상 영역에 대한 것이라기보다 모두 형식화되어 공리 형식, 증명 형식으로 된다. 따라서 다양체론은 이론 형식의 이론이라고도 말해진다. 이와 같이 형식적으로 일반화하여 구성된 이념에 무모순성을 보증하는 것으로서 도입된 것이 확정적(definit) 다양체의 개념이다. 후설의 확정성의 생각은 힐베르트의 완전성 공리나 결정 가능성 개념에 유사한 것으로 생각되지만(후설 자신도 확정성이 힐베르트의 완전성 공리와 가까운 관계에 있다고 말한다), 형식적으로 정식화되어 있지 않기 때문에 의심스러운 부분을 남기고 있다[LU Ⅰ §69-70, FTL §25-30, Hu **12**의 부록 논문의 7-9, Hu **24**. 79-95, Hu **21**. 95-96 참조].

—쓰네토시 소자부로(常俊宗三郞)

다원결정 多元決定 ⇨㈔중층결정

다원적 현실 多元的現實 [(영) multiple realities]

슈츠가 사회적 인격의 부분화와 통합화의 문제, 부분적인 인격으로서의 사회학적 인격(인간 유형)과 스스로의 일상생활을 영위하고 있는 인간과의 관계라는 문제에 대해 단순한 사회적 역할론의 수준에서가 아니라 좀 더 근원적인 수준에서 대답하고자 하여 W. 제임스의 '하위 우주론', H. 베르그송의 '질서론' 등을 선택적으로 원용하면서 조탁한 개념. 그는 『사회적 세계의 의미 구성』(1932)을 탈고한 시점에서 이 문제를 깨닫고 있었지만, 이것을 정면에서 다루어 집중적으로 논의한 것은 도미 후 집필한 「다원적 현실에 대하여」(1945, *Collected Papers*, 1: 일본어 역 『슈츠 저작집シュッツ著作集』 제2권)라는 논고에서였다. 슈츠에게 있어 주의(attention)가 향하는 것 혹은 의식되는 것은 '현실'의 제1요건이다. 그러나 그의 논의는 이러한 수준에서

더 나아가 '현실'을 '인지 양식'에 의해 획정되는 '한정적인 의미영역'(finite province of meaning)으로서 특징짓는 것으로 전개된다. 이와 같은 논의의 전개에 의해 한편으로 일상적 생활세계는 많은 현실 중의 하나에 지나지 않게 됨과 동시에 '지고의 현실'(paramount reality)이라는 위치가 주어지게 되고, 또한 다른 한편으로 그의 다원적 현실론은 상징화에 의한 일상적 생활세계의 초월의 문제, 즉 각 영역간의 이행의 문제 및 관련성 문제를 자기 논의 영역 내로 수렴할 수 있게 된다. 이 개념이 경험과학에 대해 지니는 촉매로서의 역할은 대단히 크며, 그런 의미에서 이것은 그의 현상학적 사회학의 하나의 도달점을 나타낸다. ☞ ㊄관련성, 지고의 현실

—나스 히사시(那須 壽)

다의성 多義性 ⇨㊄일의성/다의성/복의성

닦달 ⇨㊄몰아세움

단일광선적/다광선적 單一光線的/多光線的 [(독) einstrahlig/mehrstrahlig(vielstrahlig)]

자아로부터 대상으로 향하는 구성작용을 벡터에 비유하는 경우에 그 벡터로서의 시선이 단수인가 복수인가를 나타내는 개념. <눈길>(Blick), <주의 기울임(대향)>(Zuwendung), <주의>(Attention), 나아가서는 <정립>(Thesis) 등과 긴밀한 관계를 지닌다. 자아(내지 구성의식)는 언제나 대상에게로 향해져(gerichtet auf) 그것을 정립하지만, 자아는 복수의 대상을 <종합=종합정립>(*Synthesis*)에서 한데 모아 포착할 수 있다. 자아로부터 발하는 구성의 시선이 확산적으로 복수의 대상으로 향하고 있는 상태는 <다광선적>이라고 표현되며, 다른 한편 구성의 시선이 단일한 대상성으로 향하고 있는 상태는 <단일광선적>이라고 표현된다. 『논리연구』 Ⅱ[LU Ⅱ/1 482ff.]의 예를 들어 말하자면, "A와 B와 C는 p이다"라는 진술에서 A와 B와 C라는 세 항으로 향하는 (구성의 종합정립적인) 작용은 <다광선적>이며, 거기에서 p의 정립이 이루어진다. 그러나 "A와 B와 C는 p이다"라는 명제 전체를 **하나의 명사**로서 <명사화>하는 것이 가능한데, 그 경우에 그 하나의 명사로 향하는 정립적인 작용은 <단일광선적>이다. <다광선적 작용>은 분절 구조를 지니며, <단일광선적 작용>은 비분절적이다. 고유명사 등의 경우를 제외하면 단일광선적 작용도 반드시 기본항으로 한정되어 있는 것은 아니지만, 그럼에도 불구하고 궁극적으로는 <최종항>으로까지 분해되어야 한다고 여겨진다. 또한 이러한 광선의 구별은 『이념들 Ⅰ』(특히 §119 이후)에서는 더 나아가 <현실적/잠재적>이나 <혼란성/판연성> 또는 <주제/배경>의 구별과 연관된다. 『경험과 판단』에서 광선 개념은 발생과의 결합을 강화하며, 능동적인 단일광선적 작용을 준비하는 수동적 차원의 다광선적인 <선先구성>(다정립적 수행)이 확인되기에 이른다[EU §61, §24d]. 이것은 <지평>의 <해명>과는 "근친적이기는 하지만, 그것과는 엄밀하게 구별되어야만 한다"고 주장된다. 덧붙이자면 Strahl의 번역어로서는 『이념들 Ⅰ』에서는 '방사', 『경험과 판단』에서는 '방사/시선'이 채택되고 있다. ☞ ㊄명사화, 수동적 종합/능동적 종합, 작용, 정립

—다니 도오루(谷 徹)

단일체 單一體{ **통일체** 統一體} [(독) Einheit]

원어인 Einheit는 단일체 외에 단일성, 통일체, 통일성, 통일 등으로도 번역되는 다의적인 말이다. 이 말이 철학적 술어로서 사용된 잘 알려져 있는 예로서는 칸트의 '통각의 통일'과 같은 말이 있다. 그러나 이 개념의 철학적 해명이 시도된 것은 후설과 리케르트에 의해서이다. 리케르트에게서 대상은 형식과 내용의 <통일체>이고, 형식과 내용은 전前대상적인 일자와 타자로서 상호 의존적이지만 그 자체로서 생각되면 <단일체>인바, 따라서 수 1에 비해 <통일체>나 <단일체>는 좀 더 기본적이라고 생각된다. 이에 반해 후설에

게서 <통일성>은 집합, 상등성 등과 더불어 수 1보다 기본적이지만, "β가 존재하지 않아서는 α가 존재하지 않을 때, α는 β에 기초지어져 있다"고 정의되는 '기초짓기'에 의해 성립하는 형식적 개념이다. 예를 들면 멜로디의 <통일>은 음들에 의해 기초지어져 있다. 이 경우 멜로디는 일정한 구체적 내용을 지닌 "질료적 통일체"이지만, 통일체는 반드시 질료적인 것에만 한정되지 않는다. 예를 들면 <집합>은 무언가의 것이 한데로 합쳐져 <통일>됨으로써 성립하지만, 그때 무언가의 것이란 반드시 특정한 사물로 한정되지 않는바, 어떠한 것이든 <어떤 것 일반>으로서 취급함으로써 성립한다. 이리하여 <통일체>는 앞의 <기초짓기>라는 형식법칙에 의한 범주적(형식적) 술어라고 말해진다 [LU Ⅱ/1 277f., PA 80f. 참조]. ☞ [사]기초짓기, 어떤 것 일반

—쓰네토시 소자부로(常俊宗三郎)

단자 · 단자론 單子 · 單子論 ⇨[사]모나드론

단편 斷片 ⇨[사]계기/단편

닻내리기 [(불) ancrage]

이 말은 보통 어떤 항에서 닻을 올려 항해하고 있던 배가 다른 항에 닻을 내려 거기에 정박하는 경우에 사용되는데, 메를로-퐁티는 『지각의 현상학』에서 이것과 유비하여 <주체가 어떤 환경으로부터 몸을 떼어 내어 다른 환경 속에 몸을 두고 거기에 거주하게 되는 것>을 닻내리기라 부른다. 닻내리기란 어떤 환경으로부터의 이탈이 다른 환경에로의 참가의 이면에 다름 아니라는 것을 보여주는 <우리의 세계-내-존재>의 역동적인 표현이다. 그때 이 개념이 메를로-퐁티에게서 중요한 의미를 지니는 것은 이에 의해 공간적 기준의 상대성과 절대성이 함께 이해 가능하게 되기 때문이다. 공간적 기준이라는 것은 우리가 자신의 장을 변화시킬 수 있는 한에서는 상대적이지만, 한 번 우리가 일정한 장에 자신을 구속하게 되면 절대적인 것으로서 나타난다. 왜냐하면 우리는 일정한 장에 놓이게 되면, 자신의 지각이 가능한 한에서 변화가 풍부함과 동시에 가능한 한에서 명료하게 분절화된 광경을 받아들일 수 있는 방식으로, 또한 자신의 운동적 지향이 스스로가 기대하는 응답을 그 광경으로부터 받아들일 수 있는 방식으로, 요컨대 우리가 이 광경에 정주하여 거기서 살아갈 수 있는 방식으로 이 광경에 대해 공간적 관계들을 설정하도록 촉구되기 때문이다. 메를로-퐁티가 닻내리기를 "공간성의 조건"[PP 325]이라고 말하는 것도 바로 이 때문이다.

—다케우치 오사미(竹内修身)

대상 對象 [(독) Gegenstand (불) objet]

현상학에서 대상이란 일반적으로 의식이 '향하는' 바의 것을 가리키는바, 대상 개념은 지향성 개념과 상관적이다. 따라서 지향성을 어떻게 파악하는가에 대응하여 대상 개념도 변화한다. 후설은 대상 개념하에 실재적으로 개체적인 존재자뿐만 아니라 '종(Spezies)'이나 '본질'과 같은 이데아적인 '보편적 대상', 나아가서는 명제에서 표현되는 '사태'와 같은 것까지 포섭하며[LU Ⅱ/1 38, 143], 특히 후자와 같은 것까지도 포함한 넓은 의미의 대상을 나타내기 위해 '대상성'(Gegenständlichkeit)이라는 말도 사용한다. 또한 대상은 의식작용의 한편의 극인 에고 내지 자아극과의 대비에서 코기타툼(cogitatum) 내지 대상극이라고도 불린다. 이와 같이 후설의 대상 개념은 브렌타노의 개념보다 넓지만, 다른 한편 마이농처럼 존재 불가능한 것까지 포함하여 모든 의식작용의 상관자로까지 대상 개념을 확대하는 것은 아니다.

이상과 같은 후설의 대상 개념의 성립에 있어 의미와 대상의 구별이 결정적인 역할을 수행한다. 예를 들면 '예나의 승자'와 '워털루의 패자'라는 표현에서 양자의 의미는 다르지만 대상은 동일하다. 이러한 구별은 대체로 프레게의 '의미'(Sinn)와 '지시대상'(Bedeutung, 의

의라고도 번역된다)의 구별에 대응한다. 그리고 "의미 속에서 대상에 대한 관계가 구성된다"[LU II/1 54]고 간주되기 때문에 '황금의 산'이나 '둥근 사각형'과 같이 대상이 존재하지 않는 경우의 표상이 존재할 수 있게 되는바, 볼차노에서와 마찬가지로 무대상적 표상이 인정된다. 이러한 의미와 대상의 구별은 현상학적 환원 후에 '노에마적 의미'와 '대상 자체'(Gegenstand schlechthin)의 구별로 변환된다. 여기서도 의식은 "노에마적 의미를 매개로 대상에 관계한다"[Ideen I 267]고 말해지지만, 다른 한편 노에마적 의미는 '지각된 것 그 자체'라고도 불리며, 그것 자체가 일종의 '대상성'을 지니는 것으로 간주된다. 이 점에서 노에마와 대상의 관계는 반드시 명확한 것은 아니어서 다양한 해석이 이루어져 왔다.

나아가『이념들』에서는『논리연구』 때보다 대상 영역이 확대되어 "모든 작용은 일반적으로—심정의 작용과 의지의 작용까지도—'객관화하는' 작용인바, 대상을 근원적으로 '구성하는' 것이다"[Ideen I 244]라고 말해지게 된다. 이와 같이 '대상화'(Vergegenständlichung) 내지 '객관화'(Objektivierung)가 의식에 본질적이라고 간주됨으로써 대상 영역은 단순한 사태 세계로부터 '가치론적' 대상성을 포함하는 세계로 확대된다. 이러한 대상 영역의 확대에 의해 셸러나 잉가르덴에서 보이는 것과 같은 다양한 질을 지닌 가치에 관한 현상학적 분석이 가능해졌던 것이다. ☞ [사]객관화 작용, 대상론, 지향성

—다니 도오루(谷 徹)

대상 X 對象— [(독) Gegenstand X]

대상은 언제나 노에마 하에서, 따라서 어떤 의미를 띠고 나타난다. 대상을 주어로 하면 그것의 의미들은 술어가 되어 주어를 규정한다. 이러한 술어들을 모두 사상한 대상을 대상 X라고 부른다. 예를 들면 야리야리산槍槍岳이라는 동일한 대상은 때로는 선명하게 때로는 희미하게 보이는 식으로 명료함의 정도의 차이를 가지고서 의식된다. 또한 눈앞에서 보고 있을 때에는 지각, 이전에 등산할 때의 상기, 미지의 경우에는 상상 속에서라는 식으로 그 대상이 정립될 때의 다양한 작용에서 의식되며, 그것과 더불어 '확실', '의심스럽다' 등의 다양한 존재 양상, '예전에 있었다', '지금 있다' 등의 다양한 시간 양상을 가지고서 의식된다. 이러한 명료함의 정도들과 정립에 관한 성격들은 대상의 소여방식으로서 노에마에 속한다. 이것들을 사상하면 소여방식의 다름을 관통하여 동일한, 즉 노에마의 핵을 이루는 의미가 남는다. 그러나 그 가운데 '뾰족한', '산', '대상' 등의 규정도 야리야리 산이라는 동일한 대상을 지향한 다른 양식의 규정일 수 있듯이, 노에마의 핵 가운데서도 규정되는 대상은 그것을 규정하는 특정한 의미로부터 구별된다. 그와 같은 규정을 모두 사상하고 남는 것은 이미 특정한 의미에 의해서는 한정될 수 없는, 다양한 의미의 담지자에 다름 아닌 동일한 X, 대상 X이다. 그것이 참으로 파탄 없이 동일한 것인지의 여부 문제는 이성 의식의 문제이다[Ideen I §128-§135]. ☞ [사]노에시스/노에마

—시나가와 데쓰히코(品川哲彦)

대상극 對象極 ⇨[사]자아극/대상극

대상론 對象論 [(독) Gegenstandstheorie]

마이농이 브렌타노와 트바르도프스키의 학설들을 비판적으로 계승하고, 관계(Relation)나 복합(Komplexion) 등의 이념적인 고차 대상들에 대한 고찰을 거쳐 구상한 '대상 그 자체'를 논하는 철학 이론. 대상을 그 존재·비존재와 관계없이 현존재로부터 자유롭게(daseinsfrei) 연구하는 학으로서 전개되었다. 여기서 말하는 대상이란 넓게 심적 체험의 일체의 대상을 가리키는데, 대상을 파악하는 체험에 대응하여 표상의 대상인 '객체'(Objekt), 사유(판단 및 가정)의 대상인 '객관적인 것'(Objektiv), 감정의 대상인 '품위적인 것'(Dignitativ) 및 의욕의 대상인 '소망적인 것'(Desiderativ)의 네 가지 종류로 구분된다. 마이농은 이러한 대상의 분류와 그

러한 대상들 상호간의 기초짓기 관계를 상세하게 논의함과 동시에 대상의 파악작용에 대한 인식론적 · 심리학적 연구를 아울러 행했다. 이러한 대상론은 제자인 회플러(Alois Höfler 1853-1922), 피힐러(Hans Pichler 1882-1958), 말리(Ernst Mally 1879-1944)에게 커다란 영향을 주며, 나아가서는 호네커(Martin Honecker 1888-1942)의 대상논리학, 후설의 본질학, 셸러와 하르트만의 가치론에 대해서도 영향을 미친다. 마이농 이론은 1970년대에 대상론 제2세대에 의해 재정식화 되었으며, 자연언어의 의미론과 마음의 지향성 이론의 근거짓기에 사용되었고, 최근에는 인공지능 분야에서도 논의되고 있다. 일반적으로 마이농적인 대상론의 특징은 다음과 같은 점들에 있다. 의식의 지향성을 전제하고, 개체 및 명제적 대상을 인정하며, 실재 · 존립하지 않는 대상을 용인한다. 순수 대상의 초존재 및 상相존재의 존재로부터의 독립의 원리를 세우고, 대상임과 상존재를 가짐을 동등시한다. 다만 어떤 대상은 비완전 대상이라고 하고, 또한 명사구 · 문장의 의미(Bedeutung)는 모두 대상이라고 한다. ☞[사]상존재, 완전 대상/비완전 대상, 초존재, [인]마이농, [서]대상론에 대하여

—에리구치 아키토시(江里口明俊)

대상성 對象性 [(독) Gegenständlichkeit] ⇨[사]대상

대상화 對象化 [(독) Vergegenständlichung] ⇨[사]대상

대속 代贖 [(불) substitution]

『전체성과 무한』 이후의 레비나스가 말하는 개념. <누군가에게 저항하면서 누군가를 위해 누군가를 대신하는 생>으로서 <인내>를 규정하면서도 『전체성과 무한』에서는 자기 자신에 입각하는 것으로서 자아가 파악되며, 또한 substitution이라는 말도 인간들의 상호교환을 의미하는 것일 뿐이었다. 그러나 자아 그 자신이 <타인의 장소에서, 타인을 대신하여>(à la place de l'autre) 존재한다는 것, 그리고 교환 역시 <비상호적>인 것이라는 것에 대한 확인과 더불어 <대속>이 윤리적인 일로서 말해지게 된다. 타인의 장소를 빼앗는 것에서 존재하는 이러한 나는 오히려 모든 타인을 대신하여 <박해>당하게 되고, 경우에 따라서는 <누군가를 위해 죽을 수 있는> 자로서 선택되었던 것인바, 내가 모든 타인의 <대속>이 된다는 것은 누구도 나의 <대속>이 될 수 없다는 것을 의미한다. <기억에 없는 과거>에 발생한 타율 때문에 <대속>은 채무를 완전히 갚을 수 없음을 알리는 <무상의 속죄>에 다름 아니다. 다만 <대속>은 나를 단지 해체하는 것이 아니다. substitution-substance-subjectivité의 연계는 오히려 역으로 누구도 나를 대신할 수는 없다는 의미에서 <대속>이 나를 <나>이게끔 하는 <개체화>라는 것을 보여주고 있다. substitution 대신에 l'un-pour-l'autre라는 말이 사용되기도 하지만, 이것은 <징조>(signe)로서의 인간의 양태를 나타낸다.

—고다 마사토(合田正人)

대자 對自 ⇨[사]즉자/대자

대지 大地 [(독) Erde (불) terre]

후설의 이른바 「코페르니쿠스설의 전복」 논문에서 집중적으로 분석된 '대지'는 경험 대상의 개개의 지평을 떠받치는 포괄적 지반임과 동시에 또한 모든 대상정립에 선행하여 주관성 속에 언제나 이미 자기를 보내줄 수 있는 <세계>의 근원적 양태(이것은 주관성의 근원적 수동성이라는 존재 양태이기도 하다)를 의미한다. 우리가 가령 지구로부터 벗어나 다른 행성에서 생활하게 된다 하더라도 제거할 수 없는 삶의 항상적인 지반으로서의 이 '대지'는 '근원적 방주'(Ur-Arche) 또는 '근원적 고향'(Urheimat) 등으로도 표현되는바, 나의 신체라는 것이 '근원적 신체'(Urleib)로서 지니는 유일한 존재의미에 비교할 수 있다. 메를로-퐁티는 후설의

이 개념에 특히 주목하여 "우리가 거기서 살고 있는 대지, 모든 정지와 모든 운동이 거기서 떠오르는 땅인 까닭에 정지와 운동 앞에 놓여 있게 되는 대지, 모든 물체가 그것의 분열에 의해 생겨나는 <근원>인 까닭에 물체들에서 성립하는 것은 아닌 대지, 모든 장소를 포함하는 것인 까닭에 그 자신은 <장>을 지니지 않는 대지"[RC 169]라는 식으로 그것을 규정한 다음, 우리가 이 대지에 뿌리박고 있다는 것(implantation)에 대한 분석에서 후설의 현상학적 사유의 근원적인 위상을 보았다. ☞ ㊄세계, 수동성, 지반, 지평, ㊂코페르니쿠스설의 전복

—와시다 기요카즈(鷲田淸一)

㊟ E. Husserl, "Grundlegende Untersuchung zum phänomenologischen Ursprung der Räumlichkeit der Natur"(新田義弘・村田純一 譯, 「自然の空間性の現象學的起源に關する基礎硏究— コペルニクス說の顚覆」, 『講座現象學』, 3, 弘文堂, 1980에 수록). M. Merleau-Ponty, "Le Philosophe et son ombre"(木田元 譯, 「哲學者とその影」, 『シーニュ』에 수록), M. Merleau-Ponty, "Husserl aux limites de la phénoménologie" (木田元 譯, 「現象學の限界に立つフッサール」, 『講義要錄』에 수록).

대타존재 對他存在 [(불) être-pour-autrui (독) Für-andere-sein (영) being-for-others]

타자에 대한 나의 존재라는 뜻. 코기토의 명증성을 원리로 하는 철학에 있어 타자의 존재는 걸림돌이다. 후설은 『데카르트적 성찰』에서 자기이입의 개념에 의해 타자의 구성을 시도했지만 성공했다고는 말할 수 없다. 사르트르의 존재론은 이 문제틀을 명시하고 있다. 코기토의 철학은 인간 존재를 자기 자신에 의해서만 접근 가능한 의식으로 간주한다. 그렇다면 타자는 나에게 대한 객체이지 다른 코기토의 주체가 아니게 된다. 다른 '나'가 존재하지 않는 이상 상호주관성도 성립하지 않게 되며 유아론이 된다. 사르트르는 『자아의 초월』(1937)에서 의식을 통일하는 것으로서의 자아는 존재하지 않는다는 입장에서 나의 자아가 타인의 자아보다 확실하다고는 말할 수 없다고 하여 유아론을 극복할 수 있다고 생각했다. 그러나 그는 『존재와 무』(1943)에서는 의식을, 대상을 정립하는 의식이 동시에 자기 자신에 대한 비정립적 의식이기도 하다고 하여 이것을 주관성의 근거로 삼았기 때문에 유아론의 암초에 부딪치고 만다. 거기서 그는 타인을 눈길로 정의함으로써 문제를 극복하고자 한다. 요컨대 내가 타인에게 보이고 있다고 느끼는 <부끄러움>의 의식이 <주체-타인>의 존재를 증시하는 것이다. 그때 나는 타인의 대상이 된다. 자기의 자유를 회복하기 위해서는 나는 타인을 나의 눈길의 대상으로 삼는 수밖에 없다. 따라서 나와 타자와는 상극의 관계를 살아갈 수밖에 없는 것이다. 메를로-퐁티는 후설의 신체주관성을 토대로 상호신체성의 개념으로부터 해명을 시도한다. ☞ ㊄눈길, 타자, ㊇사르트르

—하코이시 마사유키(箱石匡行)

대표상 代表象 [(영) representation (독) Repräsentation]

유명론이 보편의 실재를 부정하는 경우에 보편 개념에 어떠한 지위를 부여할 것인가 하는 것은 깊은 생각을 필요로 하는 문제인바, 유명론 전통에 입각하는 영국 경험주의는 그에 대한 해결책으로서 '대표상'이라는 사고방식을 산출했다. 즉 로크는 "관념은 많은 특수한 사물의 대표자(representatives)로서 제출되는 경우에 일반적이다"[『인간지성론』 제3권 제3장 11절]라고 생각했는데, 예를 들어 '삼각형 일반'은 빗각도 직각도 아니고 등변도 이등변도 부등변도 아니며 그것들 모두인 동시에 그것들 중 어느 것도 아니라고 하는 기괴한 관념이었다[같은 책 제4권 제7장 9항]. 이에 반해 버클리는 "<하나의 관념은 그 자체로 고찰하면 특수적>이지만, <동일한 종류의 모든 특수 관념을 대표(represent) 또는 대리(stand for)하도록 됨>으로써 일반적이게 된다"[『인간 지식 원리론』 서론 12절]고 생각하고, 이등변 직각삼각형에 대해 그 변과 각의 특수성을 무시하여 "세 개의 각의 합이 두 직각과 같다"는 것을 증명하면, 이 증명은 모든 삼각형에 해당된다고

말했다[같은 책 서론 16절]. 이 경우의 '이등변 직각삼각형'이 대표상에 다름 아니다. 이것은 확실히 교묘한 논의이지만, 후설에게 있어 대표상은 결국 개별 표상에 지나지 않으며, 그것에 보편자의 의미를 부여하기 위해서는 지향성이라는 계기가 어떻게든 필요했다[LU Ⅱ/1 169-171]. ☞ ㉮개체/보편, 영국 경험주의와 현상학

—마쓰이 요시카즈(松井良和)

대화 對話 [(독) Dialog (불) dialogue]

상호주관성 이론의 불충분한 발달에 수반하여 대화의 현상학적 이론은 여전히 미완성인 한편, 대화 그 자체를 주제로 하는 대화론 철학(dialogische Philosophie)은 제2인칭(너) 차원의 특징을 강조하는 데 머물러 이것을 제1인칭(화자 · 청자) 및 제3인칭(기호 · 대상) 차원과 내적으로 결합하지 못하고 있다. 이러한 관점에서 대화의 현상학을 실현함에 있어 제기되는 과제를 전망해 보자.

Ⅰ. 내가 상대방으로부터 청취하고 있는 말은 객관적 물리 현상임과 동시에 운동감각(Kinästhese)적 도식의 실현으로서 주관적인 행동의 패턴이다. 나 자신이 이 도식을 몸에 지니고 있는 한에서 청취된 음성 기호는 '객관적' 즉 '주관적'인 현상이 되며, 청취는 곧바로 잠재적인 **발어**가 된다. 이와 같은 복합은 나와 상대방과의 사이에 이미 신체적 대화가 성립하고 있다는 것을 의미한다. 맞짝짓기는 자기이입에 대한 동기짓기이지만[CM §51], 더 나아가 기호와 의미의 수동적 종합에 대한 동기짓기로서 해명할 것이 요구된다.

Ⅱ. 후설에 의하면 기호는 의미부여 작용을 환기시키지만[LU Ⅱ/1, Ⅰ §9-§10], 문제는 이 의미가 지니는 보편성에 있다. 기호 그 자체는 운동감각적 유형화와 대화에 의해 제약되어 그것이 환기시키는 의미는 전全시간적 · 노에마적이긴 해도 곧바로 초시간적 · 이념적이지는 않은 것이 아닐까(고유명사와 지표사指標詞는 그 극단적인 예). 기호가 이념화를 거쳐 개념을 지시하기에 이르러 비로소 노에마는 개념적 의미로서 이념화 · 이데아화 된다. 이리하여 의미 발생의 근원은 노에시스-노에마 관계의 기저로서의 초월론적 생이라는 것이 밝혀지지 않으면 안 된다[Ideen Ⅰ §124 참조].

Ⅲ. 기호가 직접적으로 사념하는 것이 대상의 노에마적 의미이지 이념적인 개념은 아니라고 한다면, 데리다가 지적했듯이 기호와 개념적 의미 사이에서 긴장관계가 생겨난다. 이러한 긴장은 초월론적 생이 철저한 환원을 통해 타자를 수용하고 회임懷妊(begreifen)하는 것(스콜라 철학의 conceptio)에 의해 완화되며, 생의 타자화적인 변양인 개념적 의미는 기호에 활력을 불어넣으면서 대상의 이념화인 개념을 충족시킬 것이다[데리다, 『목소리와 현상』 서언 참조].

Ⅳ. 대화가 대향하는 인간들의 운동감각적 상관 그 이상의 것이라는 것은 언어적 의미가 대화자에게 공통된 진리 영역으로서 초시간적 · 초공간적으로 양자를 둘러싸기 때문이다. 이러한 공통 영역은 대화자의 생의 타자 회임에 의해 기초지어지고 있는바, 종래에는 '이성'이라고 불려왔지만 이제 초월론적 생의 '사이에로의 생기'로서 다시 파악되어야만 한다. 이것은 의미의 이원론을 탈각하는 길이기도 하다[Krisis 380f.]. ☞ ㉮나-너, 상호주관성, 타자

—고지마 요(兒島 洋)

대화 對化 [(독) Paarung] ⇨㉮맞짝짓기

데카르트와 현상학—現象學

데카르트의 철학과 현상학 사이에 특별한 근친관계가 있다는 것은 후설이 그의 한 저서의 제목에 '데카르트적'이라는 형용사를 붙인 것으로부터도 쉽게 알 수 있다. 양자의 공통점은 일반적으로는 우리가 직접 경험할 수 있는 절대 의심할 수 없는 것으로부터 출발하여 엄밀한 학으로서의 철학을 구축하고자 시도한 점에서 찾아지지만, 구체적으로는 데카르트의 방법적 회의와 후설의 초월론적 환원의 유사성, 그리고 그러한 방법들이 가져오는 자아를 둘러싼 성과들의 근사성이

제시된다.

데카르트는 감각(지각)을 다음과 같은 순서로 의심했다. 우선, 자주 잘못을 범한다는 점에서 먼 감각과 약한 감각을, 이어서 꿈을 보고 있을 가능성을 부정할 수 없다는 점에서 자신의 신체에 대한 감각을 포함한 몸에 가까운 감각을. 그러나 감각이 예를 들어 꿈으로서 비현실적이라 하더라도 꿈의 재료가 되는 대단히 단순하고 대단히 일반적인 것은 마치 공상적인 그림의 물감과 캔버스가 그림의 내용과는 관계없이 현실의 것인 것과 마찬가지로 역시 현실적인 것은 아닐까? 그와 같은 아주 단순하고 일반적인 것들로서 데카르트는 수학의 진리와 나란히 연장으로서의 물체를 인정하고 있기 때문에, 이 단계까지의 회의는 세계의 존재 그 자체까지는 도달해 있지 못하며, 단지 존재하는 세계가 내가 감각하고 있는 그대로의 세계라고 주장할 수 없다는 것에 지나지 않는다. 데카르트에게서 세계의 존재가 후설이 말하는 판단중지를 당하는 것은 저 악령의 존재를 가정하는 과장된 회의를 맞이하고서부터의 일이다.

이리하여 나의 존재가 후설의 필증적 명증성에서 발견된다. 그리고 내가 생각하고 있는 **사이**에는 누구도 나의 존재를 부정할 수 없기 때문에 이러한 확실히 존재하는 나는 '생각하는 것'이라고 규정된다. 여기에 함의되어 있는 시간과 자아의 존재와의 관계는 이후의 현상학의 발전(하이데거와 메를로-퐁티 등)이 주관성을 시간성으로서 드러낼 때 비로소 그 숨겨진 의미가 분명해졌다.

확실히 데카르트의 '생각하는 것'으로서의 나는 실체이지만, 그 나 속에는 단지 좁은 의미에서의 생각함(순수 지성)뿐만 아니라 후설이 그의 체험류 속에서 발견하는 모든 것이 에고-코기토-코기타툼의 구조와 더불어 포함되어 있다. 그렇지만 데카르트에서의 코기타툼이라는 관념, 특히 감각적 관념은 후설의 그것과 같은 존재정립이 삼가지고 있는 것을 제외하면 자연적 세계와 조금도 다르지 않은 그런 것이 아니다. 생각하는 것으로서의 나의 바깥에 감각적 관념과 모종의 방식으로 대응하는 세계의 존재가 있다. 그런 의미에서 후설이 판정하듯이 데카르트의 생각하는 것은 여전히 그로부터 출발하여 다른 확실한 존재로 전진하기 위한 세계의 한 부분이었다고도 말할 수 있다.

그러나 코기토에는 수수께끼가 많다. 첫째, <나는 생각한다>와 <나는 존재한다>와의 관계가 그렇다. 하이데거는 『니체』 II에서 데카르트의 <나는 생각한다>를 표상하는 것으로 해석하여 나는 **내게** 어떤 것을 세워둔다고 했다. 이와 같이 이해된 <나는 생각한다>에는 내가 이미 목적어로서 포함되어 있기 때문에 <나는 생각한다>로부터 그대로 <나는 존재한다>가 주어진다. 후설과 메를로-퐁티도 포함하여 전통적인 코기토 해석은 모두 결국은 이러한 표상-탈자설에 기초하고 있다.

그러나 앙리의 획기적인 지적에 따르면 이러한 해석은 데카르트의 악령의 역할을 정당하게 이해하지 못하고 있다. 악령의 가정에 의해 4변형의 변의 수가 넷이라는 것과 같은 가장 단순한 것조차 의심스럽게 되었다. 즉 자연의 빛도 포함하는 표상하는 것 전체의 명증성이 악령에 의해 결정적으로 괄호에 넣어져 권위를 잃었던 것이다. 물론 표상 속에 함의되어 있던 나의 존재도 마찬가지였다.

악령의 가정에도 불구하고 나의 존재는 확증되기 때문에, 나의 존재의 개시는 표상이라는 개념에 의해 총괄되는 무언가의 지향성과 탈자적 초월의 행위가 아니다. 그것은 앙리가 말하는 내재라는 다른 개시 양태에 기초한다. 데카르트의 <나는 생각한다>란 사실은 이러한 전적으로 새로운 현상성의 발견이며, 내용적으로 말하자면 <나는 생각한다>는 후설이 말하는 노에시스-노에마의 표상구조가 아니라 그와 같은 구조가 작용으로서 주어지는 근원적인 수용의 경험에 다름 아니다. 간단히 말하면, <나는 생각한다>는 헬트가 말하는 '살아 있는 현재'인바, 그런 의미에서의 '실체'이다. 악령은 후설이 완수하지 못했던 의식류로부터 궁극적으로 기능하고 있는 자아의 존재로의 '철저한 환원'의 실행자이다. ☞ ㉷데카르트, ㉲살아 있는 현재

—야마가타 요리히로(山形頼洋)

㊟ K. Held, *Lebendige Gegenwart*, Den Haag, 1966(新田義弘 外 譯, 『生き生きした現在』, 北斗出版, 1988). H. Henry, *Généalogie de la psychanalyse*, P. U. F., 1985(山形賴洋・宮崎隆 外 譯, 『精神分析の系譜』, 法政大學出版局, 1993).

데카르트의 길 [(독) cartesianischer Weg] ⇨㊅현상학적 환원

도구존재성/객체존재성道具存在性/客體存在性 [(독) Zuhandenheit/Vorhandenheit]

『존재와 시간』에서의 하이데거는 세계-내-존재로서의 현존재의 존재방식을 이해하기 위해서는 종래의 철학이 의거해온 존재 이념이 전적으로 부적절하다는 것을 일관되게 주장한다. 특히 모든 실천적 관심을 떠나서 표상되는 물체적 존재와 그 표상의 주체인 심적 존재의 주객 관계라는 모델은 주・객의 존재를 모두 직관적으로 관찰 가능하고 다양한 술어의 주어로 될 수 있다고 하는 '객체존재성, 눈앞에 있음'의 이념 하에 이해하고 있다. 그러나 오히려 현존재가 세계 속에서 일상적으로 취하는 행동은 마음에 의한 이론적 인식이라기보다 무언가를 지향하는 행위나 환경 속에서의 교섭인바, 거기서 만나게 되는 존재자는 표상되는 물체라기보다 주위의 도구이다[SZ §15]. 이러한 도구의 존재 성격이 '도구존재성, 손 안에 있음'이다. 도구적 존재자(Zuhandenes, 손 안에 있는 것)가 객체적 존재자(Vorhandens, 눈앞에 있는 것)에 비해 지니는 두드러진 특징은 도구가 그것 단독으로는 결코 출현함이 없이 반드시 자기 이외의 것과 '지시' 연관을 형성한다는 점에 있다. 하나의 망치가 도구로서 주어지는 것은 오로지 '못을 박는다', '집을 고친다'와 같은 용도나 현존재의 행위 가능성과의 목적 연관 속에서만 이루어지는바, 이와 같은 도구의 존재 성격은 '적소성' 또는 '사용사태'(Bewandtnis)라고도 바꿔 말해진다[SZ 112]. 객체적 존재자를 대상으로 하는 이론적・표상적 인식은 이와 같은 실천적인 목적 연관으로부터 분리되어 버린 세계-내-존재의 특수한 존재방식에 지나지 않는다[SZ §13]. (후년의 저작에서는 이러한 존재 성격들의 대비가 지니는 특권적 성격이 희박해지는 것에 주의[HW 13ff., Zur Sache des Denkens 7]). ☞㊅세계-내-존재, 지각, 현존재, ㊆존재와 시간

—가토와키 슌스케(門脇俊介)

도덕적 인식道德的認識 [(독) sittliche Erkenntnis] ⇨㊆도덕적 인식의 원천에 대하여

독립성/비독립성獨立性/非獨立性 [(독) Selbständigkeit/Unselbständigkeit]

대상성 일반에 관한 존재론적 구별. 슈툼프에 의하면 어떤 대상(내용)이 그 본성상 <단독으로>, <개별적으로> 표상될 수 있는 경우에 그것은 독립적이며, 그렇지 않은 경우에 그것은 비독립적이다. 예를 들어 말의 머리는 그것 단독으로, 주위의 모든 변화를 통해 불변적인 것으로서 표상될 수 있지만, 종이의 흼은 그 종이의 공간적 연장에서 분리되어 개별적으로 표상될 수 없다. 이런 의미에서 전자는 독립적 대상이고 후자는 비독립적 대상이다. 그러나 후설에 의하면 이 구별은 '표상할 수 있는가 없는가'라는 주관적 사실이 아니라 어떤 대상이 그 자체로 존재할 수 있는가 아니면 다른 대상에 덧붙여져서만 존재할 수 있는가라는 사태의 순수 본질에 기초한다. 즉 그것은 "<다른 방식으로는 존재할 수 없다>라는 객관적인 이념적 필연성"에 따른다는 것이다[LU Ⅱ/1 239]. 따라서 여기서 비독립성의 개념은 질료적 존재론(materiale Ontologie)의 내실을 이루는 본질 영역에서의 순수한 종과 유에 관한 본질법칙성으로서 파악된다. 예를 들면 동일한 평면 위에서는 어떠한 두 가지 색도 상호적으로 배제한다는 법칙성은 비독립적 부분들 상호간의 연계(Verknüpfung)의 방식을 지배하는 법칙성이지만, 그것은 형식적인 분석적 아프리오리가 아니라 질료적인 종합적 아프리오리이다. 독립적/비독립적의 구별은 더 나아가 전체와 부분

의 순수 형식에 관한 이론을 근거짓는다. ☞㊔계기/단편, 독립적 의미와/비독립적 의미, 전체와 부분

—시바타 마사요시(柴田正良)

독립적 의미/비독립적 의미 獨立的意味/非獨立的意味 [(독) selbständige Bedeutung/unselbständige Bedeutung]

의미 영역에서의 독립적과 비독립적의 구별. 혹은 자의적自義的과 공범주적의 구별을 근거짓는 의미 영역에서의 구별. 따라서 여기에서도 비독립적 내용은 단독으로는 존재할 수 없고 좀 더 포괄적인 전체의 부분으로서만 존재할 수 있다는 것, 그리고 또한 이 존재 불가능성은 내용 자신의 본질에서 유래하는 선험적인 법칙성이라는 것이 타당하다. 하지만 의미는 이념적인 통일체인바, 의미의 독립성/비독립성의 구별을 의미된 대상의 독립성/비독립성의 구별로 단순히 <환원>하는 것은 가능하지 않다. 예를 들면 빨강이라는 비독립적 계기는 <빨강>이라는 독립적 의미의 대상이다. 결국 의미의 독립성/비독립성은 그것이 근거짓는 자의적/공범주적의 구별에서 가장 잘 예증된다. 왜냐하면 언어는 구별 가능한 모든 의미 형식에 구별 가능한 각각의 표현을 부여할 수 있기 때문이다. 또한 후설에 의하면 전형적인 공범주어뿐만 아니라 '토마토보다 빨갛다'나 '얼음 위에서'와 같은 복합적 표현의 의미도 비독립적이다. 요컨대 어떤 의미가 하나의 구체적인 의미작용의 완전한 의미를 형성할 수 있는 경우에 그것은 독립적이며, 그렇지 않으면 비독립적인 것이다[LU II/1 312]. 이 영역에서의 선험적인 의미법칙은 '가장자리는 그리고이다'와 같은 무의미(Unsinn)를 배제하고 보편문법학을 근거짓는 데 반해, 본래의 논리법칙은 '둥근 사각형'과 같은 분석적 반의미(Widersinn)를 배제한다. ☞㊔공범주어{공의어}, 독립성/비독립성, 무의미/반의미

—시바타 마사요시(柴田正良)

독사 [(독) Doxa]

일반적으로는 에피스테메와 대립되어 반론하는 것이 가능한 견해라는 정도를 의미하지만, 현상학에서는 어떤 객관의 존재를 소박하게 확신하는 태도를 가리킨다. 후설은 『이념들 I』에서 "자연적 태도의 일반정립"을 "차단하고" "괄호 넣기"할 필요성을 이야기한다. 자연적 태도의 일반정립이란 "우리 모두에게 있어 단 하나의 공간 시간적 환경세계가 실제로 거기에 존재한다"는 현실을 그것으로서 받아들이는 것을 의미한다. 이러한 일반정립을 괄호에 넣고 작용 바깥에 두는 것에서 현상학은 개시된다. 이러한 자연적 세계의 일반정립은 분명히 독사이지만, 현상학의 진전에 따라 나중에 이것이 세계 정립으로서의 '근원적 독사'(Urdoxa)로서 다시 보이게 된다. 계속해서 후설은 '노에시스・노에마적 구조'를 탐구하면서 독사에 대한 분석을 상세히 행한다. 모든 표상은 현재화와 준현재화로 나누어지지만, 개개의 대상을 향한 지각(현재화)이든 상기(준현재화)이든 그것들이 노에시스로서 '확신으로 가득 찬 신념'(지각하고 있다는 것, 상기하고 있다는 것을 확실하다고 생각하는 신념)일 때에는 그것에 대응하여 노에마 측에서 "확실하게 현실적으로 존재한다"는 존재 성격・존재 양상이 얻어진다. 이것이 좁은 의미의 정립작용이다. 다음으로 이 신념은 여러 가지로 변양하여 다양한 신념 성격・신념 양상을 취한다. 요컨대 노에시스 측에서 '확실한・확신에 가득 찬' 신념의 양식은 단순한 헤아려 앎이나 추측 또는 의문이나 회의 등의 양식에로 이행할 수 있는 것이다. 그러면 그에 대응하여 노에마 측도 '가능적', '개연적', '문제적', '의심스러운' 등과 같은 존재 성격・존재 양상을 띤 것이 된다. 요컨대 '가능적으로 존재한다', '개연적으로 존재한다' 등등과 같은 존재 성격을 취하는 것이다. 즉 '신념 확실성・확신으로 가득 찬 신념'이 신념의 '근원형식'의 역할을 수행하며(이것이 '근원신념', '근원적 독사'라고 불린다), 그에 의해 '존재한다고 하는 성격 자체', '존재 성격 그 자체'(존재 양상의 '근원형식')가 얻어진다. 위에서 말한 다른 양상들은 이러한 근원형식에 관계지어짐으로써 존재 성격을 부여받아 존재 양상의 일종으로 간주되게

된다. 마찬가지로 '정립'이라는 '작용 성격'을 지니는 추정 정립, 의문성 정립, 부정 정립 등등은 독사적인 근원정립(Urthesis)에 관계지어진다. 나중에 이러한 개개의 객관에 대한 독사와 구별하여 후설은 예를 들어 『경험과 판단』에서는 "보편적 수동적 존재 신념의 지반"[EU 25]으로서의 세계를 문제로 하고 있다. 즉 앞서 괄호에 넣어진 "자연적 세계의 일반정립"이 "세계의식은 신념 확실성의 양상에서의 의식이다"라고 하여 다시 다루어지는 것이다. 이 세계는 일체의 인식 활동에 선행하여 선술어적인 '보편적 지반', '보편적 지평'으로서 주어지는바, 근원적인 명증성의 영역인 근원적 독사의 영역으로서 '생활세계의 학'에서 새롭게 전개된다. ☞ [사]자연적 태도/초월론적 태도, 정립

—혼마 겐지(本間謙二)

독오학파와 현상학 獨墺學派—現象學

독오학파란 볼차노를 선구자로 하고, 19세기 후반부터 20세기 초두에 독일・오스트리아에서 브렌타노를 중심으로 신칸트학파에 대립하여 현상학, 실증주의에 영향을 준 학파이다. 논리나 의미의 심적 작용으로부터의 독립과 비시간성을 주장하고(논리적 객관주의), 심적 작용의 본질을 지향성과 내적 지각의 명증성에서 바라본다(기술적 심리학). 독일의 수상이 된 헤르틀링(Georg von Hertling 1843-1919), 슈툼프, 마르티를 비롯하여 마사리크, 마이농, 그의 제자인 에렌펠스와 논리학자 회플러(Alois Höfler 1853-1922), 후설, 실험심리학자 힐레브란트(Franz Hillebrand 1863-1926), 트바르도프스키, 나아가 O. 크라우스, 카스틸, 미학자 우티츠(Emil Utitz 1883-1956) 등을 배출.

후설의 현상학은 이 학파의 논의 한가운데서 태어났다. 그는 라이프치히 대학 재학 중에(1876-78) 동향인 마사리크로부터 철학의 초보를 배우지만, 여전히 잠시 수학 연구에 몰두한다. 그 후 빈에서 브렌타노의 강의와 세미나에 출석하여(1884-1886) 심리학의 방법론을 공부하며, 스승의 성격—독립불기의 정신, 강의에서의 유머의 결여, 학생에 대한 부성애—에 대한 공명도 있어서인지 엄밀학으로서의 철학에 대한 노력을 개시한다. 브렌타노의 추천에 의해 할레 대학의 슈툼프의 조교가 되어(1886) 심리학의 기초 지식을 철저하게 익히며, 이것을 지반으로 『산술의 철학』(1891)을 저술한다. 표상을 본래적・비본래적으로 나누어 분석하는 방법, 1차적 내용과 심적 작용의 구별, 내적 경험에 의거하는 방식, 그 모두 브렌타노의 경험적-기술적 심리학이 준비한 도구들에 많은 것을 빚지고 있다. 프레게로부터 반비판을 받아 우연히 볼차노의 고서를 탐독한 것 등을 계기로 논리적인 것에 관심을 기울여 많은 관계서적을 정력적으로 펼쳐 읽는다. 동문들의 저작에 한정한다 하더라도 「기초적 논리학의 심리학적 연구」(1894) 제1부에서는 마이농, 에렌펠스, 회플러, 슈툼프의 저서를 참조하고, 두 개의 「논리학에 관한 독일어 문헌 보고 1894/1895-1899」에서는 마르티, 트바르도프스키를 도마 위에 올린다. 이 사이 마이농과 빈번하게 서신을 교환한다(1891-1904). 이러한 스승과 선배들과의 제휴・비판적 대결을 총결산하는 글이 『논리연구』(1900/01)이다. 이념적 대상과 의식작용의 상호관계를 분석・기술할 것을 목표로 하는 것으로 특히 제2권은 압권이다. 에렌펠스의 형태질(Gestaltqualität)에 대한 주목, 비독립적 내용에 관한 슈툼프의 실례 분석의 소개, 언어론과 문법학의 이념을 둘러싼 마르티와의 대결, 브렌타노 비판 등을 매개로 그들로부터 벗어나 의미작용의 현상학으로 수렴한다. 거기에는 현상학적 구성 이론의 단서도 존재한다. 이후 내재의 이의성二義性이 깨우쳐져 순수 현상학의 길이 열린다.

이와 같은 현상학 탄생의 배후의 연출가 브렌타노는 자연화된 심리학에 반대하여 분트의 『생리학적 심리학 강요』(*Grundzüge der physiologischen Psychologie*, 1873/74)에 대항해서 『경험적 입장에서의 심리학』(1874)을 저술하고, 내적 지각에 의한 심적 현상의 학(작용심리학)을 구상한다. 무의식 가설을 부정하고, 의식작용을 기초 표상, 고차의 판단, 정의情意활동(애증)으로 3분한다[후설 등의 기초짓기 관계에 대한 논의는 여기서 발단한다]. 심적 현상을 "대상을 자기 내에 지향적

으로 포함하는 현상이다'라고 하고, 심적 작용에서의 "대상의 지향적 내재"를 주장한다. 그러나 이러한 지향적 대상을 한편으로 '객체'(Objekt)라 부르고, 다른 한편으로 내재적 대상='내용'(Inhalt)이라고 불렀기 때문에 그것이 분규의 씨앗이 된다. 충실한 브렌타노주의자 마르티마저도 이러한 내재적 대상설에 대해서는 이의를 제기하고 있다. 그리고 많은 제자들이 이 수수께끼 해결에 도전했다. 회플러는 대상과 그것의 '준상準像'(Quasi-Bild)으로서의 '내용'을 구별할 것을 제안하고(Logik, 1890), 이것을 받아들여 트바르도프스키는 『표상의 내용과 대상』(1894)에서 언어분석적인 방법을 사용하여 내용이란 대상의 모사로서의 '심적 현상'이자 표상작용을 대상에 관계짓는 기능을 지닌다는 것, 모든 표상작용에는 대상이 대응한다는 것을 주장. 그러한 작용-내용-대상의 3항 도식의 시금석으로서 볼차노 등의 '무대상적 표상'을 받아들여 3항 도식에 대한 반증의 무효성을 논증한다. 이러한 트바르도프스키의 논의에 암묵적으로 사용된 '존재하지 않는 대상도 성질을 지닌다'는 점을 명시적으로 언급한 것은 마이농인데, 그는 이것을 정리하여 대상의 확정이란 '상존재'의 확정이자 상존재가 파악되는 것이라고 주장했다. 다른 한편 트바르도프스키에게 여전히 남아 있던 내용=대상의 모사상이라는 계기를 비판하고 '의미'라는 계기에 빛을 비춰 새로운 지향성 개념을 구축한 것이 후설이었다. 돌이켜 보면 슈툼프의 형성체(Gebilde)도 포함하여 이러한 비사실적인 것에 대한 논의는 본래 브렌타노에게 있었다고 말할 수 없는 것도 아니다. 왜냐하면 그의 전기 판단론에서 모든 판단은 존재에 대한 승인 혹은 거부를 표현하고, 일체의 판단은 의미를 변화시키지 않고서 존재판단으로 환원될 수 있다고 여겨지는바, 결국 그 존재판단에 대응하는 판단 내용=사태가 존재한다고 생각되었기 때문이다. 이러한 비사실적 사태를 승인하는 입장을 그대로 답습한 것이 마르티이며, 독자적으로 발전시킨 것이 마이농의 대상론과 후설의 현상학이라고 간주할 수 있다. 그 사이 마이농이 확신의 계기를 결여한 가정(Annahme)에 주목하고, 후설이 비정립적 의식 내지 중립성 변양에 대해 말할 수밖에 없었던 것은 두 사람 모두 똑같이 <대상 그 자체에 대한 선험적인 이론>에 초점을 맞추어 그에 대한 체계적 연구 방법으로서 존재의 문제를 차단하고 괄호 넣기를 하기 때문이었다고 말할 수 있을 것이다. 하지만 브렌타노 자신은 얼마 안 있어 이중판단설로 기울어지는바, 1904년 무렵까지는 지향적 내재설을 버리고 사물주의(reism)를 표방, 그들과 결별했다. ☞ ㉯그라츠학파, ㉩마르티, 마이농, 볼차노, 브렌타노, 트바르도프스키

—에리구치 아키토시(江里口明俊)

㊀ H. Spiegelberg, *The Phenomenological Movement*, M. Nijhof, 1976, vol. Ⅰ. 小倉貞秀, 『ブレンターノの哲學』, 以文社, 1986.

독일 관념론과 현상학 獨逸觀念論—現象學

Ⅰ. (1) '현상'(phenomenon, Phänomen, phénomène)이라는 말은 하이데거가 『존재와 시간』 제7절에서 말하듯이 근원은 그리스어의 '파이노메논'(φαινόμενον)에서 유래하며, 후자는 더 나아가 '파이네스타이'(φαίνεσθαι, 자기를 나타낸다)와 '파이노'(φαίνω, 밝힘에로 가져온다)라는 그리스어 동사에서 유래한다. 따라서 자기를 나타내고 밝힘에로 가져와진 것이 현상이다. 그리스인에게 있어서는 다양한 '존재자들'(타 온타 τὰ ὄντα) 전체가 현상이었다. 다만 현상에는 존재자가 바로 그 자신이 아닌 것으로서 자기를 나타낸다고 하는 '가상'(Schein)의 의미도 얽혀 있다. 그러나 가상이 성립하기 위해서는 역시 존재자가 비록 바로 그 자신이 아닌 것이라 하더라도 마치 그것인 것처럼 '자기를 나타내는' 것이 필요하기 때문에, 결국 '자기를 나타낸다'(밝힘에로 가져와진다)고 하는 것이 현상의 원의를 이룬다. 덧붙이자면, 이러한 '자기를 나타내는' 현상을 통해 무언가 '자기를 나타내지 않는', 또는 '본질적으로 결코 드러나지 않는' 숨겨진 참된 실재와 같은 것이 자기를 알려온다고 생각할 때에는 그것은 '현출'(Erscheinung) 혹은 '단순한 현출'(bloße Erscheinung)이라고 불러야만 한다고 하이데거는 말하며, 이것을 '현상'(Phänomen)으로부터 구별한다(그렇

긴 하지만 일반적 어법에서 '현상'{Phänomen}과 '현출 현상'{Erscheinung}은 구별하기 어려운 형태로 사용되고 있는 것이 실정이다). 하이데거에 의하면 '현상' 쪽이 '현출'보다 좀 더 근원적이다. 왜냐하면 '현출' 혹은 '단순한 현출'이 성립하기 위해서는 '자기를 나타내는' 것을 통해 '자기를 나타내지' '않는' 것이 자기를 알려오는 식으로 거기에는 '자기를 나타낸다'고 하는 '현상'의 구조가 불가결한 계기로 되기 때문이다. 어쨌든 '가상'도 포함한 형태로 '현출'이나 '단순한 현출'과도 결부되면서 무언가 어떤 것이 '자기를 나타내' 드러나게 되고, 밝힘 속으로 가져와진다는 것이 '현상'의 일반적 의미이다. (2) 한편, '현상학'이란 이상과 같은 현상에 대한 '학'(로고스)이겠지만, '로고스'란 문제가 되고 있는 것을 '볼 수 있게 함'(Sehenlassen), 요컨대 그것을 드러내고 들추어 보게 함을 의미한다고 하이데거는 파악한다. 따라서 '현상학'이란 "자기를 나타내는 것을 그것이 그 자신 쪽으로부터 자기를 나타내는 대로 그 자신 쪽으로부터 볼 수 있게 하는 것"이라고 하이데거는 규정했다. 이와 같은 의미에서의 '현상'이나 '현상학' 개념이 이미 어렴풋하게나마 독일 관념론 시대에 싹트고 있었던 것을 이하에서 볼 수 있다.

Ⅱ. 우선 '현상'이라는 말은 고대 그리스로부터 근대 초기까지 일반적으로 널리 사용되었지만, 독일 관념론에 선행하는 시기에 주목해야만 할 약간의 용례를 들어두고자 한다. (1) 뉴턴(Isaac Newton 1643-1727)은 『자연철학의 수학적 원리』(1687, ²1713)의 제3편 '세계 체계에 대하여'에서 '철학함의 규칙들'과 '현상'을 나눈다. 그 기본 태도는 '현상들'을 설명하기 위해 완전한 진실보다 더 많은 사항을 사물의 원인으로서 내세워서는 안 되며(규칙 1), '현상'으로부터 귀납에 의해 추론된 명제는 다른 '현상'에 의해 한층 더 정확하게 되든지 아니면 배제되든지 하기까지는 진실로 간주되어야만 한다(규칙 4), 라는 점에 있었다. 이러한 태도가 그 제3편의 '일반적 주해'에 나오는 유명한 말, "나는 가설을 세우지 않는다"(hypotheses non fingo)라는 주장으로 집약된다고 보아도 좋을 것이다. (2) 라이프니츠(Gottfried Wilhelm Leibniz 1646-1716)는 유일한 참된 실체를 모나드라고 생각하고, 물질적 사물은 "현상, 다만 잘 근거지어지고 상호적으로 잘 결합된 현상"(phénomènes, mais bien fondés et bien liés)에 불과하다고 「레몽에게 보낸 서간」(1714. 1. 10)에서 쓰고 있다[게르하르트판 전집 Ⅲ 606]. 라이프니츠에 의하면 '현상'은 "생기로 넘치고" "다양하며" "조화하고" 있을 뿐만 아니라 "그것 자신으로부터" 혹은 그렇지 않은 경우에도 "선행 내지 후행의 현상으로부터" "실재적"인지 아닌지를 판별할 수 있다[같은 책 Ⅶ 319f.]. (3) 크루지우스(Christian August Crusius 1715-75)는 『인간적 인식의 확실성과 신뢰성에 이르는 길』(1747)에서 현상을 "주지의" 사항, 그리고 "명제에서 가능하다고 상정된 것"과 "가능적인 인과 연관"을 이루는 사항으로 파악하고, 이러한 "현상과 합치하는" "개연적"(wahrscheinlich)인 사항을 "가설"이라고 부른다[올름스판 전집 Ⅲ 691]. (4) 괴테(Johann Wolfgang von Goethe 1749-1832)는 『경험과 학문』(1798)에서 "경험적 현상"(누군가가 자연 안에서 인지하는 것)과 "학적 현상"(실험에 의해 획득된 것) 그리고 "순수 현상"(경험과 실험의 결과 점차로 도달할 수 있는 사항)을 나누고[아르테미스판 전집 XVI 871), 마지막의 "순수 현상"(reines Phänomen)에 해당하는 것을 후년의 『색채론』(1810)에서는 "근원현상"(Urphänomen)이라고 불렀다[같은 책 68]. 근원현상은 해당 사항의 모든 경우에 타당하며, 그리하여 직접적 경험에서 드러나게 된다고 생각되었다.

Ⅲ. 이하는 '현상'이라는 말의 용례들이지만, 독일 관념론 시기를 전후하여 점차로 '현상학적'(phänomenologisch) 혹은 '현상학'(Phänomenologie)이라는 말이 많이 사용되기 시작했다. (1) 슈바벤의 신지학자 외팅거(Friedrich Christoph Oetinger 1702-82)는 『고대인의 철학』(1762)에서 '현상학적'이라는 형용사를 많이 사용하는데, "현상학적 사고법"을 통상적인 직관으로부터 출발하는 것으로 보아 보편적 명제로부터 연역적으로 나아가는 "기하학적 사고법"과 대치시켰다. 현상학적이란 근대 자연과학의 세계상과 달리 보통의 견해 내지 "공동 의견"을 가리키며, 소여의 현상으로부터 그 원인으로 향하여 전체로 전진해가는 사고방

식을 의미했다. (2) 그러나 '현상학'이라는 용어를 최초로 사용한 것은 아무래도 람베르트(Johann Heinrich Lambert 1728-77)이다. 그는 『신오르가논, 또는 참된 것의 탐구・표시 및 참된 것과 오류・가상의 구별에 관한 사상』(1764)이라는 2권의 대저를 공간하고, 그것의 마지막 4부에서 "가상 및 가상이 인간적 인식의 올바름 및 그름에 미치는 영향의 이론"[Ⅱ 218]을 전개했지만, 그 제4부에 '현상학'(Phänomenologie) 내지 '가상론'(Lehre von dem Schein)[Ⅱ 218, Ⅰ Vorrede]이라는 표제를 붙였다. 가상은 참된 것과 거짓된 것의 "중간물"(Mittelding)[Ⅱ 217]이며, 그것을 진리로 받아들이면 오류에 빠지기 때문에 참된 것과 가상은 엄격히 구별되어야만 하는바, 이리하여 람베르트에게서 현상학이란 가상론이며, 말하자면 뒤집힌 진리론이었다. 가상은 원래 시각의 영역에서 유래하며 그로부터 다른 영역으로도 확대되어 생각되는 것이기 때문에, 가상론으로서의 현상학은 람베르트에게서 "초월적 광학"(transzendente Optik)이라고도 명명되었다[Ⅱ 220]. 이리하여 현상학에서는 ① 가상의 "종류와 원천"이 명확히 되고, ② 인간적 인식에 대한 가상의 "영향"이 서술되며, ③ 진리 발견을 위해 가상의 영향으로부터 벗어나는 "수단"이 강구되지 않으면 안 되게 되었다[Ⅱ 218, 229]. 람베르트는 가상의 원인을 ① "주관적 원천"에 있던가, ② "객관적 원천"에 있던가, ③ 양자의 "상관적 원천"에 있던가의 어느 쪽인가로 보았다[Ⅱ 231]. 또한 가상에서 ① "감성적 가상"[Ⅱ 237-275], ② "심리학적 가상"[Ⅱ 276-299], ③ "도덕적 가상"[Ⅱ 300-318]의 세 가지를 구별했다. 나아가 가상론에는 "개연적인 것"의 이론[Ⅱ 318-421]도 끼워 넣어졌다. 람베르트에서 주의해야 할 것은 첫째로, 현상학 내지 가상론이 '사고론'(Dianoiologie: 제1부)과 '진리론'(Alethiologie: 제2부) 그리고 '기호론'(Semiotik: 제3부)이라는 원리론에 부수하는 부차적인 것으로 생각되고 있다는 점이다. 둘째로, 거기서는 진리와 가상의 준별이 이야기되는 나머지 "오류와 가상으로부터 진리로 고양되는 운동" 또는 "진리가 오류를 포괄하여 그것을 자기 속에서 극복해간다"고 하는 말하자면 헤겔적인 변증법의 운동, 다시 말하면 가상을 "참된 것 내지 본질의 현상"으로 파악하는 시각이 람베르트에게서는 아직 성숙되어 있지 않다고 하는 점이다.

Ⅳ. 람베르트로부터 헤겔에 이르는 시기에 많은 중요한 철학자들이 '현상학' 개념을 사용하여 철학적 사유를 수행했다. (1) 우선 칸트(Immanuel Kant 1724-1804)는 주저 『순수이성비판』(1781, ^{2}1787)을 준비하는 침묵의 10여 년 무렵에 람베르트를 평가하여 주저를 람베르트에게 헌정하고자 하기까지 했던 듯하다[아카데미판 전집 XVIII 64]. 칸트는 람베르트에게 보낸 서간에서 자신의 사유가 "형이상학의 특유한 방법"에 관계된다는 취지를 전한 후[1765. 12. 31, 같은 전집 X 56], 1770년 9월 2일자 서간에서는 "형이상학"에 선행하여 "하나의 단지 소극적일 뿐인 학"이긴 하지만 "일반적 현상학"(phaenomenologia generalis)이라는 "예비적 학과"가 필요하다고 말하고, 거기서는 "감성"이 "순수 이성의 대상에 관한 판단"을 혼란시키지 않도록 하는 것이 중요한 일이라고 말한다[아카데미판 전집 X 98]. 이어지는 1772년 2월 21일자의 마르쿠스 헤르츠에게 보낸 서간에서 칸트는 "감성과 이성의 한계"라는 표제를 지니는 저작의 계획에 대해 언급하고, 그 안의 이론 부문이 "현상학 일반"(phaenomenologie überhaupt)과 "형이상학"의 두 부분으로 나누어진다고 알린다[같은 전집 X 129]. 이 시기에 이미 후년의 『순수이성비판』과 『실천이성비판』(1788) 구상의 맹아가 나타나지만 결국 칸트는, 이론적 부문에 대해 말하자면, '현상학 일반'이라는 표시를 철회하고 그 대신에 『순수이성비판』이라는 표제를 채용했다. 대체로 『순수이성비판』 '감성론'에서의 '현상'(Erscheinung)론과, '변증론'에서의 '가상'(Schein)론에서 '현상학 일반'이라는 이름 아래 준비된 초고가 이용되었을 거라고 추정된다. 그러나 그 경우 칸트에서 중요한 것은 '현상학'이 람베르트의 경우와 달리 원리론에 부수하는 부차적인 것이 아니라 본래의 '형이상학'에 선행하는 기초적인 부문으로서 구상됨으로써 중요성이 증대되었다는 점이다. 나아가 또 하나 덧붙이자면, 칸트는 그 후 『자연과학의 형이상학적 시원근거』(1786)에서도 다시 '현상

학'[같은 전집 Ⅳ 477]이라는 말을 사용한다. 현상학이란 거기에서는 "운동과 정지"를 "양상"의 점에서 규정하는 것을 가리킨다[같은 전집 Ⅳ 477]. 현상학은 결국 운동을 "운동학"(Phoronomie)과의 관계에서는 "가능성" 범주에 의해, "동력학"(Dynamik)과의 관계에서는 "현실성" 범주에 의해, "역학"(Mechanik)과의 관계에서는 "필연성" 범주에 의해 규정하는 과제를 짊어진다[같은 전집 Ⅳ 554ff.]. 여기서 현상학이란 가상과 관계되는 것이 아니라 오히려 '현출'(Erscheinung)을 객관적인 '경험'에로 전환시키는 임무를 맡고 있다고 볼 수 있을 것이다. (2) 칸트에 이어 주목해야 할 이들은 노발리스(Novalis, 본명 Friedrich von Hardenberg 1772-1801)와 헤르더(Johann Gottfried Herder 1744-1803)이다. 노발리스가 람베르트의 저작을 대단히 많이 연구하여 다량의 발췌를 작성했다는 것은 오늘날 그의 전집으로부터 분명히 볼 수 있는바[콜함머판 전집 Ⅲ 21f., 129ff., 333], 그는 현상학을 높이 평가하고 있던 인물이었다고 말할 수 있을 것이다. 그러나 한층 더 명확한 것은 헤르더인데, 그는 『인류의 최고의 기록』(1774)에서 "직관작용, 명증, 기호, 경험의 철학"이 필요하다고 말하고, 주에서 "람베르트의 현상학"을 평가하고 있다[올름스판 전집 Ⅵ 270]. 또한 후년에 출판된 『비판적 숲』(1769) 제4부에서 헤르더는 미학의 기초로서 "미적 광학과 현상학"이 필수라고 이야기하고, "제2의 람베르트"[같은 전집 Ⅳ 46, 89]가 나와야 한다고 말한다. 헤르더에서는 현상학이 람베르트에서와 같이 소극적인 가상론이 아니라 미적인 '현출・현상'(Erscheinung)론으로 되어 일종의 인식론적 연구로 간주되고 있다는 점이 중요하다. (3) 이리하여 1800년 무렵에는 '현상학'이라는 말이 대단히 널리 알려진 개념이 되었던 듯하다. 그때 특히 중요한 것은 라인홀트(Karl Leonhard Reinhold 1758-1823)가 1802년에 『현상학의 기초(Elemente der Phänomenologie) 또는 현출・현상(Erscheinung)에의 적용에 의한 합리적 실재론의 해명』이라는 책을 저술한 점이다. 그도 람베르트와 마찬가지로 원리론 즉 합리적 실재론의 응용으로서 부수적으로 현상학을 생각하고, 현상학은 "참된 경험"과 "단지 가상적인 경험"을 구별하는 "기준"을 제시해야만 하는 학이라고 생각했다. 라인홀트의 경우에 경험이란 자연의 경험이었기 때문에 현상학이란 자연론의 원리를 보이는 것으로서 "순수 자연철학"이라고 여겨졌다. 이러한 라인홀트의 구상이 피히테와 헤겔에게 커다란 영향을 주었다. (4) 실제로 피히테(Johann Gottlieb Fichte 1762-1814)는 1804년의 『학문론』의 제2부를 '현상론과 가상론'(Erscheinungs-und Scheinlehre)이라고 명명하고 있다[임마누엘 헤르만 피히테판 전집 Ⅹ 195]. 피히테의 경우에 중요한 것은 "현상"이 헤르더나 칸트와 달리 감관의 소여가 아니라 절대자에 대한 의식과 자기의식의 존재를 나타낸다는 점이다. "순수 존재"가 "그것 자체에서"가 아니라 "그 근원적인 현상", 즉 "의식"에서, 더욱이 "자기의식"을 근본에 두면서 파악될 때 현상학이 성립한다는 것이다[같은 전집 Ⅹ 192, 194, 212]. 피히테는 1812년의 『도덕론』에서도 '현상학'이라는 말을 사용하고 있다[같은 전집 Ⅺ 40ff.].

Ⅴ. 그런데 마지막은 헤겔(Georg Wilhelm Friedrich Hegel 1770-1831)이다. 그는 처녀작 『피히테와 셸링의 철학 체계의 차이』(1801)에서 라인홀트를 엄혹하게 비판하고 있으며, 아마도 헤겔의 『정신{의} 현상학』(1807)은 라인홀트의 위에서 언급한 '자연의 현상학'에 대항하여 구상된 것으로 생각된다. 더욱이 람베르트나 라인홀트와 달리 헤겔은 칸트의 구상에 따라 '현상학'을 원리론이나 형이상학에 선행하는 기초적인 것으로 생각하고 있었다. 또한 헤겔이 『정신현상학』이라는 표제를 생각할 때에는 예나 시대의 그가 괴테와 자주 접촉하여 괴테의 이미 언급한 색채론에까지 이르는 '근원현상'을 둘러싼 방법론적 반성에 대해 숙지하고 있었던 점도 기연이 되고 있었다고 생각된다. 헤겔의 '현상학' 개념에서 간과할 수 없는 중요한 점들의 개요를 아래에 적어두고자 한다. (1) 헤겔이 1806년 2월에 이 저작의 전반부('이성' 부분까지)의 원고를 비로소 출판사에 보냈을 때 이 저작은 "학의 체계"의 "제1부. 의식의 경험의 학"이라는 표제의 책으로 생각되고 있었다. 그러나 같은 해 여름 무렵부터 그것은 "학의 체계"의 "제1부. 정신현상학"이라는 표제로 변

경되었던 듯하다. 그리고 그 무렵부터 같은 해 10월 18일까지 사이에 남은 후반부('정신'부터 '절대지'에 이르는 부분)의 원고가 마무리되어 출판사로 송부되며, 다음 해인 1807년 1월에야 겨우 전체에 대한 긴 '서설'이 기술되어 1807년 3월 말부터 4월 초에 『정신현상학』이 간행되었다. 따라서 이 저작에는 최초의 '의식의 경험의 학'에 대한 '서론'(Einleitung)과 후에 확대된 '정신현상학'에 대한 '서설'(Vorrede)이라는 두 개의 서설적인 논술이 덧붙여져 있다. 그러나 그 논술에 차이가 있는 것은 아니다. 덧붙이자면, 헤겔은 죽음 직전에 이 저작으로부터 '학의 체계 제1부'라는 표시를 삭제한다는 뜻을 『논리의 학』 제2판에 새롭게 부가된 그 제1판의 서언에 대한 주에 명기하고 있다. 그것은 헤겔의 죽음 겨우 7일 전에(1831. 11. 7) 기술된 것이다. 따라서 『정신현상학』은 당초 청년 헤겔에 의해 철학적인 학의 체계에 대한 기초로 생각되었지만, 만년의 헤겔에게 있어서는 독립된 저작으로 변모했다. '학의 체계'는 논리학과 자연철학 그리고 정신철학을 포함하는 『철학적 학들의 엔치클로페디』의 구상으로 대체되기에 이르렀던 것이다. (2) 철학을 "인간적 정신의 실용적 역사"로 파악한 피히테의 시도[임마누엘 헤르만 피히테판 전집 I 222]와 "자기의식의 전진하는 역사"로 파악한 셸링의 시도[칼 프리드리히 아우구스트 셸링판 전집 III 331]를 이어받아 헤겔은 『정신현상학』에서 "의식의 형성의 역사"를 전개하고자 시도했다. 거기서는 의식이 수행하는 "변증법적 운동"이 그때마다의 의식 및 세계의 형태들에서의 "의식의 역전"이라는 형태로 이루어지는데, 필연적으로 의식은 고차적인 입장으로 고양되는 운동을 완수해가는 것이다. 이러한 "의식의 역전" 속에서 "현상하는 지"가 "참된 지"로 고양되어간다. 하이데거는 이것을 "존재"의 경험이 심화되어가는 과정으로 이해하고 있다[하이데거 「헤겔의 경험 개념」]. 이러한 의미에서의 의식 경험의 고양 내지는 존재 경험의 심화 속에서야말로 헤겔에서의 '현상학'이 지닌 참된 의의가 놓여 있다고 말할 수 있을 것이다. (3) 그러나 뉘른베르크 시대 이후의 헤겔은 이러한 '현상학'의 높은 철학적 의의를 잘라버리고 '현상학'을 『엔치클로페디』의 '정신철학' 가운데서 '주관적 정신'을 다루는 부분의 '인간학'과 '심리학'의 중간 단계를 차지하는 부문으로 깎아내렸다. ☞[사]현상, 현출

—와타나베 지로(渡辺二郎)

[참] J. Hoffmeister, "Einleitung des Herausgebers", in *Phänomenologie des Geistes*, Phil. Bibl., Bd. 114, 6. Aufl., 1952. W. Bonsiepen, "Einleitung", in *Phänomenologie des Geistes*, Phil. Bibl., Bd. 414, 1988. W. Baumgartner, "Phänomenologie", in *Historisches Wörterbuch der Philosophie*, Bd. 7, Basel, 1989.

동기짓기 動機— [(독) Motivation]

후설에서 동기짓기는 자연의 인과성의 반대개념이다. 자연주의적 태도에서 파악된 세계는 단순한 자연인바, 물리적 또는 정신물리적인 인과성에 의해 지배된다. 단순한 환상과는 구별된 자연의 실재성은 인과성에 기초한다. 이에 반해 인격주의적 태도에서 나타나는 세계는 정신적 세계이다. 자연주의적 세계에서 나는 인과연쇄의 하나의 항에 불과하지만, 정신적 세계는 나의 지향의 상관자이자 다양한 의미로 가득 차 있다. 아름다운 풍경은 쾌감을, 빨간 신호는 정지를 동기짓는다. 동기짓기는 정신적 세계의 근본 법칙이며, 의지나 감정의 영역을 넘어서서 의식의 삶의 전 영역에 타당하다. 인격주의적 태도는 자연적 태도로서 세계 기반을 전제하지만, 이것을 환원하여 획득되는 초월론적 주관성에서도 마찬가지다. 동기짓기는 체험의 공共가능성(동시적 또는 계기적으로 함께 있는 것 또는 있을 수 있는 것)의 본질 법칙이며, 시간 공간이라는 형식적 전제에 기초하여 체험의 모든 실질적 결합을 지배한다. 동기짓기는 다양한 관점에서 구별할 수 있다. 이성적 동기짓기와 연합적 동기짓기의 구별, 노에시스 측에서의 의식 체험들 간의 동기짓기와 노에마 측에서의 지향적 내용들 간의 동기짓기의 구별, 개별적 주관 내의 동기짓기와 상호주관적 동기짓기의 구별, 세계가 드러내는 다양한 모습들에 대응하는 동기짓기

들의 구별 등. 최초에 제시한 구별은 능동성과 수동성의 구별에 대응하는 것으로서 이성적 동기짓기는 통찰성과 자유라는 특징을 지닌다. ☞㈜자연주의적 태도/인격주의적 태도

—기노시타 다카시(木下 喬)

동물(성 · 체)動物(性 · 體) [(독) Animalität (라) animalia]

후설이 특히 『이념들 II』에서 전개한 '영역적 존재론'(regionale Ontologie)의 주제의 하나를 이루는 것으로, 그는 그것에 의해 우리가 동물적인 것을 형상적으로 어떻게 파악하고 있는지를, 말하자면 생물학의 공리와 같은 것으로서 묻고자 하고 있었다. 동물적 존재란 말할 필요도 없이 "신체와 영혼의 구체적 통일"이지만[Ideen II 139], 타자의 영혼과 같은 것은 우리에게는 '부대현전'(Appräsenz)으로서밖에 주어지지 않는다. 그와 같은 것을 우리가 인지하는 것은 후설에 의하면 우리가 타자의 신체(Leibkörper)라는 근원적으로 현전(urpräsent)하고 있는 것에 '자기이입'(Einfühlung)을 행하기 때문이다. 요컨대 우리가 자신의 세계 속에서 자신 이외의 인간을 본 경우 그 신체가 지니는 자극에 대한 특유한 반응성(Reizbarkeit)—<wenn ~, so ~>와 같은 인과적 연관—등으로부터 그것을 자신의 신체와 '맞짝짓기'(Paarung)하면서 거기에 자기를 투입(introjiziert)하고, 그리하여 타인의 자아를 간접적으로 파악하는 것이다. 그것은 예를 들어 우리가 신체 표면의 가슴 주변에 손을 대고 "자신의 심장"을 느끼는 것과 같은 것이라고 후설은 말한다[Ideen II 165]. 그리고 이러한 자기 투입의 활동을 약간 변양시킴으로써 인간 이하의 동물의 행동도 모종의 의미에서 심적 사건의 표현으로 파악하게 되고, 그리하여 생물에 대한 인지도 가능해진다는 것이다. 하지만 그렇다고 해서 개개의 동물이 그대로 단순하게 '소小인간'으로 되는 것은 아닌바, 그것들에 특유한 존재방식을 지닌다고 여겨지는 것은 당연하다는 점에서 예를 들어 인간은 자신의 과거와 미래를 자신의 역사로 간주하는 역사적 존재인 데 반해 동물은 다만 '흐르는 현재'에 계속해서 머무는 것과 같은 구별도 생각되고 있다.

다만 이러한 논의가 오늘날 얼마나 유효한가 하는 것은 하나의 문제일 것이다. 왜냐하면 예를 들어 육안으로는 잘 볼 수 없는 미생물 등의 저차원의 생물에 대해 우리는 자기투입을 행할 수 없을 것이고, 그 행동의 '내면성'을 말하는 것도 거의 의미를 지니지 않는 것으로 생각되기 때문이다. 이것은 후설이 현상학의 중요한 임무로 간주하고 있었던 영역적 존재론 그 자체에 대해서도 커다란 의문을 던지는 것이다. ☞㈜맞짝짓기, 자기이입

—다키우라 시즈오(瀧浦靜雄)

동양 사상과 현상학東洋思想—現象學

동양 사상과 현상학의 근접 관계는 다음의 네 가지 관점에 따라 고찰할 수 있을 것이다. (1) 서양의 현상학자가 동양 사상에 대해 보인 관심. (2) 동양의 학자가 지금까지의 현상학 수용의 실제 과정에서 보여준 동양 사상 자체에 대한 자각. (3) 현상학의 근본 문제로서의 '타자' 및 '상호문화성'(Interkulturalität)을 둘러싼 연구와 (동서) 대화에서 동양 사상의 위치. (4) 동양의 전통 사상에 대한 본질적 이해를 심화시키기 위해 특히 동양의 학자들에 의해 시도되어야 할 현상학의 창조적 적용과 해석.

우선 첫 번째 관점에 대해서는 곧바로 후설이 일본의 잡지 『개조』에 기고한 논문이 연상된다. 그러나 그 내용이 일본 문화나 동양 사상에 대해 언급하지 않고 시대 일반의 정신적 상황을 진단 또는 비판하고 있는 한에서 그의 논문 「혁신—그 문제와 방법」(1923), 「개인윤리 문제의 갱신」(1924)에서는 그것이 어쨌든 동서 문화 교류의 틀 내에 속한다는 상징적 의의 이상의 것을 인정하기 어렵다. 이에 반해 하이데거의 경우에는 적극적으로 노장 사상의 주도어(Leitwort)인 '도'(Tao)나 일본어의 '言葉', 'いき' 등의 본원적 의미를 추구하고 있으며, '존재의 사유'와 동양 사상과의 '만남'이 우발적인 것이 아니라 '존재사적'인 어떤 깊은 관계에 기초하고 있다는 것을 감지케 해준다. 보기에 따라서는

이와 같은 만남은 '예정조화'라고까지 말할 수 있다[G. Parkes, *Heidegger and Asian Thought*, 9, 106]. 그러나 이 단계에서 하이데거의 철학은 통속적인 현상학의 규정을 넘어선 것이기 때문에 그의 사유와 동양 사상과의 대응은 다른 차원에서 논의되어야 할 것이다.

둘째로, 동양의 학자들이 오늘날과 같이 새삼스럽게 '동양 사상과 현상학'을 주제화하지 않고서 현상학을 수용해온 과정에서 자기의 전통 사상과 후자와의 본질적 유사성 또는 비교 가능성을 어느 정도 자각하고 있었는지를 물을 수 있을 것이다. 니시다 기타로西田幾多郎는 「인식론에서의 순논리파의 주장에 대하여」(1911)와 『현대의 이상주의 철학』(1917)에서 처음으로 후설의 현상학을 일본에 소개했을 뿐 아니라 이미 '순수 경험'이라든가 '주객 미분'이라는 동양적 직관성에 뿌리내린 실재와 자아의 통일에 근거하여 후설의 '주관주의'를 비판하고 있다. 반면에 니시다에게서는 현상학의 철저한 방법론적 반성, 예를 들면 '환원'에 의해 기술할 수 있는 하층 의식의 작용 등을 응당하게 평가하고 있지 못하다는 점이 유감스럽다. 물론 '무의식'이라고 속칭되는 차원으로까지 파고들어가 거기서 주관의 구성작용을 인정하는 현상학 후기의 전개는 니시다의 관심이 미치지 못한 문제계열일 것이다. 그렇지만 그가 주객합일의 상태로서의 실재의 우위를 주창한 것은 하이데거를 영속적으로 토착화시켜 그의 존재론으로 하여금 일시적으로긴 하지만 현상학 그 자체를 대변케 한 쇼와 시기 일본의 현상학 수용의 실상에 비추어 시사하는 바가 있다. 한편, 미학적 범주와 현상학의 친화성은 빠르게 인식됨으로써 오니시 요시노리大西克礼처럼 현상학을 좀 더 체계적으로 소화하여 동양적 미학 체험의 본질적 기술을 기도한 학자가 있었다는 점도 특기해야 할 것이다.

세 번째 문제는 국제교류라는 외적 사정에 의해 크게 부상했긴 하지만, 본래는 후설 철학의 내면적 전개와 그에 대한 비판적 검토로부터 발단한다. 즉 이문화 이해의 가능성이 물어지는 것은 '타자'와 '상호주관성' 문제의 연장선상에서이며, 동양 사상의 지평으로 우리의 눈이 이끌릴 수밖에 없는 것도 그 안에서 체험되는 자아와 타자의 존재양식이 어느 정도나 후설의 자기와 타자 구성론을 뒷받침하는가 아니면 그 틀을 무효로 만드는가 하는 원칙적인 관심이 있기 때문이다. 레비나스 이래로 일인칭 주관의 한계는 좀 더 명확하게 되었다고 말할 수 있지만, 이 문제가 유럽중심주의의 편견에 대한 도전으로서 확대된 것은 후설의 저서 『위기』의 제목이 '학문들'을 '유럽적'인 것으로서 자명하게 전제하고 있다는 것을 깨닫고서부터의 일이다. 정말로 그리스적 근원으로부터 발생한 테오리아(Theoria)의 보편성은 유럽의 역사에만 한정된 것일까? 후설의 유럽 편중을 헬트는 그대로 옹호할지도 모르지만, 홀렌슈타인은 강하게 이의를 제기한다[佐藤康邦 譯, 「다원적 문화의 문제들」, 『思想』, 764号, 1988]. 유럽적인 폐쇄된 독자적인 것이 있는 것이 아니라 그 이전에 보편적인 인간 일반의 능력이 인정되어야만 한다는 것이다.

그러나 이와 같은 주장을 서양의 학자들에게만 맡겨야 할 것인가? 네 번째의 창조적 참여의 과제를 동양의 현상학도들이 짊어지지 않으면 안 되는 이유가 여기에 있다. 현상학이 사태를 바라보는 방식은 작용(Akt) 면에 대한 부단한 반성을 수반하여 의미 발생 과정을 책임을 갖고 보장하면서 기술하고자 하는 한에서 지금까지 '무의식', '무아', '익명성' 등 간단한 베일로 은폐되는 경향이 있었던 선논리적 체험의 구조를 좀 더 밝힘 안으로 이끌어 들이기 위한 최적의 방법이라고 생각된다. '주관'과 '의식' 또는 '자아'는 논리적 개념 이전에 생활세계적인 '존재방식'인바, 동양의 고전과 우리의 실제적인 행동이나 체질 속에서 그 원형을 찾아 이것을 표현하는 것이 상호문화의 현상학의 과제로 남아 있다.

—조가경(曺街京)

圏 曺街京, 『意識と自然存在—現象學的な東西のかけはし』, 法政大學出版局, 1994.

동일성/차이 同一性/差異 [(독) Identität/Differenz (불) identité/difference]

플라톤에 의해 개시된 이래로 서양 철학은 영원히 변함이 없는 자기 동일성을 존재의 원형이라고 보고, 생성 변화를 넘어선 그러한 초자연적(형이상학적) 존재자를 상정함으로써 그것을 원리로 하여 모든 존재자를 통일적으로 파악, 전체화하고자 시도해왔다. 예를 들면 플라톤은 영원히 자기 동일적인 이데아를, 기독교 신학은 역시 절대적인 존재자인 신을, 그리고 데카르트에서 시작하는 근대 철학은 자기에게 있어 완전히 투명하게 현전하는 초월론적 주관성을 원리로 하여 모든 존재자의 존재를 통일적으로 규정하고자 해왔다. 헤겔의 변증법적 철학도 부정성을 매개로 하여 한층 더 고차적인 수준에서 동일성 원리에 기초하는 전체화를 시도하는 것으로 간주할 수 있을 것이다. 이와 같은 의미에서 보면 서양 철학은 <동일성>을 기본적인 원리로 해왔다고 말할 수 있다.

이러한 입장에서는 비동일적인 것, 생성 변화하는 것은 가상으로서 물리쳐지며, 또한 거기서 형성되는 동질적인 전체로부터는 모든 이질적인 것이 배제되게 된다. 이에 반해 니체에게서 시작하는 현대 사상은 동일성보다도 <차이>를 한층 더 근원적이라고 주장함으로써 전통적 철학의 동일성 원리에 엄격한 비판의 칼날을 들이댄다. 동일성 원리를 토대로 해서는 자연도 그 생성력을 탈취당하고 무기적・등질적인 물질=재료(materia)로 폄하되어버리지만, 이에 반해 예를 들어 니체는 <힘에의 의지>라는 이름 아래 소크라테스 이전 사상가들의 단편에서 읽어낼 수 있는 그리스 초기의 <살아 있는 자연(physis)>이라는 개념을 복권시키고 동일성 원리를 타파하고자 한다. 그는 생성 변화하는 자연을 가상으로 보고 그 배후에 영원히 머무르는 <참된 세계>를 상정하는 형이상학적 사고를 역전시켜 진리, 요컨대 동일성의 정립을 생명체가 자기 보존을 위해 행하는 하나의 기능으로 보고자 한다. 살아 있는 자연의 바로 그 <생>, 요컨대 끊임없이 실제로 있는 것보다도 좀 더 강하고 좀 더 크게 생성하고자 하는 <힘에의 의지>란 바로 차이화의 과정에 다름 아니며, 따라서 차이야말로 동일성의 근거이게 된다. 직간접적으로 이러한 니체의 영향 하에 서 있는 20세기의 사상가들은 그 모티브를 다양하게 계승한다.

하이데거는 니체로부터 이어받은 장대한 시야 속에서 존재=자기 동일성=현전성(ousia)으로 보는 플라톤/아리스토텔레스 이래의 전통적인 존재 개념을 상대화하고, 거기에 특정한 시간 성격이 숨어 있다는 것을 폭로한다. 그의 생각으로는 <존재 기투>, 요컨대 <존재>라는 관점의 설정은 이를테면 <살아 있는 현재> 속에 엇갈림(차이화)이 일어나고 통상적으로 <과거>라든가 <미래>라고 불리는 차원이 열려 이러한 현재・과거・미래와 같은 차원 사이에서 복잡한 피드백 시스템이 조직됨으로써 비로소 가능해진다. 그리고 그는 존재=현전성이라는 존재 개념이 그러한 시간의 생기 과정에서, 특히 <현재>를 고집하는 특수한 생기의 양태에 발판을 두고 형성된 것으로 바라본다. 그렇게 보면 동일성 원리보다 차이화의 과정 쪽이 훨씬 근원적이게 될 것이다. 하이데거는 이러한 관점에서 전통적 철학의 해체를 기도한다. 데리다가 <차연>(différance)이라는 특이한 개념에 의해 포착하고자 하는 것도 이러한 시간의 근원적인 차이화 과정에 다름 아니다. 그는 전통적인 동일성 원리가 사실은 이러한 차이화 과정의 결과로서 성립해가는 의식의 자기에 대한 투명한 현전에 기초하는 것이라고 보고, 서양 철학의 본질을 <현전의 형이상학>으로서 파악한다. 그의 생각으로는 <순수 의식>을 거점으로 하는 후설의 현상학마저도 이러한 현전성의 형이상학의 하나의 양태에 불과하다[『목소리와 현상』]. 하이데거에 선행하여 시간의 그러한 차이화 과정의 근원성을 주장한 것이 베르그송이지만, 그 베르그송에서 출발하여 <차이와 반복>의 문제에 몰두한 것이 들뢰즈(Gilles Deleuze 1925-)이다[『차이와 반복』]. 데리다나 들뢰즈는 모두 각각의 관점에서 동일성에 대한 차이의 근원성을 설파하고, 그것을 거점으로 하여 전통적 철학의 해체를 도모하게 된다. 동일한 모티브는 『보이는 것과 보이지 않는 것』에 흔적을 남기고 있는 만년의 메를로-퐁티의 사유에서도 찾아볼 수 있다.

한편, 동일성을 원리로 하는 전체화하는 사고에 의해 형성된 근대 서구 사회에서는 이질적인 것(이민족,

병환자, 범죄자, 여성, 어린이)이 배제된다. 동일성 원리가 <권력>으로 전환되는 것이다. <차이>의 근원성을 이야기하며 이 점을 엄격하게 추구한 것이 『광기의 역사』로부터 『감옥의 탄생』에 이르는 푸코(Michel Foucault 1926-84)의 일련의 작업이며, 또한 유대계 사상가인 아도르노(Theodor W. Adorno 1903-69)[『계몽의 변증법』, 『부정변증법』]와 레비나스[『전체성과 무한』으로부터 『존재와 다르게』에 이르는]의 작업이다. 아도르노 등은 호메로스적인 그리스의 웅대한 전체성에 대한 루카치(György Lukács 1885-1971)의 환상이든, 망각된 <존재>라는 하이데거의 개념이든, 인류의 타락에 선행하는 태고에서는 이름과 사물이 일치했다고 하는 벤야민(Walter Benjamin 1892-1940)의 신념이든 반성 이전의 통일을 회복하고자 하는 모든 시도에 대해서도 의심을 품는다. 그러한 시도가 결국은 동일성 원리의 복권으로 연결된다고 생각하기 때문이다. ☞[사]차연, 프랑크푸르트학파와 현상학, 현상학 비판, 현전의 형이상학, 후기 구조주의와 현상학, [인]데리다, 레비나스, 하이데거

—기다 겐(木田 元)

동일자 同一者 [(불) le Même]

<다름>(Autre)과 맞짝을 이루는 레비나스의 관념. 당초 레비나스는 <다름>과 <타자>(autrui), <같음>(Même)과 <자아>(moi)의 혼동을 경계하고 있었지만, 『전체성과 무한』에서는 오히려 자아를 <같음> 내지 <동일자>로서 파악하는 방향이 선명하게 두드러진다. <다름>이 근본적으로 이질적인 것이라는 것은 "절대적으로 <동일자>인 것을 본질로 하는 항에 대해서"[『전체성과 무한』 25]일 뿐이며, 이와 같은 항은 자아를 제외하고서는 달리 존재하지 않는다고 하는 생각이 이러한 변용의 원인이지만, 자아가 절대적인 <동일자>라는 것은 A=A라는 단순한 동어반복을 가리키는 것이 아니다. 그것은 또한 변화함이 없는 실체를 가리키는 것도, 칸트적인 '나는 생각한다'의 형식적 동일성을 가리키는 것도, 그리고 외적으로 지시되는 대상의 동일성을 가리키는 것도 아니다. 헤겔의 자기의식론이나 "나는 하나의 타인이다"라는 랭보의 말을 근거로 하면서도, 레비나스는 내적 차이를 내포하고 여러 가지 변화를 겪음에도 불구하고 끊임없이 자기를 재인적으로 <동일시>(identification)하는 양식으로서 <동일자>를 파악하고, 어떠한 좌표와도 무관하게 이루어지는 이 <동일시>를 <향유>, <거주>라는 구체적인 사건을 통해 논증한다. <동일자>와 자아를 동일시하고 자아의 내적 차이를 과소평가한다고 하는 데리다의 비판에 접한 레비나스는 자아 속에 <무한의 관념>이 놓여 있다고 하는 사태로부터 <동일자>로서의 자아의 자기동일시를 금지하는 <같은 속의 다름>의 관념을 이끌어냈다. ☞[사]타자

—고다 마사토(合田正人)

동일화 (작용) 同一化(作用) [(독) Identifikation; Identifizierung]

후설의 지향성 개념의 중핵을 이루는 개념. 후설에게 있어서 대상에 대한 지향성은 언제나 상이한 체험을 통한 대상의 '동일화'로서 성립한다.

예를 들면 내가 서울타워에 대해 생각하고 있는 경우, 그것이 아무리 짧고 아무리 공허한 방식이라고 하더라도, 나의 사고 체험은 시간적 지속 중에서 '동일한' 서울타워에 대한 체험이어야만 한다. 대상의 동일성을 가능하게 하는 기능을 후설은 체험에 갖추어진 의미적 계기의 합치, 통일의 활동에서 발견했지만, 이러한 의미의 통일은 구체적으로는 동일화의 체험으로서 실현된다. 이러한 동일화의 활동을 후설은 '동일화하는 종합'(Synthesis der Identifikation, identifizierende Synthesis)이라고도 부르고 있다. 여기서 주의해야 할 것은 동일화되는 것은 체험이 아니라 체험의 대상이라는 점이다. 나아가 내가 서울타워에 대해 직관적으로 상상하고 상기하며 또는 실제로 그것을 지각하는 경우 등에서는 그것들에 대한 체험과 최초의 단순한 공허한 사고 체험 사이에서 역시 대상에 관한 동일화가 생기며, 그럼으로써 이것들에 대한 직관적 체험이 '충족'이라는 기능을 지니게 된다. 인식이 공허한 지향의 충족

으로 정의되는 한에서 동일화하는 인식의 필요조건인 것이다[LU Ⅱ/2 29, 48ff., CM 43, 103]. 물론 인식의 과정은 충족의 과정만은 아니고 생각된 대로가 아니라는 것이 밝혀지는 '환멸'의 경우도 있지만, 이때에도 무언가의 대상적 계기에서 동일화가 성립하지 않으면 안 된다. 그렇지 않으면 전적으로 무관계한 체험이라는 것으로 될 것이다[LU Ⅱ/2 42f.]. 이상과 같은 동일화의 종합을 후설은 종합의 '근본 형식'(Grundform)이라고 부른다[CM 43]. 이러한 동일화의 체험에서 대상은 동일한 것으로서 나타난다. 그러나 이 체험에서 '동일성'이라는 범주적 대상이 나타나는 것은 아니다. '동일성' 그 자신을 대상으로 하기 위해서는 '동일화의 작용'(Akt der Identifikation) 혹은 '관계짓는 동일화'(beziehende Identifizierung)라는 고차적인 기초지어진 범주적 작용이 필요하다. 동일화의 과정이 내실적으로 존재하고 체험되고 있는 것만으로는 아직 '동일성'이 사념되고 있는 것이 아니다. 그러나 양자 사이에는 본질적 관계가 있는바, 전자의 체험으로부터 후자의 체험에로의 이행은 선험적으로 보증되고 있다[LU Ⅱ/2 36, 150]. ☞ ㈔의미지향/의미충족, 조화적 일치

—무라타 준이치(村田純一)

동일화하는 종합 同一化—綜合 [(독) identifizierende Synthesis]
⇨ ㈔동일화 (작용)

동작적 의미/개념적 의미 動作的意味/槪念的意味 [(불) signification gestuelle/signification conceptuelle]

메를로-퐁티 초기의 의미이론에서의 기본적인 맞짝개념. 양자의 관계는 "말의 개념적 의미는 말에 내재하는 동작적 의미로부터의 공제에 의해 형성된다"[PP 209]는 부분에서 분명히 언표된다. 요컨대 여기서 언어는 이미 완성된 의미를 운반하는 것이 아니라 마치 신체적인 동작이 점차 상황을 분명히 해가는 것처럼 자기의 결합과 배치로부터 의미를 창조하고 분비하는 것인바, 거기서 확립된 의미가 이차적으로 기성의 의미로서 침전하는 것이라고 생각되는 것이다. 양자는 또한 <실재적 의미/개념적 의미>, <비주제적 · 암묵의 의미/주제적 · 명백한 의미>, <표현적 의미/의미된 의미> 등의 맞짝으로도 치환되며, 결국은 각각이 <말하는 말/말해진 말>이라는 표현적 측면에 대응하는 의미적 측면을 형성하게 된다. 동시에 또한 이러한 용어들은 언어의 영역을 넘어서서 표현 일반으로까지 확대되어 사용되기도 하기 때문에 오히려 <생성하는 의미/기성의 의미>라는 이분법에서 생각하는 것이 적당할지도 모른다. 어쨌든 개념적 의미 항에서의 의미와 표현의 외적인 관계는 물상화적인 착시 안에 놓여 있는 심신이원론에 대응하며, 동작적 의미 항에서의 의미 생산적인 표현의 모습은 메를로-퐁티류의 신체의 모습과 서로 유사한 형태를 이룬다. 다만 기성의 의미도 새로운 결합과 배치, 즉 새로운 동작에로 재차 전용되는 것으로서 중요한 요소라는 점은 말할 필요도 없을 것이다. ☞ ㈔말하는 말/말해진 말

—가가노이 슈이치(加賀野井秀一)

동정 同情 ⇨ ㈔공감{동정}

동화 同化 [(불) appropriation (독) Aneignung]

본래는 법학에서의 소유권(property)론과 관련된 개념으로 어떤 것을 자신의 것으로 하는 것이 법적 · 객관적으로 승인되고 있다는 것을 의미하며, '영유領有'라고 번역된다. 가다머와 리쾨르의 철학적 해석학의 맥락에서는 '동화', '자기화', '아유화我有化' 등으로 번역된다. 동화는 직접적으로는 텍스트를 자신에게 이해 가능한 것으로 하는 한에서 그것을 '나의 것으로 하는 것'을 의미하지만, 그로부터 더 나아가 '이해'라는 사건을 구성하는 본질적인 계기를 나타내는 개념으로까지 심화된다. 해석의 대상으로서의 텍스트를 '이해'한다는 것은 그것이 짜 넣어져 있는 과거의 의미지평을 이해하는 것이기도 한바, 후자는 더 나아가 텍스트에 대해 물음을 촉구한 {이해의 주체가 속하는} 현재의

의미지평을 이해하도록 주체에게 강요한다. 이리하여 해석하는 것과 해석되는 것 각자의 역사적인 지평이 유동적인 것이 되어 상호적으로 매개하면서 '전통'이라는 좀 더 커다란 역사적 지평을 형성함으로써 주체에게 새로운 이해의 방식을 가져오게 된다. "이해란 그것만으로 존재하는 것처럼 생각되는 여러 지평이 융합해 가는 과정이다"[가다머, 『진리와 방법』, 제3부]. 따라서 동화란 자신이 이해에 선행하여 소속되어 있는 좁은 지평을 확대하는 것이기도 하며, 그런 의미에서 '이해'는 동시에 새로운 자기이해의 획득 혹은 자기이해의 변용에 이르는 것, 요컨대 자신이 사로잡혀 있는 지평으로부터 해방되어 다른 지평에 몸을 여는 것으로서 탈자기화 내지 비동화(désappropriation)라는 '사건'이기도 하다. ☞ ㊇이해

—와시다 기요카즈(鷲田清一)

㊟ 新田義弘・小川侃 編, 『現象學の根本問題』, 晃洋書房, 1977 (수록 논문 중 특히 H.-G. 가다머, 「진리와 방법」, 및 P. 리쾨르, 「해석들 사이의 갈등」).

뒤얽힘 [(불) entrelacs; entrelacement] ⇨㊇키아즘

라이프니츠와 현상학—現象學

라이프니츠의 보편학 이념은 형식적 존재론과의 연관에서 후설을 사로잡으며, 나아가 바로 그 형식적 존재론을 발생적 현상학의 입장에서 근거짓는 시도도 모나드론적인 기반 위에서 이루어진다. 본래 라이프니츠에 의한 표상의 학설은 "나는 사유한다"와 "여러 가지 것이 나에 의해 사유되고 있다"를 제1의 사실진리임과 동시에 근원적인 것으로 삼음으로써 "의식은 언제나 무언가에 대한 의식이다"라는 의식의 근본적 특성으로서 지향성을 끄집어낼 준비를 수행하는 것이다. 또한 표상과 관련한 데카르트 비판이기도 한 위의 학설은 주체와 세계의 등근원성이라는 사고방식을 통해 후설의 상호주관성 이론의 성립에도 공헌하고 있다. 그것은 바로 그 세계를 구성하는 복수의 주관성・주체 그 자체의 등근원성에로 소급하여 그 초월론적 구성을 포함하는 것인바, 데카르트적 발단과 모나드 상호간의 비춤이 거기서 종합되어야만 한다. 초월론적 자아론을 모나드론을 원용하여 확장하는 데에 상호주관성의 성립 기반이 놓여 있다고 말할 수도 있을 것이다. 그런 까닭에 후설이 상호주관성 문제의 발단은 대상의 객관성의 확립을 위한 조건을 탐구하는 것이라고 했을 때, 그는 모나드라는 말이 포괄적 구체성에서의 초월론적 자아를 위한 호명으로서 사용되어 절대적으로 고립된 데카르트적 자아와는 구별된다는 점에 주목하며, 공共가능적 전체성(eine kompossible Allheit)[Hu **14**. 266]에서야말로 바로 초월론적 상호주관성이 발견된다는 것까지 확인해 두지 않으면 상호주관성 이론은 완성되지 않는다고 생각한다. 또한 등근원성에 대한 후설의 이러한 고찰은 모나드 사이의 상호 의존성에 주목함으로써 실체적 유대에 대한 라이프니츠 자신의 난문을 역으로 비추는 것이기도 하다. 모나드의 하나임이 상호적인 결합으로서 이해됨으로써 모나드가 고립된 실체로서가 아니게 파악되는 길이 열리는 것이다. 하이데거에서는 라이프니츠의 "도대체 왜 무가 아니라 오히려 무언가가 있는 것인가"라는 물음이 형이상학의 근본적인 물음으로서 내세워지며 [EM 1], 이 이유율이 언표하는 사태가 관심사가 된다. 존재자와 존재에 대한 잘못된 이해를 논란하며 형이상학의 해체를 지향할 때에나 근거 명제를 존재 명제로서 알아듣는 새로운 음조를 말할 때에도[『근거율』 4판 92] 문제는 이유율에 대한 해석이다. 그리고 근거 명제가 존재자의 존재란 무엇인가에 대한 규정을 요구할 때 라이프니츠에서 그 규정의 이끄는 실이 되는 것이 자아이자 또한 모나드론이었다고 해석되는 것을 생각해 보면, 후설에서와 마찬가지로 현상학적 탐구에서의 모나드론의 위치의 중요성이 드러나게 될 것이다. ☞ ㉯모나드론, ㉮라이프니츠

—요네야마 마사루(米山 優)

㊟ R. Cristin, *Phänomenologie und Monadologie: Husserl und Leibniz*, Studia Leibnitiana Band XXII/2, 1990.

래디컬리즘 ⇨㉯철저주의{래디컬리즘}

러시아 형식주의와 현상학—形式主義—現象學

쉬클로프스키(Viktor Borisovich Shklovskij 1893-1984)가 1917년에 창설한 시적 언어 연구회(약칭 오포야즈)

와 야콥슨이 1915년에 창설한 모스크바 언어학 연구회에 의해 추진된 문학 운동. 아방가르드 예술, 특히 미래주의(futurism) 운동을 원동력으로 하며 그 이론화로서 전개되었다. 쉬클로프스키에 의하면 예술이란 세계의 비전(봄)의 창조이며, 그 방법은 낯익은 것을 신기·의외의 것으로서 현시하는 이화異化의 수법이고, 또한 예술작품은 수법의 총계이다. 이화의 사상은 문학사, 예술사에도 적용되는데, 그것들은 전통의 계승이 아니라 파괴로서 다시 파악되었다.

러시아 형식주의는 미래주의의 '언어 자체'라는 슬로건을 이어받았지만, 그 내부에는 언어학주의 지향과 그것에 반하는 지향이 있었다. 그러나 전체적으로 보아 이론 모델로서의 언어 사상의 형성 없이는 러시아 형식주의의 전개는 생각될 수 없다. 이러한 언어 사상의 원리적 기반의 하나가 된 것이 현상학이다. 러시아 형식주의의 언어 사상은 야콥슨의 프라하 이주에 의해 프라하 구조주의로 발전하지만, 후자는 야콥슨 이후의 러시아 형식주의의 전개와도 밀접한 연결을 유지했다.

러시아 형식주의의 언어 사상에 현상학을 도입한 것은 야콥슨인데, 그런 그가 현상학의 존재와 의의를 알게 된 것은 모스크바 심리학 연구소의 창설자이자 소장인 첼파노프(Georgij Ivanovich Chelpanov 1862-1936. 키예프 대학 시대의 슈페트의 스승)의 세미나에서이자 후설의 제자였던 현상학자 슈페트를 통해서였다. 야콥슨은 특히 『논리연구』에 의해 엄밀한 학으로서의 언어학을 구상하고, 슈페트도 1919년(혹은 1920년)부터 모스크바 언어학 연구회에 출석하여 의미와 언어에 대한 현상학적 관심을 언어학에 의해 심화시켰다.

야콥슨에 따르면 20년대 초에 슈페트의 지도하에 모스크바 언어학 연구회에서 언어학에 대한 『논리연구』의 작용과 '보편문법'에로의 회귀의 옳고 그름을 둘러싸고서 뜨겁고 진지한 토론이 벌어졌다고 한다[「언어학과 인접과학들」 제3장]. 형식주의자보다 앞서 '기호' 개념을 사용한 것도 슈페트였다. 1929년 11월 24일자의 슈페트에게 보낸 편지에서 야콥슨은 슈페트의 사상(1926년의 저작 『민족심리학 서설』에서 제기된 전제들)에 기초함으로써 언어 체계에 대한 분석을 심리학으로부터 근본적으로 해방시키는 것이 가능하다고 말하고 있다. ☞ ㊄프라하 구조주의, ㊀슈페트, 야콥슨

—이소야 다카시(磯谷 孝)

㊟ V. Erlich, *Russian Formalism*, The Hague, 1965. P. Steiner, *Russian Formalism*, Cornell U. P., 1984(山中桂一 譯, 『ロシア・フォルマリズム—ひとつのメタ詩學』, 勁草書房, 1986).

레지스탕스 [(불) résistance]

제2차 대전 중 독일 점령 하의 프랑스에서 일어난 대독 저항 운동을 말한다. 1940년 6월, 프랑스는 독일에게 항복하여 북반부는 독일 점령 지구가 되고, 남반부는 페탱 원수에 의한 비시 정부가 관할하게 되었다. 프랑스 국내에서는 점령 직후부터 각지에서 자연발생적으로 레지스탕스가 조직되었는데, 초기의 레지스탕스 조직들은 이렇다 할 성과를 거두지 못한 채 모두 다 단명에 그쳤다. 1941년 봄, 포로 생활로부터 파리로 돌아온 사르트르가 이미 그 전 해 가을 이래로 '군홧발 아래'라는 저항조직에서 활동하고 있던 메를로-퐁티 등과 함께 새롭게 결성한 '사회주의와 자유'(같은 해 가을에 해체)도 그러한 초기 레지스탕스의 하나이다. 레지스탕스는 머지않아 드골파와 공산당이라는 양대 세력에 의해 조직화되어 가게 된다(사르트르도 43년 CNE{전국작가위원회}에 참가). 바로 "전적인 고독 속에서의 전적인 책임"[Sit III 13]이라는 레지스탕스 활동 속에서 인간의 자유를 발견한 사르트르는 이때의 체험이 그 후의 <앙가주망>의 출발점이었다고 회상하고 있지만, 레지스탕스는 그에게만이 아니라 당시 프랑스 지식인 다수에게 깊은 그림자를 드리우고 있으며, 현상학 관계자들에 한하여 보더라도 강제노동국에 의한 징발을 거부하고 지하로 잠행하여 레지스탕스의 소위가 된 앙리, 포로로서 독일로 이송 중에 탈주하여 리옹의 저항조직 '세르비스 페리클레스'에 참가한 보프레 등, 본격적인 레지스탕스 체험을 가진 자가 적지 않다. ☞ ㊄앙가주망

—다니구치 가즈히로(谷口佳津宏)

로고스 [(그) λόγος (라) logos]

Ⅰ. 전통적 로고스 개념. 로고스는 서구 사상 안에서는 일반적으로 말, 논리, 이성 등으로 이해되어 왔다. 또한 로고스는 학學의 어원(-logie)이라는 점에서 학의 개념은 로고스에 의해 규정되어 있다. 로고스는 다음과 같은 구별들과 관계하고 있다. 감각적인 것과 지적인 것, 외적인 것과 내적인 것, 의미하는 것과 의미되는 것. 그리고 로고스는 이러한 구별항들의 후자에 대응한다. 나아가 그것들과 관련하여 실재계와 이데아계의 구별도 전자가 시간적・공간적인 상대적 존재인 데 반해 후자는 영원한 진리의 나라이며, 또한 신체와 영혼의 구별도 천변만화하는 외피에 대한 알맹이의 불변동일성이고, 언어-기호와 사상의 관계에서도 의미된 것인 사상의 본래성에 대해 의미하는 것인 언어-기호의 파생적・대리적 성격이 대비된다. 이러한 이항관계들에서 전자는 후자의 자기외면화, 자기외재(소외), 자기망각으로 간주된다.

Ⅱ. 후설의 로고스 『논리연구』로부터 『형식논리학과 초월론적 논리학』에 걸쳐 후설은 로고스 그 자체라고도 말할 수 있는 언어와 논리를 문제로 삼고 있다.

(1) 그는 언어의 기능을 둘로 나누어 지시(Anzeige)와 표현(Ausdruck)이라고 한다. 지시기능은 경험적 실재물로 향하며, 표현 기능은 의미(Bedeutung)로 향한다. 의미는 일반적으로 수학적・논리학적 대상과 마찬가지로 이데아적 성격을 지니며, 실재물과 같이 지시되는 것이 아니라 표현(의미)된다[LU Ⅱ/1 제1연구 제1절]. 그리고 지시기능을 제외한 순수한 의미 표현으로서의 기능이 언어의 본질적 기능으로 여겨진다. 후설의 의미론은 소박한 실재론을 배제하는 데서 성립하며, 동시에 "언어의 이념성(Idealität)"[FTL §2]이 확인된다.

(2) 논리학을 이끄는 실로 하는 것은 그의 경우에 진리를 고차적인 이념성 속으로 흡수하는 것이 아니다. 명증성에는 계층이 있어서 논리학적 명증은 최초의 지각적 명증에 기초해야만 한다. 여기에 그의 논리학의 **초월론적** 모티브가 존재한다. 일반적으로 지향적 체험의 분석은 지향성의 본질에 대한 반성에 의하며, 지각작용에 대한 분석도 개별적 사실 차원에 속하는 것이 아니라 본질, 즉 이념성 차원에 속한다. 개별적 사실은 그것의 범례(Exemplar)에 지나지 않는다. 언어 표현이란 정식화되지 않은 (경험의) 명증성의 정식화(명명)이며, 그런 의미에서 존재로부터 의식에로의 전화이다. 논리학은 의미작용(표현)의 단계들에서 의미, 즉 정식화된 대상 측의 관계들이 지닌 형식적 법칙을 표현하는 것이다.

(3) 학으로서의 엄밀함을 지향하는 현상학은 모든 현상(의식에 있어서의 존재, 의식과의 상관적 존재)을, 그리고 오로지 현상만을 그것에 고유한 선험적인 구성에 따라 그것이 직관된 그대로(명증적으로) 기술(표현)하고자 한다. 현상학은 "모든 존재의 로고스의 전개"[CM 181]인바, 다름 아닌 현상의 로고스이게 된다.

Ⅲ. 로고스 비판. 지금까지의 로고스 우위의 연속적 계승, 발전에 대한 신랄한 비판이 19세기 말부터 이루어지고 있다. 뮈토스를 추방한 후의 로고스 자신이 뮈토스가 될지도 모르기 때문이다.

(1) 니체의 이념성 비판. 그의 계보학의 방법은 사물의 본질 내지 필연성으로서의 기원에 대한 탐구에 반대하여 어떠한 것도 그 출현은 (힘의) 우연적인 유희에 의해 지배된다는 것을 보이고자 한다. 신체가 계보학의 대상으로서 고찰되는 것도 이데아의 정신성, 항상성에 대해 신체의 자연성, 불안정성이 대비되는 것이다. 사상의 역사적 단서는 로고스의 고귀성에 있는 것이 아니라 감각적인 것의 비속성에 있다. 따라서 본질로서 회복되어야 하는 기원에 있다고 생각되는 정통성이나 고상성이란 자기 정당화를 위한 재구성이라는 허구(Fiktion)에 지나지 않는다.

(2) 하이데거의 주관성의 형이상학 비판. 근대의 주관성 우위의 철학에 있어 존재자는 주관에 있어서의 대상 존재로서 규정된다. 모든 것이 주관-객관 관계에 의해 파악되며, 그 주관성이 이성(logos)의 담지자가 되는 것이다. 이러한 틀을 파괴하지 않으면, 존재자가 자기 본래의 자유를 되찾는 존재의 개방성(Offenheit)은 있을 수 없다. 그는 주관성의 우위에서 과학기술을 포함한 인간중심주의의 위험을 읽어내는 것이다.

(3) 데리다의 현전의 형이상학 비판. 앞의 두 사람과

부합되게 그는 서구의 형이상학을 로고스 중심의 현전의 형이상학이라고 특징짓고 있다. 명증성의 원형인 현전은 직관, 기원(근원-직관)과 연결되며, 부재, 기호, 흔적과 대립한다. 후설도 이러한 형이상학에 들어갈 수 있지만 그의 지위는 미묘하다. 현상학은 원칙적으로 명증성에 입각하면서도 그의 작업에서 이르는 곳마다 그 원칙을 침범하기 때문이다. 그것은 초월론적 모티브가 이루어지게 하는 일이지만, 그 전형적인 예를 들면 선취로서의 미래(부재)와 보존으로서의 과거(흔적)를 자기 속에 몰래 미끄러져 들어오게 함으로써 상실된 현전(명증성)의 반복, 재생을 꾀하지 않으면 안 되는 "살아 있는 현재"이다. 여기서부터 흔적의 철학에 이르는 길은 겨우 한 걸음이다. 데리다에게 있어 후설은 전환점인 것이다.

(4) 구조주의에서는 나중의(nachträglich) 대리로 간주된 의미하는 것(기호, 코드)이 의미되는 것(개념, 메시지)으로부터 독립한 것으로 생각되며, 그것의 구조 법칙이 역으로 의미되는 것을 규제한다. ☞ ㊕언어, 이성, 현상학 비판, ㊒데리다

—가토 세이시(加藤精司)

㊟ J. Derrida, *De la grammatologie*, Paris, 1967(足立和浩 譯, 『根源の彼方に』, 現代思潮社, 1972).

로서-구조—構造 [(독) Als-struktur; Als-Struktur]

『존재와 시간』이나 『논리학—진리에 대한 물음』 등에서 보이는 하이데거의 용어. 현존재가 만나 교섭하는 존재자(타자를 제외)는 도구존재자인데, 이것은 <~를 위해>의 지시연관들, 요컨대 유의의성에 기초하여 <어떤 것으로서의 어떤 것>(Etwas als Etwas)이라는 암묵적인 구조를 가지고서 이해되고 해석된다. 예를 들어 내가 손에 들고 있는 이것은 연필**로서**, 종이에 뭔가를 쓰기 위한 도구**로서** 보이고 해석된다. 해석이 갖추고 있는 이러한 성격이 해석학적인 <로서-구조>이다. 이 사물을 연필로서 보는 것은 주제적인 이론적 언명을 기다리지 않는 전술어적 경험인바, 객체존재자의 순수한 지각, 요컨대 **로서**로부터 자유로운 파악인 것은 **로서** 이해하는 것의 결여태, 파생태에 지나지 않는다. 유의의성으로부터 분리된 객체존재자로 향하여 그것이 어떻게 있는가라는 성질, 요컨대 객체존재를 규정하여 술어화하는 언명(예를 들면 '이 연필은 나무로 만들어진 것이다')에 속하는 구조('나무로 만들어진 **것으로서**')는 명제론적인 **로서**라고 불리지만, 언명과 이 명제론적인 **로서**는 해석과 해석학적인 **로서**에 기초지어지면서 이것을 평준화하고 은폐한 것에 다름 아니다. <로서-구조>에 대한 주목은 이미 1922년에 나타나 있는데, 현상학을 비판적으로 수용하여 해석학에 결부시키고자 하는 초기 하이데거의 자세를 상징하지만, 전술어적 경험을 술어적 판단의 기초에 놓고자 한 후기 후설과의 관계를 무시해서는 안 된다. ☞ ㊕도구존재성/객체존재성, 술어적/전술어적

—고토 요시야(後藤嘉也)

르상티망 [(불) ressentiment]

니체(Friedrich Wilhelm Nietzsche 1844-1900)가 논의한 것을 이어서 셸러가 전개한 개념. 니체에 의하면 인류는 원래 도덕적 가치관을 소유하고 있지 않으며, 행위의 기준은 (고귀와 비천이라는) 미적 가치관뿐이었다. 그러나 강자에 대한 반감이 이러한 가치관을 전도시켜 이른바 도덕적 선악의 관념이 생긴다. 니체는 그 배후에서 작용하고 있는 심리를 르상티망이라고 명명한다. 니체의 말에 따르면 르상티망이 산출하는 도덕적 가치체계는 "도덕에서의 노예의 반란"이다[『도덕의 계보학』]. 이러한 니체의 발상을 셸러는 1912년 『정신병리학지』에 게재된 논문 「르상티망과 도덕적 가치판단」(제목이 바뀌어 『가치의 전도』에 수록)에서 자신의 가치윤리학의 틀 속에 받아들인다. 셸러에 의하면 르상티망은 "가치의식과 노력"의 관계 내부에서 생기한다. 그것은 특정한 가치에 대한 주체의 무력감에 뿌리박고 있는 가치의식의 "착오"와 "도착"인 것이다[UM 50]. 이에 반해 참된 윤리는 "영원한 가치 서열"과 그 명증성에 기초한다[같은 책 63]. 기독교적인 사랑의 도덕은 본래 르상티망에 뿌리박고 있는 것이 아님에도

불구하고 그것이 특수한 근대적 인간애의 윤리와 혼동되어 거기서 기독교에 대한 니체의 공격이 생겨나게 되었다고 셸러는 보고 있다. 그는 여기서도 니체적인 생의 가치를 중시하면서도 생을 넘어선 정신적 가치를 강조하는 스스로의 원리를 확인하고 있다고 볼 수 있을 것이다. ☞[사]사랑, [인]셸러

—구마노 스미히코(熊野純彦)

마술적 실현魔術的實現 [(불) réalisation magique]

'마술적'이라는 표현은 사르트르가 특히 정서의 기능을 특징지을 때에 즐겨 사용하는 표현이지만, 더 나아가서는 상상력, 소유관계 등, 정서 이외의 장면에서 사용되는 경우도 있다[TF 51, 61, Ime 161, EN 331, 367, 377, 403f., 681, CRD 514]. 또한 메를로-퐁티도 자주 이 표현을 사용한다[PP 110ff., 294]. 알랭에게서 유래한다고 생각되는 이 표현에 의해 사르트르가 제시하고자 하는 것은 의식이 세계에 대해 취하는 통상적인 합리적 태도와는 다른 비합리적인 태도 내지 그러한 태도와 상관적으로 나타나는 세계의 비합리적인 모습이다. (다만 엄밀하게 말하자면 <마술적 실현>이라는 표현은 사르트르에게서는 보이지 않는다.) 『정서론 소고』에 따르면 노여움, 기쁨, 슬픔, 공포 등등의 이른바 정서는 우리가 통상적인 도구적 세계에 잘 적응할 수 없는 데서 더 나아가 어떻게든 행동하지 않으면 안 되는 장면에 이르렀을 때에 행해지는 '세계의 변형'이다. 즉 의식은 신체를 매개로 하여 세계의 <의미>를 자신의 형편에 좋도록 변화시킴으로써 그 궁지를 벗어나고자 하는데, 그때 의식은 자발적으로 퇴화하면서 자기를 수동화된 의식으로 하지만, 비반성적 의식의 바로 그러한 신빙적 태도가 <마술적> 태도이며, 그것과 상관적으로 나타나는 세계, 즉 구조 그 자체는 이전과 변함이 없지만 도구로서의 성격을 박탈당해 전면적인 의미의 변질을 이룬 세계가 <마술적> 세계인 것이다.

—다니구치 가즈히로(谷口佳津宏)

마음{심心**}** [(독) seele (불) âme (영) mind]

인간과 다른 생물과의 가장 큰 차이는 인간에게는 고도의 사고와 추리, 숙려와 같은 것이 있는 것이라는 것이 서양의 예부터의 사고방식인데, 그러한 활동들을 지배하는 능력으로서 '마음'이라는 것이 상정되어 왔다. 그러나 '사고'라는 말은 상당히 다의적인바, 감정과 같은 것까지도 고려하게 되면 실제로 그것들에 공통된 무언가가 있는 것인지, 있다면 그것은 어떤 것인지의 문제가 곧바로 제기된다. 예를 들면 영어의 "mind"라는 말은 중세 영어에서 '기억'을 첫 번째 뜻으로 하고 있었기 때문에 거기서는 우선 '기억'이 주목되고 있었음에 틀림없으며, 프랑스어의 "âme"나 독일어의 "Seele"도 그리스어의 "psychē"에서 유래하여 모두 생명과 사고의 원리(신체와 구별되는 한에서의)를 의미하고 있었다. 이것들은 각각에게서 '심적'인 것의 판정기준(criterion)을 함의하고 있었다고 생각된다. 그러나 오늘날에는 기억의 상실을 그대로 인간성의 상실이라고는 간주하지 않으며, 또한 마음을 처음부터 신체로부터 분리하는 것도 아니다. 오늘날에는 마음의 자리로서의 신체기관 '뇌'를 무시하는 것은 가능하지 않은 것이다. 그렇지만 그것이 곧바로 마음과 뇌가 동일하다는 것까지를 의미한다고는 할 수 없기 때문에, 따라서 마음이란 무엇인가 하는 것은 인간 그 자체에 대한 중심적인 물음임과 동시에 심신관계의 논의와 인지과학의 논의 등과도 관련되는 구체적 문제로서 다각적으로 논의되고 있다.

그러나 여기서 현상학을 중심으로 말하자면, 첫 번째로 거론되는 심적인 것의 판정기준은 브렌타노 이래로 '지향성'이라는 것이었다. 우리가 마음에서 무언가를 의식할 때 그 의식은 반드시 그 무언가의 표상이나 욕구 등으로서 그 무언가로 향하여 그것을 지향하고 있는 것인바, 그러한 대상을 지향하는 활동이 '지향성'이라고 불렸던 것이다.

이러한 사고방식은 그 대강에서는 이해할 수 있지만 거기에서 약간 무리한 점도 지적할 수 있다. 왜냐하면 감각에는 예를 들어 단지 혀에 느껴질 뿐으로 반드시 <~의>라는 형태를 취하지 않는 '달콤함'이나 '씁쓸함'과 같은 것이 있지만, 그렇다고 해서 '마음'으로부터 감각을 배제할 수 있는지의 여부는 문제이기 때문이다. 오히려 그와 같이 사물을 느끼는 활동이야말로 마음의 필요조건이 아닐까? 나아가 무언가를 지향한다고 말해질 때의 그 '무언가'도 그만큼 자명한 것은 아니다. 보통 그 '무언가'는 어디까지나 지향 대상이기 때문에 현실적으로 존재하는 대상 그 자체는 아니며, 또한 존재하는 것을 필요로 하지 않는 것이라고도 생각될 것이다. 예를 들면 지금 화제가 되고 있는 고인은 지향 대상이긴 하지만 이미 현실에서 살고 있지는 않다. 그러므로 지향 대상은 단지 언어적인 것에 지나지 않는 것으로 되지만 만약 그 주장이 언어화할 수 없는 것에 대한 지향은 불가능하다는 것까지도 함의하는 것이라면(특히 분석철학 등을 참조), 그것은 아마도 우리의 경험과 상당한 거리가 있는 주장일 것이다. 우리는 자기 가족의 얼굴 등과 같이 더할 나위 없이 숙지하고 있는 것의 경우에도 그것을 완전히 언어화할 수는 없는 것이다.

그에 더하여 '지향'과 '의도'라는 말에도 다의적인 점이 있는데, 예를 들면 어떤 기계 장치 등에서도 그것이 지향하는 목적과 의도 등에 대해 말할 수 있다(예를 들면 비트겐슈타인). 그럼에도 불구하고 많은 현상학자는 그 기계에서 지향성을 인정하고자 하지는 않을 것이다. 적어도 종래의 기계관에서 보면 그 기계에는 자신의 목적에 대한 자각이 없으며, 따라서 참된 의미에서의 자기 제어도 없을 것이기 때문이다. 그러나 최근의 인지과학 등은 학습과 자기 조직화도 가능한 기계를 탐구하고 있으며, 또한 우리 자신에게서도 무의식적인 체험이 있다든지 자기의 체험의 종합에 실패하는 경우도 있다든지 하게 되면, 자기의 체험의 '주관적 의식'이라는 것을 마음의 유일한 기준으로 삼는 것도 가능하지 않을 것이다.

또한 마음의 문제에는 타인의 마음의 인지 가능성에 대한 문제도 있는데, 이것은 후설 자신에게 있어서도 오랜 격투를 필요로 한 문제였지만, 인지과학 등에게도 어려운 문제일 것이다. 그렇다면 마음이란 무엇인가에 대해 단번에 대답하기보다도 마음의 작용의 구체적인 사례를 개별적으로 해명하고 그것들이 형성하는 '가족유사성'(비트겐슈타인)을 찾아가는 것이 현명하지 않을까? 아마도 마음은 일거에 마음인 것이 아니라 다양한 발생적인 단계를 거쳐 마음이 되었음에 틀림없을 것이다.

덧붙이자면, 일본어의 '마음こころ'이라는 말은 심정적인 함의가 강한 말임과 동시에 '차茶의 마음'이나 '불교의 마음' 등과 같은 특수한 용법도 가지고 있다. 이러한 후자의 '마음'이 <의도> 등과 유사한 뉘앙스를 갖는다는 것은 한번 생각해볼 만한 문제가 아닐까?
☞ [사]지향성

—다키우라 시즈오(瀧浦靜雄)

[참] G. Ryle, *The Concept of Mind*, 1949(坂本百大 外 譯, 『心の概念』, みすず書房, 1987). L. Wittgenstein, *Philosophische Untersuchungen*, 1953(藤本隆志 譯, 『哲學探求』, ウィトゲンシュタイン全集 8, 大修館書店, 1977). M. Polanyi, *The Tacit Dimension*, London, 1966(佐藤敬三 譯, 『暗默知の次元』, 紀伊國屋書店, 1980).

말 [(독) Rede]

『존재와 시간』과 『시간 개념의 역사를 위한 프롤레고메나』 등에서의 하이데거의 용어로서 <이야기>라고도 번역한다. 『존재와 시간』에서는 이해 및 정황성情況性(기분)과 더불어 개시성의 세 가지 구성계기 중 하나이다. 말은 현존재의 정황적인 이해 가능성을 의미적으로 분절하는바, 다시 말하면 이해 가능성(이해할 수 있음)은 말로서 언표된다. 말은 언어의 존재론적-실존론적인 기초를 이룬다. 말해지는 화제(Worüber der Rede)・말해지는 내용(das Geredete)・타자에의 전달・표명하기 자체라는 네 가지 계기로 이루어지며, 이들이 음성으로서의(나아가서는 문자로서의) 언어를 가능하게 한다. 말의 본질적 가능성에는 <듣기>와 침묵이 놓여 있는데, 이들은 말에 기초한다. 일상적이고 비본래적인 현존재는 세계(세간)로 퇴락하여 평균적인 이해 가능성 속에 몸을 두고 있기 때문에, 말은 당장은 대개 <수다>(Gerede)로 화한다. 이러한 모습을 타파하고자 하는 것이 침묵하는 양태로 자기에게로 향해 **말하는** <양심의 부르는 소리>이다. 본래 『존재와 시간』 시기의 하이데거에게 있어 현상학(Phänomenologie)에서의 <학>(logos)이란 말해지는(화제가 되는) 사태를 그 자신으로부터 보이는 것, 즉 본래적인 말에 다름 아니다. 이른바 <전회> 이후 말은 사라지고 <말함>(Sage)으로 변모한다. ☞ ㉴개시성, 침묵

—고토 요시야(後藤嘉也)

말없는 코기토 [(불) cogito tacite]

메를로-퐁티의 용어이며, 때때로 <침묵의 코기토>(cogito silencieux)라고도 불린다. 언어 표현 이전의, 혹은 개념 형성 이전의 <생활세계의 로고스>를 표현하는 것인데, 점차 평준화하여 지각적 의미와 같은 뜻으로 사용되기도 한다. 용례는 이미 초기 무렵부터 보이며, 데카르트적 코기토의 기저를 이루는 것으로서 포착되어 그것을 깨닫지 못한 주지주의적 학설들을 반박하기 위한 전략적 개념이 되고 있지만[PP 460-461], 후기에 이르러 다음의 두 가지 점이 대폭적으로 재평가되게 된다. 첫 번째 점으로서, 이 <말없는 코기토>는 전언어적이긴 하지만 실제로는 언어를 매개로 해서만 거기에 도달할 수 있는 것인 한에서 단순히 그 우위성을 이야기할 수는 없다는 것. 두 번째 점으로서, 이 코기토는 "언어가 불가능하지 않다는 것을 이해시켜 주지만, 어떻게 해서 그것이 가능한가를 이해시킬 수는 없는"[VI 229] 것이기 때문에 여전히 지각적 의미로부터 언어적 의미로의 이행이라는 문제가 남는다는 것. 어쨌든 메를로-퐁티 자신에 의한 언급은 단편적인 것밖에 없지만 전자는 <상호 포섭>의 사고방식에 의해 다시 이야기되어야 할 것이고, 후자는 『유아의 대인관계』에서의 고찰을 라캉(Jacques Lacan 1901-81)이나 크리스테바(Julia Kristeva 1941-)의 <거울상 단계> 연구와 연결하여 해명되어야 할 것이라고 생각된다. ☞ ㉴거울상, [서]보이는 것과 보이지 않는 것

—가가노이 슈이치(加賀野井秀一)

말하는 말/말해진 말 [(불) parole parlante/parole parlée]

메를로-퐁티 초기 언어론의 가장 중요한 맞짝개념. 그 자신의 지각이론에서의 <운동적 의미/지적 의미> 또는 <의미(sens)/의의(signification)>의 이분법에 소쉬르(Ferdinand de Saussure 1857-1913)적인 <파롤(말)/랑그(언어체계)>의 그것을 중첩시켜 고안되었다. 단순화하면, 전자는 창조적 언어를, 후자는 기성의 언어를 가리키며, 전자는 후자를 받침으로 하여 생성하고, 후자는 전자의 침전물로서 응고하는 상호성이 존재한다[PP 229].

소쉬르적인 이분법을 취하지 않았던 것은 이후의 기능주의 언어학이나 언어소론言語素論이 빠진 <운용/도식>적 해석을 배제하기 위해서였다고 생각된다. 요컨대 랑그를 언어규범으로 생각하고 파롤을 그것에 입각한 단순한 실현으로 해석할 때, 규범을 자유롭게 하는 주체 측을 강조하면 주지주의에, 규범 그 자체가 자연적으로 설정되어 있다는 쪽을 강조하면 경험주의에 귀착하여 어느 것이든 언어 그 자체의 창조성은 상실되어버리는 것이다.

이 맞짝개념은 그밖에 <말하는 랑가주(언어)/말해진 랑가주>, <구성하는 랑가주/구성된 랑가주>, <자발 랑가주/자동 랑가주>라고도 불리며, 또한 1950년 무렵을 경계로 하여 <진정한 파롤/파롤에 대한 파롤>, <랑가주의 창조적 사용/경험적 사용>, <파롤/랑가주>, <파롤/랑그>라는 방식으로 다시 소쉬르와 유사한 표현을 취하게 되지만, 이것은 이 시기에 그의 집중적인 소쉬르 연구에 의해 그에 대한 창조적 해석이 가능해졌기 때문일 것이다.

후기에는 메를로-퐁티의 관심이 급격하게 존재론 일반 쪽으로 기울어지기 때문에 언어는 언어론의 형태로 논해지기보다 오히려 존재론의 모델로서 고찰되게 되며, 그로부터 <말하는>이라는 형용사는 서서히 <작동하는opérant>이라는 표현으로 대체되게 된다. 동시에 맞짝개념으로서 사용되는 경우도 드물어지는데, 『보이는 것과 보이지 않는 것』에서는 <작동하는 말>, <작동하는 랑가주>의 단독용법이 대세를 점하게 된다. 여기에는 <말해진 말>의 측이 함축하는 바를 부풀려 <산문> 개념을 다시 다듬어내고 그로부터 사회와 제도와 진리의 이론을 수립하고자 하는 『세계의 산문』의 시도를 단념한 것이 큰 영향을 미치고 있다고 볼 수 있을 것이다. ☞ [사]동작적 의미/개념적 의미

—가가노이 슈이치(加賀野井秀一)

[참] 加賀野井秀一, 『メルロ＝ポンティと言語』, 世界書院, 1988.

말하는 주체—主體 [(불) sujet parlant]

본래는 <화자>라는 의미로 사용되는 일상적인 언어학 용어지만, 메를로-퐁티가 경험주의와 주지주의 사이에서 길을 발견하고자 하여 독자적인 의미를 담아 사용하게 되었다. 경험주의에서는 모든 것이 <자극-반응>의 경로로 환원되며, 그리하여 언어를 말하는 자는 아무도 없게 된다. 주지주의에서는 주체가 있기는 해도 그것은 <말하는 주체>가 아니라 언어의 도움을 필요로 하지 않는 자족적인 <생각하는 주체>로 되어버린다. 어느 경우이든 언어는 통과점이나 도구일 뿐 자율성을 지니지 않으며, 주체도 언어와는 본질적인 관계를 갖지 않은 채 존재하게 된다. 따라서 <주체>를 내세우는 것은 경험주의 비판으로, 그것을 <말하는 주체>로 놓는 것은 주지주의 비판으로 된다고 말할 수 있을 것이다. 그러나 이 개념의 작용 범위는 그것에만 머물지 않으며, 나아가 현상학의 한 극한인 <초월론적 주관성>도 바로 겨냥하게 된다. 단적으로 말하면 "초월론적 주관성은 어떠한 언어를 말하는 것인가"라는 물음이 제기되어 그 존립기반이 다시 한 번 의문에 붙여지게 되는 것이다. 이것은 "초월론적 주관성은 상호주관성이다"[PP 415]라고 하는 메를로-퐁티의 근본적인 입장에 직결된다. 그 후 구조주의와 후기구조주의의 시기를 거쳐 가면서 이 용어는 점차 부정적으로 파악되게 되지만, 그것은 대체로 반실존주의적인 풍조로 인해 <말하는 **주체**>에 중점을 두고 해석됨으로써 당초의 전략적 의도가 시야에서 사라져버렸기 때문이다.

—가가노이 슈이치(加賀野井秀一)

맑스주의와 현상학—主義—現象學

맑스주의와 현상학은 원래 다른 성립 사정 하에서 상이한 과제와 방법을 지니고서 등장한 이질적인 사상인바, 양자는 본래 무관계하고 몰교섭한 데 머무르고 있는 것으로 보였다. 현상학이 맑스주의를 경제학적 자연주의로 파악하는 한에서 양자 사이를 지배하고 있었던 것은 무관심은 아니라 하더라도 무이해와 적의에 불과했을 것이다. 따라서 양자가 모종의 의미에서 생산적으로 만나기 위해서는 쌍방 측에서의 타자 이해의 내재화와 타자 이해의 <변경>이 필요했다. 그 과정은 (1) 맑스주의의 철학으로서의 자기 이해의 확립과 그에 기초한 현상학에 대한 비판, (2) 현상학의 후설로부터 하이데거로의 <실존론적 전회>와 그에 수반한 현상학과 맑스주의의 결합 시도, (3) 후설 후기의 <초월론적 전회>로 소급한 현상학과 맑스주의의 협동 작업이라는 세 가지 국면으로 구별할 수 있을 것이다. 그리고 이 과정은 언제나 맑스주의 측의 탈교조주의화 경향과 물론 일진일퇴하면서도 병행하여 진전된다고 할 수 있을 것이다.

Ⅰ. 19세기 후반 이래의 실증주의적 조류 안에서 경제학주의적으로 파악되고 있던 맑스주의를 서구 철학의 사고 언어에 의해 그 첨단에 위치지운 것은 1923년에 나온 루카치(György Lukács 1885-1971)의 『역사와 계급의식』이었다. 그는 거기서 의식의 물상화(Verdinglichung)로부터의 탈각을 지향하여 단지 대상으로서의 사회관계뿐만 아니라 인식 장치를 포함한 주체-객체 관계 전체를 역사적으로 변혁하는 전체성

이론으로서 맑스주의를 고쳐 파악한다. 그리고 그 입장에서 현상학의 이른바 <객관에로의 돌파>는 결국 본질직관에 기초하는 의사-객관성에 불과하며, 그 한계는 비록 후설에서는 아직 마흐주의적인 형식주의의 그늘에 숨어 있긴 하지만 셸러의 세계관론이나 하이데거의 해석학적 존재론에서 구체적으로 노정된다고 비판한다.

이와 동형적인 비판이 마찬가지로 서구적 맑스주의 계보에 연결되는 아도르노(Theodor W. Adorno 1903-69)가 30년대 후반에 집필한 『인식론의 메타비판—후설과 현상학적 이율배반의 연구』(1956)에서도 발견된다. 그는 후설 현상학을, 그 순수성을 평가하면서도 기본적으로는 philosophia perennis(영원의 철학)의 왕정복고를 지향하는 <전통적 이론>의 일종으로 파악하고, 주체에 의한 자연 지배라는 계기를 지양하지 않는 한에서 그 입장에서는 자연과 역사, 주체와 객체, 형식과 내용과 같은 이율배반이 해결되지 않는다는 점을 보이고자 한다. 이러한 의식에 대한 <내재철학>을 넘어서는 유물론Materialismus을 지향하는 가운데 아도르노는 더 나아가 하이데거의 역사성 개념의 추상성과 키르케고르에서 유래하는 본래적 실존이라는 개념의 협애성도 비판의 과녁으로 삼고 있다. 이러한 루카치와 아도르노의 비판은 종래의 맑스주의에서 보였던 외재적인 이데올로기 비판의 수준을 넘어선 내재적이고 철학적인 비판이라고 말할 수 있겠지만, 어느 쪽의 경우이든 아직 『위기』 등의 후기 후설의 작업은 시야에 넣고 있지 않다.

II. 맑스주의 측으로부터 현상학에 접근하여 맑스주의를 현상학에 의해 근거짓고 현상학을 맑스주의에 의해 보강하고자 하는 시도에 있어 선구적 업적은 마르쿠제의 「역사적 유물론의 현상학을 위하여」(1928)에서 발견될 것이다. 그는 현상학의 방법이 사태 자체의 개시이며, 그것을 인간 존재의 분석과 관련하여 완전하게 전개시킨 것이 하이데거의 『존재와 시간』이라고 생각한다. 특히 하이데거가 인간 존재의 근원적 역사성과 인식의 실천성을 분명히 했다는 점이 평가된다. 다만 인간의 역사성, 세계-내-존재와 같은 개념이 아직 추상적이라는 점을 비판하고, 일종의 역사존재론으로 파악된 맑스의 사회이론과 매개함으로써 그 구체화를 시도하고자 한다. 이것은 현상학과 맑스주의를 결합하고자 하는 제2국면의 전형적인 시도이지만, 그에게 있어서는 후설과 하이데거의 차이가 의식되고 있지 않으며, 실존분석이 그대로 현상학과 동일시되어 <상호주관성> 문제가 빠진 채 사회적 실천에 결부된다. 그 점에서 그의 시도는 맑스주의와 현상학의 결합이라기보다는 오히려 후기 사르트르에게서 보이는 것과 같은 맑스주의와 실존주의의 결합의 선구로 간주되어야 할 것이다. 루카치가 환원을 마주하는 주시자(Zuschauer)의 방관성을 비판했던 것과 마찬가지로 마르쿠제도 후에 『위기』의 방관성을 비판하고 있지만, 거기서도 그의 능동주의적 경향이 나타난다. 현상학 측으로부터의 맑스주의에 대한 접근과 결합 시도는 40년대 이후의 사르트르와 메를로-퐁티 등 프랑스 현상학파에서의 독자적이지만 기복으로 가득 찬 맑스주의 해석과 현상학의 자기 전개를 기다려야만 했다.

III. 그러나 어찌됐든 맑스주의와 현상학의 이론적 협동이 공통의 지반 위에서 공공연하게 행해지게 되는 것은 한편으로 동구권에서의 자유화가 진전되고, 다른 한편으로 『위기』를 중심으로 한 후기 후설의 작업이 지닌 의미가 관념론으로의 후퇴가 아니라 자연적 태도에 대한 <비판>으로서 밝혀지고, <생활세계>의 문제론이 하버마스를 비롯한 새로운 비판적 사회이론에도 받아들여져 부다페스트학파 · 프락시스파와의 공유재산이 된 이후의 일일 것이다. 70년대 후반에 여러 해에 걸쳐 개최된 유고 드브로프니크에서의 국제 세미나는 발덴펠스의 주도 하에 리쾨르나 란트그레베 등과 같은 원로들도 참가하여 행해진 토론인데, 그 성과는 맑스주의와 현상학의 관련과 결합이라는 문제에 대한 지금까지 가장 자유로운 동시에 다면적인 논의로 넘쳐나고 있다. 거기서는 양자의 공통 과제를 <근대 비판>에 두고, 서구적 이성의 위기에 대한 근본적 성찰과 인간과학들의 근거짓기라는 토대 위에서 아주 섬세한 논의가 전개된다. 물론 그에 의해 양자의 통합이 달성된 것은 아니며 오히려 차이가 두드러지게 된 점도 있다. 그러나 90년대의 동구권에서의 사회주의 체제의 붕괴라는 현상에 직면하여 맑스주의는 어떠한 자기 이해의 <자유변경>을 수행할 것이며, 현상학은 또한 그것에 어떻게 대응할 것인가? 이러한 새로운 문제 지평이 거기서 나타난다고 말해야 할 것이다. ☞㊀프랑크푸르트학파와 현상학, 현상학 비판, ㊁마르쿠제, 메를로-퐁티, 발덴펠스, 사르트르, ㊂인식론의 메타비판, 현상학과 맑스주의

—도쿠나가 마코토(德永 恂)

㉟ *Phänomenologie und Marxismus*, Bd. 1-4, Suhrkamp, 1978 (ヴァルデンフェルス 外 著・新田義弘 外 譯,『現象學とマルクス主義』, I・II, 白水社, 1982는 위 논문집의 절반 이상의 발췌역).

맞짝짓기 [(독) Paarung]

후설이 타자론에서 사용한 용어로서 고유 영역에서 나타난 어떤 물체가 나의 신체와의 유사성에 의해 맞짝(Paar)을 이루고, 그로부터 더 나아가 나의 신체로부터의 의미 이양에 의해 다른 것(타자)의 신체라는 의미를 얻게 되는 현상을 말한다. 후설은 두 신체의 유사성에 기초하는 타자 경험을 유비화하는 통각(analogisierende Apperzeption)이라고 특징짓지만, 그것이 유비추리(Analogieschluß){전통적인 '유추설'}와 같은 사고작용(=능동적・대상화 작용)이 아니라는 것을 강조하고[CM §50], 그것을 "수동적 종합의 근본 형식"이라 불리는 맞짝짓기의 현상으로서 설명하고자 했다[같은 책 §51]. 그것은 후설의 타자론을 능동적인 대상화하는 구성작용으로 이해된 자기이입에서만 파악하는 것에 대해 중요한 반증이 되는 것인바, "자아와 타아는 언제나 필연적으로 근원적인 '맞짝짓기'에서 주어진다"[CM 142], "생생하게 상호적으로 불러 일깨우고 서로 가린다"[같은 곳]와 같은 구절들에서 자기와 타자의 근원적인 상호성(혹은 등근원성)을 읽어내는 독자도 있으며, 이것은 메를로-퐁티도 주목하고 있던 바이다[RE 32]. 확실히 후설 자신의 논의에는 (1) 맞짝짓기에 대해 논의하는『데카르트적 성찰』제5성찰의 장면에서는 타자로부터의 지향작용이 방법적으로 사상되어 있었던 데서 그것을 맞짝짓기 현상에 의해 밀수입하고 있는 것은 아닌가, (2) 맞짝짓기는 본래 어떤 소여(물체)와 다른 소여(물체)와의 사이에서 성립하는 현상으로서 생각되고 있었다는 점에서 그것이 (나의) 신체와 어떤 물체(타인의 신체) 사이에서 성립한다는 것은 논점선취가 아닌가, (3) 결국 유사성에 의거하는 것이라면 유추설이 지니고 있던 난점의 몇 가지는 공유되고 있는 것은 아닌가와 같은 비판을 면할 수 없는 점이 있다. 그러나 후설을 내재적으로 넘어서는 길로서 타자 경험을 오히려 비대상화적・비주제적인 차원에서 파악하는 K. 헬트의 구상에 따라서 이 맞짝짓기의 현상을 실마리로 하여 타자 경험을 수동적 종합과 발생적 현상학에서 해명하고자 하는 시도도 있다. ☞㊀고유영역, 수동적 종합/능동적 종합, 자기이입, 타자

—하마우즈 신지(浜渦辰二)

㉟ K. Held, "Das Problem der Intersubjektivität und die Idee einer phänomenologischen Transzendentalphilosophie", in *Perspektiven transzendental-phänomenologischer Forschung*, hrsg. v. U. Claesges und K. Held, 1972(坂本満 譯,「相互主觀性の問題と現象學的超越論的哲學の理念」, 新田義弘・村田純一 編,『現象學の展望』, 國文社, 1986에 수록). 山口一郎,『他者經驗の現象學』, 國文社, 1985.

멈추어 서 있으면서 흐르는 현재—現在 [(독) stehend(e)-strömende Gegenwart] ⇨㊀살아 있는 현재

메타바시스 [(그) μετάβασις]

이 말은 아리스토텔레스가 "사람은 사물을 {그 사물이 그것에 속해 있지 않은} 다른 유類로부터(ἐξ ἄλλου γένους) 출발하여 그 사물로 이행함(μεταβάντα)에 의해 증명해서는 안 된다. 예를 들면 기하학에 속하는 것을 산술을 이용하여 증명해서는 안 된다"[『분석론

후서』 75 a 38-39]고 말하고 있었듯이, 상이한 유들 '사이에서(μέτα) 걸음(βάσις)을 옮기는' 것을 의미하고 있었다. 그러나 후설은 특히 심리학과 논리학 사이에서의 혼동을 경고하기 위해 이 말을 사용했다. 즉 후설에 의하면 심리학이 경험적인 우연적 사실을 관찰 · 기술하는 실재적인 학문인 데 반해, 논리학은 아프리오리하게 보편적으로 타당한 필연적 논리법칙을 연구하는 이념적인 학문이다. 양자는 전적으로 이질적임에도 불구하고, 19세기에 커다란 영향력을 지니고 있던 J. S. 밀 등의 심리학주의적인 논리학은 논리법칙을 심리법칙의 일종으로 간주하여 심리학적 사실로부터 도출할 수 있다고 주장하고 있었다. 후설은 이를 비판하여 실재적인 것과 이념적인 것의 이와 같은 혼합, 즉 "다른 유로의 이행"(μετάβασις εἰς ἄλλο γένος)[Hu **2**. 39]은 논리학을 혼란시켜 논리학적 진리를 명석하지 않게 한다고 생각했다. 또한 논리학적 사고과정으로부터 형이상학적 사고과정으로 옮겨가는 것도 메타바시스로서 물리쳤음은 물론이다[LU Ⅱ/1 149-150]. 후설의 현상학은 오로지 선험적인 명증의 길을 걷고자 했던 것이다.

—마쓰이 요시카즈(松井良和)

메타포 [(영) metaphor]

은유 또는 암유라고 번역되며, 환유나 제유와 더불어 전의적 비유의 일종이다. 어원적으로 메타포는 어떤 말의 본래의 의미를 비유적인 의미로 <전용>하는 것이다. 아리스토텔레스는 『시학』에서 그것을 이렇게 정의한다. "메타포는 본래 그것과는 다른 것에 속하는 이름을 그것에 부여하는 것이다"[1457 b 6]. 전용은 유로부터 종으로, 종으로부터 유로, 종으로부터 종으로, 혹은 비례관계에 의해 이루어진다. 그로부터 메타포란 본래의 말 대신에 다른 말을 대치, 전용한 것이라고 하는 '대치이론'이 생겨나 현대의 '신수사학파'에까지 계승되고 있다. 그에 반해 앵글로색슨 계의 학자들은 메타포가 두 개의 관념 사이의 긴장 내지 상호작용에서 발생한다고 하는 긴장이론이나 상호작용이론을 주장한다. 즉 리처즈(Ivor Armstrong Richards)는 메타포를 포함하는 언표의 기저에 놓여 있는 주제적 관념을 '주의'(tenor), 그것의 매체가 되는 메타포적인 표현을 '전달구'(vehicle)라고 부르며, 또한 블랙(Max Black)은 언표에서 메타포적으로 사용되는 말을 '초점'(focus), 나머지의 비메타포적인 부분을 '틀'(frame)이라고 부르는데, 그들은 모두 이러한 양자의 상호작용에서 메타포적인 효과가 생겨난다고 생각했다. 메타포는 형식적으로 S는 P다 라는 형태의 문장으로 환원되며, 주어에 대해 메타포적인 속성 부여를 행하는 것이다. 메타포의 생명은 그것의 전례가 없을 정도로 참신한 속성부여에 있다. 예를 들면 '시간은 걸식이다'에서 글자 뜻 그대로의 의미에서 시간은 걸식**이 아니다**. 그러나 메타포적인 의미에서 시간은 걸식**이다**. 이 계사(이다)의 모순은 <유사>에 의해 해소된다. 'S는 P이다'는 'S는 P **같다**'와 등가이다. 그리하여 메타포는 단축된 직유이게 된다. 이러한 <유사>의 논리에 의해 두 개의 이질적인 경험, 이질적인 현실이 일거에 융합한다. 그런 까닭에 메타포는 단순한 문식에 그치지 않고 발견술적인 인식방법이 될 수 있다. 아리스토텔레스는 "교묘하게 메타포를 만드는 것, 그것은 교묘하게 유사를 발견해내는 것이다[『시학』 1459]라고 말했다. 유사를 발견하는 것은 '~라고 본다'는 것이다. 요컨대 유사성을 **새롭게** 발견하는 것이다. 리쾨르는 메타포에서 의미를 이루는 것과 이미지를 이루는 것은 동시적이라고 하여 언어적 상상력을 중시한다. 살아 있는 메타포는 메타포라는 허구를 통해 새로운 현실을 발견하는 것이다.
☞ ㉤리쾨르

—구메 히로시(久米 博)

㊟ P. Ricœur, *La métaphore vive*, Paris, 1975(久米博 譯, 『生きた隱喩』, 岩波書店, 1984).

명사화 名辭化 [(독) Nominalisierung]

임의의 대상성을 판단의 주제로 하기 위한 언어적 조작. 명사화名詞化(Substantivierung)와 거의 동일하다. 가장 일반적인 판단형식으로서의 'S는 P이다'의 기본 대상 S의 위치에는 원리적으로 임의의 어떠한 규정을 지니는 것이 오더라도 상관없다. 요컨대 자립적 대상만이 아니라 성질이나 관계와 같은 비자립적 계기나 추상적 부분도 술어 규정의 주어가 될 수 있는 것이다. 예를 들면 '이 배는 특히 달콤하다'라는 판단으로부터 출발하여 그 <달콤함>이라는 계기를 명사화하여 '그 달콤함은 복숭아의 달콤함에 필적한다'라는 판단을 형성할 수 있다. 또한 물론 이 명사화된 표현이 판단의 술어에 포함되는 경우도 있다. 이와 같은 명사화의 조작에서 주목해야 할 것은 어떤 판단 명제 자체를 명사화하여 두 번째 판단의 주어 또는 목적어・보어로 하는 경우이다. 이때 두 번째 판단이 관계하는 것은 첫 번째 판단 대상인 <사태>인바, 이 명사화는 그것에 대응하는 명사화 이전의(형용사 등의) 형식을 본래의 판단 속에 지니지 않는다는 점에서 비자립적 계기 등의 명사화와는 근본적으로 다르다[EU 282ff.]. 이러한 사정을 판단작용 측에서 보면, 'S가 P라는 것'이라는 명사화란 종합적인 다광선적 정립을 단일광선적 정립에로 변화하는 조작인데, 이러한 변환 가능성은 이념적인 본질 가능성이다. 또한 이러한 변환은 중층화 가능한바, 우리는 사태의 명사화를 몇 겹으로 포함하는 중층적인 소급현시의 계층을 차례차례 추적할 수 있다[LU II/1 472ff.]. ☞ ㉸단일광선적/다광선적, 사태, 판단

—시바타 마사요시(柴田正良)

명석성/판명성 明晳性/判明性 [(독) Klarheit/Deutlichkeit]

<명석>과 <판명>이란 명증설(명증적으로 주어지는 것이 진리라고 하는 생각)에서의 인식의 확실성을 성격짓는 규준으로 여겨지는 것이다. 이미 데카르트나 라이프니츠에 의해서도 사용되었다. 데카르트 경우에 명석이란 "주의하는 정신에 현전하는 동시에 명백한 것"이며, 판명이란 "명석한 동시에 다른 모든 것으로부터 분리되어 구별되고, 명석한 것 이외의 어떠한 것도 그 중에 포함하지 않는 것"이다. 따라서 "판명하지 않더라도 명석할 수 있지만, 명석하지 않으면 판명할 수 없다"는 것으로 된다. 라이프니츠에게서도 거의 마찬가지로 정의되고 있다. 그런데 동일하게 명증성을 채택하는 후설에게서 명석성과 판명성은 논리학을 "진리의 논리학"과 "정합성의 논리학"으로 나누는 노에시스적 규준이 되지만, 그때 진리란 사태(또는 사실) 그 자신이 주어지는 것(사태의 자기소여성)인바, 이것은 사태에 대한 판단이 명석한 것에 다름 아니다. 그에 반해 판단이 무모순(정합적)일 때 그 판단은 판명성을 지니게 된다. 모순된 판단은 진리일 수 없으며 참된 판단은 적어도 무모순이지 않으면 안 되지만, 역으로 판단이 정합적이라고 해서 반드시 진리라고 말할 수 있는 것은 아니다. 다시 말하면 명석한 판단은 판명성을 지니지만, 역으로 판단이 판명성을 지닌다고 해서 반드시 명석성을 지니는 것은 아니라는 것이다. 이와 같이 명석성과 판명성의 규준은 후설과 데카르트 등에게서는 역전되어 있다[FTL 47-55 참조]. ☞ ㉸명증성

—쓰네토시 소자부로(常俊宗三郞)

㊟ S. Bachelard, *A Study of Husserl's Formal and Transcendental Logic*, Evanston, 1968.

명제 자체 命題自體 [(독) Satz an sich]

볼차노의 주저 『학문론』의 대전제를 이루는 개념으로서, 볼차노의 반칸트적이고 반심리학주의적인 입장을 반영하여 인간의 인식 능력이나 사고 작용과의 관련을 사상하고 그 능력과 작용의 객관적 대응물로서의 논리적 존재를 의미하는 것으로서 제기되었다. 요컨대 "명제 자체라는 것에서 내가 이해하고 있는 것은 어떤 것이 존재하고 있다, 또는 존재하고 있지 않다는 언명"이지만[『학문론』 초판, 77], 그러나 (1) '명제 자체'는 그것을 생각하는 인간의 존재나 사고작용을 전제하지 않고서 존재하며, (2) 따라서 인간의 표상이나 판단작용으로부터 구별되어야만 하고, (3) 그것은 무언가 실재하는 것(Existierendes)이 아니며, (4) 명제 자체가 아니면 사고되는 명제나 언표되는 명제는 존재하지 않게 된다는 것이다[같은 책 77-78, 89]. 이것을 보면 '명제 자체'는 도대체 어떻게 인식되는 것일까 하는

의문이 솟아오르지만, 볼차노에게서는 그 인식론적 의미보다는 객관적인 논리 구축에서의 방법론적인 의의 쪽이 중요시되고 있기 때문에 '명제 자체'에 대한 좀 더 깊이 파고든 규정은 이루어지고 있지 않다. 때문에 후설은 "인식론적 방면에서의 불완전함이 특히 아프게 느껴진다"고 말하고[LU Ⅰ 226-227], 볼차노적인 객관주의를 주관성 측면에서 보완해가게 된다. 그러나 그것은 '명제 자체'의 개념을 명제의(혹은 작용의) '의미'로서 되돌려 파악함으로써 가능해졌다는 점에 주의해야 한다[Hu **22**. 156]. ☞ ㈔진리 자체, ㉿볼차노, ㈖학문론

—미카미 신지(三上眞司)

명제론 命題論 [(독) Apophantik]

아리스토텔레스는 참과 거짓을 귀속시킬 수 있는 언명, 즉 주장 내지 진술을 apophansis라고 불렀다. 전통적으로 논리학에서 명제(Satz)라고 불리는 것이다. 후설은 그의 형식논리학을 형식적 대상학과 형식적 명제론이라는 두 개의 대칭적인 부분으로 이루어지는 것으로서 구상했지만, 전자가 존재 일반의 형식학인 데 반해 후자는 의미 일반의 형식학으로서 위치지어지며, '개념', '명제', '진리' 등의 의미 범주의 본질 구조에 기초한다. 전통적인 삼단논법이나 부울의 명제계산과 같은 오늘날 일반적으로 논리학이라고 불리는 것이 다루는 문제를 좀 더 일반적인 형식적 체계 속에 통일적으로 자리매김하고 확실한 기초를 부여하고자 하는 것이 형식적 명제론의 표적이다. 후설의 형식적 명제론은 세 개의 계층으로 이루어지는데, 첫 번째 층은 판단의 순수 형식학 내지는 순수 논리 문법이라고 불리며 문장의 형성 규칙을 제공하는 부문이다. 두 번째 층은 귀결논리학 또는 무모순성 논리학이라고 불리는데, 문장 상호간의 추론관계를 명시한다. 형식적 진리논리학이라고 불리는 세 번째 층은 참된 명제의 형식적 대상학의 한 부문인 형식적 존재론에 의해 그 내실이 주어져야 할 것이다. 후설의 명제론은 그 구상을 그리는 데 머물러 충분하게 전개되어 있지 않다.『논리연구』 초판의 시점에서는 명제론이라는 명칭이 아직 사용되지 않고 있는데, 나중에 형식적 존재론이라고 불리게 되는 것과 미분화된 채로 순수 논리학의 일부로서 구상되고 있다. ☞ ㈔논리학과 현상학, 무모순성, 순수 논리 문법(학), 순수 논리학

—이토 하루키(伊藤春樹)

명증성 明證性 [(독) Evidenz (불) évidence]

명증성이란 간단히 말하면 대상이나 사태가 분명한 것으로서 의식 앞에 나타나는 것 혹은 그러한 현출의 방식이다. 명증성은 의식 내지 지향성의 근본 구조를 이룬다. 명증성에는 단계성이 있지만 전혀 명증성을 지니지 않는 의식은 없다. 명증성은 의식에 대한 대상성의 현출 방식이지 외부로부터 도래하는 심리학적인 감정이 아니다. 구체적으로는 아래와 같은 의미 내용을 지닌다. 현상학은 "인식작용의 주관성과 인식 내용과의 관계"[LU Ⅰ Ⅶ]에 대한 반성으로부터 시작했지만, 이러한 객관성이 주관성에 나타나 있는 것을 보증하는 것이 명증성이다.『논리연구』 Ⅰ에서 명증성은 사념(내지 언표의 의미)과 그 대상이나 사태와의 일치를 **실제**로 체험하는 것이라고 생각된다. 이념으로서의 <진리>의 **각 개별 사례의 체험**이 명증성인 것이다[LU Ⅰ 190f.]. 진리의 개별 사례 체험, 즉 "진리 그 자체의 직접적 지각"으로서 명증성은 "명백한 확실성"이며 "정당성의 가장 완전한 표지"이다[같은 책 13]. 그리고 명증성을 가지고서(사념과의 일치에서) 파악되는 대상/사태는 그것 자체로서 현재하는 것으로서 파악된다[같은 책 190]. 학문적 인식을 포함하는 모든 인식은 이러한 명증성에 의거한다[같은 책 14]. 이러한 명증성 개념은 **개개의** 대상성에도 **일반적인** 대상성(형상 등)에도 적용되며, 각각 "실연적 명증성", "필증적 명증성"이라고도 불린다[같은 책 91].

『이념들 Ⅰ』에서는 고찰의 중점이 언어로부터 지각에로 옮겨지지만, 그에 수반하여 명증성은 "'핵'의 면에서 말하자면 이성 정립과 그것을 본질적으로 **동기짓는 것**과의 통일"[Ideen Ⅰ 284]이라고 주장된다(이러한

통일의 이항 구조 때문에 명증성이라는 말은 노에시스적・노에마적인 양 방향에서 사용된다). 이성 정립(존재의 정립)을 **동기짓는 것**은 본원적 소여성으로서의 현출인데, 이러한 본원적 소여성이 지니는 명증성에 대해서는 새롭게 "본원적 명증성"(originäre Evidenz)이라는 말도 도입된다[같은 책 286]. 이러한 본원적 명증성이 정립을 동기짓는 것이지만, 그에 따라 명증성 개념은 정립 및 이성이라는 개념과 깊이 관계하게 된다.

『경험과 판단』에서는 "술어적 명증성"과 "전술어적 명증성"이 구별되며, 전자가 후자에 의해 기초지어지게 된다[EU 37]. 그리고 후자의 세계로서의 '생활세계'로의 귀환이 필요해진다. 전술어적인 지각적 소여는 정립의 기원이지만, 그 정립에 대한 <부정>의 기원마저도 전술어적 경험에 놓여 있다. 전술어적 경험에서 기대 지향을 배반하는 새로운 대상적 의미의 <확실성>이 출현할 때 이것이 결과적으로 그때까지의 기대 지향의 <환멸>이라는 <부정>을 낳는 것이다[같은 책 95]. 따라서 전술어적 명증성의 <확실성>과 그에 대응하는 정립이야말로 언제나 근원적・우선적이다. 이와 거의 동일한 분석이 『형식논리학과 초월론적 논리학』에서도 간략하게 서술되는데, 이러한 <확실성>에 대한 경험의 우위와 마찬가지의 것이 모든 종류의 명증성에 대해서도 들어맞게 된다[FTL 248]. ☞[사]이성, 진리, 충전성, 필증성

—다니 도오루(谷 徹)

모나드 [(독) Monade (불) monade] ⇨[사]모나드론

모나드론—論 [(독) Monadologie]

원래 라이프니츠의 모나드(단자)론에서 유래하는 후설 현상학의 용어. 후설은 다양한 체험(cogitationes)을 짊어지는 기체인 자아극(Ichpol)과 구별하여 인격적 개별성・습관성・역사성과 같은 구체성에서 파악된 초월론적 자아를 '모나드'라고 불렀다[CM 102]. 그것은 정태적으로 파악된 추상적인 순수 자아에 대해 발생적으로 파악된 구체적인 자아의 모습을 나타낼 뿐만 아니라, 후설 현상학이 데카르트적・유아론적인 자아의 에고론에 그치는 것이 아니라 라이프니츠적・다원론적인 자아의 모나드론(상호주관성론)으로 전개된다는 것도 나타낸다. 라이프니츠와의 차이를 말하자면, 라이프니츠의 모나드가 '창'을 갖지 않고 각각의 관점에서 우주 전체를 표출한다 하더라도 각각의 표출 사이에 대응이 있고 동일한 우주를 표현하고 있는 것은 신에 의한 '예정조화'에 다름 아니었던 데 반해[라이프니츠 『단자론』 78], 후설의 모나드는 '창'을 가지며[Hu **14**. 260](모나드는 '내실적'으로는 닫혀 있지만, '지향적'으로는 열려 있다), "다른 주관도 창을 통해(자기이입{=타자 경험}이 그 창이다) 경험될"[같은 곳] 수 있고, 이 타자 경험을 통해 동일하고 객관적인 세계가 구성되는 것이야말로 "모나드적 조화"라고 말해진다[CM 138]. 다른 한편 라이프니츠와의 공통점을 말하자면, 라이프니츠의 모나드론은 "각각의 모나드의 상이한 시점에서 본 유일한 우주의 다양한 관점"[『단자론』 57]이라는 관점론이기도 한바{이것은 근세 초두의 니콜라스 쿠자누스의 '시점視點'과 '축약'의 사상으로 소급될 수 있다}, 후설의 모나드론도 현상학을 관점의 이론으로서 생각할 수 있게 만든다. 즉 모나드론이란 나의 신체라는 "절대적인 여기"(나의 시점)의 주위에 방위지어진 세계의 현출 구조를 묻는 물음 속에서 타자의 시점으로부터 보인 세계의 현출을 내가 어떻게 경험하고 내게 주어진 현출과 타자에 주어진 현출로부터 어떻게 동일한 객관적 세계가 구성되는가를 묻는다고 하는 현상학적 상호주관성론으로 되어가는 것이다. ☞[사]관점주의, 라이프니츠와 현상학, 상호주관성, 자아{에고}, 타자

—하마우즈 신지(浜渦辰二)

[참] ライプニッツ(河野与一 譯), 『單子論』, 岩波文庫, 1951. 新田義弘, 「パースペクティヴの理論としての現象學」, 日本哲學會 編, 『哲學』, No. 30, 1980.

모르페 ⇨㊄훨레/모르페

목적동기/이유동기 目的動機/理由動機 [(독) Um-zu-Motiv/Weil-motiv (영) in-order-to motive/because motive]

베버(Max Weber 1864-1920)의 이해사회학을 후설 현상학에서 근거짓고자 한 슈츠가 전개한 행위의 동기에 대한 구별이다. 슈츠는 주관적 의미가 부여된 행동=행위에 대한 이해를 겨냥하는 이해사회학을 높이 평가하면서도 그 기초 개념들, 예를 들어 의미, 동기, 행위와 같은 개념들은 아직 애매하며 좀 더 철학적으로 검토할 필요가 있다고 주장했다. 그리하여 슈츠는 의미 문제는 시간 문제라고 하면서 시간을 고려하여 동기론도 전개하는데, 동기에는 기도(기투)된 행위에 의해서 초래되어야 할 사태, 요컨대 목적을 의미하는 것, 다시 말하면 '~하기 위해'라고 표현할 수 있는 미래에 관계되는 목적동기와, 행위의 기도 그 자체를 동기짓고 '~이기 때문에'라고 표현할 수 있는 행위자의 과거의 경험 등과 관계하는 이유동기의 두 종류가 구별되어야만 한다고 논의했다. 나아가 슈츠는 '~하기 위해'라는 목적동기의 대부분이 일상언어에서 '~이기 때문에'라는 이유문으로 치환 가능한 것은 행위자가 행위의 수행에 선행하는 기도를 회상적으로 파악하기 때문이라고 주장하고, 그러한 의사 이유동기와는 구별된, 행위의 기도 그 자체의 생성을 동기짓는 것이 참된(echt, genuine) 이유동기라고 했다. 이와 같이 슈츠는 베버의 동기론을 행위자 자신의 관점에 서서, 나아가 상호행위의 맥락에서도 고찰하면서 정교화했지만, 무의식 등 행위자 본인이 반드시 사념이나 자각하고 있지 않은 행동의 동기의 경우와, 행위의 <의도하지 않은 결과>의 문제는 어떻게 처리해야 할 것인가와 같은 이해사회학 전체에 제기되는 물음으로부터 반드시 벗어나 있는 것은 아니라는 지적도 있다. ☞㉑슈츠

—니시하라 가즈히사(西原和久)

목적론 目的論 [(독) Teleologie (영) teleology]

Ⅰ. 목적론이란 그 기원을 찾아가면 고대의 아리스토텔레스가 4원인의 하나로 목적인을 설정한 것으로까지 소급할 수 있는데, 우선 좁은 의미에서는 목적·수단 관계를 통해 자연이라든지 실천을 설명하는 방식이라고 정의할 수 있다. 그러나 그에 더하여 전체를 전체로서 파악한다는 전체론(holism)의 측면이 포함된다고 하는 점이 중요한데, 이 점은 칸트의『판단력비판』에서도 명확히 드러난다. 그와 같은 것으로서 목적론은 인과성, 결정론, 환원주의를 계기로 하는 기계론 혹은 수학적 자연관에 대한 대립개념의 위치를 차지한다. 그런 까닭에 그것은 데카르트, 갈릴레오 이래의 근대 과학의 입장에서 비판되지만, 현상학에서 오히려 복권되고 있다. 그 점은 현상학의 경우에 환원이라는 것이 말해지면서도 요소로의 환원을 의미하는 것이 아니라 우리의 세계에 대한 전체론적 파악—다만 지평 구조에 의해 매개된—의 모습을 분명히 한다는 의미를 지니는 것에서도 제시된다고 말할 수 있다. 다음에서 이하의 네 가지 장면으로 나누어 현상학에서의 목적론의 전개 예를 살펴보도록 하자.

Ⅱ. (1) '지향-충족'이라는 형태로 파악되는 의식의 모습—'선행구조'(하이데거)라고 불리는 것에 다름 아니다—의 목적론적 성격. 후설에 의해 '살아 있는 현재'라고 명명된 의식도 단적인 혼돈인 것이 아니라 질서를 지닌다. 그 질서의 형성 원리가 물체 사이의 질서를 형성하는 '인과성'이 아니라 '동기짓기'라는 것으로 된다. '동기짓기'에 의해 설명되는 사태 속에도 과거의 경험이 현재나 미래의 마음의 존재방식을 결정하는 경우처럼 일반적으로 인과성에 의해 설명되는 사태가 포함되어 있기는 하다. 그러나 그 경우에도 후설은 과거의 경험이 변형된 형태로 축적되어 그에 의해 그려진 밑그림에 의한 동기짓기를 토대로 새로운 경험의 수용이 행해진다고 말하듯이 인과성에 의하지 않은 설명을 하고 있다. 나아가 그는 동기짓기 관련의 예로서 "목적에 대한 의지가 수단에 대한 의지를 동기짓는다"[Ideen Ⅰ 89]고 하는 예를 들고 있다. 우리의 경험이 언제나 선행하는 의미틀을 통해 이루어진다고 하는 사태에 대한 지적은『경험과 판단』에서 "미지성

은 언제나 동시에 기지성의 하나의 양태이다'[EU 34]라는 형태로 선명하게 정식화되지만, 이것은 끊임없는 의식의 흐름 속에서 목적론적 구조를 인정하는 것에 다름 아니다. 그리고 이것은 저 하이데거에서의 '해석학적 순환', 즉 텍스트 해석에서 부분의 어구에 대한 해석은 텍스트 전체의 이해에 의해서도 이끌려 나가야만 한다는 이론에 의해 계승된다(이미 헤겔은 목적론이 순환에 얽혀 들어간다는 것을 통찰하고 있었지만). 나아가 하이데거에 대해 말하자면, '도구존재'라는 개념 속에서 명확히 목적론적 성격을 인지할 수 있다.

(2) 신체의 합목적성. 후설의 운동감각(Kinästhese) 개념은 칸트적인 자기의식을 신체 수준으로 끌어내린 것이다. 그리고 이 경우의 신체는 객관적 대상으로서 주어진 생리적 신체가 아니라 메를로-퐁티가 말하는 '신체도식'이라는 관점에서 파악된 신체이다. 그것은 감각들을 신체의 각 장소에 국재화시키면서 바로 그런 까닭에 통일성을 보유하는 것으로서 고도의 합목적성을 갖춘 것으로 간주될 수 있다. 다만 여기서 주의해야 할 것은 현실화된 목적을 향한 합목적성이 아니라 무자각적 차원에서의 합목적성이 좀 더 깊은 합목적성의 존재방식으로서 파악되어야만 한다는 것이다.

(3) 상호주관성 장면에서의 합목적성. 상호주관성의 문제 영역에는 어떻게 해서 타자가 다른 나로서 구성될 수 있는가, 어떠한 형태로 초월론적 주관의 의식 속에 타자가 그림자를 드리우고 있는 것인가, 어떻게 해서 내게 있어서의 세계의 존재나 진리가 타자에 의해서도 마찬가지 것으로서 받아들여지는 것인가 등의 문제가 속한다. 이러한 문제들에 대한 근거짓기의 어려움 때문에 타자와의 만남의 근본적 우유성Kontingenz과 그 이상으로 소급 불가능한 사실성, 그리고 개별적 주관 배후의 익명의 주관 등의 개념을 지니고서 나갈 수밖에 없다고 하는 사정이 생기게 된다. 그것은 바로 칸트가 반성적 판단력에 맡긴, 아직 주어지지 않은 법칙에 대한 특수자의 포섭과 같은 활동에 의해서만 설명될 수 있는 것인바, 그런 의미에서 목적론적 성격을 지니는 것이라고 말할 수 있다.

(4) 역사의 목적론. 후설의 『위기』에서 유럽 학문의 위기로 향하는 역사에 대한 목적론적 이해의 독단적 성격이 물의를 빚고 있지만, 이것은 그 표면적인 이데올로기적 성격을 떠나 현상학의 근본 성격으로 소급하여 검토해야 할 문제이다. 즉 역사라는 것을 단지 개별적 사태들 간의 인과적 설명으로 해소하는 것이 아니라 전통을 등에 짊어지고 현대의 과제에 몰두하여 역사를 만들어가는 인간의 관점에 서서 보게 되면, 그때 역사를 일관된 맥락 속에서 보는 눈이 열리며, 그리하여 한계 개념으로서 역사의 목적이라는 개념도 불러낸다고 하는 것이 확인되어야만 한다는 것이다.☞㉰역사(성), 지향성, 프락시스{실천}

—사토 야스쿠니(佐藤康邦)

㊟ 新田義弘, 『現象學』, 岩波書店, 1978. I. Kant, *Kritik der Urteilskraft*, Berlin, 1970(坂田德男, 『判斷力批判』, 河出書房, 1965, 외).

목적이념 目的理念 [(독) Zweckidee]

경험의 가장 본원적인 존재방식인 우리의 지각 경험은 대상을 그것의 절대적으로 완전한 명증성에서, 즉 진리성에서 손에 넣고자 하는 실천적 인식 노력에 이끌려 진행되어 간다. 지각 대상은 그 주위가 언제나 아직 규정되어 있지 않은 지평(내부 지평・외부 지평)에 의해 둘러싸여 있는데, 경험은 이러한 지평을 좀 더 상세하게 규정하여 직관으로 가져오고 지향 대상을 완전한 명증성에서 충족하기 위해 진행되어 가는 것이다. 그러나 대상의 이러한 절대적이고 완전한 자체소여(대상 그 자체가 한 점의 흐림도 없는 명증성에서 분명하게 주어지는 것)는 우리의 현실적인 경험에서는 결코 주어지는 적이 없다. 왜냐하면 지각 경험의 본질은 그것의 관점성(대상이 언제나 그것의 하나의 측면에서만 현상한다는 것)에 있기 때문이다. 그럼에도 불구하고 인식은 현실에서는 결코 주어지지 않는 절대적 완전성을 지향하여 진행되어 간다. 즉 거기에서는 대상의 완전한 자체소여성이 인식을 이끄는 극한 이념으로서 활동하고 있는 것이다. 이와 같은 방식으로 경험 과정을 이끄는 규제 원리가 '목적이념'이라고 불린다. 경험 과정이란 이러한 목적이념에로 한걸음 한걸음씩 가까이 가는 무한한 근사화의 과정인 것이다. 후설은 우리의 지각 경험의 저층에서 이미 활동하고 있는 이러한 목적론적 구조 속에서 신체적 · 운동감각(Kinästhese)적 주관이 공간 내의 특정한 위치에 언제나 구속되어 있는 상태로부터 벗어나고자 하는 동향(탈관점성)과 의식의 끊임없는 시간적 유동성으로부터 비약하고자 하는 동향(멈추어 서 있는 지금=영원한 지금nunc stans)을 간취하며, 거기서 이성의 목적론의 발생적 기원을 찾기에 이른다. 또한 자연의 수학화에 의한 자연과학의 성립도 이러한 이성의 목적론에 이끌린 이념화의 하나의 형태로서 파악되게 된다. ☞㊏관점주의, 목적론, 이념화, 자체부여/자체소여성

—사이토 요시미치(齋藤慶典)

목표대상 目標對象 ⇨㊏보조대상/목표대상

몰아세움 [(독) Gestell]

후기의 하이데거가 존재사 내지 존재의 역사적 운명(Seinsgeschick, 존재의 역운)의 관점에서 현대 기술의 본질로서 끄집어 낸 존재론적 의미 지평의 구조 전체를 가리키는 개념. 닦달과 같은 번역어도 존재한다. 몰아세움은 존재자가 존재자로서 만나지고 이해되는 것을 가능하게 하는 현대 특유의 역사적 운명적으로 규정된 지평, 다시 말하면 현대에 고유한 존재의 탈은폐(Entbergen)의 방식 혹은 비은폐성의 성격을 의미한다. 현대의 기술적 세계에서는 인간도 포함하여 일체의 존재자를 유용성 내지 주문 가능성(Bestellbarkeit, 유용 가능성)의 관점으로부터만 바라보는바, 쓸모 있는 것만이 존재자로 간주된다. 즉 존재자는 유용성에 의해 결부된 주문작용(Bestellen, 유용작용)의 연쇄상의 위치로부터 이해되며, 거기에 위치할 수 있는 것만이 부품(Bestand, 현품)이라는 특유한 존재자의 지위를 획득한다. 그리고 이러한 주문작용의 세우는 활동(Stellen)의 모아 잡는 전체를 하이데거는 모아 잡음을 나타내는 전철인 Ge-를 사용하여 <몰아-세움>(Ge-Stell)이라고 명명했던 것이다. 몰아세움은 일체의 존재자로부터 그 고유한 존재성을 박탈하여 단순한 유용성이라는 위치가로 떨어지게 할 뿐만 아니라 그와 같은 존재의 탈락(Entzug)이라는 사태 그 자체도 은폐한다. 그 때문에 몰아세움은 존재망각의 종국적인 형태, 혹은 서양 형이상학 내지 니힐리즘의 완성이자 완료 형태라고도 간주되었다. 그러나 또한 몰아세움은 그 본질이 존재망각으로서 경험된다고 하면, 그 자체가 존재가 현성하는(생기하는) 장으로 될 수 있다고 생각되고 있으며, 그런 까닭에 <생기의 전주>라고도 불린다. 따라서 하이데거에게 있어 현대 기술의 본질에 대한 물음은 단순한 시대 비판이 아니라 그 자체가 존재의 진리에 대한 물음의 수행이었다. ☞㊏기술, 생기, 존재망각

—미조구치 고헤이(溝口宏平)

몸 ⇨㊏신체

무 無 [(독) Nichts]

우리의 사유나 표상은 반드시 '무언가 어떤 것'에 대해 이루어진다. 무에 대한 사유나 표상은 아무것도 아닌 무를 사유한다든지 표상하는 것이 되는 까닭에, 그것은 사유나 표상의 원칙에 반하게 된다. 실제로 무를 사유하고 표상하는 것은 아무것도 사유하지 않고 아무것도 표상하지 않는 것이라고 바꿔 말할 수 있다.

그러나 무를 파악하고자 하는 시도는 철학의 역사에서 무가 그것의 부정으로서 생각된 바의 존재의 사유와 동일한 오랜 기원을 지니고 있다. 둔스 스코투스 이래의 구별에 따르면 무는 그것이 부정하는 대상에 따라 두 종류로 나누어진다. 첫 번째의 무는 절대적인 무인데, 존재자의 가능적 존재와 현실적 존재의 어느 쪽이든, 즉 존재 일반을 부정하는 무이다. 두 번째의 무는 상대적인 무인데, 존재자의 현실적 존재만을 부정하는 무이다. 플라톤이나 플로티노스에서는 이러한 상대적인 무가 질료(mē on)로서 생각되고 있다. 헤겔에서도

무는 추상적이고 완전히 무규정적인 '순수한 존재'와 동일하다고 여겨진다. 기독교 신학에서 '무로부터의 창조'라고 말할 때의 무는 이러한 상대적인 무로서 이해된다.

중세의 신비주의 신학에서는 창조된 낮은 지위의 존재자만이 아니라 최고위의 초월적 존재자까지도 그것의 절대적 초월성 때문에 무로서 새겨진다. 하이데거가 문제로 삼은 무는 이러한 마지막에 언급한 무의 계보에 속한다.

하이데거는 무의 사유나 표상이라는 것의 논리적 모순을 지적하는 것으로 끝나는 것이 아니라 일상성이 깨진 가운데 현실에서 경험되는 현상으로서의 무를 해명하고 있다. 무료한 기분 속에서 세계가 세계로서 나타나듯이 불안이라는 근본 기분 속에서 무 그 자체가 나타나게 된다. 즉 무가 무화하는 것이다. 하이데거의 특색은 무가 존재자 전체의 단순한 거부가 아니라 거부하는 방식에서 거부되는 존재자의 존재를 지시한다는 것을 간파하고 있다는 점이다. 이와 같이 존재와 무를 어디까지나 구별하면서도 동일한 하나의 근원적인 차원에 속하는 현상으로서 사유하는 태도는 후기에 이르기까지 관철되고 있다.

중기 이후 존재에 대한 물음이 역사적 차원으로까지 확대되어 추구되게 되면, 무도 서양의 존재의 역사의 처음부터 그것을 지배하고 있던 니힐리즘의 본질을 이루는 것으로서 물어진다. 니힐리즘이란 존재의 진리가 결여되어 있다(무다)는 것을 의미하지만, 그것은 단순한 결락이 아니라 존재가 결여되어 있는 무의 장소야말로 존재의 진리가 현성하는 장소이기도 하다고 생각된다. 그런 까닭에 니힐리즘이 완성에 도달한 현대에 있어서는 "무에서 존재를 경험하기"를 배우는 것이 최대의 과제로 되는 것이다.

후설에 의하면 세계의 존재를 무화(Vernichtung)하는 것과 같은 극단적인 경우에도 의식의 존재는 영향을 받지 않는다. 무화는 순수 의식의 절대적인 존재를 보여주기 위한 방법적 상정이다. 사르트르는 즉자적으로 존재하는 것으로 분리하여 대상화를 행하는 바의 의식의 자유로운 활동을 무화(néantisation)라고 부르고 있다.

—다케이치 아키히로(竹市明弘)

무규정성 장소 無規定性場所 [(독) Unbestimmtheitsstelle]

잉가르덴의 『문학적 예술작품』에서 지향적 대상성을 실재적 대상으로부터 구별하기 위해 고안된 개념이며, 1960년대의 수용미학에서 다시 부각되었다 이것은 본래 모든 지향적 대상성의 위상에 들어맞는 것으로서 이 장소를 포함하는 까닭에 지향적 대상성은 존재 타율적으로 될 수밖에 없다. 잉가르덴은 이 책에서 문학적 예술작품과 그 구체화(Konkretisation)를 구별하고, 후자는 오로지 무규정성 장소의 충족으로서의 독서 과정에서 실현된다고 주장했다. 그러나 아무리 구체화하더라도 마지막까지 무규정성 장소는 해소되지 않는다. 본래 문학적 예술작품은 낱말소리와 발화적 형성체, 의미단위들, 묘사된 대상성, 도식화된 상면象面의 네 층으로 이루어지는데, 무규정성 장소는 뒤의 두 층의 본질적 모습을 나타낸다. 특히 제3의 층에서 '묘사된 대상성'은 말과 문장과 문장 연관 등의 여러 가지 의미단위들에 의해 기안(entwerfen)되지만, 그때 실재적 대상의 특질인 일의적 규정성, 구체적 통일성, 절대적 개별성의 어느 것도 지니지 않는다. 그것은 어느 정도 형식적 통일성('책상', '인간' 등)을 보유하지만, 구체적 통일성이기 위해 불가결한 질료적 규정성을 지니지 않는다. 또한 명사적 표현은 보통명사를 기본으로 하고 있는데 이것을 아무리 겹쳐 쌓아도 절대적인 개별성에 이를 수는 없으며, 그런 까닭에 본질적으로 일의적으로 규정하는 것은 불가능하다. 도식화된 관점에 관해서도 예를 들면 공을 볼 때 원형이 상면으로서 나타나지만, 그때 공의 볼 수 없는 부분도 충족되지 않은 상면으로서 무규정인 채로 주어진다. 뒤에서 보고 예기치 못했던 상흔을 발견하여 놀라는 것은 그 점을 잘 말해주고 있다. 『문학적 예술작품의 인식에 대하여』(1968)는 이러한 구체화를 주제로 한 논고이다.

☞ [사]수용미학, [인] 잉가르덴, [서]문학적 예술작품

—가나타 스스무(金田 晉)

무대상적 표상 無對象的表象 [(독) gegenstandlose Vorstellung]

이 개념은 원래 볼차노의 『학문론』에서 제기된 것이지만, 오히려 이 개념이 내포하는 문제에 촉발되어 후설이 처음으로 지향성의 구조를 주제화하게 되었다는 점이 중요하다. 볼차노는 '황금의 산'이나 '둥근 사각형'과 같은 허구의 물체를 상관자로 지니는 표상이나 모순을 포함하는 표상을 '무대상적 표상'이라고 불렀는데, 여기에서 후설은 다음과 같은 패러독스를 본다. 요컨대 "표상된 대상을 결여한 표상은 생각될 수 없는바, 무대상적 표상이라는 것은 존재하지 않는다. 다른 한편 모든 표상에 현실적인 대상이 대응하는 것은 아닌바, 무대상적 표상은 존재한다"라는 패러독스이다[Hu **22**. 420]. 이에 대한 해결책으로서 우선 생각될 수 있는 것은 현실의 대상과는 구별되는 '지향적', '내재적' 등등의 대상 개념을 인정하는 것이지만, 후설은 이와 같은 대상 개념의 이중화를 인정하지 않았다(후에 '모사상 이론'이나 '지향적 내재'를 거부한 것과 동일한 이유에 의해). 후설에 의하면 대응하는 현실의 대상이 없다는 의미에서 무대상적 표상은 확실히 존재한다. 그러나 그때의 표상이 어떤 내용을 상관자로 하고 있다는 의미에서는 무언가의 상관자를 결여한 표상은 생각되지 않는다. 그 상관자란 단순한 감각내용이 아니라 예를 들면 '황금의 산'이 복수의 판단의 동일한 주어로 될 수 있다는 의미에서 이념적인 계기='의미'이다. 이것이 볼차노의 '표상 자체'의 참된 의미라고 후설은 해석한다[Hu **22**. 353]. ☞ [사]대상, 지향성

—미카미 신지(三上眞司)

무모순성 無矛盾性 [(독) Widerspruchslosigkeit]

오늘날의 논리학에서 무모순성은 형식적인 논리 체계에 대해 말해지는데, 그 체계에서 연역적으로 증명된 논리식이 모두 예외 없이 의미론적으로 보아 타당—명제논리에 한정하여 말하자면 토톨로지(tautology, 항진식)—하다는 것을 가리킨다. 이것은 그 논리 체계의 건전성이라고도 불린다. 즉 그 이론 체계로부터는 모순이 도출될 수 없다는 것이다. 무모순성의 역, 즉 의미론적으로 보아 타당한 논리식이 모두 증명 가능하다는 것을 좁은 의미에서의 완전성이라고 부른다. 그리고 이런 의미에서의 완전성과 무모순성을 아울러 넓은 의미에서의 완전성이라고 부른다. 후설은 모순율이나 배중률, 긍정식(삼단논법) 등의 원리에 의해 규정되는 전통적인 의미에서의 논리 체계가 지니는 기본적인 성격을 무모순성으로부터만 생각한다. 요컨대 참과 거짓은 본래적인 의미에서의 전통적 논리학의 대상이 아닌 것이다. 그런 까닭에 선험적인 형식학인 후설의 가장 넓은 의미에서의 논리 체계에서 전통적인 의미에서의 논리학의 체계에 대응하는 부분은 귀결 논리학 내지는 무모순성 논리학이라고 불린다. 다양체론과 같은 형식적인 공리 체계의 완전성을 후설이 거기에서 연역되는 것이 모두 참이든가 거짓인 것으로서 정의하는 것도 이 때문이다. 후설에 의하면 논리적인 명제나 형식적 공리 체계의 참과 거짓은 그것과는 다른 형식적 부문(진리 논리학)에서 취급되게 된다. ☞ [사]논리학과 현상학, 명제론

—이토 하루키(伊藤春樹)

무의미/반의미 無意味/反意味 [(독) Unsinn/Widersinn]

후설은 표현의 의미를 의미지향의 상관자로 하여 의미와 대상을 구별했다. 예를 들면 '등변삼각형'과 '등각삼각형'이라는 두 개의 명사는 다른 의미를 가지지만 동일한 대상을 가리킬 수 있다. 그러나 또한 역으로 '한 마리의 말'은 언제나 동일한 의미를 지니지만 어떤 때는 '부케파로스'(알렉산더 대왕의 애마)이며, 또 어떤 때는 '마차를 끄는 말'이다[LU II/1 47]. 따라서 의미는 대상의 반영이 아니라 선험적인 의미법칙을 지니며, 그에 따라 다양한 의미 범주에 속하는 여러 가지 의미가 하나의 의미로 통일되는 것이다[같은 책 295]. 그 법칙은 요컨대 복합적 의미에서는 "비독립적 의미는 무언가 독립적 의미의 계기로서만 존재할 수 있다"[같은 책 306]는 것이며, 이를 위반하면 "둥근 또는"(ein rundes oder)과 같은 전적으로 "무의미"[같은 책 326]한 표현이 된다. 그러나 표현은 의미법칙에

적합한 것만으로는 반드시 실재의 대상을 표시한다고는 할 수 없다. 예를 들면 '둥근 사각형'(ein rundes Viereck)이라는 표현은 '무의미'하지 않고 이데아적인 의미의 세계에서의 어떤 통일적인 의미를 지니고 있지만, 이것에 실재적 대상은 대응할 수 없다. 그것은 "<순수 형식에 기초하여 대상의 가능적 통일>에 필요한 것"[같은 책 295]을 나타내는 순수 논리학적 법칙들에 반하여 <비양립적인 모순>[같은 책 56]을 범하고 있기 때문인바, 이것은 "반의미"[같은 책 326]라고 불린다. ☞ ㊆독립적 의미/비독립적 의미

—마쓰이 요시카즈(松井良和)

무의식 無意識 [(독) das Unbewußte (영) the unconscious]

프로이트의 정신분석학에 있어 가장 중요한 개념의 하나이다. 옛날부터 꿈이나 환각을 비롯하여 스스로도 통제할 수 없는 다양한 심적 활동에 대해서는 그 나름의 관심이 향해져 왔지만, 그것들은 단지 합리에 대한 비합리로서, 말하자면 부차적으로만 취급되어 왔다. 그러나 19세기 후반에 들어서서 역동정신의학이나 최면요법 등이 태동, 융성하기 시작함에 따라 우리가 의식이라든가 정신이라고 부르는 것의 깊이에 그것들을 배후에서 뒷받침하고 있는 무의식적인 것이 놓여 있다고 하는 가설이 제기되게 되지만—예를 들면 헤링, 자네, 샤르코, 베르넴, 브로이어 등—, 프로이트도 주로 히스테리 연구를 통해 그 존재를 확신하게 되었다.

그러나 무의식은 그 말도 보여주고 있듯이 본래 의식되지 않은 것, 의식에 의해 붙잡히지 않은 것을 의미하고 있었다. 왜냐하면 그것은 의식에 의해 억압되는 데서 비로소 성립하는 특이한 존재이기 때문이다. 프로이트에 의하면 이러한 제1차 과정에는 성적인 욕동—나중에는 죽임의 욕동도 더해진다—이 얽혀 있게 되지만 이것도 역시 우리에게는 인식될 수 없다. 역동론적인 견지에서 말하자면 무의식이 의식 측으로 나오고자 하면 거기에 의식으로부터의 검열이 작용하는 까닭에 무의식은 그 검열을 회피하기 위해 그 내용을 압축한다든지 비켜 놓는다든지 하게 된다. 무의식의 가공물의 전형인 꿈에 의거하여 말하자면 이것이 바로 '꿈의 왜곡'이라고 불리는 것에 다름 아니다. 꿈의 상징화의 활동 등도 이에 속한다. 결국 무의식은 언제나 모종의 변형을 당하며, 그 대리 표상을 얻을 때에 비로소 의식에 의해 붙잡히게 되는 것이다. 프로이트의 유명한 "꿈 해석은 심적 생활에서의 무의식을 알기 위한 왕도이다"[『꿈의 판단』]라는 말도 이러한 점으로부터 나온다.

그런데 이러한 프로이트의 견해에 대한 현상학으로부터의 접근이나 평가가 어떠했는지에 대해 말하자면, 대체로 부정적인 것이 많은 듯하다. 왜냐하면 원리적인 문제로서 순수 자아 내지 순수 의식에로의 현상학적 환원을 관철하는 후설의 입장에서 보면 거기에 '무의식'이라는 관점은 들어올 수 없기 때문이지만, 그에 더하여 프로이트 이론에 대해 처음부터 소극적 평가가 있었기 때문이다. 그 대표가 야스퍼스일 것이다. 야스퍼스는 프로이트의 학설을 "정신과는 무관계"하고 "더할 나위 없이 조야한 것"[『정신병리학 총론』]이라고 하여 대단히 부정적인 평가를 내리고 있다. 이것은 특별히 야스퍼스에 한정된 것이 아닌바, 당시에 있어 프로이트의 이설에 대한 평판은 정신과 의사들 사이에서도 동일한 것이었다는 점을 알아둘 필요가 있다. 그러나 어쨌든 야스퍼스의 평가는 그 후의 현상학에 커다란 영향을 주었다고 생각된다.

그러한 가운데 비교적 호의적인 입장을 취하고 있는 것은 다음과 같은 사람들일 것이다. 우선 셸러는 프로이트의 욕동 개념과 대결함으로써 자기의 독자적인 '사랑'의 이념을 수립하고자 했으며, 빈스방거도 그 초기에는 프로이트의 정신분석을 "개인의 전체성을 과거와 현재 속에서 포착하는" 것으로 높이 평가하고 있다[「정신분석에서의 경험, 이해, 해석」]. 하지만 그 후에 하이데거의 영향을 받기 시작한 빈스방거는 전혀 반대로 프로이트가 그리는 "자연인"의 관념을 "인간의 총체적 경험을 파괴하는 것"으로 간주하게 된다[「인간학의 빛에 비추어본 프로이트의 인간 이해」, 『현상학적 인간학』에 수록]. 나아가 좀 더 적극적인 것으로서

는『프로이트를 읽는다』에서 프로이트 이론을 '욕동의 의미론'으로 포착하고 거기에서 의식과 무의식의 변증법을 읽어내고자 한 해석학의 리쾨르, 또한 전 저작을 통해 거듭해서 프로이트를 언급하고 있는 메를로-퐁티를 들 수 있다. 메를로-퐁티는 예를 들어 프로이트 이론의 성과가 언뜻 보아 그렇게 보이는 것과 같은 기계론적 모델 이론이나 생리학적 가설이 아니라 오히려 '성'이나 '리비도'와 같은 무의식의 구성요소를 세계 구성을 향한 인간적 실존의 운동 속에서 파악하고자 한 데에 놓여 있다고 간주하고 "실존적 정신분석"의 필요를 설파하고 있다. 그러한 재해석 속에서 '무의식'도 단순한 대상화에 의해 파악된 존재라든가 '비-지非-知'로서가 아니라 "그것을 알고 있는 한에서 그것을 무시하고, 그것을 무시하는 한에서 그것을 알고 있는" [「인간과 역행성」,『기호들』 II에 수록] "양의적 지각"으로서 다시 파악될 필요가 있게 된다. 또한 프로이트의 무의식을 독자적인 '생'(vie) 개념에로 해소하고자 하는 M. 앙리의 접근 등도 주목할 만한 가치가 있는 작업이라고 말할 수 있을 것이다[『정신분석의 계보』].

그러나 이러한 부차적인 접근보다도 한층 더 중요한 접근으로서 제시되어야만 하는 것은 이른바 구조주의 이후의 그것일 것이다. 프로이트의 무의식론에 대해서는 벵베니스트(Emile Benveniste)나 야콥슨을 비롯하여 많은 언어학자들도 관심을 지니고 있었지만, 특히 정신병리학 측으로부터 역으로 그러한 언어학의 식견을 활용하여 프로이트를 재생시키고자 한 것이 라캉(Jacques Lacan)이다. 무의식의 문제에 한정하여 말하자면, 라캉은 꿈의 가공이나 말 잘못, 병자의 망상과 같은 현상에 주의를 기울여 무의식에서는 의미(signifié)의 성립 이전에 우선 기호(signe)의 또 하나의 인자인 기표・시니피앙(signifiant)들이 다양한 형태로 결합된다든지 비껴 놓아진다든지 한다고 생각하고, 그 "시니피앙의 놀이"라는 관점에서 프로이트의 무의식을 다시 파악할 것을 제창했다. 이러한 관점과 관련하여 말해지는 "무의식은 언어와 동일한 구조를 지닌다"[1963-64년의 세미나 XI]라는 테제는 혹시 이후의 현상학과 결실 있는 대화를 가능하게 해줄지도 모른다. ☞ [사]기표/기의, 꿈

—고바야시 도시아키(小林敏明)

[참] S. Freud, *Traumdeutung*, 1899(高橋義孝 譯,「夢判斷」,『フロイト著作集』, 第2卷, 人文書院, 1968에 수록). S. Freud, *Das Unbewußte*, 1915(井村恒郞 譯,「無意識について」,『フロイト著作集』, 第6卷, 1970에 수록). J. Lacan, *Écrits*, Paris, 1966(宮本忠雄 外 譯,『エクリ』, I-III, 弘文堂, 1972-81).

무익한 수난 無益—受難 [(불) passion inutile]

사르트르의『존재와 무』 본론의 말미에서 출현하는 인간의 기본적인 모습을 나타내는 말. 사르트르에 의하면 <그것이 있는 바의 것인> 존재(즉자)는 그것만으로는 자기의 존재를 근거지을 수 없으며, 다른 한편 <그것이 있는 바의 것이 아니라 그것이 있지 않는 바의 것인> 인간 존재(대자)는 언제나 "자기에의 현전"인바, 결코 자기와 합치하는 일이 없다. 그런데 자기의 존재를 근거짓는 존재라고 하는 것은 자기원인이라고 하는 것인바, 그것은 종교에서 말하는 신에 상당하지만, 자기원인이기 위해서는 우선 자기를 근거짓기 위해 자기로부터 몸을 떼어놓지 않으면 안 되며(즉 대자이지 않으면 안 되며), 더 나아가 동시에 그 근거지어지는 바로 그 자기이지 않으면 안 된다(즉 즉자이지 않으면 안 된다). 그러나 즉자인 동시에 대자이기도 한 존재의 방식이라는 것은 원리적으로 불가능하다. 이것을 대자 측으로부터 말하게 되면, 인간은 신을 탄생시키고자 하여 자기를 상실한다는 것이 된다. 일찍이 그리스도는 인간을 구원하기 위해 자기를 상실했다. 인간은 신을 탄생시키기 위해 자기를 상실한다. 그러나 신은 불가능하다. 인간은 헛되이 자기를 상실한다. 즉 인간은 '무익한 수난'이다. 후에 사르트르는 이와 같은 "문학적" 표현은 오해를 부르는 것이었다고 말하게 되지만[Sit IX 56, Sit X 139], 마치 그것을 뒷받침하기라도 하듯이 사실상 전후의 그는 좀 더 낙관주의적인 인간관을 표명하고 있다. ☞ [사]즉자/대자

—다니구치 가즈히로(谷口佳津宏)

무전제성 無前提性 [(독) Voraussetzungslosigkeit]

후설은 『논리연구』 제2권 서론에서 인식론적 연구가 충족시키지 않으면 안 되는 원리로서 "무전제성의 원리"[LU Ⅱ/1 19]를 내걸었다. 인식론은 이론들의 이론으로서 모든 다른 이론에 선행하는 것이기 때문에 심리학적, 심리물리적인 이론에 의해서 인식을 **설명**해서는 안 되며, 오히려 **모든 이론적 전제를 치워버리고** 직접적으로 직관에 주어지는 체험 그 자체에 기초하여 인식을 해명하지 않으면 안 된다. 인식론에 있어서는 인식에 대한 <모든 이론적 전제·선입견>을 엄밀하게 차단하는 것이 필요한데, 인식론적 연구에 대한 이 요청이야말로 '무전제성의 원리'라고 불렸던 것이다. 그런데 후설은 모든 이론에 선행하는 중립적 연구로서 실제로 주어진 체험을 순수 기술하는 <현상학>이야말로 그 원리를 충족시키고 인식론을 가능하게 한다고 생각했다. 그는 이리하여 『논리연구』 제2권에서 실제로 사고 체험이나 인식 체험, 나아가서는 체험 일반의 **현상학적** 분석에 몰두하게 되었다. 그 후의 <현상학적 환원>의 방법 의식도 <순수하게 주어진 체험을 넘어서는 형태로 **전제**되어 있는 다양한 초월화하는 통각>을 차단하면서 **무전제성**(선입견 없음Vorurteilslosigkeit)을 한층 더 추구해가는 중에 점차로 형성되고 있었던 것으로 간주할 수 있다. 또한 "완벽한 무전제성"[Ideen Ⅰ 121]에 대한 희구는 현상학을 <제일철학>으로서 자리매김하고 그것을 추구해가는 강력한 동기가 되기도 했다. 만년에는 제일철학으로서의 현상학 구상은 배경으로 물러나게 되지만, 모든 전제들을 치워버리고 단서·기원으로 되돌아가 완전히 선입견으로부터 자유로운 철저한 성찰을 수행하고자 하는 후설의 <철저주의(래디컬리즘)>의 정신은 생애가 끝날 때까지 변하지 않았다고 말해야 할 것이다. ☞ ㊀제일철학, 철저주의{래디컬리즘}, 현상학적 환원

—사카키바라 데쓰야(榊原哲也)

무한[1] 無限— [(독) Unendlichkeit]

볼차노에 의하면 그의 시대까지의 무한 개념은 신 또는 절대자에 대한 형이상학적 개념으로서 주제화되는 것 이외에는 거의 부정적으로만 다루어지고 있었다. 그 주된 이유는 무한한 것의 존재는 인간의 유한한 인식 능력에 의해 파악하기 어렵다는 점에서 찾아지지만, 볼차노는 '명제 자체'나 '진리 자체'에 대한 취급에서도 엿볼 수 있듯이 개념의 대상의 존재와 그에 대한 인식 가능성의 문제를 다른 차원의 것으로서 준별하기 때문에, 인간에게 인식되지 않는다는 것을 이유로 하여 그 개념의 대상성을 부정할 수는 없다고 한다. 그리하여 그는 후에 데데킨트가 무한집합의 존재에 관해 행한 것과 동일한 취지의 증명을 행한다[『무한의 역설』 13절]. 우선, 하나의 진리(명제) 자체가 존재한다. 따라서 "A는 참이다"라는, A와는 다른 제2의 진리(명제) 자체 B가 존재하며, 마찬가지로 "A는 참이다, 라는 명제는 참이다"라는 제3의 진리(명제) 자체 C가 성립하고, 이하 마찬가지로 하여 A, B, C, ……의 계열은 끝없이 계속되어 이러한 진리(명제) 자체들의 전 집합은 무한집합을 이루게 된다. 이러한 논증에서 얻어지는 무한 개념을 매개로 하여 볼차노는 더 나아가 "일대일 대응"의 조작을 사용하여 단순한 생성적 무한을 넘어서서 실재하는 무한을 정의하고자 했다[같은 책 9절]. '농도' 개념의 명확한 정식화에 이르진 못했지만, 볼차노에게 수학적 무한의 집합론적 파악의 선구자라는 영예가 돌려지는 까닭이다. ☞ ㊀명제 자체, 진리 자체, ㊁볼차노

—미카미 신지(三上眞司)

무한[2] 無限— [(불) infini]

<전체성>에 대립하는 레비나스의 개념이며, <무한화>(infinition)라는 말이 사용되기도 한다. <유한성>을 전제로 한 것으로서 칸트적인 <무한> 개념을 물리침과 동시에 <다른 것>을 배제한 것으로서 헤겔적인 <무한> 개념을 물리치고, 나아가서는 <아페이론>이라는 <원기元基>와 <무한>을 준별한 레비나스는 데카르트가 말하는 <무한자의 관념>(idée de l'infini)에 의거하여 스스로의 <무한>론을 전개한다. <무한자의 관념>은

자아에 의해서는 산출 불가능한 관념인바, 이 관념은 <무한자>에 의해 자아 속에 놓인다. 자아의 용량을 넘어서는 까닭에 노에마화할 수 없는 <무한>은 <무한의 관념>을 자아 속에 각인하면서도 스스로는 내포 불가능한 <외부>에 머물며, 다른 한편 내포 불가능한 것의 관념을 각인 당한 자아는 말하자면 작열하여 <무한>을 계속해서 <욕망>하는 <무한화>, <시간화>의 운동에 말려 들어간다. 역으로 말하면 <무한화>는 자아를 불가결한 조건으로 하고 있다. <무한히 다른 것>과의 연관을 레비나스는 <얼굴>과의 연관으로 간주하지만, <얼굴>에 대한 무제한한 <접근>은 <악무한>이 아니다. 가까워지면 가까워질수록 <얼굴>과의 거리는 커지게 되는바, 이러한 역설은 완수하면 완수할수록 증대되는 <책임>의 역설에 다름 아니다. <무한화>란 <나의 죽음의 저편으로 향하기>이며, 거기에서 <죽음에 임하는 존재>의 <유한성>을 이야기하는 하이데거에 대한 레비나스의 비판을 볼 수 있다. ☞㉸전체성, ㉸전체성과 무한

—고다 마사토(合田正人)

무화 無化 [(독) Vernichtung (불) néantisation] ⇨㉸무

문학 · 문예비평과 현상학 文學 · 文藝批評—現象學

후설의 현상학적 식견과 문학의 관계를 볼 때 우선 염두에 두어야만 할 것은 현상학에서 문예비평으로의 일방통행적인 영향관계만을 생각해서는 안 된다는 점이다. 내적 의식에 대한 강한 관심이나 외재적인 객체의 세계를 의식과의 상호관계에서 포착하는 자세는 20세기 초의 서구 문학의 일정한 부분이 강렬하게 지니고 있었다. 그런 의미에서는 문학 연구와 현상학의 만남이 필연적인 것으로서 준비되고 있었다고도 말할 수 있을 것이다. 하이데거에 의한 문학작품의 독해에서도 그의 현상학을 작품 해석에 응용한 것만을 생각하는 것은 지나치게 단순한 것이라 할 수 있다.

현상학자가 문학 체험의 문제에 일찍이 본격적으로 몰두한 예는 로만 잉가르덴이다. 그는『문학적 예술작품』(1931)에서 문학작품은 독자가 읽는다고 하는 행위를 통해 구성되는 지향대상이라고 주장했다. 활자에 의해 조립되고 몇 개의 층으로서 존재하는 작품은 읽기를 통해 독자의 의식 내에서 미적 대상으로서 구체화한다고 생각하고 그 양태를 기술했던 것이다. 이러한 자세는 독일어권에서의 그 이후의 현상학적인 문예비평의 기초가 되었다. 한스 로베르트 야우스와 더불어 콘스탄츠학파의 비평을 대표하는 볼프강 이저는『행위로서의 독서』(1976)에서 이러한 방향을 좀 더 전개한다. 그에 의하면 문학작품이란 활자로서의 작품과 독자에 의한 읽기의 상호행위로서 구성된다. 그러나 독자는 단순한 수동적인 구성자에 머무는 것이 아니다. 작품 속에는 보통 의미가 확정되지 않은 공백 부분이 존재하는바, 그 부분의 의미를 충전하고자 할 때 읽기는 대단히 창조적인 것이 된다. 그는 이러한 생각을 영국의 소설에 대한 구체적인 분석에 적용해보고, 그 성과를『잠재하는 독자』(1972)로 정리했다. 그의 이론은 해석학이나 기호론의 사고방식을 받아들인 것으로서 현대의 가장 탁월한 읽기 이론의 하나라고 말할 수 있다.

그에 반해 프랑스어권에서의 현상학적인 문예비평의 중심이 된 것은 제네바 대학에서 가르친 몇 명의 사람들이었다. 제네바학파라고 불리는 그들을 대표하는 것은 조르주 풀레(Georges Poulet 1902-)와 장 스타로빈스키(Jean Starobinski 1920-)일 것이다. 그들의 비평은 읽기의 과정에 대해서는 관심을 보이지 않고 오히려 작품 언어에 대한 분석을 통해 작자의 의식의 양태를 해명하는 것에 과녁을 집중했다. 특히 풀레는 작품 언어에 내재하는 작자의 의식을 지향대상으로 파악하고 비평가의 의식은 그것과 일체화할 수 있는바, 모든 비평은 그로부터 시작한다고 생각했다. 그리하여 이 학파의 비평은 의식의 비평이라고 불리기도 한다. 특징적인 것은 그 분석의 대상이 되는 것이 무엇인가 하는 점이다. 이 학파의 사람들은 작품만이 아니라 일기나 편지도 그 작가의 사상적 우주를 이룬다고 생각하고 거기에 내재하는 의식의 양태를 파악하고자

했다. 그의『인간적 시간의 연구』(1949)에서는 데카르트와 그 밖의 철학자 및 문학자의 시간의식이 훌륭하게 분석되고 있다.

미국에서의 현상학 비평은 존스 홉킨스 대학에서 풀레의 동료였던 J. 힐리스 밀러(J. Hillis Miller 1928-)의 노력에 의해 전개된다. 요컨대 미국의 국내에서의 현상학 연구가 문학비평에 직접적인 영향을 준 것은 아니었다고 생각할 수 있는 것이다. 오히려 커다란 영향력을 가진 것은 밀러의 논문「제네바학파: 마르셀 레이몽, 알베르 베갱, 조르주 풀레, 장 루세, 장 피에르 리샤르」(1966)이었다. 그의 대표작으로서는『찰스 디킨스, 그의 소설의 세계』(1958)가 있다. 조프리 하트먼(Geoffrey Hartman 1929-)의『워즈워스의 시, 1787-1814년』(1964)은 이 시인에게서 자연과 상상력이 의식의 드라마를 연출하는 모습을 해명한 것으로서 현상학의 수용을 명확히 찾아볼 수 있다.

미국에서의 현상학적인 문예비평이 보여주는 하나의 특징은 1970년대에 들어서서 자크 데리다의 저작의 영향이 나타나기 시작했을 때 이론적으로나 작품 분석의 측면에서 최초로 전향해가는 것이 바로 이 밀러나 하트먼과 같은 사람들이었다는 점이다. 지향대상의 자기동일성이나 작자의 의식과의 일체화라는 전제는 이때에 견지하기 어렵게 된다. 예일 대학에서 데리다의 동료로서 가르쳤던 폴 드 만(Paul de Man 1919-83)에 대해서도 말할 수 있지만, 그는 현상학적 비평의 전제를 비판하는 가운데 탈구축 비평으로 향하게 된다.
☞㊞데리다, 야우스, 이저, 잉가르덴, ㊊문학적 예술작품

—도미야마 다카오(富山太佳夫)

㊟ R. Ingarden, *Das Literarische Kunstwerk*, Halle, 1931(細井雄介 外,『文學的藝術作品』, 勁草書房, 1983). W. Iser, *Der Akt des Lesens*, München, 1976(轡田收 譯,『行爲としての讀書』, 岩波書店, 1982). G. Poulet, *Etude sur le humain*, Edinburgh, 1949(井上究一郎 外 譯,『人間的時間の硏究』, 筑摩書房, 1969).

문화 文化 [(독) Kultur (영) culture]

문화는 후설에게서는 자연주의적 태도가 향하는 <자연> 영역에 대해 인격주의적 태도가 향하는 <정신> 영역으로서[『이념들 II』], 혹은 문화적인 환경세계임과 동시에 지각이나 판단 등 모든 작용의 명증성의 지반이기도 한 <생활세계>로서[Krisis], 이를테면 간접적으로 문제가 되는 데 불과했다고 말할 수 있다. 다시 말하면 후설에게서는 문화가 자연과 대비되어 언급된다 하더라도 그것은 대상영역으로서의 (자연과의) 차이에 기초하는 것이어서 자연이라는 질서와는 다른 것으로서의 문화라는 질서의 생성이 총체로서 문제가 되었던 것은 아니다. 문화의 문제를 그 근원적 생성이라는 측면에서 일관되게 문제로 삼아온 것은 행동이나 지각에 대한 현상학적 분석으로부터 출발한 메를로-퐁티이다. 그는 언어라는 상징체계, 지각이나 행동에서(혹은 지각이나 행동으로서) 출현하는 게슈탈트, 표현의 운동질서로서의 스타일 등, 다양한 "육화한 논리"[Signes 110]나 우연 속에서 일어나는 다양한 합리성[PM 34, EP 64]의 생성에 현상학적으로 접근했다. 그 생성론은 분석의 진행과 더불어 점점 더 존재론적 성격을 강화하는바, 그에 의해 대상이 가능해지는 바의 경험의 축, 요컨대 모든 경험을 표시하는 "차원의 개설" 내지는 "수준의 설정"[VI 198]이라는 사건으로까지 파고들어간다. 세계가 '열개裂開'하는 그러한 장면에 내부로부터 입회하는 것에서 보이는 것은 야성적인 것과 문화적인 것의 근원적인 뒤얽힘, 즉 말없는 로고스가 현실적인 로고스를 '요구'하고, 역으로 후자가 전자를 '개시'한다고 하는 상호 잠식적인 관계이다. 그리고 거기서는 자연적 지각으로 볼 수 있는 것(예를 들면 유클리드적 지각이나 원근법)이 사실은 문화에 의해 형태화(재구조화)된다는 것이 분명해진다. 현대에 현상학의 사회과학에 대한 적응에서는 사회적 현실을 객관적으로 일원적인 것으로서 포착하는 규범적 패러다임에 대해, 사회과학자 자신의 분석의 지평과 그 분석 대상인 사회와의 상호 구성적인 의미관계에 주목하는 현상학적 패러다임이 대치하게 되지만 [William J. Filstead, "Sociological Paradigm of Reality", in Harry R. Garvin, ed., *Phenomenology Structuralism, Semiology*, London, 1976 참조], 그 구체적인 반영은 A. 슈츠의 다원적 현실론과 그것을 잇는 현상학적 사회학 및 민속방법론 혹은 해석학적 인류학을 제창하는 기어츠(Clifford Geertz 1926-)의 '문화의 현상학'의 사고방식 등에서 발견된다. ☞ [사]게슈탈트 이론, 생활세계, [서]보이는 것과 보이지 않는 것, 슈츠 저작집

—와시다 기요카즈(鷲田淸一)

물리적 질서 物理的秩序 [(불) ordre physique] ⇨ [서]행동의 구조

물리학과 현상학 物理學—現象學

『논리연구』로부터 『이념들 Ⅰ』을 거쳐 『위기』에 이르는 후설 현상학의 경과는 일관되게 학문론적인 성격을 지닌다. 즉 과학들의 궁극적 근거짓기라는 동기를 감추고 있는 것이다. 그때 학문 혹은 과학의 범형으로 지목되고 있는 것은 수학 및 수학적 물리학이었다. 수학이 <본질학>인 데 반해, 물리학으로 대표되는 경험과학은 <사실학>에 속한다. 또한 수학이 <형식적 존재론>의 일부를 이루는 데 반해, 경험과학은 대상영역을 선험적으로 규정하는 본질학인 <영역적 존재론>을 전제한다. 요컨대 "사실학(경험과학)은 모두 제반 본질적인 이론적 기초를 형상적인 존재론들 속에서 지니는"[Ideen Ⅰ 19] 것이며, "자연과학적인 과학들 모두에는 물리학적 자연 일반에 대한 형상적 학(자연의 존재론)이 대응하는"[같은 곳] 것이다. 그러므로 물리학의 근거짓기는 그것이 대상으로 하는 물리학적 자연에 관한 영역적 존재론의 구축을 통해 수행되게 된다.

영역적 존재론이 구체적으로 전개되는 것은 『이념들 Ⅱ』에서이지만, 그것에 앞서 후설은 『이념들 Ⅰ』에서 소박한 물리학적 실재론을 비판하는 것으로부터 시작하고 있다. 표적이 되는 것은 "자연연구자가 정밀한 물리학자로서 가정하는 동시에 참다운 자연으로 간주하는 저 원인으로서의 실재"[Ideen Ⅰ 98]를 일체의 감성적 경험을 초월한 객관적 자연으로 보는 생각이다. 그에 대립하여 후설은 물리학자가 탐구하는 것은 지각되는 해당 사물이라는 것을 강조하여 다음과 같이 말하고 있다. "물리학자가 관찰하고 실험을 행하며 끊임없이 주시하고 손에 쥐며 저울에 달고 용광로 속에 넣는 그 사물, 그 밖의 어떠한 사물도 아닌 바로 이 사물이야말로 무게, 온도, 전기저항 등등과 같은 물리학적 술어의 주어로 된다. 마찬가지로 또한 지각된 경과 현상과 연관 그 자체야말로 힘, 가속도, 에너지, 원자, 이온 등과 같은 개념들에 의해 규정되는 해당 사물인 것이다"[같은 책 100]. 새삼스럽게 이러한 것을 강조하는 것은 다름이 아니라 바로 자연적 태도에서 유래하는 실재론적 선입견을 배제하고, 물리학적 자연이라 하더라도 우리의 의식수행의 지향적 상관자라는 것을 명확히 하기 위해서이다. 즉 "물리학적 자연은 논리적으로 규정하는 사고작용의 지향적 상관자에 다름 아닌"[같은 책 101] 것이며, 또한 "원리적으로 보아 물리적 사물의 초월은 초월이라 하더라도 의식 속에서 구성되고 의식에 구속된 존재가 지니는 초월에 다름 아닌"[같은 책 102] 것이다. 따라서 구성적 의식으로부터 독립한 객관적 자연이라는 것은 존재하지 않는다. 물리학도 그러한 의식의 구성작업의 일환이다. 조금 더 부연한다면, "이성은 경험의 논리에 따르면서 좀 더 고차적인 지향적 상관자를 수고하여 쌓아올리고, 이것이 물리학의 이름으로 불리는바, 요컨대 이 이성은 소박하게 현출하는 자연 속으로부터 물리학적 자연을 수고하여 쌓아올린다"[같은 책 101]고 말할 수 있다.

그 과정을 면밀하게 다시 더듬어 나간 것이 바로 『이념들 Ⅱ』이다. 거기서는 '물질적 세계'와 더불어, 더 나아가 '동물적 자연'과 '정신적 세계'의 구성 과정이 상세하게 분석되고 해명된다. 여기서 특징적인 것은 자연과학이 대상으로 하는 객관적인 물리학적 자연이 '자연주의적 태도'(naturalistische Einstellung)에 기초하는 것으로 간주되어 그것에 비판적 검토가 가해지고 있다는 점이다. 그에 반해 지금까지 에포케의 대상이 되어 있던 '자연적 태도'(natürliche Einstellung)는 우리

가 일상적으로 사물이나 타인과 교제하면서 언제나 이미 취하고 있는 자연스러운 태도로서 '인격주의적 태도'라고도 바꿔 불리게 된다. 그리고 인간도 자연적 존재로서 과학적 분석의 대상으로 하는 자연주의적 태도는 물리학적 자연을 절대화하는 것인바, 그것은 인격적 태도의 자기망각에 의해 이차적으로 성립한 것에 지나지 않는다고 간주된다. 다시 말하면 "자연주의적 태도는 인격주의적 태도에 종속하는"[Hu **4**. 183] 것인바, 물리학적 자연은 오히려 신체나 마음과 동시적으로 구성되는 근원적 자연에 포괄되어 있는 것이다[같은 책 124 참조]. 분명히 여기서는 "결국 물질적 실재가 최저의 단계로서 다른 일체의 실재의 근저에 존재한다"[Ideen Ⅰ 319]고 하는『이념들 Ⅰ』에서 상정되고 있는 기초짓기 관계가 역전되어 있다고 말해야 할 것이다. 아니 더 나아가 '물질적 자연', '동물적 자연', '정신적 세계'라는『이념들 Ⅱ』의 틀을 형성하고 있는 계층구조 역시 이미 유지하기 어려운 것이 되어 있다. 이로부터 물리학적 자연을 <이념화>라는 절차를 통한 '자연의 수학화'에 의해 성립한 것으로 보는『위기』에서의 '생활세계의 존재론'의 관점까지는 단 한 걸음만이 남아 있다 할 것이다.

『위기』의 제9절에서 후설은 '갈릴레오에 의한 자연의 수학화'를 유럽의 학문 전통에 위기를 초래한 원흉으로서 냉엄하게 논단한다. 그것은 물리학을 정점으로 하는 근대적 지식의 위계질서에 대한 근본적인 도전이기도 했다. 후설의 창끝은 우선 "갈릴레오 물리학으로서 근대 철학을 근원적으로 규정한 저 물리학의 이념과 과제를 완전히 명료화하는 것"[Krisis 42]으로 향하는데, 그 결과 "이념화된 자연을 학 이전의 직관적 자연과 바꿔치기하는 것은 갈릴레오와 동시에 시작된다"[같은 책 50]는 것이 밝혀진다. 즉 그것은 우리가 현실에서 경험하고 직관할 수 있는 <생활세계>의 은폐와 망각이라는 사태에 다름 아닌 것이다. 근대 물리학의 창시자 갈릴레오는 사물의 제2성질을 <주관적>이라고 하여 잘라 내버리고 제1성질만으로 이루어진 <객관적 세계>를 만들어냄으로써 생활세계를 수학적 상징이라는 <이념의 옷>으로 덮어 버렸던 것이다. 그것을 후설은 "물리학의, 따라서 또한 물리학적 자연의 발견자인 갈릴레오는 발견하는 천재임과 동시에 은폐하는 천재이기도 하다"[같은 책 53]고 요약한다. 이 천재는 인격적 주체나 정신적·문화적 성질들을 모두 물리학적 세계로부터 사상함으로써 "그것 자체에서 실재적으로 완결된 물체계로서의 자연이라는 이념"[같은 책 61]을 확립했다. 그러나 이러한 새로운 자연관은 세계 일반의 이념의 근본적인 변경을 초래하여 그것을 물적 세계와 심적 세계로 분열시키게 된다. 후설에 의하면 "이와 같이 세계가 분열되고 그 의미가 변화된 것은 자연과학적 방법을 모범으로 한 것, 다시 말하면 자연과학적 합리성을 모범으로 한 것의 당연한 결과였다"[같은 곳]는 것이다. 그러므로 현상학은 분열된 세계의 재통일을 지향함으로써 좋든 싫든 <과학적 이성 비판>이라는 과제를 스스로 짊어지게 된다.

그 과제를 정면에서 받아들이고자 한 것이 만년의 메를로-퐁티였다. 그는『보이는 것과 보이지 않는 것』에서 물리학이 의거하는 <객관주의적 존재론>에 대치되지 않을 수 없는 <야생의 존재론>을 구상하고, "물리학의 이념화 작업이 어떻게 지각적 신념을 넘어서며 또한 잊고 있는가"[VI 36]를 보이고자 시도했다. 그러나 그 작업은 그의 죽음으로 인해 중단되었다. 우리는 다만 미완의 저작의 제2부 제4장 제1절이 '자연의 물리학'이라는 제목을 달고 있다는 것을 알고 있을 뿐이다[같은 책 222]. 그러므로 <과학적 이성 비판>의 일환으로서의 '물리학과 현상학'이라는 과제 설정은 여전히 <열린 물음>으로서 우리 앞에 놓여 있다고 말하지 않을 수 없다. ☞ ㉳생활세계, 영역적 존재론, 이념화, 자연주의적 태도/인격주의적 태도

—노에 게이이치(野家啓一)

[참] C. W. Harvey, *Husserl's Phenomenology and the Foundations of Natural Science*, Athens, 1989. B. Rang, *Husserl's Phenomenologie der materiellen Natur*, Frankfurt a. M., 1990. 細川亮一, 「『イデーンⅡ』の構造と現象學」, 『理想』, 476号, 1973에 수록.

물리학적 현상학物理學的現象學 [(독) physikalische Phänomenologie]

오스트리아의 물리학자이자 철학자인 에른스트 마흐는 그의 '감성적 요소일원론' 및 '사유경제의 원리'에 기초하는 독자적인 물리학 구상을 '포괄적인 물리학적 현상학'이라는 이름으로 불렀다. 이것은 '역학적(기계론적) 물리학'에 대립하는 것이자 물리학으로부터 모든 형이상학적 요소(실체, 인과성, 절대시간, 절대공간, 원자 등)를 배제하고 순수 기술의 입장에서 현상들의 비교를 통해 물리법칙을 탐구하고자 하는 시도이다. 그 때문에 이 시도는 '비교물리학'이라고도 불린다. 후설은 초기의 논고 「논리학에 관한 독일어 문헌 보고 1894년」(1897)[Hu **22**. 148ff.]에서 마흐의 논문 「물리학에서의 비교 원리에 대하여」를 다루고 그의 물리학적 현상학 구상에 긍정적인 평가를 내리고 있다. 후설이 '현상학'이라는 호칭을 사용하기 시작하는 것이 이 직후라는 것에서 생각할 때 그의 현상학이 마흐의 용어법에서 구상을 얻은 것이라는 점은 거의 확실하다. 사실 후설은 「암스테르담 강연」(1928)[Hu **9**. 302]의 서두에서 현상학의 선행자로서 마흐와 헤링의 이름을 들고 있다. 그러나 마흐의 '현상학'은 철저히 현상영역 내부에 머무르고자 하는 점에서 끝없이 '현상주의'에 가까우며, 초월론적 계기를 전적으로 결여하고 있다. 그런 의미에서 후설의 현상학은 마흐의 물리학적 현상학의 '초월론적 전회'를 통해 성립했다고 말할 수 있다. ☞㊀실증주의와 현상학, 현상주의, ㉧마흐, ㉮감각의 분석

—노에 게이이치(野家啓一)

물적 현상物的現象 ⇨㊀심적 현상/물적 현상

물체物體 [(독) Körper (불) corps]

사물(Ding)과 구별되는 한에서의 물체는 후설 현상학에서는 신체(Leib)가 보이는 이중성격에 대한 고찰에서 등장한다. 신체는 한편으로 책상이나 돌 등의 다른 사물과 더불어 객관 공간의 내부에 위치하는 하나의 대상(질료적 사물)임과 동시에, 다른 한편으로는 거기에서 감각이 발생하는 '능력'의 담지자로서 주관에 속하는 것이기도 하다. 즉 신체는 객관화하는 것임과 동시에 객관화되는 것이기도 하다. 이 경우의 신체의 물적(질료적) 측면·객체적 측면을 나타내는 데에 물체라는 말이 사용된다('신체물체' Leibkörper라는 표현이 사용되는 경우도 있다). 이에 반해 신체는 그 주관적·능력적 측면을 나타내게 된다. "<신체적>이란 분명히 단지 <물체적>이라는 것을 의미하는 것이 아닌바, 이 말은 운동감각(Kinästhese)적인 것을 가리키는 동시에 고유한 방식으로 자아의 기능을 가리킨다"[Krisis 110]. 또한 타자구성이론으로서의 자기이입론에서 타자의 신체는 무엇보다도 우선 내게 있어서 하나의 사물로서의 성격을 갖추고서 현상하는 것으로 간주되는바, 이러한 <사물로서의 신체>와 나의 <체험된 신체>와의 <맞짝짓기> 현상을 매개로 다른 자아의 구성이 설명되는데, 이때의 타자의 신체의 존재방식을 나타내는 말로서도 사용된다.

이러한 후설의 분석을 메를로-퐁티는 "객체적 신체"(corps objectif)와 "현상적 신체"(corps phénoménal)의 구별, 나아가서는 "가감적 신체"(corps sensible)와 "감각하는 신체"(corps sentant)의 구별에로 부연하면서 한층 더 깊이 파고드는 분석을 행하고 있다[PP 123, Ⅵ 180f.]. ☞㊀사물, 신체, 자기이입

—사이토 요시미치(齋藤慶典)

뮌헨학파—學派{**뮌헨 현상학**—現象學} [(독) Münchener Kreis; Münchener Phänomenologie]

테오도르 립스가 1894년에 슈툼프의 후임으로 뮌헨 대학에 부임한 직후 립스의 '기술심리학'의 이념에 공명한 제자들을 중심으로 하여 '심리학연구회'(Akademischer Verein für Psychologie)가 발족했다. 후에 뮌헨 현상학파라고 불리게 되는 현상학 운동의 출발을 알리는 사건이다. 중심 구성원은 펜더, 에틀링거(Max Ettlinger), 갈링거 등이었지만, 그 후 참가한

다우베르트가 이 운동에 결정적인 역할을 수행하게 되었다. 다우베르트는 후설의 『논리연구』가 출판되자마자 곧바로 그 의의를 높이 평가하고 일찍이 1902년에 스스로 괴팅겐의 후설을 찾아가 장시간의 인터뷰를 행했으며, 나아가 1904년에는 립스와 함께 후설을 뮌헨에 초청하여 교류를 시도했다. 이리하여 립스, 펜더 등의 '현상학'과 후설의 현상학과의 상호 교류를 매개로 하여 활발한 논의가 개시됨과 동시에, 구성원도 가이거, 라이나흐, Th. 콘라트, 슈베닝거(Alfred Schwenninger 1881-1975; 립스의 제자로서 괴팅겐의 후설 밑에서도 공부하고, 정신과 의사가 되었다), 피셔(Aloys Fischer) 등이 참가하여 뮌헨 현상학파의 황금시대가 형성되게 된다. 1906년에는 예나로부터 사강사로서 부임해온 셸러가 가담했다. 그 후 라이나흐, 콘라트는 괴팅겐으로 옮기며, 1907년에는 후설 밑에서 '괴팅겐 철학협회'(Philosophische Gesellschaft Göttingen)를 결성하여 현상학 운동의 제2의 거점을 형성했다. 1910년대에는 뮌헨-괴팅겐 공동의 성과가 『철학 및 현상학 연구 연보』를 비롯하여 다양한 형태로 공간되었다. 제1차 대전에 의한 중단을 거쳐 그 후에도 펜더, (괴팅겐으로부터 돌아온) 가이거, 그에 더하여 갈링거, 펜더의 제자인 베크, 발터, 스피겔버그, 나아가 힐데브란트 등에 의해 운동이 계속되었다. 나치스의 정권 탈취와 제2차 세계대전에 의해 괴멸적인 타격을 받은 후, 콘라트-마르티우스를 중심으로 하여 갈링거, 슈튀르만, A. 메츠거 등에 의해 전통은 계승되었지만, 실존주의나 후기 후설의 연구가 주류가 된 전후의 현상학의 흐름 속에서는 현상학적 미학과 같은 일부 분야를 제외하고는 이미 커다란 영향을 지니지 못했다. 1970년대에 이르러 점차 펜더를 비롯한 뮌헨학파의 성과가 다시 발견되기 시작했다.

뮌헨 현상학의 특징을 이루는 것은 구체적인 체험의 본질 분석이며 그때 관심의 중심은 인식론적 반성보다는 사태 그 자체로 향해 있는데, 그 입장은 실재론(셸러, 잉가르덴) 혹은 '존재론적 현상학'(콘라트-마르티우스) 등으로 불린다. 그에 비해 후설은 뮌헨학파와 가장 많은 교류가 있었던 시기에 이미 관심을 인식론으로 옮겨 초월론적 현상학에로의 길을 걷기 시작했던 것으로부터도 알 수 있듯이, 양자 사이에는 처음부터 긴장이 잉태되어 있었다. 이 점은 『이념들』의 출판에 의해 공공연하게 되며, 그 후 뮌헨학파(그리고 괴팅겐학파) 대 프라이부르크학파의 대립으로 말해지게 된다. 그러나 뮌헨학파도 절대적 의식의 우위에 기초한 '환원'에는 반대했지만, 관념론과 실재론의 대립을 넘어선 '에포케'라는 방법은 적극적으로 평가하고 있었으며, 다른 한편 후설도 뮌헨학파로부터 구체적인 분석에 관하여 많은 것을 배우고, 또한 『이념들 Ⅰ』 시기의 데카르트주의적인 소박함을 자기반성하게 된 점 등에서 보면, 양자의 대립에는 '오해'에 기초하는 것과 같은 측면이 없지 않다. ☞ [사]괴팅겐학파, [인]립스², 펜더

—무라타 준이치(村田純一)

[참] E. Avé-Lallemant, Hg., *Nachlässe der Münchener Phänomenologen in der Bayerischen Staatsbibliothek*, Wiesbaden, 1975. H. Kuhn et al., Hg., *Die Münchener Phänomenologie*, Den Haag, 1975.

미각味覺{**취미**趣味} [(독) Geschmack]

"미각에 대해서는 논할 수 없다"(De gustibus non est disputandum)는 로마인의 속담이다. 그것이 사람들의 좋아하고 싫어하는 감정에 대해서는 다툴 수 없다는 것을 의미한다 하더라도, 미각은 그것 자체로서 자주 논의의 대상이 되어왔다. 고대 그리스 이래로 오감 중에서도 저급한 감각의 하나로서 폄하되어온 미각은 적어도 17, 18세기의 미학적 언설에서 중심적인 개념이 되었다. 그것의 의미 내포로부터 '판별'의 측면이 추상되어 취미론으로서의 다양한 전개를 보았던 것이다(한국어에서는 '미각', '취미'로 나누어 번역되지만 유럽어들에서는 동일하다). 칸트의 『판단력비판』(1790)은 "취미(=미각)란 미를 판정하는 능력이다"라는 기본 명제 위에 선다. 거기서 칸트는 "질료적 미적 판단"과 "형식적 미적 판단"을 구별하고, 결국 후자만을 "순수한 판단"으로 간주했다. '미각'으로부터 원칙적으로 '질료'를 배제했던 것이다. 그러나 이미 아리스토

텔레스가 『영혼론』에서 지적하고 있듯이 미각은 습기 없이는 성립할 수 없는데, 바로 이 습기야말로 질료이다. 버크(Edmund Burke 1729-97)도 『숭고와 미의 관념의 기원에 대한 철학적 연구』(1757)에서 미각의 성립을 위한 유동성의 매질의 필요성을 이야기하고 있으며, 사실 칸트 자신도 그의 『인간학』(1798)에서 "혀, 입천장 및 목구멍"이 "용해한 어떤 종류의 물질"을 "종별적으로 감촉하는" 것으로서 '미각'을 규정하고 있다. 칸트는 '미각'의 이러한 본래적인 모습에 있어 불가결한 매질을 결국 '미'의 문제와 관련해서는 질료적인 것으로서 배제했던 것이다. 이것은 감관과 대상의 거리를 영으로 하지 않으면 성립하지 않는 미각작용에 굳이 거리를 도입한 것이라고 볼 수 있다. 칸트가 형식에 관계하는 "순수한 판단"을 "반성적 취미"라고도 부르고 있는 것이 그 점을 보여준다. 반성이란 이미 거리화이기 때문이다. 브리아 사바렝(Brillat-Savarin)의 『미각의 생리학』(1825)은 미각이 세 종류의 상이한 감각을 발생시킨다고 하여 "직접감각", "완전감각", "반성감각"을 들고 있지만, 혀의 앞부분이나 목구멍에서 생기는 다소나마 직접적인 인상 그 자체가 아니라 그것에 "영혼이 가하는 판단"을 의미한다는 점에서 이 "반성감각"은 칸트의 "반성적 취미"와 동일하지는 않다 하더라도 **거의** 궤를 같이 하고 있다고 볼 수 있을 것이다. 어쨌든 이러한 어려움을 피할 수 없는 '미각=취미'는 19세기의 미학적 언설에서 기본적으로 모습을 감췄지만, 그것이 지금도 미학이라는 학문적 영위에 내재하는 역설을 단적으로 상징하고 있다는 점에는 변함이 없다. 그것은 양羊이 크다고 쓰는 한자인 '미美'가 본래 미각상의 '맛있다'는 뜻을 가진다는 어원설과도 기묘하게 관계되는 사태라고 말할 수 있을 것이다.

—다니가와 아쓰시(谷川 渥)

[참] H. Tellenbach, *Geschmack und Atmosphäre*, Otto Müller, 1968(宮本忠雄・上田宣子 譯,『味と雰圍氣』, みすず書房, 1980). Brillat-Savarin, *Physiologie du Goût*, 1825(關根秀雄・戶部松實 譯,『美味禮讃』, 岩波文庫, 1967). Roland Barthes, *Brillat-Savarin/Physiologie du Goût*, Hermann, 1975(松島征 譯,『<味覺の生理學>を讀む』, みすず書房, 1985). Wolfgang Schivelbusch, *Das Paradies, der Geschmack, und die Vernunft*, Carl Hanser Verlag, 1980(福本義憲 譯,『樂園・味覺・理性』, 法政大學出版局, 1988). 谷川渥,『美學の逆說』, 勁草書房, 1993.

미규정성未規定性 ⇨[사]규정성/미규정성

미래예지未來豫持 ⇨[사]과거파지/미래예지{파지/예지}

민속방법론民俗方法論 [(영) ethnomethodology]

1960년대에 가핑켈에 의해 방법적으로 정초되고 명명된 현상학적 사회학의 새로운 흐름의 하나. 어원은 the study(=ology) of people's(=ethno) methods, 요컨대 <사람들의 일상생활의 방법에 대한 연구>에 놓여 있다. 종래의 사회학이 사회적 현실이 구성되어가는 장면으로부터 분리된 곳에서 구축된 과학적 모델과 합리성 개념을 현실에 강요함으로써 현실을 왜곡하고 있다는 점을 비판하고, 과학 이전의 생활세계에 초점을 설정하여 사람들이 이 세계를 구성하고 의미짓기 위해 이 세계의 질서를 보고 기술하고 설명하는 작업을 어떻게 행하고 있는지를, 요컨대 그 <방법> 또는 <절차>를 해명하고자 하는 것이다. 후설, 슈츠의 현상학(적 사회학)과 촘스키(Noam Chomsky 1928-), 비트겐슈타인 등의 언어학을 그 지적인 원류로 한다고 말해진다.

가핑켈은 사람들이 사회적 현실을 의미 있는 것으로 구성해가는 이러한 방법을 '다큐멘트적 해석'이라고 명명한다. 그것은 일련의 발화와 사건으로부터 그 배후에 놓여 있다고 생각되는 기초적인 패턴 또는 콘텍스트를 찾아내고, 이러한 패턴 및 콘텍스트와 관계지우면서 개개의 발화와 타자의 행위를 이해하고 해석해가는 방법이다. 개개의 발화와 행위는 이러한 기초적인 패턴과 그 장의 상황의 나타남, 요컨대 <지표>(index) 또는 <다큐멘트>로서 해석되지만, 이러한 패턴과 콘텍스트가 개개의 발화와 행위로부터 독립하여 존재하는 것은 아니다. 그것들은 개개의 발화와 행위를 이해 가능하게 하고 설명 가능하게 하는 배경지식을 이루지만, 역으로 이 배경지식 역시 개개의 발화와 행위의 축적을 통해 그때마다 새롭게 다시 형성되고 그것으로서 확인되어가는 <기회적>(occasional) 구성물로서 존재한다. 양자 사이에는 <재귀적> 내지는 <상호반조적>(reflexive)인 관계가 성립하는 것이다.

민속방법론은 모든 사람에 의해서 습득되고 일상생활 그 자체가 그 적용으로서 존재하기 때문에 사회학자에 의해서나 일상생활을 살아가는 사람들에 의해 주제화된다든지 반성된다든지 할 수 없었던 자명한 의미구성의 메커니즘을 해명함으로써 "자명성을 놀랍게 변화시킨다"고 하는 현상학의 노림수를 경험과학적인 수법을 사용하여 실현하고 있다고 말할 수 있을 것이다. ☞ ㉶상징적 상호작용주의, 생활세계, 자명성, 지표성, 현상학적 사회학, ㉸가핑켈

—야마구치 세쓰오(山口節郎)

㊟ H. Garfinkel, *Studies in Ethnomethodology*, New Jersey, 1967. H. ガーフィンケル(山田富秋 外 編譯), 『エスノメソドロジー』, せりか書房, 1987.

밑그림 그리기 {예묘 豫描} [(독) Vorzeichnung]

모든 경험은 그때마다의 체험 내지 감각을 언제나 넘어선다. 예를 들면 갑자기 귓전에 울리는 모종의 소리 감각이 곧바로 인간의 목소리라고 경험된다든지, 그 참모습을 알지 못하는 소리라 하더라도 적어도 이미 알고 있는 소리 가운데 몇 가지 유형이 곧바로 동원되어 그중 어느 것에 들어맞는지가 찾아진다든지 하는 것이다. 결코 고전적 경험주의와 항상성 가설이 말하듯이 우선 감각이 있고 그것의 조합에 의해 경험이 성립하는 것이 아니라, 역으로 경험이란 의미라는 통합(게슈탈트)이 개개의 감각을 틀 지우고, 동시에 이에 의해 그 의미를 확인 또는 부정하는 것인 것이다. 이것이 밑그림 그리기로 특징지어지는 새로운 경험의 포착 방식이다. 감각은 경험을 동기짓는 것일지는 모르지만, 그럼에도 불구하고 그렇게 해서 그려진 밑그림을 색칠하는 데 그친다. 극단적인 경우 밑그림에 맞지 않는 감각은 경험에 이르지 못하고 무시된다. 이러한 예묘는 후설에서는 예취, 통각, 해석(Deutung), 파악(Auffassung)으로서[『논리연구』], 나아가서는 생활세계에서 이미 기능하고 있는 귀납, "감성적 소여를 끊임없이 합리화하고 언제나 이미 합리화해버리고 있는 이성"의 활동으로서[『위기』] 고찰되었다. 즉 통각과 합리화는 그것만으로는 단순한 사념, 공허한 지향, 믿음으로서 불완전함을 면하지 못하고 이를테면 도상에 있는 '노력'인바, 이러한 통찰이 후설로 하여금 경험과 체험의 시간구조에 대한 해명을 필수적인 것으로 삼게 했던 것이다. ☞ ㉶게슈탈트 이론, 경험, 공허한 지향, 규정성/미규정성, 로서-구조, 사념하다, 선이해, 지평, 유형

—구도 가즈오(工藤和男)

반복 反復 [(독) Wiederholung ; Iteration (불) répétition ; itération]

<반복> 개념은 현상학의 맥락에서는 무엇보다도 우선 처음에 후설에 의해 의미와 대상의 동일성을 둘러싼 논의에 사용되었다. 그에 의하면 지향적 의식이 향하는 <어떤 것> 전체는 그 공간 시간적 위치에 의해 개별화될 수 있는 실재적(real)인 대상과 상이한 공간 시간적 위치를 통해 동일한 대상으로서 반복될 수 있는 이념적(ideal)인 대상성으로 크게 둘로 구별된다. 예를 들면 한 장의 나뭇잎과 같은 자연물은 상이한 공간 시간적 위치에서 결코 엄밀한 의미에서의 동일성을 보존할 수 없는 데 반해, 말이나 글의 의미는 해당 언어공동체가 존립하는 범위 내에서 몇 번이라도 동일한 것으로서 반복될 수 있는바, 수나 기하학적 대상은 모든 공간 시간적 위치에서 엄밀하게 동일한 것으로서 반복 가능하다. 현상학자 후설은 이와 같이 범공간 시간적으로 존립하는 이념적 대상의 이념성을 의식으로부터 독립한 자체존재로서 <플라톤주의적>으로 실체화하는 것이 아니라 지향적 의식에서의 반복 가능성(Wiederholbarkeit)의 상관자로서 파악했다[FTL 서론, EU §65]. 실재적 대상에서도 명증적으로 동일한 대상으로서 인지되기 위해서는 언제나 그것으로 되풀이하여 돌아올 수 있다고 하는 현상학적 성격이 수반하지 않으면 안 되는 것이다.

한편 하이데거는 『존재와 시간』에서 현존재의 "본래적 역사성"을 구성하는 본질계기의 하나로서 <반복>을 정의했다. 그에 의하면 반복(Wiederholung)이란 선구적 결의성 속에 있는 현존재가 이전에 현존재하고 있던 모종의 실존 가능성을 명확한 방식으로 자기에게 전승하는 것(Überlieferung)에 다름 아니다. 이러한 반복은 본래적 시간성에서의 '도래'(Zukunft)의 우위 때문에 과거에 있던 것의 단순한 되풀이로서가 아니라 이전에 존재하고 있던 실존 가능성들에로의 자유로운 '응답'으로서, 우연적이고 잠정적인 모든 가능성을 물리치고 "현존재가 자기를 위해 자기의 영웅을 선택하는 것"으로서 이해된다. <철학의 역사의 현상학적 해체>라는 하이데거의 기도도 바로 이러한 의미에서의 <반복>의 그 자신에 의한 수행인 것이다[SZ §74].

이념성과 반복에 대한 후설의 고찰을 참조하면서 특이한 <반복>의 사고에 의해 서양 형이상학의 틀 전체를 탈구축하고자 하는 것이 데리다이다. 언어적인 것과 비언어적인 것을 가리지 않고 의미하는 단위로서의 마크(marque) 일반은 권리상 그 기능이 단 한 번의 사건 속에서 다 드러나는 것이 아니라 그것이 기능하는 순간에 현전하는 모든 콘텍스트가 변용한다든지 소실해 버리더라도 다른 콘텍스트에서 되풀이하여 기능할 수 있는 것이 아니라면 본래 처음부터 마크로서 기능할 수 없다. 반대로 모든 마크는 그것을 바로 그 마크로서 인지할 수 있게 해주는 최소한의 반복 가능성(itérabilité)이 있기만 하다면 무한히 상이한 콘텍스트에서 무한히 상이한 의미를 지니고서 기능할 수 있다. 따라서 마크의 본질구조인 <반복>은 <차연>이나 <에크리튀르>와 마찬가지로 모든 의미작용의 가능성의 조건임과 동시에 <순수하고 근원적인 의미작용>이라는 이념의 불가능성의 조건이기도 하다고 데리다는 주장한다. 그리고 이 점은 마크의 구조가 통상적인 의미에서의 기호작용을 넘어서서 의미를 지니는 한에서의 모든 경험에 불가결한 이상 경험 일반에 대해 타당하기 때문에, 지각, 직관, 명증과 같은 경험도 기원으로서가 아니라 반복으로서, 동일자의 현전으로서가 아니라 차이의 비현전이 미리 새겨 넣어진 것으로서 이해되어야만 한다는 것이다. 기원이나 동일자가 반복의 조건인 것이 아니라 반복이 기원이나 동일자의 조건이다. 이리하여 데리다는 후설의 <시간의식의 현상학>(특히 '살아 있는 현재' 개념)을 비판함과 동시에 하이데거의 <반복> 사상을 의연히 붙들어두고 있는 '본래성'의 이념도 문제시하게 되었다[『목소리와 현상』 '서명, 사건, 반복', '유한책임회사 abc']. ☞ ㊓에크리튀르, 이념성, 차연

—다카하시 데쓰야(高橋哲哉)

㊟ 高橋哲哉, 『逆光のロゴス—現代哲學のコンテクスト』 未來社, 1992. 足立和浩, 『人間と意味の解體—現象學・構造主義・デリダ』, 勁草書房, 1978. 『現代思想』, 總特集デリダ, 1988年 5月 臨時增刊号.

반성 反省 [(독) Reflexion (불) réflexion]

반성은 현상학에 있어 가장 본질적인 방법의 하나로서 후설은 "현상학의 방법은 철두철미 반성이라는 작용 속에서 영위된다"[Ideen Ⅰ 144]고 말한다. 현상학이 어떠한 자명성도 소박하게 전제하지 않는 철저주의를 표방하는 이상, 반성이라는 방법 자체에 대한 방법론적 반성도 요구되며, 이리하여 현상학은 하나의 반성이론이라는 모습을 드러내기에 이른다.

후설에 의하면 어떠한 체험에 대해서도 그것에 대한 반성은 가능하며, 그런 까닭에 반성에 대한 고차적인 반성을 행하는 것도 가능하다[Ideen Ⅰ 67, 83f., 144f.]. 아니 더 나아가 반성은 "지향성의 본질에 잠재하여 무수한 형태로 생기하는, …… 연속적으로 반복하는 의식의 <반성성>"[Hu **15**. 543]에 기초하는 것이라고까지 말해진다. 반성은 자연적 태도에서도 당연히 가능한데, 그것은 "심리학적 반성"(psychologische Reflexion)이라고 불린다. 심리학적 반성이 "미리 주어진 세계의 기반 위에서"[CM 72] 수행되고, 그 결과 체험을 현세적인 인간의 상태성(Zuständlichkeit)으로서 실재적으로 파악하는 것인 데 반해[Krisis 208, 213, 241, 251], 현상학적 반성은 세계라는 지반을 에포케에 의해 제거하고[CM 72], 오히려 실재화하는 파악을 수행하는 "절대적, 순수 의식"을 발견한다[Ideen Ⅰ 104]. 현상학적으로 수행되는 반성에서는 소박하게 살아가는 자아와, 그것과 관심을 함께 하지 않는 "무관심의 방관자"로서의 자아와의 분열(Ichspaltung)이라는 구조가 생긴다[CM 73]. 다만 현상학적 환원의 심리학으로부터의 길이라는 방법론의 측면에서 보더라도, 또한 초월론적 현상학의 내실과 심리학의 내실과의 평행성이라는 관점에서 보더라도, 심리학적 반성과 초월론적 현상학적 반성과의 관계는 긴장을 포함하는 것이라고 말할 수 있다.

선소여적인 것도 그 자체가 구성된 것이라는 점을 폭로하고자 하는 현상학의 철저주의와 반성이라는 방법 그 자체를 방법론적으로 근거짓고자 하는 동기가 서로 어울려 후설은 30년대 전반에 "좀 더 철저한 반성"을 시도했다. 반성이 바로 지금 행해진 체험에로 향해진 것이고 그 성립 근거가 해당 체험을 현재에서 유지하는 '과거파지'(Retention)라는 근원적 시간의식의 지향성에 있다는 것은 일찍부터 지적되고 있었지만[Ideen Ⅰ 148f.], '철저한 반성'에서는 '살아 있는 현재', '멈추어 서 있으면서 흐르는 현재'라는 시간화의 구조 그 자체와, 분열하면서 동일적이라는 자아의 전반성적인 구조가 서로에게 속한다는 점에서 반성의 성립 근거가 찾아지는바, 반성은 전반성적 구조의 뒤로부터의 분절화로서 위치지어지게 된다[K. Held, *Lebendige Gegenwart*, 61f., 新田義弘, 『現象學』, 183f.]. 한편, 반성을 하고 있을 때에 생동적인 것은 해당 반성을 하고 있는 자아 그 자체이기 때문에, "살아 있는 현재에서 기능하는 자아"를 반성에 의해 그 생동성의 모습 그대로 파악하는 것은 불가능한바, 이러한 반성론의 아포리아를 둘러싸고서 다양한 논의가 끓어오르게 된다.

한편, 만년의 메를로-퐁티는 순수 주관성에 관념대상이나 사고대상(cogitatum), 지향대상(noema)을 대치시켜 충분하다고 생각하는 반성철학은 삶의 세계의 "애매함"[VI 51]이나 "육화"[같은 책 52], "개방성"[같은 책 51, 56]을 잘라버리는 것으로서 비판하고, 오히려

사물과의 말없는 접촉을 그 내부로부터, 즉 소여의 언어의 '초월적' 사용에 의해 말하는 "초반성"[같은 책 61, 70]의 필요성을 강조한다. ☞ ㉴방관자, 살아 있는 현재, 자아{에고}, 자연적 태도/초월론적 태도, 철저주의{래디컬리즘}, 초월론적 현상학, 현상학적 환원, [서]살아 있는 현재

—누키 시게토(貫 成人)

반의미 反意味 ⇨㉴무의미/반의미

반철학 反哲學 [(불) anti-philosophie]

<반철학anti-philosophie>이라는 말 자체는 메를로-퐁티가 그의 죽음 직전인 1961년 초두에 작성한 강의를 위한 메모「헤겔 이후의 철학과 비철학」에서 보인다. 아마도 1950년대 초두에 E. 이오네스코와 S. 베켓의 연극 활동에 주어진 <반연극anti-theatre>이라는 호칭이나 1950년대 후반에 N. 사로트와 A. 로브그리예, M. 뷔토르 등의 문학적 영위에 주어진 <반소설anti-roman>이라는 호칭이 염두에 있었을 것이다. 메를로-퐁티는 만년에 콜레주 드 프랑스의『강의요록』과『보이는 것과 보이지 않는 것』을 위한「연구 노트」에서 자신의 입장을 '비철학non-philosophie', '부정철학negative-philosophie' 등으로 부르게 되지만, '반철학'도 그것과 같은 뜻인 것으로 생각해도 좋을 것이다. 그는 "맑스와 키르케고르 그리고 니체는 우선 철학의 거부로부터 출발했으며", "그들과 더불어 우리는 비철학의 시대에 들어섰다"[RC, 일본어 역 103]고 말하고 있다.

이와 같이 전통적인 철학을 거부하고 해체하고자 하는 사상적 영위를 <반철학>이라고 부를 수 있다면, 전통적 존재론의 해체철거(Destruktion)를 시도하는 하이데거의 사상이나 그와 나란히 역시 철학의 탈구축(déconstruction)을 지향하는 데리다의 사상, 플라톤 이래로 진리에 대한 의지에 의해 지배되어온 서양의 철학지를 비판하고자 하는 푸코(Michel Foucault 1926-84)의 사상, 마찬가지로 본질과 가상·원형과 모상을 구별하고 가상과 모상을 물리쳐온 플라톤주의 전통을 부정하고자 하는 들뢰즈(Gilles Deleuze 1925-1995)의 사상, 요컨대 어떠한 방식으로든 니체의 영향을 받고 있는 현대의 사상적 영위는 모두 <반철학>이라고 불릴 수 있을 것이다. ☞ [인]데리다, 메를로-퐁티, 하이데거

—기다 겐(木田 元)

[참] M. Merleau-Ponty, "Philosophie et non-philosophie depuis Hegel: Note de cours", Texte établi et présenté par Claude Lefort, in *TEXTURES*, 1974/8-9, 1975/10-11(田島節夫 外 譯,「ヘーゲル以後の哲學と非哲學」,『理想』, 1977年 3月号에 수록).

반투명 半透明 [(불) translucidité]

명징하긴 하지만 완전하게 투명한 것이라고는 말할 수 없는 의식의 의식 자신에 대한 현전의 방식을 말하는 사르트르의 용어. 의식은 대상을 지향하는 정립적 의식임과 동시에 비정립적인 방식으로 언제나 자기를 지향한다고 여겨진다. 이러한 반성 이전의 의식의 <자기에의 현전>의 방식은 완전히 투명한 것은 아니지만 그렇다고 해서 의식이 전적으로 자기를 의식하지 못하는 것도 아니다. 세계-내-존재로서의 인간 존재는 자기의 세계 속에서 대상을 지각하고, 대상과 실천적으로 서로 관계하면서 언제나 그것으로 지명하지 않는 채로, 요컨대 비정립적인 방식으로 자기를 표현하고 해석하며 이해하고 있다. 그러나 자기이해의 존재방식은 전적인 투명성 자체도 아니지만 전적으로 불투명한 것도 아니다. 그것이 투명성 그 자체라면 자기기만이나 정동情動의 현상은 존재하지 않을 것이며, 또한 불투명하다면 의식은 자기에게 있어 전적으로 무의식적이게 되고 말 것인바, 그것들은 모두 불합리한 것이게 된다. 이와 같이 의식의 <자기에의 현전>의 방식은 반투명(내지 반투광)이며, 따라서 반성적 방법에 의해 한꺼번에 자기의 존재를 전면적으로 드러낼 수는 없다. 세계에 대한 관심을 신빙하면서 그 세계를 살아가는 의식이 자기에게로 단적으로 현전하기 위해서는 자기가 살아가는 세계에 대한 관심을 조금씩 정화하여

그 신빙작용을 벗겨내 가는 것이 필요해진다. 순수한 (정화적) 반성은 불순한 (공범적) 반성의 정화를 통해서 비로소 가능해지는 것이다. ☞ ㊅정립적 의식/비정립적 의식, ㊑사르트르

—하코이시 마사유키(箱石匡行)

발생 發生 [(독) Genesis (영) genesis (불) genèse]

후기 후설 철학의 가장 중요한 술어. 발생하는 것은 의미이다. 의미의 발생이라는 결합으로 자주 사용된다. 발생 중에서 능동적 발생과 수동적 발생이 구별된다. 능동적 발생은 자아가 자아작용으로서 기능하는 경우의 의미 발생을 말하는데, 이때 자아작용은 의미 형성적이고 자아는 구성적이다. 논리적-이론적인 이성을 기능하게 하는 이와 같은 자아작용을 후설은 실천적 이성이라고 명명하고 있다. 의미의 산출로서의 의미의 능동적 발생은 요컨대 특수한 능동성을 다양하게 결합하고 종합하여 새로운 대상을 의미로서 근원적으로 구성하는 것에 다름 아니다. 예를 들어 의식에 입각한 방식에서 보면 집합은 모으는 활동에 의해, 수는 헤아리는 활동에 의해, 부분은 분할하는 활동에 의해 구성되어 등장한다. 그러나 능동적 발생은 언제나 이미 앞서 주어진 수동성의 층을 전제한다. 이러한 선행적인 수동성의 층에 대한 분석을 시도하는 것이 후기 후설의 특색이다. 이러한 수동적 발생에 의한 구성은 의식의 심층 차원에 의한 종합에 다름 아니다. 본래 수동적인 의미 발생은 의식의 깊은 차원에서 연합이라는 방식으로 법칙화된다. 따라서 연합은 수동적 발생의 원리라고 말할 수 있다. '어떤 것이 다른 것을 지시한다'고 하는 연합의 기본적 의미는 후설의 경우에 흄의 의미에서의 연합에 대한 자연주의적 해석으로부터는 선을 긋고 있다. 초월론적-현상학적인 연합의 개념은 공재와 연속을 기초로 하여 언제나 내적 시간의식의 근원형식 하에서 성립한다. "발생의 현상학에 의해 비로소 자아는 보편적 발생의 통일성에서 결합된 무한의 연관으로서, 그것도 종합적으로 서로 의존하고 서로 속하는 수행을 수반하는 연관으로서 이해되게 된다"[CM §39]. 발생을 지향적으로 해석하고 분석할 때 그 분석은 생의 전체적인 구체적 연관을 향해 있다. 이러한 연관 속에는 의식과 지향적 대상이 존립한다. 예를 들면 판단하는 주관이 놓여 있는 상황 속에는 다른 지시성이 귀속하고 있는데, 따라서 이 경우 구체적 연관의 전체가 물어지게 됨으로써 생의 시간성의 내재적 통일과 그 역사성이 문제로 된다. 이리하여 개개의 각각의 의식 체험이 그 역사성에서의 시간적 발생을 지니게 된다.

발생은 능동적 발생과 수동적 발생을 일괄하여 초월론적 발생으로서 총괄되고 있는데, 이것이 지향성을 기본적으로 특징짓고 있다. 이러한 발생은 의식의 시간성과 깊게 관계한다는 점으로 인해 의미의 역사성과 그 중층적 침전을 지니게 된다. 자아가 역사의 통일성 속에서 발견되는 것은 자아의식의 근본 형식인 종합이 일반적으로 역사성을 담지하기 때문이다.

—오가와 다다시(小川 侃)

발생적 분석 發生的分析 ⇨ ㊅정태적 분석/발생적 분석

발생적 현상학 發生的現象學 [(독) genetische Phänomenologie (불) la phénoménologie génétique (영) genetic phenomenology]

발생적 현상학은 후설의 후기 철학이 도달한 궁극적 형태이다. 후설은 『이념들 Ⅰ』의 정태적인 구성적 현상학에 의해 존재론적 체계를 구축하기 위해 노력하는데, 이것은 오늘날 유고의 형태로 『이념들 Ⅱ, Ⅲ』[Hu 4, 5.]으로서 공간되어 있다. 그러나 사태적 분석의 어려움이라는 이유뿐만 아니라 또한 구성적 현상학의 틀 내부로부터의 시도였다는 이유 때문에도 구체적인 문제사태, 예를 들면 시간과 신체라는 문제는 거기서는 충분히 다루어질 수 없었다. 『이념들 Ⅰ』의 시간의식을 다루는 부분에서도, 또한 『이념들 Ⅱ』의 신체나 운동감각(Kinästhese)을 다룬 부분에서도 결정적인 해명은 회피되고 있다. 이러한 경위로 인해 후설은 구성적 현상학을 보완하는 다른 현상학적 분석의 길을

탐구한다. 그 경우 특히 중요한 것은 의미를 특히 발생의 견지에서 파악하는 길일 것이다. 발생은 특히 시간적 발생으로서 생각된다. 의미는 시간과 더불어, 시간 속에서 발생한다. 일반적으로 후설의 구성 개념은 핑크의 지적 이래로 '의미 형성'과 '창조' 사이를 동요하고 있다고 간주된 데 반해, 헬트는 전자는 정태적 현상학의 구성으로서, 후자는 발생적 현상학의 발생적 구성으로서 해석될 수 있다고 한다. 요컨대 의미 발생이야말로 본래적인 의미에서의 의미 창조로 간주되는바, 이것이 의식 주관에 매개되어 최초의 능동적 종합의 성과로 될 때 '근원창설'로 불리게 된다.—발생적 현상학은 이리하여 정태적이고 구성적인 현상학에 맞서 놓이게 된다. 정태적 현상학에서 자아는 계속해서 자라고 있는바, 오로지 대상들의 이념적 객관화, 요컨대 의미 형성에로 향한다. 이에 반해 발생적 현상학에서는 자아의 시간적인 성장의 방식과 과정이 고찰의 주제로 되어, 자아의 시간적인 자기구성이 물어진다. 자아, 요컨대 주관성(모나드와 그 세계의식)이야말로 성장과 발전의 도상에 있는바, 이로부터 시간성 및 역사성과 결합한다.

일체의 주관적인 것이 내재적이고 시간적으로 발생한다는 관점을 전적으로 사상한다는 것을 전제하여 정태적 현상학은 수행된다. 정태적 현상학에서는 사념된 대상의 통일성이 실마리로 되어 지향적 분석을 통해 영역존재론의 존재적 아프리오리로부터 그 근저에서 발견되는 구성적 아프리오리로 되돌아온다. 구성적 아프리오리는 사실은 초월론적 주관성에 있어서의 규칙틀, 즉 법칙공간을 형성하고 있으며, 이러한 법칙공간은 다시 발생적 현상학에 의한 해명을 기다린다. 발생적 현상학은 선행하는 것으로서 전제되고 있다. 왜냐하면 정태적 현상학은 아프리오리한 규칙구조를 구성적 아프리오리로서 내걸고 있지만, 이러한 구성적 아프리오리로서의 규칙구조는 무언가가 발생해온 것이기 때문이다.

발생적 현상학에 있어서는 "모나드의 초월론적 발생", "시간적인 발생에서의 초월론적 주관성의 자기구성과 세계구성"이 주제가 된다. 발생적인 관점에서 보면 모든 의식은 지향적인 종합이라는 성격을 지니는데, 종합이란 다양한 것을 통일성에로 가져오는 일이다. 이때 종합에서 능동적 종합과 수동적 종합이 구별된다. 능동적 종합이란 자아에 의한 객관화하는 수행 또는 이념적인 수행이다. 능동적 종합에서는 특히 현저한 방식으로 자아의 수행이 다양한 것의 소여성을 넘어서서 통일성의 극으로 향한다고 말할 수 있다. 이에 반해 수동적 종합에서는 수동성 자신이 두 가지 종류로 나누어지는 것에 따라 수동적 종합 자신도 두 가지 종류로 나누어진다. 수동성에서는 제2차적인 수동성과 근원수동성이 구별된다. 제2차적 수동성이란 노에시스-노에마적인 능동적 종합이 그 능동성을 잃고 자아극 속에 습성으로서 침전하며, 나아가 새로운 능동성과 능동적 종합에 있어서의 선소여적인 수동성으로서 기능할 때의 수동성이다. 따라서 이 수동성은 이전에 능동적 종합으로서 정립된 것이 그 살아있는 신선함을 잃고 침강한 후에 새롭게 활동하는 능동성에 있어서의 질료로서 선행적으로 주어질 때의 수동성이다. 이에 반해 근원수동성이란 일체의 능동성에 선행하는 수동성이다. 본래 이 근원수동성은 일체의 능동적-수동적 종합을 배후에서 뒷받침하고 가능하게 하는 것인바, 이것은 궁극적으로는 모나드와 자아-세계-의식이 그 덕분에 발생할 수 있는 개개의 시간의식과 그 흐름에 발을 딛고 있다. 이 근원수동적인 시간류의 생기 차원에는 우선 운동감각 의식이 위치하고 있는데, 이 운동감각 의식에 의해 감각과 생활공간의 질서화가 가능하게 된다. 이어서 연합의 차원이 그 위에 위치한다. 연합에 의해 감각영역은 일정한 배치구조를 획득하며, 지각의 영역에 대한 구조화가 성취된다. 이리하여 감각영역이 지각영역으로 된다. 이 지각영역 안에서 핵으로서 지각되는 것과 그 주위의 것이 구별된다. 세 번째로, 어떤 것이 다양한 작용이 집중하는 초점으로서 지각영역으로부터 추출되며, 나아가 그것이 선술어적인 차원, 요컨대 언어표현 이전의 차원으로부터 언어화될 수 있는 술어적 차원에 이른다. 이리하여 판단이 술어적으로 언어화되어 명제가 구성된다. 이것이 판단의 발생적 구성으로

된다. ☞ ㊄수동성, 수동적 종합/능동적 종합, 정태적 분석/발생적 분석

—오가와 다다시(小川 侃)

㊟ Antonio Aguirre, *Genetische Phänomenologie und Reduktion*, Phaenomenologica 38, Den Haag, 1970. Klaus Held, "Das Problem der Intersubjektivität und die Idee einer phänomenologischen Transzendentalphilosophie", in *Perspektiven transzendental-phänomenologischer Forschung*, Den Haag, 1972. Robert Sokolowski, *The Formation of Husserls Concept of Constitution*, Phaenomenologica 18, Den Haag, 1970.

밝힘 [(독) Lichtung]

밝힘으로 번역되고 있는 리히퉁Lichtung은 원래는 숲의 나무가 베어져 틈이 생겨나 밝아진 빈터를 말한다. 하이데거는 이 말을 전통적으로 인간의 이성을 의미했던 '자연의 빛'을 대체하여 인간의 근원적인 앎을 나타내는 말로서 사용한다. 그렇게 대체한 이유는 아마도 '이성적 동물'이라는 전통적 인간관이 이성과 감성이라는 이미 완성되어 있는 능력의 합체를 보이는 데 지나지 않으며, 세계 내에 존재하는 인간의 전체적인 존재방식으로부터 앎을 파악할 수 없다는 점에 있을 것이다. 인간의 "현존재는 그 자신이 밝힘이다." 나아가 "세계-내-존재로서 밝혀지고 있는" 까닭에, 이러한 밝힘에 기초하여 세계 내부의 사물들을 보고 그것들에게로 다가가는 것도 가능해진다. 중기 이후의 하이데거는 밝힘을 존재 자신의 자기 개시의 방식에서 생각한다. 그러나 그 경우 존재가 그 자신으로서 있고 이어서 그 존재가 자기를 개시한 결과 밝힘이 생긴다고 생각하는 것이 아니라 존재 자신을 밝힘으로 이해하는 것, 역으로 말하면 열려 밝힘 자체가 하이데거가 말하는 존재라고 이해해야만 한다. 나아가 이러한 열려 밝힘은 닫혀져 숨음을 제거하여 비로소 성립하는 것이 아니라는 점, 오히려 이러한 서로 대립하는 움직임 각각이 일어나기 위해서는 각각이 그 다른 편의 움직임을 본질적으로 필요로 한다는 점에 주의해야만 한다. 하이데거는 이러한 사태를 "진리의 근원투쟁"(Urstreit)이라고 부른다. 알레테이아(A-lētheia)라는 진리를 나타내는 그리스어에서 하이데거는 그 A라는 결여를 나타내는 접두사를 강조하여 진리를 '비-은폐성'이라는 의미에서 이해하고자 하지만, 그 경우 염두에 두어져 있는 것은 진리의 근원투쟁이라는 위에서 말한 본질이다. ☞ ㊄은폐성/비은폐성

—다케이치 아키히로(竹市明弘)

방관자 傍觀者 [(독) Zuschauer]

현상학적 태도를 취하는 자아의 존재방식을 특징짓기 위해 후설이 자주 사용하는 술어. 일반적으로 반성에서는 '반성되는 자아'와 '반성하는 자아'의 분열(Ichspaltung)이 생기지만, 이 두 개의 자아의 관심과 주제가 반드시 일치할 필요는 없다. 예를 들면 정의情意작용에 대한 이론적 반성에서 '반성하는 자아'는 '반성되는 자아'와 같은 정의적 관심은 지니지 않고 오로지 이론적 관심에 의해 지배된다. 지각작용의 반성에서는 반성되는 지각작용의 대상 혹은 세계 그 자체의 존재에 대한 지각 신빙을 '반성하는 자아'가 함께 수행하는 경우(심리학적 반성)와, 그에 반해 지각 신빙의 공수행(Mitvollzug)을 하지 않고 신빙을 작용의 바깥에 두는(außer Aktion setzen) 경우가 있다. 후자의 경우 나는 세계의 존재에 "무관심한 방관자"(uninteressierter Zuschauer), "관여하지 않는 방관자"(unbeteiligter Z.)로 되며, 이리하여 "직진적"(geradehin)으로 수행되는 모든 작용에 대해 현상학적 에포케가 행해지는 것이다[Hu **8**. 96f., 106f.]. 관심을 함께 하는가 아닌가는 나의 자유에 속한다[같은 책 92]. 대상의 존재에 관심을 갖고 그 권리에 비판적 물음을 던지는 대신, 나는 대상을 사념하는 주관적 존재를 이론적 주제로 하여 자유롭게 그에 대한 완전한 기술에 관심을 가질 수 있는 것이다. 이리하여 관찰자인 나 자신의 공共사념, 선행적 사념(Vor-, Mitmeinungen)으로부터 자유로운 까닭에 자연적 생의 선입견(Vorurteil)으로부터 자유로이 보편적인 동시에 근원적인(radikal) 비판이 가능해진다[CM 73-74]. 덧붙이자면, 핑크에 의한 『제6성찰』에서는 '초월론적

방법론'이 논의되지만, 그 주제는 현상학적 방관자에 다름 아니다[Dok Ⅱ/1 14]. ☞[사]자아{에고}, 조르게, 현상학적 에포케, 현상학적 환원

—누키 시게토(貫 成人)

방주 方舟 [(독) Arche] ⇨[서]코페르니쿠스설의 전복

배경의식 背景意識 [(독) Hintergrundbewußthaben]

사물을 경험할 때 하나의 대상을 다른 일체의 것들로부터 독립시켜 경험하는 것은 가능하지 않다. 예를 들면 책이라는 대상은 책상 위에 있고, 책상은 방 안에 있으며, 방은 집 안에 있는 식으로 말하자면 '이레코' 형의 배경을 반드시 수반한다. 예를 들어 진공 중에 한 권의 책을 상정한다 하더라도 정보를 전하는 활자, 집필, 편집부터 인쇄, 제본에 이르는 출판활동, 페이지를 열어 읽는 사람 등의 대상과의 연관을 빼놓고서 책을 의식하는 것은 불가능하다. 우리들은 통상적으로 이와 같은 무수한 연관의 결절점들을 추상하여 책으로 파악하지만, 오히려 이 점이 그 전제로서 가능적 연관인 배경의 잠재적 의식을 보여주는 것이다.

하이데거의 지시연관, 메를로-퐁티의 그림에 대한 바탕 등과 중첩되는 이 개념을 후설은 지평 개념으로서 전개한다. 실제로 지향되고 있는 대상에 관련될 가능성이 있는 수반대상의 "배경 직관의 마당"[Ideen Ⅰ 62]은 외적 지평이라고 불리며, 지향된 대상의 내적인 "자기의 배경"[Hu **8**. 146]은 내적 지평이라고 불린다. 그러나 이러한 안과 밖의 구분은 예를 들어 책에 있어서의 출판활동이라는 연관을 생각해 보면 의미를 잃는다. 오히려 배경이라고 하든 지평이라고 하든, 이 개념에 의해 제시되는 것은 대상의 구조로부터 대상의 경험의 구조로 탐구가 심화되지 않으면 안 된다는 점이며, 나아가 어떠한 대상의 경험에서도 최종적으로 세계지평이 배경의식으로서 수반하고 있다는 점이다. ☞[사]그림과 바탕, 음영, 세계, 주제화, 지평, 현출

—구도 가즈오(工藤和男)

배려 配慮 [(독) Besorgen] ⇨[사]조르게

배제 排除 [(독) Ausschaltung] ⇨[사]에포케

벌거벗음 [(불) nudité]

<얼굴>이나 <여성의 신체>를 말할 때 레비나스가 사용하는 말. 1930년대의 레비나스는 무희의 나신을 <수치>와의 관계에서 논의하면서 <벌거벗음>을 <자기 자신으로부터 달아나기의 불가능성>으로 간주하고 있었지만, 『전체성과 무한』에서는 우선 사물 및 신체의 <벌거벗음>을 근거짓는 것으로서 <얼굴>의 <벌거벗음>이 파악되고 있다. 미나 추와 같은 가치로는 환원 불가능한 것으로서 어떠한 체계나 문화와도 무관계한 것으로서 현현하는 <얼굴>의 <벌거벗음>은 그 드러냄의 <무방비>를, 그리고 아무리 평정을 가장하더라도 비참을 간직한 한 가닥의 실도 엉키게 하지 않는 그 <빈곤>을, 나아가 <형태>(figure)와 '바탕'을 파괴하는 그 호소의 화급함을 알리는 것에 다름 아니다. <얼굴>이 폭력을 유발함과 동시에 저지하는 까닭일 것이다. 신과의 <대면>과 <벌거벗음>을 결부시키는 신학적 전통을 여기서 볼 수도 있을 것이다. 레비나스는 이와 같은 <얼굴>의 <벌거벗음>을 신체의 <벌거벗음>에로 연장하여 추위에 손발이 곱고 알몸을 부끄러워하는 신체를 말함과 동시에, 음란함과 조신함의, 육감성과 유화함의 양의적인 것으로서 <에로스적 신체>의 <벌거벗음>을 그려내고 있다. <애무> 당하는 <에로스적 벌거벗음>의 추잡함, 그 무의미는 <얼굴>의 의미를 전제로 하는 것임과 동시에 <얼굴의 저편>을 낳는 것이기도 하다. 『전체성과 무한』 이후에는 <피부>의 관념이 <얼굴>의 관념과 동렬에 놓여 주체의 전면적인 <폭로>와 <박탈>을 표현하게 된다. ☞[사]얼굴

—고다 마사토(合田正人)

범례적 範例的 [(독) exemplarisch]

사물이 대상으로 될 때 감각으로서 포착되고 있는 것은 음영이나 현출이라고 불리는 한 측면이지만, 지각으로서는 실제로 체험되고 있지 않은 전 측면을 갖춘 대상이 포착되고 있다. 이것은 현출과는 전적으로 다른 차원의 지향된 대상이 그 현출을 통해 직관(충족)되고 있다고도 규정된다. 후설은 본질, 보편 개념이나 범주적 형식도 확대된 의미에서 직관되는바, 감성적 직관과 유비적으로, 즉 지향된 본질이 개별적 사물과는 전적으로 차원을 달리 하면서도 개별적 직관을 '범례'로 하여 직관된다고 규정한다. 예를 들면 우리는 "어떤 빨간 것의 개개의 직관을 토대로 빨간색이라는 종적 통일체를 직접 <그것 자신>에서 파악한다"[LU II/1 223]. 이러한 범례적인 개별적 직관은 영국 경험주의와 같이 동종의 다른 모든 개별적 관념의 대리기능을 수행한다든지 유사관념의 습관을 형성한다든지 하는 것이 아니라 바로 자신이 그 범례로 되는 새로운 종류의 객관성, 요컨대 이데아를 현출하는 것이다『논리연구』 제2권 제2연구]. 이것이 범주적 직관, 본질직관, 이념화작용이며, 범례적 직관은 이것을 기초짓고 있다. 여기서는 상상도 지각과 동등하게 범례적인바[LU II/2 163], 오히려 현상학에서의 자각적인 본질 해명, 요컨대 이념화작용의 방법인 '자유변경'에서는 상상이 감성적 직관을 초월하기 위한 우선적인 범례적 역할을 수행한다. ☞ ㈎개체/보편, 기초짓기, 범주적 직관, 본질직관, 의미지향/의미충족, 이념화작용, 자유변경, 종{스페치에스}, 추상, 현상학적 환원

—구도 가즈오(工藤和男)

범주 법칙 範疇法則 [(독) kategoriale Gesetze]

범주를 칸트와 같이 순수 지성 개념(하르트만의 입장에서 보자면 이것은 결국 인식을 형성하기 위한 사유의 형식에 지나지 않는다)으로서가 아니라 오히려 인식에 선행하는 존재 그 자체의 구성 원리로서 파악하는 하르트만이 자체적으로 존재하는 세계의 계층적인 존재구조를 범주의 법칙으로서 정식화한 것. 범주 법칙은 기본적으로 (1) 존재원리로서의 범주가 구체자에 대해 지니는 원리적 성격을 밝히는 <타당의 법칙>, (2) 개개의 범주가 언제나 서로 규정해서만 존립한다는 것을 밝히는 <응집의 법칙>, (3) 낮은 층의 범주는 높은 층에도 포함되지만 역은 성립하는 않는다는 것을 밝히는 <계층의 법칙>, (4) 높은 층의 범주가 낮은 층의 범주에 의존한다는 것을 인정하면서도 거기에 자립성의 광범위한 여지가 남아 있다는 것을 밝히는 <의존의 법칙>이라는 네 개의 법칙으로 성립된다. 하르트만은 이러한 법칙을 곧바로 물질적 존재・유기적 존재・심적 존재・정신적 존재라는 네 개의 존재층으로 이루어지는 일정한 계층구조와 결합하지만, 실제로 이 법칙들 안에서 전개된 것은 세계에서 일반적으로 계층적인 존재구조가 존립하기 위해 필요한 범주들 사이의 단지 추상적인 관계 규정에 지나지 않는다. 따라서 범주 법칙 그 자체는 하르트만이 무비판적으로 받아들인 특정한 계층구조에 대한 논의와는 독립적으로 검토되어야 할 것이다. 그러나 그때에도 이 법칙에 재평가될 가능성이 있다고 한다면, 그것은 결국 그 추상적인 관계규정에 어떠한 풍부한 내실을 과연 짜 넣을 수 있는가의 여부에 달려 있다. ☞ ㉤하르트만

—구쓰나 게이조(忽那敬三)

범주적 직관 範疇的直觀 [(독) kategoriale Anschauung]

범주적 대상을 부여하는 직관. 후설에 의하면, 일반적으로 의미지향은 직관에 의해서 충족된다. 하지만 이것은 판단, 상상, 상기, 원망 등의 언표가 그에 대응하는 직관에 의해 충족되어 비로소 이해된다는 것이 아니다. 오히려 직관에 의한 언표의 충족은 대상의 인식인 것이다. 예를 들면 'A는 빨갛다'라는 판단은 A를 보지 않고서도 이해되지만, 그것이 A에 대한 인식이 되는 것은 실제로 빨간 A의 지각에 의해 충족되는 경우이다. 그런데 엄밀하게 말하자면 이와 같은 지각 언표의 경우에도 충족되는 것은 명사적 의미뿐 아니라 언표의 의미 전체이다. 그렇다면 언표에 명제적 형식을 부여하는 범주적 계기들은 어떠한 방식으로 충족되

는 것일까? 요컨대 예를 들면, '빨간 A'가 아니라 'A가 빨갛다는 것'이라는 <사태>는 무엇에 의해 충족되는 것일까? 이 문제를 다루는 『논리연구』 제2권 제6장에서 범주적 계기들이란 '있다'(Sein), '하나의'(Ein), '모든'(Alles), '그리고'(Und)와 같은 존재, 단일성, 전체성, 연언 등을 의미하는 논리적 규정들을 가리킨다. 빨강은 볼 수 있지만 '빨갛다는 것'은 볼 수 없듯이 이러한 범주적 계기들은 외적 지각으로 대표되는 감성적 직관 일반의 영역 속에서는 그 대상적 상관자를 갖지 않는다. 그러므로 범주적 계기를 충족하는 것은 모종의 의미에서 초감성적인 지각일 수밖에 없으며, 그것이 범주적 직관이라고 불리는 것이다. 여기서 범주적 계기와 범주적 직관의 관계가 감성적 대상과 감성적 직관의 관계에 비교될 수 있다는 것은 명백하다. "그러므로 보통의 용어에서는 총체, 불특정 다수, 전체성, 기수, 선언지, …… 사태 등이 <대상>이라고 불리며, 그것들을 소여로서 현출시키는 작용이 <지각>이라고 불리는 것이다"[LU Ⅱ/2 143]. 그러나 범주적 대상은 감성적 지각에서 단적으로 구성되는 실재적 대상, 즉 직관의 최저단계의 실재적인 대상이 아니라 이념적인 고차적 대상이며, 그런 의미에서 범주적 직관은 감성적 지각과 같은 기초 작용에 기초지어진 새로운 객관성을 구성하는 작용이다. 즉 'A는 B에 인접해 있다'는 사태가 구성되기 위해서는 A와 B와 인접관계라는 세 가지에 대한 감성적 직관을 형성하는 것만으로는 불충분하며, 이러한 직관들을 제어하여 적절하게 형식화하고 결합하는 범주적 직관의 작용이 필요한 것이다. ☞ ㊄사태, 지각, 직관

—시바타 마사요시(柴田正良)

범주적 태도/구체적 태도 範疇的態度/具體的態度 [(독) kategoriale Einstellung/konkrete Einstellung]

골드슈타인이 제창한 개념으로서 처음에는 우선 색명건망 장애를 설명하기 위해 사용되었다. 예를 들면 눈앞의 사물의 색깔 이름을 제시하라고 지시받았을 때 정상인이라면 그것의 구체적인 밝기나 점, 가장자리의 차이에 구애됨이 없이 빨강이나 파랑, 노랑 등이라는 이름을 제시할 수 있다. 즉 개개의 사물을 어떤 특정한 색채 범주(카테고리)의 대표자로서 받아들일 수 있기 때문이다. 이러한 개념적 행동을 범주적 태도라고 부른다. 이에 반해 건망실어증을 보이는 환자에서는 사물의 구체성에 얽매여 순수하게 단수적인 존재방식밖에 받아들일 수 없게 되어 추상적인 분류가 불가능해진다. 이와 같은 인지와 행동의 방식이 구체적 태도라고 불린다. 후에 골드슈타인은 실어증에 한정하지 않고 모든 행동에 대한 설명으로 확장하여 정신분열병 장애에까지 적용하고자 했지만, 이에 대해서는 논의가 이루어지고 있다. 덧붙이자면, 구르비치에 의하면 골드슈타인의 범주적 태도와 구체적 태도의 구별에 해당하는 논의가 후설의 범주적 통일로서의 상등성과 감성적 상등성 계기의 구별에 관한 논술에서 발견된다고 한다. 즉 골드슈타인이 말하는 구체적 태도에 사로잡힌 환자는 현상학이 말하는 범주적 상등성의 관계를 이해하여 이념화할 수 없는바, 형상形相적인 의미에서 사용된 색깔 이름이 이미 아무런 의미도 갖지 못하게 된다는 것이다. ☞ ㊄생명과학과 현상학, ㊀골드슈타인

—스즈키 유이치로(鈴木祐一郞) · 하마나카 도시히코(濱中淑彦)

㊟ K. Goldstein, *Selected Papers*, 1971. A. Gurwitsch, *Studies in Phenomenology and Psychology*, 1966.

법칙성 法則性 {**합법칙성** 合法則性} [(독) Gesetzlichkeit; Gesetzmäßigkeit]

사태가 항상적이고 보편적인 관계로서의 법칙에 따르는 것을 말한다. 학문적 분석의 중요한 목적의 하나는 사태들 사이의 법칙성을 밝히는 것이다. 법칙성에는 수학적 · 논리학적인 법칙성과 경험과학적인 법칙성의 구별이 존재한다. 후설은 『논리연구』 제1권에서 양자를 준별하고, 수학이나 논리학의 법칙은 그것을 품어 안는 의식의 심리학적 법칙에 대해 자율적이자 '이념적' 성격을 지닌다는 점을 강조하는데, 그런 한에서는 논리실증주의의 흐름과 공통된 출발점에

섰다. 그러나 그 후 후설은 이념적 존재자의 권리를 인정한 다음 이러한 존재자를 '판단'이나 '표상' 등의 의식작용의 지향적 상관자로서 포착하고 의식과의 지향적 관계에서 그 본질을 해명할 것을 목표로 했다. 나아가 논리실증주의자들이 학문적 분석의 수준으로서 수학적 · 논리학적인 법칙성이 성립하는 '아프리오리하고 형식적인' 수준과 경험과학적인 법칙성이 성립하는 '아포스테리오리하고 사실적인' 수준밖에 인정하지 않았던 데 반해, 후설은 '사실적 아프리오리'의 존재를 인정하고 그러한 수준에서의 분석 방법으로서 '본질직관'을 제창했다. 이러한 방향을 받아들여 '의지'나 '욕구' 등의 의식작용의 지향적 상관자로서 가치를 파악하고 본질직관에 의해 다양한 가치, 예를 들어 윤리적, 종교적, 미적인 종류의 가치가 지니고 있는 독자적인 법칙성을 해명하고자 한 것이 막스 셸러이다.

☞ ㉯아프리오리, 심리학주의

—노에 신야(野家伸也)

법학과 현상학 法學—現象學

I. 법학과 철학. 개별적 학문으로서의 법학에 있어 그 소재인 법은 말하자면 소여된 것으로서 전제된다. 학문의 대상 그 자체를 존재론적으로나 인식론적으로 고찰하는 것이 일반적으로 철학의 과제로 생각되고 있듯이, 이 전제를 묻는 것은 법철학에 맡겨진 과제라고 말할 수 있다. 이러한 과제를 수행하는 법철학에서의 개개의 학설은 각각 철학에서의 일정한 입장에 의거하는데, 그에 따라 법철학의 학파들이 생겨나는 동시에 크게 보면 법사상의 흐름은 현재에 이르기까지 일반적인 철학사상의 커다란 흐름에 대응한다. 그리고 법 그 자체에 대한 법철학에서의 이해가 해석법학이나 법사회학, 나아가 법사상사학이나 법제사학과 같은 개별 법학들에 영향을 주어왔다. 현상학도 법학에 관여하는 이러한 철학 학파의 하나이다.

II. 법사상사에서의 현상학. 법사상사에서 현상학이 어떠한 의의를 지니는가는 철학사와 관련시켜 이해할 수 있다. 유럽의 철학적 전통 속에서 자연법론은 아주 최근까지 지배적인 지위를 점하고 있으며, 이러한 계보는 그대로 법사상의 역사와 겹쳐진다. 근대에 이르러 자연법론은 법실증주의의 공격을 받았지만, 철학 분야에서의 실증주의 사조의 융성이 자연법을 부정하는 법실증주의의 대두를 불러 일으켰다. 19세기 이래의 이러한 법 사조 하에서는 자연법에 대치되는 실정법만이 소여된 법으로 간주되며, 법 그 자체의 철학적 고찰에 대해서는 소극적인 태도가 산출되었다.

근대 유럽의 철학에서 실증주의 사고 하에서도 독자적인 철학적 사고를 전개한 것은 독일어권 나라들이며, 그 대표적인 학파가 신칸트학파와 현상학이었다. 그 두 학파는 19세기 말에 법학 분야에 실증주의적인 법 개념을 비판하는 철학적 기초를 제공하여 각각의 법학파를 형성했다. 사상사적으로 선행하는 신칸트학파 법학(E. 라스크와 G. 라드브루흐 등)에 따르면, 감각경험을 고집하여 법을 물리적이거나 심리적인 사실로서 파악하는 법실증주의는 법의 이념이라는 초월론적 측면을 간과하는 것인바, 법의 개념은 존재와 당위를 분리하는 인식론상의 이원론에 입각하며, 사실로서와 동시에 규범으로서 규정되어야만 한다. 이와 같은 신칸트학파 법학에 의해, 법실증주의와 대비하여 말하자면, 법의 규범성, 법의 이념이 다시 주목받게 되었다.

III. 현상학적 법학. 현상학적 법학은 법학 분야에서 명시적인 철학적 고찰을 회복하고 또한 실증주의의 좁은 법 개념을 비판한다는 점에서는 신칸트학파 법학과 그 궤를 같이 한다. 후설의 현상학은 '사태 자체로'라는 표어 아래 직접적인 개별 경험을 철저히 중시하지만, 그 경우의 경험은 감각 경험에 한정되는 것이 아니라 감각을 넘어서는 범주적 직관으로까지 확대된다. 현상학적 법학은 현상학의 이러한 입장을 특히 중시하여 법적 현상의 본질로서의 이념에 대한 구명에로 향함으로써 법실증주의를 비판하게 된다. 그러나 동시에 현상에 내재적인 이념에 대한 구명은 신칸트학파에 의한 이념과 현실의 이원적 분리론을 극복하는 방향을 취하는 것이기도 하다.

현상학적 법학자들은 구체적으로는 현상학에서의 '본질'과 '존재'에 대한 견해에 주목하여 각각의 학설을 전개했다. 선구자인 A. 라이나흐는 형상적 환원의 이론에 의거하여 '선험법학'을 주창하고, 사법적 세계의 객관적 사태에 의거하여 사법관계를 규정하는 선험적인 본질법칙을 발견하고자 했다. F. 카우프만과 슈라이어(F. Schreier)는 신칸트학파의 순수 법학(H. 켈젠 등)을 현상학에서 말하는 본질학으로서 재구성하고자 했다. 또한 G. 후설은 법의 존재방식, 법의 '타당'을 문제로 하여 일정한 시간과 공간 내부의 현상으로서 법을 파악하고 존재론적 타당 개념에 길을 열었다.

Ⅳ. 현대의 법학과 현상학. 20세기 전반의 독일의 법사상은 실증주의로부터 신칸트학파와 현상학, 나아가 신헤겔학파를 거쳐 교조적인 형이상학에로 크게 전회했다. 제2차 대전 후 나치즘의 교조주의에 대항하여 자연법론이 부활했지만, 그것의 가치 절대주의의 자세가 법실증주의로부터의 비판을 초래하기도 했다. 현대 법철학의 대세는 자연법론과 법실증주의 사이에서 제3의 길을 걷는 것인바, 이념과 현실이 일체화한 법 현상을 대상으로 한다는 의미에서는 현상학을 출발점으로 하고 있다고 말할 수 있다. 현대 법 이론의 구체적 전개에 있어 참조되고 있는 것으로 주목되는 것은 현상학적 사회학으로서의 Th. 루크만의 제도론과 기초이론에서 현상학적인 N. 루만의 체계론이다. 현상학의 이러한 사회학적 지평을 근거로 하여 법적인 '실천'의 구조를 해명해가는 것은 법 이론의 금후의 과제일 것이다. ☞[사]범주적 직관, 본질학/사실학, 신칸트학파와 현상학, 체계론과 현상학, [인]라스크, 라이나흐, 루만, 루크만, 카우프만[1], 후설[2]

―다케시타 겐(竹下 賢)

[참] Karl Larenz, *Rechts-und Staatsphilosophie der Gegenwart*, 2. Aufl., Berlin, 1935(大西芳雄・伊藤滿, 『現代ドイツ法哲學』, 有斐閣, 1942). 尾高朝雄, 「現象學と法律學」, 『法律の社會的構造』, 勁草書房, 1957에 수록.

베를린학파—學派 [(독) Berliner Schule]

'전체는 부분보다 우월하며, 부분은 전체에 의해 규정된다'고 하는 전체론의 테제는 분트의 요소주의=구성주의 심리학을 비판하는 학파들에게 공통된 것이자 또한 '게슈탈트'라는 표어로 집약된다. 그와 같은 전체론적인 게슈탈트 심리학 학파들 가운데 베를린 대학의 심리학 실험실을 거점으로 하여 주로 지각장의 게슈탈트 연구에 힘을 기울인 베르트하이머, 쾰러, 코프카, 레빈 등을 특히 베를린학파라고 부른다. 베를린학파=게슈탈트 심리학의 최초의 작업은 베르트하이머의 키네마성 운동 지각의 연구(1912)에서 시작하는데, 그 베르트하이머는 프랑크푸르트에서 그 발상을 얻었다고 말해지며, 쾰러와 코프카도 그 프랑크푸르트에서 베르트하이머로부터 게슈탈트 심리학의 구상을 듣게 되었다고 전해지고 있기 때문에 베를린학파라는 이 호칭에 대해서는 약간의 주석이 필요할지도 모른다. 그 당시 베를린 대학에는 브렌타노의 제자로서 분트의 구성주의 심리학에 대항하고 있던, 후설의 할레 대학 시대의 동료 슈툼프가 1894년 이래로 정교수의 지위에 있었다. 쾰러와 코프카는 둘 다 그의 문하생인데, 그들은 대상과 의미가 합체된 것으로서의 지각 현상을 연구한다는 점(슈툼프는 이것을 현상학이라고 부른다)을 별도로 하면, 스승의 영향을 거의 받지 않았다고 말해진다. 그리고 실제로 베를린 대학에서 게슈탈트 심리학이 내외에 영향을 지니기 시작하는 것은 쾰러가 1921년에 슈툼프의 뒤를 이어 정교수가 되고서부터였다.

베를린학파는 주로 대상적인 지각의 장에서 "소여가 스스로 형성하는 게슈탈트"를 문제로 삼는다. 형태화(Gestaltung)라고 말하는 경우에도 그것은 지각 주체의 형태화 작용이라기보다 어디까지나 장 스스로 이루어지는 형태화인 것이다. 쾰러가 대상적 세계와 지각 주체를 구분하여 대상의 장과 신경생리학적 장의 동형성(isomorphism)을 문제로 하지 않을 수 없었던 것도 게슈탈트에 대한 그와 같은 견해에서 유래한다고 생각된다. 이 학파는 그 후 쾰러의 사고 연구, 코프카의 지각 연구, 레빈의 인격이론으로 확장되어 '틀', '관여계', '장', '계류점' 등등의 중요한 개념들을 산출했지만, 제2차 대전과 그에 의한 중심 멤버들의 미국 망명으로 인해 학파로서의 활동은 단절되게 된다. ☞[사]게슈

탈트 이론, ㉧레빈, 베르트하이머, 슈툼프, 코프카, 쾰러

—구지라오카 다카시(鯨岡 峻)

㉶ E. G. Boring, *A History of Experimental Psychology*, New York, 1950.

변증법 辨證法 [(독) Dialektik (불) dialectique (영) dialectic]

(1) 변증법이라는 말은 대화의 기술이나 문답술을 나타내는 그리스어(διαλεκτική τέχνη)에서 유래한다. 그것이 의미하는 바는 대단히 다의적이어서 궤변을 전형으로 하는 부정적인 것으로부터 경험을 넘어선 초월적인 대상을 파악하기 위한 방법으로 생각하는 적극적인 것에 이르기까지 양 극단에 걸쳐 있다. 전자에는 '변증법'이란 상식과 개연성 위에 성립하는 데 불과하다고 하여 '아포데익시스'(학적 논증, ἀπόδειξις)로부터 구별하는 아리스토텔레스로부터 '가상의 논리'로 간주하는 칸트에 이르기까지가 속하며, 후자에는 이데아라는 참된 실재에 이르는 길로 바라보는 플라톤으로부터 사변의 논리라고 생각하는 헤겔까지가 속한다.

그러나 이들을 관통하는 변증법의 근본적인 특색은 통상적으로 말해지는 대화의 계기에 있는 것이 아니라 대상이 무엇이든 언어가 그 대상에 다가가 스스로의 한계에 도달하고 언어의 자기 파괴라고도 말해야 할 사태를 생기게 하면서 또한 그 사태를 기술하는 것 속에 놓여 있다. 왜냐하면 이것이야말로 언어와 대상을 가능하게 하는 바의 것이 드러나는 유일한 장소이기 때문인바, 변증법이란 이 장소의 논리이기 때문이다. 대화의 계기가 의미를 지니는 것은 언어의 한계가 단적으로 드러날 때이지 그 역은 아니다. 또한 변증법의 특징으로 자주 지적되는 모순율의 침범도 사태가 요구하는 결과이지 그 원인이 아니다. 하물며 일상적 사태나 자연과학적 식견에 있어 모든 것을 설명해 보였다고 일컬어지는 도식이나 공식은 변증법과는 인연이 없다.

(2) 후설 자신은 변증법에 대해 혹은 그 전형이라고도 말할 수 있는 헤겔의 철학에 대해 호의적이지 않다. (그 주된 원인은 그가 헤겔을 거의 읽지 않았다는 점에 있다.) 그러나 어디까지나 언어에 의거하면서도 '사태 자체로' 다가가 사태가 요구하는 표현을 찾아내고자 하는 그의 태도 속에서 변증법을 보지 못하는 자는 철학함으로서의 현상학에 아직 접촉하지 못하고 있다고 말해야만 한다. '지향성'에서의 노에시스와 노에마의 상관관계, '지평구조', '자연적 의식'과 '학적 의식'의 관계, '세계에 대한 주관임과 동시에 세계 속에 있는 객관'으로서의 '주관성'의 수수께끼, 타자 구성의 문제, '흐르면서 멈추어 서 있는' '살아 있는' 현재에 대한 논의 등 현상학의 모든 주제가 역설적인 것은 결코 우연이 아니다. 철저하게 캐어물어진 사태가 변증법을 요구하고 있기 때문이다.

(3) 하이데거의 '비-은폐성'(Un-verborgenheit)으로서의 '진리' 개념과 그 변형들이나, 사르트르의 '있는 바의 것이 아니라 있지 않은 바의 것이다'라는 '대-자'(pour-soi)(이 말이 헤겔의 für sich의 전용이라는 것은 굳이 말할 필요도 없다) 개념, 또는 마찬가지로 사르트르의, 맑스에 의거하는 가운데 '분석적, 실증주의적 이성'에 맞서 '실천적 종합성' 및 '전체성'을 회복하고자 하는 '변증법적 이성'에 의한 사회-역사 이론의 시도 속에서 변증법적인 사고방식의 전형적인 예를 지적할 수 있겠지만, 특히 변증법에 깊은 통찰을 보여주는 것은 메를로-퐁티이다. 그는 단지 '양의적'이고 '복화술적'(ventriloque)인 '나쁜 변증법', 즉 '발효를 멈춘 변증법'에 대해 '종합 없는 변증법'(la dialectique sans synthese), 즉 '초변증법'(l'hyperdialectique)이라는 '좋은 변증법'을 대치시키고 그 활동을 다음과 같이 기술하고 있다. "변증법적 사고란, 존재 내부의 관계에서든 존재와 나의 관계에서든 각 항은 대립항으로 움직임으로써만 그 자신이고 운동에 의해 스스로가 존재하는 바의 것으로 된다고 하는 것을 인정하는 사고인바, 각각의 항에 있어 다른 항으로 옮겨가는가 자기로 되는가, 자기로부터 떠나가는가 자기에게로 되돌아오는가는 동일한 것이어서 각 항이 자기 자신의 매개, 생성의 요구, 나아가서는 다른 항을 부여하는

자기 파괴의 요구인 까닭에 구심운동과 원심운동이 하나의 운동이라는 것을 인정하는 사고에 다름 아니다'[VI 124]. ☞ ㉫독일 관념론과 현상학

—스기타 마사키(杉田正樹)

㊟ M. Merleau-Ponty, *Les aventures de la dialectique*, Paris, 1955(瀧浦靜雄 外 譯, 『弁証法の冒險』, みすず書房, 1972).

보조대상/목표대상 補助對象/目標對象 [(독) Hilfsgegenstand/Zielgegenstand]

마이농이 『가능성과 개연성에 대하여』(*Über Möglichkeit und Wahrscheinlichkeit*, 1915, §27)에서 제시한 가설적인 맞짝개념. 인식의 매개항과 목적항을 나타낸다. 언어론적으로는 말이 의미하는(bedeuten) 것과 말이 지명하는(nennen) 것에 대응한다[741]. 프레게의 의미(Sinn)와 지시대상(Bedeutung)의 구별과 유사하다. 마이농에 의하면 어떠한 대상도 지적 작용의 내용에 의해 현시되는(präsentiert) 것 없이는 파악・사념될 수 없다. 그러나 내용과 현시되는 대상이 반드시 일대 일로 대응하는 것은 아닌바, 현시(Präsentation)에는 내용이 대상과 직접 대응하는 직접적 현시(unmittelbare P.)와 그러한 대응은 없이 보조적 기능을 수행할 뿐인 간접적 현시(mittelbare P.)가 있다. 전자는 예를 들어 '빨강'(Rot)이라는 대상을 단적으로 존재 사념하는 경우로서, 이러한 사념의 기반에는 대상에 대치되는 '빨강-내용'(Rot-Inhalt) 이외에 요청되는 것은 없이 내용과 대상이 직접 대응한다고 여겨진다. 후자는 '어떤 빨간 것'(ein Rotes), '이 빨간 것'(dieses Rote) 등을 존재 사념하는 경우로서 사념되고 있는 것은 빨강이 아니라 특정한 존재자이며, 여기서는 '빨강-내용'은 대상과 직접 대응하고 있지 않다. 그것은 다음과 같은 점으로부터도 알 수 있다. 예를 들면 '어떤 빨간 것'의 존재 사념은 빨간 어떤 것이 실재한다(Es existiert etwas, das rot ist)와 같은 형태로 두 단계의 문장으로 표현할 수 있는데, 결국 '빨강-내용'은 기껏해야 이 일 단계의 상존재相存在 객관적인 것에 대한 사념의 기반으로서 요청될 뿐이기 때문이다. 따라서 해당 대상은 직접 '빨강-내용'을 매개로 하여 존재 사념되는 것이 아니라 '빨강-내용'을 기반으로 파악되는 상존재를 매개로 하여 사념되게 되는 것이다. 요컨대 미규정적인 대상에 '빨강'이라는 한정항(Determinator)이 덧붙여져 파악된 것을 매개로 하여 사념된다고 하는 것이다. 마이농의 가설을 따르게 되면, 인식 목적으로서 목표대상이 '어떤 빨간 것'이라는 비완전한 보조대상을 통해 사념되는 차례가 된다. 보조대상으로서는 준현전적인 비완전 대상이 사용된다. ☞ ㉫상존재, 완전 대상/비완전 대상, 프레게와 현상학, ㉤마이농

—에리구치 아키토시(江里口明俊)

보편 普遍 ⇨㉫개체/보편

보편문법 普遍文法 [(불) grammaire générale (독) universale Grammatik (영) universal grammar]

얀센주의의 본거지인 포르 르와얄 수도원에 소속된 랑슬로와 아르노는 1660년에 『일반이성문법』을 저술한다. 이 문법서는 그때까지의 라틴어 중심의 문법서와는 달리 모든 언어에 공통된 언어 일반의 문법을 지향했다. 여기서 처음으로 보편문법이라는 생각이 구체적인 형태를 취하게 된다. 포르 르와얄 문법이라고 불리는 이 문법의 특징은 문법의 대상을 말하기의 기법으로서 위치짓고, 더 나아가 말하기를 인간이 자신의 생각을 표현하기 위한 수단으로서 명확히 규정한다는 점에 놓여 있다. 그리하여 이 문법서에서는 기호가 사고를 표현하는 측면, 즉 언어의 정신적 측면을 지배하는 원리들을 제시하는 것에 대부분이 할애되어 있다. 보편문법이 동시에 이성문법이라고도 불리는 까닭이다. 정신의 세 가지 작용, 즉 개념화, 판단, 추론 가운데 『일반이성문법』에서는 처음 두 가지가 주제적으로 논해지는데, 추론의 활동은 2년 후에 아르노와 니콜에 의해 저술된 『논리학』이 맡게 된다. 이와 같이 보편문법은 그 당초부터 대단히 철학적・논리학적・의미론적 색채가 강한 것이었다. 그런 까닭에 보편문

법은 이후 계몽시대를 통해 언어철학으로 혹은 철학 일반의 방법론적 기초학으로 간주되며, 문법가-철학자(grammariens-philosophes)라고 불리는 일군의 사상가를 산출하게 된다. 이 철학적 문법은 콩디야크의 영향 하에 데스튀트 드 트라시가 수립한 관념학(Ideologie)과 운명을 같이하여 19세기까지 살아남을 수는 없었다. 사상사로부터 완전히 망각된 보편문법의 이념이 지닌 정당성이 다시 인식되게 되는 것은 20세기 60년대 이후의 변형생성문법의 성공을 기다려서이다. 촘스키(Noam Chomsky)는 포르 르와얄로부터 헤르더, 훔볼트까지의 유럽의 비경험주의적인 언어 사상을 데카르트 언어학으로서 위치짓고, 거기에 제기되어 있는 언어 사상 속에서 변형생성문법의 기본적 아이디어를 적극적으로 인정한다. 하나는 유한한 어휘와 규칙으로부터 무한한 언어 표현을 산출하는 언어 사용의 창조적 측면에 대한 주목이며, 또 하나는 심층구조와 표층구조라는 다중구조로서 언어 표현을 고찰하는 시각이고, 다른 또 하나는 개개의 언어의 문법구조의 보편성을 인간 정신의 본질에 뿌리박고 있는 것으로 보는 사상이다. 후설은 이미 20세기 초두에 보편문법의 철학적 의의를 인정하고, 범주문법의 가능성을 시사하고 있었는데, 이 점에서의 후설의 선견성을 현상학 운동 속으로 적극적으로 계승하는 것이 없었던 점은 안타까운 일이 아닐 수 없다. 『이념들 Ⅰ』에서 보이는 것과 같은 노에시스・노에마의 다중구조, 지향적 함축의 개념, 『경험과 판단』에서의 판단의 생성론 등은 변형생성문법과 유연성을 지니지만, 이것은 우연이 아니다. ☞ ㉶순수 논리 문법(학), 언어학・기호학과 현상학

—이토 하루키(伊藤春樹)

㊟ J. M. Edie, *Speaking and Meaning*, Indianapolis, 1976(瀧浦静雄 譯, 『ことばと意味』, 岩波書店, 1980).

보편타당성普遍妥當性 [(독) allgemeine Gültigkeit; Allgemeingültigkeit]

볼차노는 칸트의 분석명제와 종합명제에 대한 정의로서 외연적이고 정연한 방법을 개발했다. '카이우스(Cajus, 인명)는 죽을 수밖에 없는 존재이다'라는 명제의 '카이우스' 대신에 셈프로니우스, 티투스, 장미, 삼각형을 표상해 보면, 새롭게 얻어지는 명제는 참이든지 거짓이든지 한다. 이에 반해 '이 삼각형은 세 변이다'의 경우에는 '이'에 의해 특정되는 삼각형으로서 어떠한 표상을 취하더라도 결과로서 얻어지는 명제는 모두 참이다. 이리하여 어떤 명제로부터 얼마만큼 참다운 명제가 얻어지는지를 수량적으로 표시한 타당성의 정도가 주어진다. 위의 예에서 말하자면, 전자는 넷 중에 둘, 즉 2분의 1이며, 후자는 1이다. 타당성의 정도가 1이라는 것을 볼차노는 보편타당적 내지는 완전타당적(allgemein-oder vollgültig)이라고 부르며, "종류 내지 형식 전체로부터 보아 참"인 것이라고 한다. 그리고 그것이 0이 되는 것, 즉 전적으로 비타당적인 명제를 "종류 내지 형식 전체로부터 보아 거짓"인 것이라고 한다. 그리고 이 양자를 분석명제, 그것 이외의 것을 종합명제로 간주하고자 한다. 이러한 볼차노의 보편타당성 개념은 현대 논리학에 받아들여져 논리적 진리의 정의로서 이용되고 있다. 즉 논리식이 어떤 대상 영역에서의 모든 모델에서 참일 때 혹은 모든 대상 영역의 모든 모델에서 참일 때 그것은 보편타당적(universally valid)이라고 불리는 것이다. ☞ ㉶논리학과 현상학, ㉷볼차노

—이토 하루키(伊藤春樹)

보편학普遍學{**보편수학**普遍數學} [(라) mathesis universalis]

신이 완전한 수학적 설계에 기초하여 세계를 창조했다고 하는 생각에서 모든 존재자의 관계적 규정을 수적인 것으로 간주하는 사상 전통은 피타고라스나 플라톤에서 시작되지만, 이것은 모든 존재자에 관한 보편적인 학으로서의 '보편학'을 수학적인 것으로 간주하는 입장으로 나아간다. 데카르트가 『정신 지도의 규칙』에서 모든 대상 영역에서의 질서와 계량적 관계에 관한 학으로서의 '보편수학'의 구상을 기술할 때 그것은 피타고라스-플라톤적 사상 전통의 부활이라는 의미를 지니고 있었다. 이 학의 건설에 실제로 착수

한 것은 라이프니츠이다. 라이프니츠는 모든 학문에 공통된 보편적 언어로서의 '보편적 기호법'을 오르가논으로 하여 모든 학문의 진리를 수학적 계산으로서의 '추리계산'에 의해 연역적으로 도출할 수 있는 체계로서의 '보편수학'의 이념을 제시했다. 후설은 『논리연구』 제1권에서 순수 논리학에서 보편학의 기능을 발견했지만, 『브리태니커 초고』에서는 체계적으로 관철된 초월론적 현상학이야말로 "일반적으로 생각할 수 있는 모든 선험적인 학의 체계적 통일인 보편적 존재론"이라는 라이프니츠의 이념을 실현하는 것이라고 생각하게 되었다. 왜냐하면 모든 존재자는 "그 존재의미와 타당성을 상관적인 지향적 구성에서 흡수"하게 되기 때문이다[Hu 9. 296f.]. 거의 같은 시기의 『형식논리학과 초월론적 논리학』에서는 그러한 보편적 존재론의 구상이 '초월론적 논리학'으로서 말해지고 있다. ☞ [사]순수 논리학

—노에 신야(野家伸也)

[참] 三宅剛一, 『數理哲學思想史』, 學藝書房, 1968.

복의적複義的 [(독) äquivok] ⇨ [사]일의성/다의성/복의성

본래성/비본래성本來性/非本來性 [(독) Eigentlichkeit/ Uneigentlichkeit]

하이데거가 『존재와 시간』의 현존재 분석에서 사용한 구별. 본래 '각자적'(jemeinig)인 가능성으로서 존재하는 현존재는 자기의 존재를 획득하는가 아니면 상실하는가라는 존재양태를 지닌다. 본래성/비본래성이라고 불리는 이러한 양태의 구별은 하이데거 자신이 '양태적 무차별'이라는 중간적인 사태의 존재를 시사하고 있음에도 불구하고 현존재 분석에 사용되는 모든 실존범주를 이분법적으로 규정하게 된다. 특히 실존 그 자체의 본래성/비본래성은 양심 현상에서 확증되는 선구적 결의성과 일상성에서 드러나게 되는 퇴락과의 사이에서 보인다. 요컨대 '세인'에게 맡겨져 그 "가장 자기적인 존재 가능"이 은폐되어 있는 실존은 "죽음에의 선구"라는 실존의 전체적인 존재 가능을 안에 품은 "가장 자기적인 부채 존재에 대해 침묵하고 불안에 대해 열린 자기 기투"[SZ 393]에서 근원적인 진리에 도달하는 것이다. 현존재의 존재의 의미를 묻는 하이데거는 이 물음의 진리성에 대한 보증을 거기서 구하는데, 그에 입각하여 실존의 존재론적 의미를 시간성으로서 분석하기에 이르며, 나아가 그 시숙時熟의 방식으로부터 바로 그 두 가지 실존 가능성도 규정하게 되었다. 그러나 양자의 구별이 반드시 명료한 것이라고는 말하기 어렵다. 하이데거는 "비본래성은 가능적인 본래성을 근거로 한다"[SZ 344]고 말하면서도, 양자가 실존적으로는 상호적으로 변양의 관계에 서 있고, 또한 실존론적으로는 본래성이 비본래성의 "변양된 움켜쥠에 불과하다"[같은 책 238]는 것도 인정한다. ☞ [사]실존범주, 양심, 현존재, [서]존재와 시간

—이토 도오루(伊藤 徹)

본원적本源的 [(독) originär]

모든 대상적인 것을 그것들의 의식에 대한 나타남(현출)으로 되돌려(환원하여) 해명하고자 하는 후설 현상학에서 대상이 그 <살아 있는 (유체성)>(leibhaft, leibhaftig), <자기성>(Selbstheit)에서 의식에 주어져 있는 경우에 이 두드러진 소여방식을 가리켜 <본원적>이라고 말한다[Ideen Ⅰ 7f., 11, 43, 283 등]. 예를 들어 어떤 사물을 실제로 지각하고 있는 경우에 이 사물은 의식에 본원적으로 주어져 있는바(originär gegeben), 해당 지각은 본원적으로 주는 활동을 하는(originär gebend) 경험 내지 의식이다. 이에 반해 상기나 감정이입에서 대상은 본원적으로 주어져 있지 않다[같은 책 7f.]. 다른 한편, 경험적 직관만이 아니라 본질직관에서도 본질은 본원적으로 주어진다든지 본원적으로 주어지지 않는다든지 한다[같은 책 11]. 후설에게 있어서는 "모든 본원적으로 주는 활동을 하는 직관"이야말로 "인식의 권리원천"이며, 이것이 "모든 원리 중의 원리"였다[같은 책 43f.]. 대상이 의식에 본원적으로 주어지고 다름 아닌 살아 있는 모습으로 현출하고 있다면,

이러한 현출과 하나가 된 해당 대상의 정립이 "이성적으로 동기지어지는" 것이며[같은 책 283f.], "본원적으로 주는 활동을 하는 의식"으로서의 "봄"이야말로 "모든 이성적 주장의 궁극적인 권리원천"이었던 것이다[같은 책 36]. 덧붙이자면, 본원적 소여성은 충전적인 경우와 불충전적인 경우로 구별된다[같은 책 10, 285]. 참다운 존재는 본원적인 동시에 충전적으로 주는 의식의 상관자인 것이다[같은 책 296]. ☞ ㊇명증성, 소여성, 직관, 충전성

—사카키바라 데쓰야(榊原哲也)

본질 本質 [(그) οὐσία; τὸτί ἦν εἶναι (독) Wesen (영) essence]

본질이란 존재론적 개념으로, 본래 소크라테스 이래의 '~란 무엇인가'라는 물음에 대답하는 것으로서 사물의 속성, 즉 근본적인 규정(정의에 대응한다)을 형성하는 것을 가리키며, 독일어에서 Dasein(우유偶有)과 짝을 이루는 Sosein이다. 그 후 한편으로 (1) 본질은 사물의 불가결한 동시에 필연적인 속성으로 간주되는데, 이와 같은 근본 성격은 보편적인 것으로서 플라톤은 이를 참된 실재인 이데아라고 부르지만, 아리스토텔레스는 본질을 질료에 대한 Eidos(형상)라고 불러 형식적인 것으로 간주하고, 그에게서 플라톤적인 독립적 실재성을 부정했다. 어떤 경우든 본질은 개별적인 대상과 그에 대한 경험인식을 넘어서서만, 따라서 선험적으로 이성에 의해서만 파악된 것으로 생각되어 왔다. 그러나 다른 한편으로 (2) 본질은 또한 아리스토텔레스의 실체 개념으로 되돌아가는 까닭에 아리스토텔레스의 실체 개념의 이의성에 따라 에이도스로서의 형식적 규정뿐만 아니라 구체적 개물로서의 실체도 의미한다. 현상학에서 본질 개념은 주로 선험적인 직관과 상관하여 현상학 및 수학 등의 다른 형상학의 학문성을 근거짓는 것으로 생각되었다. 후설은 일관되게 전자, (1)의 의미에서 본질 개념을 사용하는데, 중기에는 Eidos라는 말도 동의어로서 사용하고 있다. 이러한 본질을 파악하는 직관을 후설은 지각 등의 경험적 직관과 구별하여 Ideation(이념화작용), Wesensschau(본질직관)라고 부르고, 구체적 개별 인식으로부터 자유변경을 통해 보편적인 이러한 본질 파악에 이르는 절차를 초월론적 환원과 구별하여 형상적 환원이라고 불렀다. 이에 반해 셸러는 오히려 오랜 기간 잊혀 왔던 후자, (2)의 의미에서도 본질을 이해하여 선험적인 직관으로 파악되는 본질은 개별일 수도 보편일 수도 있다고 생각하며, 칸트 철학의 형식성과 형식적인 까닭에 보편타당성을 지닌다고 하는 인식에 대한 전통적인 암묵적 이해를 파헤쳐 오히려 본질을 이성을 한정하는 유력한 수단의 하나라고 주장했다. 현상학적 사실과 그 인식을 선험적인 본질과 그 인식으로서 포착한 셸러는 보편성 혹은 형식성이 본질의 필요조건이 아니라는 것을 분명히 했다. 셸러에서 가치와 그 인식은 아프리오리로서 거기에 이르는 절차를 현상학적 환원이라고 부른다. 사랑이나 의지가 맹목적인 것이 아니라 가치에 대한 인식능력으로서 발견되며, 가치는 근원적으로 선험적인 본질 인식을 통해 우리에게 세계를 열어주게 된다. 하이데거의 후기에 본질은 명사일 뿐만 아니라 동사로서도 포착되는데, 사물이 그 본성을 나타나게 하는 것이 '본질하다 · 현성하다'(wesen)라고 불린다. ☞ ㊇본질직관, 아프리오리, 이념화작용, 형상{에이도스}

—시모미세 에이이치(下店榮一)

㊟ E. Shimomissé, *Die Phänomenologie und das Problem der Grundlegung der Ethik*, Den Haag, 1971.

본질존재 本質存在 ⇨㊇사실존재/본질존재

본질직관 本質直觀 [(독) Wesensanschauung; Wesensschau; Wesensintuition]

환원, 지향성 등과 견줄 수 있는 후설 현상학의 근본개념. 같은 뜻의 개념들로서 본질간취(Wesenserschauung), 이데아적 직관, 형상적 직관, 보편적 직관 등이 있다. 개체적, 경험적, 감성적 직관과 같은 사실적인 것에

관계하는 직관과 분리할 수 없는 측면을 지니지만, 다른 한편으로 지각적 직관을 떠난 수준에서도 성립하는 "원리적으로 고유하고도 새로운 종류의 직관"[Ideen Ⅰ 15]도 의미한다. 『논리연구』의 제6연구, 특히 제3장에서의 인식의 단계들에 대한 현상학적 고찰, 제6장에서의 감성적 직관과 범주적 직관의 비교 고찰을 하나의 기점으로 하여 형성된 개념이다. 제6연구에서는 감성적 직관에 의존하면서도 단지 그 개체를 사념하는 것이 아니라 그것에 대응하는 유적 보편성을 의식하는 이념화하는 추상(ideierende Abstraktion)의 활동, 즉 거기서 개체 대신에 그 이념이 의식에 가져와지는 양태가 논의되고 있다[LU Ⅱ/2 183]. 이 문제는 더 나아가 『현상학의 이념』에서의 현상학적, 인식론적 반성 내에서 본질 인식의 가능성 문제와 관련지어져 『이념들 Ⅰ』의 제1편 '본질과 본질 인식'에서 주제적으로 검토가 이루어졌다. 그러나 그 후에도 본질직관에 대해서는 오해에 대한 반론[Hu **25**. 226-248 참조]이나 계속적인 비판적 고찰이 이루어지며, 이념화작용이나 자유변경을 둘러싼 반성에서 심화된 사유가 전개되었다[Hu **7**. 126-140, Hu **9**. 78-92, FTL 119ff., EU 410-420 등 참조].

경험적 직관에서의 의식 양태에 대한 현상학적 반성이라는 틀 내에서 전개되는 본질직관 이론의 근본적 특징은 경험적 직관에서 개별적인 대상이 의식에 **주어지는** 것과 마찬가지로, 본질직관에서는 보편적 본질이 의식에 **주어진다**고 하는 점이다. 전자에서 사실적 대상이 유체적으로(leibhaftig), "본원적으로"(originär) 의식에 가져와지는 것과 전적으로 유비적으로, 후자에서는 형상적 대상이 의심할 수 없는 것으로서 "본원적으로" 의식에 소여된다[Ideen Ⅰ 15 참조]. 그러므로 본질직관은 의식의 자의적인 활동이 아니라 "본원적으로 주는 활동을 하는 직관"(eine originär gebende Anschauung)[같은 곳] 이외의 것일 수 없다. 후설의 현상학적 본질직관 이론은 이러한 데카르트적 회의와의 관련을 지니는 "절대로 의심할 수 없는 내재적인 지향적 의식소여"로의 귀환에 기초하여 진전된다.

중기의 후설에 의하면 본질직관은 경험적 직관을 기초로 하는 가운데 사실적 개체가 아니라 개체 자신에 내장된 본질이 의식에 주어지는 경우의, 나아가 공상적, 상상적 직관에서의 임의의 개별적 범례를 기초로 하는 가운데 허구(Fiktion)의 작용을 매개로 하여 개별적으로 혹은 다른 대상들과의 비교를 통해 각각에 공통된 본질이 의식에 주어지는 경우의 양태와 관련지어진다. 이와 같이 개체적 직관은 본질직관으로 전화될 수 있지만, 다른 한편으로 후자를 토대로 하여 본질에 대응하는 개체가 범례적으로 의식화되는 것도 가능한바, 양자는 원리적으로 구별되는 한편, 불가분적으로 결부되어 있기도 하다.

본질직관은 거기서 경험적 사태 내용에 관계되는 질료적 본질이 주어지는가, 그렇지 않으면 질료적 본질의 형식 혹은 형식의 형식(형식적 본질)이 주어지는가에 따라 구분된다. 전자의 경우에 '유적 보편화'(Generalisierung)에 의해 사물 일반, 감성적 성질 일반과 같은 '최상위의 유'가, '종적 특수화'에 의해 '최하위의 종적 차이'가 주어지며, 후자의 경우에는 일정한 질료적 영역을 영역 일반의 형식에로 관계짓는 '형식화'에 의해 사태 일반, 명제 일반과 같은 순수 논리적, 형식적 범주들이 주어진다. 전자는 '영역적 존재론', 후자는 '형식적 존재론'과 결부된다.

초월론적으로 순화된 지향적 의식에 대한 현상학적 반성론의 틀 안에서 전개되는 본질직관론에서는 '헤라클레이토스적인 흐름'으로서 부단히 경과하여 멈추지 않는 위상이 유형적 본질의 직관 양태와 관련지어져 전개된다. 유동적인 내재적 소여로서의 의식 체험을 이념적 본질에 기초하여 정밀하게 일의적으로 규정하는 것은 불가능하며, 그런 까닭에 체험의 경과 위상은 그것의 '어떤 두드러진 계기'를 '유형적인 것'으로서 추상적으로 파악하여 가능한 한 정밀하게 규정하는 수밖에 없다. 그때의 의식에 주어지는 유형적 본질에 대한 내적 간취가 현상학적 본질직관의 근본적 특징이다. 내재적인 기술적 본질학으로서의 현상학의 행보는 의식소여로서의 '형태학적 본질'에 대한 직관과 함께 하며, 더욱이 그때마다 새롭게 개시되는 내적 의식에 대한 반성에는 각각 상이한 의식현상이 주어지는 까닭에, 현상학적 본질직관은 어디까지나 인내성 있게 추진되어야만 한다.

정태론적 현상학으로부터 발생론적 현상학으로 이행하는 후기 후설에서 그 인내의 궤적이 앞에서 말했듯이 현상학적 본질직관 이론에 대한 발전적 재고로 결정화되어 가는 것이다. ☞㉵범주적 직관, 본질, 이념화작용, 자유변경, 현상학적 환원, 형상{에이도스}

—와다 와타루(和田 渡)

㊟ Emmanuel Levinas, *La théorie de l'intuition dans la phénoménologie de Husserl*, Paris, 1930(佐藤眞理人・桑野耕三,『フッサール現象學の直觀理論』, 法政大學出版局, 1991).

본질학/사실학本質學/事實學 [(독) Wesenswissenschaft/Tatsachenwissenschaft]

'사실학' 내지 '경험과학'이란 시간적, 공간적으로 현실존재하는 개체의 정립과 그에 대한 경험(경험적 직관)에 의해 파악되는 사실 및 사실에 기초하는 자연법칙을 대상으로 하는 학이다. 사실과 자연법칙은 우연성, 요컨대 다른 모양일 수도 있다고 하는 특징을 지닌다. 다른 한편, 개개의 음을 음의 개별적인 예로서 파악하듯이 개체에 있어서는 그 '무엇'으로서의 본질 내지 형상이 발견된다. 이러한 본질의 파악을 '본질직관'이라고 부른다. 경험적 직관은 본질직관으로 이행할 수 있지만, 이들은 다른 종류의 직관들이다. 본질직관에 의해 발견되는 본질과 그 필연적 연관을 대상으로 하는 학이 '본질학' 내지 '형상학'(Eidetik)이다. 본질직관은 현실존재의 정립을 포함하지 않으며, 단지 공상되는 데 불과한 대상으로부터 출발해서도 가능한 것이기 때문에 경험적 직관에 의존하지 않는다. 또한 사실은 본질 내지 그 연관의 개별적인 예로 간주할 수 있다. 이런 까닭에 본질학은 사실학의 기초를 이룬다. 개물의 본질은 유와 종이라는 말로 표현되는 계층성을 지니지만, 최상의 유는 '영역'(Region)이라고 불리며, 각각의 영역에 관한 본질학으로서 '영역적 존재론'이 성립한다. '자연 일반의 형상학', '공간 형태의 형상학'(기하학), '순수 체험의 기술적 형상학'(현상학) 등이 이에 속한다. 또한 대상 및 영역을 '형식화'하는 것에 의해 특정한 영역에 한정되지 않는 대상 일반의 형상학인 '형식적 존재론'이 성립한다[Ideen Ⅰ §1, §17 참조]. ☞㉵본질, 본질직관, 엄밀성/정밀성

—오구마 마사히사(小熊正久)

부끄럼 ⇨㉵수치{부끄럼}

부대현전화附帶現前化 ⇨㉵현전화/부대현전화

부분部分 ⇨㉵전체와 부분

부정성否定性 [(불) négativité]

『보이는 것과 보이지 않는 것』에서 메를로-퐁티는 지각적 신념을 부정하는 데서 성립하는 무의 철학, 변증법 철학에서의 부정성에 대한 파악방식을 비판한다. 부정주의 철학(une philosophie négativiste)은 결국 절대적인 긍정주의를 전제하며, 최종적으로는 부정의 부정으로서의 전체화의 요구에 굴복하게 된다[VI 92, 93]. 순수한 존재와 순수한 무의 대립과 그 지양, 전체화라는 구도에서는 그의 철학의 출발점인 지각적 신념으로서의 존재에 대한 개방성은 불가능하게 된다[같은 책 122]. 존재와 무의 부정적 매개에 반해, 메를로-퐁티가 채용하는 부정성이란 지각에서의 깊이처럼 보이지 않는 것이긴 하지만 보이는 것의 또 하나의 차원을 이루고 존재의 일반성에 포함되어 있는 것과 같은 지평적인 존재방식으로서의 부정성이다[같은 책 289, 290]. "접촉하는 것이 지니는 접촉할 수 없는 것", "보는 것이 지니는 볼 수 없는 것", "의식이 지니는 무의식"[같은 책 308]을 메를로-퐁티는 인정하지만, 거기에 존재하는 것은 "기준으로서의 부정", "거리로서의 부정"[같은 책 311]인바, 그것들은 바로 감각적 존재나 보이는 것의 차원 속에 포섭된 초월의 양상이다. ☞㉵거리

—가쿠코 다카시(加國尙志)

부정철학否定哲學 [(불) philosophie négative]

메를로-퐁티가 『보이는 것과 보이지 않는 것』의 연구 노트에서 언급한 철학의 방법. 메를로-퐁티는 존재 그 자체를 직접적인 표현으로 말하는 "직접적 존재론"을 비판하고 존재자를 통해 존재를 포착하는 "간접적 방법"을 표방한다[VI 233]. 예를 들면 『언어와 자연』에서 다양한 존재자(les êtres)는 "존재(l'Être)로 향하는 일반적으로 생각할 수 있는 단 하나의 통로"이지만 동시에 이 통로를 덮어 가리는 "존재의 형상들"로 여겨진다. 그는 존재의 개시는 동시에 존재의 은폐이기도 한바, 존재의 직접적이고 전면적인 표현은 불가능하며 철학을 침묵으로 이끌게 된다고 생각한다[RC 155, 156]. 따라서 메를로-퐁티에서의 존재의 의미에 대한 물음은 직접적으로 존재의 의미의 개시를 추구하는 것이 아니라 존재자로서의 자연이나 타자에 접촉하여 그것들을 존재의 '영역'으로서 탐구하면서 물어지게 된다. 부정신학이 신을 직접적으로 지시하는 개념을 부정함으로써 신의 존재를 긍정하고자 했던 것처럼, 부정신학의 부정이란 존재를 직접적으로 표현하기를 단념하면서도 여전히 동시에 존재자를 통해 존재의 심연에 접근하고자 하는 메를로-퐁티의 철학 태도를 보여준다. 헤겔이나 사르트르를 비판할 때에 사용되는 "부정주의 철학"(une philosophie négativiste), "부정적인 것의 사상"(la pensée du négatif)과는 전적으로 다른 것이기 때문에 구별이 필요하다. ☞ ㈔반철학

—가쿠코 다카시(加國尙志)

분석철학과 현상학分析哲學—現象學

현대 철학은 이 두 학파에 의해 대체로 양분되어 있다고 말해도 지나치지 않지만, 현재 분석철학이든 현상학이든 그 학파의 본질조건이 되는 테제나 연구방법에 의해 그들을 정의하는 것은 가능하지 않다. 가장 손쉽고 오해를 부르기 쉽긴 하지만 여전히 몇 가지 진실을 담고 있는 분류 방식에 따르면, 분석철학이란 영미 계열의 현대 철학을 말하고, 현상학이란 독불 계열의 현대 철학을 가리킨다. 조금 더 실태에 입각한 분류에서 양자의 차이는 주로 그것이 어느 쪽의 전통에 연결되는 것인가, 요컨대 프레게, 비트겐슈타인, 러셀(Bertrand Russell), 콰인(Willard Van Orman Quine) 등의 저작을 주로 언급하는 것인가, 또는 후설, 하이데거, 메를로-퐁티, 가다머 등의 저작을 주로 언급하는 것인가 하는 점에서 찾아진다. 그런 까닭에 일반적인 사상 경향으로서의 양자의 특징을 말할 수 있긴 하지만, 개개의 테마에서의 양자의 대립점은 점점 더 애매해지고 있다. 이러한 사정을 근거로 하여 좀 더 나아가 양자의 대립에 대한 조감도를 제시한다면, 한편의 분석철학 측에는 언어를 철학 문제의 주전장으로 보는 언어 중심주의, 물리과학을 모범으로 취하는 자연과학 중심주의, 수리논리학과의 밀접한 관계, 행동주의적인 심리학과의 제휴, 지향적 현상의 인과 과정으로의 환원(인과적 설명의 우위), 존재론에서의 물리주의, 자아 주관의 초월론적 기능인 것에 대한 불신과 같은 경향이 존재하며, 다른 한편의 현상학 측에는 언어 배후의 현상 그 자체로 소급하고자 하는 반-언어 중심주의, 인문·역사과학의 문제의식을 존중하는 정신과학 중심주의, 형식논리에 대한 불신, 정신분석학·게슈탈트 심리학과의 제휴, 지향적 현상의 특권성에 대한 옹호(인과적 설명의 한계), 존재론에서의 반-물리주의, 자아 주관의 초월론적 기능에 대한 강조와 같은 경향이 존재한다. 이에 더하여 언어 분석에 기초하는 윤리학이나 메타윤리학의 전개(분석철학)와 실존주의적 윤리학(현상학)의 대립을 들 수도 있을 것이다. 그러나 어떻든지 간에 이와 같은 특징부여는 대단히 대략적인 것인바, 양자 사이의 경직된 대립이나 한편에 의한 다른 편의 단순한 극복과 같은 것을 의미하는 것이 아니다. 예를 들어 후설의 생활세계의 아프리오리와 비트겐슈타인의 세계상과의 유사성, 언어행위론으로부터 지향성 분석에로 향했던 설(John Roger Searle)의 현상학적 전회, 또한 후설의 지향성 개념을 가능세계 의미론에 의해 해석하고자 하는 힌티카(Jaakko Hintikka)의 시도 등을 보면, 양자 사이에는 경계의 동요나 상호침투뿐만 아니라 현재에는 적극적인 대화의 노력도 행해지고 있음을 알 수 있다.

역사적으로는 『논리연구』 이전의 후설의 심리학주의적인 경향에 대해 행해진 프레게의 비판을 제외하면, 카르납(Rudolf Carnap) 등을 중심으로 한 논리실증주의에 의한 형이상학 비판이 분석철학과 현상학의 가장 긴장된 최초의 만남일 것이다. 여기서 현상학은 전통적 형이상학과 한편으로 생각되어 '명제의 의미란 그 검증 방법이다'라는 검증 원리를 내세우는 논리실증주의에 의해 그 철학적 주장의 유의미성에 대해 의혹이 제기되는 것이다(예를 들면 하이데거에 대한 카르납의 비판). 이 비판 그 자체는 곧이어 논리실증주의가 분석철학 내부에서 극복됨에 따라 중요하게 여겨지지 않게 되었지만, 이러한 대립은 그 이후의 서로에 대한 냉랭한 태도를 생각해 보면 그 나름대로 진지한 관심을 의식하게 만들었다는 점에서 주목해야 할 사건이었다. 당시에 이미 라일(Gilbert Ryle)은 하이데거의 『존재와 시간』에 대한 서평에서 "현상학은 결국 자기 파괴적인 주관주의 아니면 공허한 신비주의로 끝날 것이다"라고 선고했지만, 이러한 예언은 현 시점에서는 빗나갔다고 할 것이다. 왜냐하면 그 후 현상학은 후설의 초월론적 주관주의이나 하이데거의 존재 사유에 충실히 따른 것이 아니라 점점 더 확산과 다양화의 길을 걸었기 때문이다. 메를로-퐁티나 사르트르의 실존주의, 가다머나 리쾨르의 해석학은 그 중요한 예들이다. 다른 한편, 분석철학 자체도 논리실증주의로부터 탈각한 후에 로티(Richard Mckay Rorty)가 말하는 탈초월론화의 과정을 헤쳐 나가고 있었다. 그것은 실재론으로부터의 퍼트넘(Hilary Putnam)의 전향 등이 단적으로 이야기해 주듯이 과학을 포함한 모든 언설을 위한 궁극적인 어휘들과 논리를 철학이 제공한다고 하는 러셀 이래의 기도가 무너지게 되었다는 것을 의미한다. 이리하여 현상학이든 분석철학이든 모두 구심적인 대립축을 결여한 채로 이를테면 막연하게 확대된 전선을 형성해 왔던 것이다.

그러나 이러한 상황에 대해서는 오히려 오늘날 서로의 강령적인 입장을 벗어나 개별적인 문제들 자체에 따른 실질적인 논의를 국부적으로 전개해야 할 시기가 도래한 것으로 해석하는 것이 좋을 것이다. 후설을 "인지과학과 인공지능의 시조"로서 재평가하는 최근의 움직임 역시 그와 같은 현대적 상황의 하나의 나타남인 것이다. ☞ [사]비트겐슈타인과 현상학, 인지과학{AI}과 현상학, 프레게와 현상학

—시바타 마사요시(柴田正良)

[참] 新田義弘・村田純一 編, 『現象學の展望』, 國文社, 1986. H. A. Durfee, ed., *Analytic Philosophy and Phenomenology*, Martinus Nijhoff, 1976. H. L. Dreyfus, ed., *Husserl, Intentionalty and Cognitive Science*, MIT Press, 1982.

분위기 雰圍氣 [(독) Atmosphäre]

우리를 둘러싼 분위기는 우리의 기분과 서로 월경하는 교착된 관계에 있으며, 그것들을 내적인 것과 외적인 것으로서 구별하는 것마저도 가능하지 않다. 이 점을 최초로 주장한 것은 빈스방거인데, 그는 「정신병리학에서의 공간 문제」("Das Raumproblem in der Psychopathologie", 1933)에서 결코 인과관계로는 설명할 수 없는 <안>과 <바깥>의 불가분적인 통일을 <기분지어진 공간>(der gestimmte Raum)이라는 개념에 의해 표현하고 있다. 또한 슈트라서도 『정서』(*Das Gemüt*, 1954)에서 기분은 자아 감정임과 동시에 세계 감정이며, 기분과 분위기가 주-객의 구별을 넘어선 <초주관적・초객관적>인 차원을 만들어내고 있음을 지적한다. 그러나 그들이 의거한 것은 분명히 하이데거의 『존재와 시간』이다. 왜냐하면 하이데거에 의하면 기분이란 <바깥>으로부터 오는 것이나 <안>으로부터 오는 것이 아니라 세계-내-존재의 존재방식으로서 세계-내-존재 그 자체로부터 떠오르는 것이라고 생각되고 있었기 때문이다. 요컨대 그에 의하면 지각이나 행위에 의해 이런저런 사물이나 타자에 우리가 관계하기 이전에 그러한 상호관계의 장으로서의 세계 그 자체가 열리는 것은 기분에 의해서인바, 기분이야말로 우리의 피투성을, 요컨대 우리가 좋든 싫든 그 속에 던져져 있는 세계를 개시해 주는 것이다.

이러한 논의를 계승한 것이 텔렌바흐나 슈미츠일 것이다. 텔렌바흐는 취각과 미각이라는 종래 경시되어

온 구강감각에 주목하여, 바로 그것들에 의해서 세계와의 최초의 만남을 준비하는 분위기적인 것이 감지된다는 점을 병리학적 증례를 인증하여 지적하고 있으며, 또한 슈미츠는 감정이 <바깥>인 신들이나 다이몬의 소행으로 간주되는 호메로스 등의 텍스트를 인증하면서 감정을 우리의 내부세계로 거두어들이고자 해온 서구 사상을 비판하고, 감정이란 신체의 동요(leibliche Regungen)에 의해 감지되는 분위기 그 자체에 다름 아니라고 주장한다. ☞[사]감정, 기분, 정황성, [인]슈미츠, 하이데거

—우오즈미 요이치(魚住洋一)

[참] ヘルマン・シュミッツ(小川侃 編),『身體と感情の現象學』, 産業圖書, 1986. H. Tellenbach, *Geschmack und Atmosphäre*, Salzburg, 1968(宮本忠雄 外 譯,『味と雰圍氣』, みすず書房, 1980).

불안不安 [(독) Angst]

하이데거 전기 사상에서 현존재의 근본 정황성(Befindlichkeit)을 나타내는 개념. 『존재와 시간』에서는 비본래적 세계로 퇴락한 통상적인 기분으로서의 '두려움'(Furcht), 즉 세계 내부적 대상에 관한 두려움과 구별된다. 불안의 대상은 현존재의 세계-내-존재 그 자체이다. 불안은 일상성으로의 퇴락을 타파하는 계기인바, 일상성에 의해 은폐되어 있는 현존재의 본래성, 죽음 가운데로의 피투성을 개시하는 길을 연다. 그 느낌의 나쁨에 머무르는 것이 현존재의 본래적 존재의 의미를 개시하는 것에 연결된다. 따라서 현존재가 불안을 간직한 세계-내-존재인 한에서 그것 자체 내에 필연적으로 자기의 본래적 존재 양태를 개시할 가능성을 지니게 된다. 한편, 『형이상학이란 무엇인가』(1929)에서는 현존재가 초월(Transzendenz)의 성격을 지니는 것에 의해 존재자 전체를 넘어서서 존재에 속하는 것이 가능하게 된다는 식으로 말해지지만, 그때 존재는 존재자가 **아니**라는 의미에서 무(Nichts)로 규정되는데, 그 무를 불안이 개시하는 것이다. 현존재의 불안은 현존재 그 자체의 기댈 곳 없음을 폭로한다. 그 결과 모든 존재자는 현존재로부터 미끄러져 떨어지는바, 현존재는 무에 다다라 있다는 것이 판명된다[WM 106-122]. 이와 같이 불안은 존재 개시의 가능성에 있어서 불가결한 현존재의 실존론적・존재론적 구성 계기인 것이다. ☞[사]본래성/비본래성, 세계-내-존재, 정황성, 존재이해

—사사키 가즈야(佐々木一也)

불투명성不透明性 ⇨[사]투명성/불투명성

뷔르츠부르크학파—學派 [(독) Würzburger Schule]

자신의 저서『심리학의 기초』(1893)에서 "심리학은 경험적 사실에 관한 과학"이며 그 사실은 "체험하고 있는 개인에 의존한다"고 기술하여 실증적 입장을 표명하고 있던 퀼페는 1894년에 라이프치히로부터 뷔르츠부르크로 옮겨 거기서의 15년간과 본 및 뮌헨으로 옮긴 6년간에 걸쳐 고등 정신작용에 관한 실험적 연구를 지도했는데, 그로부터 많은 업적이 생겨났다. 그가 창설한 이 심리학 실험실들에서 판단과 사고 등의 고등 정신작용을 연구한 연구자 집단을 그 연구가 발상된 지명과 연관하여 뷔르츠부르크학파라고 부른다. 이들 연구자들의 기본적인 연구방법은 심리학적으로 훈련을 쌓은 피험자들에 대해 일정한 설문을 주고, 그에 대해 생기는 사고과정에 대해 해당 피험자에게 조직적인 자기 관찰을 요구하는 것이었다.

뷔르츠부르크학파의 업적들 가운데서 가장 중요한 공헌이라고 생각되는 것은 사고과정의 연구에 있어 그때까지 명증적이라고 생각되어온 의식이 구석구석까지 명증적이라고는 말할 수 없는바, 그 주변 내지 배경을 지닌다는 사실을 밝혀낸 것이다. 이 학파의 한 사람인 마르베(Karl Marbe)에 의하면, 무게의 비교판단을 피험자에게 요구했을 때 피험자는 어느 쪽이 무거운가에 대한 판단에는 쉽게 도달할 수 있음에도 불구하고 어떻게 해서 그 판단이 발생했는지를 내성內省에 의해 분명히 할 수 없었다(1905). 그 판단은

내관內觀에 의한 심상과 감각과 같은 의식내용 이외의 무언가에 의존한다고 생각되었던 것이다. 그 피험자들 가운데 한 사람이었던 오르트(J. Orth)는 이를 의식태(Bewußtseinslagen)라고 명명했다(1903). 그것은 감각이나 관념이 아니라 애매하고 붙잡을 수 없는 분석 불가능한 동시에 기술하기 어려운 무언가, 요컨대 제임스가 말하는 '의식의 테두리'와 같은 것이다. 와트(H. J. Watt)도 자극어에 대한 연상어를 구하는 작업에서 사고과정의 발단 단계에서 피험자에게 파악되는 막연한 과제(Aufgabe = 모종의 <얼개>)가 그 후의 그의 사고과정을 인도한다는 것을 밝혔다(1905). 또한 메서(August Wilhelm Messer)도 부여된 자극어가 무엇인지를 특정할 수 없는 단계에서 이미 피험자에게 그 의미에 대한 막연한 이해가 일어나는 경우가 있음을 지적하고 그것을 영역의식(Sphärenbewußtsein)이라고 불렀다(1906). 이들은 모두 의식내용이 지평을 지닌다는 것을 지시하고 있다. 이들 이외에도 아흐(Narziss Kasper Ach)와 뷜러 등이 이 학파에 속한다. ☞ ㉧뷜러

—구지라오카 다카시(鯨岡 峻)

㊟ E. G. Boring, *A History of Experimental Psychology*, New York, 1950. 矢田部達郞, 『思考心理學 I』, 培風館, 1948.

비독립성 非獨立性 ⇨㉦독립성/비독립성

비독립적 의미 非獨立的 意味 ⇨㉦독립적 의미/비독립적 의미

비본래성 非本來性 ⇨㉦본래성/비본래성

비완전 대상 非完全對象 ⇨㉦완전 대상/비완전 대상

비은폐성 非隱蔽性 ⇨㉦은폐성/비은폐성

비정립적 의식 非定立的意識 ⇨㉦정립적 의식/비정립적 의식

비트겐슈타인과 현상학—現象學

비트겐슈타인을 현상학과 직접 결부시키는 문헌적 증거가 적고 상황 증거에 의지할 수밖에 없기 때문에, 특히 후설과의 관계와 <현상학> 개념의 출현을 둘러싸고서 해석이 나누어진다. 기본적으로는 스피겔버그가 보여준 것과 같은 넓은 의미의 <현상학> 개념에 따른 고찰이나 철학적 문제의식과 관련하여 현상학자와 비트겐슈타인을 비교하는 시도에서 생산적인 면이 보인다.

I. 비트겐슈타인에게 있어 <현상학>이란 어떠한 것이었는가라는 문제에 관해서는 주로 중기의 『철학적 고찰』[이하, PB로 약기]에서의 '현상학'과 '현상학적' 등의 용어가 실마리가 된다. 그런 까닭에 그는 분명히 하나의 <현상학>을 구상하고 있었다고 생각된다. 그러나 그 <현상학> 개념에 관하여 마흐의 것이라고 하는 해석과, 카르납(Rudolf Carnap 1891-1970)으로부터 간접적으로 알게 되었다고 하는 설도 포함하여 후설의 것이라고 하는 해석 등이 있다. 『비트겐슈타인과 빈 학단』[이하, WWK라고 약기]에 수록된 슐리크(Moritz Schlick 1882-1936)와의 대담으로부터 후설을 알게 되었다는 것은 확실하다. 그러나 『논리연구』의 제1판은 읽은 듯하긴 하지만 추측의 범위를 벗어나지 않는다. 어쨌든 후설과 마찬가지로 그가 마흐의 물리학적 현상학이라고 말해지는 현상주의에 대한 비판자였다는 것은 많은 논자의 의견이 일치하는 바이다. 그는 "마흐가 자신의 시야에 관해 묘사한 그림"은 물리학적 언어와 현상학적 언어의 혼동의 전형이며[PB §1, §213], "현상학에서는 언제나 가능성, 즉 의미가 문제"인 것이어서 "현상학적 사태(Sachverhalt)의 구조의 기술"은 물리학에서는 가능하지 않다고 말한다[WWK 63]. 『철학적 고찰』에서는 그 서두에서부터 "현상학적 언어"의 구성이 단념되고 그 대신에 '문법' 개념에 의해 언어 현상 속에서 "본질을 간취한다"고

하는 일종의 현상학적인 방법이 제시된다[PB §1]. 본질은 문법에서 "계시된다"(offenbaren)[『철학적 문법』{이하 PG라고 약기} 216]. 그리고 문법에 대한 고찰에서는 "현상학적인 것과 비현상학적인 것의 구별이" 만들어져야만 한다[PG 215]. 그밖에 케니(Anthony Kenny 1936-)에 의하면 후설로부터 받아들인 '지향'(Intention) 개념이 "언어의 전 기능을 지탱하는 것"으로 여겨진다[PB §20]. 이와 같이 전기의 논리학적 고찰을 중심으로 한 철학으로부터 후기의 일상언어에 대한 고찰을 중심으로 한 철학에로의 이행기인 중기의 그의 철학적 활동에서는 <현상학>이 모종의 역할을 담당했던 것으로 추측된다. 그러나 중기 이후 그는 <현상학>에 대해 말하지 않는데, 후기의 『색채에 대한 논고』(*Bemerkungen über die Farben*, 1977)에서는 물리학과 현상학을 준별하여 "현상학이라는 것은 존재하지 않지만, 현상학적 문제는 존재한다"고 말하는 데 그친다[『색채에 대한 논고』 9, 49]. 후기에도 문법적 고찰의 방향은 언어게임에 대한 기술로서 계속된다[『철학적 탐구』{이하 PU로 약기} §496]. 그 고찰은 일상언어를 존재하는 그대로 보는 것, 즉 "생각하지 말고 보라!(schau!)"는 것인데[PU §66], <이상언어>의 부정과 더불어 '본질' 개념도 '가족유사성' 개념으로 대체된다[PU §66-67]. 즉 본질은 배후에 숨겨진 "논리의 투명한 순수함" 속에 존재하는 것이 아니라 "본질은 문법에서 말해지고 있다"[PU §371]는 것이다. 그러나 넓은 의미의 현상학이라는 관점에서 보면 문법 개념(언어의 적용 규칙)[PU §558]에 의해 언어게임(근원현상)에서 보이고 있는 문법(모종의 본질)을 "주시한다"(ansehen, anschauen)[『확실성의 문제』 §501]고 하는 일종의 현상학적 방법은 존재한다고 말할 수 있을 것이다. 언어게임의 '봄'(sehen)은 더 나아가 언어게임의 성립 조건으로서의 '생활형식'(Lebensform)과 '세계상'(Weltbild)으로서 제시되는 언어게임의 전체적 체계의 기초에 놓여 있는 것, 즉 확실성의 기반, 행동의 기반, 최종적으로는 "근거 없는 행동양식"이라는 무근거의 근거 또는 "기술할 수 없는{말할 수 없는}" 것에로 향한다[『확실성의 문제』 §110, §501]. 이 점에서 하이데거와의 유비를 시도하는 고찰도 존재한다.

II. 현상학자와의 비교 시도와 관련하여 이야기하자면, 무엇보다도 우선 『비트겐슈타인과 빈 학단』에서 그가 직접 후설 및 하이데거에 대해 언급하고 있는 구절이 주목된다. '반-후설'이라는 제목이 붙은 슐리크와의 대담에서 "현상학의 언명은 선험적 종합판단이다"라는 생각에 대해 비트겐슈타인은 부정적으로 대답한다[WWK 67f.]. 그것과는 대조적으로 '하이데거에 대하여'에서는 "하이데거가 존재와 불안에 대해 생각하고 있는 것"에 이해를 표시하고, 그것이 언어의 한계에로의 돌진이라고 언급한다[WWK 68f]. 한편 하이데거는 1976-77년의 헤라클레이토스 세미나에서 비트겐슈타인에 대해 언급하고 있다. (1) 후설과의 대비와 관련해서는 반 퍼슨(C. A. van Peursen)을 비롯하여 '사태'(Sachverhalt)와 '지향' 등의 용어상의 일치를 지적하여 강한 의미에서의 유비관계를 인정하는 입장과, 그에 반해 그와 같은 강한 유비관계는 만들어지지 않는다고 하는 해석이 있다. 또한 비트겐슈타인이 그의 현상학을 중기에 과연 버렸는가 하는 것도 하나의 논쟁점으로 되고 있다. 『철학적 탐구』에서는 현상학적 용어를 떠올리게 하는 'Meinen'(사념, 의미하기)이라는 말이 자주 등장하지만, "글에 생명을 부여하는 정신적 사념"이라는 사고방식은 부정된다[PU §592, PU II 218]. 정신(의식)이 말에 의미를 부여한다고 하는 언어 '상'(Bild)은 '직시적直示的 정의'에 의한 언어 '상'과 마찬가지로 잘못인 것이다. 그의 '본질'과 '지향' 개념, 또는 의미부여하는 의식 과정을 부정하는, '반-후설'적이라고도 받아들여지는 언어주의적인 고찰은 이상언어를 부정하는 그의 언어관 전체와의 연관 속에서 고찰되어야만 한다. 그러나 넓은 의미에서는 그의 독자적인 현상학적 방법이 후기에도 문법적 고찰 속에 보존되어 있다고 말할 수 있다. 그리고 반-심리학주의와, 과학적 방법과 구별되는 철학 고유의 방법에 관한 것 등 양자 사이에는 공통의 철학적 관심이 인정된다. (2) 하이데거와의 대비는 1950년대 중반부터 이루어지고 있는데, 용어와 개념의 대비뿐 아니라 특히 후기 비트겐슈타인에서 보이는 형이상학에 대한 비판과 관련하여 하이데거와 공통된 자세가 지적된다. 아펠

(Karl-Otto Apel 1922-) 등은 그것을 전통적 형이상학에 대한 근본적 문제제기로서, 또한 로티(Richard Rorty 1931-)는 전통적 철학 전체에 대한 반박으로서 평가한다. 이밖에 '존재'의 부름에 대한 청종과 같은 하이데거적인 윤리적 소명론을 최후 시기의 저작에서 읽어내고자 하는 시도도 있다. (3) 이밖에 메를로-퐁티, 사르트르와의 비교 등 폭넓은 연구가 있다. 그의 철학적 고찰에 관한 연구가 진전되면 진전될수록 복잡한 동시에 심원한 사상이 모습을 드러내며, 그의 인물됨 역시 통일적인 것으로 확정되기는커녕 "점점 더 수수께끼로 가득 찬 것"으로 되어왔다고 하는 것이 비트겐슈타인 해석의 현 상태로서, 그와 더불어 현상학과의 관계도 다면적으로 고찰될 가능성이 높아졌다고 말할 수 있을 것이다. ☞㉧물리학적 현상학, 분석철학과 현상학, 언어, 현상주의, ㉹마흐, 비트겐슈타인, ㉶철학적 고찰

—오카모토 유키코(岡本由起子)

㊟ N. F. Gier, *Wittgenstein and Phenomenology*, New York, 1981. H. Reeder, *Language and Experience, Description of Living Language in Husserl and Wittgenstein*, Washington, 1984.

뼈대 [(불) armature ; membrure] ⇨㉶보이는 것과 보이지 않는 것

ㅅ

사념하다 思念— [(독) Meinen]

일상어로서의 Meinen의 뜻은 '생각하다', '의미하다'이지만, 술어로서의 사념도 다의적이다. 일상적인 첫 번째 어의에서도 유추할 수 있듯이 대상은 이러저러한 것으로서 사념된다. 의식이 의미를 가지고서 대상에 관계한다고 하는 이러한 사태는 지향적 체험의 근간이다. 따라서 사념하기는 모든 작용에 불가결하게 속해 있는바[LU Ⅱ/1 372f.], 상상 · 표상 등의 여러 작용과 동렬에 놓을 수 없으며 혼동되어서는 안 된다. 사념되는 것(줄여 사념. 노에마에 해당[Ideen Ⅰ 276])과 사념되는 방식은 엄밀하게 규정되어야만 한다. 예를 들어 3 + 5, 4 × 2, 양자의 같음은 각각 다른 사념이며, 또는 지각된 한 잔의 맥주와 욕구된 한 잔의 맥주는 상이한 사념이다. 요컨대 사념이 동일할 때에는 작용질료와 작용성질도 동일하다. 그러나 그것이 충족되는지의 여부는 관계없다. 따라서 대상이 단지 사념되고 있을 뿐인 경우와 동일한 사념이 충족되는, 즉 사념되고 있는 대로의 대상이 주어지는 경우가 있다. 전자, 즉 충족과 대비된 의미에서의 사념함을 '공허한 지향'이라고 부른다. 일상적인 두 번째 어의에 가까운 이러한 의미에서의 사념은 사념이 본래 표현될 수 있다는 것과 표현이 직관을 결여해서도 성립한다는 것에서 유래한다. 덧붙이자면, 추정하다(Vermeinen)도 사념과 거의 같은 뜻이지만 대상이 비실재일 때에 사용하는 그 두 번째 어의는 억측이라는 뉘앙스를 지닌다. ☞[사]공허한 지향, 완벽성, 의미지향/의미충족, 작용

—시나가와 데쓰히코(品川哲彦)

사랑 [(독) Liebe]

셸러의 실질적 가치윤리학 및 정서 이론의 중심 개념. 『윤리학』뿐만 아니라 『동정의 본질과 형식들』과 논문 「사랑의 질서」(『유고집』 Ⅰ), 「사랑과 인식」(『사회학 및 세계관학 논집』)에서 반복하여 논의된다. 가치에 관한 지향적 정서로서는 가치에 대한 '감득'과 그 높고 낮음에 관한 '선취/후치'와 같은 작용이 생각되었지만, 사랑은 단순한 인식작용에 그치지 않고 가치 인식에 대해서 발견적 역할을 수행하는 지향적 운동이라고 생각된다. 즉 사랑은 어떤 인격에 주어지는 가치의 영역을 확대시키는 작용인바, 사랑의 운동에 의해서 그때까지는 알려지지 않았던 가치가 감득과 선취의 대상으로서 나타나는 것이다. 이것은 브렌타노가 『도덕적 인식의 원천에 대하여』에서 전개한 논의를 좀 더 발전시킨 것이지만, "애증에 관한 법칙들의 발견에서 모든 윤리학은 완성된다"[Formalismus 267]고 하는 표현에서 보이듯이 일체의 정서적인 것의 근저에 애증의 작용을 두는 발상의 밑바탕에 아우구스티누스의 '사랑의 질서'와 파스칼의 '심정의 실서'가 놓여 있다는 점에 대해서는 말할 필요도 없을 것이다. 셸러는 사랑의 질서의 혼란 유형과 기원 및 그 극복 방법을 논문 「사랑의 질서」에서 전개하고자 했다고 말해지지만, 「르상티망」 논문(『가치의 전도』)과도 깊이 관계되는 그 부분은 완성되지 못한 채 끝난다. ☞[사]가치윤리학, [인]셸러

—미즈타니 마사히코(水谷雅彦)

사물 事物 [(독) Ding]

순수 논리학적인 의미에서 '사물'은 '영역'의 하나를 형성하지만, 의식 체험의 분석에서 '사물'은 '초월'의 전형이자 지향적 분석을 위한 '이끄는 실'의 역할을 담당한다. 또한 세계 구성론에서 '사물'은 세계의 기층으로서 취급된다.

'사물'은 지향적 체험이 아니라 그 대상이며, '사물'을 '본원적'으로 부여하는 직관은 '사물 지각'이기 때문에 '사물'의 존재의미는 '사물 지각'을 기술, 분석함으로써 명확히 되고 또 명확히 되어야만 한다는 것이 현상학의 기본 테제이다. '사물'은 지각 체험의 지향적 대상이지 '내실적' 부분이 아니라는 점에서 '초월'이라고 불린다. 의식은 어떻게 해서 내재적인 것을 넘어서서 초월적인 '사물'에 관계하는 것일까 하는 '초월의 수수께끼'를 해명하는 것은 현상학의 근본 문제이다. '초월'로서의 '사물'은 그 모두가 일시에 한꺼번에 지각되는 것이 아니라 언제나 어떤 관점에서, 그것도 사물이 지닐 수 있는 어떤 특정한 측면만이 지각된다. 이러한 사태를 후설은 '음영'이라고 부른다. '사물'이 본질 필연적으로 '음영'에 의해서만 주어진다고 하는 것은 그때마다의 '사물 지각'은 '사물'의 특정한 측면만을 현실적인 지각으로 가져오고, 나머지 많은 측면은 미규정인 채로 장래의 지각 경험에 맡겨진다는 것인바, 이로부터 귀결되는 것은 '사물 지각'이 본질적으로 '불완전'한 지각이라는 것이다. '사물 지각'이 '불완전'하다는 것은 사물 '그 자체'가 지각에 의해 주어지는 것이 아니라는 것을 의미하지 않는다. 우리가 지각하는 '사물'은 '사물'의 '모사'나 '상'이 아니라 사물 '그 자체'이지만, 그 모두가 지각된다고 하는 것은 본질상 있을 수 없다. 미규정이기는 하지만 규정 가능한 '지평'이 '사물'에는 언제나 속해 있다. 따라서 이러한 의미에서 하나하나의 구체적인 '사물'이 칸트적인 의미에서의 '이념'으로 된다. '사물'의 이념성을 발견한 것은 현상학의 기본적인 성과의 하나로 제시될 수 있을 것이다. ☞ ㊕음영, 영역적 존재론, 초월/내재

—우시지마 겐(牛島 謙)

사물양상/언표양상 事物樣相/言表樣相 [(라) de re/de dicto]

양상이나 지향적 작용을 표현하는 문장은 자주 그 독해 방식과 관련하여 애매함을 보인다. 예를 들면 '그는 덴마크의 수상이 사민당원이라고 믿고 있다'는 문장을 생각해보자. 여기서 그의 신념은 어떤 특정한 인물에 관한 신념이고, '덴마크의 수상'은 그 인물을 지시한다고 간주되는 경우에 사물양상이라고 불린다. 그에 반해 '그는 덴마크의 수상이 그가 누구이든 사민당원이라고 믿고 있다'와 같은 식으로 그의 신념의 대상이 특정하지 않은 경우에 언표양상이라고 불린다. 전자의 독해에서는 신념의 지향적 대상이 사물인 데 반해, 후자의 독해에서 그 대상은 '말해지는 것', 즉 명제 내지 사태라고 해석되기도 한다. 본래 이 구별은 중세의 논리학에서 주로 양상을 나타내는 말의 적용범위의 다름에 의해 생기는 다양성을 정리하기 위해 사용된 구별인데, 현대의 양상논리에서도 양상기호의 작용 영역의 다름을 나타내는 것으로 간주된다. 그러나 이 구별이 지향적 작용의 표현에 적용되는 경우에는 그 구별이 무엇을 의미하는지에 관해 반드시 의견의 일치를 보이는 것은 아니다. 특히 후설 류의 지향성 개념이 이 구별을 설명할 수 있는지에 관해 논쟁이 생긴다. 힌티카(Jaakko Hintikka 1929-)에 의하면 후설의 지향성은 '~로 향한다'로 이해되기 때문에 언표양상을 설명할 수 없게 되지만, R. 맥킨타이어(Ronald McIntyre) 등에 의하면 후설의 지향성은 의미의 계기를 불가분적으로 포함하기 때문에 오히려 사물양상에서 보이는 대상에 대한 직접지시를 설명할 수 없게 된다. 또한 공허한 지향과 충족된 지향의 구별이 이 구별과 어떻게 관련되는지도 논쟁점 중 하나이다. ☞ ㊕지향성

—무라타 준이치(村田純一)

㊟ J. N. Mohanty, "Husserlian Phenomenology and de re and de dicto Intentionalities", in *Research in Phenomenology*, 1982.

사물적인 것 事物的— [(독) Reales]

후기 브렌타노의 존재론의 기본 개념. 존재자(Seiendes), 사물(Ding), 어떤 것(Etwas) 등이라고도 불린다. 브렌타

노에 의하면 생각한다는 것은 언제나 무언가에 대해서 생각한다는 것이다. 그리고 생각한다는 것이 통일적 개념인 한에서 대상인 '무언가'도 통일적 개념이어야만 한다. 그것이 '사물적인 것'이다. 구체적으로는 심적 현상, 물적 현상, 그리고 그에 더하여 신적 존재가 포함된다. 이러한 '사물적인 것'은 '사고된 것'과 같은 내재적 객관이 아니다. 말이나 페가수스에 대해 생각하는 경우 '사고된 말'이나 '사고된 페가수스'에 대해서 생각하는 것이 아니라 말이나 페가수스라는 사물 자신에 대해 생각하는 것이다. '사고된 말'에 대해 생각한다는 것은 본래적으로는 '말에 대해 생각하는 자'에 대해 생각하는 것인바, '생각하는 자'는 사물적인 것이다. 다만 위의 예가 보여주듯이 '사물적인 것'은 실재성(Existenz) 내지 현실성(Wirklichkeit)을 지니는 것에 한정되지 않는다. 이 개념에서 배제되는 것은 '비사물적인 것'(Irreales) 내지 '사유적 존재체'(ens rationis)라고 불리며, 위의 '사고된 것'을 비롯하여 가능성·불가능성, 존재·비존재, 선·악, 시간·공간 등 모든 추상체와 사태 등이 포함된다. 브렌타노에 의하면 만약 이와 같은 것을 인정하면 예를 들어 어떤 사물의 타자에 그 사물의 존재가 있으며, 그 존재의 존재가 있다고 하는 식으로 무한히 착종된 것을 인정하지 않을 수 없게 된다. 통상적으로 이러한 추상적인 것들에 대해서도 사고의 대상인 것처럼 말해지지만, 실제로는 언어적 허구인바, '사물적인 것'만을 대상으로 하는 표현으로 번역할 수 있는 것이다. 다만 '사물적인 것'은 실재·비실재와는 독립적이기 때문에 개체성은 배제되며, 언제나 보편성, 불확정성을 띠고서 파악된다. 브렌타노는 『범주론』(*Kategorienlehre*, 1933)과 형이상학에 관한 강의에서 이러한 '사물적인 것'에 기초한 형이상학의 체계화를 목표로 했다. 거기서 중요하게 된 것은 사물을 둘러싼 전체와 부분의 관계이다. 부분 개념으로서 물리적 부분, 논리적 부분, 형이상학적 부분 등으로 나누어지며, 각각에서 심신문제, 보편문제 그리고 실체와 우유성의 문제 등이 논의된다. 이와 같은 입장은 그 후 폴란드의 철학자 T. 코타르빈스키에 의해 '사물주의'(reism)라고 불리는데, 코타르빈스키 자신은 이러한 사고방식을 독자적인 방식으로 전개했다. ☞ [사]내적 지각, 직접태/간접태, [인]코타르빈스키

—무라타 준이치(村田純一)

사상事象 ⇨[사]사태

사실성事實性 [(독) Faktizität]

일반적으로 사실성이란 어떤 것이 필연적이라고는 말할 수 없는 방식으로, 요컨대 그 배후로 거슬러 올라가 마땅히 그래야만 할 이유를 발견할 수 없는 방식으로 단지 주어져 있다고 하는 그것의 사실 성격을 의미한다. 후설은 학문에서 본질학과 사실학의 구별을 내세웠는데, 그 경우의 사실학이란 경험과학과 같은 뜻으로서 형식적 및 질료적인 형상학에 의존한다고 여겨진다.[Ideen Ⅰ 8, 18]. 이 경우의 사실이란 우연적인, 요컨대 다른 방식일 수 있는 것을 의미하는바, 사실과 본질의 전통적 구별에 따라서 생각되고 있다. 그러나 특히 후기의 후설에서는 현상학적 반성이 그 이상 소급하여 물을 수 없는 반성 그 자체의 근거로서의 세계와 자아의 근원적인 함께 있음, 그리고 자아 속에 지향적으로 함축되어 있는 타자의 공동존재의 사실이 그 자체로 절대적인 성격을 지닌 사실성으로서 파악되어간다. 가능적인 것의 사례로서의 사실성과 절대적인 사실성의 구별에 대해서는 이미 『제일철학』 Ⅰ에서 단순한 사실로서의 객관성 일반의 구성에 대한 반성이 "사실적인 세계와 사실적인 정신적 생의 구성 속에서 나타나는 초월론적인 사실의 비합리성"에 직면하여 "새로운 의미에서의 형이상학"을 모색할 수밖에 없게 되는 모습으로 말해지고 있다[Hu **7**. 188]. 비합리성이란 이 경우 초월론적인 사실의 절대적 성격을 바꿔 말한 것에 다름 아니다. 요컨대 이러한 초월론적인 절대적 사실(근원사실Urfaktum)이 본질필연성이나 우연성과 같은 양상 범주들을 넘어선다는 것, 오히려 그것들을 가능하게 하는 것이라는 것을 의미한다[Hu **15**. 386]. 하이데거에게서도 단순한 사실존재의 사실성과 구별

되어 현존재의 세계-내-존재로서의 <피투성>이 사실성으로서 포착되고, 그것이 현존재의 <현>(Da)을 구성하는 정황성(Befindlichkeit)과 이해의 구조에 대한 분석을 통해 현존재의 <존재가능>(Seinkönnen)이라는 관점에서 해명되지만, 후설에게서는 단자론을 매개로 하여 인간이나 동물도 포함한 "있는 그대로의 이 세계"[Hu **15**. 668]의 절대적 사실에 대해서도 언급되고 있다. ☞ ㉦본질학/사실학, 사실존재/본질존재

—히구라시 요이치(日暮陽一)

㊟ L. Landgrebe, "Faktizität und Individuation" in *Sein und Geschichtlichkeit, Festschrift für K. H. Volkman-Schluck*, Frankfurt, 1974, jetzt in: ders., *Faktizität und Individuation, Studien zu den Grundfragen der Phänomenologie*, Hamburg, 1982(瀨島豊・常俊宗三郎・魚住洋一 譯, 「事實性と個體化」, 新田義弘・小川侃 編, 『現象學の根本問題』, 晃洋書房, 1978에 수록).

사실존재/본질존재 事實存在/本質存在 [(라) existentia/essentia]

이 맞짝개념은 한국어의 '~가 있다'와 '~이다'의 구별에 상응하는데, 전자에서는 사물이 현실에 또는 사실로서 존재하는지의 여부가 문제로 되며, 후자에서는 사물이 사실로서 존재하는지의 여부와 관계없이 그것이 무엇인지가 문제로 된다. 술어로서는 그리스어인 hyparxis와 ousia의 라틴어 번역어로서 중세 초기에 도입되었지만, 그것들에 명확한 규정을 부여한 것은 토마스이다. 토마스에 의하면 사물의 무엇임(quidditas) 또는 본성(natura)이 그 사물의 본질존재이며, 이에 더하여 신으로부터 사실존재를 받아들임으로써 사물이 비로소 존재하게 된다. 이 맞짝개념은 아리스토텔레스의 hoti estin(현실에 있는 것)과 to ti estin(무엇인가라는 것)의 구별에 대응하며, 나아가서는 to tode ti(이것인 어떤 것, 개물)와 to ti ēn einai(바로 그것이었던 어떤 것, 보편)의 구별, 또는 energeia(현실태)와 dynamis(가능태)의 구별에도 관계한다. 즉 본질존재란 아직 구체적 개물로 되어 있지 않은 보편적인 것이자 아직 현실에 존재하지 않는 가능적인 것이기 때문이다. 유럽 형이상학의 역사에서는 거의 일관되게 본질존재가 우위를 점해 왔는데, 후설이 사실학과 본질학을 구별하고 후자를 우위에 둔 것도 이러한 전통을 계승하기 때문이다. 그러나 후기 후설에서의 수동적 종합의 발견은 인간적 주체가 세계에 내속한다는 것, 결국 '세계-내-존재'의 발견이기도 한바, 실존주의가 현상학에 그 유래의 일단을 지니는 것도 우연이 아니다. 따라서 메를로-퐁티도 말하듯이 "현상학은 본질(essences)의 연구임……과 동시에 본질을 존재(existence)로 함께 되돌리는 철학이기도 하다"[PP Ⅰ]고 말할 수 있을 것이다. ☞ ㉦본질학/사실학

—미야타케 아키라(宮武 昭)

사실학 事實學 ⇨㉦본질학/사실학

사유/시작 思惟/詩作 [(독) Denken/Dichten]

중기 이후의 하이데거는 탈-존(Ek-sistenz)을 본질로 하는 인간 존재 본래의 수행 형태를 <존재의 사유>에서 구함과 동시에, 이 사유를 시작과의 본질적인 가까움과 연관 속에 있는 것으로 간주했다. 존재의 사유란 존재의 부름에 응답하면서 존재를 말하여 언어로 가져옴으로써 존재의 진리를 지키고자 하는 사유를 의미하며, 나아가 역사적 성찰(대화)을 통해 가장 오래된 것인 동시에 와야만 할 것이기도 한 시원(Anfang)으로서의 존재 그 자신을 회상하는 사유(Andenken)이기도 하다. 이와 같은 사유는 주관-객관 관계에 기초하여 대상화와 계량화를 중요한 과제로 하는 종래의 논리적이고 형이상학적인 사고와는 본질적으로 다른 것으로 여겨지는바, 오히려 마찬가지로 말함(Sage)과 언어에 기초하면서 존재의 건립(Stiften)과 지킴을 본질로 하는 시작에 가까운 것, 어떤 의미에서는 동일한 것으로 간주되었다. 그러나 또한 양자는 동근원적이고 이웃 관계에 있는 동시에 가장 멀리 떨어진 것이라고도 말해진다. "사유하는 자는 존재를 말하며(sagen), 시작하는 자는 성스러운 것을 이름짓는다(nennen)"[WM 312]. 시작은

횔덜린의 시에서 보이듯이 눈짓으로서의 최초의 조짐 속에서 완성시키는 것을 인정하며, 아직 현실로 되어 있지 않은 것{존재 그 자신의 도래}을 미리 말한다. 그런 까닭에 존재의 사유는 시작과의 사유적인 대화를 필요로 하는 것이다. 양자는 상호적으로 필요로 하며 상호적으로 귀속한다. 이리하여 양자의 대화는 존재의 집으로서의 언어의 본질을 성취하며, 인간을 존재의 가까움 속에 거주하게 하고, 존재 그 자신의 현성을 위한 장을 준비하고 지키는 영위인 것이다. ☞㈔탈-존

—미조구치 고헤이(溝口宏平)

사유적 존재체思惟的存在體 [(라) ens rationis] ⇨㈔사물적인 것

사이 [(독) Zwischen]

사이는 한자로는 간間으로 표기된다. 한국어와 일본어에서 '인간', '시간', '공간'이라고 표현되듯이 '사이, 간'이라는 말은 인간 존재의 이해를 위해 대단히 중요한 의미를 지닌다. 이것을 최초로 철학적 고찰의 대상으로 삼은 이가 와쓰지 데쓰로和辻哲郎이다. 와쓰지는 『인간의 학으로서의 윤리학』에서 원래 '세상'이라든가 '사회'를 나타내던 '인간'이라는 말이 잘못하여 '사람'(der Mensch)이라는 의미로 전화되었지만, 사람은 인간관계에서 비로소 사람일 수 있는 이상, 사람을 '인간'으로 표기하는 것은 오히려 인간 존재의 본질에 들어맞는다고 말하고, 거기서 '관계'로서의 인간 또는 '사이'로서의 인간이라는 개념을 수립한다. 나아가 사람이 언제나 그러한 관계와 사이에서 존재하는 한에서 일본어의 '사람ひと'이 '타인'이라는 의미를 함께 지니고 있는 것에도 그 나름의 근거가 있게 된다. 어쨌든 이러한 지적은 하이데거의 『존재와 시간』에서의 '사람·세인世人'(das Man)의 분석에서 촉발된 것으로서 미키 기요시三木清의 '물음의 구조' 등과 더불어 하이데거 사상의 가장 초기의 수용과 응용의 예로서 매우 흥미롭다.

하이데거의 독특한 인간론을 철저히 관계론과 사이론의 방향으로 발전시킨 것이 그의 직접적인 제자 K. 뢰비트이다. 특히 그의 『공동인간의 역할에서의 개인』에서는 인간 상호간의 사이적인 관계가 부각되며, 사람은 언제나 타자와의 사이에서 무언가의 '역할'을 수행하는 존재라고 생각된다. 이러한 관점은 이후의 관계주의의 입장과 미국 사회학의 상호행위론의 입장 등과도 연결되어 여전히 계속해서 문제로 되고 있다고 말할 수 있을 것이다. 특히 실체적으로 파악되는 경향이 있는 근대적 자아 관념과 그것과 밀접히 관련되어 있는 주체-객체의 이원 도식의 한계가 지적되고 있는 지금, 그것들을 대신할 수 있는 새로운 인간관을 모색하는 작업에서 '사이', '관계', '역할'이라는 문제들은 중요한 철학적 과제다.

덧붙이자면, 현상학의 계보를 중심으로 이러한 흐름을 포괄적으로 정리한 것으로서 M. 토이니센의 『타자』가 있다. 토이니센은 후설의 상호주관성론을 출발점으로 하여 하이데거의 '공동존재'(Mitsein)와 사르트르의 '대자-대타'로부터 부버의 '대화'에 이르는 흐름을 추적하는 가운데 '사이'(Zwischen)라는 문제를 부각시키고, 그 흐름 속에 라이나흐, 슈츠, 뢰비트, 빈스방거, 야스퍼스 등을 위치지우고자 시도한다.

일본에서 와쓰지 이래의 문제를 계승하여 '사이'를 계속해서 문제로 삼고 있는 것이 정신병리학자인 기무라 빈木村敏이다. 기무라에 의하면 다양한 병의 모습에서 보이는 타인과의 사이가 좋지 않은 현상은 근대적인 상식인 자립적인 개인 내지 자아 주체끼리의 관계로서는 파악되지 않는 측면을 포함한다. 예를 들면 어떤 이인증離人症 환자가 타인과의 사이가 좋지 않다든가 서로 말이 어긋나고 끊긴다고 호소할 때, 그것은 말 그대로 '사람과 사람 사이' 그 자체가 장애에 빠져 있는 것이 아닐 수 없다. 예전부터 병리학자들에 의해 감지되어 온 '프레콕스 감정(praecoxgefühl)'이라는 임상의와 환자 사이에서 생기는 위화감이나 서먹서먹한 느낌 등도 그러한 관점에서 다시 파악될 필요가 있다고 한다.

나아가 '서로 말이 어긋나고 끊긴다'고 하는 것은

단지 대타적인 관계가 장애에 부딪쳐 있을 뿐 아니라 타이밍, 요컨대 시간적인 면에서도 장애를 받고 있음을 시사한다. 예를 들면 어떤 이인증 환자는 지금이 지금, 지금, 지금으로 단절적으로 계속될 뿐 조금도 시간이 흐르고 있다는 느낌을 받지 못한다는 점을 호소하는데, 그것은 바로 사이가 시간 자체이기도 하기 때문이다. 이러한 관점에서 기무라는 자기를 "노에시스적인 차이화의 영위가 그 자신과의 차이의 상관자로서의 노에마적인 객체를 산출하고, 역으로 이 노에마적인 객체를 매개로 하여 그 자신을 노에시스적인 자기로서 자기 한정한다고 하는 차이의 동적 구조"라고 파악함으로써 '사이' 개념을 자기의 내적 차이의 운동으로까지 높였던 것이다. 그리고 이러한 장애의 존재로서 분열병의 ante festum, 우울병의 post festum 그리고 간질의 intra festum의 세 가지 유형이 거론된다. 요컨대 분열병자가 그 조짐을 보인 미래에 대한 지향성, 우울병자의 이미 회복할 수 없는 과거에 대한 얽매임, 그리고 바로 한창 접신 중일 때를 생각하게 하는 간질의 상태는 각각 자기의 구조인 사이로서의 시간에 모종의 변조가 생긴 것으로 간주되는 것이다. 이와 같이 사이를 시간의식의 문제로까지 파고들어 생각해 보면, 후설의 내적 시간의식의 문제는 물론이고 데리다와 들뢰즈의 '차연' 및 '차이' 등과의 연계가 드러나 매우 흥미롭다. ☞ ㉮공동존재, 상호주관성, 시간의식, 차연

—고바야시 도시아키(小林敏明)

㉹ 和辻哲郎, 『人間の學としての倫理學』, 岩波書店, 1934. K. Löwith, *Das Individuum in der Rolle des Mitmenschen*, Darmstadt, 1928(佐々木一義 譯, 『人間存在の倫理』, 理想社, 1967). M. Theunissen, *Der Andere*, Berlin, 1965. 木村敏, 『人と人との間』, 弘文堂, 1972. 『自己・あいだ・時間』, 弘文堂, 1981.

사태 事態 [(독) Sache ; Sachen (영) thing (불) chose]

사상事象이라고도 자주 번역되는 자헤Sache는 일상용어로서는 본래의 뜻인 <계쟁, 소송>이라는 의미로부터 시작하여 <용건, 과제, 임무>, 나아가 <사항, 물품, 작품> 등, 실로 다양한 의미를 나타내게 되었다. 따라서 후설의 경우에도 이 말은 다의적으로 사용되고 있는데, 예를 들면 그가 "현상학의 사태"라고 말하는 경우는 <과제> 또는 <임무>라는 의미이고, "실재적인 사태"라든가 "자연의 사태"라고 말하는 경우는 통상적으로 <외계의 사물>을 가리킨다. 그러나 개개의 사물과 사실(Tatsachen) 그 자체는 본질 연구의 학으로서의 현상학에게 있어 본래적인 연구대상이 아니다. 그런 까닭에 현상학에 있어 중요한 사태의 용례는 "직접 간취되어 파악되는 사태들에 입각하여 실제로 수행되는 기초적 연구"[LU Ⅰ x]라든가 "연구에 대한 원동력은 철학설로부터가 아니라 사태들과 문제들로부터 생겨나야만 한다"[Hu **25**. 61] 등으로 말해지는 경우의 <사태들>이다. 그러면 이러한 사태들이란 무엇인가? 이 물음에 일의적인 대답을 찾으라는 것은 사실은 무리한 주문이다. 왜냐하면 Sache란 <탐구하다>라는 의미의 suchen과 동일한 계열의 말이라는 데서도 살펴볼 수 있듯이 연구의 진전에 따라 그때마다 새로운 문제로서 발견되어 새롭게 구명되어야만 할 것이기 때문이다. 그런 까닭에 핑크도 "사태 자체는 반드시 무언가 이미 확정된 것으로서 미리 주어지는 것이 아니다. 오히려 무엇이 사태 자체인가는 연구 주제의 관점으로부터만 추정될 수 있다"[E. Fink, *Studien zur Phänomenologie* (1966), 3]고 말하고 있다. ☞ ㉮사태 자체로

—다테마쓰 히로타카(立松弘孝)

사태[2] 事態— [(독) Sachverhalt]

사태란 'S는 P이다'와 'S는 P가 아니다'와 같은 판단의 객관적 상관자, 요컨대 판단의 지향적 대상이다. 그러나 사태는 감성적으로 지각된 것에 관계하는 경우라 하더라도 지각된 것을 감성적으로 현출하는 대상이 아니다. 판단에서 지향적으로 의식되는 것은 존재하는 감성적 대상이 아니라 <대상이 있다>, <대상이 이러저러한 상태이다>와 같은 사실이다. 지각에서 지각작용과 지각대상이 구별되듯이 판단에서는 판단작용과

판단된 사태가 구별된다[LU Ⅱ/2 445f.]. 나아가 판단이 충족되는 경우에 사태를 우리에게 부여하는 인지작용은 감성적 직관(지각)과 유비적 관계에 있는 범주적 직관이다. 또한 <S는 P이다>라는 사태는 'S는 P이다'라는 식으로 단적으로 판단되는 경우와, 'S가 P라면'이라든가 'S가 P라는 것은'이라는 식으로 가언명제의 전건으로 되든지 다른 명제의 주어로서 명사화되든지 하는 경우에서는 그것이 표상되는 방식이 다르다. 즉 전자에서 문제의 사태는 <무언가에 대해 무언가를 정립한다>라는 종합적인 (다광선적인) 방식으로 구성되는데 반해, 후자에서는 이미 그와 같은 방식으로 구성된 사태가 단적으로 표상된 대상으로서 단일광선적으로 정립되는 것이다[LU Ⅱ/2 459ff.]. 덧붙이자면, 사태의 존립 또는 비존립에 대한 명증성이 좁은 의미의 지식이라고 불린다. ☞ ㉶단일광선적/다광선적, 명사화, 범주적 직관, 판단

—시바타 마사요시(柴田正良)

사태내용적 事態內容的 ⇨ ㉶형식적/사태내용적

사태 자체로 事態自體― [(독) zu den Sachen selbst; auf die Sachen selbst]

이 말이 현상학자의 연구태도를 나타내는 대표적인 표어로서 널리 알려지게 된 것은 하이데거가 1927년에 간행한 『존재와 시간』 27쪽에서 "«현상학»이라는 명칭은 «사태 자체로»라는 말로 정식화될 수 있는 하나의 준칙을 나타낸다"고 기술한 이래의 일이다. 그러나 후설 자신도 1900-01년에 간행된 『논리연구』 이래로 이것과 거의 동일한 표현을 여러 차례 사용하는데, 예를 들면 1913년에 간행된 『이념들 Ⅰ』 35쪽에서는 "사태에 대해 이성적이거나 학문적으로 판단한다는 것은 …… 언설이나 의견을 버리고 사태 자체로 되돌아가 그 자체로 주어져 있는 그대로의 사태를 캐묻고, 사태와 무관계한 선입견을 모두 배제하는 것이다"라고 명기하고 있다. 그러나 사태란 무엇인가라는 점이 특정되어 있지 않은 경우가 많기 때문에 다양한 해석이 가능한바, 예를 들면 주관적 관념론과 심리학주의의 철학에 반대하는 사람들(뮌헨 현상학자의 다수)은 이 표어를 <새로운 객관주의>의 선언으로서 환영했다. 그러나 후설 자신에게 있어 이 표어는 단순한 객관주의를 표방하는 것이 아니다. 순수 논리학적인 고찰 단계에 한정하면 <개념 자체, 명제 자체로 돌아가라>라는 것을 의미하겠지만, 그로부터 한발 더 초월론적・인식론적인 고찰로 나아간 단계에서는 <인식 내지 의식 현상과 대상 현상으로> 그리고 더 나아가 <양자의 지향적인 상관관계로> 되돌아가 초월론적 주관이 대상적 존재자를 구성하는 과정을 구명하라는 요청을 의미하게 된다. 어쨌든 이 표어는 말하자면 애매한 표현이기 때문에 구명해야만 할 문제의 종류와 접근방식에 따라 다양한 해석이 생길 수 있다. ☞ ㉶사태

—다테마쓰 히로타카(立松弘孝)

사회 社會 [(영) society (독) Gesellschaft (불) société]

후설 현상학에 <사회> 또는 <사회적인 것>에 대한 정의는 없다. 그것들에 해당하는 개념으로서는 '공동존재, 공공성, 공동화, 상호주관성, 상호단자적 공동체, 타자, 타자들, 타아, 타인, 동포' 등등이 사용된다고 한다(Hermann Zeltner). 후설에게 있어 <사회>의 문제는 두 가지 위상을 지닌다. 왜냐하면 현상학적 환원에 의해 획득된 절대적 자아의 주관성에 정위하면 <사회>는 그러한 주관성의 수행에 의해 구성되어야만 하는 대립극을 형성하게 되지만, 다른 한편으로 <사회>를 후기 후설의 '생활세계'로 고쳐 읽으면 그것은 궁극적인 포괄적 존재지평으로서 절대적 자아의 추상적이고 단자적으로 고립된 존재를 극복하기 위한 거점이 되기 때문이다. 후설을 사회학에 접합시킬 것을 지향하는 현상학적 사회학이 <사회>를 테마로 할 때 받아들여지는 것은 말할 필요도 없이 후자의 의미에서의 문제정립에서이다.

그렇지만 제1차 대전 후의 독일에서 성립한 초기의 현상학적 사회학에서 <사회>는 후설이 현상학적 환원

의 결과 다다른 의미에서의 생활세계가 지니는 '지반기능'이라는 측면에서 주제화되어 있었다고는 말하기 어렵다. 여기서는 초월론적 환원이라는 방법이 채용되지 않는바, 사회는 오히려 게마인샤프트적인 내적 결합을 중시하는 독일 사회학 특유의 집단이론에서 유래하는 바가 컸기 때문이다.

생활세계가 지니는 그에 걸맞은 의의를 자각하면서 경험과학의 입장에서 사회(사회적 세계soziale Welt)의 선험적인 의미구조에 다가서고자 하는 것이 A. 슈츠의 그것으로 대표되는 '일상생활의 사회학'이다. 여기서 사회는 상호주관성이라는 관점에서는 그 원점으로서의 대면적인 '우리 관계'를 기점으로 상호주관성의 친밀성-익명성, 시공간의 공유-소격이라는 양극 사이의 연속선적인 구조 속에서 구성된다는 것이 지적됨과 동시에, 체험된 현실이라는 관점에서는 그 원형으로서의 일상생활과 다양한 '한정된 의미영역'과의 복합으로 이루어지는 다원적인 것이라는 점이 강조된다. 사회는 여기서는 상식적 사고와 의식에 의해 체험된 한에서의 일상세계로서 이해되고 있지만, 이러한 세계와의 의미적합성에 사회학의 학적 진리성을 근거짓고자 할 때 '생활세계' 개념의 이의성과도 연결되는 미묘한 문제가 발생하게 된다. ☞[사]상호주관성, 생활세계, 현상학적 사회학 [인]슈츠

—야마구치 세쓰오(山口節郞)

[참] H. Brauner, *Die Phänomenologie Edmund Husserls und ihre Bedeutung für soziologische Theorien*, Hain, 1978(川島秀一 外 譯, 『フッサールと現象學的社會學』, 晃洋書房, 1988).

사회적 세계社會的世界 [(독) soziale Welt] ⇨[사]사회

산술화算術化 [(독) Arithmetisierung]

직접적으로는 19세기의 '해석학解析學의 산술화', 즉 해석학을 자연수론으로 환원하여 근거짓고자 하는 움직임을 가리킨다. 해석학은 무한소 해석의 방법으로서 발전한 것인데, 그것의 직접적인 동기가 된 것은 뉴턴에게서 그러하듯이 물체의 가속도 운동 등의 구체적인 물리현상에 대한 고찰이었다. 그러므로 18세기 무렵의 초기 해석학은 오로지 외계의 사물에 대한 고찰과 관련하여 연구되고 있었다. 그러나 19세기에 들어서면 해석학자의 관심은 서서히 외계의 고찰로부터 벗어나 해석학적 사고 그 자체의 반성에로 향하게 되며, 그때까지 운동이나 도형 등의 직관상에 의존하여 이해되고 있던 해석학의 개념들을 엄밀하게 논리적으로 근거짓고자 하여 산술화의 운동이 일어났다. 이 운동은 코시(Augustin Louis Cauchy 1789-1857)와 볼차노에서 시작되어 바이어슈트라스에서 완성되었다고 말해진다. 또한 수학 전체를 자연수에 대한 직관에 기초하여 구성해야만 한다고 하는 크로네커의 직관주의적인 주장도 넓은 의미의(수학의 엄밀한 근거짓기를 지향한다는 의미에서의) 산술화 운동의 소산이다. 후설은 학생 시대에 베를린에서 바이어슈트라스와 크로네커에게 배웠지만, 특히 바이어슈트라스에게서는 그의 엄밀함을 으뜸으로 치는 학풍에 의해 학문적 인격의 형성에서 영향을 받았다. 또한 바이어슈트라스의 해석학은 산술화의 프로그램에 따라 논리적으로 가장 단순한 개념인 자연수로부터 출발하고 있었는데, 그러함에 있어 자연수 개념의 심리학적 기원을 문제로 하고 있었다. 이것이 직접적인 기연이 되어 후설은 후에 『산술의 철학』에서 자연수 개념에 대한 심리학적 분석을 행하게 되었다. ☞[사]수, 수학과 현상학, [서]산술의 철학

—노에 신야(野家伸也)

[참] 下村寅太郎, 『無限論の形成と構造』, みすず書房, 1979.

살 [(불) chair]

후기 메를로-퐁티 존재론의 주요 개념. 신체는 『지각의 현상학』에서는 현상적 신체로서 파악되고 있었지만, 『이념들 Ⅱ』[Ideen Ⅱ 144f.]에서 후설이 제시한 신체의 독자적인 반성 능력에 주목함으로써[Signes 211] 후기 메를로-퐁티의 존재론에 새로운 시계視界가 열렸다. 즉 보는 것은 동시에 보이는 것이고, 만지는

신체는 동시에 자기에서 만진다고 하는 느끼는 것의 재귀적인 반성능력에 의해 정신과 신체, 능동과 수동, 자기와 사물, 자기와 타자를 하나의 존재의 장에서의 유착적일 뿐만 아니라 전환 가능하기도 한 관계로서 파악하는 것이 가능해졌던 것이다. 그러나 <살>의 개념은 느끼는 신체로서의 <나의 살>에 한정되는 것이 아니라 "세계의 살"[VI 302], "존재의 살"[같은 책 121], "사물의 살"[같은 책 246, 273]이라는 말로부터도 엿볼 수 있듯이 신체의 인간학적 표상을 넘어서서 존재자를 형성하는 "존재의 엘레멘트"[같은 책 184]로서 파악된다. 따라서 자기를 느끼는 '나의 살'은 보이는 것인 '세계의 살'과 동일한 바탕에서 나오는 것으로서, 보이는 것인 존재의 지평에 거두어들여질 뿐만 아니라 세계와 상호적으로 잠식하는 관계에 놓여 있다. 메를로-퐁티는 프로이트의 철학도 <살의 철학>으로서 파악하고자 하는데[같은 책 324], 그의 미완의 존재론은 자연과 무의식, 과거의 문제도 <살>의 관점에서 고찰하고자 하는 것이었다. ☞ [사]신체적 주관, 엘레멘트

—가쿠코 다카시(加國尙志)

살아 있는 현재—現在 [(독) lebendige Gegenwart (불) présent vivant (영) living present]

후설 후기 시간론(C 초고)을 이끄는 근본 동기는 현상학이 그 위에 서 있는 기반인 초월론적 주관성 그 자체에 대한 현상학적 해명을 통해 현상학을 최종적으로 근거짓는 것이었다. 그리고 초월론적 주관성이란 의식의 활동(사유작용)에 다름 아닌 이상, 의식의 근원 양태인 시간성이 (초기와 중기에 이어) 다시 한 번 해명의 대상으로서 다루어져야만 했던 것이다. 이러한 후기 시간론에서 가장 어려운 문제로 떠오른 것이 '살아 있는 현재'를 둘러싼 문제 계열이다. C 초고를 자세히 검토함으로써 이 문제 계열의 전모를 그것이 품고 있는 어려움 및 문제성과 함께 밝혀낸 것이 K. 헬트의 『살아 있는 현재』(1966)이다.

Ⅰ. 철저한 환원. 후설 현상학은 대상이 의식에 분명하게 현전하고 있는 지각 장면을 명증적인 인식의 최고의 범례로서 내세운다. 따라서 환원이란 무엇보다도 우선 지각의 '현재'로 향한 환원이기도 하다. 이러한 현재는 이미 초기 시간론에서 보이듯이 (과거)파지와 (미래)예지에 의해 형성된 두 개의 지평(과거 지평과 미래 지평)에 둘러싸여 연속적으로 그것들과 융합하는 일정한 폭을 지닌다. 그러나 이제 현상학적 반성은 초월론적 주관성으로서의 의식이 작동하고 있는 단적인 현재(원초적・현양태적現樣態的 현재)로 거슬러 올라가 초월론적 주관성 그 자체의 기능 현재를 해명하지 않으면 안 된다. 이러한 원초적 현재야말로 현상학이 의거하는 모든 명증성의 근원일 것이기 때문이다. 이것이 현상학적 반성이 작동하고 있는 현재에로의 '철저한 환원'이며, 이러한 환원에서 앞의 과거 지평과 미래 지평은 괄호에 넣어지게 된다. 그러나 이러한 환원은 단지 시간 위치 중의 하나인 '현재'를 끄집어내는 데 그치는 것이 아니다. 왜냐하면 지각 대상을 노에마로서 구성하는 노에시스로서의 내적 의식류 그 자신이 시간적 경과를 지닌 피구성체인 이상, 이러한 의식류를 그러한 것으로서 구성하는 근원을 향해 환원은 새롭게 반복되어야만 하며, 이리하여 확보된 <구성하는 근원>은 시간적 피구성체로서의 의식류(의 현재)에 한층 더 <선행하는> 무언가 <비시간적인 것>이라는 성격을 띠기 때문이다. 후기 시간론에서 나타난 '살아 있는 현재'란 이러한 <구성하는 근원>을 가리키는 것에 다름 아니다.

Ⅱ. 살아 있는 현재의 수수께끼. 이러한 살아 있는 현재는 '멈추어 서 있으면서 흐르는 현재'라는 기묘한, 서로 모순된 성격을 아울러 가지고 있다. 그것은 한편으로 끊임없이 지금이라는 방식으로 계속해서 동일한 것이며(멈추어 서 있음=항존성), 다른 한편으로 끊임없이 지금-아님에로 전화해 가길 멈추지 않는 성격(유동성)을 지닌다. 현상학적 반성은 이러한 <멈추어 서 있음>과 <흐르기>의 통일이 '살아 있는 현재'에서 어떻게 해서 가능해지는지를 해명해야만 한다. 이러한 과제를 앞에 두고 현상학적 반성은 다양한 어려움에 직면한다. 우선 첫 번째 어려움은 <흐르기>라는 성격에 관계된다. <흐르기>는 어떠한 의미에서도 초월론

적 주관성의 구성의 활동(능동적이든 수동적이든)에 선행하는 '근원수동성'의 차원에 속한다. 왜냐하면 그것은 초월론적 주관성으로서의 의식을 하나의 흐름(시간적으로 연장, 확대된 것)으로서 구성하는 근원인 바, '흐르기'에 의해서 비로소 초월론적 주관성으로서의 의식이 성립하기 때문이다(따라서 시간적 연장으로서의 <흐름>과 여기서 문제되고 있는 <흐르기>는 엄밀하게 구별되어야만 한다). 그러나 <흐르기>가 그러한 사태인 이상, 초월론적 주관성의 작업인 현상학적 반성은 그 <흐르기>가 흘러가버린 **후에** 그것을 시간적 존재로서 반성의 대상으로 삼을 수 있는 데 지나지 않으며, <흐르기> 그 자체는 '**선**존재'로서 반성에 있어 언제나 계속해서 '절대적으로 익명적'이다. 요컨대 반성에 있어서는 근원수동적인 <흐르기>가 무엇인지를 묻는 것이 불가능한 것이다. 둘째로, 살아 있는 현재는 <흐르기>에 의해서 끊임없이 자기 자신과의 거리(근원거리)를 낳고 있지만, 그럼에도 불구하고 언제나 계속해서 '동일한 것'이다(멈추어 서 있음). 그러나 이러한 동일성도 앞에서와 마찬가지 이유에서 초월론적 주관성이 행하는 동일화의 활동에 의한 것일 수 없다. 요컨대 반성이 <반성하는 자아>와 <반성되는 자아>를 통합하여 동일화하는 것이 **아닌바**, 오히려 반성은 그것에 선행하여 살아 있는 현재에서 완수되어 있는 자기동일성에 기초하여 비로소 **자기에게**로 되돌아오는 것이 가능해지는 것이다. 그런 한에서 반성은 자기가 그에 기초하여 비로소 가능해지는 선반성적 종합의 수수께끼를 풀 수 없다. 셋째로, 살아 있는 현재는 거기서 모든 것이 현상하는 초월론적 주관성을 시간류로서 구성하는 것이기 때문에, 그 자신이 시간적인 것일 수 없다. 만약 그 자신이 시간적인 것이라고 한다면, 그것을 시간적인 것으로서 구성하는 근원이 찾아져야만 하여 무한퇴행을 피할 수 없기 때문이다. 즉 살아 있는 현재는 선시간적이자 비시간적이다. 그러나 살아 있는 **현재**가 **비**시간적이라는 사태를 반성은 어떻게 이해하는 것이 좋을까? 반성이 파악하는 "근원현상적 현재는 그것이 <현상>이라고 하는 바로 그 점에 의해 궁극적인 것이라고는 말할 수 없다"[Ms. C 2 I 14]고 한다면, 반성은 선반성적인 살아 있는 현재에 결코 도달할 수 없는 것이다.

이상과 같은 사태에도 불구하고 현상학적 반성은 그 궁극적인 원천인 살아 있는 현재가 절대적 익명성 속에 존재한다는 것을 **알고 있다**. 그리고 살아 있는 현재에서의 <흐르기>와 <멈추어 서 있음>의 통일(자기 차이화와 자기 동일화의 통일)에 기초하여 스스로의 반성이라는 영위가 가능해진다는 것을 알고 있다. 그러나 절대적 익명성에도 불구하고 **무언가의 방식으로** 알고 있다고 하는 이 점이 도대체 **어떠한 방식으로** 가능한 것인지는 현상학적 반성에 있어 끝내 수수께끼인 채로 머무는 것이다. 후설은 이 수수께끼가 어딘가에 존재하고 있다는 것을 밝히는 데 머물며, 그에 대한 해명에 성공하지는 못한다. 그리고 이러한 사태는 의식의 철학으로서의 현상학, 나아가서는 근대 철학 전체의 한계에 관계되는 것이었다. 이 사태를 어떻게 받아들이는가에 따라 후설 이후의 현상학의, 그리고 현대 철학의 다양한 전개가 생겨난다. ☞ ㊕반성, 수동성, 시간 ㊛살아 있는 현재

—사이토 요시미치(齋藤慶典)

㊟ K. Held, *Lebendige Gegenwart*, Den Haag, 1966(新田義弘 外 譯, 『生き生きした現在』, 北斗出版, 1988).

상관관계 相關關係 [(독) Korrelation]

인식 대상 내지는 인식 내용과 인식작용과의 기능적인 상호 대응관계를 '상관관계'라고 부르는데, 이것은 후설의 인식론에서 가장 기본적인 관점이다. 『논리연구』 시기까지의 후설의 관심은 순수 논리학의 근본개념과 이념적인 법칙을 구명하는 '객관적'인 방향과, 그것을 통해 '논리적 형성체'가 구성되는 우리의 의식활동에 대한 인식론적 해명이라는 '주관적' 방향의 두 방면으로 향하고 있었다. 후설의 사상 발전에 있어 이러한 <객관적-주관적>이라는 두 방향이 언제나 균형을 맞춰 고려되고 있었던 것은 아니다. 『산술의 철학—심리학적 · 논리학적 연구』(1891)는 심리학적 기원의 구명이라는 주관적 입장에서의 연구였던 데 반해,

『논리연구』 제1권 '순수 논리학에 대한 프롤레고메나'(1900)에서는 프레게의 서평에 의해 촉발되어 반심리학주의의 입장을 취하는 것이다. 『논리연구』 제2권에서의 <인식 대상-인식작용>이라는 '상관관계'(Korrelation)에 대한 착안이 후설 인식론의 중요한 특징을 이룸과 동시에, 그 이후 그의 인식론 전체를 관통하고 있는 근본적 입장이라고도 말할 수 있다. 이러한 '상관관계'의 발견은 『논리연구』를 마무리하고 있던 1898년 무렵에 이루어졌다고 후설 자신이 말하고 있다[Krisis 168f.].

상호적으로 규칙이 부가되면서 수행되어가는 이러저런 인식작용과 그것을 통해 통일체로서 성립해가는 인식 대상 사이의 '상관관계'에 대한 해명이야말로 후설 현상학에서 말하는 '구성(Konstitution)적 분석'이었다. 다만 『논리연구』 단계에서는 인식 대상으로서 우선 첫째로, <학적 인식의 기초로 될 수 있는 논리적 형성체>가 생각되며, 그런 의미에서 논리학과 인식론이 병행적·보완적 관계에 놓여 있었다. 후설 자신이 『논리연구』에서는 특히 "순수 논리학의 영역에서의 이념적인 대상과 {대상을} 형성하는 활동으로서의 주관적인 심리적 체험 작용 사이의 독자적인 상관관계"가 연구 주제로 되고 있었다고 말한다[Hu **9**. 26]. 요컨대 한정된 대상 영역에서의 '상관관계'에 대한 해명이었던 것이다. 그리하여 그와 같은 대상 영역의 제한을 깨트리는 상관관계의 '일반화' 내지는 '부연화敷衍化'가 이루어진다. 후설이 이 점을 자각적으로 수행한 것을 1905년의 브렌타노에게 보낸 편지에서 엿볼 수 있다. 그 이후 지향성의 상관적 구조에 대한 분석이라는 현상학적 인식론을 단지 논리학적 대상의 주관적 기원에 대한 해명에 한정하는 것이 아니라 모든 대상, 예를 들면 멜로디처럼 시간적으로 변이하는 대상이나 공간적 물체의 구성에 대해서도 적용해 가게 된다[『내적 시간의식의 현상학』, 『사물과 공간』 1907년의 강의, 『논리학과 인식론에로의 입문』 1906/07년의 강의]. ☞ ㈔구성, 인식, 지향성

—미야하라 이사무(宮原 勇)

상기想起 [(독) Erinnerung]

(1) 가장 넓은 의미의 상기. 후설 현상학에서 현실적으로 지금 상대하고 있지 않은 대상을 머릿속에서 분명하게 떠올리고자 하는 작용의 일을 일반적으로 <준현재화>(Vergegenwärtigung)라고 부르지만, 그 가운데 정립의 활동을 하지 않는 상상(Phantasie)에 반해 정립의 활동을 하는 준현재화(정립적 준현재화setzende V.)가 가장 넓은 의미에서 상기라고 불린다[Ideen Ⅰ 224f.]. 따라서 상기에는 여러 종류가 있는데, 예를 들면 지나가버린 것을 의식적으로 다시 생각해내는 <재상기>(Wiedererinnerung), 그 장에서는 실재하지 않지만 현재하는 것을 (실제로는 지금 보는 것 없이) 지금 존재하는 것으로서 표상하는 <현재상기>(Gegenwartserinnerung), 나아가서는 와야 할 것에 눈길을 보내는 <장래로 향하는 상기>(Vorerinnerung) 등을 후설은 예로서 들고 있다[Hu **10**. 107, 60f., Ideen Ⅰ 145f.]. 가장 넓은 의미의 상기는 모든 시간 양태에 미치는 것으로 되는 것이다[Ideen Ⅰ 293]. 그러나 후설이 통상적으로 '상기'라는 것에서 염두에 두는 것은 지나가버린 것에 대한 상기이다.

(2) 지각의 재생으로서의 상기. 후설은 『내적 시간의식의 현상학』에서 상기가 상의식(Bildbewußtsein)이 아니라는 점을 역설한다. 상기된 것은 나의 의식 안에 모사된 지나가버린 객관의 상이 아니라 바로 객관 그 자신이 상기 내에서 사념되고 준현재화되고 있는 것이다. 더 나아가 상기에서는 지나가버린 객관뿐만 아니라 그 객관에 대한 이전의 지각도 동시에 내적으로 재생되는바, 지나가버린 것에 대한 상기는 '예전에 지각했다'는 것을 안에 포함하고 있다. 상기는 바로 '지각의 재생', '지각의 변양'인 것이다[Hu **10**. 34, 178-186, Ideen Ⅰ 209]. (다만, 물론 상기에서 객관이 되는 것은 지나가버린 대상이지 이전의 지각이 아니다. 상기 안에 포함된 지각작용을 대상으로 하기 위해서는 그것에로 향하는 '상기에서의 반성'{Reflexion in der Erinnerung}이 필요하다.)

(3) 상기의 권리. 상기는 본원적으로 주는 활동을 하는 작용이 아니며[Ideen Ⅰ 282] 본원적 입증을 원리

적으로 배제한다[같은 책 292]. 상기는 모종의 중요성을 지니기는 하지만 상대적이고 불완전한 정당성밖에 지니지 않는바[같은 책 293], 언제나 불완전성이 따라붙는다. 상기는 상기의 연관을 더듬어 지각의 현재에 이르는 것에 의해 비로소 뒷받침되는 것이다[같은 책 294].

(4) 제1차 상기와 제2차 상기. 후설은 과거파지를 제1차 상기(primäre Erinnerung), 재상기를 제2차 상기(sekundäre Erinnerung)라고 부르며 양자를 대치시키기도 하지만, 이 경우 양자가 함께 상기라고 불리는 것은, 지각을 <이념적 한계로서의 순수한 지금>에 한정한 경우에, 양자가 모두 지각에 대립하기 때문이다[Hu **10**. 38ff.]. 그러나 제2차 상기인 재상기가 준현재화에 속하는 데 반해 제1차 상기(과거파지)는 현재화(Gegenwärtigung)로서의 지각의 하나의 구조계기이기 때문에, 양자 사이에는 커다란 본질적 구별이 있다고 말하지 않을 수 없다[같은 책 45ff.]. 다만 재상기의 가능성이 본래 과거파지의 활동에 기초하고 있다는 점, 재상기에서나 과거파지에서 모두 "이중의 지향성"[같은 책 52ff., 80ff., 300f., 378ff.]이 발견된다는 점 등, 양자의 사태적 연속성도 간과해서는 안 될 것이다. ☞ ㉺과거파지/미래예지{파지/예지}, 현재화/준현재화/공현재화

—사카키바라 데쓰야(榊原哲也)

상대주의 相對主義 [(독) Relativismus (영) relativism]

일반적으로는 진·선·미와 같은 가치에 대해 누구라도 인정할 수밖에 없는 절대적 규준을 의심하는 회의주의에 반해 그러한 규준을 부정하고 가치의 규준은 우리가 지니든지 받아들이든지 하는 신념, 관심, 입장, 상황, 짜임새 등에 상대적이라고 하는 사고방식을 말한다. 따라서 무엇에 관해 상대성이 주장되는가에 따라 다양한 한정이 주어지게 되어 문화적 상대주의, 역사적 상대주의, 가치 상대주의, 윤리적 상대주의, 주관적 상대주의 등의 다양한 상대주의가 성립한다. 고대 그리스에서 상대주의적 테제를 내세운 저명한 예로서 프로타고라스의 '만물의 척도는 인간이다'라는 주장이 있지만, 이 주장 속의 '인간'을 개개인의 의미로 이해하면 개인주의적 상대주의가 된다. 현대에는 19세기 후반 이후 전통 사회의 붕괴와 전 세계적인 문화 접촉 등의 결과로 인해 상대주의적인 견해와 태도가 시대의 풍조가 되어 다양한 형태의 상대주의적 테제가 제기되어왔다. 워프(Benjamin Lee Whorf)의 언어 상대 가설이나 쿤(Thomas S. Kuhn)의 패러다임론 등이 그것의 대표적인 것들이지만, 상대주의는 설득력 있는 형태로는 아직 정식화되어 있지 않다.

그런데 현상학에서 상대주의가 다루어진 것은 논리학의 개념, 법칙, 진리 등의 이념적 존재를 경험심리학적으로 설명하는 심리학주의에 대한 후설의 논쟁에서이다. 후설에 의하면 경험심리학적으로 설명되는 것은 개인 심리이든 인간 일반이라는 종의 심리이든 심리학적 사실이며, 더욱이 사실로부터는 사실만이 도출되는 데 지나지 않는다. 그런데 논리학의 개념, 법칙, 진리 등은 이념적 존재이며, 이것은 사실로부터는 도출 불가능하다. 심리학주의란 이러한 도출이 가능하다고 하는 잘못된 생각인바, 그것은 그 자체로 존립하는 이념존재를 개인 심리나 종적 심리에 상대적이라고 하는 상대주의에 기초하고 있다. 그러나 상대주의는 일반적으로 자기 논박적인 배리적인 생각이다. 왜냐하면 예를 들어 진리가 인간과 상대적으로 존립한다고 하면, 인간이 존재하지 않게 되면 진리는 존립하지 않게 되지만, '어떠한 진리도 존립하지 않는다'고 하는 명제는 적어도 이 명제가 진리라는 것을 함의하고 있기 때문이다(이것은 의미론적 역설이라고 불리는 것 중의 하나이다).

이상과 같은 상대주의에 대한 논의는 논리학이라는 이론 영역에 대해 다루어진 것이지만, 현상학에서는 가치론도 가치이론을 토대로 하여 전개되기 때문에 가치 일반에 관해서도 마찬가지의 논의가 이루어질 수 있다. ☞ ㉺심리학주의, 진리 자체

—쓰네토시 소자부로(常俊宗三郞)

㉾ J. W. Meiland and M. Krausz, eds., *Relativism*, University of Notre Dame Press, 1982(常俊宗三郞 外 譯,『相對主義の可能

性』, 産業圖書, 1990).

상상想像 [(독) Phantasie (불) imagination]

플라톤이 인식에서의 상상적 계기(eikasia)를 이데아로부터 멀리 떨어져 있는 것으로서 거부하고 배척한 데 반해, 아리스토텔레스는 상상(fantasia)을 감성적 지각(aisthētikón)과 사유(noûs)의 중간에 위치하게 하여 후자의 수행에 불가결한 것으로 규정하고, 기억과 친근 관계가 있다고 생각했다. 그리스어의 fantasia, 라틴어의 imaginatio를 파라켈수스(Paracelsus 1493-1551)가 독일어로 Einbildungskraft라고 번역했다.

아리스토텔레스의 사상은 예를 들면 칸트의 상상력(Einbildungskraft, 구상력)에서 보이듯이 그 후의 철학적 전통을 이끌어 나가게 된다. 칸트는 더 나아가 재생적 상상력(reproduktive E.)과 생산적 상상력(produktive E.)으로 나누고, 후자는 지성적 인식에로의 통로를 여는 초월론적 기능을 지닌다고 주장했다. 칸트 이후 독일에서는 낭만주의적 사조가 일어나 상상력을 인간 정신의 근원적 창조능력으로서 찬양하고, 예술, 인식론, 형이상학에 관계하는 모든 활동의 핵심 부분이라고 주장했다. 후설은 이러한 낭만주의적 상상력론을 물리치고, 상상의 낭만주의적 의미에서의 생산적 성격을 부정한다.

후설이 수학으로부터 철학에로 필생의 과업을 전환한 동기가 된 것은 1885/86년 빈 대학에서 행해진 F. 브렌타노의 강의 「심리학과 미학의 문제 정선」인데, 이 강의에서 브렌타노는 상상(Phantasie)의 학설사를 다시 더듬어 가는 가운데 심리학과 미학의 접점을 찾음으로써 말하자면 '상상의 미학'을 구상하고 있었다. 후설 자신도 『논리연구』(1900)를 준비하고 있던 1898년, 장편논문 「상상과 상적像的 표상」[Hu **23**. 108-136]을 집필한다. 따라서 초기 이래로 후설의 상상에 대한 관심은 강했다고 말할 수 있을 것이다. 후설은 스승 브렌타노를 의식이 언제나 '~에 대한 의식'(Bewußtsein von etwas)이라는 것, 요컨대 의식의 지향성(Intentionalität)을 발견했다는 점에서 찬양했지만, 상상도 역시 지각에 못지않은 지향적 의식이라고 생각했다. 상상을 지각과 인식의 중간에 위치짓는다든지 하지 않고 지각과 나란히 어디까지나 지각에 가까운 하나의 표상(Vorstellung), 요컨대 상 또는 이미지로 간주했던 것이다. 본래 브렌타노에게 있어 상상이나 지각은 표상작용으로서는 동일하면서도 다만 표상된 것(내용)에서 차이가 나타난다고 하는 것이다. 그때 표상된 것으로서의 표상 내용과 표상 대상이 혼동된 결과, 전자의 의식 내재성, 후자의 의식 초월성이라는 구별이 간과되었다. 후설은 이 점에서 브렌타노를 비판한다. 상상에 대해 말하자면 그 상상・상은 의식내용이 아니라 지향적 대상인바, 의식을 초월하고 의식이 그것을 사념하며 그것을 겨냥하는 대상이다. 의식작용은 한결같거나 동일한 것이 아니라 표상에는 표상작용이, 판단에는 판단작용이, 의욕에는 의욕작용이 대응하듯이, 지각 대상에는 지각작용이, 상상에는 상상작용이 대응하는 것이다. 이러한 작용-대상 또는 노에시스-노에마의 상관구조가 상상에서도 관철된다.

넓은 의미의 상상에는 두 종류가 있다. 즉 여기서 다루고 있는 단적인 상상(좁은 의미의 상상)과 지각을 기저에 지니는 '상의식'이 그것이다. 좁은 의미의 상상은 지각이 감각소여를 내용으로 하는 것에 대응하여 감각의 변양태인 판타스마(Phantasma)를 내용으로 하여 그 위에 상상・상(상상 대상)을 구성함으로써 이층적인 데 반해, 후자에서는 가장 밑바닥에 지각의 대상인 물리적 상이 있고, 그에 기초하여 물리적 상이 변양된 상객체가 현출하고, 그것을 아날로곤(analogon)으로 하여 상주체(상상・상에 대응한다)가 드러나게 된다. 양자는 상상・상의 구성을 향한 두 가지의 전적으로 다른 모습이라고 말할 수 있을 것이다.

좁은 의미의 상상이란 대상을 의식에 자기 현전하는(selbstgegenwärtigen) 것으로서 표상하는 지각에 반해, "상 속에서 대상을 준현재화하는(vergegenwärtigen)" 활동을 말한다. 후자의 성격은 기억(Erinnerung)이나 기대(Erwartung)도 또한 공유하는 바이지만, 기억이 대상을 예전에 있었다고 정립하고 기대가 대상을 장래 있을 것으로서 정립하는 데 반해, 상상은 대상을 비정립인 채로 계속해서 보유한다. 또한 대상이 현전하지 않는 까닭에 상상은 지각의 특색인 내용 충족을 성취할 수 없다.

상상은 『이념들』 이후 대상의 존재정립을 배제하고 노에시스-노에마의 순수 구조를 추출하는 조작 작용으로서 활용되게 된다(중립성 변양 Neutralitätsmodifikation). 왜냐하면 상상이란 존재정립의 배제가 자연적으로 수행된 지각의 일이라고 말할 수 있기 때문이다. 종래의 의식에 대한 현상학적 연구는 어쨌든지 간에 지각을 범례로 하여 논의되는 경향이 강했지만, 상상 역시 지각에 못지않은 중요한 현상학적 주제로 될 것이다. 한편, 사르트르는 『이념들』에서의 후설의 상(Bild) 분석에 촉발되어 독자적인 상상력 분석을 행하고, 마침내 이에 기초하여 즉자-대자 또는 존재-무의 대립도식에 의한 대저 『존재와 무』로 열매를 맺게 했다. 사르트르의 상상력론은 『상상력』(*L'Imagination*, 1936)과 『상상적인 것』(*L'Imaginaire*, 1940)으로 이어지지만, 이것은 그가 한편에서 행하고 있던 『벽』(1937), 『구토』(1938) 등의 문학 창작의 방법론을 이루는 것이자 상상계가 지각계와 대치하는 또 하나의 영역이라는 것을 논증하고자 하는 것이었다. ☞ [사]상상력, 상상적인 것, 상의식

—가나타 스스무(金田 晉)

[참] E. Fink, *Vergegenwärtigung und Bild*, 1930, in *Studien zur Phänomenologie 1930-1939*, M. Nijhoff. Jean-Paul Sartre, *L'Imaginaire*, Paris, 1940(平井啓之, 『想像力の問題』, 人文書院, 1955). Edward S. Casey, *Imagining: A phenomenological Study*, Blooming & London, 1976. 瀧浦靜雄, 『想像の現象學』, 紀伊國屋書店, 1972.

상상력 想像力 [(불 · 영) imagination]

상상하는 능력. 재생산적 상상력과 창조적 상상력으로 나누어진다. 상상력은 인간적 의식의 본질적 작용임에도 불구하고, 종래의 심리학이나 형이상학은 상상력이 신체와 관계한다는 점에서 이것을 저급한 능력으로 간주해왔다. 데카르트에게서 상상한다는 것은 정신이 자기를 물체로 향하게 하여 그 물체 속에서 정신 자신에 의해 이해된 관념 내지 감각에서 지각된 관념에 대응하는 것을 직관하는 것을 말한다. 요컨대 심상은 외부의 대상과 동일한 자격을 지닌 하나의 대상이며, 상상한다는 것은 물체적인 것의 형태 내지 상을 바라보는 일인 것이다. 베르그송은 이마주(image)란 관념론자가 표상이라고 부르는 것보다는 우월하지만 실재론자가 사물이라고 부르는 것보다는 열등한 존재, 요컨대 표상과 사물의 중간에 있는 존재라고 생각한다. 이상과 같이 심상은 종래에 자주 사물 내지 사물과 같은 존재로 파악되어 왔다. 이에 반해 현상학은 지각과 상상에서는 의식의 대상에 대한 관계방식이 본질적으로 다르다는 점을 분명히 했다. 지각은 대상을 현실적으로 여기에 존재하는 것으로서 정립하지만, 상상이란 대상을 무로서 정립함으로써 현실을 초월하는 작용이다. 사르트르가 주장하듯이 상상력은 인간적 의식의 본질적 작용인바, 적극적으로 평가되어야만 한다. 의식의 비현실화하는 탁월한 작용인 상상력은 현실계와의 교통을 차단하여 가능성의 세계를 개시하는 능력이다. 그리고 이러한 능력을 그 존재의 본질로 하는 의식 그 자체가 이미 자유인 것이다. ☞ [사]상상, 상상적인 것, 이마주, 준-관찰, [서]상상적인 것

—하코이시 마사유키(箱石匡行)

상상적인 것 想像的— [(불) imaginaire]

이마지네르, 상상적인 것은 상상적 의식의 노에마적 상관자를 말한다. 지각적 세계가 대상을 <여기에 지금> 존재하는 것으로서 정립하는 데 반해, 상상적 의식이란 대상을 <여기에 지금> 존재하지 않는 것, 요컨대 무로서 정립하는 작용이다. 따라서 상상작용의 노에마적 상관자인 상상적인 것이란 실재적으로는 존재하지 않는 비현실적인 것이다. 예를 들면 피에르의 일을 상상할 때 나는 단적으로 피에르라는 그 사람을 지향한다. 상상작용에 의해 산출되는 피에르라는 심상은 의식 속에 존재하는 것이 아니다. 심상으로서의 피에르

란 비현실적 · 비실재적 존재이기 때문에 사물 속의 하나의 사물로서 존재하는 것이 아니다. 따라서 상상적인 것을 현실의 시간과 공간 속에 위치지우는 것은 가능하지 않다. 요컨대 상상적인 것의 세계에 가능성의 영역은 존재하지 않는 것이다. 가능성이란 현실의 세계를 전제로 하여 비로소 성립하는 영역이기 때문이다. 더 나아가 심상을 산출한다는 것은 대상을 무로서 정립하는 의식의 부정작용이기 때문에 이 부정작용은 창조작용이기도 한 상상작용의 가장 심오한 구조를 이룬다. 현실에 존재하지 않는 것을 산출하는 상상적 의식은 창조적이다. 따라서 예술 작품은 상상적인 세계에 존재한다. 또한 꿈의 세계는 이야기의 세계인바, 이것은 상상적인 세계이다. 그 세계들은 모두가 다 세계-내-존재로부터 벗어난 의식이 산출하는 세계이기 때문이다. 그러므로 심미적 세계는 윤리적 세계와 구별된다. ☞ ㉿상상, 상상력, 준-관찰

—하코이시 마사유키(箱石匡行)

상의식 像意識 [(독) Bildbewußtsein; abbildende Imagination]

지각, 상상과 더불어 의식의 대상에 대한 지향적 관계의 하나의 양식을 가리킨다. 후설은 1904/05년 겨울학기 강의 「현상학과 인식의 이론의 주요 문제」 제3부 '상상과 상의식'에서 술어화하고 이에 의해 예술적 상상력을 표현하고자 했다. 그 사상은 『논리연구』를 준비하고 있던 1898년의 「상상과 상적 표상」에서 이미 제출되어 있었다. 거기서는 단적인 상상상(想像像, Phantasiebild)에 의한 표상에 대립하여 '통상적인 상표상' 또는 '물리적 상에 의한 표상'이 구별되는데, 이것은 상에 의해 표상된 것뿐만 아니라 상 그 자체도 관찰의 대상으로 되는 표상이라고 생각되었다. 『논리연구』에서도 단적인 상상(schlichte Phantasie)에 대립하여 '모상하는 상상' 또는 '물리적 사물로서의 상'이라는 말로 다루어졌다. 이러한 표상은 '물리적 상'(physisches Bild)과 '상객체'(Bildobjekt) 및 '상주체'(Bildsubjekt)로 이루어지기 때문에, 전자가 후자를 기초짓는 방식으로 복합적인 중층관계를 이루며, 언제나 물질적 소재를 상대하는 미적-예술적 상상력의 특성을 이룬다. 즉 물질적 상이란 예를 들면 종이나 잉크 또는 석재 등을 가리키는 것으로서 실재적 존재를 말하는 것이며, 상객체란 의식의 지향작용에서 현출하는(erscheinen) 대상을 말하는 것으로서 선과 색채에 의해 묘사된 대로의 것이다. 상주체란 그것 자체에서 현출하는 것이 아니라 이 상객체를 아날로곤으로 하여 드러내지는(sich darstellen), 예를 들면 뼈와 살을 지닌 등신대의 인물이나 현실 또는 현실에 있음직한 세계로 된다. 후설은 상의식의 사상은 단순한 상상이나 공상과 구별되지 않은 채로 찬양된다든지 폄하된다든지 하여 온 예술적 상상력의 특질을 명확히 함으로써 그 후의 현상학적 예술학 또는 미학에 크게 공헌했다. ☞ ㉿상상, 현상학적 미학, 회화와 현상학

—가나타 스스무(金田 晉)

상존재 相存在 [(독) Sosein]

일반적으로는 정재定在{현존재}(Dasein)와 맞짝으로 사용되는 존재론의 용어. 사재斯在, 사유斯有, 상재相在, 그러함이라고도 번역된다. 마이농이 『가정에 대하여』(*Über Annahmen*, 1. Aufl. 1902)에서 'A는 B다'라는 범형으로 표시되는 객관적인 것의 일종으로서 도입하고 있으며, 이어서 「대상론에 대하여」("Über die Gegenstandstheorie", 1904)에서 이것을 존재 여부를 넘어서는 대상의 소여방식을 나타내는 것으로서 해석한 것이 잘 알려져 있다. 그는 거기서 둥근 사각형 등의 비존재 대상의 선소여성 문제에 관한 이전의 사고방식을 자기비판하고, 대상 그 자체, 즉 '순수 대상'은 존재 · 비존재를 넘어서는 것—초존재(Außersein)—으로서, 대상은 모두 우선은 상존재의 가정에서 주어지며, 그 상존재는 존재로부터 독립적이라고 주장했다. 이리하여 대상은 본질적으로 가정된 것이자 상존재 객관적인 것(Soseinsobjektiv)으로 간주되는바, 대상을 규정을 위한 공간(der Raum für Bestimmungen)으로 옮겨 놓음으로써 변항화하고 대상을 그 규정성에 의해 확정하는 방식이 제시되기에 이른다[*Über Annahmen*,

2.Aufl. 1910, §45 참조]. 덧붙이자면, 상존재는 넓은 의미의 존재에 속하며, 하위구분으로서 '하존재何存在'(Wassein, 무엇임)와 '여하존재如何存在'(Wiesein, 어떠함)의 두 종이 있게 된다. 또한 마이농의 가치론에 친화성을 보인 셸러는 『우주에서의 인간의 지위』에서 인간 정신의 근본적 특징을 환경세계로부터의 자유에 있다고 주장하고, 그 근거를 현존재를 상존재에서 '대상적으로' 파악하는 능력에서 찾았다. 상존재는 사물의 규정성을 표현하고 정신의 안과 밖에서 동시에 지향적 존재(ens intentionales)로서 인식 가능한 것인데 반해, 현존재(실재적 존재)는 저항으로서 체험되는 만큼 정신의 밖에 의식을 초월해 있어 지식의 대상이 되는 것은 아니라고 주장된다[『철학적 세계관』 SGW **9**. 111f. 참조]. 하르트만은 이와 같은 정신의 안과 밖에 의한 구별을 비판하고, 양자는 상대적인 존재계기에 지나지 않는다고 주장한다[*Zur Grundlegung der Ontologie*, 1935, Kap. 12, 20; 高橋敬視 譯, 『存在論の基礎付け』, 山口書店, 1942]. ☞ ㊀객관적인 것, 초존재, ㊁마이농, ㊀대상론에 대하여

—에리구치 아키토시(江里口明俊)

상징象徵 [(독) Symbol (불) symbole (영) symbol]

그리스어로 본래 부신符信을 의미하는 symbolon에서 유래하는 심벌, 상징에 해당하는 말은 구미 각 나라의 언어에서 발견되지만, 현대의 이론적 용어로서는 영미계와 독불계 사이에 어긋나는 점이 있기 때문에 혼란을 부르기 쉽다. 한국에서는 일반적으로 '상징'이라는 번역어가 사용되지만 그것이 반드시 적합한 것은 아니다. 이하에서는 그러한 실정에 의거하여 기술하고자 한다.

퍼스의 기호론에서는 기호(sign) 일반을 대상과의 관계에서 분류할 때 그림과 같이 유사에 의해 대상을 표시하는 아이콘 및 연기가 불의 소재를 알려주듯이 실재적 연접에 의해 대상을 지시하는 인덱스에 반해, 상징은 언어를 포함하여 관습 내지 인위적 약속에 의해 만들어지는 기호를 말한다. 퍼스의 교설을 이어받은 모리스(Charles William Morris)의 경우에는 행동주의적 입장에서 기호 일반이 "그때 자극이 없는 것에 대해 행동을 이끄는 것"으로 정의되며, 상징이라는 것은 "해석자에 의해 산출되어 그것과 동의적인 다른 기호의 대리로서 작용하는 기호"를 말하고, 그 이외의 기호는 시그널이라고 불린다. 또한 오그덴(Charles Kay Ogden)과 리처즈(Ivor Armstrong Richards)가 내세운 삼각형 모델에서는 관계항으로서 의미(reference)와 지시대상(referent)을 지니는 것이 일반적으로 상징이라고 불리고 있었다.

언어학자 소쉬르(Ferdinand de Saussure)에서도 상징(symbole)이라는 용어가 보이지만, 여기서는 의미하는 것(significant)과 의미되는 것(signifié)이 자의적인 약정에 의해 결합되어 있는 언어기호(signe)에 맞서, 예를 들어 저울이 정의를 상징하듯이 그 연결이 유연적有緣的(motivé)인 경우에 상징이라는 말이 사용된다. 따라서 퍼스 등의 경우와 거의 거꾸로 된 용어법이 보이는 것이다. 프로이트가 말하는 상징(Symbol)도 이 점에서 공통된다.

후설의 경우에 상징(Symbol)이라는 말은 특별한 의미에서 사용된다. 「기호의 논리학」(기호론Semiotik)이라는 제목이 붙은 초기의 초고[Hu **12**. 340-73]에 따르면, 내용 일반은 그대로 본래적으로 주어지든가 아니면 비본래적으로 기호에 의한 대리를 매개로 하여 주어지든가 하지만, 상징이란 본래적 표상이 언제라도 환기될 수 있는 경우와 달리 일시적으로나 영속적으로 그것이 불가능한 사태의 대리를 수행하는 기호이다. 예를 들면 아직 보지 못한 여행지의 표상, '미국', '지구', '인류', '식물' 등의 개념은 최선의 인식자에게 있어서도 비본래적 표상의 거대한 복합일 수밖에 없으며, 통상적으로는 대단히 빈곤한 대용에 지나지 않는다. 이러한 간격이 가장 커지는 것은 '신', '외적 사물', '현실적 공간', '타인의 마음' 등의 개념들의 경우이며, 나아가 '나무로 만들어진 철', '둥근 사각형' 등의 모순 개념처럼 불가능하다는 점이 처음부터 확실한 것이 대리되는 경우도 있다고 한다. 언뜻 보아 특수한 용어법이지만, 1904/05년의 강의[Hu **13**. 34-36]에서도 이것

과 관련된 용례가 보인다. 예를 들면 그림을 예술작품으로서 감상하는 경우에 우리의 관심은 모사된 대상에서가 아니라 그려진 상에서 그것이 드러나는 방식으로 향하는데, 이것을 후설은 사상寫像의 내적 기능이라고 부르는 한편, 이 기능을 넘어서서 외부의 실물 쪽에 관심을 향하는 것은 사상의 외적, 상징적(symbolisch) 기능이라고 말한다. 말이나 문자에서도 상형문자와 같은 경우에는 이러한 기능이 작용하는바, 그 외적 기능이 세련됨과 더불어 인공어나 대수기호와 같이 사태와 무관계하고 내적으로 관계가 없는 기호(Zeichen)에 의한 표의적 표상(signitive Vorstellung)이 성립한다는 것이 그러한 견해이다. 용어로 뒤얽힌 이러한 고찰은 매우 흥미롭지만 저술로서는 공표되지 않았다.

상징이라는 말의 일반적인 용례를 보면, 우의寓意나 의인擬人과 같은 다양한 의미도 더해지기 때문에 극도로 다의적인 모습을 드러낸다. 특히 포괄적인 개념을 보여주는 말로서 이것을 사용한 예를 카시러의 상징 형식의 경우에서 볼 수 있다. 표출, 대표, 의미라는 세 가지 차원의 기능을 포함하는 이러한 형식에는 신화, 종교, 언어, 과학, 예술에 걸쳐 문화의 모든 것이 속한다고 생각된다. 랑거(Susanne Knauth Langer)를 비롯하여 이러한 포괄적 용어법에 따르는 철학자도 적지 않다.

마지막으로 철학뿐만 아니라 다른 분야들 및 일반적인 용례도 고려하는 가운데 사인sign, 시그널signal 등의 용어와도 관련하여 용어법을 정리할 수 없을까 하는 것이 문제가 된다. 많은 문헌 중에서 비교적 현상에 부합한 이해를 찾아보자. 우선 시그널(신호)과 사인(기호)에 대해 말하자면, 전자가 유기체의 반응을 불러일으키는 모든 자극에 적용할 수 있는 넓은 의미의 것일 수 있는 데 반해, 사인(기호)이라는 말은 경험에 의한(아마도 다양한 그것을 포함하는) 학습이나 의미 내지 지시의 기능과 관련하여 사용되지만, 반드시 인간의 전유물을 말하는 것은 아니다. 이들에 반해 상징, 심벌은 인간의 다양한 창조물인바, 이것을 매개로 하여 인간적인 의미와 가치의 세계가 수립되고 문화가 형성된다고 생각된다. ☞ ㊕기호, 상징 형식, 언어학・기호학과 현상학, ㊌카시러, 퍼스

—다지마 사다오(田島節夫)

㊟ Collected Papers of Ch. Peirce로부터의 內田種臣 編譯, 『記號學』, 勁草書房, 1986. E. Cassirer, *Die Philosophie der Symbolischen Formen*, Bd. Ⅰ. *Die Sprache*, 1923, Bd. Ⅱ. *Das mythische Denken*, 1925, Bd. Ⅲ. *Phänomenologie der Erkenntnis*, 1929(木田元{生松敬三・村岡晉一} 譯, 『シンボル形式の哲學』, 1~4, 岩波文庫, 1989, 91, 94, 97).

상징적 상호작용주의象徵的相互作用主義 [(영) symbolic interactionism]

20세기 초기 프래그머티즘의 영향 아래 미국에서 생겨난 사회학과 사회심리학 이론의 패러다임의 하나로서 언어를 중심으로 하는 상징을 매개로 한 인간의 상호작용으로부터 자아의 발달이나 사회현상에 대한 해명에 다가서고자 하는 것. 통상적으로 G. H. 미드를 시조로 한다고 말해지지만, 명명은 대표적인 논객인 블루머(Herbert George Blumer 1900-87)에 의해 이루어진다. 여기서 인간의 행동은 그 제어가 미치지 않는 외적(사회적) 힘이나 내적(본능적) 힘에 의해 규정되는 것이 아니라 그러한 힘에 대한 내성적이고 사회적으로 획득된 해석에 기인하는 것으로 여겨진다. 인간을 반성적이고 창조력이 풍부한 주체로서 파악하는 견해는 프래그머티즘에서 유래한다고 생각되지만, 블루머에 의하면 이러한 패러다임을 특징짓는 것은 다음과 같은 세 가지 전제이다. (1) 인간은 대상이 그에 대해 지니는 의미에 기초하여 행위한다. (2) 대상의 의미는 사회적 상호작용의 산물이다. (3) 의미는 해석과정을 통해 처리되어 변화되어간다. 이러한 의미를 파악하기 위해서는 행위자의 세계 내부로 들어가 행위자의 입장에서 세계를 바라보는 것이 필요해진다. 조작적이고 한정적(definitive)인 개념이 아니라 공감적이고 감수적(sensitizing)인 개념이 요청되는 까닭이다. 이러한 패러다임은 해석적 상호작용에 의한 사회적 현실의 구성에 초점을 둔다는 점에서 민속방법론(ethnomethodology)

과 공통되지만, 공유된 상징이나 규범의 객관적 존재를 전제한다는 점에서 후자와 구별된다고 말해진다. ☞ ㊙민속방법론, ㊒미드

—야마구치 세쓰오(山口節郎)

참 船津衛, 『シンボリック相互作用論』, 恒星社厚生閣, 1976.

상징 형식象徵形式 [(독) symbolische Formen]

1920년대 이후의 카시러 철학에서 세계 구성 일반에 관계하는 초월론적인 형식을 특징짓기 위해 사용된 개념. 처음부터 개별적인 학설 형성에서의 역사적 맥락의 중요성과 자연과학상의 개념의 함수성을 강조했던 카시러는 1910년대 말기에 이러한 학적 인식에서의 통시적 및 공시적인 관계성의 틀 그 자체가 인간의 정신적인 표현형식 전반에 가로놓여 있는 상징 시스템 중의 하나로서 해석되어야만 한다는 통찰에 도달했다. 그에게 있어서는 상징이 그것에 의해 다른 무언가가 의미되는 기능을 지니는 가장 보편적인 매체로 간주되고, 또한 우리에 의한 대상 구성・대상 이해의 모든 것이 상징의 형성을 매개로 하여 성립한다고 여겨지는 것만이 아니다. 그때에 형성되는 상징이 그 기능으로 인해 귀속하게 되는 상징 시스템 그 자체의 다양성이 적극적으로 승인됨으로써 언어적, 신화적, 종교적, 과학적, 예술적 세계상 등이 각각 상대적으로 독립된 상징 형식으로서 파악되었던 것이다. 그 결과 20년대의 『상징 형식의 철학』은 말할 필요도 없이 만년의 『인간에 대하여』(1944)에 이르기까지 다수의 저작과 논문에서 각 영역의 상징 형식이 경험과학의 방대한 연구 성과를 토대로 하여 상세히 분석되게 되었다. 그렇지만 그러한 분석에도 불구하고 또는 오히려 그 때문에 상징 형식 그 자체의 개념 규정이 다의적이라는 비판이 지금까지 이루어져 왔지만, 이러한 비판에 대해서는 현상학자 오르트(Ernst Wolfgang Orth 1936-)가 상징 형식을 조작 개념의 하나로서 이해해야 한다는 제안을 내놓고 있다. ☞ ㊙조작 개념, 주제 개념, ㊒카시러, ㊕상징 형식의 철학

—구쓰나 게이조(忽那敬三)

참 H-J. Braun, H. Holzhey, E. W. Orth, Hg., *Über Ernst Cassirers Philosophie der symbolischen Formen*, Frankfurt a. M., 1988.

상처입기 쉬움傷處— [(불) vulnérabilité]

초월의 <외상>에로 <폭로>된 주체의 <감수성>의 양태를 형용하기 위해 레비나스가 사용하는 말로서, <감응성>(susceptibilité), <가감성可感性>(irritabilité)과 같은 생기론의 용어와 더불어 사용된다. 『전체성과 무한』에서는 드러난 <얼굴>이 절대적인 <약함>으로 여겨지는 한편, <죽음의 폭력>에 노출된 것으로서 주체의 <의지> 및 <신체>가 포착되고 살인을 범할지도 모르는 <의지> 그 자신의 이와 같은 연약함으로부터 살인의 금지로의 전환이 말해지고 있었지만, 거기서는 자기에 기초하는 주체의 <내면성>의 <비밀>이 의연히 유지되고 있었다. 그러나 이러한 <자기>가 <같음 속의 다름>의 <흔적>으로서 다시 포착되고 <얼굴>에 더하여 <피부>(peau)의 관념이 제출되면, <내면성>도 포함하는 주체의 모든 것이 <상처입기 쉬움>으로 간주되게 된다. 다만 아이를 잉태함으로써 상처 입는 <자궁>의 비유나 <내장>의 비유가 보여주듯이 주체는 이른바 외부에 대해서만이 아니라 <속 깊은 곳의 외부>에 대해서도 <폭로>되어 있다. 『애가』 3장 30절이 말하듯이 주체는 까닭이 없는 <모욕>에 노출되고 <고발>된다. 모든 타인을 대신하여 <박해> 받기 위해 선택된 <인질>(otage)인 주체는 그 자기동일성을 박탈당하여 <우리 집>인 <자기>로부터 추방되면서도 <어떠한 수동성보다도 수동적인> 방식으로 이러한 전면적인 <폭로>의 요청에 <응답>할 것을 강요받는다. ☞ ㊙외상

—고다 마사토(合田正人)

상호신체성相互身體性 [(불) intercorporéité]

『기호들』에 수록된 논문 「철학자와 그의 그림자」 이래의 메를로-퐁티의 용어. 상호주관성이란 보통 나의 <나는 생각한다>와 타인의 <나는 생각한다> 사이에서 성립하는 공존관계, 즉 <우리는 생각한다>라는

존재방식이라고 생각된다. 그러나 메를로-퐁티는 자기와 타자의 공존관계라는 것은 코기토보다 좀 더 깊은 수준, 즉 우리가 자기를 <사고하는 나>로서 자각하는 것보다 훨씬 이전의 신체적 수준에서 이미 성립해 있어야만 한다고 말한다. 왜냐하면 코기토 수준만으로 생각하게 되면 타인이 내게 대해 명증적으로 주어지는 것 등은 결코 있을 수 없기 때문이다. 실제로 내가 타인이 무엇을 생각하고 있는지를 아는 것 등등은 가능하지 않다. 그렇기는커녕 본래 그가 생각하고 있는지 어떤지조차 알 수 없는 것이다. 그러나 나와 타인이 행동의 주체라고 한다면, 타인은 그 신체 속에서 헷갈림 없이 나타날 수 있다. 왜냐하면 나의 지각의 장에서 나타나는 타인의 신체는 단순한 물질 등이 아니라 행동이 일어나 나타나는 장, 나의 지각세계가 또 하나의 취급을 받아들이는 가공의 장이기 때문이다. 내가 자신의 지각의 장에서 행동하는 타인의 신체를 인정하자마자 나는 자신의 신체 속에서 나 자신의 지향을 발견하듯이 거기서 나 자신의 지향의 기적적인 연장과 같은 것을 발견한다. 나는 멀리서부터 타인의 신체를 체험하는 것이다. 그때 이와 같은 일이 생겨나는 것은 나의 신체가 잠재적으로든 현실적으로든 눈으로 볼 수 있는 타인의 신체와 겹쳐져 그것과 동일한 <구조>를 취하기 때문이다. 나의 신체가 타인의 신체를 다시 포착하는 것이다. 이후 나의 신체와 타인의 신체는 상호적인 다시 포착함의 관계에 놓인다. 그리고 나의 것도 타인의 것도 아닌 익명의 실존이 이들 신체에 동시에 거주하게 된다. 메를로-퐁티가 상호신체성이라고 부르는 것은 신체적 수준에서 생겨나는 이와 같은 익명의 삶, 즉 <사람>이라는 존재방식이다. 메를로-퐁티는 그것이 이미 유아기에 성립한다는 데서 "원초적인 사람"[Signes 221]이라고도 부른다. 그리고 이와 같은 존재방식이 바로 우리의 삶의 처음에 이미 성립해 있기 때문에 그것이 변모하여 관조적인 주관들의 공존으로도 될 수 있다는 것이다. 메를로-퐁티가 "논리적 객관성은 신체적 상호주관성이 그것으로서는 망각되어 있는 한에서 신체적 상호주관성으로부터 파생된다"[같은 책 218]고 말하는 것도 그 때문인 바, <우리는 생각한다>라는 의미에서의 논리적 객관성은 상호신체성 속에 그 기초를 지니는 것이다.

―다케우치 오사미(竹內修身)

㊂ 木田元, 『メルロ＝ポンティの思想』, 岩波書店, 1984.

상호주관성 相互主觀性 [(독) Intersubjektivität (불) intersubjectivité]

Ⅰ. 어의와 그 문제 상황. 영어와 독일어, 프랑스어의 어느 경우에서든 접두사 <inter>는 라틴어의 <inter>에서 유래하며 '~의 사이'를 의미하는 까닭에 <Intersubjektivität>는 '간주관성'이라고 번역되는 경우도 많지만, 그 접두사는 또한 '상호'라는 의미도 지니기 때문에(예를 들면 <interaction>＝상호작용 등) '상호주관성'이라고 번역된다. 어느 것이든 복수의 주관이 각각 주관인 그대로(요컨대 다른 주관의 하나의 대상으로서가 아니라 공통의 '우리'로서) 공동으로 쌓아올린 하나의 상호관계를 가리킨다. 그 관계는 인간끼리의 사회관계를 근거지을 뿐만 아니라 사물의 객관성의 기저를 이루는 것으로서 후설의 현상학에서 특히 중요한 역할을 짊어지고 있었다.

굳이 말할 필요도 없이 우리는 평생 눈앞에 펼쳐진 세계의 객관적 실재를 자명한 것으로 믿는 '자연적 태도'(natürliche Einstellung)를 지니며 살고 있지만, 후설의 현상학은 우선 그 신뢰성에 중단을 외치고('에포케'＝판단중지), 그 세계가 실은 우리 의식의 '지향작용'(Intentionalität)에 의해 '구성'(konstituieren)된 의미적 통일체라는 것을 밝히고자 하는 목표를 지닌다. 그리고 세계에 구성적으로 작용하는 의식의 활동이 일반적으로 '초월론적 주관성'(transzendentale Subjektivität)이나 '초월론적 의식'(transzendentales Bewußtsein) 등으로 불리며, 세계를 그러한 통일체로서 다시 파악하는 작업이 '현상학적 환원'(phänomenologische Reduktion)이라고 불린다. 그와 같은 것을 근본적인 동시에 상세하게 논의한 것이 특히 『이념들 Ⅰ』(1913)이었다.

그러나 이러한 구상은 기본적으로 패러독스를 포함한다. 그것은 우선 첫째로, 이러한 사고방식 속에는 본래 자신 이외의 타인을 어떻게 파악해야 할 것인가가 명확하지 않다는 점이다. 왜냐하면 타인이 단적인 사물이 아니라 바로 살아 있는 타인인 것은 그 역시 자신과 마찬가지로 세계에 대해 구성적으로 활동하는 하나의 자아, 즉 '타아'(alter ego)이기 때문임에도 불구하고, 위의 이론에서 타아는 어디까지나 나의 초월론적 의식에 의해 구성된 지향대상에 불과한 것으로 되기 때문이다. 이것이 보통 '유아론'(Solipsismus)이라고 말해지는 사고방식인데, 그와 같은 유아론에서는 주관끼리의 본래적인 상호관계가 적절히 파악되지 않는 것이다. 그리고 둘째로, 그와 같은 각자의 자아의 의식에 의해 구성된 세계는 당연한 일이지만 각자의 것일 뿐이고, 따라서 세계는 우리의 자아 내지 의식이 존재하는 것과 동일한 수만큼 존재하게 되지만, 이것은 우리가 자신의 세계를 유일한 세계라고 믿는 것과 합치하지 않으며, '객관성'이라는 것 역시 불가능하게 만드는 것이다. 이와 같은 의미에서 상호주관성의 문제의 원형은 '초월론적 자아'에 의한 타아의 구성, 요컨대 '타아 경험'(Fremderfahrung)의 문제에 있게 되며, 그리하여 후설은 타아 구성의 문제에 대한 해명으로부터 상호주관성이라는 문제에 접근하고자 했던 것이다.

그 문제를 다룬 그의 생전의 저작은 『데카르트적 성찰』인데, 이것은 처음에 그의 1929년 파리에서의 강연 원고였던 것에 후설 자신이 가필한 것의 프랑스어 번역으로서 1931년에 파리에서 출판되었다. 다만 후설의 가필은 상당히 대폭적인 것이어서 특히 이 문제의 고찰에 해당되는 제5성찰은 전적으로 새롭게 다시 씌어졌는데, 제5성찰만으로 『성찰』 전체의 거의 절반의 양으로 부풀어 올랐던 것이다. 이것은 실은 그의 사후 10년 이상이 지난 1950년에 이 성찰의 독일어판이 후설 전집의 제1권으로서 공간되어 비로소 알려지게 되었지만, 그에 의해 상호주관성의 문제가 후설에게 있어 상당히 일찍부터 중대한 문제였다는 것이 알려지게 된다. 그리고 사실상 1973년에 공간된 유고집은 1905년부터 35년까지의 사이에 씌어져 묶인 방대한 양의 원고 단편으로 이루어지는데, 각권마다 600쪽 이상에 달하는 『상호주관성의 현상학』 전 3권을 형성한다.

그렇다면 지금 보는 것과 같은 문제에 대해 후설 자신은 어떠한 해답을 준비하고 있었던 것일까?

II. 기본적인 사고방식. 여기서도 후설은 우선 우리의 세계 속에서 타인과의 관계를 포함한다고 생각되는 일체의 것을 사상하고, 전적으로 나만의 세계로 되돌아오는 데서 시작한다. 이것이 '고유영역'(Eigenheitssphäre) 내지 '원초적 영역'(primordinale/primordiale Sphäre)으로의 환원이라고 말해지는 것이다. 그리고 이와 같은 가정 하에서는 타인은 내게 있어 무엇보다도 우선 하나의 '물체'(Körper)로서 발견된다고 후설은 생각한다. 다만 그 물체는 자극에 대한 특유한 반응을 보인다든지 고유의 행동방식을 취하는 까닭에 그것을 나의 신체와 '맞짝짓기'(Paarung)하는 '연합작용'(Assoziation) 내지 '유비화하는 파악'(analogisierende Auffassung)이 활동하며, 그리하여 '신체'(Leib)라는 의미가 옮겨 들어가게 된다. 거기에서 더 나아가 나의 '자기이입'(Einfühlung)이 작동하며, 그에 의해 타인의 체험이 내게 이를테면 부대현전화附帶現前化에서 현시(appräsentieren)되는 방식으로 이른바 타아가 구성된다고 하는 줄거리를 이룬다.

이리하여 타아가 구성되면 그 타아는 당연히 나 자신이 경험하고 있는 것과 동일한 세계를 경험하는 것으로서 주어지기 때문에, 나는 단지 많은 타아가 존재하는 세계라고 말할 뿐 아니라 '모든 사람에게 있어 현존하는'(für jedermann daseiende) 세계, 요컨대 '상호주관적 세계'를 경험하게 된다. 따라서 이 세계는 이를테면 단 하나의 '모나드 공동체'(Monadengemeinschaft)인바, 우리의 일상적인 사물들이 거기서 다양하게 의미부여받고 있다는 의미에서 그것은 바로 '초월론적 상호주관성'(transzendentale Intersubjektivität)인 것이다. 그리고 그것은 또한 다양한 인공물과 문화적 대상뿐 아니라 자연적 대상에게마저 전제되는 이른바 객관적 세계라고 말하지 않을 수 없다. "우리가 초월론적 상호주관성이라고 부른 모나드 공동체는 …… 순수하게 나의 지향성의 원천들로부터만 내게 대해 구성되는 것이지만, 그 공동체는 변양되면서도 모든 타아 속에서 동일한 것으로서, 다만 다른 주관적 현출 방식에서 구성된 것으로서, 더욱이 동일한 객관적 세계를 필연적으로 스스로의 속에서 짊어지는 것으로서 구성되는 것이다"[CM 158].

이러한 후설의 사고방식은 안이하게 이른바 객관적 세계의 자명성에서 출발하는 것을 거부하고자 하는 다양한 입장의 사람들에게 커다란 영향을 주었다. 철학의 영역에서는 사르트르와 메를로-퐁티, 사회학의 영역에서는 슈츠 등이 그러한 영향을 받은 사람들이다. 그 중에서도 메를로-퐁티는 "궁극적인 근원적 주관성, 즉 초월론적 주관성은 상호주관성에 다름 아니다"(「인간의 과학과 현상학」)라고 하여 후설의 상호주관적 구성이라는 사고방식을 가능한 한에서 강조하고자 했다.

III. 새로운 패러독스. 그런데 후설은 위와 같은 '유비화하는 파악'에 대해 "그것은 모종의 유사화하는 통각(verähnlichende Apperzeption)이긴 하지만, 그렇다고 해도 그것은 결코 추리는 아니다"[CM 141]라고 말한다. 이성의 활동에 의한 추리는 후설에 의하면 고차적인 능동적 종합작용인 데 반해, 여기서 문제되는 활동은 좀 더 기초적인 "수동적 종합" 내지 "수동적 발생(passive Genesis)에 의한 구성"인 것이다. 또한 '자기이입'에 대해서도 후설은 반드시 우리가 우선 자신을 지각한 후에 그 지각을 타인에게 이입한다고까지는 주장하지 않는다(실제로 만약 그렇다면 예를 들어 자신에 대해 충분한 앎을 갖지 못한 유아 등에게서는 타인 경험도 없다고 하는 기묘한 귀결이 생기게 될 것이다). 따라서 후설은 "내가 (타인 경험에서) 실제로 보고 있는 것은 기호와 단순한 유사물(analogon), 어떤 자연적 의미에서의 모상이 아니라 타인인 것이다"[CM 153]라고 말한다. 요컨대 후설은 우리가 타인 그 자체를 보고 있는 것이지 단순한 추리와 상상에 의해 타인을 마음에 그리는 것은 아니라고 이야기하고 있는 것이다.

후설이 이야기하고 있는 것에는 확실히 그와 같은 논의도 있지만, 그럼에도 불구하고 그는 우리가 타인의 체험을 직접적으로 체험한다는 것은 인정하지 않는다. 타인의 체험은 어디까지나 '부대현전화'되는 데 불과한바, 만약 그것이 직접적으로 주어진다고 하면 타인과 나와의 구별이 없어지게 된다고까지 후설은 말한다[CM 139]. 그리고 이 '부대현전화'(Appräsentation)라는 말은 그의 경우에 상상의 작용적 특성을 나타내는 '준현재화'(Vergegenwärtigung)와 같은 뜻의 말로서도 사용되기 때문에 그러한 타인이 주어지는 방식과 이른바 '상상'(Phantasie)과의 구별도 꽤 애매한바, 어떻게 해서 우리가 '타인을 본다'고 말할 수 있는지는 그다지 명확하지 않은 것이다.

그리하여 이후의 메를로-퐁티 등은 이러한 '자기이입'을 좀 더 신체적인 차원에서 일어나는 공명과 같은 것으로 파악하고, 따라서 처음부터 자기와 타자의 구별을 지니지 않는 '익명적인' 활동으로서 보고자 한다. 예를 들면 유아가 엄마의 웃는 얼굴에 동조하는 것과 같은 '몸가짐의 수태' 등은 바로 그러한 익명의 사건인데, 그것은 이미 <자기>이입이라고 부를 수 없는 것이다[RE]. 그리고 이와 같이 생각하면 세계가 하나인가 무수히 많은가라는 문제 역시 새롭게 전개되지 않을 수 없을 것인바, 이를테면 그것은 타자 구성 이전에 우리가 이미 그렇게 살고 있는 말하자면 익명의 기능 그 자체라고 하는 사고방식도 가능해지는 것이다(예를 들면 헬트).

확실히 후설의 논의에는 그와 같은 문제가 포함되어 있었으며, 그것을 둘러싼 그의 고투에서 『상호주관성의 현상학』이라는 방대한 초고가 생겨났다. 그러나 그 문제를 단지 '자기이입'설에 얽혀 있는 문제로 볼 것인가 아니면 초월론적 철학 그 자체의 문제로 볼 것인가 하는 것은 이후의 우리 자신의 과제라고 말해야만 할 것이다. 실제로 후설이 사물의 지각에 대해서는 그것의 '음영'과 지평구조라는 것을 역설하면서도 사물의 '부대현전화'라는 표현은 하지 않는다는 점에서 왜 '타인'의 경우에만 그것이 말해지는 것인가와 같은 문제는 초월론철학 그 자체의 문제인 것이다. 이와 같은 경우에 예를 들면 비트겐슈타인이라면 우리는 어디까지나 '타인'(another person)을 보는 것이지 결코 '타아' 내지 그 일부를 보는 것은 아니라고 말할 것이다. "나의 그(타인)에 대한 태도는 영혼에 대한 태도이다.

나는 그가 영혼을 갖고 있다는 의견을 지니는 것이 아니다"[『철학적 탐구』 II, iv]. ☞㊀모나드론, 유아론, 타자 ㊁데카르트적 성찰

—다키우라 시즈오(瀧浦靜雄)

㊟ 瀧浦靜雄, 『"自分"と"他人"をどうみるか』, 日本放送出版協會, 1990. R. Kozlowski, *Die Aporien der Intersubjektivität*, Königshausen & Neumann, 1991.

상황-내-존재 狀況-內-存在 [(불) ètre-en-situation]

사르트르는 『존재와 무』에서 인간 존재의 모습을 나타내기 위해 여러 가지 표현을 사용하는데, <상황-내-존재>란 그러한 표현 중의 하나이다. 또한 '상황-내-인간'(homme-en-situation)이라는 표현도 이루어진다. 그가 말하는 <상황>이란 "즉자의 우연성과 {대자의} 자유의 공동의 소산"[EN 568], "대자와 그 대자가 무화하는 즉자와의 사이의 하나의 존재관계"[EN 634]이며, 구체적으로는 '나의 장소', '나의 과거', '나의 환경', '나의 이웃' 등등으로서 나타난다. 즉 대자의 자유로운 기투(목적의 선택)에 의해 즉자(소여)가 대자에 대해 어떤 특정한 의미를 지닌 것으로서 나타날 때 거기서 <상황>이 성립한다. 그리고 대자는 언제나 무언가의 기투를 행하는 것 없이는 있을 수 없기 때문에 대자의 출현은 <상황>의 출현과 분리될 수 없다. 즉 대자는 언제나 <상황-내-존재>로서 존재하는 것이다. 나아가 각 대자의 기투는 언제나 구체적, 개별적이기 때문에 <상황> 역시 각각의 대자에게 있어서의 구체적인 <상황>으로서만 있을 수 있으며, 따라서 다른 <상황>과는 본래 비교할 수 없다. 대자는 구체적인 <상황> 속에서는 많든 적든 언제나 즉자의 '저항률'에 직면할 수밖에 없다. 그러나 어떠한 <상황>도 본래 대자의 자유로운 기투 없이는 있을 수 없기 때문에 이것은 결코 대자의 자유를 제한하는 것이 아니다. ☞㊀자유, 즉자/대자

—다니구치 가즈히로(谷口佳津宏)

색 色 [(독) Farbe (영) color]

브렌타노는 색을 관념과 같은 심적 내재물과는 구별되는 '물적 현상'으로 간주했지만, 자연과학이 대상으로 하는 것과 같은 실재성을 인정하지는 않았다. 그에 반해 후설은 내실적으로 체험된 색 감각과 지각되는 대상의 성질로서의 색을 구별함으로써 색의 실재성을 확보했다. 색은 사물 자신에게 속하는 계기로서 동일성을 보존하면서 다양하게 투영된다. 이 점에서 색은 제1성질과 마찬가지의 존재론적 위치를 부여받으며, 그 동일한 색을 개념적 사고에 의해 포착한 것이 자연과학의 대상인 것이다[Ideen I 74, 202, §52]. 그러나 색은 지각에서 단순한 사물의 성질로서 주어지는 것이 아니다. 빨강과 노랑은 외측에로, 초록과 파랑은 내측에로의 근육 운동을 촉진하듯이 색은 일정한 운동성의 모습을 지니고서 나타나며, 더 나아가 빨강은 노력과 폭력을 의미하고 초록은 휴식과 평화를 의미할 수 있듯이 일정한 생명적 의미를 지니고서 나타난다. 색은 인지에 관계할 뿐만 아니라 신체적 실존에 의해서 살아나게 되는 것이다[메를로-퐁티 PP 242ff.]. 이러한 색의 '의미'에 관해서는 콘라트-마르티우스가 괴테의 색채론을 비판적으로 계승한 독자적인 색채론에서 '현상학적'으로 근거짓고자 시도하고 있다["Farben", in *Festschrift Edmund Husserl* (1929)]. 나아가 색은 단순한 시각 성질에 그치는 것이 아니라 공감각적 성질도 보여준다. '음을 본다든지 색을 듣는다든지 한다'는 것은 결코 예외적 현상이 아닌 것이다[메를로-퐁티 PP 265, 270]. ☞㊀감각, 공감각, 지각

—무라타 준이치(村田純一)

생기 生起 [(독) Ereignis]

하이데거 후기 사상의 핵을 이루는 근본 개념으로서 존재 그 자신 또는 존재의 진리가 현존재{인간 또는 사유}와의 상호적인 공속관계 하에서 그 자신에게 고유한 모습{자성自性}을 가지고서 나타나는 모습 또는 그러한 사건을 가리키는 말. 성기性起, 자현, 발현, 나타남, 사건, 생기사건과 같은 번역어도 있다. 1930년

대에 들어서서 존재의 의미에 대한 물음으로부터 존재 그 자신에 대한 물음으로 전회한 하이데거는 이러한 생기 사상에 의해 더 나아가 존재를 넘어서서 존재 그 자신이 현출하는 장으로까지 사유를 심화시키게 되었다. 메모『철학에의 기여』(전집 제65권)의 공간에 의해 하이데거가 이미 1936년부터 38년에 걸쳐 이러한 생기 사상의 골격을 형성하고 있었다는 점이 알려지게 되었지만, 본격적으로 생기 사상을 전개해 보인 것은 1949년에 이루어진 연속강연 '있는 것에 대한 들여다보기'(Einblick in das was ist) 이후의 일이다. 생기에 대해서는 다양한 관점에서 성격 부여가 이루어지고 있지만, 주요한 점들을 들자면 다음과 같이 될 것이다. 우선 (1) 생기는 시간과 존재 각각을 그 자성에서, 그리고 동시에 양자의 상호적인 공속관계 속에서 현출시키는 활동 내지 사건을 말한다. 따라서 (2) 생기는 '그것은 존재를 준다'(Es gibt Sein), '그것은 시간을 준다'(Es gibt Zeit)고 말해지는 경우의 '그것'(Es) 내지는 '그것은 준다{주어져 있다, 있다}'(Es gibt)에 해당하며, 존재와 시간의 '와'(und)이기도 하다. 나아가 (3) 생기는 현존재와 존재 각각에 고유한 자성을 주면서 양자를 본질적인 공속관계 속에 두는 사건이자 그러한 공속관계 그 자체이기도 하다. (4) 생기에서 현성하는{생기하는} 세계는 거기에서 일체의 것이 자성을 보존하면서 상호적으로 연관하는 세계인바, 사방·방역方域(Geviert)이라고 불린다. 그러나 (5) 생기의 세계는 여전히 장래의 사항인바, 현대는 생기의 전주로서의 몰아세움(기술의 본질)이 지배하는 시대에 머문다. 그런 점에서 (6) 생기는 스스로를 무제한적으로는 드러내지 않는다는 의미에서 생기 그 자체에는 탈생기(Enteignis)의 계기가 본질적으로 속한다. 이러한 생기에 대한 하이데거의 사유는 또 다른 원초로서의 생기가 도래하기 위한 준비를 이루는 선구적인 사유이며, 그런 까닭에 그의 생기 사상은 결코 하나의 고정적인 교설이 아니라 도상에 계속해서 머무르는 사유의 영위 그 자체라고 말해야만 할 것이다. ☞ ㊄몰아세움, 전회, 존재, 현성

—미조구치 고헤이(溝口宏平)

㊟ O. Pöggeler, *Der Denkweg Martin Heideggers*, Pfullingen, 1963, [2]1983(大橋良介・溝口宏平 譯,『ハイデッガーの根本問題』, 晃洋書房, 1979).

생기를 불어넣다 生氣— [(독) Beseelen]

자주 '생기를 불어넣는 파악'이라는 표현이 사용된다. 감각적 '휠레'를 '노에시스'적 계기가 '파악'하여 '노에마'적 의미를 부여하는 것을 '생기를 불어넣다'고 말한다. '생화生化한다'라고 옮기는 경우도 있다. '휠레·노에시스·노에마'라는 세 항으로 이루어지는 의식구조론에서 특히 '휠레'와 '노에시스'의 두 항의 관계에 주목할 때에 '생기를 불어넣다'라는 말이 사용된다. 예를 들면 한 그루의 나무를 보고 있는 경우, 그 색깔은 동일한 색으로서 현출하지만 그 색깔에 관한 감각은 지각자가 보는 방향이나 거리 또는 광선의 형편 등에 의해 변화한다. 시시각각 변화하는 다양한 감각을 통해 '동일한' '하나의' 색이 현출하는 것은 '노에시스'가 '생기를 불어넣는 파악'을 행하기 때문이라고 생각되며, 그 결과 대상의 색깔이 '현출'한다고 여겨진다. 후설의 '휠레'론은 러셀 등의 '감각소여'론과 유사한 것으로 볼 수 있는 점이 많으며, '휠레적 현상학'의 가능성을 포함한다는 비판도 많아 신중한 검토를 요한다. ☞ ㊄노에시스/노에마, 파악

—우시지마 겐(牛島 謙)

생 生 [후설] [(독) Leben (불) vie (영) life]

현상학의 '생'(Leben)은 (1) 의식 내지 지향적 체험의 유동성과 동태성을 나타내며 시간과의 관계가 깊다. 시간 구성적 주관성은 비유적으로 '흐름'으로 형용되지만[Hu **10**. §36], "구성하는 생의 헤라클레이토스적인 흐름"[Krisis 181, CM 59도 참조] 등의 표현도 보인다. 또한 '의식'이 '생'으로 바꿔 말해진다든지[Hu **10**. 106] "의식의 생"이라는 말도 많이 사용된다. 독일어의 '생'은 '살다'라는 동사의 명사형이지만 그 동사적 뉘앙스가 여기서 살려지고 있다. 운동성을 강조하기 위해 '생동성'(Lebendigkeit)과 '살아 있는'(lebendig)이라는

말도 많이 사용된다. 생의 활동성을 나타내는 "생의 지평"[Hu **8**. 151] 등의 표현도 있다. (2)『이념들 Ⅰ』이후 의식에는 자아가 수반한다는 것이 인정되지만, 이에 따라 '생'에서도 자아적인 중심화 기능(및 코기토)이 인정되며, '생'은 "그것 자신이 자아이다"[Ideen Ⅱ 252]라고까지 말해진다. 또한 "자아의 생"이라는 말도 사용된다. (3) 후년의 후설은 초월론적인 의식 및 자아를 <세계를 지향적으로 포괄하는 것>으로서 파악한다. 그에 따라 '생'은 "지향적인 생"이라든가 "세계를 경험하는 생" 또는 "세계를 끊임없이 구성하는 생, 초월론적인 생"[Krisis 179, CM 67도 참조]이라고 불린다. 이러한 세계 포괄성 때문에 "생을 보는 것"은 그대로 "세계를 보는 것"이 된다[Hu **8**. 157]. (4) 그러나 생은 평소에 자기를 주제화하지는 않는다. '살다'(Leben)는 '체험하다'(Erleben)와 연결되어 있는 바(사르트르는 대상에 대한 '경험'과 대비하여 Erleben을 '살아진 · 체험된 경험'이라고 불역했다), 그것 자체는 비주제적인 구성 수행을 나타낸다[LU Ⅱ/1 103, 350ff. 등을 참조]. 다만 개념이 미치는 범위로서는 '생' 쪽이 '체험'보다 넓은데, '의식의 생'은 "개개의 체험들을 종합적으로 포괄하는 보편적인 코기토"[CM 80]라고 말해진다.

(5) 보통의 경우의 생은 세계 속에서의 삶이다. 생이란 "세계 확실성 속에서 사는 것"[Krisis 145]이다. 이러한 상태의 생은 '자연적 생'이자 '세계 삶'이다. 이러한 생은 세계와 그 속에서 살고 있는 자기 자신에 대해서 "깨어 있는 생"(Wachleben), '의식적'인 생이지만, 이 점은 이러한 생이 세계와 자기를 인식하고 있다는 것이 아니라[EU 26도 참조] 오히려 세계와 자기가 굳이 말할 필요가 없을 정도로 자명하여 그런 의미에서 오히려 비주제적으로 되어 있다는 것을 나타낸다(이에 반해 자연적 생/세계 삶은 초월론적 생에 대해서는 전적으로 깨어 있지 않다). 현상학자들도 평소에는 초월론적 생을 망각하여 세계에 '몰입하여 살고 있다'(hineinleben). '세계 삶'(Weltleben)이 실천적으로 몰두하는 세계는 '생활세계'(Lebenswelt)이다(용어의 대응관계에 주의). 과학의 세계가 객관적 · 몰주관적인 데 반해 생활세계는 "주관성에 관계되어 있다"[Krisis 247]. 생활세계와 주관성으로서의 세계 삶은 서로 지시한다. 또한 생활세계는 상호주관적인 세계이기도 하며[같은 책 136], 세계 삶도 상호주관적인 생이다[같은 책 166]. 이러한 생활세계에 자연적 태도 그대로(초월론적 생으로 환귀하지 않고서) 이론적 관심을 돌림으로써 '생활세계의 존재론'을 수립할 수도 있다. 생활세계는 객관과학의 기초로서 그 전제가 되는 "본질 법칙적인 유형"을 지닌다. (6) 그러나 세계 삶은 "표면의 삶"이며, 거기에서는 "깊이의 삶"이 은폐되어 있다[Krisis 122]. 후자가 초월론적 삶이지만, 이것은 에포케에 의해서 모습을 나타낸다(세계 삶은 초월론적 삶의 자기 망각태이다). 이때 우선 생활세계가 제1의 지향적 지표로 되며, 이것이 제2단계의, 그것을 구성하는 자아에 대한 반성에로 이끈다[Krisis 175, EU 49도 참조]. 이러한 자아는 초월론적 생과 거의 같은 뜻이기 때문에 생활세계와 세계 삶은 초월론적 생으로의 통로를 이룬다고 말할 수 있을 것이다. (7) 후설은 초월론적인 자아의 삶의 생동성 그 자체를 반성에 의해 포착하고자 했다. 이것은 <세계와 생>의 근원에 대한 접근인바, '살아 있는 현재'의 문제이다. (8) 이상의 것은 이론적 개념으로서의 생의 규정이지만, 후설은 생에 학문에 대한 '당위'로서의 규정도 부여한다[Hu **25**. 56]. 이것은 윤리학에 관련된다. (9) 생은 시간과 상호주관성에 관계하지만, 이에 의해 생은 생식 · 역사 · 탄생 · 죽음 등과도 관계하게 된다[Krisis 191f.]. 그러나 이 문제는 충분히 고찰되지 않았다.

(10) 데리다는『목소리와 현상』에서 현상학이 '생의 철학'임에도 불구하고 (6)처럼 세계 삶으로부터 초월론적 생으로의 통로 역할을 수행하는 '생' 그 자체를 고찰하고 있지 않다고 하여 비판한다. 세계 삶과 초월론적 생의 공통의 근저에 놓여 있는 '생'은 모종의 방식으로 통일되어 있지 않으면 안 되지만, 데리다의 비판은 이러한 생의 자기통일의 근원적인 구조에 대한 근본적 재고를 촉구한다. 만년의 후설은 (7)의 시도에서 이러한 자기통일의 근원을 물음으로써 "근원적 생의 근원적 자아"[Hu **15**. 586]를 발견하고 나아가 그

내부에서 독특한 상호주관적 구조를 엿보았지만, 그러한 자기통일 구조에 대해서는 충분히 해명할 수 없었다. 이 점이 후설 이후의 새로운 고찰에 동기를 부여했다. (11) 학설사적으로 보면 후설의 생의 개념은 딜타이의 '생의 철학'이나 '해석학'과도 공통성을 지닌다. 후설은 『엄밀한 학으로서의 철학』에서는 딜타이를 비판했지만 후에 찬동을 표시하게 되며, 스스로의 현상학을 "학문적인 생의 철학", "말하자면 의식의 생의 해석학"[Hu **15**. XLVII]이라고도 부른다. 만년의 후설은 『위기』나 「빈 강연」 등에서 (8)에서 기술한 학문에 대한 당위나 의지의 유래를 역사적으로 해석하고자 했다. 또한 사태적으로 보면 딜타이의 '각지'(inne werden)는 생의 자기통일의 근원구조에 깊이 관계한다.

덧붙이자면, 이미 『논리연구』 II에서도 "고독한 심적 생활"이나 "생동성" 등의 말이 등장하지만[LU II/1 35, LU II/2 77], 생의 개념이 적극적으로 사용되는 것은 『내적 시간의식의 현상학』 이후의 일이다. 또한 『이념들 II』의 animalisch라는 말은 자연주의적 태도를 구성하는 '생명적인 것'을 나타내는데, 그 중점은 신체와 자아에 두어져 있다. ☞ ㊀살아 있는 현재, 생명{생}, 생의 철학과 현상학, 생활세계, 의식, 자아{에고}, 체험

—다니 도오루(谷 徹)

생명生命{**생**生} [(독) Leben (영) life]

데카르트가 주장하는 심신이원론에 대해 드 라메트리, 돌바크, 볼테르 등으로 대표되는 프랑스 계몽주의는 생명의 심성心性, 정신성을 부정하고 물질성 내지 기계론을 강조했다. 지성에 의해 인식되는 법칙성을 강조하는 이러한 합리주의적 생명관은 당시 대두하고 있던 시민층의 생활관에도 대응하는 것이었다. 이러한 합리주의에 대한 비판과 반동으로서 낭만주의는 당연히 데카르트가 부정한 생명의 역동성과 유기적 통합성을 강조했다. 더 나아가 피히테에 의하면 생은 인간적 정신에서 최고도에 달하며, '직접' '현실적'으로 체험되고 '살아지지' 않으면 안 되는 것인[『회상, 대답, 질문』(*Rückerinnerungen, Antworten, Fragen*) Fichte's sämmt. Werke V. 340f.] 동시에 초개인적인 것으로 연속된다. 생은 여기서 '자유'인 동시에 '필연'이며, '주관적인 것'인 동시에 '객관적인 것'이기도 하다. 이러한 낭만주의의 생명관은 후세의 딜타이에게서도 명료하게 발견된다. 즉 그에 의하면 삶은 "그 다양성과 깊이로부터 파악되지 않는바", 그는 "생을 그것 자신으로부터 이해하고자 한다"[『자서전』(*Autobiographisches*), Gesammelte Schriften V. 4].

초기의 후설은 합리주의적인 경험과학이 "외적 경험에서 출발하는" 데 반해, 정신과학은 "순수한 직관"(bloße Anschauung)에 의한 과학이며 "현상의 주관적 질서"의 구성 안에 있고 단적으로 "내적(현상학적) 경험"에 기초를 지닌다고 생각한다[Ideen II 364f.]. 신칸트학파는 생을 자유로운 주관, 살아 있는 '가치의 충만'(라스크), '직접적인 것'으로 생각하지만, 생에 대한 이러한 파악은 후설에 의하면 바로 '순수한 직접성'에서 비로소 가능해지는 것이다. 후설의 영향을 받은 셸러에 의하면 생물을 외적 관찰자의 단순한 대상으로서가 아니라 바로 직관적으로 파악할 때 생명의 본질이 "대자적인 동시에 내적인 존재"(Für-und Innesein)라는 것이 밝혀진다. 요컨대 생은 "원초적으로 생기는 직관"(originär gebende Anschauungen) 안에서 주어지는 것이고, 그로부터 "진정한 과학"[Ideen I 36]의 타당성이 생겨나는 것인바, 이와 같은 직관이 셸러에게서는 근원적 현상인 생의 과학이게 된다.

후기의 후설은 하이데거의 영향을 받아 '자연적이고 정상적인 생의 양식'에 대한 고찰을 강조한다. 이러한 생은 그때마다 그것 자신으로서는 주목되지 않는 배경으로서 머물지만, 언제나 모든 행위와 함께 깨달아지는(mitbewußt) 살아 있는 지평(ein lebendiger Horizont)인바, 자아는 이 안에 살면서 비로소 자기의 대상들에 관계하는 것이 가능하다고 생각할 수 있다[Krisis 152]. 요컨대 자연과학과 수학도 포함한 일체의 이론 및 대상화의 숨겨진 최종적인 근거짓기의 원천은 이러한 '작용하고 있는 생'(leistendes Leben)에 놓여 있는 것이다. 또한 바로 여기에서야말로 "생활세계의 자명한 소여성"도 그 전학문적 존재의의를 획득하는 것이다

[같은 책 131]. 후설은 여기서 "근원적 명증성의 왕국" 이라든가 "명증성의 원천"과 같은 의미를 생 및 생활세계에 부여한다[같은 책 130f.]. 양자는 사실 때때로 은폐되어 있지만, 언제나 자아의 활동 안에서 '함께 깨달아지는' 까닭에, 자아가 전자로 환원되는 것이 아니라 바로 생이 자아의 활동으로 환원된다. 이리하여 생 및 생활세계에 대한 고찰을 통해 후설의 초월론적 현상학은 오히려 여기서 좀 더 철저해졌다고 이해되어야만 할 것이다[같은 책 275f.].

메를로-퐁티에게서도 객관적 세계의 이쪽 편에 존재하는 직접적이고 원초적인 생의 세계로의 귀환이야말로 철학의 과제로 생각된다[PP 69]. 생이란 유기체이자 자기의 부분을 산출, 구조화하는 의미의 통일인바, 인간은 '세계로 향하는 존재'(être au monde)로서 또한 스스로 유기체로서 세계에서의 그것들을 일의적인 것으로서 즉자적으로 존재하는 것으로서가 아니라 다양한 것에서의 가능한 것으로서 의식 내에서 파악한다. 이리하여 인간의 생은 양의적인 것으로 될 수밖에 없는 것이다[SC 3 chap.].

하이데거에 의하면 이상과 같은 생의 철학은 본질적으로 아리스토텔레스의 '인간은 로고스를 지닌 생물이다'라는 인간의 철학적 '정의'를 답습하고 있다. 즉 생이란 기껏해야 가장 몸 가까이에서 만나게 되는 존재자의 존재양식을 나타내는 것이다[SZ 25]. 더욱이 인간의 생은 이성을 지니고서 대상의 '본질' 및 자기와의 관계를 인식하는 행위자라는 인격으로서 파악된다. 인간적 생은 이런 의미에서 지향, 이해의 근원이다. 그것이 대자이며 내면적 존재이다. 그러한 만큼 생은 "순수한 객체존재(Vorhandensein)도, 또한 현존재도 아니다"[같은 책 50]. 그러나 이러한 심리학적이고 형이상학적으로 규정되는 생은 존재론적으로는 아직 거의 규정되지 않은 채로 있다. 몸 주위에서 만나게 되는 동식물도 생이며, 그것들과 만나는 자 자신도 생으로서 이해된다. 이러한 양자의 생이라는 공통성은 만나지는 존재자라고 하는 점과 모종의 자발적 운동이라는 양식이다. 그러나 여기서 중요한 것은 존재자와 자기의 존재에 관계하는 것으로서 만나는 자는 누구인가라는 존재론적 규정이다. 그와 같은 자를 하이데거는 현존재라고 부른다. '자기의 존재에 관계한다'는 것은 '자기의 존재의 가능한 양식에로 향해져(bewandt) 있다는 것'인바, 셸러나 후설이 말하는 생의 내면성, 직접성, 원초성 등 일체의 현상은 현존재의 존재에 '관계하며'(betroffen) 이것에로 '인도되어 있다'(überantwortet)는 것에서 유래한다. 하이데거의 이러한 현존재 분석은 동물 등의 내세계적 존재와 현존재의 세계-내-존재를 구별하고, 전통적인 생 개념의 불충분함을 명확히 하지만, 다른 한편으로는 현존재의 내적인 타자나 동물과의 공통적인 생이라는 자기 이해의 참된 모습을 덮어 가린다. 영역적 존재론에 머무르지 않는 신체론이나 자연론이 새로워지는 길의 하나로 생각된다. ☞ ㊀생[후설], 생의 철학과 현상학

—유아사 신이치(湯淺愼一)

생명과학과 현상학 生命科學—現象學

Ⅰ. 후설 현상학에서의 생명과학에 대한 취급. 생명과학, 나아가 넓게는 자연과학과 경험과학 일반의 지식론적인 기반에 관한 후설의 논술로서 사실학의 각 부문과 이에 이론적 기초를 부여하는 본질(형상)의 학으로서의 영역적 존재론, 물질적 자연에 대한 생명적 자연과 그 구성(신체와 마음 및 신체학과 심리학), 자연주의적 태도와 인격주의적 태도의 구별과 정신적 세계의 구성 및 그 기본 법칙으로서의 동인이나 심신상호작용, 나아가서는 생활세계, 상호주관성과 같은 주요 개념들이 거론된다.

Ⅱ. 생명과학에 대한 현상학의 영향. 현상학적 개념이 생명과학과 관련이 있는 경험과학에서 최초의 실제적 적용과 결실을 본 것은 신체학보다는 오히려 심리학, 특히 정신병리학(이상심리학 및 임상심리학) 분야에서였다. 그것은 이미 1920년대에 시작되는 빈스방거, E. 슈트라우스, 민코프스키 등의 임상 정신의학적 연구로 소급되며, 오늘날의 블랑켄부르크에까지 연면히 이어진다.

Ⅲ. 유기체론과 현상학의 관련. 신체학과 유기체론

의 영역에서 현상학과 관련되는 중요한 경험적 연구로서 바이츠제커의 게슈탈트화론과 골드슈타인의 유기체론이 거론되지만, 명확히 현상학을 표방하는 경험적 연구는 제2차 대전 후의 보이텐디크, 티네스(G. Thines[1977]), A. 구르비치[1940/49] 등을 기다려야만 했다.

(1) 행동생물학의 지식론적인 기반으로서의 현상학. 티네스의 논의에 따르면 심리학에 차용물이 아닌 참된 자율적 관점을 보증하고 고유한 출발점이어야만 할 개념 영역과 이에 의해 규정되는 무언가 선험적인 것을 선택하는 근거를 부여해주는 것이야말로 현상학인바, 그것은 후설이 실증주의적인 경험적 지식 분야들의 영역적 존재론이라고 불렀던 것에 다름 아니다. 나아가 현상학은 심리학의 지식론적인 차원에서뿐만 아니라 주체 개념의 파악방식에서도 심리학에 공헌할 수 있다. 요컨대 이원론에 서 있는 심리학이 방기한 '살아 있는 주체'의 개념은 현상학에서의 주체 개념에 통하는 것이며, 이 점에서 현상학과 행동의 생물학으로서의 심리학은 공통된 관점에 서 있다. 이와 같은 주체 개념은 데카르트의 이원론에서의 그것처럼 연역에 의해 얻어진 추상적 산물이 아니라 관찰에 의해 얻어진 사실인바, 이와 같은 "지향적 의미를 지니는 세계에서 살아가는 신체"로서의 주체, 그리고 "주체의 영역에 있어 자율적인 신체 기능을 가장 좋은 상태에서 작동시키는 지향적 사태의 계열"로서의 행동이라는 개념이야말로 참된 의미에서의 생물학적 심리학의 선험적인 것이라고 주장되었다[G. Thines, *Phenomenology and the Science of Behavior*, Allen & Unwin, London, 1977 참조].

(2) 범주적 행동의 현상학. 현상학자 구르비치는 겔프와 골드슈타인의 뇌병리학적 관점에 서는 범주적 행동론이 내포하는 현상학적 의의에 대해 지적했다. 구르비치에 의하면 겔프와 골드슈타인의 범주적 행동과 구체적 행동의 구별에 해당하는 논의가 후설의 예를 들면 『논리연구』에서 보이는 범주적 통일과 감성적 상등성 계기에 관한 논의에서 발견되는데, 후자는 전자의 하나의 특수한 예라고 한다. 그는 현상학적인 의식의 장론을 전개하는 중에 주제화라는 그 자신의 현상학적 개념을 도입하여 골드슈타인 등이 범주적 행동, 후설이 이념화와 논리적 표상으로서 언급한 의식의 조작을 설명했다. 주제화란 이러한 작용에 선행하여 내함적인 형태로 의식에 제시되어 있던 요인들을 추출하여 드러내는 것이다. 구르비치는 골드슈타인과 후설 양자의 학설을 매개하여 감성적 상등성에 관계하는 범주적 태도, 결국은 지각과 사고의 관계를 현상학적으로 좀 더 깊이 파고 들어가고자 하는바, 그 실마리를 뇌가 손상된 사례와 정상인에서의 구체적 태도가 보이는 구조의 등치 가능성이라는 문제에서 찾고, 형상의 파악, 현상학적 구성에 관계되는 후설의 자유변경과 관련지어 논의하고 있다[A. Gurwitsch, "Gelb-Goldstein's Concept of 'Concrete' and 'Categorical' Attitude and the Phenomenology of Ideation", in *Philosophy and Phenomenological Research* 10; 172, 1949; "Goldstein's Conception of Biological Science", in *Studies in Phenomenology and Psychology*, 원전은 *Rev. de la France et de l'Etranger*, 1940; 『의식영역』 참조]. ☞ ㊄기능국재론, 범주적 태도/구체적 태도, 심리학과 현상학, 정신의학과 현상학, ㊒겔프, 골드슈타인, 구르비치, 보이텐디크, ㊖의식영역, 행동의 구조

—안라쿠 가즈타카(安樂一隆) · 하마나카 도시히코(濱中淑彦)

㊟ 濱中淑彦, 「生命科學と現象學」, 木田元 · 瀧浦靜雄 · 立松弘孝 · 新田義弘 編, 『講座現象學 第4卷 現象學と人間諸科學』, 弘文堂, 1980에 수록.

생의 연관 生—連關 [(독) Lebenszusammenhang]

딜타이는 인간적 생을 '연관'으로서 파악하고자 했다. 인간적 생은 밖으로부터 보면 행위이자 자기와 환경의 상호작용의 연관이다. 그러나 행위를 안으로부터 보면 '체험'인바, 체험에서 다양한 규칙적 관계로 이루어지는 질서, 요컨대 '구조 연관'이 성립한다. 지 · 정 · 의 각각의 영역에서 체험 작용과 체험 내용 사이에 독자적인 구조가 성립하며, 또한 지 · 정 · 의 각각의 계열에서 다양한 체험 사이에서도 구조가 성립하고,

마지막으로 정의 계열을 중심으로 하여 지의 계열과 의의 계열이 서로 결합됨으로써 여기서 통일적이고 전체적인 구조 연관이 형성된다. 딜타이가 '생의 연관'이라고 말할 때 그것은 이러한 전체적인 구조 연관을 의미한다. '생은 전체이다'라는 것이 딜타이의 기본적인 생각이다. 인간적 생은 구조 연관으로서 현실 인식에로 향할 뿐 아니라 가치를 규정하고 목적을 정립한다. 요컨대 구조 연관은 다양한 체험을 통일적으로 결합하여 무언가의 작업을 달성하는 것으로서 '작용연관'이자 '목적연관'이다. 또한 구조 연관을 시간적 관점에서 취하게 되면 그것은 '발전'이다. 인간이 성장함에 따라 심적인 삶은 좀 더 섬세하게 분화함과 동시에 좀 더 높은 결합을 형성하게 된다. 그러나 어떠한 구체적 인간도 삶의 가능성을 전면적으로 전개할 수는 없으며, 어떤 특정한 방향에서 구체화하는 데 지나지 않는다. 이리하여 성립하는 개성적인 형태가 '획득연관'이다. 이러한 모든 의미에서 역사적 세계 역시 '생의 연관' 내지 '구조 연관'의 세계이다. ☞㉦생, 생의 철학과 현상학, ㉧딜타이

—마루야마 다카시(丸山高司)

생의 철학과 현상학 生—哲學—現象學

'생의 철학'은 크게 둘로 분류된다. 하나는 '인생론'과 '처세론'과 같은 것으로서 체계적 학설을 거부 내지 단념하고, 인생과 세계에 대한 날카로운 관찰과 깊은 통찰을 자유로운 형식으로 표현한 것이다. 여기서 '철학'이라는 것은 생활 경험에 기초하여 생활 실천에 적용할 수 있는 인생의 지혜, 요컨대 정신을 도야하고 인격 형성의 힘을 지니며 생활의 지침이 되는 실천적인 앎을 의미한다. 이런 종류의 '생의 철학'은 고금동서를 불문하여 존재하고 또 고전으로서의 가치를 지니는 것으로부터 대단히 통속적인 처세훈에 이르기까지 다양하지만, 가장 유명한 것으로서는 마르쿠스 아우렐리우스(Marcus Aurelius Antonius 121-180)의 『자성록』과 몽테뉴(Michel de Montaigne 1533-92)의 『수상록』 등이 있다.

또 하나는 현대의 '생의 철학'이다. 이것은 18세기 말의 질풍노도(Sturm und Drang)의 시대와 19세기 초의 독일 낭만주의를 원류로 하여 19세기 말부터 20세기 초두에 걸쳐 독일을 중심으로 끓어오른 광범위한 사상 조류로서 예술(예를 들면 표현주의), 종교(예를 들면 신비주의) 그리고 사회적인 실천 활동(예를 들면 독일 청년운동)에까지 미치고 있다. 이러한 사상조류는 '생'을 근본 개념으로 하여 고정된 존재에 대한 생성과 약동, 경직된 형식에 대한 내적 충일함, 외면성에 대한 내적 직접성, 기교에 대한 진실, 억압과 강제에 대한 자발성, 획일성에 대한 개성, 지성에 대한 감정과 직관과 체험 등을 주장한다. 철학 분야에서는 (좁은 의미의 '생의 철학'), 딜타이, 니체(Friedrich Wilhelm Nietsche 1844-1900), 짐멜, 베르그송 등이 그 대표자이지만, '창조력의 연속성'(딜타이), '초인'(니체), '생의 초월'(짐멜), '생의 비약'(베르그송)과 같은 개념들로부터 명확히 드러나듯이 그들도 역시 생의 끊임없는 자기 초월 운동을 사상의 핵심에 두고 있다.

딜타이, 니체, 짐멜, 베르그송은 각각 독자적인 사상을 전개하지만, 그들의 사상 속에서는 '생의 철학'으로서의 기본적 발상을 발견할 수 있다. 또한 그 기본적 발상을 딜타이의 테제에 의해 표현할 수 있다. 첫째로, 생은 '근본 사실'이며, '그 배후로 소급할 수 없다.' 생은 '체험'으로서 우리에게 주어진다. 이것이 '근원적 소여'이며, 철학은 이로부터 출발해야만 한다. 둘째로, 체험은 무언가에 대한 의식임과 동시에 자기 자신에 대한 직접지이다. 체험은 안으로부터 알려진다. 그러므로 체험을 그 본래의 모습에서 파악할 수 있기 위해서는 체험에 내재하는 직접지에 의거할 수밖에 없다. '생을 생 그 자신으로부터 이해'하지 않으면 안 된다.

이러한 기본적 발상 하에서 '생의 철학'은 '생'이라는 '사태 자체로' 다가서고자 한다. 그리고 여기서 '생의 철학'과 '현상학'의 본질적인 가까움을 찾아볼 수 있다. 리케르트는 1921년의 『생의 철학』(*Philosophie des Lebens*, 1921: 小川義章 譯, 『生の哲學』, 改造社, 1923)에서 '현대의 생의 철학자'의 한 사람으로서 후설의 이름을 들고 있지만, 이것은 결코 부당한 견해가 아니다.

예를 들어 딜타이는 "내게 대해 현실적으로 존재하는 모든 것은 그것들이 나의 의식의 사실이라는 가장 일반적인 제약 하에 서 있다"라고 말하고, 이것을 '현상성의 원리'라고 이름 짓고 있다. 이것은 일종의 '현상학적 환원'이라고 말할 수 있다. 딜타이의 '기술적 심리학'은 의식의 보편적 구조를 내재적 분석에 의해 해명하고자 하는 것인바, 그 의도와 방법과 관련하여 후설의 현상학과 대단히 가까운 관계에 있다.

또한 만년의 딜타이는 인간을 '역사적 존재'로서 규정한다. 이러한 테제는 체험이 언제나 이미 여러 겹으로 매개되어 있다는 것, 따라서 철학적 반성이라 하더라도 '절대적 전제'에 서는 것이 가능하지 않다는 것을 의미한다. 그렇다면 현상학은 메를로-퐁티가 『지각의 현상학』에서 말하고 있듯이 "완전한 환원은 불가능하다"라는 것을 자각하여 언제나 완결되지 않은 채 열려진 것이 될 수밖에 없을 것이다. 또는 『사실성의 해석학』이나 『존재와 시간』의 하이데거가 그러했듯이 미리 주어져 있는 '이해'로부터 출발하여 그 이해 내용을 해석해간다고 하는 해석학의 길을 걸어가지 않을 수 없을 것이다. 이러한 현상학의 전개는 생의 사실성을 주제로 하는 '생의 철학'의 전개라고 생각할 수 있다. ☞ [사]사실성, 의식, 체험, 해석학과 현상학, 현상학적 환원, [인]딜타이, 베르그송, 짐멜

―마루야마 다카시(丸山高司)

[참] O. F. Bollnow, *Die Lebensphilosophie*, 1958(戸田春夫 譯, 『生の哲學』, 玉川大學出版部, 1975).

생활세계 生活世界 [(독) Lebenswelt (영) life-world]

Ⅰ. '생활세계'의 기원. 후설 후기 철학의 핵심 개념인 "Lebenswelt"에는 '생활세계' 외에도 '삶의 세계', '생명계' 등 다양한 번역어가 주어진다. <생의 철학>과의 문제 관심의 공통성이라는 면에서는 '삶의 세계'가, <일상적 자명성>에 대한 강조나 현상학적 사회학과의 연관이라는 면에서는 '생활세계'가 적합할 것이다. 현재는 후자가 번역어로서 거의 정착되어 있다.

후설이 '생활세계' 개념을 전면에 내세워 현상학적 고찰의 전회를 시도하는 것은 1930년대, 저작으로 말하면 『위기』와 『경험과 판단』의 시기이다. 그러나 이 개념이 처음으로 모습을 나타내는 것은 1920년대 중반의 일이며, 좀 더 소급하면 1910년대의 초고에서도 그 맹아를 발견할 수 있다. 현재 『이념들 Ⅱ』의 제3부 '정신적 세계의 구성'으로서 공간되어 있는 초고는 그 성립연대가 1913년부터 17년 사이로 추정되는데, 그 안에서 '주'의 형태에서긴 하지만 '생활세계'라는 말이 다음과 같은 방식으로 사용되고 있다. "그때 우리는 언제나 그리고 자연연구자도 그가 자연을 탐구할 때에조차 언제나 인격으로서 살아가면서 인격적 세계 안에, 즉 생활세계 안에 거한다는 것을 발견하는 것이다"[Ideen Ⅱ 288n]. 분명히 여기서 '생활세계'는 우리가 일상적으로 사물이나 인격과 사귀면서 자연적 태도에 의해 살고 있는 세계를 의미하는 개념으로 구사되고 있다. 1920년대에 들어서면 '생활세계'는 좀 더 명확하게 현상학적 고찰 중에 주제로서 등장한다. 1924년 5월 1일에 프라이부르크 대학에서 행해진 칸트 기념강연 「칸트와 초월론철학의 이념」에서는 "현실적인 생활세계, 즉 체험소여성이라는 존재방식에서의 세계가 고려에 들어오든 아니든 세계는 무한한 확대를 획득한다"[Hu 7. 232]라는 문장이 보인다. 또한 1925년에 저술된 초고에는 '실증과학의 비판을 통해 초월론적 철학에 이르는 길, 『이념들』의 데카르트적인 길과 선소여적인 생활세계의 문제'[Hu **8**. 259]라는 표제가 붙어 있다. 이상과 같은 것으로부터 생활세계를 둘러싼 문제들이 후설에게서 확립되는 것은 거의 1925년 전후라고 볼 수 있을 것이다. 실제로 그 해의 여름학기의 강의 『현상학적 심리학』에서는 "자연주의적 선입견의 위험"[Hu **9**. §25]이 지적되고 있으며, 나아가 "모든 사상이나 정신적 활동으로부터 생기는 그 밖의 모든 이념적 형성체의 최종적 기반은 경험세계 속에 놓여 있다"[같은 책 58]라고 기술되어 있기 때문이다. 여기서는 '경험세계', 즉 '생활세계'의 <지반 기능>이 시사되고 있는 것으로 볼 수 있다.

여기서 지금 한 가지 주목해 두어야 할 것은 '생활세계' 개념의 형성에 미친 아베나리우스의 '자연적 세계

개념'의 영향이다. 사실 메를로-퐁티는 『지각의 현상학』 서두에서 "후설이 그의 생애 마지막에 현상학의 제1주제로 삼았던 <자연적 세계 개념> 내지는 <생활세계>"[PP Ⅰ]라고 말하여 양자를 등가개념으로 간주하고 있다. 후설은 1910/11년 겨울학기에 『현상학의 근본문제』라는 제목의 강의를 행하고 있는데, 이것은 '자연적 세계 개념에 대한 강의'라는 별명으로 불리기도 한다. 거기서 그는 "여기서 나의 흥미를 자극하는 것은 세계 개념의 일체의 <형이상학적> 혼입물을 배제하고, 순수 경험에 기초하는 <자연적> 세계 개념을 회복하는 것에서 …… 그 과제를 발견하는 아베나리우스학파의 실증주의와의 원리적인 대결이다"[Hu **13**. 131-2]라고 말하고 있다. 이러한 '자연적 세계 개념'을 둘러싼 고찰은 곧이어 『이념들 Ⅱ』에서 영역적 존재론의 구축이라는 형태를 취하여 전개된다. 거기서 후설은 '자연주의적 태도'와 '자연적 태도'를 명확히 구별하고, 전자에 의해 인위적으로 구성되는 '물리학적 자연'에 대해 후자에 기초하는 근원적인 일상세계의 우위성을 강조한다. 즉 "이와 같은 자연주의적으로 고찰된 세계는 이 세계(die Welt)가 아니다. 오히려 일상세계로서의 세계가 앞서 주어져 있다"[Hu **4**. 208]는 것이다. 여기서부터 '생활세계'까지는 단 한 걸음밖에 안 될 것이다. 그런 의미에서 후설의 '생활세계' 개념은 아베나리우스의 '자연적 세계 개념'의 비판적 검토와 그 동기의 철저화를 통해 형성되어간 것이다.

Ⅱ. '생활세계'의 영향 범위. 말년의 저작 『위기』에서 후설은 "학문의 <위기>는 학문이 삶에 대한 의의를 상실한 데 있다"[Krisis 3]고 단정하고, "학문이 왜 이러한 지도성을 잃게 된 것인가, 왜 사정이 본질적으로 변하여 학문의 이념이 실증주의적으로 국한되게 된 것인가"[같은 책 5]라고 묻는다. 그에 대한 대답을 그는 갈릴레오에서 시작되는 물리학적 객관주의에 의한 '생활세계'의 은폐와 망각이라는 사태에서 구하는 것이다. 여기서 '생활세계' 개념은 하나의 역사철학적 의미를 획득하게 된다. 즉 유럽 학문의 <위기>를 각성하고 그것을 극복하는 관건 개념으로서의 역할을 부여받는 것이다.

후설의 정식에 따르면 생활세계란 "모든 개별적 경험의 보편적 기반으로서 …… 일체의 논리학적 수행에 선행하여 미리 직접 주어져 있는 세계"[EU 38] 또는 "우리의 생활 전체가 실제로 거기서 영위되는 바의, 현실에서 직관되고 현실에서 경험되며 또한 경험될 수 있는 이 세계"[Krisis 51]를 말한다. 그러나 이러한 생활세계는 근대 과학의 방법적 조작을 통해 이중으로 <이념화>됨으로써 점차로 은폐되고 망각되어가게 된다. 첫 번째 이념화는 측정기술을 이상적으로 정밀화함으로써 경험적 직관의 주관적 상대성을 넘어서서 정밀과학의 개념에 의해 규정된 제1성질만으로 이루어지는 '극한형태'로서의 세계를 만들어낸다. 두 번째 이념화는 이러한 과학적 정밀화의 조작을 색깔, 소리, 맛, 따뜻함과 차가움 등의 감성적인 제2성질에까지 확장함으로써 일체의 사태에 대한 간접적 수학화를 기도하는 과정을 가리킨다. 이러한 두 단계의 이념화를 통해 이른바 '자연의 수학화'가 완성된다. 그 결과로서 "<수학과 수학적 자연과학>이라는 이념의 옷은 과학자와 교양인에게 있어 <객관적으로 현실적이고 참된> 자연으로서 생활세계를 대리하고 그것을 덮어 숨기는 모든 것을 포함하게 된다. 이러한 이념의 옷은 우리로 하여금 하나의 방법에 지나지 않는 것을 참된 존재라고 생각하도록 만드는"[Krisis 52] 것이다. 후설의 진단에 의하면 이러한 '참된 존재'와 '하나의 방법에 지나지 않는 것'에 대한 잘못된 파악이야말로 바로 학문이 인간성에 대한 지도력을 상실한 것, 요컨대 삶의 자기이해로서의 학문의 위기의 원인이다. 과학적 객관세계는 끊임없이 지평 내지는 의미기저로서 기능하고 있는 비주제적인 생활세계를 지반으로 하여 일정한 주제적 관심에 의거하여 구성된 '특수세계'(Sonderwelt)인바, 그 점이 망각될 때 자기비대화한 소박한 과학주의가 머리를 쳐드는 것이다. 이리하여 생활세계의 현상학은 '참된 존재'를 둘러싼 탐구에 대해 근본적인 시점의 변경을 압박하게 된다.

그러나 "언제나 물어질 필요도 없는 자명성 속에서 미리 주어져 있는 감각적 경험의 세계"[Krisis 77]인 생활세계가 일체의 과학적 지식의 의미 형성과 존재

타당의 근원적인 지반이라고 한다면, 생활세계의 현상학은 "학 즉 에피스테메에 대한 기초로서의 존엄을 일거에 요구하는 바의 독사에 대한 학이라는 기묘한 학"[같은 책 158]이라는 역설적인 성격을 띨 수밖에 없다. 만약 그렇다고 한다면 현상학 본래의 과제였던 학문의 '궁극적 근거짓기'라는 프로그램은 파탄될 수밖에 없을 것이다. 그에 대해 후설은 "생활세계 역시 단순히 눈앞에 주어지는 것이 아니라 그것이 구성되는 모습을 문제로 삼을 수 있는 형성체"[EU 49]라는 관점에서 생활세계를 미리 부여하는 초월론적 주관성의 수행에로 분석을 소급시킴으로써 아포리아로부터의 탈출을 시도한다. 그는 『위기』 제43절에서 『이념들 Ⅰ』에서 전개된 자연적 태도에 기초하는 객관적 학문의 영역으로부터 에포케를 통해 일거에 초월론적 자아에 도달하는 절차를 '데카르트의 길'이라 부르고, 그것이 초월론적 자아의 내용을 대단히 추상적이고 공허한 것으로 만들어 버리는 결함을 지적한다. 그러고 나서 그는 우선 객관적 학문의 영역으로부터 구체적인 생활세계로의 귀환을 수행하는 '새로운 길'을 제안하고, 더 나아가 그 생활세계를 '이끄는 실'로 하여 초월론적 주관성으로 소급해가는 제2단계의 <환원>을 요구한다. 이러한 두 단계의 환원을 통해 생활세계의 현출방식을 규정하는 '보편적 구조'가 드러나게 되고, 동시에 주관성의 명석한 자기이해라는 현상학 본래의 자기책임적인 과제도 또한 거기서 성취되는 것이다.

Ⅲ. '생활세계'의 이의성. 그러나 근거짓는 것이면서 동시에 근거지어지는 것이기도 한 생활세계의 이중성은 또 하나의 아포리아를 현실화시키지 않을 수 없다. U. 클래스게스는 그것을 생활세계 개념이 지니는 '지반기능'과 '이끄는 실 기능'의 이의성으로서 특징지어 보였다[「후설의 <생활세계> 개념에 포함된 이의성 フッサールの<生活世界>概念に含まれる二義性」, 新田義弘・小川侃 (編), 『현상학의 근본문제現象學の根本問題』, 晃洋書房, 1978에 수록]. 즉 생활세계는 과학적 세계상에 있어서의 의미기저로서 그것에 명증성의 보편적 <지반>을 부여하는 기능을 수행함과 동시에, 자연적 태도에 의해 만나게 되는 반성 이전의 세계로서 초월론적 분석에 <이끄는 실>을 부여하는 기능도 수행하는 것이다. 다시 말하면 생활세계는 한편으로는 현상학적 환원에 의해 개시되는 근원적인 세계지평임과 동시에, 다른 한편으로는 다름 아닌 환원이 베풀어져야만 할 존재자의 전체인 바의 <자연적 세계>이다. 그런 의미에서 생활세계는 우리의 경험에 <최후에 주어지는 것>임과 동시에 <최초로 주어지는 것>이기도 한 것이다. 물론 후설 자신도 이러한 역설을 느끼고 있었다. 그는 그것을 "구체적인 생활세계는 <과학적으로 참된> 세계에 대해서는 그것에 기저를 제공하는 지반이지만, 그와 동시에 생활세계의 독자적인 보편적 구체상에서는 이러한 과학적 세계도 포괄한다"[Krisis 134]고 말하고 있다. 분명히 그는 여기서 일상적인 생활세계가 인식 상의 명증성의 기반으로서 지각적 경험의 세계임과 동시에 지각적 세계와 과학적 세계를 함께 포괄하는 전체적인 역사적・문화적 세계이기도 하다는 점을 자각하고 있는 것이다. 그러나 이러한 두 가지 성격은 발덴펠스가 적확하게 지적하고 있듯이 양립할 수 없다. 요컨대 "생활세계는 구체적・역사적인 것인 한에서는 보편적 기저가 아니며, 역으로 보편적 기저인 한에서는 구체적・역사적인 것이 아니기" 때문이다. 이와 같은 아포리아를 클래스게스는 후설에게서 처음부터 존재했던 세계 개념의 이의성의 반영이라고 해석한다. 즉 초월론적 관점에서 보는 <지평>으로서의 세계와 존재론적 관점에서 보는 <존재자의 통일적 전체>로서의 세계라는 이의성이 생활세계의 역설을 생기게 하고 있는 것이다. 그가 생활세계를 '존재론적・초월론적 양성兩性개념'이라고 부르는 것도 이러한 까닭에 다름 아니다. 그러나 이러한 양성개념이 부정적인 것으로 파악되어야만 할 것은 아니다. 그것은 오히려 우리의 경험과 인식에 어쩔 수 없이 얽혀 있는 '해석학적 순환'이라고도 명명해야 할 사태를 올바르게 시사하고 있는 것이다. 순환이란 우리의 경험과 인식이 끊임없이 미완결이며, 그것 자체로서 생성과 발전을 반복하는 역동적인 과정이라는 것을 지시하는 개념에 다름 아니다. 그런 의미에서 생활세계의 이의성은 앎의 '궁극적 근거짓기'라는 시도가 끊임없

는 순환에 휘말려 있다는 것을, 요컨대 <앎>이 자기 자신을 반성이라는 투명한 시선 아래로 가져옴으로써 근거짓는다는 '근거짓기주의' 프로그램이 실현 불가능한 것이라는 점을 측면에서 비추고 있는 것이다.

Ⅳ. 생활세계의 영향과 전개. 이러한 '근거짓기주의'의 파탄을 후설의 생활세계에서 명민하게 간취한 것은 "환원의 가장 위대한 교훈이란 완전한 환원은 불가능하다는 것이다"[PP Ⅷ]라고 갈파한 메를로-퐁티였다. 그는 전통적인 반성철학의 오류를 엄격하게 비판하면서 생활세계와 환원의 관계에 대해 다음과 같이 말하고 있다. "후설은 그의 후기 철학에서 모든 반성은 생활세계의 기술로 되돌아오는 것에서 시작해야만 한다는 것을 인정한다. 그러나 그는 이에 부가하여 생활세계의 구조들이 그 나름대로 또한 제2의 <환원>에 의해 보편적 구성의 초월론적 흐름 속에 되돌려 놓여야만 하며, 거기서 세계의 모든 어둠에 빛이 비추게 된다고 말한다. 그렇지만 가능한 것은 다음과 같은 두 가지 중 하나라는 것이 분명하다. 즉 구성에 의해 세계가 투명하게 되든가 아니면 구성이 생활세계 속의 무언가를 계속해서 보존하든가 하는 것이다. 전자의 경우에는 왜 반성이 번거롭게 생활세계를 경유할 필요가 있는 것인지가 이해될 수 없게 되며, 후자의 경우에는 구성이 생활세계로부터 결코 그 불투명함을 벗겨내지 못하게 된다"[PP 419n]. 당연한 일이지만 그는 이러한 제2의 환원을 거부하고 『지각의 현상학』에서 시종일관하여 생활세계에서의 세계 경험의 구체적인 모습을 치밀하게 기술했던 것이다. 나아가 그는 만년의 연구노트에서 "후설이 걸었던 길을 통해 야생의 내지 생긴 그대로의 <존재>를 개시하고, 우리가 열려 있는 생활세계를 개시하는 것"[VI 237]이라고 적고 있다. 이것을 보면 메를로-퐁티가 구상한 채 중단된 존재론이 생활세계론의 철저화라는 방향을 지시하고 있던 것이라는 점을 알 수 있다.

후설의 제자 A. 슈츠도 제2의 환원을 거부하고 '세간적 현상학'의 입장에서 자연적 태도를 기반으로 한 '생활세계의 존재론'을 구상한 현상학자였다. 그는 후설의 생활세계를 일상적인 사회적 세계로서 해석하고 그 구조분석을 시도했다. 사회적 행위의 장면에 정위하여 수행되는 타자, 상호주관성, 이타성, 다원적 현실 등에 대한 분석은 후설의 초월론적 분석이 미치지 못했던 영역을 열어 보이고 있는바, 그의 방법론은 그 후 현상학적 사회학과 민속방법론(ethnomethodology)에게로 계승되어 풍부한 전개를 보이고 있다.

또한 현상학 그 자체에 대해서는 비판적 태도를 취하는 하버마스도 그의 『의사소통 행위의 이론』을 전개함에 있어 '생활세계'를 '체계'와 대비시키는 가운데 '생활세계의 합리화'와 '생활세계의 식민지화'와 같은 개념을 축으로 하여 근대 세계에 대한 새로운 파악을 시도하고 있다. 아마도 후설의 처음 의도에서 보자면 분명한 일탈이라고도 볼 수 있는 이와 같은 확대해석은 오히려 '생활세계' 개념의 이론적 다산성을 증명해 보이는 것일 터이다. 그런 의미에서 '생활세계'는 지금도 계속해서 발견적 기능을 지닌 문제개념인 것이다. ☞ ㉴물리학과 현상학, 이념화, 현상학적 환원, [인]아베나리우스, [서]유럽 학문의 위기와 초월론적 현상학

—노에 게이이치(野家啓一)

[참] 山本万二郎, 『「生命界」概念を中心とするフッサール後期思想の展開』, 泉文堂, 1963. 岩波講座, 「現代思想」, 第6卷, 『現象學運動』, 岩波書店, 1993. G. Brand, *Die Lebenswelt*, Berlin, 1971. E. Ströker, Hg., *Lebenswelt und Wissenschaft in der Philosophie Edmund Husserls*, Frankfurt a. M., 1979.

선과 악善—惡 ⇨㉴윤리학과 현상학

선구先驅 [(독) Vorlauf] ⇨㉴결의성, 죽음

선구적 결의성先驅的決意性 [(독) vorlaufende Entschlossenheit] ⇨㉴결의성

선이해先理解 [(독) Vorverständnis]

가다머는 하이데거가 기술한 예지(Vorhabe, 미리 가짐)・예시(Vorsicht, 미리 봄)・예악(Vorgriff, 미리 붙잡음)이라는 '이해의 선구조'에 따라 텍스트 전체의 '의미의 예취'(Antizipation des Sinnes)를 '선이해'라고 명명했다. 가다머에 의하면 첫째로, 선이해란 텍스트 해석의 초동작업으로서 텍스트 전체의 의미를 선행적으로 기투하는 것인바, 그 선이해로부터 텍스트의 "통일적인 의미로서 성취될 수 있는 것"이 규정된다. 둘째로, 선이해는 그것이 해석자 내에 있는 것이긴 하지만 해석자의 주관성으로 귀착되는 것이 아니라 오히려 전승과 해석자와의 관계 속에서 끊임없이 형성된다. 그런 의미에서 선이해는 역사적인 구조계기를 지닌다. 왜냐하면 텍스트의 의미에 대한 선이해는 그 텍스트가 전승으로서 해석자에게 구전되고 있는 까닭에 그 전승의 해석과 재해석을 매개로 미리 형성되고 있음에도 불구하고, 해석자가 새롭게 전승을 텍스트로서 해석할 때의 초동작업으로 되기 때문이다. 셋째로, 선이해는 그것이 해석자에게 있어 미리 형성되어 있는 까닭에, 해석자의 의식을 점유하고 있는 다양한 '선판단'(Vorurteil)으로서 초동작업을 행한다. 다만 텍스트에 대한 선판단이 텍스트의 참된 이해는 아니기 때문에, 선판단을 중단하고 해석자 스스로의 의미에 대한 예취를 물음에 붙여야만 하지만, 선판단은 언제나 이미 시동하고 있기 때문에 해석자는 그 자신의 선판단을 걸고서 텍스트에 대한 해석 과정에 들어갈 수밖에 없다. ☞ ㊕해석학적 순환

—다케다 스미오(竹田純郞)

선취/후치先取/後置 [(독) Vorziehen/Nachsetzen]

셸러가 말하는 정서 작용(emotionale Akte)의 하나로서 어떤 가치가 다른 가치'보다 높다는 것'을 파악하는 가치 인식작용이 선취이며, '보다 낮다는 것'을 파악하는 가치 인식작용이 후치이다. 그러나 먼저 가치의 보다 높음이 감득되고, 이어서 그 보다 높은 가치가 선취되거나 후치되는 것은 아니다. "오히려 어떤 가치의 보다 높음은 본질・필연적으로 선취에서만 <주어진다>"[Formalismus 105]. 요컨대 선취/후치가 가치에 대한 감득을 근거짓는 것이다. 따라서 선취/후치와 노력 작용으로서의 선택은 다른바, 후자도 역시 전자에 기초하여 이루어진다. 그러나 어떤 가치가 보다 높다는 것은 그 가치가 선취되는 가치라는 것만을 의미하는 것이 아니다. '보다 높음'은 문제가 되는 가치들 자체의 본질에서의 하나의 관계이기 때문이다. 여기서 셸러는 절대로 변하지 않는 '가치들의 위계'와 역사에서 변이하는 '선취 규칙들'을 보고 있다. 또한 브렌타노가 『도덕적 인식의 원천에 대하여』에서 선취/후치와 사랑/미움을 등치시킨 것에서는 A 및 B의 두 가지 측면 중 어느 쪽인가가 우선한다는 사실을 전제하지만, 사랑의 경우에는 그렇지 않다. "오히려 사랑은 <지향적 운동>인바, 그 운동에서 어떤 대상에 주어진 가치 A로부터 그 대상의 보다 높은 가치가 출현하는 것이다"[Sympathie 156]. ☞ ㊕가치, 가치 감득, 감정

—이케가미 데쓰지(池上哲司)

선판단先判斷 [(독) Vorurteil] ⇨㊕선이해

선험적先驗的 ⇨㊕아프리오리

성性{**섹슈얼리티**} [(독) Geschlecht (불) sexualité]

성의 문제에 깊이 메스를 들이댄 현상학자의 하나로 M. 셸러가 있지만, 그는 감정 전염의 극한의 경우, 요컨대 자아와 타아가 서로 합일되어 융합하는 정감으로서의 일체감{일방적인 감정이입(Einfühlung)에 반해 이러한 상호적인 일체감은 Einsfühlung이라고 말해진다}의 하나로서 성애적인 작용을 들고 있다[Sympathie 참조]. 또한 수치감정의 하나로서 성적 수치심을 분석하는 논문[「수치와 수치심」]에서는 생명적 사랑을 집중시킨 것으로서 '성애'를, 그리고 감성적 쾌감으로 향한 욕망 충동의 가장 강력한 것으로서 '성 욕동'을

파악하고 있다.

정신분석처럼 "인간을 성적 하부구조에 의해 설명하는" 것이 아니라 현상학의 입장에서 "<순수하게 신체적인> 것으로 생각되고 있던 기능 속에서 하나의 변증법적 운동을 발견하고, 성을 인간 존재 안으로 다시 통합할" 것을 시도한 것이 메를로-퐁티이다[PP 184-202]. 그는 "어떤 대상이나 존재자가 욕망이라든가 애정을 통해 우리에게 있어 존재하게 되는 것은 어떻게 해서인가"라는 문제 속에서 성을 분석한다. 다시 말하면 세계의 구성에로 향하는 인간적 실존의 운동에 있어 하나의 지맥支脈(요컨대 "자기 자신 앞에 성적인 세계를 기투하여 자신을 에로틱한 상황 속에 놓는 능력")으로서 성을 파악한다. 따라서 성을 성기性器적인 것으로서 파악한다든지 "하나의 자립적인 고리"로서 파악하는 것이 아니라 오히려 실존이 신체 속에 자기를 실현한 것, 요컨대 "나보다 좀 더 오랜 나"의 존재양태 또는 "무기명의 실존"으로서 파악해야만 하는 것이다. 이러한 논의는 확실히 프로이트적인 정신분석에 대한 비판으로서는 중요하지만, 그에 대한 현상학적 분석 자체는 아직 충분히 전개되어 있지 않다.

오늘날에는 헤르만 슈미츠가 앞의 Einfühlung-Einsfühlung의 개념에서 더 나아가 그것에 신체의 공간적 확대와 운동성을 더하여 신체적 자기이입/신체적 자기방산(Einleibung/Ausleibung)으로서 동태화하여 독자적인 신체의 현상학을 전개하고 있다. 그리고 성이라는 현상에 대해서도 "공감적, 공명적, 공진共振적인 유형"의 신체적 의사소통이나 신체적 상태감의 하나의 국면으로서 기술적으로 분석하고 있다. ☞ [사]신체, 충박, [인]슈미츠, [서]지각의 현상학

—와시다 기요카즈(鷲田清一)

[참] ヘルマン・シュミッツ(小川侃 編), 『身體と感情の現象學』, 晃洋書房, 1986.

성기性起 [(독) Ereignis] ⇨[사]생기

세간적世間的 [(독) mundan (불) mondain] ⇨[사]내세계적

세계世界 [(독) Welt (불) monde (영) world]

세계 개념은 철학의 역사와 더불어 오래된 것이지만, 근대 과학의 세계상이 자명한 것이자 유일하게 진실한 세계로 간주되어 새삼스럽게 세계의 의미를 묻지 않는 실증주의의 역사 상황(19세기 후반 이후) 속에서 현상학은 다시 세계의 의미를 묻는 것을 철학의 가장 중요한 과제로서 제기했다. 요컨대 공간적 확대를 본질로 하고 인과법칙에 의해 관철되며 이를테면 미리 완성되어 있는 세계(외부세계・자연)를 인간 정신(내부세계)이 어떻게 해서 인식할 수 있는지를 묻는바, 다시 말하면 주관-객관 도식을 전제하는 근대적 인식론의 발상에 대해 근본적인 비판을 제기하는 가운데 현상학은 인간에 의해 직접 경험되는 대로의 세계로 되돌아와 세계의 존재의미를 묻는 것이다. 후설의 '생활세계', 하이데거의 '세계-내-존재', 메를로-퐁티의 '체험된 세계' 등의 개념은 그러한 현상학의 노력의 성과를 표현하고 있다.

후설의 현상학 전체가 세계의 (초월론적 의미에서의) 기원에 대한 해명을 의도한다고 말할 수 있지만, 세계의 주제화 수법을 고찰하는 그의 행보는 한 가지 모습이 아니며, 그에 따라 세계 개념도 다의적이다. 그러나 세계가 주제화되는 최초의 동기는 인식 비판에 놓여 있다. 요컨대 과학자나 일상적인 생활인 모두 인식의 가능성 그 자체를 자명한 것으로 여기고 있지만, 그것은 요컨대 즉자적으로 존재하는 사물을 우리의 의식이 파악하는 것이 의식이라고 소박하게 믿는다는 것을 의미한다. 후설은 그러한 소박한 태도를 자연적 태도라고 부르고, 인식 비판은 자연적 태도에서 확신되고 있는 대상의 즉자존재 및 그것을 인식한다고 말해지는 마음(의식)의 의미를 물음으로써 인식한다는 것의 의미를 해명하는 것이어야만 한다고 생각한다. 그리하여 자연적 태도를 반성하는 것에 의해 인식 비판이 시작된다. 자연적 태도에 있어 세계란 즉자적인 존재자의 총체이며, 시간과 공간에 있어 무한히

확대되고, 모든 인식과 행위가 거기서 생기하고 가능하게 되는 지반 내지 지평이다. 이러한 세계의 존재에 대한 소박한 신념을 후설은 자연적 태도의 일반정립(발생적 현상학의 형성 후에는 '수동적 근원신념', '보편적 선소여성')이라고 부르지만, 이것은 과학들이 전제하는 태도이기도 한다. 그런 의미에서 모든 과학은 세계과학이다. 요컨대 과학들은 각각의 대상 영역을 지니지만, 그러한 대상 영역들이 동일한 하나의 세계의 측면이라고 확신하는 것이다. 현상학적 환원은 이러한 자연적 태도의 일반정립을 배제 내지 에포케하는 것으로서 구상된다. 요컨대 즉자적이고 객관적으로 존재하는 것으로서 의식되는 세계는 그러한 의미를 지니고서 의식에 현출하고 있는 세계로서 다시 파악되는 것이다. 세계는 의식에 있어 현출하는 그대로의 세계, '현출의 세계', '단순한 주관적 세계', '세계현상'으로 환원되며, 이로부터 더 나아가 세계의 의미를 구성하는 주관의 행위가 분석된다. 세계는 자연적 태도에서 익명적으로 작용하는 초월론적 주관성의 본질적 상관자로서 해명되는 것이다.

후설에서의 세계 개념은 기본적으로 세 가지로 구별될 수 있다. (1) 존재자의 총체. 단순한 사물의 총체를 의미할 뿐 아니라 가치물의 세계, 실천적 세계도 의미한다. 그러나 환원의 수행에 의해 어떠한 존재자도 구성된 객체로서 해명되기 때문에, 세계는 일정한 주관에 있어 존재 타당한 일체의 것들의 총체이다. (2) 구조적 전체성. 우리에게 직접 구체적으로 앞서 주어져 있는 것은 우리가 거기에서 살고 있는 환경세계(Umwelt)이지만, 후설은 이에 대립시켜 모든 환경세계를 관통하고 있는 "절대적으로 객관적인 세계 구조"[Hu 9. 498]를 구별한다. 개개의 사물에 대한 경험은 착각과 과오로서 그 현실성이 부정될 수 있지만, 그러한 부정은 오히려 근본적인 세계 신념 속에서만 가능하다. 이렇게 주장할 수 있는 경우에 세계는 구체적인 사물의 세계가 아니라 형식적인 구조로서의 세계이다. 후설은 세계 형식의 가장 보편적인 것을 공간・시간성으로 간주한다. (3) 일체의 경험의 보편적인 지평 내지 지반. 인식 행위나 생활 실천은 모두 주제로서의 무언가로 향하는 지향작용이지만, 그 무언가가 존재한다는 것은 미리 자명하다. 요컨대 무언가가 미리 '세계 속의 무언가'로서 우리를 촉발하는 것이다. 모든 영위의 주제를 가능하게 하지만 그것 자신은 주제화하지 않는 배경적 전제가 세계(상관적으로 세계신념)인바, 그런 의미에서 세계는 세계지반이다. 나아가 대상은 앞서 주어질 뿐 아니라 일정한 유형을 지니고 내용적인 규정성을 가짐과 동시에 규정 가능성의 유형을 지니는 것으로서 주어진다. 요컨대 모든 경험은 경험 지평을 지니는 것이다. 동일한 사물에 대한 예취적인 지향은 내부 지평, 다른 대상들과의 잠재적인 규정의 가능성은 외부 지평이라고 불린다. 지평은 <지금 여기>에서의 사실적인 규정을 초월하는 가능성의 예취이며, 세계는 그러한 모든 지평의 보편적인 지평, 세계 지평이다. 이상과 같은 의미에서의 세계에 대한 경험의 흐름(세계경험)의 그때마다 구체적인 의식이 세계의식이라고 불리지만, 세계의식의 상관자는 기본적으로 세계지평이다. 사물은 세계지평 내에 존재하는 대상으로서만 의식되며, 세계는 존재하는 대상에 대한 지평으로서만 의식됨과 동시에, 사물과는 결정적으로 달리 단수・복수를 말하는 것이 무의미한 '유일성'(Einzigkeit)에서 존재한다. 사물의식과 세계의식은 불가분적임과 동시에 근본적으로 상이하다[Krisis 146]. 세계의 유일성이라는 근본 사상은 다음과 같은 두 가지 방향으로 전개된다. ① 다양한 특수세계・환경세계(고향세계, 이타세계 등)는 유일한 세계의 현출양식이다. ② 과학의 객관적 세계는 유일한 생활세계에 대한 논리적 구축물에 지나지 않는다.

세계의 다의성 문제는 후설 해석의 어려움을 불러일으킬 뿐만 아니라 후설 현상학의 초월론철학으로서의 성격을 음미하는 기회와 동기를 부여하기도 했다. 후설에게 있어 보편적 지평으로서 미리 주어져 있는 세계는 초월론적 주관성의 구성 행위의 귀결로서 해명된다. 이에 반해 하이데거는 인간 현존재가 공공세계 및 사적 세계와 같은 존재방식에서 그때마다 일정한 의미 연관을 지니는 세계 안에 살 수 있다는 것, 요컨대 그러한 세계를 지닌다는 것은 현존재가 역사적 상황이기도 한 세계에 언제나 이미 정황적情況的으로 존재함과 동시에 자기의 존재 가능성을 이해하면서 기투하는 방식으로 세계로 초월한다는 것, 요컨대 현존재가 '세계-내-존재'라는 것에 기초한다고 생각한다. 사실적인 현존재가 그때마다 그 안에 살고 있는 선존재론적인 실존적 세계에 반해, 그것을 가능하게 하는 세계-내-존재의 한 계기를 이루는 '세계'는 존재론적·실존론적 개념으로서 '세계성'(Weltlichkeit)이라고 불린다[SZ 64f.]. ☞㊔생활세계, 세계-내-존재, 지평, 체험된 세계

—마루야마 도쿠지(丸山德次)

㊟ S. Strasser, "Der Begriff der Welt in der phänomenologischen Philosophie", in *Phänomenologische Forschungen* Bd. 3, 1976. G. Brand, *Welt, Ich und Zeit*, Den Haag, 1955(新田義弘・小池稔 譯, 『世界・自我・時間』, 國文社, 1976). L. Landgrebe, *Philosophie der Gegenwart*, Bonn, 1952(細谷貞雄 譯, 『現代の哲學』, 理想社, 1957).

세계개방성 世界開放性 [(독) Weltoffenheit]

셸러의 철학적 인간학의 시도에서 인간적 정신의 특이성을 동물적 생명과 대비하여 제시하고자 하는 개념. 『윤리학』은 이미 "만물에서의 인간의 지위"라는 문제가 일체의 윤리학적 사유에 있어 불가피한 물음이라고 지적하고 있다. 그때 그는 인간과 동물 사이에는 생물학적으로 본질적인 차이가 존재하지 않는다는 것을 확신하면서, 유일한 본질적 경계는 "인격과 유기체 또는 정신 존재와 생명 존재" 사이에 존립한다고 주장한다[Formalismus 294]. 후년의 『우주에서의 인간의 지위』에서 셸러는 그 당시 발흥하고 있던 생물학의 새로운 조류와 대질시킴으로써 역으로 인간의 본질을 정신 안에서 인정하는 자기 입장을 선명하게 한다. 즉, 그에 의하면 동물은 각각의 종의 환경세계에 말하자면 긴박되어 있는('환경세계 구속성', Umweltgebundenheit) 데 반해, 정신으로서의 인간은 그 자체가 자기를 초월해 가는 것인바, 세계에 대해 열려 환경세계가 아니라 세계를 지닌다('세계개방성')[SMK 32]. 정신은 일체의 삶에 대해, 요컨대 인간적 삶에 대해서조차 대립하는 원리이며, 삶과의 대립에서 정신은 동시에 삶을 이념화한다. 이러한 정신의 중심이 '인격'이며, 인격은 그런 까닭에 '대상적 존재'도 '사물적 존재'도 아니다[39]. 세계개방성이라는 개념은 또한 인격의 대상화 불가능성이라는 셸러 윤리학에서의 주요 테제의 하나와 직결되어 있는 것이다. ☞㊔인격(성), 철학적 인간학, ㊖셸러

—구마노 스미히코(熊野純彦)

세계경험 世界經驗 [(독) Welterfahrung] ⇨㊔세계

세계관의 철학 世界觀—哲學 [(독) Philosophie der Weltanschauung]

후설은 1911년의 『엄밀한 학으로서의 철학』에서 '역사주의'를 비판한다. 요컨대 역사주의는 철학을 '세계관'으로 간주하고, 개개의 철학이 각각의 시대에 대해 상대적인 타당성밖에 가질 수 없다고 주장함으로써 회의주의와 상대주의에 빠진다고 비판하는 것이다. 후설은 '세계관으로서의 철학' 내지 '세계관 철학'과 '엄밀한 학으로서의 철학' 내지 '학적 철학'을 엄격히 구별하고, 학적 철학은 어디까지나 초시간적인 동시에 절대적인 타당성을 지니는 '학적 이념'을 목표로 해야만 한다고 주장한다. 그러나 후설의 이러한 역사주의 비판이 딜타이를 대상으로 하고 있다면, 그 비판은 조금은 과녁을 벗어난다고 할 수 있다. 딜타이는 1911년의 「세계관의 유형과 형이상학적 체계에서의 그 형성」이라는 논문에서 철학적 세계관의 세 가지 주요 유형으로서 '자연주의', '자유의 관념론', '객관적 관념론'을 추출해내고 있다. 다만 딜타이는 결코 '세계관 철학'을 창조하는 것이 아니라 오히려 "세계관의 궁극적인 근원은 삶이다"라는 것을 주장하는 것이다. 인간적 삶은 '현실 인식', '가치 규정', '목적 정립'으로 이루어지는 통일적이고 전체적인 '구조 연관' 내지 '생의 연관'이며, 이러한 구조 연관의 개별화로서, 요컨대 유형적인 '생의 체제'(Lebensverfassung)로서 다양한 세계관이 형성되게 된다. 이런 의미에서 딜타이의 '세계관학'은 말하자면 <세계관 철학의 철학>이라는 위치

를 지닌다. ☞ ㉶생의 연관, 역사주의, ㉷딜타이, ㉦엄밀한 학으로서의 철학

—마루야마 다카시(丸山高司)

세계-내-존재 世界-內-存在 [(독) In-der-Welt-sein]

『존재와 시간』 시기의 하이데거 사유의 중심 개념의 하나로서, 존재를 이해하는 존재자라는 점에 주목하여 그가 현존재라고 부르는 인간의 존재 체제를 특징짓는 규정으로서 도입되며, 주로 이 개념의 해석과 전개, 검토를 통해 『존재와 시간』의 이미 공간된 부분 전반부의 현존재 분석이 진행된다. 이것은 무엇보다도 우선 고립된 인간이 그 자체로 완결된 외적 세계에 대해 인식 주체로서 서로 향하여 접근해 간다고 하는 근대 철학의 기본적인 구도를 배제하고, 자신이 언제나 이미 일정한 세계 내에 존재한다는 것을 기성의 사실로서 발견할 수밖에 없는 인간의 존재방식을 강조하는 것이다. 『존재와 시간』에서는 우선 '세계-내-존재'가 현존재의 존재 체제로서 규정되고, 그것이 통일적이고 전체적인 현상이라는 것을 확인한 데 기초하여 그 구성계기로서 '세계', 그와 같은 방식으로 그때마다 존재하는 '존재자', '내-존재'의 셋이 거론되는바, 이에 대응하여 순차적으로, 말하는 바의 세계의 세계성, 존재자인 현존재의 공존재共存在, 자기, 나아가 그 일상적인 존재방식으로서의 '세인', 그리고 마지막으로 내-존재의 구조가 분석, 해명된다. 내-존재란 사물들끼리의 공간적인 포함관계를 의미하는 것이 아니라 의미연관을 이해하는 현존재의 개시적인 존재방식을 가리키는 것으로서 하이데거는 이것을 정황성과 이해에 의해 구성되어 있다고 생각한다.

세계-내-존재에서 말하는 세계란 사물의 총체라든가 이념을 일컫는 것이 아니라 현존재의 다양한 영위에서 막연하면서도 전제되어 있는 의미 연관의 전체이다. 예를 들면 개개의 사물이 도구로서 만나지게 될 때 그것은 무엇을 만들기 위해서라는 것과 같은 귀추 연관이 거기서 미리 막연하게 예상된다. 명확한 경계를 결여한 채로 간취되고, 지평으로서 개개의 사물과의 만남을 가능하게 하는 그와 같은 연관의 총체가 여기에서 말하는 세계라고도 말할 수 있다. 『존재와 시간』의 기술에서는 이러한 세계의 일상적인 양태인 환경세계에 대한 분석을 시작으로 도구존재와 객체존재의 구별, 귀추 연관, 현존재의 공간성 등에 대한 일련의 탁월한 분석이 전개된다. 의미연관으로서의 세계란 초월론적인 관점에서는 결국 현존재가 개개의 존재자를 넘어서서 던지는(기투하는) 상, 광경이라고 말할 수 있지만, 그 기투는 이미 역사적으로 제약된 것이어서(피투적 기투) 자의적인 선택과 창의에 의한 것이 아니다. 29년의 『근거의 본질에 대하여』에서는 초월론적인 관점이 특히 두드러지게 되지만, 이를 경계로 하이데거는 이러한 종류의 초월론적인 주체를 상정하는 것을 피하게 된다. 또한 이 논문에서는 철학사의 다양한 세계 개념과 하이데거가 말하는 세계의 차이에 대해 간단명료한 설명이 주어진다.

『존재와 시간』의 기술은 현존재의 존재인 세계-내-존재의 계기들을 묘사한 후, 다시 이것을 조르게(관심)로서 파악하고, 공간된 부분 후반부에서 이러한 관심이 더 나아가 현존재의 동적인 근본 구조인 시간성으로 환원되어간다. 또한 본래성, 비본래성이라는 관점에서 본 현존재의 존재에 대해서는 '실존'이라는 호칭이 사용되어 반드시 '세계-내-존재'가 현존재의 궁극적인 존재 규정으로 생각되고 있는 것은 아니다.

덧붙이자면, 사르트르는 『존재와 무』에서 의식이 존재자를 전체로서 대상화시키면서 자기 자신을 마주보는 것을 세계의 초월이라고 하고, 이에 반해 의식이 존재자 곁에 머물러 있는 상태를 세계-내-존재(être-dans-le-monde)라고 부른다. 한편 메를로-퐁티는 『행동의 구조』와 『지각의 현상학』에서 전인칭적인 지각주체로서의 신체가 세계에 작용하는 것을 가리키기 위해 세계 내속 존재(être au monde)라는 표현을 사용한다. 술어의 번역방식의 차이도 포함하여 거기서 각자의 사유가 지니는 관심의 소재와 하이데거에 대한 독해방식의 상이성을 간취할 수 있을 것이다. ☞ ㉶현존재

—다카다 다마키(高田珠樹)

세계의식 世界意識 [(독) Weltbewußtsein] ⇨㈔세계

세계지반 世界地盤 [(독) Weltboden] ⇨㈔세계

세계지평 世界地平 [(독) Welthorizont] ⇨㈔세계

세계현상 世界現象 [(독) Weltphänomen] ⇨㈔세계

세계화 世界化 [(독) Verweltlichung]

후설에게 있어서는 자아가 그의 신체를 통해 세계에서 일정한 위치를 점하는 것을 말하는데, 핑크의 『제6성찰』에서 중요한 개념이 된다. 세계는 자연적 태도에서는 직접적으로 그 존재가 정립되어 있지만, 현상학적으로는 초월론적 주관성에 의해 구성된 타당과 통일로서의 의미와 정립을 지니며, 부단한 경험을 관통하여 지속하고 존재하는 모든 것의 연관된 하나의 총체로 생각된다. 현상학을 행하는 자는 현상학적 태도를 취하지만, 그에 의해 세계에 대한 붙잡힘과 자기 망각의 제약을 넘어서서 구성된 세계의 존재와는 원리적으로 다른 차원에 속하는 초월론적 존재를 자각한다. 세계는 이러한 존재가 구성하는 활동에 의해 세계라는 존재의미로 세계화된 것인데, 이것은 '본래적, 제1차적 세계화'라고 불린다. 그러나 소박하게 세계에 관심을 돌리는 삶을 초월론적으로 자각함으로써 초월론적 존재는 더 나아가 구성하는 초월론적 존재와 현상학을 행하는 삶으로 구별된다. 후자의 현상학적 방관자는 본래적으로는 세계 구성에 관여하지 않고 에포케에 의해 그것으로부터 거리를 취하지만, 양자가 초월론적 주관성의 존재 내지 삶에서 성립하는 한에서 후자도 세계 구성에 말하자면 수동적으로 관여하며, 이런 의미에서 자기를 간접적으로 세계화한다('비본래적, 제2차적, 겉보기의 세계화'). 핑크에게서 현상학은 초월론적 주관성의 이러한 이중적인 나타남의 변증법을 해명하는 것이다. ☞㈔방관자, 현상학적 환원, ㈏제6성찰

—치다 요시테루(千田義光)

세기말 사상과 현상학 世紀末思想—現象學

19세기 말 빈에서 <현대사상(Moderne)>이라고 말하면, 에른스트 마흐와 니체(Friedrich Wilhelm Nietzsche 1844-1900)를 의미했다고 한다. 예를 들면 세기말 빈의 상징적 존재였던 시인 호프만슈탈(Hugo von Hofmannsthal 1874-1929)도 마흐의 강의를 듣고 『찬도스 경의 편지』(1901) 등의 작품에서 그로부터 받은 결정적인 영향의 자취를 남기고 있으며, 같은 무렵 빈에서 정신 형성을 완수한 무질(Robert Musil 1880-1942)도 1898년에 니체를 읽기 시작하여 1902년부터는 마흐의 저작에 친숙해져 학위논문의 주제로도 마흐를 선택한다. 그리하여 여기서는 세기말 사상의 대표로서 마흐와 니체를 선택하여 그들의 사상과 현상학의 관계를 생각해보고자 한다.

후설이 <현상학>이라는 용어를 마흐로부터 계승했다는 것은 그 자신이 나중에 「암스테르담 강연」(1928) [Hu **9**. 302f.]에서 인정하고 있다. 그는 마흐의 『감각의 분석』(1886)을 간행 직후 숙독했으며, 1897년에는 마흐가 그의 <물리학적 현상학>을 논의한 논문(1894)의 서평][Hu **22**. 148f.]도 쓰고 있기 때문에 그 무렵부터 이 말이 그의 의식에 있었다고 생각된다. 하지만 <현상학>이라는 이 말을 후설의 직접적인 스승이었던 브렌타노도 같은 무렵의 강의노트(1888-89)에서 사용하고 있으며, 니체도 1885-87년경의 유고에서 되풀이하여 사용하고 있다. 그밖에 에두아르트 폰 하르트만(Eduard von Hartmann 1842-1906)이나 찰스 샌더스 퍼스 등에서도 그 용례가 보인다는 점에서, 이 말은 19세기 말부터 세기 전환기에 걸쳐 상당히 넓은 범위에서 사용된 일종의 유행어라고 보아도 좋을 것이다. 다만 그 중에서는 헤겔의 <현상학> 개념을 계승한 것이 많은데, 하르트만의 현상학이나 조금 시기는 늦지만 카시러가 『상징 형식의 철학』 제3권(1929)의 표제로 선택한 '인식의 현상학' 등이 그것이다. 그러나 마흐와 니체의

<현상학>은 그것과는 다른 계보에 속하며, 더욱이 양자의 발상에는 상당히 공통된 점이 존재한다.

마흐의 <물리학적 현상학>은 헬름홀츠 류의 <역학중심주의적 물리학>—열 현상, 전자기 현상 등 모든 물리 현상은 역학적 관계로 환원 가능하며, 따라서 역학적 자연이야말로 궁극적인 실재라고 보는 입장—을 뒤집어 물리학의 목적은 <현상>—우리에게 직접 주어지는 감성적 요소들—상호간의 함수적 의속관계를 "최소의 사고를 들여 가능한 한 완전하게 기술하는" 것에 있다고 주장한다. 이러한 입장에서 보면 역학도 현상을 기술하는 하나의 방식에 지나지 않는바, 그것만을 특권시할 수는 없게 된다. 뿐만 아니라 마흐는 당시 역학적 자연관에 끼워 넣어져 있던 <원자론>이나 나아가서는 <인과> 개념마저도 단순한 형이상학적 가설이라고 하여 물리친다. 그에게 있어 <현상학>이란 원자・분자의 운동으로 이루어진다고 여겨지는 이른바 참된 실재의 세계를 거부하고, 지금까지 '단순한 현상'으로서 경시되어온 <현상>의 장면만으로 작업을 마무리하고자 하는 일종의 결의표명이기도 했을 것이다. 마흐의 이러한 <현상학>의 근저에는 인간의 인지능력을 진화의 모습에서 보고자 하는 <진화론적 인식론>이 있었다. 이 입장에서 보면 인간의 인지능력이나 그것이 목표로 하는 진리는 끊임없이 생성하고 발전한다. 과학적 인식이라 하더라도 절대적 진리의 탐구 등은 있을 수 없으며, 결국은 "생물학적 적응의 하나의 형식"에 지나지 않게 된다. 이렇게 생각하면 우리에게 주어지는 <현상>이란 우리 인지능력의 현재 단계에 상대적인 것에 불과하며, 그 배후에 인식주관과 무관계하게 존립하는 <객관적 세계>나 <절대적 진리> 등을 상정할 수는 없게 된다.

마흐가 이러한 인식론을 전개한 『감각의 분석』을 간행한 1880년 중반 무렵 니체 역시 <힘에의 의지>의 철학을 구상하고 있었는데, 거기서도 대단히 유사한 착상이 보인다. <힘에의 의지>란 '힘의 증대'를 구하여 '좀 더 강해지고자' 의욕하고 생성하는 생명을 가리키지만, 그러한 생명체에게는 생성의 그때마다의 단계에 따른 특정한 '원근법적 전망(Perspektivismus)'이 열린다. 그렇다고 해서 이러한 전망이 거기서 열리게 되는 <참된 세계>, 요컨대 모든 원근법적 전망을 포함하는 <참된 세계> 등이라는 것이 있는 것은 아니다. <세계>는 언제나 특정한 원근법적 전망으로서만 나타나는 것이다. 니체가 말하는 <현상학>이란 이러한 전망 속에서 열리는 세계를 기술할 것을 목표로 하는 것이지만, 그렇다고 한다면 이것 역시 이러한 전망의 배후에 실재한다고 상정되어온 형이상학 세계를 해체하고자 하는 의도를 감추고 있다고 할 것이다.

그럼에도 불구하고 물리학자인 마흐와 물러난 고전문헌학자이자 재야의 철학자인 니체가 거의 같은 시기에 이 정도로 유사한 사상을 형성한 것은 우연일 것인가? 그렇지는 않을 것이다. 거기에는 진화론, 그것도 헤켈(Ernst Heinrich Haechel 1834-1919)의 『다윈, 괴테, 라마르크의 자연관』(1882)에 의해 다윈주의의 기계론적 성격이 엷어지고 획득형질의 유전을 이야기하는 라마르크주의나 괴테의 낭만주의적 자연철학에 가까워진 진화론이 개재되어 있는 것으로 생각된다. 헤켈이 주재하는 <일원론 동맹>의 멤버였던 마흐는 말할 필요도 없지만, 니체도 헤켈의 이 책을 간행 직후에 숙독했으며, 이 무렵부터 생명을 '맹목적 충동'으로 보는 쇼펜하우어의 영향으로부터 완전히 벗어나 생명을 일정한 방향을 향하여 생성하는 <힘에의 의지>로서 파악하게 된다. 그러한 <힘에의 의지> 철학의 근저에 있는 것도 넓은 의미에서의 <진화론>이라고 말할 수 있을 것이다.

하지만 마흐로부터 <현상학> 개념을 계승한 그 후설도 『논리연구』 제1권에서 마흐의 생물학주의를 신랄하게 비판한다. 그러나 그 후설도 만년에는 재차 <생활세계(Lebenswelt)>로의 귀환을 이야기하게 된다. 이러한 사상의 궤적은 마찬가지로 마흐의 영향을 받아 그의 <현상학> 개념을 승계하기까지 한 비트겐슈타인이 『논리철학논고』(1923)에서는 논리주의의 방향에 철저하면서도 『철학탐구』로 대표되는 만년의 사상에서는 다시 <인간의 자연사>를 고집하고 <생활형식(Lebensform)>을 중시하게 되는 그의 사상의 궤적과 전적으로 병행한다. 양자가 모두 세기 초두에 어째서

저 정도까지 삶에 대한 혐오를 보였는지는 아직 해명할 수 없는 수수께끼이지만, 후설의 제자인 하이데거가 니체에 대한 재평가를 시도하고, 나아가 셸러나 메를로-퐁티가 철저히 생명과학들의 전개에 따라갔던 것을 생각하면, 진화론의 강한 영향 하에 사물을 생각했던 마흐나 니체로 대표되는 세기말 사상과 현상학 사이에 무시할 수 없는 관계가 있다는 것은 분명할 것이다. ☞[사]관점주의, 물리학적 현상학, 생의 철학과 현상학, [인]마흐

—기다 겐(木田 元)

세인 世人 [(독) das Man (불) on ; On]

『존재와 시간』과 『시간 개념의 역사를 위한 프롤레고메나』, 좀 더 거슬러 올라가면 『존재론(사실성의 해석학)』 등에서 나타나는 전기 하이데거의 술어. 평균적인 일상성에서의 현존재란 <누군가>를 가리키는 말로서 사용된다. 특정한 저 사람도 이 사람도 아니고 또한 전원의 총계도 아닌 <모두>, 그 밖의 사람들, 누구도 아닌 사람(Niemand)을 말한다. 평균적이도록 배려하고 존재의 가능성을 모두 평준화하며 존재의 부담을 면제함으로써 <세인>은 모든 현존재를 지배한다. 일상적 현존재는 세인(모두)과 똑같이 말하고 세인과 똑같이 판단하며 세인과 똑같이 음악을 듣는 방식으로 <세인>에게 스스로를 그때마다 이미 인도해버림으로써 자기를 상실하는 것이다. 이러한 모습을 세계(세상) 내지 <세인>에로의 현존재의 퇴락이라고 부른다. 일상적 현존재의 자기는 본래적인 자기(명확히 포착된 자기)가 아니라 <세인이라는 자기>, 비본래적인 자기이다. 본래적인 자기는 <세인이라는 자기>의 실존적 변양이며, 이러한 변양을 현존재에게 촉구하는 것은 양심의 부르는 소리이다. 이상의 분석은 키르케고르에게 빚진 바가 크지만 후설의 생활세계라는 사고방식과도 관계되며, 또한 사르트르와 메를로-퐁티도 그들 나름의 방식으로 수용했다. 특히 메를로-퐁티는 공동성을 강조하는 까닭에 <세인>을 하이데거보다 좀 더 긍정적으로 파악하여 "독자적인 본래성을 지니는 원초적인 <세인>"[Signes 221]이라는 표현까지도 하고 있다. ☞[사]본래성/비본래성, 일상성, 자기

—고토 요시야(後藤嘉也)

섹슈얼리티 ⇨[사]성{섹슈얼리티}

소박함 素朴— [(독) Naivität]

현상학의 '철저주의'와 대비하여 자연적 태도를 특징짓기 위해 후설이 자주 사용하는 말. 일상적 인간의 소박함과 근대의 객관적 학들의 소박함이 구별된다[FTL 6]. 예를 들면 형식논리학은 그 주제 영역에 '직진하여'(geradehin) 향한다는 점에서 소박한바[같은 책 161], 그 결과 본래의 목적에서 벗어나게 되거나 아니면 논리적 형태들을 구성하는 활동이 은폐되어 버린다[같은 책 184, 222, 참조: 207]. 『논리학』에서는 논리학이 세계의 존재를 전제하는지의 여부를 검토하고자 하지 않는 소박함이 거듭해서 문제가 된다[같은 책 233]. 『위기』에서는 '이념의 옷'(Ideenkleid)과 '기호의 옷'(Kleid der Symbole)이 생활세계의 모든 것을 덮어버리는 것이 소박함이라고 주장되며, 이와 같은 소박함이 어떻게 해서 성립하기에 이르고 또 기능하고 있는지를 묻는 "데카르트적인 물음"을 제기할 필요가 강조된다[Krisis 52]. 현상학에 있어서는 모든 소박함을 극복하여 참된 진리를 획득하고자 하는 새로운 '철저주의'가 요구되는데[Hu **8**. 20], "논리학, 모든 아프리오리, 오래고 고귀한 스타일의 철학에서의 증명 모두"는 에포케되어야만 하는 소박함으로 헤아려지게 된다[Krisis 185]. 나아가 이러한 "<초월론적>과 대비하여 특징지어지는" 소박함 외에 "절대적 인식, 절대적인 동시에 전면적인 정당화에 의한 인식이라는 이념에 이끌리지 않는 인식"이 지니는 소박함이라는 표현도 이루어지며, 초월론적 주관성을 지반으로 하여 이루어지는 인식도 필증적 비판에 붙여지지 않는 한에서는 이러한 후자의 의미에서 소박하다고 단정된다[Hu **8**. 172, FTL 280, 295, Krisis 158, 178, 190]. ☞[사]자명성, 절대성,

철저주의{래디컬리즘}, 현상학적 환원

—누키 시게토(貫 成人)

소산적 所産的 ⇨㉮능산적/소산적

소여방식 所與方式 [(독) Gegebenheitsweise] ⇨㉮소여성

소여성 所與性 [(독) Gegebenheit]

모든 사태를 <그것의 **의식에로의 나타남**>으로 되돌려 생각하고자 하는 후설 현상학에서 무언가 대상적인 것이 **의식에 주어져 있음**이 '소여성'(Gegebenheit)이라고 불리며, 또한 그렇게 해서 의식에 주어져 있는 것이 '소여'(Gegebenes)라고 불린다(다만 '소여'의 의미로 '소여성'이라는 말이 사용되는 경우도 있다). 후설 현상학은 의식에 내재적인 것이든 초월적인 것이든, 또한 사실이든 그 본질이든 모든 사태를 그것이 의식에 주어져 소여성으로 되는 한에서 탐구하고자 하는 것이며, 또한 그 소여성을 의식되고 있는 그대로의 '소여'로서의 측면과 그것의 의식에로의 '소여방식'(Gegebenheitsweise) 내지 '의식양식'(Bewußtseinsweise)의 측면에서 본질 통찰하고자 한다[Ideen Ⅰ 142 참조]. 더 나아가 그것은 현상학적 환원에 의해 "소여를 넘어서는 모든 초월화하는 해석"을 물리친 "현상학적 순수함"[같은 책 185]에서 본질 통찰하고자 한다.

무언가 어떤 것이 의식에 주어져 소여성에 이르는 그 '소여방식'에는 다양한 차이가 있으며[Ideen Ⅰ 77, 208f. 참조], 그에 따라 '소여성'에서도 다양한 명석성(Klarheit)과 직관성(Anschaulichkeit)의 단계가 구별된다[같은 책 125f. 참조]. 예를 들어 사물은 '음영'에 의해 언제나 '일면적'으로만 주어지지만, 체험은 '음영'에 의해 주어지는 것이 아니다. 또한 사물이나 체험은 각각 지각이나 상기와 같은 다양한 직관에 의해 주어지고 의식된다. 그러한 '소여방식'의 차이에 따라 주어지는 해당 대상(소여) 쪽도 '그것 자체'(Selbst)로서 명료하게 직관적으로 주어진다든지('자체소여성' Selbstgegebenheit), 더 나아가 '생생하고 분명한{유체적}'(leibhaft/leibhaftig) '자체성'(Selbstheit)에서 '본원적'으로 주어진다든지('본원적 소여성' originäre Gegebenheit), 역으로 오로지 막연하고 불명료하게 주어진다든지 한다. 또한 전면적이고 완전한 까닭에 다른 존재를 배제하는 '충전성'에서 주어진다든지('충전적 소여성' adäquate Gegebenheit), 역으로 불완전하고 일면성을 결친 '불충전성'에서 주어진다든지 하는 것이다('불충전적인 소여성' inadäquate Gegebenheit).

후설에게 있어서는 "모든 본원적으로 부여하는 활동을 하는 직관"이야말로 "인식의 권리원천"이며, 이것이 "모든 원리 중의 원리"였다[Ideen Ⅰ 43f.]. 그의 현상학이란 모든 사태를 의식에 대한 본원적 소여성으로 가져오고, 거기서 의식과 그 대상의 상관관계를 본질 통찰하고자 하는 그러한 노력 이외에 다른 것이 아니었던 것이다. ☞ ㉮본원적, 자체부여/자체소여성, 직관, 충전성

—사카키바라 데쓰야(榊原哲也)

소유 所有 [(불) avoir]

마르셀에 의하면 "결국 모든 것은 사람이 가지는(avoir) 것과, 사람이 있는(être) 것과의 차이에 귀착한다"[『형이상학 일기』 301]고 말한다. 그런데 사람이 가지는 것은 분명히 그 사람에 대해 무언가 외면성을 보인다. 그러나 이러한 외면성도 절대적인 의미에서 말해지는 것이 아니다. 내가 가질 수 있는 것은, 이 말을 엄밀한 의미로 취한다면, 나로부터 어느 정도까지 독립한 존재를 지니는 것에 한정되는바, 내가 가지는 것은 내게 부가되는 것이라고 말할 수 있다. 소유물이 소유자에게 있어 외면적이라고 해서 소유한다는 것이 소유자와 소유물 간의 단순한 공간적·외면적인 관계는 아니다. 소유한다는 것이 성립하기 위해서는 소유물이 소유자에게 속하는 것이 아니면 안 된다. 그렇다면 도대체 속한다는 것은 무엇인가? '이 책은 내 것이다'란 이 책을 내가 자유롭게 이용하고 사용하

며 활용할 수 있다는 것, 그리고 필요한 경우에는 양도한다든지 매각한다든지 처분한다든지 할 수 있다는 것을 의미한다. 요컨대 소유한다는 것은 소유자가 소유물을 지배하고 관리하며 처리할 수 있다는 것, 결국 소유자가 소유물에 대해 권능을 지닌다는 것을 의미한다. 따라서 소유한다는 것은 어떤 단일 주체 또는 단일 주체의 역할을 수행하는 자(qui)가 자기 자신에게 관계시키고 있다고 우리가 생각하는 것(quid)을 내속시켜 포착하는 중심이 된다는 것이다. 그러나 소유한다는 관계는 본질적으로 단일 주체에 대해 영향을 주는 것인바, 소유관계 그 자체가 말하자면 소유물 안으로 녹아들고, 이 소유물이 이번에는 처음에 그것을 자유롭게 처리할 수 있다고 생각했던 소유자 자신을 흡수해 버리는 일이 일어난다. 이와 같이 마르셀은 소유관계 안에 헤겔이 『정신현상학』에서 포착한 주인과 노예의 변증법과 유사한 것이 놓여 있다는 것을 지적하여 "소유한다는 것은 필연적으로 소유되는 것이다"[『존재와 소유』 99]라고 말하는 것이다. ☞ ㉢마르셀, ㉥존재와 소유

—아카마쓰 히로시(赤松 宏)

소행적인 물음 遡行的— [(독) Rückfrage]

후설이 특히 후기의 발생적 현상학에서 자기의 현상학적 고찰양식을 방법론적으로 반성할 때에 자주 사용한 용어.

발생적 현상학에서는 모든 대상성이 지향적 발생에 기초하여 구성된 지향적 통일체 · 의미 형성체(Sinngebilde)로서 의미의 역사(Sinnesgeschichte)를 지니며, 그런 까닭에 어떠한 지향적 통일체도 그것을 이끄는 실(Leitfaden)로 하여 의미의 발생(Sinnesgenesis)을 물을 수 있다. 따라서 지향적 분석이란 구성되어 우리에게 타당해 있는 그대로의 통일체로부터 지향적 발생을 **소급하여 물어가면서** 거기에 포함되어 있는 침전된 역사(sedimentierte Geschichte)로서의 지향적 함축들(intentionale Implikationen)을 엄밀한 방법으로 드러나게 하는 작업이게 되며[FTL 215f., 252], 이리하여 점차로 <소행적인 물음>(Rückfrage)이라는 현상학적인 고찰양식이 방법론적으로 자각되어 가게 되었던 것이다.

그러나 이러한 소행적인 물음으로서의 고찰양식이 발생적 현상학 단계에 이르러 갑자기 출현한 것이라고 이해해서는 안 된다. 후설 현상학은 본래 모든 대상적인 것을 그것의 의식에 대한 나타남으로, 즉 의식 체험이라는 현상으로 되돌려(=현상학적 환원) 그로부터 그 대상적인 것의 의식에서의 구성을 반성적으로 기술해 가는 학적 영위였지만, 그것은 정태적 현상학 단계에서도 이미 <우리에게 최초로 주어지는 의식 체험의 노에마적 측면을 출발점으로 하여 그로부터 노에시스적 측면과 나아가서는 순수 자아에로 **소급하면서** 반성적 기술을 수행해 가는 발걸음>으로 생각되고 있었다[Ideen Ⅰ 161 참조]. 바로 이러한 고찰양식이 후기의 『데카르트적 성찰』과 『위기』에 이르러 에고-코기토-코기타툼이라는 유형을 지니는 의식에 관한 '소행적인 물음'[Krisis 175]으로서, 즉 <코기타툼을 **이끄는 실**로 하는 가운데 **그로부터 소급하여** 다양한 코기토와 거기에 지평적으로 포함되어 있는 잠재적인 의식 양식들을, 나아가서는 에고에 고유한 시간화를 반성하면서 개시해가는 **소행적인 물음**>[CM §21, Krisis §50]으로서 파악되기에 이르렀다고 생각해야만 하는 것이다.

『위기』에서는 이전에 철학으로서 추구되고 또 계속해서 추구되어온 철학의 목표들을 그 근원창설(Urstiftung)에까지 소급해서 묻는 '소행적인 물음' [Krisis 16]이 시도되었지만, 그것은 당대의 위기적 상황에서 철학자로서 철저한 자기성찰을 손에 넣기 위해 철학사의 외화된 역사적 사실을 관통하여 그 내적 의미와 숨겨진 목적론을 묻는 "역사적이고 비판적인 소행적 성찰(Rückbesinnung)"을 행하기 위해서였다[같은 책 §7, §15]. 또한 『기하학의 기원』에서도 전승되어 지금도 계속해서 타당한 기하학의 본래의 근원적인 의미에 대한 '소행적인 물음'이 시도되었지만, 그것은 역사적 성찰이라는 형태로 우리 자신의 현재의 철학적 상황을 자기 성찰하기 위해서였다[같은 책 365f.]. 이와 같이 후설 만년에 소행적인 물음은 인류의 지향적 역사를 관통하는 목적론을 확인하고자 하는 그의 독자

적인 역사적 성찰과 결부되어가게 되는 것이다. ☞㉾발생, 발생적 현상학, 이끄는 실, 지향적 함축, 창설/근원창설

—사카키바라 데쓰야(榊原哲也)

소행적 현상학/구축적 현상학 遡行的現象學/構築的現象學

[(독) regressive Phänomenologie/konstruktive Phänomenologie]

핑크가 『제6성찰』에서 사용하는 개념. 그에 의하면 현상학적 환원을 행함으로써 초월론적 주관성의 익명적으로 기능하는 존재가 드러나 열리게 되지만, 그와 더불어 그 존재에서 두 가지 이질적인 영역이 구별된다. 한편은 세계를 구성하는 존재인데, 이 영역과 관계하는 현상학이 초월론적 원리론이라고 불린다. 다른 편은 이 세계 구성에 관여하지 않고 에포케에 의해 그것으로부터 거리를 취하는, 현상학을 영위하는 자의 존재인데, 이것을 대상화하는 현상학이 초월론적 방법론이다. 전자는 초월론적 주관성에 의한 세계의 구성적 생성을 주제로 하여 분석을 진행하지만, 그 제1단계는 초월론적 감성론으로서 세계라는 현상에 대한 상관적 해석을 수행한다. 제2단계는 소행적 현상학으로서 초월론적인 세계 경험의 삶의 통일로부터 초월론적 삶이 구성하는 심층에로 거슬러 물어 가는데, 이는 초월론적 분석론이라고도 불린다. 이 단계는 정태적 및 발생적인 구성 분석일 뿐만 아니라 함께 존재하는 초월론적 상호주관성에 대한 분석도 포함한다. 다음이 구축적 현상학 내지 초월론적 변증법으로서, 환원에 의해 주어지는 직관적인 초월론적 삶을 동기지어진 구축에서 비직관적으로 넘어서는 현상학적 이론을 말한다. 그것은 개별적 내지 상호주관적인 초월론적 주관성의 부재(즉 탄생과 죽음 등)라는 지극히 어려운 현상학적 문제군인바, 직관적인 초월론적 실존이 아직 태어나지 않음 내지 죽음의 존재에 대해 어떻게 구축적으로 현상학을 영위하며 관계하는 것인가 라는 의미를 묻는다. 이것은 그에게 있어 결국 시사되는 데 그쳤다. ☞㉷핑크, ㉿제6성찰

—치다 요시테루(千田義光)

손 안에 있음 ⇨㉾도구존재성/객체존재성

수동성 受動性 [(독) Passivität]

수동성 내지 대상의 수동적 선先 구성에 대한 분석이 후설 현상학에서 커다란 주제로서 등장하는 것은 『이념들 Ⅰ』의 시기로 대표되는 '정태적 현상학'에 맞서 1920년대에 들어서서 '발생적 현상학'이 성립하고서부터의 일이다. 아니 오히려 수동성 차원의 발견이 발생적 현상학의 성립을 촉진했다고 말해도 좋을 것이다. 이러한 발생적 현상학에서의 수동성 차원에 대한 풍부한 분석의 성과는 오늘날 『경험과 판단』, 『수동적 종합의 분석』 등에서 간취할 수 있다. 발생적 현상학의 과제는 현상학적 환원에 의해 얻어진 초월론적 장 속에 주어져 있는 초월론적 노에마로서의 대상의미를 '초월론적인 이끄는 실(Leitfaden)'로 하여 그러한 대상의미의 구성에 관계된 모든 지향적 수행을 대상의미의 발생으로 되돌아가 해명하는 것에 놓여 있다. 정태적 현상학으로부터 발생적 현상학에로의 이행은 정태적 현상학의 분석에 의해 얻어진 성과(초월론적 노에마)를 그 분석의 '이끄는 실' 내지 '지표'로 하고 있다는 점에서 현상학 전개의 필연적인 발걸음으로 간주할 수 있다. 이러한 발생적 현상학에서 대상을 구성하는 초월론적 주관성의 능동적인 활동에 선행하는 수동적인 선 구성의 차원이 밝혀지게 되는 것이다. 그러나 후설의 경우에 '수동적'이라거나 '선 구성'이라 하더라도 그것이 대상의미를 구성하는 초월론적 자아의 작용이라는 점에 변함이 없다는 점을 놓쳐서는 안 된다. 요컨대 '수동적'이란 대상을 구성하는 초월론적 자아가 대상에 대해 관계하는 방식의 하나의 양태인 것이다.

초월론적 자아에 의한 대상 구성의 활동은 크게 '능동성'과 '수동성'의 두 단계로 나누어지며, 계속해서 각각이 또 다시 두 단계로 나누어진다. 이것을 구성작용의 가장 저차적인 층으로부터 순서대로 보아가면, (1) 수동적 지향성, (2) 촉발(Affektion)이라는 수동성에 속하는 단계들, (3) 수용적(rezeptiv)인 자아대향(Zuwendung), (4)

자발적인 고차적인 대상 구성 작용이라는 능동성에 속하는 단계들이다. 첫 번째의 수동적 지향성이란 초월론적 자아가 능동적으로 대상에로 향하기에 앞서 이미 대상의미를 의미 상호간의 내적 결합법칙에 기초하여 일정한 방식으로 구조화하는 활동이다. 이러한 내적 의미결합과 의미발생의 법칙이 '연합'(Assoziation)이다. 연합이란 '의미의 친근성의 현상'인바, 동질적인 의미끼리는 서로 결합하고 이질적인 의미끼리는 서로 물리침으로써 대조를 이루며, 이리하여 대상의미는 저절로 명확한 윤곽을 지니기에 이른다. 자아는 스스로가 대상에 능동적으로 관계할 때에는 언제나 이미 이러한 의미결합과 의미분화가 연합법칙에 따라서 수동성 속에서 성립한다는 것을 발견하는 것이다. 수동성의 두 번째 계기인 촉발이란 연합법칙에 의해서 이와 같이 이미 일정한 방식으로 구조화된 대상의미가 자아에 대해 작용한다는 것이다. 이러한 작용에는 의미가 구조화되는 방식의 다양한 정도에 따라서 저절로 강약이 존재한다. 요컨대 자아는 이러한 촉발에 따르는 경우가 있는가 하면 그렇지 않은 경우도 있는 것이다. 어느 경우든 자아는 이러한 촉발에 대해 언제나 열린 상태에 놓여 있다. 이상과 같은 것이 수동성의 차원이지만, 이러한 촉발에 자아가 따른 단계에서 자아는 이미 수동적으로 앞서 구성되어 있는 대상의미로 스스로를 향하게 하여(자아대향) 능동성의 단계로 이행한다. 능동성의 이러한 최초의 단계에서 자아는 이미 구성되어 있는 대상의미를 받아들인다(수용성). 수용성은 능동성의 가장 저차적인 단계인 것이다. 이리하여 수용된 대상의미가 그 대상에 대한 '관심'에 의해 초월론적 자아에 의한 자발적인 의미부여의 대상이 될 때 구성은 능동성의 가장 고차적인 단계로 이행하게 된다.

그런데 수동성으로부터 능동성에 이르는 이러한 일련의 대상 구성의 활동은 앞에서 언급했듯이 모두 초월론적 자아의 관여에 의한 것이었다. 그러나 초월론적 주관성에 의한 이러한 구성작용은 더 나아가 그것에 선행하는 단계를 전제한다. 그것은 수동적인 것과 능동적인 것의 두 차원에 걸쳐 대상을 구성하는 초월론적 주관성 자신을 의식의 흐름으로서 구성하는 시간화의 차원이다. 초월론적 주관성이라는 자아의 작용을 시간적으로 펼쳐지는 의식의 흐름으로서 구성하는 시간화의 근원은 후설에 의해 <흐르기>라고 명명된 차원에 다름 아니지만, 그것은 초월론적 자아를 그와 같은 자아(주관성)로서 구성하는 것인 한에서 이미 어떠한 의미에서도 초월론적 자아의 구성작용이 미칠 수 없는 차원이다. 이것을 후설은 앞의 초월론적 자아가 관여하는 한 가지 양태로서의 수동성과 구별하여 '근원수동성'(Urpassivität)이라고 부르게 된다. 이러한 근원수동성에 관련되는 문제는 이미 그 단서를 초기 시간론의 <시간을 구성하는 절대적 의식>을 둘러싼 문제에서 발견할 수 있지만, 더 나아가 후기 시간론에서 <살아 있는 현재의 수수께끼>를 둘러싸고 전개되게 된다.

후설에 의한 수동성의 영역에 대한 분석은 세계의 구성에서 '신체'가 수행하는 중요한 역할을 발견할 수 있게 하고 또 운동감각(Kinästhese)적 의식에 대한 분석을 촉진하게 되지만, 이러한 신체의 활동에 주목하여 수동성의 현상학에 풍부한 성과를 가져온 것이 메를로-퐁티[『지각의 현상학』 외]이다. ☞ ㉺경험, 살아 있는 현재, 수동적 종합/능동적 종합, 수용성, 연합, 촉발

—사이토 요시미치(齋藤慶典)

㉾ 新田義弘, 『現象學とは何か』, (제2장 제2절), 紀伊國屋書店, 1968 (講談社學術文庫, 1992). 木田元, 『現象學』, (III장, VI장), 岩波書店, 1970.

수동적 발생受動的發生 [(독) passive Genesis] ⇨㉺발생

수동적 종합/능동적 종합受動的綜合/能動的綜合 [(독) passive Synthesis/aktive Synthesis]

후설에서 종합은 의식의 근원형식이며 그 특징은 '흘러가는 다양의 통일'로 규정된다. 주사위라는 통일적 대상의 지각은 어느 측면에서, 얼마만큼의 거리에

서, 어떤 빛 아래에서 보는가(나아가서는 어떻게 접촉하는가 등)에 따라 변화하는 다양한 현상방식을 통해 그 종합으로서 성립한다. 이렇게 지각한 주사위를 나중에 상기할 때에도 이전에 지각한 주사위와 동일한 주사위의 상기라고 하는 동일성의 의식은 종합에 의해 만들어진다. 이러한 개별적 의식 체험의 종합이 가능한 것은 본래 의식의 삶 전체가 종합적으로 통일화되어 있기 때문이다. 이러한 보편적 종합의 근본형식은 모든 것을 포괄하는 내적 시간의식이다. '능동적/수동적'이라는 발생적 현상학의 기초개념은 이전부터 사용되고 있던 '현실적/잠재적', '주제/배경(지평)' 등의 맞짝개념을 역동화한 것이다. 자아는 지금 보고 있는 주사위의 전면을 주제로서 현실적으로 의식함과 동시에, 이면을 배경으로서 잠재적으로 의식한다. 이러한 구별의 근거는 자아가 관여하는 방식의 차이에 놓여 있다. '능동적/수동적'의 구별도 마찬가지인바, 능동적 종합은 특히 자아적인 작용인 데 반해 수동적 종합은 자아의 관여 없이 저절로 생긴다. 그런 점에서 무의식의 활동과도 비교할 수 있다. 능동적 종합은 모두 수동적 종합을 토대로 하여 행해진다. 수동적 종합의 기저를 이루는 것은 내적 시간의식에 의한 시간구성이며, 운동감각(Kinästhese)에 의한 공간구성과 더불어 종합의 형식적 조건을 형성한다. 실질적 조건을 이루는 것은 연합법칙에 따른 배치 형성이다. 배치 형성에 의해 그림과 바탕이 분화하며, 바탕으로부터 부상한 그림이 자아를 촉발한다. 자아는 그림에 주목하여 파악적으로 대항한다. 이것이 촉발의 수용이며 능동성의 가장 낮은 단계를 이룬다. 수동적 종합과 능동적 종합의 경계선은 여기에 그어진다. 파악한다, 해명한다, 관계짓는다 등의 저차적인 능동적 종합을 넘어선, 헤아린다, 술어를 붙인다 등의 고차적인 능동적 종합에서는 수와 술어적 사태 등의 이념적인 대상이 산출된다. 능동적 종합은 작용으로서는 곧바로 지나가지만, 그 성과는 자아극에 침전하여 습관으로서 계속해서 타당하게 작용한다. 습관은 제2의 수동성으로서 좀 더 고차적인 능동적 종합의 토대가 된다. 따라서 모든 능동성에 선행하는 수동성과 능동성에서 유래하는 수동성이 구별된다. ☞ [사]발생적 현상학, 수동성, 연합

—기노시타 다카시(木下 喬)

[참] I. Yamaguchi, *Passive Synthesis und Intersubjektivität bei Edmund Husserl*, The Hague, 1982(일어판: 山口一郞, 『他者經驗の現象學』, 國文社, 1985).

수동적 지향성 受動的志向性 [(독) passive Intentionalität] ⇨[사]수동성, 지향성

수 數 [(독) Zahl]

통상적으로는 자연수로부터 정수, 유리수, 실수, 복소수까지를 '수'라고 총칭한다. 19세기 후반에는 몇 사람의 걸출한 수학자에 의해 고차적인 수준의 수는 그 바로 아래 수준의 수의 순서집합으로서 정의될 수 있다는 것이 밝혀졌다. 가장 고차적인 수준의 수인 복소수는 해밀턴(William Rowan Hamilton 1805-65)에 의해 실수로 이루어지는 순서쌍으로서 규정되며, 또한 실수는 칸토어에 의해 유리수의 무한수열로서 정의되었다. 자연수로부터 정수를 거쳐 유리수에 이르는 과정은 사칙산법의 자유를 획득하기 위한 수 영역의 확장이기 때문에, 정수와 유리수는 자연수로부터 직접적으로 전개될 수 있다. 이리하여 가장 저차적인 수준의 수인 자연수에 일체의 수학적 존재를 밑받침하는 기반으로서의 역할이 부과되게 되었다. 이러한 움직임을 받아들여 산술(자연수론)의 엄밀한 근거짓기를 시도한 것이 프레게이다. 프레게의 『산술의 기초』(1884)에서 자연수는, 프레게의 사상을 계승한 러셀의 방식으로 표현하면, 소여의 집합과 일대일의 대응관계에 놓이는 모든 집합의 집합으로서 정의되며, 이에 의해 일대일 대응과 집합 등의 논리학적 개념으로부터만 자연수 개념을 구성할 수 있다는 것이 제시되었다. 이러한 정의는 산술을 논리학으로 환원한다고 하는 논리주의 프로그램에 따른 것이었다. 한편, 거의 같은 시기에 『수의 개념에 대하여』(1887) 및 『산술의 철학』(1891)에서 자연수 개념의 근거짓기라는 프레게와 공

통된 과제에 몰두해 있던 후설은 프레게의 형식적 정의를 비판하고 자연수 개념의 심리학적 기원을 반성적으로 해명할 것을 목표로 했다. 이러한 시도는 산술을 심리학에 의해 근거짓는다는 심리학주의 프로그램에 따른 것이었다. 이와 같이 후설은 당초에 수의 기원을 실재적인 심리연관 속에서 발견하는 입장을 취했지만, 그 후 프레게에 의한 반비판을 하나의 계기로 하여 수가 실재적인 심리연관으로부터 독립된 '이념적' 존재자라는 것을 인정하게 된다. 그러나 모든 존재자를 의식의 작용과의 상호관계에서 반성적으로 파악할 수 있다는 방법적 태도는 일관된 것이기 때문에, 후설은 이러한 사상적 전환에 의해 자체적으로 존재하는 '이념적' 존재자가 인식에 '주어진다'는 것은 어떠한 것인가 하는 물음에 직면했다. 이 물음은 그를 의식의 지향성의 사상에로 이끌게 된다. ☞㉿수학과 현상학, 집합적 결합, ㉾산술의 철학

—노에 신야(野家伸也)

수용미학受容美學 [(독) Rezeptionsästhetik]

야우스와 이저에 의해 제창된 새로운 형태의 문학·예술사의 입장. 종래의 문학 연구는 주로 작가에서의 창작 과정과 성립한 작품 분석에 종사해 왔지만, 야우스에 의하면 문학과 예술은 "작품을 수용하고 향유하며 판단을 내리는 사람들의 경험을 매개로 하여 비로소 구체적인 역사의 과정이 된다"[『도발로서의 문학사』 일본어 역 v쪽]. 요컨대 여기서는 생산과 수용의 과정 전체의 본질을 이루는 역사성에 중점이 두어짐으로써 모든 객관주의와 실증주의가 부정되는 것이다. 예를 들면 <작품>(Werk)이란 문서 등의 형태로 존재하는 객체로서의 작품 및 그 저자뿐 아니라 작품을 해석하고 때로는 스스로도 작품을 생산하는 독자와 관객의 다양한 미적 행위 전체의 작용(Wirkung)이라고 생각되며, 따라서 수용미학은 문학사회학과 일반적인 영향사 연구 등에서 보이듯이 이와 같은 생산과 수용의 역사에 대한 단순한 객관적인 재구성을 지향하는 것이 아니라 그것 자체가 이러한 넓은 의미에서의 <작품>의 일부가 된다.

야우스의 수용미학에서는 구조를 과정으로서 파악한 프라하 구조주의의 영향 등도 보이지만, 뭐라 해도 그것의 중요한 기반이 되는 것은 가다머의 해석학에서의 영향작용사와 지평융합의 개념 또는 대화로서의 해석과 같은 사고방식이다. 가다머의 해석학의 요체는 해석 내지 이해가 작품(이하에서는 통상적인 의미에서의 작품)의 질문에 대한 대답이라는 점에 있다. 요컨대 저자는 언제나 자기에게 고유한 지평 속에 있는 사항을 보고 있고 작품 속에서 서술되는 견해는 그것 자체가 저자의 <대답>이지만, 동일한 사항에 관심을 지니는, 요컨대 동일한 물음을 묻는 독자가 저자와는 다른 지평 속에 있는 이상, 그 대답도 필연적으로 다른 것이 될 수밖에 없다는 것이다. 더 나아가 이 대답은 저자의 물음과 그것에 대한 그 자신의 대답에 맞닥뜨림으로써 비로소 나오는 것이자 그 이전의 대답, 요컨대 선행판단의 수정이다. 다만, 가다머는 실제로는 대단히 전통주의적인 입장에 서 있어 그것의 이데올로기적 성격을 하버마스 등이 비판하지만, 야우스 자신은 가다머가 예를 들면 고전적인 작품을 불변적인 것으로 생각한다는 점에서 논리적인 수미일관성의 결여를 지적한다. 야우스에게 있어서는 아무리 고전이라 하더라도 작품은 대답의 하나에 불과하기 때문이다. ☞㉿문학·문예비평과 현상학, 선이해, 역사(성), 영향작용사적 의식, 지평, 지평융합, 프라하 구조주의, ㉧가다머, 야우스, 이저

—아소 겐(麻生 建)

㊟ H. R. Jauß, *Literaturgeschichte als Provokation der Literaturwissenschaft*, Frankfurt a. M., 1970(轡田收, 『挑發としての文學史』, 岩波書店, 1976). 麻生建, 「文學史への挑發—ヤウスの受容美學をめぐって」, 『文學』, 岩波書店, 1973년 3월호에 수록.

수용성受容性 [(독) Rezeptivität]

수용성이란 어떤 것이 다른 것으로부터 무언가를 받아들이는 것, 예를 들면 마음이 외계로부터 촉발을

통해 자극을 받아들이는 것을 의미한다. 이와 같은 것으로서 수용성은 수동성이다. 그러나 후설은 발생적 현상학에서 수용성과 수동성이라는 말을 이와는 다른 의미에서 사용한다. 발생적 현상학의 기본은 수동적 종합과 능동적 종합의 구별이다. 능동적 종합이 거기에서 자아가 활동하는, 특히 자아적인 종합인 데 반해 수동적 종합은 자아의 관여 없이 저절로 생기는 종합이다. 수동적 종합이 수동적이라고 말해지는 것은 거기서 자아가 활동하고 있지 않다는 의미에서 그것이 비능동적이기 때문이다. 능동적 종합은 언제나 수동적 종합을 전제하여 행해진다. 수동적 종합에 의해 배치형성이 이루어지고 그림이 바탕으로부터 충분히 떠오르면 그림은 자아를 촉발하고 자아는 촉발을 수용한다. 이 경우의 촉발이란 그때까지 비활동적이었던 자아로 하여금 이 그림에 주목하도록 촉구하는 것인바, 자아에 의한 촉발의 수용이란 자아가 이러한 촉구에 따라 활동적이 되어 그림에 능동적으로 대향하는 것이다. 후설에서 수용성은 자아가 비활동적 상태로부터 활동적 상태로 옮겨가는 것이며, 능동성의 가장 낮은 단계에 위치지어진다. 수용성은 한편으로는 가장 낮은 단계의 능동성으로서 수동성과 대비되지만, 다른 한편으로는 좀 더 높은 단계의 능동성과 대비된다. 이념적 대상성을 산출하는 논리적 사고 등은 고차적인 능동적 종합이며 자발성의 영역에 속한다. ☞ ㊕발생적 현상학, 수동적 종합/능동적 종합, 촉발

—기노시타 다카시(木下 喬)

수직성 垂直性 [(불) verticalité]

후기 메를로-퐁티에서의 가장 고유한 존재론적인 주제 개념이며, 수직성 및 수직적(vertical)이라는 어형으로 특히 『보이는 것과 보이지 않는 것』의 '연구 노트'에서 자주 출현한다. 제1의적으로는 보이는 것과 보이지 않는 것을 한꺼번에 불가분하게 포괄하는 존재 내지 세계의 전체-동시적인 존립태를 언표하지만, 구체적으로는 세계 내속적인 모든 사태, 예를 들면 감각·사물·공간·시간·지각·실존·상호주관성 등에 대해서도 말해진다. 그것이 무엇이든 사태의 현실적인 계기는 잠재적인 영역이나 차원을 집약적으로 품고 있음과 동시에 자기를 거기로 초월적으로 개방하고 있고 상호적으로 포함하며 서로 잠식하는 상호내속과 상호교차에서 전체-동시적으로 존립하기 때문이다. 이와 같은 수직적인 존립태야말로 현재에서 지각적, 실존적으로 살아가는 사태 일반의 환원할 수 없는 있는 그대로의 현상 성격인바, 그것에 정위하여 그것을 이해 가능하게 해주는 견해 역시 '수직적인 견해'라든가 '수직적 철학'이라고 칭해지며, '수직적 가지성'의 창설을 지향한다[VI 284, 322]. 그것은 한편으로는 지향적인 분석-구성을 비판하고 지향의 계가 그로부터 촉구되어 발생하는 세계의 구조적 통일태를 우선하며, 다른 한편으로는 실증적인 분석-구성도 배척하고 그에 의해 추상되고 고립화된 계기들이 내속하는 불가분의 혼효적인 존재를 회복하고자 한다. 후기 메를로-퐁티 존재론의 기본적 개념들과의 연관에서 보면 존재의 수직성은 문화적, 인위적인 구성에 선행하는 다형적 가능성을 잉태한 시원성에서는 '야생의 존재'이며, 그 속에서의 계기들의 동시적인 상호의존·상호귀속성에서는 교차(chiasme) 내지 전환 가능성(réversibilité)이고, 그 전체의 보편적인 매질성에서는 살(chair)이다. ☞ ㊕살, 야생의 존재, 키아즘, ㊖보이는 것과 보이지 않는 것

—시노 겐지(篠 憲二)

수치 羞恥 {부끄럼} [(독) Scham (불) honte (영) shame]

루스 베네딕트는 일본의 문화와 서구의 문화를 비교하여 전자를 부끄럼의 문화, 후자를 죄의 문화로 파악했다. 여기서는 부끄럼의 문화에서의 외면성의 중시와 죄의 문화에서의 내면성의 중시와 같은 대조, 또는 전자에서의 자기와 타자와의 관계와 같은 수평성과 후자에서의 자기와 초월적인 것과의 관계와 같은 수직성의 대조가 보인다. 그러나 수치라는 현상은 그와 같은 구별을 넘어선 인간의 근본적인 감정이다.

「수치와 수치감정에 대하여」[SGW **10**. 65ff.]에서 셸

러는 이 현상을 인간의 독특한 실존양식에 결부시켜 생각한다. 정신과 인격성이 생명충동, 생명감정과 접촉하는 곳에서 수치감정이 발생한다. 따라서 동물이 부끄러워하는 것도 신이 부끄러워하는 것도 아닌바, 신체와 정신을 갖춘 인간에게 고유한 현상이라고 간주된다. 요컨대 생물학적인 것을 넘어선 내용과, 목표에 몰두하고 있던 정신적 지향은 이따금 주의가 신체로 향하는 것에서 스스로가 동물적 실존과 결합되어 있는 것을 발견하고 거기서 수치가 생겨나는 것이다. 셸러에 의하면 신체가 인간의 본질에 속하는 까닭에 인간은 수치를 느낄 수밖에 없으며, 다른 한편 정신적 인격이라는 신체로부터 독립된 것으로서 존재하는 까닭에 인간은 수치를 느낄 수 있는 것이다. 나아가 이와 같은 인간의 존재방식과 연관하여 신체의 수치 또는 생명적 수치감정과 심적 수치 또는 정신적 수치감정이라는 두 개의 근본 형태가 생각된다. 전자는 타자의 지향과 자기의 지향과의, 개체화와 일반화를 둘러싼 불일치가 자기에로의 되돌아봄(Rückwendung)을 매개로 하여 감득될 때에 발생한다. 또한 후자는 저차적인 충동적 추구를 강하게 일으키는 대상에 대해 가치 선택하는 고차적인 의식기능이 미결정의 태도를 취하는 것에서 의식의 두 단계가 긴장하는 것으로서 제시된다.

사르트르는 『존재와 무』 제3부 '대타존재'에서 타자와의 연관에서 수치를 다루는데, 수치란 타자 앞에서의 자기에 대한 수치라고 주장한다. 예를 들면 우리가 야비한 행위를 한다고 해서 타자가 없을 때에는 별로 부끄럽다고 생각하지 않는다. 수치를 느끼는 것은 그 야비한 행위를 타자가 보고 있다는 것을 우리가 느꼈을 때이다. 그 경우 수치는 야비한 행위가 보였다는 것보다도 자신이 타자의 대상이 되고 있다는 것, 즉 나의 대타존재의 체험에서 유래한다. 수치는 내가 사물의 한가운데로 떨어졌다는 근원적 실추의 감정이다. ☞ ㉯감정, 눈길, 대타존재

—이케가미 데쓰지(池上哲司)

수학과 현상학 數學—現象學

베를린 대학의 수학자 바이어슈트라스 밑에서 해석학解析學의 한 분야인 변분법變分法에 관한 연구로 학위를 취득하여 학문적 경력을 시작한 후설에게 있어 수학은 생애를 마칠 때까지 철학적 물음의 중심적 문제들 가운데 하나였다고 말할 수 있다. 그 물음의 기본적 틀은 철학에서의 스승 브렌타노의 기술심리학에 의해 주어졌다고 볼 수 있다. 예를 들면 후설에게서는 수학적인 지적 영위를 자명한 소여로서 간주하지 않고 그것을 본래적인 '명증성'(Evidenz)의 기준으로부터 다시 바라본다고 하는 자세가 일관되고 있지만, 이러한 자세는 브렌타노의 관점의 변주라고 생각되는 것이다. 후설의 문제설정은 어떠한 구조를 지니고 있었던 것일까? 이 점을 파악하기 위해서는 무엇보다 1929년에 출판된 『형식논리학과 초월론적 논리학—논리학적 이성 비판의 시도』[Hu 17]를 참조하는 것이 좋을 것이다. 우선 후설은 자기가 고찰하는 대상을 <형식논리학>으로서 파악한다. 이것은 문자 그대로 좁은 의미의 <형식논리학>과 집합론을 기초로 한 형식화된 수학을 통합한 개념이라고 볼 수 있다. 그런 의미에서 그것은 라이프니츠와 프레게 등의 전통 하에 있는 수학 개념이다. 후설은 논리학과 수학이 <형식논리학>이라는 형태로 제시되어 있는 그대로에는 만족하지 않는다. 그것은 학문 내적으로 부정합적일지도 모르며(고전적 집합론의 모순과 러셀의 패러독스), 또한 우리에게 있어 거의 무의미한 학문적 시도일지도 모른다. 이와 같은 문제와 수학적인 지적 영위가 어떻게 성립하는가를 고찰하는 것이 <초월론적 현상학>의 과제로 된다. 이러한 초월론적 물음이라는 자세가 명시적으로 드러나는 것은 1907년경 이후의 일이지만, 그것은 수학 연구로부터 철학 연구로 전환한 때부터 이미 암암리에 후설에게 존재하고 있었다고도 생각된다.

공간된 최초의 저서 『산술의 철학』(1891)은 수 개념을 기술심리학적으로 고찰하는 시도이지만, 그 고찰대상은 유한한 자연수만이 아니라 통상적인 지각의 대상이 되지 않는 거대수와 칸토어의 집합론에 도입된 초한수도 포함한다. 오히려 주요한 논의 대상은 후자

이다. 후설에 의하면 초한수는 보통의 유한수와 같이 존재하는 것처럼 생각될지도 모르지만, 실제로 그것을 우리가 이해하는 것은 기호를 매개시킴으로써, 그리고 유한수와의 유비에 의해서이다. 그러한 기호론은 통찰로 가득 차 있다. 1900-01년에 초판이 간행된 『논리연구』의 제1권 '프롤레고메나'는 나중의 <형식논리학>으로, 제2권의 연구들은 <초월론적 논리학>으로 발전해야만 할 내용을 포함한다. 여기서는 수학의 의미가 게임의 규칙과 똑같은 것으로 파악된다고 하는 당시의 형식주의자가 지니고 있던 생각이 개진된다. 13년에 간행된 『이념들』 제1권은 <초월론적 전회> 이후의 현상학적 개념들을 해설하는 시도이지만, 그것의 노에시스와 노에마라는 맞짝개념 가운데 <형식논리학>은 노에마적 대상으로서 파악된다. 그 이후의 전개에서 가장 주목해야만 할 것은 『형식논리학과 초월론적 논리학』, 특히 <초월론적 논리학>에 관해 논의한 부분이다. 후설은 거기서 집합론의 무한 개념과 직관주의자가 그것의 무비판적 사용을 비판했던 배중률을 현상학적으로 다시 고찰하는 한편, 형식주의자가 수용해야만 할 수학의 판단 기준으로 간주하고 있던 무모순성(정합성) 개념을 음미한다든지 한다. 다른 한편, 어떤 의미에서는 초월론적 현상학의 한계를 인식했다고도 해석될 수 있는, 수학적 명증성이 성립하는 구조가 명확하게 파악되게 된다. 그것은 수학의 근원적 명증성이, 해당 이론을 받아들여 온 '상호주관적 인식 공동체'를 그 영역 안에 받아들이지 않는 한, 얻어지지 않는다는 인식이다. 그것은 수학의 판명한 이해를 위해서는 역사적 고찰을 필수로 한다는 인식이기도 했다. 이러한 인식은 29년의 파리 강연인 『데카르트적 성찰』에서 순수 수학을 명증성의 모범으로 삼은 데카르트의 소박함에 대한 반박으로 되며, 나아가 36년의 『유럽 학문의 위기와 초월론적 현상학』에서는 수학적 자연학의 프로그램을 제출한 갈릴레오 비판으로 발전하게 된다. 이와 같이 당초에 계획했던 수학적 의미의 순수 심리학적 근거짓기는 후설 자신이 자각하고 있었듯이 '실현 불가능한 꿈'이었던 것이지만, 그 사유의 궤적은 근대 학문 이념을 체현한다고 간주되어온 수학의 학문론적 지위를 뒤흔드는 것이 되었다고 해석할 수 있다. 그런 의미에서 현상학은 비트겐슈타인의 후기 철학과 마찬가지로 데카르트의 학문론적 기도를 전복시켰다고 말할 수 있는 것이다. 수학론은 현상학 운동 총체 중에서 후설과 바일 그리고 베커에 의해서밖에는 본격적으로 다루어지지 않았던 주제인바, 이후의 논구가 기대된다. ☞ [사]과학사 · 과학철학과 현상학, [인]베커, 바일, [서]산술의 철학, 형식논리학과 초월론적 논리학

—사사키 치카라(佐々木力)

[참] 佐々木力, 『科學革命の歷史構造』, 下卷, 岩波書店, 1985.

수학화 數學化 [(독) Mathematisierung]

근대의 물리학적 객관주의, 즉 갈릴레오에서 시작되는 수학적 자연과학이 객관적 세계의 즉자적 존재성과 그것의 정밀한 측정 가능성을 가정하고, 그 위에서 세계파악의 방법으로서 정식화한 '이념화'에 대해 후설이 명명한 것. 근대의 자연과학에 대해 수학(특히 순수 기하학)이 교사로서 나타난다. 그것은 첫째로, 물리세계를 그 공간적 · 시간적인 형태에 관해 이념화함으로써 이념적인 객관적 세계의 구축을 가르친다. 둘째로, 수학은 측정술과 결합하여 실재하는 형태들에 관해 전적으로 새로운 성질의 객관적으로 참된 인식, 즉 그 고유한 이념적 대상에 근사적으로 관계하는 정밀한 인식을 획득할 것을 가르친다. 이러한 두 가지 방법에 의해 "유사한 것이 구체적인 세계 일반에 대해서도 가능하지 않을까"라는 물음에 이끌려 자연의 수학화가 수행된다. 그것은 우선 첫째로, 직접적으로는 수학화하는 것이 불가능한 감성적 · 질적 내용—차가움과 따뜻함, 밝음과 어두움, 거침과 매끄러움—에 관해 수행된다. 따뜻함과 같은 성질은 결코 공간적 · 시간적인 형태의 유비물이 아니며, 따라서 이러한 내용들을 수학적으로 처리 가능하게 하기 위해서는 이것들을 수량화할 필요가 있다. 이러한 수량화에 의해 그러한 내용들은 객관적인 도度라든지 파형이라든지 진동수로서 말해질 수 있게 된다. 둘째로, 순수 직관적

인 사유로서의 기하학이 수학화된다. 즉, 이념화로서의 직선, 원, 삼각형 등의 전 영역이 말하자면 형태와는 무관계하게 산술화되어, 예를 들면 해석기하로서 수식화됨으로써 '기하학의 공동화空洞化'를 초래한다. 그러나 셋째로, 이것은 대수적 산술도 기술화함으로써 사람들은 ×, ≧, ≠ 등의 기호에 따라 게임과 동일한 방식으로 조작하는 것에 열중하는바, 대수적 산술 그 자체의 의미가 공동화된 기술적 사고에 매몰되어간다. ☞㉮현상학적 과학론, ㉮유럽 학문의 위기와 초월론적 현상학

—혼마 겐지(本間謙二)

수행遂行 [(독) Leistung]

Leistung이라는 말은 원래 <성과・업적, 성능, 급부, 이행・수행> 등의 의미를 지니지만, 후설은 많은 경우 이 말을 가지고서 대상을 구성하는 **의식의 활동**을 언표한다. 특히 대상이 명증성을 지니는 경우에 그 대상은 이 의식의 활동에 의해 <존재하는 대상>으로 구성된다[FTL 253]. 다른 한편 이 말은 의식의 활동이 만들어낸 (존속하는) **성과**를 함의하기도 한다. 이러한 이의성으로 인해 이 말은 시간성・역사성과 깊은 관계를 지닌다. 용례를 보자. "지각한다는 것은 이미 자아의 능동적인 수행이다"[EU 74]. "명증성이란 자체 부여의 지향적 수행을 언표한다"[FTL 141]. "일반적으로 중요한 것은 이성 수행인바, 더욱이 이중의 의미에서의 그것이다. 수행하는 활동성들과 습관성들이라는 의미, 그리고 다른 한편으로 그것에 의해 수행되고 그 이후 존속하는 체험들이라는 의미이다"[같은 책 29]. 특히 마지막 예에서는 위에서 말한 이의성이 좀 더 명확하게 표현되고 있다. 그밖에도 "인식수행", "판단수행", "의미수행", "통찰수행"[Hu 7. 67], "심정의 주관성 및 의지의 주관성으로부터 유래하는 수행들"[Hu **8**. 25], "정신적 수행"[Krisis 115], "세계를 구성하는 수행"[같은 책 116], "심적 수행"[같은 책 119], "인간적 수행"[같은 책 120] 등의 용법이 있다. 더 나아가 "그때마다 구성된 지향적 통일체와 그것의 그때마다의 소여양식 속에 침전된 역사로서 포함되어 있는 수행들"[FTL 217], 혹은 "생성해온, 그리고 더욱 더 생성해가는 수행으로서의 학문"[같은 책 34], "수행하고 있는 지향성"[같은 책 185]과 같은 용법도 있다. 이와 같이 '수행'은 시간성이나 역사성과 깊이 관계된다. 나아가 "살아 있는 시간화는 '수행'이며, 통일들을 획득하는 것이다"[Ms. C3Ⅲ, 23]라고도 말해진다. 헬트는 수행을 "통일체의 창설"로서 특징짓고 있다. ☞㉮구성, 작용

—다니 도오루(谷 徹)

순간瞬間 [(독) Augenblick] ⇨㉮시간

순수 경험純粹經驗 [(영) pure experience (독) reine Erfahrung]

주로 윌리엄 제임스의 근본적 경험론의 기본 개념으로서 알려져 있다. 주관과 객관, 사상과 사물 등의 이원적 구별이 그로부터 이차적으로 파생되는 근원적 실재를 그는 순수 경험이라고 불렀다. 그것은 나중의 반성작용의 개념적 범주에 기본 소재를 제공하는 "직접적인 삶의 흐름"이며, "아직 어떤 무엇(what)이라고도 결정되어 있지 않은 단적인 저것(that)"이다. 『심리학 원리』에서 간접적인 '~에 대한 지식'과 구별되어 '친숙함의 지식'이라고 불린 직접적 지식의 철학적 전개로 간주된다. 상상이나 사고와 같은 유의 내적 경험에서도 순수 경험이 생각되고는 있지만, 특히 보는 것과 보이는 것이 보기에서 일체화되어 있는 외부 지각이 순수 경험의 전형으로 생각된다. 예를 들면 눈앞에서 지각되는 종이의 직접소여가 내 마음속의 역사 속에 짜 넣어지는가 아니면 외적 사물의 역사 속에 짜 넣어지는가, 요컨대 중립적인 항이 어느 쪽의 맥락에 들어가는가에 따라서 <종이를 보기>라거나 <보인 종이>라고 해석된다. 주객 두 근본이 이루는 좌표축의 교차점에 종이의 순수 경험이 위치하는 것이다. 순수 경험이란 "현상(phénomène), 소여(donée), 현전하는 것(Vorfindung)"과 같은 직접적, 중립적, 전인칭적인 근원-경험을 말한다. 이러한 근원-경험의 개념적

해석인 주관–객관, 사상–사물은 따라서 실체적이 아니라 다름 아닌 기능적인 구별이다. 따라서 제임스의 순수 경험을 경험이 그것에 의해 복합되는 요소적 단위처럼 이해해서는 안 된다. 그것은 경험의 기초적 '요소'라기보다 "현재의 순간의 장"이며, 아직 혼돈으로서 있긴 하지만 인식의 확실한 모태, 모든 의미의 근원적인 지평을 이루는 것이기 때문이다. 이런 의미에서 그것은 마흐나 아베나리우스의 실증주의적 과학 이론보다는 후설의 '근원신념'으로서의 '생활세계'나 메를로–퐁티의 신체에 의해 전반성적으로 '체험된' 지각세계 개념 쪽에 접근한다. 또한 그것은 직접적인 의식작용으로서는 베르그송이 지성과 구별한 '직관'과, 근원적인 실재로서는 그의 '순수 지속'과 궤를 같이한다. 니시다 기타로西田幾多郎의 순수 경험에서도 제임스의 영향이 보이지만, 니시다의 『선의 연구』의 순수 경험론은 좌선 체험과 헤겔주의를 종합한 독자적인 것으로서 주객미분, 물아일여의 의식 체험을 참된 실재로 보고 신마저도 동일시하는 형이상학적인 이론이다. ☞㉤제임스

—가토 시게루(加藤 茂)

㊟ W. James, *Essays in Radical Empiricism*, New York, 1912(桝田啓三郎・加藤茂 譯, 『根本的經驗論』, 白水社, 1978).

순수 기술純粹記述 [(독) reine Deskription] ⇨㉮기술

순수 논리 문법(학)純粹論理文法(學) [(독) reine logische Grammatik]

단어를 제멋대로 늘어놓더라도 의미가 있는 개념이나 명제를 표현할 수 없다. 이것은 거기에서 통일적인 의미가 형성되지 않기 때문이라고 후설은 생각한다. 그러므로 '둥근 그러나'는 무의미(Unsinn, sinnlos)이다. 이에 반해 '둥근 사각형'의 경우 이 개념에 부합한 대상은 존재하지 않기 때문에 그것은 반의미(absurd, widersinnig)이긴 하지만, 의미의 통일성은 형성되어 있다. 더욱이 이 점을 우리는 직관적으로 이해한다. 요컨대 통일적인 의미가 형성되어 있는지의 여부에 관한 필증적인 명증성이 존재하는 것이다. 그리고 후설은 이러한 명증성이 각각의 단어가 지닌 의미의 형식적인 본질에 뿌리내리고 있다고 간주한다. 이로부터 통일적인 의미를 지니는 문장 형성의 원리에 관한 본질학의 가능성이 생긴다. 그리고 또한 이 학은 '둥근 사각형'이라는 개념을 '이 사각은 둥글다'라는 의미 형태로부터의 변용으로서 설명할 수 있는 원리에 대한 해명도 그 과제로서 짊어지게 된다. 이와 같은 의미의 결합과 변용에 관한 선험적인 학을 후설은 17-18세기의 합리주의자들이 정당하게도 품고 있던 보편문법(학) 이념의 계승으로서 위치짓고, 『논리연구』에서 순수 논리 문법학이라고 불렀다. 이것은 또한 판단의 순수 형식학이라고도 불리는바, 논리학의 제1의 기반으로서 형식적 명제론의 기저층을 형성하게 된다. 후설은 이 학이 대단히 평범한(trivial) 것을 문제로 하고 있는 까닭에 무익하다고 하여 쉽사리 무시된다는 것, 그러나 거기에는 용이하지 않은 문제가 숨어 있다는 것을 통찰하고 있었다. 촘스키(Noam Chomsky) 문법의 성공을 보고나서 "철학은 평범한 사항에 대한 학이다"[LU II/1 341]라는 스스로 경계하는 말을 후설이 이곳에 적어둔 것을 잊어서는 안 된다. ☞㉮무의미/반의미, 보편문법, 언어학・기호학과 현상학

—이토 하루키(伊藤春樹)

순수 논리학純粹論理學 [(독) reine Logik]

칸트는 『순수이성비판』에서 논리학을 지성 규칙 일반에 관한 학으로서 위치짓는데, 대상 여하에 관계없이 그것을 결여해서는 어떠한 지성사용도 불가능해지는 필연적인 사유 규칙에 관한 논리학을 일반 논리학이라 부르고, 특수한 대상에 대해 바르게 사유하는 규칙에 관한 그것을 특수 논리학이라 불러 서로 구별했다. 일반 논리학은 더 나아가 지성을 사용할 때의 경험적 조건에 좌우됨 없이 지성사용의 형식적이고 선험적인 원리만을 다루는 순수 논리학과, 심리학이 가르치는 경험적 조건에 따르는 지성사용의 규칙을 다루고

상식을 순화하는 수단으로서 기능하는 응용 논리학으로 나누어진다. '순수 논리학에 대한 서설(프롤레고메나)'이라는 부제를 가지는 『논리연구』 제1권에서 후설은 논리학을 칸트가 규정한 의미에서의 순수 논리학으로서 위치짓고, 논리학의 근거를 심리학에서 구하는 입장과 논리학을 단순한 규범학으로 간주하는 입장, 그리고 논리학을 지성사용을 위한 단순한 기술학으로 간주하는 입장을 비판한다. 논리학은 순수 수학과 마찬가지로 이론적인 학문이며, 논리법칙은 '개념'과 '판단', '대상'이라는 개념의 본질에 관한 법칙이다. 그러므로 논리적 진리는 개념의 의미에만 기초하는 선험적인 진리, 즉 라이프니츠적인 '이성의 진리'인 것이다. '순수 논리학'이라는 표현에는 라이프니츠-칸트 전통에로 귀의함으로써 『산술의 철학』에서의 심리학주의를 엄격하게 자기비판하는 『논리연구』 초판 당시에 고유한 문제의식과 프로그램이 담겨 있다. 논리학을 전통적인 삼단논법만이 아니라 순수 수학과 순수 운동학과 같은 형식적이고 선험적인 학문을 모두 포함하는 보편학으로서 파악하고, 나아가 학문 일반의 형식학인 학문론이게끔 하고자 하는 구상은 이후에도 계승되어 가지만, 이러한 프로그램들이 '순수 논리학'이라는 명칭 하에 총괄되는 것은 『프롤레고메나』 시기뿐이다.
☞ ㊆논리학과 현상학, 보편학{보편수학}, 학문론

—이토 하루키(伊藤春樹)

순수성 純粹性 [(독) Reinheit]

후설 현상학에서 순수라는 것은 두 가지 국면에서 문제가 된다. 첫째는 '순수 현상학'이라는 철학의 이념을 둘러싼 것이고, 둘째는 현상학적 환원에 의해 잔여로서 석출되는 '순수 의식'이라는 개념을 둘러싼 것이다.

후설에 의하면 학문적 인식은 일반적으로 '근거에 기초하는 인식'이어야만 한다. 그리고 '근거에 기초하는 인식'은 그 명제들이 우연적인 것, 자연적・역사적으로 사실적인 것을 일절 섞여 들이지 않고 그 속에서 스스로를 근거지을 수 있는 그러한 자기 완결적인 근거짓기의 체계연관을 형성하는 것이어야만 한다고 생각된다. 이와 같은 <순수성>의 이념에는 세 가지 개념 계기가 포함된다. 그것은 (1) 비경험적이라는 의미에서의 초월론성, (2) '궁극의 기초'에로 끊임없이 소급해가는 철저성(Radikalität), (3) '근거짓기 연관의 통일'이라는 체계성의 이념이다. 이 세 가지 계기는 칸트 『순수이성비판』에서의 (1) '경험 또는 감각을 섞어 넣지 않는 인식'이라는 '순수한 인식'의 규정, (2) '철저성(Gründlichkeit)의 정신'의 찬양, (3) '체계의 기술'로서의 '순수 이성의 건축술'이라는 학의 이념 속에서 그 대응물을 발견할 수 있다. 또한 동시대적으로는 순수 현상학과 순수 논리학과 같은 이념에서 보이는 현상학의 이러한 순수에 대한 지향은 켈젠의 순수 법학이나 슘페터의 순수 경제학과 함께(또는 '순수 예술' 운동과 함께) 논리와 법, 경제법칙과 예술 그 자체의 자율적으로 존재해야 하는 고유한 타당성 영역이 그것에 있어 우연적이고 비본질적인 계기의 뒤섞임에 의해 붕괴하고 있다는 위기의식을 공유하면서 '순수주의'라고 불리는 사상조류를 형성했던 것이다.

사실적인 것의 뒤섞임을 배척한다고 하는 이상과 같은 의미와 함께 <순수성>은 또 하나의 의미를 지닌다. 그것은 현상학적 환원에 의해 경험을 초월하는 모든 타당성을 정지시킨 후에 잔존하는 '순수 의식', 즉 그것의 초월론적으로 순화된 존재방식을 가리킨다[Ideen Ⅰ §47-55 참조].

그런데 사실적인 것의 배제와 초월적인 것의 배제라는 <순수성>의 이중의 의미는 현상학적 환원이 형상적 환원과 초월론적 환원의 두 계기에 의해 구성되어 있다고 하는 사실에 대응한다. 후설의 현상학은 자명한 학문으로서 저 '순수주의'의 이념을 최후까지 저버리지 않았지만, 실제의 분석의 진행은 역으로 의식 기능의 숨겨진 조건으로서 신체성과 언어기호, 타자와의 교통관계(상호주관성), 의미와 명증성의 기반으로서의 생활세계 등이 지니는 지평적인 구성 기능의 발견과 더불어 순수 의식이 "그것만으로 독립하여 완결된 존재연관"[Ideen Ⅰ 117]으로서는 간주될 수 없다는 것을 분명히 하고 있었다. 그런 의미에서 현상학이란 순수하고자 하지만 점점 순수함을 떠받치는 기반으로서의 지평의 숨겨진 '불순'한 활동이 노정되어가는 과정이었다고 할 수 있다. ☞[사]순수 논리학, 순수 의식, 철저주의{래디컬리즘}, 현상학적 환원

—와시다 기요카즈(鷲田清一)

[참] L. Landgrebe, *Der Weg der Phänomenologie*, Gütersloh. 1963, Kap. 8.(山崎庸佑 · 甲斐博見 · 高橋正和 譯, 『現象學の道』, 木鐸社, 1980, 제8장).

순수 의식 純粹意識 [(독) reines Bewußtsein]

후설이 『이념들 Ⅰ』에서 현상학적 환원의 이론을 드러내 보일 때 '현상학적 환원' 내지 '현상학적 에포케'의 수행에 의해—'현상학적 잔여'[Ideen Ⅰ 59]로서(다만 이 '잔여'라는 표현은 후에 그 부적절함이 지적된다[Hu **8**. 432])—열리는 현상학의 '영역'이 '순수 의식'이라고 불렸다[Ideen Ⅰ 5, 58, 59, 69, 95]. 순수 의식은 '순수 체험들'의 영역으로서 한편으로는 '순수한 의식상관자'를, 또한 다른 한편으로는 '순수 자아'를 동반하는데[같은 책 58], 후설에 의하면 이와 같은 순수 의식의 본질구조를 직관에서 형상적으로 파악하고 개념적으로 엄밀하게 기술하는 것이 현상학의 임무라고 생각되었던 것이다.

순수 의식이라는 명칭은 누구라도 반성을 수행하여 파악할 수 있는 보통의 의미에서의 '의식'에 반해 현상학의 영역으로서의 의식이 '순수'하다는 것을 나타내지만, 이러한 '순수함'은 "형상적 순수함"[Ideen Ⅰ 60](사실에 반해 본질이 문제로 되고 있는 것)을 가리키는 것이 아니라 "현상학적 순수함", 즉 "소여를 넘어서는 모든 초월화하는 해석이 물리쳐지고 있는 것"[같은 책 185]을 가리킨다[같은 책 177 참조]. 순수 의식은 바로 현상학적 환원에 의해 자연적 태도의 일반정립을 차단하고 실재적인 자연적 세계 전체를 괄호에 넣으며 모든 초월물을 차단한 후에 비로소 열리는 것인바, 따라서 그것은 "자연의 구성요소가 아니며"[같은 책 95] 실재적인 것일 수 없는 것이다[같은 책 108].

그러나 순수 의식이 내용이 공허한 장인 것은 아니다. 의식이 본질적으로 '어떤 것에 대한 의식'이자 '지향성'을 지니는 까닭에, 환원 후에 열리는 순수 의식도 이미 말했듯이 그 지향적 상관자를 순수한 모습으로 동반하게 된다. 환원에 의해 괄호에 넣어진 것은 바로 괄호에 넣어진 채로 순수 의식의 영역에 들어와 탐구의 주제로 되는 것이며[Ideen Ⅰ 142], 이리하여 순수 의식은 바로 "의식체험{노에시스적인 것}과 의식상관자{노에마적인 것} 사이의 본질 관계들이라는 하나의 커다란 장"[같은 책 205]이 되는 것이다.

그런데 이러한 순수 의식은 후설에게 있어 "모든 세계적 초월물을 자기 안에 내장하며, 그것을 자기 안에서 '구성하는' 절대적 존재의 전체"[Ideen Ⅰ 94], 즉 '세계'를 '의미'로서 '구성'하는 "의미 부여의 영역", "절대적 기원"[같은 책 106f.]에 다름 아니었다. 따라서 그것은 의식으로부터 초월한 것에 대한 인식에 관계하는 근대 이래의 인식 문제(초월론적 문제)를 해결할 수 있는 유일한 원천이기도 했다[같은 책 204, 177 참조]. 이리하여 그는 "{근대 이래의} 인식론적 문제설정에 기초하는 중요한 동기들"을 고려하여 순수 의식을 "초월론적 의식"이라고도 부른다[같은 책 59]. 『이념들 Ⅰ』에서는 이밖에 "초월론적으로 순화된 의식"[같은 책 5, 114, 306], "초월론적으로 순수한 의식"[같은 책 108, 121, 124]과 같은 표시도 이루어지지만, 후에는 이러한 명칭들 대신 "초월론적 주관성"이라는 명칭이 점차로 많이 사용되어가게 된다. ☞[사]순수성, 에포케, 의식, 의식작용/의식내용/의식대상, 자아{에고}, 초월론적 주관성, 초월적/초월론적, 현상학적 환원

—사카키바라 데쓰야(榊原哲也)

순수 자아 純粹自我 [(독) reines ego; reines Ich] ⇨[사]자아{에고}

순수 지속 純粹持續 [(불) durée pure]

공간화를 모면한 참된 시간의 존재방식을 지시하기

위해 베르그송이 사용한 말. 베르그송 철학의 근간을 이루는 개념이기도 하다. 지속은 판연한 구별도 없는 채로 상호적으로 침투하는 이질성에 의해 특징지어진다. 상호침투성과 이질성은 언뜻 보아 서로 모순되는 것처럼 생각되지만 베르그송에게 있어서는 그렇지 않다. 바로 질적 차이를 가지기 때문에 상호적으로 침투하는 것이며, 바로 상호적으로 침투하기 때문에 질적 차이를 가지는 방식으로 두 특성은 불가분한 것이다. 그로부터 지속의 중요한 특성이 도출된다. 즉 지속이란 그때마다 한꺼번에 새롭게 되어가는 전체로서 이해되는 것이다. 자유라는 것이 이러한 지속을 발견하고 거기에 몸을 맡김으로써 말하자면 저절로 증명되는 것도 기본적으로는 지속의 그와 같은 창조적 존재방식에서 온다. 따라서 지속을 단지 직접적인 불가분의 흐름으로서만 이해하게 되면 위험할 것이다. 한편으로 베르그송만큼 현재와 과거의 본성의 차이, 현재와 과거의 동시생성을 강조하는 철학자도 없기 때문이다. 오히려 지속이란 그와 같은 본성의 차이도 뛰어넘게 할 만큼의 비약력을 간직한 것이라는 점에 주목해야만 할 것이다. 당초에 인간의 깊은 자아의 심리적 시간과 동일시되었던 것으로 볼 수 있는 지속이 곧이어 생명진화를 관통하는 시간, 나아가서는 우주의 시간으로까지 보이게 되는 것은 그 점과 결코 무관계하지 않기 때문이다. ☞[인]베르그송

—시노하라 모토아키(篠原資明)

순수 직관 純粹直觀 [(독) reine Anschauung] ⇨[사]직관

술어적/전술어적 述語的/前述語的 [(독) prädikativ/vorprädikativ]

후설이 논리학의 발생론적 고찰에서 사용하는 맞짝개념으로 술어적 판단(사고)과 전술어적 감성적 경험의 영역 차이를 가리킨다. 후설은 논리학의 이념적 형성체를 즉자적으로 존립하는 것('명제 자체', '진리 자체')으로 간주하는 객관주의를 비판하여 그것에 대응하는 주관적 구성수행을 밝혀내고, 이에 의해 논리학을 초월론적 현상학에 근거짓고자 한다('초월론적 논리학'). 그 경우 주관적 측면과 더불어 발생적 측면도 고려하지 않으면 안 된다. '빨강은 아름답다'라는 판단의 주어 '빨강'은 '빨갛다'라는 술어의 명사화에 의해 형성된 것이다. 따라서 이 판단은 그 발생적 기반으로서 노에시스적으로는 명사화의 활동을, 노에마적으로는 본래의 술어 '빨갛다'를 거슬러 지시한다. 완성된 형태로 주어지는 것으로 볼 수 있는 의미형성체도 그 배후에 의미의 역사를 포함하는바, 그와 같은 숨겨진 지향적 함축을 발생적으로 드러내야만 한다. 이와 같은 발생론적 고찰을 통해 후설은 개별적인 것에 관계하는 판단으로서의 경험판단을 모든 판단의 기반에 자리매김한다. 경험판단은 물론 경험에 기초하기 때문에 술어적 판단(사고)은 전술어적 경험에 기초하게 된다. 전술어적 경험은 수용적 능동성의 영역이며, 내적 시간의식 · 운동감각 · 연합에 의한 수동적 종합과, 그에 기초하는 초보적인 능동적 종합(파악한다, 해명한다 등)을 포함한다. 이러한 능동적 종합은 이미 객관화의 수행이며 술어적 사고의 맹아이다(전술어적 감성적 경험을 다루는 초월론적 논리학의 기초 부문은 초월론적 감성론이라고 불린다). 술어적 사고는 더 나아가 객관화를 추진하여 대상의 경험이 흘러가버린 후에도 대상을 동일한 것으로서 확보하고자 한다. 그러므로 범주적 대상성이라고 불리는 논리적 형성체가 구성된다. 술어적 사고는 산출적 자발성의 영역이며 최고 단계에서는 보편적 대상성을 산출한다. 보편적 대상성은 이념적이고 전시간적인 대상성이며 객관화의 극점이다. 그와 같은 것으로서 이념적 대상성은 즉자적 존립의 모습을 띠게 된다. 그러나 그와 같은 이념적 대상성도 실제로는 전술어적 경험에서 시작되는 의미발생의 역사에 입각해 있는 것이다. '술어적/전술어적'이라는 맞짝개념은 이와 같은 비판적 함축을 갖추고 있으며, 논리학의 발생론적 고찰의 틀을 떼어내면 『위기』의 수학적 자연과학 비판에 연결된다. ☞[사]경험, 발생, 수동적 종합/능동적 종합, 초월론적 감성론, 초월론적 논리학

—기노시타 다카시(木下 喬)

[참] G. A. de Almeida, *Sinn und Inhalt in der Genetischen Phänomenologie E. Husserls*, Den Haag, 1972.

술정적述定的 ⇨[사]술어적/전술어적

스위치를 끄다 [(독) Ausschalten] ⇨[사]에포케

스콜라 철학과 현상학—哲學—現象學

독일의 현상학자들은 칸트와 사변적 관념론에 대해 비판적으로 거리를 두고 사태에 입각한 객관성을 강조한다는 의미에서 현상학과 스콜라 철학 사이에서 친근관계를 간취하는바, 양자의 관계가 역사적으로 브렌타노(및 볼차노)와 스콜라 철학의 결부로까지 소급된다고 확신한다. 후설의 스승이었던 브렌타노는 모든 심적 '현상'들의 기본 구조로서 지향성 개념을 발견했다("모든 심적인 것에 공통된 특징은 …… 경우에 따라서는 현실에는 존재하지 않을지 모르지만 내적으로는 대상으로서 주어져 있는 무언가와의 지향적 관계에 놓여 있다. 들리는 사태 없이 듣는 작용은 있을 수 없으며, 믿어지는 사태 없이 믿는 작용은 있을 수 없다"[『도덕적 인식의 원천에 대하여』(1889) Nr. 19]). 브렌타노는 이 개념을 스콜라 철학으로부터 원용한 다음("다른 많은 주요 개념의 명칭과 마찬가지로 지향성 개념도 스콜라의 철학자에게서 유래한다"[같은 책 Nr. 19 Anm.]), 스콜라 철학의 사상에 입각하여 대상에 관계하는 직접적인 지향성과 작용 자체를 반성하는 이차적인 지향성으로 '작용의 구조'를 구별했다. 후설과 셸러의 현상학은 이 개념을 계승하고 있는 것이다.

후설은 『논리연구』에서의 객관적 명증성을 둘러싼 탐구에 의해 신스콜라학의 동의가 얻어졌다는 것을 자각하고 있으며, 현상학과 스콜라 철학의 내용적인 유연類緣관계를 상정하고 있었다. 그러나 후설 스스로의 증언에 의하면 그는 에디트 슈타인의 번역을 통해 토마스 아퀴나스(Thomas Aquinas 1225-74)의 『진리론』을 접촉한 이외에는 스콜라 철학의 원전이나 신스콜라학의 문헌에 통하고 있었던 것은 아니다. 만년에는 삶의 현상으로서의 신비사상이나 종교로 경도되었지만, 그것들을 그리스 철학을 통해 학문화하고자 하는 스콜라 철학에 대한 관심은 희박했다. 그러나 사실상 후설의 명증성 개념, 그리고 '신의 이념' 또는 '진리 자체'에 이끌려 발전하는 이성에 대한 목적론적 파악(후기 저작)은 '하나 · 진 · 선'(unum, verum, bonum)으로서의 신 이해(슈트라서, 136-142)와 마찬가지로 토마스의 정신철학 및 존재 · 신 개념과의 평행관계를 엿볼 수 있게 해준다. 의식에 대한 반성을 개입시키지 않고서 존재를 사유하고자 한다는 의미에서 후설은 스콜라 철학에 대해 비판적이었지만, 신스콜라학(M. 뮐러) 측에서는 후설의 의식 내재주의를 경계하고, 그것이 존재에 대한 이성의 지향성을 대상과의 관계성으로 환원함으로써 의식의 근원에서 정신에 있어 구성적인 존재에 대한 열림이라는 초월론적 차원을 보지 못한다는 비판을 행했다.

후설의 제자 중에서는 H. 콘라트-마르티우스가 토마스 연구에 몰두하여 그의 현실태 · 가능태의 존재론을 자기의 자연철학 내에 받아들인 이외에, 후설의 조교로 일했던 에디트 슈타인이 1929년 이래로 현상학적 방법에 의한 토마스 사상의 발전적 계승을 시도했다.

셸러는 토마스 그 자체보다는 인과성에 의한 신 증명에 의해 종교를 합리적으로 근거짓는 신토마스주의로부터 거리를 취하고, 1913년부터 23년까지 현상학에 의한 아우구스티누스주의의 쇄신에 힘썼으며, 나아가 그의 실질적 가치윤리학에서는 토마스 아퀴나스의 덕론(『신학대전』 제2부)을 생각나게 하는 가치체계의 근거짓기를 수행했다. 마찬가지로 후설의 제자인 잉가르덴을 필두로 하는 폴란드의 현상학, 특히 보이티와(Karol Józef Wojtyła 1920-, 교황 요한 바울로 2세, 셸러 연구로부터 출발)는 토마스 사상과의 유연관계를 자각하고 있었다.

스콜라 철학과 현상학의 상호 교류 중에서도 하이데

거가 전개한 해석학적 현상학에 의한 존재 사유의 영향력은 걸출한 것이었다. 하이데거는 1907년에 브렌타노(『아리스토텔레스에서의 존재자의 다양한 의미에 대하여』, 1862)의 아리스토텔레스적·스콜라적 존재론, 그리고 1909년에 브라이크(Carl Braig, 『존재에 대하여—존재론 강요』, 1896)의 형이상학을 공부함으로써 존재 물음의 기초를 구축하고, 나아가 후기 스콜라학의 논리학을 해석한 교수자격 취득 논문(1916) 및 세 시간의 강의 『아우구스티누스와 신플라톤주의』(1921)를 통해 그 물음을 심화시키고 있었다. 하이데거 문하에서도 마레샬(Joseph Maréchal 1878-1944)의 초월론적 토마스주의로부터 영향을 받은 사람들, 요컨대 지베르트(Gustav Siewerth 1903-63), 로츠(Johannes Baptist Lotz 1903-92), 라너(Karl Rahner 1904-84), M. 뮐러와 그의 제자들은 토마스의 존재이해·인식론·정신철학을 하이데거에 의한 존재 사유 하에서 해석함으로써 토마스의 사상을 현대의 철학적 논의의 장으로 이끌어 들였다. ☞ ㊀가톨릭주의와 현상학

—K. 리젠후버, 번역: 무라이 노리오(村井則夫)

참 M. Müller, "Phänomenologie, Ontologie und Scholastik", in *Existenzphilosophie im geistigen Leben der Gegenwart*, 1949, 3. Aufl., Heidelberg, 1964. St. Strasser, "Das Gottesproblem in der Spätphilosophie Edmund Husserls", *Philosophisches Jahrbuch* 67, 1959.

스타일 [(불) style]

후설이 "통일적인 스타일"[Ideen II 21], "습관의 스타일"[같은 책 249], "정상적인 유형적 스타일"[같은 책 254], "삶의 스타일"[같은 책 270] 등이라는 형태로 사용한 말을 메를로-퐁티는 "세계에 대한 우리의 본원적 관계"[PM 79]를 보여주는 것으로서 많이 사용한다. 『지각의 현상학』에서는 말의 동작적 의미에 대한 이해처럼 개념적인 이해에 선행하여 일반적인 <전형>으로서 언어와 세계를 이해할 때에 이해되는 것의 잠재적인 의미지향의 통일성을 가리키는 경우[PP 209, 462]와, 이미 주어진 일반적인 실존에 의한 상황의 취급방식을 가리키는 경우[같은 책 378, 519]가 있다. 언어와 세계 및 타자를 이해할 때의 일반적 구조와 신체가 세계 내에 존재하는 일반적인 존재방식이 <스타일>로서 파악됨으로써 <나는 할 수 있다>의 차원에서의 의미지향에 대한 이해 가능성이 열린다. 『기호들』, 『세계의 산문』에서는 <스타일>이 표현작업을 수행하기 위한 등가물의 체계이자 표현이 표현하는 자의 <스타일>의 일반성 위에서 구축된다는 것이 주장된다[Signes 68, PM 86]. 메를로-퐁티에게 있어서는 표현의 가능성이나 그에 대한 이해의 가능성은 단순한 방법이나 습관이 아니라 지각 안에 산재해 있는 의미를 집중시켜 볼 수 있도록 하는 일관된 변형의 지표인 <스타일>을 기반으로 한다. 이해란 개념적인 내재에서의 구성이 아니라 <스타일>에서 "공존에 의해 측면으로부터"[VI 242] 파악하는 것이게 된다. ☞ ㊀일관된 변형, 일반성

—가쿠코 다카시(加國尙志)

스페치에스 [(라) species (독) Spezies] ⇨㊀종{스페치에스}

습관 習慣 [(독) Habitus (불) habitude]

후설의 발생적 현상학에서 초월론적 자아가 획득한 지속적인 규정은 습관이라고 불린다(후설은 특히 습관성Habitualität이라고 말한다). 자아가 행하는 능동적 종합은 작용으로서는 곧바로 흘러가버려 과거의 체험이 되지만, 거기서 이루어진 새로운 태도결정은 자아극에 침전하여 지속적인 습관이 된다. 습관은 침전에 의해 수동적 차원으로 이행한 자아의 태도결정인바, 그 태도결정이 이루어진 능동적 종합을 근원창설로서 거슬러 가리킨다. 능동적 종합의 작용이 시간적 체험으로서 흘러가버림에도 불구하고 습관이 지속적인 것은 시간 구성의 원천인 살아 있는 현재의 흐르면서 멈추어 서 있는 기능 때문이다. 자아는 한편으로는 그때마다의 작용의 수행자로서 그 작용과 함께 흘러가지만, 다른 한편으로는 그러한 흐름을 관통하여 동일하게 멈추어 서 있는 극이다. 자아극에 침전된 태도결

정은 습관으로서 그 후의 자아를 지속적으로 규정한다. 태도결정의 전형은 결심이다. 자아가 행한 결심은 그렇게 결심한 자로서의 자아의 그 후의 행동을 규정한다. 그러나 태도결정이라는 말은 여기서 가장 넓은 의미에서 사용되는바, 의식 역시 태도결정이다. 이전에 본 적이 없는 대상의 관찰과 인식도 자아의 새로운 태도결정이며 침전되어 습관이 된다. 자아가 그 후에 유사한 대상과 만날 때 이전처럼 관찰할 필요는 없다. 습관으로서 보존되어 있는 이전의 태도결정이 유사의 연합에 의해 일깨워지며, 그 태도결정에서 획득된 통각적 의미가 유사한 대상으로 수동적인 차원에서 전위된다. 자아는 이미 일정한 대상의 유형을 습득하고 있는바, 대상도 언뜻 보아 친숙함이 있는 대상으로서 나타난다. 자아 측에서의 습관의 획득에는 대상 측에서의 기지성의 획득이 대응한다. 우리를 둘러싼 생활세계의 사물이 친숙함이 있는 사물로서의 안정성을 지닌다는 것은 유아기 이래의 학습이 습관으로서 침전해 있기 때문이다. 자아의 태도결정에서 생겨난 습관은 그 태도결정보다 고차적인 태도결정의 전제가 된다. 좀 더 고차적인 태도결정의 전제가 되는 경우 습관이 된 태도결정은 대체로 습관으로서 수동적인 채로 있지만 재활성화(재능동화)되는 것도 가능하다. 습관에 의해 가능해진 좀 더 고차적인 태도결정도 침전되어 습관이 된다. 이러한 과정의 반복을 통해 방대한 습관이 자아극에 집적된다. 그것은 단순한 자아극에 머무르지 않는 구체적인 모나드가 생성되는 과정인바, 각각의 모나드는 그것에 고유한 습관을 침전된 것으로 하여 다른 모나드로부터 구별되는 개체성과 인격성을 획득한다. ☞ ㉾발생, 수동적 종합/능동적 종합, 침전

—기노시타 다카시(木下 喬)

승인/거부 承認/拒否 [(독) Anerkennung/Verwerfung]

브렌타노가 판단작용의 특질을 나타내기 위해 사용한 용어. 브렌타노는 『경험적 입장에서의 심리학』(제6장)에서 심적 현상학의 분류에 대해 논의할 때에 표상과 판단을 동류의 것으로 간주하는 전통적 견해에 반해 표상과 판단이 근본적으로 다른 개념이라고 주장했다. 전통적 견해의 대표적인 예는 판단이 주어표상과 술어표상의 결합 내지 분리라는 것이다. 그에 대해 브렌타노는 표상의 결합 내지 분리만으로는 반드시 판단이 되는 것이 아니라는 것, 지각처럼 술어부여를 포함하지 않는 판단이 존재한다는 것, 표상의 강도의 차이에 의해서는 표상과 판단의 차이를 설명할 수 없다는 것 등의 이유에 의해 표상과 판단의 차이를 대상에 대한 관계의 방식, 요컨대 지향성의 차이로서 설명했다. 그리고 판단의 지향성의 특질을 대상에 대한 승인과 거부라는 태도의 차이에서 발견했다. 이러한 사고방식에 의하면 전통적으로 설명하기 어려웠던 대상의 존재・비존재를 주장하는 '존재판단'이 오히려 판단의 기본 형태로 간주되게 된다. 또한 브렌타노는 판단에서 보이는 이러한 이극성과 정의활동에서 보이는 애・증의 이극성의 유비를 강조하고, 그에 의해 표상・판단・정의활동이라는 심적 현상의 분류를 근거짓고 있다. 그런 까닭에 승인・거부라는 개념은 판단의 '태도결정설'의 중심 개념일 뿐 아니라 애・증이라는 정의활동에 기초를 지니는 브렌타노의 가치론과 윤리학에서도 중요한 역할을 담당한다. ☞ ㉾존재판단{존재명제}, ㉿경험적 입장에서의 심리학

—무라타 준이치(村田純一)

시간 時間 [(독) Zeit (불) temps (영) time]

현상학에서 '시간'에 대한 접근이 보여주는 커다란 특징은 통상적인 시간 이해의 암묵적인 전제 내지 지반이 되는 물리학적・객관적 시간 이해로부터 일단 물러서서 가능한 한에서 시간을 의식에 주어지는 대로의 모습에서 다시 포착하고자 하는 점에 있다. 그때 시간이 우리의 의식의 존재방식 그 자체와 불가분의 본질적인 관련을 지닌다는 점이 발견되어 시간에 대한 분석은 그대로 의식 그 자체에 대한 분석과 서로 겹쳐지게 된다. 시간의 문제가 현상학에서 중요한 문제로서 특이한 위치를 점하게 되는 까닭이다.

Ⅰ. 후설 현상학에서의 시간의 분석. 그의 시간론은

초기 · 중기 · 후기로 나누어지지만, 현재 정리된 형태로 공간되어 있는 것은 초기(1893-1911)에 속하는 『내적 시간의식의 현상학』뿐이다. 여기서는 이 책에 의거하여 그의 시간론의 개요를 재구성하여 제시한다.

(1) 환원. 시간의 분석에 있어 최초로 요청되는 것은 세계 내에 그 자체로 존립한다고 상정되는 객관적 시간(물리학적 시간, 자연적 시간, 세계시간 등)을 의식에 주어져 경험되는 대로의 현상적 시간으로 환원하는 것이다. 이러한 환원에 의해 확보되는 것이 내적 시간의식의 장이다. 여기서는 두 개의 평행하는 층이 발견된다. 즉 한편으로 어떤 시간지속을 지니는 통일체(예를 들면 멜로디)로서 지각되는 '시간객관'('시간사물', '내재적 객관'), 다른 한편으로 이러한 시간객관을 지각하고 구성하는 활동으로서의 (좁은 의미의) '내적 시간의식'이다. 이러한 의식에서 대상(객관)의 현재와 그것을 에워싸는 과거와 미래로 이루어지는 <과거-현재-미래>라는 시간계열이 의식되어 구성된다.

(2) (과거)파지와 (미래)예지. 후설에게 있어 대상이 눈앞에 분명하게 명증적으로 주어지는 <지각의 현재>야말로 모든 인식의 궁극적인 권리원천에 다름 아니지만, 이 현재는 결코 물리학적 · 수학적 시간 개념이 상정하는 것과 같은 **점**이 아니라 일정한 폭과 확대를 지닌다. 현재의 이러한 확대를 구성하는 것이 <방금 지나가버린 것을 여전히 현재에 이어주는 활동>으로서의 '(과거)파지'(Retention; '제1차 상기(기억)'라고도 불린다)와 <지금에로 다가오고 있는 것을 기다려 받는 활동>으로서의 '(미래)예지'(Protention) 및 현재의 중핵을 이루는 <시간의 원천>으로서의 '근원인상'(Urimpression)이라는 세 가지 계기이다. 따라서 내적 시간의식은 <과거-현재-미래>라는 계열과 이 현재의 확대를 구성하는 <(과거)파지-근원인상-(미래)예지>라는 계열로부터 성립하게 된다(그림 1).

<그림 1>

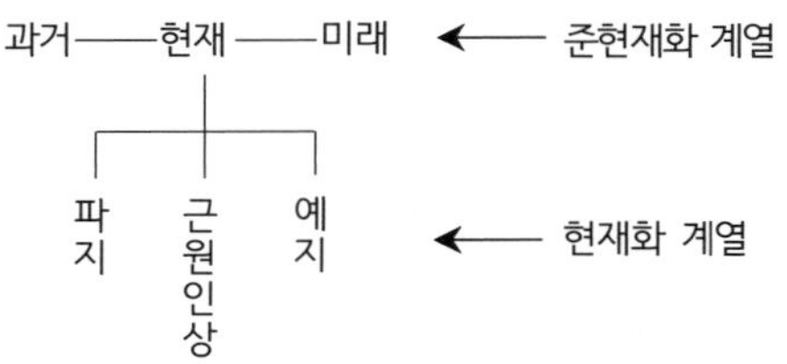

과거——현재——미래 ←—— 준현재화 계열

파지 근원인상 예지 ←—— 현재화 계열

(3) 현재화와 준현재화. 이러한 두 가지 계열의 구별을 요구하는 것은 '현재화'(Gegenwärtigung)와 '준현재화'(Vergegenwärtigung)라는 의식의 근본적으로 다른 두 양태이다. 현재화란 지각에서 단적으로 보이듯이 <대상을 현실적으로 분명하게 눈앞에 드러내 보이는 활동>이며, 준현재화란 상상과 상기와 예측처럼 대상을 <현실적으로 존재하지는 않지만, 마치 현실적으로 존재하는 **것처럼** 드러내 보이는> 의사적인(quasi) 정립의 활동이다. 따라서 <과거-(현재)-미래>의 계열은 준현재화에, <파지-근원인상-예지>의 계열은 현재화에 속하게 된다.

(4) 재상기. 그러나 여기서 현재화에 속하는 것으로 생각된 파지가 수행하는 역할은 미묘하다. 왜냐하면 후설에 의하면 <방금 지나가버린 것>을 여전히 현재에 이어주는 활동인 파지는 그 안에 그 파지에 선행하는 파지도 간직하고 있고, 이리하여 파지의 파지의 파지……라는 방식으로 과거로 침하해 가는 무한한 연쇄를 형성하기 때문이다. 파지의 이러한 활동에 의해 비로소 과거로 가라앉아버린 것이 다시 준현재화될 수 있게 된다. 이때 비로소 과거는 과거로서 의식의 대상이 되는 것인바, 이러한 준현재화의 활동이 '재상기'(Wiedererinnerung) 내지 '제2차 상기'라고 명명된다.

<그림 2>

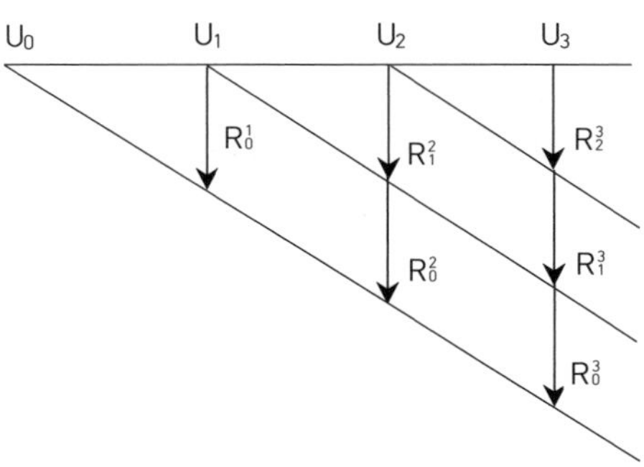

U_0 U_1 U_2 U_3

R^1_0 R^2_1 R^3_2 R^2_0 R^3_1 R^3_0

요컨대 파지는 현재화의 계열에 속하면서도 재상기라는 준현재화를 가능하게 하는 것으로서 양 계열을 잇는 역할을 수행하는 것이다(예지와 예기{Erwartung} 사이에도 마찬가지 관계가 놓여 있다).

(5) 시간도표. 재상기를 가능하게 하는 파지 계열의 연속성을 그림으로 나타낸 것이 시간도표(그림 2)이다. 그림의 종축이 각각의 시간위상(Zeitphase)이고 각 위상은 근원인상 U와 그것의 파지 R로 이루어지는데, 파지는 그것에 선행하는 파지를 <파지의 파지……>로서 파지한다. 예를 들면 그림 속의 R^3_1 은 제3의 시간위상에서의 제1의 시간위상의 파지(그것은 제2의 시간위상에서의 제1위상의 파지의 파지이다)를 나타낸다. 각각의 시간위상(종축)은 각각 어떤 특정한 현재로 향해 있지만, 근원인상에 관련되는 파지의 연속체는 현재의 확대를 구성하면서 과거로 침하해가는 지평의식의 성격을 지닌 비대상화적인 의식이라는 점에 주의해야 할 것이다(예지에 대해서도 사정은 마찬가지다).

(6) 절대적 의식류. 내적 시간의식은 그것이 구성하는 시간객관과 더불어 그 자신도 어떤 시간적 연장을 지닌다. 내적 시간의식 자신이 시간 속에서 연장 확대되면서 하나의 통일체로서 의식되는 것이다. 이러한 내적 시간의식 자신의 시간적 통일은 도대체 어떻게 해서 구성되는 것일까? 여기서 다시 이러한 시간적 통일을 구성하는 제2의 시간의식을 생각한다고 하면, 더 나아가 이 제2의 시간의식의 통일을 구성하는 제3의 시간의식을 생각해야만 하고, 이하 마찬가지로 하여 무한퇴행에 빠진다. 이러한 무한퇴행은 사태에 어울리지 않는다. 내적 시간의식 자신의 시간적 통일은 예지를 통해서 미래가 도래하고 파지에 의해 과거로 침하해가는 끊임없는 '흐르는 것' 속에서 현실적으로 성취된다. 그리하여 후설은 '흐르는 것'의 의식을 가능하게 하는 파지에 다시 주목하여 파지 속에서 작용하는 '종의 지향성'과 '횡의 지향성'이라는 두 가지 지향성을 석출해냄으로써 이 문제를 해결하고자 한다. 즉 '흐르는 것' 속에서 그 자신이 '흐름'인 내적 시간의식 자신의 통일을 이를테면 '흐르는 것'을 종으로 관통하여 구성하는 '종의 지향성'과, 이 '흐름'으로서의 내적 시간의식에서 구성되는 시간객관의 개체적 동일성을 이를테면 흐름을 횡단하는 방식으로 구성하는 '횡의 지향성'이 그것들이다. '흐르는 것'은 거기서 내적 시간의식의 시간적 통일과 이 의식에서 구성되는 시간객관의 시간적 통일이 함께 구성되는 것으로 되는 <시간화의 최종적인 근거>를 이루는 것인바, '시간을 구성하는 절대적 의식류'라고 불린다. 이러한 절대적 의식류는 시간적으로 구성된 것에 따라 '흐름'이라고 불리지만, 그것은 본래 시간을 '흐름'으로서 구성하는 바로 그것이기 때문에 이미 시간일 수 없게 된다. 이 문제는 이후 만년에 이르기까지 후설을 곤혹스럽게 만들며, 그에 대한 새로운 정식화가 후기 시간론(1928-34)에서의 '살아 있는 현재'를 둘러싼 문제로 된다.

(7) 객관적 시간. 내적 시간의식에로 거슬러가는 것은 본래 물리적 시간 또는 세계적 시간과 같은 객관적 시간의 구성을 해명하기 위해 행해졌다. 이러한 객관적 시간의 구성에로 향한 분석은 중기 시간론(1910년대 후반-20년대 중반)의 주요한 테마 중 하나이지만, 거기서는 자아론적 환원의 틀이 문제가 되어 충분히 그 객관성을 보증할 수 있는 것이 되지 못하고 있다. 객관성의 구성을 위해서는 상호주관성 문제가 고려되어야만 하기 때문이다. 따라서 이 문제에 대한 온전한 대결도 상호주관성 문제가 초월론적 장에서 논구되는 후기를 기다려 비로소 가능해진다. 그리고 이러한 대결의 대부분은 유고로 남겨졌다.

Ⅱ. 하이데거 존재론에서의 시간. (1) 시간성. 하이데거에서 시간은 '존재 물음'을 가능하게 하는 지평을 열어나가는 작업 속에서 그 중심축을 이루는 것으로서 등장한다. 『존재와 시간』에서 하이데거는 존재를 물음에 있어 이미 모종의 방식으로 존재의 의미를 **이해**하면서 존재하는 우리 '현존재'에서의 존재의 **의미**를 분명히 하는 데서 출발한다. 그리고 현존재에서 이해되는 존재의 의미야말로 '시간성'(Zeitlichkeit)이다. 즉 존재는 현존재에서 시간성으로서 그 의미를 고지하고 있는 것이다. 현존재가 스스로의 존재의 의미를 시간성으로서 이해하기에 이르는 것은 자기의 **죽음**을 스스로에게 고유한 존재의 가능성의 최종적・극한적 가능

성으로서 이해하고, 이리하여 스스로의 죽음에로 '선구先驅'함으로써 스스로에게 고유한 존재 가능성이 스스로에게 '도래'(장래 Zukunft)할 때이다. 이때 현존재는 지금까지의 자신에게로 되돌아와 그것을 '기재성'(Gewesenheit, 있어 왔음)으로서 회복하고, 이리하여 이런저런 존재자의 토대로 '현재'(Gegenwärtigen)하기에 이른다. 이와 같이 현존재의 시간성이란 스스로**에게서 선구하여**, 자기**에게로 귀환하고**, 스스로**에게서** (다양한 존재자를) **만나는** 탈자적 통일체, 즉 '기재하고 현재하는 도래'(gewesend-gegenwärtigende Zukunft)[SZ 432]인 것이다. 이러한 일반적 규정 하에서 하이데거에서 시간성은 더 나아가 그 본래성과 비본래성이라는 두 가지 존재방식을 지닌다. 본래성에서의 현존재는 자기의 죽음을 누구의 것도 아닌 스스로에게 고유한 것으로서 정면에서 응시하는 '결의성'에서 그 죽음에로 '선구하며', 이리하여 스스로의 과거에로 귀환하여 그것을 기재성으로서 '반복'하고 현재를 '바라본다'(Augen-blick = 순간). 즉 본래적 현재란 '순간'에 다름 아닌 것이다[SZ 447]. 이에 반해 비본래성(일상적 퇴락태)에서의 현존재는 '현재'에서 미래의 사건을 이리저리 '예기'(Gewärtigen)하고 자기의 과거를 '망각'한다. 이리하여 일상적인 배려의 시간에서는 '현재'가 다른 시간양태에 대해 우위를 지닌다. 여기서는 끊임없이 지금이 사라져가면서 다음 지금이 다가온다. 지금의 무한한 연속으로서 평평하게 된 통속적 시간표상의 성립이다. 이러한 하이데거의 시간파악에서는 아리스토텔레스 이래의, 그리고 후설도 계속해서 구속해온 현재(지금)의 우위가 형이상학적 선입견으로서 파기되는바, 현존재의 시간성은 자기의 죽음에로 선구하는 결의성 속에서 '장래'로부터 '시숙한다'(Zeitigen, 시간화한다)고 생각된다. "근원적인 동시에 본래적인 시간성의 제1차적 현상은 <장래(도래)>인 것이다"[SZ 436]. 또한 본래성에서 스스로의 기재성에로 귀환하여 그것을 '회복 = 반복'하면서 '순간'에 있고자 하는 현존재는 자기의 시대도 역사적으로 전승된 '운명'(Schicksal)으로서 자신 내에 짊어지게 된다. 여기서 현존재의 '역사성'(Geschichtlichkeit)이 간취된다.

(2) 존재시성(시간성). 『존재와 시간』에서 수행된 현존재 분석은 현존재로부터 존재에 이르는 통로를 현존재에서의 존재의미에 대한 이해에서 구했다. 그러나 그것은 어디까지나 **현존재의** 존재의미에 불과하며, 존재 그 자체에 이르는 길은 아직 열려 있지 않다. 현존재로부터 이루어지는 존재의 의미에 대한 물음은 여기서 필연적으로 '전회'하지 않으면 안 된다. 이러한 전회를 거쳐 엿보이는 것은 존재 그 자체가 스스로를 '때(時)'로서 증여하는 '존재의 생기'(Geschehen)로서의 '존재의 역사'(Geschichte)의 지평이다. 이러한 존재의 '존재시성(시간성)'이 템포랄리테트(Temporalität)라고 불리는데, 그것은 『존재와 시간』에서의 현존재의 '시간성'과 명확히 구별된다. 현존재로부터 이루어지는 존재의 **의미**에 대한 물음은 존재에 도달할 수 없는바, 여기서는 현존재가 오로지 존재에만 청종하고 그것을 수호함으로써 존재의 **진리**에로 열린다. 이와 같이 하이데거에서 시간은 존재와 불가분적이며, 시간이란 존재의 나타남 그 자체에 다름 아닌 것이다.

III. 시간론의 다양한 전개. (1) 메를로-퐁티. 『지각의 현상학』에서 메를로-퐁티는 후설의 시간 분석을 기본적으로 받아들여 현재화를 <현재가 현재가 아닌 것으로 스스로를 탈출해가는> '탈-현재화'(Ent-gegenwärtigung)로서 파악하는 방향을 내세운다. 이러한 방향이 만년의 『보이는 것과 보이지 않는 것』에 다다르면 후설에 대한 비판적 태도와 하이데거에 대한 접근에 수반하여 철저하게 됨으로써 시간을 자기초월의 운동으로서, 자기를 자기로부터 떼어내는 자기차이화의 운동으로서 파악하기에 이른다. 그리고 '망각'이란 이러한 차이화가 상실되는 것(탈차이화)인 것이다. 자기차이화의 운동에서 시간은 결코 스스로에게 완전히 겹쳐지는 것이 아니라 거기서 끊임없이 '어긋남'과 '두께'를 잉태하게 된다. 이러한 자기 자신에 대한 '두께', '불투명성'이 신체성을 포함한 '살'(chair)이라는 독특한 존재론적 개념에로 전개되어 시간은 존재의 동향과 겹쳐져간다.

(2) 데리다. 의미의 주관에 대한 순수한 현전을 지칠 줄 모르게 추구하는 『논리연구』의 후설을 『목소리와

현상』에서 상세하고도 주의 깊게 분석한 데리다는 후설의 이 목표가 도달 불가능하다는 것, 즉 의미는 언제나 이미 기호라는 <어떤 것을 그 부재에서 지시하는 대리물>에 의해 오염되어 있다는 것, 의미의 단적인 현전('살아 있는 현재')은 존재하지 않는다는 것을 보인다. 후설에서의 준현재화에 대한 현재화의 일차성은 '현전의 형이상학'이라고 하여 거부되며, 준현재화로서의 기호작용이야말로 모든 의미의 원천이다. '차연'(différance)이라는 데리다의 중심적 개념은 모든 의미작용이 그 단적인 현전(있음)에로의 '지연'으로서의 '흔적'에서 비로소 성립한다(그 부재의 현재를 부재에서 지시한다)는 것을 가리키는데, 이런 의미에서 전통적 시간 개념의 '탈구축'에 기초하는 기호론적·해석학적 전개로서 간주될 수 있다.

(3) 레비나스. 후설 초기 시간론에서의 '근원인상'이 지니는 문제성에 일찍부터 주목하여 거기서 자기 동일적인 의식의 어떠한(능동적·수동적) 종합작용에도 선행하는 '절대적으로 새로운 것'이 의식의 외부로부터 도래하는 사태를 간취하는 레비나스는 『시간과 타자』, 『실존에서 실존자로』에서 이러한 '절대적으로 새로운 것'이라는 '미래'를 의식(나)에 있어서의 **타자성**(altérité)에 의해 다시 정의함으로써 타자의 철학을 구상하게 된다. 시간론의 타자론에로의 전개이다.

(4) 리쾨르. 리쾨르는 후설 시간론이 '살아 있는 현재의 수수께끼' 앞에서 끊임없는 아포리아에 빠진 원인을 미래가 현재로 도래하고 과거로 흘러가버리는 한 가지 모습에서 시간을 일방향적인 흐름으로서 파악한 점에서 간취한다. 이에 대해 그는 이러한 일양적인 흐름으로서의 시간과는 다른 구조를 지니는 시간, 즉 이야기의 시간, 생산적 상상력(구상력)이 자아내는 '이야기되는 시간'을 대치시켜 그 가능성을 추구함으로써 시간의 현상학의 끊임없는 아포리아를 회피하고 좀 더 풍부한 시간 경험을 되찾고자 시도한다[『시간과 이야기』]. ☞ ㉯과거파지/미래예지{파지/예지}, 살, 살아 있는 현재, 수동성, 시간의식, 시간화, 종의 지향성/횡의 지향성, 차연, 타자, ㉰내적 시간의식의 현상학

—사이토 요시미치(齋藤慶典)

㊟ R. Boehm, Einleitung des Herausgebers [Hu **10**.], 1966. R. Bernet, Einleitung(*Texte zur Phänomenologie des inneren Zeitbewusstseins*(1893-1917), PhB 362, 1985. K. Held, *Lebendige Gegenwart*, Den Haag, 1966(新田義弘 外 譯, 『生き生きした現在』, 北斗出版, 1988). 新田義弘, 『現象學とは何か』(제5장), 紀伊國屋書店, 1968. 渡辺二郎, 『ハイデガーの實存思想』(제3장 3절, 제4장 6절), 勁草書房, 1985. 成田常雄, 『時間の現象學』, 世界書院, 1992. 千田義光, 「フッサールの時間・空間論」, 立松弘孝 編, 『フッサール現象學』, 勁草書房, 1986에 수록. 齋藤慶典, 「フッサール初期時間論における絶對的意識流をめぐって」, 『哲學』, No.37, 法政大學出版局, 1987에 수록. 榊原哲也, 「フッサールの時間意識」, 『近代哲學論叢』, 有斐閣, 1989에 수록.

시간성 時間性 [(독) Temporalität; Zeitlichkeit] ⇨㉯시간

시간의식 時間意識 [(독) Zeitbewußtsein]

<시간의식>이란 후설 현상학에서 <시간에 대한 의식> 즉 <시간을 구성하는 의식>을 가리키는 명칭이지만, 후설의 사유가 진전되는 가운데 그 결과로서 환원 후의 의식의 장에서 발견되는 <시간적 연장을 갖춘 대상(시간객관)>에 대한 의식과 시간적 확대를 지닌 체험에 대한 내적 의식, 의식의 끊임없는 흐름 그 자체를 구성하는 절대적 의식(흐름) 등, 다양한 차원의 의식이 <시간의식>이라는 이름 아래 고찰되게 되었다.

후설은 당초 멜로디와 같은 시간객관에 대한 의식을 해명하고자 시간의식의 문제에 몰두하여 멜로디 지각과 같은 <그 속에서 시간객관이 구성되어가는 시간체험>을 시간의식으로서 포착했지만[Hu **10**. 3f. 6, 9 참조], 사유가 진전됨에 따라 의식의 지향적 체험 그 자체가 시간적 지속을 갖추고 있다는 것이 분명해지며[같은 책 232], 또한 체험들을 선반성적·비대상화적으로 의식하는 <내적 의식>의 차원의 발견과도 더불어 <시간의식>은 <의식의 모든 체험들 그 자체를 **내적**으로 의식하면서 그것들의 시간적 지속을 **구성하는** 가장

근원적인 의식층>[Hu **24**. 243-246, Hu **10**. 290ff., 126f. 참조]으로서 파악되게 되었다. <내적 시간의식>(inneres Zeitbewußtsein)[Hu **10**. 369, 370]이라고도 불리는 이 의식은 그러나 의식 체험의 일반적 형식으로서의 시간을 구성함으로써 동시에 의식 체험과 그 상관자 쌍방을 구성한다는 의미에서 모든 구성의 근원적인 장이게 된다. 후설은 이와 같은 <구성의 최종적인 근거>를 <시간을 구성하는 절대적 의식(흐름)>이라고 불렀던 것이다[같은 책 Nr. 54 참조].

시간의식에 대한 후설의 사유는 통상적으로 초기(1893-1911년)와 중기(1917-18년의 베르나우 초고), 후기(1930년대의 이른바 C 초고군)로 나누어진다. 그러나 지면 관계도 있기 때문에 이하 본 항목에서는 유일하게 정돈된 형태로 공간된 초기 시간론[Hu **10**]과 『이념들 I』의 서술에 기초하여 <시간의식>에 대한 기본적인 논점만을 확인해두고자 한다.

후설에 의하면 현상학적 환원의 수행에 의해 자연적 태도에서 우리에게 타당해 있는 <객관적 시간>(태양의 위치나 시계에 의해 계측되는 시간)은 차단되지만, 환원 후의 의식 현상의 장에서는 다양한 <시간객관>과 나아가서는 그러한 시간객관에 대한 지각이나 상기의 체험을 포함하여 하나의 체험류(Erlebnisstrom)에 속하는 모든 체험들을 통일하는 형식으로서의 <현상학적 시간>(phänomenologische Zeit)이 발견된다. 여기서 현상학적 시간이란 환원 후의 의식에 주어지는 그대로의 시간이자 체험의 지속과 <지금>, <이전>, <이후>, <동시>, <계기>와 같은 체험들의 시간적인 소여방식의 양태들을 가리키지만, 이에 반해 이와 같은 환원 후의 의식체험의 장의 근저에 가로놓여 있는 현상학적 시간을 구성하고 나아가서는 하나의 의식류의 통일을 구성하는 <근원적인 동시에 궁극적인 의식층>이 <시간의식>으로서 구명되는 것이다.

체험은 어느 것이든 시간의식에 의해 지속을 지닌 것으로서 구성되어 다른 체험들과 더불어 하나의 의식류에 속하게 되지만, 시간의식에 대한 현상학적 분석의 중심의 하나는 <근원인상>(Urimpression)과 그것의 <과거파지>(Retention)로의 변양에 놓여 있었다. 여기서 <근원인상>이란 지속하는 객관 및 그것을 구성하는 의식 자신이 그로부터 산출되는, 모든 존재의 원천점으로서의 의식이다. 또한 <과거파지>란 근원인상에서 산출된 것을 (이미 생생하게 산출하지는 않지만) 계속해서 <지금 막 지나가버린> 위상으로서 자기 속에 간직해두는 의식의 활동이다. 후설에 의하면 근원인상은 끊임없이 새로운 근원인상이 출현해옴에 따라 과거파지로 변양하고 나아가 과거파지의 과거파지로 변양해감으로써 전체가 하나의 끊임없는 연속체를 이룬다. 더욱이 그에 의하면 이러한 과거파지의 연속에서는 두 가지 측면이, 즉 각각의 과거파지가 끊임없이 선행하는 과거파지의 전체를 이어받음으로써 자기 자신과의 합치통일을 보존하여 <흐름>을 구성해가는 지향적 측면(<종의 지향성> Längsintentionalität)과, 그 속에서 끊임없이 동일한 객관으로 향해가는 대상적 지향성의 측면(<횡의 지향성> Querintentionalität)이 발견된다. 그리고 이러한 두 가지 측면이 과거파지의 연속 속에서 불가분하게 뒤얽혀 기능하는 까닭에, 바로 거기서 <의식의 흐름>이 자기 구성되며 또한 그 속에서 시간객관과 의식의 체험들이 지속으로서 구성된다. 이것이 후설이 드러내 보인 <시간을 구성하는 유일한 절대적 의식(류)>의 모습이었던 것이다[Hu **10**. 378-382].

후설에 의하면 또한 <반성>이라는 현상학의 방법 그 자체도 시간의식에 의해 밑받침되어 있다. 바로 의식 그 자체가 시간의식(특히 과거파지)에 의해 밑받침되어 시간적인 존재방식을 취하고 있기 때문에 의식의 지향성들에 대한 <반성>도 가능해진다고 생각되었던 것이다[Hu **10**. 118-120].

덧붙이자면, 초기 시간론에 대해서는 최근에 특히 내적 의식과 절대적 의식의 차원의 발견 및 <파악-파악내용> 도식을 둘러싼 사상의 전회도 포함하여 후설 사유의 변화를 찾아내고자 하는 상세한 연구가 행해지고 있다. ☞ ㊄과거파지/미래예지{파지/예지}, 반성, 시간, 의식류

—사카키바라 데쓰야(榊原哲也)

㊟ R. Boehm, "Einleitung des Herausgebers," [Hu **10**.], 1966. J. Brough, "The Emergence of an Absolute Consciousness in

Husserl's Early Writings on Time Consciousness," in *Man and World* 5, 1972. R. Bernet, "Einleitung" in E. Husserl, *Texte zur Phänomenologie des inneren Zeitbewusstseins* (*1893-1917*), PhB 362, 1985. 齋藤慶典, 「フッサール初期時間論における絶對的意識流をめぐって」, 『哲學』, No. 37, 法政大學出版局, 1987에 수록. 榊原哲也, 「フッサールの時間意識―初期時間論における『時間構成的意識流』の概念の生成」, 哲學雜誌 제104권 제776호, 『近代哲學論叢』, 有斐閣, 1989에 수록. 成田常雄, 『時間の現象學』, 제5장, 世界書院, 1992.

시간화 時間化 [(독) Zeitigung]

후설 및 하이데거의 사유에 특징적인 개념. 전자는 1930년대에 특히 살아 있는 현재를 둘러싼 C 초고에서 [Hu **15**. 740f. 참조], 후자는 『존재와 시간』을 중심으로 하는 현존재에 관한 고찰 속에서 많이 사용했다[특히 §65-71 참조]. 후자의 경우에는 '시숙時熟'이라는 번역어의 사용빈도가 높다. 후설의 경우 시간화라는 개념은 초월론적 자아 및 의식류(의식의 생)에 의한 모든 차원의 구성 과정을 나타낸다. 자아론적 반성에서는 미래예지, 현재화, 과거파지라는 양태들이 상호 침투해가는 경과에서의 자아의 대상 구성, 자아의 노에시스・노에마적인 대상 구성, 자아가 자기 자신을 끊임없이 대상화하면서 내성을 펼쳐가는 과정으로서의 자아의 능동적인 자기 구성이 시간화로 불리는 데 반해, 의식이 흐르는 것에 대한 반성에서는 의식류의 자기 구성, 즉 자아의 관여를 기다리지 않고서 흐름이 그 자신에서 스스로를 구성하는 수동적인 과정이 시간화라고 불린다. 현상학의 방법 그 자체가 물어지는 가운데 양자의 시간화 이외에 초월론적으로 현상학을 수행하는 자아의 반성과정도 시간화라는 이름으로 불리는데, 그것들은 더 나아가 시간화 그 자체를 가능하게 하는 삶의 근원적인 용출 장면, 즉 근원적 시간화와 관련되어 고찰된다. 시간의 문제도 기본적으로는 그 근원적 장면을 기점으로 하는 의식에 의한 시간 구성론으로서 전개된다. 이에 반해 후설적인 자아론과 의식론에 비판적인 거리를 취하는 하이데거의 경우에 시간의 문제는 본래적 시간성 및 비본래적 시간성이라는 이중의 관점을 축으로 하는 현존재의 실존론적 분석과 관련된다. 전자에 정립하는 경우에는 현존재의 선구적으로 기투하는 탈자적 존재 성격이 강조되는데, 탈자적 양태는 장래(Zukunft)에 기초하는 '자기에게-선행함'(das Sich-vorweg), '~안에-이미-있음'(das Schon-sein-in ~)=기재(Gewesenheit), '~곁에 있음'(das Sein-bei ~)=현재(Gegenwärtigen)의 통일적 현상으로서 파악된다. 스스로를 장래적으로 시간화하면서 스스로의 시간을 숙성시키는 이러한 기재적-현재적인 장래의 현상이 시숙하는 시간성이라고 불린다. 바로 장래로부터 시숙하고, 나아가 장래적으로 기재함으로써 현재를 불러일으키는 본래적 시간성은 장래=자기적인 가능성에로의 '선구', 기재=이전의 자기를 되찾는 '반복', 현재=양자를 매개하여 그때마다 개시되는 상황의 '순간'적 직시로서 생기한다. 이와 맞짝으로 그 각각에 '기대', '망각', '현전'이 대응하는 비본래적 시간성은 다름 아닌 스스로에게 고유한 시간이 성취되지 않는 생기 과정에 불과하다. ☞ ㊄구성, 시간, 실존분석, 살아 있는 현재

―와다 와타루(和田 渡)

㊟ L. Landgrebe, "Husserls Phänomenologie und die Motive zu ihrer Umbildung", in *Der Weg der Phänomenologie*, Gütersloh, Mohn, 1963(山崎庸佑 外 譯, 『現象學の道』, 木鐸社, 1980에 수록).

시니피앙/시니피에 ⇨㊄기표/기의

시숙 時熟 ⇨㊄시간화

시차적 의미 示差的意味 [(불) sens différentiel]

소쉬르(Ferdinand de Saussure 1857-1913) 언어학의 시차성示差性 원리에서 구상을 얻어 고안된 메를로-퐁티 중기의 용어. 소쉬르의 이론에 의해 개개의 기호는

포지티브하게(실정적으로) 존재하는 것이 아니라 그 기호와 다른 모든 기호와의 차이에서 비로소 성립한다는 것이 분명해졌다. 이러한 네거티브한(부정적인) 존재형식에서 기호가 띠는 의미를 시차적 의미라고 칭한다. 메를로-퐁티는 이러한 기호의 존재방식을 모델로 하여 그 자신의 초기 사상을 근본적으로 재검토하고, 언어론을 비롯하여 존재론 전체를 포착하고자 시도한다. 언어론에 이러한 사고방식을 받아들임으로써 그는 언어가 사물의 사본이나 사고의 사본이 아니라는 것을 분명히 하고, <말하는 말>의 창조성과 정착의 메커니즘을 한층 더 설득력 있게 표현하는 데 성공했다. 또한 동시에 초기의 게슈탈트 이론과 신체도식, 심리학, 정신병리학에서의 통합과 탈분화脫分化, 나아가서는 지각의 <그림-바탕> 구조와 사고의 원근법 등을 이러한 시차적 의미의 변형들로서 포괄적으로 파악할 수 있게 되어, 그는 포지티브한 것의 성립을 뒷받침하는 네거티브한 것이라는 관점에서 『보이는 것과 보이지 않는 것』의 존재론을 <부정적> 혹은 <측면적> 존재론으로서 구상함으로써 <보이는 것>과 <보이지 않는 것>의 변증법 또는 <살의 형이상학>을 제기할 수 있었던 것이다. ☞ ㈏말하는 말/말해진 말

—가가노이 슈이치(加賀野井秀一)

신神 [(독) Gott]

후설 현상학에 있어 '신'이라는 초월자는 에포케에 복종해야만 한다[Ideen Ⅰ §58]. 신은 '초월자'와 '절대자'라는 두 가지 관점에서 고찰된다. 우선 초월자로서의 신은 세계라는 초월자의 말하자면 대극對極에 놓여 있다. 세계에 관해 말해지는 경우의 '초월'이란 현상학적 환원에 의해 획득된 '내재' 영역으로서의 초월론적 의식에 있어 그것을 초월하는 것이라는 의미이지만, 세계가 이러한 초월론적 의식의 지향적 **상관자**로서의 초월인 데 반해, 신은 그 세계도 다시 초월하는 것으로 위치지어진다. 다음으로 절대자로서의 신은 초월론적 주관성이라는 현상학에서의 절대자(이것이 후설 현상학에서의 '절대자'의 제1의적인 의미이다)와는 "전적으로 다른 의미에서의"[같은 곳] 절대자이다. 즉 신은 초월론적 주관성으로서의 "절대적 의식도 초월한 것"[같은 곳]인 것이다. 이러한 신은 이 세계의 사실 속에서 발견되는 목적론의 근거를 이루는 것으로서 형이상학의 영역에 관계된다. 만년의 후설에게서는 신을 초월론적 주관성이라는 세계의 모든 것을 포괄하는 절대자의 "내적인-타자"(Innen-Andere)[Ms. E Ⅲ 9 31(1931)로서 현상학적 고찰에로 가져오고자 하는 빠듯한 시도를 읽어낼 수 있다[K. Held, *Lebendige Gegenwart*, Den Haag, 1966(新田義弘 外 譯, 『生き生きした現在』, 北斗出版, 1988), 제3부 제5장 참조]. ☞ ㈏목적론, 절대성, 형이상학

—사이토 요시미치(齋藤慶典)

신비神秘 [(불) mystère]

마르셀은 존재의 문제라든가 존재론적 문제라는 표현 대신 존재의 신비라든가 존재론적 신비라는 표현을 사용한다. 통상적으로 문제가 있는 곳에서 내가 작용을 가하는 소여는 내 앞에 놓여 있는바, 작용하는 나라는 것을 생각에 넣을 필요는 없다. 그러나 존재의 문제에 대해서도 과연 마찬가지일까? 보통 존재론적 문제로서 생각되는 사항들, 예를 들어 존재는 있는가, 존재란 무엇인가 등과 같은 문제에 대해 성찰할 때 자신의 발아래에 새로운 심연이 열리는 것을 보지 않을 수 없게 된다고 마르셀은 말한다. 즉, 존재에 대해 묻고 있는 이러한 나 자신, 자기가 존재한다는 것을 확실히 할 수 있을까? 이러한 탐구를 진전시켜 가기에 걸맞은 어떠한 자격을 나는 지니고 있을까? 만약 내가 존재하지 않게 된다면, 이러한 탐구의 귀결을 보는 것이 어떻게 기대될 수 있을까? 또한 예를 들어 내가 존재한다는 것을 인정한다 하더라도 어떻게 나는 그것을 확인할 수 있을까? 등등. 요컨대 마르셀에게 있어 존재는 인지되고(reconnaître) 참여하는(participer) 것은 가능하더라도 사고의 대상(objet)일 수는 없는 것인바, 그런 의미에서 초문제적(métaproblématique)인 것이다. 마르셀은 존재의 경우와 마찬가지로 악의 문제라는 표현을 피하여 악의 신비라고 부른다. 우리는

악을 일종의 무질서, 즉 우리가 바라보고 그 원인이라든지 존재이유라든지 또는 그것의 숨겨진 목적까지도 분간하고자 하는 일종의 무질서로 생각하기 쉽다. 그러나 단지 확인된다든지 관찰된다든지 하는 악은 우리를 번뇌케 하거나 고통스럽게 만드는 악이 아니다. 단적으로 그것은 이미 악이 아니다. 악이 악인 것은 그것이 우리를 덮쳐 상처를 입히는 한에서, 즉 우리가 어떤 사건에 휘말리는 것과 같은 방식으로 거기에 휘말리는 한에서일 뿐이다. 그런 의미에서 마르셀은 전통적인 철학은 악의 신비를 문제로 끌어내리고자 했던 것이라고 말하는 것이다. ☞ ㊕소유, 여성적인 것, 타자성, ㊒마르셀, ㊖존재와 소유

—아카마쓰 히로시(赤松 宏)

신사회연구소 新社會硏究所 ⇨㊕뉴스쿨

신체 身體 [(독) Leib ; Körper (불) corps (영) body]

정신과 물체, 주체와 객체(의식과 대상), 초월론적인 것과 사실적인 것(경험적인 것) 등 인간이라는 존재의 양의적인 존재방식이 문제가 되는 곳에서는 언제나 그의 신체적인 존재가 문제로서 부상한다. 신체성(Leiblichkeit, corporéité)이라는 문제는 타자성(내지는 상호주관성), 수동성, 시간성, 사실성, 생활세계 등과 더불어 현상학에 의해 비로소 철학의 고유한 문제영역으로 다루어지게 된 문제라고 말할 수 있지만, 특히 정신과 물체, 주체와 객체, 초월론적인 것과 사실적인 것에 걸쳐 있는 신체의 양의적인(요컨대 두 항의 한편에 국한할 수 없는) 존재는 사고의 그와 같은 이원론적인 틀 그 자체를 다시 짜지 않을 수 없도록 강요한다. 더 나아가 또한 이러한 이원론적인 틀에는 현상학 자신이 부분적으로 그것에 구속되어 있던 면이 있는바, 그런 의미에서 신체(성)는 초월론적인 현상학의 이념, 특히 그것의 <주관성>이라는 개념의 근간에도 관계되는 문제였다고 말할 수 있다.

신체(성)라는 것이 현상학에 있어 어떠한 문제인가에 대해 논의하기 위해서는 우선 데카르트로 대표되는 정신과 물체의 이원론적 사고방식(후설이 살던 시대에는 '두 세계론'Zweiweltentheorie이라고도 표현되고 있었다)을 간단히 총괄해둘 필요가 있을 것이다. 데카르트는 세계가 두 개의 전적으로 상이한 실체, 즉 정신과 물체로 이루어진다고 생각했다. 정신에 본질적인 속성은 '사유'인데, 그것은 구체적으로는 인식, 의지, 감각, 감정, 욕망과 같은 양태를 지닌다. 물체의 속성은 '연장'에 있으며, 그것은 위치, 형상形狀, 크기, 무게, 운동과 같은 양태를 지닌다. 여기서 중요한 것은 양자 사이에 그 어떤 공통항이나 교차점도 없다는 점이다. 정신과 물체는 어디까지나 상호적으로 독립된 별개의 영역에 속한다. 그리고 신체에 대해 말하자면 그것은 틀림없이 물리적인 특성을 지닌 것으로서 물체의 하나로 헤아려진다. 그렇다면 (데카르트에서 동물은 '자동기계'로 간주되기 때문에) 인간은 두 개의 전적으로 상이한 실체가 공존하는 예외적인 존재자이게 된다. 사실 우리는 슬픔에 사로잡힐 때에는 눈에서 눈물이 흐르며, 화를 내면 신체가 부르르 떨린다. 부끄러움에 안면이 빨개지고, 긴장하면 손에서 땀이 흐르며, 무서워할 때에는 신체의 떨림이 그치지 않는다. 그러나 이로부터 하나의 어려운 문제가 발생한다. 그것은 정신이 신체{물체}에, 또는 역으로 신체{물체}가 정신에 작용하는 사태가 본래 어떻게 해서 가능한 것인가, 요컨대 사유와 연장이라는 전적으로 상이한 속성을 지닌 두 실체가 상호적으로 작용하는 것이 어째서 가능한 것인가 하는 문제이다. 이 문제는 철학사에서는 '심신문제'라고 불린다. 그리고 이에 대해서는 지금까지 병행론, 수반현상론, 반영론, 동일론 등의 몇 가지 해답이 시도되어 왔지만, 문제가 변형된 점은 있어도 원리적인 아포리아 그 자체가 극복되었다고는 말하기 어렵다.

그런데 정신이 물체와 엄격하게 구별되는 경우의 그 근거의 하나로서 우리의 의식이 의식 그 자체에게 언제나 직접적으로 주어져 있는 데 반해, 의식의 대상인 외관의 사물은 그때마다의 나의 지각의 퍼스펙티브 Perspektive 속에서 일면적으로만 나타난다고 하는 것

이 자주 지적된다. 요컨대 거기서 의식과 사물의 관계는 지각하는 것과 지각되는 것, 즉 주체와 객체의 관계로 치환되는 것이다. 또는 경험 속의 의식적인 계기는 주체에 내재화되고, 그 대상적인 계기는 객체로서 외재화된다고 말할 수도 있다. 그리고 신체는 우리가 본다든지 만진다든지 '안'으로부터 느낀다든지 하는 대상으로서 우리의 경험의 객체 측에 배분된다. 신체는 우리의 신체{에 대한} 의식에 대치되는 것이다. 그러나 사물로서의 신체(대상적 사태) 또는 생리학적인 신체(과학적 사태)라는 규정은 사실은 우리의 신체에 있어 제1의적인 것이 아니다. 우리는 위에서 우리의 신체가 보통 경험의 대상으로서 취급된다고 했지만, 실제로 본래 그와 같은 객체적인 세계의 존재가 우리의 그때마다의 주관적 경험 속에서 어떻게 해서 가능해지는 것인가 하는 물음을 제기해보면, 신체는 대상이라는 존재방식과는 전적으로 다른 모습, 다른 존재차원을 보이게 된다. 왜냐하면 감각적 경험에 그때마다 주어지는 것을 우리는 언제나 어떤 대상의 나타남으로서 파악하는데, 그와 같은 감각에의 나타남 그 자체는 언제나 신체적으로 매개되어 있기 때문이다. 신체는 확실히 대상적인 세계의 내부에서 다른 사물과 더불어 발견되지만, 그와 같은 감각에의 나타남 그 자체가 신체라는 매체를 통해 비로소 경험되는 것이다. 따라서 경험의 대상으로서의 신체의 존재방식에 대해서는 대상적 세계가 거기서 우리에게 비로소 주어지게 되는 <경험>의 하나의 구조계기로서의 신체의 존재방식이 구조상 선행한다. 신체는 세계의 내부에 존재하는 하나의 객체=물체인 데 앞서 우선은 세계가 나타나는 장, 세계 구성의 조건이라는 형태로 기능하는 것으로서 주제화되어야만 한다. 신체의 문제는 이와 같이 현상학에서는 바로 세계 경험의 매체(medium)로서 주제화되어간다.

이상과 같은 것이 현상학적 신체론의 배경을 이루는 일반적인 문제사적 구도이다. 물론 개별적인 현상학자들의 신체론이 반드시 이와 같이 심신관계론의 맥락에서 문제로 되는 것은 아니다. 후설에게서 신체의 문제는 예를 들면 『이념들 II』에서는 영역존재론에 있어 주관이 세계 속에 짜 넣어지는 그 조건에 대한 분석이라는 장면에서 예를 들어 감각의 국소화(Lokalisation) 현상으로서 분석되며[Ideen II §39-42], 또한 『사물과 공간』이나 『위기』에서는 주체의 운동감각(Kinästhese) 기능이라는 형태로 한층 더 파고든 분석이 발견된다. 그러나 신체의 문제(특히 운동감각이라는 주체의 운동감각적 능력의 개념이 제기하는 것)를 후설과 더불어 그리고 후설을 넘어서서 전면적으로 전개한 것은 무어라 해도 메를로-퐁티이다.

메를로-퐁티는 신체를 분석함에 있어 자연과학(특히 생리학)의 실재론적인 객관주의와 세계를 대상으로서 구성하는(세계로부터 분리된) 순수 의식을 전제하는 관념론적인 주관주의를 모두 거부한다. 그리고 주체가 세계에 귀속하는 그 존재방식(세계 내속 존재 être au monde)에 대한 분석 또는 의식도 사물도 아니라면 또한 대자도 즉자도 아닌 <실존>의 양의적인 존재방식에 대한 분석으로서 신체론을 전개한다. 그때 신체는 그것을 매개로 하여 세계로 향하는 지향성의 문제로 그리고 바로 그 운동성에서 문제로 된다. 그러한 신체는 누구의 것도 아닌 객관적인 존재로서의 신체(객관적 신체)가 아니라 현상적 신체, 요컨대 이 세계에 살고 있는 이러한 '자기의 신체'(corps propre)이다.

그런데 이러한 신체적인 지향성은 메를로-퐁티에서는 우선 "원초적인 습관"[PP 106]으로서 다루어진다. 우리의 신체적 실존은 언제나 지각과 운동을 교차시키면서 스스로의 환경세계를 실천적 영역으로서 구조화한다. 그것은 나의 신체를 중심으로 하여 상/하, 전/후, 좌/우 라는 식으로 방위지어져 있음과 동시에 행동의 공간으로서 이미 실천적인 의미부여에 의해 조직되어 있다. 새로운 습관의 획득이란 이러한 이미 획득한 습관(=신체도식)의 다시 짜기 내지는 갱신에 다름 아니며, 또한 도구의 사용이란 이러한 신체도식으로서의 습관의 확장을 가리킨다. 그리고 이러한 방위지어지고 실천적으로 구조화된 공간 위에서 이념적인 등질공간으로서의 객관적인 공간이 말하자면 투사됨으로써 우리의 현실적인 공간이 성립하는 것이다. (따라서 이러한 이념적인 공간의 투사능력이 결손될 때에는 수족이 절단되었음에도 불구하고 이미 존재하지 않는 손가락 끝이나 팔꿈치가 아프다는 환영지의 현상이나, 환자가 팔을 뻗어 재떨이를 집는다든지 코 위의 파리를 손으로 쫓아낸다든지 할 수 있음에도 불구하고 타자로부터 팔을 수평으로 올리도록 지시받는다든지 코의 위치를 가리켜 보이도록 요구받는다든지 할 때에는 그것이 가능하지 않은 것과 같은 현상이 일어나게 된다. 그때에는 의식적인 행동의 지반으로서 언제나 이미 인식되지 않은 채 작용하는 실천적인 습관으로서의 신체의 존재방식이 드러나는 것이다.) 신체는 이와 같이 인칭적이고 의식적인 실존의 말하자면 전인칭적·비인칭적인 지반을 이루는 것인바, 그와 같은 의미에서 우리의 지각도 "사람이 내게 있어 지각한다"[PP 249]고 주장된다. 메를로-퐁티는 또한 어떤 유의미한 행동에로 실천적으로 구조화된 신체활동을 '동작'(=신체의 사용법 또는 활동의 스타일)이라고 부르지만, 그 동작 속에서 세계가 어떤 모습을 지닌 것으로서 분절화되어 세계 속으로부터 의미가 '분비'된다고 생각한다. 그런 의미에서 신체는 의미의 원천으로서도 파악된다. 그리고 그와 같은 관점에서 신체론은 더 나아가 성이나 언어의 문제로 확장되어간다.

메를로-퐁티는 『기호들』에서 자기의 신체라는 문제를 더 나아가 세계 경험의 근원적인 지반(=대지)으로서 자타의 인칭적인 구별에 선행하는 상호신체성(intercorporéité)으로서 파헤쳐 나간다(자타 각각의 신체는 이러한 상호주체성의 기관에 불과하다고 말해진다). 그리고 말년의 유고 『보이는 것과 보이지 않는 것』에서 "나의 신체는 세계와 동일한 살로 만들어진다"[VI 302]고 말해지듯이 이전에 신체 개념에 의해 물어지고 있던 사태가 '살'로 심화된다. 거기서는 내가 보는 활동보다도 "좀 더 오랜 가시성"[같은 책 164f.]이 문제가 되며, 그것과 병행하여 『지각의 현상학』에서 보인 "사람이 내게 있어 지각한다"라는 표현도 "지각하는 것은 우리가 아니다. 사물이 저기서 자신을 지각한다"[같은 책 239]라는 표현으로 변환된다. 이전에 의식과 사물, 주체와 객체의 매체로서 파악된 신체는 "객체와 주체를 형성하는 매질{=배양지}"로서의 "존재의 엘레멘트"[같은 책 193]로 심화되는 것이다.

그밖에도 현상학적 신체론으로서는 마찬가지로 실존으로서의 신체, 즉 '나의 신체'를 문제로 하는 가운데 '존재'와 '소유'의 경계 지역으로서 신체를 주제화한 G. 마르셀과, 신체를 요동이나 팽창·확대와 같은 개념을 사용하여 독자적인 관점에서 감정, 의사소통, 병, 분위기, 종교성 등 다양한 위상에서의 신체성을 기술적으로 분석하는 H. 슈미츠의 작업 등이 주목된다. ☞ [사]사이, 살, 상호신체성, 습관, 실존, 운동감각, [인]메를로-퐁티

—와시다 기요카즈(鷲田清一)

[참] G. Marcel, *Etre et avoir*, 1935(西谷啓治 外 監, 『存在と所有·現存と不滅』, ガブリエル·マルセル著作集 2, 春秋社, 1971). ヘルマン·シュミッツ{小川侃 編}, 『身體と感情の現象學』, 産業圖書, 1986.

신체도식 身體圖式 [(불) schéma corporel]

우리는 객관적으로 표상되는 자기의 신체상과는 별도로 자기 자신에 의해 내측으로부터 알려져 있는 자기의 신체상도 가진다. 그것은 언제라도 내게 있어 시각화 가능한 것이지만, 이것을 시각화하기 위해 나는 과거의 시각경험에 호소할 필요가 없다. 나에 의해 내측으로부터 알려져 있는 신체는 처음부터 단숨에 시각화 가능한 것으로서 주어져 있는 것이다. 내가 전화에 손을 올려놓는 경우 등에서 나는 전화를 보고 있지 자신의 손을 보고 있는 것은 아님에도 불구하고 손의 움직임 하나하나를 시각적으로 표상할 수 있는 것도, 아니 거기서 더 나아가 이러한 손의 힘의 움직임에 연동하여 생기는 어깨의 위치와 허리의 위치 변화에 대해서조차 시각적으로 표상할 수 있는 것도 안에 수용적으로 주어져 있는 나의 신체가 처음부터 시각화 가능한 것으로서 주어져 있기 때문이다. 다시 말하면 나의 신체는 그것의 지각에 관계하는 다양한 감각 영역이 처음부터 상호적으로 번역 가능하게 되는 무언가로서 주어져 있는 것이다. 뿐만 아니라 손의 움직임 하나하나에 연동하여 다른 신체 부분의 위치가 변하는

것을 깨닫는 것은 내가 자신의 신체를 <그 부분들이 밀접하게 서로 연관된 하나의 계, 환경과의 관계에서 자기를 역동적으로 조직화하는 하나의 계>로서 의식하고 있다는 것에 다름 아니다. 신체도식은 연합주의가 주장하듯이 과거의 경험을 통해 조금씩 조립되어 가는 것 등등일 수 없다. 오히려 그것은 게슈탈트 심리학이 말하는 의미에서의 <게슈탈트>로서 단숨에 주어지는 자기의 신체의 의식인 것이다. 그러나 그렇다고 하더라도 자기의 신체는 어떻게 해서 게슈탈트로서 내게 주어지는 것일까? 메를로-퐁티에 의하면 그것은 바로 나의 신체가 자기의 목적에 도달하기 위해 자기 자신을 결집하기 때문이다. 따라서 메를로-퐁티에 의하면 "신체도식이란 결국 나의 신체가 세계-내-존재라는 것을 표현하기 위한 하나의 방식이다"[PP 117].

—다케우치 오사미(竹內修身)

신체성身體性 [(독) Leiblichkeit (불) corporéité] ⇨㊕신체

신체적 주관身體的主觀 [(불) sujet charnel]

『기호들』에 수록된 논문 「철학자와 그 그림자」[Signes 211]에서만 발견되는 것이긴 하지만, 메를로-퐁티의 초기 이래의 중심 사상이라고도 말해야 할 것이 축약되어 있는 용어. <나>는 보통 신체적 경험을 초월하여 대상 그 자체를 파악하는 정신적 주관으로 간주된다. 대상이 현실적으로 경험될 수 있도록 내게 나타나기 위해서는 <나>는 그와 같은 주관이어야만 한다고 생각되기 때문이다. 실제로 만약 내가 자기의 신체라는 관점에 속박되어 있는 존재자에 불과하다면 예를 들어 입방체 등이 여섯 개의 똑같은 면을 가진 공간적 존재로서 내게 주어질 수 없을 것이다. 예를 들어 내가 입방체의 주위를 돈다 하더라도 그것이 내게 부여해 주는 것은 언제나 그 측면이 마름모꼴로 변형되고 이면이 완전히 숨겨져 있는 원근법적인 도형에 지나지 않기 때문이다. 그럼에도 불구하고 실제로 나는 그와 같은 감각적 외관 저편에서 여섯 개의 똑같은 면을 지니는 입방체 그 자체를 파악한다. 따라서 <나>는 자기의 신체를 초월한 정신적 주관이지 않으면 안 된다고 말하는 것이다. 그러나 이에 반해 메를로-퐁티는 대상 그 자체를 파악함에도 불구하고 내가 자기의 신체적 경험을 이탈하는 것은 아니라고 말한다. 본래 내가 지니는 것은 이전의 신체적 경험을 다시 파악하는 가운데 그때마다 자기를 역동적으로 조직화해 나가는 신체적 경험뿐이다. 후설이 말하는 <이행의 종합>이 있을 뿐인 것이다. 그러나 그것만으로도 이미 대상 그 자체가 내게 주어진다. 따라서 나는 어디까지나 신체적 경험 속에서 신체적 경험에 입각하여 대상 그 자체를 파악하는 주관이다. 메를로-퐁티가 <나>를 신체적 주관이라고 부르는 것은 이 때문이다.

—다케우치 오사미(竹內修身)

신체적 지향성身體的志向性 [(불) intentionnalité corporelle]

『기호들』에 수록된 논문 「언어의 현상학에 대하여」에서 보이는 메를로-퐁티의 용어. 메를로-퐁티는 "의식은 본래는 <나 없이 할 수 있다>이다"라고 말한다. <나는 생각한다>라는 의식의 존재방식은 사실을 말하자면 새로운 평형을 구하여 자기를 다시 조직화하면서 상승하고 마침내 세계를 객관화하기까지에 이르는 신체 운동의 결과에 다름 아니라는 것이다. 따라서 통상적으로 <나는 생각한다>를 모델로 하여 생각되는 경향이 있는 지향성도 신체의 운동성으로부터 이해되어야만 하게 된다. 이미 신체가 그것이 행하는 운동의 하나하나를 취해 보면 아무런 의미도 지니지 않지만, 그것들이 일정한 방식으로 조합되면 거부할 수 없는 형태로 의미를 띠어가는 일련의 운동을 통해 세계에 대한 일정한 지향적 관계를 수립하는 것이다. 삶의 초기의 종잡을 수 없는 운동에서 다양한 지향적 동작이 출현하는 것은 이 때문이다. 나아가 이러한 동작들로부터 새로운 행위가 출현하는 것도 다름이 아니라 신체가 지금까지 존재하지 않았던 새로운 의미를 가능하게 하는 방식으로 자기의 운동을 다시 조직화하기 때문이다. 메를로-퐁티가 신체적 지향성이라고 부르

는 것은 신체의 운동으로부터 나타나는 이와 같은 지향성을 가리킨다. 메를로-퐁티가 하나하나의 음성을 취해 보면 아무런 의미도 지니지 않지만, 그것들이 일정한 방식으로 조합되면 거부할 수 없는 형태로 의미를 띠어가는 파롤을 "신체적 지향성의 현저한 한 가지 예"[Signes 111]로서 이해하고자 하는 것도 바로 이 때문이다.

―다케우치 오사미(竹内修身)

신칸트학파와 현상학 新—學派—現象學

사상사적으로 보아 신칸트학파는 실증적 과학들이 융성하는 가운데 어떻게 해서 철학이 그러한 실증과학(특히 심리학)으로 해소되지 않는 고유한 대상・영역・방법을 발견・획득하여 독립된 학의 지위를 차지할 수 있는가 하는 절실한 과제에 부응하는 모습으로 생겨났다고 말할 수 있다. 초기의 신칸트학파(1860년대-80년대)는 문헌학적인 입장은 별도로 하여 생리학적 입장・실재론적 입장・형이상학적 입장이 병립했지만, 어떠한 입장도 고유한 철학적 원리를 확립하는 데에는 이르지 못했다. 신칸트학파 본류(1880년대-1920년대)가 되는 것은 독자적인 철학적 원리를 지니는 마르부르크학파와 서남독일(바덴)학파이다. 마르부르크학파는 예를 들면 창시자 코헨(Hermann Cohen 1842-1918)의 경우에 과학들의 근본 범주들을 비인칭적인 '순수 의식'('순수 사유'・'순수 의지'・'순수 감정')의 산출물로 이해하고, 이러한 '순수 의식'에 의한 범주 산출을 체계적으로 서술함으로써 과학들의 근거짓기를 기도했다. 여기서 철학은 정신과학도 포함한 실증과학들의 '가능성의 조건'을 구명하는 문화철학(단 정밀자연과학을 모델로 한다)으로서 확립되게 된다. 한편, 서남독일학파는 칸트에 의한 '사실문제'와 '권리문제'의 준별을 계승한 데 기초하여 후자를 철학에 고유한 문제 차원으로서 지정했다. 즉 철학이란 '존재하는'(seiend) 사물이 아니라 '타당한'(geltend) 가치를 그 연구대상으로 하는 가치철학이라는 점에 의해 그 독립을 보존할 수 있다는 것이다.

초창기의 현상학 역시 신칸트학파의 성립을 촉진한 시대 상황과 철학적 과제에 의해 추동되어 발전했다고 말할 수 있다. 후설은 이미 수학의 학도였던 베를린 시대에 파울젠(Friedrich Paulsen 1846-1908), 할레에서의 사강사 시대에는 바이힝거(Hans Vaihinger 1852-1933), 에르트만(Benno Erdmann 1851-1921), 리일(Alois Riehl 1844-1924)과 같은 초기 및 방계의 신칸트학파 학도들과 접하지만, 본격적인 사상적 교류는 마르부르크학파의 나토르프와의 그것이 그 효시이다.

Ⅰ. 마르부르크학파와 현상학. 마르부르크학파의 기본적 입장을 확립한 코헨은 더 나아가 자연(과학적으로 파악된 한에서의)・도덕・예술이라는 객관적 문화의 세 방향을 '주관성'의 장에서 통일하고자 하여 심리학의 철학적 개조로써 문화철학 체계의 완성을 기도했지만 완수되지 못한 채 끝났다. 이러한 과제를 계승한 것이 나토르프인데, 『비판적 방법에 의한 심리학 입문』(1888) 및 『비판적 방법에 의한 일반심리학』(제1권, 1912)은 그 성과이다. 나토르프는 주관적인 것과 객관적인 것을 상호 배제적인 또는 한편이 다른 편으로 해소되어야만 하는 두 영역으로 생각하지 않고 동일한 현상의 상이한 인식방향 내지 인식차원으로서 파악했다. 즉 현상의 객관화하는 '구성'(Konstruktion)에 의해 객관적 과학들이, 그리고 주관화하는 '재구성' (Rekonstruktion)에 의해 심리학이 성립하는 것이다. 이리하여 심리학은 객관적 과학들이 성립하는 지반을 주관성의 다양한 단계를 그 근원으로 소급하여 회복함으로써 구명한다. 나토르프의 이러한 두 개의 『심리학』은 후설의 사상형성, 특히 '환원', '순수 자아', '발생적 현상학'의 문제틀에 대해 결정적인 영향을 미친다.

코헨과 나토르프의 문화철학 구축 시도는 후설 현상학에 매개됨으로써 카시러의 『상징 형식의 철학』(1923-29)으로서 열매를 맺었다. 카시러는 상이한 대상영역의 구조에는 상이한 인식형식이 조응한다는 것과, 대상을 그 '현실성'에서가 아니라 '의미하는 것'에서 연구하는 것을 후설에게서 배우고, 이것을 나토르프의 심리학에서의 주관화하는 재구성 프로그램에 적용함으로써 '상징' 기능에 의한 (지각・언어・신화 · 과학에 걸친) 문화 산출을 이론화했다.

같은 학파로부터 나온 N. 하르트만에게서도 역시 현상학으로부터의 영향을 찾아볼 수 있다. 다만 그에게 고유한 철학방법론('현상학' → '문제학' → '문제의 형이상학')에 짜 넣어짐으로써 '현상' 개념이 그에게 있어서는 실재론적인 문제틀을 토대로 '본체'를 예상하는 것이 되어 **이른바** '현상학'의 그것과의 사이에 괴리가 존재한다는 점에 주의하지 않으면 안 된다.

Ⅱ. 서남독일학파와 현상학. 서남독일학파나 현상학파 모두 로체의 '타당'(Geltung) 사상을 공통의 사상적 원천으로서 지니지만, 전자가 '타당'을 ('진리'를 전형으로 하는) 가치의 존재 성격으로 이해하는 데 반해, 후자는 그것을 볼차노의 '명제 자체'의 사상과 병치시켜 의미형성태의 존재 성격으로 이해하고 진 · 위의 가치에 대해서는 따로 논의한다. 이러한 해석의 차이는 두 학파의 이론적 틀 그 자체의 차이가 초래한 결과이다.

리케르트는 인식을 '초월적 당위'에 대한 명증 감정을 수반한 긍정(승인) · 부정(거부)의 작용이라고 생각했다. 이러한 구도는 인식의 대상을 주관으로부터 독립한 '초월'로서 세우면서도 실제로는 '당위'로서 주관의 작용권 안에서 그것들을 취급한다고 하는 방법론상의 어긋남을 낳는다. 후설은 인식의 대상으로서의 의미형성태가 이념적인 존재이며, 따라서 작용으로부터 전적으로 독립적인 것으로서 그 구조를 고찰할 수 있다는 입장을 취함으로써 가치를 가지고서 참된 인식대상으로 삼는 리케르트의 입장에 대해 이의를 제기한다. 실제로 후설은 1916년 리케르트의 후임으로서 서남독일학파적인 사상적 풍토가 남아 있는 프라이부르크 대학에 부임함에도 불구하고 나토르프로부터와 같은 결정적인 영향을 그가 이 학파로부터 받은 흔적은 없다.

역으로 리케르트의 제자 라스크는 후설의 영향 하에 리케르트 가치철학을 작용으로부터 독립한 '의미'의 구조 분석을 주축으로 하는 객관주의적 체계로 다시 조직하고자 했다. 그 시도의 일부가 『철학의 논리학과 범주론』(1911)과 『판단론』(1912)이다. 특히 전자에서는 형이상학에 대한 지향도 엿보이는바, 라스크 본인은 일찍 사망했음에도 불구하고 그것은 만년의 리케르트나 하이데거의 존재론적 문제틀로서 계승되어간다.

☞ ㉮타당, 판단론, ㉧나토르프, 라스크, 리케르트, 카시러, 하르트만

—다이코쿠 다케히코(大黑岳彦)

[참] I. Kern, *Husserl und Kant. Eine Untersuchung über Husserls Verhältnis zu Kant und zum Neukantianismus, Phaenomenologica*, Bd. 16, 1964. E. Fink, "Die phänomenologische Philosophie Edmund Husserls in der gegenwärtigen Kritik", in *Kant-Studien* XXXVIII, 1933, jetzt in *Studien zur Phänomenologie 1930-1939*, 1966, *Phaenomenologica*, Bd. 21(小池稔 譯, 「エトムント・フッサールの現象學的哲學と現代の批判」, 新田義弘・小池稔 譯, 『フッサールの現象學』, 以文社, 1982에 수록).

실재론 實在論 ⇨㉮관념론/실재론

실재성 實在性 [(독) Realität]

후설의 초기 환원이론에서 실재성의 정립은 '괄호 넣기', '차단'의 대상이 되어야만 하는 것이었지만, 셸러는 실재(현실존재)성의 계기가 어떻게 주어지는가라는 문제의식에서 '판단중지'를 안목으로 하는 후설의 환원이론을 불충분하다고 생각한다. 그때 셸러가 출발점으로 삼은 것은 딜타이의 「외계의 실재에 대한 우리의 신념의 기원 및 그 권리의 문제의 해결에 대한 기여」[전집 제5권]였는데, 의식된 중추적인 의지에 기초하는 저항 감각에서 실재성의 계기를 구하는 딜타이에 반해, 셸러는 "불수의적이고 내발적인 충동 중심으로서의 생 충박"에 대한 여전히 의식 내재적인 알 수 없는 저항의 체험을 가지고서 실재성의 계기로 삼았다 [「인식과 노동」 SGW **8**, 「관념론-실재론」 SGW **9**]. 이러한 실재성 체험은 모든 대상인식에 선행하며, '불안'을 그 상관자로서 지니는 것으로 여겨진다. 따라서 셸러가 생각하는 환원은 "도덕적 비약" 또는 "내적 행위", "금욕"이라고도 불리듯이 『이념들』 시기의 후

설의 그것에 비해 두드러지게 실천적인 성격을 부여받게 된다. 이러한 생각이 『위기』에서의 후설의 "인간의 인격적 변용"이라는 발상에 영향을 주었다고도 말해진다. 또한 지식사회학에서는 인간의 앎을 정신적인 이념인자와 협동하여 구성하는 실재인자라고 하여, 충동론을 기초에 두고 정치와 경제, 혈연관계를 연구하는 실재사회학의 대상으로 생각되었다. ☞ ㉮저항, 지식사회학, 충박, ㉯셸러

—미즈타니 마사히코(水谷雅彦)

실재적/이념적 實在的/理念的 [(독) real/ideal]

'실재적'은 real의 번역이며, '이념적'은 ideal의 역어이다. 실재적인 것(실재적 대상)과 이념적인 것(이념적 대상)의 준별은 『논리연구』에서의 심리학주의 비판에서 중요한 의미를 지니고 있었다.

후설에 의하면 실재적 사물이란 어떤 특정한 시간-공간적 위치를 점하며, 그런 의미에서 "개체적으로 개별화된 존재"이자 인과연관 하에서 생기한다. 후설은 일반적으로 객관적 시간 내부에 있는 존재자가 '실재적'인 것이라고 정의할 수 있다고도 말한다. 『논리연구』에서는 심리학적 소여인 의식 체험도 '실재적'인 영역에 속한다고 여겨진다. "우리에게는 의식의 '안'도 '바깥'과 마찬가지로 실재적이게 된다"고 말하고 있는 것이다[LU Ⅱ/1 123]. 그러나 후설은 그 후 의식 체험을 구성하는 요소들을 외적인 실재적 사물과 구별하여 특히 '내실적'(reell)이라고 부르게 된다.

후설에서는 어떤 특정한 시간·공간적 위치를 점하는 것이 아니라 보편타당하고 그 자체로서 절대적 동일성을 지니는 것과 같은 존재자를 '이념적'(ideal)이라고 부른다. 그와 같은 존재자의 시간 양태는 '비시간성'·'초시간성'이다. (덧붙이자면, 『논리연구』 Ⅰ의 128쪽 등에서는 그와 같은 "초시간적, 초경험적 이념성"을 지니는 대상을 "이념적"(ideell)인 존재자라고 부르고 있다. 이것은 드문 표현법이다.) ☞ ㉮내실적/이념적

—미야하라 이사무(宮原 勇)

실존 實存 [(독) Existenz (영·불) existence]

가능존재·본질존재에 맞선 현실존재·실현존재가 원래 뜻이며, 일어서는·나서는·나타나는 활동과 그 결과(ex + sistere → exsistentia, existentia)를 나타내는데, 이로부터 보통은 생존·현존·존재의 의미로 이해된다. 메이지 시기에는 실존(하다)이 실재(하다)와 거의 같은 뜻으로 사용된 경우도 있다. 오늘날에는 제1차 세계대전 후의 야스퍼스의 실존철학에서의 실존 해명, 하이데거의 실존의 분석론, 제2차 세계대전 후의 사르트르의 실존주의 등의 영향 하에 인간의 특질을 실존이라고 부르는데, 타자의 그것과 교환할 수 없는 각자의 자기를 실존이라고 부르는 경우가 많다.

이와 같이 실존철학·실존주의의 성립은 20세기 전반의 사건이지만, 이것에는 19세기 전반 이후의 반헤겔주의에서 보이는 현실존재·실현존재·개별존재에 대한 주목이 전사前史로서 선행한다. 특히 셸링이 신에게서의 '살아 있는 자연'으로서의 근거존재와 신의 현실존재를 구별하여 인간의 현실존재와 그것에 특유한 악에 대한 자유의 근거를 신에게서의 '살아 있는 자연'에서 구하며, 키르케고르가 인간의 현실존재를 감성적·윤리적·종교성A·종교성B의 네 가지 모습으로 파악하고, 자기의 외부에서 무한히 질적으로 다른 신과의 직면을 끊임없이 다시 받아들이는 노력을 거듭하는 단독의 자기를 설파한 것은 인간 실존의 근거를 신의 실존 내지 그 근거에서 구하는 형태를 지니는 19세기 후반의 실존사상이었다.

실존이 인간 존재를 특기하는 말이라면, 19세기에서 20세기에 걸친 이성의 철학·정신의 철학·생의 철학·현상학·철학적 인간학에 맞서 대항할 수 있기 위해서는 실존이라는 문자에서는 볼 수 없는 인간의 가능존재·본질존재·자연본성도 실존하다·실존할 수 있다·실존 가능하다·나설 수 있다, 등과 같이 가능성·본성의 발로·표출·표현으로서 분석하고 기술할 수 있는 것이어야만 한다. 한국어의 '~생기다'는 태어날 때의 능력·소질의 좋고 나쁨에 관계없이 밑으로부터 나타나다, 안에서 나오다, 솟아나다, 드러

나다, 두드러지다, 라는 의미이다. 바로 이것은 exist, existence라는 말의 내용과 서로 겹친다. 실존・자기라는 문자는 한국어의 발생・사건과 의미상 동일하다. 타자가 아니라 바로 각자의 자기의 내심으로부터 나타나는 것을 수행한다. 이것이 실존의 행위인 것이다. ☞ ㊄실존주의, 탈-존, ㊋사르트르, 야스퍼스, 하이데거

―가야노 요시오(茅野良男)

㊟ 茅野良男, 『實存主義入門』, 講談社, 1968, [42]1993. 同, 『初期ハイデガーの哲學形成』, 東京大學出版會, 1972. 同, 『ハイデガーにおける世界・時間・眞理』, 朝日出版社, 1981.

실존범주 實存範疇 [(독) Existenzial]

하이데거가 『존재와 시간』에서 '현존재의 존재 성격들'을 나타내는 규정 일반에 부여한 술어. 현존재의 존재인 실존의 구조를 규정하는 개념의 총칭이며, '실존론적 표현', '실존론적 개념'이라고도 바꿔 말해진다. 실존범주는 우선 '존재적'(ontisch)과 구별된 의미에서 '존재론적'(ontologisch)인 규정들을 가리키는 것이지만, 더 나아가 마찬가지로 존재론적 규정이긴 하면서도 현존재 이외의 존재자의 존재를 규정하는 '도구존재성'(Zuhandenheit)이나 '객체존재성'(Vorhandenheit)과 같은 '범주'(Kategorien)와 구별되며, 이와 함께 '존재 성격의 두 가지 근본적 가능성'을 형성한다. 하이데거가 현존재 분석에서 추출한 대부분의 구조 규정은 실존범주라고 말할 수 있지만, 예를 들어 '세계성'(Weltkichkeit)으로서의 '유의의성'(Bedeutsamkeit), '공개空開'(Einräumen), '공동존재'와 '세인', '내-존재'(In-Sein)와 그것을 구성하는 '정황성', '이해', '말', 나아가 '의미'와 '진리'가 거론될 수 있다. 덧붙이자면, 최초 시기의 하이데거가 생을 그것 자체에서 나타내는 개념에 '범주'라는 이름을 부여했던 것에서 보면, 실존범주는 역사적으로는 딜타이 해석학의 '생의 범주'의 계보에 속하는 것으로 생각된다. ☞ ㊄실존적/실존론적, 현존재, ㊍존재와 시간

―이토 도오루(伊藤 徹)

실존 분석 實存分析 [(독) Existenzanalyse (영) existential analysis]

넓은 의미로는 병든 인간을 생물학적 요소들과 심리・사회학적 관계로 환원하는 데 그치지 않고 세계 내에서 살아가는 구체적 인간의 죽음, 자유와 책임, 죄, 고독, 생의 의미 등의 문제로까지 파고들어 초점을 맞추고자 하는 실존주의의 영향 하에 있는 정신의학과 심리학으로서 정태적 분석에 역점을 둔 빈스방거의 현존재 분석도 포함하지만, 좁은 의미로는 오스트리아의 프랑클(Victor Emil Frankl 1905-)이 자기의 아우슈비츠 강제수용소 체험을 토대로 하여 1950년경부터 제창한 실천적인 것을 말한다. 프랑클에 의하면 인간은 신체적, 심리적, 정신적인 세 가지 차원의 통일체이며, '쾌감에의 의지'(프로이트)와 '권력에의 의지'(아들러) 뿐 아니라 '의미에의 의지'를 지닌 의미 지향적이고 가치 실현적인 존재이다. 그런 까닭에 사람은 심리・생물학적 욕구불만에 빠질 뿐만 아니라 자기의 삶에 의미와 가치를 발견할 수 없을 때 실존적 욕구불만과 실존적 공허감이 생겨나 신경증이 된다. 그는 이러한 신경증을 신체인성身體因性의 정신병과 심인성의 신경증으로 구별하여 정신인성 신경증(noogene Neurose)이라고 부르고, 로고테라피(Logotherapie)가 최적의 치료법이라고 주장했다. 로고테라피란 그가 창시한 일종의 실존적 정신요법으로서 병자를 그로부터 도피하고 있는 실존적 과제에 직면시켜 인간의 자유와 책임성에 호소함으로써 그 과제를 적극적으로 짊어지도록 이끌어내는 것이자 병자가 자기의 존재의 의미와 가치를 감득하도록 조력함으로써 병을 치유로 이끌거나 불치의 병에 대해 위로를 주고자 하는 것이다. 다시 말하면 일하는 능력과 인생을 즐기는 능력뿐 아니라 고뇌하는 능력도 지니도록 하는 것이 치료 목표라고 말할 수 있을 것이다. 치료기법으로는 예를 들어 예기불안에 대해 불안의 대상을 기피하는 것이 아니라 역으로 그것을 지향하도록 권고하는 역설지향(paradoxe Intention)이 있으며, 또한 증상에 대한 관찰강박으로는 자기의 생에 의미와 가치를 부여하는 사물에 전념하고 증상으로부터 해방되도록 권고하는 반성제거(Dereflexion)의 방법이 창출되고 있다. 이러한

두 가지 기법에 한정하여 말하자면, 일본의 모리타 요법과 공통된 점이 있어 매우 흥미롭다. ☞ [사]정신의학과 현상학

—오하시 히데오(大橋秀夫)

[참] V. E. Frankl, *Theorie und Therapie der Neurosen*, Wien, 1956(宮本忠雄・小田晉・霜山德爾, 『神經症—その理論と治療』, みすず書房, 1961). 同, *Psychotherapy and Existentialism*, 1967(高島博・長澤順治 譯, 『現代人の病—心理療法と實存哲學』, 丸善, 1972). 同, *Homo Patiens: Versuch einer Pathodizee*, Wien, 1955(眞行寺功 譯, 『苦惱の存在論—ニヒリズムの根本問題』, 新泉社, 1972).

실존자 實存者 [(불) existant]

<실존>(existence), <실존하기>(exister)와 맞짝을 이루는 레비나스의 용어로서 <실존하기>는 하이데거가 말하는 Sein에, <실존자>는 Seiendes에 대응한다. <존재자>(étant), <실사>(substantif), 자아, 주체와 같은 말이 동의어로서 사용되기도 한다. "탈자(extase)가 실존의 근원적인 양상인 것일까, 밖(ex)이 실존하기의 주요한 어근인 것일까"[『실존에서 실존자로』 139]라는 물음의 제기가 보여주듯이 레비나스는 하이데거적인 <탈자>의 관념을 물리치면서 <기체의 정립>(position)으로서 <실존자>의 발생을 파악한다. <기체>(sub-stance)란 <자기>(soi)를 일컫는바, 생겨나든 그렇지 않든 자아는 그의 분신, 그의 그림자라고도 말해야만 할 <자기>에 긴박되게 된다. 초기 논고에서 이미 레비나스는 <쾌락>, <구역질>(nausée)과 같은 현상의 분석을 통해 <자기>로부터 도주하고 싶다는 자아의 무제한한 욕구와 이러한 도주의 좌절을 말하고 있지만, 전후의 레비나스는 자아와 <자기>의 불가분리성으로 이루어진 <실존자>의 이중성을 <나태>(paresse), <피로>(fatigue)와 같은 <실존자>의 비본래적 양태로부터 끄집어내고, <무에 대한 불안>이 아니라 <존재하기의 기분 나쁨>(mal d'étre)을 이야기하는 한편, <자기> 그 자체가 <타자를 위한 자기>로 화하는 것과 같은 <타자를 위해 실존하기>의 양태를 탐구하고자 한다.

—고다 마사토(合田正人)

실존적/실존론적 實存的/實存論的 [(독) existenziell/existenzial]

『존재와 시간』에서 하이데거가 '실존'으로 규정한 현존재의 존재는 언제나 현존재 자신에게 문제가 되며, 그것은 바로 실존함에 의해 그때마다 결정된다. 그러한 결정을 이끄는 것이 '실존적' 이해이지만, 그것이 반드시 실존의 존재론적 구조를 이론적으로 밝혀준 것은 아니다. 그에 반해 실존의 존재론적 구조 연관을 분석하는 것은 '실존론적' 이해라고 불린다. 이러한 개념적 구별은 존재 일반에 관계하는 좀 더 광범위한 구별인 '존재적/존재론적'과 평행하며, 또한 전통적인 '후험적/선험적'의 구별과의 연관을 시사하는 사용례도 적긴 하지만 존재한다. 존재의 의미를 목표로 하는 실존 분석은 기본적으로 실존적인 이해로부터 출발하며, 거기서 '미리 제시되어 있는' 실존론적인 구조로 향한다. 그러나 실존적 이해야말로 실존론적인 구조 분석에 지반을 부여하는 것인바, 후자는 어디까지나 전자에 뿌리를 내린 것이어야만 하는 까닭에, 분석은 끊임없이 실존적 이해로 되돌아올 것을 요청받는다. 그러나 방법론적 반성은 『존재와 시간』에서 예를 들면 현존재의 구조를 '관심'으로서 추출한 직후에 보인다. 나아가 '본래적인 전체 존재 가능'으로서 실존론적으로 기투된 '선구', 그 실존적 증명의 시도가 보여주는 '양심을 갖고자 함', 또한 그로부터 추출된 실존론적 구조로서의 결의성 등을 둘러싸고 동일한 문제가 전개된다. ☞ [사]실존, 존재이해, 현존재, [서]존재와 시간

—이토 도오루(伊藤 徹)

실존주의 實存主義 [(독) Existenzialismus (불) existentialisme (영) existentialism]

실존주의란 인간 존재와 인간적 현실의 의미를 그 구체적인 모습에서 다시 파악하고자 하는 사상운동이며, 실존주의 사상가들은 넓은 의미에서든 후설의 의미에서든 현상학을 방법으로 한다는 점, 그리고 <인간

에게서 중요한 것은 실존이지 이성이라든가 인간성과 같은 보편적 본질이 아니다>라고 생각하는 점에서 공통적이다. 이 사상운동은 철학뿐만 아니라 정치·사상·예술 등의 영역에 걸쳐 있다.

실존이라는 개념은 19세기 중반의 덴마크 사상가 키르케고르(Søren Aabye Kierkegaard 1813-55)에서 유래하지만, 비합리적인 인간의 생과도 밀접하게 관계한다는 점에서 니체(Friedrich Wilhelm Nietzsche 1844-1900)도 실존주의의 선구적 사상가로 헤아려진다. 실존의 철학은 1930년대 초두에 야스퍼스가 제창하고 하이데거가 이에 속한다고 생각되었다. 독일의 실존사상이 프랑스의 마르셀과 사르트르, 메를로-퐁티에게 영향을 준다. 특히 사르트르가 제2차 대전 후에 마르셀이 명명한 <실존주의>를 표방함과 더불어 이 사상이 일세를 풍미하게 되었지만, 그 영향력은 1968년 5월 혁명을 경계로 급속하게 상실되며, 구조주의와 후기구조주의가 이를 대신하게 된다. 그러나 실존주의의 사상사적 의의를 생각해 보고자 한다면, 실존주의를 현상학 운동 속에 자리매김하여 이것을 실존적 현상학의 조류로서 고쳐 정의할 필요가 있을 것이다.

이미 키르케고르의 작품에서 경험에 직접 주어지는 대로의 현상에 대한 기술적 탐구가 보인다. 사람들은 이것을 인간 실존에 대한 넓은 의미의 현상학(리쾨르의 용어를 빌리자면 '잠재적 현상학')이라고 부를 수 있다. 마르셀의 방법도 이런 의미에서의 현상학이다. 후설이 창조한 현상학은 '사태 자체로', 요컨대 사태의 본질을 지향하는 본질주의이지만, 하이데거가 존재 일반의 의미를 탐구하기 위한 통로인 현존재의 분석방법으로서 후설 현상학을 채용함으로써 현상학이 실존철학의 방법으로서 확립되게 되었다. 이것은 결코 우연이 아니다. 왜냐하면 현상학이란 "일체의 선입견을 배제하고 경험에 주어지는 대로의 구체적 사태로 되돌아가 모든 것을 다시 묻고자 하는 노력"[木田元, 『현대의 철학現代の哲學』 44]인바, 이것이야말로 바로 실존의 기술적 탐구에 가장 걸맞은 방법이기 때문이다.

실존주의 사상가들은 인간에게 있어서는 실존이 본질에 선행한다고 생각한다. 이 경우 실존이라는 말은 인간의 현**실존**재, 진**실존**재를 의미한다. 확실히 본질 역시 존재이지만, 이것은 가능적 존재, 추상적 존재이다. '있다·이다'라고 해도 '삼각형이란 3개의 직선에 의해 둘러싸인 도형**이다**'라는 명제와 '여기에 연필로 그려진 삼각형**이 있다**'는 명제에서 그 의미가 다르다. 전자의 '이다'는 삼각형의 본질존재(essentia)를, 후자의 '이 있다'는 그 현실존재(existentia)를 의미한다. 본질이란 가능존재이며 현실존재와 구별된다. 본질은 초시간적 존재인 데 반해 현실존재는 시간적 존재이다.

본질과 존재, 가능적 존재와 현실적 존재는 '이어서 있는 자'인 신에게서 일치한다. 그렇다면 유한한 존재인 인간에게 있어 본질과 실존의 관계는 어떠한 것인가? 이 문제를 가장 예리하게 물어 밝힌 것이 키르케고르이다.

키르케고르는 셸링(Friedrich Wilhelm Joseph von Schelling 1775-1854)의 적극철학에서 차용한 실존 개념을 인간 존재에 한정하여 사용한다. 즉 인간 존재에게 있어서는 그 본질이 전적으로 미확정인바, 현실존재만이 주어져 있다. 인간은 신에 의해서 창조된 존재이고 신과 인간 사이에는 절대적인 단절이 놓여 있어 신이 어떠한 본질을 인간에게 주었는지는 인간 이성에게는 파악될 수 없다. 따라서 인간은 자기가 무엇인지, 무엇이어야만 하는지를 알지 못한 채 그저 현실에 존재하고 있을 뿐이다. 그러한 것은 각 사람이 스스로의 결단에 의해 선택할 수밖에 없다는 것이다.

존재하는 것의 의미를 찾아내지 못한 채 이 세계에 유기되어 있는 인간, 자기의 존재의미를 스스로의 결단에 의해 창조해내도록 운명지어져 있는 인간, 자기의 신체에 의해 이 세계에 내던져져 있으면서 타자와의 교통 속에서 자기의 있어야만 할 인생을 지향하여 기투해가는 인간, 이러한 실존주의의 인간상은 이미 키르케고르와 니체가 제시하고 있다. 하이데거는 특히 키르케고르의 영향 하에 현상학을 방법으로 하는 현존재 분석의 저서 『존재와 시간』을 발표하며, 이것이 실존철학의 고전으로서 취급되게 되었다.

실존주의 사상가들은 인간의 구체적인 삶을 현상학적으로 기술하면서 인간 존재에 대한 형이상학적 탐구를 시도하고 있다. 특히 실존적 자유, 자기의 신체, 타자의 존재와 같은 문제 영역은 실존적 현상학에 의해 비로소 본격적으로 열어젖혀졌던 것이다. ☞ [사]사실존재/본질존재, 실존, [인]마르셀, 사르트르, 하이데거

—하코이시 마사유키(箱石匡行)

[참] 飯島宗享・吉澤伝三郎 編, 『實存主義講座』, 全8卷, 理想社, 1968-74. 木田元, 『現代の哲學』, 講談社, 1991.

실증주의와 현상학 實證主義—現象學

실증주의(Positivismus)는 근대 과학의 발전과 산업혁명의 진행을 배경으로 하여 생겨난 19세기의 사상으로서, 일반적으로는 경험적 사실만을 지식의 기반으로 인정하고 감각적 경험의 배후에서 신이나 궁극원인 등의 초경험적인 실재를 인정하지 않는 철학 상의 입장을 가리킨다. 경험적으로 실증할 수 없는 지식을 무의미한 것으로서 물리치고 경험적 뒷받침을 받지 못하는 개념의 사용을 금한다는 점에서 사변적 형이상학의 입장과는 근본적으로 대립한다. 또한 관찰과 실험에 기초하는 자연과학적 방법의 우위성을 주장하고, 그 방법을 인문・사회과학의 영역으로까지 확장하고자 하는 강한 지향을 지님으로써 <과학주의>와 <진보주의>의 사상적 원천이 되었다.

실증주의라는 말을 처음으로 사용한 것은 프랑스의 공상적 사회주의자 생시몽(Claude Saint-Simon 1760-1825)인데, 그는 독단적이고 형이상학적인 종래의 사회이론을 비판하고, 사회현상을 <관찰된 사실>에 의해서만 통일적으로 설명하는 실증적이고 과학적인 학문으로서의 <사회생리학>을 제창했다. 그의 제자 콩트(Auguste Comte 1798-1857)는 그 구상을 받아들여 『실증철학 강의』 전 6권(1830-42)을 저술함으로써 그것을 체계적으로 완성시켰다. 거기서 콩트는 <실증적>이라는 말의 내용을 공상적에 대한 현실적, 무용에 대한 유용, 불확실에 대한 확실, 애매에 대한 정확, 소극적・부정적에 대한 적극적・긍정적, 절대적에 대한 상대적, 등과 같은 일련의 대비에 의해 특징짓고 있다. 여기서 <상대적>이라는 것은 좀 더 유용하고 좀 더 확실한 지식으로의 진보가 언제나 가능하다는 의미에 다름 아니다. 또한 콩트는 인간의 지식이 <신학적>, <형이상학적>, <실증적>이라는 세 개의 단계를 거쳐 발전한다는 <3단계 법칙>을 제기하고, 실증적 단계에 도달한 사회이론에 <사회학>(sociology)이라는 이름을 부여했다. 콩트의 실증철학은 영불해협을 넘어서 밀(John Stuart Mill 1806-73)에게 영향을 미치며, 나아가 진화론과 결부됨으로써 스펜서(Herbert Spencer 1820-1903)의 사상에도 커다란 흔적을 남긴다. 다른 한편, 독일어권에서는 19세기 말에 라스(Ernst Laas 1837-85)와 바이힝거(Hans Vaihinger 1852-1933)로 대표되는 <신실증주의>라고 불리는 철학적 동향이 출현하여 콩트의 사상을 독자적인 형태로 발전시켰다. 아베나리우스와 마흐의 경험비판론도 자주 이 흐름에 속하는 것으로 헤아려진다. 곧이어 마흐와 비트겐슈타인의 영향 하에 빈 학단이 성립했는데, 그들은 스스로 <논리실증주의>를 자임하며 '형이상학의 제거!'를 기치로 내걸었다. 빈 학단의 철학은 방법에서는 엄밀한 논리분석에 의거한다고 하더라도, 자연과학의 방법을 기반으로 하여 인문・사회과학도 통합하고자 하는 <통일과학>의 구상을 내걸었던 점에서 역시 콩트의 실증주의 흐름을 흡수하는 것이라고 말할 수 있다.

그러나 사상사가 S. 휴즈가 1890년대를 "실증주의에 대한 반역"의 시대라고 불렀듯이 19세기 말에 들어서면 실증주의의 일면성에 대한 비판이 다양한 형태로 제기되게 된다. 베르그송의 생의 철학, W. 제임스의 근본적 경험론, 후설의 현상학 등이 그것이다. 그들은 자연과학적 선입견을 배제하고 직접적 체험에로 귀환하고자 하는 지향에서 궤를 같이 한다. 그런 의미에서 보면 휴즈도 지적하듯이 아베나리우스와 마흐의 경험비판론은 실증과학의 기반인 <경험> 그 자체에 대한 비판적 음미를 지향했다는 점에서 오히려 "실증주의에 대한 반역"의 계보에 자리매김 되어야 할 것이다.

이러한 움직임 중에서도 특히 후설의 초월론적 현상학은 실증주의적 경향에 대한 근본적인 반정립을 제출한 것이었다. 그와 같은 기도는 『엄밀한 학으로서의 철학』에서 "예를 들어 실증주의의 고조가 …… 앞으로

점점 더 높아진다 하더라도 자연주의가 이성을 자연화함으로써 배리에 빠진다고 하는 사정 자체에 관해서는 전혀 논쟁의 여지가 없다"[PW 15]라는 형태로 표명되고 있다. 또한 『이념들 Ⅰ』에서의 사실학에 대한 본질학의 우위성과 현상학적 환원 절차의 도입도 실증주의적 선입견의 차단이라는 방법적 의미를 지니는 것이었다. 이러한 실증주의와의 대결에 학문론적인 의미를 부여하고 역사철학적 해석을 시도한 것이 말년의 저작 『위기』인데, 그 제2절에는 '학문의 이념을 단순한 사실학으로 환원하는 실증주의적 경향. 학문의 <위기>는 학문이 삶에 대한 의의를 상실한 데 있다'라는 표제가 내걸려 있다. 즉 후설은 "학문이 왜 이러한 지도성을 상실한 것인가, 왜 사정이 본질적으로 변하여 학문의 이념이 실증주의적으로 국한되게 된 것인가"[Krisis 5]라고 묻고, 그 주된 원인을 "실증주의가 말하자면 철학의 머리를 끊어내 버렸다"[같은 책 7]고 하는 사실에서 찾는 것이다. 그에게 있어 그러한 위기에 근본적으로 대처하는 방도는 바로 <초월론적 현상학>의 구축에 다름 아니었던 것이다.

그러나 현상학과 실증주의의 관계는 조금 착종되어 있는바, 단순한 대립관계에서 다 마무리되지 않는다. 구키 슈조九鬼周造가 『현대 프랑스 철학 강의』에서 말하고 있듯이 "독일에서는 프란츠 브렌타노가 콩트의 영향을 받았다. 브렌타노는 콩트의 이른바 phénoméne 개념을 심리학에 받아들였다. 그리고 브렌타노의 제자인 후설은 Phänomenologie를 세웠다. 현상학은 이런 의미에서 콩트의 흐름을 흡수하고 있다고 말할 수 있기"[129f.] 때문이다. 후설 자신도 한편으로는 실증주의를 엄격하게 논단하면서, 다른 한편으로는 "만약 <실증주의>라는 것이 일체의 학문을 절대로 선입견에 사로잡히지 않고서 <실증적인 것・거기에 정립되어 있는 것>, 즉 근원적으로 파악될 수 있는 것 위에 기초짓고자 하는 것을 의미하는 것이라고 한다면, 우리는 진정한 실증주의자인 것이다"[Ideen Ⅰ 38]라고까지 말하고 있다. 메를로-퐁티도 "가능적인 것을 현실적인 것 위에 근거짓는 일종의 현상학적 실증주의의 방법"[PP Ⅻ]에 대해 말하고 있으며, 나아가 이러한 <현상학적 실증주의>를 "합리성이라든가 다수의 사람들의 일치라든가 보편적 논리와 같은 것을 <사실>에 선행하는 무언가의 권리에 의해 근거짓는 것을 거부하는 태도"[SP 13]로서 특징짓고 있다. 이와 같이 보게 되면, 근원적 소여로 되돌아가 <사태 자체>의 존재방식을 해명하는 현상학의 방법적 태도는 과학주의적 선입견을 제거한 데 기초하는 한에서 콩트가 정의한 <실증적>의 의미에 합치하는 것인바, 현상학을 넓은 의미의 실증주의 계보 안에 위치하게 하는 것도 반드시 불가능하지는 않는 것이다. ☞ [사]경험비판론과 현상학, 영국 경험주의와 현상학, [인]마흐, 아베나리우스, [서]유럽 학문의 위기와 초월론적 현상학

—노에 게이이치(野家啓一)

[참] M. Sommer, *Husserl und der frühe Positivismus*, Frankfurt a. M., 1985.

실질적 현상학 實質的現象學 [(불) phénoménologie matérielle]

미셸 앙리의 용어. 단지 순수 현상을 기술하는 것이 아니라 "순수 현상이 자기를 근원적으로 현상화할 때의 양식"을, 즉 그것의 "어떻게"(Comment)를 문제로 한다[『실질적 현상학』 6ff.]. 따라서 앙리가 "순수 현상학적 실질"(matière, substance)이라고 부르는 것은 예를 들면 후설이 의식 체험의 지향적 형식인 노에시스에 대해서 그것의 내실적 소재로 간주한 '감각적 휠레'와 같은 것이 아니라 오히려 현상성 일반의 본질 양식이라고 말해야만 한다. 앙리에서 사실상 이러한 양식은 '초월'과 '내재'의 두 가지로 대별되며, 나아가 초월은 내재를 전제한다고 생각되기 때문에, 실질적 현상학의 과제는 모든 현상의 근저에서 근원적 내재의 차원을 발견하는 것으로 수렴된다. 근원적 내재는 스스로의 안에 어떠한 외부도 거리도 탈자(Ek-stase]도 포함하지 않는바, 어떠한 의미에서도 표상 불가능하고 지향적 구조도 지니지 않는 차원이다. 그것은 오로지 생이 자기 자신을 경험할 때의 감정성(affectivité)으로서만, 즉 순수한 자기촉발로서만 발견된다. 그리고 이러한 근원적 내재의 차원이야말로 후설 이래의 현상학이

추구하여 얻어내지 못한 주체의 주체성, 자아의 궁극적 존재라고 주장되는 것이다[『현현의 본질』]. ☞㉴내재의 철학

—다카하시 데쓰야(高橋哲哉)

실천 實踐 ⇨㉴프락시스{실천}

실천적 타성태 實踐的惰性態 [(불) le pratico-inerte]

사르트르의 용어. 사르트르는 『변증법적 이성비판』(1960)에서 현실의 존재론적 분석을 위해 관건이 되는 개념으로서 '실천적 타성태'를 사용한다. 사르트르는 '전체성'(totalité)과 '전체화'(totalisation)를 준별한다. 현실의 전체성은 인간의 활동에 의해 만들어진 것인바, 그것은 아직 즉자존재에 지나지 않는다. 타성적이란 즉자적이라고 하는 것과 같은 뜻이다. 이러한 즉자적-타성적인 것에 통일을 부여하여 하나의 전체성의 외관을 부여하는 것이 인간의 전체화이다. 전체화 작용 없는 전체성은 하나의 상상적 상관자에 불과하다. 예를 들면 기계와 도구와 소비물은 즉자적이고 타성적인 것일 뿐이다. 그것이 현실적인 전체성의 의미를 획득하기 위해서는 인간 노동이나 취득과 같은 활동을 필요로 한다. 일반적으로 인간의 세계는 실천에 의해 만들어진 타성적인 것의 세계인바, 그에 맞서 인간의 실천이 부정적으로 작용하여 변혁해 가는 가운데 인간은 역사를 구성해가는 것이다.

헤겔은 예나 강의 초안에서 인간의 외화하는 활동을 "자기를 사물로 만드는 행위"라고 불렀지만, 그것은 소외라고 바꿔 말할 수 있다. 인간의 내면성의 외화는 외적 사물 안에 응고하며, 이번에는 그것이 사물로서 인간에게 대립한다. 사르트르의 실천적 타성태는 헤겔(과 청년 맑스)의 소외태로 바꿔 말할 수 있을 것이다. 헤겔의 변증법이 소외와 소외의 지양인 것과 마찬가지로 사르트르의 변증법도 실천적 타성태와 그것의 (전체화에 의한) '극복'이다.

사르트르에게 있어 타성화한 실천은 의미를 지니지 않으며 부정되어야 할 것일 뿐이다. 그렇다고 한다면 예를 들어 하비투스와 같은 습관화된 실천은 즉자-타성태로서 소극적인 역할밖에 부여받지 못하게 된다. 바로 여기서 부르디외(Pierre Bourdieu 1930-)의 하비투스론이 사르트르 비판으로서 살아난다. 부르디외에게 있어 하비투스라는 습관화된, 그런 의미에서 타성적으로 제도화된 신체적 활동은 사회생활의 살아 있는 규칙의 저장고이며, 이러한 하비투스 속에서 인간은 교육되고 사회관계는 재생산된다. 하비투스는 결코 사르트르 류의 실천적 타성태가 아니라 오히려 사르트르적 전체화가 생생하게 작용하는 매체이기도 하다. 사르트르적인 실천적 타성태는 제도에 대해 생각하기 위해 여전히 일정한 유효성을 지니긴 하지만, 사르트르의 시선을 뒷받침하는 소외론의 구도는 제거되지 않으면 안 된다. 사르트르가 소극적으로 바라본 타성적 하비투스 안에서 오히려 사회구성의 원리가 찾아지는 것이다.

—이마무라 히토시(今村仁司)

실천철학 實踐哲學 [(독) praktische Philosophie]

70년대의 독일 철학계에서 이른바 <실천철학의 복권>이라는 문제의식이 떠오르는 과정에서 현상학도 그 후기 사상, 특히 생활세계론과 이성의 목적론과 같은 시각에서 논의에 참여하고 있었지만, 그에 따라 실천에 대한 이론의 우선성과 자립성이라는 발상 자체를 다시 물음에 붙임과 동시에 바로 그 이면으로서 앎의 일반이론 그 자체 속에 윤리적인 물음을 끼워 넣도록 촉구되었다.

후설은 그의 윤리학 강의에서 윤리학을 가치론과 실천론으로 구분하고 더 나아가 각각을 형식적 부문과 실천적 부문으로 구분하는데, 그 전체는 논리학이라는 이론학으로부터의 유비에 의해 구성된다. 요컨대 윤리학은 학문적 근거짓기의 질서에서 이차적이라고 생각되는 것이다. 하지만 그는 동시에 현상학이 이론학으로서만이 아니라 규범학 내지는 실천철학으로서의 의의도 지니지 않으면 안 된다고 생각한다. 윤리적·

종교적인 관점에서 보면, 현상학은 "순수 이성 규범에 의해 규제된 삶"을 가능하게 해야만 하며[Hu **25**. 3], 또한 이론적인 물음에 답하는 것이 이미 개인적 삶의 최고의 목표설정에 관계한다는 것이다[같은 책 271]. 그의 이러한 구상의 토대에는 이성에 대한 깊은 신뢰가 놓여 있는바, 그것이 이성에 의한 실천의 지도와 책임의 사상으로 전개되어간다. ☞[사]윤리학과 현상학, 프락시스{실천}, 행위

—다니 도오루(谷 徹)

심리적 기능 心理的機能 [(독) psychische Funktion]

슈툼프가 그의 현상심리학론(『현상과 심리적 기능』*Erscheinungen und psychische Funktion*, 1907 ; 『과학들의 분류에 대하여』*Zur Einteilung der Wissenschaften*, 1907 ; 『심리적 기능의 구성체』*Gebilde psychischer Funktionen*)에서 사용한 기초 개념. <직접적으로 주어진 것>은 세 가지의 더 이상 환원할 수 없는 부분으로 이루어진다. (1) 감각적, 심상적인 내용, (2) 지각, 통합, 인식, 욕망, 의지 등의 활동, (3) 현상과 기능 사이에서 보이는 관계가 그것들이다. 원초적인 지각의 기능을 제외한 모든 기능은 그것에 대응하는 특정한 내용으로서 형태, 개념, 목적, 가치 등을 지니며, 그 전체를 <구성체>(Gebilde)라고 부른다. 현상, 관계, 구성체는 각각 현상학, <논리학>(Logologie), <본질학>(Eidologie)이라는 <전제과학>(Vorwissenschaft)으로 된다. 현상은 논리적으로는 자연과학의 출발점이 되며, 경험적으로는 심리학의 출발점이 된다. 심리적 기능은 지적인 것과 감정적인 것의 둘로 구분되는데, 전자에는 감각과 관념 두 가지를 포함하는 지각 및 통합과 개념적 사고 그리고 판단이 포함된다. 또한 후자의 감정적인 측면에는 기쁨과 슬픔, 탐구와 회피, 의욕과 거부 등의 서로 대립하는 쌍이 포함된다. ☞[사]심리학과 현상학, 지향성, [인]슈툼프

—미나미 히로시(南 博)

[참] Edward Bradford Titchener, *Systematic Psychology*, Ithaca and London, 1929.

심리학과 현상학 心理學—現象學

Ⅰ. 현상학적 심리학과 현상심리학. 심리학과 현상학의 관계에 대해서는 두 가지 커다란 흐름이 존재한다. 첫째는 브렌타노의 철학적 심리학의 가르침을 받아들인 슈툼프의 심리학을 발단으로 하는, 그와 동시대인인 실험심리학의 사람들 및 슈툼프의 영향을 받은 게슈탈트 심리학의 이론을 포함한다. 이것을 <현상학적 심리학>이라고 부르기로 한다. 이에 반해 직접적으로 심리학적인 <현상>의 기술과 분석을 겨냥하는 흐름을 <현상심리학>이라고 부른다. 이러한 현상심리학은 독일의 '실험심리학', 게슈탈트 심리학파의 실험심리학, 나아가 미국의 실험심리학, 사회심리학, 임상심리학으로까지 확대된다.

Ⅱ. 현상학적 심리학의 출발. 브렌타노는 1874년에 『경험적 입장에서의 심리학』에서 같은 해에 나온 분트의 『생리심리학 원론』에서 보이는 감각과 감정의 내용을 요소로 하는 요소심리학에 맞서 심리학은 대상을 <지향>하는 작용을 기초에 둔다고 하는 <작용심리학>(Aktpsychologie)을 제창했다. 후설은 『논리연구』에서 철학이나 논리학의 기초과학으로 심리학을 두는 것을 <심리학주의>라고 비판했다. 후설은 슈툼프에게서 시사를 받아 제임스의 『심리학 원리』(*The Principle of Psychology*, Vol. Ⅰ, Ⅱ, 1890)를 읽고 그 자신에게 남아 있던 심리학주의로부터 탈출했다. 슈툼프는 후설의 동문 선배로서 감각적, 표상적인 내용인 <현상들>을 대상으로 하는 과학을 자연과학과 정신과학의 <전제과학>, <중립과학>이라고 주장했다. 그러고 나서 지각과 그 밖의 <심리적 기능>을 다루는 것이 심리학이며, 나아가 현상과 기능의 관계를 주제로 하는 분야를 <일반 관계학>(Allgemeine Verhältnislehre) 또는 <논리과학>(Logologie)이라고 부르고, 이것도 전제과학, 중립과학이라고 주장했다. 또한 심리기능의 내용인 형태 등을 내재적인 대상으로 하여 그것을 연구하는 영역을 <본질학>(Eidologie)이라고 불렀다. 슈툼프는 후설과 다른 의미의 현상학을 제안했지만, 그의 영향은 게슈탈트 심리학의 이론으로 계승된다.

Ⅲ. 뮌헨학파와 뷔르츠부르크학파의 심리학. 후설

의 동시대인으로서 뮌헨 대학의 심리학자인 Th. 립스는 심리학주의에 대한 후설의 비판을 받아들여 심리학을 의식체험의 학문이라고 생각했다. 립스의 문하로부터는 현상학의 뮌헨학파라고 불리는 심리학자들이 나왔다. 예를 들면 펜더는 <사실과학>으로서의 심리학을 <가치과학>, <규범과학>인 논리학, 미학, 윤리학과 구별했다. 다음으로 퀼페는 뷔르츠부르크 대학에서 반요소주의의 입장에서 심리학을 주관적인 경험을 대상으로 하는 과학이라고 하고, 또한 후설의 현상학을 심리학도 포함하는 사실과학의 전제가 되는 <본질>의 과학이라고 주장했다. 퀼페 밑에는 뷔르츠부르크학파라고 불리는 사람들이 모였다. 그 대표적인 인물인 메서(August Wilhelm Messer 1867-1937)는, 지각의 분석은 후설의 철학에 따라 논리학을 심리학으로부터 독립된 철학적인 기초과학이라고 생각하고, 후설의 『논리연구』가 사고심리학에 있어 중요하다고 주장했다. 또한 그는 심리학의 <기술적>인 방법이 <현상학적>인 방법이라고 주장했다. 뷔르츠부르크에서 퀼페의 문하에 있던 벨기에의 미쇼트는 브렌타노, 후설, 슈툼프의 철학과 심리학에서 배워 현상학적 심리학 또는 <실험현상학>을 제창했다.

Ⅳ. 괴팅겐학파의 실험현상학. 1901년부터 06년까지 후설이 재임한 괴팅겐 대학에는 뮐러(Georg Elias Müller 1850-1934)의 문하에 옌슈(Erik Rudolf Jaensch 1883-1940), 카츠, 루빈(Edgar John Rubin 1886-1951) 등이 있는데, 각각 공간지각, 시지각, 촉각 등의 연구로 알려진다. 그들은 모두 후설의 현상학에 영향을 받아 의식에 직접 주어진 것을 있는 그대로 기술하는 것을 심리학의 과제로 삼아 실험현상학의 괴팅겐학파를 형성했다. 그 중에서도 후설의 방법에 가장 가까운 카츠는 그의 주저 『색의 현상방식과 개인적 경험에 의한 그 변용』(*Erscheinungsweisen der Farben und ihre Beeinflußung durch die individuelle Erfahrung*, 1911)에서 심리학에서의 종래의 색 연구가 색의 스펙트럼에 주목한 데 반해, 색의 직접 체험으로서 <면색>(Flächenfarbe, 예를 들면 푸른 하늘의 색)이나 <표면색>(Oberflächenfarbe, 예를 들면 물체 표면의 색) 등 현상 그 자체의 기술을 시도했다. 한편 카츠는 일찍부터 게슈탈트 심리학에 가까운 입장을 취하며, 최후의 저서 *Gestaltpsychologie* (1943; [2]1948, *Gestalt Psychology: Its Nature and Significance*, Ronald, 1950: 武政太郎・淺見千鶴子 譯, 『게슈탈트 심리학ゲシュタルト心理學』, 新書館, 1962)에서도 현상학적 방법이 심리학의 방법으로서 유효한바, 심리학의 모든 분야에 적용된다고 주장했다. 카츠와 나란히 거론되는 루빈은 주저 『시각적으로 지각된 도형』(*Synsoplevede Figurer*, 1915. *Visuellwahrgenommene Figuren*, 1921)에서 게슈탈트 심리학에서의 귀중한 발견이 된 <그림>(Figur)과 <바탕>(Grund)이 현상학적으로 각각 <사물적 성격>(Dingcharakter)과 <재질적 성격>(Stoffcharakter)으로 구별된다고 주장했다.

Ⅴ. 그라츠학파의 형태질심리학. 괴팅겐학파와 마찬가지로 현상학으로부터 심리학에로의 중개자가 된 것이 브렌타노 문하로서 후설과 더불어 철학자 마이농을 리더로 하는 그라츠학파이다. 그는 1894년에 그라츠 대학에서 오스트리아 최초의 심리학 실험실을 만들었지만, 심리학보다도 철학의 입장으로부터 「대상론」(“Über Gegenstandstheorie”, in *Untersuchungen zur Gegenstandstheorie und Psychologie*, 1904) 등에서 심리학으로부터 독립된 대상론을 생각하고, 인식의 대상이 감각의 대상뿐 아니라 고차적인 대상으로 되는 <복합>(Komplex)은 몇 개의 대상에 의해 <기초지어진다>(fundiert)고 주장했다. 감각은 표상을 <기초짓는 내용>(fundierender Inhalt)이며, 표상은 그 <기초지어진 내용>(fundierter Inhalt)이다. 이와 같은 개개의 표상을 넘어선 새로운 표상의 <산출>(Produktion)을 생각하여 그는 요소주의 심리학을 부정하는 입장을 취했다. 마이농의 경우에는 철학적 경향이 강했지만, 그 문하의 실험심리학자들이 그라츠학파를 형성하게 되었다. 에렌펠스는 논문 「형태질에 대하여」(“Über Gestaltqualitäten”, in *Vierteljahrsschrift für wissenschaftliche Philosophie*, 1890)에서 도형이나 멜로디 등의 표상이 이조移調, 즉 조옮김 가능한바, 형태질은 단지 그것을 근거짓는 개개의 감각, 표상의 총화 이상의 복합태라고 주장했다. 예를 들면 멜로디는 음계를 바꿔도 곧바로 동일한 멜로디로서 들린다. 이것

은 마흐가 <형태>(Gestalt)의 이조성移調性에 대해 이야기하면서 그것을 감각에 의한 것이라고 주장한 감각주의를 넘어선다. 이러한 형태질의 연구를 한층 더 진전시킨 것이 코르넬리우스, 비타젝(Stephan Witasek 1870-1915), 베누시(Vittorio Benussi 1878-1927) 등이다.

VI. 게슈탈트 심리학. 에렌펠스를 중심으로 하는 형태질의 사고방식에 맞서 베를린 대학에서 슈툼프의 조교였던 슈만(Friedrich Schuman 1863-1940)은 「표정지각의 분석에 대하여」(“Beiträge zur Analyse der Gesichtswahrnehmungen”, 1900)에서 지각 현상의 정밀한 기술로부터 형태질이라는 표상복합을 부정하고 형태를 주의에 의한 직접 경험으로서 파악한 실험현상학의 선구자인 동시에, 게슈탈트 심리학에 의한 형태질 비판의 목소리를 높여 실험현상학으로부터 게슈탈트 심리학으로의 발전에 기여했다. 그러나 본격적인 게슈탈트 심리학은 베르트하이머의 『운동시에 관한 실험적 연구』(1912)에 의해 확립되었다. 거기서 발견된 <파이현상>은 그 이름대로 현상학적 기술에 의한 것이다. 쾰러는 게슈탈트를 있는 그대로 관찰하고 기술하는 것이 현상학의 방법이라고 주장했다. 쾰러와 더불어 코프카는 마찬가지로 직접 경험에 대한 소박하고 완전한 관찰과 기술을 <현상학>이라고 불렀다. 어쨌든 게슈탈트 심리학에서는 <현상적>과 <기술적>이 동일한 방법으로 간주된다.

VII. 미국의 현상심리학. (1) 내관심리학과 현상학. 미국에서 현상학과 그 영향을 받은 심리학을 소개한 것은 티체너(Edward Bradford Titchener 1867-1927)이다. 그는 영국에서 태어나 1890년부터 분트 밑에서 공부하고 92년에 미국의 코넬 대학으로 옮겨 분트 류의 <구성심리학>(structural psychology)의 대표자가 되었지만, 퀼페 등의 영향을 받아 분트 심리학으로부터 벗어나고 있었다. 티체너는 심리학적 실험의 중핵은 <통제된 내관>(controlled introspection)이라 생각하고, 분트가 심리학적 실험 방법이 적용될 수 없다고 생각한 사고과정을 연구하여 1909년에 『사고과정의 실험심리학 강의』(*Lectures on the Experimental Psychology of the Thought-Process*, 1909)에서 현상학을 심리학의 <인접 영역>(neighbouring field)이라고 주장했다. 그러나 유저 『체계적 심리학—프롤레고메나』(*Systematic Psychology; Prolegomena*, 1929)에서는 후설의 현상학을 그대로 기술심리학에 받아들이는 것은 경솔하다고 하고, 심리학자가 후설 현상학을 올바로 이해하지 못한다는 점을 지적했다. 그러나 그 자신은 현상학에 대한 접근을 마음에 두어 현상학은 아직 그것 자체로서는 실험심리학이 아니지만 심리학의 대상을 분석하기 위해 안전하고 확실한 접근들 중 하나라고 생각했다. 그의 문하인 보링(Edwin G. Boring 1886-1968)은 주저 『의식의 물리적 차원』(*The Physical Dimensions of Consciousness*, 1933)에서 쾰러의 <직접 경험>(direct experience) 또는 <현상 그대로>(phenomena as such)를 다루는 것이 심리학이라고 한다면, 그것은 심리학과 현상학을 동일시하는 것이라고 비판했다. 그는 새로운 과학인 심리학이 실험현상학의 방법을 과도적으로 사용해도 좋긴 하지만, 그 때문에 분석이 느슨하게 되고 기술용어의 혼란이 증대되어 심리학의 체계화가 가능하지 않게 된다고 주장했다.

(2) 실험심리학과 현상학. 보링의 영향을 받아 게슈탈트 이론의 현상학적인 측면에 대해 고찰한 것이 헬슨(Harry Helson 1898-1977)이다. 그는 『적응수준의 이론』(*Adaptation-Level Theory: An Experimental and Systematic Approach to Behavior*, 1964)에서 후설의 철학적 현상학을 심리학에 적용하는 것을 <실험현상학>이라고 부르고, 대상의 거시적인 특성을 다루는 카츠, 루빈, 베르트하이머, 코프카 등의 연구를 내걸었다. 헬슨의 동시대인인 맥클레오드(Robert B. Macleod 1907-72)는 논문 「현상학—실험심리학에 대한 도전」(“Phenomenology: A challenge to experimental psychology”, 1964)에서 헬슨의 현상심리학을 좀 더 일반화한 <현상학적 심리학>을 제창했다.

(3) 그 밖의 분야와 현상학. ① 임상심리학과 현상학. 미국의 임상심리학을 대표하는 로저스(Carl Ransom Rogers 1902-87)는 미국 심리학의 커다란 흐름의 하나로 <현상학적 · 실존적>(phenomenological-existential) 심리학을 들고, 현재의 <체험하고 있는 과정>(experi-

encing)을 그것의 기본 개념이라고 하고 있다. ② 신행동주의와 현상학. 톨먼(Edward Chase Tolman 1886-1959)은 제임스의 순수 경험론에 가까운 입장에서 작성된 논문 「심리학 대 직접 경험」("Psychology versus immediate experience", 1935)에서 처음에 주어지는 직접 경험을 유일한 실재라고 주장한 점에서 현상심리학에 접근한다. 일반적으로 행동주의의 심리학은 행동의 현상학이라고 하는 견해도 성립한다. ③ 사회심리학과 현상학. 마이농의 제자인 하이더(Fritz Heider 1896-1988)는 『대인관계의 심리학』(*The Psychology of Interpersonal Relations*, 1958: 大橋正夫 譯, 誠信書房, 1978)에서 자신과 환경의 관여에 대한 직접 경험을 기술하는 것을 <현상적 기술>(phenomenal description)이라고 부르고, 대인지각을 직접적으로 이해하는 것이 가능해진다고 주장했다. 여기서도 보이듯이 미국 심리학에서 현상학적 또는 현상적이라는 말은 다의적으로 사용되고 있다. ☞㈆ 게슈탈트 이론, 그라츠학파, 뮌헨학파[뮌헨 현상학], 뷔르츠부르크학파

—미나미 히로시(南 博)

㊟ Herbert Spiegelberg, *Phenomenology in Psychology and Psychiatry*, Evanston, 1972.

심리학자의 길 心理學者— [(독) der Weg der Psychologen]
⇨㈆현상학적 환원

심리학적 기술 心理學的記述 [(독) psychologische Deskription]
⇨㈆기술

심리학적 반성 心理學的反省 [(독) psychologische Reflexion]
⇨㈆반성

심리학주의 心理學主義 [(독) Psychologismus]
일반적으로 '논리학을 심리학에 의존하는 실용적인 학과, 즉 기술학技術學'으로 생각하는 입장에 대한 호칭. 반대로 모든 것을 논리학에 의해 근거짓고자 하는 입장은 논리주의라고 불리는데, 후설이 수학을 논리학 위에 근거짓고자 한 수학자 프레게의 영향을 받았다는 것은 주지의 사실이다. 19세기로부터 20세기로의 이행기에 유럽에서 융성했던 이 입장은 본래 심리학을 철학, 논리학, 윤리학, 미학 등의 모든 정신과학들의 기초로 생각하지만, 그것에 머물지 않고 예술, 종교, 그 밖의 문화 전반을 심리학적인 견지에서 파악하고자 하는 태도이다. 후설은 『논리연구』 제1권에서 논리학적 심리학주의를 다루고 상세하게 비판한다. 이 연구가 심리학주의의 극복에 있어 결정적 역할을 수행했다. 거기서 후설은 J. S. 밀의 "논리학은 심리학과 구별되어 그것과 대등하게 병렬되는 학문이 아니다. 논리학이 적어도 학문인 이상 그것은 심리학의 일부분 또는 한 부문이며, ……"라는 학설, Th. 립스의 "인식작용이 마음속에서만 일어나며 또한 인식작용 속에서 완성되는 사고작용이 심적 사건이라는 것이 확실한 이상, 논리학은 하나의 심리학적 학과이다"라는 학설, 지그바르트(Christoph Sigwart 1830-1904) 등의 학설을 다루고 있다. 여기서 후설은 심리학주의가 지니는 세 가지 선입견을 들어 비판한다. 그 첫째는 "심적인 것을 규제하는 규칙들이 심리학에 기초한다는 것은 자명하다. 따라서 인식의 규범법칙이 인식의 심리학에 기초해야만 한다는 것도 명백하다." 둘째는 "논리학에서 논의되는 표상과 판단, 추론과 증명, 진리와 개연성, 이유와 귀결 등의 개념들은 심적 현상과 심적인 형성물이기 때문에, 이러한 명제들과 이론들은 당연히 심리학에 포함된다." 셋째는 명증에 관한 것이다. 우리가 어떤 판단을 참이라고 인정하는 것은 그 판단이 명증적인 경우이다. 심리학주의자는 이러한 명증을 "누구에게나 각자의 내적 경험으로부터 잘 알려져 있는 독특한 심적 성격, 명증감정"이라고 하고 있다. 이러한 선입견들을 후설은 다음과 같이 비판한다. 순수 논리학이 다루는 판단은 이념적·이데아적인 의미 통일체로서의 판단이기 때문에 거기서의 개념도 마찬가지로 이데아적인 종개념, 즉 스페치에스이다. 예를 들면 5라는

수는 나나 다른 누군가가 5라고 헤아리는 것도, 나나 다른 누군가가 지니는 5의 표상도 아니다. 따라서 논리 법칙은 경험의 개별적인 사실로부터 귀납되는 개연적인 자연법칙으로서의 심리학의 법칙과는 달리 선험적으로 타당한 이념적 법칙이다. 마찬가지로 명증이란 우연히 어떤 일정한 판단에 결합하는 부수적 감정이 아니다. 명증이란 사념과 사념이 사념하는 자기 현실적인 것과의 사이의, 즉 언표의 현실적 의미와 자기 소여적 사태와의 일치의 체험인바, 이러한 일치의 이념이 진리라고 불리는 것이다. 이와 같이 후설은 심리학주의를 비판함으로써 논리학적 개념들과 진리의 이념적 객관성을 주장하는 순수 논리학의 이념을 확립했다. 그러나 그는 그 후 『논리연구』 제1권에서 보이는 정도로 선명하게 논리학의 객관적 성격을 강조하지 않게 된다. ☞㊄논리주의, 논리학과 현상학, 명증성, 법칙성{합법칙성}, 순수 논리학, 심리학과 현상학, 이념성,

—혼마 겐지(本間謙二)

심볼 ⇨㊄상징

심볼 형식—形式 ⇨㊄상징 형식

심적 현상/물적 현상心的現象/物的現象 [(독) psychisches Phänomen/physisches Phänomen]

브렌타노는 『경험적 입장에서의 심리학』에서 자연과학과 견줄 수 있는 과학적인 심리학의 영역을 확정하기 위해 물적 현상과 구별된 심적 현상이라는 개념을 사용했다. 여기서 현상이라는 말에는 특별한 철학적 사정이 포함되어 있지 않지만, 이 말을 사용한 이유의 하나는 마음과 영혼 등의 존재에 대해 언급하는 것을 피하기 위해서이다. 심적 현상의 예로서는 감각(지각), 상상, 판단, 정의情意활동 등의 심적 **작용**, 물적 현상의 예로서는 감각(지각) 대상인 형태, 색깔, 소리, 따뜻함・차가움, 냄새 및 그것들에 대한 상상적 형상 등이 거론된다. 브렌타노는 양자를 구별하는 기준의 하나로서 전자에는 '대상에의 방향' 내지 '지향적 내재'라는 특징이 갖춰져 있는 데 반해, 후자에는 그것이 결여되어 있다는 점을 들고 있다. 이러한 심적 현상과 물적 현상의 구별 기준으로서의 지향성이라는 논점은 그 후 예를 들면 치솜에 의해 각각의 현상을 표현하는 문장이 지니는 논리적 특성의 구별이라는 논점으로 계승되어 행동주의와 물리주의 등의 환원주의에 맞서 심적 현상의 독자성을 확보하는 하나의 거점으로서 사용되게 되었다[치솜, *Perceiving*, Cornell UP. (1957) 참조]. 다른 한편 후설은 브렌타노가 자연주의적 편견에 기초하여 물적 현상은 실재하지 않는다고 주장하고 외적 지각은 본래적인 의미에서 지각이라고는 말할 수 없는 것으로 간주한 점을 비판하고, 오히려 사물 자신의 지각으로서의 외적 지각이라는 관점에 기초하여 새로운 '현상'과 '의식' 개념을 확보했다[LU II/2 보충, Krisis §68]. ☞㊄내적 지각, 지향성, ㊁브렌타노, ㊂경험적 입장에서의 심리학

—무라타 준이치(村田純一)

ㅇ

아포리아론—論 [(독) Aporetik]

체계적 존재론의 전개에 앞서 행해져야만 하는, 인식에 관한 다양한 아포리아를 정식화하는 일에 대해 니콜라이 하르트만이 부여한 명칭. 순수 문제학(reine Problemwissenschaft)이라고도 불린다. 인식을 현상으로 하여 자체적인 존재자 상호간의 존재 관계로부터 파악하는 하르트만의 입장에서 보면, 인식론에 대한 존재론의 권리상의 우위 내지 선행성은 전혀 흔들릴 수 없다. 그렇지만 인식 현상에 대한 분석이 실제로 존재론을 전개할 때에는 선도적인 역할을 담당한다는 점도 부정할 수 없다. 그러므로 제1의적으로는 존재론을 지향한다 하더라도, 우선은 현상으로서의 인식을 존재하는 그대로 기술할 것이 요구된다. 하르트만에 의하면 현상학은 바로 이러한 기술을 지향하는 것이다. 그러나 어떠한 인식의 영위에 있어서도 한편으로는 인식에 대해 그 대상이 초월해 있다는 것이 전제된다 하더라도, 다른 한편으로는 해당 대상이 모종의 방식으로 인식에 내재해 있다는 것이 요청될 수밖에 없다. 이로부터 인식과 그 대상을 둘러싼 다양한 아포리아가 성립하며, 이것을 정식화하는 것이 아포리아론의 과제이다. 물론 여기서 정식화된 각각의 아포리아에 대해서는 존재에 대한 타당한 인식을 지향하여 다음에 오는 이론, 요컨대 존재론에서 그 해결이 시도된다. 그러나 아포리아의 모든 것이 이 존재론에서 한꺼번에 해소되는 것은 아니며, 오히려 거기에는 "영원한 미완결성"이 가로놓여 있게 된다. 그렇다면 하르트만에게서는 존재론 그 자체의 방향을 결정하는 데서도 바로 아포리아론이 언제나 결정적인 역할을 수행한다고 할 것이다. ☞[인]하르트만, [서]인식의 형이상학

—구쓰나 게이조(忽那敬三)

아포판틱 [(독) Apophantik] ⇨[사]명제론

아프리오리 [(라) a priori]

일반적으로 선험적이라고 옮겨지는 아프리오리는 본래 아포스테리오리(a posteriori)에 대립하여 사용되는 인식론적 용어로서 원래는 아리스토텔레스의 그리스어 proteron의 라틴어 번역이다. 그것은 원인 또는 전제로부터의 인식을 가리키며, 결과 또는 결론으로부터의 인식과 구별하는 징표이다. 이러한 전통은 중세 스콜라 철학에도 이어지며, 데카르트도 이러한 사용방식을 답습하고 있다(신의 존재론적 증명). 이에 반해 근대 철학에서는 인식론적 용어이면서도 일정하게 변용되는데, 특히 라이프니츠에서 아프리오리는 경험에 선행하여 그것과는 독립적인 인식이라고 하는 의미가 확립되었다. 이 용법은 칸트의 초월론적 철학에서 정착, 보편화된다. 칸트에서 아프리오리는 모두 형식적(시간, 공간을 제외하고는 모두 동시에 이성적)인 것이고, 나아가 초월론적인 것(인식의 가능 조건)의 필요조건이었던 까닭에 그것과 거의 같은 뜻으로 사용되기도 했다. '초월론적'의 이전 번역으로서 '선험적'이 사용된 이유도 여기에 있다.

소여방식으로부터 보아가는 현상학에서도 아프리오리 개념은 마찬가지로 "감성적 소여에 선행하여 주어지는 것"으로 이해되었다. 그 결과 경험과 독립하여 무매개적으로 존재하는 그대로 부여하는 "인식의 방

식"과 "그 지향적 대상의 소여방식"을 가리키게 된다. 이와 같이 파악된 대상은 '본질'(Wesen, Eidos가 처음으로 사용되는 것은 『이념들 Ⅰ』)이다. 이러한 선험적인 본질은 칸트 철학에서와는 달리 경험에 선행하여 대상 자체를 파악하는 직관(Wesensschau, eidetische Intuition)에 의해서만 존재하는 그대로 인식된다(형식성으로부터의 해방과 선험적인 직관적 소여성). 현상학은 그 어느 것이든 아프리오리에 주목하되 그 형식성을 배제하고 오히려 소여방식의 징표로 삼음으로써 그에 대한 인식인 직관이라는 인식 능력에서 경험에 선행하여 무매개적으로 본질을 파악할 가능성을 발견한다. 그리하여 현상학은 동시대의 경험주의와 심리학주의 및 신칸트학파나 논리실증주의 등의 형식주의의 극복을 지향할 수 있었다. 현상학은 나아가 지향성에 의해(셸러의 가치에서처럼) 아프리오리에서 인식론적인 의의뿐만 아니라 존재론적인 의의도 발견하게 된다. 후설의 『논리연구』에서는 지향적 연관이, 『현상학의 이념』에서는 아프리오리가 '본질'로서 초월론적인 것과 그 의의가 혼동됨으로써 경험적 지식과 학문 일반을 근거짓는 철학의 학문성으로 간주되었지만, 『이념들 Ⅰ』에서 아프리오리는 초월론적인 것과는 명확히 구별되어 형상形相이라는 본질과 그 인식의 징표로 된다. 즉 그것은 "형상적 환원에 의해서 파악되는 것"을 가리키는바, 자연적인(나아가 초월론적인) 태도에서 주어지는 것에 대해 형상적 환원이라는 처리를 거침으로써 새로운 철학적 태도에 의해 파악되는 것=본질과 그에 대한 파악(직관)으로 이해되었다[Ideen Ⅰ].

이와 같이 후설에서 아프리오리 개념은 다의적으로 사용되었지만, 어쨌든 '경험에 선행하여 그것을 가능하게 하는 조건'이라는 칸트적인 의미가 언제나 보존되어 있다. 이에 반해 셸러에서 아프리오리는 중심적인 주제 개념으로서 칸트 철학의 형식주의 비판의 일환으로 받아들여졌다[Formalismus]. 칸트는 초월론적인 것은 동시에 선험적인 까닭에 형식적인 것이어야만 한다고 주장했다. 이를 비판하여 셸러는 인식을 이성적인 것에만 한정하지 않고 정의적情意的인 작용에서도 찾아냄으로써 아프리오리를 형식적인 것으로 바라보는 것을 거부하며, 그 잘못은 아프리오리를 소여방식(현상학적 접근)으로부터 보고 있지 않기 때문이라고 주장한다. 소여방식에서 보면 사태(Sache)에는 세 종류가 있는데, 그것들은 자연적 사태, 과학기술적 사태, 현상학적 사태이다. 아프리오리란 오히려 경험적인 것과 과학적인 것에 맞서 본질과 그것의 현상학적인 소여방식을 가리킨다. 셸러는 그와 같이 아프리오리를 좁게 이해하는 것이 아니라 넓게 이해함으로써 본질과 그에 대한 직관 일반을 가리키며, 아프리오리인 본질은 형식적-실질적이라는 구별에서 전적으로 독립하여 그와 관계없이 실질적인 것(가치)도 있다고 주장한다. 본질이란 셸러에 의하면 경험적 사실과 과학적 사실에 선행하고 더 나아가 그것들의 가능성을 규정하며 언제나 주어질 수 있지만, 경험적 사태와 과학적 사태에 의해 가려져 있다고 한다. 바로 그것, 즉 아프리오리를 드러내는 것이야말로 셸러에서는 현상학적 환원으로 간주된다. 여기서 '사태 자체로!'라는 주도 모티브를 가치와 정의情意의 아프리오리를 통해 되살린 셸러는 서구 근대에서 파스칼로부터 니체에 이르는, 유럽 이성을 극복하고자 하는 비합리성의 철학 계보를 계승하여 21세기의 철학에로 이어지는 실마리를 열고 있다. ☞ ㊀본질, 본질직관, 형상{에이도스}

—시모미세 에이이치(下店榮一)

㊟ M. Dufrenne, *La Notion d'"a priori,"* Paris, 1959. E. Shimomissé, *Die Phänomenologie und das Problem der Grundlegung der Ethik*, Den Haag, 1971.

아픔 [(독) Schmerz (영) pain]

아픔에 대한 실천적 대결로서의 진통법鎭痛法은 인간의 역사 자체와 발걸음을 같이 한다. 하지만 아픔의 메커니즘 자체에 대한 본격적인 (의)과학적 연구가 진전되기 시작한 것은 겨우 1960년대 무렵부터라고 말할 수 있다. 아픔을 둘러싼 실천적 관심과 과학적 연구 사이의 이러한 커다란 격차는 그 자체로 아픔 현상의 특징을 이야기해 주고 있다. 아픔은 누구에게

나 출현할 뿐만 아니라 특히 생존 그 자체마저 뒤흔드는 강렬함을 지니면서도 오로지 주관적일 뿐이기 때문에, 제3자는 아픔'에 대해서' 말하고 상상하며 생각할 수는 있어도 현전하는 고통'을' 추체험할 수는 없다. 게다가 아픔은 제거되어야만 하는 고통일 뿐만 아니라 특히 좀 더 커다란 위험에 대한 경고로서 적극적인 기능도 갖추고 있다. 그러므로 특히 과학적 대응이 불충분했던 시대에 아픔은 인간의 삶의 방식이 거기서 물어지는 가장 중요한 장면으로 간주되기도 했다. 특히 격렬한 고통에 사로잡힌 사람에게 있어서는 평소 다채롭고 풍부한 사태와 대상으로 가득 찬 채 몸 주위에 펼쳐진 공간이 아픈 신체 그 자체, 마침내는 아픈 부위 그 자체로까지 위축, 경화된다. 느리고 빠른 다양한 시간의 흐름에 올라타 있던 '지금'은 이미 흐르지 않은 채 아픔 속에 사로잡혀 다만 계속해서 소용돌이치고 있을 뿐인 것으로 체험된다. 예를 들면 의학적으로는 육체의 작은 부분에 그 원인을 정위시킬 수 있는 치통조차도 본인에게는 '아픔이 있다'기보다 '아픔의 세계 속에 있다'는 쪽이 좀 더 정확한 기술일 것이다. 아픔이 신체 세계의 일부인 것이 아니라 아픔의 세계 그 자체가 신체로 된다. 일상적으로 몸에 붙어 있던 여러 역할과 습성은 위축되고 노골적인 실존이 드러난다. 아픔이 가지는 이러한 주관적인 성격은 아픔의 얼개가 과학적으로 해명되기 시작하고 진통법이 진전되고 있는 현대에도 기본적으로 변함이 없다. 다시 말하면, 아픔이란 단지 육체(Körper)라는 물체에서 현출하는 생리학적 사실(fact)인 데 그치지 않고, 살아 있는 몸으로서의 신체(Leib)에 관계하는 존재론적 사실성(facticity)인 것이다. 아픔의 존재방식은 탁월하게 현상학적이라고 말할 수 있다.

—하야사카 다이지로(早坂泰次郎)

악 惡 ⇨㈔윤리학과 현상학

알레테이아 [(독) Aletheia] ⇨㈔밝힘, 은폐성/비은폐성

앙가주망 [(불) engagement]

<자기 구속>, <사회 참여>, <책임 감수> 등의 의미를 지니는 이 말은 이미 제2차 세계대전 이전의 무니에(Emmanuel Mounier 1905-50) 등에 의해 사용되며[랄랑드, 『철학사전』], <작가의 앙가주망>이라는 주장도 이미 1933년에 게노(Jean Guéhenno 1890~1978)에 의해 이루어진다[로트만, 『세느 좌안』 96 참조]. 이 개념은 또한 마르셀 등에게서도 그들의 사상의 핵심에 놓여 있지만, 이 개념을 일약 유명하게 만들었다는 점에서는 사르트르를 효시로 한다. 사르트르가 <앙가주망 문학>을 최초로 공식 표명한 것은 『현대』 지의 「창간사」(『상황』 II에 수록)에서 볼 수 있는데, 앙가주망이라는 말 자체는 그 이전의 『존재와 무』에서도 이미 자주 사용되고 있다. 그렇지만 사르트르에게서 이 말이 지니는 의미는 시대와 더불어 조금씩 변화하며, 그로부터 일의적인 의미를 추출하기는 쉽지 않다. 예를 들어 우리가 처음부터 세계 속에 이미 휘말려 들어와 있다는 의미에서 그 수동적인 측면이 강조되는 경우가 있지만, 다른 한편 특정한 결단에 기초하여 자유롭고도 적극적으로 관여한다는 의미에서 그 능동적인 측면이 강조되는 경우도 있다. 덧붙이자면, 당초에는 『현대』 지의 편집동인이기도 했던 메를로-퐁티는 후에 『변증법의 모험』에 수록된 「사르트르와 울트라 볼셰비즘」에서 사르트르의 <앙가주망> 개념이 지닌 사변적 성격을 비판한다. ☞ ㈔레지스탕스

—다니구치 가즈히로(谷口佳津宏)

애매함 曖昧— [(독) Vagheit]

기하학과 같은 정밀과학과 그 밖의 기술적記述的 과학을 구별할 때, 전자에서 사용되는 개념이 정밀한 데 반해 후자에서 사용되는 개념은 애매하다고 말해진다. 애매한 개념은 그 적용 범위가 유동적이고 하나의 개념과 다른 개념 사이에 이행 형태가 존재하는 경우가 있어 추이율이 반드시 성립하지는 않는다. '들쭉날쭉', '달걀꼴' 등의 유형적 개념이 대표적인데, 후설은 이런 종류의 개념을 '형태학적 개념'이라고 부르며 기하학

적 개념과 같은 '이념적 개념'과 구별했다. 이러한 구별은 개념 내용과 기원에 관한 본질적인 구별인데, 애매한 개념에서 보이는 것이 직관 가능한 것인 데 반해 정밀한 개념에서 보이는 것은 원리적으로 직관 불가능하다. 직관과 기술을 방법으로 하는 현상학은 애매한 개념을 사용하는 학문이며, 이 점에서 원리적으로 수학적인 정밀과학과는 다른 것으로 간주된다[Ideen Ⅰ §73, §74]. O. 베커에 의하면, 이러한 구별은 형상과 경험적 개념이라는 구별과 겹쳐지는 것이 아니라 오히려 교차한다. 잎사귀와 사자와 같은 애매한 경험적 유형이 있을 뿐 아니라 달걀꼴 같은 애매한 본질이 있으며, 또한 원과 타원과 같은 정밀한 개념이 있을 뿐 아니라 수소 원자와 행성 궤도와 같은 정밀한 '이념적 유형'도 있는 것이다[*Beiträge zur phänomenologischen Begründung der Geometrie und ihrer physikalischen Anwendung* (1923) 398 ff.]. 이러한 개념의 구별은 이념화작용(Ideation)과 이념화(Iealisierung)라는 방법적 구별에 대응하게 됨으로써 생활세계의 학과 수학적 자연과학의 구별의 근거로도 간주되게 되었다. ☞ [사]기술, 엄밀성/정밀성, 유형, 이념화작용

—무라타 준이치(村田純一)

애무 愛撫 [(불) caresse]

사르트르는 『존재와 무』에서 나와 타자의 기본적인 관계를 서로 상대방을 지배하고자 하는 <상극>으로 간주하고 있는데, 그 구체적인 태도의 하나로서 내게 있어서의 타자의 대상성을 통해 타자의 자유로운 주관성을 탈취하고자 하는 시도가 '{성적} 욕망'이며, 애무란 바로 그 '{성적} 욕망'을 표현하는 것에 다름 아니다. 하지만 애무는 단순히 '어루만지기'가 아니다. 애무는 타자의 '신체'를 '육체'로 화하게 하는 것이며, 그러기 위해서는 내 쪽도 자신의 '신체'를 '육체'로 화하게 하지 않으면 안 된다. 즉 애무는 타자에게 나의 '육체'를 느끼게 함으로써 타자의 '신체'를 '육체'로서 감지하는 '상호적 육화肉化'이다. '육체'란 '초월'의 계기를 박탈당해 하나의 사물로 화한 '신체'를 의미하는데[EN 410, 425], '신체'가 '육체'로 화하기 위해서는 '의식의 육화'(의식이 그 능동적 성격을 버리고 잠든 상태로 화하는 것)가 필요하다. 애무에서 나의 손가락이 능동적으로 상대방을 건드리는 것이 아니라 오히려 무기력한 운동으로서 존재하는 것은 그 때문이다.

레비나스도 『전체성과 무한』이나 『시간과 타자』 등에서 애무에 대해 말하고 있다. 애무는 '질료성'으로서의 '신체'에 대한 접촉이라는 점에서는 감수성임과 동시에, 다른 한편으로는 그 접촉의 저편에 존재하는 '초질료성'으로서의 '에로스적 벌거벗음(nudité)'을 지향하는 것이라는 점에서 감성적인 것을 초월한다. '여성적인 것'은 노골화된 도리에 어긋난 현존임과 동시에 원리적으로 '아직 존재하지 않는 것'이기도 하다. 애무란 바로 거기에 존재하는 것을 부재로서 계속해서 탐구하는 애써 생각함에 다름 아니다. 레비나스에서의 애무는 대상과 얼굴의 저편에 존재하는 '여성적인 것'에 고유한 이러한 절대적인 '타자성'을 개시하는 것이다. ☞ [사]벌거벗음, 여성적인 것

—다니구치 가즈히로(谷口佳津宏)

[참] L. Irigaray, *Éthique de la différence sexuelle*, Paris, 1984(浜名優美 譯, 『性的差異のエチカ』, 産業図書, 1986).

야생의 존재 野生―存在 [(불) l'être sauvage]

후기 메를로-퐁티 철학의 주요 개념. <야생의 원리>, <날것 그대로의 존재>, <수직의 존재> 등과 더불어 주관・객관, 대자・즉자, 본질과 사실과 같은 "우리가 획득한 문화의 다양한 구별"에 선행하는 시원의 존재를 언표하기 위해 사용된다. <야생>이라는 말의 착상은 예를 들면 『세계연대』(*Weltalter*) 등에서의 셸링의 <야생의 원리>(barbarisches Prinzip)에서 찾아질 수 있을 것이다. 그것은 계몽에로 향하는 시대의 움직임 속에서도 결코 무화될 수 없었던 미와 위대함의 근본인 것이지만, 메를로-퐁티는 그 말을 <야생의 정신>, <야생의 의미>, <야생의 세계>, <야생의 사고>, <야생의 지각> 등과 같은 형태로 전용한다. 예를 들어 <야생의 사고>란 거의 자연적 확신과 같은 것이지만 동시에

이미 추상적인 동기나 범주가 작용하고 있는 사고이며 [VI 29], <야생의 지각>이란 원근법과 같은 문화적 사실에 선행하여 <학습>의 기반이 되면서 망각되고 있는 지각이다[같은 책 265]. 그런 의미에서 <야생>이라는 말은 문화 내에서 잠재적으로 작용하고 있음과 동시에 그 현실화를 요구하는 자연적 차원에 대해 사용되고 있다. 레비-스트로스는 메를로-퐁티 사후에 『야생의 사고』를 저술하여 야생의 사고를 규정하는 것은 격렬한 상징 의욕임과 동시에 구체적인 것으로 향한 주의력이라고 하고 있지만, 메를로-퐁티는 이미 「모스에서 레비-스트로스로」에서 "자기 자신의 문화 속에 받아들여져 있지 않기 때문에 그에 의해 오히려 다른 문화와도 소통할 수 있는" "야생의 영역"[Signes 151]에 대해 말하고 있다. 문화적 구별이나 소여에 대해서마저도 선행하는 상징 기능의 다형적 모태를 <야생>이라고 형용한 메를로-퐁티의 착상은 구조인류학에 적지 않은 영향을 주었던 것이다. ☞ ㊅날것 그대로의 존재

—가쿠코 다카시(加國尙志)

양상 樣相 [(독) Modalität]

'양상'이란 후설에게서는 <대상의 존재에 관한 신념의 모양> 및 <믿어진 존재의 모양>을 말한다. 즉 의미적으로 파악된 대상('노에마의 핵')은 지각, 상기 등과 같은 '성격들'에서 주어지지만, 그것은 또한 '현실적', '가능적' 등이라는 '성격들'에서 믿어지는데, 후자의 '성격들'은 그저 '양상' 내지 '신념양상'(Glaubensmodalität) 또는 '신빙적 양상'(doxische Modalität)이라고 불린다. 양상은 지향성의 노에시스적인 측면에 입각하여 말하자면 '신념 성격(양상)', 노에마적 측면에 입각하여 말하자면 '존재 성격(양상)'이라고 불리며, 상호적으로 대응한다. '확신', '단순한 헤아려 앎', '추측', '의문', '회의'라는 신념 성격에는 '현실적', '가능적', '개연적', '문제적', '의심스러움'이라는 존재 성격이 대응한다. 이러한 양상들 중에서 '확신'은 "양상화되어 있지 않은 바의 근원형식" 내지 "근원신념"(Urglaube)이라고 말해지며, 그 밖의 양상은 그것에 "역으로 관계지어져 있다(sich zurückbeziehen)". 예를 들어 우리는 "개연성의 의식에서(추측에서) 살아갈 때에 개연적인 바의 무언가 어떤 것 쪽으로 눈을 돌릴 수 있을" 뿐만 아니라 "개연적이라고 하는 면 그 자신 쪽으로 눈을 향할 수 있는 것이며", 그 경우에 양상은 "개연적으로 <있다>"고 하는 변양되어 있지 않은 존재가 되는 것이다. 이리하여 양상들은 존재의 정립(Setzung)에로 가져와지기 때문에 "확대된 의미에서의 정립" 또는 "설정립"(Position)이라고 말해진다. 이러한 설정립에는 더 나아가 '긍정', '부정'이라는 변양이 있지만, 이것들도 위와 마찬가지 방식으로 근원신념인 '확신'에 역으로 관계지어져 있다. 설정립에 속하는 변양들은 '중립성 변양'과 달리 반복이 가능하다. 대상의 소여양식으로서의 '성격'에는 양상들 외에 평가작용, 원망작용, 의지작용에 대응하는 성격들이 있지만, 그것들은 앞의 '역으로 관계한다'는 방식으로 신빙적 양상들을 포함한다. 이와 같이 신빙적 양상들을 매개로 하여 "모든 작용 또는 모든 작용 상관자는 그 자신 속에 어떤 <논리적인 것>을 내장하고 있으며", "작용은 언제나 논리적으로 설명, 개진될 수 있게" 된다[Ideen I §102-117, §139 참조]. ☞ ㊅객관화작용

—오구마 마사히사(小熊正久)

양식과 향유 糧食—享有 [(불) nourritures et jouissance]

하이데거가 말하는 <도구적 존재>의 관념에 대항하여 레비나스가 제출한 사고방식으로서, 거기에는 "하이데거가 향유라는 관계를 고찰하지 않는다는 것은 매우 흥미로운 사태이다. 하이데거가 말하는 현존재는 굶주림을 전혀 알지 못한다"[『전체성과 무한』 142]라는 레비나스의 입장이 반영되어 있다. <세계>는 도구의 체계이기 전에 <양식>의 총체이며, <삶>이란 <양식>이라는 다른 것<에 의해서 사는 것>(vivre de)에 다름 아니다. 이러한 관점에서 보면, 우리가 표상하는 빵은 표상한다는 작용 그 자체를 길러내는 것이기도 하다. <향유>는 표상되는 것이 표상하는 것을 가능하게 한다는 역설을, <같음>에 의한 <다름>의 흡수로서

의 표상이 <양식>에 <의존>하고 있음을 보여준다. 그러나 소화되어 동화된 <양식>은 자아의 실질을, 나아가서는 자아 그 자체를 산출하는 것이기도 하다. <양식>에 대한 <의존>이 포식하는 자아의 <자존>을 가능하게 한다는 것이다. <양식>을 마음껏 먹는 자아의 <행복>이야말로 이러한 <정감성情感性>이 <개체화 원리>로 간주되는 까닭이지만, 레비나스는 이와 같은 자아의 충족을 말한 데 기초하여 자신의 <양식>을, 나아가서는 자신 그 자체를 <증여>하는 것으로서 <윤리>를 포착하게 된다. 그러나 <양식>은 무한정한 <원기元基>(élément) 속에서 언젠가 소실될지도 모른다. <향유>에 붙어 있는 내일에 대한 이러한 우려가 <양식>의 보존을 본래의 의미로 지니는 <노동>을 산출하는 것이다.

—고다 마사토(合田正人)

양심良心 [(독) Gewissen]

예부터 도덕의 근거의 하나로 간주되어온 이 개념은 현상학이 영위되는 가운데 새로운 위치를 부여받는다. 하이데거는 전기의 저서 『존재와 시간』에서 현존재의 존재론적, 실존론적 구성 계기로서 양심을 자리매김한다. 이것은 일상생활에서의 양심인 통속적 양심과는 구별되어 통속적 양심을 가능하게 하는 존재론적 계기로서의 양심이다. 하이데거에 의하면 양심은 현존재를 무엇보다도 우선 존재 문제를 은폐하는 존재 양태(비본래성)에 있는 것으로부터 해방하여 자기 존재의 근원사실(Faktum)에 직면하는 존재 양태(본래성)로 향하게 하는 현존재의 본래적 실존적 가능성의 증거이다. 왜냐하면 양심은 현존재의 존재라고 간주되는 염려(Sorge)의 부르는 소리이기 때문이다. 양심은 현존재가 '책임이 있다'(schuldig)고 하는 경고를 주지만, 그 '책임'이란 현존재의 피투성, 특히 자기의 근거를 스스로 놓은 것이 아니라는(nicht) 성격, 즉 무력함(Nichtigkeit)이다. 현존재의 본래성으로 향한 열쇠는 피투성의 자각에 있다. 그와 같은 피투성을 드러내 주는 불안 속에서 양심의 "침묵의 목소리"에 귀를 기울이며 스스로를 기투하는 현존재의 존재방식이 결의성(Entschlossenheit)이다. 이러한 결의성에 의해 현존재가 존재를 묻는 것이 실존적으로 가능해지는 것이다[SZ §54-§60]. ☞ ㉿결의성, 본래성/비본래성, 조르게, ㉧하이데거, ㉢존재와 시간

—사사키 가즈야(佐々木一也)

양의성兩義性 [(불) ambiguïté]

나쁜 의미에서의 이의성, 즉 이해의 부족에서 오는 애매함(équivoque)이 아니라 현실의 사태가 본질 필연적으로 지니는 이의성을 말한다. 예를 들면 보부아르는 "인생 그 자체는 선도 악도 아니다"라고 하여 <양의성의 모럴>을 세우고자 했다[Simone de Beauvoir, *Pour une morale de l'ambiguïté*, Gallimard, 1947]. 이와 같이 실존주의 문학에서 이 말은 불안, 고뇌, 부조리의 기분과 관계를 지니지만, 현상학에서는 우선 인식론 부문에서의 이론적인 개념이다.

궁극의 사태가 양의적이라는 점을 중시한 것은 메를로-퐁티이다. 그의 철학을 처음으로 <양의성의 철학>이라고 부른 것은 저명한 데카르트학자이자 『초현실주의의 철학』의 저자이기도 한 알키에(Ferdinand Alquié 1906-85, *Une philosophie de l'ambiguïté, in Fontaine*, n°59, 1947)이었지만, 메를로-퐁티의 『행동의 구조』에 서문을 쓴 드 발렌스도 『양의성의 철학—모리스 메를로-퐁티의 실존주의』라는 연구서를 써서 그의 철학의 본질을 양의성에서 보고 있다. 그리고 실제로 메를로-퐁티의 사상은 이러한 양의성이라는 축을 따라 발전했다. 그것은 우선 즉자존재인 운동도 대자존재인 의식도 아닌 <행동>이라는 실존을 파악하고자 했다. 다음으로 그것은 생활세계에 뿌리내린 신체=주관이 <지각>하는 현상의 장의 본질을 기술하고, 본원적인 경험을 초월론적인 의미로 환원하고자 했다. 더 나아가 그렇게 해서 행해진 생활세계의 개시인 형상적 환원에서도 또한 그것이 세계의 개시임과 동시에 은폐라는 것을 깨닫지 않을 수 없었다. <보이는 것>은 <보이지 않는 것>을 개시함과 동시에 은폐하는 것이다. 세계에

는 깊이가 있고, 바로 깊이가 있는 까닭에 현상한다. 은폐는 개시의 불가결한 조건인 것이다. 『지각의 현상학』은 세계의 현상이 언제나 이미 이념을 포함하고 있다는 것을 알고 있었지만, 그것이 하나의 주관에 대해 대자화되는 것은 결코 아니라는 것을 알지 못했다. 따라서 "지각의 연구는 우리에게 다만 <나쁜 양의성>, 요컨대 유한성과 보편성, 내면성과 외면성의 혼효물을 가르쳐 주었을 뿐이다"["Un inédit de Maurice Merleau-Ponty", in *Revue de Métaphysique et de Morale*, (1962) 409]. 이리하여 그의 현상학은 존재론이 되지 않으면 안 되었던바, 블롱델(Maurice Blondel 1861-1949)이 <존재론적 쌍안시雙眼視>(diplopie ontologique)라고 불렀던 것[VI 220]에 의해 서구 사상의 기본적인 이원론을 극복하고자 했던 것이다. ⇨㊀메를로-퐁티, 발렌스

—시미즈 마코토(淸水 誠)

㊟ Alphonse de Waehlens, *Une philosophie de l'ambiguïté. L'existentialisme de Maurice Merleau-Ponty*, Louvain, 1951.

어떤 것에 대한 의식—對—意識 [(독) Bewußtsein von etwas]

의식의 지향성을 나타내는 개념. 브렌타노에 의하면 예를 들어 표상, 판단, 사랑, 증오, 욕구에서는 각각 어떤 것이 표상되며, 어떤 것이 긍정 내지 부정되고, 사랑되며, 증오되고, 욕구되는 등, 심적 현상에는 모두 무언가의 대상, 즉 어떤 것이 속해 있다. 그는 이러한 특징을 내용과의 관계, 또는 스콜라 철학을 본떠 대상의 지향적 내지 심적 내재라고 부르고, 이에 의해 심적 현상을 물적 현상으로부터 구별함으로써 심리학의 연구 대상을 확정하고자 했다[『경험적 입장에서의 심리학』 I, 124f.]. 이러한 발견은 후설에 의해 높이 평가되었지만, 어떤 것의 존재론적 지위에 관한 문제가 남았다. 브렌타노도 어떤 것은 실재하는 사물이 아니라고 논의하고 있으며, 이 점은 착각마저도 어떤 것에 대한 의식이라는 점에 의해 뒷받침된다. 그러나 내용과의 관계라고 설명하면 의식과 대상 사이의 실재적인(real) 관계가 말해지고 있는 것처럼 오해될 수 있다. 또한 대상의 심적 내재라고 설명하면 대상이 체험에 내실적으로(reell) 속하는 것처럼 오해되기 쉽다[LU II/1 366-377]. 이에 반해 후설에서는 내실적인 계기와 노에마가 준별되며, 대상은 노에마적인 의미를 통해서 구성된다. 그리하여 지향성이 주관과 객관 관계에 선행한다는 것, 대상이 감각소여와 같은 의식에 내재하는 내용이 아니라는 것이 한층 더 명확히 되었다. ☞㊅내실적/이념적, 실재적/이념적, 지향성 ㊉경험적 입장에서의 심리학

—시나가와 데쓰히코(品川哲彦)

어떤 것 일반—一般 [(독) Etwas überhaupt]

집합, 수, 전체와 부분 등과 같은 논리학과 수학에서의 <형식 개념>을 정의할 때 후설이 사용한 가장 기본적인 개념. 일반적으로 논리학과 수학에서 사용되는 개념들은 기호로 표기되며, 그 구체적인 실질 내용이 모두 추상되어 있는 형식 개념이다. 예를 들면 논리학에서 주어 개념과 술어 개념은 S와 P로 기호 표기되지만, S와 P는 각각 주어 개념과 술어 개념일 수 있는 것이라면 어떠한 개념이어도 좋다. 또한 집합이라는 개념은 반드시 사람의 모임이나 과일의 모임과 같은 특정한 내용을 지닌 개념이 아니라 어떠한 것의 모임에 대해서도 그것을 집합이라고 부를 수 있다. 수에 대해서도 마찬가지인데, 사람이나 과일의 모임에 대해 1, 2, 3……이라고 셈할 수 있을 뿐 아니라 아무리 다른 것의 모임이라 하더라도 그것을 1, 2, 3……이라고 헤아릴 수 있다. 이러한 형식 개념이 적용될 때에는 대상의 특성을 구별하는 것은 문제가 되지 않는다. 그 경우에는 오직 대상이 서로 다르다고 하는 것만이 필요한 것이지 어떻게 다른가 하는 것은 중요하지 않다. 일반적으로 논리학과 수학은 이러한 형식 개념을 토대로 하여 영위되는 형식학인데, 형식학에서는 다루어지는 대상이 어떠한 것이든 그것을 '어떤 것 일반'이라는 동일한 개념 아래로 가져옴으로써 일이 이루어진다. 즉 형식학이 형식학인 까닭은 '어떤 것 일반'이라는 형식 개념에 의해 근거지어져 있기 때문이다[PA 80f.,

141f. 참조].

—쓰네토시 소자부로(常俊宗三郞)

언어 言語 [(독) Sprache (불) langage; langue (영) language]

'언어'라는 한국어는 다의적이기 때문에 우선 다소나마 사항을 한정하여 둘 필요가 있다. 언어학자 소쉬르(Ferdinand de Saussure 1857-1913)는 잠재적 언어체계로서의 랑그와 개개의 현실적 언어행위로서의 파롤을 구별하고, 양자를 포함하는 언어활동 전체를 랑가주라고 불렀다. '언어'는 여기서 말하는 랑그의 번역어에 해당되는 사정이 있고 또 언어학의 연구대상으로서는 랑그가 우선되어 왔지만, 지금 문제가 되는 것은 어쨌든 언어활동 전체이다. 또한 폭넓게 언어라고 말하면 한편으로는 인공언어, 다른 한편으로는 동물의 언어 등도 화제가 된다. 그러나 이러한 광범위한 영역의 기초를 이루어 중심에 놓여 있는 것은 다름 아닌 인간 자신의 자연언어이기 때문에 다른 것과 구별하여 이것을 정확하게 정의하는 것이 요구되지만 이 일은 쉽지 않다. 예전에 인간에게만 고유하다고 믿어졌던 특성이 연구의 진보와 더불어 밖에서도 발견되는 예가 없지 않기 때문이다. 그리하여 요구되는 것은 고유한 의미에서 언어학적이거나 인류학적인 것이 아니라 바로 현상학적인 관점이다. 후설은 선배로서 언어철학자인 마르티를 지니고 있고 스스로도 언어학에 크고 많은 영향을 주었지만 언어 그 자체를 주제로 한 논고를 남기지 않았다. 프라하에서 행한 최후의 강연은 '언어의 현상학'이라는 제목을 달고 있는데, 그것이 커다란 반향을 불러일으켰다는 것을 사회자인 야콥슨이 전하고 있지만 초고나 필기는 남아 있지 않다. 이와 같은 사정을 토대로 하여 후설이 초기 이래 남긴 영향에 비추어 보는 가운데 20세기 언어이론의 전개에 주목할 필요가 있다.

I. 이중문절. 전달을 가능하게 하는 다양한 기호체계 중에서 자연언어의 특성이 어디에 있는가는 중요한 문제이지만, 야콥슨 등의 프라하 언어학 서클에 의한 음운론의 성과 이래로 이중문절이라고 불리는 경험적 사실에서 그 특성을 찾는 경우가 많아졌다. 자연언어의 메시지는 이중의 수준에 걸쳐 두 종류의 단위에서 만들어진다. 하나는 음성의 수준이자 의미가 없는 음소가 그 단위를 이루고, 또 하나는 유의미한 수준에서는 음소의 복합인 어휘가 단위가 된다. 이러한 이중구조 덕분에 소수의 음소에 의해 엄청나게 많은 조합이 만들어지고, 그 각각으로 다른 의미를 표현할 수 있다는 데서 변별 코드로서의 자연언어의 제한 없는 풍부함이 설명될 수 있는바, 특수한 인공적 체계를 제외하고 이와 같은 구조를 지니는 기호체계는 자연계에 존재하지 않는 것으로 볼 수 있다. 그러나 이 점에서 매우 흥미로운 중대한 사건은 생물학에서의 유전 코드의 발견이었다. 유전정보 역시 그것의 알파벳, 즉 음소에 비교하지 않을 수 없는 하위단위를 가진다고 여겨졌기 때문이다.

II. 보편문법. 전통적으로는 인간의 언어에 고유한 법칙이 찾아졌던 것은 문법의 수준에서이며, 특정 언어의 차이를 넘어선 보편문법의 이념이 세워진 것은 17세기 이래의 일이다. 현대에 들어서면 음운론에서도 야콥슨이 세계 속의 다양한 음소를 20개 정도의 공통된 변별특징이 각 언어마다 선택되어 조합된 것으로서 기술할 수 있다는 견해를 제시했는데, 20세기 후반 동일한 사고방식에서 촘스키(Noam Chomsky 1927-)는 문법 수준에서도 보편문법의 이념을 되살려냈다. 그러나 이 이념은 이미 20세기 초에 후설에 의해 부활되며, 야콥슨 자신도 청년시대부터 그로부터 깊은 영향을 받고 있었다.

『논리연구』 IV에서 후설이 제출한 문법 이론은 의미의 형식론이라고도 불리는데, 이념화된 의미에 관해 독립적 의미(명사적 및 명제적 의미)와 비독립적 의미(공의어의 의미)를 구별하고, 후자가 특별한 종류의 의미에 의한 보완을 요구한다는 데서 필연적인 문법법칙을 생각하고자 한다. 어의나 단어의 무의미한 나열이 배제되는 것은 이러한 문법에 의한 것이기 때문에, 유의미한 모순(반의미)을 배제하는 논리학의 법칙이 이것을 기초로 하여 비로소 성립할 뿐만 아니라 다양한 우연적 요소를 포함하는 역사적 언어의 근저에 놓여 있는 것도 이 문법이다. 후설은 이것을 순수 논리 문법이라고 부르며, 이밖에 심적 주체의 상호이해의 관계들에도 고유한 선험적인 법칙이 놓여 있을 것으로 예상하고 있었다.

촘스키가 육성해낸 미국 언어학의 환경에서는 극단적인 행동주의에 입각하여 유심론을 배척하는 블룸필드학파가 지배적이었지만, 그는 이에 반역하여 자연언어의 창조성을 주장하고, 문법 연구를 위해 당시 기대되고 있던 유한상태 기계 모델을 부정하는 것에서 출발했다. 이 모델에서는 선행하는 낱말에 의해 다음 낱말의 종류가 지배되기 때문에 이것을 조사하면 문법이 기술될 수 있다고 생각하지만, 관계대명사를 포함하는 간단한 영어문장을 보는 것만으로도 인접하지 않는 낱말 사이에 지배관계가 있다는 것은 분명하다. 그 대신에 그가 제안한 구句 구조문법(Phrase Structure Grammar)에서는 문장에 수학이나 기호논리학에서 괄호에 넣어지는 부분이 있는 것처럼, 명사뿐 아니라 다른 성분도 수반하여 명사구로서 일괄되는 부분과 그밖에 동사구로서 일괄되는 부분이 있다. 이것들을 보여주는 구 구조 표지를 분화시켜 다시 씀으로써 분지가 최종적으로 음성 표시에 도달하고, 실제로 사용되는 문장으로 되는 규칙을 찾아 특정 언어에서 적격이라고 간주되는 어떠한 문장도 생성할 수 있게 되면, 이러한 규칙의 총체가 그 언어의 문법이다. 이리하여 특정 언어의 문장은 모두 다른 언어와도 공통된 심층구조로부터 파생된 표층구조로 간주된다. 이러한 구 구조 규칙에 예를 들면 능동형을 수동형으로 변화시키는 변형의 규칙을 덧붙인 것이 초기에 구상된 변형문법이었다. 그 이후 촘스키의 생각이 몇 차례인가 변화하고, 특히 카츠(Jerrold Jacob Katz) 등의 의미해석의 이론이 이 문법과 결합되어 개발됨과 동시에 의미부문을 모델 안에 받아들여 어떤 언어의 문법이란 생성되는 문장의 의미와 음형을 결합하는 규칙이라고 하는 식으로 되었지만, 심층・표층의 구별과 의미의 관계에 대해서는 동요를 보이고 있었다. 이 단계에 이르면 대안으로서 전통적인 격格 개념을 부활시킨 격문법과 구 구조 표지가 아니라 의미 표시를 기저에 놓는 생성의미론 등의 새로운 모델이 잇따라 개발되고, 의미론의 우위와 더불어 논리학과의 관계가 밀접하게 되었다. 논리학에서는 의미를 문장의 진리조건으로 이해하지만 범주문법으로부터 자연언어의 문법의 생성을 생각한 논리학자 몬터규(Richard Montague)의 작업도 있다. 이와 같은 전개는 기술적으로 고도의 것들은 별도로 하여 후설의 순수 논리 문법을 되돌아보면 원리적으로 예상할 수 없는 것은 아니었다고 생각된다.

후설은 의미의 형식론을 특히 자연언어의 보편문법으로서 구상했던 것은 아니다. 오늘날 후자를 생각하는 경우의 문제점은 오히려, 만약 그것이 현실적이거나 잠재적인 자연언어의 것일 수 없는 것과 같은 체계까지도 생성시킨다고 한다면, 강력함을 지나쳐서 오히려 무례함이라는 점이다. 이 점에서 과부족이 없는 모델이 만들어지는지의 여부는, 다른 한편으로 촘스키가 주장하는 언어능력 또는 언어획득 장치의 생득설과 마찬가지로, 검증에 어려움이 따르는 것으로 볼 수 있다. 왜 다른 종류의 체계가 선택되어서는 안 되는가 하는 문제가 존재하는 것이다.

Ⅲ. 언어의 시간. 이 점에서도 주의를 요하는 언어학설의 하나가 제출되었다는 것을 특별히 지적해두지 않으면 안 된다. 후설은 그의 시간론에서 현재로부터 출발하여 과거파지, 미래예지로 변양하는 체험이 언어에서의 시제의 기초가 된다고 생각하고 있었는데, 20세기 후반에 이르러 프랑스의 언어학자 벵베니스트(Emile Benveniste)가 독자적으로 제출한 언어적 시간에 관한 학설은 이에 전적으로 들어맞는 것이었다. 시간이라고 말하면 사람들은 단선적인 무한한 연속체로서의 물리적 시간이나 그것의 심리적 상관항을 생각하기 쉽지만, 이것과 구별되는 것으로 무엇보다도 우선 연대기적 시간이 있다. 이것은 그 조건으로서 책력(그리스도의 탄생이나 왕의 즉위 등을 원점으로 한다)과 선후의 방향 그리고 측도(일, 월, 년 등)를 지니며, 인간 자신의 생활을 포함하는 모든 사건을 객관적으로 위치지우는 좌표를 부여하기 때문에 사회생활에 있어 불가결한 것이다. 그러나 언뜻 보아 그렇게 생각되듯이 이것으로 시간이 완전히 규정되는 것은 아니다. 사실

그것은 비시간적이어서 일과 월, 년은 모두 고정량에 불과한바, 예를 들면 '1641년 2월 13일'이라고 말하면 체계에 기초하는 명백한 동시에 완전한 날짜이지만, 그것만으로는 언제 말해진 것인지를 전혀 알 수 없다. 이에 반해 언어적 시간에 있어서는 발화의 심급인 현재가 그 중심 내지 축을 이루는바, 발화자는 문법적 현재형(또는 그 등가물)을 사용할 때마다 사건을 그것에 대해 언급하는 언술의 심급과 동시적인 것으로서 위치짓는다. 현재 시간의 표현은 본성상 암묵적이고 이것을 명시화하는 표현은 쓸데없이 장황한 데 반해, 비현재 시간인 과거와 미래는 언제나 명시적이고 오로지 **현재로부터** 보아 후방이나 전방에 있는 시점으로서만 언어에 의해 위치지어진다. 언어는 필연적으로 언술의 심급이라는 하나의 축으로부터만 시간을 질서짓는다. 이러한 축을 과거와 미래로 옮기는 것은 가능하지 않으며, 시간 축 자체가 시간의 변항으로 되는 언어체계는 불가능하다. 물론 인도유럽어와 같은 시제 대신에 부사나 조동사 또는 소사小辭를 사용하는 다양한 체계가 있고, 벵베니스트는 그것들을 비교하여 흥미로운 관찰을 기술하고 있지만, 어쨌든 자연언어의 보편문법에 속하는 것이 여기에 있다고 보아도 좋을 것이다. 이 점은 여기서 말하는 언어적 시간이야말로 일반적으로 언어에 의한 커뮤니케이션의 조건을 이룬다고 생각되는 것으로부터도 분명하다. 현재는 각 개인의 사적 경험에 속하지만, 대화를 통해 대화자의 상호적인 전환이 일어남으로써 화자의 '오늘'은 동시에 청자의 '오늘'이기도 하게 된다. 메를로-퐁티가 파롤의 현상학으로부터 후에 화자와 청자의 키아즘을 생각하기에 이른 것도 이러한 사정과 무관계하지 않다. 언어의 상호 이해의 조건은 이리하여 상호주관적으로 현재를 공유하는 것이다. 사정이 변하는 것은 문서의 사용과 더불어 보내는 사람의 '오늘'이 이미 받는 사람의 '오늘'이 아니게 될 때인바, 여기서 연대기적 시간이 새로운 좌표로서 언어적 시간에 접합된다.

Ⅳ. 언어행위. 벵베니스트는 또한 언어의 시간과 필연적으로 결부된 근본 범주로서의 인칭대명사의 기능을 중시하고, 이로부터 오스틴(John Langshaw Austin)의 언어행위론을 평가하여 일찍부터 언어학 이론에 이것을 받아들이고 있었다. 명령과 약속 등의 많은 언어행위는 수행동사('명령하다', '약속하다' 등)를 1인칭 단수 현재에서 명시적으로 사용하는 것에서 수행될 수 있기 때문에, 이런 종류의 문장은 행위 수행문으로서 사실 확인문과 구별된다. 이 이론은 오스틴 자신에 의해 언어론적 현상학이라고도 불리며 당연히 현상학적 관점에서 주목해야만 할 것이었지만, 더 나아가 언어활동 전체를 행위론적으로 고찰하여 발어 행위, 발어 내 행위, 발어 매개 행위의 세 가지 수준을 구별함으로써 언어론의 새로운 지평을 열게 되었다. 촘스키의 흐름에서 착상을 길어내는 이론가들도 행위 수행문에 관심을 가지고서 문법이나 의미론의 틀을 확대하는 한편, 사회언어학의 연구가 왕성해졌다. 언어 행위의 체계적 분류에 관해서는 오스틴이 착수한 수행동사의 분류 이후 다양한 시도가 이루어지고 있지만, 특정 언어의 용례를 남김없이 정리하기는 곤란하다. 언어에 의해 매개되는 커뮤니케이션 행위 전체의 순수 유형으로서는 하버마스에 의해, 우선 발어 매개 행위를 특징으로 하고 실효성을 요구 받는 성과 지향형의 전략적 행위에 대해, 이해 지향형 행위로서 진리성을 요구 받는 사실 확인적인 회화, 정당성을 요구 받는 규범에 의해 규제된 행위, 그에 더하여 표현적인 성실성을 요구 받는 연극적 행위가 구별되었다. 이 마지막 점에서 연극적 행위에는 주장과 신념의 일치와 같은 성실성은 결여되어 있다고 본 오스틴과의 상이성이 주목된다. 이해 지향형 행위의 기반은 하버마스에 의하면 현상학에서 말하는 생활세계에 다름 아닌데, 현대의 심각한 문제는 전략적 행위에 의해 비대해진 시스템 하에서 생활세계가 자기폐색상황에 빠진 데 있다고 한다. ☞ ㉦순수 논리 문법(학), 언어학·기호학과 현상학, 언어행위론과 현상학, 시간의식, 키아즘, 프라하 구조주의, ㉤마르티, 메를로-퐁티, 야콥슨, 하버마스

—다지마 사다오(田島節夫)

㊟ R. Jakobson, *Word and Language*, Mouton, 1971(服部四郎 編, 『ロマーン・ヤーコブソン選集2』, 大修館書店, 1978). N.

Chomsky, *Reflections on Language*, Pantheon Books, 1975(井上和子 外 譯, 『言語論』, 大修館書店, 1979). E. Benveniste, *Problèmes de linguistique générale*, II, Gallimard, 1974. J. L. Austin, *How to Do Things with Words*, Clarendon Press, 1962(坂本百大 譯, 『言語と行爲』, 大修館書店, 1978). 田島節夫, 『現象學と記號論』, 世界書院, 1988.

언어학 · 기호학과 현상학 言語學 · 記號學—現象學

19세기부터 20세기 초두에 걸친 언어학 · 기호학은 과학적 실증주의를 절대화함으로써 플라톤 이래의 형이상학과 똑같은 아포리아에 빠졌다. 양자에 공통된 것이 <실체론>이라는 토대이고 어느 것이든 주/객의 이항대립을 전제로 하는데, 그 차이는 관념론에 서는가 아니면 실재론에 서는가에 지나지 않는다는 것을 깨닫지 못했던 것이다. 1916년에 사후 출판된 『일반언어학 강의』(*Cours de linguistique générale*)를 통해 알려진 소쉬르(Ferdinand de Saussure)의 언어기호론이 언어학 · 기호학 분야에 머물지 않고 20세기 모든 인간과학들에 걸친 패러다임 변환을 준비한 것은 그것의 '실체론에서 관계론으로'라는 관점이 서구 사상의 근저를 되묻는 것이었기 때문일 것이다.

소쉬르 사상의 핵심 개념인 <체계>(système)는 자존적 실체로서의 개체의 집합이 아니다. 전체가 분절되어 비로소 생겨나는 개체는 이것과 함께 생기하는 다른 개체와의 공존에 의해서만 가치를 지니는 관계태이다. 그러나 현실에서는 그 관계가 물화된 형태로 사회적 기능을 지닌다. <언어>(langue)를 모델로 하여 문화 일반의 기호성과 그 물상화를 해명한 소쉬르는 고전 그리스 이래의 형이상학, 유대-기독교 신학, 근대 과학의 3자의 근저에 가로놓여 있는 <현전성의 기호학>(sémiologie de la présence)의 해체를 촉구했다. 언어의 사항辭項(terme)이 지니는 가치가 다른 사항과의 상관관계에 의해서만 생기고, 그 낱말이 지니는 물리음과는 관계가 없다는 것을 확증한 소쉬르는 다음과 같은 결론에 도달한다. "언어학에서는 현상과 단위 사이에 다름이 인정되지 않는다. 모든 현상은 관계의 관계이다. 또는 차이에 대해 말할 수 있을 것이다. 모든 것은 대립으로서 사용된 차이에 지나지 않으며, 대립이 가치를 산출한다"[엥글러 단장번호 1964, 1968, 1963].

20세기에서의 언어학 · 기호학과 현상학의 접점은 위와 같은 소쉬르의 사고방식과 메를로-퐁티 사상의 대화에 의해 명확히 될 것이다. 우선 소쉬르의 직접적 영향을 받기 이전부터 메를로-퐁티가 공유하고 있던 언어론의 근저에는 <표현과 의미의 불가분리>가 있는데, 그는 "말은 사유의 단순한 의복이라고는 간주할 수 없으며, 표현 역시 그 자체에서 명백한 의미를 자의적인 체계 안으로 번역하는 것이 아니다"[SC 445]라고 분명히 말하고 있었다. 여기에서는 소쉬르적인 반경험주의, 반주지주의적 태도가 명확하게 표출되어 있다.

이와 같은 언어기호가 지니는 본질적인 <비기호성>에 대한 해명과 말하는 행위가 언어의 기성성(旣成性)을 뒤집은 새로운 관계를 수립하는 <창조적 활동>이라는 점에 대한 중시라고 하는 공통 기반을 지니고 있던 메를로-퐁티가 소쉬르로부터 <차이> 개념을 배워 기호란 '본질적으로 변별 구분적'이며 '언어 속에는 차이밖에 없다'라는 사고방식을 새로운 전회의 발판으로 삼은 「간접적 언어와 침묵의 목소리」[Signes에 수록] 무렵부터 <의미의 편차>라는 관념을 존재의 다양한 전환에 적용한 것은 쉽게 알아볼 수 있는 도정일 것이다. 이것은 유고인 『보이는 것과 보이지 않는 것』에서 읽을 수 있는 "나는 지각을 변별 구분적, 상대적, 대립적 체계로서 기술하는"[VI 267] 방법으로까지 계승되게 된다.

이러한 <차이>의 원리가 지니는 영향범위는 단지 정태기호학적인 특정 공시태로서의 문화현상에 대한 해명에 그치지 않고 <차이화 활동>이라는 문화의 통시적 발생을 비추는 역동기호학의 기반으로도 된다는 점에 주목해 두고 싶다. 우선 <구성된 구조>로서의 랑그 안에는 그 <연합 관계>(rapports associatifs)에서 대립하는 여러 가지 사항辭項이 침전되어 있는데, 이것들은 <연사連辭 관계>(rapports syntagmatiques)에서의 결합을 가능하게 하는 잠재적 결합가(valence)를 짊어지고 있다. 한편, 마찬가지로 제도화된 파롤 활동은 랑그의 조건 하에서 구체적인 연사를 실현할 뿐인바, 사회적 코드에 따른 개인적 메시지의 조립과 해독에 지나지 않는다. 그러나 창조적 담화는 기존에 가지고 있는 동일한 사항을 사용하여 지금까지 존재하지 않는 새로운 의미를 산출하는 차이화 활동이며, 랑그 자체의 재배치를 촉진한다. 이러한 관계와 관계 만들기 사이에서 보이는 운동은 랑그가 지니는 <구성된 사회성>과 파롤이 지니는 <구성하는 사회성>을 나타내는바, 언어란 차이의 체계임과 동시에 새로운 차이화에 의해 자기를 조직화해가는 동적인 구조, 즉 메를로-퐁티가 말하는 <움직이고 있는 게슈탈트>(Gestalt en mouvement)라는 것이 명백해진다. 그리고 바로 이 점에서야말로 <기표>(signifiant)와 <기의>(signifié)가 서로의 존재를 전제로 하여 비로소 존재하는 함께 생기하는 것임과 마찬가지로, 랑그와 파롤이나 <공시태>(synchronie)와 <통시태>(diachronie)도 서로의 존재가 있어 비로소 존재한다는 것, 즉 "언어는 제도임과 동시에 역사적이다"[엥글러 단장번호 3297]라고 말한 소쉬르의 진의가 이해되는 것이다. ☞ [사]기표/기의, 기호, 언어

—마루야마 게이자부로(丸山圭三郎)

[참] Ferdinand de Saussure, *Cours de linguistique générale*, Edition critique par Rudolf Engler Wiesbaden, 1968, 1974. 丸山圭三郎, 『ソシュールの思想』, 岩波書店, 1981.

언어행위론과 현상학 言語行爲論—現象學

언어행위(speech act)론은 1950년대에 오스틴(John Langshaw Austin 1911-60)에 의해 처음으로 설파되며, 그 후 설(John R. Searle 1932-) 등에 의해 계승되어 현대철학에서의 하나의 조류를 형성했다. 오스틴이 주목한 것은 사람이 무언가를 발화할 때의 **행위수행**(performative)의 측면이자 또한 거기서 이루어지는 다양한 **힘의 행사**라는 측면인데, 그는 이러한 관점에서 '무언가를 말한다'는 것을 하나의 '발어행위'(locutionary act)로서 파악하고, 또한 이러한 발어행위**의 안에서** 관습에 의해 이루어지는 '발어 내 행위'(illocutionary act)로서의 측면과 발어행위를 **매개로 하여** 관습을 넘어서서 이루어지는 '발어 매개적 행위'(perlocutionary act)로서의 측면에도 빛을 비추었다[오스틴, *How to Do Things with Words*, 1962.(坂本百大, 『언어와 행위言語と行爲』, 大修館)]. 그리고 그는 이와 같은 자기의 언어 분석 방법을 '언어론적 현상학'(linguistic phenomenology)이라고도 부르고 있다[오스틴, *Philosophical Papers*, 2nd ed., 1970.(坂本百大 監譯, 『오스틴 철학논문집オースティン哲學論文集』, 勁草書房)].

그러나 이상과 같은 <언어행위>라는 사고방식이 오스틴의 흐름과는 독립적으로, 그것도 이미 약 반세기 전에 바로 현상학파 내부의 다우베르트, 펜더, 라이나흐 등에 의해 제시되었다는 것이 최근의 연구에 의해 밝혀졌다. 특히 라이나흐의 '사회적 작용'(sozialer Akt)에 대한 현상학적 분석은 언어행위의 기본적인 사고방식 가운데 몇 가지에 도달했던 것으로서 서서히 평가되고 있는 것이 현재의 상황이다.

라이나흐에 의하면 사회적 작용이란 <뭔가의 사태를 지향하는 자발적 작용인 동시에 타인의 인격에 관계하고(fremdpersonal), 나아가 그 사람에게 들려질 필요가 있는(vernehmungsbedürftig) 작용>이다. 그것은 **타인의 인격을 향해 행해지고**, 나아가 **말하는 것 자체 내에서 수행된다**. 바로 행위수행적(performative)인 발화작용인 것이다. 또한 그에 의하면 사회적 작용 중에는 '전달'과 같이 상대방에게 **들려지는 것만으로 완결되는** 것이 있는가 하면, '명령'이나 '질문'처럼 **상대방의 사회적 작용이나 행동을 요구하는** 것 등의 여러 가지가 구별된다. 이러한 사회적 작용의 다양한 측면이 라이나흐에게 있어서는 준현재화에 의해 명료화되는 가운데 사태 그 자체에 의거하여 직접적으로 **본질통찰**되었다. 그것은 오스틴 등의 흐름과는 전적으로 독립된 접근이었지만 바로 **〈언어행위의 현상학〉**이라고 말해도 좋은 것이었다.

오늘날에도 언어행위를 현상학적으로 분석하는 이러한 <언어행위의 현상학>은 현상학이 대결해야만 하는 하나의 현대적 과제라고 말할 수 있을 것이다. 그러나 다른 한편으로, 현상학적 기술 그 자체의, 아니

무릇 철학적 언설 일반의 언어행위적 성격에 주목해야만 하는 시기에 우리가 이미 와있는 것으로 생각된다. <언어행위의 현상학>과 영미의 언어행위론을 통해 <언어행위**로서의** 현상학>의 측면과 나아가서는 <언어행위**로서의** 철학적 언설>의 측면을 해명해가는 것—바로 거기에 현상학의, 아니 다름 아닌 현대 철학 전체의 이후의 하나의 과제가 놓여 있는 것이며, 또한 거기에서 현상학과 영미의 언어행위론을 이어주는 새로운 가능성이 열리는 것으로 생각되는 것이다. ☞ ㊀뮌헨학파{뮌헨 현상학}, 분석철학과 현상학, 언어, ㊁다우베르트, 펜더, 라이나흐

—사카키바라 데쓰야(榊原哲也)

㊂ K. Mulligan, ed., *Speech Act and Sachverhalt. Reinach and the Foundations of Realist Phenomenology*, Dordrecht/Boston/Lancaster, 1987. K. Schuhmann, "Die Entwicklung der Sprechakttheorie in der Münchener Phänomenologie", in *Phänomenologische Forschungen* Bd. 21, München, 1988. 野家啓一,『言語行爲の現象學』, 勁草書房, 1993. 榊原哲也,「言語行爲と現象學—A. ライナッハを手がかりにして」,『論集』, X, 東京大學文學部哲學硏究室 編, 1992에 수록.

언표양상 言表樣相 ⇨㊀사물양상/언표양상

얼굴 [(불) visage]

레비나스 철학의 핵심 개념으로서 <무한>이 자아의 내적인 <무한의 관념>을 벗어나는 것과 마찬가지로, 자아의 내적인 <타인의 관념>을 벗어나면서 타인이 <현현>(épiphanie)하는 방식, 즉 지향(visée)이 지향되는 것(visé)에 의해 역으로 능가되는 방식을 가리킨다. <얼굴> 및 <대면>(face-à-face)의 관념은 이와 같이 지향성의 운동의 역전을 표시하는 것이지만, 거기에는 또한 히브리어 성서에 아로새겨진 <파님>(얼굴), <파님 엘 파님>(얼굴과 얼굴을 마주하여)이라는 말의 다의적인 의미가 들어 있다. <얼굴>은 감성적 형상임과 동시에 끊임없이 감성적 형상을 잡아 찢고 시각과 촉각으로부터 도망친다. <얼굴>은 <현상>할 수 없는 <사물 자체>이자 <본체(noumenon)>이지만, <사물 자체>로서 일체의 지평으로부터 분리되면서도 <얼굴>은 자기에 의거하여 자기를 표현한다. <스승>의 가르침으로서, <이방인, 고아, 과부>의 하소연으로서, 실오라기 하나 걸치지 않은 벌거벗은 것으로서 자아의 자발적 권능을 심문하는 것에서 <얼굴>은 <너, 살인하지 말라>라는 신의 명령의 <수수께끼>가 울려나게 한다.『전체성과 무한』에서의 레비나스는 <제3자>의, 나아가서는 <인간 전체>의 현전을 <얼굴> 속에서 인정함과 동시에 <얼굴의 저편>으로서 <아들>을 포착하지만, 그 후의 논고에서는 <얼굴> 속에서 통찰된 부재자의 <흔적>이 <얼굴>을 보이지 않는 <그임>(illéité)으로서 다시 파악되는바, <얼굴>도 <자기 자신의 흔적>으로서 <격시성隔時性>을 지니게 된다.

—고다 마사토(合田正人)

엄밀성/정밀성 嚴密性/精密性 [(독) Strengheit/Exaktheit]

『이념들 Ⅰ』에 따르면 본질학은 '기술적 본질학'과 '정밀한 본질학'으로 나누어지며, 양자의 대상으로서의 본질 및 개념의 성격이 각각 '엄밀성'과 '정밀성'이라고 불린다. 두 학의 본질 모두 이념화작용(Ideation)에 의해 주어지지만 정밀한 본질학의 그것은 감성적 직관 속에서는 발견되지 않는 이념적 극한, 요컨대 칸트가 말하는 의미에서의 '이념'의 성격을 지니는 '이념적 본질'(ideales Wesen)을 간취하는 활동이며, 그것을 표현하는 개념은 '이념적 개념'이라고 불린다. 예를 들면 기하학은 입체, 평면, 직선, 점 등등의 근본 형상形象의 이념적 본질 및 개념에 의해 구축된다. 이러한 본질들은 위의 의미에서의 이념인 까닭에 일의적이며 정밀하다. 덧붙이자면,『위기』에서 이러한 이념화작용은 '이념화'(Idealisierung)라고 불리고 있다. 다른 한편, '기술적 본질학'의 이념화작용은 유동적 영역에서의 '형태학적 본질'(morphologisches Wesen)을 직관하는 것이자 '본질직관'과 같은 뜻이다. 그 본질은 '형태학적 개념'에 의해 표현된다. 예를 들면 기술적 자연과학에서는

'톱니처럼 깔쭉깔쭉한 잎의 모양'과 같은 막연한 형태 전형의 본질이, 또한 체험의 기술적 본질학으로서의 현상학에서는 '지각', '상기', '감정이입' 등의 본질이 직관된다. 이러한 본질들 및 개념들은 본질적으로 정밀하지 않지만(애매하지만), 이러한 성질은 그 개념들의 결점이 아니다. 그것은 그 영역에 걸맞은 견고성과 구별 가능성, 요컨대 엄밀성을 지니는 것이다[Ideen I §66-75 참조]. ☞ ㊙본질학/사실학, 애매함, 이념화작용

—오구마 마사히사(小熊正久)

엄밀학嚴密學 [(독) strenge Wissenschaft]

후설에 의하면 엄밀학이란 이념화작용(Ideation)의 일종으로서의 '본질직관'에 의한 '엄밀한' 개념을 사용하여 구축되는 본질학 내지 그러한 본질학에 의해 근거지어지는 학이다. 극한적 이념의 간취라는, 위와는 다른 종류의 이념화작용을 기초로 하는 기하학이나 물리학적 자연과학은 정밀한 학이기는 하지만 엄밀학일 수는 없다. 여기서는 『엄밀한 학으로서의 철학』에 따라 자연주의적 철학의 비판으로부터 현상학에 이르는 도정을 개관한다. 자연주의는 정밀한 자연법칙에 따르는 공간적 · 시간적 존재의 통일로서의 자연을 발견한 결과로 생겨난 사상으로서, 모든 존재하는 것은 물리적 자연의 통일적 연관에 속하는 것이 아니면 물리적인 것에 따라 변화하는 심적인 것인바, 논리학, 인식론, 윤리학, 형이상학 등의 근거짓기 문제를 다루는 것은 정신물리학적 심리학이라고 주장한다. 그러나 자연주의는 <이념의 자연화>와 <물리적 자연의 소박한 정립>이라는 특징 때문에 다음과 같은 근본적인 결함을 지닌다. (1) 이념의 자연화는 자연주의자 자신이 지니는 진리의 이념 및 개별적 진리의 인식 노력과 모순하며, 논리법칙 등에 관하여 그들을 회의론적인 모순에로 이끈다. 또한 '사실학'으로서의 심리학은 사고의 규범적 원리에 관계하는 논리학과 인식의 본질을 대상으로 하는 인식론의 기초가 될 수는 없다. (2) 자연과학은 물리적 자연의 소박한 정립으로 인해 경험일반의 가능성과 조건을 묻지 않는 까닭에 인식론의 근본문제를 해결할 수 없다. 인식론을 위해서는 자연의 현실존재의 정립을 괄호에 넣고 의식의 물체화를 배제함으로써 의식작용의 본질을 인식할 필요가 있다. 또한 정신물리학적 심리학은 외적 · 간접적으로 이해가능한 심리학적 개념을 사용하지만, 그 개념을 혼란된 상태로부터 명석성과 객관적 타당성의 상태(요컨대 엄밀성의 상태)로 가져오는 방법에 대해서는 묻지 않는다. 모든 개념은 그 가능한 사용의 권리근거를 경험에서 받아들이기 때문에 심리학적 개념의 명석화를 위해서는 <의식 체험에 내재적인 봄에서 제시되는 소여의 본질에 대한 분석과 기술>이 필요하다. 이상과 같은 자연주의에 대한 비판으로부터 후설은 학문들의 근거짓기 역할을 짊어지는 철학은 '사실학'이 아니라 '본질학'이며, 세계의 존재의 소박한 정립을 괄호에 넣는 학이어야만 한다고 주장한다. 요컨대 그러한 철학은 세계의 존재의 정립을 중지하고 내재적 체험으로서의 현상으로 귀환하며, 나아가 흘러가는 개별적 체험이 아니라 그 본질을 엄밀한 개념으로 기술하는 '순수 체험의 기술적 본질학', 즉 현상학인 것이다. ☞ ㊙본질, 본질학/사실학, 엄밀성/정밀성, ㊎엄밀한 학으로서의 철학

—오구마 마사히사(小熊正久)

에고 ⇨㊙자아[에고]

에로스 [(그) ἔρως]

고대 그리스의 사랑의 신(로마의 쿠피도Cupīdō, 아모르Amor). 헬레니즘 시대에 <영혼>의 뜻을 지니는 프쉬케(psȳchē) 관념과 결합되어 후에 에로스는 아름다운 청년, 프쉬케는 그의 사랑을 구하여 괴로워하는 젊은 여성으로서 인격화되며, 아풀레이우스(Lucius Apuleius)의 『사랑과 마음』(*Amor kai Psȳchē*)으로 대표되는 동화적인 소재로 되었다.

에로스는 보통명사로서도 '사랑'을 의미하며, 아가

페(agapē)의 맞짝개념으로서 사용된다. 에로스가 충동적인 성애의 쾌락을 나타내는 데 반해, 아가페는 유대-기독교적인 사랑, 즉 신의 인간에 대한 사랑, 인간의 신에 대한 사랑, 인간 상호간의 형제애를 의미한다. 특히 사도 바울, 야고보, 요한 등에 의해 기독교에서의 아가페적인 사랑이 중요시되어 에로스적인 성애는 뒤로 물러서게 되었다.

다른 한편, 헤시오도스가 에로스를 사랑의 여신 아프로디테와 결부시킴과 동시에 우주의 혼돈을 질서화하는 원리・카오스로부터 생겨난 원초적인 힘으로 간주했던 것에서 에로스는 <삶>을 나타내는 개념이 되어 타나토스 즉 <죽음>의 개념과 대립한다.

사상적으로는 위에서 언급한 두 쌍의 맞짝개념이 프로이트의 정신분석에서의 충동 이론과 결부된 과정이 중요하다. 프로이트는 우선 「성욕론에 관한 세 논구」(1905)에서 에로스의 성애적인 측면에 주목하여 생물의 2대 본능으로 간주되는 개체유지를 위한 <자아 내지 자기보존 욕동>(Ich-oder Selbsterhaltungstrieb)과, 종족보존을 위한 <성 욕동>(Sexualtrieb)을 내세웠다. 이러한 '굶주림과 사랑'이라고도 말할 수 있는 도식에서는 자아가 성욕에 대한 방위에 필요한 에너지의 본질적인 부분을 자기보존 욕동으로부터 받아들이는 것으로 생각되었다.

그러나 그 후 자기의 이론에 의심을 품은 프로이트는 「쾌락원칙의 피안」(1920)에서 초기에 내세운 두 개의 욕동이 에로스라는 <삶의 욕동>(Lebenstrieb)에 포섭되는 것이라고 하여 새롭게 내세워진 <죽음의 욕동>(Todestrieb)과 대립시킨다. 이것은 말하자면 '사랑과 불화'라는 엠페도클레스적인 도식인데, 그의 후기 이론에서는 에로스가 단지 성애만을 의미하는 것이 아니라 폭넓게 생명 일반이 지니는 성장・통일・발전 등을 나타내며, 프로이트 자신은 구두로만 사용한 타나토스라는 말은 죽음뿐만 아니라 파괴・통일 이전의 무기적無機的 상태로의 회복도 의미하고 있다.

이상과 같은 사고방식은 <정념> 일반을 비반성적 의식으로 간주하는 사르트르에 의해서는 부정된다 하더라도, "감정, 쾌, 욕망, 사랑, 에로스를 (……) 살인바의 <존재>의 차이화"[VI 324]로 생각하는 후기 메를로-퐁티적인 시점視點에서 다시 파악될 가능성은 남아 있을 것이다. ☞ ㊕욕구/욕망/욕동

—마루야마 게이자부로(丸山圭三郞)

㊟ Sigmund Freud, *Drei Abhandlungen zur Sexualtheorie*, Frankfurt, 1905(懸田克躬 譯,『性欲論』, フロイト選集 5, 日本教文社, 1969). Sigmund Freud, *Abriss der Psychoanalyse*, Frankfurt, 1940(小此木啓吾 譯,「精神分析學概說」,『精神分析療法』, フロイト選集 5, 日本教文社, 1969).

에이도스 ⇨㊕형상{에이도스}

에크리튀르 [(불) écriture]

쓰기, 씌어진 것, 문자를 의미하는 프랑스어. 바르트(Roland Barthes 1915-80)의 『영도零度의 에크리튀르』(1953) 등에 의해 현대의 문학이론에서 가장 중요한 개념의 하나가 되었지만, 현상학과의 관련에서는 데리다가 이 말에 의거하여 "현전의 형이상학"을 비판한 것이 문제로 된다. 그에 의하면 서양 형이상학은 진리의 근거인 로고스의 현전성을 보증하기 위해 외적, 물질적, 공간적 성격을 지니는 에크리튀르(글말)를 내적, 비물질적, 의지적 성격을 지니는 파롤(입말)에 종속시켜 이차적이고 불순한 기호로서 잘라 내버려왔는데, 후설 현상학은 이러한 "목소리의 필연적인 특권"을 "최대의 비판적 정묘함을 가지고서" 철저하게 만들었다. 예를 들면 『논리연구』 제2권의 서두에서 후설이 '지표'(Anzeichen)로부터 순수한 '표현'(Ausdruck)을 분리하고자 하는 것은 사실상 에크리튀르를 잘라 버리고 "말하는 주체가 현전에서 자기를 듣는" 현상학적 파롤을 확보하기 위한 조작이다. 만년의 『기하학의 기원』에서는 "문서화"가 이념적 객관성을 구성하는 <가능성의 조건>으로서 인정되기에 이르렀지만, 파롤의 에크리튀르에 대한 권리상의 선행성은 여전히 계속해서 절대적 전제이다. 데리다에 의하면 이러한 전제는 잘못이며, 파롤을 포함한 모든 기호작용은 오히려 "근

원-에크리튀르”(archi-écriture)의 활동 없이는 성립할 수 없다고 한다. ☞㉴파롤

—다카하시 데쓰야(高橋哲哉)

에포케 [(그) ἐποχή (독) Epoche]

후설이 그의 사유의 생애에서 여러 차례 주제화한 현상학의 근간에 관련된 반성적 방법 개념. 에포케에는 다양한 형용사가 붙게 되지만, 크게 나누어보면 현상학적 에포케와 보편적 에포케가 중요하다. 전자는 특히『이념들 Ⅰ』에서 논의된 것으로서[§30-33 참조], 의식과 대상의 상관적인 결부를 고찰하기 위해 의식이 대상과 소박하게 관계하는 ‘자연적 태도’를 ‘차단’하고 그것을 근본적으로 변경하는 방법적 회의의 조작을 의미한다. 그 조작에서는 자연적 태도에서의 일반정립이 배제되어 괄호 안에 넣어지는데, 말하자면 그 스위치가 끊겨 정립이 정지된다. 이러한 ‘괄호 넣기’의 조작을 통해 현상학에 고유한 새로운 존재 영역으로서의 순수 의식이 열려 보이게 된다. 후자는 1920년대 중반 이후『현상학적 심리학』과『제일철학』 등에서 역설되기 시작한 것으로서[Hu **8**. 92ff., Hu **9**. 336ff. 참조], 거기에서는 주관성과 세계와의 관계에 초점이 맞추어진다. 즉 현상학적 에포케에 의해 자연적 태도로부터 반성적 태도로 전환할 때에 암묵적으로 전제되고 있던 자아의 내세계화하는 자기통각이 의문에 붙여지고, 세계는 그것을 구성하는 초월론적 주관과의 상관관계에서 주제화되는 것이다. 이상의 두 종류의 에포케에 의해 그 수행자로서의 ‘방관자’에게 자연적 의식의 모든 존재정립과 세계가 반성적으로 파악 가능한 자아의 구성적 의식현상으로서 주어진다. 이리하여 개시된 현상에 의거하는 가운데 본질직관에 기초하는 현상학적 기술이 진행되는 것이다. ☞㉴세계, 자연적 태도/초월론적 태도, 태도, 태도변경, 현상학적 환원

—와다 와타루(和田 渡)

엘레멘트 [(불) élément]

본래는 고대 그리스 철학에서 자연계를 구성하는 기본적 요소를 나타내는 말이었지만, 메를로-퐁티는 <살>의 기본 특성을 나타내기 위해 그것을 사용한다. 그에 의하면, 그가 말하는 <살>은 물질도 정신도 실체도 아니다. 살은 사물도 관념도 아니며, 존재가 있는 곳에서는 어디서나 존재의 스타일을 도입하는 <육화한 원리>로서 그리스 철학에서의 <엘레멘트>와 마찬가지의 것으로서 생각되어야만 하는 것이다[VI 184]. 다른 한편 존재와 <상상적인 것>에 대해 바슐라르가 말하는 의미에서의 엘레멘트이다[같은 책 320]라고 말하고 있는 것으로부터 이 용어와 관련하여 바슐라르로부터의 영향이 있었다는 것을 엿볼 수 있다. 바슐라르는 <불, 공기, 물, 땅>의 4대 원소로부터 질료적 상상력의 정신분석을 시도했지만, 메를로-퐁티도『눈과 정신』에서 “상상적 조성組成”(une texture imaginaire)이라는 용어를 사용하며, “상상적인 것”이 “현실적인 것”의 “육적인 이면”이자[OE 24] 화가의 시각이 “존재의 조성”에 열려 있다[같은 책 27]고 하고 있다. 또한『기호들』 서문에서는 언어가 <고유의 환경>이라는 의미에서 <엘레멘트>라고 불린다[Signes 25]. 이와 같이 <엘레멘트>는 <살>이 존재자(대상)가 아니라 “존재에 선행하는 존재”의 “장”[VI 320]인 동시에, 상상적인 것과 언어도 포함하면서 존재의 조성을 이루고 있다는 것을 가리키는 것으로 생각된다. ☞㉴살

—가쿠코 다카시(加國尙志)

여성적인 것 女性的— [(불) le féminin]

탈자적인 <기투>를 <사나이다운 권능>으로 규정한 레비나스는 우선 <빛>에 등을 돌리고 이러한 권능으로부터 계속해서 달아나는 <신비>로서 <여성적인 것>의 타자성(altérité)을 파악한다. <성차> 내지 <에로스>란 융합하지도 <전체>를 이루지도 못하는 비통한 이원성이지만, 이러한 간격은 <미래>의 가능성인바, 이러한 <미래>는 <아들>의, 즉 <번식성>(fécondité)의 가능성에 다름 아니다. 1940년대에 소묘된 이와 같은 <관능의 현상학>은『전체성과 무한』Ⅳ부의 <에로스의 현상

학>에서 심화되게 되지만, 거기서 <여성적인 것>은 <약함>이자 <조심스러움>임과 동시에 <음란>한, 파지 가능함과 동시에 파지 불가능한 <애매함>으로서의 <처녀성>과 <에로스적 벌거벗음>으로 간주되며, 이러한 <애매함>에 의한 <얼굴>의 혼탁이 역으로 <아들>의 가능성으로서 다시 파악되게 된다. "애무는 아직 존재하지 않는 것을 지향한다"[『전체성과 무한』 288]고 말해지는 까닭이다. 다만 관능의 <공동체>가 <제3자>를 배제하는 것으로 간주되고 있다는 점도 잊어서는 안 된다. 나아가 <여성적인 것>은 자아가 <우리 집>으로 생각하고 있던 것에 앞서 거주하며 자아를 맞아들이는 <상냥함>이기도 하다. 이와 같이 <여성적인 것>을 재빠르게 철학적 범주로 만든 레비나스는, 그러나 타자성과의 <관계없는 관계>를 <성차>로서 파악한 입장을 자기비판하고, <에로스 없는 사랑>(amour sans Eros)을 말하게 된다. ☞ ㊕신비

—고다 마사토(合田正人)

역사(성)歷史(性) [(독) Geschichte; Geschichtlichkeit]

초기 기술현상학에서의 본질주의 주장이나 『엄밀학으로서의 철학』에서의 역사주의 비판 혹은 또한 『이념들 II』가 생전에 간행되지 못한 것 등의 사정이 더해져서 후설 현상학이 오랫동안 반역사주의의 색안경을 통해 파악되었던 것은 잘 알려져 있다. 그러나 동시에 현재 『제일철학』 I에 모여 있는 강의록이나 연구 초고, 나아가서는 『위기』로부터도 명확하듯이 특히 1920년대에 들어선 이후의 후설에게 있어, 물론 미쉬로부터의 비판이나 하이데거와의 대결이라는 사정도 있긴 하지만, 역사의 문제가 서서히 그의 현상학적 철학의 중심에 위치하게 된 것은 매우 분명한 사실이라고 말할 수 있을 것이다.

『위기』의 본래 텍스트에서의 마지막 절인 제72절의 말미에서 후설은 세계가 "인식의 세계, 의식의 세계, 인간을 수반한 세계인 한에서" 확정적 다양체로서의 자연이라는 이념은 "어쩔 수 없이 어리석게 느껴졌다"는 것, 그리고 현상학은 우리를 수학적 자연과학이라는 오랜 객관주의적인 이상으로부터 해방시키는 동시에 물리학의 유비물과 같은 마음의 존재론이라는 이념으로부터도 해방시키는 것이라는 점을 강조한다[Krisis 268f.]. 만년의 후설은 초기의 객관주의적 선험주의로부터 이렇게까지 멀리 떨어진 곳에 도달한다. 그러나 그것은 결코 선험적인 것의 방기를 의미하지 않는다. 이미 선험적인 것은 수학이나 물리학에서 빌려온 기성의 모델에 따라 경험의 초월적 대상으로서 파악되는 것이 아니라 오히려 경험의 상관자로서 경험과 함께 생겨나고 변동하지만, 개별적인 경험을 넘어선 생명을 지니는 것으로서 이해되게 되었던 것이다. 나아가 후설이 <생활세계적인 아프리오리>나 <역사의 아프리오리>(인류와 문화적 세계의 존재 양식이 지닌 보편적인 역사성 내에 존재하는 선험적인 구조[Krisis 378 참조])에 대해 말할 때, 그것은 이와 같은 여러 가지 선험적인 것이 놀이하는 공간의 소재를 지시한다. 공간, 시간, 사물, 인간과 같은 생활세계의 선험적인 구조들은 선과학적인 각인을 띤 것이긴 하지만, 객관과학들이 전제하는 세계의 구조와 '동일한' 구조를 하고 있다[Krisis 142]. 이 경우 '선과학적'이라는 표현은 과학적인 명증성의 원천임과 동시에 과학적인 실천을 포섭하는 활동 공간이기도 한 경험의 차원을 두드러지게 하기 위한 표현이지 결코 <과학 이전>을 의미하는 것이 아니다. 그리고 <역사의 아프리오리>란 그러한 경험 차원의 내부에서 경험의 활동 그 자체가 영향작용사적으로 자기 전개해가는 것의 선험적인 구조들로 고쳐 파악할 수도 있는 것인바, 다만 여기서는 경험의 활동이 근본적으로 그 창조적 성격과 개별적인 경험을 넘어선 전통의 통일의 형성이라는 지적 문화적인 연속성의 형성 측면에서 특징지어지고 있는 것이다.

의미 형성의 역사적 활동과 관련하여 두 가지 문제 연관을 구별할 수 있다. 하나는 의식의 근저에로의 <의미의 침전>에 의해 의미의 역사가 구성된다고 하는 발생적 역사의 생각이며, 다른 하나는 모든 역사적인 것이 현실적인 역사적 현재에 의해 유지된다고 하는, 역사를 역사로서 현출시키는 시점, 즉 퍼스펙티브

Perspektive의 문제이다. 그러나 그것은 역사에서의 과거의 우위인가 아니면 미래의 우위인가 하는 양자택일을 의미하는 것이 아니다. 왜냐하면 "본래 역사란 근원적인 의미 형성과 의미 침전이 서로 공존하고 착종하는 것(Miteinander und Ineinander)의 살아 있는 운동 이외의 아무것도 아니기" 때문이다[Krisis 380]. 그리고 이러한 과거와 미래의 공존과 착종은 <살아 있는 현재>가 그 구체성에서 과거와 미래의 교착 내에서 움직여가는 것에 기초한다[Hu **15**. 349f. 참조].

또한 후설은 '역사성'(Geschichtlichkeit, Historizität)에서 인간의 인격이 생식을 통해(generativ) 공동체적인 정신적 생의 통일을 형성하는 "근원적이고 생식적인 역사성", 바로 그것에 기초하면서도 다양한 행함(Tun)을 통해 물건(Sache)이나 인격으로 이루어진 주위세계를 역사적인 주위세계로 만들어가는 "가장 일반적인 의미에서의 역사성", 마지막으로 개개의 인간의 내면적인 생 안에서 생겨나 인간성의 새로운 목적 의미를 창조해가는, "현상학에로의 철학의 변혁"으로서 특징지어질 수 있는 역사성으로 이루어지는 일종의 계층구조를 발견하고, 그것들이 전체적이고 유기적인 역사성의 운동 내에 있다는 것에 대해서도 말하고 있다[Krisis 502f. 참조].

현상학적 및 해석학적 철학의 틀을 넘어서서 역사성 개념이 널리 현대 철학 일반의 중요한 테마로서 수용되는 것에 결정적인 역할을 수행한 것이 『존재와 시간』에서 하이데거가 행한 역사성에 관한 기초존재론적 해명이었다. 거기서는 현존재 그 자체의 시간적인 존재양식인 역사성이 가능하기 위한 조건이 시간성이라는 것이 밝혀지며, 동시에 역사성은 역사에 선행하는 것으로서 규정된다. 그러나 동시에 거기서 하이데거가 행한 역사학적 인식의 비본래적 역사성에로의 분류는 시대의 추세이기도 했던 역사성의 테마에 관한 실존철학적·신학적 관심과 더불어 현상학적 철학이 본래 지니고 있던 과학론적 기능의 거세를 불러일으켰다고 해도 지나친 말이 아니다. 그러한 사태에 대한 반성이 역사학적 인식의 생성을 다시 한 번 생활세계적인 일상성의 수준에서 고쳐 파악하고자 하는 요구와 함께 오늘날 보이는 서사적 역사 이론에 대한 접근이나 샤프의 작업에 대한 재평가의 저류를 형성하고 있다.
☞ ㊆발생적 현상학, 역사이론과 현상학

—히구라시 요이치(日暮陽一)

㊟ E. Husserl, *L'Origine de la Géométrie, Traduction et Introduction par J. Derrida*, Paris, 1962(田島節夫・矢島忠夫・鈴木修一 譯,『E. フッサール幾何學の起源, J. デリダ序說』, 青土社, 1988). 新田義弘,「人間存在の歷史性」, 木田元・瀧浦靜雄・立松弘孝・新田義弘 編,『講座現象學・第2卷 現象學の根本問題』, 弘文堂, 1980에 수록.

역사이론과 현상학 歷史理論—現象學

포퍼(Karl R. Popper)의 포괄법칙 이론(covering law theory)으로 대표되는 역사과학적 설명의 이론에 관한 종래의 논의 틀을 넘어서서 역사이론(Historik, Theorie der Geschichte, Geschichtstheorie)을 둘러싼 오늘날의 논의 상황의 활성화를 가져온 것은 단토(Arthur C. Danto)의 『역사의 분석철학』(일본어 역: 河本英夫 譯,『物語としての歷史—歷史の分析哲學』, 國文社, 1989)으로 대표되는 역사의 서사이론의 공적이었다. 단토의 작업의 의의와 그 성과에 대한 현상학적인 해명은 펠만(Ferdinand Fellmann)에 의해 시도되었다. 그는 단토의 공적을, 역사는 기술과 설명의 해석학적 통일이며 거리성의 계기에 의해 특징지어지는 닫힌 맥락으로서의 과거에 대해서만 씌어질 수 있는 것, 그리고 객관적이고 전체적인 통일로서의 역사 자체라는 사변적 역사철학에 의한 상정은 이야기된 여러 가지 역사의 집합단수화에 기초하는 부당한 실체화의 산물이라는 것 등등을 해명했다는 점에서 발견했다. 나아가 그는 역사의 철학적 고찰에서는 모든 것이 하나로 되어 하나의 포괄적인 역사를 형성하는 것과 같은, 즉 여러 가지 역사로 이루어지는 <마트료시카 세공과 같은 지평>과 역사라는 특정한 문학 장르로 향한 <예기에 의해 열린 물음의 지평>이라는 두 가지 지평 개념의 구별이 결정적인 의미를 지닌다는 점도 지적하고 있다. 전자의 지평 개념은 그 속에서 그때마다 우리가 살고 있는 구체적인 역사

지평의 모습을 보여주며, 후자는 서사적 서술에 의해 그때마다 주제적으로 구축되는 역사가 그 속에서 현출하는 지평이다. 이러한 두 가지 지평의 구별은 체험된 역사와 이야기된 역사를 각각 가능하게 하는 지평의 구별에 다름 아니다. 동시에 펠만은 샤프의 <여러 가지 역사>에서는 그것이 언제나 <말려들어감>이라는 개념을 통해 사유되고 있기 때문에 이러한 두 가지 지평 개념의 구별이 관철되지 않으며, 체험된 역사에 의한 속박만을 의미하는 것으로 되어버린다는 점도 지적하고 있다. 따라서 현상학의 과제는 역사과학적인 앎을 성급하게 본래적인 역사성의 파생 형태로 하는 것이 아니라 양자를 매개하는 차원을 탐구하는 것에 존재한다고 말할 수 있을 것이다. ☞㉧역사(성), ㉤샤프

—히구라시 요이치(日暮陽一)

㉾ 新田義弘, 「人間存在の歴史性」, 木田元・瀧浦靜雄・立松弘孝・新田義弘 編, 『講座現象學・第2卷 現象學の根本問題』, 弘文堂, 1980에 수록. F. Fellmann, "Das Ende des Laplaceschen Dämons", in *Poetik und Hermeneutik*, V, München, 1973(日暮陽一 譯, 「ラプラスの魔靈の終焉」, 新田義弘・村田純一 編, 『現象學の展望』, 國文社, 1986에 수록).

역사적 운명歷史的運命{**역운**歷運} [(독) Geschick]

하이데거 철학에서 이 개념이 술어로서 처음으로 등장하는 것은 『존재와 시간』의 '현존재의 역사성'에 대한 분석에서이다. 거기서는 현존재가 세계-내-존재이자 공동존재인 한에서 그 역사적 존재(운명 Schicksal)는 동시에 "공동체, 민족의 역사적 생기"라고 생각된다. "운명"의 "집섭태集攝態"라는 정도의 의미를 부여받은 이 개념은 본질적으로 각자적인 현존재의 역사성을 타자와의 공동성의 확대에서 생각하고자 하는 가능성을 시사하는 것에 지나지 않았다. 그러나 중기 이후 『존재와 시간』 시기에는 여전히 남아 있던 주관주의적 경향이 불식되어 감에 따라 '역사적 운명'은 하이데거 사유의 핵심에 속하는 말이 된다. 왜냐하면 이 말은 "존재의 증여"(Seinsgeschick)라는 형태로 등장하여 존재자가 거기서 밝혀지게 되는 장(진리)으로서 존재가 자기를 증여하는(schicken) 활동 그 자체의 명칭으로 되기 때문이다. 이러한 '증여'는 물론 존재를 그것 자신으로서 주는 것이 아니라 존재자화된 존재('존재자성')로서만 주는 것인바, 그런 의미에서 동시에 '벗어남'이자 '거절'이다. 그러나 이러한 '거절', 즉 '존재망각'의 다양한 형태가 존재자에 대한 인간의 관계를 실제로 결정해온 형이상학의 역사를 각인하게 되는데, 하이데거 자신이 스스로의 사유의 장소를 이러한 의미에서의 '역사적 운명'의 한가운데서 발견하여 '벗어나는' 존재에 대한 탐구를 이러한 운명과의 대결 속에서 행했던 것이다. 그것이 아낙시만드로스에게서 시작되어 니체와 현대 과학기술에 이르는 일련의 역사적 대화를 산출하게 되었다. ☞㉧존재, 존재망각, 존재사

—이토 도오루(伊藤 徹)

역사주의歷史主義 [(독) Historismus]

생의 일체의 형식은 그것이 학문이든 문화이든 모두 주어진 역사적 상황에 의해 결정적으로 제약되고 역사적으로 변화하며, 따라서 상대적인 것에 지나지 않는다고 하는 입장. 후설은 『엄밀한 학으로서의 철학』에서 이러한 입장을 비판하여 "역사주의는 만약 그것이 철저히 추진된다면 극단적인 회의주의로 이행한다"고 말하고 있다. 확실히 모든 학문은 언제나 일정한 역사적 상황 속에서 영위되며 역사적으로 동기지어져 있다. 그러나 그렇다고 해서 그러한 사실로부터 곧바로 "학문은 절대적 타당성을 지니지 않는다"는 결론을 내릴 수는 없다. 역사주의 입장에 서면 진리, 이론, 학문이라는 이념은 물론이고 모순율 및 순수 논리학이 지니는 절대적 타당성은 부정되어 버린다. 그러나 문화 현상으로서의 학문과 절대적으로 타당한 이론 체계로서의 학문 간의 구별과 대립은 해명되지 않으면 안 된다. 역사적인 이유로부터 생기는 것은 단지 역사적인 결론일 뿐인 한에서, 역사학은 본래 그 구별이 존재하는지의 여부에 대해서도 결정할 수 없다. 그 점은 수학자가 수학이론상의 진리를 알기 위해 역사에

조회하는 일을 하지 않는 것에서 분명히 드러난다. 수학적인 것의 규범은 수학 속에 있고, 논리적인 것의 규범은 논리학 속에 있기 때문이다. “지금까지 참된 의미에서 절대적으로 타당한 철학은 존재하지 않았다”라는 주장마저도 역사학 그 자체가 논증하는 것이 아닌바, 이것이야말로 철학의 작업이다. 엄밀하게 전개된 학문이 아니라면, 역사가는 역사적 사실마저도 참된 의미에서 학문적으로 평가할 수 없다. 이러한 비판은 헤겔이나 딜타이에 대해서도 마찬가지로 향한다. 헤겔의 형이상학적 역사철학이 “회의적 역사주의”로 변모함으로써 딜타이의 “세계관 철학”이 대두하도록 허락했다. 양자에게는 엄밀한 철학적 학을 구성하고자 하는 동기가 결여되어 있었다는 것이다. ☞㈇상대주의, 학문론

—혼마 겐지(本間謙二)

역운歷運 ⇨㈇역사적 운명

연극 · 무용과 현상학演劇 · 舞踊―現象學

일반적으로 연극이라고 총칭되는 것은 하나의 갈라진 틈이다. 아니 갈라진 틈임과 동시에 봉합이다. 그것은 이른바 예술보다 훨씬 더 오래이며, 오히려 예술이야말로 거기서 배태되었다고 말할 수 있을 것이다. 예술이라는 말은 지금은 온갖 표현을 총괄하는 것이 되었지만, 그럼에도 불구하고 여전히 연극은 예술에 포괄된다고 분명히 말할 수 없다. 그것은 세계 인식, 자기 인식의 방법, 근원적인 방법의 하나이지 미의 달성을 목적으로 하지 않는다. 하지만 예를 들어 릴케처럼 미야말로 갈라진 틈이자 봉합이라고 생각하게 되면 이야기는 다르다. 연극과 무용이 모두 “두려워해야 할 것의 시작”이라는 것에는 변함이 없다.

연극의 특성을 모방에 두고 모방을 예술의 특성으로서 논한 것은 아리스토텔레스이지만, 모방이란 무엇보다도 우선 의식의 결절점이다. 무언가를 흉내 낼 때 사람은 언어의 입구에 섬과 동시에 이미 연극의 한가운데에 있다. 언어와 의식은 모두 연극에서 발생했다고 말할 수 있을 정도이다. 무용을 관찰하면 알 수 있듯이 그것은 외계의 사물을 모방하고 자기를 모방한다. 모방하고 반복한다. 사람은 모방하고 반복함으로써 의미의 윤곽을 확정하는 것이다. 몸짓과 언어는 연속적이어서 분리할 수 없다. 인간에게 있어서는 무엇보다도 우선 신체가 최초의 문자에 다름 아니었다. 그리고 연극이란 그 문자가 읽혀지는 장, 의미가 발생하는 장, 의미의 발생을 확인하는 장에 다름 아니었다.

20세기의 유행이라고도 말해야 할 현상학이 이른바 부조리 문학과 부조리 연극의 성립과 궤를 같이 한다는 것을 시사한 것은 펠만(Ferdinand Fellmann)의 『현상학과 표현주의』이다. 왜 예술가가 철학자보다 한 걸음 앞섰던 것일까? 간단하다. 현상학적 환원이란 실은 서양 중심적인 사유를 벗겨내는 것에 지나지 않았기 때문이다. 금세기 초엽 아르토(Antonin Artaud 1986-1948)는 발리 섬의 무용에 충격을 받아 잔혹연극을 제창하고, 메이에르홀트(Vsevolod E. Meierkhold 1874-1940)는 이탈리아의 코메디아 델라르테와 일본의 가부키를 연구하여 약속사約束事의 연극을 시작했다. 어느 쪽이든 서양 19세기적인 사유와 과학주의에 의혹을 드러냈던 것이다. 리얼리즘 연극은 연극의 과학주의이지만, 그 리얼리즘이 서양 19세기의 인간에게 있어서만 리얼리즘이라는 것을 그들은 깨달았던 것이다. 에브레이노프(Nicolas Evreinoff 1879-1953)라고 하면 오히려 메이에르홀트의 비판자로서 알려져 있지만, 그의 저서 『삶의 극장』은 당시 연극인의 분위기를 잘 전해준다. 그 역시 거의 동일한 입장에 서 있었다고 말할 수 있다.

연출가에 의해 주도되는 근대적인 연극이 성립한 것은 극히 최근의 일에 지나지 않는다. 마찬가지로 코리오그래퍼Choreographer, 즉 안무가의 명확한 의도에 기초하여 구성되는 무용이 성립한 것도 최근의 일이다. 둘 다 19세기 말에 시작된 것에 불과한 것이다.

졸라의 과학주의의 영향 하에 앙트와느(André Antoine 1858-1943)가 ‘자유극장’을 시작한 것이 1887년이며, 스타니슬라프스키(Konstantin S. Stanislavskij 1863-1938)

가 '모스크바 예술극단'을 시작한 것이 1898년이다. 배우 중심의 상업주의를 고친 그들은 우선 리얼리즘을 표방한다. 이러한 리얼리즘에 대해 아피아(Adolphe Appia 1862-1928), 크레이그(Edward G. Craig 1872-1966), 라인하르트(Max Reinhardt 1873-1943) 등이 다름을 칭찬하는 것이다. 앞의 메이에르홀트 등도 이러한 흐름 속에 위치한다.

표현으로서의 무용이 시작되는 것도 같은 무렵이라고 말할 수 있다. 프티파(Marius Petipa 1822-1910)와 이바노프(Lev Ivanovich Ivanov 1834-1901)가 러시아 황실의 비호 아래 이른바 클래식 발레를 완성시키는 것이 19세기 말이며, 포킨(Michael Fokine 1880-1942)과 고르스키(Aleksandr A. Gorskij 1871-1924)가 그것을 비판적으로 계승하여 발레를 표현예술로까지 고양시키는 것이 20세기 초이다. 이러한 움직임에 참여하여 힘이 있었던 것이 현대무용을 시작한 던컨(Isadora Dancan 1878-1927)이지만, 그녀는 크레이그와 밀접한 관계에 있었다.

주목해야 할 것은 연극 및 무용이 자각적으로 시작된 시기와 현상학이 태동하기 시작한 시기가 거의 일치한다는 점이다. 예를 들어 레비나스는 현상학적 환원은 하나의 태도이자 내적 혁명이고 자유로울 수 있는 정신의 존재방식이라고 말하고 있지만, 여기서 현상학적 환원이라는 말을 연극이나 무용이라는 말로 치환하더라도 조금도 이상하지 않다. 후설의 많은 개념은 연극 및 무용의 장에서 생각하면 대단히 이해하기 쉽다. 이것은 우연이 아니다. 무대란 무엇보다도 우선 의미가 발생하고 변용되며 해소되는 장에 다름 아니기 때문이다. 정신분석, 해석학, 철학적 인간학, 동물행동학, 문화인류학, 기호론 등 20세기에 성립한 학문과 방법의 다수가 마찬가지 경향을 지닌다는 점에 주목해야만 한다. 사상사 역시 현상학적으로 씌어지지 않으면 안 된다.

슈츠의 '현상학적 사회학', 버거와 루크만의 『일상세계의 구성』, 고프만의 『행위와 연기』, 스코트와 라이만의 『드라마로서의 사회』 외에 직접적으로나 간접적으로 현상학과 연극을 결부시키는 저작은 많다. 문화인류학의 명저는 대체로 그러한 경향을 지닌다고 말할 수 있다. 하지만 현상학에 관심을 지니는 데 있어 최대의 참고문헌은 연극이든 무용이든 바로 무대 그 자체라고 말하고 싶다. ☞ ㊄신체

—미우라 마사시(三浦雅士)

연대성 連帶性 [(독) Solidarität]

셸러의 가치윤리학의 중심 개념의 하나. 셸러에 의하면 "윤리적으로 선하거나 악할 수 있는 것은 (근원적으로는) 인격뿐"[Formalismus 103]인바, 실질적인 가치론에 대한 탐구는 인격론의 전개로 연결된다. 그런데 인격이란 반드시 개별인격에 한정되는 것이 아니라 예를 들면 법인과 같은 "총체인격"(Gesamtperson)도 존재한다. 개별인격은 총체인격의 구성원이며, 역할을 매개로 하여 그것에 참가하는 한에서 또한 "사회적 인격"(soziale Person)이기도 하다. 이리하여 셸러에 의하면 "연대성의 원리"야말로 "우리에게 있어서는 영원한 구조 구성요소이며, 말하자면 유한한 윤리적 인격의 우주에서의 근본 조목"[523]인 것이다. 그러나 셸러는 사회적 인격의 외부에 "내밀한 인격"(intime Person)의 거소를 상정하고 있다[548f.]. 이러한 내밀한 인격의 한계를 돌파하는 것은 "자발적인 사랑"이라는 것이 될 것이다. "인격에 대한 사랑"은 그 상대방을 "더욱 더 대체 불가능하고 개성적인 존재"로 만드는 것이기 때문이다[Sympathie 78, 129]. 그때 연대성의 원리는 "<나는 너를 위해 존재하는> 동시에 <너는 나를 위해 존재한다>"라는 형태를 취하게 된다[Formalismus 482]. 셸러가 이야기하는 연대성의 원리는 그의 공감론과 함께 현상학 계통의 논의로서는 예를 들어 후설의 그것과는 상당히 이질적인 타자론에 대한 시각을 보여준다. 그러나 그 원형은 어디까지나 "신과의 관계"[550]에서 구해지고 있다는 점을 놓쳐서는 안 될 것이다. ☞ ㊄가치윤리학, 공감{동정}, 사랑, 인격(성)

—구마노 스미히코(熊野純彦)

연합 聯合 [(독) Assoziation (불) association]

후설은 어떤 것을 보고 그것과 유사한 것을 상기하는 통상적인 의미의 연합으로부터 근원연합이라고도 불리는 연합을 구별하고, 이것을 수동적 발생의 원리라고 칭한다. 통상적인 의미에서의 연합이 이미 구성된 대상들 사이에서 생기는 데 반해, 근원연합은 대상 구성의 전제가 된다. 수동적 발생은 내적 시간의식에 의한 시간 구성과 운동감각(Kinästhese)에 의한 공간 구성을 전제로 하지만 이들은 형식적 조건이며, 수동적 발생을 실질적으로 지배하는 것은 연합의 활동이다. 연합의 원리는 동질성과 이질성 또는 유사와 대비이며, 그 활동은 "유사한 것이 유사한 것에 의해 각기(覺起)되고, 유사하지 않은 것과 대비된다"고 하는 사태를 산출한다. 연합의 제1의 활동은 능동적 종합의 전제로서 포치(布置, configuration) 형성을 행하는 것이다. 유사한 것들이 서로 각기하여 통합되고 유사하지 않은 것과 대비된다. 이에 의해 바탕과 그림이 분화하며 떠오른 그림이 자아를 촉발한다. 자아에 의한 촉발의 수용과 더불어 능동적 종합이 시작된다. 연합의 제2의 활동은 통각적 의미의 전위의 기반이 되는 것이다. 새로운 대상의 인식은 자아의 능동적 종합이며, 거기서 습득된 대상의 통각적 의미는 근원창설로서 침전되어 수동적 차원에서 습관으로서 보존된다. 이 대상과 유사한 것이 나타나면 습관으로서 보존되어 있는 이 대상의 통각적 의미가 유사의 연합에 의해 각기되어 지금 나타나 있는 것으로 수동적 차원에서 전위된다. 우리를 둘러싸고 있는 사물이 친숙한 어떤 것이어서 그때마다 파악, 해명할 필요가 없는 것은 이와 같은 통각적 의미의 전위 때문이다. 그러나 통각적 의미의 전위는 친숙함이라는 안정성의 반쪽 면인바, 의미의 어긋남을 초래할 가능성을 내포한다. 『위기』에서의 근대 자연과학 비판은 그와 같은 의미의 공허화에 대한 비판이다. 후설은 특히 타아 경험에 대한 분석에서 연합에 기초하는 통각적 의미의 전위를 증거로 내세우고 있다. 이 경우에 함께 현전하고 있는 자아의 신체와 (이후에 타아의 신체로 되는) 물체와의 유사의 연합에 기초하여 나라는 통각적 의미가 그 물체로 전위됨으로써 타아가 통각된다. 능동적 종합의 전제로서의 배치 형성과 통각적 의미의 전위의 기반이라는 연합의 두 가지 활동은 능동성에 선행하는 수동성과 능동성에서 유래하여 침전에 의해 습관이 된 수동성의 구별에 대응한다. ☞ ㊕발생, 수동성, 수동적 종합/능동적 종합

―기노시타 다카시(木下 喬)

㊟ E. Holenstein, *Phänomenologie der Assoziation: Zu Struktur und Funktion eines Grundprinzips der passiven Genesis bei E. Husserl*, Den Haag, 1972.

열개 裂開 [(불) déhiscence]

메를로-퐁티가 사용하는 이 개념은 『지각의 현상학』에서 이행의 종합을 설명할 때에 사용되었지만[PP 480, 487], 『보이는 것과 보이지 않는 것』에서는 융합이나 합치를 비판하기 위해 사용된다. <거리>가 두 항의 변별적인 대립과 그 차이를 유지한 상관관계를 표현하고 있다고 한다면, <열개>는 하나의 존재나 신체가 두 개로 찢겨 벌려지는 장면을 나타낸다. 예를 들어 만년의 <살> 개념에서 보는 것과 보이는 것, 만지는 것과 만져지는 것은 표리일체를 이루는 것으로 기술되지만, 그 두 항은 덩어리로서의 하나의 신체가 자기를 분열시켜 절개함으로써 상호적으로 가리고 서로 잠식한다[VI 165, 192, 201]. <신체의 쌍떡잎>[같은 책 316, 318]이라는 것이 말해지지만, 보는 것과 보이는 것이 서로 겹치는 것은 단순한 합치나 동일화가 아니라 신체의 이중화이기도 하다는 것이다. 그리고 존재에 대해서도 <열개>가 말해지기 때문에[같은 책 157], 우리에 대한 존재의 열림과 존재에 대한 우리의 열림이라는 이중성도 하나의 존재의 주름으로서 실현되게 될 것이다. 살의 열개야말로 동일한 것의 차이로서의 부정성을 가능하게 하며, 존재의 차이로서의 우리를 존재 내에 삽입시킨다. 보는 것과 보이는 것의 유착이나 상호 얽힘이라는 사태도 <열개>와 같이 서로 가리면서 분열하고 있는 존재방식을 통해 고찰되는 것이다. ☞ ㊕거리, 살

―가쿠코 다카시(加國尙志)

열려 있음 ⇨[사]개방성

열림 ⇨[사]개방성

염려念慮 ⇨[사]조르게

영국 경험주의와 현상학英國經驗主義—現象學

Ⅰ. 영국 경험주의. 현상학 운동을 담당했던 주요한 철학자들 가운데 영국 경험주의의 영향이 두드러지고 또 그 문제의식을 공유할 수 있었던 것은 후설 단 한 사람이기 때문에, 후설과 관련되는 범위에서 영국 경험주의의 개략적 내용을 그것의 대표적인 세 사람에 한정하여 서술하고자 한다.

(1) 로크(John Locke 1632-1704). 로크는 생득관념을 부정하고 모든 관념이 외계에 대한 직접적인 경험과 그에 기초하는 내성에 의해 얻어진다고 생각했다. 이에 의해 영국 경험주의가 시작된다. 로크 자신은 합리주의적인 측면을 적잖이 남기고 있었기 때문에, 그의 철학은 많은 부정합과 혼란을 내포했다. 이 이후 존 스튜어트 밀(John Stuart Mill 1806-73)까지 계속되는 영국 경험주의의 전통은 이러한 로크 속에 놓여 있는 합리주의적인 요소를 불식하여 경험주의를 수미일관한 것으로 순화하고자 하는 노력이라고 말할 수 있다. 로크는 색깔과 냄새와 같이 감각에 의해 얻어지는 관념을 단순 관념이라 부르고, 금과 말의 관념과 같이 몇 개의 단순 관념을 복합하여 얻어지는 것을 복합 관념이라고 부르며 구별한다. 어떠한 생득적 관념이나 생득적 원리도 인정하지 않는 로크에게 있어서는 단순 관념 이외의 모든 관념과 원리를 단순 관념의 조합으로서 설명하는 것이 과제가 된다. 후설은 이것을 확실한 토대 위에 모든 학문을 근거짓는다고 하는 데카르트의 이상을 구체적으로 실행하고자 한 것이라고 하여 높이 평가한다. 데카르트는 출발점을 이루는 코기토의 명증성을 확보하긴 했지만, 곧바로 신의 성실함과 같은 것을 제기함으로써 학문의 근거짓기 이상을 배반했던 데 반해, 로크는 어디까지나 그것을 충실히 실행하는 길을 열었다는 것이다. 그러나 후설에 의하면 로크에게는 기존의 모든 것을 의심하는 데카르트의 철저주의가 결여되어 있었기 때문에 그의 인식의 근거짓기 시도는 불철저한 것으로 끝날 수밖에 없었다. 이러한 불철저함은 예를 들어 로크에 의한 제1성질과 제2성질의 구별에서 이미 나타난다. 로크에 의하면 단순 관념 가운데 물체가 지니는 성질이 제1성질이고 감각 속에서만 생겨나는 것이 제2성질이지만, 이러한 구별은 다시 말하면 물체의 존재를 소박하게 전제하는 까닭에 가능해진다. 이와 같이 로크의 인식론은 자연과학을 은밀히 전제한 다음 바로 그 자연과학을 근거짓고자 하는 순환에 빠져 있다. 자연과학을 소박하게 전제하는 것은 마음을 백지(tabula rasa)로 보는 로크의 정신관에도 짙은 그림자를 드리우고 있다는 것이 후설의 진단이다. 마음은 물리적인 외부 공간의 유비로 이해되고 있다. 의식의 본질인 지향성을 보지 못하고 정신을 자연화하고 물화함으로써 인식의 초월론적 근거짓기는 그 실현을 저지당하고 마는 것이다.

(2) 버클리(George Berkeley 1685-1753). 이러한 제1성질과 제2성질의 구별이 지니는 문제성을 날카롭게 지적한 것이 버클리이다. 그는 또한 로크가 추상적 일반 관념의 존재를 인정한 것을 비판한다. 로크는 동일한 종류의 개별적인 관념들로부터 추상에 의해 일반적인 관념을 얻을 수 있다고 생각했다. 몇 개의 개별적인 삼각형의 관념에서 삼각형 일반의 관념을 얻을 수 있다는 것이다. 다만 로크는 그것이 난점을 수반하며 쉽게 얻어지지 않는다는 점도 인정하고 있었다. "왜냐하면 삼각형의 일반 관념은 빗각이어서도 직각이어서도, 등변이어서도 이등변이어서도 안 되고, 그것들 모두임과 동시에 어느 것도 아니어야만 하기" [로크, 『인간지성론人間知性論』(大槻春彦 譯) 제4권 제7장 9절) 때문이다. 버클리는 여기서 로크의 혼란을 보고, 관념은 모두 개별적이며, 다만 '삼각형'이라는 말이 다양한 개별 관념들에 적용될 수 있는 데 지나지 않는다고 비판한다. 이러한 버클리의 통찰은 흄에 의

해서 높이 평가되어 영국 경험주의의 공유 재산의 하나가 되지만, 보편 개념을 인정하지 않고 그 대신에 개별적인 관념과 기호의 대표(대리) 기능을 정립하는 버클리의 사고방식은 『논리연구』 제2권(제2연구 '종의 이념적 단일성과 근대의 추상이론')에서 은밀하게 보편 개념을 전제하는 것으로서 엄격하게 비판된다. 종(spezies)적인 것과 이념(이데아)적인 것의 존재를 인정하는 후설의 입장에서 보면, 관념을 개별적인 것에 한정하는 것이야말로 근거가 박약한 주장이다. 버클리는 로크에게 존재하는 실재론적 요소를 불식하고, 영국 경험주의로 하여금 지각되는 한에서 존재한다고 하는 주관적 관념론을 향해 전진하도록 하지만, 버클리는 이러한 지각을 신의 지각으로 규정함으로써 회의주의를 간신히 모면한다. 후설은 버클리를 철학사상 가장 뛰어난 인물 가운데 한 사람으로 평가한다. 하지만 후설에게 있어 버클리의 의의는 오로지 영국 경험주의가 지니는 잠재적인 회의주의를 준비한 점에 있을 뿐이다. 버클리 역시 지향성을 보지 못했기 때문이다.

(3) 흄(David Hume 1711-76). 경험주의를 유한한 능력밖에 지니지 못한 인간의 경험으로서 파고들어감으로써 로크에서 시작된 관념의 도정을 회의주의의 극한으로까지 밀고나간 것이 흄이다. 흄은 인식의 구성요소를 감각과 관념에 한정하지만, 그에게 있어 관념은 인상이 희미해진 것에 지나지 않는다. 이것은 인식의 원천을 감각 하나로 한정하고 인상에 의해 뒷받침되지 않는 관념을 모두 허망한 것으로서 배제한다는 것을 의미한다. 그리고 확실한 인식을 가져오는 것은 관념의 관계에 관한 논증적 지식뿐이다. 산술과 대수와 같은 수학적 지식이 이에 해당한다. 이에 반해 사실에 관한 지식은 개연적인 것에 불과하다. 사실에 관한 지식은 인상에 기초하지만, 예를 들어 두 개의 사태 사이의 인과적인 판단의 경우에 그것을 가능하게 하는 인상으로서는 두 개의 사태에 대응하는 두 개의 인상이 있을 뿐으로 그것들의 관계에 대응하는 것은 존재하지 않는다. 확실한 것은 두 개의 인상의 생기뿐이며, 그것들을 연결하는 원인과 결과라는 관념은 인상의 뒷받침을 받지 못하는 허망한 것이다. 마찬가지 논법에 의해 인상이 생기하지 않을 때도 객관적 대상이 그 자체로 존재한다는 것이나, 또한 자아가 존재한다는 것은 필연적 근거를 지니지 못한다. 이것이 흄의 회의주의이다. 여기서는 '인과성과 물체는 그 자체로 존재하는가?'라는 물음은 의미를 지니지 못한다. 데카르트의 회의에 필적하는 이러한 철저한 비관주의의 심연에서 흄에게 남겨진 물음은 '무엇이 우리로 하여금 인과성과 물체의 존재를 믿게 하는가?'라는 것이다. 이 물음에 대해 흄은 인간의 본성(human nature)을 가지고 대답한다. 요컨대 관념 연합의 법칙에 기초한 심리적인 상상력의 활동이 인과성과 물체의 자체 존재를 우리로 하여금 자명한 것으로 여기게끔 한다는 것이다. 인과성의 관념은 두 개의 사태가 반복하여 연속해서 생기함으로써 형성되는 습관적인 연합작용에 의해서 형성된다. 물체의 자체 존재의 관념은 물체의 현상방식, 즉 인상이 불완전하고 불충분하면서도 본래 지니고 있는 정합성과 항상성을 좀 더 완전한 것으로 만들고자 하는 인간 본성에 의해서 산출된다. 대상은 얼마간의 정합성을 지니지만, 대상의 지속적인 자체 존재를 상정함으로써 그 정합성은 한층 더 강한 것이 된다. 상상의 활동은 일단 개시되면 한결같게 지속되고자 하는 경향을 지니기 때문에, 대상의 자체 존재를 상정하는 것은 이러한 상상의 본성에 들어맞는다. 또한 인상의 중단에 의해서 앞선 인상이 소멸하고 새로운 인상이 생겼다고 상정하는 것은 우리를 당황하게 만들어 모순에 휩싸이게 하기 때문에, 이러한 곤란함으로부터 벗어나기 위해서는 이러한 중단을 덮어 숨겨야만 하며, 중단된 지각은 우리에게는 알려질 수 없는 참된 존재에 의해 결합되어 있다고 상정하는 것이다. 이리하여 흄은 회의의 심연으로부터 상식의 밝은 세계로 되돌아온다. 회의를 둘러싼 흄의 이러한 왕복 속에서 후설은 현상학적 세계 구성의 선례를 인정한다. 흄에게는 후설적인 의미에서의 지향성에 관한 문제의식이 있었다는 것이다. 후설은 흄에게 남아 있는 분자론적인 인상주의를 비판한다. 후설의 눈으로 보면, 흄의 연합의 법칙은 여전히 실증적인 심리학을 벗어나지 못하며, 흄의 세계 구성은 결국 우리가 마치 인과성이 성립하는

것처럼 간주하듯이 마치 사물이 자체 존재하는 것처럼 간주하고 있는 데 불과하다고 주장하는 허구주의를 벗어나지 못한다. 이와 같은 한계가 있긴 하지만, 연합의 법칙을 수동성의 수준에서의 선험적인 본질법칙으로서 다시 파악하고 흄의 정신관 속에 남아 있는 자연과학적인 전제를 불식함으로써, 흄의 심리학적인 인식론을 현상학적 심리학으로, 그리고 더 나아가 초월론적 현상학으로 발전시킬 수 있다고 후설은 보고 있었다.

II. 영국 경험주의와 후설. 19세기 후반의 오스트리아를 포함하는 독일어권의 철학에서는 영국 경험주의, 그 중에서도 특히 흄이 그의 심리학주의에 의해 강한 영향을 미치고 있었다. 마흐와 브렌타노로 대표되는 세기말의 빈을 지적 출생지로 가지는 후설에게 영국 경험주의(와 아마도 전통적인 아리스토텔레스주의)는 오늘날 생각하는 것 이상으로 친근한 존재였으며, 그의 철학적 경력을 꿰뚫는 인연의 끈이었다. 『논리연구』 제1권 『프롤레고메나』 시기에 볼차노와 로체, 나토르프, 프레게 등의 영향을 받아 일시적으로 라이프니츠-칸트의 합리주의적인 전통에 접근하게 되지만, 후설은 마지막까지 칸트에 대한 일정한 거리를 유지했다. 후설의 현상학에는 언뜻 보아 칸트 철학과의 연관성을 떠올리게 하는 용어가 몇 가지 있지만, 그것은 아무래도 표면적인 유사성에 지나지 않는다. '초월론적'이라는 개념은 그 경향이 가장 두드러진 것 가운데 하나이다. 하지만 후설은 데카르트적인 방법적 회의의 철저주의에 의해 열리는 영역을 초월론적이라고 부르는바, 이러한 후설과 경험의 가능성의 조건을 탐구하는 입장을 그렇게 부르는 칸트와의 사이에는 문제의식이라는 점에서 상당한 거리가 있다. 후설에게 있어서는 데카르트적인 회의에 의해 기존의 모든 학문과 인식이 그 진리성을 유보 당하게 된다. 현상학이 유일하게 의지할 수 있는 것은 코기토의 명증성뿐이다. 세계의 존재를 전제하는 어떠한 인식도 전제할 수 없는 까닭에, 현상학은 초월론적일 수밖에 없는 것이다. 이러한 초월론적 차원에서는 논리학마저도 무조건적으로 전제되어서는 안 된다. 합리주의자의 입장에서 보면 이것은 거의 배리에 가깝다. 현상학의 이러한 철저주의는 '이성 비판'이라는 칸트적인 과제에 대해서도 칸트와는 이질적인 방향을 지시하게 된다. 칸트에게 있어 이성 비판은 이성의 한계를 확정하는 것이며, 이성의 월권을 경계하는 것이 그 궁극 목적이다. 이와 같은 문제의식은 후설에게는 오히려 희박하다. 후설에게 있어 이성 비판은 이성을 근거짓는 것이다. '논리학적 이성 비판'이라고 한다면, 그것은 단적으로 말해 논리학이 지니는 선험적인 타당성을 초월론적 주관성의 구성작용으로까지 소급하여 해명하고 근거짓는 것을 목적으로 한다. 논리학을 근거짓는 것 등은 라이프니츠-칸트의 합리주의 전통에서는 그에 대해 생각하는 것마저도 불가능할 것이다. 프레게와 같은 탁월한 논리학자도 논리학의 타당성에 대해서는 논의하고자 하지 않았지만, 이것이야말로 합리주의의 입장인 것이다. 『산술의 철학』에서 후설은 수를 정의하는 프레게의 노력을 전혀 평가하지 않고, 중요한 것은 경험에서 수 개념이 어떻게 발생하는지를 해명하는 것이라고 주장한다. 이렇듯 수의 존재를 무조건적으로 전제하는 합리주의자 프레게와 수의 존재를 소박하게 전제하는 것에서 철학에 대한 배신을 발견하는 후설 사이의 간격은 후설이 심리학주의를 방기하고 프레게에 대한 오해를 자기비판한 후에도 합리주의가 일종의 소박함을 벗어나 있지 않다고 후설에게 비춰지고 있던 한에서는 끝내 메워지지 않는 것이었다. 후설이 지향하는 철저주의는 합리주의의 틀 내에서는 이해하기 어렵다. 후설의 현상학은 당시나 지금이나 마찬가지로 계속해서 뿌리 깊은 편견과 오해에 부딪쳐 왔지만, 그 이유의 절반은 현상학을 무리하게 칸트적인 틀에 끼워 넣고자 했던 것에 있을지도 모른다. 후설은 생애의 다양한 시기에 영국 경험주의에 대한 강한 공감과 칸트에 대한 부정적 언사를 반복하여 공언하길 꺼려하지 않았다. 현상학의 철저주의는 인과성의 존재에 그치지 않고 자아와 외계의 존재마저 합리주의자가 주장할 철학적 근거가 없음을 갈파한 흄의 철저주의를 직접 계승하는 것이다. 후설의 현상학은 영국 경험주의에 남아 있는 소박함을 데카르트적인 회의에 의해 일소하고 후설적인 의미에서 초월론화한 것이라고 그 위치를 부여하는 것이 오히려 자연스러울 것이다. 흄이 지니는 철학적 의의를 참으로 이해할 수 있었던 동시대인은 토마스 리드와 칸트뿐이었다고 말해지지만, 리드의 상식의 철학 및 칸트의 비판철학과 더불어 후설의 현상학도 흄이 빠진 회의주의와 비관주의를 벗어날 길을 모색하는 노력이라고 간주할 수 있다.

{영국 경험주의에 대해 후설이 주제적으로 언급하고 있는 주요한 부분으로서는 다음과 같은 것들이 있다. 『논리연구』 제2권 제2연구, 『제일철학』 I 12-25절, 『형식논리학과 초월론적 논리학』 100절, 『위기』 22-25절}. ☞㊀데카르트와 현상학, 독일 관념론과 현상학, 라이프니츠와 현상학, 실증주의와 현상학, 철저주의{래디컬리즘}

—이토 하루키(伊藤春樹)

㊟ R. A. Mall, *Experience and Reason, The Phenomenology of Husserl and its Relation to Hume's Philosophy*, Martinus Nijhoff, The Hague, 1973. Richard T. Murphy, *Hume and Husserl, Towards Radical Subjectivism*, Phaenomenologica 79, Martinus Nijhoff, The Hague, 1980.

영역적 존재론 領域的存在論 [(독) regionale Ontologie]

후설의 용어. 영역적 존재론의 '존재론'이란 형상학(eidetische Wissenschaft)을 말한다. 따라서 영역적 존재론은 영역적 형상학이라고도 칭해진다. 경험적 대상은 그 무엇이든 모두 형식과 내용(혹은 질료)으로 이루어지며, 이러한 형식과 질료는 각각 그 본질(혹은 형상)을 갖추고 있다. 요컨대 형식적 본질과 질료적 본질을 지니는 것이다. 예를 들면 일반적으로 전체와 부분이 어떻게 관계하고 있는 것인가 하는 것은 전체와 부분이라는 형식적 본질에 의해 알려지며, 색 일반과 음 일반이 다르다는 것은 색이나 음의 질료적 본질로부터 말할 수 있다. 그리고 일반적으로 사실은 본질에 의거하고 있기 때문에, 사실학(혹은 경험과학)은 형상학에 기초한다고 말할 수 있다. 그런데 질료적인 것에 대해 말하자면, 경험적 대상은 유와 종의 관계로부터 일정한 최상위의 유에 짜 넣어지지만, 이러한 최상위의 유가 <영역>이라고 불린다. 예를 들면 '자연의 영역', '정신의 영역' 등이 그러한 것들이다. 그리고 각각의 영역에는 그 영역적 본질이 존재하며, 이 영역적 본질에서는 그 본질에 대응하는 학, 요컨대 영역적 형상학이 생각된다. 이 영역적 형상학이 영역적 존재론이라고 칭해지는 것이다. 따라서 일체의 경험과학은 영역적 존재론에 의해 근거지어지게 된다. 덧붙이자면, 영역적 존재론과 같은 뜻의 말로서 '질료적 존재론'이라는 말도 있지만, '최상위의 유'라는 <영역>에 대한 정의에서 생각하면 영역적 존재론이란 특히 최상위의 유에 관계하는 질료적 존재론을 의미한다고도 말할 수 있다[Ideen I 19f. 참조]. ☞㊀본질, 형식적 존재론/질료적 존재론

—쓰네토시 소자부로(常俊宗三郎)

영유 領有 [(불) appropriation]

자신의 것으로 한다는 뜻. '아유화我有化'라고도 번역되어 왔다. 사르트르의 현상학적 존재론에서는 부정작용에 의해 세계에 무를 도래케 하는 인간 존재는 그 부정작용에 의해 산출되는 결여분을 자신의 것으로 하는(영유하는) 것을 통해 전체적 자기를 실현하고자 기투한다고 생각된다. 인간 존재는 자기 초월성을 근본 특징으로 한다. 요컨대 인간이란 결여적 존재인 것이다. 이것은 인간에게 욕망이 존재하는 것에서 증시된다. 인간은 결여분을 채우기 위해 행동한다. 행동을 통해 나는 자신이 바라는 것을 자신의 것으로 하고자 한다. 행동은 <만들다=행하다>, <가지다>, <있다>의 어느 것으로 구분된다. 나는 나뭇가지로 지팡이를 **만든다**. 이리하여 나는 지팡이를 **가진다**. 이와 같이 <만들다=행하다>는 <가지다>로 환원된다. 과학적 인식에서도 인식한다는 것은 그 대상을 자신의 것으로 하는 것이다. 스포츠에서도 눈 위를 스키로 활주하는 것은 활주라는 방식으로 내가 눈과의 사이에 영유의 관계를 맺는 것이다. <가지다>란 영유라는 방식에서 소유되는 대상을 일체화하는 것이다. 나의 행동은 자

신의 결여를 채워 전체적인 <즉자-대자>를 실현하고자 하는 기도이다. 나는 그 자신에서 전적으로 충족적이면서 자기원인인 완전한 자기, 요컨대 신을 결여분의 영유를 통해 상징적인 방식으로 실현하고자 한다. 영유란 사르트르의 경우 그와 같은 전체적 자기로 <있는> 것을 지향하는 나의 근원적인 존재 욕구를 증시하고 있는 것이다. ☞㊕결여

—하코이시 마사유키(箱石匡行)

영향작용사적 의식 影響作用史的意識 [(독) wirkungsgeschichtliches Bewußtsein]

가다머의 말. 그에 의하면 현대에 있어서의 진보 신앙과 과학의 객관성을 이상으로 하는 방법 신앙은 그 신봉자들이 진보 신앙과 방법 신앙의 역사적 피제약성을 인정하지 않음에도 불구하고 역사적으로 국부적인 근대의 계몽주의에서 유래한다. 아니 본래 역사적 현재는 전통으로서의 역사에 의해 지배된다. 그런 의미에서 '영향작용사'(Wirkungsgeschichte)란 전통으로서의 역사가 역사적 현재에 영향을 미치고 있는 작용을 말하며, '영향작용사적 의식'이란 어떤 일정한 역사적 상황에만 타당한 의식을 가리키는 것이 아니라 역사적 현재를 살아가는 인간이 전통으로서의 역사의 영향을 받고 있음을 의식한다는 것을 말한다.

'영향작용사적 의식'은 그 본성상 양의성을 지닌다. 즉 그것은 역사적 현재를 살아가고 있는 자가 한편으로 전통으로서의 역사의 영향을 받고 그 영향에 제약되며 그 영향에 대해 <무력>하다고 하는 의식이며, 다른 한편으로 그와 같이 <무력>한 '존재의 의식'이기도 하다. '영향작용사적 의식'은 이와 같은 이중의 의식인 까닭에, 인간 스스로의 존재가 지닌 '유한성'의 의식이며, 또한 절대지로는 결코 될 수 없는 스스로의 지의 '유한성'에 대한 의식이기도 하다. 그런 의미에서 '영향작용사적 의식'은 근대 주관성의 입장을 넘어선 의식이다. 가다머는 "우리의 역사적 운명 전체에서 영향을 받고 있는 우리의 존재는 자기지에 도달할 수 없다"고 말한다. '영향작용사적 의식'은 가다머 해석학의 두 가지 개념, 요컨대 '적용'이라는 의미에서의 이해 개념과 전통의 '권위'라는 개념에 결부되어 있다. 역사적 현재가 전통으로서의 역사의 영향을 받으면서 전통을 이해하고자 한다면, 이해는 전통에 대한 비판인 이상으로 전통을 현재에 '적용'하는 것이 된다. 이해는 말로 전해진 전승으로서의 텍스트들—가다머에 의하면 역사적 현재의 생활규범을 보여주는 종교적 및 법적 텍스트 등—의 의미를 현재의 상황에 '적용'하는 것이다. 역사적 현재가 수행하는 전통에 대한 이해는 역사적 현재가 전통의 영향을 언제나 이미 받고 있는 이상, 전통의 진리 주장에 응답한 것이며, 이 응답에서 역사적 현재에 대한 전통의 '권위'가 드러나는 것이다. ☞㊕전통, 해석학적 순환, ㊌가다머, ㊔진리와 방법

—다케다 스미오(竹田純郞)

㊟ H.-G. Gadamer, *Wahrheit und Methode*, 1960(轡田收 外 譯, 『眞理と方法 Ⅰ』, 法政大學出版局, 1986).

예묘 豫描 ⇨㊕밑그림 그리기{예묘}

예술운동과 현상학 藝術運動—現象學

19세기 후반에 가장 중요한 예술운동은 프랑스의 인상주의(impressionnisme)이다. 그 영향은 구미로부터 일본에까지 미쳤다. 이 운동은 1874년 봄에 모네, 피사로, 시슬레, 드가, 르누아르, 세잔느 등이 관이 주최하는 전람회인 살롱에 대항하여 최초의 단체전을 개최한 데서 시작된다. 인상주의라는 말의 기원은 사진가 나달의 아틀리에에서 열린 이 전람회를 본 신문기자가 전시된 모네의 「인상-일출」(1872)을 흉내 내어 그들을 인상파라고 부른 것에서 출발한다. 1877년(제3회전)부터 이 호칭은 정식 명칭으로서 채용되며, 인상파전은 1886년까지 계속되었다.

기성의 화단에 반역하는 운동은 독일에서도 <제체시온>(Sezession)이라고 명명된 예술가 집단 안에서 시작되었다. 이 말은 라틴어 동사 scedo(분리하다)에서 유래한 것으로서 보통 그들을 <분리파>라고 부른다.

뮌헨에서는 1892년에 슈툭 등이 분리파의 제1회 전람회를 열었다. 빈에서는 클림트를 회장으로 하는 분리파가 1897년에 탄생하고, 베를린에서는 1899년에 뭉크의 작품 전시가 거부된 것에서 분리파가 결성되었다. 베를린에서의 분리파 운동은 1910년에 놀데 등의 전시 거부로 다시 한 번 분열하여 표현주의 운동이 개시되게 된다.

이러한 화단에서의 반역의 봉화와는 조금 성질이 다른 운동이 20세기 초두의 이탈리아에서 일어났다. 1910년 3월 8일에 시인 마리네티의 「미래파 선언」에 찬동하여 카라 등이 토리노 극장에서 행한 미래파 운동 선언이 그것이다. 미래파는 기계문명의 감각을 힘차게 표현할 것을 강조하고, 조형의 관점에서 대상의 물질성을 부정했다. 이탈리아 미래파는 20세기 아방가르드 운동의 효시를 이루는 것으로서 이 무정부주의적인 파괴정신은 러시아의 미래파와 구성주의, 독일의 표현주의와 다다이즘 등에 심대한 영향을 주었을 뿐 아니라 러시아 형식주의와 프라하 언어학에도 영향을 남기고 있다.

인상파, 분리파, 미래파에 공통된 것은 기성 화단에 대한 반역이었다. 시대가 20세기로 되고 난 다음의 미래파를 별도로 하면 인상파와 분리파가 지향한 예술운동의 안목은 리얼리즘 회화에 대한 의문이며, 권위화된 기성 아카데미 미술과 다른 '회화의 자율성'을 확보하고자 하는 시도였다고 말할 수 있을 것이다. 이러한 경향은 19세기 후반의 독일 철학에서도 찾아볼 수 있다. 슈네델바흐(Herbert Schnädelbach)가 설명하듯이 1848년의 혁명 이후의 철학은 현저하게 아카데미즘화가 진행되고 있었다. 헤겔학파의 분화, 신칸트학파의 대두는 대학이라는 권위 하에 행해지고 있던 것에 불과하다. 다만 19세기의 마지막에 가깝게 되면, 딜타이의 해석학, 니체의 철학 비판, 불가지론과 일원론(monism)의 제기 등, 종래의 강단철학의 틀을 넘어선 시도가 눈에 띄게 된다. 또한 심리학의 급속한 발달에 의해 철학의 인식론적 전제를 회의적으로 보는 풍조가 생겨났던 것도 빠트릴 수 없다. '경험은 인상의 다발에 불과하다'는, 세기가 전환되는 시대에 기록한 제임스(Henry James)의 말이 생각나지만, 빈 대학에서 브렌타노의 강의에 의해 철학으로 전공을 바꾼 후설의 주위에서는 '철학의 새로운 근거짓기'의 필요가 대단히 농후하게 느껴지고 있었다.

후설에 의한 현상학의 제기가 Th. 립스 문하의 학자와 학생을 자극하여 괴팅겐으로의 대량 참가를 촉진한 사실은 현상학 운동이 당시 예술운동과 병행하는 학문상의 운동이었다는 것을 보여준다. 또한 후설의 『논리연구』가 젊은 야콥슨과 흘레브니코프(Velemir V. Khlebnikov)에게 영향을 주어 그들의 시작詩作과 시적 언어에 대한 논구 방향을 상징주의로부터 결정적으로 변경되도록 한 점도 주목해야 한다.

독일에서의 표현주의 운동에 이름을 지어준 사람은 보링거(Wilhelm Worringer)였다. 그는 1911년 8월의 『슈투름』 지의 평론에서 인상주의에 대항한 운동에 표현주의(Expressionismus)라는 이름을 부여했다. 같은 무렵 비평가 발덴(H. Walden)은 표현주의를 심적 과정과 정신적 체험에 기초하는 사물의 의미와 본질을 표현하는 예술이라고 정의했다. 이러한 대단히 광범위한 선언에 의해 표현주의는 20세기 아방가르드 예술운동의 독일적 표현이 될 수 있었다. 표현주의의 예술운동은 회화와 조형예술뿐 아니라 시작과 소설, 연극과 영화를 포함하는 1910년대부터 20년대의 독일의 예술 영역의 대부분을 포함하는 예술운동이 되었던 것이다.

펠만(Ferdinand Fellmann)은 현상학적 환원론의 제기와 표현주의 운동의 발흥의 동시대성(1910년 전후)에 주목하여 양자 속에서 19세기 이래의 유럽에서 지배적 관념이었던 현실성(Wirklichkeit)에 대한 비판의 동질성을 본다. 후설의 경우에 이러한 현실성이란 종래의 철학을 포함한 일체의 학문의 근저에 숨어 있는 자명한 전제를 의미하는데, 현상학적 환원은 이들 모두를 일단 에포케할 것을 요구한다. 이러한 방법이 표현주의의 현실 상실의 기분에서 현실 파괴의 실천에로 고양된 예술운동과 동질적 경향을 지녔다고 펠만은 생각한다. 이러한 작업은 후설에서 시작되는 현상학 운동을 20세기 초두부터 제1차 대전을 거쳐 20년대에 이르는 독일의 예술운동 및 정신사적 업적과 대조시킨 귀중한 시도라고 말할 수 있다.

다만 펠만의 시도는 지나치게 표현주의 운동과 현상학적 환원론의 대응에만 마음을 빼앗겨 좀 더 거시적인 관점이 결여되어 있다는 느낌이 든다. 현상학이 20세기 초두의 거대한 학문운동이라면, 그것을 바로 20세기 아방가르드 운동의 전 측면에 걸쳐 상호간의 교섭을 검증할 필요가 있을 것이다.

『지각의 현상학』을 마무리한 다음의 메를로-퐁티가 말년의 유고 『보이는 것과 보이지 않는 것』에 이르기까지 세잔느나 클레의 회화에 계속해서 마음 쓴 것의 의미는 좀 더 깊게 성찰해보아야 할 것이라고 생각한다. 만약 현상학의 방법적 사명이 '모든 자명성에 의심을 가지는 것'이라고 한다면 추상예술의 탄생 속에서 분명해진 시각의 수수께끼 내지 시각의 곤혹스러움을 예술 창조의 내부로까지 소급하여 해명할 필요가 있다. 이러한 시도를 통해 현상학이라는 학문운동은 금세기 초두의 예술의 모험과 시대를 공유한 학문상의 모험이었다는 점이 이해될 것이다. 대체로 현상학적 방법의 재생은 이러한 방향에 있는 것으로 생각할 수 있다. ☞ [사]언어학・기호학과 현상학, 연극・무용과 현상학, 현상학적 환원, 회화와 현상학, [인]야콥슨

—야시로 아즈사(矢代 梓)

[참] F. Fellmann, *Phänomenologie und Expressionismus*, München, 1982(木田元 譯, 『現象學と表現主義』, 岩波書店, 1982). 高安國世 外 編・譯, 『ドイツ表現主義』, 全5卷, 河出書房新社, 1971-72, ²1984. 矢代梓, 「現象學運動と藝術」, 『講座20世紀の藝術 藝術の理論』, 岩波書店, 1990에 수록. H. Schnädelbach, *Philosophie in Deutschland* 1831-1933, Stw. 401, Frankfurt a. M., 1983.

예지 豫持 ⇨ [사]과거파지/미래예지{파지/예지}

완전 대상/비완전 대상 完全對象/非完全對象 [(독) vollständiger Gegenstand/unvollständiger Gegenstand]

마이농 후기의 개념으로 로크(John Locke 1632-1704)의 보편적 삼각형에서 구상되었다. 마이농에 의하면 개물, 성질, 관계, 수, 집합 등은 객체(Objekt)라고 칭해지는데, 이러한 대상들은 완전하게 규정될 수 있든지 불완전하게 규정될 수밖에 없든지 한다. 예를 들면 현실적으로 존재하는 사물적 대상은 어떠한 임의의 규정성도 그것이 해당 대상에 귀속하든가 아닌가의 어느 쪽이며, 이런 까닭에 완전 대상이라고 말해진다. 이에 반해 삼각형이라는 개념적 대상의 경우에는 등변삼각형인가 아닌가, 직각삼각형인가 아닌가와 같은 새로운 규정성에 관해 열려(offen) 있으며, 규정성의 귀속과 관련하여 배중율의 원리가 성립하지 않는다. 이와 같이 새로운 규정이 정해지지 않은 것은 비완전 대상이라고 말해진다. 불가능한 대상도 동일한 술어의 귀속을 결정할 수 없다는 점에서 비완전 대상이다. 또한 '갈색의 것'(Braunes)이나 '갈색'(Braun)도 마찬가지로 비완전 대상이지만, 이 양자에서는 현시・사념의 양식에 차이가 있는 것으로 생각되며, 파악론적 관점에서 각각 준현전적(quasipräsent)으로 그리고 현재적 내지 현전적(gegenwärtig oder präsent)이라고 성격지어진다. 이에 반해 완전 대상은 비현전적(impräsent)이라고 규정된다. 중요한 것은 비현전적인 완전 대상이 소여의 준현전적인 비완전 대상을 매개로 하여 사념된다는 점이다. 따라서 세계의 외연을 이루는 완전 대상은 예를 들면 '갈색의 것'이라는 완전하지 않은 보조대상을 통해 파악되게 된다. 이때 그 비완전 대상은 완전 대상 속에 '포매包埋되어 있다'(implektiert)고 말해지는데, 그 비완전 대상에는 포매적 존재(implexive Sein) 내지 포매적 상존재相存在(implexive Sosein)가 돌려진다.[*Über Möglichkeit und Wahrscheinlichkeit*, 1915, §25-§29, *Über Annahmen*, 2.Aufl. 1910, §45 참조]. ☞ [사]대상론, 상존재 [인]마이농

—에리구치 아키토시(江里口明俊)

외부성 外部性 [(불) extériorité]

절대적 타자성(altérité)을 보이기 위해 레비나스가 사용하는 말로서 『전체성과 무한』은 '외부성에 관한

시론'이라는 부제를 달고 있다. <바깥>(dehors)이라는 말이 사용되기도 한다. 레비나스는 객체의 <외부성>과 <탈자>의 <외부성>을 빛 및 시각을 전제한 것이라고 하여 물리친 다음 이 말을 사용한다. 인식의 상관자인 노에마와는 근본적으로 이질적인 것인 <외부성>은 결여–충일의 도식에 끼워 넣어지지 않고서 절대적으로 타자인 것을 지향하는 <형이상학적 욕망>의 도달 불가능한 도달점으로 화한다. 그 경우 주제화될 수 없는 불가시不可視의 <무한자>로서 <현현>하는 <외부성> 쪽이 계속해서 <욕망>을 선동하지만, 이러한 역전에 의해 <표상>은 붕괴하게 된다. <외부성>과 자아의 이와 같은 <관계없는 관계>는 <비–융즉>의 가장 두드러진 것인바, 레비나스는 그것을 <언설>로서, <얼굴>의 영접으로서, <상호주관적 공간의 일그러짐>으로서 포착한다. 다만 <비–융즉>은 자아의 분리를, 즉 닫혀 있음과 동시에 열려 있는 <내면성>을 그 불가결한 조건으로 하고 있으며, 그러므로 <외부성>이라는 <저편>은 <속 깊은 곳의 외부>, 기원의 <바로 앞>이기도 하다. 『전체성과 무한』 이후의 레비나스는 기원의 <바로 앞>을 <그임>(illéité)의 <흔적>으로서 포착함과 동시에, 이러한 <외부성>을 현재로 화하는 일 없는 <기억 불가능한 과거>로서, 나아가서는 <예기 불가능한 미래>로서 말하게 된다.

—고다 마사토(合田正人)

외부지각外部知覺 [(독) äußere Wahrnehmung] ⇨㉔지각

외상外傷 [(불) traumatisme]

원래는 정신분석의 용어지만, 레비나스는 자아 내지 자기의식에는 내포될 수 없는 <무한>으로서의 타자성(altérité)에 의한 촉발(hétéro-affection), 즉 <받을 수 있는 용량을 넘어서 받는 것>을 가리키는 말로서 이 용어를 사용한다. 철학과 경이(타우마)를 결부시키는 아리스토텔레스의 말을 의식하면서, 또한 여러 가지 폭력적 장면을 상기하면서 레비나스는 <외상>을 <사유>의 단초에 놓는다. “아마도 사유는 도대체가 말할 수조차 없는 외상 내지 모색에서 시작하는 것이겠죠”[『윤리와 무한』 15]. <외상>이란 자아를 전면적으로 심문하는 <타자성과의 알레르기 없는 연관>으로서의 <폭력>이다. “언설은 절대적으로 소원한 무언가의 경험, **놀람의 외상**이다”[『전체성과 무한』 71]라는 말대로, 이러한 <폭력>은 <얼굴>의 <발어>이며, 이러한 <발어>는 <가르침>임과 동시에 바로 내게 <응답>을 명하는 <선택하라>이기도 하다. <외상>이라는 말을 곳곳에 끼워 넣은 『존재와 다르게』에서는 <박해>, <고발>, <상처입기 쉬움>, <감응성>, <강박>, <감수성>, <말하기>와 같은 말과 결부되어 <외상>은 <초월>에 대한 가차 없는 <폭로>(exposition)를 의미하게 된다. <시작 이전의 외상>이라는 표현이 보여주듯이 <외상>은 <기억에 없는 과거>에 각인된 <책무>이자 바로 내게 <숨이 불어 들어오는 것>이기도 하다. 자아의 중핵을 파괴하는 <외상>이 자아에게 <숨>을 불어넣는 것이다. ☞㉔상처입기 쉬움

—고다 마사토(合田正人)

외적 지평外的地平{**외부 지평**外部地平} [(독) Außenhorizont] ⇨㉔지평

욕구/욕망/욕동欲求/欲望/欲動 [(독) Bedürfnis/Wunsch/Trieb]

프로이트의 정신분석 이론에 따르면 <욕구>란 순수하게 생물학적 차원에서 무언가의 결여를 충족시키고자 하는 생리적 요구, 예를 들면 갓난아기가 출생과 함께 필요로 하는 공기・물・양분에 대한 요구를 가리킨다. <욕망>이란 욕구의 충족 체험이 어떤 지각의 기억과 결부되어 있던 것에 의해 다시 욕구가 생겼을 때 이에 대한 지각상을 재현시키고자 하는 “마음의 활동”이다. <욕동>은 앞의 둘의 중간 개념인데, “심적인 것과 신체적인 것의 경계 개념(Grenzbegriff)”이다[「본능과 그 운명」].

“<욕동>이라는 이름에서 우리가 이해할 수 있는

것은 우선 쉼 없이 흐르고 있는 체내적인 자극원의 심적인 대표자 이외에 아무것도 아닌바, 이것은 개별적으로 외부로부터 보내오는 흥분에 의해 만들어지는 <자극>과는 다른 것"[「성욕론 삼편」]이기 때문에 그 **원천**(Quelle)은 어디까지나 신체 내부에 있는 긴장 상태이며, 그 **목표**(Ziel)는 이 긴장을 해제하는 데 있다. 또한 욕동이 그 목표에 도달하기 위해서는 **대상**(Objekt)을 필요로 하지만 그 대상은 뜻에 따라 치환되는 이동성을 가진다. 따라서 <욕동>이란 우선 무엇보다도 "신체적인 것과의 관계 속에서 심적인 것에 부과되는 활동 요구"[같은 곳]라고 정의된 **충동**(Drang)에 존재하는 역동과정(에너지 충전, 운동요인)에 다름 아니다.

프로이트가 「성욕론 삼편」에서 처음으로 제기한 이러한 욕동 개념은 그의 사상 구축 과정에서 두 세 번 변화한다. 처음에는 개체 유지를 위한 <자기보존 욕동>과 종족 보존을 위한 <성 욕동>을 대립시켰지만, 이러한 통속적 '굶주림과 사랑'의 도식에 만족하지 못한 프로이트는 후에 위의 양자를 함께 포섭하는 <삶의 욕동>과 새롭게 세워진 <죽음의 욕동>을 대립시켰다[「쾌감원칙의 피안」]. 최종적으로는 유고가 된 「정신분석학 개설」(1938)에서 "에로스의 목적은 끊임없이 커다란 통일을 만들어내고 이것을 보존하는 것이다. 이것이 구속(Bindung)이다. 한편, 다른 욕동의 목적은 구속을 깨트리는 것이며 따라서 사물을 파괴하는 것이다. 파괴 욕동의 경우에 그 최종 목적은 생물을 비생물 상태로 환원하는 것에 있는 것으로 생각된다. 그러므로 이 욕동을 <죽음의 욕동>이라고도 부른다"고 쓰고 있다.

인간학적 관점에서 중요한 것은 이러한 욕동이 본능(Instinkt)과는 다른 것이라는 점과, 욕동이 마음의 회로에 들어오는 것은 그 <표상=대리>의 매개를 통해서만 이루어진다는 점인바, 이것이 말의 바탕을 지각 내에서 보고자 하는 메를로-퐁티의 후기 사상과 어떻게 연결되는지가 이후 연구 과제의 하나일 것이다. ☞㉮ 에로스

—마루야마 게이자부로(丸山圭三郞)

㊟ Sigmund Freud, *Trieb und Triebschicksale*, 1915(小此木啓吾 外 譯, 「本能とその運命」, 『フロイト著作集』, 6, 人文書院, 1970에 수록). 丸山圭三郞, 『欲動』, 弘文堂, 1989.

우리 관계/그들 관계—關係/—關係 [(영) we-relation/they-relation]

둘 다 슈츠의 용어. 다만 슈츠는 원문이 독일어인 『사회적 세계의 의미 구성』(1932)에서는 Wirbeziehung/Ihrbeziehung이라는 맞짝을 이루는 말을 사용하며, 이후의 『알프레드 슈츠 저작집』(1962-66) 등에서 보이듯이 영역 및 도미 후의 슈츠에 의해 이 항의 표제어에 있는 것과 같은 영어 표기로 되었다고 하는 경위가 존재한다. 따라서 본래 '우리 관계'와 맞짝을 이루고 있었던 것은 <너희들 관계>라고도 번역해야 할 것이지만, 영문에서는 they-relation 등과 같이 표기되기 때문에 여기서도 '그들 관계'라고 해둔다. 어쨌든 '우리 관계'는 시간과 공간을 공유하는 나와 너의 자타관계를 가리키며, '그들 관계'는 시간만을 공유하는 자기와 동시대의 타자와의 관계를 지시하는 용어라고 말할 수 있다. '우리 관계'는 대면적인(face-to-face) 관계를 핵으로 하는데, 친밀한가 아닌가가 반드시 이 개념의 요건은 아니지만, 대면적인 관계라고 하는 것은 상대방의 신체의 움직임이나 표정을 동시적으로 포착할 수 있는 등의 기저적인 관계라고 말할 수 있어 비대면적인 '그들 관계'의 방식과는 당연히 다르다고 할 것이다. 슈츠는 우리 관계의 "상호적으로 파장을 아우르는 관계"가 의사소통의 기반이라는 점을 지적하면서 직접적인 상호행위가 가능한 우리 관계에서의 경험이 모든 경험의 주요한 원형이며, 다른 한편으로 그들 관계의 경우에는 타자를 고정화된 유형화하는 파악밖에 할 수 없다고 말하고, 거기에서 익명성이 보인다는 점도 지적했다. ☞㉮유형, 주위세계/공시세계, ㉯슈츠

—니시하라 가즈히사(西原和久)

우인성偶因性 [(독) Okkasionalität]

어떤 종류의 언어표현이 구체적인 사용 장면에서

받게 되는 본질적인 의미의 변동(지표성)을 가리킨다. 후설에 의하면 언어표현의 이른바 '의미'는 고지告知(의미부여작용 및 의미충족작용)·의미내용(이념적 의미)·대상성(지향된 대상)의 세 가지이며, 특히 표현은 의미내용을 매개로 하여 대상을 지시한다[LU Ⅱ/1 46ff.]. 그런 까닭에 보통 의미내용이 정해지면 대상도 하나로 정해지지만, 개중에는 의미내용이 동일해도 그 대상적 의미를 그때마다의 기회에 따라, 요컨대 화자와 그 상황에 따라 결정하지 않으면 안 되는, 우인적이라고 불리는 일군의 표현이 있다. 예를 들면 인칭대명사나 지시대명사와 같은 지시어가 그 전형적인 예인데, 다른 한편으로 발화 상황에 무관계하게 이해되는 이론적 표현이나 수학적 표현은 객관적 표현이라고 불린다. 우인성은 하나의 말이 복수의 이념적 의미를 지니는 경우의 다의성과는 본질적으로 다르다. 왜냐하면 '나'라는 말이 지시하는 인물(대상적 의미)은 그때마다의 화자에 따라 다르지만, <그때마다의 화자를 나타낸다>는 이 말의 지시기능(Anzeige)으로서의 의미는 언제나 동일하기 때문이다. 요컨대 우인적 표현에서는 후자의 <지시하는 의미>와 전자의 <지시되는 의미>의 둘이 독특한 형태로 서로 겹쳐져 있는 것이다[LU Ⅱ/1 80ff.]. 따라서 지시하는 의미란 대상의 현전 내지 이해될 수 있는 동일한 지시적 사념이며, 지시되는 의미란 그때마다의 특정한 대상이다. ☞㉯ 지표와 표현

—시바타 마사요시(柴田正良)

운동 運動 [(독) Bewegung (불) mouvement] ⇨㉯운동감각

운동감각 [(독) Kinästhese, Bewegungsempfindung]

'키네스테제', 즉 운동감각은 그리스어인 키네시스{운동}(κίνησις)와 아이스테시스{감각}(αἴσθησις)에서 합성된 술어로서 그것을 직역하여 독일어로 Bewegungsempfindung이라고 표시하는 경우도 있다. 후설에서는 1907년의 이른바 '사물' 강의(『사물과 공간』)와 『수동적 종합의 분석』, 『위기』 등에서 논해지고 있으며, 통상적으로 그 말에서 상상되는 '운동의 감각'을 의미하는 것이 아니라 오히려 운동과 감각의 불가분한 결합 내지는 운동으로서의 지각을 의미한다.

사물은 음영하지만, 요컨대 스스로를 주체의 체험에 일거에 주는 것이 아니라 언제나 다면적으로 자기를 현시하는 것이지만, 그 과정은 후설에 의하면 좀 더 거슬러 올라가 그 과정에 상관적인 운동감각적인 과정과 결부되어 있다. 예를 들면 사물은 언제나 어떤 측면에서 주어져 있지만, 그것은 지각의 경과와 함께 다양하게 변화하고 추이해가는 것이어서, 그것을 무언가의 자기 현시태로서 종합하는 것에서 비로소 그것은 무언가 어떤 사물의 현출이 될 수 있다. 감각적으로 주어지는 것에는 질적 계기와 연장적 계기라는 두 가지 계기가 있어 각각 시점視點(Aspekt) 소여와 위치 소여로 불리지만, 이들 두 가지 계기가 하나로 되어 작용하는 것에서 비로소 그때마다 감각에 주어지는 것이 무언가 어떤 사물의 자기 현시태가 된다. 다시 말하면 사물이 자기를 현시할 때의 그 시점 소여의 변화와 교체는 우리가 신체를 자유롭게 움직임으로써 가능해지는 위치 소여의 변화와 교체에 의해 제약되어 있으며, 감각하는 활동은 이 신체의 운동과 하나로 되는 데서 비로소 그 현시 기능을 수행할 수 있다. 그리고 이러한 감각과 운동의 불가분의 통일태가 '운동감각'이라고 불리는 것이다. 그리고 더 나아가 다음과 같이 말해진다.

"연속적인 지각에서는 하나의 사물이 직접적인 현전이라는 단적인 존재 확신 속에서 나에게 대립하여 나타난다. 즉 내가 자신의 운동감각을 작용하게 하면서 더불어 경과하는 다양한 현시를 서로 함께 귀속하는 것으로 체험할 때 다양한 방식으로 자기를 현시하는 하나의 사물이 현실적으로 현전한다는 의식이 유지된다. 이러한 사물의 다양한 현시는 변이하는 운동감각에 귀속한다. …… 현실적인 운동감각은 운동감각적 능력의 체계 속에 있지만, 이러한 체계에는 일률 조화적으로 서로 귀속하는 가능적 계기들의 체계가 서로 관계하고 있다. 그리고 이것이 현전하는 사물을 둘러

싼 모든 존재 확신의 지향적 배경을 이룬다."[Krisis 164]

여기서 운동감각적 능력이라고 말해지는 것은 신체 그 자체가 지니는 구성 기능을 말한다. 신체는 한편으로 그 각 부분지가 감각의 기관으로서 기능하고 있지만, 다른 한편으로 그것은 언제나 '여기'라는 위치에서 어떤 현출공간의 절대적 원점이자 '방향짓기의 영점'이기도 하다. 그리고 신체의 그 각 부분지에 국부화된 감각이 그 신체의 변이하는 위치와 연동하면서 사물의 현출 과정을 구성해간다. 다시 말하면 사물의 현출의 연속적 연관과 운동감각적으로 기능하는 신체성이 하나로 결합하여 사물의 현출을 '운동감각적으로 동기짓는다'는 것이다. 이러한 과정은 한편으로 주체로의 방향에서 내가 지금 여기에 있다고 하는 '절대적 여기'의 의식으로서 '나는 움직인다', '나는 이룬다'라고 하는 자기의식을 발생시킴과 동시에, 다른 한편으로 대상으로의 방향에서 그 상관자로서 운동감각적인 영역을 '자연의 기저'로서 구성해간다. 이러한 신체의 근원적 기능으로서의 운동감각적 의식은 모든 사물의 경험에서 그 존재확신의 지반으로서 언제나 이미 세계의식과 하나가 되어 작용하고 있다. 이리하여 사물의 구성에 언제나 함께 하고 있지만, 그 자신은 주제화되지 않는 이러한 구성하는 신체는 "스스로를 현시하지 않고서 현시를 가능하게 하는"[Hu **16**. 161]것인바, 그런 의미에서 바로 '근원적 신체'(Urleib)로서 우리의 경험의 '대지'를 이룬다고 말할 수 있을 것이다.

덧붙이자면, 이러한 후설의 운동감각론을 배경으로 다양한 지각장애와 운동장애의 사례를 끌어들이는 가운데 감수성(sensibilité)과 운동성(motricité)의 근원적인 연계관계 및 '방위지어진 공간'을 분석하고 그로부터 신체를 세계에 대한 실천적 능력으로서 다시 파악한 것이 『지각의 현상학』 제1부의 메를로-퐁티이다. ☞ [사]감각, 대지, 신체, 지평

—와시다 기요카즈(鷲田清一)

[참] Ulrich Claesges, *E. Husserls Theorie der Raumkonstitution*, M. Nijhoff, 1945. L. Landgrebe, "Das Problem der Teleologie und der Leiblichkeit in der Phänomenologie und im Marxismus", in *Phänomenologie und Marxismus* 1, Suhrkamp, 1977(小川侃 譯, 「目的論と身體性の問題」, 일본판, 『現象學とマルクス主義 II』, 白水社, 1982에 수록).

운동성運動性 [(불) motricité] ⇨[사]운동감각

원근법주의遠近法主義 [(독) Perspektivismus] ⇨[사]관점주의

원초적原初的 [(독) primordial]

후설이 타자론에서 사용한 용어. 타자의 지향성을 사상한다는 독특한 주제적 에포케에 의해 얻어지는 자아에 고유한 영역 안에서 이미 발견되는 "내재적 초월"을 "구성의 질서에서 그것 자체로서 최초의, 즉 '원초적인' 초월"[CM 136]이라고 부르는 데서 유래한다. 종래에 이 말은 '제1차적'이라고 번역되어 왔지만, 'primordial'은 'primus + ordo'에서 유래하는 것이 아니라 'primordium' 즉 'primus + ordiri'에서 유래하는 것인바, '원초적' 또는 '시원적'이라는 번역어 쪽이 적절할 것이다. 이러한 원초적인 고유영역을 넘어서는 타자경험을 통해 이러한 기층 위에서 "구성적으로는 이차적인 객관적 초월"[CM 136]이 구성된다(객관적 세계의 상호주관적 구성). 그러나 『데카르트적 성찰』의 타자론에서 이러한 원초적인 것은 (1) 한편으로는 "철학적 반성의 근거짓기 질서에서 최초의 것", (2) 다른 한편으로는 "자연적인 자기이입의 동기짓기 질서에서의 최초의 것"이라는 이의성을 내포하는데, 거기서 문제로 되는 것이 초월론적인 타자인지 아니면 자연적인 타자인지가 애매하게 되고 말았다. 또한 거기서는 "정태적인 분석"[CM 136]과 단절하면서도 발생적인 용어와 논의를 자주 사용하고 있는데, 그로 인해 '원초적'이라는 것도 (3) 정태적인 구성의 질서에 대해 말해지는 것인지, (4) 그렇지 않으면 발생적인 순서로서 말해지는 것인지의 점에서도 애매함이 잠재되어 있었다. (덧붙이자면, 후설 전집판 『데카르트적 성찰』 등에서 보

이는 'primordinal'이라는 표기는 많은 연구자에 의해 잘못된 표기로 여겨지고 있다.) ☞ [사]고유영역, 타자, [서]데카르트적 성찰

—하마우즈 신지(浜渦辰二)

월경越境 [(독) Überschreiten (불) transgression]

건너뜀, 횡단이라고도 옮겨지는 월경은 명확한 이분법으로는 정리되지 않는, 두 개의 요소가 상호 침범하는 사태를 말한다. 예를 들면 주관과 객관, 자기와 타자, 남성과 여성, 선과 악, 정상과 이상 등이다. 후설은 『데카르트적 성찰』에서 유아론적 주관으로부터 출발하여 타자의 관념을 구성하고자 하여 <맞짝짓기>에 의해 월경을 설명했다. 자아로부터 출발하여 타자에 도달하고자 하는 후설과는 반대로 메를로-퐁티는 타자 경험의 환원 불가능성에서 출발한다. 그는 <상호주관성>의 입장에 단숨에 서고자 하며, 이를 위해 자기와 타자의 상호성에 의해 정의되는 <살>의 관념을 제안하여 <상호신체성>의 영역을 열어보였다. 그러나 <살>의 입장에서도 월경은 완성될 수 없다고 메를로-퐁티는 말한다. 본래 월경이란 결쳐 넘어가야 할 <체험된 거리>를 전제하기 때문이다. 타자 측으로 건너뛰게 된다면 타자는 타자가 아니게 되어버린다. <체험된 유아론>[PP 411]이 인정되지 않으면 월경이라는 것은 없는 것이다. 이와 같이 타자 구성의 문제는 자아의 확립을 대전제로 한다. 하지만 일본과 같이 와쓰지 데쓰로和辻哲郎가 말하는 <인간의 학으로서의 윤리학>이 선행하고 있는 <동조성同調性>(민코프스키)이 더 강한 사회에서 이 문제는 <분열성>이 더 강한 서구 사회에서와 같은 의미를 지니지 않을지도 모른다. ☞ [사]맞짝짓기, 살, 상호신체성, 상호주관성

—시미즈 마코토(清水 誠)

위상변환位相變換 [(불) hypostase]

<있음>으로부터의 주체의 탄생을 가리키기 위해 레비나스가 사용하는 용법. 원래는 기체라는 뜻으로, 레비나스도 substance의 동의어로서 이 용법을 사용한다. "실존함과 실존자의 경계선상에서 파지된 현재에서는 실존함은 실존함의 활동이면서도 이미 실존자로 전환하고 있다"[『시간과 타자』 32]는 말에서도 알 수 있듯이 <있음>으로부터 주체, 즉 자아의 출현은 논증 가능한 생성 과정으로서 기술되는 것이 아니다. 시간이 지속과 멈추어 머무름의 역리이듯이, 순수한 동사성動詞性으로서의 <있음>도 그것 자체가 이미 <실사實詞>로서의 멈추어 머무름(stase, stance)인 것인바, 이러한 역리는 <현재>의 <순간>에 잉태된 <위상차>를 나타낸다. <현재>의 탄생은 <여기>의 탄생이기도 하며, 이에 의해 주체가 <정위定位>되는 것이지만, 요나의 잠에 대해 언급하면서 레비나스는 <있음>의 <불면不眠>을 끊는 <잠>의 가능성으로서 이러한 <정위>를 파악하고, <정위>라는 생기사건을 <있음>에서 그 진상이 밝혀지는 것으로 간주하고 있다. 그러나 이렇게 해서 출현한 자아는 <현재>에서 자아의 분신인 동시에 <있음>의 화신이기도 한 <자기>에게 결박된 채로 있으며, 그런 까닭에 이러한 고독을 끊고 시간에로, 즉 타자에로 향하는 것이 레비나스의 과제가 된다. 다만 <자기>를 <같음 속의 다름>으로서 다시 파악한 최근의 레비나스는 <위상변환> 그 자체 속에서 <그임>(illéité)의 <흔적>에 이르는 통로를 발견하고 있다. ☞ [사]있음

—고다 마사토(合田正人)

유類 [(독) Gattung] ⇨[사]종{스페치에스}

유대적인 것 [(독) das Judische]

유대적인 것이란 그것 자체가 다의적이고 문제를 포함한 개념인데, 어떤 철학자에 대해 그의 민족적 특수성을 내세워 강조하는 것은 그의 학문의 보편성을 제한하고 경우에 따라서는 노란 다윗의 별이라는 낙인을 찍는 것이 될지도 모른다. 따라서 사르트르는 유대인이란 비유대인들이 유대인이라고 이름 짓는 사람을 가리키는바, 그들의 눈길 속에서만 존재한다고 말하여

유대적 본질이라는 것을 부정했다. 거기에 반유대주의의 허구성에 대한 비판이 있다는 것은 확실하다. 그러나 다른 한편으로 스스로 유대인이라고 밝히고 유대적 전통에서 지적 원천을 찾으며 자각적으로 그로부터 출발하는 부버, 숄렘, 레비나스와 같은 사람들의 입장에서 보면, 사르트르의 방식은 유대적인 것의 실체를 소거하는 것으로서 격렬한 반발을 부르게 된다. 현상학자로는 후설을 비롯하여 셸러, 슈츠, 데리다, 레비나스와 같은 유대계 사람들이 적지 않다. 그러나 신칸트학파의 코헨이나 카시러, 생철학의 베르그송, 짐멜, 맑스주의의 루카치 등의 사람들이 있다는 점을 생각하면, 현상학파가 특히 유대적인 색채를 가진다고 말할 수는 없다. 그 점에서 대부분의 구성원이 유대계 출신의 사람들로 이루어진 정신분석학파나 프랑크푸르트학파와 동렬에 놓고 논의할 수 없을 것이다. 그러나 유대계 출신 사람들은 소속된 국가나 문화에 적극적으로 동화하는 경우이든 그것에 초연한 국제주의를 취하는 경우이든 언제나 모종의 형태로 차별과 박해의 대상이 되어왔다. 특히 나치스가 세력을 지니게 된 이래로 그들은 하나같이 대학에서 추방되는데, 슈츠와 같이 국외로 망명할 수밖에 없게 된 자나 에디트 슈타인과 같이 수용소에서 비운의 죽음을 당한 자도 있다. 이러한 공통의 외적 운명은 내적으로도 어떤 공통된 성격을 띨 수밖에 없을 것이다. 그것은 <이방인>, <아웃사이더>라는 성격이다. 그들은 본래의 출신 집단의 가치체계에 회의적이며, 그로부터 이탈하여 다른 집단에 접근해 들어가고자 하면서도 그 주변에 머문다. 특정 집단에 대한 귀속과 동일화를 지니지 않는다는 것은 경우에 따라서는 개인주의와, 또 다른 경우에 따라서는 국제주의와 통하는바, <타자 문제>가 고유한 무게를 지니고서 등장한다. 거기에 공통된 것은 일종의 <비판적 유토피아주의>인데, 후설의 위기의식과 이성의 보편주의 속에서도 그것이 되비쳐 나온다는 것을 인정할 수 있을지도 모른다. ☞ [사]나치즘 문제

—도쿠나가 마코토(德永恂)

유럽 [(독) Europa]

유럽은 로마 제국과 기독교에 의해 형성된 지정학적인 문화 이념이다. 그렇지만 지리로서의 유럽에서 살아가는 사람들이 그 유럽성을 강렬하게 자각하고 유럽 문화를 외부로 확대한다든지 내부로부터 비판적인 자기 점검에 힘쓰게 되는 것은 근대 유럽이 탄생하고서부터이다. 17세기의 과학혁명과 철학혁명은 새로운 유럽적 인간의 형성을 촉진하며, 근대 시민사회의 흥륭과 그로부터 생겨나는 산업혁명과 시민혁명은 유럽 지역의 사회관계를 고대나 중세와는 근본적으로 다른 형태로 재편하고 있었다. 따라서 유럽을 말하는 것은 '근대' 유럽을 말하는 것이게 된다.

근대 유럽은 사상의 영역에서는 근대적 자아의 이념과 이성 개념을 확립함으로써 그리스적 이상이었던 '테오리아와 프락시스'의 통일을 실현하고자 했다. 그런 의미에서 근대적 이성과 계몽은 발전 가능성을 잉태한 해방적 이념이었다. 다른 한편, 근대 유럽은 경제 합리성과 기술 합리성을 통합한 산업적(기술적) 시민사회라는 근대 특유의 인간관계를 확립하고 이를 통해 법 · 정치 · 윤리의 전 영역을 형식 합리성에 의해 포섭하고 있었다. 그러나 한편으로 경제적-기술적 합리성이 비대화해 감에 따라 다른 한편으로는 '테오리아와 프락시스의 통일'이라는 그리스적 이상이 해체되어 간다. 계몽이 전개되는 가운데 근대 이성이 첫 출발부터 기술적 합리성을 내재하고 있으며 자아와 세계를 도구적 대상으로 변질시키는 경향을 지닌다는 것이 분명해져 갔다. 예전에 해방적이었던 이성은 그것이 시민사회 속에서 현실화하는 정도에 따라 억압적이게 된다. 이러한 이상과 현실의 분열을 극복하는 것이 어떠한 시대이든 철학의 과제이지만, 현상학도 결국 이러한 어려운 과제를 떠맡게 된다.

후설은 말한다. "새로운 철학의 창건은 …… 근대적인 유럽적 인간성의 창건이며, 지금까지의 중세 내지 고대의 인간성에 맞서 그 새로운 철학에 의해 …… 근본적으로 자기를 혁신하고자 한 유럽적 인간성의 창건인 것"이다[Krisis 10]. 그러나 개별적인 실증과학의 발전과 보편적 철학의 이념은 양립할 수 없게 되고

철학과 학문의 위기가 심화된다. 후설의 현상학은 절대적 이성의 확신 아래 보편적 철학을 재구성하고, 그리하여 유럽 문화의 전 인류적 보편성을 증명하는 것이었다. 이제 현상학은 하나의 역사철학 내지 윤리학이 된다. "유럽적 인간성은 절대적인 이념을 안에 담지하고 있는바, 예를 들어 중국이라든가 인도와 같은 단순히 경험적인 인류학적 유형이 아니다"[같은 책 14]. "모든 다른 인간성의 유럽화"야말로 "세계의 의미"라고까지 후설은 말하고 있다. 이것은 분명히 유럽 중심주의의 이데올로기이며, 그러한 언명은 근대 시민사회의 세계 자본주의화의 현실을 있는 그대로 반영한다. 후설도 부지불식중에 사상 속의 정치로 끌려들어가 버린 것이다. 그러나 후설이 유럽적 보편주의를 강조한 것에서 그리스-유럽적인 형이상학의 문제성을 보는 움직임이 1920년대 이후에 개시된다. 이제 유럽은 자기한정과 자기비판에 의해 자기의 비보편성을 자각하는 데서 좀 더 활력 있는 유럽 이념의 재건을 시작하고 있다고 말할 수 있을 것이다. ☞㈃유럽 학문의 위기와 초월론적 현상학

—이마무라 히토시(今村仁司)

유럽적 인간—的人間 [(독) europäisches Menschentum] ⇨㈔유럽

유아론 唯我論 [(독) Solipsismus]

일반적으로 "나(및 그 의식내용)만이 실재하고, 다른 것은 모두(외계와 타자 모두) 가상에 불과하다"고 하는 주장. 후설이 『이념들 Ⅰ』에서 설파한 현상학적 환원{데카르트의 길}에 의하면, 다른 인간을 포함한 세계 전체가 괄호에 넣어지고 성찰하는 나는 "유아"(solus ipse)[CM 121]가 되어 "독특한 철학적 고독(Einsamkeit)"[Krisis 187]이 초래되는바, 그런 까닭에 유아론의 양상을 드러내게 된다. 그러나 그것은 "만연한 페스트가 나 한 사람만을 남긴다"[CM 125]라든가 "배의 난파와 같은 우발적 사건에 의해 인간의 공동체로부터 분리된 단독자"[Krisis 188]와 같은, 고립된 인간으로서의 유아론을 의미하는 것이 아니다{그것은 "복수로 연기하는 유아론이라는 골계극"[Merleau-Ponty PP 412]으로 이끌 뿐이다}. 후설이 말하는 것은 어디까지나 "초월론적인 의미에서의 유아론"[Hu **8**. 174]인바, 거기서의 나는 다수 중의 단수로서의 하나의 자아가 아니라 복수화에 선행하는 근원단수로서의 유일성에서의 "근원자아"(Ur-Ich)[Krisis 188]이다. 그것은 다만 다의성에 의해서만 '자아'라고 불리는[같은 곳] 것이어서 본래 '자아'라고 부르는 것은 어울리지 않는다{오히려 말하자면 "선자아적"(vor-ichlich)[Hu **15**. 598]이다}. 또한 후설은 "초월론적 유아론은 철학적으로 기초적인 단계에 지나지 않는다"[CM 69]고 하여 유아론적 현상학(자아론)과 상호주관적 현상학(상호주관성론)이라는 두 단계를 생각하고 있는데, 유아론 문제는 이 이단계론과 더불어 검토되지 않으면 안 될 것이다. ☞㈔모나드론, 자아{에고}, 자아론, 현상학적 환원

—하마우즈 신지(浜渦辰二)

유의의성 有意義性 [(독) Bedeutsamkeit]

딜타이 등에게서도 보이는 술어이지만 여기서는 『존재와 시간』이나 『시간 개념의 역사를 위한 프롤레고메나』 등에서의 전기 하이데거의 용법에 한정한다(이 개념은 일찍이 1921/22년 겨울학기의 강의에 등장한다). 하이데거에 의하면 현존재의 근본 구조는 세계-내-존재이며, 세계의 세계성(세계란 본래 무엇인가)이 물어지는데 이것이 유의의성이다. 일상적 현존재가 만나는 존재자는 도구존재자인데, <~을 위해> 도움이 되는 유용성, 어떤 것에 대한 지시라는 존재 성격(도구존재)을 지닌다. 연필은 어떤 것을 쓰기 위한 도구이며, 종이나 책상, 나아가서는 의자나 방 등 다른 일련의 도구를 지시한다. 이러한 <~을 위해>의 관련들, 지시연관의 전체를 유의의성이라고 부른다. 유의의성은 개개의 존재자의 도구존재, <~을 위해>라는 지시를 미리 묘사하며 이에 선행한다. 그리고 <~을 위해>를 지시하고 그에 의의를 부여하는 것은, 요컨대 그러한 지시연

관들이 귀속하게 되는 궁극적인 <그것을 위해>는 현존재, 상세하게 말하자면 현존재의 본래적인 또는 비본래적인 존재 가능(Seinkönnen)이다. 물론 현존재가 일상적으로 존재하는 <그것을 위해>는 비본래적인 존재 가능이다. 이에 반해 불안의 정황성(기분)에서 존재자는 중요성을 잃고 지시연관은 붕괴하는바, 세계는 전적인 무의의성(Unbedeutsamkeit)이라는 뭔가 두려운 성격을 띤다. 덧붙이자면, 지시연관 내지 유의의성에 대한 이러한 해명은 『논리연구』 제2권 제1연구에서 후설이 행한 기호와 의의에 대한 분석을 하나의 실마리로 하고 있다. ☞ [사]도구존재성/객체존재성

—고토 요시야(後藤嘉也)

유적 보편화 類的普遍化 ⇨[사]형식화/유적 보편화

유죄성 有罪性 [(불) culpabilité]

일반적으로 죄를 저지른 사람 또는 자신을 유죄라고 생각하는 사람의 상태를 가리킨다. 리쾨르는 『유한성과 유죄성 II, 악의 상징론』에서 제1차 상징으로서 유죄성을 파악하여 논의했다. 즉 악의 가능성이 현실화하는 체험은 죄의 고백에서 포착되지만, 그 고백은 반드시 상징적 표현에 호소한다. 그 원초적 상징을 리쾨르는 <부정함>, <죄>, <유죄성>의 셋으로 계층화한다. <나는 부정하다>라는 표명 안에는 죄와 유죄성 둘 다 함의되어 있다. 부정함은 죄의 외면화이며, 유죄성은 죄의 내면화이다. 유죄성은 잘못과 같은 뜻이 아니다. 죄가 잘못의 존재론적 계기를 보인다면, 유죄성은 잘못의 주관적이고 개인적인 계기를 이룬다. 죄는 신 앞에 서는 인간의 처지를 보여주는 데 반해, 유죄성은 <죄 있는 인간>의 의식, 양심에 관계한다. 따라서 유죄성은 자유의 악용으로서 악의 책임을 개인에게 돌리며, 그 경우 징벌이 선취되어 있다. 유죄성의 의식은 다음과 같은 세 가지 계기에서 포착된다. 첫째는 윤리적・법적인 유죄성이다. 고대 그리스의 도시국가는 형벌의 정도에 따라 유죄성의 정도를 측정했다. 둘째는 양심의 책망의 정도에서 유죄성을 파악하는 것이다. 예를 들면 유대교에서는 율법을 지키는가 지키지 않는가가 의인인가 죄인인가의 시금석이 된다. 그것은 <동의한 타율>이다. 셋째는 유죄성이 단죄에 빠진 막다른 골목이다. 바울은 '율법의 저주'를 말한다. 율법에 의해서는 죄의 자각이 생길 뿐이기 때문이다. 이러한 악순환으로부터 구해내는 것은 바울에 의하면 '신앙에 의해 의롭게 됨'이다. ☞ [인]리쾨르

—구메 히로시(久米 博)

유체성 有體性 [(독) Leibhaftigkeit]

유체성이란 대상이 <그것 스스로>(in eigener Person) 주어진다고 하는 지각에서의 대상의 특권적인 소여방식, 요컨대 그 <본원적 소여성>(originäre Gegebenheit)을 가리키는 후설의 개념이다. 여기서 주의해야만 하는 것은 유체적인 소여성과 이른바 <자체소여성>(Selbstgegebenheit)과의 차이이다. 예를 들면 다리를 상기할 때 우리에게 있어 틀림없이 다리 그 자체가 상기되는 것이지 다리의 상이 상기되는 것이 아니다. 그런 의미에서 상기나 상상에서도 대상은 주어져 있지만, <주어진다>는 것과 <그것 자체가 주어진다>는 것은 동일한 것이다[Ideen Ⅰ 126]. 그러나 자체소여성임에도 불구하고 상기나 상상에서의 대상의 소여방식은 본원적 소여성, 유체적 소여성이 아니다. 후설에 의하면 그러한 특권적인 소여방식은 <보기>, 요컨대 지각에 고유한 것이다. 그러나 지각의 대상에 <유체성>이 귀속되는 것은 지각이 상기나 상상과는 달리 지금 여기에 없는 대상을 마치 여기에 있는 것처럼 <준현재화>하는(vergegenwärtigen) 것이 아니라 바로 여기에 있는 것으로서 <현재화>하기(gegenwärtigen) 때문인바, 바로 대상을 <재현전화>(repräsentieren)하는 것이 아니라 <현전화>(präsentieren)하기 때문이다[LU Ⅱ/1 442, Ideen Ⅰ 90]. 지각 대상의 소여방식이 지닌 시간적 성격이 이와 같이 <현재적>이라고 하는 것이야말로 예를 들면 <본원적 충족성>(originäre Erfülltheit) 등으로서 말해지는 유체성을 정의하는 것인바, 나아가서는

대상이 바로 여기에 있다고 하는 대상의 <존재정립>(Seinssetzung)의 근거로서 유체성이 꺼내지는 이유가 되기도 한다[Ideen Ⅰ 282f.]. ☞ ㈔본원적, 소여성, 지각, 현재화/준현재화/공현재화

—우오즈미 요이치(魚住洋一)

참 M. Heidegger, *Geschichte des Zeitbegriffs*, Gesamtausgabe, Bd. 20, §5.

유한성 有限性 [(독) Endlichkeit]

이 개념은 실존철학에서 인간적 실존의 본질적 계기를 이루고 있지만, 하이데거로부터 가다머로 연결되는 현상학과 관련된 해석학의 흐름 속에서는 존재론, 인식론에서 적극적인 기능을 지닌다. 『존재와 시간』에서 유한성은 현존재의 존재의미를 생각하는 데서 공간적, 시간적으로 한정된다는 것을 의미하는 것이 아니다. 오히려 현존재가 염려(Sorge)로서 자기의 죽음에 관계하는 존재라고 하는 존재론적 규정으로서, 유한성은 현존재의 존재 가능성을 규정한다[SZ 436-438]. 이로부터 피투성이나 무력함(Nichtigkeit)이라는 것도 이해된다. 이것들은 현존재의 존재의 의미를 해명하기 위한 불가결한 계기인바, 현존재 분석의 중요한 방법개념이라고 생각할 수도 있다. 이러한 유한성과 결부된 존재이해로부터 해석학적 상황이 생겨난다. 즉 선행적인 존재이해를 전제하면서 현존재의 존재를 묻는다고 하는 『존재와 시간』에서 보이는 해석학적 순환이 발생하는 것이다. 이와 같은 하이데거의 해석학적 상황을 산출하는 이해의 선행구조에 기초하여 해석학적 인식론을 전개한 가다머의 『진리와 방법』에서도 유한성은 적극적인 방법론적 개념이 된다. 여기서의 유한성의 근거는 해석학적 경험을 규정하는 조건인 선행판단과 그것의 근거가 되는 지평이다. 지평에 의해 한정되는 가운데 영향작용사적 인식 과정의 수행에 의해 해석학적 경험이 심화된다. 그러나 그것은 결코 완성되지 않는다. 이러한 미완성이야말로 역사적 지평에 의해 규정되는 유한한 존재자로서의 우리의 본질에 관계하는 필연적인 사태라고 적극적으로 평가된다[가다머 『진리와 방법』 285, 339-340, 451-452]. ☞ ㈔선이해, 실존, 실존주의, 조르게, 해석학과 현상학, 해석학적 순환

—사사키 가즈야(佐々木一也)

유형 類型 [(독) Typus (영) type]

후설은 유형에 대해 반드시 주제적으로 논의하지는 않았지만, 후기에는 자주 이 말을 예로서 내세운다. 특히 『경험과 판단』에서는 "수용성(Rezeptivität)의 모든 대상이 무언가 기지의 유형에 들어맞는 대상으로서 나타나며", 그와 마찬가지로 "술어 형식을 형성하는 데 있어서도 모든 술어작용에 불가분하게 뒤얽힌 표현이나 그것에 귀속하는 일반적인 의미에 기초하여 이미 이러저러한 것'으로서'(als)라는 규정이 생겨난다"고 논해진다[EU §49]. 나아가 거기서는 (1) 형상적으로 이념적인 "순수 일반성"에 관계하는 것, (2) "경험적 일반성"에 관계하는 것으로 ① 학적 영위에 의해 형성되는 "본질적 유형", ② 학 이전의 일상적인 "비본질적 유형"과 같은 구별에 대해서도 논급하고 있다[EU §82, 83]. 어쨌든 "발전된 의식의 성립 이전에 이미 일체의 대상의 일정한 유형화(Typisierung)도 행해지며", "우리에게 앞서 주어지는 주위세계(Umwelt)는 이미 복잡하게 형식화된 것으로서 '앞서 주어져' …… 다양한 특정한 유(Sondergattung)에 따라서 유형화되어 있다"고 후설은 강조했다[EU §8]. 이러한 유형(화) 개념이 <형상>이나 <지평>, 나아가 <생활세계> 등의 논점과 중첩된다는 점은 쉽게 미루어 알 수 있을 것이다.

후설의 유형(화)론은 슈츠나 "유형화되어 있지 않은 경험은 전혀 존재하지 않는다"고 분명히 이야기하는 A. 구르비치 등에게 영향을 주고 있다. 특히 슈츠는 다양한 맥락에서 예를 들면 공시세계(Mitwelt)에서의 타자의 유형화하는 파악과 같은 타자 이해론이나 유형(내지 이념형)의 구성에 관계하는 과학방법론 혹은 유형적 행위나 유형적 지식의 맥락 등에서 자주 유형 및 유형화(typification)에 대해 언급했다. 그리고 무엇보다도 "세계는 사회문화적 세계나 물리적 세계도 포함

하여 처음부터 유형에 의해 경험된다"고 말하는 슈츠는 일상 언어에서 유형의 전형을 보는 가운데 언어 집단에 의해 사회적으로 시인된 상호주관적인 "유형화와 관련성의 체계"를 논의했다. 경우에 따라서는 패턴이나 게슈탈트 혹은 의미 등과도 관계되는 <유형>에 관해서는 금후에도 좀 더 검토가 진전될 것으로 기대된다. ☞ ㉮관련성, 이념형, 주위세계/공시세계, ㉤슈츠

—니시하라 가즈히사(西原和久)

㊟ A. Schutz, *Collected Papers II*, *Studies in Social Theory*, The Hague, 1964(渡部光・那須壽・西原和久 譯,『アルフレッド・シュッツ著作集 第3巻・社會理論の硏究』, マルジュ社, 1991).

유희遊戱 ⇨㉮놀이

육화肉化 [(불) incarnation]

이 말은 보통 신이 예수라는 인간의 육신의 형태를 지니고서 현현한 것을 지시하는 신학 용어로서 사용되지만,『행동의 구조』 이래로 메를로-퐁티는 이 말을 좀 더 넓은 의미에서 사용하여 <의미>가 그것을 표현하는 <소재>에 내재해 있는 모양을 육화라고 부른다. 메를로-퐁티가 "의미라는 것은 육화하고 있는 것이다"[SC 228]라고 말하는 것은 그 때문이다. 하지만 메를로-퐁티도 기독교적인 의미에서의 육화에 좀 더 직접적으로 연결되는 형태로 이 말을 사용하고 있지 않은 것은 아니다. 예를 들면 정신과 실존과 주체가 인간의 신체라는 형태를 지니고서 출현하는 것을 나타내기 위해 메를로-퐁티가 "육화한 실존"이라든가 "육화한 주체"와 같은 표현을 하고 있는 경우가 그것이다. 그러나 이와 같은 메를로-퐁티의 용법은 말하자면 의미가 그 소재에 내재해 있는 것을 나타내는 일반적 용법의 특수 사례로 간주되어야만 할 것이다. 왜냐하면 메를로-퐁티에게 있어서는 정신이라든가 실존이라든가 주체라는 것도 사실은 신체라는 <소재>에 의해 표현되는 <의미>로 이해되어야만 하는 것이었기 때문이다. 그러나 그것이 어찌됐든 여기서 중요한 것은 어딘가에 존재하는 의미가 우연히 이 소재에서 나타나게 되는 것이 아니라는 점을 이해하는 것이다. 의미는 소재의 우연적 배열 속에서만 생겨난다. 소재야말로 의미를 실현하는 것이다. 의미가 소재에 내재하는 것도 그 때문인바, 이것이야말로 메를로-퐁티가 육화라는 것에서 말하고자 했던 바로 그것이다.

—다케우치 오사미(竹內修身)

윤리학과 현상학倫理學—現象學

브렌타노는『도덕적 인식의 원천에 대하여』와『윤리학의 기초와 구성』에서 심적 현상에 대해 지향성을 인정하고, 그것을 표상, 판단, 정의情意활동이라는 세 종류로 구분하는데, 정의활동의 특징을 대상을 사랑하거나 미워한다고 하는 점에서 찾는다. 그리고 이러한 사랑과 미움이라는 지향적 작용에 의해 선・악과 같은 윤리적 가치 평가를 근거짓고자 한다. 이리하여 보편적 윤리 규범의 공허한 형식주의에 맞선 실질적인 현상학적 윤리학의 길이 열리게 된다.

현상학과의 만남에서 본질직관의 중요함을 깨닫게 된 셸러는 그것을 윤리 현상에 적용하여『윤리학에서의 형식주의와 실질적 가치윤리학』을 저술했다. 그는 브렌타노와 마찬가지로 감정에 대해 지향성을 인정하고, 평가는 감정에 의해 감득된다고 생각한다. 그리고 감득되는 가치는 이념적 대상으로서 파악되는 까닭에 그의 윤리학은 실질적이면서도 선험적이다. 가치와 가치의 담지자와의 관계 및 가치 양태의 위계라는 두 개의 선험적인 질서가 주장된다. 그리고 선・악이라는 윤리적 가치에 대해 셸러는 그 담지자를 인격이라고 주장한 다음, 그의 독특한 존재방식을 의욕과의 관계에서 구한다. 예를 들면 선은 <적극적 가치의 실현에 부착된, 의욕의 영역에서의 가치이며, 또한 좀 더 높은 가치의 실현에 부착된 가치이다>. 여기서는 '부착된'이라는 말에 주의해야 할 것이다. 선은 의지작용에 입각하여, 이를테면 뒷받침되어 현출한다. 요컨대 선

은 의욕되는 것이 아니라고 하는 것이다. 이리하여 셸러의 윤리학에서는 인격과 그 작용으로서의 사랑이 중요한 위치를 차지하게 된다.

『윤리학과 가치론 강의』[Hu **28**]에서 알 수 있듯이 후설도 현상학적 윤리학의 구상을 지니고 있었다. 가치에 관한 큰 틀이라는 점에서는 셸러와 똑같은 사고방식이지만, 표상작용과 정서작용의 근거짓기 관계에서 미묘한 차이가 발견된다. 또한 셸러 이후 하르트만, 힐데브란트, 라이너 등에 의해 현상학적인 윤리학이 전개되었지만, 셸러 정도의 영향력을 가질 수 없었다. 그 하나의 이유로서 하이데거 철학의 영향을 들 수 있다. 존재 사유가 가치라든가 윤리라는 것을 그 근저로부터 능가했다고 생각되었기 때문이다. 그에 반해 레비나스가 윤리를 전면에 내세워 사유를 전개하고 있는 것은 주목할 만한 가치가 있다. ☞㉴가치, 가치윤리학, 인격(성)

—이케가미 데쓰지(池上哲司)

㊂ A. Roth, *Edmund Husserls ethische Untersuchungen*, Den Haag, 1960(藤本正久・桑野耕三 譯,『エドムント・フッサール倫理學硏究』, 北樹出版, 1982).

은유隱喩 ⇨㉴메타포

은폐성/비은폐성隱蔽性/非隱蔽性 [(독) Verborgenheit/Unverborgenheit]

하이데거의 진리 개념에 관계되는 맞짝개념. 초기 무렵부터 하이데거에게는 진리는 인식작용과 대상 사이의 일치가 아니라 무언가를 은폐 상태로부터 폭로하는(entdecken) 것이라고 하는 사고방식이 보인다. 이것은 진리라는 말에 대응하는 그리스어 알레테이아(ἀλήθεια)가 아(非)라는 부정어와 레테이아(망각)로 구성되어 있는 사실에 주목한 데서 기인한 것이기도 하다. 은폐성은 비진리, 비은폐성은 진리를 의미한다. 진리란 망각에 의해서 은폐된 것이 밝힘, 즉 열린 장(Lichtung)으로 가져와지는 것이다. 『존재와 시간』에서는 밝힘에로 가져와지는 이 과정이 또한 존재자의 존재를 해명하는 학적 분석 과정 속에도 숨어 있다. 이 저작이 현상학인 까닭은 대개는 은폐되는 존재자의 존재 또는 현존재의 존재를 비은폐 상태로 가져오는 것이기 때문이다. 그리고 이 경우 현존재의 개시성과 관련하여 현존재의 존재가 비본래적인 은폐 상태로부터 그것의 본래적인 비은폐 상태로 폭로된다는 것이 전제되고 있다[SZ 43-46]. '전회' 이후의 사상에서는 비은폐성이 존재의 진리라고 말해지는데, 그것은 존재자로부터 존재가 탈은폐되는(entbergen) 것을 의미한다. 그것은 통상적인 진리 개념에 포함되어 있는 진술의 올바름(Richtigkeit)과 명확히 구별되며, 존재 그 자체의 사유(Denken)와 밀접히 결부된다. 존재 자체가 그 자체로서 스스로 은폐하는 성격을 지닌다는 것을 비진리로서 사유해 내는 데에 레테이아 즉 망각 속에 숨겨진 존재를 밝힘에로 내보낼 가능성이 생겨난다[WM 187-191]. 그러므로 이 개념은 존재망각의 역사와 관계되는바, 후기 하이데거 사상 전체의 이해를 위한 열쇠가 되는 개념들 가운데 하나이다. ☞㉴개시성, 밝힘, 존재, 진리

—사사키 가즈야(佐々木一也)

음악과 현상학音樂—現象學

(1) 음악과 현상학의 관계. 그 관계의 확립은 이미 후설 현상학이 성립하던 때로 소급된다. 『내적 시간의식의 현상학』에서 비롯되는 시간의식 분석에 있어 시간적 대상인 음악의 음이 중요한 실마리로 되었기 때문이다. 덧붙이자면, 후설의 이 책은 이미 실험현상학적 경향을 지니는 『음향심리학』을 저술하고 나아가 민족음악 연구의 창시자 가운데 한 사람이기도 한 C. 슈툼프에게 바쳐진다(슈툼프의 그 저서 제Ⅱ권은 F. 브렌타노에게 헌정된다). 후설이 현상학의 핵심 가운데 하나이기도 한 시간론에서 음악이라는 사태를 요구한 일은 역으로 음악이라는 사태가 현상학적 해명을 요구한다는 점을 시사하고 있다.

(2) 현상학적 음악 연구사. 선구자가 된 것은 후설의

1907년 강의(후에 『현상학의 이념』으로서 간행)를 들은 W. 콘라트(Waldemar Conrad)이다("Der ästhetische Gegenstand"). 그는 이미 그 다음 해인 1908년에 그것의 첫 번째 부분인 「음악이라는 미적 대상」을 발표한다. 이후 현상학과의 가깝고 먼 차이는 있지만 그 발상을 살린 몇 가지 음악 연구가 나타났다. 우선 1920년대에는 R. 잉가르덴의 음악론("Das Musikwerk", in *Untersuchungen zur Ontologie der Kunst*)이 저술된 것 이외에 음악학자 중에서도 메르스만(Hans Mersmann)을 비롯한 이른바 에네르기주의자들과 아이메르트(Herbert Eimert), 그리고 하이데거의 강의를 들은 베셀러(Heinrich Besseler) 등 현상학에 자극을 받아 음악론을 발표하는 사람들이 나타나기 시작했다. 30년대부터 40년대 전반의 휴지기 이후 40년대 후반에는 슐뢰제르(Boris Fedorowitsch de Schloezer: 角倉一朗 外 譯, 『바흐의 미학バッハの美學』, 白水社, 1977)와 피게(Jean-Claude Piguet)의 연구(佐藤浩 譯, 『음악의 발견音樂の發見』, 音樂之友社, 1956)가 나왔다. N. 하르트만의 음악의 층구조론(*Ästhetik*에 수록)도 이미 45년에 성립한다. 50년대에 들어서면 L. 콘라트(Leopold Conrad)가 포괄적인 현상학적 음악론(*Musica panhumana*)을 발표하며, 하이데거 철학을 접한 추커칸들(Victor Zuckerkandl)은 음악을 특수한 공간 경험으로 간주하는 역동론적 음악상징론(*Sound and Symbol*)을 저술했다. 60년대 이후에는 후설 후기 현상학의 성과를 활용한 음악 연구가 미국에서 눈에 띄기 시작한다. 이 시기에 A. 슈츠의 현상학적 사회학적 연구("Making Music Together")가 공간된 것을 비롯하여 이데(*Listening and Voice*)와 스미스(F. Joseph Smith: *The Experience of Musical Sound*) 등이 활약하며, 82년에는 그린(David B. Greene)의 시간형태론적 분석(足立美比古 譯, 『베토벤의 미학ベートーヴェンの美學』, 勁草書房, 1991)이, 83년에는 클리프턴(Thomas Clifton)의 음악 경험 분석(*Music as Heard*)이 나왔다. 독일에서도 로베르(Jens Rohwer: *Sinn und Unsinn in der Musik*)와 팔틴(Peter Faltin: *Phänomenologie der Musikalischen Form*) 등의 책이 나왔으며, 85년에는 게오르기아데스(Thrasybulos Georgiades)의 유고집(*Nennen und Erklingen*)이 가다머의 서문을 붙여 공간되었다. 또한 최근 왕성해진 음악의 수용미학적 연구에도 해석학을 매개로 한 현상학의 발상이 살아 있다.

(3) 지금까지의 현상학적 음악 연구의 특질. 음악의 본질이 형식(질서, 구조)에 있는가 아니면 내용(정서, 상징)에 있는가 하는 전통적인 음악미학의 문제틀의 전제로 되돌아가 ① 음악은 본래 어떻게 주어지는가(지각 분석), ② 심리적 사상적 부가물을 배제한 음악이라는 대상 그 자체는 어떠한 것인가(대상론), ③ 음악은 본래 어떻게 존재하는가(존재론, 시간론), ④ 음악 활동에서 인간은 서로 어떻게 관계하는가(상호주관성, 행위론), ⑤ 음악과 청자는 어떻게 상호적으로 관여하는가(음악텍스트론, 해석학) 등의 기초적 문제영역에 관심이 돌려지고 있다. 전반적 경향으로서 음악의 소여방식(현출/의미)을 통한 음악의 존재 문제를 둘러싸고 고찰이 전개되고 있다.

(4) 현상학적 음악 연구의 기본태도. ① 어디까지나 음악이라는 사태에 입각한 기술을 행하지 미리 원리를 세워 설명하는 방식을 취하지 않는다(기술적 방법). ② 사실의 수집에 그치지 않고 본질을 묻는다(본질학). ③ 고찰을 서양 예술음악에 한정하지 않고 가치에 관련한 선입견을 에포케하여 생활세계적인 현상으로서의 일체의 음악에로 향한다(음악 일반). ④ 음악은 순수 지향적 대상(잉가르덴)이라고도 말해야 할 것이기 때문에 객관적으로 존재하는 것으로서 전제하지 않는다(객관주의의 극복). ⑤ 음악에 관한 객관적 지식의 수집과 해독에 의거하지 않고 인식 원천을 어디까지나 음악의 직접 경험에서 찾는다. 따라서 문헌학적 실증주의적 연구, 개념사적, 사상사적, 문화사적 연구와는 선을 긋는다(직접적 음악 경험에로의 귀환). ⑥ 직접적 음악 경험이란 내게 있어서의 음악의 경험이기 때문에 일단 '내게 있어서'로 되돌아간다(음악의 현상학적 환원). ⑦ 나아가 경험 주체인 나도 현상학적으로 환원함으로써 개인적 차원을 넘어서 음악을 경험하는 의식의 삶으로 향한다(심리학주의의 극복, 음악의 상호주관적인 경험구조로). ⑧ 음악적 의식의 삶에는 음악적 생활세계가 상관하기 때문에 역사를 짊어진

음악적 생활세계의 분석으로 향한다(음악적 생활세계로의 귀환). ⑨ 음악의 현출이란 음악이 자기 자신을 보이는 것이기 때문에 현출에서 역사와 세계 연관을 지니는 음악이라는 사태 그 자체로 향한다(음악의 현출론, 해석학, 존재론). ⑩ 음악에 대한 고찰 그 자체에 대한 반성을 행한다(음악현상학의 현상학, 자기비판). ☞ ㈔수용미학, 현상학적 미학, ㉑슈툼프, ㈏음향심리학

—미야우치 마사루(宮內 勝)

㊟ A. Schutz, "Making Music Together", in *Collected Papers* II, The Hague, 1964(櫻井厚 譯, 「音樂の共同性」, 『現象學的社會學の應用』, お茶の水書房, 1980에 수록). V. Zuckerkandl, "Der singende und der sprechende Mensch", in *Eranos Jahrbuch* 30, Ascona, 1961(芦津丈夫 譯, 「歌う人と語る人」, 『言葉と語りⅠ』, 平凡社, 1991에 수록). 木村敏, 『あいだ』, (제4절과 5절), 弘文館, 1988.

음영陰影 [(독) Abschattung]

사물이 직관될 때의 특유한 소여방식을 나타내기 위해 후설이 사용한 용어. 어떠한 사물도 언제나 '전면에서', '어떤 원근법에서' 지각될 수밖에 없지만, 이러한 사태를 후설은 사물이 '음영한다'고 표현했다. 한 그루의 벚나무를 바라보는 경우를 예로 들면, 동일한 벚나무를 지각하고 있다 하더라도 그 나무가 보이는 모양은 실은 시시각각 변화한다. 보는 거리와 각도 등에 의해서나 보고 있는 사람의 몸가짐이나 주의하는 방식 등에 의해 벚나무가 보이는 모양은 다양하게 변화한다. 그러나 보이는 모양이 연속적으로 변화하고 다양하다 하더라도 벚나무 그 자체나 그 나무의 형태와 색깔 등은 언제나 동일한 것으로서 현출한다. 사물이 직관될 때의 이러한 특유한 존재방식을 사물이 '음영한다'고 후설은 표현한다. 어떤 사물을 보고 있는 경우에 우리는 사물 '그 자체'를 지각하는 것이지 결코 그 '사본'이나 '상'을 지각하는 것은 아니다. 그러나 사물이 언제나 '음영'을 통해서만 지각된다고 하는 것으로부터 사물에 관한 지각 및 인식이 언제나 '불충전'이라는 것, 사물에 관한 우리의 인식이 어떤 시점에서 완결되는 것이 아니라는 것이 귀결된다. 요컨대 사물은 언제나 '미규정'이긴 하지만 '규정 가능'한 '지평'을 지니고 장래의 경험에 열려 있다는 것인바, 후설에 의하면 구체적인 사물 하나하나가 칸트적인 의미에서의 '이념'인 것이다. ☞ ㈔사물, 지각, 지평, 초월

—우시지마 겐(牛島 謙)

음운론音韻論 [(독) Phonologie (불) phonologie (영) phonemics; phonematics; phonology]

언어를 구성하는 소리를 물리학적, 생리학적으로 검토하고자 하는 음성학에 반해 의미 변별의 관점에서 검토하고자 하는 언어학의 한 분야. 음성학이 '음, 소리'의 개념에서 출발하는 데 반해 음운론은 '음소'를 정립한다. 음소란 의미는 짊어지지 않지만 의미를 구별하는 최소단위라고 하는 생각은 이미 러시아의 언어학자 시체르바(Lev Vladimirovich Shcherba 1880-1944) 등에 의해서도 제기되었지만, 이러한 생각을 음운론으로 체계화한 것은 프라하 언어학파, 특히 트루베츠코이(Nikolaj Sergeevich Trubetskoj 1890-1938)이다. 프라하 언어학파는 야콥슨을 중심으로 후설의 『논리연구』에서의 '표현과 의미'에 관한 고찰에 기초하여 엄밀한 학적 방법을 구축하고 있었다. 의미를 구별하는 최소 단위로서의 음소는 각 언어에서 체계를 형성한다. 이러한 체계의 단위로서의 각 음소는 다른 음소들과의 대립에 의해 규정된다. 이러한 생각은 언어란 다른 기호와의 차이에 기초하는 대립에 의해 상호적으로 규정되는 기호의 체계라는 소쉬르(Ferdinand de Saussure 1857-1913)의 생각을 구체적으로 실현한 것에 다름 아니다. 그러나 소쉬르의 '체계' 개념은 공시적, 정태적인바, 프라하학파는 이 점을 비판하여 '체계'에는 통시적, 역사적인 것이 흘러들어옴으로써 그것은 '체계의 체계'로서 역동적으로 발전, 운동한다고 생각했다. 이리하여 비로소, 피아제(Jean Piaget 1896-1980)가 말하듯이, '전체성'뿐만 아니라 '변환'과 '자기제어'를 특징으로 하는 '구조' 개념이 확립되게 된다. 프라하학파의 음운

사상은 야콥슨에 의해 레비-스트로스에게 전해져 전후 구조주의 사상의 기반의 하나가 되었다. ☞ ㉮구조주의와 현상학, 프라하 구조주의, ㉧레비-스트로스, 야콥슨

—이소야 다카시(磯谷 孝)

의미 意味 [(독) Sinn; Bedeutung (불) sens; signification (영) sense; signification; meaning]

우리말로 '의미'라고 번역되는 근대어가 이론적 용어로서 나타나는 것은 비교적 새로운 일이지만, 옛 시대에는 스토아의 '렉톤'(lecton, 언표된 것)이나 중세의 '숩포지치오'(suppositio, 밑에 놓인 것), 로크의 '유명적 본질' 등의 용어가 이에 해당했다고 생각된다. 19세기 말에 나온 프레게의 논고에서는 표현의 의미(Sinn)는 지시대상(Bedeutung, 의의라고도 번역된다)과 구별되며, 전자는 후자의 소여방식(Art des Gegebenseins)을 말한다. 예를 들면 '새벽녘의 샛별'과 '초저녁의 샛별'은 표현의 의미는 다르지만 지시대상은 동일한 천체이며, '가장 수렴이 늦는 급수'라고 말하면 의미는 있지만 지시대상은 없다. 그렇지만 의미는 단순한 주관적 표상이 아니라 예를 들면 망원경을 통해 공통적으로 관찰되는 달의 실상과 같이 객관성을 지닌다고 생각되었다.

후설의 용어법은 프레게의 그것과는 일치하지 않지만, 『논리연구』 이래로 추구된 의미의 이론에서는 분명히 프레게의 그것과 대응이 보인다. 대상은 동일하지만 의미는 다른 표현인 '예나의 승자'와 '워털루의 패자', '등변삼각형'과 '등각삼각형' 등과, 또한 의미는 있지만 대상은 없는 '둥근 사각형', '정십면체' 등등 적절한 예에 의해 의미는 대상과 구별된다. 후설에 의하면 의미란 의식의 작용인 의미지향의 상관항이며, 이 작용은 공허한 채로 있을 수 있기도 하지만 대상적인 것에 대한 직관에 의해서 충족된다. 의미는 보통 대상적으로는 의식되지 않으며, 의미를 사념하는 작용은 변동하지만 의미 그 자체는 객관적인 이념적 통일체로서 언제나 존재하고, 표현을 통해서 그 객관적 법칙을 분명히 할 수 있다. 명사적 내지 명제적 의미는 독립성을 지니지만, 공의어共義語의 의미는 비독립적이어서 다른 종류의 의미에 의한 보완을 요구하기 때문에 여기서 문법의 법칙이 밝혀진다. 예를 들면 '둥근 사각형'이라는 표현은 모순적이자 반의미(Widersinn)라고 불리기도 하지만 유의미한바, 의미가 있는 듯할 뿐인 유절음과 단어의 비문법적 나열과 같은 무의미(Unsinn)와는 구별된다. 따라서 무의미를 배제하는 순수 논리 문법(의미의 형식론)을 기초로 해서만 반의미를 배제하는 논리학도, 또한 많은 우연적 요소를 수반한 역사적 언어의 문법도 성립하는 것이다.

의미의 탐구는 『논리연구』의 후반 이후, 특히 작용 즉 지향적 체험에 대한 분석을 통해 심화된다. 지향적 체험에서는 주어진 감각 계기가 파악되어 무언가의 의미로 해석되는데, 이 의미가 작용의 질료라고도 불리며, 동일한 질료를 둘러싼 작용의 상이한 성질들(믿는다, 추측한다, 의심한다, 단정을 유보한다, 바란다 등)과는 구별된다. 중기의 주저인 『이념들 Ⅰ』에서 파악작용은 노에시스, 질료는 그 상관항인 노에마의 핵으로 불리는데, 앞에서의 성질들과 상관적으로 '확실', '가능적', '개연적', '의심스러운', '마치 ~같은', '바람직한' 등의 노에마적인 성격들이 핵을 에워쌈으로써 노에마의 완전한 모습을 이룬다. 이와 같이 의미를 부여하는 것이 의식인바, 모든 실재는 의미부여(Sinngebung)에 의해 성립한다고 하는 초월론적 관념론이 세워짐과 동시에 의미(Sinn)라는 용어가 지향성의 전 영역에 적용된다. 이에 반해 Bedeutung 및 표현(Ausdruck)이라는 용어는 논리적 의미의 경우에 한정되어 사용되게 된다. 여기서 말하는 표현은 후설에 의하면 의미를 개념화하는 새로운 층이자 모든 지향성을 그 형식과 내용 모두에서 말하자면 반영, 모사하지만, 표현을 주는 것 이외에는 비생산적이라고 생각된다. 다른 한편으로 표현은 완전 또는 불완전하며, 표현의 층과 저층 사이에는 복잡한 엇갈림과 상호 적응의 과정이 있다는 점도 인정되었다.

후설 이후 의미를 둘러싼 문제는 다양한 분야에

걸쳐 있다. 의미와 지시대상의 구별은 논리학에서 말하는 내포와 외연의 그것에 해당되기 때문에, 동일한 외연이 상이한 내포를 통해 규정되는 것도 있을 수 있게 되지만, 프레게 이후의 분석철학에서는 명제의 의미를 진리조건(명제가 참이기 위한 필요하고도 충분한 조건)이라고 하는 타르스키(Alfred Tarski)의 정의가 논리학적 의미론으로서 자주 받아들여진다. 이 경우 동일한 사실이 상이한 내포를 통해 확인되는 경우를 생각하면 내포의 차이의 문제가 남는다. 이에 반해 언어학적 의미론은 내포적 의미를 취급하지만, 자연언어는 논리학처럼 일의적이지 않다. 여기서는 마치 음운론이 음소를 변별적 특징으로 분해하듯이 자연언어의 의미를 성분으로 분해하는 것도 시도되었지만, 한편으로는 다의어의 의미가 문맥에서 한정되고, 다른 한편으로는 은유와 환유에 의해 전의와 복의화複義化가 일어나는 메커니즘도 연구되었다. '의미'라는 용어 자체도 다의적이어서 인지적 의미 이외에 정감적 의미가 문제로 되는 경우도 있다. 비트겐슈타인은 '의미'를 '사용'으로 치환하고자 했지만, 기호론에서는 의미론과 화용론이 구별된다. 언어론적 현상학이라고도 불린 오스틴(John Langshaw Austin)의 언어행위론에서는 의미와 지시 외에 명령과 약속 등이 적절히 발해지는 경우에 지니는 발어 내적인 힘과 암시 등에 의한 발어 매개적인 효과가 구별되었다. ☞ ㉵비트겐슈타인과 현상학, 언어, 언어행위론과 현상학, 의미부여, 의미지향/의미충족, 프레게와 현상학, ㉴비트겐슈타인, 프레게

―다지마 사다오(田島節夫)

[참] G. Lakoff, *Women, Fire, and Dangerous Things, What Categories Reveal about the Mind*, The University of Chicago Press, 1987(池上嘉彦 外 譯, 『認知意味論』, 紀伊國屋書店, 1933). 田島節夫, 『現象學と記号論』, 世界書院, 1988.

의미부여意味附與 [(독) Sinngebung]

'의미부여'(Sinngebung)란 후설에서는 (1) 언어 표현을 이해할 때에 수행되는 <의미작용>(bedeuten)을 말하는 경우와, (2) 일반적으로 인식작용의 핵을 이루는 지향적 계기를 가리키는 경우가 있다. 전자는 오로지 『논리연구』에서의 한정적 용법으로서 '의미부여賦與작용'(bedeutungsverleihender Akt)이라고 바꿔 말하는 쪽이 더 좋은 용례이다. 후자의 용법은 『이념들 Ⅰ』 이후 우리의 인식작용 일반의 본질적 계기로서 추출된 작용을 가리키는 것으로서, 그 후에 부연되어 '의미형성'(Sinnbildung)이라는 용어도 사용되기에 이른다. 이하에서는 (2)의 의미에서의 '의미부여' 작용을 설명한다.

'의미부여'(Sinngebung)란 문자 그대로 '의미'(Sinn)와 '부여'(Gebung)의 두 요소로 성립하지만, 우선 문제로 되는 것이 이 '준다'라는 표현으로서 <준다-주어진다>라는 맞짝개념은 후설이 즐겨 사용한 <은유적>인 표현이다. 후설은 '준다'(geben)라는 하나의 동사의 '능동태-수동태', 요컨대 <준다-주어진다>라는 맞짝을 이루는 표현을 가지고서 우리의 인식 과정에서의 능동-수동의 양 계기를 언표하고자 하는 것이다. 예를 들면 지각과 같은 인식작용은 감각을 통해 '감각소여'('감각적 질료')가 '주어지는' 수동적 과정과, 주관의 인식작용이 그 감각소여에 '의미'를 '주어' 하나의 통일체로 형성해가는 능동적 과정으로 이루어진다. '부여', 즉 '준다'라는 표현에서 후설이 표현하고자 했던 것은 <우리의 인식에는 '주어진'(라틴어로는 datum) 요소 이외에 오히려 '주는'(dare) 계기가 있으며, 그것이야말로 인식의 본질적 계기를 이룬다>고 하는 것이었다.

'의미부여'라는 개념을 구성하는 또 하나의 요소, 즉 '의미'는 후설 현상학의 중심 개념이라고도 말할 수 있는 '지향성'과 불가분의 관계에 놓여 있다. 사실 후설 자신이 지향성이란 대상을 "의미에서 소유하는" 것이라고 말한다[Ideen Ⅰ 185]. 또한 그는 세계의 존재 자체가 의미부여의 활동을 수행하는 '절대적 의식'('초월론적 주관')을 전제하는 하나의 의미형성체라고도 말한다[Ideen Ⅰ 107 참조].

(2)의 의미에서의 '의미부여'라는 용법은 『논리연구』에서는 그리 많이 보이지 않지만, 이 개념의 원형이라고도 말할 수 있는 것이 '파악' 내지는 '파악의미'(Auffassungssinn)라는 개념이다. 『논리연구』에서의

지향성 이론에 따르면 지향적 인식작용은 지각, 기억, 원망, 상상과 같은 작용 성격을 규정하는 계기와, 오로지 지향적인 대상관계를 보존하고 있는 계기로 이루어진다고 한다. 같은 대상에 대해 지각, 상기, 의심 등의 다양한 작용이 향해질 수 있다. 그러나 같은 대상이라고 하는 '동일한 대상관계'는 그 경우에도 보존될 수 있다. 그것은 어떤 지향작용에서도 같은 "대상적 파악의 의미"인 '질료'(Materie)가 내재하며, 그것이 작용 성질과 일체가 되어 지향성의 본질을 이루기 때문이다. 요컨대,

지향작용		(작용의)		(작용의)
의	=	질료	+	성질
본질		{파악의미}		{작용 성격}

이러한 '파악의미'가 『이념들 Ⅰ』에서의 노에시스-노에마론에서는 '대상적 의미' 내지는 '노에마적 의미'로서 다시 파악되는 것이다. '완전한 노에마'와 같은 의미에서 '대상적 의미'가 말해지는 경우도 있으며, 그 '완전한 노에마'의 비독립적 계기인 '노에마의 핵'이 '의미'라고 불리는 경우도 있다. 후자의 좁은 의미에서의 '의미', 요컨대 '노에마의 핵'으로서의 '의미'는 『논리연구』에서와 마찬가지로 지향작용의 대상관계를 보존하는 계기로서 생각되고 있다. 더 나아가 후설은 그 대상관계의 동일성의 보존을 순수하게 형식적 동일성과 내용적 동일성으로 나누어 생각한다. 요컨대 '대상적 의미'로서의 '완전한 노에마의 핵'은 우선은 구체적인 의미 내용을 지닌 '무엇'(Was)으로서 규정됨과 동시에, 더 나아가서는 그와 같은 '대상적 의미'에는 '중심점'으로서, 요컨대 대상의 동일성을 보존하는 계기로서 <모든 술어 규정을 사상해도 남는 순수한 X>가 바로 동일적인 관계점으로서 갖춰져 있다고 여겨지는 것이다. '의미' 개념에 주목하여 노에마의 구조를 도식화하면 아래와 같다.

이상과 같은 노에마 측에서의 구조에 대응하여 지향작용의 구조 자체도 다음과 같이 분절화된다. 노에시스의 활동을 핵으로 한 인식작용은 <감각에서 주어지는 감각적 휠레(질료)에, 즉 그것 자체는 아직 무정형한(amorphous, 형상을 지니지 않는) 다양성에 모르페(형상)를 주는, 요컨대 어떤 형상에 의해 다양성을 종합적으로 통일하고 그리하여 대상의 통일체를 성립시키는> 일이다. 감각에서 수동적으로 주어지는 휠레에 모르페를 주는 것, 이것이야말로 '의미부여'의 기능이다. 그에 의해 비로소 지향적 대상관계가 성립한다고 한다.

결국 후설에서는 구체적인 인식 내용인 노에마가

<완전한 노에마>='인식된 사물(사태) 그 자체'
(1) '의미'(Sinn) : '노에마적 의미'='노에마의 핵'
① '그때마다의 규정성들'(die jeweiligen Bestimmtheiten)
…… 대상을 나타내는 구체적인 의미 규정
② '순수한 X'(das pure X in Abstraktion von allen Prädikationen)
[① + ②='완전한 의미':
'규정된 양태에서의 대상'
(der Gegenstand im Wie seiner Bestimmtheiten)]
(2) '존재'(Sein)
'정립 성격'(die thetischen Charaktere):
'소여방식의 양태에서의 대상'
(der Gegenstand im Wie seiner Gegebenheitsweise)
① 시간 양태
② 존재 양태

형성되는 데는 노에시스 측에서의 능동적인 '의미부여'의 활동이 관여한다는 것이 강조되고 있는 것이다. 그에 더하여 『이념들 Ⅰ』 시기에서의 '의미' 개념에는 '다양-통일' 도식과 '질료-형상' 도식(Hylomorphismus)이 전제되고 있다고 말할 수 있다. 우리의 지향작용을 '의미부여' 내지는 '의미형성'으로 간주한다는 것은 상관적 시점視點에서 보면, 현출하는 개개의 대상과 세계 그 자체도 '의미적인 것'으로서 파악한다는 것인바, 후설이 주창한 전대미문의 철학적 방법인 '현상학적 환원'이라는 것도 사실은 개개의 대상이나 세계 자체의 현출이 지니는 그와 같은 '의미성'을 드러내 보이는 하나의 조작이었다고까지 말할 수 있는 것이다. ☞ [사]노에시스/노에마, 의미, 의미지향/의미충족, 파악

—미야하라 이사무(宮原 勇)

[참] D. Welton, *The Origins of Meaning*, The Hague, 1983.

의미생성 意味生成 [(불) signifiance]

특히 『전체성과 무한』 이후의 레비나스가 많이 사용하는 용어. <의미(signification)의 의미생성>이라는 표현이 보여주듯이 <의미>와 <의미생성>의 관계는 <존재>(être)와 <존재하기>(essance)의 관계와 마찬가지이다. 타자에 대한 자아의 지배를 표시하는 것으로서 후설이 말하는 <의미부여附與>를 물리치고, 체계로부터 분리된 절대적 타자성(altérité)을 <의미하는 것>으로 간주한 『전체성과 무한』에서의 레비나스는 <너, 살인하지 말라>라는 <얼굴>의 <발어>를 콘텍스트 없는 <얼굴의 의미생성>으로 파악함과 동시에, <아들>의 탄생을 위해 불가결한 <얼굴>의 반전이라고도 해야 할 <여성>의 <에로스적 벌거벗음(nudité)>의 <무의미성>(non-signifiance)에 대해 말하고 있다. 이 저서 이후의 레비나스는 <얼굴>로 향하는 <한 방향>(sens unique)의 <일>을 <의미생성>으로서 다시 파악하고, 이 <의미생성>을 <얼굴>을 보이지 않는 <그임>(illéité)이라는 <기억할 수 없는 과거>의 <흔적>과 결부시키게 된다. <대면>의 <직행성直行性>으로서의 <의미생성>은 <비직행성>, <격시성隔時性>이기도 하다. 나아가 레비나스는 <타자를 위해 대속함>(l'un-pour-l'autre)을 <의미생성>의 <방향성>(trope)으로서 포착하고, 아주 가까운 <저편에로의 이 초월>(métaphore)을 극도의 수동성이자 전면적인 자기증여로서의 <말하기>(le Dire), 즉 기호의 시차적示差的 체계나 명제의 구조에로 흡수되지 않는 <말하기>라고 부르고 있다. ☞ [사]얼굴

—고다 마사토(合田正人)

의사소통 意思疏通 [(독) Kommunikation (불) communication]

Ⅰ. 문제 상황. 의사소통은 지금 사회학, 심리학, 문화인류학, 교육학, 언어학 등의 다양한 분야를 끌어들이는 학제적인 테마가 되고 있다. 현대 철학에서도 '의사소통적 합리성'(하버마스)이나 '의사소통 공동체에서의 이상적 발화상황'(아펠)과 같이 명확히 의사소통이라는 말을 사용하는 경우에 한정되지 않고서 그것이 사회성, 공동성, 상호주관성, 타자, 역할, 대화, 만남, 상징적 상호작용, 규칙에 따름과 같은 다양한 테마들과 밀접하게 관계된다는 점을 고려하면, 현대 철학의 대부분의 조류가 모종의 형태로 의사소통이라는 테마와 관계한다고 말할 수 있다. 그러면 현상학에서 그것은 어떻게 논의되고 있는 것일까?

Ⅱ. 현상학에서의 의사소통의 문제. 현상학을 어떻게 생각하는가에 따라 의사소통이라는 현상에 대한 접근방식은 다르다. 기술적 현상학은 어떤 이론에 의해서 설명하는 것이 아니라 현상을 선입견 없이 기술하고자 한다. 본질현상학은 다양한 현상을 그저 기술하는 데 그치지 않고 거기서 본질을 간취하고자 한다. 초월론적 현상학은 이러한 본질을 그 자체에서 존립하는 것으로서가 아니라 그것이 어떻게 해서 성립하는 것인가, 즉 그 가능성의 근거를 묻고자 한다. 그러나 어느 경우든 의사소통을 '밖으로부터' '객관적'으로 설명하는 것이 아니라 체험된 현상으로서 파악하는 데에 <의사소통의 현상학>이 수행하는 역할이 있다고 생각하는 점에서는 일치한다고 말할 수 있다. 의사소통이라는 말을 근본 범주로서 사용한 것은 야스퍼스였지만[Philosophie Ⅱ (Berlin, 1932), 근본 범주는 아니라

하더라도 그것이 밀접하게 결부되어 사용되는 타자·상호주관성·공동존재와 같은 문제권역은 후설, 셸러, 하이데거, 사르트르, 메를로-퐁티, 마르셀, 슈츠와 같은 대표적인 현상학자가 예외 없이 몰두하고 있는 바이며, 더욱이 공동존재가 주관 그 자체의 구성적·초월론적·실존론적 계기라는 것은 그들 대부분이 주장하고 있는 점이다. 그러면 그와 같이 중요시된 의사소통이라는 현상에 그들은 어떻게 접근하고 있는 것일까? 여기서는 현상학의 창시자인 후설을 대표로 하여 <의사소통의 현상학>의 (구상이긴 하지만) 구체적인 모습들을 엿보고자 한다.

Ⅲ. 후설에서의 의사소통의 현상학. 『논리연구』의 후설은 '의사소통 기능'이 없는 '고독한 심적 생활'이라는 표현에서도 보이는 본질적인 것으로서 '의미와 의미작용의 상관관계'를 끄집어낸다[LU Ⅱ/1 32ff.]. 그것을 초기의 초고 「기호의 논리학(기호학)」(1890)[Hu **12**. 340ff.]과 비교하여 <기호의 현상학>이라고 부를 수 있지만, 그것은 의사소통을 고찰하지 않고 있다. 그러나 곧바로 의미, 나아가서는 세계의 '상호주관적 구성'[Krisis 171]이라는 구상에 이끌려 "개별 주관이 아니라 의사소통적인 주관성을 출발점으로 하지 않으면 안 된다"[Hu **9**. 38]고 말하게 된다. 『논리연구』에서도 의미의 전달로서의 대화가 성립하는 전제로서 화자가 청자를, 또한 청자가 화자를 각각 인격으로서 이해하는 것이 거론되고 있지만[LU Ⅱ/1 32ff.], 그것은 언어적 의사소통의 장면이 성립하기 위해서는 말을 주고받기에 앞서 타자 경험이 성립하지 않으면 안 된다는 것을 보이고 있다. 감정이입(자기이입)을 무엇보다도 우선 "원점으로서의 신체의 이해"[Hu **13**. 435]의 문제로 삼은 것은 언어적 의사소통의 근저에서 타자 경험을 포착하기 위해서인데, 『데카르트적 성찰』로 대표되는 <타자의 현상학>이 나타나는 것은 이러한 "의사소통적 상호주관성"[Hu **8**. 395]의 문제권역에서였다. 또한 언어에 의한 전달도 그리고 더 나아가 직접적인 대면적 관계에서의 <대화의 현상학>을 넘어서서 시공간적인 거리가 있는 타자에 대한 전달도 포함한 <전달의 현상학>을 구상하고 있다[Hu **15**. 473ff.]. 나아가 타자 경험과 이문화 경험에 대한 평행적인 고찰을 통해 서로 다른 문화공동체 간의 의사소통의 문제로서 <이문화의 현상학>도 엿보이고 있었다[Hu **15**. 214ff.].

Ⅳ. 전의사소통과 비의사소통의 현상학. <의사소통의 현상학>은 자타의 구별을 전제하는 의사소통의 근저에 자타의 근원적 공동성을 가능하게 하는 <전의사소통pre-communication>의 층도 분명히 하지 않으면 안 된다(메를로-퐁티). 그러나 다른 한편으로 의사소통의 가능성을 위협하는 것으로 볼 수 있는 타자의 이타성異他性(자타의 비대칭성)이야말로 사실은 의사소통을 가능하게 한다(레비나스)고 한다면, <비의사소통dis-communication> 역시 <의사소통의 현상학>에 끼워 넣어야만 할 것이다. ☞ ㉴공동존재, 대화, 상호주관성, 자기이입, 타자

—하마우즈 신지(浜渦辰二)

[참] H. Rombach, "Die Grundstruktur der menschlichen Kommunikation. Zur kritischen Phänomenologie des Verstehens und Mißverstehens", in *Phänomenologische Forschungen*, Bd. 4, Alber, 1977(中山善樹 譯,「現象學と言語の問題 人間的コミュニケーションの根本構造」,『言語哲學の根本問題』, 晃洋書房, 1979에 수록).

의사실재疑似實在 [(독) Pseudoexistenz]

마이농이 「고차 대상과 그것의 내적 지각과의 관계에 대하여」("Über Gegenstände höherer Ordnung und deren Verhältnis zur inneren Wahrnehmung" 1899)에서 제시한 내적 지각에서의 대상의 존재양식. 내적 지각이란 우리가 어떤 것을 표상·판단·가정하고 있을 때 그 체험 그 자체를 명증적으로 지각하는 것을 말한다[전집 Ⅱ 408]. 이때 동시에 체험에 포함되는 내재적 객체(immanentes Objekt)도 주어진다. 이러한 내재적 객체는 체험에 의존하지만 그 부분은 아니고, 따라서 실재하지 않으며 내용과는 구별된다. 또한 체험에 의존하고 주관에 대해서만 존재한다는 점에서 체험에서 독립하여 실재·존립하는 대상 및 비존재의 대상과는 존재의 범주를 달리 한다. 그 때문에 내재적 객체는 단지 의사

지각되어 의사 실재할 뿐이라고 말해진다[401-415]. 주석자인 피셔(Auguste Fischer)는 이것을 가리켜 "내용에 대한 허구적 대리물"에 지나지 않는다고 말한다[473]. 『우리의 앎의 경험적 기초에 대하여』(*Über die Erfahrungsgrundlagen unseres Wissens*, 1906)에서는 이것을 '의사객체'(Pseudoobjekt)라고 부르고 내용에 작용의 기반과 대상의 대표라는 이중의 역할을 부여하는데, 의사객체는 후자의 상관항으로서 요청된 것이라고 한다[전집 V (422)-(431)]. 나아가 『가정에 대하여』(*Über Annahmen, 2.Aufl.* 1910)에서는 객관적인 것도 의사 실재한다고 말해지게 된다[전집 IV 59]. 마이농이 내용에 대응하는 것으로서 주관 안에 있으면서 심적이지 않은 의사대상에 마음 쓴 점에 주목하여 후설의 노에마와의 근연성近緣性을 지적하는 사람도 있다[M.-L. Kalsi, *Alexius Meinong*, M. Nijhoff (1978), 48]. ☞ ㊓지향성, ㊒마이농

—에리구치 아키토시(江里口明俊)

의미의 역사 意味—歷史 [(독) Sinnesgeschichte] ⇨㊓발생

의미지향/의미충족 意味志向/意味充足 [(독) Bedeutungsintention/Bedeutungserfüllung]

'의미지향'과 '의미충족'이라는 용어는 후설이 일반적으로는 언어 표현의 의미 이해의 구조를 해명할 때에, 또한 특히 판단에서의 진리의 실현 과정을 해명할 때에 사용한 용어이다.

후설에 의하면 언어 표현을 '이해'한다는 것은 그 표현이 '의미'하는 의미내용을 파악하는 것이지만, 이것을 주관의 측으로부터 표현하면 '의미부여意味賦與'(Bedeutungsverleihen)하는 것이다[Bedeutungsverleihen을 '의미부여意味賦與'라고 번역하고, Sinngebung을 '의미부여意味附與'라고 번역하여 구별하기로 한다. 두 개념의 차이는 '의미부여意味附與' 항의 설명을 참조]. 이 작용에서 그 해당 표현이 '사념하고 있는' 대상에 대한 관계는 다만 '지향'인 채로 머물고 있다. 그것을 후설은 '공허'(leer)라고도 표현한다. 후설의 의미론에서 중요한 것은 <언어 표현의 '의미'란 어디까지나 지시대상에 대한 관계를 매개하는 것이다>라는 점이다. 따라서 대상에 대한 지시 관계가 실현되지 않는 한 의미 이해는 공허한 '의미지향'에 머무는바, 그것은 대상과의 직관적 관계에 의해 충족되어야만 한다. 그런 의미에서 '의미지향'의 단계에서도 거기에는 대상에 대한 지향적 관계가 내장되어 있다고 말할 수 있다. 요컨대 언어 표현의 의미를 이해하는 것과 같은 경우에는 단지 그 언어 표현이 의미하는 내용, 즉 '사상'(Gedanke)의 파악에 머무는 것이 아니라 객관적 대상 내지는 대상성이 '노려지고' 있는 것이다. 이러한 대상관계가 드러나게 되는 것은 직관에 의한 의미충족화에 의해서이다.

후설에 의하면 언어에 의해 표현된 어떤 판단이 참인지 거짓인지에 대한 확증은 지각 등의 현재화 내지는 그에 준하는 지향작용인 준현재화라는 직관적 작용의 활동에 의해 대상적인 것이 우리에게 현출됨으로써 이루어지며, 그렇게 하여 현출된 객관적 사태가 그 이전에 이해되고 있던 의미내용과 '합치'하는 경우에 그 판단 내지는 언명이 '참'이라고 판정된다고 한다. 후설의 이와 같은 사고방식은 전통적 진리 개념, 요컨대 '사물과 지성의 일치'(adaequatio rei et intellectus)라는 구도에 따른 것이다. 오로지 언어 표현의 문자 그대로의 의미 이해는 후설에게서는 '의미지향', 더욱이 '의미부여賦與하는' '의의(signitiv) 지향'인바, 그때에는 '의미'를 매개로 하여 '대상적인 것', 요컨대 특정의 '사태'가 사념되고 있었던 것이다. 그와 같은 '사태'가 직관적 지향작용에 의해서 우리에게 생생하게 주어지고, 더욱이 의미지향에서 사념된 대로 주어지면 양자의 '합치'·'일치'가 실현된다. 더 나아가 후설의 진리 개념에는 또 한 단계의 요소가 있다. 요컨대 의미충족이 실현되는 직관작용에는 '명증성'의 단계가 있으며, 따라서 '궁극적 진리'란 <의미지향에서 '사념'된 대로 직관에서 인식 대상이 충전적(adäquat)으로 자기 현시함>으로 되는 것이다. ☞ ㊓의미부여

—미야하라 이사무(宮原 勇)

참 J. N. Mohanty, *Edmund Husserl's Theory of Meaning*, The Hague, 1964.

의식 意識 [(영) consciousness (독) Bewußtsein (불) conscience]

<의식>은 <나는 생각한다(cogito)>의 자기 확실성을 제1원리로 하여 출발한 근대 철학의 가장 기축적인 개념이다. <나는 생각한다>를 제1원리에 둔다는 것은 일반적으로 존재하는 모든 것이 모종의 방식으로 의식될 수 있는 것에 다름 아니며, 의식될 수 없는 것은 존재자로 인정하지 않겠다는 결의의 표명 외에 다른 것이 아니다. 후설에서 시작되는 현상학은 이러한 입장을 그 출발적인 의도에 따라 계승하여 그것을 끝까지 철저하게 추구해 가는 과정에서 도리어 이 입장의 근저를 허물어뜨리는 결과에 이르렀다고도 말할 수 있다. 그 과정에서 현상학적 의식 개념의 변천을 추적하는 것이 여기서의 주제이다. 하지만 그에 앞서 <의식>이라는 말의 뜻과 현상학의 성립을 촉진한 근대의 의식 개념의 전개를 필요한 범위에서 추적하고자 한다.

<의식>이라는 한국어・일본어는 원래 불교 용어이며, 유식사상에서 오관에 관계하는 오식을 통일하는 것으로 생각되고 있던 제6식(mano-vijñāna)의 한역에서 유래한다. 이 말은 일본에서도 오랫동안 바로 그 의미로 사용되었지만, 메이지 초기에 니시 아마네西周에 의해 영어의 consciousness의 역어로 채용되어 이후 프랑스어의 conscience와 독일어의 Bewußtsein의 역어에도 해당되게 되었다. 이러한 유럽의 근대어들은 라틴어의 conscientia에서 유래하는데, 이 라틴어는 접두사 cum(함께)과 scire(알다)가 합성된 conscius를 어원으로 하며, 어떤 행위나 사고 또는 감정에 그에 대한 앎, 요컨대 자기의식이 수반하고 있다는 것을 의미했다.

그런데 앞에서 언급한 근대의 의식 개념을 확립한 것은 데카르트인데, 그는 cogito(나는 생각한다)의 그 cogitatio(생각하는 활동)를 perceptio(표상작용)로 바꿔 말하는가 하면 conscientia라고 바꿔 말하기도 한다. 요컨대 그의 cogito에는 표상작용과 그것에 수반되는 자기의식의 양면이 함의되어 있는바, 하이데거가 지적하듯이[N Ⅱ] 그것은 정확하게는 cogito me cogitare(내가 생각한다고 나는 생각한다)라고 말해야만 하는 것이다. 그리고 데카르트는 이러한 자기의식에서 정신적 실체의 통일성의 근거를 찾고 있다. 라이프니츠도 의식의 이러한 <자기의 표상작용을 알아채고 있다>고 하는 계기를 중시하고, 이것을 apperceptio(통각)라고 부른다. apperceptio란 ad-perceptio, 요컨대 무의식적 표상작용(perceptio)에 수반하여(ad-) 그것을 통일하는 의식이다. 그의 사상을 계승한 제자인 볼프(Christian Wolff 1679-1754)가 이 <알아채고 있다>고 하는 상태를 가리키기 위해 Bewußtsein이라는 독일어를 만들었다고 말해진다. 동일한 사상 계보에 속하는 칸트도 "나는 생각한다는 것은 모든 표상에 수반할 수 있는 것이어야만 한다"고 주장하고, 이러한 초월론적 통각(=의식 일반)에서 모든 표상의 통일의 근거를 찾고 있다. 그들에게 있어 <의식>은 거기에서 모든 표상이 통일되어 대상으로 구성되는 장, 요컨대 모든 존재자가 출현하는 일종의 절대적(초월론적)인 장으로 간주되고 있었던 것이다. 그에 대한 규정 방식은 실로 다양하지만, 근대의 의식 개념은 그 후에도 헤겔의 <의식의 경험의 학>(『정신현상학』에 당초 예정되어 있던 표제)에 이르기까지 기본적으로는 이러한 성격을 보존하고 있다.

그 의식 개념이 결정적으로 변질되는 것은 19세기 후반에 분트의 주도 하에 성립한 실험심리학에서이다. 당시 종래의 철학적 심리학에서 탈피하여 과학이 되고자 했던 심리학은 그 연구 대상인 <마음>을 무언가 객관적인(물리학적인) 세계 속에 위치지우고, 물리학자가 물리 현상을 연구하는 것과 마찬가지로 객관적인 방법으로 심리 현상을 연구하고자 했다. 그리하여 요청된 것이 <감각>이라는 개념과 <자극-흥분-감각>의 항상적인 대응 관계이다. 아무리 복잡한 것이라 하더라도 모든 심리 현상을 구성하는 기본 요소가 감각이고 그 감각이 물리적 자극과 일 대 일의 항상적인 대응 관계를 지닌다고 한다면, 심리 현상은 비록 간접적으로이긴 하더라도 객관적 세계의 일정한 지점과 일정한 시점에 위치지어짐으로써 말하자면 실재의 한 영역일 수 있다. 그렇게 되면 심리 현상도 물리

현상과 마찬가지로 인과 연관 속에서 파악되고 양적으로 규정될 수 있게 된다. 이러한 가정 위에서 과학적 심리학이 성립했지만, 그와 더불어 의식의 저 초월론적 성격은 전적으로 시야에서 사라지고, 의식은 수동적으로 주어지는 감각의 타성적인 복합체에 불과하게 된다. 마음을 <관념의 다발>로 본 흄(David Hume 1711-76)과 콩디약(Etienne Bonnot de Condillac 1715-80)의 감각론 등이 이러한 의식 개념의 근거로 되었다.

감각 연구의 영역에서 커다란 성과를 거둠으로써 힘차게 출발한 과학적 심리학과 더불어 지배적으로 된 이러한 의식 개념에 대해 즉각적으로 철학자들이 강한 반발을 보였다. 의식을 등질적인 물리학적 시간 속에 두고 양적으로 규정하고자 하는 분트 류의 사고방식을 비판하고 의식의 유동성과 그 질적 변화를 강조함으로써 의식을 객관적 세계로부터 구출하고자 한 것이 제임스의 '의식의 흐름'과 베르그송의 '순수 지속'의 사상이었다. 그러나 그들에게 있어서도 그와 같이 파악된 의식은 그 존재론적 성격이 불명확할 뿐만 아니라 의식의 저 초월론적 성격도 충분히 고려되고 있지 않다. 그에 반해 의식이 결코 자기 완결적인 상태 등등이 아니라 언제나 <무언가에 대한 의식>이라는 것, 요컨대 의식이란 대상이 현출하는 장이라는 것을 강조함으로써—적어도 그 의도에서는—의식의 초월론적인 성격을 복권하고자 한 것이 브렌타노이다. 그는 심적 현상, 요컨대 의식의 본질을 <대상에 대한 지향적 관계>에서 보고자 한다. 그러나 브렌타노는 여전히 의식을 세계 내부적인 하나의 존재자로 보고 있기 때문에 이 <관계>를 파악하는 방식에 애매한 점이 있는데, 가령 "지향적 체험은 무언가를 대상으로서 자기 자신 속에 포함한다"고 말하고 있듯이 그것을 세계 내부에서의 실재적 관계로 생각되도록 표현하기도 한다.

한편으로 제임스와 베르그송의 <의식류>라는 발상에 자극받고 다른 한편으로 브렌타노의 사상을 이를테면 정화하여 의식의 초월론적 성격을 명확히 내세운 것이 후설이다. 그러나 그 역시 그 의도를 완전히 실현하기 위해서는 <현상학적 환원>이라는 대담한 방법을 발견하지 않으면 안 되었다. 요컨대 <세계 정립>—객관적 세계의 존재를 암암리에 단정하는 것—을 본령으로 하는 자연적 태도에 서는 한에서는 자기의 의식 체험 역시 객관적 세계 내부에서 생기하는 하나의 실재적 사건으로서 다른 사건과의 인과 연관 속에서 보이게 되는 것이다. 그러나 우리가 아무리 뿌리 깊은 것이라 하더라도 하나의 사고 습관에 불과한 이러한 자연적 태도를 받아들이길 그만두게 되면, 그 의식 체험은 이미 <세계 내부적>이라는 규정을 떨쳐 버리고 세계 내부적인 인과 연관으로부터 해방되어 모든 존재자가, 그리고 가장 근원적인 현상인 세계마저도 현출하는 초월론적인 장, 요컨대 <초월론적 의식>으로서 파악된다. 자연적 태도를 정지시키고 그와 같은 초월론적인 장으로서의 의식을 획득하는 이러한 방법론적 조작이 현상학적 환원이다. 하지만 이것은 특별한 비의적인 조작이 아니라 자기의 의식을 보는 방식을 변경하는 것에 다름 아니다. 그리고 그에 의해 얻어지는 초월론적 의식은 <순수 의식>이라고도 불리는데, 그 경우의 <초월론적>이라든가 <순수>라는 것도 이미 <세계 내부적>이라는 규정을 지니지 않는다는 것일 뿐이다. 자연적 태도에 있어서는 모든 존재자가 거기에 속한다고 간주되는 <세계>도 포함하여 이러한 초월론적 의식에 나타나는 모든 존재자의 존재의미(예를 들면 실재적이라든가 이념적이라고 하는 것과 같은)를 그 나타나는 방식, 요컨대 그것이 의식되는 방식으로부터 통일적으로 규정하고자 하는 것이 후설 현상학의 근본 의도였다. 그는 끊임없이 흐르는 의식 체험의 흐름 속에서 다양한 대상이 현출하는 것은 그 체험류(Erlebnisstrom)가 단순한 혼돈이 아니라 특정한 방식으로 구조화되어 있기 때문이라고 생각하여, 그 구조화의 본질적 유형을 정리하고 각 유형의 구조 분석을 수행함으로써 이상과 같은 과제를 달성할 수 있다고 보았다. 그렇다고 한다면 그의 현상학은 근대 철학의 출발 동기를 복권시키고자 하는 시도인바, <의식>이야말로 그 시도의 중심축을 이루는 개념이라고 말할 수 있을 것이다.

그러나 당시 후설에 의해서 그 현상학의 후계자로 주목

받고 있던 하이데거는 의도적으로 이러한 <Bewußtsein(의식)>이라는 개념을 거부하고, 그 대신에 <Dasein(현존재)>이라는 개념을 내세운다. 현상학이 전개되는 가운데, 더구나 발족 직후 곧바로 그것의 가장 기축적인 개념이 방기되는 기묘한 사태가 발생하는 것이다. 거기에는 다양한 동기가 작용하고 있었겠지만, 아마도 그 가장 큰 동기는 <나는 생각한다>의 자기 확실성, 요컨대 의식 그 자신에서의 절대적 투명성에 대한 불신일 것이다. 데카르트와 후설에게 있어 자기 자신의 의식은 특정한 정화 작업—<방법적 회의>와 <현상학적 환원>—을 거치기만 한다면 모든 존재자가 그 존재의미를 분명히 개시하여 보이는 절대적인 장이며, 그 절대성은 어떠한 의심도 허용하지 않는 것이었다. 그러나 정말로 그럴까? 만약 그 정화 작업 자체가 무언가 역사적 규정을 지니는 것이라고 한다면, 요컨대 그것이 무언가 역사적 규정을 짊어진 의식의 이념을 목표로 한 정화 작업이라고 한다면, 그에 의해 획득되는 의식도 <순수 의식> 등일 수는 없게 된다. 사실 현상학적 환원이라 하더라도 결국은 자연적 태도로 살아가는 우리에 의해서 시도된 것이라고 한다면, 전혀 자연적 동기에 의해 촉구되고 있지 않다고는 말할 수 없는 것이다. 동기 없이 이러한 일이 시도된다고는 도저히 생각할 수 없다. 이에 반해 하이데거는 현존재가 이미 특정한 역사적 상황에 놓여 있다는 것을 솔직히 인정한다. 오히려 그 역사적 피한정성을 자각하게 됨으로써 역사의 다른 가능성에로 문이 열리며, 자기가 놓여 있는 역사를 해체할 가능성이 보이게 된다는 것이다. 그에게 있어 현상학적 환원은 역사적 상황 속에서 그 역사의 해체를 시도하기 위한 시점視點의 획득이라는 형태를 취하게 될 것이다. 그러나 자기 자신에 대한 투명한 현전성을 본령으로 하는 <의식>에게는 원리적으로 이러한 역사적 환원의 구조가 결여되어 있다고 하여 그는 이 개념을 거부하는 것이다.

<의식> 개념은 현상학의 그 후의 전개에서도 기구한 운명의 길을 걸어간다. 사르트르는『존재와 무』(1943)에서 의식에게 그 본질적 계기로서 비정립적인 자기의식을 동반시키며, 거듭해서 <자기에의 현전>을 의식의 본질이라고 본다. 하지만 사르트르도 이러한 자기에의 현전은 결코 "차분하고 부드러운 속마음의 친밀함"이 아니라 "자기로부터 거리를 취하여 존재하는 것"이라고 말한다. 그러나 이러한 거리란 <무>에 다름 아니기 때문에 의식은 또 다시 일종의 절대적 투명성을 회복하게 된다.

사르트르가 그러한 의식을 충실한 즉자존재의 한가운데서 나타나 말하자면 무를 분비하는 <존재의 구멍>으로 보는 데 반해, 메를로-퐁티는 그것을 <존재의 움푹한 곳>이라고 말한다. 그에게 있어 의식은 결코 자기 자신에게 완전히 투명하게 현전하는 것이 아니다. 의식이 현상학적 반성에 의해 발견하는 것도 자기 자신이 철두철미 비반성적인 의식 생활에 의존하고 있다는 것인바, 요컨대 신체에 깊이 결부되어 있다고 하는 것이다. 물론 이 경우 신체라 하더라도 결코 물질 덩어리와 같은 신체가 아니라 그 나름의 지향을 가지고서 세계의 구성에 응분의 기여를 하고 있는 신체이다. 메를로-퐁티의 의식은 이러한 신체 속에 깊이 뿌리내리고 있다. 혹은『행동의 구조』(1942)의 대담한 사고방식에 따르자면, <의식>이란 동물의 행동 발달의 역사 속에서 행동이 어떤 단계에 도달했을 때 출현하는 행동의 하나의 구조 계기이게 된다.

데리다의 이른바 <현전의 형이상학> 비판 시도도 자기 자신에 대한 직접적인 현전, 요컨대 자기 자신에게 있어서의 절대적 투명성을 본령으로 하는 <의식>을 원리에 두어온 형이상학에 대한 비판이자 <의식>의 해체 시도이다. 현상학의 전개는 후설에 의해서 일단 <순수 의식>으로까지 순화되어 현상학의 원리에 놓이게 된 <의식>의 붕괴 과정이라고도 말할 수 있을 것이다. ☞ [사]순수 의식, 시간의식, 의식작용/의식내용/의식대상, 의식류, 자기, 자아[에고], 정립적 의식/비정립적 의식, 존재의 움푹한 곳/존재의 구멍, 지향성

—기다 겐(木田 元)

[참] L. Landgrebe, *Philosophie der Gegenwart*, Bonn, 1952(細谷貞雄 譯,『現代の哲學』, 理想社, 1971). H. Ey, *La conscience*, Paris, 1963-68(大橋博司 譯,『意識』, 1, 2, みすず書房, 1962-71). 木田元,『メルロ＝ポンティの思想』, 岩波書店, 1984.

의식류 意識流 [(독) Bewußtseinsstrom ; Bewußtseinsfluß]

현상학이 모든 인식의 궁극적 권리 원천으로서 반성적 해명의 대상으로 하고, 또한 그와 같은 해명을 행하는 현상학 자신이 거기서 수행되는 영역인 '의식'(그것은 제1의적으로는 환원의 조작을 거쳐 획득된 초월론적 의식이다)은 다양한 사물과 사태가 나타났다가는 사라져가는 하나의 '흐름'이다. 이러한 의식의 존재방식이 다름 아닌 '의식류'인데, 그것은 내재적 의식 영역에서의 의식의 체험의 흐름으로서 '체험류'(Erlebnisstrom)라고도 불린다. 이러한 체험류에서 주어진 다양한 사태는 그것들이 의식 안에 내실적으로 포함되어 있는 한에서 의심할 수 없는 명증성을 지니는 절대적 경험의 영역에 속한다. 물론 반성에 의해 포착되는 것은 이 체험 사태의 그때마다의 지금이지만, 이러한 내적 현재는 각각 과거 지평과 미래 지평을 가지며, 반성은 그것들에로 연속적으로 이행하여 또다시 새로운 내적 현재를 포착할 수 있다. 그리고 여기서도 이러한 새로운 그때마다의 지금 역시 과거 지평과 미래 지평을 가지는바, 마찬가지로 동일한 모양의 이행이 가능해진다. 이리하여 과거와 미래의 양방향으로 연장, 확대되는 흐름은 "그것들을 포괄하는 하나의 흐름의 통일"에로 끼워 넣어지는데, "하나의 흐름이 나의 전반적 생이라는 모양으로 모든 것을 포함하며, 나는 그 전반적 생 속에 존재한다"[Hu 3. (2). 596]. 즉 의식류는 과거와 미래의 양방향을 향해 무한히 연장, 확대되는 연속성을 형성하며, 이 의식류 자신에게는 "시작도 끝도 없다"[Ideen Ⅰ 163]. 각각의 개별 체험이 이 의식류 안에서 어느 때 시작되고 어느 때 끝나는 것이지 이 의식류 자신은 원리상 그러한 것일 수 없다. 즉 의식류 그 자신의 시작과 끝은 체험의 대상일 수 없는 것이다.

과거와 미래의 양방향으로 연장, 확대되는 연속체인 체험류에는 그것을 체험하는 하나의 '순수 자아'가 수반된다. 즉 현상학적 의미에서의 절대자인 순수 자아와 그 상관자인 체험류를 가지고서 현상학이 수행되는 내적 영역은 완전히 완결된 하나의 절대적 영역을 형성하게 되는 것이다. 이러한 의식류의 구조 그 자체에 대한 해명은 의식의 시간적 존재방식에 의거하여 <내적 시간의식의 현상학>으로서 전개되게 되지만, 거기서 새로운 일련의 문제들이 떠오른다. 그것은 모든 체험을 체험으로서 구성하는 의식 그 자신이 시간적 흐름에서의 통일체라고 한다면, 이러한 통일은 도대체 어떻게 해서 구성되는 것인가 하는 문제이다. 만약 의식을 의식류로서 구성하는 또 하나의 구성의식을 상정한다면, 이러한 또 하나의 의식 자신도 흐름으로서 구성될 수밖에 없을 것이기 때문에 여기서 무한퇴행이 생기게 된다. 따라서 의식이 하나의 통일을 지닌 의식류로서 구성되는 것은 이미 그 자신은 시간적인 흐름이 아니라 시간화의 원천인 바의 '절대적 의식(류)'에서인 것이다[절대적 의식에 대해 상세한 것은 본 사전의 '시간' Ⅰ절을 참조]. ☞ ㈔시간, 의식, 자아[에고], 체험, ㈏내적 시간의식의 현상학

—사이토 요시미치(齋藤慶典)

의식의 흐름 意識— [(영) stream of consciousness]

의식의 가변적이고 유동적인 속성을 윌리엄 제임스는 의식의 흐름이라 부른다. 무언가 의식이 진행되고 있다는 것이 심리학의 기본적 소여이지만, 의식은 (1) 누군가 개인의 마음에 속하는 것으로서, (2) 부단히 변화하면서, (3) 언제나 연속적으로 흐르지만, (4) 그 대상의 어떤 일부분에 흥미를 지니고서 다른 것을 무시하는 선택적 지향성으로서 진행된다. 제임스는 특히 의식의 가변성, 유동성, 선택성을 역설한다. 의식의 가변성이란 의식의 대상이 동일하게 머물 때에도 의식 자체가 동일한 것으로서 반복되는 것은 결코 아니라는 것을 의미한다. 의식의 연속성이란 의식의 흐름에는 간격, 균열, 구분이 없다는 의미이다. 따라서 순간순간마다 새로운 의식이 차례차례 잇따라 일어나고 있는 마음의 비유로서 가장 적절한 것은 '사슬'이나 '열'이 아니라 '시내' 내지 '흐름'이다. 의식의 흐름 속에서 가변성과 유동성이 농후한 '추이적 부분'이 '프린지[테두리]'라고 불리며, 비교적 안정되고 명확한 '실질적 부분'이 '핵'이라고 불린다. 후설도 지향성으로서의 의식을 이념적으로 통일된 하나의 흐름 즉

체험류로서 파악하고, 체험류를 핵과 지평의 유기적 구조로서 기술하고 있다. 또한 윌리엄의 동생인 헨리나 J. 조이스 등은 다발 사이에서 나타났다가는 사라져가는 의식의 추이적 부분을 언어로 정착시키고자 하여 '의식의 흐름'파의 문학을 낳았다. ☞ ㊕프린지{테두리}, ㊀심리학 원리

—가토 시게루(加藤 茂)

[참] W. ジェイムズ(今田恵 譯),『ジェイムズ論文集』, 河出書房, 1956. Leon Edel, *The Modern Psychological Novel*, 1955, [2]1961 (龍口直太郎・高橋道 譯,『現代心理小說研究』, 評論社, 1959).

의식작용/의식내용/의식대상 意識作用/意識內容/意識對象

[(독) Bewußtseinsakt/Bewußtseinsinhalt/Bewußtseinsgegenstand]

근대 이래의 인식론적 문제 설정에 대한 후설 현상학의 기본적 태도를 이해할 때 대단히 중요해지는 것이 위의 세 개념에 대한 올바른 파악이다.

후설에 의하면 로크 이래로 <의식작용이 직접 향할 수 있는 대상은 의식 안에 현재 주어져 있는 내실적인 심리적 내용뿐이며, 이에 반해 의식 바깥에 있는 것은 이 내용을 매개로 해서만 의식이 관여할 수 있는 간접적 대상에 지나지 않는다>고 하는 견해가 자명한 것으로 되어왔다. 하지만 후설은 이 견해를 인식론에 수많은 재앙을 가져온 선입견이라고 하여 물리친다. 즉 이 견해에서는 내실적인(reell) "의식내용"이 의식작용의 "직접적 대상"으로 간주되며, "작용의 본래의 대상"은 "간접적" 대상으로서 고찰 밖에 놓이게 된다. 그리고 본래적으로는 "대상"에 돌려져야만 할 대상의 속성(색깔과 모양 등)도 "심리학적 의미에서의 내용"으로 되어버린다고 그는 말한다[LU Ⅱ/Ⅰ 160f.].

후설에 의하면 지각과 상기 등 다양한 <의식작용>은 지향성에 의해서 바로 의식을 초월한 <의식대상>에, 즉 다양한 속성을 갖춘 **대상 자체**로 직접 향해 있다. 그러나 의식작용 안에서 현출하는 이 대상은 의식작용 안에 내재해 있지 않은데, 바로 이 점에서 의식작용 안에서 의식되고 체험되는 내재적인 <의식내용>과는 엄밀하게 구별되어야만 한다. 후설은 여기서 <의식작용>과 그 <의식내용>으로 이루어지는 **내재적** 영역에 발판을 둔다. 그리고 그로부터 <의식이 의식을 초월한 대상에 어떻게 적중할 수 있는가>라는 근대 이래의 인식론적 문제와 대결하고자 하는 것이다. 그러함에 있어 무엇보다 중요한 것은 그가 의식의 내재적 영역 안에 내실적 내용(reeller Inhalt)뿐만 아니라 지향적 대상(intentionaler Gegenstand)도 헤아려 넣은 점일 것이다. 내실적 내용이란 의식작용에서의 감각소여(휠레)와 그것에 생기를 부여하는 파악(把握, 노에시스) 등, 의식의 내재적 영역에 실제로 그 구성요소로서 발견되는 내용이지만, 그러나 해당 의식작용이 지향성에 의해서 의식을 넘어선 대상을 향하고 있는 이상, 의식의 내재적 영역에는 의식작용에 의해서 지향되고 있는 **초월적** 대상도 바로 지향되고 있는 그대로의 '지향적 대상' 즉 '노에마'로서, 내실적으로는 아니지만 **지향적으로 내재**하고 있다. 이리하여 후설에서는 의식으로부터 **초월**한 <의식대상>이 의식에 지향적으로 **내재**하는 지향적 대상 즉 노에마로서 다시 파악되는바, 이 노에마는 의식의 **내재적** 영역에서 내실적 내용으로서의 <의식내용>에 기초하는 동시에 노에시스의 활동을 통해 **초월적**인 의식대상이라는 '의미'로서 구성된 것으로 위치지어지는 것이다. 따라서 앞의 인식론적 문제는 여기서는 <의식작용>에서 내실적 내용으로서의 <의식내용>에 기초하는 동시에 의식으로부터 초월한 <의식대상>이라는 의미가 어떻게 구성되어 가는지를 해명하는 형태로 다루어진다. 바로 이 점을 둘러싸고 위에서 언급한 세 개념에 대해 올바로 파악하는 것이 인식론에 대한 후설 현상학의 기본적 자세를 이해할 때 관건이 되는 것이다. ☞ ㊕내실적/이념적, 노에시스/노에마, 대상, 의식, 작용, 지향성, 초월/내재, 코기토/코기타툼

—사카키바라 데쓰야(榊原哲也)

의학과 현상학 醫學—現象學

의학(medicine)의 어원 mederi는 '치유'(healing)를 의미하며, 치료(therapy)의 어원 therapeiā는 '보살펴 줌'을

의미했다. 서양 의학의 시조 히포크라테스의 치료는 사실상 식양법, 요리법이었다고 말해진다. 즉 의학은 본래 병든 사람의 생활세계에 대한 배려였던 것이다. 그 이후 물리학(physics)의 유입에 의해 의사는 physician으로 불리게 되지만, 그것은 외과를 포함한 모든 치유하는 기예(healing art)의 담당자로서 단순한 외과의사 이상의 존재를 의미했다[*Shorter Oxford Dictionary*]. 현대의 관점에서 보면 기술이나 기계 그리고 데이터나 약물 등 도대체 아무것도 없는 것과 마찬가지였던 18세기의 의학자 부르하베(Hermann Boerhave 1668-1738)가 당시 유럽 전역에서 명의로서 알려지고 각 나라들로부터 환자를 모았던 것은 요컨대 본래적인 의미에서의 therapeiã를, 다시 말하자면 healing art를 행했기 때문일 것이다. 반 덴 베르크(Jan Hendrik van den Berg)는 "그는 요컨대 간호를 했을 뿐이다"라고 말한다[『현상학에로의 초대』]. 그러나 데카르트에서 시작되는 합리주의 이데올로기의 학문 일반에 대한 침투와 진행은 의학을 의과학으로, 나아가 엔지니어링(ME)으로까지 수렴시켜 나갔다. healing art로서의, care로서의 생활 속의 의료는 전문가가 행하는 cure로서의 의과학을 위한 현장에 불과하며, 최종적 권위가 의사에게 있는 것이 당연시되었다. (하지만 이 점에서 중세로부터의 기독교적 전통을 비록 형태에서만이긴 하지만 계승하고 있는 구미의 병원과, 비전원悲田院 등의 종교적 의료 활동을 일단 폐기하고 만들어진 일본의 '근대적' 병원 사이에는 미묘한 차이도 보인다.) 그럼에도 불구하고 의사가 동시에 교양인일 것이 요구된 시대에는 의사의 권위가 그다지 의문을 불러일으키지 않았지만, 오늘날처럼 의학이 고도로 전문화되고 테크놀로지로 변화된 상황에서 의사에게 동일한 역할을 기대하는 것은 가능하지 않게 되었다. 일리치(Ivan Illich 1926-)도 말하듯이 병원은 공장과 같이 되어버렸다. 거기서는 질병이 가공되고 제거되는 부분들처럼 다루어짐으로써 "인간의 삶과 근대 의학 사이에는 강력한 긴장 관계가 생기게" 되었다[『현상학에로의 초대』].

최근에는 서양 의학 그 자체로부터 예를 들어 뒤보스(René Dubos)와 바이츠제커(Viktor von Weizsäcker) 등과 같이 의학에서의 정밀하지만 단조로운 전통적 자연과학주의, 즉 데카르트주의의 방법론을 기본적으로 다시 바라보고자 하는 사람들도 생겨나고 있지만, 그러한 주장에서는 분명히 현상학에로의 기울어짐을 찾아볼 수 있다.

베르흐스마(Juritt Bergsma 1933-)는 암환자에 관한 연구에서 "환자에게 있어 암은 메타포다"라고 말한다[『암의 심리학』*Psychology of Oncology* (1988)]. 의사에게는 과학의 하나의 대상에 지나지 않는 암이 환자에게는 완전히 치유된 경우에도 여전히 "마음속에 계속해서 남는다." 육체의 병은 사라져도 질병에 의해 색칠되어 버린 세계 그 자체는 쉽게 변하지 않는다. 지금 의학에서는 본래의 healing art의 성격을 다시 받아들일 것이 요구된다고 말할 수 있다. 일본의 의학 분야에서는 현상학이라는 말이 일반적으로 오로지 정신의학의, 그것도 야스퍼스의 개념화로서 받아들여지기 쉽지만, 야스퍼스가 말하는 현상학은 원인과 결과를 전제하는 자연과학적 설명이 불가능한 병의 상태에 대한 보완적 접근으로서의 기술記述을 의미하는바, 엄밀한 의미에서 현상학이라고는 말할 수 없다. 정신병리학 분야에서는 그 후 보스와 빈스방거에서 시작되는 업적이 전개되고 있지만, 의학자 일반 사이에서는 정신병리학 그 자체가 의과학과는 이질적인 특수 영역으로 보이기 쉬울 것이다. 그러나 그들의 업적에 의해 단순한 물체로서의 육체(Körper, 어원은 사체)와는 이질적인 신체(Leib, 어원은 생명)의 실상이 밝혀져 온 것은 서양의 의학자들 사이에서도 움트고 있는 (본래 현상학에 대한 친근성을 갖춘) 동양 의학에 대한 관심이 증대하고 있는 사실과 더불어 그 결과가 주목된다. 최근 일본에서도 시작되고 있는 존엄사에 관한 논의에 의해 생겨난 움직임에 대해서도 동일하게 말할 수 있을 것이다.

☞ [사]간호와 현상학, 정신의학과 현상학

—하야사카 다이지로(早坂泰次郎)

[참] ヴァン・デン・ベルク, 早坂泰次郎, 『現象學への招待』, 現代社, 1982.

이끄는 실 [(독) Leitfaden]

의식 체험의 상들 및 층들을 현실화하기 위해 지향적 분석이 수행되지만, 이러한 지향적 분석은 반드시 의식의 지향적 대상으로부터 출발하여 그 대상의 의식에로 소급해가는 수순에 따라 행해진다. 이 경우의 대상을 가리켜 지향적 분석을 위한 '이끄는 실'이라고 부른다. 의식의 보편적 구조는 '에고 · 코기토 · 코기타툼'(자아는 의식대상을 의식한다)이지만, 의식대상 측에 서게 되는 지향적 대상이 의식의 유형적인 다양성을 개시하기 위한 '초월론적인 이끄는 실'의 역할을 수행하는 것이다. 지향적 분석에서 대상이 '이끄는 실'로 되는 것은 대상은 동일한 것으로서 현출한다는 점에서, 또한 의식은 반드시 우선 대상 쪽으로 향한다고 하는 특성을 지닌다는 점에서 유래한다. 그러나 '초월적' 대상만이 '이끄는 실'로 되는 것은 아니다. 시간의식의 차원에서는 '내재적 체험' 자체가 '내적 시간의식'의 대상이기 때문에 '내재적인' 의식 체험이 지향적 분석을 위한 '이끄는 실'로 여겨진다. '이끄는 실'이란 원래는 칸트의 용어로서 그는 『순수이성비판』의 '분석론'에서 순수 지성 개념들, 즉 '범주들'을 남김없이 체계적으로 발견하기 위해 전통적 논리학에서의 '판단표'를 이용하며, '판단표'를 '범주들'의 발견을 위한 '이끄는 실'이라고 칭했다. ☞ ㊕지향적 분석

—우시지마 겐(牛島 謙)

이념성 理念性 [(독) Idealität]

'이데아성'으로 옮겨지기도 하는 'Idealität'라는 독일어는 'Idee'에서 파생되었다. '이데아, 이데'는 어원이 되는 그리스어에서는 '보인 것'을 뜻하며, 일반적으로 플라톤 이래의 철학에서 일체의 사물의 형이상학적 본질을 가리킨다. 칸트에서 이데, 이념은 규제적 성격을 지니는데, 예를 들면 『순수이성비판』에서 신, 자유, 불사와 같은 경험의 가능성을 넘어선 개념들은 이미 지성적으로 규정된 경험들을 토대로 그것들을 체계화해 가는 최고의 규칙이다. 이와 같은 이성 개념으로서 이념은 이론적 반성 내부에 체계적 통일성을 세우고, 규제적 원리로서 이성과 마찬가지로 실천적 힘을 지니는바, 객관적 실재성은 인정되지 않지만 이성에게 있어 불가결한 개념이다. 후설의 이념 개념은 이와 같은 칸트적 용법과 밀접한 연관을 지닌다.

그러나 후설에게서 이념 개념은 대략적으로 두 가지 의미에서 사용된다. 우선은 칸트적 의미에서의 "이념적 본질", "이념적 극한"[Ideen I 138]으로서 사용되며, 다음으로는 이념화작용(Ideation)과 연관하여 '본질'과 거의 같은 뜻에서 사용된다.

첫 번째 의미에서의 이념은 더 나아가 (1) 기하학의 정밀함이라는 극한개념으로서의 이념[Ideen Ⅰ §74], (2) 신이라는 한계개념으로서의 이념[Ideen Ⅰ 157], (3) 개개의 체험과는 다른, 통일로서의 체험류(Erlebnisstrom)라는 이념[Ideen Ⅰ §83], (4) 철학자의 이성의 자기 책임에 기초하고 목적론적으로 몇 세대에 걸쳐 역사적으로 계승 · 지향되는, 이론적으로 통합된 궁극적인 진리 체계로서의 보편적 철학의 이념과 같은 방식으로 다의적으로 사용된다. 특히 그의 초월론적 현상학의 전개에서 중요해지는 것은 (3)과 (4)의 의미이다. (3)의 의미에서 이념은 현상학적인 의미에서 직관적으로 통찰되는 "(형식적 또는 질료적) 본질이라는 보편적 개념"[Ideen Ⅰ 6]과는 구별되며, 결코 완전하게 주어지는 것은 아니지만 그 존재는 절대적으로 의심할 수 없는 필증적인 명증성을 지닌다. 『이념들 Ⅰ』에서 그는 방법론적 의도에 따라 순수 의식이라는 절대자로부터 시간성을 배제하고 논의했지만, 같은 책에서도 체험의 흐름의 시간적 존재방식 때문에 하나의 의식류로서의 전체적 통일은 오직 칸트적 의미에서의 이념이라는 방식에서만 파악된다고 말하고 있었다. 그 후의 현상학적 분석의 심화와 더불어 이념으로서의 체험들의 전체적 통일에 대한 파악과 그에 대한 구성적 분석의 문제들은 환원과 초월론적 주관성 및 반성의 문제, 시간론, 발생적 분석, 학문론, 세계성과 역사성의 문제, 상호주관성의 문제 등과 관련되어 그의 사유의 중심 문제들 가운데 하나가 되었다. (4)의 의미에서 이념으로서의 보편적 철학의 사상은 일관되게 후설의 철학자로서의 일생을 관통하고 있는데, 그와 같은 이념의

실현인 현상학은 인류의 감추어진 동경이자 "인류 일반의 이념과 그 문화의 전개들 및 문화의 유형들의 이념에 속하는 보편적인 본질 가능성"[Hu **9**. 492]으로서 계승된 학문의 전통을 현실화한 것에 다름 아니었다. 그리고 그것은 한편으로 이성적 인식의 비판임과 동시에, 다른 한편으로 그와 같은 인식 비판의 비판으로서 가장 철저한 이성의 자기비판이고, "선입견 없는 사실 확인의 요구"와 "보편적 이성의 요청"과의 괴리, "연구의 시점視點에 대한 고집"과 "이성의 시점에 대한 고집"과의 역설이라는[H. Rombach, *Phänomenologie des gegenwärtigen Bewußtseins* (1980) 17] 현대의 위기적 상황에서 그리스 이래의 학의 이념을 되살리고자 하는 학적 시도였다. 말년(1935년 여름)의 "학으로서의 철학, 이 꿈은 깨졌다"[Krisis 508]고 하는 언뜻 보아 자기의 현상학에 대한 절망이라고도 이해될 수 있는 말 역시 당시 유럽의 학문적 상황에 대해 이야기한 것으로서 그 자신의 철학 프로그램에 대한 확신은 변함이 없었다.

두 번째 의미에서는 많은 경우에 이념은 본질과 거의 같은 뜻으로 사용된다. 현상학적 태도에 입각하여 초월론적으로 순수한 체험을 기술하는 본질론에서는 모든 진리와 인식이 보편적 본질 또는 대상을 직관적으로 파악할 수 있는 가능성에 기초한다. 개별적인 직관을 범례로서 취하면서도 단지 그 개체를 사념하는 것이 아니라 그것에 대응하는 유적 보편성을 간취하는 방법이 이념화작용, 이념화하는 추상(Ideation, Ideierende Abstraktion), 본질직관이다. 마이농과 마찬가지로 후설은 보편적 대상의 관념을 개별적인 감성적 대상의 관념으로 환원하는 유명론적인 입장에 반대하여 개별적 직관에 기초하는 동시에 새로운 종류의 객관성을 드러나게 하는 범주적 작용인 이념화에서 이념 또는 본질이 현실적으로 주어지게끔 하는데[LU Ⅱ/2 162], 학문이 성립할 가능성도 개별적 사실 속에서 보편적 본질 가능성을 간취하는 것에 달려 있다고 생각했다.
☞ ㉶본질직관, 실재적/이념적, 이념화작용, 이성

—치다 요시테루(千田義光)

이념의 옷理念— [(독) Ideenkleid]

갈릴레오로 대표되는 근대 과학의 창시자들은 수학적 자연, 방법적 이념을 발견하여 이후의 물리적 발견을 위한 길을 열었다. 나아가 과학적 인과법칙이라고 불리게 된 것, 즉 이른바 '참된' 세계의 선험적인 형식을 발견하고, 이념화된 '자연'의 모든 사건들이 정밀한 법칙에 따라야만 한다는 "정밀한 법칙성의 법칙"도 발견했다. 이러한 발견들은 자연과학의 발전에 있어 불가결한 것이었다. 그런 까닭에 그들은 "발견하는 천재들"이었지만 동시에 "은폐하는 천재들"이기도 했다. 왜냐하면 그들은 과학적이고 객관적인 세계가 사실은 주관적이고 상대적인 생활세계에 기반을 가진다는 것, 과학적 진리는 생활세계적인 진리로부터 생겨났다고 하는 역사적 사실을 은폐해버렸기 때문이다. 갈릴레오는 모든 학적 영위를 그 의미 기저로서의 생활세계로 돌려 물음으로써 학들을 근거짓는 작업을 행하지 않고, 오히려 무한히 열린 가능적 경험 속에 있는 생활세계에 객관적 과학의 진리라는 딱 들어맞는 '이념의 옷'(상징의 옷, 상징적 · 수학적 이론의 옷)을 맞춰 주었다. 그 이후 생활세계는 감성적이고 상대적인 비진리의 세계에 지나지 않으며 참된 세계란 과학에 의해 획득된 객관적인 세계라는 상식이 통용되게 되었다. 이러한 이념의 옷은 우리로 하여금 단지 하나의 방법에 불과한 것을 참된 존재라고 생각하도록 하는데, 그리하여 이념화된 자연을 학 이전의 직관적 자연과 바꿔치기 하여 객관적 과학의 진리를 유일한 절대적 진리라고 주장한다. 후설은 이러한 바꿔치기에 의해 과학의 의미 기반을 망각한 데서 인간성의 위기가 시작되었다고 말한다. ☞ ㉶생활세계, 이념화

—혼마 겐지(本間謙二)

이념적理念的 [(독) ideal, ideell] ⇨㉶실재적/이념적, 내실적/이념적

이념형理念型 [(독) Idealtypus]

베버(Max Weber 1864-1920)가 사회과학 방법론을 전개하는 가운데 사용한 개념. 이상형으로 번역되는 경우도 있다. 이 용어는 베버 이전에 이미 몇 사람에 의해 사용되었지만, 방법론 수준에서의 본격적인 논의는 베버에 의해 1904년의 『사회과학 및 사회정책적 인식에서의 <객관성>』(일본어 역: 富永祐治・立野保男 譯, 『社會科學方法論』, 岩波文庫, 1936)을 중심으로 이루어졌다. 베버에 의하면 이념형이란 경험적 실재를 사유에 의해 정돈할 때에 사용되는 사유 구성체인데, 그것은 무한히 다양한 소여의 실재로부터 연구자의 가치관심 내지 가치 이념에 따라서 그 일정 부분이 선택되어 그것 자체가 논리적 모순이 없고 개념 내용도 일의적인 명확함을 갖도록 만들어진 일종의 이상적 상(유토피아)이다. 그러므로 그것은 현실(대상)의 단순한 모사, 그 평균형, 유개념 혹은 가치적 의미에서의 <이상>을 보여주는 것이 아니다. 그런 한에서 이념형은 '일면적'이고 '비현실적'이어서 평가나 당위와는 직접 관계하지 않는다. <근대 자본주의>, <캘빈주의>와 같은 역사적 개체나 이념에 관한 이념형으로부터 <행위>나 <지배>의 유형들(순수형) 등이 잘 알려져 있다. 베버에 의하면 이념형의 역할은 그것을 수단으로 하여 연구 대상들의 색출・비교・측정・분류 등을 행하고 가설 구성이나 체계화에 방향과 지시를 주는 것이다. ☞ ㈔유형

—니시하라 가즈히사(西原和久)

이념화 理念化 [(독) Idealisierung]

"미리 주어져 있는 사실적 인간성과 인간적 환경으로부터 그 소재를 취하고 그에 의해 '이념적 대상성'을 창출하는" "순수한 사유"의 활동을 가리킨다. 근대의 물리적 객관주의는 고대의 과학과는 달리 합리적이고 무한한 존재 전체와 그것을 체계적으로 지배하는 합리적인 학이라는 이념을 구상했다. 이러한 무한한 세계는 합리적이고 체계적인 통일성을 지닌 방법만이 도달할 수 있는 세계인바, 거기서는 모든 대상이 그 완전한 즉자존재에 따라서 인식된다. 이러한 '무한하고 합리적이며 이념적인 대상'을 창출하는 순수한 사유의 활동이 이념화이다. 일상의 직관적 환경에서 우리가 경험하는 것은 결코 '순수한' 것, 예를 들면 '순수한 형태'가 아니라 좀 더 올바른가 아닌가 하는 정도의 차이에서 생각되는 것에 불과하다. 그러나 우리는 이로부터 생각할 수 있는 한에서의 완전화의 지평에로 자유롭게 나아감으로써 결코 도달될 수 없는 불변적인 극으로서의 극한형태를 미리 그릴 수가 있다. 이리하여 우리는 오로지 순수한 극한형태의 영역에 머무르는 '순수 사유'라는 이념적 실천을 지니게 된다. 이념화란 유형적인 것에 따르는 경험적 측정의 방식을 무한히 확대해갈 때 이러한 측정 방식이 질적으로 전환하여 형태를 "절대적으로 동일적이게, 방법적으로 일의성을 지니는 것으로서 규정하는" 기하학적 실천을 모델로 하여 생각되었던 것인바, 후설은 이러한 작용에 의해 근대과학의 대상이 구성되었다고 생각한다. 그 전형이 갈릴레오에 의한 자연의 수학화라고 말해진다. ☞ ㈔수학화, 이념의 옷, 이념화작용

—혼마 겐지(本間謙二)

이념화작용 理念化作用 [(독) Ideation]

여기서 '이념화작용'으로 옮겨지고 있는 Ideation은 '이념시理念視', '이념간취' 등으로도 번역되며, 이데아치온으로 음역되기도 한다. 엄밀학을 고집하는 시기의 후설은 경험적 사실들에 맞서 있는 본질들과 그것들의 연관들에 대한 순수한 기술記述을 현상학의 근본적 과제로 간주했는데, 이념화작용은 그 학의 성립을 가능하게 하는 본질직관이라는 방법에 관계되는 개념이다[Hu **9**. §9-10 참조]. 후설에 의하면 본질학을 가능하게 하는 진리와 인식은 보편적 본질의 직관적 파악 가능성에 기초하는데, 그때의 본질직관은 외적・경험적 소여에 의거하는 경우에는 그 개체적 특징과 가변적 요소를 자유로운 상상 안에서 변경하여 최종적으로 이미 더 이상 변경할 수 없는 것으로서의 순수 본질을 간취함으로써 가능해진다. 내적・경험적 의식에 주어지는 것의 본질직관은 내적으로 직관되는 체험의 내실적 및 지향

적 구성요소에 정위하는 가운데 체험 내에 개별화되어 있는 종적인 본질과 체험에 속하는 선험적 본질을 간취함으로써 가능해진다[LU Ⅱ/1 440]. 이와 같은 두 종류의 직관에서 외적 또는 내적 직관에 의거하면서도 그 직관에 주어지는 개체적 요소를 사념치 않고 개체성 대신에 오히려 보편성을 구성하도록 활동하는 의식의 파악 양식이 이념화작용이라고 불리는 것이다[LU Ⅱ/2 183]. 그 작용에 의해 개별적인 것 안에서 보편적인 것을, 경험적 표상 안에서 개념을 직관적으로 파악하고, 표상을 반복함과 동시에 개념적 지향의 동일성을 확인하는 것이 가능해지는바, 따라서 그것은 인식의 가능성을 위한 전제가 된다[LU Ⅰ 101 참조]. 이와 같은 사고방식은 로크의 일반관념설과 버클리와 흄에서 비롯되는 추상 이론과의 비판적 대결을 통해 획득된 것이다[LU Ⅱ/1 제2연구]. 주관적이고 상대적인 생활세계를 주제화하는 후기의 후설은 생활세계적인 경험에 의해 파악되는 유형적 개념과 수학적 자연과학에 의해 파악되는 이념적 개념의 구별을 강조하고, 이념화작용에 기초하여 자연을 정밀하게 일의적으로 규정하는 자연과학의 방법을 비판적인 함축적 의미를 담아 '이념화'라고 부름으로써 과학과 생활세계의 관계를 고찰했다. ☞ ㈎본질, 본질직관, 이념화, 자유변경, 추상, 형상{에이도스}

—와다 와타루(和田 渡)

이마주 [(불) image]

베르그송의 이마주론에서 우선 눈길을 끄는 것은 물질을 이마주와 등치시키고 있다는 점이다. 여기서 이마주는 무엇보다도 우선 사물과 표상의 중간적인 존재로 여겨진다. 즉 "관념론자가 표상이라고 부르는 것보다는 낮지만 실재론자가 사물이라고 부르는 것보다는 못한 모종의 존재"[『물질과 기억』 제7판 서문]를 가리키는 것이다. 이 이마주에는 두 개의 계통이 있다. 물질적 우주 전반을 구성하는 이마주와 나의 신체라는 이마주가 그것이다. 그리고 전자의 이마주가 후자의 이마주의 가능적 행동에 관계하게 되는 경우에 전자의 이마주는 지각이라고 불린다. 이와 같이 베르그송이 신체, 행동, 지각을 이마주의 한가운데에 다시 놓고자 하는 것은 기억의 문제, 나아가서는 정신의 문제를 가능한 한 적절하게 다시 제기하고자 하기 위해서라는 점을 놓쳐서는 안 될 것이다. 또한 특별히 베르그송은 직관과 개념의 중간에 위치하는 것으로서의 이마주에 대해서도 말하고 있다[「철학적 직관」]. 이와 같은 이마주는 추상적인 개념보다 직관에 가까운 것인 까닭에 귀중하다. 그것은 매개적 이마주로서 철학자의 탐구를 이끌 뿐 아니라 해석자의 이해를 이끌 수 있는 것이기도 하다. 어쨌든 비록 물질과 등치되거나 직관의 표현 매체가 되기도 하지만 베르그송에게 있어 이마주는 동적 성격을 부여받고 있다는 것을 잊어서는 안 된다. ☞ ㈎이미지, ㉑베르그송, ㈏물질과 기억

—시노하라 모토아키(篠原資明)

이미지 [(불・영) image]

현상학적인 이미지(이마주)론을 철학의 무대에 올린 것은 무어라 해도 사르트르일 것이다. 그는 우선 『상상력』에서 이마주 이론의 역사를 검토한 후 『상상적인 것』에서 이마주론을 전개했다.

사르트르는 전통적 이마주론이 지각과 이마주를 동일한 수준에 놓고 있었던 것을 비판한다[Imn]. 이마주를 물질과 등치시키는 베르그송이나 이마주를 잘못된 지각으로 간주하는 알랭(Alain 1868-1951)도 그 점에서는 다르지 않다. 이와 같은 전통적 입장에 대해 사르트르는 현상학으로부터 배운 의식의 지향성이라는 관점에서 이마주 문제와 대결하고자 한다. 의식이 무언가에 대한 의식인 이상, 지향성은 의식의 본질이다. 사르트르에 의하면 그뿐만 아니라 지향 대상의 실재성의 유무까지 의식되지 않으면 안 된다. 따라서 지각과 이마주의 차이는 지각이 대상을 실재하는 것으로서 정립하는 데 반해 이마주가 대상을 부재하는 것으로 정립한다고 하는, 요컨대 의식의 지향성의 방식 차이에서 구해지게 된다.

이와 같은 의식의 근본적인 차이로부터 실재계와

상상계의 이분법, 나아가서는 존재와 무의 이분법이 귀결된다는 것은 이제 쉽게 파악될 수 있을 것이다. 나아가 덧붙이자면, 철학자이자 작가이기도 한 사르트르에게 있어 베르그송과 프루스트에게서 들여다볼 수 있는 과거주의에 대한 반발이 사르트르의 이마주론에 대단히 훌륭하게 중첩되어 있는 것으로 보인다. 사실 『상상력』에서 가장 많은 지면이 할애되어 있는 것은 베르그송이며, 『존재와 무』에서의 시간론도 미래 중심적인 분위기를 지닌다. 이마주와 지각 사이에서 어디까지나 본성의 차이를 보고자 하는 사르트르의 입장은 철저히 회상과 지각 사이에서 본성의 차이를 보고자 한 베르그송의 입장을 시간성이라는 점에서 뒤집고자 한 것이라고도 볼 수 있다.

지나치게 성급하게 전도된 베르그송 철학으로 비쳐지기도 하는 사르트르의 이마주론에 비해 메를로-퐁티의 입장은 좀 더 미묘하다. 사르트르와 달리 지각의 문제를 좀 더 깊이 파헤치고자 한 메를로-퐁티에게 있어 베르그송의 이마주론은 그렇게 단순하게 잘라버릴 수 없는 것이었을 터이다. 이 문제는 만년의 살의 존재론과 균형을 맞추어 검토되어야 할 것이다. ☞ ㉴상상력, 이마주, 지각, ㉵베르그송, 사르트르

—시노하라 모토아키(篠原資明)

㊟ 平井啓之, 『ランボオからサルトルへ』, 弘文堂, 1958.

이방인 異邦人 [(영) stranger]

제1의적으로는 사회 집단의 구성원들이 공유하고 있는, 그 집단에 고유한 '문화 유형'을 공유하고 있지 않은 사람을 가리킨다. 그러나 이방인이 사회학적 탐구의 테마가 되는 것은 특히 그가 자신이 접근하는 집단에 영속적으로 수용되고자 하든가 아니면 적어도 용인되고자 하는 경우이다. 그 경우에 이방인은 해당 집단에 고유한 문화의 유형을 공유하고 있지 않음에도 불구하고 공유하고자 한다는 의미에서 그 집단의 내부에 있는 자도 외부에 있는 자도 아니며, 바로 그 경계에 있는 자(marginal man)로서 특징지어지게 된다. 그러한 경계인을 방랑과 정착의 통일 내지 근접과 원격의 통일을 나타내는 것으로서 묘사한 이가 독일의 사회학자 짐멜인데, A. 슈츠는 짐멜의 그러한 견해를 이어받는 한편, 좀 더 나아가 그것을 미국 사회학의 식견들을 가지고서 보강하면서 문화의 유형에 관한 지식의 모양을 축으로 하여 상세한 논의를 전개한다. 이방인을 주제화하는 것의 의의는 말할 필요도 없이 그의 경계인으로서의 위치로부터 결과하는 특유한 태도에 놓여 있다. 요컨대 그 태도란 집단 구성원이 스스로의 사회 집단에 고유한 문화의 유형을 자명한 것으로 여길 수 있는 데 반해, 이방인은 그것이 형성되어온 생생한 역사적 전통에 관계하고 있지 않기 때문에 그것에 어디까지나 객관적으로 접근할 수밖에 없으며, 더욱이 그 객관성은 반대로 스스로가 그때까지 자명한 것으로 간주하고 있던 자신의 고향 집단에 고유한 문화 유형도 회의의 대상으로 삼지 않을 수 없게 한다고 하는, 필연적으로 '위기'에 직면하는 이방인의 태도이다. 이러한 태도는 또한 사회과학자의 경험적 연구 방식에도 중요한 시사점을 던지고 있다. ☞ ㉵슈츠, 짐멜

—나스 히사시(那須 壽)

이성 理性 [(독) Vernunft]

Ⅰ. 이성의 현상학. 후설 현상학에서의 '이성' 개념은 J. S. 밀 등의 심리학주의적 논리학이 논리학의 원리를 인간의 심적 사실에 놓여 있다고 한 것에 반해, 후설이 심적 사실의 시간적 변화와 개인적 차이를 지적하는 가운데[LU Ⅰ 81-82] 시간을 넘어서고 개인을 넘어서는 이념적 · 법칙적 일반성을 본원적으로 직관하는 능력에 의해 선험적인 순수 논리학을 근거짓고자 했던[같은 책 92] 것에서 생겨난다. 그리고 이러한 "직관적인 <봄(Sehen)>", "본원적으로 주는 의식"을 그리스어의 노에인νοεῖν에 대응시켜[Ideen Ⅰ 36] 이성(νοῦς)과 현실을 노에시스(νόησις, 본원적으로 주는 활동)와 노에마(νόημα, 본원적으로 주어진 것)의 상관관계에 놓았다[같은 책 179ff.]. 즉 <현실적으로 있다>라고 하는 것은 <'현실적으로 있다'와 노에마적으로 사념되고 있다>를 말하는 것에 다름 아닌바, 후설의 현상학은

"이성의 현상학"[같은 책 282ff.]이 된다. 거기에서는 '본원적으로 주는 <봄>'이라는 이성 의식의 제1차적 기본 형태뿐만 아니라 완전하게 지각되지 않는 실재적인 사물에 대해서는 재현재화(Widervergegenwärtigung) 등의 제2차적 이성 성격도 필요하게 되며[같은 책 284], 나아가 이론적 진리 외에 가치론적 진리나 실천적 진리에 대한 이성 성격도 발견된다. 이리하여 다양한 이성 정립이 착종하여 현상학적 세계를 구성하지만 [같은 책 289ff.], 이러한 세계는 무질서한 착종이 아니며 이성은 자연적 세계와 이념적 세계 전체를 체계적으로 통일하고자 하는 목적론적 성격을 지닌다[같은 책 302-303]. 그 체계적 통일의 요점은 모든 이성 성격이 권리의 원천을 "본원적인 궁극적으로 완전한 증명"이라는 "근원이성"(Urvernunft)[같은 책 290]으로부터 퍼올리는 데 있다.

Ⅱ. 근원이성과 시간의식. 논리적 법칙에 대해 보편적 명증이 <없으면 안 된다>는 것은, 그러나 반드시 우리의 실제적인 경험에서 그와 같은 명증이 <있다>든가 <있을 수 있다>고 하는 것이 아니다[FTL 247-248]. 그런 까닭에 결국 후설은 이성적 직관, 명증을 "지향적 수행"[같은 책 249ff.]이라고 하여 "현실적 혹은 가능적인 <경험>"[같은 책 247]이라는 근원으로부터 다시 묻고, 그것은 본질적으로 동일한 성과와 방법이 "반복적으로 되풀이되는" 것을 "직각적으로 인식하는" 것이라고 생각했다[같은 책 246]. 그러나 '반복'은 물론 시간 속에서 행해지는 것인바, 이성의 지향적 수행은 의식의 시간적 변동 형태를 벗어나지 않는다. 의식은 확실히 현재에서는 생생하게 작용하고 있다 하더라도 거기에 "본원적으로 주어진" 것은 금세 과거의 기억의 지평 속으로 빠져들며[Hu **10**. 28-29], 미래의 예기된 것은 아직 막연한 지평으로부터 명확한 모습을 나타내고 있지 않다[같은 책 13-14]. 과거도 미래도 "본원적으로 주어지는" 것일 수 없기 때문에 지각의 내부에서도 "근원인상에는 공허한 과거파지와 공허한 미래예지가 필연적으로 결부되어 있다"[Hu **11**. 74]. 이성의 명증적 체험은 시간의식의 물결에 씻기어 '반복'을 위협당하고 있어 특권적 지위를 지니기 어렵다.

Ⅲ. 근원이성과 상호주관성. 이성적 직관이 절대적 특권을 요구한 또 하나의 근거는 그것이 <개개인들에 따라 다르지 않은> 보편성을 지닌다는 점이었지만, 이것은 자아(ego) 외에 타아(alter ego)가 존재한다는 것을 전제한다. 그러나 타아의 경험은 자아에게 있어 본원적으로 주어져 명증적으로 직관될 수 있는 것이 아니다. 확실히 타아의 신체는 자아의 면전에 현전하고 있지만, "타아 그 자체, 타아의 체험"은 결코 자아의 "근원적 소여성에 도달하지 않는다." 자아는 자기의 신체와 유사한 물체를 "타자의 신체"로서 "<유비화하여>(analogisierend) 해석"하고 그 타자의 신체 속에 자기의 근원적 체험을 "비유화하여 옮김"으로써 타자를 통각(Apperzeption)하지만, 그것은 "간접적 지향성"이자 <부대적 지각>(ad-perceptio)으로서의 "부대현전화"(Appräsentation)에 불과하며 명증적일 수 없다[CM §50]. 이 점에서도 이성적 직관은 그 보편타당성과 관련하여 지반이 흔들리고 있는 것이다.

Ⅳ. 근원이성과 생활세계. 이와 같이 시간의식과 상호주관성이 이성적 직관의 명증을 어렵게 만드는 제약이지만, 그로부터 후설은 이성적 직관보다 앞서 우리의 생의 사실이 존재한다는 것을 발견했다. 그것은 다름 아닌 우리가 학문적인 이념화를 하기 이전에 이미 타자와 함께 살아가며 매일같이 지내고 있는 이러한 일상적인 "환경세계", "부단한 생활세계"[CM §58]이다. 근대의 수학적 자연과학은 우리로 하여금 하나의 방법에 불과한 것을 참된 존재라고 생각하게 하여 생활세계의 모든 것을 가리고 있다. Ⅰ에서 언급한 '심적 사실'이라 하더라도 예외가 아니다. 객관과학적 진리라는 "이념의 옷"[Krisis §9 h]은 논리적 구축물에 불과하고 원리적으로 결코 지각할 수 없는 것이지만, 이에 반해 학 이전의 소박한 생활세계는 모두 현실에서 경험할 수 있는 것이자 "근원적 명증성의 영역"이다. 이리하여 후설은 생활세계의 "근원명증"[Urevidenz)[같은 책 §34 d], "생활세계의 아프리오리"로 되돌아감으로써만 "선험적인 학문들, 객관적·논리적인 학문들은 참으로 철저한, 엄숙하게 학적인 근거짓기를 획득할 수 있다"[같은 책 §36]고 생각하기에 이르렀다. ☞ ㉳

상호주관성, 생활세계, 타자

—마쓰이 요시카즈(松井良和)

참 鷲田清一, 『分散する理性』, 勁草書房, 1989.

이중감각 二重感覺 [(독) Doppelempfindung (불) sensation double]

대부분의 지각은 지각기관으로서의 신체의 일정한 국소"와 함께 있다"[mit dabei ist)[Ideen Ⅱ 144]. 이리하여 만지는 오른손에서 만져지는 왼손을 내세계적 사물로서 느끼고, 동시에 만져지는 왼손에서 만지는 오른손을 내세계적 사물로서 느낀다. 후설은 여기에서 나의 신체는 한편으로는 사물로서 느껴지며 또 다른 한편으로는 바로 특정한 장소"에서"(auf, in) 느껴지는 것과 같이 "이중의 양식으로"(auf doppelte Weise) 구성된다고 말한다[같은 책 145, 147]. 그러나 만지는 오른손은 동시에 운동감각(Kinästhese)도 획득하는데, 이것이 강조될 때 촉각의 인상은 약해지며, 만져지는 왼손의 촉각의 인상 쪽이 강해진다. 그러나 이들의 관계는 메를로-퐁티가 지적하듯이 "애매한 체제"로 주어진다[PP 109]. 그러나 대개는 만져지는 왼손에서 좀 더 강하게 '나의 신체'를 느끼고, 만지는 오른손에서는 타자 또는 내세계적 사물을 느끼는 까닭에, 만져지면서 만지는 나의 신체는 나 자신과 타자 내지 세계와의 만남의 원초적 장이 된다. 운동감각적 이중감각이야말로 나의 타자와의 공존재(Mitsein)와 세계에의 내존재(Insein)를 근거짓는 신체적 사실성이다. ☞ ㈔감각, 신체, 운동감각

—유아사 신이치(湯淺愼一)

이타성/친근성 異他性/親近性 [(독) Fremdheit/Vertrautheit]

후설은 '낯설고 다르다'(fremd)는 말{그것은 "other"(다르다, 他)와 "strange"(낯설다, 異)라는 두 방향의 의미를 지니기 때문에 이타적, 이타성이라는 말로 옮긴다}을 두 단계에서 사용한다. 즉 첫째로, 자아에 맞서 있는 타자를 고유성(Eigenheit)에 대한 이타성에 의해 특징지으며, 둘째로, 고향세계에 맞서 있는 이향세계異鄕世界를 친근성에 대한 이타성에 의해 특징짓는 것이다. 한편으로 고유성과 친근성은 도대체가 이타성과의 대비에서 비로소 두드러지게 되는 것이지만[CM 131], 다른 한편으로 '여기'와 '지금'이 그로부터 공간과 시간이 '방위'지어져(퍼스펙티브Perspektive화되어) 현출하는 '영점'인 것과 마찬가지로, 고유성과 친근성은 그로부터 이타성이 '방위'지어져 구성되는 '근원양태'(Urmodus)라고도 생각된다[CM 161]. 이타성이 고유성을 '넘어선다'고 하면서도 이타성을 근원양태인 고유성의 '변양태'라고 하는 후설에 대해서는, 한편으로 자기와 타자의 동근원성을 보지 못하고 있다(발덴펠스)는 비판이 있는가 하면, 다른 한편으로 타자의 타자성을 보지 못하고 있다는 비판이 제기되기도 했다(레비나스). 그러나 '살아 있는 현재'에서 이타성과 친근성이라는 근원적 차이의 공존을 발견하는 사람도 있고(베르네), 이타성과 친근성이 생활세계의 범주로서 중시되는 경우도 있다(슈츠). 그렇다면 타자의 타자성과 자기와 타자의 동근원성이라는 두 가지 비판 사이에서 이타성과 친근성의 관계가 다시 검토되지 않으면 안 될 것이다. ☞ ㈔고유영역, 고향세계/이향세계, 타자

—하마우즈 신지(浜渦辰二)

이해 理解 [(독) Verstehen]

'이해'가 철학에서의 주요 개념으로서의 지위를 획득한 것은 딜타이에게서이다. 그에게서 '이해'는 두 개의 문제 차원에서 주제화된다. 그 하나는 정신과학의 방법론이라는 문제 차원이다. 딜타이는 정신과학을 자연과학과는 전적으로 다른 종류의 자율적인 학문이라고 생각하고, 자연과학의 '설명'에 대해 '이해'(내지 '해석')를 정신과학의 독자적인 방법으로 간주했다. 1894년의 『기술적 분석적 심리학의 구상』에서 "우리는 자연을 설명하고, 심적 생을 이해한다"고 하는 저 유명한 테제가 제출된다. '심적 생의 연관'은 체험에서 근원적으로 주어지며, 따라서 그것을 직접적으로 파악할 수 있다. 그러나 1900년의 『해석학의 성립』에서부

터는 '표현'의 계기가 강조된다. 체험은 표현으로 외화된다. 이해란 외적인 표현을 실마리로 하여 내적인 체험을 파악하는 것이다. 이해는 '체험 · 표현 · 이해'라는 연관에서 성립하는 것이다.

그러나 딜타이 말년에 '객관적 정신'의 개념이 도입된다. '객관적 정신'이란 "개인들 사이에서 성립하는 공통성이 감성계에 객관화된 다양한 형식"을 말하는데, 이것이 이해의 매체 내지 기반을 이룬다. 즉 우리의 모든 세계 이해나 자기 이해는 역사적으로 형성된 공통의 의미지평('객관적 정신')을 기반으로 하여 성립한다는 것이다. 그렇다면 여기서 '이해'의 문제는 정신과학의 방법론이라는 문제 차원을 넘어서서 <앎> 일반의 가능성이라는 문제 차원으로 옮겨지게 된다. 미리 주어져 있는 '이해'로부터 출발해야만 한다는 이러한 딜타이의 발상이 하이데거에 의해 철학적으로 첨예화됨으로써 해석학은 철학의 방법으로서 충분히 단련되게 되었다. 하이데거의 '현존재의 해석학'은 인간에게 미리 주어져 있는 '존재이해'를 주제화하고 그 이해 내용을 해석함으로써 인간의 존재구조를 해명하고자 하는 것이다. 또한 가다머의 '철학적 해석학'은 <이해는 현존재의 존재의 방법이다>라는 하이데거의 생각을 근거로 삼아 이해의 역사성을 분석함으로써 '현실경험의 이론'을 전개하고자 한다. 나아가 후기 비트겐슈타인의 '언어게임'론은 딜타이의 '객관적 정신'론을 언어 분석의 수법에 의해 해명하고자 한 것이라고 풀이할 수 있다. 이와 같이 '이해'는 현대의 <해석학적 철학>의 근본 개념을 이루고 있다. ☞ ㊄정신과학, 해석학과 현상학, ㊅딜타이

—마루야마 다카시(丸山高司)

이향세계 異鄕世界 ⇨㊄고향세계/이향세계

익명성 匿名性{**익명태** 匿名態} [(독) Anonymität]

무명성, 무기명성으로 번역되는 경우도 있다. 후설에서 초월론적 주관성의 세계 구성이 작동하고 있음에도 불구하고 그것이 그와 같은 것으로서 알려져 있지 않을 때 그것은 익명적이라고 말해진다. 자연적 태도의 자아는 실은 언제나 또한 세계 구성의 주체인 초월론적 자아이지만, 그 점은 현상학적 환원의 실시에 의해 비로소 알려진다. 자연적 태도의 자아는 자기를 언제나 세계 내의 자연적 자아로서밖에 발견하지 못한다. 거기에 자연적 태도의 소박함이 놓여 있는바, 자연적 자아의 소박성과 초월론적 자아의 익명성은 표리관계에 있다. 현상학적 환원은 이러한 소박성을 타파하여 초월론적 자아를 익명성으로부터 밝은 곳으로 내보내고자 한다. 현상학적 환원의 실시에 의해 밝은 곳으로 내보내진 초월론적 주관성은 시간적인 체험류(Erlebnisstrom)인데, 이것이 당장 현상학적인 반성적 분석의 대상이다. 그러나 초기의 초월론적 현상학은 체험류를 조각으로 만들어 정태적 분석을 행했다. 그러므로 현상학적 환원의 실시에 의해 소박성과 익명성이 일소된 것 같은 인상을 주었다. 그러나 실제로는 오히려 익명성 문제는 현상학적 환원의 실시 후에 한층 더 첨예한 모습으로 제기되게 된다. 모나드의 시간적 발생을 주제로 하는 발생적 현상학은 시간적인 체험류를 시간적인 체험류로서 분석한다. 그러나 시간적인 체험류는 시간적으로 이미 구성된 것인바, 시간 구성의 원천을 소급하여 보여준다. 다시 말하면 현상학적 반성이 시간적 체험류를 분석할 때 시간 구성의 원천은 익명적으로 작용하고 있는 것이며, 그런 한에서 이러한 현상학적 반성은 소박한 것이다. 따라서 시간적인 체험류를 시간 구성의 원천에로 되돌려 보내는 철저한 환원이 요구된다. 시간 구성의 원천은 선시간적인 내적 시간의식 또는 살아 있는 현재이다. 초월론적 체험류의 시간적 구성은 살아 있는 현재의 흐르면서 멈추어 서 있는 기능에 의해서 행해진다. 그러나 현상학적 반성은 이러한 살아 있는 현재를 파악할 수 없다. 반성은 반성하는 자아와 반성되는 자아의 분리와 통일인바, 이것은 살아 있는 현재의 흐르는 기능과 멈추어 서 있는 기능에 의해 가능해진다. 현상학적 반성이 자기의 근거인 선시간적인 살아 있는 현재를 파악하고자 하더라도 발견되는 것은 이미 시간

화된 것에 불과하다. 반성은 언제나 추각지追覺知인바, 살아 있는 현재에 따라붙을 수 없다. 살아 있는 현재는 익명성에 머문다. 슈츠나 메를로-퐁티에게서 익명성은 전인칭(인격)성 또는 비인칭성을 의미하며, 자아가 관여하는 인칭적 차원과 대비된다. 예를 들면 고차적인 사고나 결의와 대비되기보다 신체적인 감각작용이나 인격적 교제와 대비되는 유형적인 역할 행동은 그 담지자가 누구인지가 문제로 되지 않는다는 의미에서 익명적이다. ☞ ㉯살아 있는 현재, 자연적 태도/초월론적 태도, 현상학적 환원

—기노시타 다카시(木下 喬)

㊟ K. Held, *Lebendige Gegenwart*, Den Haag, 1966(新田義弘・小川侃・谷徹・齋藤慶典 譯, 『生き生きした現在—時間の深淵への問い』, 北斗出版, 1988).

인간적 질서 人間的秩序 [(불) ordre humain] ⇨ ㉮행동의 구조

인격(성) 人格(性) [(독) Person; Persönlichkeit]

인격이라는 것을 구체적인, 즉 살아 움직이는 모습에서 어떻게 포착할 것인가 하는 것은 사태 그 자체로 향하는 현상학의, 특히 현상학적 윤리학의 중요한 과제이다. 이 과제에 몰두한 것이 셸러였다. 실제로 주저 『윤리학에서의 형식주의와 실질적 가치윤리학』의 제2부의 절반 이상이 '형식주의와 인격'이라는 형태로 인격에게 돌려지고 있는 것이다. 이 제목으로부터도 밝혀지듯이 셸러는 칸트로 대표되는 이성적 인격이라는 것을, 그것은 단순한 논리적 주체 X와 같은 것에 불과하다고 비판한다. 살아 움직이는 인격은 작용(Akt)이라는 관점에서 작용중심(Aktzentrum)으로서 포착된다. 따라서 인격은 무언가 능력과 힘을 지니는 실체가 아니라 직접적으로 함께 체험된 체험의 통일성인바, 직접적으로 체험된 것의 배후나 외부에서 그저 생각된 것이 아니다[Formalismus 371].

셸러는 기능과 작용을 구별하여 기능은 대상화될 수 있지만 작용은 대상화될 수 없다고 한다. 또한 기능은 신체와 결부해서만 생각되며 자아에 속하고 심적 성질을 지닌다. 그에 반해 작용은 인격에 의해서만 수행되며 신체나 자아에 관계하는 것이 아니다. 나아가 작용의 본질이 정신으로 생각되고, 모든 정신은 본질필연적으로 인격적이라고 여겨진다. 여기에 인간의 본질을 정신에서 바라보는 셸러의 특징이 명확히 나타난다. 그러나 대상화되지 않는 인격도 공수행(Mitvollzug)에 의해 주어진다. 자식의 죽음을 슬퍼할 때 그의 아버지와 어머니는 동일한 슬픔을 함께 느끼는 것인바, 그와 같은 방식으로 작용이 함께 주어지는 것이다. 그리고 침묵할 수 있는 인격이 역시 주어질 수 있다고 한다면 그것은 궁극적으로 사랑의 작용 안에서이다.

셸러는 개별인격(Einzelperson) 외에 총체인격(Gesamtperson)을 인정한다. 그것은 예를 들면 개별인격을 구성원으로 하는 국민적 인격성이라든가 국가적 인격성이다. 그와 같이 개별인격은 사회적 인격(Sozialperson)이기도 하지만, 동시에 다른 인격과의 사회적 결합으로부터 전적으로 분리된 내밀한 인격(Intimperson)이기도 하다. 내밀한 인격은 유한한 인격들의 전 영역 내부에서 말하자면 절대적인 고독 속에 있다. 그러나 이러한 고독은 또한 신과의 관계에서도 배제되지 않는바, 오히려 거기서 연대성 원리의 참된 의미가 밝혀지는 것이다[Formalismus 549f.].

셸러의 인격론은 확실히 구체적인 인격의 모습을 파악하는 데 성공하지만, 동시에 다양한 문제도 남기고 있다. 예를 들면 기능과 작용의 구별의 애매함, 그것과 관련된 신체, 자아, 인격의 자리매김 문제, 나아가서는 작용 중심으로서의 인격의 동일성 문제 등이다. 또한 사랑이나 내밀한 인격에서 보이는 신과의 관계를 현상학적으로 어떻게 생각할 것인가 하는 것은 회피할 수 없는 중요한 동시에 어려운 문제이다.

『논리연구』에서 출발한 후설에게 있어 인격은 중요한 연구과제이긴 해도 무엇보다도 먼저 탐구해야만 하는 것은 아니었다. 다시 말하면 의식작용의 해명이 이루어지고 그에 기초하여 전개되어야만 하는 문제영

역에 인격이 위치지어졌던 것이다. 사실『이념들 Ⅰ』에서 순수 자아라는 생각이 전개되고, 이어서『이념들 Ⅱ』에서 인격으로서의 자아에 대해 논의가 이루어지게 된다. 그러나 더 나아가 후설은 구체적 개체로서의 모나드적 자아라는 생각을 전개한다.

정신적 세계를 구성하는 인격으로서의 자아는 습성을 지닌 자아로서 생각된다. 요컨대 인격으로서의 자아는 자아극으로서의 순수 자아가 아니라 지금까지의 작용 모두를 수행해온 자아이며, 의미짓기가 침전된 습성의 자아(Ich der Habitualitäten)인 것이다. 따라서 의미라는 것이 역사적으로 구성되어온 한에서 습성은 수동적이기는 하지만, 스스로를 동기짓는다는 의미에서는 능동적이다. 그러나 후설에 의하면 인격으로서의 자아는 자연적 태도로서의 인격주의적 태도에 대응하는 것일 뿐인바, 초월론적 태도에 대응하는 모나드적 자아야말로 좀 더 탐구되어야만 한다고 생각된다.

하이데거는『존재와 시간』제10절에서 후설과 셸러에 대해 그들은 <인격존재> 자신에 대한 물음을 이미 설정하고 있지 않다고 비판하며, 더 나아가 <수행한다>는 것의 존재론적 의미는 어떠한 것인가, 어떻게 해서 인격의 존재양식은 적극적으로 존재론적으로 규정되어야만 하는가라고 묻는다. 요컨대 하이데거에게 있어서는 현존재의 존재양식을 묻는 것이 무엇보다도 먼저 이루어져야 하는 것이었던 것이다. 이에 반해 뢰비트는 하이데거의 영향을 받으면서도 인간존재를 타자와의 공동존재로서 파악하고, 동료인간(Mitmensch)으로서의 역할을 짊어지는 것으로서 인격을 생각했다. ☞㈃윤리학과 현상학, 자아[에고], 자연주의적 태도/인격주의적 태도, 정신

—이케가미 데쓰지(池上哲司)

㊟ K. Löwith, *Das Individuum in der Rolle des Mitmenschen*, München, 1928(佐々木一義 譯,『人間存在の倫理』, 理想社, 1967).

인격주의적 태도 人格主義的態度 ⇨㈃자연주의적 태도/인격주의적 태도

인류주의 人類主義 [(독) Anthropologismus]

"모든 진리는 우연적으로 판단하는 주관에 대해 상대적이다"라는 입장을 '개별적 상대주의'라고 부른다면, "모든 판단은 그것이 인간의 종적 특성에 또는 그것을 구성하는 법칙들에 뿌리박은 것인 한에서 우리 인간에게 있어 진리이다"라는 입장은 '종적 상대주의'라고 불린다. 그리고 후설은 이러한 입장을 '인류주의'라고 부른다. 후설은『논리연구』제1권 제7장 '회의론적 상대주의로서의 심리학주의'에서 상세하게 인류주의를 비판한다. 인류주의는 "판단자 각각의 종의 구조, 그의 사고법칙에 기초하여 참으로서 타당해야만 하는 것은 그 종에 있어 참이다"라고 주장하지만, 이러한 학설은 배리이다. 왜냐하면 이 학설에는 "동일한 판단내용이 인간이라는 종의 하나의 주관에게 있어서는 참이라 하더라도 다른 구조를 지닌 어떤 종의 주관에게 있어서는 거짓일 수 있다"라는 것이 포함되어 있기 때문이다. 동일한 판단내용이 동시에 참이면서 거짓일 수는 없는 것이다. 후설은 여기서 볼차노의 '진리 자체'의 학설을 염두에 두고서 참다운 것은 절대적이며 «그것 자체»가 참이고, 판단하는 것이 인간이든 천사든 신들이든 진리는 동일하다고 주장한다. 본래 종의 구조란 하나의 사실에 불과하고 사실로부터는 사실이 도출되는 데 지나지 않기 때문에, 이러한 입장은 영원하고 이념적이며 초시간적인 진리를 실재적인 것으로 삼게 된다. 후설은 지그바르트(Christoph Sigwart), 에르트만(Benno Erdmann 1851-1921) 등의 이름을 들어 이 입장을 비판하고 있다. ☞㈃상대주의, 심리학주의, 진리 자체, 학문론

—혼마 겐지(本間謙二)

인류학과 현상학 人類學—現象學

인류학과 현상학이라는 주제에 대해 생각할 때 상대주의라는 문제가 다루어지는 것이 통상적이지만, 전자의 상대주의에 대한 후자의 절대주의라는 손쉬운 대비를 피하는 것이 우선 긴요하다. 역시 경험적, 실증적 연구를 통해 개별 문화의 독자성을 묘사하고 비교하는

것을 주된 관심거리로 삼는 문화인류학이나 사회인류학에서는 우선 당장의 방법적 전제로서 개별적 문화들의 차이성이 강조된다. 그리하여 이러한 차이성을 19세기적인 진화주의나 전파주의에 의해 설명하는 것을 거부할 때, 문화의 상대성이라는 발상이 전면에 나서게 된다. 그러나 그렇다고 해서 곧바로 인류학 즉 상대주의라고 정식화하는 것은 지나치게 경솔한 생각이다. 진화주의나 전파주의에 대한 이의제기로서 즉각적으로 상대성이 주장되는 것은 그것들에 일면적으로 기초하는 논의가 방법적 엄밀성을 결여하고 있기 때문이다. 요컨대 학으로서의 인류학은 '인간 본성'이나 '인간적 보편'과 같은 개념과 관련하여 논점선취의 오류를 범하지 말 것을 주장하고 있을 뿐인 것이다. 이런 의미에서 현대의 인류학은 역설적이긴 하지만 '인간학주의' 비판이기도 하다.

여기서 후설에서 상대주의가 최초로 비판의 대상이 된 것이 『논리연구』에서 심리학주의가 비판될 때에 전개된 '종적 상대주의'로서의 인간학주의 비판이라는 점이 상기될 수 있을 것이다. 거기서는 '보편적으로 인간적인 것'이라는 개념이 대단히 의심스러운 것으로 생각되고 있는 것이다. 거기서 주장되는 것이 논리법칙의 절대성이라 하더라도, 회피되는 것은 앞에서 말한 것과 마찬가지의 논점선취의 오류라는 점에 대해서는 의심할 수 없다. 이러한 관점에서 보면 학으로서의 인류학과 현상학 사이에는 공통된 문제의식 위에 선 대화가 가능할 것이다. 즉, 하늘을 날아다니는 사유와 절대적인 관찰자라는 휘브리스를 비판하면서, "우리의 논리를 위해 타자를 희생하는 것이나 타자를 위해 우리의 논리를 희생하는 것이 아니라 타자를 이해한다"(메를로-퐁티)고 하는 가능성을 추구하는 것이 양자에게 공통된 과제가 되는 것이다. 그러나 그러한 대화는 지금 그 단서조차 만들고 있지 못하다는 것이 현재의 상황이다. 인류학 측과 관련해서는 '현상학적'이라는 형용사를 가지는 연구가 적긴 하더라도 없는 것은 아니지만(예를 들면 J. S. Lansing, *Evil in the Morning of the World: Phenomenological Approaches to Balinese Community*, University of Michigan, 1974), 거기서는 '환원'이나 '생활세계'와 같은 현상학의 용어가 상당한 정도로 환골탈태되어 사용되고 있는 데 지나지 않으며, 또한 일반적으로 현상학의 전문가를 자처하는 사람들은 후설의 술어를 그런 식으로 '오용'하는 것에 대해 그다지 관용적이지 않다. 역으로 현상학 측에서도 이문화 이해를 문제로 하긴 하지만, 스스로의 '걸림돌'인 '타자 이해'의 문제를 나타내는 실례 정도로서 인류학적 자료들에 대해 언급하는 데 지나지 않는 바, 거기서 사용되는 것도 기껏해야 에번스-프리처드(Edward Evan Evans-Pritchard 1902-73)나 레비-스트로스 등의 '대가'에 한정되어 인류학의 현실적인 최전선과 대화적인 공동 작업은 없는 것과 마찬가지다.

이러한 현상을 타개할 때의 핵심어로서 '기술'이라는 개념을 들 수 있을 것이다. 20세기 후반부터 민족지民族誌 기술에 관한 방법적 반성이 다양한 방식으로 전개되었다. 기어츠(Clifford Geertz 1926-)를 효시로 하는 '해석인류학'(이것을 리쾨르의 영향을 근거로 '해석학적'이라고 부르는 것은 다양한 이유에서 문제가 있다)이나 그 영향 하에 있는 라비노(Paul Rabinow 1944-)와 뒤몽(J. P. Dumont) 등의 '일인칭 민족지', 나아가서는 클리포드와 마커스가 편집한 『문화 쓰기』(J. Clifford and G. E. Marcus (eds.), *Writing Culture: The Poetics and Politics of Ethnography*, California UP, 1986) 등이 그 대표이다. 또는 이것에 프랑스의 D. 스페르베르(Dan Sperber)의 작업을 덧붙일 수도 있을 것이다. 현상학의 진면목이 역시 기술이라는 것에 있다고 한다면, 인류학의 이러한 자기반성을 동시에 스스로에 대한 도발로 받아들일 필요가 있다. 실제로 이러한 민족지 기술에 대한 반성의 계기의 하나가 사이드(Edward W. Said 1935-)의 『오리엔탈리즘』(1979)에 의한 비판적 도발이었다는 점을 생각할 때, 만년의 후설이 제기한 저 '유럽'이 지니는 문제성과 그렇게 먼 것이 문제로 되고 있는 것은 아니다.

메를로-퐁티의 보고에 의하면 후설은 레비-스트로스에게 보낸 서간에서 "역사적 상대주의도 하나의 인류학 상의 사실로서 의심할 수 없는 정당성을 지닌다"라고 썼다고 한다. 그러나 후설은 그에 이어서 "그러나 인류학은 일체의 실증과학 및 이러한 과학들의 총체와 마찬가지로 인식의 최초의 언어이긴 해도 최후의 언어는 아니다"라고 말하기도 한다. 현상학의 최후의 언어가 무엇이든 지금 요구되는 것은 '인류학 상의 사실'이 어떠한 의미에서 현상학적 인식의 출발점일 수 있는가를 묻는 것이리라. 그것은 인류학이라는 영역에서 인식되고 기술되는 '사실'이란 무엇인지를 함께 캐어묻는 것이기도 하다. ☞ ㊀상대주의, ㊁레비-스트로스

—미즈타니 마사히코(水谷雅彦)

㊂ 山口昌男, 「文化人類學と現象學」, 『講座現象學』, 第4卷, 弘文堂, 1980. 浜本滿, 「現象學と人類學」, 綾部恒雄 編, 『文化人類學15の理論』, 中公新書, 1984. 小川侃, 『現象學と文化人類學』, 世界書院, 1989.

인식 認識 [(독) Erkenntnis (불) connaissance]

I. 기본적 정의. 인식이란 대상을 하나의 통일체로서 파악하고자 하는 우리의 의식의 활동 혹은 그와 같은 활동에 의해 파악된 내용을 말한다. 또한 그 진리성이 '명증성'이나 '논리적 정합성'과 같은 일정한 근거에 의해 확증되어 있는 인식 내용을 '지식'이라고 말한다. 현상학적으로는 그야말로 모든 형태의 존재자가 인식의 대상으로서 생각된다. 예를 들면 개별적인 실재적 대상만이 아니라 사건과 수학적 대상 그리고 논리적 대상과 같은 추상적 사태도 인식의 대상이 될 수 있다. 또한 과거의 사태와 아직 실현되어 있지 않은 사태와 같은 이른바 시간・공간적으로 원격적인 사태, 나아가서는 상상 속의 사물까지 우리의 인식 활동의 대상이 될 수 있다. 또한 인식 활동은 그 작용 성격에서 예를 들면 지각, 상상, 기억, 기호적 인식, 타자 인식 등으로 분류된다.

II. 후설에서의 '인식' 개념. 후설은 인식작용의 본질 구조를 '지향성'이라는, 브렌타노로부터 이어받은 개념에 의해 포착하고 그것을 해명했다. 후설 현상학의 주요 관심은 '지향성'을 중심 개념으로 한 새로운 인식론의 구축에 있었다고도 말할 수 있다.

(1) '상관관계'의 발견. 『논리연구』 시기까지의 후설의 관심은 순수 논리학의 근본 개념과 이념적인 법칙을 구명하는 '객관적'인 연구 방향과, 그것을 통해 '논리적 형성체'가 대상적인 것으로서 구성되는 우리의 의식 활동에 대한 인식론적 해명이라는 '주관적'인 연구 방향의 양면으로 향해 있었다. 이러한 <인식 대상-인식작용>이라는 '상관관계'에 대한 주목이 『논리연구』 제2권에서의 인식론의 중요한 특징을 이루고 있음과 동시에 그 이후의 그의 인식론 전체를 관통하는 근본적 입장이라고도 말할 수 있다. 요컨대 상호적으로 규칙을 부여받으면서 수행되는 여러 가지 인식작용과 그것을 통해 통일체로서 성립해가는 인식 대상 간의 '상관관계'에 대한 해명이야말로 후설 현상학에서 말하는 '구성적' 분석이었다.

(2) 후설 인식론의 기본적 개념 장치. 이상과 같이 그의 인식론의 기본적인 관점은 '상관관계'에 있었던 까닭에 그의 인식론에는 <인식을 대상의 현출로 보는 견해>와 <인식을 주관에 의한 대상의 의미파악으로 보는 견해>의 양방향이 공존하고 있다.

① '현출' 이론(인식을 대상의 현출로 보는 견해). 지향적 체험을 '현출'이라고 하는 어법은 『논리연구』 이래로 다양한 텍스트의 이곳저곳에서 보이지만, 『현상학의 이념』에서는 바로 <현상의 학>으로서의 현상학의 대상으로서 '현출'이 제시되고 있다. 그때 '현출'과 '현출하는 것', 요컨대 현출 대상이 구별되며, 나아가 경우에 따라서 현출작용(Erscheinen)이라는 항이 내세워진다. 이 '현출'이란 넓은 의미에서는 지향적 체험과 같은 뜻으로 사용되지만, 특히 후설에서는 지향작용의 원형으로 여겨지는 지각, 즉 '사물지각'(Dingwahrnehmung)을 분석할 때에 그것과 동의어로서 빈번하게 사용된다. 『논리연구』에서는 "사물의 현출(체험)은 현출하는 사물이 아니다. 우리는 현출들을 의식 연관에 속하는 것으로서 체험하는 한편, 사물은 현상적 세계에 귀속하는 것으로서 우리에게 현출한다. 현출 자체는 현출되지 않으며, 그것은 체험된다"[LU II/2 350]고 말한다.

후설에게서 보이는 '현출' 이론에서는 인식을 의식 주관에 의한 능동적 '구성'으로서 파악하는 것이 아니

라 인식을 <의식 주관에 대해 대상이 현출하는> 과정으로서 파악하는 비-주관주의적 인식론의 가능성이 간취된다.

② '통각' 이론(인식을 주관에 의한 대상의 의미파악으로 보는 견해). 후설에게서 지향적 체험으로서의 그와 같은 '현출'은 '다양-통일' 도식을 전제로 하면서 휠레-모르페 관계로 그 내부구조가 설명되고 있다. 감각에서 주어진 다양(감각소여)에 '의미'를 부여하고 통일성을 주는 주관의 활동으로서 '파악' 내지 '통각'이 생각된다. 시간적으로 변화하는 다양한 현출을 통해 하나의 통일적 대상이 나타나는 것이지만, 그 다양한 '음영들'(Abschattungen)에도 불구하고 '동일'한 대상의 파악이 가능해지기 위해서는 감각을 통해 주어지는 소여 이외의 요소가 필요로 된다. 그와 같은 기능을 수행하는 것이 '의미', 특히 '파악의미'라고 불리는 것으로서, 그 '파악의미'를 능동적으로 부여하는 활동이야말로 이성(νοῦς)의 활동으로서 지향성의 핵을 이룬다. 이러한 의미부여하는 '파악'을 후설은 칸트 이래의(이미 라이프니츠에서 발견되는 것이지만) 용어인 '통각'으로 표현했다. 이 '통각'은 '해석'이라고도 바꿔 말해지는데, 그것은 본래 ad-perceptio, 요컨대 <부가적 요소를 수반한 지각>인바, 후설에서는 특히 감각적 계기에 '생기를 불어넣고', '~에 대한 의식'이라는 지향적 대상관계를 성립시키는 기능을 가리키게 되었다. 그는 이와 같이 지각과 같은 단적인 인식활동도 '해석'으로 간주하고 있는데[LU Ⅱ/2 233], 그 이유는 지향작용은 모두 <의미에 의한 파악>이고, 어떠한 인식도 '어떤 것(감각소여)을 어떤 것(통각의 '의미')으로서 포착한다'고 하듯이 거기에서는 '로서' 구조가 발견되기 때문이다. 후설은 후년에(1920/21년) 인식작용을 언어 표현의 의미 해석, 기호 해석과 동일시하는 것은 적절치 않다고 하고 있지만, 지각과 같은 언뜻 보아 대상에 대한 직접적인 파악이라는 '현재화'도 사실은 의미 해석과 같은 '준현재화'에 의해 매개되어 있다고 하는 해석학적 견해와 통하는 통찰이 간취될 수 있을 것이다.

Ⅲ. '인식'의 현상학의 현재. 후설 이후의 현상학의 전개에 있어서는 하이데거와 같이 종래의 의식철학의 한 지류로 자리매김 되는 '인식'의 현상학을 부정하는 이도 있다. 그는 "인식이란 세계-내-존재 안에 근거지어진, 현존재의 하나의 양태이다"[SZ 62]라고 하여 현존재의 존재에 대한 실존론적 분석을 시도했다. 그러한 입장에서 하이데거는 인식론에서는 <주관-객관> 관계가 불가피하게 전제되고 있다고 비판하고, 후설과 같은 '표상주의적' 지향성 이론에서 현존재는 의식이라는 '상자' 내지는 '집' 안에 캡슐처럼 갇혀져 있어 참된 의미에서의 '세계 내에 존재하는' 사실은 파악되고 있지 못하다고 말한다.

이것은 당면해서는 N. 하르트만의 '인식의 형이상학'에 대한 비판이라는 형태를 취하면서도 동시에 '인식' 이론 중심의 후설 현상학에 대한 정면으로부터의 비판이기도 하다. 그는 '인식'이라는 현상의 배후에는 '이해'라는, 세계와의 인간 존재의 실존적 관계가 놓여 있는바, '인식'이란 의도나 관심을 수반한 '배려적인' 행위라는 것을 명확히 했다. 이러한 해석학적 통찰은 '인식'을 인간과 유의미한 환경세계와의 실천적 상호작용으로서 파악하고자 하는 최근의 인지과학에서 새롭게 평가되기 시작했다.

또한 후설의 노에시스-노에마론과 관련해서 이야기하자면, 그것은 종래의 현상학 연구자들에게 『이념들 Ⅰ』 시기에 한정된 '정태적 현상학'에서의 인식론이자 후설 만년의 발생적 현상학의 역동적인 인식론과 비교하여 매력이 없는 것으로 비춰지고 있었지만, 노에마의 내부구조로서 후설에 의해 분석된 특징들은 우리의 인식활동을 표현하는 '지향적' 문장의 문법적 특징에 잘 대응하는바, 인식 양상의 논리적 분석이나 '지향적' 맥락의 구조 분석과 현상학적 인식론이 서로 교차하는 점이 존재한다는 것을 최근의 후설 연구는 보여주고 있다. ☞ ㊓지향성, 통각, 현출

—미야하라 이사무(宮原 勇)

㊟ Paul Janssen, *Edmund Husserl*, Freiburg/München, 1976. R. Bernet, I. Kern, E. Marbach, *Edmund Husserl*, Hamburg, 1989. H. U. Asemissen, *Strukturanalytische Probleme der Wahrnehmung in der Phänomenologie Husserls*, Köln, 1957.

R. Sokolowski, *The Formation of Husserl's Concept of Constitution*, The Hague, 1964. R. Boehm, *Vom Gesichtpunkt der Phänomenologie*, Den Haag, 1968. D. W. Smith, R. McIntyre, *Husserl and Intentionality*, Dordrecht/Boston/Lancaster, 1982.

인식론 認識論 ⇨ ㊇존재론/인식론

인지과학{AI}과 현상학 認知科學―現象學

오늘날의 인공 지능(AI = Artificial Intelligence) 연구 및 그 기반이 되는 인지과학에 대한 현상학의 관계는 복잡할 뿐만 아니라 양의적이기도 하다.

우선 역사적인 연관에 대해 말하자면 현상학과 인지과학은 모두 실험심리학의 행동주의적 방법에 대한 비판에서 출발하며, 유심론적인 입장에 서서 인간의 심적 활동에 대한 해명을 지향해왔다. 심리학의 영역에서 행동주의에 대한 최초의 반격의 도화선이 된 것은 1930년대의 게슈탈트 심리학인데, 메를로-퐁티는 게슈탈트 심리학의 주장 속에서 현상학의 요구와 사실상 합치하는 것을 인정하여 적극적으로 평가하고 있었다. 인지과학은 1950년대 후반에 행동주의적 심리학에 대한 제2의, 그리고 결정적인 반격으로서 발생한 셈이기 때문에, 현상학자가 인지과학의 전개에 적극적으로 대응해야 할 이유가 있다고 생각된다.

다음으로 방법적인 연관을 보자면 현상학과 인지과학 사이에는 행동주의적 방법과 상관적인 인과적・기계론적인 분석 방법을 배제하고 심적 활동의 순수하게 내재적인 기술을 목표로 한다는 점에서 심적 활동에 대한 이론으로서의 방법상의 공통성이 보인다. 요컨대 양자는 심적 활동이 신경생리학적 사실로 환원될 수 없다고 하는 반환원주의적인 관점을 공유하는 것이다(이 관점은 인지과학에서는 <기능주의>라는 이름으로 불린다). 혹은 오히려 이 점에서 현상학은 인지과학의 방법을 선취하고 있다고도 말할 수 있다. 현상학에서는 심적 상태를 지향성에서 파악하고, 그 본질 구조를 <노에시스>(지향작용)와 <노에마>(지향대상)의 상관관계로서 분석하고 기술하고자 한다. 인지과학에서도 심적 상태의 내용을 추상적인 <표상>(representation)으로서 생각한다. 더욱이 어느 쪽이든 심적 활동을 <노에마>와 <표상>에 대한 조작으로서 생각하기 때문에, 심적 활동을 설명함에 있어서도 외계와의 인과관계를 완전히 배제한다. 즉 외계의 초월적 존재에 대해서는 일체의 설명 기능을 인정하지 않는 것이다. 그런 의미에서는 인지과학도 외계의 존재에 대한 일종의 '초월론적 에포케'를 행하고 있다고도 말할 수 있다.

또한 실제의 이론적 성과라는 면에서 보더라도 후설에 의한 의식 분석은 다양한 점에서 오늘날의 인지과학과 인공지능 연구의 식견을 선취하고 있다고 말할 수 있다. 예를 들면 H. 드레이퍼스는 인공지능에서의 지식 표현의 이론인 <프레임> 이론이 후설의 <지평> 이론과 친근성을 지닌다는 점을 지적하고 있다. 후설에 의하면 우리가 대상을 인식하는 과정은 인상을 단지 수동적으로 수용해가는 과정이 아니다. 지향성은 그때마다의 주제적・현실적 대상에로 향할 뿐 아니라 그 대상을 둘러싼 비주제적・잠재적인 <배경>으로서의 <지평>으로도 향한다. 대상 인식에는 이 지평 지향을 충족시키는 성격이 포함되어 있다. 한편 인공지능 연구에서도 인지의 활동을 주어진 데이터를 단지 수동적으로 수용해가는 과정으로서 파악하는 입장으로부터 역으로 미리 선택된 <프레임>(틀)에 적합한 데이터를 능동적으로 탐색해가는 과정으로서 파악하는 입장으로의 발전이 이루어짐으로써 인공지능의 이론은 현상학에 두드러지게 접근하고 있다고 말할 수 있다. 또한 후설에 의하면 경험되는 대상은 모두 원형적(유형적)으로 구조화되어 있어 우리의 경험은 언제나 이 대상 경험의 원형(최적의 실현)에 대해 지향적으로 관계지어져 있다. 이러한 후설의 분석이 지각과 기억상기의 원형적 정식화에 관한 인지과학의 실험적 분석의 성과를 선취한 것이라는 점을 지적하고 있는 것이 E. 홀렌슈타인이다.

그러나 다른 한편으로 인지과학에서는 심적 활동을 표상의 형식적 성질에만 기초하여 정의되는 형식적 조작, 즉 '계산'(computation)이라고 생각하지만, 이러한 <계산주의>의 입장은 현상학이 본래 지니고 있는 반형식주의적·직관주의적인 지향과 날카롭게 대립한다. 특히 인간의 심적 상태의 내용을 컴퓨터의 프로그램과 같은 명시적인 형식적 규칙의 집합으로 환원할 수 있다고 하는 <인지주의>의 입장에 대해서는 다름 아닌 현상학자들에 의해 인간의 의식에 고유한 특질의 존재가 주장되고 있다. 드레이퍼스는 인간의 심적 상태가 <신체>에 의해 떠받쳐져 있다는 점을 강조한다. 그에 의하면 심적 상태에는 맥락 의존적이자 애매함과 막연한 의식 등을 수반하는 고유한 특질이 놓여 있는 바, 그것들은 원리적으로 형식화 불가능하다. 그리고 그러한 특질은 인간을 구성하는 비형식적 요소로서의 신체, 그것도 대상으로서 파악되는 <객관적 신체>와는 구별된, 주관적으로 내측으로부터 체험된 신체(메를로-퐁티가 말하는 <현상적 신체>)를 기반으로 하여 비로소 가능해지는 것인바, 컴퓨터에 그러한 특질이 갖추어져 있지 않다는 것은 궁극적으로는 컴퓨터가 <신체>를 갖지 않고 또 가질 수 없기 때문이라고 말한다. 또한 홀렌슈타인에 의하면 컴퓨터에 있어서의 사고란 직관적 표상을 결여한 개념적 표상(기호)의 조작으로서의 계산인바, 컴퓨터에 프로그램화된 기호는 그것에 적합한 어떠한 대상도 지시할 수 있는 것이기 때문에 컴퓨터의 사고는 '불확정'이다. 역으로 말하면, 인간의 경우에 그러한 불확정성을 해소하여 대상을 확정하는 데에, 즉 대상과의 의미론적 관계를 확립하는 데에 <직관>의 본질적인 기능이 있는 것이다. <직관>을 결여하면 인간의 인식은 단순한 '통사론적 게임'으로 끝나고 말 것이다. 그는 이러한 직관의 확정 기능을 중시하여 거기서 기계의 인식과는 다른, 인간의 인식에 고유한 특징을 인정하고 있다. ☞ ㊕게슈탈트 이론, 심리학과 현상학, 유형, 지각, 지평, ㊞드레이퍼스, 홀렌슈타인

—노에 신야(野家伸也)

㊟ H. L. Dreyfus, *What Computers Still Can't Do*, new ed., Cambridge, Massachusetts, 1992(黑崎政男·村若修 譯, 『コンピュータには何ができないか』, 産業圖書, 1992). E. Holenstein, "Maschinelles Wissen und menschliches Bewusstsein", in *Studia Philosophica* 46, Bern, 1987(村田純一 譯, 「機械の知識と人間の意識」, 『現代思想』, 1987年 4月号, 靑土社).

인칭 人稱 [(독) Person (불) personne (영) person]

<인칭>이란 무엇보다도 우선 <나>, <너>, <그>, <그녀>, <그것> 등, 통상적으로 1, 2, 3인칭으로서 표현되는 문법적 범주이다. 동시에 인칭의 의미를 나타내는 근대 구미어 Person 등등은 원래 <가면>, <직분>의 의미를 지니는 라틴어 persona에서 유래하는 것으로서 (그의 개성적 모습에서 존재하는) <사람>, <인격>의 의미를 아울러 가지며, 또한 자주 <신체>, <몸>의 의미도 지닌다. 인칭 문제를 둘러싼 고찰이 단지 언어의 현상학 영역에 머무르지 않고서 사람과 사람, 혹은 사람과 사물의 구체적인 관계의 장면으로서의 상호주체적, 상호인격적, 상호신체적 세계, 나아가서는 생활세계 내지 체험된 세계 일반의 모습에 대한 현상학적 고찰에 있어 특이하면서도 중추적인 위치를 차지하는 까닭이다.

그것이 문장 중에 분명히 언표되는가 아니면 구체적인 언어 운용 장면에서 암묵적인 이해에 맡겨져 있는 모습으로 잠재적인 것에 머무르는가의 여부에 관계없이 구어와 문어를 포함한 실제 언어 운용 장면에서 나타나는 발화 내지 문장은 원칙적으로 (1인칭으로부터 2인칭에 대한 말 걸기 또는 3인칭적인 기술 등등으로서) 인칭적 성분을 포함한다. 이 중에서 특히 제1의적으로는 대화로서의 구어 장면에서의 화자와 청자를 나타내는 1인칭과 2인칭은 화자와 청자가 바뀜에 따라 상호적으로 반전되고, 구체적인 언어 사용의 장면을 떠나서는 의미를 갖지 않는다는 점에서 (<여기>, <거기>, <지금> 등의 약간의 부사 종류와 더불어) 발화 내지 문장의 구성성분들 가운데 특이한 위치를 점한다. (아랍어에서 이른바 3인칭을 <무인칭>이라고 칭하는 사실에서도 암시되고 있듯이 3인칭은 1, 2인칭과는 적으나마 다소 다른 차원을 점한다고 생각된다.)

이러한 인칭 표현, 특히 1, 2인칭 표현이 언어 표현의 구성성분들 안에서 차지하는 특이성을 생각한다면,

현상학적인 (순수) 문법의 기술을 지향하는 경우에는, <나>, <너> 등의 말을 통상적인 문법 기술에서 이루어지듯이 <인칭대명사>라는 범주 하에 마치 본래적 표현에서는 다른 <명사>, <고유명사>에 의해 치환 가능한 이를테면 명사의 아종으로서 기술하는 것은, 그 경우 그것을 어떠한 문법적 범주 하에 분류해야 할 것인가라는 물음은 지금 잠시 제쳐둔다 하더라도, 적어도 우선은 <괄호 넣기> 해둘 필요가 있을 것이다.

1, 2인칭 사이의 상호적이고 가역적인 관계가 공동주관적인 이른바 객관적 세계의 구성에 있어 그 기초가 되는 불가결한 역할을 담당하고 있다는 점에 대해서는 후설이 <맞짝짓기> 내지 부대현전화의 활동에 대한 분석 등을 통해 보이고자 애썼던 바였지만, 이 발상을 이어받아 메를로-퐁티는 왈롱(Henry P. H. Wallon 1879-1962)과 라캉(Jacques Lacan) 등의 발달심리학적 식견을 참조함으로써 상호인격적 내지 인칭적 세계의 구성에 대해 한층 더 깊이 파고드는 고찰을 전개했다.

그에 따르면 유아의 대인의식, 인격의식 내지 인칭의식의 발달 초기에는 "인격 내지 인칭의 무차별"로서 특징지어지는 <혼합적 사회성>의 단계가 놓여 있는데, 이것이 후일에 이르기까지 공감, 전가轉嫁, 질투 등의 현상을 가능하게 하는 대인관계 장의 기초를 이룬다. 유아가 이 단계를 벗어나 사람으로서의 나, 인격으로서의 자아의 의식을 획득하기 위해서는 라캉이 말하는 <거울상 단계>를 거쳐 1인칭과 2인칭, 그리고 1인칭과 3인칭의 상호성, 가역성에 대한 이해(요컨대 너로부터 보면 나는 하나의 너이고, 사람{타인}으로부터 보면 하나의 사람이다)에 도달하지 않으면 안 된다.

이렇게 보면 인격의식 내지 인칭의식은 본래 1, 2, 3인칭의 중층구조(사람으로서의 나, 너로서의 나)를 이루는바, 그 중층구조의 망상조직이 그대로, 그리고 또한 상호인격적 세계 내지 인칭적 세계와 그것을 둘러싼 그 또는 그녀들 상호간의 상상적, 현실적 영위의 기저를 이루고 있다는 것이 명백해질 것이다. 이 기저를 사람이 아닌 것들의 <교차반전>으로까지 확대하여 생각하는 것, 혹은 이 기저의 한층 저편에서 모종의 의미에서의 절대타자와의 관계를 상정하는 것 등은 한층 더 깊이 파고들어 문제를 생각하는 하나의 방향일 것이다. ☞㉶공동존재, 전인칭적 의식, 타자

—사카베 메구미(坂部 惠)

참 田島節夫 外 編,『講座現代の哲學2・人稱的世界』, 弘文堂, 1978. M. Merleau-Ponty, "Les relations avec autrui chez l'enfant", Paris, 1951(瀧浦靜雄・木田元 譯,「幼兒の對人關係」,『眼と精神』, みすず書房, 1966에 수록).

일관된 변형 一貫一變形 [(불) déformation cohérente]

본래는 마를로가 그의『예술론』에서 사용한 용어인데, 메를로-퐁티는『기호들』과『세계의 산문』에서 표현과 표현의 체계 사이의 역설적 관계를 나타내는 말로서 차용하고 있다. 메를로-퐁티에 의하면, 의미가 획득되고 사상이 이해되는 것은 기성의 의미 요소들을 중심으로부터 비켜놓고 다시 집중시키는 '일관된 변형'을 통해 이루어진다[Signes 114]. 몸짓과 소리의 일관된 변형을 통해 무기명의 랑그가 발화되게 되고, 이 랑그의 일관된 변형을 통해 개인의 표현도 가능해진다[PM 160]. 의미 이해의 공통의 지반인 표현과 사상의 스타일도 단지 기성 제도의 수용과 재현이 아니라 새로운 의미를 재조직화하는 일관된 변형의 지표이다[Signes 68, PM 86]. 표현의 제도와 표현 행위 사이에서, 또한 지각과 표현 사이에서 탈중심적인 변형을 통해 하나의 의미작용에 집중해가는 양의적인 관계가 간취되는 것이다. 제도화는 제도화된 것의 변형이며, 새로운 표현은 구성되는 것이 아니라 제도의 변형을 통해 획득된다.『보이는 것과 보이지 않는 것』에서 "일관된 변형을 동반한 세계"[VI 315] 개념이 키아즘의 차이화 운동과 관련지어져 있는 것에서 우리는 '일관된 변형'이 표현 이론을 넘어서서 존재론의 차원에서 전개될 수 있는 개념이기도 했다는 것을 엿볼 수 있다. ☞㉶스타일, 편차

—가쿠코 다카시(加國尙志)

일반성 一般性 [(불) généralité]

우리는 자신의 존재방식을 자신의 책임 하에 결정하는 인칭적 실존이다. 그러나 우리가 언제나 <나>라는 존재방식에서 존재하고 있는 것은 아니다. 나의 인칭적 실존 자체가 이미 <나>의 의지적 결정에 선행하여 영위되고 있는 어떤 생물학적 실존에 대한 개성적인 고쳐 파악함인 것이다. 따라서 우리는 자신 속에서 전前인칭적인 <사람>이라는 존재방식을 발견한다. 메를로-퐁티가 『지각의 현상학』에서 일반성이라고 부르는 것은 우리가 언제나 전제하고 있는 이와 같은 생물학적 실존으로서의 <사람>이라는 존재방식이다. 우리의 인칭적 실존은 이와 같은 일반성을 배경으로 하여 떠오른 것이다. 그러나 그것만이 아니다. 우리가 자신의 실존을 결집하여 창출한 개성적 존재방식도 결국은 <사람>이라는 방식으로 우리 속에서 존속하게 된다. 왜냐하면 한번 획득된 개성적 존재방식은 바로 획득됨으로써 습관적인 것이 되어 우리가 그때마다 다시 자신의 책임 하에 고쳐 행할 필요가 없는 것으로 되기 때문이다. 따라서 우리는 자신 속에서 또 하나의 일반성, 요컨대 전인칭적인 <사람>과는 다른 비非인칭적인 <사람>이라는 존재방식을 발견하게 된다. 메를로-퐁티가 곧바로 전자를 "자연적 일반성", 후자를 "창조된 일반성"[VI 200]이라고 부르고, 자연적 세계로부터 문화적 세계로의 이행을 전자의 일반성에서 후자의 일반성으로의 승화로서 구상하게 되는 것도 다름 아닌 바로 이 때문이다.

―다케우치 오사미(竹內修身)

일반정립―般定立 [(독) Generalthesis]

현상학을 수행하기 이전의 우리가 일상적 삶을 영위하거나 다양한 학을 수행할 때에 취하는 존재방식을 후설은 "자연적 태도"라고 부르는데, 이러한 자연적 태도의 본질을 이루는 것이 '일반정립'이다[Ideen Ⅰ 52-56]. 자연적 태도에서는 "하나의 시공간적인 현실이 나의 맞은편 쪽에 있는 모습으로 언제라도 손이 미치는 맞은편에 존재하고 있다는 것이 발견된다. 그 현실에 나 자신이 속해 있다……. <현실>이란 …… 실제로 거기에 존재하는 것으로서 내가 눈앞에서 발견하는 것이며, 나는 이 현실을 그것이 나에 대해 자기 자신을 주는 대로 실제로나 현실적으로 거기에 존재하는 것으로서 받아들이는 것이다"[같은 책 52-53]. 이와 같은 일반정립은 무언가 독특한 개별 작업에 존립하는 것이 아니라 "자연적 태도가 지속하는 사이에 일관되게 …… 존속하는"[같은 책 53] 것이다. 그러므로 자연적 세계에서의 개개의 소여에 대한 "어떠한 회의나 부인도 자연적 태도의 일반정립에 변화를 미치는 것은 아니다"[같은 책 53]. 의식의 지향성은 언제나 특정한 대상과 그 성질에 관한 존재 정립을 포함하지만, 경험이 진행됨에 따라 대상이 실은 존재하지 않았다든지 생각되고 있던 것과는 다른 모양으로 존재한다고 판명되는 일을 피할 수 없다. 그러나 이와 같은 '환멸'(Enttäuschung)의 경험은 언제나 '이렇지 않고 저랬다'는 형태를 취하여 생겨난다. 그러므로 개개의 대상에 관해 회의와 부인은 있을 수 있어도 신념 정립 그 자체가 무로 화하는 일은 있을 수 없으며, 이리하여 '지반'(Boden)으로서의 세계에 대한 신념은 언제나 존속하게 되는 것이다[후설 『현상학적 방법』 (Reclam, 1985)에 대한 K. 헬트의 서문, 32 참조]. 다른 한편 일반정립이 "양분을 길어내는 궁극적인 원천"은 "감성적 경험"이며[Ideen Ⅰ 70], 그 대표로서의 사물 지각이 자연적 태도에 관한 현상학적 분석의 패러다임이 되기에 이른다.

일반정립이라는 개념은 현상학적 방법의 본질적 특징인 현상학적 태도를 자연적 태도와 대조할 것을 주된 목적으로 하여 형성된 것이다. 요컨대 일반정립을 '작용 바깥에 두고' 자연적 세계를 '괄호에 넣는' 것, 즉 '에포케'를 행함으로써 현상학적인 태도변경이 이루어지는 것이다. 후설 만년의 『위기』에서는 일반정립이라는 술어가 사용되지 않지만, "생활세계의 기반 기능"이 그에 해당하는 것이라고 생각된다. 세계에 대한 파악과 사념은 그 기반을 세계에서 지니며, 에포케에 의해 이 기반으로부터 자신을 해방시킴으로써 세계를 '현상'으로서 다시 파악하는 것이 현상학의 입구가 되는 것이다[Krisis 155, 177]. ☞ [사]에포케, 자연적 태도/초월론적 태도, 초월론적 주관성, 초월론적

현상학, 태도변경

―누키 시게토(貫 成人)

일반화―般化 [(독) Generalisation ; Generalisierung] ⇨㊊형식화/유적 보편화

일본에서의 현상학 수용 日本―現象學受容

현상학의 수용, 발전을 생각하면, 니시다 기타로西田幾多郎를 우선 거론해야 한다. 후설도 인정하듯이 현상학에 대단히 가까운 W. 제임스의 순수 경험에 깊이 영향 받으면서 니시다는 그것의 심리학적인 요소를 지양하고 독자적인 현상학을 전개했다. 니시다가 일체의 구별에 앞서 '순수 직관'을 근원적 현실로서 직시하고 거기서 다양 속의 통일을 보며 기술해가는 『선의 연구』(1911)는 서구의 그것에 맞서 독자적인 현상학이라고 말할 수 있다. 니시다는 또한 일본에서 가장 일찍 후설의 『논리연구』를 논문 「인식론에서의 순논리파의 주장에 대하여」(1911)에서 리케르트에 가까운 입장으로서 소개했다. 1915년에는 이토 기치노스케伊藤吉之助의 『후설―학으로서의 철학』이 '엄밀한 학으로서의 철학'을 소개했다. 다나베 하지메田辺元는 후설의 영향 아래 직관주의 입장에서 『최근의 자연과학』(1915), 『과학개론』(1916)을 저술했다. 1916년에는 니시다가 '현대의 이상주의 철학'이라는 제목으로 연속강연을 행하여 후설을 『논리연구』에 의거하여 브렌타노학파의 대표자로서 소개하고 후설의 의식의 입장을 순수 경험의 그것으로서 파악했지만, 그 강연이 「현대 철학」이라는 제목으로 『철학연구』의 창간호(1916)에 발표되었을 때에는 『이념들 Ⅰ』에도 의거하여 '노에시스-노에마'에 대한 설명도 포함하게 되었다. 니시다는 『자각에서의 직관과 반성』을 1913-17년에 써 후설에 대해 33군데에서 언급하고, 대상을 구성하는 의식의 활동은 구체적인 흘러가는 경험으로서 반성으로는 파악되지 않는다고 일찍이 지적했다. 또한 초월적인 것과 내재적인 것이라는 구별은 구별되는 어느 쪽도 불완전하게 주어질 수 있는 것이기 때문에 양자를 완전성에서 구별하는 것은 잘못이라고 선구적으로 후설을 비판했다. 후설의 본질직관에 동의했지만, 지향적 체험의 동적 발전을 강조하여 본질직관을 피히테의 '사행'(Tathandlung)에 가까운 것으로서 자기의 직관적 자각적 의지와 비교하고, 의식에서의 후설의 인식 우위를 비판하여 의지의 우위성을 주장했다. 1929년에 출판된 『자각적 일반자의 체계』에서는 '노에시스-노에마', '지향적 활동' 등의 개념을 자유롭게 구사하여 자신의 사유를 전개하는데, 후설의 의식은 근원적으로 표상의식이라는 점을 지적하고, 나아가 그 초월론적 자아의 실체화를 비판하여 의식의 본래의 특성은 지향성보다는 오히려 자각에 있다고 주장한다.

다음으로 다이쇼 시기로부터 쇼와 시기에는 다나베 하지메, 다카하시 사토미高橋里美, 구키 슈조九鬼周造, 야마우치 도쿠류山内得立, 와쓰지 데쓰로和辻哲郎, 미키 기요시三木清, 미야케 고이치三宅剛一, 무타이 리사쿠務臺理作 등이 20년대에 프라이부르크에서 공부하고, 후설(후에는 하이데거)의 번역 소개에 힘썼다. 야마우치 도쿠류의 『현상학파의 철학』(1926)은 브렌타노와 후설의 상세한 비교를 담고 있다. 와타나베 요시쓰구渡辺吉次의 『현대 미학 사조』(1927)가 현상학적 미학 소개에서는 가장 빠르며, 오니시 요시노리大西克礼의 『현상학파의 미학』(1938)은 포괄적 소개를 행했다. 다카하시 사토미의 『후설의 현상학』(1931)은 『데카르트적 성찰』까지를 소개하고, 『시간의 연구』(1936), 『전체의 입장』(1932)도, 호소야 쓰네오細谷恒夫의 『지식현상학 서설』(1936), 『철학 방법론』(1937), 무타이 리사쿠의 『표현과 논리』, 『현상학 연구』도 모두 후설의 영향하에 있는 현상학적 연구이다. 고사카 마사아키高坂正顕의 『역사적 세계』(1937), 야마우치 도쿠류의 『존재의 현상 형태』, 미키 기요시의 『파스칼에서의 인간의 연구』, 와쓰지 데쓰로의 『풍토』는 모두 하이데거의 해석학적 현상학에 의거한 연구였다. 오쿠마 다이지大熊泰二의 『정신분석과 현상학』(1935)도 과학에 대한 영향으로 인해 주목된다. 하이데거의 강의를 청강한 미키 기요시는 귀국하자마자 『해석학적 현상학의 근본 사

상』을 발표, 『존재와 시간』이 본국에서 출판된 1927년에 하이데거의 사상을 가장 일찍 소개하여 사람들을 놀라게 했다. 구키 슈조는 하이데거와 친교를 맺고, 하이데거의 사상을 사르트르에게 소개했다. 나아가 하이데거 사상에 대한 투철한 이해와 소개를 행한 『인간과 실존』(1933-38)은 그의 해석학적 현상학의 방법을 구사한 『'이키'의 구조』(1930)와 더불어 주목받는다. 데라시마 지쓰진寺島實仁은 『존재와 시간』을 번역하여 전전의 하이데거 소개에 공헌했다.

제2차 대전 중에 후설과 하이데거 연구는 뢰비트가 한때 객원교수로 있었던 도호쿠 대학에서 다카하시 사토미, 미야케 고이치, 호소야 쓰네오의 지도하에 계속되며, 도쿄 대학에서는 이케가미 겐조池上鎌三가 후설 연구를 행하고, 교토 대학에서는 후설과 하이데거가 미키 기요시, 야마우치 도쿠류, 니시타니 게이지西谷啓治 등에 의해, 다이호쿠 대학에서는 셸러 연구가 다나카 데루田中照의 지도에 의해 계속되었다. 전후에는 하이데거가 많은 공명을 얻었고, 프랑스 실존철학의 소개에 따라 그 현상학(사르트르, 메를로-퐁티, 보부아르)이 많이 번역, 소개되었다.

전후 미야케 고이치는 『하이데거의 철학』에서 하이데거의 사상을 해석하는 가운데 후기 하이데거와 교토학파를 대결시키고, 자유로운 현상학적 방법을 구사하여 『인간존재론』(1966) 등을 저술함으로써 독자적인 해명을 이룸과 동시에 후대 현상학자들을 많이 육성했다. 닛타 요시히로新田義弘의 『현상학이란 무엇인가』(1968)는 후기 후설에 대한 탁월한 소개로서 막대한 영향을 미치며, 기다 겐木田元의 『현상학』(1970)은 독일과 프랑스의 현상학을 포괄적으로 소개하고 있고, 다키우라 시즈오滝浦静雄는 『상상의 현상학』(1971)과 『시간론』(1978)에서 독자적인 해명을 전개하며, 시모미세 에이이치下店榮一의 『현상학과 윤리학의 정초』(*Die Phänomenologie und das Problem der Grundlegung der Ethik*, 1971)는 셸러에 의거하여 이성의 한계짓기와 가치 경험의 현상학을 해명하고 있고, 유아사 신이치湯浅慎一의 『신체』(*Der Leib*, 1976)는 현상학적 신체론이다. ☞ ㉧구키 슈조, 니시다 기타로, 다나베 하지메, 다카하시 사토미, 미야케 고이치, 야마우치 도쿠류, 미키 기요시, 오니시 요시노리, 와쓰지 데쓰로, 이케가미 겐조, 호소야 쓰네오, ㉦선의 연구, '이키'의 구조, 풍토, 하이데거의 철학, 후설의 현상학

—시모미세 에이이치(下店榮一)

㊟ *Phenomenology and Philosophy in Japan*, Analecta Husserliana Vol. Ⅷ., Dordrecht, 1979.

일상日常 [(독) Alltag]

<일상> 개념은 특히 1970년대부터 80년대에 걸쳐 경우에 따라서는 새로운 패러다임으로도 주목받으며 다양한 인간과학(사회학, 교육학, 민족학, 역사학, 문학이론 등등)에서 활발하게 사용되었으며, 일상지, 일상행위, 일상언어, 일상의례와 같은 것이 연구의 테마로 되어왔다. 이것에는 후설의 '생활세계'의 주제론이나 슈츠의 현상학적 사회학이 직접적인 영향을 미치고 있다.

'일상'은 본질적으로 언제나 '비일상'과의 대비에서 사고되지만, '비일상'이 무엇인가는 반드시 명시적으로 언표되지 않는다. 양자가 대비되는 그 방식은 발덴펠스의 분류를 참고로 하면 다음과 같은 세 가지가 생각된다[千田義光 譯, 「경시된 독사輕視されたドクサ」, 『思想』 第701号, 1982. 10.에 수록].

첫째로, (일상적임 · 일상적인 사항이라는 의미에서의) 일상성은 보통의 것, 정상적인 것이며, 비일상성은 보통이 아닌 것, 이상한 것이다. 이러한 첫 번째 대비가 가장 일반적인데, 이 점은 일본어 · 한국어에서도 마찬가지다. 한자의 '日常'은 원래 태양이 매일 뜨고 지는 그 항상성을 의미했다. 유의어인 '평생'이라든가 '부단'과 마찬가지로 반복성 · 연속성 · 항상성이 함의되어 있다. 이런 의미에서의 일상성은 반복, 재생산, 루틴routine, 전통과 같은 의미를 담고 있으며, 이에 반해 비일상성은 일회성, 생산성, 혁신과 같은 의미를 포함한다. 성과 속, 그 세속화된 모습인 여가와 노동일과 같은 대비도 이것의 한 예이다. 일상과 비일상의 이러한 관계는 역사적으로 변화하며, 문화의 차이에

의해서도 달라질 수 있다. 과학, 예술, 종교와 같은 원래는 일상을 초월하는 영역으로 생각되었던 것에도 일상적인 것이 침입하는 것이 현대 사회의 특징이다. 둘째로, 일상성은 구체적으로 직관할 수 있고 파악 가능한 것의 영역이며, 이에 반해 비일상성은 관념적 구성체를 나타낸다. 전자는 직접 주어져 있으며 직접적으로 변경 가능하고 상황에 구속되어 있다. 후자는 정도의 차이가 있긴 하지만 매개되어 있으며 상황에 구속되지 않는다. 따라서 전자는 특별한 전문적 기교를 개입시키지 않고서도 자유롭게 처리할 수 있으며 <아마추어>도 접근할 수 있는 데 반해, 후자는 인위적인 규칙에 따르며 <전문가>의 전문적 지식을 요구한다. 일상은 무문제성·신뢰성의 기초를 이루며, 비일상성은 불확정적이고 끊임없이 계속해서 검토된다. 셋째로, 일상적인 것이란 자기 폐쇄적으로 사로잡힌 것이며, 비일상적인 것이란 열려 있는 동시에 모든 것을 포괄하는 것으로 생각된다. 비근한 생활과 이해관계에 속박된 자기와 이념으로 가득 찬 참된 세계·자유의 나라가 대비된다. 후설에게 있어 일상은 무엇보다도 우선 과학적인 관념적 구성체에 대비되는 직관적인 경험의 세계이며, 그런 의미에서 "일상세계"(alltägliche Welt)[Krisis 99] 및 유사한 표현이 사용되지만, 슈츠와 달리 위에서 말한 첫 번째 대비가 진지하게 주제화되고 있다. ☞ ㉔일상성, 현상학적 사회학, ㉑슈츠

—마루야마 도쿠지(丸山德次)

일상성 日常性 [(독) Alltäglichkeit]

『존재와 시간』이나 『시간 개념의 역사를 위한 프롤레고메나』 등에서 나타나는 전기 하이데거의 술어로서 현존재가 바로 지금 대개 그 속에 처해 있는 존재양식을 가리킨다. 현존재의 분석론은 현존재를 그 평균적 일상성에서 분석함으로써 현존재의 존재 성격(존재론적 규정, 실존범주)을 해명하고자 한다. 따라서 현존재는 <누구인가>를, 요컨대 현존재의 자기 존재(자기의 존재방식)를 묻는 경우에도 일상적 현존재는 <누구인가>라는 것이 물어진다. 그때 밝혀지는 것은 일상적 현존재는 세계(세상)에, 요컨대 타자와의 공동존재 속에 매몰되어 있다는 점이다. 자기 자신으로부터 도망하여 자기를 상실하는 방식으로 스스로에 관계하고 있다는 것, 누구도 아닌 <세인>이라는 존재양식으로부터 스스로의 존재를 이해하고 있다는 것이다. 그러므로 일상적인 현존재의 <누구인가>란 <세인> 내지 <세인이라는 자기>(비본래적 자기)이며, 일상성은 비본래성(명확히 자기 자신에 관계하고 있지 못한 존재방식)과 거의 같은 뜻이다. 세계(세상)에 매몰되어 있는 존재방식은 세계(세상)로의 퇴락이라고 불린다. 일상성에 대한 이러한 관점은 키르케고르에게 빚지고 있는 바가 크지만, 다른 한편으로 후기 후설의 생활세계에 대한 태도와도 관련된다. ☞ ㉔본래성/비본래성, 세인, 자기

—고토 요시야(後藤嘉也)

일상세계 日常世界 [(독) alltägliche Welt] ⇨㉔일상

일의성/다의성/복의성 一義性/多義性/複義性 [(독) eindeutig/vieldeutig/äquivokal]

후설에게서 '일의적' 표현이라고 말해지는 것은 그때마다의 표현 주체 내지는 판단자의 순간적(augenblicklich)인 심적 내용이라는 '주관적' 요소나 그때마다의 발화 상황에 의존하는 우인적偶因的 표현을 포함하지 않는다는 의미에서 '어의의 동요'가 전혀 없는 표현을 말한다. 그리고 논리적 학문의 객관성을 근거지을 것을 임무로 하여 구상된 '순수 논리학'은 그와 같은 일의적 표현만을 대상으로 한다고 생각되었다.

'다의성' 내지 '복의성'이라는 현상은 '의미'의 이념적 동일성을 주장하는 후설에게 심각한 현상이긴 했지만, 다음과 같이 처리될 수 있다고 한다. 우선 다음의 두 가지 사례, 즉 (1) '나는 너의 행운을 빈다'(Ich wünsche dir Glück)라는 발화자의 심적 내용을 알리는 표현과, (2) 독일어의 '훈트'(Hund)가 개라는 동물의 일종을

의미한다든지 트럭이라는 탈것의 일종을 의미한다든지 하는 사례를 생각해보자. (1)은 인칭대명사라는 우인적 표현에 대응하는 지시 대상이 그때마다 다를 수 있다는 점에서 '다의적'이라고 말해지는 데 반해, (2)는 하나의 명사가 복수의 의미를 지니고 있는바, 이것은 오히려 '복의성'이라는 현상이다. 후설은 우선 (1)에 대해서는 인칭대명사, 더 나아가 우인적 표현을 일반적으로 그 순간의 '시간 위치'를 특정하여 구체적인 인물과 시간, 장소를 지시하는 객관적 표현으로 '치환'함으로써 이념적 통일체인 '의미'를 지니는 일의적 표현으로 변환시킬 수 있다고 말한다. 또한 (2)에 대해서는 하나의 독일어 단어 Hund가 그 자체에서 이념적 동일성을 지니는 의미 <개>와, 마찬가지로 이념적 동일성을 지니는 의미 <트럭>의 양쪽을 의미할 수 있다는 점에서 그때마다의 의미는 사용자와 해석자에 의해 어느 쪽인가로 확정된다고 말한다. 그런 의미에서 후설이 말하는 '의미의 이념적 동일성'의 이론에는 저촉되지 않는다고 말한다.

—미야하라 이사무(宮原 勇)

일체감一體感 [(독) Einsfühlung]

셸러의 용어. 좁은 의미에서의 '일체감'이란 '추감득'(Nachfühlen)이나 '공감'(Sympathie)과는 구별된 "감정 전파의 하나의 극한"인바, 자기와 타자의 자아가 "일체화"하여 타자의 감정이 오히려 "자기의 것으로서" 주어지는 것과 같은 경험이다[Sympathie 29, 48]. 셸러는 더 나아가 일체감을 '특발성형特發性型'(der idiopathische Typus), '이발성형異發性型'(der heteropathische Typus)으로 분류한다. 전자에서는 타자가 자기 안으로, 후자에서는 자기가 타자 안으로 완전히 흡수된다. 이에 대해 셸러는 "상호적인 융합 현상"이야말로 참된 일체감이라고 하여 "일체감의 가장 원초적인 형태는 사랑으로 채워진 성행위에서 주어진다"고 이야기한다[36]. 일체감은 셸러의 기본적인 이론 구성에서 한편으로는 어디까지나 저차적인 체험 형식에 불과하다. 예를 들면 성인에게 있어서는 '감정이입'(Einfühlung)이라는 모습을 취하는 것이 유아에게서는 '일체감'으로 된다고 이야기하는 경우가 그러하다[35]. 그렇지만 일체감을 둘러싼 『동정의 본질과 형식들』의 서술은 미묘하게 동요하고 있으며, 다른 한편으로 셸러의 논의는 '우주적 일체감'을 이야기하는 사상에 대한 공감을 숨기지 않는다[87f.]. 그것은 자연 지배라는 근대적 이념에 대한 위화감[113]에 뿌리박고 있는 것임과 동시에, 자기와 타자가 공존하는 기초적인 형식을 "나-너에 관해 무관심한 체험류"[240] 안에서 인정하는 기본 시각과 결부되어 있다고 말할 수 있을 것이다. ☞ ㊀셸러, ㊂동정의 본질과 형식들

—구마노 스미히코(熊野純彦)

있다 [(독) Es gibt] ⇨㊃존재

있음 [(불) Il y a]

어떠한 <존재자>도 존재하지 않지만 순수한 무도 아닌 것과 같은 배제된 제3항으로서의 <존재 일반>, <실존자 없는 실존>의 비인칭적 양상을 나타내기 위해 레비나스가 사용하는 용법. 1946-47년에 발표된 일련의 논고에서 제출되어 바타이유(Georges Bataille)에 의해 곧바로 그 중요성이 지적되었다. <존재론적 차이>를 <존재론적 절단>으로 철저화하기 위해 레비나스는 무가 일종의 존재라는 것을 이야기하는 『소피스테스』 241d와 『창조적 진화』의 마지막 장으로부터 착상을 길어내는 가운데 <상상적 파괴>(Bernard Forthomme)라고도 불리는 전면적 <환원>의 잔여로서 <있음>의 관념을 도출했다. <게으름>, <피로>, <불면>을 둘러싼 고찰, 포, 셰익스피어, 모파상 등의 작품과 현대 회화에 관한 분석도 <있음>에 대한 접근이다. <있음>은 잠들지 못하는 밤의 <감시>, 방황하는 망령, 술렁거리는 침묵, 리듬의 결여로 이루어지는 리듬과 같은 말들로써 말해지지만, 거기에서는 산 채로 불태워진 자들의 말없는 부르짖음을 들을 수도 있을 것이다. <있음>은 관대한 <증여>, 장소의 비워줌과는 정반대의 불모성에 다름

아닌데, 전후의 레비나스의 사유는 이와 같은 <있음>의 공포로부터의 탈출 시도라고 해석할 수도 있을 것이다. <있음>은 블랑쇼(Maurice Blanchot)와 레비나스의 가까움을 표시하는 관념임과 동시에, <있음>으로부터 빠져나오지 못하는 블랑쇼와 레비나스의 근본적 차이를 나타내는 관념이기도 하다. <있음>의 <불면>을 끊는 <잠>의 가능성으로서 레비나스는 <의식>을 파악하고 있는데, <위상변환>에 의한 이와 같은 주체의 정립은 <있음>이 주체의 <자기>(soi)로 화하여 주체에 의지하는 것이며, 따라서 <있음>으로부터의 탈출의 길은 "당시부터 나는 타자에 대한 책임을 존재의 익명적이고 무의미한 술렁거림을 끊는 것으로 간주하고 있었다"[『윤리와 무한』 51]라는 말 그대로 타자와의 만남에 의해 주체가 자기를 탈정립하기에 이르는 길이기도 하다. 그러나 출구 없는 <있음>은 부재하는 타자의 <강박>으로서 이러한 <책임>에도 의지한다. 바로 그렇기 때문에 최근의 레비나스는 <있음>을 타자성의 전 중량으로서 다시 파악하고, <있음>에 짓눌린 주체를 모든 일과 모든 사람에 대해 <책임>을 짊어진 책임 있는 주체로 간주하고자 한다. <있음>은 <몰이해 沒利害의 초탈>(désintéressement)의 시련 그 자체이며, 이런 의미에서 <그임>(illéité)과 표리관계에 있다고 말할 수 있다. ☞ [사]위상변환

—고다 마사토(合田正人)

자기 自己 [(독) Selbst]

말할 필요도 없이 자기는 철학의 근본문제의 하나이지만, 여기서는 주로 『존재와 시간』 시기의 하이데거에 한정한다. 후설 현상학은 세계를 순수한 자아로 환원한다. 요컨대 후설에게 있어 자아는 자연과 다른 자아의 존재에 선행하는 의심할 수 없는 존재이다(인간으로서의 나 역시 환원된다는 점은 지금은 도외시한다). 그러나 『존재와 시간』은 일상적인 현존재가 <누구인가>를 묻고 지금 당장 주어져 있는 것은 고립된 자아가 아니라고 기술한다. <누구인가>는 중성적인 <세인>인바, 현존재는 <세인이라는 자기>(비본래적인 자기) 속에서 스스로에게 고유한 자기(명확히 포착된 자기, 본래적인 자기)를 상실하고 있다고 주장하는 것이다. 이러한 모습을 현존재에게 폭로하고, 현존재를 단독화하며, 자기 자신으로 될 가능성 앞에 서게 하는 것은 죽음에의 선구이다. 이리하여 획득되는 <부단히 자기임>(Selbst-ständigkeit)은 다양한 체험 속에서 보존되는 자아의 동일성(후설 등에서의)과는 엄격히 구별된다. 다만 선험적 결의성에 의한, <세인이라는 자기>로부터 본래적인 자기에로의 이러한 "실존적 변양"[SZ 173]—키르케고르의 영향이 분명히 드러난다—은 초월론적 환원에 의한, 인간으로서의 나로부터 순수한 자아에로의 "가장 위대한 실존적 변화"[Krisis 140]와 서로 동일하다고 볼 수도 있다. 또한 자기 자신이고자 하는 지향은 『존재와 시간』 시기뿐 아니라 하이데거 사유의 전 궤적을 꿰뚫는 모티브의 하나이다. ☞ ㊕결의성, 본래성/비본래성, 세인

—고토 요시야(後藤嘉也)

자기구속 自己拘束 ⇨㊕앙가주망

자기기만 自己欺瞞 [(불) mauvaise foi]

사르트르에 의하면 자기기만이란 대자가 자신의 '사실성'과 '초월', '세계의 한가운데 존재'와 '세계-내-존재', '대사(對私, 대자)존재'와 '대타존재' 등등을 자신의 형편이 되는 대로 이용함으로써, 다시 말하면 그 맞짝들 중 어느 쪽이든 한편과 즉자적인 방식으로 합치하고자 함으로써 스스로 자신을 속이는 것을 의미한다. 자기기만이 가능한 것도 바로 대자의 구조가 그 순간성에서는 <그것이 있어야 할 바의 것이지 않고, 그것이 있지 않아야 할 바의 것이다>라는 모습을 취하고 있기 때문이다. 보통은 <자기기만>의 반대라고 생각되는 <성실>, 즉 <자신이 있어야 할 바의 것이다>라는 모습도 실제로는 이러한 의식의 모습을 생각해보면 불가능하다. 즉 <성실>도 실제로는 <자기기만>의 일종에 다름 아닌 것이다(하지만 마르셀 등은 이 점을 비판한다[『사르트르에서의 실존과 자유』 61 참조]). 자기기만은 의식의 부단한 가능성으로서 끊임없이 우리에게 따라붙지만 그것은 "순간적인 것"이며, 더욱이 "설득적이지 않은 명증"이라는 독특한 명증에 의해 뒷받침된 "중간상태"이면서 일단 거기에 빠지면 영속하는 경향을 지니는 점에 그 특징이 있다. 자기기만으로부터 탈각하기 위해서는 "정화적 반성"('순수 반성')이 필요하다고 주장되는데, 실제로 그러한 반성의 가능성이 시사되고는 있지만, 결국 그것의 구체적인 전개는 이루어지지 않은 채 끝났다.

—다니구치 가즈히로(谷口佳津宏)

자기비판 自己批判 [(독) Selbstkritik]

후설이 『데카르트적 성찰』에서 기술한 현상학의 "궁극의 문제"[CM §63]. 현상학적 연구는 '자기경험' 및 '타아경험'이라는 '초월론적 경험'의 명증성에 의거하여 행해지지만, 당면해서는 이러한 명증성을 '소박'하게 신뢰하여 분석이 진행된다. 그러나 다른 한편 인식 일반에 대해 후설은 데카르트적인 이념을 내걸고 모든 인식에게 '절대적인 근거짓기'를 요구하는데, 이러한 근거짓기는 인식이 '필증적 명증성'을 지니는 경우에만 주어진다. 따라서 '초월론적 경험'의 인식 그 자체에 대해서도 그것이 '필증적 명증성'을 지니는지의 여부가 비판적으로 음미되지 않으면 안 된다. '초월론적 경험'의 명증성에 대한 비판의 일을 '자기비판'이라고 말한다. 그러나 후설이 실제로 이 과제를 수행한 것은 아니다. 현상학적 환원의 '데카르트적 길'은 확실히 초월론적 자아를 발견하기는 하지만, 이 길에서 그 내실은 공허한 채로 머문다. 이러한 결함을 보완하고 초월론적 주관성을 그 풍요로운 내실과 더불어 주제화하고자 현상학적 환원의 '새로운 길', 즉 '심리학을 넘어서는 길'이 구상되었다. 그러나 이리하여 획득된 초월론적 주관성의 장에 대해 다시 필증적 명증성을 요구하게 되면 '데카르트적 길'로 역행해버리게 된다. '자기비판'은 인식론적 요구를 관철하기 위해 불가결하긴 하지만, 동시에 필증적 명증성인가 아니면 초월론적 경험인가라는 딜레마에 빠질 수밖에 없는 것으로 생각된다. ☞ [사]철저주의{래디컬리즘}, 필증성, 현상학적 환원

—우시지마 겐(牛島 謙)

자기의 신체 自己—身體 [(불) corps propre] ⇨[사]신체

자기이입 自己移入 [(독) Einfühlung]

후설의 타자론에서의 중심 개념의 하나. 타자(타아)가 자아로부터의 의미의 이양(옮겨 넣기)에 의해 구성된다고 하는 자기이입론은 자기와 타자의 동근원성을, 또는 타자의 타자성을 보지 못하는 것이라는 많은 비판에 노출되어 왔다. 본래 미학에서 사용되고 있던 감정이입(Einfühlung)이라는 개념을 Th. 립스가 심리학 및 사회학의 근본 개념으로서 넓은 의미에서 파악하여 타아 문제에 관한 J. S. 밀 이래의 유추설을 비판하는 가운데 감정이입설을 전개했지만, 후설은 처음에 이러한 립스의 학설과 씨름하며 그로부터 많은 것을 배우면서도 감정이입을 '본능'으로 삼는 점과 신체 차원의 문제를 보지 못하는 점 등에 대해서는 비판적이었다[Hu **13**. 24, 64, 70, 335]. 그럼에도 불구하고 그는 이 용어를 버리는 것이 아니라 그것을 이를테면 환골탈태시켜 나가고자 했다. 이어지는 시기에 후설은 인격(주의)적인 태도에 기초하는 타자론을 전개했지만, 거기서는 표현·의미·이해와 같은 개념들이 중심적 역할을 담당하는바, 감정이입이란 신체적 표현의 의미를 이해하는 것에 다름 아닌 것으로 여겨졌다[Ideen Ⅱ 244]. 거기서 딜타이의 정신과학·해석학으로부터의 영향을 읽어낼 수도 있으며, 또한 유추설과 감정이입설을 모두 물리치면서 타자의 직접지각설을 전개한 M. 셸러와의 친근성도 지적할 수 있다. 그러나 후설의 타자론의 안목은 『데카르트적 성찰』에서 확인되듯이 경험적(내세계적)인 차원에서가 아니라 초월론적인 차원에서의 문제에 놓여 있는[CM §43] 것이기 때문에, 물어보아야만 할 것은 자기이입이라는 개념이 이러한 차원에서 얼마만큼 유효한가 하는 것일 것이다{후설은 이 글에서는 '감정이입'이라는 말을 괄호 쳐서 사용하든가 '이른바'라는 앞말을 붙여 사용하든가 하고 있으며, 그것을 대신하여 중심 개념으로 되는 것은 '타자 경험'(Fremderfahrung = 낯선 것의 경험)이라는 말이다}. 또한 자기이입에서 '거기'에로 자기를 넣어두는 것(Sichhineinversetzen)에는 '여기'로부터 자기를 꺼내두는 것(자기의 탈중심화 = 낯설게 하기)이 대응한다는 점과, 나아가 자기이입이 수동적 종합의 차원에 속한다는 것이 시사되고 있다는 점(맞짝짓기의 현상)을 고려하게 되면, 자기이입론을 향한 비판 중 여럿은 재검토를 필요로 하게 될 것이다. ☞ [사]맞짝짓기, 타자, 탈중심화, [인]립스[2]

—하마우즈 신지(浜渦辰二)

㊟ M. Theunissen, *Der Andere*, Berlin, 1965(鷲田淸一 譯{초역}, 「他者」, 新田義弘・小川侃 編, 『現象學の根本問題』, 晃洋書房, 1978에 수록). 山口一郎, 『他者經驗の現象學』, 國文社, 1985.

자기책임 自己責任 [(독) Selbstverantwortung]

특히 만년의 후설에게서 <역사의 목적론>과 관련하여 결정적인 의미를 지니기에 이르는 개념. 철학적 이성에 기초하고, 또한 오로지 그와 같은 것에서만 존재하고자 하는 인류라는 고대 그리스 이래의 목적 표상을 개개의 철학자가 살아 있는 인격으로서 자기의 책임에서 자율적으로 받아들여 보편적인 동시에 근본적으로 실현해가야만 한다는 것을 의미한다. 초월론적 현상학에로 고양되어가는 철학적 사유의 운동을 관통하는 이성충동을 철학에 대한 실천적 요청으로서 언표한 것이다. 『위기』에서 후설은 근대 과학의 객관주의 비판을 통해 초월론적 현상학에로의 길에 대해 역사철학적인 동기를 부여하고자 했지만, 그때 후설의 역사철학적 고찰의 중심에 놓인 것은 철학적 사유와 과학적 합리주의와 진정한 인간성의 통일이라는, 요컨대 유럽의 정신문화의 기조를 형성하는 이념의 재발견과 그 계승이라는 문제였다. 그 배경에는 초월론적 주관성이 그 구체성에서는 역사적인 상호주관성으로서 스스로를 실현해간다는 생각이 존재한다. 그러나 초월론적 주관성의 역사적인 자기실현이란 목적론적인 필연성에 의해 사변적으로 설명되는 이성의 자기전개의 역사적 과정을 의미하는 것이 아니다. 오히려 그것은 철학의 실천이 그리스 이래의 목적 표상의 예취 속에서 일깨워지고 뒷받침되며 비판되고 정당화되면서 진행되어가는 가운데 이성이 부단히 자기명징화(Selbsterhellung)와 자기이해의 운동을 계속해간다는 것을 의미한다. ☞ ㈔철저주의{래디컬리즘}, 현상학적 환원, ㈐유럽 학문의 위기와 초월론적 현상학

—히구라시 요이치(日暮陽一)

자기촉발 自己觸發 [(독) Selbstaffektion (영・불) auto-affection]

타자(사물, 타인 등)에 의해 촉발되는 것이 아니라 자기 자신에 의해 촉발되는 것. 하이데거는 칸트의 초월론적 감성론을 해석하여 '시간'은 그 본질상 "자기 자신의 순수 촉발"이며, "순수 자기촉발로서의 시간"이 "유한한 자기 그 자체의 초월론적 근원구조를 부여한다"고 주장했다[KM 188ff.]. 메를로-퐁티에서도 또한 "시간은 자기에 의한 자기의 촉발"이며, 주관성은 이 점에 의해 "«타자»에게로 열려 자기로부터 밖으로 나가는" 것이 된다[PP 487]. 데리다는 "자기가 말하는 것을 듣는다"는 구조가 순수 자기촉발로서 체험된 것에서 목소리의 특권화를 전제로 한 <자기에의 현전>의 철학이 성립한다고 지적하는 한편, 자기촉발에서 하나의 <지금>이 <지금>인 것은 바로 그것이 <지금> 아닌 것에 의해 촉발되는 한에서이기 때문에 <자기에의 현전>은 결코 순수할 수 없다고 이야기한다[『목소리와 현상』 88ff.]. 그러나 미셸 앙리에 의하면 이러한 자기촉발 개념들은 경험적인 것으로부터 순수하긴 하더라도 참으로 엄밀한 것이라고는 말할 수 없다. 본래의 자기촉발은 자기로부터 자기로의 어떠한 반사 구조나 차이도 포함하지 않고 <자기>의 엄밀한 동일성을 실현하는 것이어야만 하는바, 순수한 <감정성>(affectivité)으로서만 발견된다는 것이다[『현현의 본질』 227ff., 573ff.]. ☞ ㈔감정, 촉발

—다카하시 데쓰야(高橋哲哉)

자발성 自發性{**자연발생성** 自然發生性} [(독) Spontaneität (불) spontanéité]

후설은 의식의 노에시스-노에마 구조를 단지 정태적으로 확정하는 데 그치지 않고 지향성을 초월론적 주관성이 초월론적인 의식의 삶 속에서 그 지향대상의 존재의미를 구성하는 수행으로서 파악했다. 지향성의 중심적 기능은 "존재의미를 형성하는 기능"[Krisis 172]인바, 지향대상은 "그 존재의미의 모든 것을 나 자신의 수행적 지향성으로부터 받아들인다"[FTL 20]고 한다. 후설은 한편으로 이와 같이 자발성, 즉 "의미를 구성하

는 수행"이 "지향성 일반의 고유한 본질"이라는 것을 주장하면서도, 다른 한편으로 대상의 존재의미가 전적으로 아무런 제약도 없이 자의적으로 구성되는 것은 아니라고 생각했다. 특히 실재하는 사물이 우리에게 현출하는 것은 자아의 의식체험을 조성하는 층의 하나에 대상 측으로부터 주어지는 감각소여의 휠레적인 층이 있고, 그러한 소여들을 노에시스적인 계기들이 생기를 부여하여 파악하기 때문이라고 생각했다. 이러한 휠레적인 층은 모든 의미부여에 불가결한 기반인바, 이러한 근원적인 수동성이 없으면 자아의 능동적 수행으로서의 지각도 기능할 수 없다. 미리 주어져 있는 무언가에 의한 촉발이 없으면 지각은 있을 수 없다는 것인데[EU 24], 그 수동성 속에서의 자발성의 발생에 대해서는 『경험과 판단』이 상세하게 분석하고 있다.

―시미즈 마코토(淸水 誠)

자명성 自明性 [(독) Selbstverständlichkeit]

현상학의 '철저주의'와 자연적 태도를 대비하는 맥락에서 후설은 자주 '자명성'이라는 표현을 한다. 자연적 태도에서는 "자명한 것으로서 현실에 존재하는 세계"가 지반(Boden)이 되며, "가능하다는 것이 자명한 기도"나 "자명한 유형들"의 지평(Horizont)이 존재한다[Krisis 70, 182-183]. 세계란 "미리 주어진 자명성의 유일한 우주"[같은 책 183], "어떠한 객관적 학문들에 있어서도 결여할 수 없는 무한한 자명성의 명칭"[같은 책 208]에 다름 아닌바, 다양한 이론적 사유조차도 미리 주어지는 것이 자명한 경험세계를 지반으로 하여 영위된다[같은 책 208]. 한편, 일단 성립한 자연과학의 이념성의 결과로 예를 들어 색깔이나 소리 등의 제2성질을 마치 순수한 형태의 세계의 사건(빛과 소리의 진동)으로 간주하는 것도 우리에게 있어서는 '자명성'이며[같은 책 35, 38, 42. 192도 참조], 또는 논리학자에게 있어서는 진리 자체의 존재가 '자명성'이라고 여겨진다[FTL 206-207]. 현상학의 태도변경에 의해 '에포케'되는 것은 이러한 지반으로서의 세계를 비롯한 다양한 자명성에 다름 아니다[Krisis 182-183]. 후설에 의하면 "주체적 사유자"(Selbstdenker), "자율적인 철학자"(autonomer Philosoph)이고자 한다면 자신에게 있어서의 자명성을 모두 선입견(Vorurteil)으로 간주하지 않으면 안 된다[같은 책 73]. 이리하여 자연적 태도와 그 속에 놓여 있는 학문들에 의해서는 결코 물어질 수 없는 다양한 자명성을 "문제 있는 것", "수수께끼 같은 것"으로서 학적인 주제로 하여 세계의 존재라는 보편적인 자명성 그 자체를 이해(Verständlichkeit)에로 가져오는 것이 초월론적 현상학의 과제가 된다[Krisis 184, 208. FTL 19, 274 참조]. 덧붙이자면, 정신의학 분야에서도 블랑켄부르크는 분열증의 기본 장애를 "자연적인 자명성"(natürliche Selbstverständlichkeit)의 상실이라 하고[『자연적인 자명성의 상실』 105], 이것을 후설의 현상학적 에포케와 하이데거의 실존분석과의 대질에 의해 해명하고자 한다. ☞ ㈀세계, 소박함, 자연적 태도/초월론적 태도, 현상학적 환원, ㉑블랑켄부르크

―누키 시게토(貫 成人)

자아 自我{**에고**} [(독) Ich (라) ego (불) je; moi]

후설에서의 자아란 원칙적으로는 의식의 작용들의 동일한 수행자이다. 후설은 우리의 의식체험의 구조를 에고-코기토-코기타툼(자아-의식작용-의식대상)이라는 3항 일체적인 구조에서 파악한다. 그리고 자아의 개념은 체험의 이러한 지향적인 구조 속에 어떤 계기를 강조하는가에 따라 다양하게 규정된다.

『논리연구』의 초판에서 자아는 실재적인 대상성의 하나로서(요컨대 경험적인 자아로서) 파악되고 이러한 관점에서 '순수 자아'라는 개념이 비판되었지만, 『이념들 I』에서는 나토르프의 비판 등에 촉구되어 자아는 '순수 자아'라는 면으로부터도 파악되게 된다. 현상학적 환원에 의해 그 잔여로서 석출되는 것은 '순수 의식'이지만, 순수 자아는 그 순수 의식에 언제나 수반하는 "{의식의} 내재 속의 초월"[Ideen I 110]이라고 생각되었다.

그런데 그 자아는 그때마다 유동적인 생으로서 자기를 파악할 뿐 아니라 그때마다의 코기토-코기타툼(의

식작용--의식대상)의 다양한 연관을 동일한 것으로서 견뎌내며 살아가는 자아로서도 자기를 파악한다. 이것이 "체험의 동일극"[CM 100, Hu **9**. 208]으로서의 자아이다. 그러나 이러한 자아는 『이념들 Ⅰ』에서 순수 자아와 관련하여 말해지고 있던, 그것 자체로서는 "전적으로 공허"하고 "기술 불가능한" 것[Ideen Ⅰ 160]에 불과한 것이 아니라 그때마다의 사념과 확신을 자기 속에 침전시켜 그로부터 "지속적인 개성"을 자아내가는 "습성의 기체로서의 자아"[CM 100, Hu **9**. 215]이기도 한바, 그것이 핵이 되어 사회적 세계의 성원인 이른바 "인격으로서의 자아"[Ideen Ⅱ 175]가 형성되는 것이다.

자아는 좁은 의미에서는 이러한 의식체험의 한 계기("체험의 동일극으로서의 자아" 및 "습성의 기체로서의 자아")를 의미하지만, 넓은 의미에서는 이러한 체험의 지향적 구조의 전체도 의미하는데 그것이 초월론적 자아이다. 또는 그것은 또한 대상세계도 포괄한 구체적인 자아라는 의미에서 '모나드'라고도 불린다[CM 102]. 여기서 초월론적 자아는 초월론적 주관성과 같은 뜻인데, 그런 의미에서 초월론적 주관성의 지향적 · 구성적 분석 작업으로서의 현상학은 모든 구성의 문제를 자기 속에 포함하는 모나드적인 자아의 자기 해명의 일로서 '자아론'(Egologie)에 다름 아닌 것으로 된다. 다시 말하면 "어떠한 형식에서든 초월성은 내재적인, 자아의 내부에서 구성되어가는 존재 성격"[같은 책 117]이기 때문에 구성하는 초월론적 자아는 일체의 초월성을 지향적으로 포함하며, 그런 까닭에 "외부는 무의미이다"라고 말하지 않을 수 없게 되는 것이다.

후설이 말하는 자아론, 요컨대 모나드로서의 자아에서의 자아와 세계의 구조 연관 전체에 대한 근원적인 해명은 곧 모든 구성의 수행자인 초월론적 자아 자신이 반성적으로 행하는 일이다. 거기서는 자아가 "발생의 보편적 형식"에서 자기를 시간적으로 구성하는 그 과정이 자아의 "깊음의 차원"으로서 분석된다. 하지만 반성은 이미 발생해 있는 것에 대한 "뒤로부터의 확인"[Hu **8**. 89]으로서만 가능하기 때문에, 반성이 가능하기 위해서는 반성에 선행하여 자아가 언제나 자기 자신 속에 거리를 발생시키는 동시에 그것에 다리를 놓는 가운데 자기를 (바로 끊임없는 자기 차이화의 과정 속에서) 동일적인 것으로서 구성하는 것이지 않으면 안 된다. "자기 공동화共同化"라고도 말해지는 이러한 자기 통일은 반성 이전의 것이기 때문에 자아에게 있어 그것은 언제나 이미 "근원 수동적"으로 생기하고 있다. 초월론적 자아 속에서는 이러한 의미에서의 자아, 요컨대 '근원자아'(Ur-Ich)가 그 능동적인 구성과정에 선행하여 언제나 이미 (선-)존재하는 것이다.

이러한 '근원자아'는 핑크도 지적하듯이 "자아와 타자의 구별에 선행하는" 것인바, 후설의 현상학은 더 나아가 근원자아의 이러한 미분화성의 내부에 상호주관성이 배태되어 있다는 것을 보이는 작업을 스스로에게 부과하게 된다. 후설이 "모든 수수께끼 중에서도 최대의 수수께끼"[Krisis 82]라고 한 자아의 문제는 이리하여 최종적으로 후설 전집의 제13-15권에 초고 형태로 수록되어 있는 이른바 '상호주관성의 현상학'의 주제계열에 관련된다[Hu **15**. 587 참조].

후설의 동시대인 중에서는 셸러 역시 "우리에게는 우선 최초로 자기 고유의 자아와 그 체험들만이 주어진다"는 전제에서 출발하는 이른바 타아 인식론을 비판하는 맥락에서 "나-너에 관해 무관심한 체험류"에 대해 고찰하고 있는데[Sympathie 232, 240], 자타의 이러한 무차별성 내지는 혼합성이 자아의 의식에 선행하며, 그로부터 자아가 분화되어간다고 말한다. 다만 셸러의 경우 '자아'라는 말은 대상적 존재자를, '인격'이라는 말은 대상화되지 않는 작용 수행자를 나타낸다.

하이데거에게서는 자아 개념을 대신하는 것으로서 현존재가 자기의 존재를 파악한 경우의 '본래적 자기'와 그것을 망각한 경우의 '세인 자기'가 등장한다. 사르트르는 반성 이전의 의식은 자아가 없는 자기의식(비정립적 자기의식)이라고 하지만, 다만 타인의 눈길의 경험에 의해 의식에 자아가 도래한다고 생각한다. 메를로-퐁티는 코기토에 언어를 개입시켜 언어화된 코기토는 '사람'에 속하며 침묵의 코기토는 모호한 자아를 지니는 데 불과하다고 생각했다. 자아는 이러한 양자의 상호 의존관계 속에서 성립한다. 파토츠카는 현상학에서 자아를 없애고 사태의 현출에만 주목하는 비자아론적인 현상학을 구상했다. ☞ ㊕상호주관성, 시간화, 자아극/대상극, 자아론, 초월론적 주관성, 코기토/코기타툼, 타자

—다니 도오루(谷 徹)

㊟ K. Held, *Lebendige Gegenwart*, Nijhoff, 1966(新田義弘・小川侃・谷徹・齋藤慶典 譯, 『生き生きした現在』, 北斗出版, 1988).

자아극/대상극 自我極/對象極 [(독) Ichpol/Gegenstandpol]

후설은 『이념들 Ⅰ』에서 의식작용이 자아극과 대상극이라는 두 개의 극과 관계 맺게 된다고 말하고 있으며[Ideen Ⅱ 105], 또한 『위기』에서는 의식의 지향성이 <에고-코기토-코기타툼>(자아-의식작용-의식대상)이라는 삼지구조를 지닌다고도 말하고 있다[Krisis 173ff.]. 하지만 그가 이와 같이 말함으로써 언표하고자 한 것은 의식의 지향성이 지니는 이중의 극성(Polarität)이다. 그에 의하면 우리의 의식의 다양한 체험은 내적 시간의식의 흐름 속에서 종합되어 어떤 동일한 대상에 대한 지향적 의식으로 되지만, 그때 이 대상은 다양한 지향적 의식이 그것에로 수렴해가는 초점, 요컨대 대상극으로서의 역할을 수행하게 된다. 다른 한편, 그러한 체험들이 모두 동일한 자아의 체험인 한에서 그러한 체험들이 그로부터 방사(ausstrahlen)되는 자아극이라는 또 하나의 초점으로도 수렴되게 된다. 그런데 다양한 체험이 내적 시간의식의 흐름 속에서 흘러온다든지 흘러가는 데 반해, 이 자아는 동일한 채로 머무는 것이다. 그렇게 보면 체험의 유동 속에서 동일하게 머무는 이 자아는 지향적 의식의 대상이 의식에 내실적으로 포함되지 않는 <초월>임과 마찬가지로 의식에 내실적으로 포함되지 않는 <초월>로서 <내재에서의 초월>(die Transzendenz in der Immanenz)의 지위를 차지하게 된다[Ideen Ⅰ 124]. 그러나 이러한 유사성에도 불구하고 대상극과 자아극의 지위는 대등하지 않다. 왜냐하면 대상극이 다양한 체험의 종합의 결과로서 성립하는 것인 데 반해, 자아극은 바로 동일한 자아의 체험으로서 그러한 체험들의 종합을 가능하게 만드는 바로 그것이기 때문이다.

그런데 『이념들 Ⅰ』에서는 자아극이 단지 의식작용이 그로부터 발현하는 광원光源으로서 말해지고 있던 데 지나지 않지만, 『이념들 Ⅱ』에 들어서면 다양한 체험의 내적 시간의식의 통일을 가능하게 하는, 그러한 종합통일을 짊어지는 것으로서 말해지게 되는바, 나아가서는 다양한 과거의 의식작용의 침전으로서의 <습성>(Habitus)을 그 안에 간직하고 있는 습성적 자아(habituelles Ich) 내지 인격적 자아(personales Ich)라는, 종래의 자아 개념을 근본적으로 수정하는 개념도 그로부터 성립하게 된다[Ideen Ⅱ 111ff.]. ☞ ㊕자아[에고], 지향성, 코기토/코기타툼

—우오즈미 요이치(魚住洋一)

㊟ Th. Seebohm, *Die Bedingungen der Möglichkeit der Transzendental-Philosophie*, Bouvier, 1962, §22(桑野耕三・佐藤眞理人 譯, 『フッサールの先驗哲學』, 八千代出版, 1979, 제22절). E. Marbach, *Das Problem des Ich in der Phänomenologie Husserls*, Phaenomenologica Bd. 59, Nijhoff, 1974.

자아론 自我論 [(독) Egologie]

후설은 스스로가 주장하는 초월론적 현상학을 '에고・코기토{=노에시스}・코기타툼{=노에마}'라는 지향성의 구조를 지닌 경험을 해명하는 학이라고 하여 자아론이라고도 불렀다[Hu 7. 147]. 그러나 그것은 어디까지나 첫 번째 현상학적 환원인 자아론적 환원에 의해 열리는 첫 번째 단계로서의 자아론적 현상학인바, 이어지는 상호주관적 환원에 의해 그것은 상호주관적 현상학으로 확장된다[Hu 9. 246]. 즉 후설은 자아론(아래 단계)과 상호주관성론(그것에 기초지어진 위 단계)이라는 두 단계에서 현상학을 구상하고 있는 것이다[CM 69, 181]. 그러나 그렇다면 자아론은 타자 경험・상호주관성에 선행하는 단계로서 타자 부재의 '유아론'적인 양상을 띠게 되는데, 이러한 유아론이라는 비난에 대답하는 형태로 전개된 것이 『데카르트적 성찰』 제5성찰의 타자론이다[CM 121]. 이러한 유아론과 타자론에 얽혀 있는 문제는 별도로 하더라도(그것과 나눌

수 없을 정도로 밀접하긴 하지만), 자아론 그 자체 내부에 대해서도 다양한 문제가 제기된다. 즉 에고·코기토·코기타툼이라는 구조와 관련하여 (1) 에고라는 자아극으로서의 순수 자아를 인정해야만 하는가 아닌가, (2) 몇 가지 레벨의 자아가 구별되지만, 그 구별과 관계를 어떻게 이해해야만 하는가, (3) 특히 자연적(경험적, 내세계적, 심리학적) 자아와 초월론적 자아의 관계를 어떻게 생각해야만 하는가(후설 자신은 후자의 '자기 객관화'에 의해 전자가 성립한다고 생각한다[Krisis 190, 212]), (4) 현실성만이 아니라 잠재성도 포함되는 코기토는 자아적 구조를 반드시 지니는 것은 아닌 것이 아닌가, (5) 코기타툼 또는 노에마의 성격을 어떻게 이해해야만 하는가, 등등에 대해서는 후설 이후에도 연구자들 사이에서 다양한 논의가 이루어져 왔다. 나아가 1920년대 이후 후설이 정태적 현상학으로부터 발생적 현상학으로의 심화를 말하기 시작할 때에 자아론은 '선자아적'인 장면에로 되돌려지며, 궁극적으로는 '살아 있는 현재'라는 시간론으로 소급되어가게 된다. ☞ ㊖노에시스/노에마, 발생적 현상학, 유아론, 자아{에고}, 코기토/코기타툼, 타자

—하마우즈 신지(浜渦辰二)

㊟ G. Brand, *Welt, Ich und Zeit*, Den Haag, 1955(新田義弘·小池稔 譯, 『世界·自我·時間』, 國文社, 1976). K. Held, *Lebendige Gegenwart*, Den Haag, 1966(新田義弘 外 譯, 『生き生きした現在』, 北斗出版, 1988).

자아분열 自我分裂 [(독) Ichspaltung] ⇨㊖반성, 방관자

자연 自然 [(독) Natur (영·불) nature (그) physis]

자연이라는 개념은 동서양을 막론하고 인간의 주관이나 기교에 의하지 않고서 '그것 자체로' 그와 같이 있는 현상 또는 존재자를 의미한다. 아리스토텔레스에 의하면 자연이란 신들과 인간의 그때마다의 활동(테크네)에 의존하지 않고 자기 안에서 생성 소멸하는 원리 또는 원리를 지니는 것을 가리킨다[『형이상학』 1015a14]. 이와 같은 자연은 '자기 안에' 운동의 원인과 목표를 지니기 때문에 신들과 인간의 작용 없이 스스로 존립하며 일정한 질서를 보유한다. 이와 같은 자연 개념에서는 인간의 존재 및 그 활동에 대치되도록 자연의 존재가 정립되어 있다. 이러한 아리스토텔레스의 자연 개념은 서양의 이후의 자연 개념의 근거짓기적인 역할을 수행했다.

이러한 전통적 자연관에서는 지향의 대상인 자연의 실재가 초월자로서 소박하게 정립된다. 지향하는 자는 그 자체로 그와 같이 존재하는 자연 속에 있는바, 자기도 그 자체의 원리에서 생성 소멸하는 것으로서 파악할 때 스스로도 자연의 일부로서, 즉 동물의 일종인 사람으로서 이해된다. 이러한 자연관 및 인간관은 후설이 말하는 자연주의적 태도에서 성립할 수 있다. 근대의 과학적 자연관도 이러한 자연주의적 태도에서 생겨나며, 나아가 이것을 강화했다. 즉 갈릴레오 갈릴레이는 물리학의 대상을 크기, 수, 느린 운동, 빠른 운동이라는 제1차적 성질에 한정했다[갈릴레오, 『황금계량자』(*Il Saggiatore*) 제48]. 왜냐하면 맛, 냄새, 색깔 등과 달리 이것들만이 관찰자의 변화하는 상태에 의존하지 않고서 이것들 자체로서 객관적으로, 다시 말하면 수량적으로 파악될 수 있기 때문이다. 후설의 표현을 사용하면 이것들이야말로 "공간적, 시간적 현실"[Ideen Ⅰ 16]이라고 하는 요구가 여기에 놓여 있다. 물리적 '현실'의 객관성은 갈릴레오에 의하면 개인적 주관의 심적 상대성을 넘어서서 만인(jedermann)에게 공통된 관측방법과 척도에 의해 보증된다[Krisis 27f. 참조]. 후설에 의하면 여기서 '객관적으로' 주어지는 것은 '물질'이라는 물리적, 경험적 형태들의 형식(Formen)에 지나지 않는다. 요컨대 객관성은 실제로 만인에게 관측된, 또는 관측될 수 있는 형식이 아니라 만인이 되풀이하여 채용할 수 있는 관측방법에서 관측될 수 있다고 내가 생각하고 요구하는 대상의 형식이다. 객관성은 그러므로 내가 요구하는 선험적인 대상성이기도 하다. 이러한 선험적인 대상성은 관측되는 대상에 입혀지는 '이념의 옷'이다. 지금 여기서의 나의 일회에 한정된 관점을 이와 같이 만인에게 공통된 관점이라고 간주하는

것은 전형적인 자연주의적 태도에서 가능하다. 객관적 현실을 관측할 것을 요구하는 근대 물리학의 자연에 대한 태도는 후설에 의하면 '생활세계'에서의 전과학적이고 좀 더 원초적으로 주어지는 직관(Anschauung)에 대한 언제나 동일한 자명성을 획득하고자 하는 궁리에 의한 추상화이다[Ideen Ⅰ 35f., Krisis Beilage Ⅲ 383ff.]. 갈릴레오가 주장하는 '크기, 수, 느린 운동, 빠른 운동'은 생활세계의 원초적인 재다, 헤아리다, 움직이다 등과 같은 지향을 전제로 하는바, 후설의 현상학은 '자연의 객관적 현실'의 경우에도 생활세계에서의 이러한 원초적인 지향작용의 구조를 분명히 할 것을 요구한다. 그리고 이러한 요구는 학들이 의거해야만 하는 근원적 명증성(Urevidenz)을 탐구할 것에 대한 요구이기도 하다.

현상학은 자연을 그것 자체에서 그와 같이 성립하는 현상 내지 존재자로서 파악하는 것이 아니라 그와 같이 의미되는 것으로서 파악한다. 이하에서 우리는 자연이라는 '그것 자체에서 성립하는 것'의 의미를 현상학적으로 고찰해야만 한다. 초월론적 현상학에서 노에마는 철저히 자아의 노에시스인 구성적 수행으로 환원되지만, 자아가 그에 대해서 '수동적이다'라고 받아들이는 감정 등과 같은 '전언어적인' 자연, 요컨대 '이념의 옷'을 철저히 벗겨낸 '그것 자체에서 성립하는' 자연은 직관의 '질료적인'(hyletisch) 층, 기초짓는(fundieren) 영역으로서 규정된다. 후설에게서는 그러나 감정과 같은 수동적인 것에는 저차원의 명증성밖에 주어지지 않는바, 이것도 바로 주관에 있어서 참다운 것, 무언가를 지시하는 것으로서, 즉 자기부여(Selbstgabe)인 주관에서 종합되는 것으로서 본래의 명증성을 획득할 수 있는 것이다[Hu **11**. 83f., 101f. 참조].

자연이라는 노에마를 자아의 구성적 수행으로 환원함으로써 명증성을 획득하고자 하는 현상학은 자연을 자립적이고 자기부여적인 존재로 이해하는 형이상학 및 자연의 '객관적으로' 계량 가능한 항상적 대상성을 대상으로 하는 자연과학과 공통된 이념, 즉 인식의 확실성에 대한 요구 안에서 움직인다. 나아가 또한 자연을 구성적으로 근거짓는 주관성도 자연, 즉 생성소멸하는 사물의 실체[아리스토텔레스, 『형이상학』 43b23]와 공통된 존재 해석 안에서 움직인다. 즉 항상적 정립으로서의 존재 내지 확실한 것인 것이다.

하이데거의 기초존재론은 의미를 이해하는 자가 이 이해에서 의미세계에 스스로를 기투하는 자이며, 이해되는 의미세계의 성립 및 그 양상은 이해라는 '수행'으로 환원되지 않는다고 주장한다. 따라서 이 이해자는 이미 주관이나 자아라고 불려야만 하는 것이 아니다. 즉 이미 세계 바깥의 '자아'가 아닌 의미 이해자에 의해 이해되는 현상의 의미는 그의 자기기투를 가능하게 하는 존재의 '개방성'(Offenheit)으로서 파악되어야만 하는 것이다. 하이데거를 따라 이 이해자를 이하에서 현존재라고 부르기로 하자. 하이데거는 후설도 자기망각으로서 비판하는 물리학이 주장하는 '객관적 사태'로서의 자연이란 바로 그와 같은 것으로서 이해하는 현존재의 자기기투를 망각하여 정립된다고 지적한다. 그리고 그와 같이 이해된 존재자를 '객체존재'(Vorhandenes, 눈앞의 존재자)라고 부른다. 그럼에도 불구하고 일체의 현상은 현존재의 자기기투를 가능하게 하는 한에서만 그와 같이 나타나는 것이며, 자연도 그 예외가 아니다.

나 또는 타자의 존재를 가능하게 하기 위해 만들어져 사용되는 것을 도구라고 부르기로 하자. 도구의 현존재와의 이와 같은 관계를 '손 안에 있음(도구존재성)'(Zuhandenheit)이라고 하이데거는 규정한다. '손 안에 있음'의 '안에'(Zu-)는 도구존재의 의미적인 열림의 방식, 요컨대 사용사태(Bewandtnis)를 나타낸다. 일체의 존재자는 이러한 사용사태에서 현존재에게 이해되는 까닭에 많든 적든 손-안에-있음을 지닌다. 그럼에도 불구하고 자연의 '그것 자체에서'는 이러한 손-안에-있음을 부정하는 규정이지만, 현상인 한에서 역시 손 안에 있음을 지니는 것이다. 그러면 그것은 어떠한 '손 안에 있음'인가? 자연은 현존재의 '위함'에 의해 고유한 의미를 부여받은 현상이 아니지만, 현존재를 떠받치고 가능하게 하는 현상으로서 '전언어적으로' 이해된다. 예를 들면 주제적으로는 특히 의식되고 있지 않은 나의 심장은 나의 의도를 떠나서 '그것 자체에서' 나의 존재를 떠받치고 가능하게 하는 현상으로서 내게 언제나 이미 이해되고 있는 한에서 자연이다. 그러나 혈류의 순환을 가능하게 하기 **위한** 기관으로서 이해되는 심장은 자연이 아니라 도구존재이다. 그러나 일체의 도구존재는 사람의 손을 떠나서 '그것 자체에서' 성립한다고 이해되는 '자연'을 그 기저에서 지닌다. 자연의 '손-안에-있음'은 가장 근원적인 까닭에 전반성적이며 언제나 스스로를 숨긴다. 그러나 자연의 떠받침에 대한 신뢰가 상실될 때 그것에 대한 도구적 눈길이 다시 등장한다. ☞ ㉮도구존재성/객체존재성, 생활세계, 이념의 옷

—유아사 신이치(湯淺愼一)

자연과학과 현상학 自然科學—現象學

오늘날 자연과학으로서 일괄되는 사태는 단지 그 대상이 여러 갈래에 걸쳐 있을 뿐 아니라 방법론적으로도 상당히 다양한 사고양식을 포함한다. 그럼에도 불구하고 그것에는 어떤 공통분모 같은 것이 놓여 있다. 그것은 자연과학이 인간의 행동적 관심에 대응하는 외적 대상의 정보라는 점이다. 행동적 관심이란 행동적으로 대상과 관계할 때에 대상에 대한 일정한 자세를 추구하는 인간의 심적 태도를 말한다. 이에 반해 행동적인 의도를 가지고서 대상에 관계하지 않고 단지 대상의 정보를 인간의 가치에 따라 받아들이는 동시에 가치에 의해 선별하는 심적 태도를 관조적 관심이라고 말하여 구별한다. 관조적 관심 아래 대상을 보는 전형적인 예는 그림을 감상하는 경우 등이다. 한편 행동적 관심은 자연의 대상을 먹을거리로서 섭취하든가 도구로서 사용하든가 아니면 그림을 집의 장식으로서 이용하든가 하는 실용성 지향을 포함하는 것은 당연하다 하더라도 좀 더 범위가 넓은 것인바, 때로는 실용성은 전혀 의식되지 않고서 이른바 순수하게 '이론적'인 견해이면서도 내용적으로는 역시 행동적 관심이 작용하고 있는 경우가 있다. 예를 들면 뮐러리어의 착시도형은 이른바 눈의 착각의 예로서 두 개의 선분 모두 중앙의 선분의 길이가 같은 데도 불구하고 바깥을 향하는 화살표가 붙은 쪽이 짧게 보이는데, 이것은 착각의 잘못이라는 것이다. 그러나 실제로 짧게 보이는 것도 사실인바, 관조적 관심에서는 그렇다고 해서 지장이 있는 것은 아니다. 그럼에도 불구하고 이것이 잘못이라고 하는 것은 어떠한 입장에서 말할 수 있는 것일까? 그것은 예를 들면 두 개의 도형을 중첩시켜 보는 것과 같은 조작을 예상해보는 것이다. 이것은 그것으로서 의식하지 않더라도 행동적 관심 하에 도형을 보거나 이러한 심적 태도에서 공간을 처리하는 것이다. 이렇듯 중첩시켜 길이를 판정하는 것은 바로 기하학적인 방법이다. 기하학은 물론 전적으로 실용을 고려하지 않는 '이론적'인 학문이라 하더라도 이것은 사실은 행동적 관심에 대응하는 공간의 취급방식을 의미하는 것이며, 또한 바로 그렇기 때문에 기하학은 자연과학의 대단히 유효한 수단으로 되는 것이다. 이와 같은 관심의 양태의 차이에 의한 정보의 질적인 괴리는 단지 공간에 관해서뿐만 아니라 시계에 의해 측정되는 시간과 측정되지 않는 시간, 저울로 측정되는 물체의 무게와 측정되지 않는 무게 등에서도 나타난다. 그리고 인간에 대해서는 이러한 두 가지 질적으로 다른 정보가 그것 자신으로서는 전적으로 동등한 권리를 지니고서 그 타당성을 주장할 수 있는 것이다.

이와 같이 동일한 대상이 인간에 대해서 개시하는 양상이 조르게(관심)의 양태에 따라 다른 것은 인간의 정신구조, 하이데거의 표현을 빌리자면, 현존재의 존재, 즉 존재방식 안에 그 근거를 지니지 않으면 안 된다. 그리고 하이데거는 현존재의 존재를 실존으로서 파악한다. 나아가 실존의 일반적 구조는 현존재의 피투성을 기반으로 하여 이것으로부터 자기의 책임 아래 채택한 가치에 따라 자기의 가능성을 향해 기투(Entwurf)를 행하는 것이다. 이러한 실존하는 현존재의 구조 전체를 총괄하는 것으로서 그는 관심이라는 말을 사용한다. 즉 현존재의 기투는 관심의 양태에 의해 좌우되는 것이다. 그러나 기투에 있어 현존재는 현존재 이외의 대상과 관계하며, 이것을 기투 중에 받아들이게 된다. 그리고 이것이 가능한 대상의 존재방식을 하이데거는 도구존재성(Zuhandenheit)으로서 특징짓

는다. 이것은 하이데거의 경우 도구성(Zeughaftigkeit)과 동일한 의미이다. 한편 기투에서 받아들일 수 없는 대상은 현존재의 실존과는 관계를 가질 수 없는 단지 눈앞에 있는 것(Vorhandenes)이라는 성격을 지닌다. 이것은 도구로서 이용할 수 없는 대상을 말한다. 그리고 하이데거는 도구와 단지 눈앞에 있는 것을 엄격히 구별할 뿐이라 하더라도 실은 이 사이에는 대상이 개시되는 방식으로서의 중간 현상이 있다. 그것은 인간이 대상을 대하는 태도에 직접적으로 대상을 도구로서 이용하는 의도는 아니더라도 그것과 행동적으로 관계할 때에 인간의 일정한 자세를 부여하는 그러한 접근방식이 놓여 있는 것을 가리킨다. 이러한 태도에 대해 개시되는 대상의 존재방식도 일종의 도구존재성이지만, 단지 도구성에 한정되지 않는 도구존재성이기 때문에 이것을 비한정적 도구존재성이라고 말하여 구별한다. 그리고 비한정적 도구존재성 지향이 도구성 지향을 포함하여 이것보다 더 넓은 심적 태도를 나타낸다는 것은 이러한 심적 태도 하에 얻어진 정보가 이따금 실존에서의 기투에 짜 넣어지는 조건이 정돈되면 그것을 아무런 변화도 요구하지 않고서 도구적으로 이용할 수 있다는 것으로부터도 알 수 있다. 그런데 이러한 형태의 대상의 도구존재성도 단지 대상을 방관적으로 바라보아서 발견되는 것이 아닌바, 하이데거가 말하는 것과 같은, 가치를 축으로 한 기투와는 다른 기투를 필요로 한다. 이것은 눈앞에 있는 것에서 자기의 인간적 가치를 억제하여 그것 아래에 머무르는 것이자 그 유의의성을 회복하는 양식의 기투이기 때문에 탈자적 기투라고 말하는 것이 적당할 것이다. 이에 반해 하이데거의 기투는 실존적 기투라고도 말해야 한다. 그리고 탈자적 기투에 의해 비한정적 도구존재성을 지향하는 것이 자연과학이라고 말해지는 사태를 성립시키는 심적 태도, 즉 관심의 양태이다.

이렇게 보면 실존적 기투는 실은 다차원의 구조를 지니는 복합적인 관심의 양태를 하나의 축으로 투영한 것인바, 이러한 본래의 구조를 해명하기 위해서는 이것을 각각의 고유한 축으로 환원해야만 한다. 그 하나는 행동적 관심의 축이며, 다른 하나는 관조적 관심의 축이다. 행동적 관심의 축은 자연과학적 세계상을 형성하는 것이고 관조적 관심의 축은 그것 자신으로서는 기투를 행하지 않는바, 자기의 가치의 세계 속에 폐쇄된 회로를 만들고 가치의 세계에 침잠하며 행동적 관심의 배후에서 이것을 지도하고 실존적 기투의 방향짓기를 수행한다. 그 결과 인간의 생활은 대부분 이러한 두 가지 관심의 양태가 복합된 것으로서 주어진다. 그리고 하이데거가 중시하는 현존재의 존재에서의 실존적 시간성은 이러한 두 가지 축이 복합되었을 때에 비로소 출현하는 것이다. 이에 반해 행동적 관심에 대응하는 시간은 자연과학적 시간인바, 이것은 시간의 측정에 있어 시계가 사용되고, 그와 동시에 시계에는 반드시 유클리드 공간이 그 원리로서 짜 넣어진다. 즉 자연과학적 시간은 본질적으로 공간적 사고에 그 근원을 지니게 되는 것이다. 또한 관조적 관심은 기투를 행하지 않는 까닭에 초시간적이며 시간성을 지니지 않는다(덧붙이자면, 자연과학의 발전에 따라 형성되는 독자적인 세계상과 현상학적 세계상 간의 경험관계가 새삼스럽게 현상학적 지평의 문제를 제기하는 것에 대해서는 아래의 참고문헌을 참조할 수 있을 것이다). ☞ ㈔현상학적 과학론

—스와 노리오(諏訪紀夫)

참 諏訪紀夫, 『價値と自然』, メルキュール出版社, 1990.

자연발생성 自然發生性 ⇨㈔자발성{자연발생성}

자연적 나 自然的— [(불) moi naturel]

나의 신체는 내가 자신의 책임 하에 자신의 존재방식을 결정하기 이전에 이미 감각적·자연적 세계에 응답하면서 이 세계 속에서 일정한 생활을 보내고 있다. 나의 인칭적 실존은 나의 폐가 호흡하고 나의 심장이 고동치며 나의 감각기관이 외적 자극의 부름에 응답하면서 거기에 감각적 세계를 현출시키는 것과 같은 것을 자명한 것으로서 전제하지만, 이러한 활동들을 스스로가 책임지고 수행하는 것은 아니다. 이와 같은

생명적 활동은 <나>의 의지적 결정 이전에 나의 신체에 의해 은밀하게 영위된다. 그렇게 보면 나의 신체라는 것은 나의 인칭적 실존의 깊은 곳에 자리 잡고서 자연적 세계에 이미 관계하며, 그리하여 주체와 같이 행동하는 누군가라고 말하지 않을 수 없다. 메를로-퐁티가『지각의 현상학』에서 자연적 나라고 부르는 것은 이와 같은 나의 신체를 말한다. 그것은 <나> 속의 또 하나의 <나>, 나의 인간적·문화적 세계에 대한 삽입을 보증해주는 나인 것이다. 하지만 이와 같은 신체는 엄밀하게 말하면 <나>가 아니다. 그것은 오히려 <사람>이라고 불려야만 하는 것일 터이다. 따라서 메를로-퐁티는 대부분의 경우에는 그렇게 부르고 있다. 그렇지만 어쨌든 나의 신체는 타성적인 물질과 같은 것이 아니다. 그것은 무엇보다도 우선 생명적 활동의 주체, 지각세계의 구성자로서 내게 나타나는 것인바, 바로 그렇기 때문에 메를로-퐁티도 굳이 이것을 "자연적 나"[PP 199]라고 불렀던 것이다.

—다케우치 오사미(竹内修身)

자연적 태도/초월론적 태도 自然的態度/超越論的態度 [(독) natürliche Einstellung/transzendentale Einstellung]

현상학의 방법을 특징짓기 위해 후설이 사용하는 맞짝개념. 후설에 의하면 현상학은 다양한 학이 취급하는 모든 현상에 관계하지만 그 모든 학들과는 전적으로 다른 태도에서 그것들을 다루며, 그에 따라 현상의 의미도 변양된다고 한다[Ideen Ⅰ 1]. 통상적인 우리의 삶과 통상적인 학문들은 모두 '자연적 태도'에서 수행된다. 자연적 태도에서 "나는 언제나 시공간적 현실이 내게 대해 거기에 있다는 것을 발견한다. 이러한 현실에는 나 자신이 속해 있다"[같은 책 52]. 이와 같은 '일반정립'(Generalthesis)이 자연적 태도의 본질을 이루는바, 그 속에서 우리는 예를 들면 이론적 태도를 지니고서 "자연을 구성하는 의식에 속하는 작용을 그에 수반하는 초월적 정립과 함께 소박하게 수행하며, 이러한 작용에 잠재해 있는, 잇따르는 새로운 초월적 정립에로 북돋우는 동기에 규정되는 대로 되고"[같은 책 94] 있는 것이다. 자연적 태도에서의 작용은 모두 미리 주어진 세계를 기반으로 하여 이루어지는바[같은 책 69, 94], 거기서는 '체험', '의식' 등도 "실재적 사건"(reale Vorkommnisse)으로서 존재한다[같은 책 69].

이와 같은 자연적 태도의 "스위치를 끄고"(ausschalten) "현상학적 환원"을 행하는[Ideen Ⅰ 108] 것, 다시 말하면 자연적 태도를 "작용 바깥에 두고"(außer Aktion setzen) "에포케 하는" 것에 의해 "태도변경"(Einstellungsänderung)이 수행되는데, 그 결과 획득되는 것이 '현상학적 태도', '초월론적 태도'이다. 현상학적 태도에서는 자연적 태도에서는 엿보아 알 수 없는[같은 책 59 참조] 탐구의 영역이 개시된다.『이념들 Ⅰ』에서 이 영역은 "절대적 의식의 영역"[같은 책 94]이라고 말해지며,『위기』에서는 "생활세계가 미리 주어져 있다는 것"[Krisis 151], "세계와 세계의식의 보편적 …… 상관(Korrelation)"[같은 책 154]이라고 말해진다. 개개의 지각을 예로 들면 자연적 태도에서는 "초월적 공간 현실성에서 존재하는 것"으로서의 사과나무였던 것이 현상학적 태도에서는 인용부호가 붙은 "사과나무", "지각된 것 그 자체"로 간주되는바[Ideen Ⅰ 184], 일반적으로 대상은 그것에 관계하는 "의식 연관의 명칭"[같은 책 301f.]으로서 다루어지게 된다.

자연적 태도에서는 존재자였던 것이 구성적 조직(Systeme)의 상관자[CM 126]로 간주되는 결과로 현상학적 태도에서 개시된 것이 "초월적인 것의 객관적으로 타당한 인식의 본질과 가능성에 관계하는 가장 심원한 인식 문제의, 생각되는 한에서 유일한 해결의 원천"[Ideen Ⅰ 204]이라는 점에서 '초월론적'이라는 규정이 유래한다.『위기』에서는 인류에게 부과된 이성의 실현이라는 이념의 관점에서 초월론적 태도에서의 새로운 발견은 초월론적 태도로부터 다시 자연적 태도로 되돌아온 후에 파악되는 나와 다른 사람들의 심적 삶의 내실을 풍부하게 한다고 말해지는바[Krisis 214, 267], 초월론적 태도로의 태도변경은 종교적 회심에 필적하는 인격적 전환이라고까지 불린다[같은 책 140].

또한 하이데거는 현존재의 존재를 "단적인 초월자"로 파악하며, 그 결과 존재의 개시성으로서의 "현상학적 진리는 초월론적 진리이다"라고 말한다[SZ 51]. 다만 하이데거의 경우에는 초월론적인 것이 주관성과 의식이 아니라 오히려 현존재의 존재의 탈자적 시간성에서 규정된다는 점에 그 특색이 놓여 있다. 메를로-퐁티는 모든 것을 투명한 구성적 의식의 수행으로 돌리는 칸트의 비판철학과 초기 후설의 의미에서의 초월론적 철학을 시종일관 비판하고 있다[PP 73, 150, 419 외]. 메를로-퐁티에 의하면 신체와 시간성에 연루된 "양의적 삶"이야말로 다양한 초월의 원천이 솟아오르는 장이며, 이것이야말로 "참으로 초월론적인 것"인 것이다[같은 책 418, 참조: 466]. ☞ ㉦소박함, 초월론적 현상학, 태도, 태도변경, 현상학적 환원

—누키 시게토(貫 成人)

자연주의적 태도/인격주의적 태도 自然主義的態度/人格主義的態度 [(독) naturalistische Einstellung/personalistische Einstellung]

자연과학과 정신과학의 관계를 획정하기 위해 후설이 사용한 용어. 예를 들면 인간은 단순한 자연의 일부로도 "정신적 실재"(geistiges Reales)[Ideen Ⅱ 143]로도 간주될 수 있다. 전자와 같은 자연과학자의 태도를 후설은 자연주의적 태도 또는 자연과학적 태도(naturwissenschaftliche E.)라고 부르며, 후자를 인격주의적 태도 또는 정신과학적 태도(geisteswissenschaftliche E.)라고 부른다[같은 책 281].

자연주의적 태도에 상관적인 실재는 자연인데, 여기서는 인과성을 기본원리로 하여 물리적 자연 및 생명적 자연(animalische Natur)이 귀납법에 의해 탐구된다[Ideen Ⅱ 181]. 이러한 태도에서 인간은 그것 자체로서는 비공간적인 "마음의 상태들"(seelische Zustände)이 신체(Leib)에 국부화(lokalisiert), 시간화(temporalisiert)된 것, 요컨대 "자연사실"(Naturfakta)로 간주된다[같은 책 181 외]. 한편, 인격주의적 태도에서 등장하는 '인격'(Person)은 각각의 환경세계(Umwelt)의 주체이다[같은 책 185f.]. 각각의 인격은 다른 인격과 함께 사회적 행위를 영위하지만, 이때 다른 인격은 대상으로서가 아니라 "대면하는 주체"(Gegensubjekte)[같은 책 194]로서 존재한다. 사물과 인간의 관계를 파악하기 위해 자연주의적 태도에서는 사물에 의한 신경의 인과적 자극이라는 틀이 사용되지만, 그에 반해 인격주의적 태도에서의 인격과 사물의 관계는 동기짓기(Motivation)로서 파악된다[같은 책 189].

인격주의적 태도에서 보면 모든 자연과학이 늘 인격으로서 살아가는 자연과학자의 영위인 한에서 자연주의적 태도는 인격주의적 태도 하에 속하는바, 인격적 자아의 자기망각에 의해서만 자립적일 수 있다[Ideen Ⅱ 183]. 다른 한편 자연주의적 태도에서 보면 인격적 자아와 그 사회적 영위도 자연사실일 뿐이며[185], 또한 각각의 인격적 자아가 환경세계의 사물에 대해서 지니는 현출이 상호적으로 일치하지 않을 때 그것은 각각의 신체와 심적 기관의 객관적 규정으로부터 설명된다[208]. 이러한 관점에서 보면 인격적 세계야말로 자연적 세계 하에 속한다[185]. 두 태도는 이리하여 병립할 수 있는 것이 아니라 양자의 관계가 문제로 되기에 이르는 것이다[281f.].

그러나 자연주의적 태도와 인격주의적 태도는 모두 "자연적"(natural) 태도이다[Ideen Ⅱ 180]. 『이념들 Ⅱ』에서는 현상학적 환원에 의해 각각의 태도 그 자체를 주제화함으로써 해당 태도에서 수행되는 파악의 의미와 그 상관자를 해명하는 것이 과제가 된다[174-180]. 이러한 작업은 『이념들 Ⅰ』에서 예고된 현상학의 근본주제로서의 구성분석에 대한 구체적 착수이지만, 그와 동시에 딜타이를 비롯하여 19세기 후반에 나타난 자연과학에 대한 정신과학의 독자성을 둘러싼 논의에 대한 후설 나름의 대응이기도 했다. "자연, 신체, 마음이라는 이념, 그에 대해 자연과 인격과 같은 이념 구성의 현상학적 원천을 겨냥한 근원적 탐구만이 그에 대한 결정적인 해결을 준다"[173]고 후설은 말하는 것이다. ☞ ㉦동기짓기, 정신과학, 태도, 환경세계

—누키 시게토(貫 成人)

자연철학 自然哲學 [(독) Naturphilosophie]

셸링은 『자연철학의 체계 구상에 대한 서론』에서 초월론적 철학과 자연철학을 구별하고 전자가 실재를 관념에 종속시키는 데 반해, 후자는 실재로부터 관념을 해명하는 것이라고 했다. 자연적 태도를 엄격하게 비판하고 초월론적 태도를 견지하는 현상학과 자연의 존재의의를 묻는 자연철학은 전적으로 대립하는 것으로 생각되지만, 자연의 문제는 현상학에 있어 결코 이차적인 것이 아니다. 『이념들 Ⅱ』에서는 <영역적 존재론>의 착상과 더불어 대상의 고차적인 유類로서의 자연의 구성이 물어지며, 물질적 자연과 심적 자연의 구성이 문제가 된다. 자연의 구성도 현상학에서는 전학문적 경험으로 소급하여 해명되며, 따라서 전학문적, 전이론적으로 신체 주관과의 상관에서 경험되는 자연이 문제가 된다. 예를 들어 갈릴레오와 함께 이념화된 자연과 <전학문적이고 직관적인 자연>의 구별이 시작되었다[Krisis 50]고 비판되며, 또한 칸트에 대해서도 우선 전학문적인 자연에 대해 초월론적인 물음을 내세워야만 했다고 주장된다[FTL 272]. 후설이 자연에 대한 정신의 우위를 인정했던 것은 사실이지만[Ideen Ⅱ 297ff., Hu **9**. 376ff.], 학문의 대상으로서의 정신과 자연은 자연적이고 전학문적인 경험에 있어 <근원적이고 직관적인 상호내속>에서 나타나며[Hu **9**. 55], 따라서 어떠한 정신도 <자연의 측면>[Ideen Ⅱ 279, 338]을 지닌다. 우리의 경험의 세계에 있어 자연은 <다른 모두를 근거짓는 최하의 층>[EU 54]으로 여겨지며, 세계가 순수하게 지각의 세계라고 한다면 <순수하고 보편적인 자연>은 <수동적으로 미리 주어진 경험 기반>으로서 획득된다[같은 책 57]. 이와 같은 전이론적인 자연으로의 귀환이라는 주제를 전개한 것이 메를로-퐁티이다. 그는 콜레주 드 프랑스에서의 강의 「자연의 개념」에서 셸링의 자연철학 등과 관련지어 현상학에서의 자연의 문제를 고찰한다[RC 91-121]. 거기서는 셸링이 자연을 근원적인 산출성으로 포착하고 지적 직관을 통해 탈자적으로 파악되는 야생의 존재의 원리를 정립했다고 여겨지고 있지만, 메를로-퐁티에 의하면 전이론적, 전구성적인 근원현전의 개시가 현상학의 과제가 됨에 따라 셸링의 <야생의 원리>와 같은 <비현상학>을 이해하는 것이 현상학의 임무로 된다[Signes 225]. 독일 관념론과 같은 사변적인 자연철학은 아니라 하더라도 현상학에도 근원적인 자연을 묻는 문제계열이 존재하는 것이다. ☞ ㉴자연

—가쿠코 다카시(加國尙志)

자유 自由 [(불) liberté]

자유의 문제는 특히 프랑스 현상학에서 자주 다루어져 왔지만, 맥락은 전적으로 다르다 하더라도 하이데거 역시 진리의 본질과 관련하여 자유를 문제로 삼고 있다. 인간 자유의 절대적 성격을 강조하는 사르트르의 철학은 자주 <자유의 철학>으로서 특징지어진다. 하지만 사르트르가 말하는 자유란 자신이 바라는 것을 실제로 할 수 있다는 의미에서의 자유가 아니라 행위의 목적을 자유롭게 선택할 수 있다는 의미에서의 <선택의 자유>이다. 이러한 의미에서의 자유의 근거는 의식의 본질적인 구조인 '무화작용' 속에 놓여 있다. 그렇지만 그것은 현실에 대한 관계를 결여한 관념적인 자유가 아니다. 사르트르가 말하는 <선택>은 실제의 행위 수행을 수반하지 않는 '몽상', '원망', '변덕' 등과는 다르다. 실제의 행위가 성공하는가 하지 못하는가는 거기에서 발견되는 즉자의 '저항률' 등의 우연적인 조건에 의존하지만, 중요한 것은 <선택>이 반드시 행위의 수행과 결부된 것이라는 점인바, 그 <선택>이 대자의 자유로운 선택인 한에서 자유가 훼손되는 일은 결코 없다. 우리는 호불호와 관계없이 언제나 무언가의 목적을 선택할 수밖에 없으며, 그런 의미에서 인간은 "자유라는 형벌에 처해 있다." 자유는 방종과 같은 뜻이 아니라 언제나 책임과 결부되어 있다.

메를로-퐁티는 이와 같은 <절대적> 자유에 대해 <상황이 부가된> 자유를 대치시킨다. 그에 의하면 인간은 무로부터 자유롭게 선택하는 것이 아니라 언제나 이미 자신의 정립되어 있는 상황으로부터 출발하여 선택할 수밖에 없다. 더 나아가 그때의 선택은 의식적으로 행해지는 것이 아니라 오히려 전의식적인 방식으

로 행해진다. 그는 계급의식의 향상과 혁명적 결단의 기술에 의해 상황에 휘말려 있는 가운데 행해지는 <자유로운> 선택의 <양의적>인 성격을 예증하고 있다. ☞ ㊕상황-내-존재

—다니구치 가즈히로(谷口佳津宏)

㊟ W. Biemel, *Jean-Paul Sartre in Selbstzeugnissen und Bilddokumenten*, Reinbek bei Hamburg, 1964(岩波哲男 譯, 『サルトル』, 理想社, 1967). R. C. Kwant, *The Phenomenological Philosophy of Merleau-Ponty*, Pittsburgh, 1963(瀧浦靜雄 外 譯, 『メルロー=ポンティの現象學的哲學』, 國文社, 1976).

자유변경 自由變更 [(독) freie Variation]

이념화작용(Ideation)이라는 본질간취를 목표로 할 때에 필요 불가결한 과정. 외적, 내적 직관으로부터 출발하면서도 그 개체적 구속성을 이탈하여 개별적인 것을 자유롭게 변양시켜 본질에 도달한다는 점에 그 특징이 있다. 그 과정에서는 외적, 내적 또는 공상적 대상을 지도적 원상(Urbild)으로 하면서 그것들을 모상(Nachbild)으로의 이행적 가능성에 입각하여 자유로운 상상 내에서 임의로 변경하는 작용이 특징적이다. 원상으로부터 모상으로의 이행에 있어서는 '현상학의 생명원소'로서의 '허구'(Fiktion)를 매개로 하여 자아가 모상의 획득에 능동적으로 관여하는 경우도 있다면, 수동적 연합의 활동에 의해 모상이 자아에게 수동적으로 주어지는 경우도 있다. 모상으로부터 모상으로의 이행에 있어 임의의 모델이 중층적으로 중첩되어 순수하게 수동적 종합, 통일에로 이끌리는 경우도 있다. 어떠한 경우이든 이러한 상상적 변양과정에서 다양한 변경은 다양성으로 의식에 계속해서 보존되는데, 그것이 전제가 되어 다양한 변경작용을 관철하는 하나의 통일체, 즉 그것을 통해 비로소 변경을 변경으로 간주할 수 있는 불변경체(Invariante)가 두드러지게 된다. 그것이야말로 임의로 반복되는 변경작업에 한계를 부여하는 필연적인 불변경체인바, 언제나 절대적으로 동일한 것, 즉 일반적 본질인 것이다[이상 EU §98을 참조]. 이리하여 내적, 외적인 개체적 직관을 기점으로 하여 마침내 개별적인 것을 벗어나 본질을 두드러지게 하는 역할을 수행하는 것이 자유변경의 작업이며, 그것에 기초하여 이념화작용이 성립하는 것이다. ☞ ㊕본질직관, 이념화작용, 형상{에이도스}

—와다 와타루(和田 渡)

자체부여/자체소여성 自体賦與/自体所與性 [(독) Selbstgebung/Selbstgegebenheit]

자기부여/자기소여성이라고도 번역된다. 대상 그 자체가 현실적으로 의식에 주어져 있는 것이 자체소여성, 그것을 작용의 측면에서 대상이 의식에 자기를 보이고 부여해주는 것으로 표현한 것이 자체부여이다. 칸트적인 사물 자체의 의미는 아니며, 대상이 유체적有體的으로, 요컨대 생생하게 주어져 있다는 것을 의미한다. 대상에 대한 명증적인 체험의 특징을 나타내는 후설에게 독특한 표현이다. 명증성이란 자체부여의 지향적 수행에 다름 아니다[FTL 166]. 자체부여는 본질적으로 지향성과 연관된 개념이다[같은 책 168]. 중기 이후의 후설에서 공허한 지향의 직관적 충족이라는 명증성 체험의 동태적이고 목적론적인 성격이 지향적 분석의 가장 중요한 주제로 됨에 따라 자체부여/자체소여성에 대해서도 그것의 단순한 분류가 아니라 그것들을 관통하여 객관적 이념으로서의 세계 자체를 지향하는 진리 확증의 운동으로서의 통일과 보편성이 중시되게 된다. 후설이 자체부여의 근원양태를 지각이라고 하고 있는 것[같은 책 166]과, 또한 전기의 후설이 내재적 의식의 영지를 순수하고 절대적인 자체소여성[Hu 2. 60f.]이라고 하고 있는 것에서 생각해보면, 자체부여/자체소여성은 후설 현상학의 직관주의적인 성격을 표현하는 것으로 볼 수 있다. 그러나 발생적 현상학에서 분명해진 수반적 소여성(지평현상)의 문제 및 연합 기능이나 운동감각에 의한 감각의 장의 선행적 구조화의 문제는 직관적이고 직접적인 소여성으로 생각되고 있던 것이 근원적으로 매개된 것이라는 점을 분명히 해주었다. ☞ ㊕명증성, 소여성, 지향성

—히구라시 요이치(日暮陽一)

자체소여성 自体所與性 ⇨[사]자체부여/자체소여성

작동하고 있는 지향성/작용지향성 作動──志向性/作用志向性 [(독) fungierende Intentionalität/Aktintentionalität]

후설의 경우 <작용>(Akt)은 <행위>와는 무관계하지만[LU Ⅱ/1 379], 그것 자체가 넓은 의미와 좁은 의미의 이의성을 지닌다. 넓은 의미에서 그것은 <지향적 체험>(이 속에서 <대상>이 사념되지만, 다만 <지향적 체험> 그 자체가 <대상>과 동일한 것으로 주어지는 것은 아니다[같은 책 372])과 같은 뜻이다[같은 책 378]. 다른 한편 좁은 의미에서의 <작용>은 "현실적인(명백히 드러난), 수행된 지향적 체험"에 대해서만 사용된다[Ideen Ⅰ 170]. 이것은 좁은 의미의 코기토 및 코기타치오라는 이름으로도 불린다[같은 책 63]. <작용지향성>이란 이러한 현실적인 코기토, 현실적인 지향성이다. 여기서 자아는 일반적으로 말해 그 지향적 객관에로 향해 있다(여기에 더 나아가 <주의>가 더해지면 <완전한 지향적 객관>이 파악된다). 그러나 "체험류는 결코 현실성으로부터만 성립할 수는 없다"[같은 책 63]. "비현실적인 체험들의 '정원'"[같은 책 63], "대상적 배경", "잠재적인 지각의 장"[같은 책 169]이 이미 에워싸고 있다. 핑크와 메를로-퐁티는 이러한 점에 주목하여 <작용지향성>과 <작동하고 있는 지향성>의 구별을 뚜렷이 했다[PP XIII, 478f.]. 메를로-퐁티는 <작동하고 있는 지향성>을 아직 현실화되어 있지 않은 수동적인 차원에서 언제나 이미 활동하고 있는 지향성이라고 생각했다. 후설의 어법에서는 <작동>(Fungieren)이나 <작동하고 있는>(fungierend)이라는 말은 반드시 수동성에 한정되지는 않는바, 능동성도 포함한 넓은 의미에서 사용된다. 예를 들면 "운동감각(Kinästhese)적으로 작동하고 있는 신체성"은 "여기서 고유한 **능동성**과 습관성에서 작동하고 있는 자아"[Krisis 109]라고 바꿔 말해진다. 그렇지만 후설의 만년에 특히 시간론적인 맥락에서는 메를로-퐁티적인 의미에서 사용되는 경우가 많아진다. 예를 들면 "궁극적으로 작동하고 있는 주관성"[같은 책 115] 등의 표현이 등장하는 때가 그러하다. <작동>이라는 개념은 시간과의 관계가 깊다. 시간의 문제는 자아의 근원적인 존재양태에 관계된다. 그 때문에 시간론 초고군에서는 "나는 끊임없이 작동하면서 존재한다"[Ms. A. V5, 5]는 식으로 <작동>은 자아의 근원적인 존재양태를 형용한다. <작동>은 자아의 통일성의 선시간적인 가능성의 조건이다(다만 헬트의 해석에서 <작동> 그 자체는 자아에게 약한 통일밖에 줄 수 없다). 덧붙이자면, <작동하고 있는 지향성>이라는 말은 『형식논리학과 초월론적 논리학』[FTL 140]과 『위기』[Krisis 213]에 등장한다. '작동하는 지향성'이라는 번역도 있다. ☞[사]작용, 지향성, 체험, 코기토/코기타툼

―다니 도오루(谷 徹)

작업철학 作業哲學 [(독) Arbeitsphilosophie]

사전에 완성된 체계적 사고로서의 철학과는 달리 자기의 방법을 한 걸음 한 걸음 순화해 감으로써 언제나 새로운 연구의 영역을 개척하고, 그에 의해 방법을 심화시킴과 동시에 연구 대상이 지니는 깊은 의미를 해명하고자 하는 현상학에 대한 명칭.

현상학자는 우선 전현상학적인 '자연적 태도'에 구속되어 획득한 인식을 현상학적으로 '판단중지'함으로써 '상대화'한다. 그에 머물지 않고 순수하게 철저히 자기 성찰하는 자로서의 현상학자는 더 나아가 '현상학적 환원'을 수행하여 존재자의 모든 기지성과 선행적 소여성을 '괄호 안에 넣고', 그것들을 사용함이 없이 오로지 순수한 자기 성찰을 수행함으로써 세간적mundan-존재적인 '인간적 자기'를 넘어서고 초월하여 '초월론적 주관성', 요컨대 본래적인 자기에게로 돌진한다. 이와 같이 '초월론적인 의식의 생', 요컨대 '세계'를 통각하는 생이 분석적 해명의 테마로 됨으로써 이러한 생 속에서 존재하는 '상관자', 즉 이 생 속에서 경험되고 지향되며 체험된 세계도 필연적으로 바로 그 자체로서 함께 테마로 될 수밖에 없다. 세계 형성적 구성의 본질에 이르는 통로는 '초월론적 태도', 즉 현상학적 환원에 의해서만 획득되는 것이라는 점을 확인하는

것이 중요하다. 이와 같이 한 걸음 한 걸음 '환원'을 반복하여 심화하고, 지향적 분석의 방법에 의해 '자연적 태도'를 열어 밝히며, 이어서 '구성적 문제'에 착수하는 것이 현상학이다. 이러한 발걸음을 오이겐 핑크는 "현상학은 그것 자체에서 완비된 건축물로서 미적 요구를 채우는 사상의 충전물이 아니라 작업철학(Arbeitsphilosophie)이다. 그것은 무한한 분석적 작업을 자기 앞에 지니며, 구체적인 탐구의 무한히 열린 지평을 가진다. 세계를 정신으로부터 이해하는 것은 …… 좀 더 많은 작업을, 좀 더 많은 생을 요구하는 것이다"라고 말하고 있다. ☞ [사]자연적 태도/초월론적 태도, 현상학적 환원

—혼마 겐지(本間謙二)

[참] E. Fink, "Was will die Phänomenologie Edmund Husserls?" in *Studien zur Phänomenologie 1933-1939*, Nijhoff, 1966(新田義弘・小池稔 譯, 『フッサールの現象學』, 以文社, 1982에 수록).

작열 炸裂 [(불) éclatement]

(1) 자기가 아닌 대상이나 세계로 향하여 일거에 자기를 내세우는 의식의 존재 동향을 언표하는 사르트르의 용어. 의식이 세계-내-존재라는 것은 무로부터 출발하여 갑자기 "세계 내로 작열하는 것"이며, 또한 의식의 지향성, 예를 들면 인식하는 것도 자기의 저편으로 향하여 자기가 아닌 것"에로 작열하는 것"이다[Sit Ⅰ 32-3]. (2) 메를로-퐁티에게 있어서도 한편으로는 대상에로 직향하는 한에서의 지향적 탈자의 동태를 의미하는 사르트르적인 작열 개념이 계승되고 있다. 그렇지만 순수한 탈자 그 자체라고 말해야 할 시간성에 대해서는 과거・현재・미래라는 계기들이 그때마다 불가분하게 중첩되어 이행하는 동태가 그 전체 성격에서 <단 하나의 전체적 작열>로서 간주되고 있다[PP 480, 482]. 다른 한편 특히 후기에는 사물과 세계가 그 현실적 및 잠재적인 계기들을 전체로서 일거에 내포하며 존재하는, 요컨대 계기들의 전체-동시적인 존립 태세에 대해 언표하게 된다. 따라서 그 분지적 차이화의 면에서는 '열개裂開'(déhiscence) 개념과, 그리고 그 전체-동시성의 면에서는 '폭발'(explosion) 개념과 유적으로 동일하다고 말할 수 있을 것이다. "감성적 세계는 …… 이런저런 공불가능태共不可能態의 공간, 작열의, 열개의 공간으로서 기술되어야만 한다"[VI 269]. "있는 것은 …… 영구히 존재하는 존재(Être)의 단 하나의 작열이며", 그것은 또한 감각적인 것의 "안정된 폭발"이다[VI 318, 321]. ☞ [사]열개

—시노 겐지(篠 憲二)

작용 作用 [(독) Akt]

작용이라는 개념은 브렌타노에게서 심적 현상을 물적 현상과 대비하여 특징짓기 위해 사용되었다. 후설은 그것을 이어받아 다양한 구별을 도입했다. 『논리연구』에서 작용은 지향적 체험과 거의 같은 뜻으로, 그러나 특히 대상과의 관계를 강조할 때에 사용된다. 작용은 대상이 어떠한 방식으로 지향되고 있는가 하는 점에서 표상, 판단, 사랑, 증오, 욕구 등등으로 성격지어진다. 이러한 성격들을 작용성질이라고 한다. 한편, 어떠한 작용도 대상을 무언가의 의미를 지니고서 파악함으로써 대상과 관계한다. 이러한 의미를 작용질료라고 한다. 작용에는 특정한 성질과 특정한 질료가 반드시 수반하며, 성질과 질료를 아울러 작용의 지향적 본질이라고 부른다. 성질/질료는 후에 노에시스/노에마 개념으로 발전한다. 동일한 성질의 작용이 다양한 질료들에 관여할 수 있으며, 동일한 질료에 다양한 성질의 작용들이 관여할 수 있다. 예를 들면, 동일한 대상을 단지 표상할 수도 있고 단지 욕구할 수도 있다. 그러나 전자는 그것만으로 성립하지만, 후자는 욕구되는 대상의 표상 없이는 성립할 수 없다. 단순한 표상이 욕구라는 고차적인 성질의 작용을 기초짓고 있는 것인바, 이와 같이 하나의 작용 속에도 복수의 층이 포함될 수 있다. 또한 구체적인 작용에는 지향적 본질만이 아니라 충족이 속해 있다. 예를 들면, 하나의 지각작용에도 공허한 지향이 충족되어가는 과정이 포함되어 있다. 공허한 지향과 충족을 부여하는 직관도 각각

작용이며, 따라서 개개의 작용은 한층 더 포괄적인 작용과 이후의 작용에 다양한 방식으로 기여하여 유기적인 연관을 형성함으로써 의식류를 이루는 것이다. 『이념들 Ⅰ』에서는 그러한 관점이 심화되어 배경의식에 대한 지적에 수반하여 작용 개념이 확대된다. 요컨대 대상에 현실적으로 주의가 향해 있는 작용만이 아니라 그 전제에는 아직 주의가 기울여지고 있지 않은 배경에 대한 작용이 이미 발동하고 있는 것이다. 다만 본래적인 의미에서의 작용, 즉 코기토는 전자에 한정된다. 또한 작용이 흘러가버린 후에도 그 작용은 언제라도 임의로 반복될 수 있으며, 거기서 길러진 확신은 습관으로서 효력을 지속한다[Ideen Ⅱ §29, CM §32].

그런데 작용은 주관·객관이 그로부터 생겨나는 근원인 까닭에, 양자에 대한 성격짓기와 작용 개념은 인연이 없지 않다. 중기 후설에게서는 작용의 양극에 추상적인 동일극으로서 자아극/대상극이 설정되는 데 반해, 셸러에게서는 작용을 수행하는 것은 추상적인 자아가 아니라 구체적인 인격인바, 인격은 그때마다의 작용을 통해 변해간다[Formalismus 384]. ☞ ㉯기초짓기, 노에시스/노에마, 배경의식, 습관, 의식류, 의식작용/의식내용/의식대상, 자아극/대상극, 지향성

—시나가와 데쓰히코(品川哲彦)

작용지향성 作用志向性 ⇨㉯작동하고 있는 지향성/작용지향성

잠식 蠶食 [(불) empiétement] ⇨㉯키아즘

장 場{**영역** 領域} [(불) champ (독) Feld]

메를로-퐁티는 지각에 대한 해명의 출발점을 "객관적 세계의 자기 앞에 있는 체험된 세계"에 둔다. 이것을 현상의 장이라고 부른다. 과학은 이러한 본래적으로 자신의 기원인 현상의 장, 즉 우리와 세계가 교류하는 마당을 망각하고 보지 못하고 말았다. 이러한 교류의 마당은 무엇보다도 우선 세계에 정주하는 방식에서 신체와 세계의 관계로서의 지각의 장인바, 그것은 결코 단순한 감각의 집합이 아니라 언제나 이미 '포치'(configuration), 요컨대 게슈탈트에 의해 분절화되고 구조화되어 있다.

세계를 이마주의 총체라고 하는 베르그송은 확실히 이 "지각된 존재"(l'être perçu)를 파악하고 있지만, 이것을 내관에서만 접근할 수 있는 내면적 세계로 바꿔치기하고 사물적 사실과 나란히 있는 하나의 심적 사실 내지 의식 상태로 전락시켰다. 다른 한편 이와 같은 심리주의로부터 해방된 반성도 현상으로부터의 대상 구성을 탐구하는 초월론적 문제로 나아갈 때 또다시 구성된 것으로부터 구성하는 것이나 그 주관적 조건으로 이행함으로써 현상의 장을 보지 못할 위험이 있다. 현상의 장에 자리 잡는 것은 어디까지나 그 사실성, 잠재성, 불투명성을 유지하는 것이다. 장이란 반성이 "단지 부분적인 시계와 유한한 힘밖에는 자유로이 할 수 없다"는 한정을 의미한다[PP 74]. 이런 의미에서 메를로-퐁티는 후설 『위기』에서의 생활세계로의 환원을 평가하고 초월론적 주관성으로의 환원을 비난한다.

그러나 후설에 의하면 생활세계는 자연적 태도 그대로는 해명할 수 없다. 현상의 장은 어디까지나 반성에 의해 비로소 반성 이전의 '생활세계'로서 열리는 탐구의 마당이다. 여기에는 순수 현상으로서의 내실적 내재뿐 아니라 지향적 초월도, 즉 현출과 더불어 현출자도 포함되는바, 헬트가 말하는 "현출자의 현출함"이 비로소 주제화되는 것이다. 이것이 바로 생활세계를 그 평면으로부터 현상의 소여방식, 세계의 구성 방식이라는 깊이로 심화시키는 초월론적 주관성에 대한 해명에 다름 아니다. 메를로-퐁티는 구성을 세계의 자의적인 설정으로서, 나아가 반성 자신의 작용이라고도 이해하는 점에서 현상학에 있어 불행한 어긋남을 초래했다. 예를 들면 현상의 장의 지평 구조는 후설에게 있어서는 반성된 초월론적 주관성의 본질 구조를, 더욱이 구성의 잠재성, 불투명성을 개시하고 있는 것

이다. ☞ [사]살, 생활세계, 에포케, 이마주, 자연적 태도/초월론적 태도, 지평, 체험된 세계, 초월론적 주관성, 현상학적 환원

—구도 가즈오(工藤和男)

재활성화再活性化{**재능동화**再能動化} [(독) Reaktivierung]

후설의 발생적 현상학에서 침전이라는 개념과 맞짝을 이루는 개념. 침전은 근원창설로서의 능동적 종합에서 이루어진 자아의 새로운 태도결정이 수동적 차원으로 이행하여 습관이 되는 것이지만, 재활성화(재능동화)는 습관으로서 수동적 차원에 위치하고 있는 태도결정을 다시 능동적 차원으로 끌어올리는 것이다. 침전은 불수의적不隨意的인 과정으로 반드시 생겨나지만 재활성화는 자유로운 행위인바, 이루어질 수도 이루어지지 않을 수도 있다. 재활성화가 이루어지지 않는 경우에는 습관이 된 태도결정이 수동적 차원의 법칙에 따라 작용한다. 그 법칙은 유사의 연합에 기초하는 통각적 의미의 전위 법칙이다. 지금까지 알지 못했던 대상의 인식은 자아의 새로운 태도결정인데, 거기서 획득된 대상의 통각적 의미는 침전하여 보존된다. 습관의 작용은 이것과 유사한 대상을 만나면 유사의 연합을 통해 각기覺起되는 통각적 의미를 유사한 대상에 곧바로 전위하는 것이다. 이리하여 습관은 능동적 종합의 수고를 생략하고 경험을 안정화시키지만, 반면에 통각적 의미의 전위에 의한 의미의 엇갈림이 발생할 위험에 노출된다. 다른 자아의 근원창설에서 이루어진 태도결정을 이어받는 추追창설에도 동일한 위험이 놓여 있다. 후설은 이러한 위험에 대해 재활성화에 의한 방어를 추구한다. 재활성화는 이전에 행한 능동적 종합의 작용을 시간의 연쇄를 더듬어 상기하는 것이 아니라 새롭게 능동적 종합을 행하여 수동화된 태도결정의 타당성을 확인하는 것이다. ☞ [사]수동적 종합/능동적 종합, 습관, 침전

—기노시타 다카시(木下 喬)

저항抵抗 [(독) Widerstand]

'저항'의 문제는 '실재성' 문제와 결부된다. 딜타이는 1890년의 「외계의 실재성에 대한 우리의 신념의 기원과 그 정당성에 대한 문제를 해결하기 위한 기여」라는 논문에서 외계의 실재성에 대한 우리의 신념의 기원을 '저항'의 경험에서 발견하고 있다. 이 논문의 주안점은 저항의 경험이 표상과 사유뿐만 아니라 충동과 감정의 활동을 기다려, 요컨대 전체적인 '생의 연관'에 기초하여 비로소 성립한다는 것이다. 하이데거는 『존재와 시간』[43절]에서 딜타이(및 셸러)를 비판하여 애초에 '실재성'이라는 것은 세계 내부의 사물적 존재자를 의미하는 개념이며, 그런 까닭에 <실재성은 저항이다>라고 말할 때 거기에서는 이미 '세계'가 개시되어 있어야만 한다고 주장한다. 그러나 적어도 아래의 두 가지 점에 대해서는 주의해야 한다. 첫째, 하이데거에서의 '세계'는 딜타이에서는 자기와 외계(사물이나 타자)와의 '작용 연관'으로서의 '생'이다. 그 작용 연관이 '저항'의 경험에 의해 자기와 외계로 분리되는 것이다. 둘째, 하이데거의 주장을 그대로 인정한다 하더라도 <세계 내부에서 사물적 존재자가 실재한다>라고 말할 때의 그 실재성은 여전히 설명을 필요로 하는 문제로서 남아 있다. ☞ [사]생의 연관, 실재성, 인식

—마루야마 다카시(丸山高司)

전반성적前反省的 ⇨ [사]반성

전반성적 코기토前反省的— [(불) cogito préréflexif]

사르트르는 의식을 초월적 대상을 정립하는 작용으로서 정의했다. 의식은 자기를 초월하여 대상을 지향한다. 대상**의** 의식이 아닌 의식은 있을 수 없다. 또한 여기서 말하는 대상은 사건이든 사물이든 모두 <존재>로 간주된다. 이에 반해 의식은 지각도 포함하여 모두 <무>이다. 지각이란 지각**의** 의식이며, 의식인 한에서 그것은 비인칭적이며 <투명>이다. 즉 지각 의식의 모든 특수성은 지각 대상에 귀속된다고 생각되는 것이다.

그런데 이와 같이 지향성으로 정의되는 의식은 동시에 <자기(**의**) 의식>(conscience (de) soi)이다. 그렇지만 이것은 자기를 대상으로서 정립하는 지향적 의식은 아니다. 그런 까닭에 지향 대상을 나타내는 조사, **의**를 괄호에 넣은 것이다. 그것은 전반성적이고 비정립적이며 직접적인 자기의식이다. 그러므로 그것은 반성적인 자기에 의한 자기 촉발(auto-affection)이라고 간주되는 바의, 즉 주지주의가 말하는 <자각>(aperception), 즉 <나는 생각한다>와는 다르다. 그것은 이것에 선행하는 것이며, 이것을 가능하게 하는 조건이라고 주장된다. 더 나아가 이러한 전반성적 코기토에 대해, 그것의 <수동적 발생>과 같은 것을 생각하는 것은 가능하지 않다고 주장된다. 의식은 어쨌든지 간에 의식인 것이다[EN 16-23]. 전반성적인 <나는 생각한다>에 관한 사르트르의 이와 같은 개념은 전반성적인 것의 경험에 대한 추상적인 도식밖에 줄 수 없다고 메를로-퐁티는 비판한다[VI 75-141].

—시미즈 마코토(清水 誠)

전술어적 前述語的 ⇨㉳술어적/전술어적

전술정적 前述定的 ⇨㉳술어적/전술어적

전인칭적 의식 前人稱的意識 [(불) conscience prépersonnelle]

『지각의 현상학』에서 보이는 메를로-퐁티의 용어. 나의 생활은 이미 내 속에서 영위되고 있는 어떤 생활의 연장으로서 내게 나타난다. 나는 이미 호흡하고 영양을 섭취하며 감각적 세계의 부름에 응답하면서 그것에 적합한 태도를 취하고 있지만, 이러한 나의 생활은 내가 나 자신의 책임으로 선택한 것이 아니다. 나의 생명 활동은 <나>의 의지적 결정에 선행하여 이미 이루어지고 있었던 것이다. 그렇게 보면 나의 생활은 이미 <내> 속의 누군가에 의해 영위되고 있었던 것이다. 이 누군가, 그것은 바로 생물학적 실존으로서의 나의 신체에 다름 아니지만, 메를로-퐁티는 이와 같은 신체를 전인칭적 실존이라고 부른다. 그리고 그에 부응하여 이러한 신체에 돌려질 수 있는 의식 활동을 전인칭적 의식이라고 부르는 것이다. 그때 이와 같은 전인칭적 실존과 전인칭적 의식은 물론 내 속에서 직접 발견되는 것은 아니다. 내가 자신 속에서 직접 발견하는 것은 언제나 인칭적인 실존이자 의식인 것이다. 그러나 인간적 세계의 근저에서 자연적 세계가 비쳐 보이듯이, 나의 인칭적 실존의 근저에서는 전인칭적 실존이 비쳐 보인다. 전인칭적 실존은 나의 인칭적 실존의 배경인바, 나의 인칭적 실존은 이러한 실존을 다시 파악한 것으로서 내게 나타나는 것이다. 메를로-퐁티가 "어떠한 의지적 태도 결정도 전인칭적 의식의 생활을 배경으로 하여 그 제안 위에서 세워진다"[PP 241]고 말하는 것은 이 때문이다. 그리고 바로 그렇다고 한다면 나는 완전하게는 <나>라고 말할 수 없는 것이다.

—다케우치 오사미(竹內修身)

전조 轉調 [(불) modulation]

본래의 음악 용어로서는 하나의 악곡이 그 선율 경과 중에 주조로부터 다른 조로 변화하는 것을 의미하지만, 메를로-퐁티는 이와 같은 의미를 유비적으로 일반화하여 세계와 세계-내-존재의 변양 양식을 언표하고자 한다. 요컨대 전조란 세계와 사물과 실존에서의 동일한 하나의 존재와 본질과 능력이 서로 다른 요소들의 집합에 의해서가 아니라 전체적인 가락과 표정과 의미에서 특수적, 양태적으로 변양하는 것이다. 예를 들면 언어의 발성은 말의 각 부분에 대응하는 조음 조작으로부터 조립되는 것이 아니라 하나의 불가분한 발성 운동에 의해, 결국은 신체의 일반적인 운동 능력 내지 운동 도식의 하나의 양태화, 전조에 의해 수행되며, 또한 그 언어는 음성 요소의 총화로서가 아니라 일반적인 음성 세계의 하나의 양태적 현실화, 요컨대 전조로서 청취된다. 나아가 의사전달은 언어에 의해서뿐만 아니라 어조, 억양, 몸짓, 표정에 의해서도 행해지는바, 그것들은 각각에서, 또한 불가분적으로 화자의 세계-내-존재를 일정한 양태에서 전적으로 표현하는 것으로서 실존의 전조이다. 또한 청자가 그 표현을 완전하게 파악한다고 하면, 그것은 사유적인 조작에 의해서가 아니라 그 자신의 실존의 동시적 전조에 의해서이다. 덧붙이자면, 그러한 일반적인 능력이나 실존의 그때마다의 양태적 수행으로서의 운동적-이행적 전조에 대비하여 다양한 감각 성질의 각각이 동일한 사물의 일반적 본질을 양태적으로 표출하고 있는 경우에는 그것을 구조적-다형적 전조라고 말할 수 있을 것이다.

—시노 겐지(篠 憲二)

전체성 全體性 [(불) totalité]

레비나스 철학의 핵심 개념의 하나. "전쟁에서 현시되는 존재의 양상을 정하는 것이 전체성 개념이다. 이러한 전체성 개념이 서구 철학을 좌우하고 있다" [『전체성과 무한』 6]라는 말에서도 알 수 있듯이 레비나스는 아리스토텔레스 이후의 서구 철학의 근본적인 문제점을 <전체성> 내지 <전체화>(totalisation)로 간주하고, 아도르노(Theodor W. Adorno 1903-69)와 마찬가지로 '진리는 전체다'라는 헤겔의 말에 반기를 들고 있는데, 이러한 <전체성> 비판의 하나의 원천으로서 로젠츠바이크(Franz Rosenzweig 1886-1929)의 『구원의 별』을 들 수 있다. <전체성>이란 어떠한 개체, 어떠한 <단편>도 <같음> 안에 받아들여 일반화하는 <존재>의 <로고스> 내지 <모음>(집섭集攝, rassemblement)인바, <세계사>의 운동인 동시에 <국가>의 양태이기도 한 이와 같은 <예외>의 환원은 개념과 표상에 의한 조감적인 통각을, 그리고 이러한 통각은 동일한 것에 계속 머무르는 자아의 자기 동일화를, 더 나아가 자기 동일화는 <자기 보존의 노력>을 상정한다. 자존케 하는 자아는 <전체성>의 단절을 표시하는 것임과 동시에 <전체성>과 <전체화>의 온상이기도 하다. 그리하여 한편으로는 익명의 <전체성>을, 다른 한편으로는 자아의 에고이즘을 <무한>에 의해 파괴하는 것이 레비나스의 과제로 되는 것이지만, <무한>은 또한 <전체성> 그 자체의 존립 조건이기도 하다. 사르트르가 말하는 <비전체화된 전체성>, 데리다나 잔켈레비치(Vladimir Jankélévitch)가 말하는 <무한의 전체성>과의 연계도 매우 흥미롭다. ☞ ㉶무한[2], ㉶전체성과 무한

—고다 마사토(合田正人)

전체와 부분 全體—部分 [(독) das Ganze und der Teil]

전체와 부분의 관계는 플라톤의 『파르메니데스』와 아리스토텔레스의 『형이상학』 제7권 제10-11장에서 논의된 이래로 언제나 철학자의 관심을 불러일으킨 난문들 중 하나였다. 그것은 결국 전체 쪽이 부분보다 앞서는가, 그렇지 않으면 부분 쪽이 전체보다 앞서는가 하는 문제인데, 특히 중세에 실념론과 유명론 사이에서 치열한 다툼이 벌어진 보편논쟁도 여기서 연원한다. 더 나아가 19세기 후반에는 이 문제를 심리학이 다시 받아들여 '전체'를 심리적 경험의 내용으로서 움켜쥐고자 했다. 그러나 그 결과 전체 속에는 전체와 부분의 관계, 부분과 부분의 관계, 나아가 관계와 관계의 관계……라는 식으로 무한히 착종된 구성요소가 실재적으로 존재한다고 생각할 수밖에 없게 되었다.

후설은 이러한 난문을 해결하기 위해 마이농이 사용한 '기초짓기'(Fundierung)라는 경험적 개념을 이념적이고 선험적인 본질법칙에로 "존재론적으로 전화"[LU II/1 239n]시켜, <두 개의 본질 α와 β가 상호적으로 이접적인 관계에 놓여 있지만, 어느 쪽도 한편만으로는 실재할 수가 없고 반드시 다른 편에 의해 보완되어 어떤 포괄적 통일체 속에서만 실재할 수 있는> 경우의 α와 β의 관계를 '기초짓기'라고 불렀다[같은 책 261]. 이러한 관계는 색과 연장 사이에서는 '상호적'이지만, 판단 성격과 그 기저로서의 표상들과의 사이에서는 '일방적'이다. 나아가 <빨강>, <파랑> 등과 같은 최저의 종별적인 계기들과 모종의 <연장의 규정성> 사이에서는 '직접적'이지만, <색> 내지 <밝음>이라는 계기와 <연장의 규정성> 사이에서는 '간접적'이다[같은 책 265-266]. 어쨌든 '전체'라는 개념은 "통일적인 기초짓

기에 의해 포괄되고, 나아가 그 밖의 내용의 조력 없이 포괄되는 내용들의 총괄(Inbegriff)"이라고 정의되며, 그와 같은 총괄에 속하는 내용들이 '부분'이라고 명명된다[같은 책 275-276]. 그러나 '총괄'이란 경험적인 실재적 내용이 아니라 "사고의 단순한 <형식>에 대한 <범주적> 통일"[같은 책 282]에 다름 아니기 때문에, "통일이란 바로 범주적 술어인 것이다"[같은 책 280]. 이리하여 후설은 '전체와 부분'의 관계에 대해 '질료적인 사상'을 '순수하게 범주적인 사상'으로 대치함으로써 무한한 착종을 단절시키고자 했던 것이다. ☞ ㊄기초짓기

—마쓰이 요시카즈(松井良和)

참 小川侃, 『現象のロゴス』, 勁草書房, 1986.

전통 傳統 [(독) Überlieferung; Tradition (영) tradition]

가다머에 의하면 전통은 첫째로, 각각의 인간과 각각의 민족의 역사적 현재가 각각의 인간과 각각의 민족이 뿌리박고 있는 지역문화의 역사적인 힘에 의해 지탱되고 있다는 의미에서 이해된다. 그런 의미에서의 전통은 인간이 지배할 수 있는 것이 아니라 오히려 인간의 역사적 현재에 영향을 미치고 있는 작용이다. 가다머는 전통의 이와 같은 작용을 '영향작용사'(Wirkungsgeschichte)라고 명명하고, 인간이 전통의 영향을 받고 있다는 것에 대한 자각을 '영향작용사적 의식'(wirkungsgeschichtliches Bewußtsein)이라고 이름지었다. 그러나 전통이 영향을 미치고 있다 하더라도, 전통은 역사적 현재로부터 잊혀져버리고 역사의 근저에 침전되고 마는 까닭에, 전통은 인간의 역사적 현재로부터 이해되고 보존되지 않으면 안 된다. 따라서 전통은 둘째로, 각각의 지역문화에서 문서와 구전으로서 역사적 현재에 말로 전해지는 '전승'인바, 역사적 현재로부터 반복하여 해석되고 이해되며 보존되어야만 하는 '전승'이라고 이해된다. 셋째로, 전통이 해석되고 이해되어야만 하는 사항이라고 한다면 전통 해석의 다름이 생기게 되지만, 그러나 전통은 '영향작용사'이기 때문에 전통의 해석과 이해의 정당성은 해석자의 주관성에 기초하는 것이 아니라 전통 스스로의 '권위'에 기초하는 것으로 이해된다. 그 경우 전통이 권위로서 승인되는가 아니면 이데올로기로서 비판되는가는 공개적인 장에서 논의되어야만 할 사항이다. ☞ ㊄영향작용사적 의식, ㊇가다머

—다케다 스미오(竹田純郎)

전형 典型 [(독) Vorbild]

셸러의 실질적 가치윤리학의 구체적인 측면을 보여주는 것으로서 '지도자'와의 대비에서 말해지는 개념. 『윤리학』의 인격론 마지막 장에서 간단하게 언급되었지만, 『유고집』 I 에 수록된 「전형과 지도자」(집필은 1911년부터 21년)에서 좀 더 상세한 논구가 이루어지고 있다. 지도자와 복종자의 관계가 상호 의식적 관계이자 실재적, 사회학적인 몰가치적 관계인 데 반해, 전형은 시간, 공간에서의 실재적 관계로부터 독립한 인격 가치인바, 스스로를 전형이라고 자각하고 있을 필요도 없을 뿐만 아니라 비실재적 인격이어도 좋다. 전형에는 종교적 가치에 대응하는 성자, 정신적 가치에 대응하는 천재, 생명적 가치에 대응하는 영웅과 같은 유형이 있지만, 셸러가 생각하는 최고의 전형은 예수이다. 이 개념의 중요성은 '통찰의 자율'과 '의욕의 자율'을 구별함을 통해 칸트의 자율 개념을 비판하는 셸러가 다른 인격이 자기보다 높은 인격 가치를 지닌다는 통찰에 기초하여 그 인격에 의해 획득된 가치 통찰을 추종할 가능성을 인정하고, 실재적인 '권력'과는 구별되는 이념적 '권위'의 도덕적 의미를 재평가하는 길을 열었다는 점에 있다. 이러한 발상은 "권위와 전통의 복권"이라는 『진리와 방법』에서의 가다머의 해석학적 테제로 연결되어 간다. 하지만 다른 가치인식과 마찬가지로 전형의 인격 가치에 대한 인식도 언제나 착오의 가능성에 노출되어 있는 이상, 전형론은 가치윤리학의 보완 이론에 그치며, 그 기초 이론일 수는 없다고 말하지 않을 수 없다. ☞ ㊄가치윤리학, ㊇셸러

—미즈타니 마사히코(水谷雅彦)

전환 가능성 轉換可能性 [(불) réversibilité]

후기 메를로-퐁티에서의 기본 개념의 하나로서 특히『보이는 것과 보이지 않는 것』의 '뒤얽힘—교차'라는 장에서 주제적으로 기술된다. 교차, 뒤얽힘, 휘감김과 같은 용어들과 등가이긴 하지만 좀 더 동적인 표현이 되고 있다. 그 표현을 사용하게 된 점에서는 그림과 바탕이 서로 역전되는 반전도형(figure réversible)이나 겉과 속을 뒤집어 사용할 수 있는 옷감(étoffe réversible) 등에 그 동기가 있는 것으로 생각되지만, 사태 측면에서는 전기에서의 양의성을 존재론적, 구조론적으로 새롭게 파악한 것이다. 오른손과 왼손의 교차에서 만지는 것과 만져지는 것이 서로 교차하듯이 신체는 일반적으로 느끼는 것과 느껴지는 것이라는 두 면을 지니는데, 이들의 이를테면 옷감의 겉과 속, 원환의 두 개의 반半원호 사이에는 언제나 교호적으로 반전할 가능성이 존재한다. 이와 같은 상호 전환의 가능성은 촉각과 시각 또는 청각 등에 관계하는 상호 감각적인 교착(예를 들면 볼 수 있는 것은 만질 수 있는 것으로부터 생기하며, 만질 수 있는 것을 본다)이나 지각과 운동의 역동적인 협조 관계에서도 발견된다. 그것은 또한 자기의 신체와 타자의 신체의 상호주관적 관계나 신체와 세계의 지각론적 관계 일반에도 확대되어 있다. 나아가서는 언어와 의미의 관계, 지각 경험과 언어 표현의 관계로도 전위하고 있다. 그것들 모두에서 속과 겉, 안과 밖, 능동과 수동 사이의 벌어짐 내지 격차는 현실적 합치나 변증법적 지양에 의해 닫히는 것이 아니라 언제나 구조적으로 서로 반전하면서 공통의 옷감인 살의 동일성을 절박하게 현전시킨다. 이와 같이 모든 사태에는 존재론적 구조체제로서 전환 가능성이 갖춰져 있는바, 이것은 '근본 현상'이라거나 '궁극적 진리'라고도 칭해진다[VI 203, 204].

—시노 겐지(篠 憲二)

전회 轉回 [(독) Kehre]

하이데거 전기의 실존론적, 기초존재론적인 <존재의 의미에 대한 물음>으로부터 중기 이후의 <존재의 진리에 대한 물음>으로의 사상적인 입장 변모를 가리키는 말임과 동시에, 그가 중기로부터 후기에 걸친 사상 속에서 존재 그 자신이 현성하는 동향을 표현하기 위해 사용한 말. 전자의 의미에 대해 말하자면, 하이데거는『존재와 시간』 제1부 제3편 '시간과 존재'의 집필에 즈음하여 현존재로부터 출발하여 존재자의 존재의 의미를 추구하는 기초존재론적 발상 그 자체가 내포하는 문제성{형이상학적 발상 및 개념의 잔존}에 봉착하며, 그 때문에 존재 그 자신의 관점에 서서 개방성으로서의 그 진리를 추구하는 입장으로 스스로의 사유를 변경하게 되었다. 이 사건은 1930년에 이루어진 강연「진리의 본질에 대하여」를 단서로 한다고 생각되는데, 후에 그 자신에 의해 입각점의 변경이 아니라『존재와 시간』이 경험되고 있던 차원에 사유가 적절한 방식으로 도달했다는 것을 의미한다고 주장되었지만[WM 328], 그의 사상을 둘러싸고 다양한 억측과 평가를 불러일으키는 원인이 되기도 했다. 후자의 의미에서의 전회는 현대 기술의 본질을 <몰아세움>으로부터 <위험>을 거쳐 <내쫓음>(Nachstellen)에로 사유하고 경험해가는 과정에서 그 자신이 존재의 현성 형태이기도 한 몰아세움과 사유와의 상호적인 공속의 장에서 갑자기 번개의 섬광처럼 존재 그 자신이 자기의 거절 상태로부터 몸을 돌려 현성해 가는 사건을 말한다. 이것이 또한 생기라고 불리는 사건이기도 하지만, 여전히 장래에 머물고 있어 준비적인 사유의 과제라고 말해야만 할 것이다. ☞ ㉮기초존재론, 몰아세움, 생기, 존재에 대한 물음

—미조구치 고헤이(溝口宏平)

절대성 絶對性 [(독) Absolutheit]

후설 현상학에서 '절대적'이란 인식의 명증성의 궁극적인 권리원천을 가리켜 보이는 징표이다. 이런 의미에서 후설 현상학은 데카르트 철학을 이끈 '절대적으로 의심할 수 없는 것'의 계보를 정당하게 계승하는 것이라고 말할 수 있을 것이다. 따라서 절대성은 "일체의 인식 형성의 궁극 원천에로 소급하여 묻는 초월론적

동기"[Krisis §26]와 불가분한 관계에 놓여 있다. '절대적'의 맞짝개념은 '상대적'이지만, 세계라는 초월자는 초월론적 의식의 상관자인 한에서 그것에 '상대적'이다. 이에 반해 초월론적 주관성은 그것 자신 측에서 보면 <그것 없이는 어떠한 경험이나 인식도 가능하지 않다>는 의미에서 '절대적'이다. 이리하여 세계의 모든 것을 구성하는 활동의 담지자로서의 초월론적 자아에 '절대적 자아'라는 명칭이 덧씌워지게 된다. 이와 같이 절대성의 추구는 현상학의 발걸음 그 자체로 되는 것이지만, 이렇게 걸어가는 과정에서 현상학이 수행되는 장인 초월론적 주관성 그 자신도 그것이 시간적으로 연장되는 내적 의식(의식류)인 한에서 시간적으로 구성**된** 것인바, 그것을 구성하는 궁극적인 시간 원천에로 소급할 필요가 생긴다. 이리하여 등장한 것이 "시간을 구성하는 절대적 의식"[Hu **10**. §34ff.]을 둘러싼 문제이다. 이러한 절대적 의식은 이미 그 이상으로 소급할 수 없는 최종적 심급임과 동시에 현상학적 반성의 한계에 관계되는 곤란한 문제를 야기하게 된다. 또한 이 수준에서 '절대적 자아'라는 명칭이 사용되기도 한다. 덧붙이자면, 후설에서 '절대성'이 제1의적으로 '신'을 나타내는 것은 아니다. 신이 '절대적'이라고 불리는 경우에 그것은 "전적으로 다른 의미에서"[Ideen Ⅰ 111]인 것이다. ☞ ㊫살아 있는 현재, 시간, 신, 의식류

—사이토 요시미치(齋藤慶典)

절대적 의식류 絶對的意識流 [(독) absoluter Bewußtseinsfluß]
⇨㊫의식류

접합 [(불) charnière] ⇨㊀보이는 것과 보이지 않는 것

정립 定立 [(독) Position; Setzung; Thesis (불) thèse]

우리는 대상을 볼 때 그것이 <무언가>로서 <**존재**>하고 있다고 믿는다. 이와 같은 대상(내지 세계)의 <**존재**>에 대응하는 주관 측으로부터의 구성적 계기가 <정립>이다. '대상과 세계가 **존재**한다'라는 것에는 '우리가 그것을 **정립**한다'라는 것이 대응한다. 정립이란 존재한다고 믿는 것이다. 이하에서는 Position을 <설정립>으로, Setzung과 Thesis를 <정립>으로 옮긴다.

브렌타노에게서 지각은 표상에 존재판단이 덧붙여진 것으로 간주되고 있으며, 후설은 그 생각을 받아들여 지각의 본질적 계기의 하나로 정립작용을 포함시켰다. 통상적인 경우에 예를 들어 지각 대상의 책상이라는 <의미>에는 <정립>이 포함되어 있는바, 이러한 <정립>에 의해 책상은 존재하는 것으로서 구성된다(또는 <타당>하게 된다). 개개의 대상의 존재 정립에 맞서 세계의 존재 정립에는 <일반정립>(Generalthesis)이라는 말이 사용되는 경우가 많지만, 『이념들』의 시기에는 <대상의 존재>와 <세계의 존재>는 원칙적으로 동일한 종류이다.

<설정립>은 <정립>보다 그 범위가 넓다. 근원적인 것은 <정립>이다. 무엇보다도 우선 대상・세계의 존재는 <확실>한 것으로서 확신된다(<확실>과 <확신>의 상관관계에 주의). 이러한 <확실존재>가 <양상화>를 받아들이면, <가능적>, <개연적>, <문제적>, <의심스러운>과 같은 여러 가지 양상이 생긴다. 이러한 양상들 전체의 총칭이 <설정립>이다. 이러한 양상들이 성립하면 <확실존재>도 이들 중의 하나의 종류로서 이들 안에 받아들여지지만, 다만 <확실존재>의 우선성・근원성은 사라지지 않는다(이것 이외의 양상들은 어디까지나 변양이다). 이러한 근원성을 강조하기 위해 후설은 <확실존재>에 대응하는 정립에 특히 '근원'(Ur)이라는 말을 붙여 <근원신념/근원독사>(Urglaube/Urdoxa)라고도 부른다. ☞ ㊫양상, 일반정립, 판단

—다니 도오루(谷 徹)

정립적 의식/비정립적 의식 定立的意識/非定立的意識 [(불) conscience théthique/conscience non-théthique; conscience positionnelle/conscience non-positionnelle]

실제로 존재하는 대상에 관계하는 의식의, 그 대상

에 대한 관계 방식을 나타내는 사르트르의 용어. 후설의 현실적 의식/잠재적 의식에 조응한다. 그의 『내적 시간의식의 현상학』에서의 내적 의식 개념의 영향이라고도 생각된다.

사르트르에게서도 의식은 <어떤 것**의** 의식>이다. 요컨대 의식은 대상을 자기가 **아닌** 것으로서 무화하면서 대상으로 정립하는 의식(대상에 대한 정립적 의식)임과 동시에, 의식은 그 대상 이외의 것을 명확히 대상으로서 정립하고 있는 것은 아닌 방식으로 의식하고 있다. 이와 같은 의식을 비정립적 의식이라고 말한다. 공간 지각의 경우에 나는 게슈탈트 심리학이 이야기하듯이 예를 들어 피에르를 지각할 때 그를 형태(그림)로서 배경(바탕) 위에서 파악한다. 나의 의식은 피에르를 대상으로서 의식함과 동시에 방의 다양한 가구를 비주제적・비정립적인 방식으로 의식하고 있는 것이다.

중요한 것은 자기의식의 경우이다. 예를 들면 내가 담배 케이스 안에 들어 있는 12개비의 담배를 세고 있을 때, 나는 담배를 대상으로 정립하면서 그와 동시에 자신이 담배를 세고 있다는 것을 비정립적인 방식으로 의식한다. 이와 같이 대상에 대한 정립적 의식은 언제나 동시에 자기 자신에 대한 비정립적 의식(비정립적 자기의식)인 것이며, 이것이 의식의 존재법칙인 것이다.

대상의 정립적 의식과 비정립적 자기의식은 동일한 의식인 것이어서, 여기에서 코기토의 필증적 명증성의 근거가 구해짐과 동시에 주관성의 근거도 이러한 비정립적 자기의식에서 구해지는 것이다.

사르트르가 무의식을 부정하는 근거도 이러한 비정립적 자기의식에 다름 아니다. 대상을 지향하는 의식은 언제나 동시에 자기에 대한 비정립적 의식이기 때문에, 예를 들면 쾌란 쾌에 대한 비정립적 의식이게 된다. 자기를 의식하지 않는 의식은 존재하지 않는 것이기 때문에, 사르트르는 프로이트의 무의식을 물리치고 경험적 정신분석학에 맞서 실존적 정신분석학을 제창한다. 나아가 반성되는 것의 반성하는 것에 대한 단적인 현전으로서의 순수한 반성 내지 정화하는 반성에 의해 사람들이 자기의 존재를 전체적으로 드러낼 수 있다고 하는 사르트르의 생각도 그의 비정립적 자기의식의 개념에 기초하고 있다. ☞ [사]대상, 의식, 주제화, [인]사르트르

—하코이시 마사유키(箱石匡行)

[참] 瀧浦靜雄, 『想像の現象學』, 紀伊國屋書店, 1972, [2]1980.

정밀성 精密性 ⇨[사]엄밀성/정밀성

정상성 正常性 [(독) Normalität]

후설은 정상성/이상성(Anomalität)의 구성 문제를 초월론적 현상학의 "특히 중요한 문제권역"[Hu **16**. 120]을 이루는 것으로 간주했다. 왜냐하면 현상학의 근본 문제인 <세계의 초월론적 구성>은 그 다양한 단계들에서 정상성의 우선과 이상성의 배제를 포함하기 때문이다. <만인에게 있어 타당한 유일한 객관적 세계>가 구성되기 위해서는 주관 측에 '정상적인' 지각, '정상적인' 신체, '정상적인' 언어능력 등이 전제되어야만 하며, '정상적인' 상호주관성의 구성이, 따라서 '정상적인' 타자 경험이 전제되어야만 한다. 역으로 말하면, 이 경우의 <만인>으로부터는 동물은 물론이고 '미친 사람'이나 '이상자' 또는 모종의 '생각이 모자란 사람' 등이 배제되어야만 한다. 이것이 어떠한 의미를 지니며, 어떻게 해서 가능해지는지는 그것 자체가 현상학적으로 물어져야만 하는 문제이다[Krisis §55]. 정상/이상의 대비는 이성/비이성의 대비이기 때문에, 이 문제는 이른바 <이성의 현상학>과도 밀접한 관계를 지닌다. 덧붙이자면, 데리다는 <정상적인 어른>이라는 개념의 본질학적 기술이 과연 어디까지 가능한 것인가, <정상적인 어른>은 "어린이가 끝나는 곳에서 시작하고, 광기가 시작하는 곳에서 끝난다"고밖에 말할 수 없다고 한다면, 이 경우 현상학은 사실로서 작용하고 있는 "이상적 규범성"을 미리 전제할 수밖에 없는 것은 아닌가 하는 문제를 제기했다[『기하학의 기원』 서설, 74].

—다카하시 데쓰야(高橋哲哉)

정신 精神 [(독) Geist (불) esprit]

후설 현상학에서 '정신'이 고찰의 주제로서 대대적으로 전면에 등장하는 것은 『이념들 Ⅱ』의 사상권역에 속하는 '영역적 존재론'에서이다. '영역'이란 세계 내의 다양한 존재자의 본질 구분을 나타내는 개념인데, 이러한 영역 구분의 가장 커다란 것이 '자연'과 '정신'이다. 자연 영역은 나아가 질료적 자연으로부터 시작하여 동물적 자연에 이르기까지의 각각의 영역으로 이루어지며, 그러한 자연 영역 위에 최상위의 영역으로서 정신이 위치하게 된다. 그리고 상위 영역과 하위 영역 사이에는 상위의 영역이 하위의 영역에 '기초'지어져 존립한다고 하는 관계가 성립한다. 각 영역은 어느 것이든 세계 내의 존재자 영역인 이상, 정신도 세계에 내속하는 주관이며, 따라서 세계 내의 모든 존재자를 구성하는 초월론적 주관성과는 구별된다. 정신은 그 지향적 상관항인 신체와 지향성을 매개로 하여 결합해 있다. 그러나 다른 한편으로 정신은 신체와 '심적-물적'(psycho-physisch) 의존관계에 있는 '마음'(Seele)과도 구별된다. 마음은 이러한 의존관계에 의해 신체와 함께 자연에 속하는 객관적 세계의 일원으로 여겨지는 데 반해, 정신은 어디까지나 (자연과는 구별된) 주관적 세계에 속하기 때문이다. 또한 정신과 자연의 이러한 영역적 구분은 두 대상영역에 대한 태도의 차이에 의해서도 구별된다. 즉 정신이란 그것을 인격으로서 파악하는 (좁은 의미의) 인격주의적 태도에 의해 열리는 영역이며, 자연이란 그것을 사물로서 파악하는 자연주의적 태도에 의해 열리는 영역이다(후설에게서는 자연도 최종적으로는 정신에 의해 파악되는 것인 이상, 넓은 의미의 인격주의적 태도의 상관항으로 생각된다). 정신은 능력들의 담지자로서, 그리고 동시에 이성에 의한 자유로운 태도결정의 주체로서 경험적으로 통일된 '인격'에서 구체화되게 된다.

이러한 영역적 존재론의 구상은 몇 가지 문제점을 안고 있지만, 정신에 관해서는 그것이 초월론적 주관성과 심적 주관성 사이에 있어 양자와의 관계 규정에 많은 애매함을 남기고 있다는 점을 들 수 있다. 이 문제는 나중에 『위기』의 사상권역에서 <초월론적 주관성의 자기 객관화>라는 사상과 운동감각(Kinästhese) 의식에 대한 분석에 의해 새로운 해명을 받아들이게 된다.

후설에 의한 이상과 같은 정신 규정은 다른 영역들에 대한 정신 영역의 우위를 이야기하는 한에서 절대적 관념론의 계보와 연결되는 색채를 띠고 있지만, 이에 반해 메를로-퐁티는 정신을 그 기반을 이루는 신체 차원으로까지 하강하여 해명하고, 관련 과학들과의 대화를 통해 신체에서 세계에 뿌리내리고 있는 정신의 실상을 풍부하게 드러낸다[『행동의 구조』, 『지각의 현상학』]. 다른 한편 서구의 전통적 형이상학을 파괴하고자 하는 하이데거에게서 정신을 물체 내지 질료와의 대립 속에 위치짓는 그리스적, 기독교적 전통과는 다른, 정신의 비그리스적, 비기독교적인 기원—모든 것을 타오르게 하여 밝힘에로 가져오는 동시에 스스로 내에서 남김없이 불태워버리는 '불꽃'으로서의 정신(Geist)의 이중성—이 모습을 드러내는 모양이 데리다에 의해 상세히 분석되고 있다[『정신에 대하여』 1987: 港道隆 譯, 人文書院, 1990]. 데리다는 거기서 역사의 현실로 된 위험(아우슈비츠의 불꽃을 상기하라)과, 그것과는 **다른** 가능성의 교차를 간취한다. 또한 레비나스는 타자에 대한 전면적 책임 하에 있는 '나'의 존재방식을 타자에게 '영혼'을 불어넣고, 타자에 대한 책임의 중압 하에 '숨 가빠'(essoufflé)하면서 타자에 응답하는 '정신'(esprit)으로서 파악함으로써 종래의 서구 철학의 '정신' 개념을 지금까지와는 전적으로 다른 빛에 비추어보고 있다[『존재와 다르게 …』(1974)]. ☞ [사]기초짓기, 마음, 영역적 존재론, 운동감각, 초월론적 주관성

—사이토 요시미치(齋藤慶典)

[참] 新田義弘, 『現象學とは何か』, (제3장), 紀伊國屋書店, 1968 (講談社學術文庫, 1992).

정신과학 精神科學 [(독) Geisteswissenschaften]

딜타이의 정의에 따르면 '정신과학(복수형)'이란 "역사적 사회적 현실을 대상으로 하는 과학들의 전체"를 말한다. 요컨대 경험과학의 전체를 크게 둘로 분류

하면 한편이 '자연과학'이고 다른 한편이 '정신과학'이라는 것이다. 덧붙이자면, 밀(John Stuart Mill 1806-73)은 '도덕과학'이라는 명칭을 사용하며, 리케르트나 베버(Max Weber 1864-1920)는 '문화과학'이라는 명칭을 사용한다. 딜타이 자신도 '정신과학'이라는 명칭을 일관되게 사용하게 된 것은 1883년의 『정신과학 서설 제1권』부터이다. 그런데 '자연과학'에 대립된 '도덕과학'이라는 밀의 용어법은 조금 기묘하게 생각될지도 모른다. 그러나 전통적인 학문 분류는 논리학 · 자연학 · 윤리학이라는 세 개의 주요 기둥으로 이루어지는바, 밀은 그것을 따른 것일 뿐이다. 밀의 『논리학 체계』의 독일어 번역이 1849년에 출판되었지만, 그때 역자가 '도덕과학'의 번역어로서 '정신과학'이라는 말을 선택함으로써 그 이후 '정신과학'이라는 말이 독일어권에 침투하게 되었다. 딜타이는 그 명칭에 만족했던 것은 아니지만, 당시 이미 통용되고 있던 명칭으로서 결국 그것을 채용하게 되었다. 이와 같이 '정신과학'이라는 말은 처음에는 번역어로서 유포되고, 딜타이의 『정신과학 서설』에 의해 학술어로서 정착하게 되었던 것이다. ☞ ㈓이해, ㉧딜타이

—마루야마 다카시(丸山高司)

정신의학과 현상학 精神醫學—現象學

정신의학에는 현상학과 결부되는 독특한 사정이 있다. 이 분야에서는 의학의 다른 영역과는 달리 예를 들어 망상, 자아장애와 같은 증상처럼 자연과학적 방법으로는 접근하기 어려운 병태病態에 대한 이해가 주요한 과제를 이룬다. 이러한 정신 증상이라고 불리는 현상들은 자연과학적으로는 그 기초에서 증명 내지 요청되는 뇌를 중심으로 한 신체원인과의 대응관계라는 관점에서 다루어짐으로써 환자의 인격과는 분리된 징후로서 취급된다. 거기서는 역사도 환자의 과거의 병력 기록이라는 형태를 취하며, 증상으로서 포착되는 현상 그 자체의 사태로서의 의미는 등한시된다. 그러나 정신의학에서는 이러한 입장에서의 원인을 상정한 대증요법과 병행하여 정신요법이나 사회복귀의 케어(care)에서 보이듯이 병자에 대해 인간학적인 관점에서의 이해가 심화되지 않으면 안 된다. 이를 위해서는 정신장애라는 병의 모습을 단지 증상의 집합으로 보는 것이 아니라 독자적인 세계를 지시하고 구성하는 모습으로 바라봄으로써 이러한 현상의 사태에 입각한 의미가 물어지지 않으면 안 된다. 이와 같은 요구에 부응하기 위해 현상학적 입장 내지 방법이 도입되었던 것이다.

최초로 현상학이 정신의학의 방법으로서 받아들여진 것은 야스퍼스의 논문, 「정신병리학에서의 현상학적 연구 방향」("Die phänomenologische Forschungsrichtung in der Psychopathologie", in *Z. ges. Neurol. Psychiat.* Original, 9:391-408, 1912. 또는 *Gesammelte Schriften zur Psychopathologie,* Springer, 1963 : 藤森英之 譯, 『精神病理學研究1』, みすず書房, 1971에 수록)에서였다. 그 후 그의 현상학적 방법은 『정신병리학 총론』에서 종합되었지만, 그 내용은 빈스방거를 비롯한 이른바 인간학파의 현상학과는 다르다. 요컨대 그의 현상학은 후설이 당초에 기술적 심리학이라고 부른 것으로서 환자의 현실에서 체험하는 정신 상태를 생생하게 우리의 마음에 묘사해내고, 가까운 관계에 따라 고찰하며, 가능한 한 명확하게 한정, 분류하고, 엄밀한 술어를 붙일 것을 과제로 삼았다. 의식의 현상들, 양태들에 대한 기술과 정리에 그치는 이러한 야스퍼스의 현상학에서 본질직관은 과학으로서의 정신병리학의 범위 바깥으로서 거부된다. 이리하여 그는 현상학적 방법에 따라 다양한 주관적 현상을 기술했던 것이다. 그러나 현상학이 서두에서 언급된 정신의학의 문제의식에서 요구되는 경우에는 단지 기술과 분류에 그치지 않는바, 야스퍼스에 의해 철학적 과학적 오류로서 물리쳐진 문제영역에 발을 들여놓지 않을 수 없다. 그것은 바로 본질직관에 의한 사태에 대한 접근이다. 이러한 현상학적 방법에 기초하여 정신분열병에 관해 탁월한 업적을 발표한 정신과 의사로 빈스방거와 민코프스키가 있다. 빈스방거는 스스로의 방법을 「현상학에 대하여」("Über Phänomenologie", in *Ausgewählte Vorträge u. Aufsätze*, Bd. Ⅰ., Francke A. G., 1947 : 荻野恒一 · 宮本忠

雄・木村敏 譯, 『現象學的人間學』, みすず書房, 1967에 수록)에서 기술하고 있다. 본질직관을 그는 초감성적 지각(übersinnliche Wahrnehmung)이라고 부르며 강조한다. 이러한 지각은 궁극적으로는 모든 실재를 '괄호에 넣고' 순수한 형상 인식을 지향하는 것이기 때문에 순수 현상학, 요컨대 철학의 문제로 되지만, 빈스방거는 순수 현상학에로 "단계적으로 상승해가는" 정신병리학적 현상학이 정신의학의 연구방법이라고 생각하고, 그 연구는 사실 영역으로부터 형상 영역으로 나아가야만 한다고 주장한다. 이러한 그의 사고방식은 스스로 창출한 현존재 분석의 수법을 사용한 증례 또는 증상의 기술에서 표명되고 있다. 하이데거의 현존재 분석론에 의거한 이러한 방법에 의해 정신병자의 체험세계가 지닌 의미구조의 특이성이 제시되었지만, 빈스방거는 만년에 이르러 후설의 초월론적 현상학으로 관심을 옮겨 의식의 지향성의 초월론적 구조 속에서 이러한 병자의 왜곡된 세계를 구성하는 구성계기를 추구한다. 만년의 두 저서는 이러한 입장에서 조울병과 망상을 취급하고 있다.

구미에서 현상학적 방향을 취하는 현존하는 정신과 의사로서는 블랑켄부르크, 크라우스, 쿤(R. Kuhn), 랑(H. Lang), 텔렌바흐, 위스(D. Wyss) 등의 이름을 들 수 있다.

한편 일본에서는 기무라 빈木村敏이 정신병에 관한 독자적인 현상학적 고찰을 행하고 있다. 그는 정신의학에서의 현상학의 특수성으로서 거기서 의사 측으로부터 일차적으로 물어지는 것이 의사 자신의 의식과 현존재에서의 경험이 아니라 타자인 병자의 의식에서 생기하는 병적 사태라는 점을 지적하고, 그것을 명증적으로 파악하는 장으로서 자기와 타자 '사이'에 주목한다. 그리고 그가 말하는 노에시스가 양자 각각의 노에시스로 분리 독립하는 것이 가능해지는 장소로서의, 즉 '노에시스의 노에시스'로서의 이러한 '사이'의 구조를 논하고 있다[「정신의학에서의 현상학의 의미 精神醫學における現象學の意味」, 『現象學年報2』, 北斗出版, 1985에 수록].

일련의 현상학 연구를 발표하고 있는 마쓰오 다다시 松尾正는 레비나스의 타자론에 의해서도 촉발되어 정신분열병자의 특이한 타자성에 다가서고 있다[「현상학적 직관이 가르쳐주는 현상 자체로서의 분열병자―'분열병자라는 타자'의 현상학의 한 시도現象學的直觀が敎えてくれる現象そのものとしての分裂病者―『分裂病者という他者』の現象學の一試み」, 『精神神經學雜誌』 93 : 221-265, 1991]. 나아가 정신과 의사의 작업으로서는 나카지마 사토시中嶋聡의 「의식작용의 구조 문제로서의 분열병성 자아장애意識作用の構造の問題としての分裂病性自我障害」[같은 잡지 91 : 475-499, 1989] 등을 들 수 있다. 또한 정신과 의사와 철학자와의 협동 작업에서 생겨난 논문집[新田義弘・宇野昌人 編, 『他者の現象學 Ⅰ, Ⅱ』 北斗出版, 1982, [2]1993]도 있다. ☞ ㉿사이, 실존 분석, 현존재 분석, ㊞보스, 빈스방거, 야스퍼스, ㊌정신병리학 총론

―우노 마사토(宇野昌人)

정의 正義 [(불) justice]

『전체성과 무한』에서는 <윤리>를 총괄하는 관념으로서 <정의>가 생각되고 있었다. <정의>란 자아의 자아성 그 자체를 심문하는 엄격한 요청임과 동시에 <얼굴>로서 현현하는 타인에 대한 무한한 책무를 말하는바, 레비나스는 자유, 진리, 이성을 이러한 <정의> 위에 서게 하고, 다른 <존재자>와의 <정의>의 관계보다도 <존재자>와 그의 <존재>와의 <앎>의 관계를 우선시했다는 이유에서 하이데거의 존재론을 <부정의>(injustice)의 철학으로서 통렬하게 비판한다. 타자의 얼굴을 통해 <제3자>가, 나아가서는 인간 전체가 나를 응시하는 까닭에 <대면>이라는 <정의>의 일은 <제3자>를 배제하는 두 사람의 관계에서는 반드시 존재하지 않는 것이지만, 그것이 유일자로서의 나와 유일자로서의 임의의 타자와의 관계인 것으로 변하는 것은 아니다. 그런 까닭에 당신으로서의 타자의 <곁에> 동시에 <제3자>가 존재하는 경우 나의 <책임>의 방위는 분열하는바, 나는 어느 쪽을 우선할 것인가 하는 <비교 불가능한 비교>의 폭력을 강요받는다. 그리하여 <윤리>는 <공정>으로서의 <정의>를 요청하는

것이지만, 이런 의미에서의 <정의>는 한 사람의 타인에 대한 <무한책임>을 제한함으로써 <평등>한 <시민>들의 관계를 설정하며, 조사와 심의에 기초하는 공정한 동시에 엄격한 판가름을 행한다. 다만 이와 같은 <정의> 내지 <정치>는 압제와 서로 이웃하고 있는바, 자애의 <윤리>에 의해 끊임없이 심문받아야만 한다.

—고다 마사토(合田正人)

정의활동 情意活動 [(독) Gemütstätigkeiten]

브렌타노가 표상 및 판단과 나란히 심적 현상의 제3의 종류로서 감정과 의욕을 일괄하여 부른 말. 정의운동, 애증, 관심 등이라고도 말해지며, 그의 가치론과 윤리학의 기초를 이룬다. 칸트 이래로 쾌·불쾌의 감정과 이성적인 의지는 근본적으로 다른 능력으로 분류되어 왔다. 이에 반해 브렌타노는 감정(분노, 불안, 열망 등)과 의욕(원망, 결단, 의도 등)이 대상에 대한 관계의 방식, 요컨대 어떤 것을 '사랑하다/미워하다', '마음에 들다/마음에 들지 않다'는 관계의 방식에서 특질을 똑같이 지닌다는 점을 지적하고, 양자를 연속된 현상으로 파악한다. 이러한 정-반의 이극대립적인 지향성을 지니는 점에서 정의활동은 판단(요컨대 승인/거부)과 유비적인 것으로 이해된다. 그런데 정의활동은 어떤 대상을 '좋은 것으로서 마음에 들어 하고', '나쁜 것으로서 마음에 들어 하지 않게' 생각하는 활동이기 때문에 대상의 가치·반가치는 이러한 활동에 근거지어진다. 그러나 이 점은 쾌락주의나 상대주의와 직결되는 것이 아니다. 브렌타노는 (1) '올바른 사랑'과 '본능적·맹목적 충동'을 구별하고, '좋은 것'이란 결국 '올바른'(판단에서 말하는 명증적인) 사랑에 의해 사랑받을 수 있는 것이라 생각하며, 또한 (2) 가치에 특유한 현상으로서 복수의 좋은 것 사이에서 '좀 더 좋은 것'의 선취작용이 활동한다는 점을 토대로 가치들 사이에 '높고 낮음'의 관계가 있다는 것을 보여준다. 이리하여 그는 심적 작용 측에 의거하여 일종의 절대주의적 가치론의 입장을 전개하고자 시도한다. 이러한 브렌타노의 애증론·가치론은 에렌펠스와 마이농, O. 크라우스 등에 의해 각각 독자적인 심리학적 입장으로 발전되었다. 후설과 셸러는 정의활동-가치의 관계를 가치 노에시스-가치 노에마의 관계로 다시 다듬어내 브렌타노의 심리학주의로부터의 탈각을 시도한다. 또한 그들은 정의활동의 종류도 재차 <정>과 <의>로 구분하여 정서작용(Gemütsakte)[Ideen Ⅰ §37, §95 참조]과 감득(Fühlen)[셸러 Formalismus]과 같은 <정>의 영역에서 가치 체험 작용을 찾는 한편, 의욕은 이에 근거지어진 실천적 작용이라고 생각하게 되었다[Hu **28**. 127].

☞ ㉴승인/거부, ㉴경험적 입장에서의 심리학, 도덕적 인식의 원천에 대하여

—나오에 기요타카(直江清隆)

정치학과 현상학 政治學—現象學

후설은 유럽의 위기는 실증주의적 학문에 의해 '이성의 문제'가 배제된 것에서 기인한다고 파악한다[Krisis, FTL 참조]. 여기서의 '이성'(Vernunft)이란 다름 아닌 플라톤, 아리스토텔레스가 조탁한 '로고스'(λόγος)로서 실재하는 이성을 가리키는데, 이러한 로고스로서의 이성의 계보에서 이성은 칸트 철학과 같이 이론 이성과 실천 이성으로 분열되지 않고 (1) 인식(참인 동시에 진정한, 요컨대 이성적인 인식), (2) 윤리적 행위(참으로 선한 행위, 실천 이성에 기초하는 행위), (3) 역사의 목적론(인간 존재의 의미)이라는 그 모두에 관계하는바, 사회와 문화, 정치는 이성이 자기를 객관화한 존재로 이해되고 있었다.

이러한 로고스로서의 이성 개념의 계보가 근대의 수학적 자연과학을 범형으로 하여 구성되는 '이성'(ratio) 개념에 의해 해체된 사태(정치철학의 종언)에 후설의 '위기' 진단은 관계한다. 왜냐하면 실증주의적 '이성' 개념은 (1) 세계를 즉자적 실재태로 하여, (2) 진리를 객관성에 한정하고, (3) 진리 개념을 논리적·수학적 형식과학들에서의 구문론적 명제 관계나, (4) 경험적 현실과학들의 의미론적 명제 관계에 한정함으로써, (5) 가치와 목적을 이성의 문제로부터 배제하기 때문이다. 통상적으로 사실과 가치의 이원론으로서 파악되는

이러한 실증주의의 인식론적 짜임새는 로고스로서의 이성의 계보에 의거하는 정치이론의 전통에 정면으로 대립한다. 실증주의적 '이성' 개념에서는 행위의 목적 자체의 합리성은 문제가 되지 않으며, 선택된 수단이 소여의 목적의 실현에 있어 합리적인가의 여부만이 고찰 대상이 되고, 정치적 합리성은 소여의 주관적 자기 보존이라는 이해관심의 실현을 위한 단순한 수단적 적합성으로 환원되기 때문이다. 슈미트(Carl Schmitt 1888-1985)가 『현대 의회주의의 정신사적 지위』(*Die Geistesgeschichtliche Lage des heutigen Parlamentarismus*, 1923 : 稲葉素之 譯, みすず書房, 1972)에서 정치적 합리성과 논의, 의회의 종언을 선언하고 정치적 결단주의를 표방한 것은 이러한 상황을 배경으로 한 것이었다.

그리고 후설 현상학이 위기의 극복을 위해 투쟁 선언을 한 것은 이와 같은 비합리주의의 정신적 조류에 대해서였다. 그런 의미에서 전학문적 · 학문적인 객관주의와 자연주의의 표상에 대항하여 현상학적 환원에 의해 모든 객관적 의미 형성과 존재 타당의 근원적인 장으로 작용하는 초월론적 주관성에로 되돌아와 존재하는 세계를 즉자적 실재태로서가 아니라 상호주관적 의미 형성체 · 타당 형성체로서 해명하는 초월론적 현상학이, 로고스로서의 이성의 지향을 계승하면서도 존재론적 이성 개념의 방향을 취하지 않고, 이성(합리성) 개념의 새로운 비판적 재구성을 인간성의 상호주관성 방향에서 근거짓고자 한 것은 현상학과 정치학의 결합이 우연한 것이 아니라는 것을 단적으로 보여준다. 실제로 메를로-퐁티가 『변증법의 모험』에서 루카치(György Lukács 1885-1971)의 『역사와 계급의식』(*Geschichte und Klassenbewußtsein*, 1923)의 물상화 이론을 축으로 하여 M. 베버의 '지성의 정치'에 '이성의 정치'를 대치시키고, 주관-객관의 이원론을 넘어서서 주체와 객체의 친연관계를 확증함으로써 소외된 세계를 인간에게 다시 통합하는 '경험의 전체성'과 상호주관성을 회복하는 것을 '이성의 정치'의 과제로 삼았을 때 그는 후설 현상학의 프로그램을 재현하고 있는 것이다.

정치 연구를 자연과학의 방법론적 기준에 따라 모델화된 엄밀하게 경험적인 학문으로 변환시키는 실증주의적 정치학('지성의 정치')에 대한 비판으로서 미국에서는 아렌트(Hannah Arendt 1906-75), 레오 슈트라우스(Leo Strauss 1899-1973), 푀겔린(Eric Voegelin) 등의 망명 정치학자들이 정치이론의 복권을 주창했지만, 그 정치이론은 각각 하이데거, 야스퍼스, 슈츠 등의 현상학의 영향을 빼놓고서는 말할 수 없다. 나아가 행동과학의 방법론에 대한 비판을 철저화하고, 정치적 현실에 대한 좀 더 적절한 탐구 방법을 찾아 비트겐슈타인의 언어게임이론, 하버마스의 비판적 사회이론 등이 현대 정치이론에 수용되고 있지만, 그것들은 모두 상호주관성의 문제를 제기하여 인간의 존엄과 자유를 회복하고자 한 후설 현상학과 그 지향을 공유한다. 물상화에 의해 은폐된 상호주관성의 차원을 회복하여 정치공동체의 이론을 재구축하고자 하는 달마이어(Fred R. Dallmayr)의 *Beyond Dogma and Despair : Toward a Critical Phenomenology of Politics*, 1981 등은 이러한 현재 미국의 정치학과 현상학의 내적 결합을 보여주는 대표적인 예이다.

근대 사회 시스템이 상품 구조의 물상성에 의해 인간의 사회적 현실성과 대상적 실천을 주관적 측면과 객관적 측면으로 실체화하고, 물상화된 상품 · 화폐 매체의 기능적 상호연관에 의한 사회적 행위의 '전략적' 편성을 통해 인간의 조건으로서의 '복수성複數性'을 감축하고 있는, 요컨대 상호주관성을 주관-객관 관계로 1차원화하는 위기 경향을 강화하고 정치적 실천(praxis)의 문제를 기술(technē)의 문제로 환원하고 있는 현재, 인간의 공통세계를 정당화하는 정치적 '논의'의 공간을 구성하는 이론기반을 상호주관성 속에서 드러내는 현상학은 오늘날의 정치학에 있어 중요한 의의를 지닌다고 말할 수 있다. ☞ ㉳현상학과 맑스주의

—히키타 다카야(引田隆也)

[참] Enzo Paci, *Funzione delle Scienze e Significatio dell' Uomo*, Il Saggiatore, 1963. Fred R. Dallmayr, *Twilight of Subjectivity*, The University of Massachusetts Press, 1981. Fred R. Dallmayr, *Polis and Praxis*, The MIT Press, 1984. Hannah Arendt, *The Life of the Mind*, 2 vols., Harcourt Brace Jovanovich, 1977-78.

정태적 분석/발생적 분석 靜態的分析/發生的分析 [(독) statische Analyse/genetische Analyse (불) l'analyse statique/l'analyse génétique (영) static analysis/genetic analysis]

분석이란 복잡하게 얽혀 있는 계기들을 추출하여 다른 것으로부터 구별하고 그 동일성을 확인하는 것이다. 현상학에서는 이러한 분석을 두 가지 종류로 구별하여 특히 '정태적'과 '발생적'이라는 형용사를 부가한다. 이 두 종류의 분석은 정태적 현상학과 발생적 현상학의 구별에 평행적이다. 이러한 두 분석은 모두 초월론적 분석의 두 가지 계기이다. 분석은 구성을 전제하는 동시에 또한 그것을 의미한다. 사실적으로 주관적인 것의 모두는 그 내재적인 시간적 발생을 지니며, 이러한 발생은 더 나아가 선험적인 것을 지닌다. 이러한 선험적인 것이 비로소 분명하게 하는 것은 다음의 점이다. 즉 살아 있는 의미 구조의 지향적 함축태야말로 분석이 덮개를 제거한 후에 분명해지는 것이지만, 이러한 지향적 함축태 속에 침전된 역사가 가로놓여 있다는 것이다. 양자의 관계는 다음과 같이 말할 수 있다. 첫째로, 발생적 분석은 정태적 분석에 사태에서는 선행한다. 둘째로, 이론에서는 정태적 분석이 선행하며, 정태적 분석은 발생적 분석을 위한 안내를 제공한다. 셋째로, 정태적 분석은 발생적 분석의 상위에 위치한다. 넷째로, 정태적 분석은 분석에 의해 침전된 역사를 해명한다.—일반적으로 말해 정태적 현상학은 시간적인 의미 발생이 완료되고 성장이 다 끝난 주관성에서의 현상학인바, 그것이 수행하는 현상학적 분석은『이념들 Ⅱ』에서 전형적으로 보이는 선험적이고 정태적인 체계 구축을 지향한다. 영역적 존재론과 형식적 존재론의 구축에로 향하기 위한 분석은 이러한 의미에서 정태적이라고 말할 수 있을 것이다. 이에 반해 시간과 더불어 성장하고 있는 주관성 하에서의 의미 분석은 언제나 발생적 유동성 속에 놓여 있으며, 체계로서는 미완결성의 양상을 나타낸다. ☞ [사]발생적 현상학

—오가와 다다시(小川 侃)

정태적 현상학 靜態的現象學 [(독) statische Phänomenologie] ⇨[사]발생적 현상학

정황성 情況性 [(독) Befindlichkeit]

하이데거는『존재와 시간』에서 표상과 의지의 단순한 '수반현상'으로만 간주되어 온 기분, 감정, 정동情動과 같은 현상에 "인식도 도달할 수 없는 근원적인 개시력"을 인정하고, 이것을 인간의 존재론적 구조인 '정황성·처해 있음'으로서 다시 파악했다. 통상적으로 '존재적으로' 기분이라고 이해되는 것은 "그때마다 이미 기분지어져 있다"고 하는 이러한 실존론적 구조에 의해 비로소 가능해지는 것이다. 정황성은 '개시성'을 '이해'와 동근원적으로 구성하는 것이지만, 거기서 개시되는 것은 현존재의 '피투성'이며, 그러한 개시는 "스스로의 피투성 안에 처해 있다(sich befinden)"고 하는 형태로 생겨난다고 생각된다. 정황성에 의한 개시는 인간 주관의 내부에 한정된 것이 아니라 세계-내-존재로서의 현존재 전체에 관계하는 것이며, 특히 우리가 존재자와 만나는 세계의 열림 역시 이것에 의해 구성된다. 따라서 사물이든 인간이든 내세계적 존재자는 본래 본질적으로 기분지어진 방식에서 만나지는 것이며, 나중에 인간 주관의 내적 상태에 의해 채색되는 것이 아니다. 그런데 정황성을 둘러싼『존재와 시간』의 논의는 그것의 일상적 개시가 사실성의 '존재의 하중'을 회피한다고 하는 소극적인 형태로 수행된다는 점에서 '퇴락'의 현상에 대한 분석과 연결되는 한편, '불안'이라는 탁월한 정황성이 지니는 전체적이고 근원적인 개시력 때문에 하이데거의 기초존재론의 발걸음을 떠받치고 또 방향을 부여하는 것이기도 했다. ☞ [사]감정, 기분, 불안, 세계-내-존재, 피투성, 현존재, [서]존재와 시간

—이토 도오루(伊藤 徹)

제1차 상기 第一次想起 [(독) primäre Erinnerung] ⇨[사]과거파지/미래예지{파지/예지}

제2차 상기第二次想起 [(독) sekundäre Erinnerung] ⇨㊙과거파지/미래예지{파지/예지}

—나카무라 후미로(中村文郞)

제도화制度化 [(불) institution]

메를로-퐁티가 1954-55년도의 강의 「개인의 역사 및 공공의 역사에서의 제도화」[RC 60-80]에서 후설의 구성 개념을 대신하여 "의식의 철학의 난점에 대한 치료책"으로서 제창한 개념. "어떤 경험에 <그것과 연관하여 다른 경험이 의미를 지니게 되고, 사고 가능한 하나의 계열(결국은 하나의 역사)을 이루기에 이르는 지속적인 차원들을 부여하는 사건>, 다시 말하면 잔존물이라든가 잔재로서가 아니라 어떤 후속에 대한 호소, 어떤 미래의 요구로서의 하나의 의미를 침전시키는 사건"으로 정의된다. 만년의 후설은 지향적으로 구성된 역사적 현재가 지니는 다산성과 전승성을 '근원창설'과 '침전'이라는 용어로 해명하고자 했지만[Hu **6**. 365ff.], 메를로-퐁티는 이러한 시도를 높게 평가함과 동시에 새롭게 '제도화'라는 개념으로 다시 파악했다. 프랑스어의 institution은 <제정 · 설정하다>라는 작용 측면과 동시에 이러한 작용에 의해 <제정 · 설정된 것>이라는 대상 측면(제도 그 자체)을 의미할 수 있는데, 따라서 '개인의 역사와 공공의 역사'의 이음매를 이룰 수 있다. 메를로-퐁티가 그의 철학적 출발 이래로 추구해온 신체적 주체는 이리하여 자신을 제정함으로써 제정된 것(상호주관적인 것)에 참여하는 '제도화하는 주체'(le sujet instituant)로서 다시 파악되는바, 대상 구성적으로 작용하는 의식 주체로서의 '구성적 주체'(le sujet constituant)와 대비될 수 있다. 『행동의 구조』에서 '인간적 질서'의 독자성을 이룬다고 말해졌던 <상징적 행동>도 "신체의 시원적인 제도화"[PM 63]에 <기초>지어지게 되는 것이다. 구조화와 구조, 파롤과 랑그의 이항대립의 근저의 수맥을 찾아내고자 했던 50년대의 메를로-퐁티에게 있어 이 개념은 절호의 이념적인 이끄는 실로 되었을 것이지만, 이 개념이 지니는 철학적 함축은 그의 너무 때 이른 죽음에 의해 충분히 전개되지 못했다. ☞㊙창설/근원창설, 침전

제일철학第一哲學 [(독) Erste Philosophie]

후설이 철학사에 대한 역사적 성찰로부터 아직 실현되지 않은 철학의 과제로서, 즉 다름 아닌 자기의 현상학이 실현해야만 할 과제로서 확인하여 내건 철학 이념. 이 이념 안에 특히 그의 철저주의(래디컬리즘)의 정신이 반영되어 있다.

그에 의하면 제일철학이란 "모든 철학 가운데 제1의 철학"으로서 "완벽한 무전제성"과 자기 자신에 관한 "절대적인 반성적 통찰"을 스스로에게 요구하는 철학이며[Ideen Ⅰ 5, 121], 따라서 그에 대한 체계적 서술뿐만 아니라 그에 이르는 길의 단서에 대한 성찰도 포함하여 자기 자신을 절대적인 단서로부터 절대적으로 근거지어가는 보편학, 요컨대 그 사유가 걸어가는 모든 발걸음에서 자기 자신을 절대적으로 정당화하는 철학이다[Hu **7**. 3-7, 13f., Hu **8**. 3ff.]. 이 말을 처음으로 사용한 아리스토텔레스의 제일철학이 나중에 <형이상학>이라고 불린 데 반해, 후설의 제일철학은 사실성을 다루는 형이상학(제2철학)에 선행하여 이것을 근거짓는 보편적인 본질학이라고 생각된다[Hu **7**. XVIf.]. 그는 현상학적 환원의 방법(특히 데카르트의 길)에 의해 열려야만 할 필증적인 초월론적 주관성이라는 자체적으로 제1의 경험지반(=단서) 위에서 전개되는 본질학으로서의 초월론적 현상학이야말로 이러한 제일철학의 이념을 비로소 실현할 것이라고 생각했던 것이다.

현상학을 제일철학으로서 위치짓고자 하는 구상은 이미 『이념들』의 서론(1913)에서 보이지만[Ideen Ⅰ 5], 이것이 실제로 체계적으로 시도된 것은 '제일철학' 강의(1923/24)의 특히 제2부에서였다[『제일철학』 Ⅱ]. 그러나 그 발걸음은 곡절로 가득 차 있었던바, 그 성과는 후설에게 있어 대단히 불만족스러운 것이었던 듯하다. 나중에 『데카르트적 성찰』에서 새로운 시도가 이루어지지만, 만년의 『위기』에서는 제일철학이라는 이념 그 자체가 배경으로 물러난다. 제일철학의 이념을

둘러싼 후설 사유의 이러한 전회에 대해서는 『제일철학』 II에 붙여진 편자 뵘의 서론[Hu **8**. XI-XLII] 및 란트그레베의 논문 「데카르트주의로부터의 후설의 이반」(L. Landgrebe, "Husserls Abschied vom Cartesianismus", in *Der Weg der Phänomenologie*, Gütersloh, 1963 : 山崎庸佑 外 譯, 『現象學の道』, 木鐸社, 1980에 수록)에서 상세한 논의가 이루어진다. ☞㉷무전제성, 철저주의{래디컬리즘}, 현상학적 환원, 형이상학

—사카키바라 데쓰야(榊原哲也)

제작 制作 ⇨㉷포이에시스

조르게 [(독) Sorge (영) care (라) cura]

하이데거는 『존재와 시간』(1927)에서 인간이라는 존재자를 현존재, 현존재에 특유한 존재를 실존 내지 조르게, 이 존재의 의미 내지 근거를 시간성 또는 시간이라고 부른다.

조르게에 해당하는 이른 시기의 표현은 '염려'(Bekümmerung)이다. 1920년대 당초에 야스퍼스의 『세계관의 심리학』에 대한 비평에서 하이데거는 "실존"을 "자기의 존재"라 하고, "실존 현상"은 "본질적으로 자기를 염려하는 경험의 수행으로서 스스로를 개시하는" 것이며, "자기를 자신에게서 소유하는 것은 염려로부터 생기며, 염려에서 몸을 지키고, 염려로 향해간다"고 말한다. 염려가 자기・실존의 핵심이 된다. 조르게에 대해서는 근심・우려・배려・염려・마음 씀・심려・걱정・마음다짐・주의・심배 등의 번역어가 가능하지만, 이것들을 통합하는 한자는 보이지 않는다. 관심이라고 번역하는 것도 가능하지만, 다른 현존재에 대한 퓌어조르게(Fürsorge, 심려)와 주위에 있는 몸 가까이의 존재자에 대한 베조르겐(Besorgen, 배려)을 관심으로 번역하기도 하여 구분하기가 어렵다. 따라서 여기서는 조르게는 '염려'라고 번역함으로써 다른 현존재에 대한 '심려'(Fürsorge)나 주위의 도구류 등에 대한 '배려'(Besorgen)와 구별한다.

『존재와 시간』에서는, 현존재는 배려의 '둘러봄'(Umsicht)에 의해 몸 가까이의 주위의 존재자의 존재를 이해하고, 심려의 '되돌아봄'(Rücksicht)에 의해 다른 현존재의 존재를 이해하며, 자기의 실존에 대한 '꿰뚫어봄'(Durchsichtigkeit)에 의해 자기의 존재할 수 있음・있을 수 있음을 이해하고 있다고 이야기된다. 자기의 실존에 대한 꿰뚫어봄이란 자기 통찰・자기 인식이라고 생각하면 좋을 것이다. 이와 같이 실존, 자기는 전체로서 조르게{염려}라고 불림과 동시에, 자기 이외의 존재자・다른 현존재와 구별된 의미에서의 자기에 대해서는 특히 자기 조르게라든가 자기 염려와 같은 표현을 『존재와 시간』에서는 하고 있지 않다. 그러나 위와 같이 이해에 있어서 자기에 대한 '꿰뚫어봄'이라는 문자를 사용하고 있는 것인바, 오히려 자기・실존이 조르게이자 염려이고, 그런 의미에서 자기가 자기에게 있어 개시되어 통찰되고 있다는 것을 승인하고 있는 것이다. 현존재에게 있어서는 현존재가 존재함에 있어 이러한 존재한다는 것 그것이 관심의 과녁이 되고 염려의 대상이 된다는 유명한 정식은 현존재의 있음 그것이 현존재 자신에게 투명하게 개시되어 이해되고 있다는 사태에 대한 기초 정식이다.

하이데거가 자기를, 즉 실존을 염려라고 부르고 조르게라고 부르는 것은 단지 제1차 세계대전 후의 불안한 상황의 반영이 아니다. 그것은 또한 필로소피아의 대도大道를 영혼에 대한 배려, 죽음의 연습, 영혼의 열어젖힘이라는 일련의 절차에 따라 생각하는 것만도 아니다. 신과 인간은 모두 이성을 부여받아 살아가지만, 신은 불사적이고 인간은 죽을 수밖에 없는 존재이다. 그러나 신의 선은 신의 자연본성에 의해 완성되지만, 인간의 선은 인간의 염려(cura)에 의해 완성된다. 이렇게 설파한 고대인의 가르침을 하이데거가 인간의 특유한 존재를 염려라고 이야기함으로써 상기시키는 것만도 아니다. 의식・반성・분석이라는 용어로 주관의 주관성을 객관화하여 기술하는 태도에 대한 반대를 이야기하는 하이데거의 특질을 셸러는 homo curans의 제창에 놓여 있다고 꿰뚫어보았던 것이다.

—가야노 요시오(茅野良男)

㊂ 茅野良男, 『實存主義入門』, 講談社, 1968, [42]1993. 茅野良男, 『初期ハイデガーの哲學形成』, 東京大學出版會, 1972. 茅野良男, 『ハイデガーにおける世界・時間・眞理』, 朝日出版社, 1981.

조작 개념/주제 개념 操作槪念/主題槪念 [(독) operative Begriffe/thematische Begriffe]

핑크가 1957년에 발표한 논문 「후설 현상학에서의 조작적 개념」(in *Nähe und Distanz*, 1976 : 新田義弘・小川侃 編, 『現象學の根本問題』, 晃洋書房, 1978에 수록)에서 사용한 술어. 그에게 있어 철학적 의미에서의 사유란 세계와 내세계적 존재자에 대한 존재 개념적 이해이지만, 그 경우 어떤 철학적 사유가 자기의 사유를 확정하여 보존하기 위한 개념이 주제적 개념이다. 플라톤의 이데아, 아리스토텔레스의 우시아, 뒤나미스, 에네르게이아, 라이프니츠의 모나드, 칸트의 초월론, 헤겔의 정신, 절대이념, 니체의 힘에의 의지, 후설의 초월론적 주관성 등의 개념들이 그것이다. 그에 반해 창조적 사상가는 이와 같은 개념들을 지향하여 사유하기 위해 대상적으로 확정될 수 없는 지적 도식으로써 조작할 수밖에 없는데, 이와 같이 우회로로써 사용되고 사고되긴 하지만 철학하는 사유에 의해 새삼스럽게 주제적으로 사유되지 않는 것이 조작적 개념이다. 이것은 말하자면 사유의 그늘이라고 할 만한 것으로서, 사유는 이러한 사고되지 않은 그늘로 된 개념에서 생산적인 비약을 성취하는 것이며, 거기에 사유의 본질적 사태가 숨어 있다. 철학을 한다는 것은 이러한 두 개념의 긴장된 대립을 깊이 생각하는 것인바, 후설의 현상학에서는 특히 이 점이 타당하다고 그는 말한다. 현상, 구성, 에포케, 수행, 초월론적 논리학의 개념은 후설에게서 주제적으로 해명되고 있는 이상으로 훨씬 더 조작적으로 사용되고 있는데, 그것들이 미해결의 문제로서 남아 있다. ☞ ㊀핑크

—치다 요시테루(千田義光)

조정 措定 ⇨ ㊅정립

조화적 일치 調和的一致 [(독) Einstimmigkeit; Übereinstimmung]

후설 현상학에서의 용어. 사물과 세계에 대한 경험이 모순과 부조화(Unstimmigkeit)에 의해 중단된다든지 함이 없이 조화롭게(einstimmig) 진행되는 경우에 해당 경험은 "조화적 일치"(Einstimmigkeit)를 유지한다고 말해진다[Ideen Ⅰ 287, 317f., Hu **7**. 117, FTL 242, Krisis §47 참조]. 후설에게서 사물과 세계는 조화적 일치를 유지하면서 그것들을 계속해서 부여하는 경험 진행의 상관자이다. 예를 들면 사물을 부여하는 외적 경험은 결코 완전하게는 될 수 없지만, 그것이 조화적 일치를 계속 유지하는 한에서 지금까지의 경과에 동기지어져 미리 밑그림이 그려지고 예취된 지평에 기초함으로써 해당 사물은 단적으로 거기에 존재하는 것으로서 주어진다. 그러나 경험의 부조화와 착란에 의해 조화적 일치가 단절되면 해당 사물은 의심스럽게 된다든지 가상에 빠져 비존재의 성격을 받아들이게 된다든지 할 수 있으며, 또한 때로는 더 나아가 그 가상이 수정(Korrektur)에 의해 해소되는 일도 일어날 수 있는 것이다. 그러나 세계 경험의 경우에는 이와는 다소 사정이 다르다. 세계는 사물 지각과 그 밖의 우리의 경험들의 외적 지평으로서 주어지지만, 그러한 경험들의 조화적 경과가 예를 들어 중단되는 일이 있다 하더라도 세계에 대한 전체적 지각은 수정을 통해 **끊임이 없이 조화적 일치가 유지된다**. 이리하여 세계는 모든 경험의 지평, 보편적 지반으로서 끊임없이 계속해서 타당한 것이다[Krisis §47 참조]. 환원의 데카르트적 길에서의 세계 무화 시도에 있어서는 이와 같은 세계 경험의 조화적 경과는 단지 상대적이고 경험적인 필연성을 지니는 데 지나지 않는 것으로 생각되었지만[Hu **8**. 46-68. Ideen Ⅰ §49 참조], 만년에 들어섬에 따라 오히려 경험들의 조화적 경과에 기초하여 **언제나 이미 앞서 주어져 있는 세계의 보편적 지반**으로서의 성격이 점차로 강조되게 되었다고 말할 수 있을 것이다. ☞ ㊅세계, 지반, 지평

—사카키바라 데쓰야(榊原哲也)

존재存在 [(독) das Sein (불) l'être (영) being]

있는 것 · 존재자(das Seiende)에 대해서는 그것이 있다 · 그것은 ~이다 · ~에 있다 등으로 말할 수 있지만, 있음 · 있다고 하는 것 · 존재에 대해서는 존재자에 대해서 있다고 말하는 것과 동일한 표현을 할 수 없다. 따라서 존재는 '주어져 있다'(es gibt)라는 표현밖에 할 수 없다. 실제로 『존재와 시간』에서는 존재, 시간, 진리에 관해서는 존재자가 아닌 사태로서 '주어져 있다'라는 표현을 하고 있다. 존재는 존재자와 같은 것이 아니다. 그렇다면 존재자가 아닌 존재는 도대체 어디에 존재하는 것일까?

존재자는 그 하나의 현존재, 즉 인간의 교섭 상대방이기 때문에, 넓은 의미의 경험에서 만나게 되는 사물과 사람과 일, 사태를 가리킨다. 존재자는 하나하나로서나 전체로서 그것의 있음 · 무엇이고 어떻게 있는가라는 것이 명백하게 파악되어 있는 상태, 즉 존재론적(ontologisch, ontological)으로 이해된 상태는 아니라 하더라도 현존재의 상대방이다. 일상적으로는 막연하고 애매한 이해에서 우리는 존재자의 존재를 이미 심득하고 있다. 직업과 취미 그리고 관심과 흥미 등에 따라 우리는 어떤 종류의 존재자의 존재 · 존재방식에 정통한다든지 숙지한다든지 하고 있지만, 그것 이외에는 존재자와의 교섭, 즉 존재(자)적인(ontisch, ontic) 태도는 해당 존재자의 특유한 존재에 대해 막연한 이해에 기초하더라도 지장이 없는 것이다.

인간은 존재자의 하나이며, 많은 존재자와 마찬가지로 다른 존재자에 대해 존재(자)적인 교섭 · 경험을 행한다. 그러나 인간은 상대방으로 되는 존재자의 존재—그것의 있음 · 있다고 하는 것 · 그것이 무엇이고 어떻게 있으며 무엇을 위해 있고 어떤 까닭에 있고 무엇으로 되는가— 등에 대해 가르쳐지거나 습득하여 이미 잘 알고 있든가 더 나아가 배워 알 수 있든가 하는바, 어쨌든 '존재이해'(Seinsverständnis)를 이미 소유하고 있다는 것이 그의 특질을 이룬다. 즉 인간, 즉 현존재(Dasein)의 존재방식은 존재자에 관계하는 태도(ontisch)뿐만 아니라 존재자를 존재자로서 규정하는 가능성과 본성으로서의 존재에 관한—막연하게 알고 있을 수도 있고 전문이나 분업에 의해 이해방식에 섬세함과 거침이 있을 수도 있다—태도(ontologisch)도 포함한다. 따라서 현존재의 특질은 존재자로서 존재자에게로 향함과 동시에, 존재자를 성립시키는 본성이나 가능성, 즉 존재로 향하는 경향을 지닌다는 점에서 존재(자)적-존재론적(ontisch-ontologisch)이라고 불릴 수 있다.

인간은 존재자의 하나로서 존재자에 둘러싸여 있지만, 존재자가 존재자로서 있다는 것은 어떠한 것인가라고 묻는 것에서 존재자와 존재자가 아닌 존재 사이의 차이를 보고 있는 것이다. 『존재와 시간』의 집필을 중단한 후 이 차이는 '존재론적 차이'(die ontologische Differenz)로서 강의에서 처음으로 술어화되었다. 이 차이에 충실하여 인간과 인간의 세계를 다시 보는 것, 즉 존재자가 아닌 존재의 참된 모습을 향하여 아직 아무도 걸어가지 않은 숲길(Holzwege)의 좁은 길을 걸어가는 것이 하이데거의 『존재와 시간』 이후의 사유인 것이다. ☞ ㉯존재론적 차이, 존재이해, 현존재 ㉤하이데거, ㉥존재와 시간

—가야노 요시오(茅野良男)

㊟ 茅野良男, 『實存主義入門』, 講談社, 1968, [42]1993. 茅野良男, 『ハイデガー』, 講談社, 1984, [2]1989. 茅野良男, 『中期ハイデガーの思索と轉回』, 創文社, 1985.

존재론/인식론存在論/認識論 [(독) Ontologie/Erkenntnistheorie]

존재론이란 대체로 무언가의 의미에서 존재하는 것 일반에 대한 인식, 학에 대한 명칭이며, 그런 의미에서 '제일철학'이라고 불리고 있었다. 신학 · 우주론 · 심리학과 같은 특수 형이상학에 대비하여 존재 일반을 다룬다는 의미에서 일반 형이상학이라고도 불린다. 인식론은 인간의 인식 능력에 대한 검토를 통해 철학의 한 분야로서의 입장을 근대에 획득했다.

후설은 '무엇을 알 수 있는가'라는 물음이 아니라 지향적 구조를 지니는 것으로서의 순수 의식의 일반적 구조를 분석함으로써 '어떻게' 인식하는지를 밝혔다. 즉 의식의 노에시스 · 노에마적 구조를 밝히는 것에

의해 의식작용과 의식대상의 상관구조를 해명했던 것이다. 초월론적 현상학적 에포케에 의해 순수 의식의 본질학이 확립되며, 그에 의해 존재론도 가능적인 진리의 선험적인 조건을 밝히는 형식적 존재론(형식논리학)과 '사물 일반의 현상학적 구성'의 문제를 다루는 질료적 존재론으로서의 영역적 존재론으로 나누어진다. 그것은 더 나아가 '자연 일반', '심적 자연', '정신적 세계'의 셋으로 나누어진다.

하이데거에게서는 한층 더 명료한바, 인간적 인식에 정위한 종래의 서양 형이상학의 전통을 파괴하기 위해서는 존재에 정위하여 바로 존재의 목소리를 진지하게 청취해야만 한다. 존재의 의미를 열어 밝히는 존재론만이 철학이라고 생각되는 것이다. ☞㉶영역적 존재론, 형식적 존재론/질료적 존재론

—혼마 겐지(本間謙二)

존재론적 차이 存在論的差異 [(독) die ontologische Differenz]

하이데거는 1926년에 완성된『존재와 시간』전반부에서 존재자와 존재 및 존재의 의미를 구별하여 논의했다. 다음 해 여름학기 강의, 즉「현상학의 근본문제들」에서 비로소 이 구별을 '존재론적 차이'로서 명시했다. 나아가 그 다음 해인 28년, 마르부르크에서의 최종 강의에서 설명을 부연했으며, 또 그 다음 해인 29년, 후설에게 헌정된 논문집에 대한 기고「근거의 본질에 대하여」에서 활자로서는 처음으로 이것을 공표했다.

『존재와 시간』전반부는 존재이해를 지니는 현존재의 존재(실존 내지 조르게)를 그 의미(시간성)로부터 다시 해석하는 실존의 분석론이며, 기초존재론이라고도 불린다. 이 경우 존재란 진정한 의미에서의 현상과 동일한바, 자기에 있어 자기를 나타내는 것, 존재자의 의미이자 근거인 것, 존재자를 바로 그 존재자이게끔 하는 특유한 본성과 가능성이다. 존재자의 특유한 존재가 망각되고 감춰지며 은폐되는 것은 현존재가 대개는 자기 주변의 존재자에게 마음을 빼앗겨 존재자의 의미이자 근거인 존재에 눈을 돌리지 않기 때문이다. 따라서 존재는 겉보기와 기만에 거슬러서 은폐와 차폐를 파괴하고 해체함으로써 획득되지 않으면 안 된다. 그러나 현존재가 존재자와 교섭하고 관계를 유지할 수 있는 것은 예를 들어 명확하게 존재를 이해하고 있는 상태(ontologisch 존재론적)가 아니더라도 막연하게나마 그 존재가 알려져 있기(vorontologisch 전존재론적) 때문이다. 만약 그렇다고 한다면, 우리 현존재가 지니는 전존재론적인 존재이해의 근원으로 파고들어감으로써 존재자의 의미, 존재자의 근거로서의 존재가 명백해지고 존재자에 대한 존재의 구별 · 차이도 명확해지는 것은 아닐까?

『존재와 시간』전반부에서는 전통적 · 지배적인 존재이해가 존재 일반의 의미를 '손앞에 있는 것'(객체존재성; Vorhandenheit)과 등치시키고 있다고 주장한다. 그러나 존재는 그것에 한정되지 않는바, 도구의 그것과 같은 '손이 미치는 범위에 있는 것'(도구존재성; Zuhandenheit)이자 관계와 의미형상 등이 나타내는 '존립'(Bestand)이고, 살아 있는 존재자의 '생명'(Leben)이자 이러한 일체의 존재자의 '존재'를 이해하고 있는 현존재의 '존재'이며, 현존재의 '존재' 의미로서의 시간성, 그 시숙에 수반하는 세계, 나아가서는 진리 등의 <존재>이고, 좀 더 말하면 신의 <존재>이자 이러한 일체의 <존재의 존재>이다. 현존재의 '존재', 즉 실존 내지 조르게에서는 이러한 일체의 '존재' · <존재> · <존재의 존재>가 비록 막연하여 전존재론적이긴 하더라도 이미 이해되고 있는 것이 아니면 안 된다. 그런 까닭에 간행되지 않은『존재와 시간』후반부에서는 존재의 이러한 가능성들과 파생태들, 즉 존재의 <차이>의 다양과 이러한 <차이>의 연원으로서의 존재의 <동일>의 통일이 '시간'이라는 의미근거로부터 설명될 수 있어야만 했을 것이다.

『존재와 시간』의 하이데거의 사유가 '존재의 의미'에 대한 물음이었다고 한다면, 그 이후의 하이데거의 사유는 존재자이지 않은 존재의 참된 모습에 대한 물음에로, 그리고 존재의 참된 모습의 소재에 대한 물음에로 변전된다. 그 변전은 무엇보다도 우선 초기의 '존재론적 차이' 그 자체를 뒷받침하는 존재이해의 이념이 변전될 수밖에 없었던 데서 기인한다. ☞㉶기

초존재론

—가야노 요시오(茅野良男)

참 茅野良男, 『中期ハイデガーの思索と轉回』, 創文社, 1985.

존재망각 存在忘却 [(독) Seinsvergessenheit]

'존재'에 대해 인간이 어떻게 관계하고 또한 '존재'가 어떻게 인간에 대해 개시되는지를 특징짓기 위해 하이데거가 사용하는 개념. 존재망각이란 우선 첫째로, 존재에 대한 철학적인 물음이 서양 철학사상 특히 근대로부터 현대에 걸쳐 그 마땅한 모습으로 제기되지 못했다는 의미에서의 망각인바[SZ 3, 29f.], 『존재와 시간』의 현상학은 이러한 존재망각의 한가운데에 은폐되어 있는 '존재'를 '현상'으로서 나타나게 하기 위한 존재론의 방법이다[같은 책 47f.]. 그러나 존재망각은 이와 같은 존재론이라는 학문에서만 발생하는 특수한 인간의 존재방식만을 말하는 것이 아니다. 존재망각은 둘째로, 인간의 일상적인 존재이해의 한복판에서도 확인되는 것인바, '퇴락'(Verfallen)한 비본래적인 현존재가 자기의 '존재'를 보지 못하고서 스스로에 대해 폐쇄되어 있는 사태가 오히려 존재론적인 존재망각의 실존적인 뿌리를 이루고 있는 것이다[SZ 173, WM 332]. 후기의 하이데거는 이러한 생각을 좀 더 진전시켜 셋째로, 존재망각이 인간 측에 놓여 있는 특정한 자의와 잘못에 의해 발생하는 것과 같은 것이 아니라, 존재가 존재자를 밝힘에로 내보냄으로써 동시에 스스로를 은폐한다고 하는, 존재의 본질적인 구조에 속하는 것이라고 간주하고, 바로 이것이 서양 형이상학의 존재망각의 역사를 생성시키고 있는 것이라고 생각하기에 이른다[BP 113f., HW 263f., 364]. ☞ ㉮본래성/비본래성, 생기, 존재물음, 존재사, 형이상학

—가토와키 슌스케(門脇俊介)

존재명제 存在命題 ⇨㉮존재판단{존재명제}

존재물음 存在— [(독) Seinsfrage]

하이데거 철학 전체를 관통하는 철학적 문제. 주저 『존재와 시간』은 고대 그리스 이래의 서양 철학의 골격을 이루어온 이 물음을 새롭게 다시 설정하면서 "존재의 의미에 대한 물음"으로서 구체적으로 다듬어 낼 것을 목표로 한다[SZ 1]. 이 물음이 새삼스럽게 재고되어야만 하는 것은 서양 철학의 전통 속에서 존재 개념이 자명하고 공허한 것으로 되고 있음에도 불구하고, 과학들의 기초 개념이 존재론적으로 명료하게 될 것이 요구되는(존재물음의 존재론적 우위)[SZ §3] 동시에, 현존재로서의 우리가 자기 자신과 다른 존재자의 존재를 끊임없이 염려하고 있는 특수한 존재자이기 때문이다(존재물음의 존재적 우위)[SZ §4]. 이러한 물음의 형식적인 구조에서 보면 '물어지고 있는 것'(das Gefragte)은 존재자를 존재자이게 하는 '존재'이며, 이렇듯 물어지고 있는 것에 관해 본래 물음이 목표로 하는 '물어 밝혀져야만 하는 것'(das Erfragte)은 '존재의 의미'이다. 나아가 '물음이 걸려 있는 것'(das Befragte)으로서 이와 같은 물음이 범례로서 다루어야만 하는 것은 바로 존재를 이해하고 염려하고 있는 현존재인 것이다[SZ §2]. 후기 하이데거에서도 존재물음은 일관되게 물어지는데, 이 물음은 한편으로 존재를 존재로서가 아니라 '존재자성'(Seiendheit)으로서만 문제로 삼아온 서양 형이상학의 역사를 나타내는 것이기도 하지만, 다른 한편으로는 이와 같은 형이상학을 벗어나가는 하이데거 자신의 '근원존재(Seyn)의 진리에 대한 물음'이기도 하듯이 이중의 성격을 지닌다[BP 424ff.]. ☞ ㉮존재, 존재의미, 현존재, ㉶하이데거, ㉹니체 강의, 존재와 시간

—가토와키 슌스케(門脇俊介)

존재사 存在史 [(독) Seinsgeschichte; Geschichte des Seins]

하이데거의 존재에 대한 물음은 그 물음의 실마리인 현존재가 본질적으로 역사적 존재라는 이유에서도, 그리고 또한 존재론적 전통과의 대결이 불가피하다는 이유에서도 역사적 성격을 지닐 수밖에 없다[SZ 28].

다만 이와 같은 존재론의 역사성은 다만 인간의 사상의 다양한 시도와 착오가 과거로부터 현재에 걸쳐 누적된 것인바, 가장 진보한 현재의 입장에서 조감하여 초극할 수 있는 것으로 간주할 수는 없다고 후기(1930년대 후반 이후의) 하이데거는 생각하게 된다. 존재론의 역사인 '서양 형이상학'의 역사는 존재가 존재자와의 대비에서 일종의 '존재자성'(Seiendheit)으로서만 규정되어온 인간의 '존재망각'의 역사지만[BP 424ff., HW 177], 다른 한편으로 이 존재망각의 근거는 존재 스스로가 존재자를 밝힘에로 내보내면서 자기를 은폐하는 방식으로 자기를 역사적으로 보내버리는(schicken) 존재의 '역사적 운명'(Geschick, 역운)에 있기 때문이다[『근거율』 제5판 109]. 서양 형이상학의 역사는 플라톤으로부터 니체에 이르기까지 그 각 시대(Epoche)가 이러한 역사적 운명에 의해 각인된 '존재사'인 것이다. 예를 들면 근대 철학은 단순한 인식론의 철학이 아니라 존재자의 존재를 인간 주체에 의해 파악 가능한 '대상성'에로 한정한다는 점에서 존재의 자기 은폐 역사의 일각을 형성하는 것이며, 나아가 이와 같은 주체에 의한 존재지배를 철저하게 함으로써 존재망각으로서의 서양 형이상학을 완성한 사람이 니체인 것이다[N II 192, 239]. ☞㊔생기, 역사적 운명, 존재망각, 형이상학

—가토와키 슌스케(門脇俊介)

존재시성 存在時性 [(독) Temporalität] ⇨㊔시간

존재의미 存在意味 [(독) Seinssinn]

『존재와 시간』에서의 하이데거의 존재에 대한 물음은 존재의 **의미**에 대한 물음이다. 이 점은 『존재와 시간』의 기초존재론이 인간의 존재이해로부터 존재를 묻는 것에서 유래한다. 존재에 대한 물음도 인간의 지적 활동의 하나인 이상, 그에 대한 대답은 어떠한 방식으로 '존재'가 우리에게 있어 이해될 수 있는가 하는 점으로 수렴하지 않을 수 없다. 본래 하이데거에게 있어 '의미'(Sinn)란 "그로부터 어떤 것이 어떤 것으로서 이해될 수 있게 되는 기투의 기반(또는 목적)(Woraufhin)"[SZ 201]이다. 예를 들어 어떤 도구를 하나의 도구로서 사용하기(요컨대 이해할 수 있기) 위해서는 그 도구의 용도나 그에 의해 성취되는 행위의 목적이 미리 개략적으로라도 이해되어 있지 않으면 안 된다. 이와 같은 미리 이해된 내용이 '의미'인 것이다. 그렇다면 **존재**의 의미는 어떻게 이해되는 것인가? 그것은 아리스토텔레스나 칸트에서 '시간성'(Temporalität, 존재시성)으로서 파악되고 있었다고 하이데거는 생각하며[SZ §5], 그 자신도 존재의 의미를 시간성이라고 하는 방향을 취한다. 다만 『존재와 시간』에서는 **현존재**의 존재의 존재론적인 의미가 '도래(Zukunft), 기재(Gewesenheit), 현재(Gegenwärtigen)'라는 시간성(Zeitlichkeit)에 기초하여 밝혀졌을 뿐인바[SZ §65], 존재 일반의 의미를 시간으로부터 해명하는 시도는 실질적으로는 수행되지 못했다[그 시도의 일단에 관해서는 GP 321 이하를 참조]. ☞㊔시간, 이해, 존재, 존재물음, 존재이해, ㊖존재와 시간

—가토와키 슌스케(門脇俊介)

존재의 움푹한 곳/존재의 구멍 存在—/存在— [(불) creux d'Être/trou d'Être]

'존재의 구멍'이라는 말은 헤겔의 것으로서 사르트르와 메를로-퐁티가 사용하는 은유이다. 사르트르에게 있어 의식은 무이며, "대자는 '존재'의 품속에서 존재의 하나의 구멍으로서 존재한다"[EN 711]. 즉자존재에 얽히게 되는 경향이 있는 의식은 그 압박을 피해 자유를 확보하고자 하여 존재에 구멍을 여는 것이다[같은 책 193, 704ff., 706]. 메를로-퐁티는 사르트르와는 달리 의식의 수동적 발생을 중시하여 사르트르보다도 더 실존의 세계 내 속성을 강조했다. 그는 『행동의 구조』에서 환경세계로부터의 의식의 발생 과정을 '혼합적癒合的', '가환적可換的', '상징적'의 세 단계로 나누어 기술한 후, 의식은 "존재에서의 구멍이 아니라 다만 움푹한 곳일 뿐이다"라고 말한다[SC 136-137]. 나아가 의식은 "존재에서의 구멍이 아니라 움푹한 곳이며 주

름이다"[PP 249, VI 249], 또는 "존재의 충실 속에서 부단히 창조되는 입 벌림"[PP 229]과 같은 표현으로 의식의 부정성이 일거에 세계 밖으로 나가는 부정성이 아니라 세계에 내속하는 그것이라는 것을 지적함으로써 사르트르의 부정주의를 비판한다.

—시미즈 마코토(清水 誠)

존재의 주름 存在— [(불) pli d'Être]

메를로-퐁티의 용어로서 '존재의 움푹한 곳(creux)'이나 '존재의 갈라진 틈(fissure)'과 같은 유사한 표현들과 더불어 '존재의 구멍(trou)'에 대치된다. 사르트르의 『존재와 무』의 이원적 철학에서 의식은 '존재의 무', '존재의 구멍'(EN 121, 193]으로서 파악되지만, 메를로-퐁티는 '보이는 것과 보이지 않는 것'의 양의적 관계에 정위하여 부정적인 것(보이지 않는 것) 일반을 존재에 대한 절대적인 비존재로서가 아니라 존재 속에 파묻혀 있는 움푹한 곳, 보이지 않는 주름이나 이면으로서 파악하고자 한다. 예를 들면 의식과 주관이라는 보이지 않는 것은 충실한 즉자존재로 가득 채워지면서도 그것으로부터 끊임없이 달아나버리는 무로서의 대자가 아니라, 주관이 그것을 통해 세계에 거주하며 세계에 열리는 바의 간극, 즉 보이는 것의 차원이 그로부터 열려 있는 가시성의 영점으로서의 보는 자이다. "나는 헤겔의 말에 따르면 <존재에서의 구멍>이 아니라 움푹한 곳, 주름이며"[PP 249], 관념론적 내재에 있어 대신하는 것은 "원리적으로 외부를 지니는 존재의 주름 내지 움푹한 곳이다"[VI 281]. 마찬가지로 이념과 본질이라는 보이지 않는 것은 감각적인 것을 넘어선 가지적인 것, 순수한 동시에 능동적인 산출태가 아니라 "보이는 것에서의 움푹한 곳, 수동성에서의 주름이다"[VI 289]. 주름과 움푹한 곳이라는 용어는 사물의 배면과 같은 은폐되어 보이지 않는 것뿐만 아니라 주관과 이념과 같은 자체적으로 보이지 않는 것도 감각적인 육성肉性 속에서 태어나 세계에 내속하면서 열려 있다고 하는 것을 말하고자 하고 있는 것이다. ☞ ㊕존재의 움푹한 곳/존재의 구멍, ㊗보이는 것과 보이지 않는 것

—시노 겐지(篠 憲二)

존재이해 存在理解 [(독) Seinsverständnis]

『존재와 시간』 시기를 중심으로 하는 하이데거의 용어. 인간은 통상적으로 여러 가지 것들을 이용한다든지 무언가에 대해 말한다든지 할 때, 나아가서는 좀 더 고차적인 지적 활동을 행할 때에 막연하게나마 '존재'라는 것을 알고 있다. 예를 들어 도구를 사용할 때에는 그 도구가 무언가의 용도로 향해 있는 것이라는 점(도구존재성)을 지적으로는 아니라 하더라도 그것을 잘 사용함으로써 실천적으로 알고 있는 것이어서, '유적이 있다'고 말할 때에는 현실존재로서의 존재가 이해되고 있다. 이와 같이 인간 활동의 모든 국면에서 발견되는 존재에 대한 관계를 '존재이해'라고 말하는데, 이 점에 다른 존재자에 대한 인간의 두드러진 우위가 존재한다고 주장된다. 『존재와 시간』의 기초존재론은 이와 같은 인간의 통상적인 전존재론적인 이해를 실마리로 하여 이와 같은 이해의 구조를 존재론적으로 해명함으로써 '존재'에 대한 물음으로 향하는 것이다 [SZ 16ff.]. 또한 이 물음은 존재이해가 역사적으로 전승된 존재론의 전통에 제약되어 있는 이상, 존재론의 역사에 대한 비판적 검토(현상학적 해체)를 포함하지 않을 수 없다. 존재이해는 넓은 의미에서는 '정황성(Befindlichkeit)', '이해', '말'을 포함하여 현존재에서의 존재의 개시태 일반을 가리키지만, 좁은 의미에서는 자기와 사물의 가능성들에 대한 '기투'로서의 **이해**라는 개시태를 의미한다. 어느 경우이든 '시간성'을 기초로 하여 존재이해가 주어지게 된다. 『존재와 시간』에서는 존재이해가 기능하고 있는 경우에만 '존재가 주어진다'와 같은 표현으로 존재이해에 대한 존재의 의존성이 시사되고 있었지만[SZ 304], 이러한 논점은 후기의 하이데거에서는 명확히 수정된다[N Ⅱ 292, BP 455]. ☞ ㊕개시성, 시간, 이해, 존재, 현상학적 해체, ㊗존재와 시간

—가토와키 슌스케(門脇俊介)

존재자 存在者 [(독) Seiendes] ⇨[사]존재, 존재론적 차이

존재적/존재론적 存在的/存在論的 [(독) ontisch/ontologisch] ⇨ [사]존재론적 차이

존재정립 存在定立 [(독) Seinssetzung]

인식 대상이 된 개개의 사물이나 사건은 어떤 특정한 존재양태에서 인식되지만, 그와 같은 존재양태를 정립하는 주관 측에서의 지향적 활동을 '존재정립'이라고 말한다.

예를 들면 '화성에는 지능을 지닌 생물이 존재한다'라는 하나의 사태가 어떤 경우에는 단적으로 그렇게 표상될 수 있는가 하면, 다른 경우에는 '화성에는 지능을 지닌 생물이 존재하지는 않을 것이다'와 같은 의문이나 의혹의 대상이 될 수도 있다. 그러한 차이들은 인식 내용 측에서의 '~는 가능하다', '~는 의문이다', '~는 확실할지도 모른다', '~는 의심스럽다'와 같은 양태의 차이로 된다. 이것은 『이념들 Ⅰ』에서의 노에시스-노에마론에서 '정립성격'(die thetischen Charaktere)이라든가 '존재정립'과 같은 지향작용의 본질적 구성계기로서 상세하게 분석되게 된다. 노에시스에는 각각의 대상의 존재를 각각의 방식으로 정립(setzen)하는 계기가 있으며, 그와 같은 특성을 '정립성격'이라든가 존재에 대한 신념이라는 의미에서 '신빙(doxisch)성격'이라고 부른다. 그러한 '정립'의 원형이 좁은 의미의 '존재-정립' 내지는 '존재-신념'이며, '근원적 독사'(Urdoxa)라고 불린다. 지향작용에는 어느 것에든 그것에 대응한 정립성격이 있으며, 더욱이 그것들은 이러한 존재-신념의 원형적 신빙성격의 변양체(Modalisierung)라는 것이다. 노에시스 측에서의 '신념성격' 내지는 '정립성격'과 노에마 측에서의 '존재 성격'은 상관관계를 이룬다. 그러한 상관관계에 초점을 맞추면서 다양한 양태를 분류하면 다음의 표와 같이 된다.

노에시스	노에마
'신념(신빙)성격'	'존재양태'
(A) '본래적 정립성격' 근원신념, 근원적 독사	(A) 본래적 존재양태
① 지각(신념) (Wahrnehmungsglaube)	① 현실적-존재 (wirklich-seiend)
(α) '정립적(positional) 의식'	
② 추찰 (Anmutung)	② 가능적-존재 (möglich-seiend)
③ 추측 (Vermutung)	③ 개연적-존재 (wahrscheinlich-seiend)
④ 의문 (Frage)	④ 의문적-존재 (fraglich-seiend)
⑤ 의혹 (Zweifel)	⑤ 의심스러운-존재 (zweifelhaft-seiend)
⑥ 부정 (Negation)	⑥ 부정적-존재 (nichtig-seiend)
(β) '중립성 변양' (Neutralitätsmodifikation) ……존재정립이 무효로 되는 경우……	
⑦ 상상 =<중성화된, 요컨대 존재정립이 무효가 된 기억>	⑦ '단지 마음속에 떠올릴 뿐인 것'
(B) 시간화(Zeitigung) 성격	(B) 시간양태(Zeitsmodi)
(ⅰ) 현재화 (Gegenwärtigung)	
⑧ 근원인상 (Urimpression)	⑧ 현존재-존재 (gegenwärtig-seiend)
⑨ 과거파지 (Retention)	⑨ 이미 존재하지 않는 (방금 존재한) (nicht-mehr/soeben-gewesen)
⑩ 미래파지 (Protention)	⑩ 아직 존재하지 않는 (바로 다가올) (noch-nicht/das Kommende)
(ⅱ) 준현재화 (Vergegenwärtigung)	
⑪ 상기 (Rück-Erinnerung)	⑪ 이미 지나가 버린 (vergangen-seiend)
⑫ 예기 (Vorerinnerung)	⑫ 장래적으로-존재하는 (künftig-seiend)

—미야하라 이사무(宮原 勇)

존재판단存在判斷{**존재명제**存在命題} [(독) Existenzialurteil; Existenzialsatz]

'A가 있다'(Es gibt A), 'A는 없다'와 같은 무주어명제(subjektloser Satz) 형식의 판단. 브렌타노는 이러한 형식의 판단을 가장 기본적인 것으로 간주하고, 정언적, 가언적, 선언적 등 모든 형식의 판단은 존재판단으로 환원될 수 있다고 주장했다[『경험적 입장에서의 심리학』 II 60, 193]. 이와 같은 주장의 기초가 된 것은 판단의 본질을 승인·거부라는 지향성에서 발견한 판단의 '태도결정설'이다. 더 나아가 'A가 있다'라고 판단하는 경우 A 자신이 승인되고 있는 것이지 'A의 존재'가 승인되는 것은 아니다. 또는 A를 승인하는 것과 'A의 존재'를 승인하는 것은 동일한 것인바, '존재'는 내용으로서는 판단에 아무것도 부가하지 않는 것이다. 전기의 브렌타노는 판단의 진위 개념의 이해를 위해 'A의 존재', 'A의 비존재'와 같은 사태의 존재를 인정했지만, 후기에는 그와 같은 것은 전적으로 부정되며, '올바르게 승인하는 자', '올바르게 거부하는 자'가 진위의 기본 개념이 되었다[『도덕적 인식의 원천에 대하여』 59ff.]. 이 점에서 브렌타노의 판단론은 마이농 등의 그것과는 달리 **비명제적인** 태도결정설의 선구자가 된다. 나아가 후기의 브렌타노는 존재판단을 단순한 것과 복합적인 것으로 나누어, 반드시 모든 판단이 단순한 존재판단으로 환원될 수 있는 것은 아니라고 생각하게 되었다. 예를 들면 'S는 P이다(가 아니다)'라는 문장에서 S의 승인에 더하여 그 S에 P라는 성질을 인정한다든지(zusprechen) 거부한다든지(absprechen) 한다고 이해하지 않으면 안 되는 경우도 있다고 주장되는 것이다. 이러한 사고방식은 마르티의 '이중판단론'에 의해 한층 더 전개되었다. ☞ ㊕승인/거부, 판단, 판단론

—무라타 준이치(村田純一)

존재 피구속성存在被拘束性 [(독) Seinsgebundenheit]

만하임(Karl Mannheim 1893-1947)의 용어. 지식이 사회적 상황에 의해 규정된다는 사고방식. 이러한 발상은 의식이 상호작용을 통해 존재에 제약된다고 주장한 맑스(Karl Marx 1818-83)의 사상을 배경에 지닌다. 또한 그것은 셸러의 사상을 실재적 인자와 이념적 인자의 '상호작용'(Zusammenwirken)으로부터 '구속성'에로 다시 파악함으로써 발전적으로 계승한다. 이러한 선구자들에 대비하여 만하임의 공적은 <구속성의 분석 장치>가 좀 더 정치하게 되는 점에 있다. 그에 의하면 맑스의 이데올로기론은 심리적 차원에서의 주장의 일부에 그치지 않는바(전체적 이데올로기), 자신의 의식 자체도 존재에 의해 규정된다(보편적 이데올로기)고 자리매김 된다. 만하임은 이로부터 더 나아가 평가적 태도까지 존재에 구속되어 있다(평가적 이데올로기)고 분석을 전개한다. 이상과 같은 짜임새는 초기 만하임의 구조론적 태도, 즉 "부분들을 고립된 것이 아니라 좀 더 커다란 전체 속에서 파악한다"는 발상에서 출발한다. 이러한 존재 피구속성에 대해 만하임은 그에 대한 자각의 심화를 통해 존재에 의한 제약으로부터 자기의 의식을 해방할 가능성이 증대된다고 생각했다. ☞ ㊕지식사회학, ㊙셸러

—구키 가즈토(九鬼一人)

㊟ K. Mannheim, *Ideologie und Utopie*, 1929(高橋徹·德永恂 譯, 『イデオロギーとユートピア』, 中央公論社, 1979). K. Marx, F. Engels, *Die deutsche Ideologie*, 1845-46(廣松涉 編譯, 『ドイツ・イデオロギー』, 河出書房新社, 1974).

종種{**스페치에스**} [(라) species (독) Spezies; Art]

species라는 라틴어 명사는 본래 '보다'(specire)라는 동사에서 유래하는 것으로서 '시각', '외관' 등을 의미했지만, 그리하여 일정한 외관이 속하는 특수한 사물로서의 '종'도 의미하게 되고, 곧 이어 철학에서 그리스어인 εἶδος에 대한 라틴어 번역으로서 관례적으로 사용되었다. 물론 εἶδος는 '질료'(ὕλη, materia)와의 관련에서는 '형상'(forma)으로 번역되었지만, '유類'(γέν ος, genus)와의 관련에서는 '종'으로 번역되었다. 예를 들면 '인간은 이성적 동물이다'라고 정의하는 경우 인간이라는 εἶδος는 동물을 질료로 보면 형상이지만, 동물을 유로 보면 종이다[아리스토텔레스, 『형이상학』 제10권 제8장]. 그리고 "종에서 서로 다른 것들은 동일한 유 속에 있지만"[같은 책 1057 b37], 종의 형상적 존재방식에 주목하여 다수의 상이한 개물이 동일한 종에 포괄된다고 생각할 수도 있다. 그런 까닭에 후설은 『논리연구』에서 '의미'를 스페치에스 속에 위치하게 했던 것이다.

종은 유의 일반성에 비하면 개별성을 지니지만, 단순한 감각적, 경험적인 개별자가 아니라 다수의 다양한 개물을 포괄하는 "다양성 속에 단일성"[LU Ⅱ/1 102]인바, 실재적인 감각적 경험의 차원을 넘어섬으로써 말하자면 "이념적 개별자"[LU Ⅰ 173]라고도 불러야 할 것이다. 마찬가지로 후설은 표현의 <의미>에 대해서도 또한 표현에 의미를 부여하는 주관의 '의미작용'(Bedeuten)은 동요하더라도 '의미'(Bedeutung) 그 자체는 변화하지 않고 '이념적 통일성'을 보존한다고 생각하고 이것을 "종의 동일성"이라고 불렀다[Ⅱ/1 100]. 예를 들면 종으로서의 <빨강>은 한 장의 빨간 종이 속에 자기의 "개별적 사례"(Einzelfall)를 소유하지만, 종 그 자체는 이 종이 속에서 그리고 또한 세계의 어디에서도 현실적으로 실재하지 않는다[같은 책 101]. 따라서 이러한 맥락에서는 종을 <유>와 구별하는 것이 그다지 중요하지 않은바, 후설 자신도 '종적 의미'보다는 '유적 의미' 쪽이 말로서 이해하기 쉽다고 말하고[같은 책 103] 자주 후자의 표현을 사용하기도 한다. ☞ ㉧추상

—마쓰이 요시카즈(松井良和)

㊟ E. Levinas, *La théorie de l'intuition dans la phénoménologie de Husserl*, 4e éd., Paris, 1978(佐藤眞理人・桑野耕三 譯, 『フッサール現象學の眞理理論』, 法政大學出版局, 1991).

종교학과 현상학 宗敎學─現象學

종교학은 요아힘 바흐(Joachim Wach)의 광범위한 분류에 따르면 규범적인(normative) 성격을 지니는 신학・종교철학과 객관적이고 기술적인(descriptive) 성격을 지니는 다양한 실증적 학문들로 나누어진다. 이 가운데 '종교학'(Religionswissenschaft)을 종교의 객관적이고 기술적인 연구를 수행하는 것으로서 좁게 규정하고 규범적인 성격을 지닌 철학적・신학적 연구로부터 독립시킨 것이 막스 뮐러이다. 신학과 종교철학으로부터 종교학이 독립함과 더불어 곧바로 종교의 다양한 실증적 연구가 생겨나 종교사학, 종교인류학, 종교사회학, 종교심리학 등의 분야들이 성립하기에 이르렀다. 종교현상학은 그러한 실증적 학문들 중에서 종교현상에 대한 접근과 관련하여 다른 실증적 학문들을 비판하는 형태로 생겨났다. 현상학적 접근에 의해 종교현상의 의미와 구조를 밝히고자 하는 것이 종교현상학이다. 그와 같은 종교현상학의 발생을 촉진한 것은 종교현상의 고유성, 독자성에 대한 통찰이다.

종교현상학은 종교가 다른 영역들로부터 구별되는 '독자'적인 영역으로서 있기 때문에 그것에 고유한 방법에 의해 파악되고 이해되어야만 한다고 주장한다. 그것은 종교현상을 사회적, 심리적 등등의 원인들로부터 파생되는 이차적 현상으로서 설명한다든지, 어떤 철학적 이론으로부터 파악한다든지, 또는 역사적 기원으로부터 설명하고자 한다든지 하는 것에 반대한다. 종교현상학은 20세기에 이르러 생겨난 것이기 때문에 종교 관련 학문들 중에서도 가장 새로운 것이지만, 그것은 "종교는 그 자신으로부터만 이해될 수 있다"고 하는 슐라이어마허(Friedrich Ernst Daniel Schleiermacher 1768-1834)의 원칙에 연결된다. 이러한 흐름에는 오토, 바흐, 멘슁(Gustav Menshing), 크리스텐젠(William Brede Kristensen), 반 데어 레우, 하일러(Friedrich Heiler), 블레커(Jouco Bleeker), 엘리아데 등의 종교학자가 포함된다. 그 중에서 엘리아데는 종교현상학의 목표를 정의하여 "종교현상이 그것이 출현했다고 하는 사실에 의해 표출하는 사항의 모두"를 파악하는 것이라고 하고 있다.

종교현상학자의 일부에는 후설 현상학 방법의 강한 영향 하에 있는 사람도 있지만, 종교현상학은 다양한 입장과 단계를 포함하는바, 본래는 후설 현상학 이전

에 그것과 관계가 없는 곳에서 성립했다. 그것은 당초 비교종교학이라는 형태를 취했다. 그리하여 종교현상학에서는 세 개의 단계 내지 유형이 구별된다. (1) 종교현상학이라는 말을 최초로 사용한 것은 네덜란드의 샹트피 드 라 소세이(Pierre Daniel Chantepie de la Saussaye)이다. 그는 다양한 종교현상의 비교 연구 및 분류를 종교현상학의 임무로 삼았다. (2) 종교현상학은 종교현상의 기술적 유형학을 넘어서 종교현상의 구조와 의미의 파악을 지향한다. 이와 같은 방향에는 크리스텐센, 레우, 바흐, 블레커, 엘리아데, 바르덴부르크(Jacques Waardenburg) 등이 포함된다. 종교현상학이 종교학에 대해 가장 커다란 공헌을 한 것은 이 분야이다. (3) 후설의 철학적 현상학의 커다란 영향 하에 있는 것은 종교현상학자로서의 셸러와 리쾨르이다. 오토와 레우와 엘리아데 역시 철학적 현상학의 영향 하에 있지만 그것은 부분적이다.

종교현상학이 종교현상을 고찰하는 경우에 종교사학이나 다른 실증적 학문들에 의해 제공된 자료에 의존한다. 그러나 종교현상학은 종교사학과는 달리 종교현상의 시간적 전후와 인과관계에는 관계하지 않으며, 시간을 벗어난 보편적 구조와 의미를 발견하고자 노력한다. 현상의 특수 연관을 문제로 하는 종교사학과는 달리 특수성을 사상한 보편적 의미의 파악에로 향하는 데에 그 특색이 있다.

종교현상학은 그 모두가 철학적 현상학의 영향 하에 있는 것은 아니지만, 레우와 블레커는 몇 가지 철학적 현상학의 방법을 사용하여 자기의 방법을 설명한다.

(1) 에포케. ① 반환원주의. 종교현상을 그 이외의 것에 의해, 예를 들어 사회, 무의식, 도덕 등에 의해 설명하는 환원주의에 반대한다. ② 자연적 태도와 자연과학의 소박한 정립에 대한 에포케. 스스로의 신학과 종교철학에 의한 종교적 신념의 유보.

(2) 본질직관. 대상으로부터 직접적인 작용을 받아 사심이 없는 관조에 의해 종교현상에 내재하는 형태들과 의미를 파악하고 기술한다.

종교현상학은 종교현상의 의미와 구조의 기술에 그치지 않는다. 그러한 의미들과 구조들이 인간에 의해 어떻게 생겨나며, 어떠한 작용을 지니고 있는지도 묻는다. 따라서 그것은 종교적 인간에 대한 분석을 포함하게 된다. 이 점에서 종교현상학은 인간 존재의 해석학을 포함한다. 셸러, 엘리아데, 리쾨르, 바르덴부르크 등은 종교현상학의 이러한 측면을 깊이 파고든다. ☞ ㉿엘리아데, 오토, 반 데어 레우

—하세 쇼토(長谷正當)

㊟ G. van der Leeuw, *Inleiding tot de Godsdienstgeschiedenis*, 1924(田丸德善・大竹みよ子 譯,『宗教現象學入門』, 東京大學出版會, 1979). M. Eliade, *The Quest*, 1969.

종의 지향성 縱—志向性 [(독) Längsintentionalität] ⇨㉦시간의식

종합 綜合 [(독) Synthesis (불) synthèse] ⇨㉦수동적 종합/능동적 종합

좋은 변증법—辨證法 [(불) bonne dialectique] ⇨㉦변증법

주관/객관 主觀/客觀 [(독) Subjekt/Objekt (불) sujet/objet]

칸트에서 시작되는 인식론 상의 맞짝개념. '주관'(subject)이라는 말은 그리스어인 hypokeimenon(아래에 놓인 것)의 라틴어 번역 subjectum(아래에 던져진 것)에서 온다. 근대 이전에 subjectum은 이러한 어원 그대로 다양한 성질의 근저에 놓여 그것들을 떠받치는 <기체>라는 존재론적인 의미를(그리고 명제 중에서 다양한 성질에 의해 술어가 부가되는 '주어'라는 논리적인 의미도) 지니고 있었다. 이러한 subjectum은 오늘날의 의미와는 정반대로 정신이나 의식에서 독립하여 존재하는 실체, 의식 바깥에 그 자체로서 존재하는 것을 가리키는바, 오늘날의 <객관적인 것>에 오히려 더 가깝다. 이에 반해 '객관'의 어원인 라틴어 objectum의 원래 뜻은 '~로 향하여 던져져 있는 것'이어서 외적

사물이 마음에 대해 던져 주어져 표상되고 있는 상태, 요컨대 오늘날의 의미에서의 '주관적인 것'을 의미하고 있었다. 양자의 의미가 결정적으로 역전되는 것은 칸트에서이다. 근대 초기에는 아직 두 개념의 원의에 가까운 용법이 인정된다. 예를 들면 데카르트는 realitas objectiva를 '관념으로서 표상되는 한에서의 사태 내용'이라는 의미에서 사용한다. 나아가 홉스와 라이프니츠는 영혼을 subjectum이라 부르고 있지만, 이것은 감각을 짊어지는 기체라는 정도의 의미이다. 그러나 칸트의 코페르니쿠스적 전회와 더불어 용어 의미의 역전이 결정적이게 된다. 이미 데카르트는 앎의 절대적으로 확실한 기초를 사유하는 자아 속에서 발견하고 있었다. 신체로부터 분리된 순수한 정신으로서의 자아가 명석판명하게 인식하는 것만이 참된 의미에서 세계 속에 존재하는 것으로 생각되었던 것이다. 자아는 그의 이성적인 인식에 의해 말하자면 세계를 떠받치고 있으며, 그런 의미에서 정신과 의식이 모든 존재자의 근저에 놓여 있는 <기체>라고 말하게 된다. 이리하여 인식을 행하는 한에서의 자아와 의식이 subject의 의미를 독점한다. 데카르트가 준비한 이러한 인식론적 체제를 자각적으로 완성하여 Subjekt＝주관을 술어적으로 정착시킨 것이 칸트이다. 칸트의 경우 세계를 구성하여 지탱하는 것은 결코 개인적인 경험적 자아가 아니라 초월론적인 '주관'이다. 이러한 subjectum의 의미변화와 동시에 objectum 쪽도 이러한 '초월론적 주관'에 의해 구성되고 그런 한에서 존재를 보증받는 것, 요컨대 이른바 '객관'이라는 의미로 변하게 된다. 칸트에 의하면 주관이 감각소여를 자기의 선험적인 형식에 의해 정리하고 질서지우는 것에 의해 비로소 '객관'이 성립한다. 요컨대 객관은 어디까지나 초월론적 주관에 의해 앞에 세워진 대상인 것이다. 주관에 상관적인 대상으로서의 '객관' 외에 칸트는 의식으로부터 독립하여 불가지적인 사물 자체의 존재도 인정하지만, 독일 관념론의 철학자들은 사물 자체의 존재를 부정하고 일체의 존재자가 형식적으로나 내용적으로 절대적 주관에 의해 산출된다고 설파하여 근대 주관주의를 완성한다. 어쨌든 근대에는 주관의 객관에 대한 우위가 움직이기 어렵게 되었다. 후설은 이러한 맞짝개념으로부터 형이상학적 배경을 제거하고 이것을 의식의 지향작용과 지향대상(의미)으로 바꿔 읽음으로써 자기의 현상학의 방법개념으로서 이용하고 있지만, 이러한 바꿔 읽음에는 주관과 객관의 어느 쪽인가를 모종의 의미에서 실체로 간주하는 지금까지의 이항대립을 극복할 가능성이 감춰져 있다.

—스다 아키라(須田 朗)

주관적 정신/객관적 정신 主觀的精神/客觀的精神 [(독) subjektiver Geist/objektiver Geist]

딜타이가 헤겔로부터 차용하여 후기의 그의 해석학 구상의 중심에 놓은 개념. 그에 의하면 인간은 역사적·사회적 생 또는 정신으로서 이해된다. 생각하고 바라며 느끼는 창조적인 인간이 <주관적 정신>이며, 인간이 스스로 창조하고 스스로를 객체화한 세계가 <객관적 정신>이다. <객관적 정신>은 가족적 질서와 습관 등을 포함한 공동체의 일상적인 생활양식으로부터 철학·예술·종교 등의 문화체계와 정치·경제 등의 사회제도까지를 포함하는 세계이다. <객관적 정신>은 개별적인 인간들이 상호적으로 이해하기 위한 역사적·사회적인 '공통성의 매체'로서뿐 아니라 본래 인간이 스스로를 이해하기 위한 역사적·사회적인 '매체'로서 생각된다. 그에 반해 <주관적 정신>은 스스로가 창조한 <객관적 정신>인 세계를 바로 스스로의 삶의 고정적인 형태로서 이해하는 것이다. 왜냐하면 "정신은 스스로가 창조한 것만을 이해하기" 때문이다. 그런 까닭에 <주관적 정신>과 <객관적 정신>은 한편으로 체험에 중점을 둔 초기의 심리학주의적인 이해개념으로부터 인간이 스스로 창조하고 스스로를 객체화한 세계를 '매체'로 하여 스스로를 이해한다고 하는 역사적·사회적인 이해 개념으로의 전환점이 되었으며, 나아가 정신과학들을 근거짓는다고 하는 그의 해석학 구상의 열쇠를 쥔 용어가 되었지만, 다른 한편으로 타자 이해가 <객관적 정신>이라는 유형을 매개로 해서만 수행되는 까닭에 타자의 심적 이해를 좁히게

되었다. ☞ ㉧딜타이

—다케다 스미오(竹田純郞)

참 A. Schütz, *Der sinnhafte Aufbau der sozialen Welt*, Wien, 1942(佐藤嘉一 譯,『社會的世界の意味構成』, 木鐸社, 1982).

주위세계/공시세계 周圍世界/共時世界 [(독) Umwelt/Mitwelt]

슈츠의 용어. 그는 『사회적 세계의 의미 구성』(1932)에서 타자 이해에 대해 논하는 가운데 사회적 세계의 구조 분석을 행했다. 거기서 그는 자기와 타자가 함께 존재하며 시간과 공간을 공유하는 세계를 주위세계(환경세계, 직접세계라고도 번역된다)라고 명명하고, 시간은 공유하지만 공간은 공유하지 않는 세계를 공시세계(동시세계, 공동세계라고도 번역된다)라고 명명하여 각각의 관계에 대해 논했다. (덧붙이자면, 그는 자기에게 있어 타자가 과거의 존재이어서 그 타자로부터의 자기에 대한 영향은 있을 수 있어도 자기로부터의 그것은 불가능한 전前세계(Vorwelt, 선시세계라고도 번역된다)와, 자기로부터의 무언가 영향은 가능해도 타자로부터는 불가능한 후後세계(Folgewelt, 후속세계라고도 번역된다)에 대해서도 지적했다.) 그는 주위세계에서 자기와 타자는 서로 상대방 신체의 움직임이나 표정 등을 볼 수 있고 양자의 의식의 흐름이 동시적이며 "함께 시간을 거치지만", 공시세계에서는 그러한 관계에 있지 않기 때문에 거기서 타자는 과거의 기억이나 전문 등에 의해서 "유형화"된 형태로밖에 파악되지 않는다는 점을 지적했다. 덧붙이자면, 이러한 사회적 세계의 구분은 슈츠가 영어권에서 활약하게 된 후에도 기본적으로 답습되었다. 다만 영어 표기와 뉘앙스는 약간 다른 면도 있다. 어쨌든 주위세계와 공시세계가 단지 공간적 표상에 기초하는 형식적 구분이라고 생각한다면 이 개념들의 함의를 파악할 수 없을지도 모른다. 슈츠가 말하듯이 주위세계에서의 경험에서는 공시세계에서의 경험이 되살아나며, 또한 후자에서는 전자가 되살아난다. 그런 한에서 이 양자가 상호적으로 기초짓는다는 점에 대해서도 주의할 필요가 있을 것이다. ☞ ㉦우리 관계/그들 관계, 유형, ㉧슈츠, ㉨사회적 세계의 의미 구성

—니시하라 가즈히사(西原和久)

주의 注意 [(독) Achten; Attention; Aufmerksamkeit]

주의란 어떤 대상으로 향한 능동적인 대향이며, 그 작용은 앞서 비현실적인, 즉 잠재적인 양태에서 주어져 있던 대상을 현실화하는 데에 있다. 후설은 주의의 작용에 대해 지각을 예로 들어 다음과 같이 설명하고 있다. 예를 들면 책상 위에 있는 종잇조각에 주의를 향하고 있을 때 우리는 그 종잇조각에 대한 '명백한' 의식을 지니지만, 종잇조각 주위에 있는 책이나 연필에 대해서는 '암암리'의 의식을 지닐 뿐이다. 그러나 종잇조각에서 책과 연필로 눈길의 방향을 바꾸면, 이번에는 그 대상들이 '주의 깊게' 지각되게 되고 종잇조각은 '부수적으로 주의된' 대상이 된다. 이러한 눈길의 자유로운 방향교체에 의한 변양, 즉 현실적인 양태에서의 의식을 비현실적인 양태에서의 의식에로 이전시키고 또한 그 역방향으로도 이전시키는 변양은 후설에 의하면 지각만이 아니라 상기, 준현재화, 상상 등의 체험의 본질에도 속한다. 즉 모든 체험에서 "현실적인 체험들은 비현실적인 체험들의 <정원>에 의해 둘러싸여 있는" 것이어서 "체험류는 결코 현실성만으로는 성립할 수 없다." 그리고 이와 같이 비현실성과 대조된 현실성이야말로 '코기토'라는 것의 적확한 의미를 규정하고 있는 것이다[Ideen Ⅰ §35]. ☞ ㉦지평, 지향성

—노에 신야(野家伸也)

주제 개념 主題槪念 ⇨㉦조작 개념/주제 개념

주제화 主題化 [(독) Thematisierung]

후설 현상학에서 자주 사용된 용어지만, 하이데거 역시 이 말에 독자적인 의미를 부여하고 있다.

(1) 주제. 후설에게서는 <자아가 무언가의 태도(Einstellung)에서 관심(Interesse)을 향하고 있는 바로 그

것>, 다시 말하면 <단순한 주의 기울임(Zuwendung)이라는 방식에서가 아니라 특별한 방식에서, 즉 강한 의미에서 자아가 정향되어 있는(gerichtet) 태도를 채택하고 있는(eingestellt) 바로 그것>이 주제(Thema)라고 불린다. 예를 들면 이론적 **태도**에서 자아의 이론적 **관심**이 향해 있는 것이 이론적 **주제**라고 불리는 것인바, 이 경우 이론적 주제는 자아가 다른(예를 들면 실천적 내지 미적) **태도**로 이행해버리지 않는 한, 예를 들어 순간적으로 다른 작용 또는 다른 것으로 주의를 기울이는 작용이 수행되었다 하더라도 계속해서 보존된다고 생각된다[Ideen II 13, Hu **8**. 100, 102ff., EU 92]. 그러나 다른 한편 후설에게서는 **각 작용** 안에서 자아가 **그때마다의 주제 내지 주제적 대상**에로 향해 있다고도 말해진다. 이 경우 그 작용에는 비주제적인 대상적 배경에 대한 의식지평이 구조적으로 속해 있는데, 이러한 비주제적인 대상적 배경은 그것에로 자아가 주의의 방향을 변화시킴으로써 주제로 될 수 있다고 여겨진다[Hu **8**. 145].

(2) 주제화. 후설 현상학에서는 현상학적 에포케를 수행하는 방관자로서의 내가 현상학적 **태도**에서 주관적인 것에 대한 순수한 **관심**에 의해 의식의 지향성을 이론적 **주제**로서 획득한다[Hu **8**. 108 참조]. 이리하여 의식의 현실적, 잠재적인 지향적 삶이 차례로 **주제화**되어 그것들이 현상학적으로 기술되는 것이다. 자연적 태도에서 의식의 지향성은 그때마다 자기의 지향적 대상을 주제로 하고 있는 까닭에, 그 자신은 비주제적(unthematisch)인 데 머물고 있다. 그것이 현상학적 에포케에 의한 현상학적 태도에서 반성됨으로써 비로소 현상학적으로 **주제화**되고 대상화되어 현상학의 (이론적) 주제로 되는 것이다. 현상학에서의 주제화(Thematisierung)란 이와 같이 현상학적 태도에서 행해지는 현상학적 반성에 의한 이론적 대상화·객관화를 의미하는 것이다. 후기에서는 특히 언제나 이미 미리 주어져 있는 (생활)세계라는 **비주제적인** 지평 속에서 영위되는 자연적인 지향적 삶을 **주제화**할 것이 강조되었다. 세계를 미리 부여하는 활동을 하고 있음에도 불구하고 비주제적이고 익명적인 채로 머물고 있는 주관성을 현상학적 태도에서 반성하고 주제화하는 것이 현상학의 사명이라고 생각되었던 것이다[Krisis §28f., §38f. 참조].

(3) 하이데거에서의 주제화. 현존재에서 선학문적으로 이해되고 숙지되어 있는 존재이해 내용에 기초하여 학문적인 기투가 행해지는 경우에 거기서 행해지는 존재이해 내용의 분절화와 그에 의한 사태 영역의 한계짓기, 개념성의 밑그림 그리기와 같은 기투의 활동 전체를 하이데거는 '주제화'(Thematisierung)라고 불렀다. 그에 의하면 세계와 거기서 만나게 되는 모든 존재자는 이미 비주제적(unthematisch)으로는 선행적으로 폭로되고 이해되는 것이지만, 주제화란 그러한 존재자를 그것이 객관(Objekt)이 될 수 있도록 해방하는 것, 즉 객관화하기(objektivieren)인 것이다[SZ 480f., 519f., 12, 111]. ☞ ㊀반성, 에포케, 태도, 태도변경, 현상학적 환원

—사카키바라 데쓰야(榊原哲也)

㊟ K. Held, "Einleitung", in E. Husserl, *Die phänomenologische Methode*, Reclam, 1985. K. Held, "Einleitung", in E. Husserl, *Phänomenologie der Lebenswelt*, Reclam, 1986.

죽음 [(독) Tod (불) mort]

죽음의 현상이 어떻게 주제화되는가는 인간이 어떠한 본질에서 그리고 또한 어떠한 존재양식에서 규정되는가 하는 것과 근본적으로 연관된다. 실체적 영혼과 초월론적 의식 일반을 상정하는 한에서는 죽음 그 자체가 문제로 될 수 없었다. 현상학적 태도를 내포한 생의 철학과 실존의 철학에서 비로소 죽음의 현상이 기술적記述的 이해의 대상이 되었던 것이다.

셸러는 삶의 시간 과정에서 과거 범위가 미래 범위를 침식해갈 때의 범위 차이의 변화 방향에 대한 의식에 기초하여 삶 과정의 각 순간의 구조형식 그 자체 속에 죽음에로의 방향(Todesrichtung)에 대한 체험이 내재한다고 생각한다. 그런 의미에서 죽음은 삶 경험의 본질에 속하는 구성계기로서 언제나 직접적으로 직관적인 확실성에서 주어진다. 셸러에게서는 더 나아가 이와

같은 죽음의 현상학적 본질론을 넘어서서 정신과 삶의 이원성에 기초하는 죽음 또는 영생의 형이상학이 구상되고 있다. 인간에게서 정신은 언제나 삶을 넘어서지만 이러한 넘어섬의 현상이 가장 두드러지게 나타나는 것은 죽음에 직면하여 살아갈 때인바, 삶을 넘어선 정신의 자유와 가능력에 대한 근본경험 속에 영생신앙의 원천이 존재하는 것이다[셸러 「죽음과 영생」, SGW **10**. 9-64].

하이데거의 『존재와 시간』에서 죽음의 문제는 그것의 실존론적 개념의 형성을 향하여 첨예하게 주제화되고 있으며, 현존재의 실존론적 분석론의 하나의 집약점이라고도 말해야만 할 의의를 짊어진다. 왜냐하면 현존재의 세계-내-존재라는 존재 짜임새를 실존론적으로 해석하는 과제는 완전한 동시에 근원적이기 위해서 현존재의 존재를 그 전체성과 본래성에서 확보하고 해명해야만 하지만, 현존재가 바로 자기의 종말인 죽음에 선행적으로 관계하며 향하는 존재야말로 현존재의 전체적 존재 가능을 구성하는 것이자 또한 본래적 존재 가능을 동기짓는 것이기도 하기 때문이다. 따라서 죽음은 오로지 현존재의 존재 가능성이라는 관점에서 규정되게 된다. 즉 죽음은 현존재 자신의 존재 그 자체에 관계하는 남의 일이 아닌 가장 고유한(eigenst) 가능성, 따라서 다른 무언가에 관계해가는 것이 아닌 절연적인(unbezüglich) 가능성, 더욱이 자기 자신이 절대적으로 존재할 수 없게 된다는 넘어설 수 없는 최종적인(äußerst) 가능성이다. 이와 같은 죽음의 가능성은 관심에 의해 지배된 세계-내-존재의 세 가지로 분절되는 구조계기와 연관하여 다음과 같은 양태로 나타난다. 요컨대 그것은 <자기에 선행하여>라는 실존적-기투적인 계기에 의해 <죽음에 임하는 존재>(Sein zum Tode)로서 가장 근원적으로 구체화된다. 그것은 사실적-피투적인 계기에 의해 자기의 존재 불가능성에 대한 규정을 앞에 둔 불안의 기분 속에서 가장 통절하게 개시된다. 그러나 일상적-퇴락적인 계기에 의해 현존재는 대개 당장은 자기의 죽음의 가능성을 은폐하고 죽음에 임하는 존재로부터 도피한다. 그것은 확실하다 하더라도 언제인지는 알지 못하는 무규정적 가능성인 죽음의 위협으로부터 달아나 세인으로서 일상성 속으로 자기 상실하는 비본래적인 실존이다. 그에 반해 죽음의 가능성 그 자체 속으로 끊임없는 불안과 함께 자각적으로 선구하는 것(Vorlaufen)은 자기의 가장 고유한 존재 가능을 제1의적으로 받아들이고자 하는 본래적 실존의 가능성이자 동시에 또한 그 선구로부터 비로소 자기의 최종적인 가능성 앞에 존재하는 다른 모든 가능성이 본래적으로 이해될 수 있는 것이기 때문에 전체적 존재로서 실존하는 가능성인 것이다[하이데거 SZ §46-53].

하이데거의 죽음관에 대해 철저한 이의를 제기하는 사르트르에게서 죽음은 대자와 대타, 자유와 사실성이라는 엄격한 이원성 하에서 고찰되는데, 그것은 우리의 대타성과 사실성을 극한적으로 드러내고 있다. 즉 죽음은 자기의 가능성들을 스스로 선택하여 기투하는 대자존재에게 있어 외부적으로 우발하는 무화의 가능성인바, 대자로서의 나 자신에게 고유한 가능성, 대자의 존재론적 구조 그 자체에 속하는 본질계기 등은 결코 아니다. 그것은 이미 대자성을 회복할 수 없는 나의 즉자존재의 절대적인 확정, 나의 대타존재가 당하는 절대적인 소외이다. 그 이후 나는 자기의 존재 의미를 스스로 결정하는 것이 아니라 타인에 의한 대상적인 의미부여 하에 전면적으로 넘겨진다. "죽는 것은 이미 타인에 의해서밖에 존재하지 않도록 선고되는 것", "산 자의 먹이로 되는 것", "타인의 관점의 승리"이다. 따라서 죽음은 대자인 한에서의 나에게 있어 의미 없는 부조리, 전적인 우연적 사실인바, "우리는 언제나 그에 더하여 죽는 것이다"[사르트르 EN 615-33].

대자존재가 외적으로 무화를 당한다고 하는 죽음의 부조리한 우연성의 강조에 대해 핑크는 죽음의 허무성이라 할 만한 것이 이제 보여주는 그 무엇과도 비교하기 어려운 신비적인 차원을 열어보이고자 한다. 그것은 존재자의 영역에서 현상적으로 생기하는 결여와 부정과 소멸과 같은 세계 내부적인 무가 아니다. 다른 생물이라면 세계 내부적으로 소멸한다고 말할 수 있을 것이다. 그러나 인간은 본래 존재자 일반이 현전할 수 있는 세계지평을 여는 것인 까닭에, 그의 죽음은 세계-내-존재 그 자체의 퇴거, 하나의 세계 개방성의 소멸, 그런 한에서 하나의 세계의 무화에 다름 아닌 것이다. 그러므로 또한 죽음은 현상성과 현전성에 기초한 존재와 무의 이해에는 끼워 넣을 수 없는 어떤 불가해한 비존재의 차원을 연다. 죽음에로 개방되어 있다는 것은 우리의 존재이해가 신비적 균열을 잉태할 수밖에 없다는 것, 존재와 무라는 최고의 철학적 문제에 깊이 직면한다는 것이다[핑크, 『인간적 현존재의 근본현상』 §9, 10]. ☞ [사]결의성, 불안

―시노 겐지(篠 憲二)

[참] E. Fink, *Grundphänomene des menschlichen Daseins*, Freiburg/München, 1979(千田義光 譯, 『人間存在の根本現象』, 哲書房, 1982). E. Minkowski, *Le temps vécu*, Suisse, 1933, 1968(中江育生・清水誠 譯, 『生きられる時間』, 1, みすず書房, 1972).

준-관찰 準-觀察 [(불) quasi-observation]

상상적 의식이 자기의 대상에 관계하는 방식을 사르트르는 준-관찰이라고 부른다. 지각이나 개념과는 다른 상상적 의식의 하나의 특징으로 간주된다. 나는 지각의 대상을 어떤 시점視點에서 음영에 의해 파악하는바, 다시 말하면 관찰한다. 나는 시점을 변화시켜 감으로써 대상을 다면적으로 관찰하지만, 그것의 측면 전체를 파악할 수는 없다. 요컨대 지각의 대상은 끊임없이 나의 의식으로부터 넘쳐나는 것이며, 따라서 나는 이것을 학습한다. 한편, 정육면체를 개념에 의해 파악할 때 나는 그 여섯 개의 측면과 여덟 개의 각을 동시에 생각한다. 그때 나는 자신이 마음에 담고 있는 관념의 중심에 있고, 그 관념을 어느 것 하나 남김없이 일거에 파악한다. 다시 말하면 나는 의식의 단 한 번의 작용 속에서 구체적인 본질들을 생각에 떠올릴 수 있는바, 그 외견을 보수한다든지 학습한다든지 하는 것에 시간을 들일 필요가 없는 것이다. 이에 반해 상상은 그 대상을 한 덩어리의 것으로서 나에게 부여하는데, 그 대상은 내가 그에 대해 지니는 의식 이상의 것일 수 없다. 요컨대 상상에서는 이미 알려져 있는 이외의 것은 무엇 하나 학습될 수 없는 것이다. 내가 상상에서 대상에 대해 취하는 태도는 관찰인 듯하지만, 그것은 결코 관찰이 아니다. 왜냐하면 그것은 우리에게 새로운 것은 무엇 하나라도 가르쳐 주지 않기 때문이다. 즉 상상의 대상은 우리가 그것을 마음에서 생각해 그려내는 한에서 존재하는 데 지나지 않는 것이다. 상상의 대상에 대한 우리의 이와 같은 태도가 준-관찰이라고 불린다. ☞ [사]상상, 상상적인 것

―하코이시 마사유키(箱石匡行)

준현재화 準現在化 ⇨ [사]현재화/준현재화/공현재화

중립성 변양 中立性變樣 [(독) Neutralitätsmodifikation]

신념 성격(Glaubenscharakter)과 그에 더하여 상기, 예기, 나아가 정의情意, 의지와 같은 모든 의식에 대해 가능한 "일반적인 의식의 변양"[Ideen Ⅰ 222]이다. 통상적인 노에시스에는 대상이 "확실히 존재한다", "아마도 존재한다" 등의 신념 성격, 억견적 양태(doxische Modalität)가 속한다. 중립성 변양이란 이러한 억견적 양태를 완전히 소거하는 것, 즉 대상의 존재와 비존재는 묻지 않고서 단지 "생각에 떠올리는"(sich bloß denken) 것에 다름 아니다. 중립성 변양은 대상의 존재에 대해 무언가의 단정을 하지 않는다는 의미에서 '가정'이나 '상상'과 유사하다. 그러나 '가정'이 이성적으로 판정되어야 하는 정립의 항으로서 그 자체가 이성의 평가와 정당화에 종속되는 것인 데 반해, 중립화에 대해서는 이성・비이성의 물음이 제기되지 않는다. 또한 '상상'은 반복 가능한(상상을 상상할 수 있다) 데 반해, 중립화의 조작을 반복하는 것은 가능하지 않다[Ideen Ⅰ 227]. 중립성 변양의 예로서 들 수 있는 것은 그림에 대한 지각이다. 예를 들면 어떤 인물의 초상화를 볼 때 우리가 대상으로 하는 것은 실재하는 해당 인물이지 화면상의 색과 선이 아니다. 후자에 대해서는 존재 양상이 중립화된 채로 의식되고 있다고

후설은 말한다[Ideen Ⅰ 226. 또한 Hu **23**. 571f.]. 중립성 변양은 신념을 괄호에 넣는다는 의미에서 현상학적 에포케와도 유사하다고 생각된다[Ideen Ⅰ 223]. 덧붙이자면, 『논리연구』 제5연구에서 분석되는 "성질 변양"(qualitative Modifikation)은 이러한 중립성 변양을 의미한다[LU Ⅱ/1 Ⅴ. Unters. §39. Ideen Ⅰ 227Fn.].

—누키 시게토(貫 成人)

중층결정 重層決定 [(독) Überdeterminierung (불) surdétermination]

프로이트의 『히스테리 연구』에서 처음 출현하는 정신분석의 용어. 첫째로, 신경증 증상의 발생이 체질적인 소인과 외상적인 요인들의 중첩에 의해 중층적이고 다원적으로 결정된다고 하는 병인적인 사실을 언표한다. 그것과 관련하여 그리고 또한 그로부터 추이하여 둘째로, 무의식적으로 형성된 꿈과 연상의 현실적 내용의 각 요소들 안에는 상이한 복수의 의미들과 그것들의 분지되고 수렴되는 연쇄가 압축되어 포함되어 있다고 하는 무의식 과정의 중층적이고 다원적인 규정 성격을 언표한다. 일반적으로는 후자의 의미로 사용되지만, 메를로-퐁티는 더 나아가 그것을 무의식에 의한 증상과 꿈의 형성에 한정하지 않고 인간적 실존의 세계 경험 속에서 일반적으로 발견되는 구조 성격으로서 다시 파악한다. 우리의 실존은 세계 내지 존재에 대한 단 하나의 전체적인 관계인바, 이른바 감각・상상・감정・욕망 등은 그것의 중층적이고 다원적인 차이화에 지나지 않는다. "표상적 감각도 (우리의 생으로의 삽입에서 수직적으로 파악된다면) 감정이며, …… 언어이다"[Ⅵ 292]. 또한 단 하나의 세계 내지 존재가 다양한 존재자와 본질을 통해 중층적이고 다원적으로 방사하는 것인바, 역으로 말하면 모든 존재자가 존재를 중층적이고 다원적으로 상징 표현하는 존재론적인 가능력을 갖추고 있으며, 따라서 그러한 것으로서 독해되어야만 한다. 이리하여 유고의 「연구노트」는 중층결정 개념을 하나의 중요한 모티브로 하면서 프로이트의 인과적 설명과 객관적 연상 분석을 넘어서서 "존재론적 정신분석"의 구상에까지 이르고 있다[Ⅵ 323].

—시노 겐지(篠 憲二)

즉자/대자 卽自/對自 [(불) en soi/pour soi (독) an sich/für sich (영) in itself/for itself]

각각 <그것 자체에서>, <자기에 대해서>를 뜻한다. 독일 관념론에서 사용되고 있던 개념이지만, 현상학 특히 사르트르의 그것에서, 그것 자체에서 존재하는 사물의 존재가 즉자라고 불리며, 이 즉자를 자기가 **아닌** 것으로서, 말하자면 무화하면서 대상으로서 정립하는 의식, 요컨대 자기 관계적인 존재가 대자라고 불린다. 의식은 무언가를 지향하면서 존재한다. 지향의 대상은 세계에 속하는 사물이며, 이것은 의식에 있어 현상의 존재이다. 요컨대 의식이란 자기와는 다른 존재를 감싸 덧붙이는 한에서 그 존재에서 그의 존재가 문제로 되는 그러한 존재인 것이다. 현상의 존재는 의식의 지향적 대상이긴 하지만 의식에 대해 작용하는 것은 가능하지 않다. 이 존재는 자기를 문제로 하는 것이 아니라 자기 자신과 동일하다. 존재는 그것 자체에서 존재한다. 존재는 자기관계가 아니다. 존재는 단적으로 긍정성 그 자체이다. 이러한 즉자존재는 사르트르에 의하면 의식에게 있어 여분인 것이다. 의식은 즉자존재를 어떠한 것으로부터도 이끌어낼 수 없기 때문이다. 의식은 모든 가능성의 원천이며 조건이다. 요컨대 의식의 **존재**야말로 의식의 **본질**을 포함하는 것이다. 따라서 그 무엇도 대자로서의 의식의 원인이 아니다. 의식은 그 자신의 존재방식의 원인인 것이다. 이와 같이 의식적 존재로서의 대자는 <자기에의 현전>인바, 대자는 그의 존재 그 자체에서 자유인 것이다. ☞ ㉷사르트르, ㉶존재와 무

—하코이시 마사유키(箱石匡行)

지각 知覺 [(독) Wahrnehmung (영・불) perception]

Ⅰ. 기본적 정의. 현상학적 지각관의 특징은 지각에

서 대상이 바로 직접적으로 나타난다는 것을 강조하는 점에 있다. 이 점은 전통적 지각론(인과성, 표상설, 추론설 등)의 다수가 지각의 성립조건에 망막상과 감각소여를 개재시킬 뿐 아니라 그에 의해 지각에서의 대상의 현상방식을 간접화하는 것과 대조적이다. 지각에서의 대상의 직접적 현상방식을 후설은 대상의 **본원적 자체소여성**이라고 부르며 다음과 같이 규정했다. 지각은 우선 대상이 기호와 상 등을 개재시키는 것 없이 직접 나타나는 **직관적** 체험이며, 나아가 상기, 예기 내지 상상 등의 직관적 체험이 대상을 **준현재화**하는 데 반해 지각은 대상을 **유체적으로**(살아 있는 것의 생생한 방식으로) **현재화**한다[Ideen Ⅰ 79]. 이리하여 어떠한 대상의 경험에도 그 근원적 양태로서의 지각이 대응하게 된다[같은 책 209f.].

다른 한편 대상의 자체소여성의 존재방식은 한 가지 모습이 아니라 대상의 존재방식에 따라 상호적으로 환원 불가능한 다양성을 지닌다. 물적 사물, 심적 체험, 언어적 의미, 다양한 가치 등에는 외적 지각, 내적 지각, 범주적 직관, 가치 지각 등이 대응한다. 그리고 현상학의 과제가 존재자를 그 존재에 고유한 현상방식에 입각하여 해명하는 것에 있는 이상, 지각은 현상학의 중심 테마를 형성하게 된다.

Ⅱ. 지각의 우위. 현상학에서 지각은 경험의 근원적 양태로 간주되어 왔던 것만이 아니다. 특히 사물에 대한 감성적 지각은 지향적 체험의 전형적인 예로 간주되어, 다양한 존재자에 관한 **구성**적 분석의 모델의 위치를 점해 왔다. 나아가 지각, 즉 가장 넓은 의미에서 '본다'고 하는 활동은 "모든 이성적 주장의 궁극적인 정당성의 원천"[Ideen Ⅰ 36]으로서 철학의 근거를 이루는 것으로 간주되고 있다. 현상학적 철학의 기초에 지각을 둔다고 하는 것은 사태의 존재방식과 무관계하게 일정한 방법을 적용하는 것을 물리치고, 어디까지나 사태의 존재방식에 입각하여 방법을 규정하고자 하는 현상학적 분석의 고유성을 나타내는 것이다. 그럼에도 불구하고 지각의 우위라는 테제가 오히려 사태를 적절하게 파악하는 것을 방해할 위험이 있다는 점도 무시할 수 없다. 예를 들면 준현재화에 대한 현재화의 우위라 하더라도 상기나 예기 등의 준현재화와 무관계한 현재적 지각은 있을 수 있는 것일까? 또한 타자 경험의 현상학은 원리적으로 본원적으로 주어지지 않는 것의 본원적인 소여방식을 묻는다고 하는 역설을 내포할 수밖에 없게 된다. 이러한 방향에서 현상학에서의 지각의 우위를 "현전의 형이상학"이라고 부르며 엄격하게 비판하고, 현재화(현전화)와 준현재화(재현전화)의 우위의 순서를 역전시킨 것이 데리다이다[『목소리와 현상』]. 그것이야 어쨌든 지각을 둘러싼 문제는 계속해서 현상학적 철학의 존립 기반에 관계되는 문제이다.

Ⅲ. 현상학적 지각관의 성립. 후설의 지각론은 주로 브렌타노학파와의 대결을 통해 형성되었다. 브렌타노는 심적 현상과 물적 현상의 구별 기준의 하나로서 전자는 내적 지각의 대상, 후자는 외적 지각의 대상이라는 점을 들고 있다. 그리고 내적 지각만이 명증적 지식을 주고, 외적 지각 쪽은 실재하지 않는 색이나 음을 마치 실재하는 것처럼 간주하는 맹목적 신념이라고 생각했다. 그런 까닭에 브렌타노에게서는 본래적인 의미에서 지각이라고 부를 수 있는 것은 내적 지각뿐인 것이다[『경험적 입장에서의 심리학』 Ⅰ 128f.]. 그에 반해 후설은 심적 현상과 물적 현상과 같은 대상의 구별에 의거하는 것이 아니라 오로지 체험 작용의 존재방식에 의거하여 지각의 특징을 발견하고자 시도한다. 통상적인 지각, 예를 들면 책상이나 산에 대한 지각에서의 대상은 체험에 **내실적으로** 주어진 감각 내용이 아니라 책상**으로서**, 산**으로서** 파악된 대상 자신인바, 지각의 본성은 우선 첫째로, 대상을 지향하는 **해석**이나 **통각**이라는 작용 성격에서 발견된다. 더욱이 이것들은 체험된 감각 내용을 넘어서서 '밖'으로 초월하는 활동을 지니는 것인 이상, 오히려 외적 지각 쪽이 본래적인 의미에서 지각이라고 불리게 된다[LU Ⅱ/1 380ff., LU Ⅱ/2 보충]. 나아가 지각에서의 대상의 자체소여성이라는 성격은 트바르도프스키에서 전형적으로 보이는 지각의 '표상이론' 내지 '기호이론'에 대한 비판적 대결을 통해 명확화 되었던 것이다[LU Ⅱ/1 50, 505f., 특히 421ff., Ideen Ⅰ §52, §90, §129].

해석을 본성으로 하는 초월적 지향적 성격과 대상의 자체소여적 성격이라는 두 가지 성격을 정합적으로 파악하는 것, 이것이 후설뿐만 아니라 현상학적 지각론의 근본 문제이다. 『논리연구』에서 이러한 사물 지각의 성격은 내용과 파악이라는 도식, 그리고 직관적 표상과 기호적 표상과의 '혼합' 형태라는 관점에서 파악되었기 때문에 불충분한 것에 머물렀다. 지각 현상의 구조 그 자체 속에서 이 문제를 해명하는 실마리가 발견되는 것은 안과 밖, 마음과 사물의 구별과 같은 존재론적 전제가 명확히 **환원**되고, 현상학적 분석이 체험의 작용 내지 노에시스적 측면뿐만 아니라 대상의 현상방식으로서의 노에마적 측면도 주제화하게 되고부터이다.

Ⅳ. 지각 현상의 구조. (1) 음영. 지각에서 대상은 그 자신이 나타남과 동시에 언제나 그때마다의 현실적으로 나타나는 모습을 넘어선 것으로서 나타난다. 감성적 지각은 특유한 이러한 음영 구조에서 대상이 '밖'에 있다고 하는 것의 의미, 즉 대상의 **초월**의 의미가 제시되고 구성되는 것이다. (그러므로 중기 이후의 후설에서는 이러한 음영 구조를 지니는 현출의 연관은 **초월론적** 차원에 속하는 것으로 간주된다.) 음영 구조는 구체적으로는 개개의 현실적으로 나타난 '측면'에 포함된 **지평지향성**이라는 형태를 취한다. 그리고 이러한 지평지향성은 개개의 대상뿐만 아니라 그 배경을 이루고 있는 '주제의 장'[A. 구르비치, 『의식의 장』]의 존재방식에 의해서도 규정되고 있는데, 여기에서 게슈탈트 심리학이 말하는 그림과 바탕의 구조와의 (부분적) 유비를 볼 수도 있다.

(2) 신체성. 개개의 현상에 포함된 지평지향성을 전개하기 위해서는 실제로 신체를 움직이지 않으면 안 된다. 지평지향성에서 노에시스 측에 대응하는 것은 신체를 움직일 수 있다고 하는 운동감각(Kinästhese)적 의식이며, 그리고 이 운동감각적 의식의 체계와 대상의 현상방식의 체계가 좋은 상태로 대응하는 경우에 안정된 지각세계(의 구조)가 가능해지는 것이다[Ideen Ⅱ 58f., Hu **11**. 14f., CM 471, Krisis 108ff.]. V. 폰 바이츠제커는 이와 같은 지각 현상과 신체적 운동의 뒤얽힘을 '형태순환Gestaltkreis'이라고 부른다. 나아가 여기서 보이는 신체적 운동은 능동적 행위가 아니라 **수동적 종합**의 수준에 속하는 것인바, 그 주체도 의식적 자아라기보다 비인칭적 '사람'[메를로-퐁티 PP 249] 내지 <**신체적 자아**>라고 불러야만 하는 것이다.

(3) 최적성. 지각 현상에 본질적인 음영이라는 성격은 지각이 결코 완결되고 닫힌 것이 아니라 미래로 열린 체험이라는 것을 보여준다. 그러나 이것은 무한히 계속되는 현출의 존재방식이 어느 것이든 전적으로 평등한 것이라는 점을 보여주는 것이 아니며, 또한 일상적인 지각 체험에서 일정한 완결성이 보인다는 점을 부정하는 것도 아니다. 회화를 감상하기에 가장 적절한 거리와 방향이 있고 색에는 '진짜'의 현상방식을 나타내는 표준 상태가 있듯이, 일반적으로 지각적 현출에는 정상과 이상, 최적성과 그것으로부터의 일탈이라는 '규범'에 관계되는 구별이 갖춰져 있다[Ideen Ⅰ 82, Ideen Ⅱ 60, 『수동적 종합의 분석』 23f., 메를로-퐁티 PP 347ff.]. 최근의 심리학에서 이러한 최적의 현상방식은 '프로토타입prototype'이라고 불린다[E. 홀렌슈타인 「프로토타입적 경험」(村田純一 外 譯, 『인지와 언어認知と言語』, 産業圖書, 1984에 수록) 참조].

(4) 깊이. 지각 현상의 구성에 본질적인 신체성은 지각의 지평 성격에 대응할 뿐만 아니라 지각의 관점 성격에도 대응한다. 이러한 관점 성격은 지각 주체가 대상과 동일한 세계에 속한다는 것, 그런 까닭에 지각 현상은 지평적 전개 가능성을 포함할 뿐만 아니라 동시에 깊이를 지닌다는 것을 나타낸다. 동일한 지각의 장에 나타난 하늘의 보름달과 손 안의 백 원짜리 주화 중 어느 쪽이 더 크게 보이는가 하는 비교는 (원근법과 같은 인공적인 수단을 사용하지 않는 한에서) 불가능한바, '먼 것은 작게 보인다'와 같은 상태에서는 두 개의 대상을 동일한 기준으로 측정할 수 없다. 깊이를 지니는 지각장에서 나타나는 현상은 '통약 불가능'한 성질을 지니는 것이다[메를로-퐁티 PP 302, 348, PM 73].

Ⅴ. 지각의 차원들. 지각은 언제나 단순한 감성적 대상 인지 그 이상의 것이다. 지각은 통상적으로는

행위와 결부되며, 감각적 내지 파토스적 측면을 갖추고, 나아가서는 다양한 기구를 사용하여 행해지는 경우도 있다.

(1) 지각과 행위. 현상학의 공통 테제가 지각의 우위에 있다 하더라도, 어떠한 종류의 지각을 기본으로 간주하는가는 논자에 따라 나누어진다. 후설은 사물의 감성적 지각을 다른 종류의 지각의 기초에 놓여 있는 것으로 간주했다. 이에 반해 하이데거는 오히려 행위에서의 지각(**둘러봄***umsicht*)을 가장 기본적인 사물과의 만남의 방식으로 생각했다. 하이데거에 의하면, 사물이 그 자신의 최초의 현상방식을 보이는 것은 행위 '가운데'서이며, 사물이 등장하는 지평과 주제장은 오로지 그때마다의 행위의 의미연관에 의해 규정된다. 그리고 이러한 '실천의 우위'라는 방향을 철저화함으로써, 의식과 세계 '사이'에 정위하는 것에 의해 지각의 초월의 운동을 기술하는 후설적인 현상학으로부터, 미리 세계 '가운데'로 투입된 행위 주체에 있어서의 세계와 자기의 존재 방식을 해명하는 **해석학**적 분석에로라는 방향이 열리게 되었다[하이데거 SZ, 특히 §15 이하 참조].

(2) 지각과 감각. 현상학적 분석에서 물리적, 생리적 인과관계는 괄호에 넣어진다. 그러나 지각 현상의 본질에서 신체성이 발견되는 이상, 이러한 인과성의 차원을 전적으로 배제하는 것은 가능하지 않다. 오히려 사물로부터의 강한 자극에 노출된다든지 사물과의 접촉이 어쩔 수 없게 되는 경우에는 말하자면 인과적 영향이 직접적으로 '체험'되게 된다[B. 발덴펠스 「지향성과 인과성」(新田義弘 外 譯, 『행동의 공간行動の空間』, 白水社, 1987에 수록) 참조]. 이와 같이 대상으로부터 영향을 받는다는 의미에서의 감각적 내지 파토스적 차원은 어떠한 지각에도 많든 적든 갖춰져 있다. 따라서 동일한 대상이라 하더라도 보는가, 만지는가, 맛보는가에 따라 전적으로 다른 의미를 지니게 된다. E. 슈트라우스는 이와 같은 상이성을 '감각의 유령'[『감각의 의미』]이라고 불렀다. 다른 한편 신체에서의 감각들의 통일에는 지각에서의 공감각적 성질이 대응한다. 그런 까닭에 우리는 유리에서 딱딱함이나 무름을, 새가 막 날아오른 나뭇가지의 휘어짐을 직접 간취하는 것이다[W. 샤프, 『지각의 현상학에 대한 기여』 19ff., 메를로-퐁티 PP 265f.].

(3) 지각과 과학. 후설에게서 감성적 지각은 개념적 사유를 중핵으로 하는 과학적 인식과 명확히 구별되며, 그에 더하여 후자에 대한 기초로 간주된다. 그러나 과학에서도 관측 장치나 실험 장치를 사용하여 대상을 현상에로 가져오는 것, 즉 '지각' 가능하게 하는 것은 중요한 요소를 이룬다. 이와 같은 경우에는 다양한 장치가 말하자면 '신체화'되어 '투명'하게 됨으로써 감성적 지각과는 다른 방식으로긴 하더라도 대상 자신이 나타나는 것으로 간주할 수 있다[P. 힐런Heelan, *Space-Perception and the Philosophy of Science*, Berkeley and Los Angels (1983); D. 이데Ihde, *Technics and Praxis*, Dordrecht and Boston (1979) 참조]. 더욱이 이러한 장치가 기술적 제품으로서 **생활세계** 속에서 사용되게 되면 지각경험을 중핵으로 하는 생활세계의 존재방식 자체가 변화하게 된다. 하이데거도 말하듯이 기술은 세계의 새로운 현상방식, 새로운 '지각'을 가능하게 하는 것이기 때문이다[하이데거, 『기술에 대한 물음』]. ☞ ㈂내적 지각, 명증성, 음영, 상상, 색, 직관, 운동감각

—무라타 준이치(村田純一)

㊟ H. U. Asemissen, *Strukturanalytische Probleme der Wahrnehmung in der Phänomenologie Husserls*, Kant Studien, Ergänzungshefte 73, Köln, 1957.

지각론 知覺論 [(독) Ästhesiologie (불) esthésiologie]

(1) 신체의 감각성과 그 기관이나 기능에 관한 생리학적 연구를 가리키는 경우도 있지만, 현상학적으로는 지각하는 신체에 관한 기술적記述的 연구를 특정하기 위해 후설에 의해 사용된 용어이다. 그는 마음(psychē)에 대한 심리학에 맞서 신체(sōma)에 대한 학을 신체학(Somatologie)이라고 이름 짓고, 그것을 물리적 사태로서의 신체에 관한 물리학적 신체학과 감각하는 살아 있는 신체에 관한 지각론적 신체학(ästhesiologische Somatologie), 요컨대 지각론으로 구별한다[Ideen III

18f.]. 또한 살아 있는 신체를 감각기능과 감각상태를 갖춘 지각론적 신체(ästhesiologischer Leib)와 자유롭게 운동하는 의지적 신체(Willensleib)의 두 층으로 나누고, 물리적 신체로부터 지각론적 신체, 의지적 신체, 심적 존재에 이르는 층들 사이에서 기초짓기 관계를 보고 있다[Ideen Ⅱ 211, 284f.]. (2) 후기의 메를로-퐁티는 이와 같은 지각론과 지각론적 신체(corps esthésiologique)의 모티브를 독자적으로 발전시키고 있다. 요컨대 지각론적 신체를 물리학적으로는 설명할 수 없는 근본 현상성에서 다시 파악하고, 또한 그것을, 후설적인 층적 한정에 사로잡히지 않고서, 감각하는 신체로부터 지각과 운동의 통일계로서의 신체, 욕망하는 리비도적 신체로 확장하고 있다. 그리고 이러한 지각론적 신체의 근본 현상(특히 느끼고-느껴진다고 하는 양면적이고 반전적인 현상)으로부터 반성적인 자기관계(양손의 교차에서의 '일종의 반성'), 타자와의 상호신체적 관계, 세계와의 육적肉的 관계, 감각적 육성肉性으로부터의 이념성의 발현과 같은 주제들이 전개되고 개시되게 된다. 따라서 "지각론, 지각의 동물로서의 신체의 연구"에는 그의 철학 전체가 함축되어 있다고 말할 수 있을 것이다[VI 200, 222, 309, RC 177f.]. ☞ [사]신체, 지각

—시노 겐지(篠 憲二)

지각의 장知覺―場{**지각영역**知覺領域} [(독) Wahrnehmungsfeld] ⇨[사]장{영역}

지각적 신념知覺的信念 [(불) foi perceptive]

후설에 의하면 의식된 대상의 존재 성격에는 노에시스 측의 성격들, 요컨대 '억견적' 내지는 '신념적' 성격들이 대응한다. 예를 들면 지각에는 지각하고 있는 것이 확실하다고 생각하는 지각 신념이 포함되어 있는데, 이것이 '현실적'이라는 존재 성격에 대응한다[Ideen Ⅰ 214]. 지각의 이러한 신념 성격은 상기나 추측 또는 회의로 변양할 수 있지만, 지각의 그것은 그 경우의 근원적 형식을 이루는 것이며, 그런 한에서 근원적 신념(독사)이라고 불린다[같은 책 216]. 지각에 관한 후설의 이상과 같은 교설 위에 메를로-퐁티는 그의 현상학을 구축했다. 그는 지각을 "초월의 영역에로의 나의 시원적 개방성"으로서 파악했지만, "지각의 근저에는 일종의 <신념> 내지는 <시원적 억견>에 의해 우리를 세계 속에 자리 잡게 하는 운동"이 존재한다고 하고 있으며[PP 395], 『보이는 것과 보이지 않는 것』도 이러한 지각적 신념에 대한 물음으로부터 논의를 시작하고 있다. ☞ [사]독사, 있음

—시미즈 마코토(清水 誠)

지고의 현실至高―現實 [(영) paramount reality]

주로 슈츠의 용어. 슈츠는 W. 제임스의 '하위 우주'(sub-universe)론에서 시사를 받아 개인들의 의미세계는 다양한 "한정적인 의미영역"(finite provinces of meaning), 요컨대 "다원적 현실"로 이루어진다고 생각한다. 제임스에서는 그것에 주의가 돌려지는 사이에는 실재적이나 그 주의의 추이에 따라 변해가는 몇 가지 현실의 질서가 존재한다고 생각되지만, 슈츠는 거기서 "대상의 존재론적 구성"을 간취하고, 제임스의 하위 우주라는 말을 우리가 "현실의 악센트"를 주는 것에 의해 성립하는 한정적인 의미영역이라는 표현으로 변화시켜 각각의 의미영역에 고유한 인지양식과의 관련에서 여러 가지 다원적 현실을 제시했다. 꿈과 공상의 세계, 과학적 사고의 세계 등이 그 예들인데, 슈츠는 그러한 다원적 현실들 중에 <지고>의 현실이 있다고 생각하고 그것이 "일상생활의 현실"(또는 "일상생활의 세계", 때로는 "노동의 세계"라고도 말한다)이라고 주장했다. 그러면 왜 그것이 지고한 것인가? 그것은 그 현실(한정적인 의미영역)에서만 신체적 활동에 의해 대상에 작용할 수 있으며 또한 타자와의 의사소통도 가능하기 때문이라고 그는 말한다. 그리하여 자연과 사물에 작용하는 활동(노동)에도 주목하게 되지만, 일상생활의 현실은 한편으로는 여러 다원적 현실도 안에 포함하여 성립한다는 것도 잊어서는 안

될 것이다. 그런 한에서 일상생활의 현실은 다원적 현실들 가운데 하나의 현실이면서 다른 현실들을 포함한 특수한 종류의 지고의 현실이라고도 말할 수 있을 것이다. ☞[사]다원적 현실, [인]슈츠

—니시하라 가즈히사(西原和久)

지반 地盤 [(독) Boden]

학적인 것이든 학적이지 않은 것이든 모든 인간적 영위가 그 위에서 이루어지는 동시에 모든 명증성을 근거짓는 근원적 영역이라는 의미에서 생활세계가 지니는 보편적 기능을 가리키는 말. 우선 첫째로, 우리의 모든 영위는 단 하나의 것으로서의 생활세계 위에서만 행해질 수 있으며 보편적인 생활세계에 대해 끊임없이 의미적 관계를 지닌다. 이러한 세계는 모든 사람에게 언제나 이미 미리 주어진 세계이다. 그 점은 학적 영위를 수행하는 것에서도 마찬가지이다. 즉 "학문들은 생활세계로부터 자기의 그때마다의 목적에 있어 그때마다 필요한 것을 추출하여 이용하면서 생활세계의 자명성 위에 세워져 있다"[Krisis 128]. 이런 의미에서 생활세계는 과학 탄생의 전제라는 의미에서의 지반이 된다. 나아가 근대의 수학적 과학은 주관적이고 상대적인 생활세계 위에서 원리적으로는 결코 지각할 수 없는 이론적-논리적 구축물로서의 '참된' '객관적' 세계를 창조한다. 진리 기준을 직관적 명증성에 두는 후설은 생활세계야말로 근원적 명증성의 영역이라고 생각한다. 그러한 한에서 비직관적인 사상적 구축물이라 하더라도 그것이 진리성을 요구하는 한 생활세계의 "명증성으로 되돌아옴으로써만 참다운 진리성을 지닐 수 있다"[Krisis 130]. 이러한 의미에서 생활세계는 보편적인 진리 지반으로서의 기능을 지니게 된다. 이러한 생활세계의 지반 기능은 생활세계의 지평 기능과의 관계 속에서 복잡한 문제권역을 구성한다. ☞[사]생활세계

—혼마 겐지(本間謙二)

지식 知識 [(독) Wissen] ⇨[사]인식, 학문론

지식사회학 知識社會學 [(독) Wissenssoziologie]

지식 일반과 그것의 사회적, 현실적 제약들과의 관계에 대한 사회학적 연구. 효시가 된 것은 1921년에 발표된 셸러의 「실증주의적 역사철학과 인식의 사회학의 문제들」이라는 논문이다(「지식의 실증주의적 역사철학—삼단계 법칙」으로 제목이 고쳐져 『사회학 및 세계관학 논집』[SGW **6**]에 수록되어 있다). 이 논문은 콩트(Isidor Auguste M. F. X. Comte 1798-1857)의 실증주의적 사회학을 인식론과 사회학적 문제설정을 관련시킨 것으로서 평가하면서도 그 "지식 성장의 삼단계 법칙"에 관해서는 세 종류의 지식 형태의 독립성, 등근원성이라는 관점에서 비판하는 것이었다. 셸러 자신의 주장은 1924년의 「지식의 사회학의 문제들」(『지식 형태와 사회』[SGW **8**에 수록])에서 전개되었다. 이것은 그의 철학적 인간학에 있어서의 주요 개념인 정신과 충동의 협화 이론을 사회에서의 이념적 인자와 실재적 인자의 협동이라는 점에 적용한 것이다. 만하임(Karl Mannheim 1893-1947)은 지식의 '존재 피구속성'이라는 개념을 사용하여 이것을 발전시켜 『이데올로기와 유토피아』(1929)에서의 역사주의적 이데올로기론을 전개했다. 거기서는 맑스주의적 이데올로기 비판에 대항하여 보편적 이데올로기 비판이 주창되었지만, "자유롭게 부유하는 인텔리겐치아"라는 엘리트론에 의거한 그것은 역으로 맑스주의 진영으로부터의 비판을 받았다. 또한 머튼(Robert King Merton 1910-2003)에 의해 미국에 소개된 후에는 '사회학의 사회학'이나 '현상학적 사회학', '상징적 상호작용주의(symbolic interactionism)', '민속방법론(ethnomethodology)' 등의 형태로 발전했다. ☞[사]민속방법론, 상징적 상호작용주의, 존재 피구속성, 현상학적 사회학

—미즈타니 마사히코(水谷雅彦)

지평 地平 [(독) Horizont (영・불) horizon]

지평 개념은 후설에 의해 독특한 의미를 담아 사용되는바, 그의 현상학이 전개되는 가운데 크게 발전되었다. 만년에 이르러 본래 선행 사념과 의식의 비주제성과 결합하여 주관적이었던 이 개념이 좀 더 객관주의적 양상을 띠게 된다. 이 점에서 후기의 후설 철학은 '지평의 현상학'이라고 명명해도 상관없을 정도이다.

Ⅰ. 기본적 정의. 지평(Horizont)의 원의는 그리스어인 horizein으로까지 소급된다. 이 그리스어는 한계짓다, 경계선을 긋는다는 것을 의미한다. 지평은 horizôn kýklos(한계짓는 권역, 가시권, 한계가 그어진 범위)에서 유래하며, 보통은 지평선이나 수평선의 경우처럼 볼 수 있는 범위를 한계짓는 선이다. 이 말은 칸트에서도 나타나 후설의 독특한 개념이라고는 말할 수 없지만, 후설은 이 개념에 독자적인 의미를 담아 쓰기 시작했다. 후설에게서는 본래 의식의 구조 안에서 지평이 발견된다.

지평 개념의 원천은 의식, 특히 체험이 현실성-비현실성의 역동성 속에 놓여 있다는 점에서 발견된다. 의식이 지향적 체제를 취하고 있는 것은 의식이 지금 주어져 있는 것을 언제나 이미 넘어서서 어떤 다른 것으로 향하여 그것을 지시하고 있기 때문인바, 요컨대 '좀 더 많은 것'을 사념하고 있기 때문이다. 이 점이 바로 당장 의식의 지평성을 보여준다. 다시 말하면 그것은 의식 체험이 복잡하게 얽혀진 함축태의 구조를 지닌다는 점에 다름 아니다. 표명성의 핵이 함축태를 지시한다는 것을 후설은 표명성-비표명성, 현실태-비현실태의 연관으로서 밝히고 있다. 의식은 지향적 체험으로서 파악되는바, 그것은 우선 현실적 코기토이고, "순수 자아로부터 발하는 눈길"이라고 말해지며, "그때마다의 의식의 상관자인 대상, 사물, 사태로 향한다"[Ideen Ⅰ 168f.]. 이때 사유의 대상으로서의 사물이 부각된다. 그것은 특별한 자아의 광선의 보냄이 그 대상에 관여하기 때문이다. 이러한 부각은 대상적인 배경으로부터의 부각이다. 이러한 배경 현상이야말로 지평의 선구 개념이다. 왜냐하면 현상하는 것이 그로부터 부각되는 배경이란 "잠재적인 지각의 장"의 공현전共現前을 말하기 때문이다. 지각의 장의 잠재성도 일종의 비현실성으로서 생각되고 의식 체험의 내실적인 구성요소를 이루고 있는바, 결국은 비현실적으로 수행하는 지향성에 귀속한다.

의식 체험에서의 비현실성은 단지 노에마적 방향에서 인정될 뿐만 아니라 반대로 노에시스 측에서도 기능한다. 예를 들어 주의작용을 살펴보면, 이 작용의 변양을 노에시스-노에마의 양 측면에서 기술을 시도하여 후설은 다음과 같이 말한다. "본원적인 현재로서 생생하게 작용하고 있는 어떠한 현실적 체험에서도 보는 지각적 눈길이 직접적인 방식으로 향해질 수 있다는 것이 체험의 존재 방식에 속한다. 이것은 반성이라는 형식 하에 발생한다. 반성이란 좀 더 명확히 표현하면 체험-반성이다." "체험-반성에 있어 반성 속에서 지각적으로 파악된 것은 …… 이러한 눈길이 보내지기 이전에 이미 존재하고 있었던 것이라고 성격지을 수 있다"[Ideen Ⅰ §45]. 요컨대 모든 체험은 의식되고 있다고 하는 존재방식을 취하고 있으며, 이런 의미에서 이미 모종의 방식으로 존재하고 있다. 따라서 지향적 체험은 단지 '어떤 것의 의식'일 뿐인 것이 아니다. 그것은 반성적 의식의 대상이 될 때에도 단지 반성의 대상으로서만 존재하는 것이 아니라 오히려 "지향적 체험은 '배경'으로서 이미 비반성적으로 실제로 존재하며, 이리하여 원칙적으로 지각되어야만 할 용의가 있는 것이다"[같은 곳]. 주의되고 있지 않은 것도 시야 속에 이미 모종의 방식으로 현실적으로 주의됨이 없이 현상하고 있는 것과 마찬가지이다. 여기서 주의되고 있지 않은 것 또는 비반성적인 방식으로 실제로 존재하는 체험은 주의 즉 반성의 눈길이 향해지기 이전에 모종의 방식으로 체험의 영역 속에서 발견되어야만 했다. 후설은 이러한 비반성적 체험의 영역을 가시성의 한계로 생각하고 그것을 '배경'에 견주어 '지평'으로 명명했다. 요컨대 반성의 눈길이 아직 향해 있지 않은 비반성적 체험의 영역으로서의 배경-현상이야말로 지평의 선구적 개념인 것이다. 따라서 후설은 후에 『데카르트적 성찰』에서 '지향적인 생의 현실태와 잠재태'라는 표제 하에 "지평이란 미리 묘사된 잠재태이다"[CM §19]라고 정식화했다. 요컨대 지평성이란 의식 체험의 내부에서 발견되는 현실태와 잠재태의 연관 속에서 생생하게 체험되는 본원적인 체험의 핵으로부터 어떤 잠재성의 열림을 조망할 때에 눈앞에 전개될 수 있는 가능성으로서의 잠재적인 의미 영역의 전체성을 말한다. 현실적인 체험의 핵으로부터 비현실적인 의미의 연관의 열림을 볼 때 그것이 미리 묘사된 잠재태라는 것으로 되는 것은 당연하다. 여기서 '미리 묘사한다'는 것은 현재 체험되고 있는 핵으로부터 아직 체험되고 있지 않음에도 불구하고 체험 가능한 영역을 미래 선행적으로 기투하는 것, 요컨대 체험의 가능한 유의미성을 의미의 전개 가능성으로서 눈앞에서 파지하는 것이다.

이와 같은 지평의 구조는 지각에 대한 분석을 출발점으로 취함으로써 석출된다. 지각에서 대상, 예를 들면 한 장의 종이로 향해진 나의 눈길은 동시에 종이 주위의 책, 잉크병, 연필에도 보내진다. 지각된 대상은 경험의 배경을 가지며, 종이와 함께 현상하는 이러한 것들도 이 경험의 배경에 귀속한다. 이러한 경험의 배경을 후설은 "직관의 장", "사물 지각의 배경", "직관의 정원"이라고 부른다. 이 배경은 일종의 변양된 의식 체험이며, 후에 '지평' 개념으로서 주조된다[Ideen Ⅰ 166].

Ⅱ. 현상학에서의 지평 개념. 후설에서 지평 개념은 단지 중요한 핵심개념일 뿐만 아니라 그의 현상학의 발전과 더불어 점점 더 그 무게를 늘려가고 심화됨으로써 마침내 후설 만년의 철학은 '지평의 현상학'이라고 부를 수 있는 것이 된다. 이와 같이 말하는 까닭은 지평이 개개의 지각적 현출자의 배경이라는 의미를 넘어서서 더 나아가 "다른 모양의 방식일 수 있는 것의 전체"라든가 "가능성의 유동 공간"이라는 의미를 획득하기 때문이다. 그리고 궁극적으로는 모든 지평의 지평이라든가 보편적 지평이라고 불림으로써 고대 그리스인이 코스모스라고 부른 것, 즉 세계를 지시하게 된다. 이것은 어떤 하나의 사물의 현상(예를 들면 종잇조각의 현상)이 벌어진 배경으로서의 지평(조금 전의 예에 의하면 책, 잉크병, 연필 등)이 더 나아가 다른 지평을 환기하기 때문이다. 요컨대 어떤 사물의 현상이 지시성과 연상성의 연관을 매개로 하여 다른 사물의 현상을 환기하는 것과 마찬가지로, 어떤 지평은 더 나아가 다른 지평을 환기하는 것이다. 이와 같이 지평이 상호적으로 환기하고 환기될 때에 이러한 지평들의 환기하고 환기되는 연관의 전체가 거기서 생겨나고 있는 어떤 개방성을 인정할 수밖에 없다. 지시하고 지시되는 지평의 상호관계의 전체가 거기서 생기하는 바, 유동하고 있는 열린 공간을 배경에서 인정할 수밖에 없다. 이 경우의 개개의 지평에 있어서의 열린 유동 공간이 "모든 지평의 지평"이라든가 "보편적 지평"으로서의 세계이다. 고대 그리스에서 코스모스라고 불렸던 '질서 있는 장식의 전체'가 후설에 의해서 복원되고 있다.

Ⅲ. 지평의 구조—내부 지평과 외부 지평, 지평의 지평. 지평은 더 나아가 내부 지평과 외부 지평으로 구별된다. 내부 지평은 선술어적인 지각 경험의 차원에서 현상하는 대상을 주로 그 내부의 계기들로 향하여 주제화하여 석출할 때에 열리게 된다. 현상하는 것의 내적 계기를 주제화하는 분석은 해명적인 관찰이라고 불린다. 지평은 원래 모종의 기지성의 성격을 지니는 바, 어떠한 대상의 현상도 예를 들어 그것이 아무리 신선한 현상이라 하더라도 반드시 무언가 알려져 있는 것에 의해 매개되어 있다. "미지성은 언제나 동시에 기지성의 하나의 양태이다"[EU 34]. 따라서 내부 지평의 분석도 어떤 대상이 이미 단적으로 파악되고 있는 것에 기초하여 수행된다. 현출하는 대상이 우선 기체로서 단적으로 파악되고, 이 기체의 내부에서 기체의 규정성이 석출되게 된다. 이것은 해명이라고 불린다. 이때 해명적 관찰은 지평적인 예취에 인도되며, 기체가 예취적으로 어떤 전체로서 주어진다. 이러한 기체로서 단적인 동시에 예취적으로 주어진 전체를 그 부분 계기에서 차례로 분석하고 해명해 가는 것이 내부 지평에 대한 해명이다. 예를 들어 한 채의 집에 나의 눈길이 보내지고 있다고 해보자. 이 집의 현상을 기체로 하여 그 내적인 규정성인 지붕, 문짝, 창이 하나씩 기체의 내적 지평의 어둠 속으로부터 밝음의 마당으로 나오게 된다. 이러한 밝은 곳으로의 등장을 해명이라고 부르며, 해명되는 항의 하나하나를 해명항

이라고 부른다. 사람들은 더 나아가 이 해명항을 기체로 간주하여 이 새로운 기체를 주제화함으로써 해명을 계속해 나갈 수 있다. 해명항이 새롭게 기체화되고 그에 대해 좀 더 하위의 해명항을 밝은 곳으로 내보낼 수 있다. 예를 들면 지붕은 집의 해명항이었지만, 이 지붕을 다시 기체로 삼아 지붕은 기와로 이어져 있다든가 검은 색을 지닌다는 식으로 지붕의 규정성이 해명되어간다. 지붕은 집이 기체로 되어 있을 때에는 집의 규정성이자 집의 해명항으로 된다. 그러나 지붕은 검음이라는 해명항에 대해서는 기체로 된다.—외부 지평에 대한 분석은 지각 차원에 정위하는 관련짓기의 관찰에 의해 수행된다. 어떤 현상하고 있는 대상과 동일한 근원적인 직관성 하에서 그 대상과 공현재적인 동시에 대상적인 주변세계가 발견된다. 이러한 주변세계는 언제나 "배경적으로" 그리고 "더불어 동시에 촉발하고 있는 기체의 다수성"으로서 함께 주어져 있다. 이 주변세계 내에 미리 현상하고 있는 것은 다수의 촉발하고 스스로를 눈에 띄게 하는 것들의 통일이다. 이 주변세계는 외부 지평이라고 불린다. 이 외부 지평에서 발견되는 기체는 눈에 띄는 것으로서 모두 자립적인 성격을 지닌다. 한 장의 종이가 책상 위에 있으며, 책상은 방 안에서 발견되고, 그 방은 한 채의 집 안에 있고, 집은 큰 길 가에 있다. 관련짓는 관찰의 수행 중에 각각 독립적인 기체로서 발견되는 것들이 일정한 통일적 연관 하에 놓인다. 이러한 통일성이 어떠한 성격을 지니는가는 그때마다 다르다. 자기소여성(자체소여성)의 경우도 있을 것이며, 자기소여적인 것이 비자기소여적인 것(공상에서의 현상)과 결합하는 통일성도 있을 것이다. 관련짓는 눈길이 기체 대상과 관련짓기 대상 사이를 이곳저곳으로 움직이는 것은 직관적 통일성을 토대로 한다. 그러나 이러한 직관적 통일성에는 다양한 종류가 있다. 이 직관적 통일성의 가장 낮은 동시에 근원적인 층은 수동적 종합과, 직관성 근저의 시간성의 종합에서 구해진다. 따라서 예를 들어 서로 병존하는 두 개의 대상의 현상은 실은 서로 병존하는 관련성의 근저에도, 또한 공간적인 위치 관계의 근저에도 가로 놓여 있는 결합적 시간 형식에 의해 통일되어 있다. 두 개의 기체 대상이 어떤 통합된 통일 형식 하에서 현상하기 위해 그것들의 근저에 하나의 시간적 통일의 형식이 존재하게 된다. 이러한 시간은 지각 체험에 귀속하는 주관적 시간이 아니라 지각 체험의 대상적 의미에 함께 귀속하는 객관적 시간이라고 말해진다. 물론 여기서 주의해야만 하는 것은 후설이 에포케라는 방법적 조작을 경유함으로써 현상영역 속에서 말하고 있는바, 그가 정위하고 있는 것은 실재론적이지도 관념론적이지도 않은 현상이라는 의미의 권역이라는 점이다. 따라서 여기서 말하는 객관적 시간은 실재론적으로 파악되어서는 안 되며, 오히려 객관에 관계한다는 의미에서의 객관적 시간이다.

나아가 후설은 이러한 지평들(내부 지평과 외부 지평)을 포괄하는 '지평들의 지평'에 대해 말한다. 그것은 개개의 지평이 언제나 어떤 특별하게 의식된 객관을 실마리로 하여 개시되는 것과 마찬가지로, 각각의 지평이 더 나아가 다른 지평을 지시하고 개시하기 위한 이끄는 실이 된다는 것이다. 이러한 각각의 지평들, 모든 지평들이 궁극적으로는 유일한 단수로만 말할 수 있는 지평, 요컨대 보편적 지평으로서의 세계를 지시한다. 이 보편적 지평이 일체의 지평을 포괄하는 세계이다.

Ⅳ. 지평의 현상학으로부터 세계의 현상학으로. 후설 만년의 사상적 경위는 지평의 현상학이라고도 또한 세계의 현상학이라고도 부를 수 있다. 더욱이 지평과 세계는 궁극적으로는 동일하다. 생활세계도 또한 직관적인 생활환경세계와 보편적인 생활세계로 구별된다. 이 구별도 현상의 핵과 그로부터 개시되는 지평의 차이의 사상에서 유래한다. 요컨대 제1차적으로 직관적으로 현상하는 것은 핵심 현출로서의 생활환경세계이며, 그것과 더불어 현상하는 지평으로서 보편적 생활세계가 그것을 포괄한다. 지평이란 좀 더 일반적인 방식으로는 핵으로서 현상하는 것과 하나가 되어 함축적인 방식으로 더불어 현상하는 것의 총체를 말한다. 따라서 지평이란 가장 일반적으로는 미규정적인 방식에서의 가능성의 유동 공간으로서 열려 있다.

V. 지평의 해석 가능성. 하이데거는 현존재를 열어 밝힘의 존재, 피개시성의 존재로서 파악한다. 이러한 현존재의 피개시성은 배려(Besorgen)이며, 이러한 배려라는 방식에서 존재하는 인간은 시간성의 탈자적인 통일성이다. 요컨대 사람은 그때마다 자기를 넘어서서 다른 것을 배려하는바, 이 배려는 근본적으로 시간적이다. 그것은 장래, 기재성(Gewesenheit, 있어 왔음), 현재로 향해 있다. 이러한 자기를 넘어선 다른 것에 대한 배려 내부를 통일하는 탈자적 시간성은 지평이다. 지평은 장래에서는 존재 가능의 기투이며, 기재성에서는 이미 있는 것이 개시되고, 현재에서는 배려되고 있는 것이 발견된다. 이와 같이 하이데거는 현존재의 탈자적 시간성 속에서만 지평을 인정한다[SZ §69].

후설과 하이데거의 현상학적 전통에 서서 철학적 해석학을 완성한 가다머는 지평의 융합을 이야기한다. 가다머는 본래 지평이라는 개념을 상황이라는 개념과 관련지어 끄집어내고 있는데, 지평이란 그의 이해에 따르면 하나의 관점에서 볼 수 있는 것들을 모두 포괄하는 것이다. 지평을 지닌다는 것은 단지 가장 가까운 것으로만 제한되지 않는바, 오히려 그 가까운 것을 넘어서서 아득히 멀리 바라볼 수 있다는 것을 말한다. 지평을 지니는 것은 그 지평 내부의 모든 사물의 의미를 바르게 평가하는 기술을 알고 있다. 특히 해석학적 상황에서는 텍스트 해석에 있어 선입관으로 대표되는 과거의 전통적 해석의 지평과 해석자가 자기 자신을 위해 수행하는 해석의 기투의 지평이 융합하여 이미 구별할 수 없게 된다[『진리와 방법』 286-289].

롬바흐는 구조론적인 지평 개념을 전개한다. 그는 오히려 지평현상학이 핵과 주위라는 방식으로 여전히 실체성을 잔존시키고 있다고 보고 지평현상학의 지평 개념을 파괴한다. 지평은 구조화되면 사물에 내적으로 귀속하는 '장'이 된다. 사물과 장은 하나의 구조를 형성한다. 구조현상학은 지평과 사태의 구별을 알지 못한다[『실체 · 체계 · 구조』 제2권, 454]. '장'은 '구조화된 지평'이다. ☞ ㈔구조, 세계, 지평융합, 지향적 함축

—오가와 다다시(小川 侃)

㉾ Severin Müller, *Vernunft und Technik*, Alber, Freiburg/München, 1978. Klaus Held, *Einleitung zu den Ausgewählten Texten I Edmund Husserls, Die phänomenologische Methode*, Reclam, Stuttgart, 1985(특히 5, 6, 7 섹션). Tadashi Ogawa, "Die Vorstruktur des Bewußtseins bei Husserl", in *Phänomenologische Forschungen*, Band 24/25, Alber, Freiburg/München, 1991.

지평융합 地平融合 [(독) Horizontverschmelzung]

가다머의 용어. 그에 의하면 지평이란 "하나의 점에서 볼 수 있는 모든 것들을 포괄하는 가시권"을 말한다. 그렇지만 지평은 닫힌 것이 아니라 역사적으로 형성된 것인 까닭에 과거와 미래로 열려 있다. 그러므로 첫째로, 역사학적 객관주의가 말하는 두 개의 지평, 요컨대 역사학적인 닫힌 인식 주관의 현재 지평과 과거 전승의 닫힌 객관 측의 지평이 존재하는 것은 아니다. 그렇지만 둘째로, 문서든 구전이든 전승을 이해하기 위해서는 역사적 현재에 대해 전승이 두드러지지 않으면 안 되며, 그러므로 인식 주관의 현재 지평이 형성되어야만 한다. 그 지평은 과거에 의해 규정된 '선행판단'에 의해 형성된다. 셋째로, 현재의 선행판단이 작용하게 됨으로써 현재의 지평으로부터 전승을 물을 수 있지만, 역으로 전승으로부터의 선행판단에 대한 반작용을 불러일으키게 되는바, 현재의 지평으로부터의 물음과 전승으로부터의 응답과의 상호작용이 전승을 이해하는 과정을 형성해 간다. 그 과정은 '언어'를 매개로 한 전승의 이해 과정이자 그 이해가 언어적으로 성취하는 과정이다. 그 과정에서 전승의 언어적 이해가 성취되었을 때에 역사적으로 형성된 현재의 지평과 두드러지게 된 전승의 지평과의 '지평융합'이 발생한다. 그러므로 사람들이 현재의 지평에서 전승을 이해해 가는 과정의 결과로서 생겨나는 것이 지평융합이다. ☞ ㉧가다머

—다케다 스미오(竹田純郎)

지표성 指標性 [(영) indexicality]

민속방법론(ethnomethodology)에서 강조되는, 행위

와 발화가 지니는 의미의 특성. 본래는 그것이 행해질 때의 프래그머틱한 언어 바깥의 콘텍스트를 배경으로 함으로써만 비로소 의미를 이루는 언어 표현을 특징짓기 위한 논리학과 언어학의 용어 내지 사고방식을 가핑켈이 전용한 것. 인덱스성, 맥락의존성이라고도 번역된다. 민속방법론은 현상학의 시점視點을 받아들여 60년대에 미국에서 시작된 새로운 사회학의 연구 분야로서, 종래의 사회학과는 달리 사회적 현실의 사실성과 객관성을 자명한 것으로 간주하는 것이 아니라 그것들이 일상생활을 해나가는 자의 해석과 설명이라는 '실천적 추론'(practical reasoning)에 의해서 부단히 구성되어 간다고 본다. 이 추론을 특징짓는 것이 지표성, 요컨대 일련의 사건들과 발화를 해석함에 있어 그것들의 배경에 놓여 있다고 생각되는 콘텍스트를 찾아내고 이러한 콘텍스트와 관계지우는 가운데 개개의 사건들과 발화를 이해하고 해석하는 방식이다. 요컨대 행위와 발화의 의미는 해석 행위로부터 독립된 객관적이고 고정된 것이 아니라 그것들이 행해지는 맥락과 상황에 의존한다고 하는 것이다. 이러한 지표성은 보통은 알아차릴 수 있는 것이 아니다. 사람들은 무의식적으로 이러한 해석을 겹겹이 쌓아올림으로써 상호반조적(reflexive)으로 행위와 발화의 배경을 이루는 콘텍스트(사회적 현실)의 객관성을 재구성하고 재확인하고 있는 것이다. ☞ ㈔민속방법론, 현상학적 사회학

—야마구치 세쓰오(山口節郞)

지표와 표현 指標—表現 [(독) Anzeichen und Ausdruck]

지표와 표현의 구별, 요컨대 지시기호와 의미기호의 구별은 후설이 『논리연구』 II/1의 제1연구 '표현과 의미'에서 행한 기호 분류상의 구별이다. '지표'(Anzeichen)란 지시대상을 식별할 뿐인 '표지'라든가 '낙인' 내지는 분필에 의한 표시와 같은 종류의 기호를 말한다. '지표'의 본질은 그 지시기능에 있지만, 그것은 '그것과는 다른 대상과 사태의 존립에 대한 확신 내지는 억측의 동기가 되는' 기능을 말한다. 따라서 '지표'는 그것 자체가 구체적인 의미내용을 표현하는 것은 아니다. 그에 반해 '의미'를 지니는 기호, 요컨대 '의미기능'(Bedeuten)을 수행하는 기호가 '표현'이다. 후설은 '표현'을 표정과 몸짓 등처럼 '사상내용'을 표현하고자 하는 의도가 결여되어 있는 단순한 '표출'과 구별한다. 언어표현은 타자와의 의사소통에서 사물을 지시하는 기능, 요컨대 '지시기능'과 전달자(기호산출자)의 그 순간의 심적 체험을 의도적으로 고지하는 기능, 요컨대 '고지기능'을 수행한다. 그러나 언어표현은 타자와의 의사소통 이외에도 예를 들면 '고독한 심적 생활'과 같은 장면에서도 '내부언어'로서 사용되는 경우가 있는데, 그 경우에는 타자에 대해서 무언가를 지시한다든지 자신의 심적 체험을 고지하는 것과 같은 필요성은 생기지 않는다. 그러나 그 경우에도 무언가를 '의미한다'는 기능은 상실되지 않고 있다. 오히려 이러한 '의미기능'이야말로 언어표현을 유의미한 표현이게끔 하는 본질적 기능이다. ☞ ㈔고독한 심적 생활

—미야하라 이사무(宮原 勇)

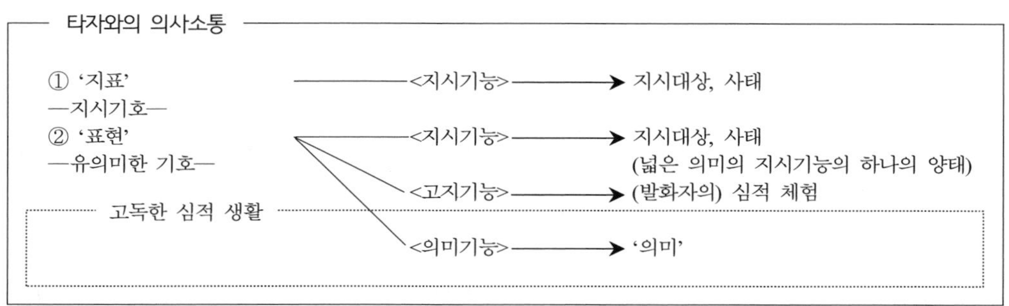

지향궁志向弓 [(불) arc intentionnel]

『지각의 현상학』에서 보이는 메를로-퐁티의 용어. 메를로-퐁티에 의하면 우리의 생활에는 그 다양한 활동을 관통하여 그 활동들에 공통된 의미를 부여하는 어떤 일반적 기능이라고 할 만한 것이 존재한다. 그런 의미에서 우리의 생활은 인식의 생활과 욕망의 생활, 지각의 생활과 같은 것들의 단순한 모자이크가 아니다. 인식, 욕망, 지각의 생활은 각각 고립된 흐름을 이루고 있는 듯이 생각된다 하더라도 사실은 일정한 형식 하에 통일되어 있는데, 그 모두에서 <세계에 대한 우리의 일반적 태도>를 찾아볼 수 있는 것이다. 우리의 생활이 어떤 종류의 병자의 생활, 나아가서는 동물의 생활과 구별되는 것도 이러한 세계에 대한 일반적 태도의 차이에 의해서이다. 하지만 우리의 이와 같은 일반적 태도는 우리가 이미 획득한 어떤 일반적 태도를 토대로 하면서도 이것을 넘어서서 새로운 태도를 창출해가는 데서 성립한 것이다. 따라서 그것은 과거를 다시 포착하면서 미래로 향해가는 우리의 초월의 운동에 의해 담보된다. 메를로-퐁티는 이러한 초월의 운동의 추세, 실존의 에너지를 지향궁이라는 말로써 표현하고자 한다. 우리 정상인들에게 있어서는 이러한 지향궁이 확장되고 있으며, "경험에 그것 나름의 활력과 풍요로움을 부여한다"[PP 184]. 그러나 이것이 "병자에게 있어서는 휘는"[같은 곳] 것이다. 정신병 환자가 현실적인 것에 사로잡혀 가능적인 것 속에 자리 잡을 수 없는 것도 결국에는 바로 이 때문이다.

—다케우치 오사미(竹內修身)

지향성志向性 [(독) Intentionalität (불) intentionnalité (영) intentionality]

Ⅰ. 브렌타노와 스콜라의 경우. 후설 자신이 인정하고 있듯이 "브렌타노가 지향성이라는 스콜라 철학의 개념을 심리학의 기술적인 기본 개념으로 개조한 것은 거대한 발견이며, 현상학이 가능해진 것은 전적으로 이 발견에 의해서였다"[Ideen Ⅲ 155]. 그러므로 우선 브렌타노의 지향성론을 살펴보자. 그는 1874년 초판의 『경험적 입장에서의 심리학』 제1권의 124쪽에서 다음과 같이 말하고 있다. "모든 심적 현상은 중세의 스콜라 학자들이 대상의 지향적(내지는 심적) 내재라고 불렀던 것에 의해서, 그리고 우리가 다소 애매한 표현이긴 하지만 내용에 대한 관계, 객관(여기서는 반드시 실재라는 의미로 이해해야 하는 것은 아니다)으로의 방향, 또는 내재적 대상성이라고 부르고자 생각하는 것에 의해서 특징지어진다. 어떠한 심적 현상도 동일한 방식으로는 아니지만 무언가를 객관으로서 그 자신 속에 포함한다. 표상에서는 무언가가 표상되며, 판단에서는 무언가가 승인 또는 부인되고, 사랑에서는 사랑되며, 증오에서는 증오되고, 욕구에서는 욕구되는 것이다. 이와 같은 지향적 내재는 심적 현상에 고유한 특성인바, 물적 현상은 이와 같은 특성을 보이지 않는다. 그러므로 우리는 심적 현상이란 지향적으로 대상을 그 자신 속에 포함하는 현상이라고 정의할 수 있다." 이렇게 설명되고 있는 브렌타노의 지향성론은 더 나아가 이러한 해설로써 거의 남김없이 말해지고 있다. 즉 그에게 있어서는 기술적 심리학의 연구 영역을 물리적 자연과학의 영역으로부터 명확히 구별하기 위한 근거로서 심적 현상과 물적 현상의 차이를 명시하고, 이어서 심적 현상에는 표상과 판단과 정감(즉 애증)의 세 종류가 있으며 나아가 표상이 모든 심적 현상의 기반이라는 것을 말하게 되면 이미 그것으로 충분한바, 후설처럼 그로부터 더 나아가 지향성 개념을 축으로 하여 인식론적 연구에 발을 들여놓지는 않았다. 덧붙이자면, 1889년의 그는 여전히 심적 현상의 공통 특성이 "무언가에 대한 지향적 관계라고 불리는 주관적 태도"에 있으며, "여기서 말하는 무언가란 예를 들어 현실에는 존재하지 않는다 하더라도 내적으로 대상으로서 주어져 있는 것을 가리킨다"고 분명히 말하고 있다. 그러나 1905년 무렵 이후의 브렌타노는 이러한 심적 내재설을 스스로 부정하여 실재하는 것만이 표상될 수 있다고 생각하게 되며, 그에 따라 <지향적>이라는 말도 사용하지 않게 되었다.

그러면 다음으로 스콜라 철학의 intentio는 도대체 어떠한 뜻을 지니고 있던 것일까? 이 라틴어는 영어의

tension, tendency, attention 등의 어원이기도 한 tendere (<긴장하다, 향하다, 지향하다, 노력하다> 등을 의미하는 동사)로부터의 파생어이기 때문에, 따라서 11세기 무렵까지는 대부분 오로지 <행위의 의도와 목적>을, 즉 실천적인 <의지의 활동>을 의미하고 있었다. 그러나 12세기에 아비센나(Avicenna 980-1037) 등의 아라비아 철학이 라틴어로 번역될 때에 <어의와 관념> 등을 의미하는 아라비아어의 mana가 intentio라고 번역되었기 때문에, 그 이래로 이 말은 <지성의 활동>인 인식작용과 그 형성물에 대해서 사용되게 되며, 그 결과 특히 후기의 스콜라 철학에서는 <지향적 존재>를 <지성의 작용에 의존하는 주관적인 존재>로 보는 해석이 우세하게 되었던 것이다.

Ⅱ. 후설의 경우. 후설에 의하면 "지향성이라는 말은, 의식이란 무언가에 대한 의식이며 코기토로서 그 자신 속에 코기타툼{ = 의식내용으로서의 지향적 대상}을 간직하고 있다고 하는, 의식의 이러한 일반적인 근본 특성을 의미하며"[CM 72], 그리고 "이러한 지향성이라는 명칭에는 휠레의 문제까지도 포함하여 현상학의 모든 문제가 짜 넣어져 있다"[Ideen Ⅰ 303]. 사실 그의 현상학적 고찰은 cogito-cogitatum의, 즉 노에시스-노에마의 상관관계를 분석하여 기술하는 작업을 통해 <대상을 지향하고 인식하는 의식주관의 기능들은 무엇인가>라는 물음과, <지향되는 대상은 의식주관에 대해 어떠한 방식으로 존재자로서 주어질 수 있는가>라는 물음을 둘러싸고 순차적으로 전개되어 심화되어 간다. 요컨대 이러한 지향성 문제는 후설을 필연적으로 인식론과 존재론과 자아론을 연결하여 통합하는 광범위한 연구의 장으로 이끌고, 나아가 시간론의 고찰도 촉구하는 근본 동인이기 때문에, 그의 저서와 강의록들 모두가 다양한 관점에서 지향성의 구조와 기능들을 상세하게 논의하고 있다. 여기서는 그것들 중에서 특히 중요한 사항만을 선택하여 약술하고자 한다.

(1) 대상에로 향하는 지향과 지평지향성. 지향의 특성으로서 후설이 최초로 지적한 것도 <대상에로의 방향>이다. 표상, 판단, 감정, 의지, 욕구, 그 밖의 어떠한 성질의 지향작용이든 모두 각각의 방식으로 무언가의 대상으로 향해 있으며, 통상적으로 그 대상은 그때마다의 지향적 체험(= 작용) 속에서 <목표로서 겨눠져> 사념되고 있다[LU Ⅱ/ Ⅰ 372, 379]. 그러나 그 중에는 <겨누다, 주목하다, 주의하다> 등이라는 비유가 해당되지 않는 <방향이 정해지지 않은 지향>도 있을 수 있다[같은 책 396]. 예를 들면 무언가 소리가 나고, 어딘가에서 무언가가 움직이는 기미가 있다는 등의 경우가 그렇다. 나아가 이러한 방향 불확정성과는 별도로 특정한 대상으로 향한 현실적인 지향적 체험이라고 하더라도 사실은 언제나 <전적으로 주의되고 있지 않은 배경>에 둘러싸여 있다. 후설은 이것을 <무의식의 지향성>이나 <지평지향성>이라고도 부르며[Krisis 240], 나아가서는 <공허지향>이라고도 부른다[Hu **11**. 99]. 그러나 이러한 <말해지지 않는 숨겨진 지평지향성>도 현실적인 지향의 배후에서 잠재적으로 함께 기능하고 있다. 그는 이러한 저간의 사정을 "주의를 «돌린다»는 말은 새롭게 주의가 향해지는 대상이 이미 이전부터 배경의 대상으로서 의식의 장 속에 존재하고 있었지만, 지금까지 주목되지 못한 채 지각의 주제적 대상으로 되지 못했다는 것을 의미한다"[Hu **8**. 145]라고 말하거나 "«현실에서 현시되는 것»의 핵은 반드시 비본래적인 «그것에 부수하는 소여»와 막연한 무규정성의 지평에 둘러싸여 파악된다"[Ideen Ⅰ 80]고도 말하고 있다. 그런데 다시 한 번 표상지향과 판단지향 및 감정지향 등과의 상호관계로 되돌아오면, 이들 사이에는 <기초짓는 지향>과 <기초지어진 지향>의 구별이 놓여 있다. 이미 브렌타노도 "표상되지 않는 것은 판단될 수도 욕구될 수도 없다"고 말했지만, 후설도 표상이 가장 기초적인 작용이며, 기초지어진 지향(예를 들면 감정지향)과 그 대상은 그것을 기초짓는 표상지향과 표상대상을 기반으로 후자와의 복합에 의해 성립한다고 하고 있다[LU Ⅱ/ Ⅰ 389, 403].

(2) 대상에 의미를 부여하는 구성적 수행으로서의 지향성. 의식은 단지 대상으로 향하는 것만이 아니다. 우리는 외계의 초월적인 실재사물에 눈을 돌릴 뿐만 아니라 <이것은 노송나무다>라든가 <저기에 도로 표

지판이 있다>는 등이라고 말한다. 즉 눈에 비치는 대상을 인식할 때 우리는 그 사물에 <노송나무>라든가 <도로 표지판>이라는 의미를 부여하여 그것이 <무엇인가>를 규정한다. 이와 같은 <의미부여, 의미규정>의 수행이야말로 후설이 말하는 "구성하는 지향성"의 주요한 기능인바, 대상이 지니는 의미는 모두 이러한 구성적인 지향성으로부터 발생하게 된다[FTL 207]. 요컨대 그가 말하는 <구성>이란 초월적인 사물의 실재 그 자체를 창조하는 것이 아니라 그 <상존재相存在>(Sosein)를, 즉 지향적 대상으로서의 그 사물이 인식 주관에 대해서 지닐 수 있는 <의미와 타당성>을 형성하는 것인바, 이 점은 "인식하는 주관성"이 "모든 객관적인 의미형성과 존재타당의 근원장"이라고 주장되는 것에서도 분명하다[Krisis 102]. 이러한 주관성은 <초월론적> 주관성이라고도 불리는데, 그 이유는 위에서 말한 대로 초월적인 사물들과 세계에 지향적으로 관계하여 그것들을 의미 통일체로서 구성하기 때문이다. 이 점은 당연히 다른 한편의 <초월> 개념에도 반영되어 이른바 초월적인 것도 여기서는 <지향적-이념적인 의식내재>라는 존재 성격을 지니게 된다[CM 80, 117]. 그러므로 후설은 그의 현상학을 "순수하게 내재적인 초월론적 철학"[Hu **7**. 187]이라거나 "현상학적 관념론"이라고 자칭하고 있다. 그러나 물론 이 관념론은 실재적인 세계의 현실존재를 부정하는 것이 아니다. 오히려 그것의 유일한 과제는 만인에게 있어 실재로서 타당한 이 세계의 존재의미를 해명하는 것인바, 이러한 <누구에게 있어서도 존재하는 객관적인 세계>를 구성하는 주관성을 그는 초월론적인 <상호주관성>이라고 부른다[Ideen Ⅲ 152f.].

(3) 수동적 지향성. 지향성의 본질이 구성적 수행에 있다 하더라도[FTL 183], 실재사물의 존재의미를 구성하기 위해서는 그 소재가 되어야만 하는 감각소여가 필요하다. 능동적인 구성의 수행도 그것 자신은 비지향적인 감각소여를 대상으로부터 받아들여 그것에 생기를 불어넣는(beseelen) 것에서 시작된다. 즉 객관이 주관을 촉발함으로써 주관의 대상적 지향이 깨어나는 것이다[Hu **11**. 151, EU 74]. 그러므로 후설은 "무언가에 대한 의식이 취할 수밖에 없는 특수한 형태로서의 수동적 지향"의 기능에도 주목하여 수동성이 없으면 능동성도 기능할 수 없을 것이라고 말한다[Hu **11**. 89ff.]. 다만 이와 같이 감각소여를 수용하는 경우뿐만 아니라 과거의 의식생활에서 이미 획득된 것(=인식의 성과 등)을 미리 주어진 것으로서 수용하여 그것을 기반으로 새로운 의미부여가 이루어지는 경우에도 역시 수동적 지향성이 함께 기능하고 있는바, 이와 같은 경우에는 <수동적 발생에 의한 구성>이라고도 말해지며, 또한 <연합>이 그 원리라고 여겨진다[CM 112f.]. 덧붙이자면, 감각소여를 수용할 때에는 대상에 눈을 돌린다든지 손을 내밀어 만지는 등 주관 측의 능동적인 신체운동이 필요해진다. 그러므로 이와 같은 <수용성>은 자아의 능동성의 가장 낮은 단계로 간주된다[EU 83].

(4) 지향적 종합과 내적 시간의식. 우리는 동시에 또는 연속적 내지는 단속적으로 나타나는 현상들을 하나의 대상으로 종합한다든지 대상들 사이의 관계를 파악한다든지 하여 그 각각을 의미통일체로서 인식한다. 이와 같은 지향적 종합도 지향성의 중요한 수행의 하나인바, 후설은 그 근본형식을 "동일화작용"이라고 부른다[CM 79]. 그러나 또 다른 차원의 종합도 존재한다. 즉 우리는 과거로부터 현재에 이르는 다양한 의식체험 모두를 하나의 의식의 흐름으로 종합 통일하여 이러한 나의 의식류, 체험류로서 의식한다. 후설은 자아의 의식생활 전체를 통합하는 이러한 지향적 수행을 "보편적 종합"이라고 부르며 특히 중시하는데, 그 근본형식은 "모든 의식종합을 포섭하는 내적 시간의식"이라고 한다[CM 80f.]. 그는 더 나아가 사회와 문화와 같은 객관적 세계의 상호주관적 구성과 관련하여 "상호주관적 종합"의 기능도 고찰하며[같은 책 159ff.], 이와 같은 문제영역에서는 "상호주관적 지향성"이라는 술어도 사용한다[FTL 218]. 어쨌든 이와 같이 모든 종류, 모든 단계의 종합과 구성이 모두 <시간화>인 이상[Krisis 172], 각 자아의 의식생활에는 각각 고유한 역사성이 놓여 있는바, 그 깊은 곳에는 과거의 체험들이 말하자면 침전된 의미의 역사로서 가로놓여 있다. 사람에 따라 동일한 사건에서 상이한 해석과 판단이

이루어지는 것도 그 때문일 것이다. 그런 까닭에 그는 각 판단에는 각각 의미의 생성이 있고 일종의 역사성이 감춰져 있기 때문에 각 판단의 의미의 역사를 물어 밝히지 않으면 안 된다고 주장한다[FTL 184].

Ⅲ. 그 밖의 지향성 개념. 후설의 지향성론은 위에서 언급되었듯이 주로 사물이 지향적 대상으로 되는 경우에 대해 전개되고 있지만, 이 이외에도 또한 <표현의 의미지향과 직관에 의한 그 충족> 및 <시간을 구성하는 지향>에 대해서도 상세한 분석이 이루어지고 있다. 후설에 의하면 표현의 본질은 의미지향에 있으며, 그 지향이 직관에 의해 충족되는 경우에 대상에 대한 관계가 현실화됨으로써 그 표현은 인식의 기능을 수행할 수 있다. 예를 들면 <둥근 사각형>이라는 표현에도 의미지향이 있기 때문에 무의미하지는 않지만, 그 지향은 직관에 의해 충족될 수 없는 까닭에 <반의미>적인 표현이라고 생각된다. 또한 <시간을 구성하는 지향>으로서는 과거파지와 미래예지, 종의 지향성과 횡의 지향성, 상기 지향과 예기 지향 등등에 대해 고찰되고 있다. 다음으로 후설 이후의 지향성론 가운데 특히 주목해두고 싶은 것은 메를로-퐁티의 <신체의 운동성 지향> 내지는 <신체적 지향성>이며, 나아가 분석철학 측에서의 새로운 전개로서는 행위의 의도를 주제적으로 고찰한 앤스콤(G. E. M. Anscombe)과, 지향성 문제 속에서 언어의 철학과 정신의 철학의 융합점을 찾아 언어행위와 지각의 지향을 논고한 설(J. R. Searle)의 Intentionality 논의 등이 중요하다. ☞ [사]과거파지/미래예지{파지/예지}, 상호주관성, 수동성, 시간의식, 신체적 지향성, 의미지향/의미충족

—다테마쓰 히로타카(立松弘孝)

[참] D. W. Smith and R. McIntyre, *Husserl and Intentionality*, Dordrecht, Boston, 1982. H. L. Dreyfus, ed., *Husserl Intentionality & Cognitive Science*, Cambridge, Massachusetts, 1982.

지향적 관계志向的關係 [(독) intentionale Beziehung; intentionales Verhältnis] ⇨[사]지향성

지향적 분석志向的分析 [(독) Intentionalanalyse (불) l'analyse intentionelle (영) intentional analysis]

지향적 분석이란 의식과 대상 또는 노에시스와 노에마의 관계에 대한 해명이다. 이러한 해명은 현상학적 에포케에 의해 열리게 된 작업의 마당인 현상의 장 속에서 이루어진다. 어떠한 나타나는 대상도 그것의 나타남의 방식, 주어지는 방식에 주목하여 해명된다. 이때의 현상방식, 소여방식이 바로 대상에 대한 지향적 관련성에서의 노에시스에 거의 대응한다. 일반적으로 말하면 눈앞에 나타나는 대상은 그것을 사념하고 있는 의식을 해명하기 위한 '초월론적 인도' 또는 '지향적 지표'로서 이바지한다. 이러한 대상을 이끄는 실로서 지향적 의식의 존재방식이 해명된다. 지향적 의식은 그 경우 하나의 대상의 다양한 현상방식으로서 제시되는바, 어떤 하나의 대상적 의미가 노에시스적인 다양한 의미의 수행 속에서 출현한다. 이러한 사태를 역으로 말하면 어떤 대상은 다양한 노에시스적 수행의 통일적 종합이다. 이리하여 대상의 통일적 종합은 수행의 다양한 차원에서의 의미의 다양성을 하나의 통일성으로 모으는 것이 된다. 그러나 이것은 이러한 통일성 속의 부분계기들의 모두가 현재적인 현실태에서 발견된다는 것을 의미하는 것이 아니라, 도리어 지향적으로 현실화되어 있지 않은 계기도 함께 아울러 통일성으로 가져온다는 것을 의미한다. 따라서 지향적 분석은 함축적인 잠재태 속에서 생겨나는 것을 현실태로 가져오는 작업이다. 요컨대 지향적 분석은 대상을 지표로 함으로써 수행되는 의식의 잠재태에 대한 해명이다.

—오가와 다다시(小川 侃)

지향적 함축志向的含蓄 [(독) intentionale Implikation (불) l'implication intentionelle (영) intentional implication]

지향적 함축이라는 사상은 현상학에서의 의식에는 본래 유동성이 따라붙으며 그 의식이 숨겨진 의미를 함유한다는 인식과의 관계에서 또는 지평지향성과의 관계에서 후설 현상학에서 논리적 판단과 독사의 의미

발생의 지반으로서 출현한다[Ideen Ⅰ 80, 217, 233, 243, FTL 207, 215f., Hu 7. 263, 265 참조]. 어떤 대상이 나타날 때 이 대상은 지평성과 더불어 주어진다. 일반적으로 대상만이 단적으로 주어질 수는 없으며, 오히려 반드시 지평성이 더불어 나타난다. 이때 지평성은 말하자면 밝은 곳의 초점에서 발견되는 대상 주위에서 이를테면 어두운 주변의 장으로서 한꺼번에 나타나게 된다. 이 경우의 '더불어 주어져 있는 것', '더불어 무언가의 방식으로 나타나 있는 것'은 전적인 허무가 아니라 모종의 방식으로 지향적으로 의식되어 있다. 이 경우의 '더불어 나타나 주어져 있는 것'의 전체를 지향적 함축이라고 부를 수 있다. 따라서 지향적 분석이라든가 지평의 분석이라고 말해지는 것도 실제로는 지향적 함축에 대한 해명에 다름 아니다. 왜냐하면 지향적 함축이란 지향적인 방식에서 의미로서 간직되고 함의되어 있는 것의 총체이기 때문이다. 의식적인 방식으로 중첩화된 의미의 전체가 지향적 함축이다. 지향적 함축은 자아-타아-관계에 놓이면 타아의 잠재성을 함의하게 되며 따라서 상호주관성을 가능하게 한다. 왜냐하면 세계가 내게 보이는 것 이상의 것을 함의하고 있다면 그것은 곧 타자의 공동존재를 지시하기 때문이다.

―오가와 다다시(小川 侃)

직관 直觀 [(독) Anschauung (영) intuition]

직관이란 인식론상의 개념으로서 인식의 대상 그 자체를 기호나 상징 등 어떤 것도 매개시키지 않고서 직접적으로 파악하는 인식을 가리킨다. 즉 대상 그 자신이 있는 그대로 직접 주어지는 인식을 말한다. 직관의 대표로서는 보통의 지각과 마찬가지로 감성적 인식이 있다. 직관은 또한 의미부여 작용과 의미충족 작용의 일치로도 간주된다. 후설은 그 모델을 지각에서 발견하고, 그 직관성을 본원적 자체 소여성이라고 불렀다. 직관에서는 인식과 그 대상 자체가 합치하지 않으면 안 된다. 이러한 합치를 완전성이라고 말하지만 지각은 완전하지 않다. 옛날부터 직관은 완전한 까닭에 가장 이상적인 인식으로 간주되어 왔다. 따라서 이미 그리스 철학에서도 지각을 넘어선, 그것과는 전혀 다른 직관이 우월한 인식으로서 추구되었다. 엘레아학파의 존재의 인식(존재와 인식의 동일)이나 플라톤의 이데아의 인식이 그것들이다. 이와 같은 직관은 더 나아가 이성의 활동으로 생각되는데, 근대에는 데카르트의 방법적 회의를 통해 도달되는 자아의 절대적으로 확실한 의식의 자기 파악이 탁월하게 바로 이 직관이라고 생각되었다. 현상학은 이중의 의미에서 직관을 중시하는 학이다. 한편으로는 현상 그 자체가 인식 대상인바, 칸트학파 등의 구성주의처럼 그 배후에서 사물 자체 등을 생각하기를 거부하고 그 현상에 대한 직접적인 파악이 인식이라고 하는 점에서 현상학은 직관을 중시한다. 다른 한편으로 학적 인식에서는 그 학문성을 논리와 같은 간접적인 것에서가 아니라 대상을 직접 있는 그대로 파악하는 완전한 직관성에서 구하기 때문에, 현상학은 자주 직관의 학이라고도 말해진다. 현상학의 학적 인식으로서의 직관은 본질의 직관(Wesensschau, Ideation)이며, 후험적(a posteriori, 감성적 직관)이 아니라 선험적(a priori, 순수 직관)이어야만 한다. 후설에서는 구체적이고 개별적인 경험적 인식으로부터 자유변경을 통해 형상적 환원이라는 절차를 거친 후 본질직관이 가능해진다. 그 초기에는 이와 같은 현상학의 학문성을 본질과 그에 대한 직관의 선험성에서 우선 발견하는데, 자연과학의 정밀성에 맞서 이것을 현상학, 즉 철학의 엄밀성으로서 자리매김했다. 셸러에게서는 사랑 등의 정의情意작용이 이성과는 구별되어 이성에 맞선 독자적인 인식 능력(선험적인 직관)으로서 발견되는데, 정의작용의 지향적 대상의 가치는 선험적인 본질이다. 선험적인 직관에 의해 앎의 우위에 서는 후설의 현상학을 넘어서서 가치우위의 사랑과 ordo amoris(사랑의 질서)의 형이상학의 길이 열린다. ☞ ㊄본질직관, 지각

―시모미세 에이이치(下店榮一)

㊟ E. Shimomissé, *Die Phänomenologie und das Problem der Grundlegung der Ethik*, Den Haag, 1971.

직접태/간접태 直接態/間接態 [(라) modus rectus/modus obliquus]

후기 브렌타노의 용어. 표상의 기본적인 두 가지 양태를 나타낸다. 예를 들어 내가 서울타워에 대해 생각하고 있는 경우, '서울타워에 대한 나의 사고'라는 표상작용은 사고하는 자로서의 나와 사고의 대상으로서의 서울타워라는 두 개의 객관에 관계하고 있는 것으로 볼 수 있다. 브렌타노에 의하면 전자는 기저(Fundament)라고 불리며 사고작용이 '직접적으로'(in modo recto) 관계하는 것이고, 후자는 항(Terminus)이라고 불리며 '간접적으로'(In modo obliquo) 관계하는 것이다. 그에 대해 '서울타워는 에펠탑보다 낮다'라는 비교 관계에 대해 생각하는 경우, 이번에는 서울타워가 기저, 에펠탑이 항의 위치를 차지한다. 이와 같이 동일한 것이 상이한 양태에서 표상된다. 그리고 이와 같은 두 가지 양태는 더 나아가 인과 관계, 동일・차이의 관계, 시간 관계, 공간 관계 등에서도 공통적으로 보인다. 그러나 그 중에서 표상과 같은 심적 현상은 특별한 성질을 지닌다. 왜냐하면 단순한 비교 관계 등의 경우에는 두 가지 관계항의 양방이 실재한다는 것이 전제되는 데 반해, 심적 현상의 경우에는 직접적인 대상은 실재할 것이 요청되지만, 간접적인 대상은 반드시 실재할 필요가 없기 때문이다. 이 점에서 심적 현상은 '관계에 비견되는 것'(Relativliches)이라고 불린다. 또한 이 두 가지 양태는 브렌타노의 시간론, 공간론의 근본 개념이기도 하다. 어떠한 시간, 공간 관계도 궁극적으로는 **현재**와 **여기**를 직접적인 기저로 하고 있으며, 과거와 미래, 다른 장소는 간접적인 항이다[브렌타노 『시간 및 공간론時間及び空間論』 (和田治平 譯, 岩波書店, 1932) 참조]. ☞ ㉮내적 지각, 사물적인 것

―무라타 준이치(村田純一)

진리 眞理 [(독) Wahrheit (불) vérité (영) truth]

Ⅰ. 진리의 정식과 그 변양. 진리의 고전적 정식은 '사물과 사고(인식)의 일치'(adequatio rei et intellectus)이다. 후설도 적당한 변경을 가해 이것을 따른다. 그 경우 "intellectus란 사고적 지향(gedankliche Intention), 즉 의미의 지향(Intention der Bedeutung)을 가리키며, adequatio란 …… 그 지향이 충족(Erfüllung)을 발견한다"는 것인데, 일치에서는 "대상적인 것이 바로 그것이 지향되어 있는 그대로 실제로 '현재한다'든가 '주어져 있다'"[LU Ⅱ/2 118]. 그리고 일치도 작용이기(단지 상태가 아니기) 때문에 "이러한 일치시키는 작용{동일화 작용}의 대상 측의 상관자가 <진리라는 의미에서의 존재>라고도, 또는 {오로지} <진리>라고도 불리는 바", 따라서 진리란 "<사념된 것>(Gemeintes)과 <주어진 것(Gegebenes) 그 자체>의 완전한 일치이다"[LU Ⅱ/2 122].

Ⅱ. 명증(성)으로의 진리의 환원. 일치란 지향의 충족이며, 그 충족이란 지향된 것(대상 또는 사태)이 실제로(wirklich), 현재적으로(gegenwärtig) 주어지는 것이다. 사태(Sache) 그 자신이 직관에서 직접적으로, 근원적으로(originaliter) 주어진다고 하는 탁월한 의식 양상이란 '명증(성)'에 다름 아니다[CM §24]. 일치를 확인하고 보증하는 것이 명증임과 동시에, 반대로 일치의 이상(완전한 일치)이 명증에 존재와 목적성을 부여하는 것이다. 따라서 진리는 명증 체험의 상관자이며, '현실적으로 존재한다, 올바르게 타당하다'라는 대상 측의 진리 내지 현실성은 명증으로부터만 이해되는 것이다[CM §26]. 진리를 명증에 기초짓는 한, 후설의 철학은 데카르트와 마찬가지로 명증성의 철학이다. 그러나 후설에서 명증성 개념은 다양한 동시에 계층화되게(불충전적, 충전적, 필증적 명증) 되며, 진리도 그에 따르게 된다.

Ⅲ. 명증의 근원양상으로서의 지각으로부터 진리의 기반으로서의 세계로. 후설의 고찰은 이에 그치지 않고 명증 체험을 소급하는 방식으로 심화된다. 명증은 판단(작용)과 결부된 특수한 의식상태(감정)가 아니라 사태 그 자체를 부여하는 지향작용이다. 그것은 판단 이전의 전술어적(vorprädikativ)인 경험에서 구해진다. 자체부여(Selbstgebung)의 근원양상(Urmodus)으로서의 지각이 그것이다[FTL §59 166]. 확실히 지각은 그 대상을 현실적으로, 즉 현재에서 그것 자체로서 부여

해준다. 지각경험의 불확실성도 그것이 명증성의 원형이라는 것을 방해하지 않는다. 우리는 지각경험 이상으로 소급할 수 없으며, 그 오류도 지각경험의 틀 내에서 언제나 원리적으로 "정정 가능한" 것이기 때문이다[Hu **8**. 47]. 지각(의 명증)은 본래 개별적 대상에 관계하는 경험(의 명증)이다. 그러나 지각경험에서 대상은 주위(Umgebung)로부터 분리되어 주어지는 것이 아니라 언제나 함께 있는 주위로부터 눈에 두드러져 주어지는 것이다. 지각작용의 자체부여의 능동성에 반해, 이러한 주위는 수동적으로 미리 주어지는 '전소여성(Vorgegebenheit)의 영역(Bereich)이다[EU 24]. 이 영역은 거기서 개별적 대상 각각에 대한 경험이 가능해지는 지반(Boden)인바, 그것은 개별적 대상의 주제화를 가능하게 하면서도 그것 자신은 주제화되지 않는 까닭에, 그것의 존재는 자명하더라도 그것의 의심 불가능성은 인식이 아니라 신념이라고 불린다. 그리고 이러한 (수동적인) 존재신념(Seinsglaube)의 보편적 지반이 세계라고 주장된다. 인식의 대상으로서 존재하는 것은 모두 "자명하게 존재하는 것으로서 타당한 세계라는 지반"[EU 25] 위에 있는바, 이러한 진리 지반 위에서만 그 존재가 확인되고 검증되는 것이다. 이 점은 다음의 하이데거의 진리 개념(주관성 우위의 비판)과 합쳐 생각할 때 매우 흥미롭지 않을 수 없다.

Ⅳ. 개방성(Offenheit)으로서의 진리. 일치와 명증성의 진리 개념에는 일체의 존재자를 인식자의 대상존재로 간주하고 인식자의 의식에 내재시키고자 하는 주관성 우위의 사상이 짙은 그림자를 드리우고 있다. 근대 과학도 데카르트 이래의 이러한 명증성의 진리 개념에 뒷받침되어 발전해왔던 것이다. 서구 근대의 철학을 "주관성의 형이상학"으로 특성화하는 하이데거는 거기서 인간중심주의의 위험을 읽어낸다. 확실히 존재자 일반의 존재에 대한 이해의 출발점은 우리 인간인바, 인간 존재(현존재)가 그런 의미에서 특권적 지위를 차지하는 것은 인정된다 하더라도 그것이 인간존재가 존재 일반의 중심이 된다는 것은 아니다. 현존재는 존재의 다양성의 개방(개시)의 장이면서도 존재의 지배・정복의 추진자는 아닌 것이다. 존재자는 의식의 지향적 대상이라는 주관성의 틀로부터 해방되어 자유라고 하는 것이 존재자의 본래적인 존재로서의 진리이다. 그때 존재자의 존재 방식이 보이기 때문이다[『진리의 본질에 대하여』]. 이러한 개방성은 은유적으로 숲속의 빈터인 밝힘(Lichtung)에 비유된다. 그것은 개방이 전면적이 아니라 언제나 숨겨진 부분을 지닌다는 것, 인간의 강제적 개방이 아니라는 것(탈-인간중심)을 이야기하는 것이다. 여기서의 진리 개념은 앞의 일치와 불일치에 반해, 은폐와 드러냄, 폐쇄와 개방의 이중성에 의해 뒷받침된다. ☞ [사]명증성, 인식, 지향성

―가토 세이시(加藤精司)

[참] A. De Waelhens, *Phénoménologie et vérité*, Paris, 1953. E. Tugendhat, *Der Wahrheitsbegriff bei Husserl und Heidegger*, Berlin, 1967.

진리 자체 眞理自體 [(독) Wahrheit an sich]

'명제 자체'와 더불어 볼차노의 주저인 『학문론』의 출발점을 이루고 또한 그 궁극적인 초석을 이루는 개념이지만, '명제 자체'와 마찬가지로 철저화되어 그 객관적 규정이 지향된다. 그는 "누구에 의해 주장된다든지 표상된다든지의 여부에 관계없이 어떤 것의 존재, 비존재를 언명하는 명제에 속하는 성질—요컨대 명제가 어떤 것을 있는 그대로 언명한다고 하는 성질"이라는 규정을 부여한다[『학문론』 초판, 108]. 그로부터 알 수 있듯이 (1) 모든 진리 자체는 명제 자체의 일종이며, (2) 특정한 시공에서의 존재라는 의미에서의 현실존재를 지니지 않고, (3) 누군가 어떤 자(신을 포함하여)에 의한 인식이나 사유를 필요로 하지 않으며, 그것들로부터 독립하여 존재한다[같은 책 112-114]. 나아가 (4) "명제가 어떤 것을 있는 그대로 언명한다"는 규정은 "사물과 지성의 합치"라는 고전적 진리 개념에 귀착될 것이지만, 볼차노에서는 '표상 자체'(객관적 표상)와 대상—이것도 명제에서는 표상 자체에 의해 제시된다—과의 합치라는 형태로 파악되게 된다. 이러한 합치를 언명하는 명제 자체가 진리 자체인 것이다.

따라서 이 합치는 인식작용 측으로부터 문제가 되는 것이 아니라 전적으로 객관적인 명제 자체에서의 문제로서 다루어지지 않으면 안 된다. 논리학을 인식론적 문제설정으로부터 해방시키고자 한다는 점에서 이후의 『산술의 기본 법칙』에서의 프레게 주장의 선구를 여기서 발견할 수 있다. ☞ ㊀명제 자체, ㉤볼차노, ㊀학문론

—미카미 신지(三上眞司)

질료적 존재론 質料的存在論 ⇨㊀형식적 존재론/질료적 존재론

질문 質問 [(불) interrogation]

(1) 사르트르의 『존재와 무』에서 질문은 인간이 세계에 탐구적으로 관계하는 원초적인 행위인데, 그것을 사례로서 전형적으로 보여주는 것은 존재(l'être)에 대한 인간의 관계에는 언제나 무가 따라다닌다는 것이다. 질문은 인간이 물어지는 존재에 대해 알지 못한다는 앎의 비존재, 그 존재가 부정될 수 있다고 하는 가능적 비존재, 그 존재를 규정하는 한정으로서의 비존재라는 3중의 무를 조건으로 하여 성립한다. (2) 메를로-퐁티의 『보이는 것과 보이지 않는 것』에서 질문은 존재(l'Être)에 대한 궁극적인 관계로서 철학 그 자체이다. 그것은 반성 이전의 아직 말없는 세계 경험에 어디까지나 개방적으로 적합하고자 하는바, 스스로는 아무것도 알지 못하는 것처럼 세계와 그 지각으로 하여금 말하게끔 하고자 한다. "철학이란 자기 자신에게 질문하는 지각적 믿음이다"[VI 139]. 이와 같은 질문으로서의 철학은 반성・변증법・직관과의 대비에 의해 두드러지게 된다. 구성 주관에게로 귀환하여 세계를 조감하는 반성에 반해, 경험의 사실적 상황 속의 자기 자신을 자각하는 초반성과 마찬가지로 질문은 삶의 세계로 향하면서 묻는 자기 자신도 뒤돌아본다. 양가적 대립과 그것의 지양적 종합으로서의 변증법에 반해, 관계의 양의성과 개방성을 뒤따라가는 초변증법과 마찬가지로 질문은 세계와 지각과 언어가 뒤얽히는 상호 반전의 장에 계속해서 자리 잡고 있다. 이념적 본질의 직관이나 사물과의 합치로서의 직관에 반해, 질문은 사실적 경험의 한가운데서 활동하는 작동적 본질, 바로 거리에 의해서 열리는 사물의 직접성을 보고자 한다. ☞ ㊀초반성

—시노 겐지(篠 憲二)

집합 集合 [(독) Inbegriff; Menge] ⇨㊀다양체

집합적 결합 集合的結合 [(독) kollektive Verbindung]

후설이 『산술의 철학』에서 산술의 기본 개념인 기수 개념에 대한 심리학적 분석을 행할 때에 사용하는 개념. 여기서 심리학적 분석이란 개념이 구체적 현상으로부터 추상되어가는 과정을 해명하는 것을 의미한다. 후설은 기수란 무규정적인 다多가 '특정한 다'로서 규정된 것이라고 정의한 데 기초하여 다의 개념을 분석하는 데서 시작한다. 다의 개념이 그로부터 추상되는 구체적 현상이란 개개의 대상들로 이루어진 '집합'(Inbegriff)이다. 집합을 성립시키는 결정적 요인은 개개의 대상들 그 자체가 아니라 그것들을 하나의 전체로 결합하는 관계인데, 후설은 그것을 '집합적 결합'이라 부른다. 이 관계는 대상들의 표상 내용 그 자체 속에서 직접 발견될 수 있는 것이 아니라 오히려 "그러한 내용들을 통일하고 총괄하는 무언가 심적 작용 속에서만 존립할 수 있는 것"이자 "심적 관계"이다. 그리고 이러한 '심적 관계'에 대한 반성에 의해 파악되는 것이 '집합'이다. 이러한 의미에서 집합 개념은 일종의 심적인 관계 개념인 것이다. 그러나 집합이 성립한다 하더라도 그것만으로는 다의 개념이 획득되지 않는다. 그런 까닭에 집합적 결합을 성립시키는 심적 작용에 대한 반성 외에 집합적 결합에만 주목하여 결합되는 대상들의 내포적 특성을 모두 사상하는 '추상' 과정이 필요하다. 이에 의해 단순한 '어떤 것'(Etwas)으로서의 대상들이 집합적으로 결합된 것으로서의 다의 개념이

성립하지만, 그것이 몇 개의 '어떤 것'의 결합에서 성립하는가 하는 것이 명확히 규정될 때에 그 무규정성이 제거되어 특정한 기수로 되는 것이다. 그런 의미에서 기수란 '규정된 다의 개념'에 다름 아니다. 따라서 후설에 의하면 기수의 개념 역시 헤아리는 작용(다를 규정하는 심적 작용)을 전제하는 심적 개념인 것이다[PA 71ff.]. ☞ ㉚수, 수학과 현상학, ㉛산술의 철학

—노에 신야(野家伸也)

징표 徵表 [(영) note; mark (불) marque; attribut (독) Merkmal]

징표는 일반적으로는 어떤 사물을 다른 사물과 식별되게 해주는 '표지' 또는 사물의 특징적인 '속성'을 의미하는 말이었다. 따라서 그것은 <주관적 의식에 나타난 표상>이기도 하고, 또한 <객관적 실체에 속하는 본질적 성질>이기도 했다. 전자의 의미에서는 개별적으로 지각되고 후자의 의미에서는 보편적으로 사고되지만, 여하튼간에 징표는 이들 양자 사이에서 동요하는 개념이었다. 이러한 동요 위에 교묘하게 균형을 유지했던 것이 로크의 인식론인데, 그는 마음이 지각한 징표를 '단순관념', 다수의 대상에 공통된 동일한 징표를 '일반관념'이라고 불렀다. 그리고 몇 개의 단순관념을 조합하여 보편적인 일반관념을 형성할 수 있다고 생각했다. 예를 들면 '삼각형'이라는 일반관념은 빗각, 직각, 등변, 이등변, 부등변 등등의 징표들의 관념으로부터 합성된 하나의 관념인바, 역시 마음속에 실재하는 것이었다. 이에 반해 후설은 이념적인 보편자가 의식의 시간적인 흐름 속에서 생성소멸, 변화하는 실재적인 것으로 변해버린 것을 비판하고 징표의 "심리학적 실체화"를 극복하고자 했지만, 물론 징표를 <실체의 속성>으로 "형이상학적으로 실체화하는" 길을 선택하지도 않았다. 즉 후설은 "징표의 <현출>"과 "현출하는 <징표>"[LU II/1 132], "대상적 계기로서의 징표"와 "종적 속성으로서의 징표"[같은 책 128]를 구별하지만, 후자를 "지향적 통일성" 속에서 찾았던 것이다.

—마쓰이 요시카즈(松井良和)

차단 遮斷 [(독) Ausschaltung] ⇨ ㉺에포케

—다카하시 데쓰야(高橋哲哉)

차연 差延 [(불) différance]

데리다가 도입한 새로운 용어. '연기하다' 및 '다르다'는 의미를 지니는 différer의 현재분사를 명사화한 것으로서 무엇보다도 우선 시간적 대기(temporisation)임과 동시에 공간적 사이화(espacement)이기도 한 '차이들의 산출의 운동'을 나타낸다. 데리다에 의하면 시간적 현재든 무언가의 현전적 존재자이든 모든 <동일자>는 근원적인 것이 아니라 권리에 있어 그것에 선행하는 차연의 운동의 효과에 지나지 않는다. 차연은 엄밀하게는 말도 개념도 아닌바, 말이나 개념의 가능성 그 자체라고 말해지는 것도 그 때문이다. 이리하여 차연은 '현전의 형이상학'의 모든 기도를 좌절로 이끄는 힘이지만, 이 힘은 형이상학적 근원을 상회하는 근원인 것이 아니라 오히려 모든 근원의 말소이다. "내가 근원-에크리튀르, 근원흔적 내지 차연이라고 부르는 것을 제안하는 것은 모든 마크(marque)의, 과거파지와 미래예지의 모든 흔적의 <근원적>이고 환원불가능할 만큼 비단일적인, 따라서 엄밀한 의미에서는 비근원적인 종합으로서의 이러한 현재(현전적인 것)의 구성인 것이다"[『철학의 여백』 14]. 데리다의 『목소리와 현상』은 차연의 도입에 의한 초월론적 현상학의 탈구축(déconstruction) 시도이다. "이러한 차연의 운동은 초월론적 주관성에 뒤로부터 도래하는 것이 아니다. 이러한 차연의 운동 쪽이 초월론적 주관성을 생겨나게 하는 것이다"[『목소리와 현상』 92]. ☞ ㉺현전의 형이상학, ㉾데리다

차원성 次元性 [(불) dimensionnalité]

후기 메를로-퐁티에서 현저해지는 구조론적이고 존재론적인 용어의 하나로서 차원이라는 것, 특히 보편적인 차원이라는 것을 의미한다. 차원(dimension < di-metiri)은 때때로 수준(niveau < nivel < livel < libra)이라고도 바꿔 말해지지만, 양자 모두 어원적으로는 측량에 관계되는 말이다. 따라서 그것들은 일반적으로는 무엇보다도 우선 어떤 형체의 크기와 양과 위치 등이 거기에서, 그것에 의해, 그것과의 관계에서 측정되고 표시되는 바를 의미하게 될 것이다. 그러나 메를로-퐁티에게서는 예를 들어 깊이는 거기에서 모든 사물이 동시에 존립하는 바로서, 조명색은 그 밝음 속에서 그 장의 모든 것이 현전하는 바로서, 선과 색채는 그것에 의해 모든 것이 표현되는 바로서 차원이라고 불린다. 예를 들면 황색이 조명색으로 될 수 있듯이 어떠한 것도 특수 규정을 갖춘 개별적 현상이면서 많든 적든 다른 현상들을 표현하고 현전시키는 일반적 가능력을 지닌다. 요컨대 하나의 존재자이면서 다른 존재자들의 차원으로 된다고 하는 존재론적 기능을 지니는 것이다. 특히 신체는 가장 높은 정도의 의미에서 모든 감각적인 것이 그것에 의해 지각되며, 그것에 관여하고, 그것에 대해 현전하는 바의 보편적인 '차원적 <이것>'(le ceci dimensionnel)이다. 그러나 더 나아가 세계 내지 존재(l'Être)는 그것 자체로서는 어떠한 차원에서도 현전한다든지 표현된다든지 하는 것이 아니라 모든 차원이 그 속에 속하는 바로서 차원들의 차원인바, "보편적

차원성"이라고 불린다[VI 271, 280, 313, 319].

—시노 겐지(篠 憲二)

☞ ㊀제도화, 침전

—나카무라 후미로(中村文郎)

차이差異 ⇨㊀동일성/차이

처해 있음 ⇨㊀정황성

창설/근원창설創設/根原創設 [(독) Stiftung/Urstiftung]

살아 있는 역사적 현재의 다산성을 표현하기 위해 후설이 『위기』 저술에서, 그 중에서도 특히 초고 「기하학의 기원」에서 사용한 용어. 후설에 의하면 현대를 살아가는 철학자의 역사적 고찰의 요체는 문화적 전승 과정에서 역사 속에 "침전된 개념성"을 재활성화하고, "이러한 현전화된 전체적 통일에 기초하여 책임 있는 자기비판을 행하는" 것에 놓여 있다. 그것이야말로 그리스로 소급되는 철학의 "정신적 선조들의 의사意思"였다. "모든 근원창설에는 그 본질에서 보아 역사적 과정에 부과되어 있는 궁극적 창설(Endstiftung)이 속해 있기"[Krisis 73] 때문이다. 후설은 기하학을 범례로 하여 그에 대한 해명을 시도했다[같은 책 365ff.]. 그 이름이 뭐라고 불리든지 간에 기하학의 근원창설자(Urstiftender)가 있었을 것이다. 기하학적 명제는 최초에 이 근원창설자의 <주관> 속에서 <창설>되었음에 틀림없지만, 그렇다고 하더라도 그의 주관의 심리적 현상에 그치는 것이 아니라 누군가가 나중에 검증하고, 따라서 '추수행적 창설'(Nachstiftung)을 가능하게 하는 <이념적 객관성>을 갖추고 있다. 그렇지 않다면 문화적 전승(Tradition)이나 역사가 불가능할 것이다. 현상학자가 '영원한 창시자(Anfänger)'일 수밖에 없는 것도 <근원창설>이 본래 <궁극적 창설>이며, 그 <추수행적 창설>의 가능성을 타자들(Mitmenschen)과 미래로 열기 때문이다. 철학이 '무한한 과제'인 것도 근원창설이 지향하는 <궁극>(End)이 사실은 그 <기원>(Ur)에서 의도된 <새로운 시작>이었기 때문에 다름 아니다. 덧붙이자면, 메를로-퐁티는 후설의 이러한 생각을 1954-55년도의 강의 「개인의 역사 및 공공의 역사에서의 제도화」에서 그 나름의 전망 아래 다시 파악하고 있다.

철저주의徹底主義{**래디컬리즘**} [(독) Radikalismus]

현상학자들, 특히 후설이 참된 철학이 갖추지 않으면 안 되는 성격에 대해 말할 때 자주 사용하는 말. 일체의 전통이나 유행으로부터 벗어난 <무전제성>, <무편견성>이라는 방법적 이념, 상대주의나 역사주의에 대항할 수 있는 "절대적으로 명석한 시원"에 기초하는 <절대성>이라는 인식론적 이념, "궁극적인 명증"을 근거로 하는 <자기책임>이라는 실천적 이념 등이 그 내용을 이룬다. 이러한 이념들의 실현을 지향한 선구자의 한 사람으로서 데카르트가 거론되지만, 다른 한편으로는 데카르트의 불철저성이 비판된다[PW 341, CM 47, 50, 63, 74]. 메를로-퐁티도 반성철학이 스스로의 이념인 철저주의를 관철하고자 하여 오히려 '감각'이나 '표상', '사고', '의식' 등과 같은 "내재적 세계"를 전제하는 불철저성을 비판하고 있다[VI 55, 144]. 이러한 이념에 이끌린 현상학적 반성이나 환원은 일단 획득된 내재성의 영역이나 초월론적 경험의 장에 만족할 수 없는데, 그것들을 다시 명증성과 관련하여 비판하는 것(현상학적 인식의 <자기비판> 내지 필증적인 비판)이 요구된다. 래디컬리즘이라는 말은 최근에는 정치적 맥락에서 사용되는 경우가 많지만, 위와 같은 현상학에서의 용법은 '래디컬'이라는 말의 어원적 의미('근본에로 거슬러 올라가서', '근본으로부터')에 좀 더 충실한 것이라고도 말할 수 있다. ☞ ㊀데카르트와 현상학, 명증성, 무전제성, 자기비판, 자기책임, 절대성

—무라타 준이치(村田純一)

철학적 인간학哲學的人間學 [(독) philosophische Anthropologie]

'안트로폴로기Anthropologie'라는 말은 처음에는 신

학상의 용어로서 신적인 사항을 인간의 언어로 말하는 것을 의미했다. 예를 들면 말브랑슈가 "그들이 다른 방식으로는 이해할 수 없었을 진리들에 대한 참되고 진실한 안트로폴로기" 등이라고 말할 때 그 말은 그와 같은 의미를 지니고 있었다[『자연과 은총』 I, 2]. 그러나 그 말은 16세기에는 '인간에 대한 교설' 일반이라는 의미에서도 사용되고 있었다(예를 들면, M. Hundt, "*Anthropologium* de hominis dignitate, natura et proprietatibus", 1501 : '인간의 존엄과 본성과 속성들에 대한 교설'. 혹은 O. Cassman, "Psychologia *anthropologica* sive animae humanae doctrina", 1594 : '인간 심리학 또는 인간의 영혼에 대한 교설' 등). 잘 알려진 칸트의 '인간학'이라는 말도 그와 같은 의미를 지니고 있었다.

그러나 18세기에서의 과학들의 발달에 의해 그 안트로폴로기는 인간을 오로지 자연적 관점에서 연구하는 인종학이나 민족학과 같은 자연인류학과, 인간을 역사적 · 사회적 존재로서 연구하는 사회인류학 내지 문화인류학으로 분열되고, 19세기 이후에는 그 경향이 점점 더 가속화되었다. 그리고 한편으로는 인류학자에 의한 두개골의 측정 등이 왕성하게 되는 반면, 문화인류학자가 다다르는 곳에서 종교의례 등에 주목하는 것과 같은 현상이 일어났다. 그와 같은 인식론적 무정부상태에 맞서 과학에 의해 발견된 사실들을 중시하면서도 그것들을 철학적으로 다시 해석함으로써 지나치게 세분화된 과학들에 질서를 부여하고 인간의 가치를 지키고자 한 것이 '철학적 인간학'이다. 이것은 1920년대에 일어나 40년대에 '생의 철학'(Lebensphilosophie)과 '현상학' 등과 더불어 독일 철학의 대표적인 한 분야가 되었다고 말해진다. 그러나 특정한 학설을 중심으로 한 철학적 인간학파라는 것이 있는 것이 아니라 위와 같은 일종의 동향이 지적될 수 있는 것에 지나지 않는다. 그리고 그런 한에서 철학적 인간학은 현재도 의미를 잃고 있지 않다.

그런데 과학에 의해 발견된 사실들의 경우에 일차적으로 문제가 되는 것은 동물을 포함한 자연계이다. 왜냐하면 서양의 전통에서 인간은 대체로 신과의 유사성에서만 논의되어 왔기 때문에 인간은 말하자면 동물과의 실증적 대비를 통해 비로소 과학의 대상이 되었기 때문이다. 그런 의미에서는 철학적 인간학은 생물학의 이론들을 철학적으로 음미하고 그 연관에서 인간의 특수성을 특징짓고자 하는 것이라고 말할 수 있다. 그러한 사고방식의 단서는 '환경세계'(Umwelt) 개념의 중요성을 주창한 J. von 윅스퀼에게 놓여 있다고 말할 수 있을 것이다. 그는 생물의 종에는 각자에게 고유한 '환경세계'가 있으며, 그것과 '기능적 원환'(Funktionskreis)을 맺는 일종의 목적론적 관계에 생물의 행동이 놓여 있다고 생각했다. 그리하여 그는 한편으로는 동물의 행동에 대한 의인론을 배제함과 동시에, 다른 한편으로는 단순한 기계론도 피하고자 했다(그의 이론의 체계적 서술은 『이론생물학』 전 2권, 1920, 28). 이 이론은 M. 셸러에게 커다란 영향을 주어 그에게 '세계개방성'(Weltoffenheit) 개념을 시사해 주었다. 셸러에 의하면 인간이 인간인 까닭은 지능이나 기억 등이 아니라 무엇보다도 그 환경이 '세계'라는 형태로 개방되어 있다는 점이다[SMK]. 그리고 그는 인간학을 과학적, 신학적 등으로 구분하고 그것들의 중심에 철학적 인간학을 위치하게 하는 방식을 시작했다. 이러한 '세계' 개념은 후설에 의해 인간의 지각과 행동에 언제나 현전하는 '지평'(Horizont)으로서 좀 더 정밀화되지만, 초기의 하이데거의 실존철학에서도 인간은 '세계-내-존재'로서 언제나 세계를 형성하면서 세계와 함께 있는 것으로서 파악되고 있다.

이와 같이 과학들의 식견에 대한 철학적 해석에 의해 인간을 다시 보아가는 일은 포르트만(A. Portmann)과 겔렌(A. Gehlen) 등에 의해 계승되었다. 그들은 모두 인간 태아의 임신기간이 대단히 긴 것과 미숙하게 생활하는 '태외적 유아성'(포르트만)과 같은 생물로서의 특수성으로부터 그러한 결함을 보완하는 '부담면제'(Entlastung, 겔렌)의 활동으로서 언어와 기술을 비롯한 인간 문화를 설명하고자 한다. 동물과의 비교를 통해 인간을 실증적으로 특징짓는 연구는 이후에도 진전되어 오로지 인간에 대한 선험적인 정의로부터만 사변을 거듭해가는 철학은 감소해갈 것으로 예상된다.

☞ ㉳세계개방성, 환경세계

—다키우라 시즈오(瀧浦靜雄)

[참] A. Portmann, *Die Zoologie und das neue Bild des Menschen*, 1956(高木正孝 譯, 『人間はどこまで動物か』, 岩波書店, 1961). A. Gehlen, *Anthropologische Forschung*, 1961(龜井裕・瀧浦靜雄 外 譯, 『人間學の探究』, 紀伊國屋書店, 1970). H. Plessner, *Philosophische Anthropologie*, 1970(瀧浦靜雄・小池稔 外 譯, 『笑いと泣きの人間學』, 紀伊國屋書店, 1984).

청종 聽從 [(독) Gehören]

하이데거 후기 사상의 기본 개념의 하나. 후기의 '존재의 사상'에서는 존재가 사유자의 주체성에 대상으로서 종속하는 것이 아니라 역으로 사유자가 그것에 종속하는 형태로 사유가 수행된다. 존재는 언어를 통해 스스로 말하게 되고(Die Sprache spricht), 더욱이 침묵의 형태를 취하고서도 말하게 되는 까닭에 사유자에게는 특별한 태도가 요구된다. 사유자는 존재에 속하면서(gehörend) 존재의 발어(Sage)를 듣는다(auf das Sein hören)고 말해진다. 그것이 청종함이다. 하이데거는 존재의 발어로서 어떤 종류의 시적 언어를 중시한다. 그것은 존재의 근원인 생기(Ereignis)로부터의 발어이며, 존재는 스스로 은폐하는 성격을 지니는 까닭에 그 말은 침묵에서 이루어진다고도 말해진다. 존재의 발어에서는 말하는 것과 청종하는 것은 등근원적이며, 양자에서야말로 근원적으로 언어가 발어하게 된다. 그러므로 존재의 말에 대응하기 위해서는 청종의 자세가 불가결하며, 또한 청종함으로써 비로소 사유자에게 있어서 사유의 언어를 말하는 것이 가능해진다고도 말할 수 있다. 하이데거에 따르면 사유함이란 궁극적으로는 존재의 발어에 청종하는 것과 거의 마찬가지이다. 청종함은 존재가 역사적 운명(Geschick, 역운)으로서 보내진다고 하는 존재의 역사적 측면과 표리일체인바, 존재망각의 역사를 폭로하고 니힐리즘의 극단을 실현해온 근대 주체주의를 비판하는 그의 사유 전체의 기반이 되는 기본적 태도이다[WM 315-319, 『언어로의 도상에서』 245-257, 참조]. ☞ [사]사유/시작, 역사적 운명, 존재, [인]하이데거

—사사키 가즈야(佐々木一也)

체계론과 현상학 體系論—現象學

개별적인 대상들이 아니라 대상의 지평 또는 대상의 범주적 파악을 문제로 하는 것이 방법으로서의 현상학이지만, 주로 현상학의 초월론성에 대한 주장에 불만을 느껴 체계론으로 기울어지는 논자들이 있다. 여기서는 롬바흐와 루만을 다룬다.

롬바흐의 체계 이해는 독특하다. 그에 의하면 모든 사물은 어떤 구조의 계기이기 때문에 그 사물의 '위치가'를 각각의 계기들 사이의 '상관성'에서 묻는 것은 가능해도(기능주의) 그 사물 단독의 '본질'을 상정하는 (실체주의) 것은 가능하지 않다. 기계적 체계는 기능주의의 형태로서는 불충분한바, 기능의 한계치의 정의 등을 스스로 행하게 되었을 때 체계는 좀 더 자유롭게 되어 구조로 변한다고 한다. 루만의 체계론과의 공통성도 찾아볼 수 있다. 예를 들면 현실은 초월론적 주관성에 의해 구성되는 것이 아니라 현실 자신에 의해 자기 구성된다는 논의는 '오토포이에시스' 개념에, 모든 것은 그 과정이 좋은 결과로 끝나는지의 여부에서 판단해야만 한다는 것은 '접속 가능성'에, 구조는 자신의 관점밖에 갖고 있지 않기 때문에 참된 상호행위는 불가능하다는 것은 '관찰'의 테마에 각각 가깝다.

루만에 의하면 인식론적 문제를 미루어 놓고 곧바로 대상의 관찰로부터 시작한다는 점에서 후설의 에포케 개념은 모범으로 삼기에 충분하다. 그러나 자기언급(또는 오토포이에시스)을 특징으로 하는 체계에는 심적 체계(개인) 이외에도 생물 체계와 사회 체계가 있는데도 불구하고 현상학은 심적 체계와 그 활동양태인 의식만을 시야에 넣고 있다. 더욱이 의식의 시간성과 관련하여 후설은 한편으로는 과거파지/미래예지를 통해 의식이 끊임없이 새롭게 자기를 획득하고 치환한다고 생각하고, 다른 한편으로 의식의 연속성을 '초월론적 생'이라는 형태로 이념화하고자 시도하지만, 이러한 시간성은 오토포이에시스로서 포착해야만 한다. 즉 경험적/초월론적이라는 위계질서적인 구별은 그만

두고 개인을 자기언급적인 재생산의 관점에서 보아야 한다는 것이다. 모든 인식(관찰) 자신도 재귀적 체계이다. 또한 사회적 의미 차원의 구성은 모나드적 주관을 버릴 수 없는 상호주관성에 의한 것이 아니라 자기와 타자의 이중지평에 의한다. 루만은 전체적으로 초월론적 근거짓기 대신에 '자연적 인식론'(naturale Epistemologie)의 입장을 취한다. ☞ [인]롬바흐, 루만

—나카오카 나리후미(中岡成文)

[참] N. Luhmann, *Soziale System. Grundriß einer allgemeinen Theorie*, Frankfurt a. M., 1984(佐藤勉監 譯,『社會システム理論』, 恒星社厚生閣, 1993).

체위도식 體位圖式 [(불) schéma postural] ⇨ [사]신체도식

체험 體驗 [(독) Erlebnis]

후설이 분트 등의 심리학에서 빈번하게 사용되고 있던 <체험>이라는 개념을 현상학적으로 재검토하기 시작하는 것은『논리연구』에서인데, 거기서는 우선 체험이 실재적인 것과의 관계를 배제하고서 파악될 수 있다는 점이 지적되며[LU Ⅱ/1 347f.], 나아가 체험 중에서도 특히 <지향적 체험> 내지 <작용>이 문제로 되기에 이른다[LU Ⅱ/1 364ff.]. 그것은 체험과 의식과의 어긋남, 요컨대 우리가 체험의 내실적 구성요소를 넘어서서 그 지향적 구성요소를 의식하는 것에 관계되는 것이지만, 체험을 그 지향적인 존재방식에 의거하여 분석하고자 하는 그의 이러한 관점은 동시에 <체험>을 오로지 <의식>의 입장에서 파악하는 것에도 연결되며, 딜타이 등의 <생의 철학>이 문제로 한 것과 같은, 의식에 의해 다 길어 올려지지 않는 체험의 풍요로운 모습을 놓칠 위험도 내포하고 있다.

후설이 이러한 관점을 선택한 것은 체험을 분석할 때의 그의 관심이 오로지 무언가의 지향적 대상이 의식되기 위해서는 우리의 체험이 어떠해야만 하는가 하는 체험의 비역사적인 본질로만 향함으로써 체험의 역사적인 구체적 모습에로는 향하지 않았기 때문이다. 확실히 후설도 체험의 시간성에 대해 언급하고 있긴 하지만, 그가 문제로 삼는 것은 오히려 체험의 선험적인 시간적 구조에 지나지 않으며, 지향적 체험 속에서의 대상의 구성을 물음에 있어 대상을 구성하는 지향적 체험 그 자체도 내적 시간의식 속에서 체험류(Erlebnisstrom)의 시간적인 흐름 속에 있는 것으로서 구성된다는 것이 밝혀지는 데 그친다. 요컨대 대상이 동일한 대상으로서 구성되는 데는 그것을 구성하는 다양한 체험 사이에 통일적인 연관이 있다는 것이 미리 전제되지만, 그러한 연관을 형성하는 것으로서 내적 시간의식의 시간적 종합이 문제로 될 뿐인 것이다. 그렇다면 후설의 <체험류>라는 개념도 딜타이의 이른바 <생의 연관>(Lebenszusammenhang)과는 어느 정도 거리가 먼 것인바, 그에게 있어서는 체험의 역사성에 대한 물음이 의식의 비역사적인 시간적 구조 일반에 대한 물음으로 바꿔치기 되어버리는 것이다.

그러나 얄궂게도 체험의 선험적인 비역사적 구조를 묻고자 하는 이러한 후설의 발걸음은 체험의 구조 그 자체 속에 치유하기 어려울 정도로 역사성, 사실성이 새겨 넣어져 있다는 것이 밝혀지게 됨으로써 파탄되고 만다. 그것이 밝혀지게 되는 것은 그가 이른바 <정태적 분석>으로부터 <발생적 분석>으로 입장을 바꾸어 의식의 능동성에서가 아니라 그 수동성에 주목하게 된 후기에 이르러서의 일이다. 그때 그가 의식의 수동성으로서 문제로 삼은 것은 의식의 이전의 능동적인 활동이 그 후에도 수동적인 형태로 침전되어 이른바 <습성>을 형성한다는 것, 나아가 의식의 능동성에서는 결코 해소되지 않는 <근원적 수동성>이 발견된다는 것, 그 두 가지 점이었다. 전자에 대해 그가 분명히 한 것은,『경험과 판단』등에서 말해지고 있듯이, 우리가 무언가를 의식함에 있어 그것이 언제나 유형화(typisieren)의 작용을 당하며 다양한 과거의 의식 경험의 침전에서 성립하는 유형적인 틀에 끼워 넣어져 의식된다고 하는 것이었다[EU 26-36]. 또한 후자에 대해서는 C 초고 등에서 말해지고 있듯이 본래 우리의 내적 시간의식이 성립하는 것도 의식의 활동이 미치지 못하는 수수께끼 같은 <흐르기>(Strömen)의 유동이 먼

저 있기 때문인바, 따라서 흘러가는 것을 계속해서 보존하고자 하는 파지(Retention) 등의 내적 시간의식의 작용이 생긴다는 것이 밝혀지게 되었던 것이다[K. Held, *Lebendige Gegenwart*, Phaenomenologica Bd. 23, Den Haag, 1966, 97-104]. 이러한 텍스트들이 언외로 말하고 있는 것은 우선 우리의 체험이 역사적인 제약에 의해 불가피하게 조건지어져 있다고 하는 것이며, 나아가서는 우리의 체험이 <의식>에게는 다 길어 올려질 수 없는 <생> 위에서 성립한다고 하는 것이다. 그렇다면 후설이 아무리 <의식>의 입장을 고집하고자 한다 하더라도 체험에 대한 그의 구체적 분석은 딜타이가 말하는 <생>에 한없이 가까워지고 있었던 것이다. ☞ ㉮생명{생}, 생의 철학과 현상학, 의식류, ㉷딜타이

—우오즈미 요이치(魚住洋一)

㉠ G. Misch, *Lebensphilosophie und Phänomenologie*, 3. Aufl., Darmstadt, 1967. L. Landgrebe, "Das Problem der Geschichtlichkeit des Lebens und die Phänomenologie Husserls", in *Phänomenologie und Geschichte*, Gütersloh, 1967.

체험류 體驗流 [(독) Erlebnisstrom] ⇨㉮체험

체험된 세계 體驗—世界 [(불) monde vécu]

메를로-퐁티의 용어로 후설의 생활세계(Lebenswelt)에 대응한다. '지각되는 세계'와 거의 같은 뜻으로 사용된다. 다만 후설이 어디까지나 초월론적 현상학의 틀 내에서 생활세계를 <구성된 문화적 세계>로 파악하고 초월론적 자아에로의 환원 필요성을 이야기하는 데 반해, 메를로-퐁티는 이것을 환원 불가능한 궁극적 소여로 간주한다. 그러므로 메를로-퐁티에게 있어 "최초의 철학적 행위는 객관적 세계 바로 앞에 놓여 있는 체험된 세계로 되돌아오는 것이다"[PP 69]. 현상학의 표어인 '사태 자체로 돌아가라'가 지시하는 것도 바로 이것이다. 왜냐하면 과학이 구축하는 객관적 세계는 체험된 세계의 이차적 표현에 불과하기 때문이다. 숲과 초원과 개천이 어떤 것인지를 처음으로 가르쳐준 것은 체험되고 지각된 구체적 풍경이지 지리학이 아니다. 체험된 세계에서야말로 객관적이라고 칭해지는 세계의 권리나 한계가 이해될 수 있을 것이다. 중요한 것은 인식이 언제나 그에 관해 말하고 있는 저 인식 이전의 체험된 세계로 되돌아오는 것이다. 알키에(F. Alquié 1906-)는 메를로-퐁티가 『지각의 현상학』에서 전개한 <체험된 세계의 현상학적 기술>을 "어린이와 같은 소박한 형이상학"이라고 평가한 적이 있지만, 그것도 메를로-퐁티가 일체의 고전주의적 편견을 버리고 "세계를 보는 것을 다시 배우는"[PP XVI] 작업에 전념했기 때문이라고 말할 수 있을 것이다. ☞ ㉮생활세계, 체험된 시간/체험된 공간 ㉵지각의 현상학

—나카무라 후미로(中村文郞)

체험된 시간/체험된 공간 體驗—時間/體驗—空間 [(불) temps vécu/espace vécu]

연장 실체(res extensa)의 속성으로서 공간을 지성화한 데카르트는 연속창조설에 의해 시간도 지성화했다. 이것을 이어받아 시간과 공간을 감성적 직관의 선험적 형식으로 삼은 칸트는 근대적 지성의 시간과 공간 관념을 완성했다고 말할 수 있다. 이를 비판하여 베르그송은 의식의 직접소여로서 <체험된 시간>을 <순수 지속>으로서 정립하고, 이와 같은 시간의 존재론적 가치를 주장했다. 그가 의도한 것은 칸트의 선험적 감성론으로부터 귀결되는 바의 '사물 자체'로서의 세계는 알 수 없다는 주장을 넘어서는 것이었지만, 또한 <알려지는 것>에 대한 <체험된 것>[직접적으로 경험되는 것]의 존재론적 우위를 주장하는 것이기도 했다. 다만 베르그송은 시간을 계기로 하여 <체험된 것>을 발견했기 때문에, 공간을 모두 <알려지는 것> 쪽에 몰아넣은 감이 있다. 이에 반해 베르그송의 영향 하에 <체험된 시간>에 대해 연구한 민코프스키는 공간에도 <체험된 공간>이 있다고 하여 <체험된 시간>의 기술에 이어 <체험된 공간>에 대해서도 기술했다. 문제는 시간과 공간의 대립이 아니라 <체험된 것>과 <알려지는 것>의 대립이다. 그리고 <체험된 공간>이나 <체험된

시간>은 모두 공간-시간적이다. 그는 이러한 생각의 실마리를 정신병리학의 증례 연구로부터 얻고 있는데, 이것은 현상학의 입장에 합치된 견해였다. 그런데 후설의 『내적 시간의식의 현상학』은 시간의 흐름을 의식에 대한 현전으로서 파악하고, 그 현전의 본원적인 양태를 <과거파지>와 <미래예지> 등으로서 기술했다. 특히 <과거파지>에 대해서는 지나가버린 지금의 심상이 시간 경과에 수반하여 보이는 그때그때마다의 현전 양태의 변화를 기술했다. 그럼에도 불구하고 메를로-퐁티는 이것을 좀 더 비판하여 다음과 같이 말하고 있다. 즉, <과거파지>에 관한 후설의 기술이 이 정도로 지성적 시간에 지나지 않는 지금의 계열에 붙잡혀 있는 것은 다시 말하면 그의 『내적 시간의식의 현상학』이 여전히 주지주의적인 시간의 관념에 구속되어 있다는 것을 보여주는 것일 뿐이다. 경과 현상은 지나가버린 지금의 계기적 새겨 넣음으로서가 아니라 현재와 과거가 서로 감싸고-감싸지는 상호 내속, 즉 <교차배열(chiasme)>의 관계로서 파악되어야만 한다[VI 321]. 그와 같이 할 때 시간과 공간의 <교차배열>도 파악되며, <체험된 시간> 축에 휘말려 들어간 형태로 <체험된 공간>이 찾아지게 될 것이다. 그것은 프루스트가 말한 신체성과 같이 nunc stans(멈추어 서 있는 지금)인 것이다[VI 297]. ☞㉧메를로-퐁티, 민코프스키

—시미즈 마코토(清水 誠)

㊟ Henri Bergson, *Essai sur les données immédiates de la conscience*, 1889(服部紀 譯, 『時間と自由』, 岩波文庫).

초반성 超反省 [(불) surréflexion]

반성이 성립하는 사실적 상황을 스스로 의식하고 있는 반성의 철저한 형태에 대한 후기 메를로-퐁티의 용어. 관념론적인 반성철학의 구상에 의하면 반성이란 이미 구성된 세계로부터 그 의미 원천인 의식 주관의 구성 기능으로 되돌아가는 것, 그리고 주관의 의미 구성 기능을 현실 세계의 가능성의 조건으로서 분석하는 것이었다. 그러나 메를로-퐁티에 의하면 주관 속에서 발견되는 가능성의 조건은 세계의 이념적인 본질 구조를 표현하는 것이긴 하지만, 세계를 사실적으로 산출하는 작용을 지시하는 것은 아니다. 도대체가 반성이 반-성(ré-flexion)과 귀-환(re-tour)인 한에서 그것은 사실적인 세계 경험 후에 사후적으로 생기하는 것이자 그것을 전제하고 있기 때문이다. 반성은 <비반성적인 것-에 대한-반성>으로서 어디까지나 비반성적인 세계 경험에 의존하면서 그 사실성을 언제나 창조적으로 개시하고 그에 의해 재구조화되는 세계 경험의 하나의 계기로서 거기에 결합되어 가는 것이다. 『지각의 현상학』에서 '철저한 반성'은 세계 바깥에 방관자적으로 몸을 두는 반성이 아니라 스스로의 단초이자 종국인 세계 경험의 사실적 상황 속에 자각적으로 몸을 두는 반성이다. 『보이는 것과 보이지 않는 것』은 지각적인 세계 경험과 반성의 이러한 되돌려 보내는 관계를 포함한 전체 상황을 자각하고 스스로가 세계 경험 속에 불러일으키는 변화를 고려하면서, 세계가 말하고자 하는 것을 세계로 하여금 말하게끔 하는 그러한 반성의 존재방식을 '초반성'이라고 명명하는 것이다[VI 61, 70f.]. ☞㉮질문

—시노 겐지(篠 憲二)

초월 超越 [(독) Transzendenz]

전통적인 초월의 개념에 현상학적, 실존론적인 관점에서 새로운 의미를 다시 부여한 것은 전기 하이데거였다. 종래의 전통적인 초월 개념은 예를 들면 플라톤의 이데아나 기독교 신학의 신 개념에서 보이는 것과 같은 차안으로부터 피안으로의 초월을, 또는 칸트적인 초월론적 철학에서 보이는 주체에 대한 사물 그 자체 내지는 객체의 초월을 의미하고 있었다. 그에 반해 하이데거는 『존재와 시간』 및 같은 시기의 일련의 강의들에서 현상학적인 지향성 개념을 세계-내-존재라는 인간적 현존재의 근본적인 존재 구조 속에서 다시 파악함으로써 존재자를 존재자로서 발견하는 것을 가능하게 하는 지향성의 장 그 자체, 그런 의미에서의 세계 혹은 현존재야말로 오히려 존재자에 대한

초월 성격을 지닌다고 간주했다. 즉 현존재는 스스로의 존재의 근본 계기인 세계기투[-실존]에서 그 자신도 포함한 전체로서의 존재자를 언제나 이미 앞서 스스로의 세계를 향해 넘어서(übersteigen) 있는 것이며, 그에 의해 비로소 존재자가 존재자로서 개시되어 의미를 부여받는다. 그리고 이러한 현존재의 탈자적인 초출超出(Überstieg)이야말로 초월의 본래적인 의미를 이룬다고 생각되었다. 이 경우의 초월은 그러나 이른바 주체-객체 관계에서의 주체의 우위를 의미하는 것이 아니라 오히려 그와 같은 관계 자체를 가능하게 하는, 그때마다의 현존재의 탈자적인 존재 수행 그 자체를 의미한다. 그런 의미에서 현존재는 초월 그 자체이다. 그리고 하이데거는 이러한 현존재의 초월의 의미를 시간성의 통일로서 파악하고자 했다.

따라서 이러한 하이데거 전기의 초월 개념은 존재를 초월 범주로 하는 전통적인 초월 개념을 어떤 의미에서는 계승하는 것이라고 말할 수도 있을 것이다. 현존재야말로 존재의 의미가 현출하는 장이기 때문이다. 그러나 이러한 전통적인 개념을 현존재의 본질규정으로서 사용하는 것은 현존재에 존재론적인 우위성을 부여하는 것을 의미하며, 그런 한에서 여전히 그가 전통적인 형이상학의 틀에 제약되고 있다는 것의 증좌이기도 했다. 그리하여 전회 후의 하이데거는 현존재의 규정으로서의 초월 개념을 포기하고 오히려 초월을 형이상학의 근본 개념으로서 서구의 존재망각의 역사 속에 자리매김하게 되었던 것이다. ☞ [사]세계-내-존재, 실존, 탈자태

—미조구치 고헤이(溝口宏平)

[참] 茅野良男, 『中期ハイデガーの思索と轉回』, 創文社, 1985. 溝口宏平, 『超越と解釋』, 晃洋書房, 1992.

초월/내재 超越/內在 [(독) Transzendenz/Immanenz (영) transcendence/immanence]

후설이 사용한 맞짝개념으로 특히 『이념들 I』의 '현상학적 환원'론에서 중요한 역할을 수행한다. 자기의 의식 체험에 속하는 것을 '내재적'인 것 내지 '내재'라고 부르며, 이에 속하지 않는 것을 '초월적'인 것 내지 '초월'이라고 부른다. 따라서 사물은 모두 '초월'이지만, 의식 체험의 구성요소이면서도 타자의 의식 체험에 속하는 것은 '초월'로 간주된다. '초월'과 '내재'의 차이는 "존재 양식의 원리적 차이"와 "소여성 양식의 원리적 차이"에 의해, 즉 자기의 의식 체험의 '내실적' 구성요소로서 '내재적'으로 지각되는가 아닌가에 의해, 또한 '음영'하는가 하지 않는가에 의해 설명된다. 그러나 '초월'과 '내재'가 날카롭게 대립되게 되는 것은 모든 '초월'에 대한 정립을 차단함으로써 '내재'의 영역을 순화하고 현상학 고유의 영역인 '순수 의식의 영역', 즉 '초월론적 주관성'을 추출하기 위해서이다. '초월'의 수수께끼를 풀기 위해 '내재'의 영역으로 귀환하라, 라는 것이 후설 현상학의 근본 테제인바, '내재'의 영역이야말로 '초월'에 대해 묻는 것을 가능하게 하는 '초월론적' 차원인 것이다. 따라서 '초월'과 '내재'를 대치시키는 것은 '내재'의 영역으로 귀환하기 위해서 취해진 방법론상의 하나의 조치이며, 후설의 참된 목적은 '초월'을 노에마로서, 즉 의식의 지향적 상관자로서 다시 파악하여 그 현출의 상들과 층들을 분석하는 것에 있었다고 말할 수 있을 것이다. ☞ [사]내실적/이념적, 지향성

—우시지마 겐(牛島 謙)

초월론적 감성론 超越論的感性論 [(독) transzendentale Ästhetik]

후설이 논리학에 대한 발생론적 고찰에서 사용하는 명칭. 후설은 논리학의 이념적 형성체를 즉자적으로 존립하는 것으로 간주하는 객관주의를 비판하여 논리학에 대한 초월론적 현상학적 근거짓기를 시도한다. 이것이 형식논리학과 구별된 초월론적 논리학의 과제이다. 이념적 형성체는 초월론적 주관성의 고차적인 작용에 의해 구성되지만, 고차적인 작용은 발생적으로 저차적인 작용에 기초한다. 따라서 술어적이고 자발적인 사고로부터 전술어적이고 수용적인 경험으로 소급하지 않으면 안 된다. 그렇게 하여 석출되는, 고차적인 작용과 그 침전물을 모두 배제한 순수하게 감성적인

경험의 층을 구명하는 것이 초월론적 감성론의 과제이다. 순수하게 감성적인 경험이라 하더라도 이른바 감각의 혼잡이 아니라 이미 여기서 통일 형성이 행해진다. 후설에게서 수용성은 자아의 능동성의 최저 단계이며, 그 이전의 수동성의 영역에서도 수동적 종합이 발생한다. 그와 같은 것으로서 순수하게 감성적인 경험은 논리적 사고의 맹아를 포함하는바, 초월론적 감성론은 초월론적 논리학의 기본 단계이다. 칸트와는 달리 후설의 초월론적 감성론은 시간 공간이라는 형식 이상의 것을 포함하는 실질적 학과이다. 또한 칸트가 말하는 경험이 자연과학적 경험인 데 반해, 후설이 말하는 경험은 자연과학에 의한 이데아화를 해체한 후에 복원되는 경험이다. 초월론적 감성론이 다루는 감성적 경험의 세계는 이념의 옷의 기저에 놓여 있는 생활세계와 겹친다. ☞ ㈔발생적 현상학, 수동적 종합/능동적 종합, 술어적/전술어적, 초월론적 논리학, 현상학적 논리학

—기노시타 다카시(木下 喬)

초월론적 논리학超越論的論理學 [(독) transzendentale Logik]

후설에게서는 형식논리학과 대비되어 이것을 현상학적으로 해명하는 것을 가리킨다. 그러나 이미 칸트 이래로 그것과는 다른 의미에서 사용되어 왔다. 칸트에게서는 일반논리학(전통적 형식논리학)이 인식의 내용과 그 대상의 차이를 도외시하여 추상적인 형식만을 논의하는 데 반해, 초월론적 논리학은 대상에 선험적으로 관계하는 개념과 법칙을 논구하는 학을 말한다. 그리고 개념이나 법칙의 대상에 대한 관계가 정당한 경우를 논의하는 분석론과 그렇지 않은 경우를 논의하는 변증론으로 나누어지지만, 그러한 관계가 정당화되는 것은 개념이나 법칙에 의해 대상이 구성되기 때문이라고 생각되었다. 칸트의 분석론의 생각을 받아들여 신칸트학파, 특히 리케르트는 초월론적 논리학을 초월론적 심리학에 대비시키고, 후자가 "인식은 어떻게 해서 인식 주관에 초월적인 대상에 도달할 수 있는가?"를 논의하는 데 반해, 전자는 "초월론적 대상 자체가 어떠한 것인가?"를 고찰하는 학이라고 주장한다. 그때 초월론적 대상이란 실재적 존재도 이념적 존재(예를 들면 수)도 아닌 참다운 문장의 <의미>를 가리키며, <의미>는 존재가 아니기 때문에 그것은 <이론가치>라고 생각된다. 그러나 리케르트에서 초월론적 논리학과 초월론적 심리학의 대립관계는 해소 불가능한 <인식론의 두 길>로서 미해결인 채로 남아 있다.

그런데 후설의 초월론적 논리학에서는 현상학의 기본 착상인 <의식의 지향성>에 기초하여 형식논리학이 의식의 노에시스・노에마 측면(대략적으로는 이 노에시스・노에마 측면은 리케르트의 초월론적 심리학과 초월론적 논리학에 대응한다고 말할 수 있다)으로부터 분석, 해명된다. 그 경우 형식논리학이란 이른바 형식논리학뿐만 아니라 해석학解析學과 형식수학으로서 구성된 것도 포함하는 대단히 넓은 의미에서 이해되지만, 그것은 형식학으로서 모두 형식화의 조작에 기초한다. 그리고 예를 들어 정언판단이 분석되면 최종적으로는 S(주어)-P(술어)라는, S와 P 그 자신에 구문론적(syntaktisch) 형식을 포함하지 않는 궁극 기체와 궁극 술어로 이루어지는 궁극 판단으로 환원되지만, 이러한 궁극 기체야말로 경험의 세계에서의 개체의 형식 측면에 다름 아니다. 이리하여 논리학의 생성을 발생론적 현상학적으로 더듬어 나감으로써 궁극적으로는 논리학도 경험의 세계와 관계를 지니게 된다. 이와 같이 논리학도 의식의 지향성으로부터 구명하면 지향적 함축을 지니는바, 판단 의미도 의미의 발생이라는 역사를 짊어지고 있다는 것이 밝혀짐으로써 형식논리학의 현상학적 근거짓기가 이루어진다[FTL 155ff. 참조].

—쓰네토시 소자부로(常俊宗三郞)

초월론적 반성超越論的反省 [(독) transzendentale Reflexion]

⇨㈔반성

초월론적 방법론超越論的方法論 [(독) transzendentale

Methodenlehre] ⇨㊀제6성찰

초월론적 사실성 超越論的事實性 [(독) transzendentale Faktizität] ⇨㊄사실성

초월론적 유아론 超越論的唯我論 [(독) transzendentaler Solipsismus] ⇨㊄유아론

초월론적 자아 超越論的自我 [(독) transzendentales Ich] ⇨㊄초월론적 주관성, 자아{에고}

초월론적 주관성 超越論的主觀性 [(독) transzendentale Subjektivität (불) subjectivité transcendentale]

서구의 근대 철학에서 인식의 본질은 그 대상이 아니라 그 주관으로부터 생각되게 된다(이 점은 행위의 목표와 주체에 대해서도 말할 수 있는 것이지만, 여기서는 인식을 중심으로 한다). 그때 주관(성)의 존재는 자기에게 있어 초월적인 대상의 존재를 근거짓는다는 의미에서 초월론적이라고 불린다. 주관성 측으로의 이러한 전회 경향은 데카르트에서 시작하여 영국 경험주의, 칸트를 거쳐 후설에게로 수렴된다(후설의 자기이해). 이하에서는 그 주관성의 특성을 해명하고자 하지만, 후설의 주관성은 종국점으로 간주되는 만큼, 그리고 끝이 또한 시작이듯이, 새로운 전회를 포함하게 된다.

Ⅰ. 초월론적 주관성의 존재 성격. (1) 두 가지 태도. 후설에게 있어서 초월론적은 자연적(natürlich)과 대비를 이룬다. 나(들)는 세계 안에서 만나는(경험하는) 다양한 존재자가 **그것들 자신**에서 존재한다는 것을 자명한 것으로 생각한다. 요컨대 나는 그 존재자들(전체적으로 보면 세계)의 내게 있어서의 초월성을 의문의 여지없는 것으로서 그대로(소박하게) 믿고 있다. 이러한 태도가 자연적 태도이다. 이러한 태도에 반해 세계의 초월성의 자명성을 문제 삼고 그 의미를 묻는 것이 초월론적 태도이다. 이와 같은 태도변경에 의해 나는 자연적인 데로부터 초월론적이게 된다.

(2) 주관성의 절대성. 주관성의 존재가 지닌 의심 불가능성은 데카르트 이래로 확실히 되어 왔지만, 앞의 태도변경을 가능하게 하는 것, 즉 반성을 필연적이게 하는 것은 무엇일까? 나는 생각하고 있는 나를 생각한다. 나는 보고 있는 나를 본다. 주관성은 자기 자신을 체험하는 것이다. 어떤 것을 체험하고 있는 내가 나 자신에게 현상하는 것이다. 체험의 이러한 이중성(반성)이 의식 내지 자기의식이라고 불리는바, 자기의 존재를 확실한 것으로 함과 동시에 사물의 내게 있어서의 현상방식(의미)을 반성적으로 포착하는 것을 가능하게 하는 근거가 된다. 이에 반해 나 이외의 것은 그것 자신에서 현상할 수 없는 한 예를 들어 그것이 나를 지탱하고 있는 대지라 하더라도 그 존재는 스스로 근거지어지지 못하고 나에 의해 정립된다. 따라서 그 정립을 나는 중단(에포케)할 수도 있다. 주관성은 모든 존재자의 기초(Fundament)인바, 모든 것이 그것에 준거하고 그것 없이는 모든 것이 없어지게 되는 절대자이다, 라고 정식화된다. 일체의 존재가 대상 존재의 모습 아래 인식되며, 대상의 존재론적 근거가 주관성 안에서 찾아지게 되는 것도 이 때문이다. 대상은 내게 있어 초월적이면서도(나의 체험에 내실적으로(reell) 내재하지 않으면서도) 나의 체험을 떠난 대상 그 자체는 무(nichts)와 같은 것이다. 이러한 구상은 『논리연구』 이래의 것이다[LU Ⅱ/1 412].

(3) 두 가지 통로. 초월론적 주관성에 이르는 조직적 통로가 환원이다. 그 대표적인 두 가지 경우를 들고자 한다. ①『이념들 Ⅰ』에서 형상적 환원과 현상학적 환원의 두 개의 환원을 거쳐 초월론적 주관성(정확하게는 초월론적 의식)에 다다른다. 그것은 또한 사실(학)로부터 형상(학)을 통해 현상(학)에 이르는 길이기도 하다. 사실학은 다양한 사실 **영역**에서 성립하는 경험과학이며, 그 사실학에는 사실의 본질구조를 해명하는 형상학이 대응한다. 형상학은 사실학의 근거짓기적인 성격으로 인해 '영역적 존재론'이라고도 불린다. 기성

의 학을 예로 든다면, 공간의 형상학으로서의 기하학은 자연 영역의 존재론이다. 이에 반해 대수학과 논리학은 동일한 형상학이면서도 그 적용 범위가 한정되지 않고 대상 일반에 미친다는 점에서 영역적이라기보다 고차적인 '형식적 존재론'이다. 그러나 그것들도 환원되어 모두가 초월론적 의식에서의 현상이 된다. 여기서 초월론적 주관성의 영역이 출현한다. 그러나 그것은 이미 다른 것과 더불어 있는 하나의 영역이 아니라 다른 모든 존재 영역이 거기에 뿌리를 내리는 "근원영역"(Urregion)[Ideen Ⅰ §76]인바, 현상학은 최종적 존재론이 된다. ② 『위기』에서는 과학적 객관적 세계로부터 과학 이전의, 그리고 또한 과학 이외의 주관적 경험세계(생활세계)로 소급하며, 나아가 그로부터 초월론적 주관성에 이르게 된다. 과학적 객관적 세계가 환원되는 것은 그 세계가 일상적인 감각적, 실천적 세계의 '이념화'의 결과이기 때문이다. 과학의 객관적 세계와 비교하면 전과학적 · 과학 외적 생활세계는 '주관적-상대적'이지만, 객관적 세계의 객관성의 의미는 생활세계를 전제로 하여 그것에 기초하여 있는 것이지 그것 자체로 있는 것이 아니다. 이 점이 지니는 의미의 중요성은, 후설이 말하듯이, 이념화된 자연을 참된 자연으로 잘못 받아들여 그러한 전도가 '물리학적 객관주의'로서 계속해서 살아남고, 나아가 현대의 과학주의와 실증주의의 이데올로기를 뒷받침하고 있다는 점에 있다. 그런데 여기서도 다시 한 번 환원이 행해진다. 주관성은 과학적 세계로의 이념화를 수행할 뿐 아니라 그 세계가 준거하는 생활세계도 자기의 작용의 상관자로 되기 때문이다. "모든 구성 기능의 최종적으로 유일한 중심인 절대적 자아로의 환원"[Krisis 190]이 필요해진다.

이와 같이 보아가면, 초월론적 주관성은 심리학적 주관성도 데카르트적 자아도 아니라는 것이 분명해진다. 환원은 존재자를 두 개의 실체 내지 영역으로 나누어 병존하는 것 중 한편을 받아들이는 것이 아니라 모든 존재의 원천으로서의 주관성으로 이끄는 가운데 그것들로 되돌아가는 것을 금하고 오히려 그것들을 다시 구성해 보고자 하기 때문이다.

Ⅱ. 초월론적 주관성의 영역에 대한 탐색과 개척. 지금까지 존재 성격에 대해 기술해 왔지만, 그것으로 이 주관성의 특성에 대한 해명이 다 끝난 것은 아니다. 초월론적 주관성은 스스로가 행하는 경험도 포함한 '근원영역'인바, 논증의 거**점**으로서의 "아르키메데스의 점"[Hu **7**. 342]—후설의 데카르트 평가—에 불과한 것이 아니다. 그 영역에 대한 탐색, 개척이 남아 있다. 그것은 의식의 본질적 성질인 지향성에 대한 분석에 의해 인도된다. 의식의 지향작용에 의해 대상은 의식의 상관자(노에마)가 되는데, 이 상관자는 의식의 내실적 내용으로서 의식에 속하지 않지만 의식에 있어서 존재한다(지향적 내재). 요컨대 초월론적 의식의 영역에서 대상은 의미로 되는 것이다. 이와 같이 대상의 존재 성격이 결정된 후에 경험에 대한 지향적 분석—작용(노에시스)과 대상(노에마)의 상관적 분석—은 지각작용(경험)을 모델로 하여 행해진다. 그 분석의 특별히 언급해야 할 결과를 제시해 보자.

(1) 지평성. 지각 경험에는 "그 자신은 {아직} 지각되어 있지 않지만 {그 앞의} 가능적 경험에 의해 확실해지는 일반적 지평"이 속한다. 지평이란 "본래는 경험되어 있지 않지만, 필연적으로 한꺼번에 사념되고 있는 것"이며[CM 62], 역으로 퍼스펙티브Perspektive로서 경험을 가능하게 하는 것이다. 경험에서의 대상 자체의 동일성은 경험의 이러한 무한히 열린 가능성에서의 의미의 통일에 다름 아니다.

(2) 시간성. 경험의 지평은 공간적일 뿐만 아니라 시간적이기도 하다. 그리고 후자 쪽이 좀 더 근원적이다. 초월론적 주관성은 무시간적인 심급이 아니라 체험류(Erlebnisstrom)이자 지향적 생이고 그것의 본질 형식이 시간이기 때문이다. **절대적** 주관성이기 때문에 그 시간은 **자기** 구성적 흐름이다. 그 <흐름>은 현재를 "원천점"[Hu **10**. §36]으로 하여 미래예지와 과거파지를 통해 본래의 미래와 과거로 확대되는 지평을 지닌다. 단순한 외재적 형식이 아니라 내재적인 자기 구성적 시간은 그 흐름의 파악도 흐름의 양태에서 이루어진다고 하는 특성을 지닌다. 따라서 시간은 흐름 속에서 구성하는 위상과 구성되는 위상이 합치하여 자기 현출

(Selbsterscheinung)하여 가는 것이지만, 그 합치에는 엇갈림이 있어 구성하는 위상은 구성하는 것으로는 파악되지 않으며, 주어질 때는 구성된 것으로서이다[Hu **10**. 83]. 초월론적 주관성은 그 가장 깊은 곳에서는 그대로 파악되지 않게 된다. 초월론적 생이 머무는 '익명성'도 이로부터 생겨난다. 그러나 이것은 초월론적 반성의 좌절이 아니다. 역으로 반성이 반성 이전의 알려지지 않는 짜임새를 노정함으로써 초월론적 생의 다함이 없는 풍부함을 보여주었다고 말할 수 있을 것이다.

(3) 수동적 종합. 자아의 자기 구성은 시간 속에서 이루어지며, 분석은 실제로 주어져 있는 현실적 경험에 숨어 있는 잠재적 경험을 향한다. 잠재적 경험이란 이미 구성되어 '침전'된 경험이다. 자아의 작용에 의해 이것으로부터 산출되어가는 경험이 아니라 이미 구성되어 미리 주어져 있는 경험이다. 여기서 사용되는 방법론적 개념은 "수동적 발생"[CM 113]이며, 그 원리가 '연합'(Assoziation)이다. 현실적 생을 그것의 배경으로서의 '습관'(Habitus)에 결부시키는 것도 연합이다. 논리학 연구 수준에서도 술어적 표현작용의 능동성의 근저에 전술어적인 수동적 소여성의 영역이 놓여 있는데, 그 영역은 연합적인 구조를 지니는바, 술어작용은 그 연합의 의미(연합된 것)를 분명히 하는 데 지나지 않는 것으로 간주된다[EU 74]. 이와 같이 당초의 구성적, 능동적인 주관성의 이미지에 언뜻 보아 모순되는 것으로 생각되는 수동적 기능이 주관성의 규정에 들어온다.

(4) 타자 구성. 본래 '구성'이란 대상을, 그리고 마침내는 세계를 조립하여 구축(Konstruktion)하는 만능의 능동성을 가리키는 것이 아니라 대상의 경험에 숨어 있는 지향성의 층을 밝히는 것이라는 점을 상기한다면, 수동적 종합은 지금까지와는 다른 구성을 가능하게 하는 것이어서 역으로 구성 개념을 풍부하게 해준다. 타자 구성이 가능해지는 것도 이러한 수동적 종합에서이다. 타자가 추론적 판단(능동성)에 의해 구성되는 것이 아니라 직관적으로 구성되는 것은 "유사화하는(verähnlichend) 통각"[CM 141]이라는 일련의 연합에 의해서이다. 이리하여 초월론적 주관성은 초월론적 상호주관성을 구성하기에 이르지만, 주관성에 관점에서 보면 상호주관성이 주관성을 대신하는 것이 아니라 상호주관성을 구성함으로써 주관성이 상호주관성에로 자기 구성해 가는 것이다(그 후에는 상호주관성으로부터 출발해도 좋을 것이다). 이것이 유아론 극복이라는 모티브의 의미일 것이다.

Ⅲ. 초월론적 자아. 주관성 개념은 본래는 자아(ego, Ich)와 무관하다. 라틴어인 subjectum(아래에 놓여 있는 것)에서, 나아가 그리스어인 hypokeimenon(근저에 놓여 있는 것)에서 유래하는 Subjekt(주관, 주체, 주어)는 가변적인 현상의 아래에 있어 그것을 떠받치고 있는 일정불변한 것이다. 그런 의미에서는 실체(Substanz)와 다르지 않다. 근대 철학의 자아가 지닌 의심 불가능성의 자기 확신이라는 방법론적 우위가 자아를 Subjekt에 연결시켰던 것이다. 이에 따라 Objekt도 자아에 대치하고 있는 것이라는 점에서 비아 전체의 총칭이 된다. 따라서 자아와 주관성은 실질적으로 다르지 않게 되지만, 초월론적 자아는 『데카르트적 성찰』에서 많이 사용되고 있다. 거기서는 데카르트의 cogito sum에 맞서 ego-cogito(지향작용)-cogitatum(지향 대상)으로 정식화되고 있기 때문이다[CM 87]. 초월론적 자아는 오로지 그것만인 것이 아니라 자기의 "체험과 불가분"이고 "경험의 다양성의 동일극"이며 "습관의 기체(Substrat)"이다, 라는 식으로 차례로 구체화되어 간다. 마지막으로 모나드로서 그 구체성은 완성된다. 그러나 모나드라는 것은 자아가 세계(존재자 전체)의 초월과 마주보며 자기의 자기 충족적인 닫힌 영역을 보존한다는 것이다. 그러나 이것으로는 자아의 절대성은 미완성이다. 자아의 자립성・절대성은 모나드의 공동화 내지 공동성(Gemeinschaft)으로서의 상호주관성을 기다려 완성된다. 따라서 상호주관성은 어디까지나 "모나드론적인 상호주관성"인 것이다[CM '제5성찰'의 표제].

Ⅳ. 근대 철학에서의 자리매김. (1) 사태적 자리매김. 초월론적 주관성의 존재 성격에 대한 주장(Ⅰ)과 그 영역의 개척의 결과(Ⅱ) 사이에는 위화감이 있을 것이다. 그것은 후설이 언어 표현, 시간의식, 타자 문제,

생활세계와 20세기적인 화제들을 제공하면서도 그것들을 명증성, 순수 의식, 초월론적 주관성 등 전통적 개념들을 사용하여 사유하고 있기 때문이다. 데카르트의 합리주의가 갈릴레이의 자연학에, 칸트의 인식 비판이 뉴턴의 근대 물리학에 대응한다고 하면, 후설의 현상학에 대응하는 것은 인간과학들(sciences humaines)—심리학, 사회학, 역사 등, 인문과학이라고도 불린다—일 것이다. 19세기 후반부터 그러한 개별과학들에 의해 풍부해져가는 경험에 직면하여 지금까지의 주관성과 그 범주들로는 그것을 뒷받침할 수 없는 것이다. 새롭게 재흥된 초월론적 장은 경험적인 것으로부터 선험적인(경험 이전의) 것이 확연하게 구별되는 것이 아니라 경험 내용과 그것을 가능하게 하고 정착시키는 근원적 형식이 함께 유지되는 장이다(M. 푸코). Ⅰ의 존재 성격은 Ⅱ의 작업에 의해 다시 파악되어야만 하는바, 세기 전환기에 살았던 후설은 새롭고 오랜 두 사상의 결절점이다.

(2) 역사적 자리매김. 데카르트에서 칸트까지는 다른 항목에서 기술하고 있기 때문에('초월론적 철학' 항목 참조) 후설 이후에 대해 언급하자면, 하이데거와 사르트르, 메를로-퐁티는 모두 이 개념의 사용을 주저하며 오히려 거부하고 있다. 사르트르에게 있어 초월론적 자아는 불가피하게 유아론에 다다름으로써 타자 인식을 불가능하게 만든다. 타자 경험에서 나는 타자가 그 자신에서 인식되고 있는 한에서의 타자를 인식하는 것이 불가능하기 때문에, 라고 사르트르는 말한다. 그러나 그는 그것을 타자 문제의 패러독스로서 받아들인다[『존재와 무』 제3부 '대타존재' 290]. 메를로-퐁티에게 있어 주관성은 신체를 통해 세계와 함께 있으며, 그런 한에서 어디까지나 '육화한' 주관성이지만, 단순한 도구나 수단이 아닌 그 신체에는 후설의 주관성의 초월론적 특성 부여가 스며들어 있다. 하이데거에게 있어서의 문제는 인식의 조건을 주관성에서 찾는 것이 아니라 인식도 우리의 존재 양상의 하나라고 하여 존재의 이해를 묻는 것이다. 이를 위해, 그리고 종래의 인식론에 다시 빠지지 않기 위해 단도직입적으로 "존재를 이해하는 방식으로 존재하는 존재자"(리쾨르)로부터 묻기 시작하는 것이다(현존재의 분석학). 하이데거의 입장에서 보면 모든 것을 주관성의 상관자로 하고 존재를 의미로 환원하는 것은 새로운 관념론의 재구축에 다름 아니다. 그러나 의미의 인식론은 의미의 해석을 내포함으로써 이해의 존재론으로 통할 것이다. 후설 이전을 후설에로의 수렴으로 볼 수 있다고 한다면 후설 이후의 확산은 새로운 발전으로 볼 수 있을 것이다. ☞ ㈔의식, 자연적 태도/초월론적 태도, 초월론적 현상학, 현상학적 환원

—가토 세이시(加藤精司)

㊟ E. Fink, "Die intentionale Analyse und das Problem des spekulativen Denkens", in *Problèmes actuels de la phénoménologie*, Paris, 1952; jetzt in *Nähe und Distanz*, Freiburg/München, 1976(高橋允昭 譯, 「志向的分析と思弁的思考の問題」, 『現象學の課題』, せりか書房, 1969에 수록). E. Fink, "Operative Begriffe in Husserls Phänomenologie", in *Husserl*, Chaier de Royaumont, Philosophie No Ⅲ, 1959; jetzt in *Nähe und Distanz*, Freiburg/München, 1976(新田義弘 譯, 「フッサールの現象學における操作的概念」, 新田義弘・小川侃 編, 『現象學の根本問題』, 晃洋書房, 1978에 수록). L. Landgrebe, "Reflexionen zu Husserls Konstitutionslehre", in *Tijdschrift voor Filosofie*, 36, 1974; jetzt unter dem Titel "Das Problem der passiven Konstitution", in *Faktizität und Individuation*, Hamburg, 1982(小川侃 譯, 「フッサールの構成論についての反省」, 『現象學の根本問題』에 수록). P. Ricœur, "Phénoménologie et herméneutique", in *Phänomenologische Forschungen Ⅰ*, Freiburg, 1975(水野和久 譯, 「現象學と解釋學」, 『現象學の根本問題』에 수록).

초월론적 철학 超越論的哲學 [(독) transzendentale Philosophie]

현상학의 철학사에서의 자기규정이다. 주관성이 인식 구성의 담지자로 되고 대상의 지적 구성의 근거로 될 때에는 그때까지 주관으로부터 독립하여 그것 자신으로 존재한다고 간주된 초월적 존재자(대상)에 대해 주관성이 **선행하게**(voraufgehen) 된다. 주관성이 초월론적 성격을 띠는 것이다. 지향성에 의해 삼투된 초월

적 대상의 재발견이다. 이러한 선행성(선험성), 즉 초월론성은 인식의 근거로서의 의심 불가능성과 근원성이라는 밀접하게 관련된 두 가지 의미(방향)를 지닌다. 앎의 확실성을 찾아 자아의 존재에 다다른 데카르트, 경험을 자아의 경험으로서 거슬러 올라간 로크와 흄, 주관성 속에서 경험의 가능성의 조건(선험적a priori 조건)을 확정한 칸트는 모두 후설의 입장에서는 초월론적 철학의 역사적 진행 속에서 커다란 역할을 완수한 것으로 볼 수 있다. 그리고 앎의 구성력을 투명하게 하고 앎의 짜임새를 밝혀내기 위한 주관성의 탐색・개척의 정도—초월론성의 깊이의 정도—에 따라 후설은 자신의 철학에 대한 가까움을 측정한다.

초월론적 철학은 다른 명칭으로는 초월론적 관념론이다. 주관성의 우위, 의식의 소여로부터의 대상(의 의미)의 구성이 그렇게 말해지는 까닭이다. 그러므로 실증주의, 경험주의는 모두 자연주의로서 차단되었다. 그러나 후설은 자신이야말로 참된 실증주의자, 경험주의자라고 선언한다[Ideen Ⅰ 38]. 그것은 그가 <경험 안에서 직관에 주어져 있는 것을 주어져 있는 그대로 솔직하게 받아들이고, 거기에 주어져{현상하여} 있는 것의 범위를 넘어서서는 안 된다>고 말할 때이다. 그는 환원 후에도 이러한 "원리 중의 원리"[Ideen Ⅰ §24]를 보존한다. 여기서 우리는 후설의 경우가 지닌 특질을 볼 수 있다. 그는 경험의 근원적 형태인 지각의 원초적인 힘을, 그것의 언표 가능성도 포함하여 문제로 하는 것인바, 그것이야말로 실증주의가 의거하면서도 자기의 성과(실증과학) 때문에 그의 시대에는 망각해 버린 바로 그것이다. 이리하여 그는 실증주의를 넘어선다. 그것은 자연주의의, 좀 더 덧붙이자면 역사주의의 풍조 속에서 이루어진 초월론성의 재흥이다. 현상학은 지향성을 유형화하고, 그 지향성을 현실성과 잠재성으로 이중화하며, 지향성을 시간화, 역사화하기까지 한다. 그의 방대한 유고는 지향성에 대한 분석이 다양화와 심화를 계속했음을 증명하는바, 그 분석은 칸트와 같은 선험성(경험 이전의 범주들과 그 담지자인 형식적 주관성)에 다다르지 않고서 어디까지나 경험에 준거하여 경험 속에 머무르고자 하는 것이다. ☞ [사]초월론적 주관성, 초월론적 현상학

—가토 세이시(加藤精司)

[참] E. Fink, "Welt und Geschichte", in *Phaenomenologica* 2, La Haye, 1959; jetzt in *Nähe und Distanz*, Freiburg/München, 1976(上妻精 譯, 「世界と歷史」, 『フッサールと現代思想』, せりか書房, 1972에 수록).

초월론적 태도 超越論的態度 ⇨ [사]자연적 태도/초월론적 태도

초월론적 현상학 超越論的現象學 [(독) transzendentale Phänomenologie]

초월론적 환원을 거친 후의 현상학의 자기규정이다. 『브리태니커 초고』에 의하면 현상학은 우선 순수 심리학으로서 규정된다. 현상학은 논리적인 것을 취급하더라도 그것이 의식에 나타나는 심적 작용을 연구 대상으로 하며, 그런 한에서 심리학이고, 순수란 경험적 사실과 대비되어 대상(심적 작용)에 고유한 **본질** 연구를 가리킨다. 대상의 문제보다도 방법의 문제에 주목할 때 현상학적 심리학이 된다. 현상학적이란 자연적 태도로부터의 변경을 나타낸다. 시선의 전향에 의해 지향의 대상 대신에 지향(성) 자체를 파악하고자 하는 것이며, 그리하여 지향성에 대한 접근을 방해할 우려가 있는 사전의 일체의 존재정립(판단)은 중지(에포케)된다. 마지막으로 초월론적 현상학인데, 형상적 환원과 현상학적 환원 둘 다 이루어진 후에 그 이상의 규정이란 무엇일까? 사항으로서는 아무것도 덧붙여지지 않지만, '초월론적'이라는 개념이 나타내고 있는 존재 자격의 문제이다. 존재자가 모두 우리에게 있어서의 존재자로 되고 의식과의 상관관계 속에서 형성되는 의미로 될 때, 요컨대 존재자의 의미 형성의 장이 세계로부터 주관성으로 옮겨질 때, 그 "의식 주관성"[Hu **9**. 289]은 지금까지의 자연적 자아처럼 세계 속에서 나타날 수는 없게 된다. 자아는 세계에 귀속하는—내세계적(mundan)인—대신에 세계를 초월하며,

세계 속의 객체로부터 세계에 있어서의 주체로 된다. 이러한 변신이 <초월론적>이라고 불린다. 그러나 그 변신한 자아를 초세계적 존재자로서 실체화해서는 안 된다. 그렇게 되면 자연적 태도로 다시 돌아가게 된다. ☞㊀기술심리학, 초월론적 주관성, 현상학적 환원

—가토 세이시(加藤精司)

초월론적 현상학적 환원 超越論的現象學的還元 [(독) transzendental-phänomenologische Reduktion] ⇨㊀현상학적 환원

초월적/초월론적 超越的/超越論的 [(독) transzendent/transzendental]

(1) 초월적. 일반적으로는 우리의 경험의 수준 또는 틀 내지 한계(예를 들면 감성적 세계와 인간적 지성)를 넘어서 있는 것이다. 칸트에서는 우리의 지성 능력을 경험 내지 현상의 틀을 넘어서서 사용하는 경우를 말한다(다만 그 결과는 초월론적이라고 말해지기도 한다—초월론적 가상). 후설에게서는 의식에 있어서의 대상 모두에 대해 말해진다. 의식은 지향성에 의해 자기 **안에** 소속되어 있지 않은 것을 향해 있는 것이다.

(2) 초월론적. 스콜라 철학에서는 아리스토텔레스의 범주를 넘어서서 모든 존재자에 적용되는 속성(일자, 존재 또는 진, 선)에 대해 말해졌다(André Lalande). 그러한 의미는 칸트에서는 사라지고 인식을 가능하게 하는, 인식에 선행하는(선험적a priori) 조건, 요컨대 인식에 즈음하여 우리가 지니는 선험적인a priori 형식과 개념에 관계된다. 경험적 인식의 조건이라는 것으로부터 **선험적**(transzendental)이라고도 번역된다. 후설에게서는 초월적인 것에 대한 근거짓기 이론으로서 초월론적이다. 환원 후에는 그때까지의 초월은 "내재적 초월"[CM §47]이 된다. 일체의 초월자가 상대화된 후에는 참된 초월자는 <초월론적> 측으로 이행하여 초월론적 의식 내지 자아가 "참된 궁극적 절대자"[Ideen Ⅰ 163]로 되지만, 그것은 초시간적이 아니라 내재적 시간 의식으로서의 주관성이다.

(3) 초월적/초월론적은 모두 초월을 토대로 하고 있지만, 전자가 초월의 결과, 상태를 나타내고 대상적 존재자에 해당되는 데 반해, 후자는 초월의 작용, 활동을 나타내고 기왕의 초월적인 것을 한층 더 초월하여 그것의 의미를 생각하는 구성적 주관에 해당된다. 세계에 대한 귀속성을 차단하고 세계를 구성하는 것에서 세계로부터 초출함으로써 우리는 내세계적(mundan)으로부터 초월론적으로 되는 것이다. ☞㊀초월/내재, 초월론적 철학

—가토 세이시(加藤精司)

초존재 超存在 [(독) Außersein]

마이농의 용어. 순수 대상의 존재・비존재를 넘어선 존재 무규정성을 나타낸다. 황금의 산, 둥근 사각형과 같은 실재하지 않는 대상은 당초에 표상되는 한에서 내적 지각에 의해 의사실재하는 것으로서 주어진다고 생각되었다. 그러나 『가정에 대하여』 제1판(*Über Annahmen*, 1902)에서 이러한 비존재 대상들에 대한 판단이 고찰되게 되면, 예를 들어 'A는 실재하지 않는다'와 같은 부정판단에서는 객체 A가 판단에 선행하여 미리 주어져 있어야만 한다고 생각되게 된다. 그리고 마이농은 이러한 대상의 선소여성(Vorgegebenheit)을 판단에 의한 그 존재의 부정에 선행하여 객체 A의 존재가 우선 긍정되는 것, 'A가 존재한다'라는 객관적인 것이 우선 파악되는 것이라고 해석하고, 가정이 이것을 행한다고 주장한다. 여기서 일시적으로 존재와 유비적인 준존재(Quasisein)라는 존재 개념이 시안으로서 제기되기도 한다. 그러나 그와 같은 제3의 존재 개념을 도입하는 방도는 자가당착에 이른다고 하여 「대상론에 대하여」("Über die Gegenstandstheorie", 1904)에서는 물리쳐지며, 그 대신에 일체의 순수 대상의 초존재가 다음과 같이 주장된다. "존재와 비존재의 대립 전체가 우선 객관적인 것의 사항이지 객체의 사항이 아니라고 한다면, 결국 대상 그 자체 내에는

존재도 비존재도 본질적으로는 포함되어 있지 않다고 하는 것, 이것은 명명백백하다"[전집 II 493]. 따라서 "순수한 대상은 존재와 비존재의 피안에(jenseits von Sein und Nichtsein) 있으며" "그 본성에서 존재를 넘어선다(außerseiend)"[494]라는 것이다. 초존재란 존재 무기無記, 존재 무관여라는 것이며, 그 특징은 "그 긍정체에 어떠한 부정체도 대립하고 있지 않다"(*Über Annahmen*, 2. Aufl.(1910), IV 242]라는 점에서 다 드러난다. ☞ [사]상존재, 의사실재, [서]대상론에 대하여

—에리구치 아키토시(江里口明俊)

촉발 觸發 [(독) Affektion ; Affizieren]

촉발이란 일반적으로 마음이 외계로부터 자극을 받아들이는 것이지만, 후설의 초월론적 현상학에서는 초월론적 주관성의 외부는 존재하지 않기 때문에 이와 같은 의미에서의 촉발은 문제가 되지 않는다. 발생적 현상학에서는 자극이 완성된 것으로서 주어지는 것이 아니라 그 자신이 수동적 종합에 의해서 구성된다는 점이 제시된다. 자아의 작용으로서의 능동적 종합과는 달리 수동적 종합은 자아의 관여 없이 저절로 생기는 의식의 활동이다. 수동적 종합에는 내적 시간의식에 의한 시간 구성, 운동감각(Kinästhese)에 의한 공간 구성, 연합법칙에 따른 배치 형성이라는 세 가지 활동의 층이 있다. 시간 구성과 공간 구성에 기초하여 유사와 대비의 연합법칙에 의한 배치 형성이 행해지며, 유사한 것이 통합되어 그림이 되어 유사하지 않은 바탕에 대비된다. 이와 같이 그림과 바탕의 분화가 충분히 행해지면, 그에 의해 떠오른 그림은 자극으로 되어 자아의 주목을 촉구한다는 의미에서 자아를 촉발한다(다만 후설은 촉발의 성립에 감정과 충동 등 그림과 바탕의 분화 이외의 요소도 관계한다는 점을 인정한다). 이제까지 비활동적이었던 자아는 이러한 촉구에 따라 활동적이 되며, 자극인 그림에 능동적으로 대향한다. 이것이 자아에 의한 촉발의 수용인데, 후설에서 수용은 능동성의 일종으로 헤아려져 그 가장 낮은 단계에 위치지어진다. 후설에서 촉발과 그 수용은 수동적 종합의 차원으로부터 능동적 종합의 차원으로 이행한다는 것을 의미한다. ☞ [사]수동적 종합/능동적 종합, 수용성

—기노시타 다카시(木下 喬)

추상 抽象 [(라) abstractio (영 · 불) abstraction (독) Abstraktion]

abstractio라는 라틴어는 본래 '~로부터(abs) 끌어내는(trahere)' 것, 요컨대 '떼어놓기'를 의미했지만, 철학에서는 두 개의 그리스어에 대한 라틴어 역으로서 사용되었다. 즉 한편으로는 수학자가 사물과 사태로부터 모든 감각적인 것을 '제거'(아파이레시스ἀφαίρεσις)하는 조작[아리스토텔레스, 『형이상학』 1061 a 28-32]을 나타내며, 다른 한편으로는 수학자가 수학적 대상을 모든 감각적인 것으로부터 '분리한다'(코리제이χωρίζει)[아리스토텔레스, 『자연학』 193 b 31-35]든가 플라톤주의자들이 이데아를 사물로부터 '분리했다'(에코리산ἐχώρισαν)[아리스토텔레스, 『형이상학』 1078 b 31-32]와 같은 '분리'(코리제인χωρίζειν)의 활동을 나타냈다. 그리고 후자의 의미에서의 '추상'에 후설은 근대 경험주의와의 대결을 통해 새로운 현상학적 의미를 주입했다.

근대 경험주의는 경험적 사물로부터 '분리된' 존재를 부정하는데, 로크는 직각도 예각도 등변도 부등변도 아닌 '삼각형 일반'이라는 추상적 관념에 대해 "실재할 수 없는 불완전한 것"이라고 하고[『인간지성론』 제4권 제7장 9항], 버클리는 하나의 관념이 "동일한 종류의 다른 모든 특수 관념을 대표 또는 대리하는" 데 불과하다고 생각하며[『인간 지식 원리론』 12절], 흄은 그것을 특수 관념과 다른 많은 특수 관념과의 "습관적 연결"로 해소하고 말았다[『인간 본성에 관한 논고』 제1편 제1부 7절]. 그 모두가 일반 관념을 <사고 안에> 상정하고 있기 때문에 수학과 논리학과 순수학을 불가능하게 만드는 것을 후설은 "보편자의 심리학적 실체화"[LU II/1 122]라고 비판하지만, 플라톤주의자처럼 <사고 밖에> 상정하는 것도 "보편자의 형이상학적 실체화"라고 하여 배척한다[같은 책 121]. 왜냐

하면 어느 쪽이든 보편자를 실재적인 실재로 간주한다는 점에서 잘못인바, 보편자는 종(Spezies)으로서의 <사유된 대상>[같은 책 124], 이념적 존재이어야만 하기 때문이다. 따라서 후설에서의 추상이란 실재적인 내용을 "사상함"(abstrahieren)으로써 "순수 형식, 범주적 유형"을 향해 올라가는 것이며, 그는 이것을 "형식화하는 추상"(formalisierende Abstraktion)[같은 책 284] 내지 "이념화하는 추상"(ideierende Abstraktion)[같은 책 386, 417]이라고 불렀다. ☞[사]종{스페치에스}

—마쓰이 요시카즈(松井良和)

[참] E. Tugendhat, *Der Wahrheitsbegriff bei Husserl und Heidegger*, Berlin, 1970.

추상체/구체자 抽象體/具體者 [(독) Abstraktum/Konkretum]

영역적 존재론의 관점에서 바라본 비독립적 대상과 독립적 대상의 구별. 독립성과의 정의상의 관련은 계기/단편의 구별과 거의 겹쳐진다. 추상체란 어떤 전체에 대해 비독립적 부분이 되는 대상이며, 구체자란 비독립적 부분을 지니는 독립적 대상이다. 이러한 구별은 상대적인바, 그런 까닭에 어떠한 대상도 그 추상적 부분(계기)에 대해서는 상대적 구체자라고 불리며, 그것 자체로서 어떠한 관점에서도 추상적이지 않은 구체자는 절대적 구체자라고 불린다. 따라서 단편은 또한 구체적 부분이라고도 불린다[LU Ⅱ/1 267f.]. 다른 한편 사태 내용을 포함한 본질이라는 대상 영역에서는 비독립적인 본질이 추상체이며, 절대적으로 독립적인 본질이 구체자이다. 나아가 사태 내용을 포함한 자기의 본질이 구체자인 것과 같은 여기에 있는 이것이 개물個物이다[Ideen Ⅰ 29ff.]. 예를 들면 빨강이나 삼각형은 추상체이지만, 시각 영상으로서의 빨간 삼각형은 구체자이다. 또한 구체자를 포섭하는 유類는 실재적 사물과 체험 등인 데 반해, 추상체를 포섭하는 유는 공간적 형태와 시각적 성질 등이다. 선험적인 종합적 진리를 규정하는 것은 영역적 본질이지만, 그 영역이란 구체자에서 사례화되어 있는 최상위의 유의 전체적 통일을 가리킨다. 요컨대 영역의 외연에는 형상形相의 면에서는 그러한 유의 다양한 차이의 복합체가, 또한 개물의 면에서는 그러한 구체적 본질을 갖춘 가능적인 개물들이 포함되어 있다. ☞[사]계기/단편, 독립성/비독립성, 영역적 존재론

—시바타 마사요시(柴田正良)

추체험 追體驗 [(독) Nacherleben]

딜타이는 개성의 파악을 지향하는 고차적인 이해를 '추체험' 내지 '추구성追構成'이라고 명명했다. 이해란 외적인 표현을 실마리로 하여 내적인 체험을 파악하는 것이다. 타자 이해란 자기의 체험을 타자의 표현으로 이입하는 것이다. 그러한 자기이입이 가능해지는 것은 모든 인간이 기본적으로 동일한 '심적 구조'를 가지고 있기 때문이다. 개성의 차이라 하더라도 그것은 '질적인' 차이가 아니라 '양적인' 차이에 지나지 않는다. 그러므로 상상력을 활동하게 하면서 자기의 심적 연관 부분의 가락을 변화시킨다고 하는, 말하자면 '조옮김'의 절차에 의해 타자의 개성을 파악할 수 있다. 이러한 의미에서 자기이입의 절차는 자기 변형의 절차이다. 자기의 개성을 파악하는 경우도 이와 동일한 절차를 따르지 않으면 안 된다. 그런데 추체험은 예를 들어 인물의 생애와 작품의 전체와 같은 전체적인 연관을 파악하고자 한다. 이러한 추체험은 크게 두 가지 방향으로 나누어지는데, 한편은 <표현과 표현된 것의 관계>에 기초하여 '작품'에 대한 이해를 지향하며, 다른 한편은 <표현과 그것을 산출한 생의 연관의 관계>에 기초하여 '인물'에 대한 이해를 지향한다. 다만 딜타이에게서는 인물이든 작품이든 모두 '체험 연관'인바, 그것은 단순한 심적 과정이 아니라 의미・가치・목적 등을 산출하는 '정신적 연관'이다. 그러므로 작품의 이해도 인물의 이해와 마찬가지로 '추체험'이다. ☞[사]생의 연관, 이해, [인]딜타이

—마루야마 다카시(丸山高司)

축 軸 [(불) pivot]

메를로-퐁티는 사실과 본질을 이원적으로 구별하는 형이상학적 구상을 배척하고, 양자를 표리관계와 육화관계에서 양의적으로 파악하고자 한다. 그때 본질을 언표하기 위해 관념·개념과 같은 의식-표상적인 용어 대신 차원·수준·골조와 같은 대상-구조적인 용어가 많이 사용된다. pivot(축, 회전축)이라는 말도 그 하나이며, axe(축)도 거의 같은 뜻으로 사용된다. 그것이 제1의적으로 언표하고자 하는 것은 잎살을 관통하여 지탱하는 잎맥처럼 "살에 그 축을 부여하는 이념성"[VI 199]이 있다는 것, 본질과 이념은 감각적인 것을 넘어서는, 또는 그것과 대립하는 것이 아니라 그 이면과 중심에서 비쳐 보이는 골조와 "축의 일반성"[PM 63]이라는 것이다. 나아가 동태적으로 보면 사물의 본질은 주지적인 통일 이념이 아니라 음영들을 그 등가적인 표현으로 하고 그것들을 통해 방사하는 바의 구조적 불변체인바, 그런 한에서 사물의 등가적인 음영들이 그 주위에서 전개하는 바의 회전축, 즉 "등가적인 것의 체계의 회전축"[VI 258]이라고도 말할 수 있다. 또한 그것과 상관적으로 말하자면, 사물의 음영들은 신체에 의해 지각적으로 파지되어 집약되는 것이며, 나아가 일반적으로는 세계의 모든 감각적인 사물은 신체에 그것들의 국면을 향함으로써 신체에 기입되는 것이기 때문에 "신체는 세계의 회전축이며"[PP 97], "다른 모든 감각적인 것이 관여하는 회전축으로 되는 감각적인 것"[VI 313]인 것이다.

—시노 겐지(篠 憲二)

충격 衝擊 [(영) shock]

슈츠가 '다원적 현실론'에서 어떤 의미영역(현실)으로부터 다른 의미영역(현실)으로의 이행에 대해 말하기 위해 사용한 용어. 키르케고르의 용어를 차용하여 '비약'(leap)이라고도 말한다. 슈츠는 어떤 대상이 현실적이라는 것의 근거를 후설에 의거하여 그 대상 그 자체가 지니는 존재론적 전체성에서가 아니라 그 대상에 대한 의식의 '주의'에서 찾았다. 그러한 그의 입론에서 보면, '현실'이란 '인지양식'에 의해 획정되는 '한정적인 의미영역'으로서 특징지어지게 된다. 그러나 거기서 말해지는 '한정성'(finiteness)은 각 의미영역이 닫힌 것이라는 것을 의미하는 것이 아니다. 예를 들면 어떤 그림 앞에 섰을 때 우리는 그 그림에서 묘사된 세계 속으로 들어간다고 하는 태도의 변화를 경험한다. 또한 어린이는 장난감을 가지고 노는 일에 열중할 때 유희의 세계로의 이행을 경험한다. 이러한 경험들은 모두 슈츠가 말하는 충격의 예이다. 즉 충격이란 "우리의 의식의 긴장이 상이한 삶에 대한 주의에 기초지어짐으로써 근원적인 변양을 당하는 것 이외에 아무것도 아니다"[Collected Papers **1**. 232]. 그러한 충격의 경험은 우리에게 일상 생활세계가 유일한 한정적인 의미영역이 아님을 가르치지만, 슈츠는 이 말을 사용함으로써 의미영역 사이에서의 이행에는 경험 맥락의 근원적인 변양이 필연적으로 수반된다는 것(술래잡기 놀이를 하고 있는 어린이에게 있어 자신은 상대방인 '인형'의 바로 '어머니' 이외의 아무것도 아니다), 더욱이 그 변양은 무언가 '변환의 공식'에 따라 생기는 것이 아니라는 것을 분명히 하고 있다. ☞ ㉯다원적 현실

—나스 히사시(那須 壽)

충동지향성 衝動志向性 [(독) Triebintentionalität]

지향성 중에서 가장 낮은 층에 속하는 지향성을 후설은 충동지향성이라고 명명한다. 충동은 보통의 의미에서는 무언가 막연하여 미규정의 것으로 향해 있다. 그러나 후설이 의미하는 충동지향성은 모든 지향성이 충족을 향해 있는 것에 따라 충실화(충족)를 향해 있다. 따라서 충동지향성은 충동의 충족을 향한 목적론적인 움직임이다. 충동지향성의 예로서 생각되는 것은 굶주림과 목마름, 나아가서는 성적인 굶주림이다. 후설의 전형적인 분석[『상호주관성의 현상학』 III, XV 593] 부분이 보여주듯이 충동은 그 충족에로 향하는바, 충족이란 만족감, 만복감을 말한다. 이와 같이 인간적 의식-삶의 인격적 자아 이전의 수동적인 위상에서 발견되는 충동지향성은 후설이 말하는 주관

성의 자연적 측면에 속하며, 이미 『이념들 II』에서 "낮은 감정의 삶"이라든가 "충동의 삶"이라고 불리고 있었던 것이다. 이와 같은 충동의 삶은 인간의 의식생활의 가장 낮은 제1차성을 이루며, 그런 까닭에 "제1차성은 충동의 체계이다"라고 말해진다.

후설의 1930년대의 분석이 열어 보인 것은 이러한 충동지향성이 시간성과 관련된다는 점에 의해 초월론적 상호주관성의 맹아로서 해명될 수 있는 가능성인데, 이는 특기할 만한 가치가 있다. 자아와 타아가 동일한 시간성 속에서 상호적으로 포함되고 상호적으로 끼워 넣어진다는 데로부터 오르트가 말하는 '상호지향성'(Interintentionalität)뿐만 아니라 자아와 타자의 동시적 공재라는 사태도 지시하게 된다. ☞[사]교접

—오가와 다다시(小川 侃)

충박衝迫 [(독) Drang]

'감정충박'(Gefühlsdrang)이라고도 말해지는 셸러의 철학적 인간학의 기본 개념. 『우주에서의 인간의 지위』에서 셸러는 모든 생명체에 대해 모종의 심적 활동을 인정하지만, 충박은 식물에도 존재하는 그것의 최하위의 단계이다. 감정충박은 이미 명확한 방향성과 목표성을 갖춘 '충동'(Trieb)과 상태적인 '감정'이 분리되지 않은 단계인바, 의식도 감각도 표상도 결여한다. 그것이 지니는 것은 '~에로 향한다/~로부터 떨어진다'라는 망아적인 움직임뿐이다. 인간에게서도 감정충박은 모든 표상작용에 선행하는 저항 체험으로서의 실재성 체험의 근저에 놓여 있는 것으로 생각된다. 셸러는 "강력한 것은 근원적으로 저차적인 것이며, 무력한 것은 가장 고차적인 것이다"라고 생각하기 때문에, 충박에 실재적인 것의 생산에 관계하는 일체의 에너지의 원천이 놓여 있다고 간주하고, 역으로 '정신'은 '무력'하다고 생각했다. 덧붙이자면, 충박을 논함에 있어 셸러가 '여성'과 '아시아인' 등에서는 식물적 원리가 우세하다고 주장하는 것[SGW **9**. 17]은 비판되어야 할 것이다. ☞[사]실재성, 철학적 인간학, [인]셸러

—미즈타니 마사히코(水谷雅彦)

충전성充全性 [(독) Adäquation]

전통적인 진리 개념의 핵심을 형성하는 판단과 사태의 일치(adaequatio)를 후설은 의미지향이 직관에서 충족되는 것으로서 고쳐 파악한다. 이때 대상을 부여하는 직관이 어느 정도 의미지향을 채울 수 있는가, 역으로 말하면 대상이 어느 정도 자기를 직관에 내어놓을 수 있는가가 문제로 된다. 명증성이 지니는 이와 같은 양적인 측면의 극한으로서 대상이 남김없이 모든 것을 직관에 부여하는 경우를 충전성이라고 후설은 부른다. 이에 반해 대상 자체가 직접 주어져 그것에 기초하는 인식이 의심스러운 바가 없는 것일 때 명증성의 이러한 양상적 측면을 가리켜 필증성이라고 부른다. 진리를 형성하는 궁극적인 명증성은 대상을 직접 간취하는 데서 성립한다는 것이 후설의 명증 개념의 요체이다. 경험적 대상의 경우에 명증성을 부여하는 것은 경험적 지각이지만, 이러한 지각은 대상의 모든 측면을 한꺼번에 부여할 수 없다. 대상은 음영을 통해 언제나 그 일면만이 지각되는 데 지나지 않는다. 그러므로 여기서 충전성은 칸트적인 이념이라고 말해진다. 이에 반해 수나 색깔의 본질을 이루는 종의 경우에는 그 직관에서 대상이 그 모든 측면에서 일거에 주어진다. 수학이 진리일 수 있는 것은 이러한 충전성 때문이다. ☞[사]명증성, 음영, 진리, 필증성

—이토 하루키(伊藤春樹)

취미趣味 ⇨[사]미각味覺{취미趣味}

측면적側面的 [(불) latéral]

메를로-퐁티가 <측면적 관계>, <측면적 보편>과 같은 형태로 50년대 이후 사용하는 개념. 메를로-퐁티는 소쉬르로부터 기호가 변별적인 대립을 나타내는 것에 불과하다는 것을 배웠지만, 다른 기호와의 차이를 나타낼 뿐인 기호가 의미로 화하는 것은 그 기호들 사이에 '측면적 관계', 즉 기호들 사이의 차이를 보존하면서도 결합이 놓여 있는 경우라고 생각한다[Signes

51, 53]. 그는 이와 같은 기호들 사이의 결합을 나타내는 개념을 사물이나 타자와의 관계[VI 234]나 이문화와의 관계에 응용한다. 예를 들면 그는 객관적 방법에 의해 얻어지는 보편을 <덮쳐누르는 보편>이라고 말하고, 그에 반해 "타인에 의해 자기를 음미하고 자기에 의해 타인을 음미하는" 것에 의해 얻어지는 '측면적 보편'을 주장한다[Signes 150]. 거기서는 "이타적異他的인 것을 자기의 것으로서, 자기의 것을 이타적인 것으로서"[같은 책 151] 보는 것과 같은 탈중심화에 기초하는 합리성이 생각되고 있는 것이다. 또한 동양의 철학이 '비스듬함'(사행적斜行的 oblique)의 보편성으로서 말해지는 경우도[같은 책 176] 동양 철학이 서양 철학과 동일하지는 않다 하더라도 그로부터 서양 철학이 배워야만 하는 것을 숨기고 있는 하나의 다른 판본이라는 것을 나타낸다. 타자나 이문화에 대한 이해는 정면으로부터의 합치나 대립이 아니라 상호간의 차이에 대한 인식을 통해 이해의 일반적 규준을 부여하는 <측면적> 보편에서 그 지반을 얻는 것이다.

—가쿠코 다카시(加國尙志)

침묵沈黙 [(독) Schweigen (불) silence]

『존재와 시간』 시기의 하이데거에 의하면, 현존재의 개시성의 하나의 계기인 말에는 그 본질적인 가능성의 하나로서 침묵이 속한다. 침묵은 말의 하나의 존재양식으로서 "어떤 사항에 대해 타자를 향해 명확하게 자기를 표현하는 것"[HGA **20**. 368]이며, 침묵하는 자는 끝없이 이야기하는 자보다도 좀 더 본래적으로 이해시킬 수 있다. 단적으로 말하자면, 세계(세간)로 퇴락하여 <수다스러움> 속에 몸을 두고 있는 비본래적인 현존재를 향해 양심의 목소리는 언제나 침묵이라는 뭔가 꺼림칙한 양태로 말하지만, 이 목소리는 분명히 본래적 자기의 가능성으로 불러들인다. 호소 받은 현존재는 침묵하면서 이것에 호응한다(entsprechen, 말로 응대한다). 침묵이라는 양태에서의 이러한 말하자면 대화법적인(dialektisch) 구도는 <전회> 이후의 하이데거에서도 골격을 이룬다. 존재는, 혹은 존재의 집인 언어는 말없는 목소리로, 또한 정적의 울림으로서 인간에게 호소하며, 이에 대해 인간은 성급하게 표명하는 것이 아니라 침묵하는 방식으로 알리며 호응하는 것이다. 거슬러 올라가면 이미 1919년의 강의에서도[HGA **56/57**. 5] 침묵이라는 말이 등장하는데, 이렇게 보면 침묵은 하이데거의 사유 전체의 기반으로 이해할 수 있을 것이다. 나아가 메를로-퐁티에게 있어서는 원초적인 침묵과 구성하는 언어(철학도 이것이다)와의 뒤얽힘이 중요한 의미를 지닌다. 특히 만년에 들어서서는 침묵의 목소리로 말하는 세계 내지 존재의 호소에 응대하여 작동하는 언어가 철학이며, 나아가 침묵이 언어를 포위하고 있는 까닭에 "철학은 침묵과 언어와의 상호전환이다"[VI 171]라고 하여 하이데거의 구도를 변주하고 있다. ☞ ㉺말, 말없는 코기토

—고토 요시야(後藤嘉也)

침전沈澱 [(독) Sedimentierung]

후설이 모나드의 시간적 발생을 분석할 때에 사용하는 개념. 자아의 능동적 종합의 작용은 그 후의 자아에 대해 두 가지의 영향을 준다. (1) 능동적 종합의 작용은 시간적인 체험으로서 흘러가 곧바로 과거의 체험이 된다. 그러나 흘러간 체험은 체험류(Erlebnisstrom) 안에서 일정한 시간위치를 점하게 되며, 이 이후 자아에 있어 상기 가능한 것으로 된다. (2) 능동적 종합의 작용은 근원창설이며, 거기에서의 자아의 새로운 태도결정은 자아극에 침전되어 습관으로서 그 후의 자아를 지속적으로 규정한다. 침전이란 능동적 차원에서의 자아의 새로운 태도결정이 수동적 차원으로 이행하여 습관이 되는 것을 의미한다. 이러한 두 가지 영향은 자아의 근저에서의 시간 구성의 기능에 기초한다. 시간 구성의 원천은 살아 있는 현재인데, 그 기능은 흐르면서 멈추어 서 있는 것이다. 이러한 기능에 기초하여 자아는 한편으로는 그때마다의 작용의 수행자로서 그 작용과 함께 흘러가지만, 다른 한편으로는 다양한 작용의 흐름을 관통하여 동일하게 멈추어 서 있는 극이다. 피타고라스 정리를 학습하고 증명하는 것은

자아의 새로운 태도결정이며, 이 이후의 자아에게는 이 정리의 올바름에 대한 확신과 그 증명 능력이 습관으로서 침전된다. 자아는 (1) 예전에 피타고라스 정리를 학습할 때의 일을 상기할 수 있으며, (2) 수동적인 습관을 재활성화(재능동화)하여 새롭게 증명할 수도 있다. 습관이 침전된 자아극은 모나드이며, 침전이 그 발생의 원점이다. ☞ [사]발생, 습관, 재활성화{재능동화}

—기노시타 다카시(木下 喬)

카테고리적 법칙—的法則 ⇨㊀범주 법칙

카테고리적 직관—的直觀 ⇨㊀범주적 직관

카테고리적 태도—的態度 ⇨㊀범주적 태도/구체적 태도

커뮤니케이션 ⇨㊀의사소통

코기토/코기타툼 [(라) cogito/cogitatum]

후설은 우리가 자연적인 방식으로 살고 있을 때의 '모든 현실적인 삶의 근본 형식'을 '코기토' 내지 '코기타치오'(cogitatio)라는 '데카르트적 표현'으로 언표했다. 코기토, 코기타치오란 내가 무언가를 지각한다든지 상기한다든지 상상한다든지 판단한다든지 느낀다든지 의욕한다든지 하는, 그러한 자아의 '현실적인' '의식작용'의 모든 것을 포괄하는 개념이다[Ideen Ⅰ 50f., 60f., 63]. 코기토에서는 각각에서 자아가 무언가의 쪽으로 향해 있으며[같은 책 61, 65], 이 대상이 '코기타툼'이라고 불린다[같은 책 61f. 참조]. 따라서 코기토란 본질적으로 '어떤 것에 대한 의식', 즉 '지향적 체험'이며, 코기타툼이란 그 지향적 대상에 다름 아니다. <코기토/코기타툼>이라는 개념 맞짝은 바로 의식의 '지향성'을 나타내는 다른 표현인 것이다(현실적인 의식작용인 코기토는 **현실적인** 지향적 체험과 같은 뜻. 다만 코기토는 좀 더 넓은 의미로는 비현실성에로 변양된 '잠재적 코기타치오'도 포함하며, 이 경우에는 지향적 체험 일반과 같은 뜻이다)[Ideen Ⅰ §35f.]. 그런데 후설은 『이념들 Ⅰ』에서 현상학적 본질 기술을 가능하게 하는 최고로 일반적인 것으로서 '코기타치오 일반'이 존재한다는 점을 지적하고[같은 책 140], 또한 거기서는 실제로 코기토라는 개념을 실마리로 하여 의식의 지향성을 본질 분석하고 기술했지만[같은 책 §34ff.], 후년에 이르면 자아(에고)를 포함하여 '데카르트의 표현'을 본 따 '에고-코기토-코기타툼'이라는 도식을 의식의 '가장 일반적인 유형'으로서 제시하고, '코기타툼'으로서의 '지향적 대상'을 '입문'으로 하여 그로부터 차례대로 코기토, 에고로 소급해서 '반성'을 심화시켜가는 형태로 지향적 분석을 정식화하게 된다[CM §21, Krisis §50]. 바로 코기토/코기타툼이라는 데카르트적 표현은 현상학적 분석과 기술을 가능하게 하고 그 방향을 고지해주는 것으로서 후설에게서 생애가 다하도록 대단히 중요한 역할을 수행하고 있었던 것이다. ☞㊀어떤 것에 대한 의식, 의식, 의식작용/의식내용/의식대상, 자아{에고}, 지향성, 지향적 분석

—사카키바라 데쓰야(榊原哲也)

키네스테제 [(독) Kinästhese] ⇨㊀운동감각

키아즘 [(불) chiasme]

후기 메를로-퐁티 존재론의 주요 개념. 본래 <교차>(chiasma)는 신경의 교차를, 교차배열(chiasme)은 대

조어구의 순서를 거꾸로 하는 것을 가리키는 수사상의 용어인데, 메를로-퐁티는 그 착상을 발레리가 사용한 <교차>(chiasma)에서 얻었다고 생각되지만[RC 25], 『보이는 것과 보이지 않는 것』에서는 "미리 통일되어 있는 여러 가지 통합을 차이화하면서 안과 밖처럼 결합해가는"[VI 315] 것이라고 하고 있다. 따라서 <전환 가능성>, <뒤얽힘>, <상호내속>(Ineinander)과 병행하여 사용된다. 만년의 메를로-퐁티는 정신과 신체, 나와 타자, 대자와 즉자의 부정적인 대립을 넘어서는 존재론을 기획하고 있었는데, 그 기본적인 구조를 근원적으로 현전하는 것과 근원적으로 현전할 수 없는 것의 지평적인 관련에서 찾고 있다. 후설의 <자기이입>, <상호내속>에서 시사 받은 이러한 관점을 전개하면서 메를로-퐁티는 "모든 지각이 반지각에 의해 뒷받침되어 있고"[같은 책 318], '말하기-듣기', '보기-보이기', '지각하기-지각되기', '능동-수동'이 원환적인 관계를 유지하며, "존재를 포착하는 활동이 동시에 그 존재에 포착되는 것"[같은 책 319]이기도 한 논리를 표명한다. 그것은 동일성의 논리나 비동일성의 논리가 아니라 이중화된 존재의 양항이 "서로 다른 것의 주위를 둘러싸는 안과 밖"[같은 책 317]인, 요컨대 동일성과 이중성이 동시에 실현되어 있는 논리인 것이다.

구체적으로는 만지는 것이 동시에 만져지는 것이기도 한, 곧 신체의 모종의 반성과 같은 느끼는 것의 재귀적인 존재방식에 대해 사용되지만, <잠식>(empiétement)을 통한 타자와의 상호신체적 관계, 과거와 현재의 상호내속, 가공된 물질과 인간의 뒤얽힘과 같은 사태에서도 키아즘의 논리는 간취된다. 키아즘 개념은 <같은 것>과 공존 불가능한 까닭에 종래 부정적으로 파악되어 온 <다른 것>을 근원적인 지각의 지평의 무한한 열림 안에서 다시 포착함과 동시에, 근원적인 지각적 현전을 근원적으로 현전하지 않는 것에로 여는 것이라고 말할 수 있을 것이다. 정신과 자연, 주관과 객관, 나와 타자, 나와 세계 사이에는 부정의 부정으로서의 지양의 논리가 아니라 "같은 것이란 다른 것과는 다른 것이며", "동일성이란 차이의 차이이다"[VI 318]라는 차이화의 논리가 움직이고 있는 것이다. 키아즘은 단순한 동화관계로서 파악되어야만 하는 것이 아니라 "나의 세계와 타인의 세계와의 그와 같은 다양한 공립共立 불가능성을 통해 그 통일을 형성하는 세계"[같은 책 268]에 우리가 소속하는 것을 가능하게 하는 것으로서 파악되어야만 한다. 그런 의미에서 <교차>와 <교차배열>이라는 개념은 "공존 불가능한 것의 통일"[같은 책 281]이라는 <보이는 것>과 <보이지 않는 것>의 근본적인 관계를 나타내고 있는 것이다. ☞ ㊔전환 가능성, ㊕보이는 것과 보이지 않는 것

—가쿠코 다카시(加國尙志)

참 木田元, 『メルロ＝ポンティの思想』, 岩波書店, 1984. X. Tilliette, *Merleau-Ponty ou la mesure de l'homme, Paris*, 1970 (木田元・篠憲二 譯, 『メルロ＝ポンティ―あるいは人間の尺度』, 大修館, 1973).

타당 妥當 [(독) Gelten; Geltung]

이 말은 본래 유효, 통용, 평가 등의 의미도 함의하며, 넓은 의미의 사회적 승인의 표현으로서 일상생활의 다양한 장면에서 많이 사용되어 왔다. 그러나 이것이 하나의 철학적인 개념으로서 사용되기 시작한 것은 그 정도로 오래된 것이 아니어서 19세기 후반에 R. H. 로체가 시도한 가치에 대한 논의가 최초라고 말할 수 있을 것이다. 그의 철학의 기본적인 방향은 자연세계 안에서 관철되고 있는 기계론적인 인과성과 세계 과정 전체의 상위 원리로서의 정신적인 근거 사이에 하나의 조화로운 관계가 성립한다는 것을 주장하는 점에 있지만, 그때 그는 이러한 정신적 근거인 인격적인 신에게서 유래하는 인간이 그의 다양한 활동에서 필연적으로 전제할 수밖에 없는 규범들·진리들에 주목하여 그것을 명제 형식으로 이루어진 가치로 파악한 다음 그 명제에 포함되는 타당 요구의 문제에 초점을 맞추고 있다. 이러한 논의의 안목은 명제로서 표현되는 가치에 대해 개개의 인간의 그때마다의 활동과 파악에 좌우되지 않는 객관적인 타당성을 부여함으로써 플라톤의 이데아에 대해서와 마찬가지로 끊임없이 변이해 가는 사실적인 존재로부터 독립된 이념적인 존립 성격을 확보하고자 하는 점에 있었다. 이 로체 밑에서 공부한 빈델반트(Wilhelm Windelband 1848-1915)의 가치철학의 영향을 받으면서 한층 더 상세하게 가치와 타당의 문제를 전개한 것이 리케르트이다. 그의 입장에서 보면 가치들 모두가 똑같이 타당한 것이 아닌데, 우선은 타당성의 3구분이 개인주의적인 가치와 보편주의적인 가치 그리고 객관적인 가치에 대응하여 이루어지며, 이어서 주관적인 평가작용을 필요로 하지 않는 객관적인 가치에 고유한 타당 양식의 근원성이 강조되게 되었다. 같은 시기에 가치철학을 전개한 셸러와 하르트만도 기본적으로는 이러한 논의와 궤를 같이 하면서 실재적인 것에서의 가치의 타당이 지니는 구체적인 모습에 대한 해명에로 향하고 있다.

로체의 영향을 브렌타노를 매개로 하여 받아들인 후설에서도 이 말은 시기를 가리지 않고 빈번하게 사용되지만, 명확한 정의 부여가 이루어지고 있는 것은 아니어서 그 함의를 간결하게 특징짓는 것은 불가능하다. 그렇지만 "진리는 …… 이념들의 비시간적 영역에 내재하는 타당의 통일체이다"[LU Ⅰ 130]라는 주장에서도 엿볼 수 있듯이 우선은 개인적이든 공동적이든 사실적인 주관에 의존하지 않는 영역의 존재 성격에 관련된 용어라는 점은 의심할 수 없다. ☞ ㉤로체, 리케르트

—구쓰나 게이조(忽那敬三)

㊟ 朝永三十郎, 「ロッツェの史的位置」, 『哲學史的小品』, 黎明書房, 1948에 수록. 九鬼一人, 『新カント學派の價値哲學』, 弘文堂, 1989.

타아 他我 [(라) alter ego] ⇨㉦타자

타자 他者 [(독) der Andere (불) l'autre; autrui]

<타자>의 존재는 철학적 반성에 있어 대단히 중요한 의미를 지니는 문제로서 현상학에 의해 처음으로 부각된 주제들 중 하나이다.

후설의 타자론은 이른바 '자기이입'론으로서 우리

의 타자 경험에 대한 지향적 분석이라는 형태로 전개되지만, 동시대의 이른바 '자기이입'론{일반적으로는 '감정이입'으로 번역된다}과는 달리 거기서는 단지 세계 내부에 있는 인간과 그의 사회관계가 아니라 세계를 구성하는 근원적인 계기의 하나로서 타자가 어디까지나 초월론적인 차원에서 문제로 된다. 다시 말하면 세계에 대한 우리의 경험이 타자에 대한 경험과 구조적으로 어떻게 관계되는가 하는 것이 문제가 되는 것이다.

그런데 그와 같은 타자는 후설에게서는 객관적 세계의 구성론이라는 맥락에서 문제화되어 간다. 세계는 우리에게 있어 언제나 그것 자체에서 존재하는 세계로서 객관적으로 타당하며 존재하고 있는 것이지만, 그러한 세계가 복수의 주관성의 공동태의 대상적 상관자로서 파악되는 것인바, 이 공동태의 구조 분석이 『데카르트적 성찰』 제5성찰에서 체계적으로 제시된 이른바 상호주관성론이다(상호주관성에 관한 방대한 초고군은 『상호주관성의 현상학』 I-III에 정리되어 있다). 후설에게서는 다른 존재에 대해서와 마찬가지로 타자의 존재도 타자를 '다른 자아'로서 파악하는 나의 그와 같은 의식의 지향적 활동에 대한 물음으로 환원될 것이지만, 다만 그 경우에 타자는 그러한 나의 지향적인 의식의 대상으로서 문제로 될 뿐만 아니라 좀 더 거슬러 올라가 {나와} **더불어** 세계 구성적으로 기능하는 것으로서 문제가 된다. 그리고 이러한 초월론적 영역의 복수성(다극성)을 개시하는 것이 상호주관성론이며, 나아가 그것의 가장 기초적인 차원을 이루는 것이 이른바 타자구성론이다.

그러한 복수의 주관성의 살아 있는 상호적-공동적인 관계를 분석해내는 데서 문제로 되는 것은 나에게 고유한(eigen) 존재 영역 안으로 환원할 수 없는 이타적異他的(fremd)인 존재이면서 더 나아가 그 존재 자격에서 나와 동위적이고 그 자신도 초월론적으로 기능하는 그러한 타자의 등근원적인 존재이다. 그와 같은 타자의 존재를 증시하기 위해 후설이 우리의 타자 경험으로부터 끄집어내는 것이 '유비화하는 통각'이라고 불리는 나의 자아의 자기이중화의 활동이다. 요컨대 나에게 고유한 지각 영역에 속하는 나의 신체와 유사한 하나의 물체에 '만약 내가 거기에 있게 된다면'이라는 일종의 자기 이중화하는 현전화 의식을 투입함으로써 그 신체(=물체)의 기능 중심으로서 다른 자아를 구성하는 그러한 과정으로서 타자 경험을 설명하고자 하는 것이다. 그러나 그렇게 되면 타자는 {나의} 자아의 유사물(analogon) 내지는 '변양태'라고 하는 결론을 피할 수 없다. 요컨대 이것으로는 상호주관성의 전제인 자타의 등근원적인 공재共在가 설명되지는 못하는 것이다.

이러한 아포리아는 타자를 나의 지향적인 의식의 대상으로서 규정하고자 하는 그 전제로부터 나온다. 그리하여 이러한 전제를 이루는 사태를 좀 더 근본적으로 분석할 필요가 생긴다. 주제적인 <대상>으로서의 타자가 아니라 그것에 앞서 나의 의식에 언제나 이미 비주제적으로 함축되어 있는 것으로서의 타자, <지평>으로서 기능하는 그러한 타자를 개시하는 길이 추구되어야만 하는 것이다. 그리고 그로부터 코기토로서의 나의 의식에 앞서는 익명의 주관성의 공동태, 전인칭적·전코기토적 수준에서의 복수주관성의 기능의 상호교착, 요컨대 상호주관성을 세계가 바로 세계로서 현출하기 위한 초월론적 조건으로서 적출하는 작업이 개시된다. 후설도 이미 '맞짝짓기'(Paarung)라는 수동적 종합의 활동에 대한 분석 등을 통해 부분적으로 착수하고 있던 상호주관성의 이러한 측면에 대한 연구는 그 후 메를로-퐁티를 비롯한 많은 현상학자에 의해 계승되어 간다.

또한 그 과정에서 타자의 존재와 시간과의 관계도 문제화되어 간다. 현재가 현재로서 자기를 동일화하는 동시에 자기를 비현재로서 구별해 간다고 하는 '살아 있는 현재'의 양의성, 즉 초월론적 주관성의 궁극적인 존재 양태인 그와 같은 시간적인 자기 구성의 국면으로까지 소급하여 타자의 <타자성>의 생성이 물어지게 되는 것이다[헬트의 논문 「상호주관성의 문제와 현상학적 초월론적 철학의 이념」 참조].

이상과 같이 상호주관성이라는 맥락에서 타자 문제는 자기와 타자라는 복수의 주관성의 공존 문제, 양자의 기능의 공동성 문제로서 논의된다. 요컨대 여기서는 자기와 타자의 관계라는 문제가 복수의 동위적인 존재들 사이의 상호적인 관계 문제로 미묘하게 조정되고 있는바, 그런 의미에서는 타자 존재의 타자성 그 자체가 미리 소거되어 있다고 말할 수밖에 없다. 그러나 여기서 그 공동성이 물어지고 있는 양항은 자기와 타자라는 서로 환원도 교환도 불가능한 것들이다. 다시 말하면 절대로 폐기할 수 없는 차이, 절대로 다리를 놓을 수 없는 단절에서 존재하는 것들인 것이다. 후설에게서는 자아가 직접적으로 체험할 수 없다(체험을 내실적으로 공유할 수 없다)고 하는 그 간접성에서 타자 경험이 특징지어졌지만, 그러한 타자 경험에 대한 분석은 단순한 자기동일성의 뒤집음일 수 없는 타자의 근원적인 타자성을 분석해낼 것을 요구한다. 이와 같은 의미에서 타자의 존재는 타자가 바로 나에 대해서 현전할 수 없다고 하는 바에서 찾아져야만 한다. 나와 타자와의 이와 같은 근원적인 분리・분할, 이것은 결코 공동성에로 회수도 해소도 될 수 없는 자타의 비대칭적이고 비상호적인 관계를 의미하며, 이러한 국면에서는 바로 관계의 불가능성이라는 것 그 자체가 문제화되어 가는 것이다(타자론의 이 측면은 레비나스에 의해 좀 더 심화된다). 이와 같이 현상학적인 타자론에서 타자의 존재는 언제나 그 근원적인 <공동성>과 <타자성>의 긴장관계 안에서 계속해서 물어져 왔던 것이다. ☞ⓢ대화, 상호주관성, 자기이입, 타자성, ⓢ타자

—와시다 기요카즈(鷲田清一)

[참] M. Theunissen, *Der Andere*, Berlin, 1965(鷲田清一 譯{초역}, 「他者」, 新田義弘・小川侃 編, 『現象學の根本問題』, 晃洋書房, 1978에 수록). B. Waldenfels, *Das Zwischenreich des Dialogs*, Den Haag, 1972(山口一郎 譯{초역}, 「對話の中間領域」, 新田義弘・村田純一 編, 『現象學の展望』, 國文社, 1986에 수록).

타자성 他者性 [(불) altérité]

레비나스에게서의 <타자성・다름>은 지각이나 <이해>{내포}의 노에마적 대상도, 결여로서의 <욕구>를 충족시키는 <양식>도, 자아에 의해 <유비적으로> 구성되는 <지금 한 사람의 나>도 아니다. 그것은 또한 자아와 함께 <우리>라는 수적, 개념적 통일성을 형성하는 것도, 자아의 형식적 반정립으로서의 <비-자아>도, 자아와 <종차>에 의해 변별되는 성질의 소유자도 아니다. 후설의 타아구성론이나 하이데거가 말하는 <공동존재>, 부버, 마르셀이 말하는 <나-너>의 관계를 비판하면서 잔켈레비치(Vladimir Jankélévitch)와 더불어 레비나스가 <절대적으로 다른 것>이라고 부르는 <타자성>의 양태는, 그러나 부정신학적으로 규정될 뿐인 것은 아니다. <절대적으로 다른 것>을 형용하는 말로서 <신비>(mystère)라는 용법이 사용되는 경우도 있지만, 레비나스가 불가지론적인 신비주의에 편드는 것도 아니다. <타자성>은 유일한 <얼굴>로서 <현현>하면서도 자아와의 관계를 단절하여 스스로 <절대화>(ab-solution)하기 때문이다. <살의>를 환기시킴과 동시에 살인의 불가능성을 표시하는 이러한 무한한 거리 내지 <높음>은 자아를 능가하고 심문함과 동시에 자아를 <무한책임>의 <주체=하인>으로서 <임명>하는 <부르는 소리>의 0도 이하의 <가까움>이기도 하다. <같음과 다름의 분할>과 <같은 속의 다름>이라는 두 가지 양상이 이로부터 귀결된다. 무한한 저편임과 동시에 <가까움>이라고 하는 <이웃>으로서의 <다름>은 더 나아가 한편으로는 <기억에 없는 과거>의 <흔적>과 지금 존재하지 않는 <아들>의 <예기 불가능한 미래>로, 다른 한편으로는 <이웃>의 <이웃>이라는 <제3자>로 열려져 간다. ☞ⓢ신비

—고다 마사토(合田正人)

탈자태 脫自態 [(독) Ekstase]

통상적으로 '망아', '황홀'을 의미하는 이 말을 『존재와 시간』의 하이데거는 현존재의 존재의 의미인 '시간성'을 규정하는 개념으로 개주했다. 마찬가지 의미를 지니는 Entrückung도 탈자태의 별칭으로서 사용된다. 탈자태가 가리키는 것은 시간성을 특징짓는

'장래'(Zukunft), '기재성'(Gewesenheit, 있어 왔음), '현재'(Gegenwart)의 세 가지 현상이다. 시간의 세 가지 계기가 탈자태라고 불리고, 또한 시간성이 본질적으로 탈자적이라고 생각되는 것은 예를 들면 '장래'가 '자기 자신**에로의** 도래'와 같은 형태로 현상하듯이 그 자신의 외부를 보여주고 있기 때문이다. 이러한 '자기의 바깥'이라는 성격에 대한 착안은 시간의 세 계기를 연속하는 점들의 전후관계로서 표상하는 것을 물리치고 시간성의 지평적인 성격을 드러내는 것인바, 하이데거는 탈자태의 지평구조에서 세계를 가능하게 하는 것을 보고자 하게 된다. 무엇보다 시간성은 세 가지의 탈자태를 총화하는 형태로 구성되는 것이 아니라 등근원적인 그것들의 통일성에서 시간화한다고 간주된다. 그러나 그 시간화의 방식에는 탈자태에 입각한 다양한 차이가 있으며, 현존재의 실존론적 구조도 그 차이로부터 설명된다. 예를 들면 이해는 장래에, 정황성(Befindlichkeit)은 기재성에, 그리고 퇴락은 현재에 제1차적으로 근거한다. 다만 그 경우에도 제1차적이지 않은 탈자태는 사라져 버리는 것이 아니라 각각 상이한 변양형태에서 나타나 실존론적 구조를 함께 뒷받침하는 것으로서 생각된다. ☞ ㉧시간, ㉨존재와 시간

—이토 도오루(伊藤 徹)

탈-존 脫-存 [(독) Ek-sistenz]

중기의 하이데거가 존재의 진리에 대한 물음의 입장에서 탈자적인 인간적 현존재의 본질을 나타내기 위해 사용한 말. 탈자-존재, 개-존開-存과 같은 역어도 있다. 전기의 하이데거는 『존재와 시간』에서 보이듯이 현존재의 본질을 여전히 주체적인 함의를 지니는 기투의 활동인 실존(Ekistenz)에서 찾았지만, 전회 후에는 비은폐성으로서 일어나 나타나는 존재의 진리 속으로 나옴, 존재의 밝힘(Lichtung des Seins) 속에 섬으로서 다시 파악하고자 했다. 그리고 이러한 인간의 탈자적인 존재의 모습을 나타내기 위해 Existenz라는 말을 그 어원이 되는 라틴어 existentia의, 그것도 그것의 원의인 ex-sistentia(밖으로-서기)로까지 돌이켜 다시 파악하고, 탈자를 의미하는 전철 <밖으로>(ex)를 강조하여 Ek-sistenz라는 말을 새롭게 창작했던 것이다. 인간은 본래 이러한 열린 존재의 진리의 장소, 그런 의미에서의 현(Da)으로서 있으며, 그런 까닭에 존재자와 만날 수 있는 것이다. 그리고 이러한 장을 스스로의 본질로서 받아들여 짊어지는 것이 또한 존재 그 자신의 현성, 다른 원초의 도래를 준비하는 것으로도 된다. 이러한 탈-존의 모습은 존재의 개방성 속에 섬(Innestehen)으로서 또한 내립성(Inständigkeit)이라고도 불린다. 그러나 다른 한편으로 인간은 존재자에 언제나 사로잡혀 존재를 보지 못하는 경향을 본질적인 계기로서 지니는 바, 이러한 모습은 탈-존과 대비하여 집자적執自的 존재(Insistenz)라고 말해졌다. ☞ ㉧개방성, 밝힘, 실존, 은폐성/비은폐성

—미조구치 고헤이(溝口宏平)

탈중심화 脫中心化 [(불) décentration]

피아제(Jean Piaget 1896-1980)는 『유아의 사고와 언어』(1923)에서 유아의 혼잣말로 대표되는 것과 같이 타자 존재의 견지를 고려함이 없는 유아의 정신이 지닌 일방향성을 자기중심성(egocentrisme)이라고 불렀다. 그러나 이 개념에 대해서는 사회적 관계로부터 자기가 생겨난다고 생각하는 비고츠키(Lev Semyonovich Vygotsky 1896-1934) 등의 아동심리학자들로부터 "자기 없는 자기중심성"이라는 비판이 제기되게 되었다. 그리하여 피아제는 눈에 보이는 사태나 사물로 어수선해지고 겉보기의 변화에 쉽게 좌우되어 버리는 천진난만한 지각 태도야말로 유아 심성의 특징이라고 하여 그것을 지각에로 중심화된 상태 내지 지각에로의 중심화(centration)라는 표현으로 변경한다. 반대로 지능 발달이란 이러한 지각에로 중심화된 상태로부터 벗어나는 것(탈중심화=décentration), 요컨대 수많은 가능한 관점들을 통합하여 '겉보기'에 좌우되지 않는 불변항을 어린이 자신이 발견하게 되는 것이다[『지능의 심리학』(1947)]. 메를로-퐁티는 「소르본 강의」(1950)에서 이 개념에 대해 언급하여, 피아제는 이것을 인지 발달

의 틀 안에서만 생각하고 있지만, 어린이가 동생에 대한 질투심을 극복하는 과정 등, 자기를 세계의 중심으로부터 떼어내는 것의 문제로서 가족관계 안에서의 "체험되는 탈중심화"를 논할 필요가 있다고 설명한다[「유아의 대인관계」]. 지각에로의 중심화와 그로부터의 탈중심화라는 논의에는 현상과 본질의, 또한 자연주의적 태도와 현상학적 환원의 관계에 대한 논의와 일맥상통하는 것이 놓여 있다.

—구지라오카 다카시(鯨岡 峻)

태도 態度 [(독) Einstellung]

후설은 우리의 일상적 삶의 영위나 다양한 이론적 학을 수행하는 방식, 나아가서는 현상학적 방법을 특징지을 때 자주 '태도'라는 개념을 사용한다. 일상적인 우리는 일반적으로 '자연적 태도'를 취하고 있지만, 그 가운데서도 '태도변경'을 수행하여 다양한 태도를 취하는 것이 가능하다. 예를 들어 자연과학자의 태도에는 자연의 이념을 근저에 두고 무엇이 해당 탐구의 대상이고 무엇이 그렇지 않은지를 결정하는 통각(Apperzeption)을 지니는 의식이 존재한다[Ideen Ⅱ 2]. 일반적으로 자연적인 이론적 태도(natürlich theoretische Einstellung)란 <경험 속에서 소박하게 살며, 초월적인 것의 정립을 소박하게 수행하고, 나아가 점차로 새로운 정립에 대한 동기짓기로 규정되면서 초월적 자연의 이론적 연구를 행하는> 태도라고 생각된다[Ideen Ⅰ 94]. 태도변경은 그에 의해 이전과는 다른 세계가 나타난다는 점에서 단순한 의식작용의 주제 변경과는 구별된다. 예를 들면 '산술적으로' 태도를 취함으로써 내게 대해서는 '산술적 세계', '수의 세계'가 존립하게 된다. 산술도 역시 자연적 태도에서 수행되기 때문에 그 사이에 자연적 태도가 저해되는 것은 아니다. 그러나 산술적 세계는 실재적 현실의 세계인 자연적 세계와는 달리 이를테면 이념적 세계이기 때문에, 자연적 세계는 산술적 세계의 '지평'에 위치하는 것이 아니라 작용의식에 있어서의 '배경'에 머물며, 양자에게로 자유롭게 시선을 돌릴 수 있는 나의 자아를 매개로 해서만 관계한다[같은 책 51]. 예를 들어 리쾨르에 의하면 산술적 태도는 그 대상으로 되는 것을 구성하는 나의 초월론적 주관성이 은폐된 채로 있다는 점에서 자연적 태도와 서로 동등하다[『이념들 Ⅰ』 프랑스어 역의 주해, 92 참조]. 위에서 말한 태도들 외에도 후설은 체험을 내세계적인 인간의 상태(Zuständlichkeit)로서 통각하는 "심리학적 태도"(psychologische E.)[Ideen Ⅰ 104], 사물의 영역적 이념을 해명하고자 하는 "이념화작용의 태도"(E. der Ideation)[같은 책 313], 인식론적 · 회의론적 문제 설정을 내세우고자 하지 않는 "독단론적 태도"(dogmatische E.)와 인식의 가능성에 관한 회의론적 물음에서 시작하여 그 성과를 토대로 독단론적 태도에서의 학의 의미와 인식으로서의 가치를 평가하는 "철학적 태도"(philosophische E.)[같은 책 47, 118f.] 등을 구별한다. 그 중에서도 특히 현상학적 태도 또는 초월론적 태도는 이러한 다양한 태도들을, 특히 세계를 기반으로 수행되는 자연적 태도를 주제화하는 태도인바, 그에 의해 자연적 태도는 그 자체가 초월론적인 것이었다는 점이 이해되는 것이다[Krisis 209]. ☞ ㊔배경의식, 세계, 자연적 태도/초월론적 태도, 자연주의적 태도/인격주의적 태도, 주제화, 태도변경

—누키 시게토(貫 成人)

태도변경 態度變更 [(독) Einstellungsänderung; Änderung der Einstellung]

'자연적 태도'를 기반으로 하여 수행되는 현상학 이외의 학들과 대조하여 현상학의 특질을 두드러지게 하는 것이 후설에 의하면 '태도변경'이다. 예를 들면 정의情意작용을 수행하고 있을 때 태도변경을 하여 해당 정의작용 그 자체를 반성하는 '이론적 태도'로 이행할 수 있지만, 이와 같은 가능성은 일반적으로 모든 작용에 대해 선험적으로 존재한다[Ideen Ⅱ 11f.] 동일한 세계 내부에서도 생겨나는 '주제'(Thema)의 변경과는 달리 태도변경의 결과로 전혀 다른 세계가 나타날 수 있다. 예를 들면 적절한 태도를 수행하는 것에 의해 자연적 세계와는 다른 "산술적 세계와 그것

과 유사한 다른 <세계들>"[Ideen Ⅰ 51]이 나타나는 것이다. 태도변경은 선험적으로 언제라도 가능하기 때문에 그 태도변경의 하나인 자연적 태도의 "에포케" 도 자유롭게 행해질 수 있게 된다[같은 책 54-56]. 그리고 자연적 태도에서의 "타당성 수행"(Geltungsvollzug)을 그만두고[Krisis 151] 세계의 현실성에 대한 관심을 "작용 바깥에 두는"[같은 책 152] 것에 의해, 즉 "세계와 세계의식과의 보편적 …… 상관관계"[같은 책 154]라는 새로운 주제, 탐구 영역에로 시선을 돌리는 태도변경을 행하는 것에 의해 현상학을 수행하는 것이 가능해진다. 자연적 태도의 학들에서 자명한 전제로 되는 "생활세계의 선소여성을 주제화하기 위해서는 자연적 태도의 완전한 변경에 의하지 않으면 안 되는"[같은 책 151] 것이며, 이와 같은 태도변경의 결과 철학자의 시선은 세계를 상실하는 것이 아니라 오히려 세계의 선소여성이라는 내적 멍에로부터 자유로워질 수 있는 [같은 책 154] 것이다. ☞ [사]반성, 세계, 에포케, 자연적 태도/초월론적 태도, 주제화

—누키 시게토(貫 成人)

테두리 ⇨[사]프린지{테두리}

통각統覺 [(독) Apperzeption]

<통각>은 기본적으로는 <파악(Auffassung)>과 같은 뜻이다. 『논리연구』 Ⅱ에서는 자주 <통각>과 <파악>이 병치되고 바꿔 말해진다[LU Ⅱ/1 34, 194]. 이러한 병치는 Apperzeption이 Perzeption과의 전통적인 대비에 의해 (고차적인 지각이라고 하는) 오해를 낳는 것을 피하기 위해서이다[LU Ⅱ/2 91]. (덧붙이자면, Perzeption은 『사물과 공간』 §15에서는 Apperzeption과 대비적으로 구별되어 <내재적・비지향적인 내용의 단순한 감각>이라는 의미에서 사용된다.) 『이념들 Ⅰ』에서도 기본적으로는 마찬가지지만, 특히 의식과 초월적인 물체・신체와의 <결합>(Anknüpfung)을 가능하게 하는 작용으로서 <통각>이라는 말이 사용되고 있는 점이 주목된다[Ideen Ⅰ 103, 162]. 이것은 신체의 <기초짓기>(Fundierung) 문제와 관계된다. 『이념들 Ⅱ』에서도 마찬가지 용법이 보이며[Ideen Ⅱ 228], 나아가서는 '자기통각'이라는 말이 특히 자아의—<순수자아>로서가 아니라—<인간>으로서의 구성에 사용되고 있다[같은 책 247f.]. 『수동적 종합의 분석』에서는 "그때마다의 감각 복합을 통각하는 파악"[Hu **11**. 26]이라는 표현까지 보이듯이 <통각>과 <파악>은 거의 완전히 같은 뜻이지만, 여기서 양자는 미래예지에, 그러므로 시간성에 관계지어진다. 시간성과의 관련은 『경험과 판단』에서도 동일하다[EU 96, 101f.]. 또한 <통각>이라는 말은 『이념들 Ⅰ』에서는 **나의** 의식과 신체와의 <결합>이라는 맥락에서 사용되고 있었지만, 『데카르트적 성찰』에서는 **타자** 구성론 속에 도입되어 "나의 신체로부터의 통각적인 전송의 의미"[CM 140] 혹은 나의 신체와 타자의 신체물체의 "유비화하는 통각"[같은 책 141]이 문제로 된다. 여기서는 두 개의 물체(신체)의 <결합>이 문제가 되는 것이다. 덧붙이자면, 여기서 Apperzeption은 부대현전화(Appräsentation)와 밀접한 관계를 가지고서 사용된다. 이와 같이 <통각>은 <파악>과 기본적으로 같은 뜻이지만, 후자와 비교하여 전자는 무언가와 무언가의 <결합>이라는 의미를 좀 더 강하게 부여받고 있다고 말할 수 있다.

좀 더 이야기하자면, <통각>이라는 말은 칸트와 깊이 관계된다. 칸트는 '순수 통각'(근원적 통각)을 "내가 사고한다는 표상을 산출하는 바의 자기의식"[KrV, A 108f.]이라고 하고 있다. 이에 의해 직관에 주어지는 다양한 표상들이 하나의 자기의식에 속하는 것이 가능해진다. I. 케른에 의하면 후설은 1916년 여름학기 이래로 칸트의 초월론적 통각의 학설을 받아들여 그것을 자아의 '자기유지'(Selbsterhaltung)의 문제로서 전개했다. 그러나 다른 한편으로 자기유지는 후설에게 있어 세계의 통일성에 상관하는 "목적이념"이기도 했다 [『후설과 칸트』 288ff.]. 자아의 초월론적인 통일의 문제는 한층 더 전개되어, <습관성>과 <나는 할 수 있다>의 분석에, 나아가서는 30년대의 <근원자아>의 분석에까지 연결된다. ☞ [사]목적이념, 자아{에고}, 타자, 파악

—다니 도오루(谷 徹)

통일체 統一體 ⇨㊇단일체{통일체}

통찰 洞察 [(독) Einsicht]

'통찰'이란 후설 현상학에서는 '본질'을 직관하는 것이며 '필증적 명증'과 같은 뜻이다. 현상학에서의 '통찰'은 개물에 관한 직관을 기초로 하면서도 이것들을 '유례'로서 사용하여 '이념화하는 추상'(이념화작용Ideation)을 행사함으로써 보편적 본질 및 본질 연관을 간취하는 것에 의해 획득된다. '명증'이란 '부여하는 활동을 하는 작용' 모두를 가리키지만, '명증'은 크게 둘로, 즉 사실 내지 개물의 지각과 본질의 통찰로 구별된다. 사실 내지 개물에 대한 지각의 '명증'에 반해, 본질 통찰의 '명증'의 특성은 '필증성'에 있다고 여겨진다. 어떤 명증이 '필증적'이라고 하는 것은 "그 명증에서 주어진 사실 내지 사태의 존재가 단지 일반적으로 확실할 뿐 아니라 동시에 비판적 반성에 의해 그와 같은 사실 내지 사태가 존재하지 않는다는 것은 절대로 생각되지 않는 것으로서 드러나게 된다"는 것인바, 다시 말하면 '필증적 명증'이란 "일반적으로 생각할 수 있는 모든 의심을 근거 없는 것으로서 미리 배제하는" 명증인 것이다[CM §6]. 그러나 후설은 '통찰', '명증', '명석성'을 자주 같은 뜻의 표현으로서 사용하고 있기 때문에 주의를 요한다. ☞㊇명증성, 본질직관, 필증성

—우시지마 겐(牛島 謙)

통합 統合 [(불) intégration]

의미를 형성하는 작업을 말하는데, 그것은 다양한 영역과 차원에서 행해진다. 우선 <지각>에서 그것은 세계 내에 언제나 이미 머물고 있는 의미를 구해내 새로운 상위의 의미로서 형성하고 정립한다. 그러나 메를로-퐁티의 『지각의 현상학』이 보여주듯이 일반적으로 사물에는 많든 적든 <깊이>가 있기 때문에, 사물은 서로의 배후에 몰래 들어가 하나의 모습을 취한다. 이것은 거의 자연에서 행해지는 통합이지 사물의 겉보기의 크기로부터 행해진 연역의 결과가 아니다. 즉 주지주의적인 인식 주관에 의해 행해진 <구성>의 소산이 아닌 것이다. 그러나 그것에는 자연 측으로부터의 의미의 발생사건(événement)으로 보이는 면이 있음과 동시에 의식 측으로부터의 그 도래(avènement)로도 해석할 수 있는 면이 있어 그에 대해 자연적 이성의 목적론을 말할 수 있다. 다음으로 언어에서는 음성기호의 변별성에 기초하는 의미의 끊임없는 형성이 행해진다. 이것은 언어 체계의 정합적인 변형에 입각한 문화적 세계의 형성인바, 그 성과는 <문자> 속에 써 넣어진다. 언어는 뛰어나게 표현적인 제도인바, 사회적인 제도들은 모두 언어를 범형으로 하는 표현적 체계이다. 마지막으로 제도들의 통합체인 각 사회는 각자 유기적인 하나의 전체이지만, 그것들은 <세계>-내-존재이기 때문에 상호적으로 <지평융합>을 일으킬 수 있다. 그러나 역으로 지평단절의 가능성을 시사하는 '타자'의 '타자성'에 대해서도 유의하지 않으면 안 된다.

—시미즈 마코토(淸水 誠)

㊟ 水野和久, 『現象學の射程』, 勁草書房, 1992.

투기 投企 ⇨㊇기투

투명성/불투명성 透明性/不透明性 [(불) transparence/opacité]

메를로-퐁티는 자기 투명성을 이상으로 하는 주지주의적 인식관에 반대한다. 주지주의적 인식의 투명성은 대상화할 수 없는 실존을 대상화하는 <상공비행>에 의해 얻어지는 것으로 생각하기 때문이다. 그러나 그는 실존이 실존으로서 <개방>되는 데서 성립하는 투명성은 인정하고 그것을 추구한다. 그러나 이러한 투명성은 불투명성과 하나라는 점을 지적한다. 우선 신체에 육화한 의식은 불투명한 의식이지만, 이 불투명한

의식에 의해 뒷받침되어서만 세계가 지각된다. 이 불투명성은 후설에게서는 의식의 지평성이나 비주제성의 형태로 문제가 되었지만, 메를로-퐁티에게서는 의식과 세계의 <교차배열>이라는 형태로 문제가 된다. 언어에 대해서도 마찬가지로 어의가 완전히 투명화하면 언어활동은 소멸한다. 어의와 <목소리>가 서로 에워싸고 언어활동이 필요한 불투명성을 지닐 때에만 언어활동은 가능해진다. 따라서 완전한 자기이해를 얻지 못한 채로 사람들은 끝없이 언어활동을 <차연>시킬 수밖에 없는 것이다[데리다, 『목소리와 현상』, 高橋允昭 譯, 理想社, 1970]. 정신분석의 대상인 무의식에 대해 해석학의 입장에서 접근한 리쾨르도 무의식의 자기이해는 불가능하다는 것을 강조하고 있다[리쾨르, 『프로이트를 읽는다』, 久米博 譯, 新曜社, 1982].

—시미즈 마코토(淸水 誠)

ㅍ

파롤 [(불) parole]

언어학자 소쉬르(Ferdinand de Saussure 1857-1913)는 사회적인 언어 체계로서의 랑그(langue)와 개인의 구체적인 발화 행위인 파롤을 구별했지만, 메를로-퐁티는 이 구별을 의식하면서 현상학적 언어론의 과제를 일관되게 "파롤에의 귀환"에서 찾았다. 그에 의하면 파롤은 "신체적 지향성의 현저한 하나의 예"이자 사유하는 주체가 아니라 "말하는 주체"에 의해 실천되는 자발적 행위이다. 진정한 파롤은 기성의 의미작용의 단순한 반복이 아니라 "기호들의 배열과 그것들의 게슈탈트의 웅변에 의해서만" 새로운 의미를 창조한다[PP 203ff., Signe 84, 105ff.]. 레비나스에서 파롤은 <같음>의 내부에 포섭할 수 없는 무한한 타자와의 관계인바, 타자의 '얼굴' 그 자체가 이미 파롤이다. 말하는 주체의 임재에 의해 "전적인 공명정대함"을 지니는 파롤은 "자기에 의한 자기의 현전화"로서 다른 모든 의미작용에 선행하여 그것들을 비로소 가능하게 하는 "일체의 의미작용의 기원"이다[『전체성과 무한』 71, 177]. 이에 반해 데리다는 <죽은> 문자(에크리튀르)에 대해 <살아 있는> 목소리(파롤)를 특권시하는 것 자체가 "현전의 형이상학"의 착각에 불과하다고 주장한다. 『목소리와 현상』은 "말하는 주체가 현전에서 자기를 듣는다"고 하는 "파롤의 규범성"이 후설 현상학에서 어떻게 해서 확립되는가에 대한 비판적 분석이다. ☞ [사]에크리튀르, [서]목소리와 현상

—다카하시 데쓰야(高橋哲哉)

파악 把握 [(독) Auffassung]

파악, 즉 Auffassung의 원의는 이해・해석인데, 후설은 이 개념에 의해 통일체로서의 대상을 현출시키는 지향적 작용의 본질 계기를 나타낸다. 즉 지향작용의 대상에로의 '초월'을 가능하게 하는 것이 이 파악의 활동인 것이다. 파악은 작용 성격, 의식의 방식, 심리상태의 방식이라고 불리며, 그 자신은 의식에서 체험되지만 대상적으로 현출하는 것은 아닌 것으로 간주된다[LU Ⅱ/1 385]. 또한 감각소여에 "생기를 불어넣는" 활동이라고도 불리며, 기본적으로는 의식의 능동성에 의거한 "휠레・모르페 도식" 하에서 지향성이 파악될 때에 이 개념이 사용된다[LU Ⅱ/1 75]. 그러나 지각과 구별되는 직관적 준현재화(상기, 상상 등)의 분석 및 그것과 연관된 내적 시간의식의 분석을 통해 후설은 "파악내용-파악"이라는 도식의 보편성에 의문을 품게 된다[Hu **10**. 310ff., Hu **23**. Nr. 8, Nr. 9]. 『이념들 Ⅰ』 이후에도 이 말은 계속해서 사용되지만, 시간적・발생적 분석이 주가 되어감에 따라 파악의 개념도 한정된 것으로 되어간다. 능동적인 파악의 활동 이전의 '감각소여'가 이미 수동적 종합의 활동, '선해석'의 활동에 의해 구조화되어 있다는 점이 강조되며, 또한 파악의 활동은 언제나 '미래예지'와 그 '충실/환멸'이라는 시간적인 움직임 속에 있다는 점이 제시된다. ☞ [사]노에시스/노에마, 지향성, 휠레/모르페

—다니 도오루(谷 徹)

파지 把持 ⇨ [사]과거파지/미래예지{파지/예지}

판단 判斷 [(독) Urteil]

판단은 "영혼(프쉬케ψυχή)에서의" "긍정(카타파세이스καταφάσεις)과 부정(아포파세이스ἀποφάσεις)"이라고 하는 아리스토텔레스의 정의[『명제론』 24 b 2]에는 판단의 근원이 '영혼'에 있는 것인가 아니면 '언명'(파시스φάσις)의 로고스(λόγος) 그 자체에 있는 것인가라는 문제가 잠재해 있었다. 그로부터 논리학(Logik)은 심리학(Psychologie)에 의존하는가 아닌가 하는 전통적 논쟁이 분출했던 것인바, 특히 19세기에는 모순율이나 이유율과 같은 논리법칙을 우리의 사고의 본성에 다름 아니라고 하는 심리학주의가 우세했다. 이에 반해 후설은 심리학주의가 "판단내용"(Urteilsinhalt)과 "판단작용"(Urteilsakt)을 혼동했다는 것을 비판하고, 예를 들면 "2 곱하기 2는 4"라는 우리의 판단작용은 실재적인 사건으로서 확실히 시간적, 인과적으로 규정되어 있지만, "2 곱하기 2는 4"라는 참된 판단내용은 이념적 통일로서 시간적으로나 인과적으로 규정되어 있지 않다고 주장했다[LU Ⅰ 119]. 이리하여 후설은 이념적인 판단내용은 순수 논리법칙에 의해서만 구속된다고 생각했지만, 이와 같은 판단내용에 대응하는 판단작용으로부터도 실재성을 배제하기 위해 초월론적 환원을 행하여 양자를 "판단의 노에마"(Urteilsnoema)와 "판단의 노에시스"(Urteilsnoesis)로서 명증적인 순수 체험 속에서 움켜잡음으로써 긴밀하게 서로 관계하게 했다. 전자는 "형상으로서의 <내려진 판단>"이며, 후자는 "판단체험의 완전한 구체적 본질"이었다[Ideen Ⅰ 194]. 그러나 경험적으로 만나는 개별적 대상에 대해 <판단을 내리는> 경우에 그 판단작용은 논리법칙과 같은 <내려진 판단>과의 대응에 그치는 것일 수 없다. 그러므로 후설은 더 나아가 <판단을 내리는> 체험의 근원으로 환원을 시도하여 경험적 판단이 주어(개별적 대상)에 대해 술어하기 이전에 이미 "전술어적 경험"[EU 21]으로서 세계가 수동적으로 주어져 있다는 것, 판단의 근저에 "세계를 믿는다고 하는 보편적 기반"이 존재한다는 것을 발견하고, 이것을 "모든 판단의 전제"[같은 책 25]라고 하여 "발생론적 판단론"을 시도했다[같은 책 21]. 요컨대 판단의 근원을 영혼과 로고스보다 앞선 것으로 소급시키고자 했던 것이다.

—마쓰이 요시카즈(松井良和)

㊟ E. Lévinas, *La théorie de l'intuition dans la phénoménologie de Husserl*, 4e éd., Paris, 1930(佐藤眞理人・桑野耕三 譯, 『フッサール現象學の直觀理論』, 法政大學出版局, 1991).

판단론 判斷論 [(독) Urteilslehre]

판단이 경험 성립에 있어 중추적인 기능을 담당한다는 것이 칸트에 의해 설명된 이후, 판단은 단지 논리학상의 화제에 그치지 않고 언표 이전의 체험 성립에 불가결한 계기로서 인식론・존재론상의 커다란 주제가 되었다. 이러한 판단의 본질을 구명하는 것이 이른바 '판단론'이다. 독일어권의 철학계에서는 19세기 후반부터 20세기 초두에 걸쳐 판단론이 하나의 유행이라고도 말할 수 있는 양상을 드러냈다. 후설도 이러한 판단론 논자 중 한 사람으로서 자리매김할 수 있다.

Ⅰ. 심리학주의적 판단론. W. 분트, 지그바르트(Christoph Sigwart 1830-1904), 에르트만(Benno Erdmann 1851-1921)의 판단론은 표상 '종합'의 측면에 역점을 두는가 아니면 '분석'의 측면에 역점을 두는가라는 차이가 있긴 하지만 모두 다 판단을 표상의 심적 작용에 의한 분리・결합으로 환원시키고자 하는 한에서 심리학주의적인 판단론의 틀 안으로 모인다. 분트는 분석(Zerlegung), 지그바르크는 종합(In-Eins-Setzung), 에르트만은 분석을 기초로 한 종합(Einordnung)을 각각 판단의 본질로 본다. 물론 그들은 표상의 단순한 분리나 결합을 판단과 동일시한 것이 아니라 분리・결합의 '필연성'도 문제로 삼았지만, 그럼에도 불구하고 결국은 심적 메커니즘의 필연성으로 환원될 수 있는 종류의 것이었다.

Ⅱ. 빈델반트/리케르트의 판단론(태도결정설). 빈델반트(Wilhelm Windelband 1848-1915)는 판단을 표상의 분리와 결합 그 자체나 그것에 필연성의 의식이 덧붙여진 것이 아니라 어떤 표상결합태에 대한 승인 내지 거부의 수행이라고 보았다. 즉 두 가지 표상의 결합을

참으로서 승인한 것이 긍정판단, 거짓으로서 거부하는 것이 부정판단이라는 것이다. 판단은 따라서 하나의 평가작용, 더욱이 "진리에 대한 의지"에 뒷받침된 실천적이고 정의적인 태도결정의 작용을 포함하게 된다. 평가작용으로서의 판단을 빈델반트는 단순한 표상결합태로서의 '(사실)판단'과 구별하여 '판단의 판단', '가치판단'(Beurteilung)이라고 불렀지만, 이것은 로체의 '부판단副判斷', 베르크만(Julius Bergmann 1840-1904)의 '이성판단'의 사상 계보에 속한다. 리케르트는 판단을 '물음'에 대한 '그렇다'(Ja)와 '아니다'(Nein)의 '대답'으로서 정식화함으로써 빈델반트의 입장을 철저화하여 '판단' 즉 '가치판단'이라고 주장했다. 이것은 동시에 판단의 참된 대상을 실재하는 사물이 아닌 '타당'(gelten)한 '초월적 당위', '초월적 가치'로 간주한다는 것도 의미했다.

Ⅲ. 브렌타노의 판단론(독자성유설獨自成類說). 브렌타노는 정신현상을 종래의 지・정・의라고 하는 분류로부터 표상・판단・애증이라는 독자적인 분류로 전환시킴으로써 판단을 표상으로부터 원리적으로 구별할 거점을 획득했다. 브렌타노에 의하면 판단이란 표상작용과는 구별되면서 더 나아가 그것에 기초지어진 고차적인 작용이다. 우선은 표상작용에 의해 대상(속성)이 정립되지만, 판단이란 이러한 정립된 대상(속성)의 존재를 긍정(승인) 또는 부정(거부)하는 **작용**이다. 브렌타노의 판단론은 빈델반트, 리케르트의 그것과 동일한 태도결정설이라고 말할 수도 있겠지만, 후자가 판단을 실천적이고 정의적인 작용으로 보는 데 반해 전자는 어디까지나 이론적이고 지적인 작용으로 본다. 또한 후자가 주어-술어 구조를 지닌 술어판단을 판단론의 모델로서 내세우는 데 반해 전자는 존재판단을 전형으로 하며, 게다가 모든 술어판단이 존재판단으로 환원 가능하다는 점에 브렌타노 판단론의 특색이 있다.

Ⅳ. 라스크의 판단론(초문법적 객관주의). 라스크의 판단론은 서남칸트학파의 그것 중에서도 특이한 위치를 차지한다. 그는 우선 문법적인 주어-술어 관계와는 차원을 달리하는 초문법적인 형식-질료 의미 포섭태(이것은 프레게의 '사상Gedanke', 러셀의 '명제Proposition'의 생각과 매우 흡사하다)를 판단의 참된 객관으로 생각하고, 이 초문법적 의미 포섭의 조화・부조화의 표명을 판단의 수행으로 이해했다. 그 결과 진・위의 주장과 긍정・부정은 분리되고, 조화・부조화 인정의 최종적 근거로서 형식-질료의 단적인 합일인 <대상>이 내세워졌다. 또한 리케르트가 판단을 어디까지나 객체 구성의 작용으로 생각한 데 반해, 라스크는 그것을 <대상>을 파괴적으로 모사하는(따라서 도대체가 실천적이지 않은) 작용으로 생각하기에 이르렀다.

Ⅴ. 후설의 판단론. 후설 판단론의 특징은 지향적 체험에서의 노에시스-노에마 구조에 입각하여 분석이 수행된다는 점에서 심리학주의나 단순한 객관주의에 빠지지 않고서 판단 체험의 주관 측면과 객관 측면의 본질이 이념적으로, 그것도 상관적으로 파악된다는 점에 놓여 있다. 노에마 측에서는 주어-술어 구조를 지니는 의미형성태인 노에마의 핵에 '확실존재'라는 성격이 부여되고 소여성의 양식이 부가된 것, 이것이 판단 체험의 완전한 노에마, 즉 '판단된 것 그 자체'를 이룬다. 이러한 '확실존재'라는 성격부여는 '가능적 존재', '개연적 존재', '문제적 존재'와 같은 존재 양상의 계열들에 선행하는 것인바, 그러한 변양들의 출발점이다. 이것을 노에시스 측에서 보면 판단이란 다른 신념양태들이 언제나 그것에로 함께 되돌려지는 본래적인 존재 정립작용, 즉 '근원신념Urdoxa'이게 된다. 후설에게 있어 판단이란 태도결정설이나 독자성유설이 그렇게 이해한 것과는 달리 긍정・부정의 작용으로 환원되어야 할 것이 아니다. 긍정・부정이란 노에마의 존재 성격에 각각 "밑줄이 그어져 강조"된다든지 "말소선이 그어지는"[Ideen Ⅰ 218] 것과 같은 소여 정립의 고차적 변양에 불과한 것인바, 판단이란 그것들에 선행하는 본원적인 수행인 것이다. ☞ [사]경험, 승인/거부, 신칸트학파와 현상학, 존재판단{존재명제}, 타당

—다이코쿠 다케히코(大黑岳彦)

[참] 廣松渉, 「判斷の認識論的基礎構造」, 『世界の共同主觀的存在構造』, 勁草書房, 1972에 수록.

판단중지判斷中止 ⇨㈔에포케

판명성判明性 ⇨㈔명석성/판명성

판타스마 [(독) Phantasma]

지각에서 그 체험된 내용이 감각이라고 불리는 데 반해, 상상에서의 내용은 판타스마라고 불린다. 감각과 판타스마, 예를 들면 음 감각과 음 판타스마는 내용 측면에서만 보면 같은 종류의 것이다. 또한 우리는 감각과 판타스마를 동시에 체험할 수 있다. 예를 들면 악보를 읽으면서(시각적 감각) 멜로디를 상상하는(음 판타스마) 경우를 생각해볼 수 있다. 그러나 감각에 있어 감각들은 감각영역(Sinnesfeld)에서 감성적 통일을 이루는바, 동시적으로 주어져 있는 감성적 내용을 모으면서 지각 통각을 형성해 간다. 그에 반해 판타스마의 경우 이것들을 통일하는 분포가 있고 상상영역(Phantasiefeld)에 의해 유지되는 것이지만, 상상하는 해당 주체를 둘러싼 현실의 지각적 감각영역과 전혀 관련되어 있지 않다. 감각을 기반으로 하는 지각적 대상과 판타스마를 기반으로 하는 상상대상은 통일되는 일이 없다. 양자의 차이를 가능하게 하는 것은 그 존재양태와 시간양태의 차이이다. 감각이 실재성(Realität)과 현전(현재Gegenwart)을 가지는 데 반해, 판타스마는 비실재성(Irrealität)과 허무성(Nichtigkeit)이라는 성격을 지닌다. 그것은 "그 자신에서는 아무런 가치도 없으며, 다만 그것이 주어지게 되면 다시 감각으로 될 것이라고 하는, 다른 것을 현시하는 것으로서만 타당하다"[Hu **23**. 77]. 판타스마는 내용적으로는 현재적이지만, 현재화하지 않는 대상을 준현재화하기(vergegenwärtigen) 위해 있다. 지각에서 변양된 재현체(예를 들면 기억)에서 "판타스마의 현재적인 것으로서 타당한 활동은 그것이 비현재적인 것으로서 타당한 활동을 전제로 하여"[Hu **23**. 165] 비로소 가능하다. ☞㈔상상

―가나타 스스무(金田 晉)

페미니즘과 현상학―現象學

<페미니즘>은 라틴어의 femina(여성)에서 파생된 말로서 1890년대에 남녀평등・여성의 권리 획득을 의도하는 운동이나 이론을 가리키는 말로서 사용되기 시작했다. 현재는 여성의 존엄・평등・자기결정권을 획득하기 위해 모든 차별・지배・억압을 극복할 것을 의도하는 정치적 운동・이론적 활동으로 간주되고 있다.

제2차 세계대전 이후 페미니즘은 착실하게 사상으로 고양되는 모습을 보였는데, 그것의 최대의 공적은 보부아르의 『제2의 성』(*Le deuxième sexe*, 1949: 生島遼一 譯, 新潮社, 1959)에게 돌아간다. 이 저작의 사상적 기반은 사르트르의 실존주의 철학이며, 또한 하이데거의 현존재의 분석이나 메를로-퐁티의 신체성의 철학 등으로부터의 영향도 존재한다. 요컨대 현대 페미니즘의 가장 고전적인 저작은 현상학 운동으로부터 생겨났다고 말할 수 있는 것이다.

"사람은 여성으로 태어나지 않고 여성으로 된다" [『제2의 성』 II 13]는 테제를 전개하기 위해 보부아르는 생물학・정신분석・유물사관을 비판적으로 검토하고, "여성의 현실"이 어떻게 해서 구성되었는지, 무엇 때문에 여성은 '타자'로서 규정되어 왔는지를 논의하며, 나아가 다수의 자료와 문학작품을 토대로 하여 "여성에게 주어져 있는 세계"를 "여성의 시각"에서 기술한다. 보부아르에 의하면 가부장제 사회에서의 여성은 남성에 의해 규정되는 가치들을 받아들이는 자기, 남성에 의해 보이는 자기로 소외되어 있으며, 남성의 주체의 절대성에 대한 상대자='타자'일 것을 강요받고 있다. '자유', 즉 '기투'를 통한 '초월'에서야말로 인간 실존의 의미가 인정되지만, 남성 주권의 사회에서는 이러한 초월은 남성에게만 허락되고 여성은 '내재'에 갇혀 있다.

남성과의 동등성을 요구하는 보부아르에 반해, 1960년대 후반에는 정신분석학의 입장에서 여성의 성 경험의 특이성에 기초하여 '성적 차이'의 다원성을 강조하는 이리가레이(Luce Irigaray)[浜名優美 譯, 『성적 차이의 에티카性的差異のエチカ』, 産業圖書, 1986]나 주체 형성에서의 모친 존재의 의의를 중요시하여 여성의 독자적인

아이덴티티를 주장하는 크리스테바(Julia Kristeva) 등이 등장해서 데리다나 푸코(Michel Foucault)의 사상과도 연관하여 서구적 이성 그 자체의 남성성을 비판했다. 최근에는 성적 차이를 강조하기보다 다시 한 번 근대 이후의 계몽주의나 자유주의의 의의를 재고하는 페미니스트 철학・페미니스트 윤리학이 미국을 중심으로 전개되고 있다.

현상학의 틀 내에서는 더 나아가 회화 분석의 수법 등을 통해 일상적 상호행위 내에서 남성 권력의 행사와 여성 차별의 메커니즘을 추출하는 민속방법론(ethnomethodology)의 연구가 주목된다. ☞[사]민속방법론, [인]보부아르

—마루야마 도쿠지(丸山德次)

편차 偏差 [(불) déviation]

메를로-퐁티가 『기호들』, 『세계의 산문』 등에서 사용하는 용어. 본래는 습관적인 혹은 통상적인 방향이나 길로부터 벗어나는 것이자 표준으로부터의 일탈이나 거리를 의미한다. 메를로-퐁티는 우선 회화와 관련하여 화가의 지각 속에 <그림과 바탕>, <표준(규준)과 편차(일탈)>가 생기고 사물 속에 <움푹한 곳>, <갈라진 틈>을 생기게 함으로써 세계에 표현의 차원이 열린다고 생각한다[Signes 68, PM 85]. 지각의 스타일 속에도 이미 무화될 수 없는 차이화가 갖춰져 있는 것이다. 나아가 메를로-퐁티는 <편차>를 기존의 의미와 새로운 의미의 관계를 나타내기 위해 사용하고 있는데, 새로운 의미는 습관적으로 획득된 기존의 의미의 <흔적>, <지평>으로서 존재하고 있지만, 그것은 기존의 사전적인 의미로부터의 <항상적인 편차>에 의해 정의된다[PM 183, 184]. 그리고 표현의 스타일은 역으로 표현의 구성요소들이 보여주는 "동일한 편차"[Signes 76]가 따르는 체계이게 된다. 지각의 일반성 속에 이미 편차가 존재하며, 표현은 기존의 일반적 규준으로부터의 편차이고, 그 표현 속의 요소들의 공통된 편차가 표현의 일반적인 스타일을 시사하는 것이다. 많이 사용되지 않는 개념이긴 하지만, <거리>나 <일관된 변형>과 더불어 메를로-퐁티에게서의 제도화와 차이화의 관계를 보여주는 주목해야 할 개념이라고 말할 수 있을 것이다. ☞[사]스타일, 일관된 변형

—가쿠코 다카시(加國尙志)

포이에시스 [(그) ποίησις]

일반적으로 '제작'을 의미하는 그리스어. 아리스토텔레스는 인간의 지적 활동을 '보다theorein', '행하다pratein', '만들다poiein'로 삼분하고, 그것들에 대응하여 그의 철학 체계도 '이론theoria'의 학으로서의 '이론학theoretike', '실천praxis'의 학으로서의 '실천학praktike', '제작poiesis'의 학으로서의 '제작학poietike'의 3대 영역으로 구분했다. '포이에티케'는 포이에시스, 즉 제작의 목적을 유효하게 달성하기 위한 수단과 방법의 선택과 같은 고려적 계기, 즉 이론적 지식으로서의 기술techne을 문제로 한다. 아리스토텔레스 자신은 그것을 『수사학』 및 『시학』으로서 전개했지만, 제작 즉 포이에시스를 그 본질로 하는 예술이 지금까지 특권적으로 '제작학'적 대상으로 되어온 점에 대해서는 말할 것까지도 없다. 그러한 전통은 아리스토텔레스와 같은 순수 이론가에 의해서만이 아니라 호라티우스의 『시법』이나 부알로의 그것, 레오나르도의 『회화론』, 혹은 레싱의 『함부르크 연극론』 등에서 보이듯이 오히려 자기의 창작 체험에 기초하는 예술가의 이론적 반성에 의해 뒷받침되어 온 바가 크다. 딜타이도 그의 『근대미학사』(1892) '서문'에서 "이론적 논증과 시작詩作의 실제를", "심미적 사려와 예술적 창조를" 결합한 예술가들에 대해 언급하고 있는데, 실제로 그 이름은 다 열거할 겨를이 없을 정도이다. 폴 발레리(Paul Valery)는 작품을 향유하는 것과 작품을 제작하는 것, 보는 것theorein과 만드는 것poiein은 결코 혼동되어서는 안 된다는 입장에서 '미학'(Esthétique)을 예술 향유를 대상으로 하는 '향유학'(Esthétique)과 예술 제작을 대상으로 하는 '제작학'(Poïétique)으로 해체할 것을 제창했다[「미학에 대한 연설」(1937]. '제작학'이란 "작품 생산에 관한 모든 것", 즉 "한편으로는 창의와 구성의

연구, 우연의 역할, 반성의 역할, 모방의 역할, 또한 교양과 환경의 역할, 다른 한편으로는 기술, 수법, 도구, 재료, 행동의 수단과 기초 등에 대한 검토와 분석"에 종사하는 학이라고 한다. 그 자신에게 있어 '제작학 Poïétique'은 스스로의 시작 행위에 대한 의식적 반성으로서의 '시학Poétique'에 다름 아니었지만, 최근에 파스롱(René Passeron)은 발레리의 제창을 이어받아 '제작학'에 학으로서의 자율적 존재를 부여하고자 시도하고 있다. '제작학'이 다소라도 주관적인 기법론적 시학의 수준에 머무르지 않기 위해서는 상응하는 이론적 노력이 불가결할 것이다. 덧붙이자면, '미의 기술'로서의 예술의 제작성을 전적으로 자신의 사변적인 고구의 대상으로 삼고 있는 질송(Etienne Henry Gilson 1884-1978)의 예술철학 등도 넓은 의미의 '제작학'의 권역에 포함된다고 말할 수 있을지도 모른다. ☞[사]프락시스{실천}

—다니가와 아쓰시(谷川 渥)

포착(작용) 捕捉(作用) [(독) Erfassung; Erfassen]

대상을 파악 · 인식하는 심적 작용. 마이농은 이것을 『가정에 대하여』 제2판 (*Über Annahmen*, 1910)에서 독특한 사념{작용}(Meinen)으로서 사용하기에 이른다. 표상의 대상인 객체(Objekt)는 판단에 의해 그 직접적 대상인 객관적인 것을 통해 포착되며 그 맥락에서 이해된다. 이러한 대상을 포착하는 작용은 궁극적으로는 정의 불가능한 체험이지만, 두 개의 체험위상으로 이루어진다고 생각된다. 첫째는 대상이 내용을 매개로 하여 사유에 현시現示되는(präsentiert) 선체험(Vorerlebnis)의 위상, 둘째는 이 현시적 체험을 기반으로 하여 해당 대상을 능동적으로 사념하는 주체험(Haupterlebnis)의 위상이다. 표상작용은 첫 번째 위상에 속하는바, 객체를 현시할 뿐이다. 판단 · 가정의 사유작용은 두 위상에 관여하며, 객관적인 것을 현시하고 사념한다. 다만 현시적 체험만으로는 여전히 사유의 수동적인 상에 머무를 뿐으로, 두 위상의 체험이 협동하여 완결적 포착작용(fertiges Erfassen)이 수행되어야 비로소 해당 대상에 대한 사념이 완수된다. 따라서 표상에 의해 대상을 지닐 때 엄밀하게는 선체험의 표상만으로는 성취되지 않는바, 해당 대상의 넓은 의미의 존재를 판단 내지 가정하는 것이 필요한데, 예를 들면 객체 A는 A가 있다(A ist)와 같은 판단을 매개로 하여 사념된다(존재사념, Seinsmeinen). 다른 한편, 이러한 대상들을 초존재(Außersein)관의 입장에서 보게 되면, 그 모두가 가정된 것 그 자체(das Angenommene als solche)이며, 대상을 지닌다는 것은 상존재(Sosein)를 포착하는 것이라고 이해된다. 여기서 사념은 사실성의 영역을 넘어서서 가정하는(Annehmen) 것, 무수한 초존재자로부터 선소여의 규정성에 기초하여 대상을 골라내는 일종의 선발(Auswahl)이게 된다. 앞에서 말한 A는 또한 A인 바의 어떤 것(etwas, das A ist)이라는 형태로도 사념되게 된다(상존재사념, Soseinsmeinen)[*Über Annahmen*, 2. Aufl. (1910), Kap. 7, 8, *Selbstdarstellung* (1921), 20-28 참조]. ☞[사]객관적인 것, 상존재, [인]마이농

—에리구치 아키토시(江里口明俊)

폭력 暴力 [(불) violence]

현상학적 철학의 흐름 속에서 <폭력>을 문제로 삼은 철학자는 레비나스이다. 그에 의하면, 폭력을 일반적으로 다른 존재자의 침해로 이해하는 한에서 삼라만상은 폭력으로 가득 차 있지만, 본래적인 폭력은 타자의 자유에 대한 침해이자 <얼굴>을 지니는 존재자, 즉 인간에게 외상을 입히는 것이다. 이것은 단지 타자를 물리적으로 침해하는 것뿐만 아니라 개념, 표상, 제도 등의 일반적인 것 안으로 타자의 타자성을 해소하는 것, 자아가 자유롭게 처리할 수 있는 <중성적인 것>을 매개로 하여 타자를 비인칭화하는 것도 포함한다. 레비나스는 이러한 견지에서 <존재 일반>에 대한 관계를 특권화하는 서구 철학의 존재론적 전통, 특히 하이데거의 <존재에 대한 물음>이 물어지지 않는 폭력성을 포함한다고 지적하고, <얼굴>과의 평화적 대치인 <윤리>의 우위를 주장했다[『전체성과 무한』]. 그러나 타자의 자유에 대한 침해가 폭력이라면, 타자의 자유에

대한 윤리적 심문 역시 일종의 폭력이 아닐까? 이 문제는 『전체성과 무한』에서 "비폭력의 전형"이어야 할 <얼굴>의 현전을 동시에 "어떠한 폭력도 넘어선 폭력"으로 기술할 수밖에 없다는 점에서 나타나 있었다[제1부]. 『존재와 다르게 또는 본질의 저편』에 이르면, "자기"를 타자의 "인질"로 하는 "고발의 폭력"은 "좋은 폭력"으로 불린다. "고발의 외상"은 "대속"의 "<선>"에 의해 "속죄되기" 때문이다[제4장].

—다카하시 데쓰야(高橋哲哉)

표상表象 [(독) Vorstellung (불) représentation]

'지향성'을 중세 스콜라로부터 현대에로 재생시킨 브렌타노에 의하면, 지향성을 공통의 본질로 하는 심적 현상은 표상, 판단, 정의情意활동의 세 종류로 나누어진다. 표상은 단지 어떤 것이나 일이 의식에 나타나는 그 활동이며, 판단은 그와 같이 하여 표상되는 대상이나 사태에 '승인한다'거나 '부인한다'고 하는 2차적인 지향관계가 더해져 성립한다. 정의활동은 표상되는 대상이나 사태에 '사랑한다'거나 '미워한다'고 하는 2차적 지향관계가 더해져 성립한다. 결국 모든 심적 현상은 표상이든가 아니면 표상을 기초로 하든가 이다. 표상이 심적 현상의 기반이라고 하는 표상 제일주의는 제자인 후설에게도 처음에는 그대로 계승된다. 그러나 그가 후에 세계지평이나 수동적 종합 등의 '전술어적' 경험을 크게 받아들이게 됨으로써 표상주의는 점점 후퇴하게 된다.

초기의 후설에 의하면, "모든 작용은 표상이든가 표상을 기초로 하든가 이다"[LU II/1 345]. 대상을 향한 '지향적' 체험이라는 의미에서의 '작용'의 본질은 '<표상>의 현상학'에 의하지 않고서는 해명되지 않는다. 표상은 "다른 모든 지향적 체험의 필연적 기초를 이룬다"[Ideen I 213f.]. 의식의 지향 "<작용>이란 의미작용(Bedeuten)을 말하지만, 그때마다의 개별적인 작용에서의 의미적인 것은 바로 작용 체험 속에 있는 것으로 여겨지는 것인바, 대상 속에 있는 것이 아니다. 그것은 작용으로 하여금 대상들을 <향한> <지향적> 체험이게끔 하는 것 속에 있다고 생각되는 것이다"[LU II/ 344].

브렌타노의 지향 개념을 이어받은 후설에게 있어 의식 체험의 본질은 대상에로 <향한>(gerichtet) 지향성에 있었지만, 그 지향은 대상을 직접적으로 소박하게 모사적으로 비추는 것이 아니라 '의미적인 것'을 통해, 즉 이념적인 의미적 대상성으로서 대상을 그 이념성에서 파악하는 작용이었다. 의식은 대상을 노에마적·의미적으로 규정된 대상으로서 파악하는 것인바, 이것이 다름 아닌 '표상'이었다.

절대적으로 정립 가능한 "그것 자신에서 현상학적으로 완결된 고유 본질"로서의 자아, 주관은 세계에 '존재타당'을 부여한다. "세계는 나의 고유한 순수한 생명으로부터 …… 의미(Sinn)와 확증되는 타당(Geltung)을 얻는 한에서만 나에게 있어 존재하며, 또한 그것이 나에게 있어 그것인 것이다"[Ideen III 149]. 현상학은 존재하는 것에 대상적인 '의미'를 의미부여하고 표상하는 자아, 주관의 '표상' 작용 혹은 술어적 코기토를 최상의 것으로 바라보는 표상주의가 되었다. "세계 그 자체가 그 전 존재를 어떤 종류의 <의미>로서 지니고, 이 의미는 의미부여의 영역으로서 절대적 의식을 전제한다"[Ideen I 107].

주로 후기의 현상학에서 크게 다루어지게 되는 세계지평에 대한 본원적 신빙이나 수동적 종합 등의 '전술어적'인 경험영역에 관한 발생적 현상학적인 분석을 사상하여 본 고전적인 형태의 '코기토-코기타툼'의 현상학에서는 의식의 본질로 여겨지는 지향성이 단순한 의미부여의 활동으로 시종일관하는바, 세계는 단지 세계라고 불릴 뿐인 의미의 전체, '존재'한다기보다 오히려 단지 '타당'할 뿐인 것의 전체로 될지도 모른다. 세계는 생활세계가 본래 지니는 불투명이나 초월성을 박탈당하고 마는 것이다. 하이데거가 논문 「세계상의 시대」와 그 밖의 곳들에서, 세계의 사물을 표상하는 주관 앞에 놓고(sich vorstellen) 주관에 '대'해서 비로소 그것이 그것인 해당 모습, 즉 '상'이게끔 하는 표상주의란 일체를 '대-상'(Gegen-stand)화함으로써 '존재'를 망각한다고 비판한 것은 유명하다. 그러나 후설의 현상학을 소생시키고자 하고 참된 코기토는 세계의 확실성을 세계에 대한 표상적 사유의 확실성으로 변화시킨다든지 존재하는 세계를 세계라는 의미로 치환한다든지 하지 않는다고 말하는 메를로-퐁티에게서조차, 보통 이해된 '환원'이론 하에서는, 현상학은 주관의 작용, 자아의 능동성에서만 세계 경험의 가능성의 제약을 구하는 초월론적 관념론이 되는바, 세계는 "우리가 표상하는 대로의 것"으로 된다는 것을 거의 인정하고 있을 정도이다[PP VI].

이상과 같은 것에 반해 대상화하고 주제화하는 술어적 표상작용에 앞서는 수동적이고 전술어적인 세계 경험의 영역, 발생에서 모든 표상적 사유(코기토)에 선행하는 생활세계적인 경험의 영역에 주목하게 되는 (후기의) 현상학에서는 사정이 약간 다르다. 거기서는 초월론적임과 동시에 감성론적인 수동적 종합이 크게 다루어진다. 표상하는 능동적 정립에 앞서는 본원적인 세계 신빙, 감성적인 것의 근저에 놓여 있는 시간의식의 종합, 인칭적인 자아의식의 성립에 선행하는 상호주관적 공동성의 지평 등은 표상적·술어적인 것의 근저에 놓여 있는 수동적·전술어적인 경험의 특질이다. ☞[사]지향성

—야마사키 요스케(山崎庸佑)

[참] 山崎庸佑, 『現象學の展開』, 新曜社, 1974.

표정表情 [(독) Ausdruck (영·불) expression]

표정 현상에 대해서는 다윈이나 W. 분트 등에 의해 동물학이나 심리학으로부터의 접근이 이루어져 왔다. 표정 현상에 대해 타자 경험과 나아가 경험 일반에 있어서의 근원적인 위치를 인정한 것은 셸러와 클라게스이며, 이후 이러한 견지는 카시러와 메를로-퐁티 등에 의해 발달심리학의 식견을 원용하여 계승·발전되었다.

표정 지각의 직접성이라는 주장은 이미 (1) 지각이란 제1의적으로는 사물 지각이며, 내적 심리현상은 일차적 소여인 외적 신체운동을 매개로 하여 이차적으로 획득되고, (2) 체험 내용은 언제나 '자기'의 그것일 수밖에 없다고 하는 일상적 사념의 도그마를 해체한다는 것을 의미한다. 학설사적으로 이것은 각각 유추설, 감정이입설(Th. 립스)에 대한 비판으로서 수행된다. 셸러는 『동정의 본질과 형식들』(1923, 초판 1913)에서 표정론을 주제적으로 전개한다. 그는 예를 들어 눈길에서 우선 포착되는 것이 안구의 크기가 아니라 호의나 적의라는 것을 거론하고, 우리가 타자에서 직접적으로 지각하는 것이 "심리-물리적으로 무차별"한 "하나의 어떤 통합된 전체성"[Sympathie 256]이라는 것을 보인다. 그는 동시에 자기의 것으로서나 타자의 것으로서 주어져 있지 않은 체험의 사례를 예로 제시하고, 전인칭적이며 "나-너에 관해 무관심한 체험류"[같은 책 240]가 무엇보다도 우선 자기에게 속하는 것과 타자에게 속하는 것의 분리에 앞서 주어진다고 주장한다. 카시러의 『상징 형식의 철학』 제3권에서는 셸러의 논의를 비판적으로 수용하여 표정은 정신의 근본적인 상징 기능으로 위치지어진다. 그에 의해 표정 이해가 사물 지각에 대해 근원적이라는 것, 그리고 이러한 표정 현상에서 타자 지각이 자기인식에 선행한다는 것이 명확히 정식화되기에 이른다. 또한 『지각의 현상학』에서 메를로-퐁티는 신체를 모든 표현(표정) 공간의 근원이자 표현 운동 그 자체라고 파악한다[PP 171f.]. 지각도 그 자신이 하나의 표현이라고 간주되는데, 어떤 몸짓의 의미에 대한 이해는 나의 눈길과 타인의 눈길이 교착하는 것과 같은 신체적 존재로서의 자기와 타자와의 상호적인 교통 장면에 정위하여 이해된다. ☞[인]클라게스, [서]동정의 본질과 형식들, 상징 형식의 철학

—나오에 기요타카(直江淸隆)

[참] ヘルマン・シュミッツ(小川侃 編譯), 『身體と感情の現象學』, 産業圖書, 1986. 廣松涉, 『表情』, 弘文堂, 1989.

표현表現 ⇨[사]지표와 표현

표현주의表現主義 ⇨[사]예술운동과 현상학

풍경風景 [(독) Landschaft (불) paysage (영) landscape]

<풍경> 개념을 지금 만약 현상학적으로 정의한다고 하면, 당면한 행동에 관계되는 관심을 괄호에 넣고 미적・관조적 태도의 대상으로 간주된 한에서의 보이고 체험되는 공간이라고 말할 수 있을 것이다. <풍경>을 <풍경>으로서 보고 지향적으로 의미짓거나 잘라내는 것은 당연히 그것을 보거나 체험하는 측의 개인적 내지 공동적인 주관의 선택적 관여 혹은 구성을 기다려 비로소 가능해진다. 모든 <풍경>이 그것이 의식되는가 되지 않는가에 관계없이 적어도 어느 정도는 이른바 <심상풍경>의 색조를 띠고 개인적 내지 공동적 의미지향의 상관자로 되기 때문이다.

서구어에서 <풍경>을 나타내는 말이 land, pays 등의 <시골>, <지방>, <나라>를 나타내는 말을 포함하는 것은 근대 이후의 도시화・공업화의 진행과 정반대로 상대적으로 인공의 정도가 더해지는 것이 적고 또한 그 지방 각자의 특색을 띤 자연이나 자연과 인간의 공생의 존재방식(예를 들면 전원 풍경에서 전형적으로 상징되는 농업은 자연과 인간의 공생의 하나의 형태이다)을 보여주는 풍경이 우선 특히 미적 관조의 대상으로서 의식되었다고 하는 역사적 사정을 배경으로 하고 있다. 그러나 이 점은 오늘날 <풍경>의 개념이 일반적으로 예를 들면 중국과 일본의 산수화가 대상으로 하는 것과 같은, 대체로 인공적 가공의 정도가 적은 자연의 조망으로부터, 또한 반대로 인공의 극치인 현대 공업도시의 경관 등에까지 이르는 넓이를 지닌다는 것을 배제하는 것이 아니다.

<풍경>은 일반적으로 (예를 들면, 농민의 수확 풍경 또는 낭만파가 좋아한 폐허의 풍경 등의 경우에서 전형적으로 보이듯이) 그 속에 공간적인 것뿐만 아니라 시간적 요소도 포함하며, 이리하여 자연과 인간, 혹은 좀 더 일반적으로 말하자면 자연과 인공을 함께 포함한 환경세계와 인간의 공생의 존재방식이 지닌 다양한 국면에 대한 자각이 된다. <풍경>을 보고 묘사하거나 경관을 적극적으로 구성하는 것이 살아가는 것의 의미를 반추하고 물으며 또한 삶의 방식을 비판하고 수정하는 것과도 통하는 까닭이다.

—사카베 메구미(坂部 惠)

참 Yi-Fu Tuan, *Space and Place*, Minnesota, 1977(山本浩 譯, 『空間の經驗』, 筑摩書房, 1988).

풍토風土 [(독) Klima (불) climat (영) climate]

"여기서 풍토라고 부르는 것은 어떤 토지의 기후, 기상, 지질, 토양, 지형, 경관 등의 총칭이다." 와쓰지 데쓰로和辻哲郎는 그의 저작 『풍토』 본론의 서두에서 <풍토> 개념을 이와 같이 규정한다[『전집』 제8권, 7]. 그러나 하이데거의 『존재와 시간』에 촉발되어 실존적 시간과 균형이 맞는 체험되는 환경세계 내지 공간에 대한 해석학적 현상학의 전개를 지향하는 와쓰지는 위와 같이 규정된 <풍토>를 단지 객관과학으로서의 지리학의 대상으로서가 아니라 어디까지나 인간의 지향적 체험의 상관자로서 현상학적으로 파악하고, "풍토의 유형이 인간의 자기이해의 유형이다"[같은 책 22]와 같은 일종의 지향성 분석의 유형학을 구상하여 이와 같은 현상학적 방법의 기반 위에서 이전의 헤르더의 "인간의 정신의 풍토학"의 구상을 새로운 형태로 소생시키고자 시도한다. 이러한 <풍토>론의 구상에는 서구의 종래의 지리학의 성과에 만족하지 않고 <풍토>의 개념과 현상을, 마찬가지로 해석학적 현상학의 방법에 촉발되는 가운데 일본 내지 아시아의 공동체의 존재방식을 자각화한 <사이>로서의 <인간존재>가 지닌 존재 양태의 하나로서, 말하자면 공동주관과 객관의 틈에서 파악하고자 하는 참으로 현상학의 정신에 뿌리내린 선구적인 착상이 담겨 있었다.

제2차 대전 후에 이르러 프랑스의 지리학자이자 일본학자인 오귀스탱 베르크(Augustin Berque)는 이와 같은 와쓰지의 구상을 한편으로는 와쓰지가 실제의 풍토유형론을 전개할 때에는 방법론적 기본자세를 이를테면 무의식중에 배반하여 소박한 풍토적 결정론으로 떨어지고 있다는 것을 날카롭게 지적, 비판하면서, 다른 한편으로는 1970년대 이후의 미국을 중심으로 한 현상학적 지리학의 대두나 혹은 프랑스를 비롯한 구미 나라들에서의 인간과학들에서 나타나는 넓은 의미에서의 현상학적 견해의 다양한 전개도 다시 참조하면서 방법론적으로 순화・세련화함으로써 지리학을 비롯한 인간과학들에서의 탐구 일반에 적용 가능한 방법론의 개념틀로까지 다듬어 이를테면 역수입하고자 시도한다. 이러한 시도는 객관적 사태로 받아들이기 쉬운 climat라는 말을 피해 <풍토>를 굳이 milieu라는 개념으로 받아들이고 주관과 객관의 근저에서 공통된 trajet, 즉 <통태通態> 개념을 핵으로 mésologie, 즉 <풍토학>을 전개하고자 하는 주목할 만한 여러 착상을 포함한다. ☞ ㉧와쓰지 데쓰로, ㉦풍토

—사카베 메구미(坂部 惠)

참 A. Berque, *Le sauvage et l'artifice: les japonais devant la nature*, Paris, 1986(篠田勝英 譯, 『風土の日本—自然と文化の通態』, 筑摩書房, 1989).

퓌시스 ⇨㉦자연

프라하 구조주의—構造主義 [(독) Prager Strukturalismus (불) structuralisme de Prague]

로만 야콥슨이 1926년에 체코의 언어학자 마테지우스(Vilém Mathesius 1882-1945)와 함께 창설한 프라하 언어학 연구회의 언어학 사상. 프라하 언어학 서클은 1929년에 프라하에서 개최된 제1회 국제 슬라비스트(슬라브언어) 회의를 위한 테제(Thèses, Travaux du Cercle linguisitique de Prague, 1, Prague)에서 <구조> 개념을 제기하고, 이후 기능구조주의의 기치를 내걺과 동시에 <기호> 개념을 강하게 전면에 내세워 전후의 구조언어학, 문화의 영역들에서의 구조주의, 문화기호론을 위한 터전을 구축했다. 이 학파의 주된 업적은 음운론의 확립, 언어의 기능 구조와 발화 모델, 시학, 민속학의 연구 등 다양한 분야에 걸쳐 있다.

프라하 구조주의는 러시아 형식주의의 언어 사상의 계승・발전이라는 측면을 지니지만, 전체로서는 러시아 형식주의와 체코 언어학, 체코 미학, 게슈탈트 심리학, 현상학 등과의 만남에서 탄생한 질적으로 새로운 언어과학, 언어사상이다.

프라하 구조주의와 현상학의 만남의 원천은 야콥슨의 모스크바 시대로 소급된다. 그는 러시아의 현상학자 구스타프 슈페트를 통해 현상학을 접하고 그 결정적인 영향 하에 현상학에 의한 언어학의 근거짓기를 구상했는데, 프라하로 이주한(1920년) 후 마찬가지로 현상학에 관심을 지니고 있던 미학자 얀 무카조프스키(Jan Mukařovský 1891-1980) 등과 함께 이 구상을 언어학 영역들에 대한 연구에 의해 구체적으로 실현하고 있었다. 1935년 11월 프라하에 체재 중이던 후설은 프라하 학파를 위해 '언어의 현상학'이라는 제목의 강연을 행했는데, 그에 이어 <언어의 상호주관적 구성>의 문제를 중심 테마로 하여 토론이 이루어졌다. 엘마르 홀렌슈타인에 의하면, 상호주관성과 관련하여 야콥슨은 표트르 보가티료프(보카티레프, P'otr Grigorievich Bogatyr'ov 1893-1971)와의 민속에 대한 공동 연구에 의해 후설에게 얼마간의 영향을 주고 있다고 한다. 현상학은 프라하 구조주의의 형성에 기여했지만, 후자도 현상학의 발전에 공헌하고 있는 것이다. 홀렌슈타인에 의하면 그것은 현상학적 구조주의라고도 말해야만 할 것으로 형상적, 초월론적 현상학에 이은 현상학 발전의 제3의 조류이다. ☞ ㉦러시아 형식주의와 현상학, ㉧슈페트, 야콥슨

—이소야 다카시(磯谷 孝)

참 E. Holenstein, *Linguistik, Semiotik, Hermeneutik*, Frankfurt am Main, 1976(平井正・菊池武弘・菊池雅子 譯, 『言語學・記號學・解釋學』, 勁草書房, 1987).

프락시스{**실천**實踐} [(그) πρᾶξις (독) Praxis (영・불) praxis]

Ⅰ. 아리스토텔레스에게서 프락시스는 폴리스에서의 윤리적 실천에 한정되며, 테오리아(관상觀想)보다는 열등하지만 포이에시스(제작・노동)보다는 상위에 놓여 있었다. 프락시스에 있어서는 좋게 실천하는 것 자체가 목적인 데 반해, 포이에시스에서는 목적이 자기 바깥에 있다고 하는 이유 때문이다『니코마코스

윤리학』 1140b]. 이와 같은 프락시스의 규정은 칸트에게도 계승되어 있다(다만 테오리아와 프락시스의 위계는 역전된다). 그에 반해 헤겔에게서는 테오리아(이론)와 프락시스의 상호 매개적 관계가 철저하게 추구된다. 그리하여 그때까지 부정적으로 취급되어 왔던 포이에시스(노동)에서 적극적 의의가 발견되어 프락시스의 핵심으로 격상된다. 그와 같이 자기의 외화와 그것의 되찾음을 통해 주관・객관의 동일성이라는 진리에 접근하는 인간의 활동이 그의 체계의 구성원리가 된다.

II. 후설의 현상학에서는 프락시스에 대해 주제적으로 논의하고 있지 않은 것으로 볼 수 있지만 실제로는 그렇지 않다. 그의 생활세계에 대한 파악방식에 따르면 테오리아의 태도라는 것도 이미 프락시스를 불가결한 전제로 하고 있기 때문이다. 기하학의 성립에서도 측량이라는 프락시스가 전제되고 있듯이 말이다. 또한 무엇보다도 대상에 대한 지각이 언제나 자기 자신의 신체에 대한 감각(Kinästhese)을 수반한다는 사고방식 속에서 테오리아를 프락시스의 전제 하에 포착하는 사고방식이 보인다. 그것은 하이데거의 '객체존재'보다 '도구존재'를 근원적인 것으로 보는 사고방식에 의해서도 계승되고 있다고 말할 수 있을 것이다. 물론 이 경우의 프락시스에 대한 파악은 행동주의의 자극・반응 도식과 정면으로 대립한다. 그 점에서는 목적 지향적 행위를 의지적 행위의 지표로 간주하는 주의주의적 사회행위론(베버Max Weber, 파슨즈Talcott Parsons, 앤스콤G. E. M. Anscombe, 폰 우리크트G. H. von Wright 등)과 서로 겹치는 것도 찾아볼 수 있지만, 잊어서는 안 되는 것은 현상학에서는 목적이 자각적으로 결정되어 있지 않은 장면에서 이미 프락시스가 게슈탈트적으로 구조화되어 있는 것에 주목하여 고찰이 심화되고 있다는 점이다(특히 메를로-퐁티). 그런 의미에서 프락시스는 가지성과 불가지성의 미묘한 접점에 놓이게 된다. 그리고 이 미묘한 접점에 대한 고찰로부터 인간의 조건 일반에 대한 새로운 물음에로 나아감으로써 현상학의 프락시스 이론은 윤리적 성격을 띠기에 이르기도 한다. ☞ ㈓목적론, 포이에시스, 행위

—사토 야스쿠니(佐藤康邦)

㊟ T. Parsons, *The Structure of Social Action*, Hill, 1937(稻上毅・厚東洋輔, 『社會的行爲の構造 1』, 木鐸社, 1976). G. H. von Wright, *Explanation and Understanding*, New York, 1971(丸山高司・木岡伸夫, 『說明と理解』, 産業圖書, 1984).

프랑크푸르트학파와 현상학—學派—現象學

수학에서 출발하여 엄밀한 인식을 추구하고 초월론적 주체에서의 세계 구성의 실상에 대한 기술을 지향한 후설과, '사상의 도가니'로서의 1920년대에 서구 맑스주의로서 사회와 학문의, 그리고 인식과 실천의 착종된 관련에 눈을 돌린 이른바 프랑크푸르트학파는 본래의 지향이 전적으로 다른 한에서 서로간의 접촉면은 아주 적었다. 그러나 전혀 무관계했던 것은 아니다. 본래 아도르노(Theodor W. Adorno 1903-69)와 호르크하이머(Max Horkheimer 1895-1973)가 서로 알게 된 것은 1922년 후설에 관한 코르넬리우스(Hans Cornelius 1863-1947)의 세미나에서였다. 이 서클에서는 후설의 작업이 일관되게 추적되고 있었던 듯하다. 예를 들면 호르크하이머는 망명 중인 1935년에 쓴 「진리에 대하여」에서도 진리를 "형식적으로" 대상과 개념의 일치로서 포착하는 것은 인정하면서도, 바로 그러한 일치에서야말로 진리와 그 인식은 철두철미 "주시의 방향, 방법의 세련도, 범주 소재의 구조, 요컨대 특정한 사회적 시대에 상응한 인간의 활동"에 의거하고 있다는 점이 보인다고 강조한다. 그러나 거기에 신중한 유보를 붙여 다음과 같이 말한다. "후설이 제시한 '형식적 존재론', 요컨대 '공허한 일반성에서 가능한 세계 일반에' 관계하는 것과 같은 형식적 존재론은 …… 이러한 인간적 활동과의 관계를 모두 결여하고 있는 것인지, 또한 그러한 것과는 무관하게 실제적인 인식 가치를 지니고 있는 것인지의 여부는 다루지 않는다." 염두에 두고 있는 것은 1929년의 『형식논리학과 초월론적 논리학』이다. 후설의 의도를 무시할 수 없다는 점을 감지하고 있었을 것이다. 그러나 2년 후의 강령적 논문 「전통

적 이론과 비판적 이론」에서는 "어떤 학문 그 자신 속에 닫힌 명제의 체계"야말로 이론이라고 했다. 마찬가지로『형식논리학과 초월론적 논리학』속의 정의가 전통적 이론의 대표라고 하고 있다. 그리고 그러한 이론 개념 자신이 현대 시민사회의 어떤 특정한 단계와 균형이 맞는 것으로 생각된다. 신중한 대응은 포기된 듯하다. 또한 아도르노는 망명 중에 후설에 관한 비판적 논문을 써 1956년에『인식론의 메타비판』으로서 세상에 내놓는다. 그러나 이 아도르노도 1931년 이후의 후설의 작업에 대해서는『위기』도 포함하여 논의하지 못했다. 제2세대인 하버마스는 생활세계 개념을 사회학적으로 다시 조직하여 시스템 대 생활세계라는 대항도식을 만들고, 근대화와 더불어 시스템으로부터 분리된 생활세계가 시스템의 힘에 의해 '식민지화'되어 가는 도식을 만들지만, 그와 같은 고쳐 읽기는 슈츠 등을 경유한 것인바, 제1세대에는 현상학의 그러한 생산적인 수용은 존재하지 않는다. 덧붙이자면, 하버마스에 의한 고쳐 읽기의 옳고 그름에 대해서도 많은 논의가 존재한다. 이 점에서는 생활세계의 복수성과 선험성을 하버마스와 관련하여 논의한 란트그레베의 재미있는 논의가 존재한다. ☞ [사]생활세계, 현상학 비판 [독일], [인]하버마스, [서]인식론의 메타비판

—미시마 겐이치(三島憲一)

[참] L. Landgrebe, "Lebenswelt und Geschichtlichkeit des menschlichen Daseins", in B. Waldenfels, Jan M. Broekman u. A. Pazanin, Hg., *Phänomenologie und Marxismus* 2, Frankfurt, 1977.

프레게와 현상학—現象學

프레게의 업적과 그 의의는 버트란드 러셀(Bertrand Russell 1872-1970)의 소개 이래로 일찍부터 인정되고 비판적으로 계승되어 왔지만, 그것은 주로 수학적 논리학 및 언어분석에 중점을 두는 철학(이른바 '분석철학') 내부에 한정되어 있었기 때문에, 드문 예외를 제외하면, 아주 최근에 이르기까지 프레게와 현상학의 관련이 사람들의 주목을 받는 일은 없었다. 그러나 양자 사이에 공감과 비판이 뒤섞인 사상적 교류와 공통의 관심이 존재했었다는 것이 확인될 수 있게 되고, 프레게와의 비교에 의해 현상학에 대한 새로운 해석 방향이 가능해지지 않을까 하는 기대가 서서히 높아짐에 따라 1980년경부터 활발한 논의의 대상이 되었다. 논점이 다양한 분야에 걸쳐 있고 현재 결정적인 해결도 제시되지 않은 상황이긴 하지만, 가장 문제가 되는 사항들을 단순화해 보고자 한다.

(1) 1890년대의 어떤 시기에 후설이 그때까지의 심리학주의의 입장으로부터 탈각하여 반심리학주의로 전회했다는 것은 널리 인정되고 있다. 만약 그와 같은 급격한 변화가 있었다고 한다면, 무엇이 그와 같은 변화를 촉진했던 것일까 하는 문제가 생긴다. 다른 한편, 프레게는 1894년에『산술의 철학』에 관한 서평을 발표하여 후설의 심리학주의적 입장을 통렬하게 비판했다. 후에 후설은『논리연구』제1권에서 프레게에 대해 언급하는 가운데『산술의 철학』에 대한 자기비판을 전개한다[LU Ⅰ 169]. 이상과 같은 두 가지 사실을 결합하여 후설의 입장에 급격한 변화를 초래한 것은 프레게의 서평에 다름 아니라고 푈레스달이 상정한 이래로 이 견해는 거의 정설이 되었다. 그러나 이것은 어디까지나 하나의 상정에 지나지 않는다(후설은 프레게에 대해 여러 차례 언급했지만, 해당 서평을 언급한 적은 한 번도 없었기 때문에 중요한 점이 확증될 수 없다). 더욱이 '심리학주의'라는 말에 대한 정의가 어렵고『산술의 철학』의 입장이 전면적으로 심리학주의적이라고는 간단히 말할 수 없는 사정도 있기 때문에(마찬가지로『논리연구』가 전면적으로 반심리학주의적이라고도 간단히 말할 수 없다), 앞의 문제는 현상학의 성립 상황, 더 나아가서는 현상학 그 자체에 대한 원리적인 차원으로 소급함으로써만 해결될 수 있을 것이다.

(2) 역사적인 확증을 바랄 수 없다 하더라도, 원리적인 평행 관계가 인정된다면 그것은 프레게의 영향의 간접적인 증거로 간주될 수 있을 것이다. 프레게는 언어활동에 관계되는 계기로서 '의미'(Sinn)와 그 '의의=지시대상'(Bedeutung, 명제 수준에서는 '사상'과

'진리치')을 구별하고 그것들을 주관적 표상과 구별했지만, 이러한 주관적 표상-의미(사상)-의의(진리치)의 구별은 술어상의 차이를 없애 단순화한다면 후설이 지향성의 구조라고 했던 '감각'(휠레)-'의미'(노에마)-'대상'의 구별에 대응하는 것으로 볼 수 있다. 그리하여 후설은 프레게의 착상을 모든 작용의 구조를 포섭할 수 있도록 일반화한 것이라고 상정해 볼 수 있다. 이러한 상정은 역시 푈레스달이 처음 제기한 이래로 많은 사람들에 의해 지지받게 되었다. 물론 모한티나 힐(Claire Ortiz Hill)과 같은 강력한 비판자도 있다. 그들은 프레게='외연주의'('의의' 차원을 '대상'에로 동화시키고자 하는 입장)라는 도식을 자명한 전제로 삼은 데 기초하여, 프레게에게 있어서는 '의의'를 '대상'으로 환원하는 것이 최종적으로 중요했던 데 반해, 후설에게 있어서는 '외연'='대상'은 중요하지 않고 '의미' 차원을 철저히 심화하는 것이 과제였다고 하는 이유에서 프레게와 후설의 평행 관계를 부인하고자 한다. 그러나 이러한 대립을 강조하고자 하는 해석은 프레게의 의도를 상당히 비뚤어진 '외연주의'로 밀어 넣고, 후설에게 있어 '대상'이나 '진리'(모두 '외연'의 차원에 속하는 개념이다)는 중요하지 않다고 하는 분명히 잘못된 해석을 유포시키는 이중의 바람직하지 않은 효과를 지니게 된다. 후설의 논리학의 중심에 진리 개념이 있었다는 것은 『논리연구』가 '진리'라는 주제에 지불한 노고(제6연구 전체)를 생각하는 것만으로도 명확하며, 후설에게 있어서도 '의미' 차원이 '대상' 차원과 불가분이었다는 것은 '진리치' 개념에 의해 '지향적 본질'의 개념을 정의했던 것으로부터도 확증할 수 있다(예를 들면 제5연구 21절 참조). 따라서 후설은 의도적으로 프레게의 착상을 모든 작용의 구조를 포섭할 수 있도록 일반화했다고 말해도 상관없는 것이다. 그러나 참된 문제는 이렇게 의도된 일반화를 어떻게 정합적으로, 어떻게 포괄적으로 이해할 수 있는가 하는 것이다. 예를 들면 프레게의 '의미' 개념은 명제, 내포, 가능세계의 집합 등에 의해 규정되어 왔지만, 이와 같은 의미론적 개념과 현상학의 개념들이 이미 무관하다고는 생각될 수 없는 지점까지 후설과 프레게를 파고들어가는 것이 무엇보다도 요구되고 있는 것이다. ☞ ㉶노에시스/노에마, 분석철학과 현상학, ㉤프레게

—미카미 신지(三上眞司)

㊟ D. Føllesdal, *Husserl und Frege*, Oslo, 1958. J. N. Mohanty, *Husserl and Frege*, Bloomington, 1982(貫成人, 『フッサールとフレーゲ』, 勁草書房, 1991.

프린지{테두리} [(영) fringe]

윌리엄 제임스의 현상학적 심리학의 핵심을 이루는 개념. 의식생활은 비상과 정지의 교체로 이루어지는 새의 생활과 유사하여 안정된 명료한 '실질적 부분'과 실질적인 부분들을 서로 <관계짓는>, 또는 실질적 부분들 <사이>의 의식인 '추이적 부분'과의 가변적인 유기적 구조로 이루어져 있다. 의식이라는 하천의 흐름 중심에 통이나 그릇에 담긴 물이 있다고 하면 그 정지된 물이 실질적 부분이며, 그 주위를 고임 없이 연면히 계속해서 흘러가는 물이 추이적 부분이다. 프린지는 후자를 의미한다. 즉 의식영역 중심의 명확한 개념이나 심상으로 이루어진 <핵> 내지 <주제>를 의미짓고 색을 부여하는 주위의 추이적 부분을 가리키는 것인데, 그것은 '심적 상음上音'이나 '광륜'이라고도 불린다. 사물에 대한 직접지, '친숙한 지식'은 프린지를 결여한 지식이며, 개념적인 간접지, '~에 대한 지식'은 그것을 수반한 지식이다. 미약한 뇌수과정을 반영하는 관계에 대한 느낌, 방향감각, 예감 내지 여운의 의식으로서의 프린지, 그것은 실질적 부분과 같이 명확하게는 반성될 수 없기 때문에 전통적 심리학에 의해서는 간과되어 왔다. 하지만 프린지가 무시되면 현상에 대한 전체적이고 구체적인 경험은 성립하지 않는다. 프린지는 주제에 맥락과 전체화를 가져오는 <의미의 기저>인 것이다. 후설은 이러한 프린지에 주목하여 지평론을 전개했다. 구르비치의 의식영역론이나 슈츠의 사회학이론에서도 프린지설이 영향을 미치고 있다. ☞ ㉶의식의 흐름, ㉤제임스, ㉾심리학 원리

—가토 시게루(加藤 茂)

참 W. ジェイムズ(今田恵 譯),『ジェイムズ論文集』, 河出書房, 1956. 加藤茂,『意識の現象學』, 世界書院, 1986.

플라톤주의와 현상학—主義—現象學

플라톤주의란 도대체 무엇인가? 이 물음에 대해서는 다양한 대답이 가능하다. 거기서 현상학과 관련하여 중요하다고 생각되는 특징을 두 가지만 거론한다고 하면, 그 하나는 볼차노나 프레게의 플라톤 해석에 의한 <논리적 플라톤주의>, 즉 논리학이나 수학의 개념들, 명제들, 법칙들 등이 심리적인 개개의 표상작용이나 판단작용과는 이질적인 초시간적 타당성을 지닌 독자적인 이념적 · 이데아적인 존재자라고 하는 사고방식이며, 두 번째 특징은 생성, 소멸하는 각종의 개별물이 가상적인 존재자에 불과한 데 반해 그것들의 원형이어야 할 각각의 이념 · 이데아는 영원불변한 실체이자 참된 존재자라고 하는 <형이상학적 플라톤주의>이다. 그렇다면 이러한 두 종류의 플라톤주의와 현상학의 관계는 어떠한가? 현상학에도 서로 반하는 다양한 경향이 있긴 하지만, 현상학은 본질직관에 의한 본질 연구의 학(덧붙이자면, 본질과 형상과 이데아는 동의어)이라고 하는 점은 기본적인 공통 인식이다. 따라서 일반적으로 현상학은 많든 적든 논리학적 플라톤주의에 준거하고 있다고 말할 수 있다. 그러나 다른 한편의 이데아를 실체화하는 형이상학설에 대해서는 후설을 필두로 하여 대다수의 현상학자가 이를 논박하고 있다. 그런 까닭에 예를 들어 M. 셸러도 "역사적으로 보면 현상학은, 물론 플라톤적인 이데아의 물상화와 신화적인 부가물을 완전히 제거한 데 기초한 직관주의적인 플라톤주의의 재생이라고도 간주된다"고 말하고 있다[SGW 7. 310]. 후설의 경우 1880년대의 그는 심리학에 의한 산술의 근거짓기를 시도하여, 예를 들어 기수는 수를 세는 심적 작용의 산물이라고 간주하고 있었다. 그러나 90년대 초에 로체의 『논리학』(특히 §318)을 읽고서 비로소 "플라톤주의의 결정적인 충격"을 받고 그 후 더 나아가 볼차노나 프레게의 사고방식도 이해하게 됨에 따라 심리학주의의 오류를 자각하게 된다. 그 결과 1900년에 간행된 『논리연구』 제1권에서는 철저한 심리학주의 비판을 전개하고 이데아론적인 순수 논리학의 이념을 개진하는데, 예를 들어 수 자체와 수를 세는 심적 작용의 이질성을 강조하여 수 그 자체는 이데아적인 순수 개념이라고 주장한다. 다만 그의 이러한 이데아론은 "이데아적인 것을 객관적 인식 일반의 가능성의 조건으로서 인정하는" 인식론의 하나의 형식에 불과한바, 이미 그 저작의 제2권에서는 <그것 자체로서 존재하는 이데아적 객관이 주관에 의해 인식됨으로써 다시 주관적으로 된다고 하는 것은 도대체 어떻게 이해되어야 할 것인가>라는 의문이 주제화되어[LU II/1 8] 인식에서의 주관과 객관의 상관관계에 대한 해명에 몰두하게 된다.

—다테마쓰 히로타카(立松弘孝)

참 立松弘孝,「フッセルのプラトン觀について」,『現代思想』, 1979年 1月号.

피투성 被投性 [(독) Geworfenheit]

하이데거의 용어. 『존재와 시간』에 의하면 피투성(사실성)은 실존성(기투) 및 퇴락과 더불어 현존재의 존재인 조르게(관심)를 구성한다. 어디서 와서 어디로 가는지는 어둠에 쌓인 채 현존재가 스스로에 기초해서가 아니라 스스로의 존재로 인도되어 내던져져 있다고 하는 사실성, 즉 현존재가 존재하고 있다고 하는 적나라한 사실을 가리킨다. 나아가 조르게의 다른 두 계기에 대응하여 현존재가 그때마다 스스로의 존재를 존재하는(실존하는) 것이어야만 한다는 사실 및 그때마다 이미 퇴락이라는 모습으로 세계 속에 던져져 있다고 하는 사실이 피투성에 속해 있다. 현존재를 피투성에서, 더욱이 지금 당장 대개는 피투성으로부터 눈을 돌린다고 하는 모습에서 개시하는 것은 현존재의 개시성의 하나의 계기인 정황성情況性(기분)이다. 단적으로 말하자면 피투성은 인간의 유한성 내지 수동성을 가리키는 말이며(루터의 말 "그리스도는 육체 속에 던져졌다"를 참조), 이 점에서 후설 현상학에 대한 비판을 함의한다. 또한 세계로의 피투성이라는 사고방식은 사르트르나 메를로-퐁티의 현상학에 각각 독자적인 강한 영향을 주었다. 다른 한편, <전회> 이후의 하이데거는 기투보다도 피투성에 중점을 두면서 『존재와 시간』 시기에서의 현존재의 <현>을 존재의 밝힘으로서 다시 해석함으로써 존재 그 자신이 인간을 존재의 밝힘으로 던져 넣는 것이 피투성의 실상이라고 생각하게 된다. ☞ ㉶기투, 사실성, 정황성

—고토 요시야(後藤嘉也)

필증성必證性 [(독) Apodiktizität]

필당연성必當然性이라고도 번역된다. 아리스토텔레스는 올바른 지식을 획득하는 방법의 하나로서의 논증적인 수법을 apodiktikē라고 불렀다. 이것이 중세의 논리학에 계승되어 판단의 양상의 하나로서 대상이 지니는 필연적 속성을 진술한 필연적 명제가 필증적 판단이라고 불리게 된다. 칸트의 판단표는 그 영향이다. 후설은 이 개념을 명증성에 적용하는데, 대상 자체가 주어져 명증성이 그것 이외의 다른 것일 수 없는 필연적인 성질을 지니는 경우를 가리켜 필증성이라고 부른다. 개개의 구체적 사물을 대상으로 하는 직관, 예를 들면 경험적 지각의 경우 그것이 지니는 명증성은 개연적(assertorisch)인 데 반해, 본질을 직관하는 경우의 명증성은 필증적이라고 생각된다. 즉 어떠한 경험에 의해서도 뒤집히지 않는 필연적 진리를 보증하는 것이 필증적 명증성인 것이다. 필증적 명증성은 명증성의 최상위에 위치지어지게 된다. 무의미한 단어의 나열과 유의미한 문장을 분간하는 문법적 직관이나 논리적 직관은 필증적인 명증성 하에서 주어진다. 수학과 같은 이념적 학문의 필연성은 수학적 대상에 관한 직관의 명증성이 필증성을 지니는 것에서 유래한다. 필증성의 전형을 이루는 것이 데카르트적인 코기토의 명증성이다. 자아는 지평적인 구조를 지니는 까닭에 이때의 필증성은 불완전한 그것이다. 현상학은 필증적 명증성에만 의거하여 성립하는 필증적 명증성에 관한 학이다. ☞ ㉶명증성, 진리, 충전성

—이토 하루키(伊藤春樹)

학學 [(독) Wissenschaft] ⇨㉦학문론

학문론學問論 [(독) Wissenschaftslehre]

보통 '지식학'으로 번역되며, 피히테에 의해 처음으로 사용된 말이다. 피히테에 의하면 이것은 학 일반의 학, 즉 철학을 의미한다. 모든 가능한 학이 하나의 근본원리를 지니듯이 피히테의 학문론도 그 스스로 하나의 절대적 제1근본원리(자아)를 지닌다. 일체의 체계는 이 원리로부터 연역되는 것으로서 절대적 진리성을 지닌다고 말해진다.

『논리연구』에서 보이듯이 후설의 현상학도 학 일반의 이론, 모든 학의 방법, 전제, 목적 등에 관한 학으로서의 '순수 논리학'을 지향하는 것에서 출발했다. 예를 들어 『논리연구』에서 후설은 볼차노의 『학문론』을 "관념론적 학파들의 다양한 선입견과 사고와 언어의 습관들 속에서 자라난 철학자"의 것들과는 달리 "수학적 명석성과 엄밀성을 갖춘" "논리학의 모든 구상을 훨씬 능가하는 명저이다"라고 평가한다. 그러나 거기서는 인식론적 방향에서의 불완전함이 보인다. 그것을 그는 『이념들 Ⅰ』에서 지적한다. 요컨대, 볼차노의 '판단 자체', '명제 자체', '진리 자체'라는 개념은 노에마적 개념에 주목한 것이어서 노에시스적 이념에는 주목하지 않았다. 그는 "수와 수 의식의 관계라는 현상학적 문제"에는 유의하지 않았던 것이다. 그러나 후설은 동시에 학문론을 '학의 이념'으로서 이해한다. 그는 적어도 철학이라 할 만한 것은 "가장 근본적인 학문성의 정신을 가지고서 냉철한 연구 작업을 계속해서 해나간다면 철학 상의 생각될 수 있는 모든 문제들은 점차 근원적으로 진정한 정식화와 해결에 이르게 될 것임에 틀림없다"는 확신을 지녀야만 한다고 생각한다. 그런데 철학이란 이념적으로는 전반적인 학이자 근본적인 의미에서 '엄밀한 학'이어야만 한다. 엄밀학으로서의 철학이란 최종적인 근거짓기에 기초하는 학, 궁극적인 자기책임에 기초하는 학, 무전제의 학이며, 따라서 거기에서는 어떠한 자명성이라 하더라도 검증되지 않은 채로는 인식 기반으로서 기능할 수 없다.

철학을 엄밀학으로서 수립하고자 하는 위대한 계획은 생각될 수 있는 궁극적인 인식 전제로 되돌아가 다시 묻는 방법을 체계적으로 형성하는 것에 의해서만 가능해진다. 이러한 방법이야말로 '초월론적 현상학적 환원'이라고 불리는 것으로서 이것은 자연적 태도 속에서 경험하는 태도의 근본적 변경을 강요하는 것이며, 그에 의해 비로소 '초월론적 주관성'이라는 초월론적 현상학적 영역에 이르는 통로가 열린다.

그런데 참으로 합리적인 자연과학이라는 것은 자연의 순수 수학의 자립적 발전을 기다려 비로소 가능해진 것이지만, 그와 마찬가지로 어떠한 사실적 현실성에 관한 학보다 순수 가능성에 관한 학이 선행하지 않으면 안 된다. 초월론철학에 관해서도 사정은 마찬가지다. 그런데 수학적 학문들에서는 얼마 안 되는 공리에 기초하여 무한한 연역이 행해진다. 그러나 초월론적 영역에서 우리가 지니는 무한의 인식은 일체의 연역 이전에 놓여 있는 것인바, 철두철미 직관적인 것이다. 초월론적 현상학은 어떠한 방법적이고 구축적인 기호화와도 무관하다.

기술적인 선험적 현상학은 초월론적인 지반을 직접

적으로 구명하는 것이며, 그것은 최초·발단·원리의 학으로서 어떠한 실증적 학과도 무관한 초월론적 관념론이다. 이러한 관념론의 유일한 과제와 작업은 이 세계의 일체의 의미를 해명하는 데 있다. 근거짓기의 철저주의를 관철하는 이러한 학의 근본 기반으로부터 비로소 일체의 철학적 학과들, 아니 일체의 학문 전반의 기저가 발현하며, 그 근거짓기를 획득하는 것이다. 이러한 후설의 근거짓기의 철저주의라고 하는 학의 이념은 그의 생애를 통해 변함이 없었다. ☞ [사]순수논리학, 엄밀학

—혼마 겐지(本間謙二)

합리주의/경험주의 合理主義/經驗主義 [(영) rationalism/empiricism]

보통 지식의 기원과 관련하여 서로 대립하는 17-18세기의 인식론 상의 두 가지 입장을 가리키는데, 이성(logos, ratio)에 의한 사유·인식·행동을 강조하는 합리주의(이성주의) 철학의 전통은 이미 그리스 철학에서 시작된다. 중세 철학에서는 이러한 logos가 신의 로고스로 이해되었다. 신은 이성(Ratio)에 따라서 세계 전체를 창조했지만 그와 동일한 ratio가 인간의 정신 속에 이식되어 있다고 생각되었다. 근대 초기의 합리주의(데카르트, 스피노자, 라이프니츠 등의 이른바 대륙합리론)는 이러한 신학적 배경을 여전히 간직하고 있었다. 예를 들어 내적인 이성에 호소하면 인간은 외적 자연의 참된 인식에 도달할 수 있다고 이야기하는 데카르트의 생득관념의 사고방식은 피조세계의 본질(연장)과 인간 정신에 내재하는 수학적 이성이 동일한 기원(신적 이성)에서 생겼다고 하는 확신이 없다면 성립할 수 없었을 것이다. 이에 반해 인식의 유일한 기원은 경험(감각과 지각)이라고 생각하고 생득관념의 존재를 부정한 것이 영국의 경험주의(로크, 버클리, 흄)이다. 그러나 경험주의는 인식의 발생을 설명하지만 필연성과 보편성을 지니는 지식을 근거지을 수는 없다고 생각한 칸트는 경험이 없으면 인식은 시작되지 않지만 그렇다고 해서 경험만으로 인식이 가능한 것도 아니라는 입장에서 양자를 조정하여 한층 더 고차적인 합리주의(비판적·형식적 합리주의)를 수립했다. 칸트는 개별적 내용의 인식에 관해서는 여전히 경험을 중시했지만, 다른 한편으로 직관과 사유의 선험적인 형식이 없으면 보편적이고 필연적인 인식은 불가능하다고 생각했다. 그에 이어지는 독일 관념론은 칸트의 비판적 입장을 버리고 순수한 이성적 사유가 사유내용도 산출한다고 주장함으로써 장대한 합리주의 체계를 수립했다. 헤겔은 자연만이 아니라 역사와 문화 현상도 포함한 현실의 모든 것이 절대적인 이성의 자기 전개라고 간주하고, "현실적인 것은 이성적이며, 이성적인 것은 현실적이다"라고 말하기에 이르렀다. 독일 관념론의 체계 속에서 일종의 낭만주의적 형이상학을 본 후설은 현상학을 엄밀한 이성적 학으로서 구상하는 한편, 경험주의에 대해서는 "간접적 인식의 이성적 정당화의 가능성을 파기하고, 그에 의해 학문적으로 근거지어진 이론으로서의 자기 자신의 가능성도 파기하는 것"[LU Ⅰ 84]이라고 비판한다. 그의 현상학은 합리주의적 인식론의 전통 하에 있다고 말할 수 있을 것이다. 이에 반해 하이데거는 근대의 합리주의와 경험주의 쌍방이 암묵적으로 전제하고 있는 인식론적인 주관-객관 관계를 ratio와 logos의 원래 뜻으로 되돌아가 다시 존재론적으로 묻고자 한다. ☞ [사]영국경험주의와 현상학

—스다 아키라(須田 朗)

합법칙성 合法則性 ⇨[사]법칙성{합법칙성}

항상가설 恒常假說 [(불) hypothèse de constance] ⇨[사]게슈탈트 이론

해석학과 현상학 解釋學—現象學

해석학(Hermeneutik)과 현상학의 관계, 다시 말하면 양자의 만남과 결합은 하이데거 전기의 기초존재론,

나아가서는 가다머와 리쾨르 등으로 대표되는 현대의 해석학적 철학—가다머의 호칭에 따르면 <철학적 해석학>—이 성립하는 데서 결정적인 요인임과 동시에 역사와 언어를 자기의 주제로 하지 않을 수 없었던 현대 철학 특유의 문제 상황이 지닌 한 측면을 이야기해주는 사건이기도 하다. 그것은 우선 근대의 주체성의 형이상학이 붕괴된 이후 그 철학들을 지탱하고 있던 주체적인 의식 그 자체의 참모습에 환원적 반성을 통해 다가가고자 하는 현상학이 그 해당 의식 그 자체의 유한성 및 역사성에 직면함으로써 역사적인 사항의 이해에 관계되는 해석학을 스스로의 구체적인 반성의 방법으로서 요청할 수밖에 없었던 사건을 의미한다. 그러나 한편으로 이 결합은 근대 초두에 성서와 고전의 해석 또는 법 해석의 방법론으로서 성립하고 그 후 독자적인 발전을 수행해온 해석학 자체에 대해서도 철학의 방법론 내지 철학의 수행 그 자체로 변모할 것을 강요하는 사건이기도 했다. 즉, 본래 한정된 텍스트 해석의 방법론에 불과한 해석학이 현상학적 반성이론 및 현상학이 드러내 보인 개념들과 결합함으로써 인간 존재의 본질 그 자체를 파악하고자 하는 철학적 사유로 변모했던 것이다. 이러한 결합을 가능하게 한 것이 하이데거이며, 그의 영향 아래 가다머와 리쾨르가 좀 더 구체적인 해석학상의 문제들에 현상학적인 통찰을 덧붙임으로써 독자적인 해석학적 철학을 수립하고자 했던 것이다.

하이데거는 이미 초기(1919-23)의 <사실성의 해석학>을 둘러싼 강의들에서 후설 및 딜타이의 영향 하에 인간적 현존재의 사실적인 삶을 있는 그대로 파악하는 방법으로서 <현상학적 해석학>{후에는 해석학적 현상학이라고도 불린다} 내지 <현상학적 해석>의 구상을 드러냈지만, 그것은 여전히 이념에 그치는 것이었다. 그러나 이 구상은 전기의 『존재와 시간』으로 이어져 기초존재론의 수행이라는 의도 아래 현존재의 실존론적 분석론으로서 체계적인 동시에 구체적으로 전개되게 되었다. 그는 그 서론에서 현상학적 기술의 방법적 의미를 해석의 활동에서 구하고, 현존재의 현상학은 말의 근원적인 의미에서 해석학이라고 하고 있다[SZ 50]. 그 경우의 해석이란 현존재가 스스로에 대한 덮어 가림을 제거하고 우선은 숨겨져 있는 자기이해의 양태를 분절하고 분해하여 밝힘에로 가져오는 것을 의미한다. 그런 의미에서 해석은 그가 말하는 현상학, 즉 당장은 숨겨져 있는 사항을 그것 자신으로부터 그것 자신을 내보이도록 보이게 하는 것으로서의 현상학[같은 책 46]의 수행 그 자체인 것이다. 이러한 해석의 활동은 나아가 실존론적 분석론 속에서 현존재의 실존 그 자체의 본질적인 구조, 즉 이해-해석의 이른바 해석학적 순환 구조로서 밝힘에로 가져와지며[같은 책 197-204], 그에 의해 해석학은 이제 현존재의 존재수행 그 자체로도 간주되게 되었다. 그러나 그와 같은 점으로부터 말하자면 해석의 수행 그 자체를 의미하는 하이데거의 해석학은 슐라이어마허(Friedrich Ernst Daniel Schleiermacher 1768-1834)나 딜타이, 나아가 나중의 해석학적 철학의 해석학 개념, 즉 <해석에 관한 학>으로서의 해석학과는 달리 특수한 것이라고 말하지 않으면 안 된다. 또한 하이데거는 현상학을 채용함에 있어 초월론적 주관성으로의 환원을 지향하는 전기 후설의 현상학을 여전히 주체성의 형이상학의 영향 하에 있는 것으로, 따라서 현존재의 자기이해의 역사적 제약의 근원에는 이를 수 없는 것으로 간주하여 물리쳤지만, 그럼에도 불구하고 현존재를 의미지평의 시점視點에서 파악하는 입장 그 자체는 후설로부터 계승한 것이라고 말할 수 있을 것이다.

이와 같이 하이데거의 해석학적 현상학은 <존재의 물음>을 내세우기 위한 기초존재론에 한정된 것이었다. 그에 반해 가다머는 그의 『진리와 방법』에서 하이데거의 이해-해석의 실존론적 분석 및 후기의 언어론으로부터의 영향 하에 이해-해석을 성립시키는 제약들에 대한 구체적이고 정밀한 현상학적 분석 및 기술을 행하고, 해석의 본질적 구조를 <영향작용사적 의식>과 <지평융합>에 의해 파악하고자 한다. 그에 의해 그는 하이데거에게서는 등한시되었던 전통적인 정신과학의 문제에 새로운 시점에서 기여할 것을 지향했던 것이다. 이러한 그의 철학적 해석학은 현상학적인 의미지평의 역사적 변동 성격 및 개방적인 성격을 해석학적 시점에서 분명히 하는 것이자, 현상학과 해석학의 결합이 지닌 두드러지게 현대적인 귀결이라고도 말할 수 있을 것이다. 다른 한편, 후설의 현상학적 방법에 따라 <의지의 철학>을 수립하고자 한 리쾨르는 상징의 해석학을 거쳐 언어의 현상학을 매개로 디스쿠르(discours, 언술)에서의 사건과 의미의 변증법에 기초하는 독자적인 텍스트 해석 이론을 주장하기에 이르렀다. 이러한 해석학적 철학들은 확실히 인간 존재의 유한성, 역사성 그리고 언어가 지니는 탁월한 의미와 기능을 떠오르게 했다는 점에서 현대 철학에 대해 중요한 기여를 했지만, 또한 텍스트 이론이라는 한정된 성격을 지니는 해석학적 철학이 철학의 문제들에 대해 어느 정도 기여할 수 있는지가 이후의 과제로서 남아 있다고 말해야만 할 것이다. ☞[사]기초존재론, 영향작용사적 의식, 이해, 지평융합, 해석학적 순환, 현존재

—미조구치 고헤이(溝口宏平)

[참] H.-G. Gadamer, *Wahrheit und Methode*, Tübingen, 1960(三島憲一 外 譯{부분역}, 『眞理と方法 I』, 法政大學出版局, 1986).

해석학적 순환解釋學的循環 [(독) hermeneutischer Zirkel]

해석학의 전통에서 해석학적 순환이란 전승된 어떤 텍스트 전체의 의미에 대한 이해는 텍스트의 부분들에 대한 해석에 의해 이끌리고, 역으로 부분들에 대한 해석은 텍스트 전체의 의미에 대한 예취로부터 인도된다는 것, 단적으로 말하면 텍스트의 전체와 부분의 상호 규정을 가리킨다. 슐라이어마허(Friedrich E. D. Schleiermacher 1768-1834)에서 해석학적 순환은 텍스트의 말들로부터 그 의미를 이해하는 <문법적 해석>의 방법상의 순환이자 또한 텍스트로부터 저자의 의도를 이해하는 <심리적 해석>의 방법상의 순환이었다.

가다머는 해석학적 순환의 <존재론적> 구성계기를 강조한다. 그는 하이데거가 말하는 '이해의 선구조', 요컨대 예지(Vorhabe, 미리 가짐)・예시(Vorsicht, 미리 봄)・예악(Vorgriff, 미리 붙잡음)을 '선이해'로서 일괄하고, 어떤 텍스트 전체의 의미에 대한 선이해와 그 부분들의 해석의 상호 규정을 해석학적 순환이라고 명명한다. 그러나 역사적 현재가 과거 전통의 영향을 받고 있기 때문에 역사적 현재가 행하는 선이해는 과거의 전통에 의해 언제나 이미 제약된다. 그 제약이 '영향작용사'의 힘인 것이다. 그 안에서는 말로 전해진 어떤 텍스트에 대한 선이해가 언제나 이미 형성되고 있다. 결국 그 선이해가 그가 말하는 '선판단'이다. 그러므로 해석학적 순환은 영향작용사가 역사적 현재의 '선판단'을 언제나 이미 형성하는 가운데 전승된 어떤 텍스트 전체의 의미에 대한 예취를 '선판단'으로서 행하고, 그 예취가 그 부분들의 해석에 의해 수정되어가는 것이다. 가다머에 의하면 해석학적 순환은 <언어적> 구성계기를 지닌다. 어떤 텍스트의 의미 이해는 <언어>를 매개로 하여 <언어>에 의해 달성되는 나와 너의 '대화'에 비교되는바, 해석학적 순환은 언어를 매개로 한 어떤 텍스트와의 끝없는 '대화'로 간주된다. 어떤 텍스트에 대한 '선판단'이 언제나 이미 형성되어 있음에도 불구하고 그 '선판단'은 그때마다의 역사적 현재에서 전적으로 동일한 것은 아니기 때문에 그때마다의 역사적 현재는 어떤 텍스트에 대한 '선판단'을 행하는 동시에 그 '선판단'을 수정해가는 것이며, 그러므로 어떤 텍스트의 의미 이해는 '대화'에 비길 수 있다. 그렇지만 '선판단'은 역사적으로 형성되는 한에서 역사적 현재가 통제할 수 있는 것이 아니기 때문에 어떤 텍스트의 의미 이해는 완결되지 않는다. 그러므로 어떤 텍스트의 의미 이해는 그때마다의 역사적 현재가 언어를 매개로 하여 어떤 텍스트를 '다른 방식으로 이해하는' 것이며, 따라서 해석학적 순환은 끝없는 '대화'인 것이다. ☞[사]선이해, 영향작용사적 의식, 해석학과 현상학

—다케다 스미오(竹田純郎)

[참] H.-G. Gadamer, "Vom Zirkel des Verstehens", in *Kleine Schriften IV*, 1977(「理解の循環について」, 竹市明弘 編, 『哲學の變貌』, 岩波書店, 1984에 수록).

행동주의行動主義 [(영) behaviorism]

왓슨(John Broadus Watson 1878-1958)은 내관에 의지

하는 종래의 구성주의적인 의식심리학의 비과학성을 강하게 비난하고, 심리학이 과학으로서의 자율성과 엄밀성을 확립하기 위해서는 의식을 배제하여 객관적으로 관찰 가능한 행동만을 문제로 삼아야 한다는 것을 주장함으로써 자극(S)과 반응(R)의 연쇄에 의해 행동을 설명하는 이른바 S-R 심리학의 입장을 표명했다(1912). 심리학에서의 이러한 입장을 행동주의라고 부른다. 이것은 19세기 말부터 활발해지기 시작한 동물심리학에서 동물의 행동과 반응을 의인적 추론이나 심리적 의미 부여에 의해 왜곡하는 것이 아니라 객관적으로 검증 가능한 형태로 다루어야만 한다는 주장이나 연구동향에 연결되는 것이었다. 그의 이러한 객관주의적 연구 패러다임은 그 후의 심리학 동향에 커다란 영향을 미치게 된다.

그러나 왓슨의 입장은 당시 발표된 파블로프(Ivan Petrovich Pavlov 1847-1936)의 조건반사 학설을 설명원리로 삼은 점 때문에도 상당히 기계론적이며, 요소적 반사에 의해 복잡한 행동을 설명한다는 점에서는 구성주의의 잔재를 남기고 있었다. 그러한 반성에 입각하여 반응은 어디까지나 생활체의 반응인 까닭에 S-R 도식이 아니라 자극과 반응 사이에 생활체의 조건들과 생활체의 능동성을 끼워 넣은 S-O-R 도식에 의해 행동과 사고를 생각해야만 한다는 것이 1930년대부터 주장되게 되었다. 이것을 신행동주의(neobehaviorism)라고 부른다. 이것에는 반응 형성, 습관 형성 등 환경자극과 생활체 반응과의 결합관계를 중시하고 그것을 강화 원리에 의해 설명하고자 하는 헐(Clark Leonard Hull 1884-1952)과 스키너(Burrhus Frederic Skinner 1904-90) 등의 강화설의 흐름과, 그와 같은 결합관계보다 오히려 생활체에게서 생기는 인지의 변화를 중시하는 톨먼(Edward Chase Tolman 1886-1959) 등의 인지설의 흐름이 있다. 톨먼에 의하면, 생활체의 관찰 가능한 전체적(molar)인 행동은 언제나 목적성을 띠고 있다. 예를 들면 손이 닿지 않는 곳에 있는 바나나를 손에 넣고자 하는 목적적인 행동은 목적 대상(바나나=의미체)과 그것을 손에 넣기 위한 수단 대상(막대기=기호sign) 사이에 수단-목적 관계가 인지=예기될 때에 전개된다. 그는 이러한 의미체, 기호, 수단-목적 관계의 3자로 이루어지는 전체를 기호-형태(sign-gestalt)라고 부르며 그것의 성립이 학습이라고 주장했다. 행동주의 그 자체는 오늘날 쇠퇴했다는 느낌이 있지만 톨먼의 학설은 오늘날의 인지심리학과 통하는 일면을 지니고 있다.

—구지라오카 다카시(鯨岡 峻)

참 相良守次 編, 『現代心理學の諸學說』, 岩波書店, 1964.

행위 行爲 [(독) Handlung (영·불) action]

직관적 의식과 언어 의식을 지향성 분석의 중핵에 놓는 후설의 현상학에서 행위 그 자신의 지향성에 대한 분석은 주제적으로 수행되지 않았다. 그러나 행위를 물질 과정으로서의 신체운동 그 이상의 것으로 생각하는 한에서 후설이 준비한 현상학적인 개념들이 행위의 이론을 위한 중요한 기초를 제공한다는 점은 쉽게 깨달을 수 있다. 첫째로, 행위를 행위이지 않은 것(예를 들면 반사적 운동)과 구별할 때의 관건이 되는 의도(intention) 개념이 분명히 지향성의 일종으로 생각된다는 점. 예를 들어 '걷기'를 의도하는 지향이 '걷는다'는 실제의 행위에 의해 충족되는 것과 같은, 요컨대 직관이나 언어에도 공통된 지향적 구조가 여기에 놓여 있는 것이다[이 점에 대한 분석철학 측으로부터의 이해는 J. Searle, *Intentionality*, Cambridge, 1983, Chap. 3을 참조]. 둘째로, 앞의 점과 관계되는 것이지만 행위를 의도하는 것이 언제나 '어떤 기술記述 하에서' 이루어진다는 점. 예를 들면 오이디푸스 왕은 '아버지를 죽인다'는 기술 하에서 의도적 행위를 한 것이 아니라 '알지 못하는 나그네를 죽인다'는 기술 하에서 의도적 행위를 수행했던 것인바, 의미(또는 내포성)라는 현상학적 개념을 빼고서 의도 개념을 생각할 수는 없다. 셋째로, 정신적 삶의 법칙으로서의 '동기짓기' 개념을 인과성 개념과 준별한다는 점에서 행위가 욕구와 신념이라는 심적인 원인에 의해 불러일으켜지는 것이 아닌바, 의도와 목적과 같은 행위의 이유는 행위의 원인과는 구별되어야만 한다는 반인과설의 입장이 표명되고 있다[Ideen Ⅱ §56].

이와 같이 행위의 지향성을 적극적으로 인정하는 점에서 반행동주의적이고 행위의 이유와 원인을 구별하는 점에서 반인과설의 입장을 취하는 현상학의 경향성은 후설 이후의 현상학적 행위론에서는 좀 더 선명하게 나타난다. 하이데거의 『존재와 시간』에서는 인간 존재의 일상성이 이론적 인식의 주체의 존재방식에서가 아니라 오히려 도구를 사용하는 행위의 구조를 축으로 하여 묘사되고 있으며, 더 나아가 행위를 결정하는 요인은 미래의 '가능성'에 대한 기투이다. 사르트르가 행위를 목적 지향으로 간주하고, 상황으로부터의 인과적이라고 볼 수 있는 어떠한 제약도 이러한 자유로운 지향의 빛 아래에서만 나타난다고 말했을 때, 하이데거의 반인과적인 입장이 계승되고 있다[EN 4e partie, chap. Ⅰ]. ☞[사]동기짓기, 목적론, 지향성, 프락시스{실천}, 행동주의, [서]의지의 현상학, 행동의 구조

—가토와키 슌스케(門脇俊介)

[참] M. Okrent, *Heidegger's Pragmatism*, Ithaca, 1988.

향유 享有 ⇨[사]양식과 향유

현상 現象 [(독) Phänomen (불) phénomène (영) phenomenon]

일반적으로는 우리에게 나타나는 것, 감각적인 지각에 나타나는 것, 우리의 주관적인 관념의 상관자로서의 나타남을 의미하지만, 현상의 학으로서의 현상학에서 그 의미를 변양시켜 중요한 위치를 점하는 개념이 되었다. 현상학은 '사태 자체로'라는 구호에 따라 우리의 경험에 대한 편견 없는 기술을 추구한다. 현상학적으로는 경험에 직관적으로 주어지는 현상은 예를 들면 본질과 현상과 같은 관계에서 파악되는 경우에서 보이듯이 나타나지 않는 것을 그 배후에 숨기는 표층적 사건이 아니라 사태 그 자체를 '신체를 갖추어' 우리에게 제시한다. 경험에서 현상으로서 그것 자체를 우리에게 제공하는 대상이나 세계는 자연적 태도에서는 암묵적으로 자체적으로 존재하는 것으로서 전제되어 그 참된 나타남에서 파악되지 않기 때문에, 그 제약성을 넘어서서 그것이 주어지는 그 나타남에 있어 독자적인 방법론적 태도를 가지고서 분석하는 것이 현상학적인 과제가 된다.

후설에게 있어 경험된 것은 그것이 존재하는가 아닌가의 판단을 그만두고 그 판단에 관여함이 없이 방법적으로 중립적으로 변양된 순수한 노에마적 의미로서의 현상이 된다. 이와 같은 방법적 절차를 거쳐 비로소 사물의 총체 내지 사물의 지평으로서의 세계가 현상으로서 자기를 드러내게 된다. 그에게 있어 현상학적 분석의 원리는 우리에게 직관에서 근원적으로 제시되는 모든 것을 그것이 자기를 주는 그대로, 나아가 그때 자기를 주는 한계에서만 그대로 받아들이는 것이다. 현상 개념을 좀 더 전개한 것은 하이데거이다. 그것에 따르면 현상학적 의미에서의 현상이란 "자기를 자기 자신에 의거하여 보이는 것 즉 드러내는 것"이라는 의의를 지니며, 겉보기의 것으로서의 가상(Schein)이나 자기 자신을 내보이지 않은 채 간접적으로 알리는 것 내지 자기를 알리면서 숨은 다른 것을 암시하는 것으로서의 현출(Erscheinung; 현출은 현상이라는 의미도 지닌다)과는 구별된다. 현상학이란 "자기를 보이는 것을 그것이 자기를 자기 자신으로부터 보이는 그대로 자기 자신 쪽으로부터 보이게 하는"[SZ 34] 것이기 때문에, 탁월한 의미에서의 현상이라고 말해지는 것은 당장은 대체로 숨어 있지만 자기를 보이는 것에 본질적으로 속하는 것, 즉 존재자의 존재이다. ☞[사]독일 관념론과 현상학, 현상학적 환원, 현출

—치다 요시테로(千田義光)

현상의 장 現象—場 [(불) champ phénoménal] ⇨[사]장

현상적 신체/객관적 신체 現象的身體/客觀的身體 [(불) corps phénoménal/corps objectif]

『행동의 구조』 이래로 보이는 메를로-퐁티의 용어. 자신의 신체가 문제로 되든지 아니면 타자의 신체가

문제로 되든지 간에 우리가 이것을 자연스러운 태도에서 받아들이게 되면, 신체는 물리적 세계로 결코 환원할 수 없는 독특한 세계 속에서 유의미한 행동을 행하는 것으로서 나타난다. 이와 같은 신체는 세계에 관해서나 자기의 행동에 관해서 능동적으로 그것들을 조직화하는 행동의 주체로서 나타나는 것이다. 그러나 일단 우리가 과학자와 같은 객관화하는 태도를 취하면, 이 신체는 물리적 세계 속에 놓이게 되며, 이 세계에서 보내오는 물리적·화학적 자극에 의해 맹목적으로 운동하게 될 뿐인 기계장치로서 표상되게 된다. 메를로-퐁티가 객관적 신체라고 부르는 것은 이와 같은 신체이다. "부분 밖의 부분으로서 존재하는 것, 그러므로 자기의 부분들 상호간에서 또는 자기 자신과 다른 객관들 사이에서 외면적이고 기계적인 관계밖에 용인하지 않는 것"[PP 87]이야말로 객관의 정의를 이루는 것이기 때문이다. 이에 반해 전자와 같은 신체는 현상적 신체라고 불린다. 왜냐하면 메를로-퐁티는 생명과 정의 의미와 가치를 지니는 것으로서 지각되는 유기체, 즉 과학이 "유기체 대한 지각으로부터 일체의 근원적 규정을 끌어내는" 이전의 '생체'를 "지금부터 현상적 신체라고 부르고자 한다"[SC 169]고 선언하고 있기 때문이다. 따라서 이러한 구별은 신체에 대해 우리가 바라보는 방식의 다름에서 유래한다. 그것은 자연적 태도를 취하는가 아니면 객관화하는 태도를 취하는가에 따라 나타나는 신체의 다름인 것이다. 그때 동일한 신체가 이와 같은 두 종류의 취급을 받는 것은 신체가 <감각하는 것>이기도 하다면 또한 <감각될 수 있는 것>이기도 하기 때문이다. 현상적 신체와 객관적 신체의 맹아는 신체의 이러한 양의성 속에 놓여 있다. 결국 메를로-퐁티가 "나의 신체는 현상적 신체인 동시에 객관적 신체이기도 하다"[VI 179]고 말하게 되는 것도 바로 이 때문에 다름 아니다.

—다케우치 오사미(竹內修身)

현상주의 現象主義 [(독) Phänomenalismus (영) phenomenalism]

현상주의와 현상학은 그 명칭의 유사성으로 인해 영미권에서는 자주 혼동되지만 양자는 엄밀하게 구별되어야만 한다. 현상이란 실재나 본체가 시간·공간적으로 제약되어 우리에게 나타난 모습, 단적으로는 <지각적 나타남>을 의미한다. 우리의 인식 대상은 실체 그 자체가 아니라 그것의 지각적 나타남 즉 현상의 범위로 한정된다고 주장하는 현상 일원론적 입장을 현상주의라고 부른다. 의식이나 주관의 인식작용에서 독립하여 존재하는 초월적 실체를 인정하고 실재와 현상의 이원론적 구별을 견지하는 실재론과 대립한다. 현상주의는 더 나아가 현상의 배후에 그것을 가능하게 하는 일체의 실체적 존재를 인정하지 않는 입장과, 현상의 배후에 사물 자체의 존재를 인정하기는 하지만 그것이 유한한 인간에게는 인식 불가능하다고 하는 입장으로 나누어진다. 전자는 '존재하는 것은 지각되는 것이다'라고 하는 버클리와 정신적 실체(자아)를 '지각의 다발'에 불과하다고 하는 흄에 의해 대표되는데, 그 생각은 마흐의 감성적 요소일원론으로 계승된다. 후자를 대표하는 것은 칸트의 초월론적 관념론이다. 현대의 분석철학 맥락에서는 명제 검증의 기반을 감각소여 언어에서 구하는 입장이 <현상주의>라고 불리며, 그것을 사물 언어에서 구하는 <물리주의>와 대립한다. 후설 현상학은 존재의 본질 구조가 현상을 통해서만 개시된다고 생각하는 점에서 현상 일원론이며, 그런 한에서 현상주의라고 부를 수도 있다. 사실 사르트르는 후설이 코기토(의식작용)의 기능적 기술로부터 한걸음도 나가지 못했다고 지적하고, "후설은 스스로는 그렇게 불리는 것을 부인하고 있음에도 불구하고 현상학자라고 하기보다는 오히려 현상주의라고 불리는 쪽이 어울린다"[EN 115]고 말하고 있다. 그러나 후설에게 있어서는 현상이란 어디까지나 현상학적 환원의 조작을 통해 획득된 순수 의식의 영역에서 나타나는 한에서의 의식 현상이며, 더욱이 그 현상의 본질 구조는 초월론적 주관성과의 지향적 관계에서 해명되는 것이라는 점을 잊어서는 안 된다. 그런 의미에서라면 현상주의의 입장을 '현상학적 환원과 초월론적 주관성 없는 현상학'으로서 특징지을 수도 있다.
☞ [사]영국 경험주의와 현상학, [인]마흐

—노에 게이이치(野家啓一)

현상학現象學 [용어의 역사] ⇨[사]독일 관념론과 현상학(특히 III~V), 물리학적 현상학, 세기말 사상과 현상학, 언어행위론과 현상학, 현상주의, [인]마흐

현상학 비판現象學批判 [독일]

후설은 1911년의 『엄밀한 학으로서의 철학』에서 딜타이도 포함하여 역사주의를 비판했다. 역사주의는 결국 상대주의로 귀착할 뿐이라는 것이 비판의 커다란 이유이다. 당연한 일이지만, 역사주의 측에서도 현상학이 추구하는 <영원의 철학>이라는 관념을 상대화하는 움직임이 출현한다. 사후 상당한 시간을 거쳐 1927년에 이르러 점차 편찬・출판된 딜타이의 유고 『정신과학에서의 역사적 세계의 구성』[전집 제7권]에서는 후설과의 대결의 흔적이 엿보인다. 딜타이가 중시하고자 한 <생의 범주>라든가 <각지>(Innewerden)라는 용어에는 현상학에 결여되어 있는 역사적 생의 역동성을 지키면서 엄밀성의 결여라는 현상학의 비판을 견뎌내고자 한 측면이 존재한다. 그는 생 그 자체의 운동성을 범주로 정립함으로써 초월론적 현상학의 추상성을 넘어서는 동시에 범주의 형식성이 가져오는 엄밀성을 보존하고자 했다. 또한 반성의 솜씨로 의식이나 행위의 각지를 바라봄으로써 초월론적 의식 자체가 생의 수행에서 발생한다는 것을 보이고자 했다. 생의 유동성(<내부>)과 객관화된 의미 및 기호의 보편성(<외부>)의 대치는 후설을 의식하여 넘어서고자 한 것이다.

『존재와 시간』을 쓸 때의 하이데거는 이 유고를 보는 것이 시간적으로 가능하지 않았다. 현상학에서의 <사태>란 존재를 가리키는 것으로서 후설과는 다른 문제권역으로 돌진하고 있던 『존재와 시간』의 후반부에서는, 딜타이는 교양주의적인 역사주의자인바, 그 딜타이를 딜타이를 위해 넘어서야 한다고 하고 있다. 그러나 『존재와 시간』의 깊은 영향을 받은 시대에 이 저작을 실마리로 하여 현상학과 해석학의 대결과 화해를 시도한 것이 『생철학과 현상학』(1930)의 게오르크 미쉬이다. 역사성의 사상에서 하이데거의 현존재 분석과 해석학은 만난다. 생산적인 현상학 비판이 이루어지고 있다고 말해야만 할 것이다.

가다머의 해석학도 후설의 현상학적 기술을 이용하면서도 초월론적 자아라는 생각은 관념론에 빠질 수밖에 없다고 한다. 세계와 자아의 궁극적 뒤얽힘에 현상학 자신이 몰두함으로써 어떠한 정립에도 선행하고 초월론적 자아 그 자체가 내속하는 생활세계의 관념에 봉착했던 것이 초월론적 자아라는 개념의 문제성을 무엇보다 웅변해주고 있다. 인간 존재의 유한성과 역사성이야말로 우리의 인식 가능성의 선험적인 조건이라는 것이다. 의식과 대상의 필연적 상관성이라는 현상학의 주장은 해석학에서는 관념론 이래의 의식 개념의 변경이라는 좀 더 근본적인 귀결을 가져오고 있다.

좌파 진영에서도 현상학은 비판되었지만, 대표적인 것이 『인식론의 메타비판』의 아도르노(Theodor Wiesengrund Adorno 1903-69)이다. 현상학에서의 본질직관과 초월론이라는 개념이 결국은 물상화된 인간관계를 전제한다는 것, 현상학이 학의 보편적 근거짓기라는 자기의 주장에 충실하고자 한다면 결국은 변증법에 이르게 될 것임에도 불구하고 그것을 하고 있지 않다는 것이 이 비판의 골자이다. 또한 하버마스의 말을 빌리자면 생활세계의 개념을 고독한 자아의 구성 문제로서 파악할 수 있는 것이 아니라 언어에 의한 의사소통을 성립시키는 배경으로서 보아야 하고, 근대의 합리화 과정에서 생활세계 자신이 언어에 의한 타당성 요구를 통해 분화해왔다는 것, 그것이 또한 체계와의 분리를 초래해 왔다는 것에 눈길을 돌릴 필요가 있게 된다. 여기서는 현상학의 한계를 지적하면서 막스 베버와 매개하고자 하는 노력이 보인다. ☞[사]맑스주의와 현상학, 생의 철학과 현상학, 역사주의, 프랑크푸르트학파와 현상학, 해석학과 현상학, [인]가다머, 딜타이, 미쉬, 하버마스, [서]생의 철학과 현상학, 인식론의 메타비판, 정신과학에서의 역사적 세계의 구성

—미시마 겐이치(三島憲一)

현상학 비판 現象學批判 [프랑스]

프랑스에서의 현상학 비판의 계보는 단순하지 않다. 현상학을 좁은 의미로 즉 후설 현상학이라는 뜻으로 이해하면 하이데거 철학이 그렇듯이 사르트르, 메를로-퐁티, 리쾨르, 미셸 앙리 등, 현상학파에 속하는 철학자들의 철학도 각각 모종의 의미에서 현상학 비판을 포함한다. 그러나 현상학 비판으로서 특별히 언급할 가치가 있는 것은 오히려 넓은 의미의 현상학, 요컨대 현상학파의 철학자들에게 공유된 기본적 전제들에 대한 비판으로서 구조주의 및 후기구조주의 측으로부터 제기된 비판일 것이다.

1960년대의 프랑스에서 격렬한 현상학 비판의 동향을 형성한 계기가 된 것은 레비-스트로스의 인류학, 라캉(Jacques Lacan)의 정신분석학, 롤랑 바르트(Roland Barthes)의 기호학 등, 인간과학들의 영역에서의 일련의 새로운 이론의 등장이었다. 이러한 이론들이 현상학과 대립하는 것은 특히 의미 및 주체의 파악방식에 대해서이다. 즉 후설 이래의 현상학에서는 의미부여의 원점은 언제나 모종의 방식으로 주체에서 찾아지며, 이 점은 주체가 순수의식으로부터 현존재, 신체, 실재 등으로, 또는 자아로부터 상호주관성으로 변환되어도 변하지 않는다. 이에 반해 구조주의적 이론들은 무엇이든 페르디낭 드 소쉬르에서 출발하는 구조언어학 내지 기호학의 방법을 도입하고, 의미부여의 원점으로서의 주체의 특권성을 부정할 뿐 아니라 무의식의 구조를 형성하는 시니피앙(기표, 능기)에 대한 주체(sujet)의 종속(assujettissement)도 주장하는 것이다. 예를 들면 레비-스트로스의 인류학은 미개사회에서의 혼인, 토테미즘, 의례, 신화와 같은 현상들을 몇 가지의 기본적 모델에 의해 정리해 보이지만, 이러한 모델들은 '무의식의 실재'로서의 '심층구조'이기도 한바, 주체의 '체험'이나 '체험된 것'(le vécu)으로는 환원 불가능하다[『구조인류학』 309f., 『슬픈 열대』 59ff.]. 또한 라캉의 정신분석이론은 프로이트적 무의식을 시니피앙의 이론에 의해 해석하는데, 인간이 욕망의 주체로 서기 위해서는 시니피앙의 법칙에 복종해야 하지만 이 법칙은 "언어(langage)와 같이 구조화된" 무의식의 메커니즘 그 자체인바, 따라서 인간은 "언어의 노예"에 다름 아니라고 주장한다[『에크리』 495, 594]. 이러한 이론들에 있어 인간의 행위와 그 의미는 자유로운 주체적 결정에서 기원을 지니는 것이 아니라 시니피앙의 법칙에 따르는 '구조' 속에 위치지어진다. '구조의 역사가'를 자인하는 푸코(Michel Foucault)가 "인간을 끊임없이 해체해가는" 과학으로서 문화인류학, 정신분석학, 언어학의 '특권성'을 말한 것도 이러한 맥락에서이다[『말과 사물』 385ff.].

현상학 측에서는 미켈 뒤프렌느가 '인간의 옹호'를 내걸고 반론하며, 또한 리쾨르는 코기토의 철학의 나르시시즘에 대한 비판을 진지하게 받아들이면서도 '구조주의 철학'을 '초월론적 주체 없는 칸트주의'라고 규정하여 그것의 철학적 소박함을 비판했다[『해석의 갈등』 55]. 그러나 레비-스트로스는 이러한 리쾨르의 규정을 오히려 그 자신의 방법의 적극적 귀결로서 긍정하고, 어디까지나 '구조'의 객관적 자율성을 주장하길 양보하지 않는다[『에스프리』 1963년 11월호].

한편, 이른바 후기구조주의의 사상가인 데리다는 구조주의를 포함하여 과학적 객관주의에 대해서는 현상학의 초월론적인 물음의 '권리상의 우선성'을 인정한다. 그러나 동시에 후자의 초월론적 주관주의 그 자체도 '로고스 중심주의'와 '현전의 형이상학'에 사로잡혀 있다고 하여 다양한 각도에서 그것의 탈구축을 시도한다. ☞ ㊕구조주의와 현상학, 후기구조주의와 현상학

—다카하시 데쓰야(高橋哲哉)

㊟ 田島節夫, 『言語と世界—現象學から構造の哲學へ』, 勁草書房, 1973. V. Descombes, *Le même et l'autre, quarante-cinq ans de philosophie française* (*1933-1978*), Paris, 1970(高橋允昭 譯, 『知の最前線—現代フランスの哲學』, TBS ブリタニカ, 1983).

현상학 운동 現象學運動

지금도 세계 각국에서 추진되고 있는 이 운동의 원천이 된 것은 후설의 『논리연구』(1900-01년 초판)이며, 이 운동의 최초의 기동력이 된 것은 이 책의 특히

제1권에 공감한 청년기예의 철학자 집단, 즉 뮌헨의 심리학자 Th. 립스의 제자들 가운데 스승의 심리학주의에 비판적인 사람들이었다. 펜더(당시는 사강사, 후에 교수)를 맹주로 하는 이 그룹이 곧바로 <뮌헨 현상학 서클>을 형성하는데, 그들 가운데 『논리연구』를 최초로 읽고 깊은 감명을 받은 J. 다우베르트가 1902년 여름 당시 괴팅겐 대학 조교수인 후설을 처음으로 방문하여 가르침을 청한 것에서 양자의 교류가 시작되며, 1904년 5월에는 립스의 초대로 그가 4일간 뮌헨을 방문하여 강연과 토론을 행했다. 그 다음 해 여름 학기에 다우베르트와 A. 라이나흐가 괴팅겐으로 옮긴 것을 시초로 그 후 M. 가이거, Th. 콘라트, D. v. 힐데브란트, H. 콘라트-마르티우스 등이 각각 한 시기 동안 후설 밑에서 공부했다. 이 사이 07년에 <괴팅겐 철학회>가 조직되어 젊은 연구자들의 자주적인 공동 연구의 장이 되었으며, 1910-14년에는 M. 셸러가 이 모임을 위해 사적인 강의를 행하기도 했다. 이 모임에는 뮌헨 그룹 이외에도 A. 코이레, W. 샤프, J. 헤링, R. 잉가르덴, H. 플레스너, E. 슈타인 등이 차례대로 참가하여 현상학 운동은 최초의 융성기를 맞이하며, 13년에는 『철학 및 현상학 연구 연보』가 창간되어 30년의 마지막 권까지 총 11권과 별권 1책이 공간되었다. 이 기관지는 후설의 『이념들 Ⅰ』과 『형식논리학과 초월론적 논리학』, 셸러의 『윤리학에서의 형식주의와 실질적 가치윤리학』, 하이데거의 『존재와 시간』 등을 게재하여 현대 철학에 커다란 영향을 주었다. 나아가 위에서 언급한 사람들 이외에도 01-05년에 후설에게 배운 <괴팅겐 현상학 서클> 중에는 D. 만케, H. 딩글러, D. 카츠 등이 있었다.

그러나 이 운동도 1914-18년의 1차 대전과 16년에 후설이 프라이부르크의 교수로 옮겨감으로써 최초의 전기를 맞았다. 즉 전임자 리케르트의 재임 중에는 신칸트학파의 거점이었던 이 새로운 임지에서, 그것도 전쟁 체험을 거쳐 철학에 대한 관심도 변한 새로운 학생들을 상대로 후설은 초월론적-순수 현상학을 강술하게 되었던 것이다. 그에게 있어 필연적인 이러한 관념론적-주관주의적인 현상학에로의 길은 뮌헨 그룹에게서와 마찬가지로 프라이부르크의 대다수 제자들에게 있어서도 뒤따라가기 어려운 방향인바, 오히려 그들의 관심은 하이데거의 실존론적 현상학으로 향하게 된다. 어쨌든 18/19년 겨울학기에는 <프라이부르크 현상학회>가 설립되어 하이데거, 잉가르덴, 슈타인, O. 베커, K. 뢰비트, A. 메츠거, H.-G. 가다머, E. 핑크, L. 란트그레베 등이 그리고 더 나아가 카르납(Rudolf Carnap 1891-1970)과 H. 마르쿠제 등이 차례로 여기에 참가했다. 특히 20년대에는 20여 나라에서 연구자들이 방문하는데, 예를 들면 일본에서는 다나베 하지메田辺元, 야마우치 도쿠류山内得立, 이토 기치노스케伊藤吉之助, 구키 슈조九鬼周造, 다카하시 사토미高橋里美 등이, 미국에서는 M. 파버와 D. 케언즈가 유학하며, 그밖에 리투아니아 출신의 A. 구르비치와 E. 레비나스도 그에게 사사했다. 나아가 개인적으로 후설의 환대를 받은 사람 중에는 A. 슈츠와 G. 베르제, A. 반피, J. 파토츠카 등이 있으며, 철학 이외의 분야에서는 L. 빈스방거와 R. 야콥슨의 이름을 들 수 있다. 이리하여 현상학은 사회학, 정신의학, 언어학 등의 분야에도 영향을 미치게 되었다. 28년에 퇴임한 후설 자신은 유대인인 까닭에 33년에 나치스가 정권을 장악한 후 다양한 박해를 받으며, 38년의 그의 죽음 이후에는 유고마저도 몰수될 위험이 있었다. 4만 쪽이 넘는 방대한 속기원고는 다행히 벨기에 사람인 반 브레다 신부의 노력으로 무사히 벨기에의 루뱅으로 반출되는데, 현재 그곳의 <후설 문고>의 관리 하에 있으면서 『후설 전집』 등의 원자료로서 활용되고 있다.

본거지인 독일의 현상학 운동이 제2차 세계대전으로 연결되는 나치스 시대에 괴멸적인 타격을 받은 까닭도 있어 전후의 현상학 운동은 레비나스와 베르제, 사르트르와 메를로-퐁티로 대표되는 프랑스에서 우선 꽃피우게 되었다. 다른 한편 33-40년 사이에 스피겔버그, 슈츠, A. 구르비치 등 10명이 넘는 저명한 망명 현상학자들을 맞아들인 미국에서는 파버를 중심으로 39년에 <국제현상학회>가 창립되며, 그 다음 해부터 현재까지 『철학과 현상학적 연구』지(*Philosophy and phenomenological Research*)가 간행되고 있다. 국제적인 현상학 연구 총서로서는 59년 이래의 『페노메놀로지카』(Phaenomenologica)와 71년 이래의 『아날렉타 후설리아나』(Analecta Husserliana) 등이 있으며, 나아가 독일, 영국, 일본 등의 현상학회도 각각 독자적인 기관지를 발행하여 현상학 운동의 다양한 진전을 실증하고 있다. 그 경향들을 크게 나누어보면, 초월론적 현상학, 존재론적 현상학, 실존론적 현상학, 해석학적 현상학 등으로 나눌 수 있을 것이다. 나아가 최근에는 지향성 개념 등을 둘러싸고 현상학과 분석철학의 대화도 진전되고 있다. ☞ ㈔괴팅겐학파, 뮌헨학파{뮌헨 현상학}, ㈏현상학 운동, 부록: 『철학 및 현상학 연구 연보』 내용, 후설 문고와 초고군

—다테마쓰 히로타카(立松弘孝)

현상학의 현상학 現象學—現象學 [(독) Phänomenologie der Phänomenologie]

후설은 『데카르트적 성찰』의 말미에서 막 등장했을 뿐인 현상학에는 소박성이 수반된다고 말하고, 현상학의 궁극적인 문제계열로서 현상학의 자기비판을 요구했다. 현상학의 본질적인 자기관계성 때문에 현상학이라는 비판은 그 자신이 비판을 필요로 한다. 후에 후설의 지시에 기초하여 『데카르트적 성찰』의 개정을 담당했던 핑크는 기존의 성찰의 개정에 더하여 새롭게 제6성찰을 작성했다. 제6성찰은 '초월론적 방법론의 이념'이라는 제목으로 제5성찰까지의 '초월론적 기초론'과 대비된다. 초월론적 기초론은 무관여의 방관자에 의한 초월론적 세계 구성의 반성적 분석이지만, 현상학적 작업에 몰두하고 있는 이러한 방관자는 여기서는 익명적으로 작동하고 있을 뿐이어서 그 자신에게 있어 분명해져 있지 않다. 초월론적 방관자를 그 자신에 대해 분명하게 하고 궁극적인 초월론적 자기 이해에서 현상학을 완성하는 것이 초월론적 방법론의 과제인바, 그러한 목표는 현상학의 현상학에 다름 아니다. 초월론적 방법론은 초월론적 기초론의 주체인 초월론적 방관자를 주제로 하기 때문에 그 자신이 초월론적 기초론에 의거하여 분절되지만, 핑크는 더 나아가 초월론적 현상학이 생활세계에서 학문으로서 제도화되는 문제를 고찰한다. 현상학적 인식을 획득한 초월론적 방관자는 다시 자연적 태도로 되돌아와 그것을 다른 인간들에게 전함으로써 상호주관적인 학문으로서 제도화하고자 한다. 현상학의 현상학은 자연적 태도와 초월론적 태도의 관계의 문제성을 새롭게 나타낸다. ☞ ㈔방관자, 자연적 태도/초월론적 태도, 현상학적 환원, ㈏제6성찰

—기노시타 다카시(木下 喬)

현상학적 과학론 現象學的科學論 [(독) phänomenologische Wissenschaftstheorie]

현상학적 과학론이라는 말은 다양한 유파가 논쟁을 거듭해온 '과학론' 분야에서 특정한 테제를 내건 유파를 나타내는 것으로서 반드시 공인된 위치를 점하는 것은 아니다. 그러나 후설의 현상학은 일관되게 논리학과 수학을 비롯하여 근대 과학의 비판적 근거짓기를 지향했으며, 만년의 『위기』에서는 이러한 관점이 하나의 명확한 형태를 취하게 되었다. 또한 후설이 살아있었을 때에 이미 수학과 물리학에 관해서는 O. 베커, 법학에서 관해서는 A. 라이나흐, 사회학에 관해서는 A. 슈츠와 같은 식으로 각각의 과학에 대한 현상학적인 근거짓기 시도가 이루어지고 있었다. '현상학 운동' 속에서 과학론은 커다란 위치를 점하고 있었던 것이다. 전후에 이르면 구체적인 과학론 상의 문제를 체계적으로 다루는 시도는 적어졌지만, 그럼에도 불구하고 A. 구르비치, T. J. 키실, M. 네이탄슨, E. 슈트뢰커, P. 힐런, D. 이데 등에 의해 새로운 전개가 이루어져 왔다. 통상적으로 현상학적 과학론이라고 불리는 것은 이러한 사람들에게서 보이듯이 후설이 『위기』에서 과학과 생활세계의 관계에 관해 정식화한 테제들을 다양한 형태로 전개한 과학론적인 고찰을 말한다.

(1) 『위기』의 테제들. 갈릴레오, 데카르트 이래의 근대 자연과학은 그 기원을 주관적이고 상대적인 경험의 장인 생활세계에서 지닌다. 이러한 생활세계는 또한 과학에 대한 타당성의 기초이자 의미기반이기도

하다. 그러나 근대 과학은 그 성립 과정에서 뗄 수 없이 지니고 있던 실증주의와 객관주의에 의해 스스로의 기원을 망각하게 되어 이념화된 수학적 자연만을 참된 실재로 간주하게 되었다. 그리고 동시에 과학을 수학적인 기호 조작 과정으로 환원하는 '기술주의'가 귀결로서 정립되었다. 이와 같은 객관주의와 기술주의에 맞서 과학의 의미를 명확히 하기 위해서는 생활세계로 되돌아가 그로부터 과학을 비판적으로 재구성하는 것이 필요하다.

(2) 이론 · 측정 · 경험. 후설에게 있어서는 이론적인 과학의 세계에 반해 지각적으로 경험되는 생활세계야말로 참으로 실재하는 세계이다. 그런 까닭에 지각적으로 파악되는 사물의 성질은 제1성질 · 제2성질의 구별 없이 실재한다고 간주되며, 그것들이 이념화된 이론적 대상과 대비된다. 그리고 전자는 애매한 형태학 개념에 의해, 그리고 후자는 정밀한 이념적 개념에 의해 파악된다. 이 양자를 매개하는 이념화 과정에서 측정이 중요한 역할을 담당한다. 왜냐하면 관찰과 실험에서 얻어진 데이터를 수학화하는 첫 걸음을 이루는 것이 측정이고, 측정 기술은 원리적으로는 언제나 정밀화 가능하고 그 정밀화 과정의 극한으로서 이념화된 대상을 생각할 수 있기 때문이다. 또한 역으로 어떠한 과학에 대해서도 경험적 기초를 부여하는 측정 과정은 경험적인 것에 이론적 개념을 적용하고 데이터를 '읽어내는' 해석학적 과정(힐런)이라고 생각할 수도 있다. 또한 근대 과학의 본성은 관찰과 실험에서의 측정을 위해 기술적 장치를 불가결한 전제로 하고 있는바, 이 점에서 기술이 과학에 선행한다고 생각하며 '도구적 실재론'을 주창하고 있는 논자(이데)도 있다. 이와 같이 현상학적 과학론은 논리실증주의 이래의 과학론의 다수가 오로지 과학의 언어적, 이론적 측면에만 초점을 맞추어왔던 것에 반해, 과학과 생활세계적인 경험을 매개하는 측정, 측정 기술 그리고 기술적 장치 등의 역할을 강조한다는 점에서 특징을 지닌다.

(3) 과학과 실천. 후설에게 있어 참된 학문의 이념은 그리스에서 성립한 '순수 이론'에서 그 기원을 발견할 수 있다. 따라서 갈릴레오적인 근대 과학에 대한 비판도 최종적으로는 그것이 본래의 학문 이념을 망각했다는 점에서 추구되며, 현대에는 그 이념의 상속자인 현상학적 철학만이 이성 비판이라는 실천적 역할을 떠맡을 수 있다고 주장된다. 그에 대해 J. 하버마스는 이와 같은 학문관이 고대 그리스에서만 성립할 수 있으며, 그것을 현대에도 계속해서 유지할 수 있다고 간주하는 것은 일종의 객관주의에 빠지게 되는 것이라고 하여 후설을 비판했다. 하버마스에 의하면 근대 과학의 기초는 생활세계 속의 기술적 관심에 놓여 있는바, 근대 과학 비판은 기술적 관심의 전면화에 대한 '이데올로기 비판'으로서 이루어져야만 한다 [「인식과 관심」, 『이데올로기로서의 기술과 과학』에 수록]. 후설과 하버마스와는 달리 과학을 생활세계에서의 '행위 연관'에 의해 근거짓고자 시도한 것이 로렌첸(Paul Lorenzen 1915-)과 캄라(Wilhelm Kamlah 1905-76)를 창시자로 하는 '구성주의'(Konstruktivismus)이다. 구성주의의 기원으로서 하이데거의 해석학과 딜타이의 생의 철학이 거론된다는 점, 또한 '생활세계적 아프리오리'로서 기술적 행위만이 아니라 술어짓기라는 언어행위가 강조된다는 점 등에서 보면 후설적인 관점과의 차이는 무시할 수 없지만, 수학과 물리학 등의 구체적 내용을 생활세계적 아프리오리로부터 근거짓는 프로그램은 현상학적 과학론을 해석학적, 언어론적으로 전개한 하나의 형태로 간주하는 것도 불가능하지는 않을 것이다. 최근에는 더 나아가 민속방법론의 방법을 구사하여 실험실 속에서 과학적 사실이 과학자 상호행위를 통해 어떻게 구성되는지를 해명하는 과학사회학의 시도도 있는데, 이와 같은 방향도 현상학적 과학론의 '사회학적 전개'로서 새로운 가능성을 보여준다. ☞ ㊍과학사 · 과학철학과 현상학, 기술, 생활세계, ㊞하버마스, ㊛유럽 학문의 위기와 초월론적 현상학

―무라타 준이치(村田純一)

㊟ Elisabeth Ströker, Hg., *Lebenswelt und Wissenschaft in der Philosophie Edmund Husserls*, Frankfurt a. M., 1979. D. Ihde, *Instrumental Realism*, Bloomington and Indianapolis, 1991.

현상학적 관념론現象學的觀念論 [(독) phänomenologische Idealismus] ⇨㈖관념론/실재론

현상학적 기술現象學的記述 [(독) phänomenologische Deskription] ⇨㈖기술

현상학적 미학現象學的美學 [(독) phänomenologische Ästhetik]

넓은 의미의 현상학적 미학과 좁은 의미의 현상학적 미학이 있다. 전자는 후설을 비롯하여 현상학 운동에 많든 적든 관여한 철학의 영향권에 들어가는 미학설을 모두 포섭하는 것이겠지만, 후자는 '초월론적 현상학'을 강조하기 이전의 후설, 특히 『논리연구』 시기의 후설에게 영향을 받은 이른바 뮌헨학파와 괴팅겐학파에서 자라난 미학을 가리킨다. 일본에서는 통상적으로 '현상학파의 미학'(오니시 요시노리大西克礼)이라고 불린다.

Ⅰ. 미적 현상에 대한 현상학적 연구는 대단히 다양하게 전개되지만, 19세기 후반을 주도한 페히너(Gustav Theodor Fechner 1801-87), 분트, Th. 립스 등의 심리학주의적인 미학에 반대하여 예술작품을 의식작용에 의해 구성되는 객관적 가치존재로서 파악한다는 점에서 공통적이다. 또한 관념론 미학처럼 예술작품을 미 또는 진리와 같은 절대적 존재의 자기 전개로서 파악하는 것이 아니라 어디까지나 사태를 꿰뚫어('사태 자체로') 여기에 존재하는 이 개별성 속에서 보편을 직각케 한다는 점에서도 공통적이다. 이러한 방법론적 의식은 20세기 초두에 데스와(Max Dessoir 1867-1947)에 의해 제창되며, 후에 체코의 현상학자 파토츠카가 넓은 의미의 후설의 제자라고 부르고 사실상 마사리크 대통령의 제창에 응답하여 프라하에서 '철학 서클'을 창설하고 그 제1회 회의에 후설을 강연자로서 초빙한 우티츠(Emil Utitz 1883-1956)에 이르러 일단 완성을 본 일반예술학의 형성에 크게 공헌했다. 데스와가 주재하는 『미학 및 일반예술학지』(1906-43)에 콘라트(Waldemar Conrad 1878-1915)는 장편의 논문 「미적 대상—현상학적 고찰」("Der ästhetische Gegenstand: eine phänomenologische Studie", 1908/09)을 기고하고, 음악, 문예, 공간예술을 각각 고유한 다층구조체를 이루는 미적 대상으로 파악함으로써 현상학적 기술적 방법으로 대상 분석을 시도했다. 이러한 방향은 잉가르덴의 『문학적 예술작품』에서 한층 더 투철한 연구로 발전한다.

다른 한편, 립스의 감정이입 미학 안에서 성장한 뮌헨 현상학에서 펜더와 더불어 지도적 위치에 있던 가이거는 이 잡지 제6권에 「기분감정이입의 문제에 대하여」("Zum Problem der Stimmungseinfühlung", 1911)를 기고하고, 또한 이듬해에는 「미적 향유의 현상학 논고」("Beiträge zur Phänomenologie des ästhetischen Genusses", 1912)를 『철학 및 현상학 연구 연보』 제1권에 기고하는 등 주로 미적 향유 의식의 모습을 분석했지만, 단순한 도취나 감정이입을 배제하고 이해득실을 제외한 대상을 향한 강한 관심에 뒷받침된 외방집중(Außenkonzentration)으로서의 향유 의식의 지향성을 강조함으로써 미적 대상의 객관성을 입증하고자 했다.

'현상학적 미학'이라는 호칭이 고유한 방법과 내실을 지니는 규정적 이론으로서 공공연하게 되는 것은 "제2회 미학 및 일반예술학 회의"(1924)에서 가이거가 행한 강연의 표제에서이자 치겐푸스(Werner Ziegenfuß)의 동명의 책(*Die phänomenologische Ästhetik*, 1928)에서였다. 가이거는 이 강연에서 세 가지 현상학적 방법의 특징을 지적한다. 즉 첫째는 어디까지나 개개의 구체적 현상 하에 머무르는 것이며, 둘째는 우연적인 개별적 제약을 배제하여 본질적 계기를 파악하는 것이고, 셋째는 연역이나 귀납이 아니라 직각에서 이것을 행하는 것이다.

Ⅱ. 이상과 같은 좁은 의미의 '현상학적 미학' 외에 후설의 『이념들』 이후 공공연하게 되는 초월론적 현상학과 신칸트학파의 코헨(Hermann Cohen 1842-1918)의 가치대상성을 생산하는 순수 의식의 철학을 결합한 오데브레히트(Rudolf Odebrecht 1883-?)의 『미적 가치론의 정초, 제1편. 미적 가치체험』(*Grundlegung einer ästhetischen Werttheorie*, Ⅰ. *Das ästhetische Werterlebnis*, 1927)이 있는데, 그것은 후설로부터도 현상학적인 미학 연

구로서 높은 평가를 받았다. 또한 베커는 역사와 자연의 대립에 대해 언급하는 셸링 철학과의 융합을 기도하여 「미의 덧없음과 예술가의 모험성에 대하여」("Von der Hinfälligkeit des Schönen und der Abenteuerlichkeit des Künstlers", 1929)를 썼다. 그러나 베커를 비롯하여 카우프만 등 프라이부르크 시대의 후설의 제자는 하이데거의 영향이 강한바, 현상학적이라기보다 실존철학적이다.

Ⅲ. 독일 이외에도 현상학은 미학과 예술학에 커다란 영향을 주었다. 러시아에서는 슈페트가 후설 현상학의 러시아 형식주의, 예를 들면 로만 야콥슨 등에 대한 영향을 중개했다. 체코슬로바키아의 프라하에서도 독자적인 현상학적 분위기가 형성되어 무카조프스키(Jan Mukařovský) 등의 구조주의 미학에는 현상학의 영향이 농후하다. 프랑스에서는 사르트르와 메를로-퐁티 등의 현상학이 문예와 그 밖의 예술들에 대한 날카로운 통찰을 수행했지만, 그밖에 뒤프렌느의 『미적 경험의 현상학』(*Phénoménologie de l'expérience esthétique*, 2 vols., 1933)도 현상학적 미학을 발전시켰다. ☞ ㊋러시아 형식주의와 현상학, 음악과 현상학, 회화와 현상학

—가나타 스스무(金田 晉)

㊟ 大西克禮, 『現象學派の美學』, 岩波書店, 1938. 金田晉, 『藝術作品の現象學』, 世界書院, 1989.

현상학적 사회학 現象學的社會學 [(영) phenomenological sociology (독) phänomenologische Soziologie]

Ⅰ. 개략. 후설 현상학의 방법을 사회 연구에 채용하는 사회학을 총칭하는 것으로서 통일적인 정의는 존재하지 않는다. 성립은 1920년대의 독일로 소급되지만 이러한 움직임은 1933년까지에서 한번 끊어진다. 철학계에서의 <후설 르네상스>에 호응하여 그리고 또한 사회학에 군림하고 있던 '구조・기능주의'에 대한 이의제기 운동의 일환으로서 현상학적 사회학은 1960년대 후반 우선 미국에서 부활하며, 그 후 세계 각지에서 새로운 전개를 보이게 되었다.

그러나 이 새롭고 오랜 두 흐름에 연속성은 존재하지 않는다. 왜냐하면 전전의 그것은 현상학을 채용하면서도 주로 '형상적 환원'의 수법에 의거하여 '본질직관'에 의해 사회 결합의 본질을 파악할 것을 목표로 했던 데 반해, 새로운 그것은 현상학적 환원에 의거하기보다는 후기 후설의 '생활세계의 존재론'에 자리 잡고서 일상적 세계의 의미적 구성의 기제를 해명하는 것에 역점을 두고 있기 때문이다. 새로운 흐름을 특징짓는 이러한 <내세계적 전환>은 오랜 그것이 불러들였던 비판, 요컨대 그 사회학이 직관주의에 의거하기 때문에 내용적으로는 추음미를 거부하는 사변에 빠져 있다는 비판으로부터 벗어나는 데 기여하는 반면, 역설적으로 그리고 구조・기능주의의 <사회화 편중의 인간관>에 대한 반발 때문인지 의미 구성의 주체로서의 인간을 지나치게 강조하는 나머지 오랜 현상학적 사회학에서 중시되었던 <사회적인 것의 아프리오리> 또는 상호주관성의 존재론적 차원을 경시하는 경향이 보이기도 한다.

Ⅱ. 사회 결합의 본질학으로서의 현상학적 사회학. 제1차 대전 이래로 독립된 특수과학으로서 체계화를 진전시켜온 독일 사회학의 일부에서 현상학적 수법이 도입되었던 것에는 사회・문화적인 배경이 놓여 있다. 왜냐하면 영국과 프랑스의 사회학이 <근대화>의 선도역할을 맡았다면 독일의 그것은 역으로 문화의 위기를 초래하게 된 근대화에 대한 반항으로서 성립하는바, '게젤샤프트'에 대한 '게마인샤프트'의 우위를 주장하고 옹호하는 자세가 이후 독일 사회학을 일관하는 기조로 되었기 때문이다. 퇴니스(Ferdinand Tönnies 1855-1936)에 의한 이 맞짝개념 자체가 경험적・귀납적으로 도출되었다기보다는 현상학적・연역적으로 얻어진 것(Kurt Lenk 1929-)이라고 말해진다. 사람들의 내적 결합이 모든 사회생활의 기본적 성격이자 본질이라고 한다면 게마인샤프트는 그 이상적 형태이며, 그것이 공속감정에 근거지어진 것인 한에서 그것은 합리주의적 관찰의 대상이 되어야만 하는 것이 아니라 살아 있는 체험에 의해 직관적으로 파악되어야만 하게 된다.

이러한 입장에서 현상학(본질직관)을 의식적으로 받아들여 집단 이론을 전개한 것이 피어칸트(Alfred Ferdinand Vierkandt 1867-1953)이다. 그는 짐멜(Georg Simmel 1858-1918)의 영향 하에 사회학의 과제를 사회생활의 순수 형식에서 찾으면서 사회를 개인들 사이의 '내적으로 근거지어진 상호작용' 위에서 성립하는 것이라고 주장했다. 요컨대 사회생활의 본질은 '내적 결합성'에 있다고 보고 이러한 결합성을 '궁극적 소여'로서의 사회적 성향, 즉 자부, 종속본능, 구조본능, 공감, 모방 등등의 감정에 근거지어져 있다고 주장했다. 이러한 성향들을 도출할 때에 피어칸트는 후설과 셸러에게 배워 내적 직관이라는 방법을 취하고, 이러한 근원적 현상들은 개별적 명증체험에 의해 모든 사람에게 체험되어 제시된다고 생각했다. 피어칸트는 내적 결합의 강함에 의해 게젤샤프트에 대한 게마인샤프트의 역사적 · 체계적 우위를 주장했지만, 그의 사회학은 "넓은 의미의 현상학적 심리학"(R. 아롱)이라 하더라도 본질직관의 철학적 근거짓기도 불충분하고 내용적으로도 사변적 요소가 강하다는 비판을 불러일으켰다.

피어칸트에게도 영향을 준 셸러에게 있어 사회학은 그의 철학적 인간학의 일부를 구성하는 것이었다. 그에게 있어 현상학적 환원은 인간을 궁극적으로 규정하는 감정적 아프리오리를 본질직관에 의해 파악하기 위한 방법인바, 후설적인 순수 의식에 이르기 위한 방도가 아니라 좀 더 실재론적인 방향을 지향하는 것이었다. '동정', '사랑과 미움' 또는 '르상티망'론과 같은 감정론은 때때로 시대의 사회학적 분석과 결부되어 문화사회학적 관점에서 보아도 흥미로운 것으로 되는 한편, 거기서의 식견은 사회구조의 분류에도 적용되어 퇴니스의 주의주의적 유형화를 대신하는 주정주의적 유형화의 근거가 되기도 했다. 그의 독창적인 사회학에 대한 기여는 '지식사회학'의 확립이다[『지식형태와 사회』]. 인간의 행위를 규정하는 이념적 인자와 실재적(충동적) 인자와의 상호작용의 방식에서 사회 · 문화 현상의 생성발전을 질서짓고 법칙적으로 설명하고자 하는 그의 시도는 사고와 사회의 관계를 생각하는 데서 유물론적인 일원론을 넘어서는 관점을 내세워 사회학에 새로운 연구 영역을 개척한 것으로서 평가되는 한편, 현상학적인 사실 인식과 본질 인식의 이원론에서 유래하는 본질적인 것에 관한 비역사적인 사고방식, 이념적 인자의 '절대적인 내재성'과 같은 사고방식 등이 만하임(Karl Mannheim 1893-1947) 등에 의해 비판된다. 그러나 셸러가 지식사회학의 최고의 공리로서 '나'에 대한 '너'와 '우리'의 선행성, 사회적인 공동세계 영역의 선여성을 강조한 것은 주목받아 마땅할 것이다.

'나'의 통일을 자족적 존재로서가 아니라 '생활연관의 조건들 아래'에서 성립하는 것으로 보는 리트(Theodor Litt 1880-1962)도 이러한 의미에서 <해석학적> 입장에 가깝다고 말할 수 있을 것이다. 그는 현상학적 의식 분석의 입장에서 사회의 본질을 나와 너, 개인과 사회 사이에서 성립하는 "시계視界의 상호성"(Reziprozität der Perspektiven)에서 구했다[『개인과 사회』]. 그에 의하면 나와 너는 실체적으로 고정된 주객관계로서 서로 맞서는 것이 아니라 서로 교차하는 상호적인 시계 속에서 상대방을 체험한다. 이러한 상호성 속에서 나와 너는 서로 상대방의 눈을 통해 스스로를 보기를 배우는바, 나의 너에 관한 앎과 나 자신의 앎은 결합하여 상호적으로 주관성을 넘어선다. 나-너 관계에 제3자가 더해짐으로써 성립하는 '결합권'에서 너 체험은 '총체체험'에로 충실화되며, '사회적 교차' 속에서 나의 통일과 사회적 통일은 조화적으로 결합된다. 이리하여 리트는 개인의 시계라는 체험공간에서 출발하여 개인과 사회의 변증법적 통일을 도출하지만, 타아 이해의 기제에 대해 전개하는 데까지는 이르지 못했다.

현상학적 사회학의 제1세대를 대표하는 사람들로서는 이밖에 리트의 집단론을 전개하여 게마인샤프트와 게젤샤프트를 각각 집단의 내적 측면의 개념적 표현과 외면적 측면의 질서의 원리로서 파악한 Th. 가이거(Theodor Geiger 1891-1952), 마찬가지로 '시계의 상호성'을 비롯한 현상학적 식견을 '미시사회학'에 받아들이고 있었던 프랑스의 G. 귀르비치, 사회문화 변동론에 '지향성' 개념을 도입한 미국의 소로킨(Pitirim

A. Sorokin 1889-1968), 일본과 동양의 사상 · 문화에 입각한 사회학 이론의 체계화에 현상학적 방법을 도입한 구라우치 가즈타藏内数太(1896-1988) 등이 있다.

Ⅲ. 일상생활의 사회학. 현상학과 사회학을 결합하는 것에는 어려움이 따른다. 왜냐하면 현상학이 세계의 <괄호 넣기>에서 성립한다면 경험과학으로서의 사회학은 그 <괄호의 떼어내기> 위에서 성립하기 때문이다. 이런 의미에서 엄밀한 의미에서의 현상학적 사회학의 가능성에 의문을 드러내는 경향도 존재한다. 이러한 가운데 '내세계적 사회성에서의 의미 현상을 분석'하는 것에 연구 의도를 한정하면서도 후설의 '생활세계' 개념과 '자연적 태도의 구성적 현상학'이라는 구상에 인도되어 일상생활의 선험적인 구조를, 그것을 구성하고 체험하고 있는 행위자의 의식의 지향적인 활동이라는 관점에서 해명하는 형태로 사회학과 현상학을 결합하고자 한 것이 슈츠의 '일상생활의 사회학'이다.

슈츠가 일관되게 관심을 가지고 있던 것은 사회과학의 철학적인 근거짓기의 문제, 요컨대 주관적 의미를 대상으로 하는 객관적 과학은 어떻게 해서 가능한가라는 문제였다. 자연과학과는 달리 사회과학이 대상으로 하는 것은 다양한 사회관계 속에서 활동하고 있는 행위자로서의 인간이다. 그들은 각자에게 고유한 생활사와 역사적 · 사회적 배경에서 유래하는 지식의 축적을 지니며, 그에 기초하여 타자와의 나날의 상호작용을 통해 주위의 세계를 끊임없이 의미짓고 해석하며 새롭게 구성하고 있다. 요컨대 사회과학이 취급하는 사실과 사건은 모두 행위자의 주관적 의미에 의해 이미 매개되고 있으며, 과학적 조작에 선행하여 이미 의미적으로 구성된 것으로서 존재한다. 따라서 객관적이고 엄밀한 사회의 학이 가능하기 위해서는 자의적인 과학적 구성물을 외부로부터 가지고 들어오는 것이 아니라 이러한 사회적 세계가 의미적으로 구성되는 방식 그 자체를 대상에 입각하여 밝힐 필요가 있다. 이리하여 슈츠는 학문을 포함하여 우리의 일체의 영위와 경험이 그것을 전제함으로써만 가능해지는 공통의 배경지식으로서의 일상생활을 의미적으로 구성하고 있는 행위자의 주관적 과정을 이해적으로 재구성하기 위한 방법으로서 현상학을 도입했다. 그런 까닭에 그의 경우 현상학이라 하더라도 내세계적 수준에서의 일상세계에 대한 기술적 분석에 초점이 맞추어졌다. 경험과학의 기초는 초월론적 현상학에 있는 것이 아니라 타자의 존재도 자명한 것으로 여겨 이것과 교제하는 자연적 태도의 체험세계에 있다고 보았기 때문이다.

베버의 이해사회학에 대한 비판적 근거짓기를 겨냥한 이러한 방법의 객관성을 보증하기 위한 방법적 절차를 슈츠는 '이념형'을 사용한 행위 모델의 구축에서 찾았다. 이러한 이념형과 상식적 사고에서의 유형화된 지식의 의미적 일관성 속에서 사회학적 인식의 타당근거를 찾고자 했던 것이다.

슈츠의 경우에는 주체에 의한 의미 구성에 역점이 두어짐으로써 그의 이론에는 자칫하면 주지주의 또는 "사회적 세계의 자아 중심적 구성"(B. 발덴펠스)이라는 경향이 따라붙고 있었지만, 이러한 약점을 뒤르켕의 사회이론과 겔렌 류의 제도론으로 보완하는 동시에 이것들 전체를 헤겔과 맑스에서 유래하는 변증법적 사고 하에 통합함으로써 현상학적 방법을 "상식적 사고의 지식사회학"으로 되살리고자 하는 것이 P. 버거와 Th. 루크만이다[『실재의 사회적 구성』]. 여기서는 사회가 객관적 현실로서 존재함과 동시에 주관적 현실로서도 존재한다는 입장에서 사회가 지니는 이러한 두 가지 측면을 동시에 파악하기 위해 외재화, 객체화, 내재화라는 세 가지 계기로 이루어지는 사회와 인간의 상호매개적인 변증법적 과정을 생생하게 묘사하고 있다.

새로운 현상학적 사회학을 대표하는 또 하나의 흐름은 민속방법론(ethnomethodology)이다. 1960년대의 미국에서 H. 가핑켈에 의해 방법적으로 근거지어진 이 사회학은 슈츠의 그것과 마찬가지로 과학 이전의 생활세계에 초점을 설정하고, 사람들이 이 세계를 의미 있는 것으로서 구성해 가는 그 방법을 내적 이해를 통해 해명하고자 한다. 그러나 슈츠의 이론이 결국 의미 체험에서의 의식의 지향적 활동에 대한 분석에 머물렀던 데 반해, 민속방법론은 의미 구성과 행위

실현의 실천적 방법과의 결합에 관심을 가지는 점에 그 특징이 있다. ☞㊕민속방법론, 사회, ㊞슈츠

—야마구치 세쓰오(山口節郞)

㊟ H. Brauner, *Die Phänomenologie Edmund Husserls und ihre Bedeutung für soziologische Theorien*, Hain, 1978(川島秀一 外 譯, 『フッサールと現象學的社會學』, 晃洋書房, 1988). A. Schütz, *Der sinnhafte Aufbau der sozialen Welt*, Wien, 1932(佐藤嘉一 譯, 『社會的世界の意味構成』, 木鐸社, 1982).

현상학적 시간 現象學的時間 [(독) phänomenologische Zeit] ⇨㊕시간의식

현상학적 심리학 現象學的心理學 [(독) phänomenologische Psychologie] ⇨㊕심리학과 현상학

현상학적 심리학적 환원 現象學的心理學的還元 [(독) phänomenologisch-psychologische Reduktion] ⇨㊕현상학적 환원

현상학적 에포케 現象學的— [(독) phänomenologische Epoché] ⇨㊕에포케

현상학적 잔여 現象學的殘餘 [(독) phänomenologisches Residuum] ⇨㊕현상학적 환원

현상학적 태도 現象學的態度 [(독) phänomenologische Einstellung] ⇨㊕태도

현상학적 해체 現象學的解體 [(독) phänomenologische Destruktion]

결국 공간되지 못하고 끝난 『존재와 시간』의 제2부에서 다루어지는 것은 하이데거 자신에 의해 예고되고 있던 존재론의 전통에 대한 파괴적인 재해석 작업[SZ 53]이다. 다만 그 개략에 대해서는 그 저작의 서론 제6절로부터 다음과 같이 알 수 있다. 인간 존재가 기본적으로 시간적인 동시에 역사적이라는 점에서 보면 존재론적인 물음도 역시 역사적인 전통을 짊어진 것일 수밖에 없지만, 바로 당대를 지배하는 존재론적 전통은 자명성 위에 안주하여 그 전통을 산출해온 근원적인 기원을 은폐한다. 그와 같은 은폐로부터 해방되기 위해서는 "존재에 대한 최초이자 이후 주도적이 된 규정들이 거기서 획득된 근원적 경험들로 향해 고대 존재론 이래로 전승되어온 것을 존재 문제를 이끄는 실로 삼아 해체"하지 않으면 안 된다. 그러나 이와 같은 전통의 파괴는 존재론의 역사를 현재로부터 단죄하고자 하는 것이 아니라 역으로 그 역사가 지니는 가능성을 적극적으로 자기 것으로 하여 그로부터 현대를 비판하는 데로 향한다. 구체적으로 보면, 존재이해를 위해 시간성의 문제로 나아가고 있던 유일한 사람으로서 칸트를 재해석하고, 동시에 칸트 존재론의 한계의 기원을 데카르트에게서 그리고 더 나아가서는 중세 존재론에서 구하며, 최종적으로는 아리스토텔레스를 비롯한 고대 존재론의 시간 이해가 지니는 의미와 한계를 다시 파악하는 것이 목표로 되는 것이다. 다만 이와 같은 의미에서의 '해체'는 『존재와 시간』의 본문과 (일정한 변용을 거쳐) 후기 하이데거의 서양 형이상학 비판에서도 계속해서 수행되는 절차이자 데리다의 '탈구축'(déconstruction) 전략의 원천이 되기도 한 발상이다. '해체'라는 말은 이미 1921/22년 강의에서도 보인다[HGA **61**. 31]. ☞㊕시간

—가토와키 슌스케(門脇俊介)

현상학적 환원 現象學的還元 [(독) phänomenologische Reduktion]

Ⅰ. 후설이 현상학적 환원의 착상을 최초로 획득한 것은 1905년 여름이지만, 이 사상이 최초로 정리되어 논술된 것은 그보다 2년 뒤의 오늘날 『현상학의 이

념』(1907)으로 알려져 있는 저작에서이다. 그렇지만 후설은 그 후에도 이 방법에 대해 고찰을 심화하는 데 게을리 하지 않아 곧이어 중기의 주저 『이념들 Ⅰ』(1913)에서 이러한 근본 방법에 대해 방대한 논술을 전개하기에 이르렀다. 그러나 그 후에도 후설은 이 문제에 대해 좀 더 생각하기를 그만두지 않는바, 후기에 들어서서 우선 『제일철학』(1923/24) 제2부 전체를 '현상학적 환원의 이론'이라는 제목으로 이에 관한 방대한 논의를 남겼다. 이 무렵부터 현상학적 환원의 '데카르트적인 길'과 '새로운 길'(내지 '심리학자의 길')이 구별되기 시작하며, 후설은 후자의 길을 중시하는 방향을 보이기 시작한다. 그렇지만 잘 생각해보면 이러한 '새로운 길'의 요소는 이미 『이념들 Ⅰ』 안에도 잠복해 있었으며, 또한 후설이 후기에 이르러 단순히 '데카르트적인 길'을 포기했다고도 생각되지 않는다. 오히려 '데카르트적인 길'을 매개로 날카롭게 떠오르는 '초월론적 현상학'과 '새로운(심리학자의) 길'을 매개로 풍부하게 전망되기에 이른 '현상학적 심리학'(내지 '순수 심리학')과의 역설적인 긴장관계 안에 후설 현상학의 참된 본질이 성립해 있었다고 생각된다. 따라서 또한 후설의 현상학적 환원에는 '초월론적 현상학'에로 향하는 '초월론적 현상학적 환원'과 '현상학적 심리학'에로 향하는 '현상학적 심리학적 환원'의 두 측면이 함축되어 있게 된다. 이 두 측면이 좀 더 다양한 표현으로 불리는 가운데 그리고 또한 양자가 연속성과 차이성을 포함하는 가운데 긴장을 잉태하여 교차하는 데서 현상학적 환원의 근본 사상이 성립해가는 것이다. 후설은 이리하여 만년의 유고 『위기』(1934-37)에서도 현상학적 환원을 중심에 놓고 현대의 위기를 구해야 하는 현상학의 사명과 방법을 논의하는데, 거기에서의 '생활세계'와 '심리학'에서 출발하는 초월론적 현상학에 이르는 도정들 중 어느 것에서도 현상학적 환원의 문제가 근본 기축을 이룬다. 여기서도 '데카르트적인 길'에 대한 비판적인 언급이 출현하지만 근본 문제의 소재는 그렇게 단순하지 않다. 거기에도 역시 '초월론적 현상학'과 '현상학적 심리학'의 긴장된 교차가 있는 것이다. 그밖에 『데카르트적 성찰』, 『경험과 판단』, 『브리태니커 초고』 등, 모든 중요한 저작들에서도 후설은 현상학적 환원을 자기의 현상학의 근본 태도로 삼고 있는바, 이러한 방법적 태도에 대한 이해 없이는 후설 현상학의 핵심에 이를 수 없다고 말해도 과언이 아니다.

Ⅱ. (1) 현상학적 환원이란 무엇보다도 우선 『이념들 Ⅰ』의 표현을 빌리면, "자연적 태도의 일반정립의 철저한 변경"[Ideen Ⅰ §30-32]을 말한다. 우리는 보통 자연적 태도에서 살아가고 있을 때는 사물들과 세계가 우리가 향하는 측에 현실적으로 존재한다고 소박하게 믿고 있다. 이러한 "정립"의 활동을 "작용의 밖에 두어" "차단"(Ausschaltung)하고, 따라서 또한 그 정립에 의해 성립하는 대상들과 세계를 "괄호에 넣으며"(Einklammern; 그러므로 또한 당연히 그러한 자연적 태도 위에 성립하는 '사실학'과 '본질학'도 '차단'하며), 그리하여 소박하고 무조작적인 정립에 "에포케"(판단중지)를 덧붙여 그것을 "정지"시키는 것이 "현상학적 환원"이라고 말하는 것에 다름 아니다[Ideen Ⅰ §31-32, 56, 59-60]. 그 결과 "현상학적 잔여"로서 "순수 의식" 내지 "초월론적 의식"의 영역이 "남는다"고 주장되었다[Ideen Ⅰ §33].

(2) 그런데 이상과 같은 현상학적 환원의 절차에 관해서는 그것에 자주 따라다니기 쉬운 오해를 일소하는 것이 무엇보다도 긴요하다. 더욱이 그에 대해서는 이미 1933년에 핑크가 「에드문트 후설의 현상학적 철학과 현대의 비판」(in: Fink, *Studien zur Phänomenologie*, 1966: 新田・小池 譯, 『후설의 현상학フッサールの現象學』, 以文社, 1982에 수록)이라는 대단히 탁월한 논문에서 훌륭한 해석을 제시하고 있는데, 현상학적 환원의 근본정신을 이해하기 위해서는 핑크의 이 저작에 대한 참조가 절대적으로 불가결하다. 그러므로 핑크의 지적도 고려하고 또한 후설 자신의 반성적 술회도 충분히 염두에 두면서 현상학적 환원의 근본정신에 대한 이해에 있어 필수적인 사항을 이하에서 간략하게 지적하고자 한다. ① '환원'(Reduktion)이라고 하면, 사람들은 곧잘 그 말에 통상적으로 따라다니는 '축소・삭감・간소화'라는 의미로 오해하기 쉽다(그렇게 되면 이른

바 '환원주의'의 사고방식이 나오게 된다). 그러나 후설의 현상학적 '환원'은 그것과는 전혀 다르다. 그것은 자연적 세계를 부정한다든지 회의한다든지 무언가 다른 것으로 축소, 감축한다든지 하는 것이 전혀 아닌 것이다. ② 오히려 자연적 태도가 이루는 일반'정립'은 차단되고 괄호에 넣어진 채로 "여전히 계속해서 현실적으로 거기에 존재하며", "자연적 세계"는 "끊임없이 거기에 계속해서 있는" 것이다[Ideen Ⅰ 54, 56]. 현상학적 환원에 의해 "거기서는 아무것도 상실되지 않으며", "일체의 괄호에 넣어진 타당성"과 "세계"는 "괄호에 넣어진 채로 보존되어 남아 있다"[Hu **8**. 167]. 에포케는 "우리를 무에 직면시키는 것이 아니며", 세계는 "소멸해버리는" 것이 "아닌" 것이다[CM 60]. ③ 오히려 에포케에 의해 열리는 것은 "세계에 대한 의식"으로서의 이러한 나의 "생 그 자체"이며, 그러한 무한의 "의식생활"과 그에 의해 사념되는 "세계 그 자체"이다[CM 61, 75]. 따라서 거기서는 세계 그 자체가 차단된다기보다 "소박한 '편견'으로서의 세계"가 차단되며[Hu **8**. 465], 세계의 의미를 다시 묻고자 하지 않는 소박성이 차단된다고 말해야만 할 것이다. ④ 그런 까닭에 차단의 결과 남는 '잔여'에 대해서도 사람들은 그것을 무언가 좁은 심리학적인 의식으로 오해하는 경우가 많았다. 그러나 후설은 "현상학적 잔여"라든가 "차단"이라는 말은 오히려 "회피한" 쪽이 "좀 더 좋았다"고까지 술회한다[Hu **8**. 432]. 오히려 환원의 결과 발견되는 것은 핑크가 말하는 대로 대단히 광범위한 동시에 근본적인 "탈영역적"(a-regional)[Fink, 앞의 논문 129]인 것으로 생각하지 않으면 안 된다. ⑤ 따라서 에포케나 차단의 결과 사람들은 자연적 태도의 세계와 다른 곳으로 가는 것이 아니라 바로 그 자연적 태도에서는 그 소박성 때문에 볼 수 없었던 바의 바로 그 자연적 세계에서 작용하는 '초월론적 주관성'과 그에 의한 '세계의 구성'을 새롭게 현상학적으로 다시 확인하는 것이라고 말해야만 한다. 실제로 후설 자신이 자연적 태도의 정립이 지닌 "무조작적 수행"을 정지하여 바로 그 "정립 쪽으로 향해진 반성작용을 수행하고", "이리하여 우리는 정립 그 자체를 그것이 그것인 바의 절대적 존재의 모습에서 파악한다"고 말하고 있었다[Ideen Ⅰ 94f.]. 핑크의 지당한 말 그대로 '차단'이란 오히려 "되돌리기"(Zurückleitung)[Fink, 앞의 논문 134]인 것이다. ⑥ 본래 '차단'이란 통상적으로 '스위치를 꺼 전류회로를 중단시킨다'는 의미이지만, 그것은 한 순간의 정지이며 사실상 전류 회로는 여전히 작동할 수 있는 상태에 있어 결코 소멸하지 않는다. 에포케란 소박하고 무조작의 관여를 한 순간 정지하여 반성적으로 다시 묻는 태도의 표현에 다름 아니다. ⑦ 그렇다면 왜 그와 같이 자연적 태도의 활동을 한 순간 정지시켜 굳이 반자연적인 반성적 고찰에 들어서는 것인가? 그 동기는 자연적 태도에서 사람들은 의식의 지향성에 의해 대상적 세계로 관심을 분열시켜 나를 잊고 그에 몰두하고 있다는 데 있다. 이러한 자기 망각적인 매몰을 한 순간 정지시켜 세계의 구성에 관계하는 초월론적 의식의 지향성의 활동을 반성적으로 있는 그대로 다시 보고자 하는 것이 현상학적 환원의 기도에 다름 아니다. ⑧ 그러한 기도의 근본에 숨어 있는 것은 지적인 자기 책임의 의식에 기초하여 이 세계의 존재와 의미를 다시 파악하고자 하는 철학적 결의이다. "철학적 자기 책임이라는 철저주의의 정신"에 의한 "절대적으로 자기 책임 있는 철학"[CM 47]의 형성에 대한 의지가 현상학적 환원을 밑받침하는 근본 동기였던 것이다.

Ⅲ. 후설 현상학은 이러한 현상학적 환원의 방법에 기초하여 초월론적 주관성에 의한 세계 구성의 '본질' 고찰을 행한다. 개별적인 경험적 사실이 아니라 본질로 눈을 돌리는 절차가 후설에서 일반적으로 '형상적 환원'이라고 말해진다. '현상학적 환원'과 '형상적 환원'은 상호간에 어떻게 관계되는 것일까? 일찍이 베커도 지적했듯이 후설은 형상적 환원을 시행하고 나서 현상학적 환원으로 나아가는 경우도 있고(예를 들면 『이념들 Ⅰ』에서의 제1편으로부터 2편으로의 추이와, 제2편 제2장에서의 행보처럼), 역으로 현상학적 환원을 시행하고 나서 형상적 환원으로 나아가는 경우도 있다(예를 들면 『이념들 Ⅰ』의 제3편에서의 발걸음처럼). 중요한 것은 두 절차의 순서가 아니다. 왜냐하면 두 방법은 실제적으로는 교차하기 때문이다. 오히려

긴요한 것은 양자의 관련과 차이를 올바르게 파악하는 것이다. 일반적으로 후설의 기본적인 견해에 의하면 개별적 사실보다 형상적 본질로 향하는 사고 쪽이 합리성이 높고 고차적이다. 거기서 발견되는 사항은 개별적 사실이 지니는 "실재성"을 넘어선 "비실재적" 본질이다[Ideen Ⅰ 35, 51]. 그러한 "비실재적"인 본질은 실재에 "내재"[Hu 3(2). 586]할 수 있으며, 또한 다양한 종류가 있어 "형식적 및 질료적 존재론"에 의해 연구된다. 그렇지만 그러한 본질 고찰은 여전히 자연적 태도의 연장선상에 놓여 있고 소박한바, 의식과 세계의 지향적 관계라는 근본 사태에 대해 조금도 의문을 제기하고자 하지 않는다. 이러한 의식과 세계의 지향적 관계를 물음으로써 비로소 도대체가 개별적 사실이든 비실재적 본질이든 존재하는 것의 '의미'가 수립되어갈 수 있다. 일체의 실재를 '의미'의 통일로서 밝히는 것이 현상학의 포부이다[Ideen Ⅰ §55]. 이러한 '의미'가 솟아오르는 근원적 원천에로 눈을 돌리는 방법적 절차가 현상학적 환원이다. 따라서 의미가 솟아오르는 근원적 원천이라는 "비실재적"인 "초월론적" 장면[Ideen Ⅰ 4]에로 눈을 돌리는 현상학적 환원이야말로 후설 현상학의 가장 근본적인 방법이다. 이러한 근본 방법이 여는 권역의 틀 내에서 본질 고찰이 지향되는 것이다.

Ⅳ. 그러나 세계를 그 의미에서 구성하는 초월론적 주관성은 구체적으로는 보통 심리학이 연구하는 의식 체험과 동일하다. 따라서 후설은 자기의 초월론적 현상학을 심리학과 대비하여 구별되게 만들지 않으면 안 되는 과제를 짊어지게 되었다. 이 문제가 『이념들 Ⅰ』의 본문과 그것에 관계하는 오랜 시간에 걸친 다양한 관련 초고 및 가필 수정 원고에서 집요하게 재차 숙고되며, 또한 『제일철학』으로부터 『위기』에 이르는 현상학적 환원 이론의 고찰들의 중심과제를 이루게 되었다. 그것들에서는 '초월론적 현상학'과 '현상학적 심리학'(내지 '순수 심리학')이 그 연속성과 차이성에서 긴장을 내포하며 역설적으로 서로 교차하게 되었다. (1) 우선 자연적 태도의 세계에 대해 '현상학적 심리학적 환원'('심리학적 환원', '개별적 환원', '현상학적 에포케'라고도 말해진다)을 시행해본다. 이때에는 의식의 지향적 대상의 실재성에 대해서는 전적으로 '무관심'하게 되고, 또한 의식 주관의 물리적 측면도 전혀 도외시하여 의식 주관의 체험 영역이라는 무한히 풍부한 '순수하게 심리적인 것'에 대해서만 관심을 기울인다. (2) 이러한 의식 체험의 영역을 그 개별적 사실에서 탐구하면 '사실학'으로서의 '순수 심리학'이 성립하지만, 그와 같은 학이 고도로 발전하기 위해서는 무엇보다도 우선 이러한 '순수하게 심리적인 것'의 '형상적 본질'을 밝히는 '형상적 본질학'으로서의 '순수 심리학'이 수립되어야만 한다. 이리하여 '현상학적 심리학적 환원'에 더 나아가 '형상적 환원'이 덧붙여져야만 하게 된다. (3) 이러한 '현상학적 심리학적 환원'과 '형상적 환원'을 깨닫지 못했던 데에 로크(John Locke 1632-1704) 이래로 브렌타노에 이르기까지의 '기술적 심리학'이 성공하지 못하고 끝난 까닭이 있다고 생각된다. 이리하여 이러한 두 가지 방법에 기초하는 '현상학적 심리학'의 수립이 요청된다. (4) 그러나 이러한 '현상학적 심리학'이라 하더라도 여전히 실재적 영역 속을 자연적 태도에 기초하여 움직이고 있는 데 지나지 않는다. 이러한 '순수하게 심리적인 것'의 '본질'에 대해 더 나아가 '초월론적 현상학적 환원'('초월론적 환원', '초월론적 에포케', '보편적 에포케'라고도 불린다)을 덧붙임으로써 비로소 '초월론적 현상학'이 출현한다. 아니, 바로 이러한 '초월론적인 것'을 지향하는 철학적 태도가 있기 때문에 앞의 '현상학적 심리학'의 이념도 다듬어졌던 것인바, 일반적으로 먼저 '보편적 에포케'를 행하지 않으면 개별적인 '심리학적 환원'도 본래적으로 순수하게는 수행될 수 없는 것이다. 왜냐하면 의식작용에는 '지향적 내함內含'이 숨어 있기 때문에 먼저 '보편적 에포케'를 행하지 않으면 개개의 '순수하게 심리적인 것'의 본질도 본래적으로 순수하게는 추출할 수 없기 때문이다. (5) 이리하여 '초월론적 환원'에 의해 비로소 참으로 보편적인 철학적 의의를 짊어진 현상학적 고찰이 가능해진다. (6) 그렇지만 자연적 태도의 세계로부터 단숨에 '초월론적 환원'에 의해 '초월론적 주관성'에 도달한 것에서는 역으로 내용이 공허해지는바, 세계를 그 의미에서 구성하는

지향적 의식의 풍부한 형태들이 알려질 수 없다. 이러한 풍부한 형태들을 알고자 생각한다면, '심리학적 환원'의 방도가 반드시 필요하다. 그러나 그것에 머물러 있던 것에서는 참으로 철학적 품위에서 성립해야만 하는 초월론적 현상학이 불가능해져 버린다. 이리하여 '초월론적 현상학'과 '현상학적 심리학' 사이에는 공통성과 동시에 차이성이 가로놓이며, 양자는 역설적 관계에서 긴장을 내포하면서 교차하고 있었던 것이다.

V. 이러한 사태를 다른 형태로 제시한 것이 현상학적 환원의 '데카르트적인 길'과 '새로운(심리학자의) 길'의 관계에 다름 아니다. '데카르트적인 길'이란 앞의 '초월론적 환원'에 의해, 즉 세계의 의심 가능성의 논증을 매개로 하여 단숨에 '초월론적 주관성'에 올라서는 방도를 말한다. 그러나 이것만으로는 초월론적 주관성의 풍부한 형태가 알려질 수 없다. 그러므로 새롭게 앞의 '심리학적 환원'을 개재시키는 방도가 『제일철학』 강의 무렵부터 표면화되어 생각되기 시작했다(그러나 이 방도는 구체적으로는 실제로 이미 『이념들 Ⅰ』에서도 암암리에 사용되고 있었다). 그리고 만년의 후설은 객관적 학문들을 에포케하여 생활세계로 되돌린 후에는 앞의 '보편적 에포케'와 '심리학적 환원'을 그것들의 상보적인 뒤얽힘에서 아울러 구사하는 가운데 초월론적 주관성에 의한 세계 구성의 짜임새를 상호주관성의 문제 차원도 받아들여 구명하기 위해 사유의 모든 노력을 쏟아 부었던 것이다. ☞ ㈔반성, 자연적 태도/초월론적 태도, 초월론적 주관성, ㈛이념들

—와타나베 지로(渡辺二郎)

㊟ E. Fink, *Studien zur Phänomenologie* 1930-1939, Den Haag, 1966(新田義弘・小池稔 譯, 『フッサールの現象學』, 以文社, 1982). 渡辺二郎, 「現象學的還元について」, 『内面性の現象學』, 勁草書房, 1978에 수록. 渡辺二郎, 「フッサールの現象學2」, 『講座現象學・第1卷』, 弘文堂, 1980에 수록. 渡辺二郎, 「『危機』と『イデーンⅠ』とを結ぶもの」, 『フッサール現象學』, 勁草書房, 1986에 수록.

현성 現性 [(독) Wesen; Wesung]

독일어의 Wesen이라는 말은 전통적으로는 현실존재(라틴어에서는 existentia)와 구별된 보편적이고 항상적인 성격을 지니는 본질(essentia)을 의미한다. 그러나 하이데거는 중기 이후 이러한 본질에 대한 형이상학적인 이해 방식을 물리치고, 사태가 그 본질적인 모습에서, 말하자면 본질과 현실존재가 불가분한 방식으로 일체화되어 나타나는 모양을 언표하기 위해 이 말을 동사적으로 사용했다. 예를 들면 '존재가 현성한다'든가 '진리가 현성한다'고 말해지는 경우 그것은 존재나 진리가 사유를 본질로 하는 현존재로서의 인간과의 상호적인 공속관계에서 그 본질적인 모습으로 현출한다는 것을 말한다. 다시 말하면 본질이 있다는 것과 본래 있다는 것 일반은 전통적인 형이상학적 이해에서 보이듯이 항상적으로 눈앞에 계속해서 존속하는 것이 아니라 그때마다의 생기사건으로서 시간적・동적으로 이해되어야만 한다는 것을 의미한다. 현성이 또한 <지속>(Währen), <체류>(Weilen), <허여>(Gewähren)라고 말해지는 경우도 그와 같은 의미에서이다. 따라서 예를 들면 또한 하이데거가 현대 기술의 본질을 몰아세움, 몰아세움의 본질을 위험, 위험의 본질을 내쫓음이라고 말하는 경우, 그것은 기술을 좀 더 보편적인 본질로 환원해가는 걸음을 의미하는 것이 아니라 사유와 존재가 공속관계 속에서 그 본질적인 모습과 관련하여 변모해가는 움직임과 경험을 말하고 있는 것이다. ☞ ㈔몰아세움

—미조구치 고헤이(溝口宏平)

현실성 現實性 ⇨㈔가능성/현실성

현재화/준현재화/공현재화 現在化/準現在化/共現在化 [(독) Gegenwärtigung/Vergegenwärtigung/Mitgegenwärtigung]

직관적 표상작용은 그 파악 형식에 따라 크게 현재화와 준현재화로 나누어진다. 현재화는 대상이 현실적으로 있다는 것, 유체적有體的(leibhaft)으로 현전한다는

것을 나타내며, 지각의 지향성격이라고 여겨진다. 이에 반해 준현재화는 기억이나 상상 또는 예기를 규정하는 것으로서 현실적으로 없는 대상을 생각해 떠올리는 사태인데, 이런 의미에서는 재생(Reproduktion)이나 재현전화(Repräsentation)와 같은 뜻이다. 시간 강의에서는 근원인상과 함께 현재를 형성하는 파지나 예지는 엄밀하게는 현재화가 아니지만 준현재화와도 구별되고 있는바, 공현재화로 규정될 수 있다(헬트).

데리다를 대표로 하여 후설이 현재화, 즉 지각의 우위를 형이상학적으로 전제한 것이 비판되고 있지만, 본질직관에서의 준현재화, 즉 상상의 불가결한 역할이나 지평론의 전개에 수반되는 다음과 같은 준현재화의 새로운 규정을 고려하게 되면 이러한 비판은 타당하지 않다는 것이 밝혀진다.

외적 대상의 소여방식에 대한 지평론적 해명에 의하면 현전하는 것은 그 대상의 한 측면인 음영 내지 현출뿐이지만, 지향적으로는 대상 그 자체가 지각되고 있는바, 다시 말하면 그때마다의 현출을 통해 가능적 현출들(지평)을 지니는 대상이 현출하고 있다. 지평은 대상마다 기지의 유형에 의해 틀지어져 있기 때문에, 현재화에는 언제나 상기와 상상으로서의 준현재화가 함께 작용하고 있다. 예를 들면 집의 지각에 있어 전면만의 현재화를 배후와 내부 그리고 살림살이와 사는 사람도 포함하는 집 그 자체를 구성하는 준현재화가 떠받치는 것이다. 이러한 의미에서 공현재화는 현재화와 일체가 된 준현재화를 가리키며, 지각대상은 단순한 현전(Präsenz)이 아니라 언제나 부대현전(Appräsenz)인 것이다.

이러한 현전화는 통상적인 어법과 다르다. 경험에서 내게 현전하는 것은 어디까지나 집 그 자체이다. 타자 역시 현전하지만, 현상학적으로는 그 인격적 생의 부대현전이 원리적으로 현재화되지 못하고서 준현재화에 머무르는바, 이 점에서 다른 사물의 지각과는 다르다. 타자 문제나 정신세계 해명의 어려움은 신체적 행위나 정보매체라는 간접적인 부대현전에 머무르는 이러한 준현재화(억견) 내지 본래적인 의미의 공현재화의 수수께끼에 기인한다. 후설은 여기서 유한한 인간에게 있어서의 타자의 타자성을 인정한 것인바, 타자는 내게 있어 영원히 믿음으로서밖에는 다가갈 수 없다고 말하는 것이다. ☞ ㈔공감{동정}, 과거파지/미래예지{파지/예지}, 살아 있는 현재, 소여성, 시간의식, 유체성, 음영, 지각, 지평, 현전의 형이상학, 현전화/부대현전화

—구도 가즈오(工藤和男)

현전성 現前性 [(독) Anwesenheit (불) présence]

하이데거는 『존재와 시간』에서 "존재론의 역사의 해체(Destruktion)"를 과제로서 제시하는데, 존재론의 역사를 지배해온 그리스적 존재이해에서는 존재의 의미가 파루시아 내지 우시아로 규정되었지만, 이것들은 "존재론적-존재시적(temporal)으로는 <현전성>을 의미한다"고 말한다[SZ 43]. 플라톤과 아리스토텔레스에서 파루시아는 자주 이데아의 현상으로의 임재를, 우시아는 존재자, 실체, 본질 등을 의미하지만, 하이데거는 이러한 그리스어가 일상적으로는 재산, 부동산을 의미했다는 점에 주목한다[『인간적 자유의 본질에 대하여』 51]. 재산과 부동산이 어떤 사람 곁에 언제라도 손이 닿는 것으로서 있듯이, 존재자의 존재는 항상적 현전성(beständige Anwesenheit)으로서 이해되었다는 것이다. 이것은 또한 "존재자가 현재(Gegenwart)라는 특정한 시간 양태를 고려하여 이해되었다"는 것이기도 하다. 하이데거에 의하면 현전성으로서의 존재라는 규정은 존재론의 역사를 통해 일관하고 있으며, 근대의 주관성, 대상성, 표상(Vorstellung, Repräsentation)의 형이상학도 그 틀 내에 있다[HW 75]. 그러나 이러한 규정은 '세계'에 정위한 비본래적인 존재이해이기 때문에 근원적 시간성에 기초하는 본래적인 존재이해로 대체되어야만 한다. 데리다 역시 하이데거를 이어서, 그러나 독자적인 방식으로 '현전의 형이상학'의 '탈구축'(déconstruction)을 진척시킨다. ☞ ㈔현전의 형이상학

—다카하시 데쓰야(高橋哲哉)

현전의 형이상학 現前―形而上學 [(불) métaphysique de la présence]

데리다가 서양 형이상학을 특징지은 말. 하이데거는 형이상학의 역사가 존재의 의미를 현전성(Anwesenheit)으로 규정하는 그리스적 존재이해에 지배되어 왔다고 하고 이러한 역사의 '해체'(Destruktion)를 기도했지만, 데리다 역시 하이데거를 이어서 '현전의 형이상학'의 '탈구축'(déconstruction)을 추진한다. 특히 데리다의 특징은 현전성의 우위와 로고스 중심주의, 음성 중심주의의 결합을 지적하고, 기호 개념을 이끄는 실로 하여 형이상학의 역사를 분석한 점에 있다. "의미되는 것(signifié)의 형식적 본질은 현전성이며, 목소리(포네)로서의 로고스에 대한 그 근접성의 특권은 현전성의 특권이다"[『그라마톨로지에 대하여』 31]. 플라톤으로부터 현대까지 내적, 비물질적, 의지적 성격을 지니는 파롤(입말)이 본래적 언어로서 특권시되고, 외적, 물질적, 공간적 성격을 지니는 에크리튀르(글말)가 2차적이고 불순한 기호로서 폄하되는 것도 현전성으로서의 존재가 텔로스로 되기 때문이다. 이러한 관점에서 그는 후설 현상학을 현전의 형이상학의 "가장 근대적이고 비판적인 동시에 세심한 형태"로 간주하여 『목소리와 현상』에서 상세한 분석을 가함과 동시에, 존재의 <근원적 의미>에 대한 탐구와 존재의 <목소리>에 대한 청종을 일관된 모티브로 하는 하이데거 자신의 사유 속에서도 형이상학에 대한 끊기 어려운 노스탤지어가 보인다고 지적한다[『그라마톨로지에 대하여』 23, 33 ff.]. ☞ ㊃현전성, ㊅데리다

―다카하시 데쓰야(高橋哲哉)

현전화/부대현전화 現前化/附帶現前化 [(독) Präsentation/Appräsentation]

후설이 『데카르트적 성찰』에서 사용하는 개념. 그의 초월론적 현상학은 본래 한 사람 한 사람의 개별적 경험에서 출발하는 방법론적 유아론의 입장을 취하지만, 이러한 입장에서 개별적인 초월론적 주관성이 동시에 상호주관적이라는 것의 역설을 해명하는 타자 경험의 지향적 구조를 근거짓기 위한 맞짝개념으로서 도입되었다. 어원적으로 부대현전화(Appräsentation)는 Ad(~로 향하여) + Präsentation을 뜻한다. 경험에서는 실제로 직관적으로 대상이 주어질 뿐 아니라 내적 외적으로 언제나 이미 미리 주어진 공허하고 비현실적인 확정되지 않은 지평을 수반한다. 현전화란 대상을 거기에 현전하는 것으로서 직관적으로 현시하는 작용인바, 한편으로 직관, 본원적 경험으로서 명증성과 거의 동일한 의미에서 사용됨과 동시에, 다른 한편으로는 다른 경험양식이 그것에 지향적으로 관련지어져 진리성을 확증 받아야만 하는 경험의 근원양태를 가리킨다. 내적 시간의식으로서 현전화는 근원인상, 과거파지, 미래예지로 이루어지는 경험이다. 그에 반해 부대현전화는 반드시 현전화와 결부되어 그것에 의한 원초적 세계의 저층에서 출발하지만 그 자신에서 현전할 수 없고 "함께 현전하는 것으로서 의식되며" 현전화에로 소행적으로 인도되어야만 하는 유비화하는 통각의 간접적 지향성이다. 그것은 일종의 준현재화지만, 보이는 가옥의 전면과 함께 의식된 보이지 않는 실내에 대한 경험의 경우에서의 그것과는 달리 타자 경험에서의 부대현전화에서는 대응하는 현전화에 의한 직관적 확증은 원리적으로 배제된다. 이 점이 후설에서 가령 동일한 경험으로서 의식된 경우라 하더라도 제2의 나로 될 수 없는 타자의 경험의 독자성을 형성한다. 이러한 부대현전화는 두 단계에서 작용한다. 우선 원초적으로 환원된 초월론적 주관성에서 신체성을 통해 원초적인 하나의 모나드적인 세계가 구성된다. 이와 같은 세계의 경험들의 총체가 동기짓기의 연관을 이루며, 그것을 보편적으로 통일하는 법칙이 시간성의 형식에 의한 발생의 법칙성인바, 거기에서 나의 신체 및 그것과 유사한 물체가 구성된다. 이어서 이 물체에 유비적으로 다른 신체라는 의미를 옮겨 넣음으로써 타아가 근원적으로 자아와 맞짝짓기하여 주어진다. ☞ ㊃타자, 현재화/준현재화/공현재화 ㊌데카르트적 성찰

―치다 요시테루(千田義光)

㊟ K. Held, "Das Problem der Intersubjektivität und die Idee

einer phänomenologischen Transzendentalphilosophie", in *Perspektiven transzendental-phänomenologischer Forschung*, hrsg. v. Claesges und Held, Nijhoff, 1973(坂本滿 譯, 「相互主觀性の問題と現象學的超越論的哲學の理念」, 新田義弘・村田純一 編, 『現象學の展望』, 國文社, 1986에 수록). 新田義弘・宇野昌人 編, 『他者の現象學』, 北斗出版, 1982.

현존재 現存在 [(독) Dasein]

Ch. 볼프가 라틴어의 existentia를 번역하여 만든 술어. 단지 사유되었을 뿐인 것에 반해 현실에 존재하는 것을 의미한다. 칸트에서 현존재는 양상의 하나의 범주로 되지만, 그것은 사물의 개념에 부가되어 이것을 규정하는 사태적인 술어가 아니라 감성적 직관을 전제로 한 지성에 의한 정립이다.

하이데거 철학에서 현존재는 그의 사유의 각 시기에 걸쳐 중심적 역할을 수행한다. 우선『존재와 시간』에서 현존재는 우리 각자가 그것인 존재자, 요컨대 인간을 나타내는 말이다. 그러나 인간을 현존재라고 명명했다고 해서 인간의 특장을 형성하는 무언가의 사태적인 내용이 말해지는 것은 아니다. 인간은 스스로가 존재한다는 것을 자기 자신의 유일한 일로서 살아가지 않으면 안 되는 존재자이다. 현존재란 이와 같은 존재자의 '존재'를 나타내는 말이기도 하다.

이와 같이 현존재는 언제나 무언가의 방식으로 존재에 관계한다. 요컨대 존재이해를 갖고 있는 것이다. 이러한 사실을 존재론을 연구하기 위한 기반으로서 현존재의 존재의 의미를 시간성에서 해명한 것이 공간된『존재와 시간』이다. 현존재란 구체적으로는 세계-내-존재라는 짜임새 속에 던져져 있다는 것을 의미한다. 현존재는 이러한 짜임새에 기초하여 과거로부터 받아들인 세계의 가능성들을 선택하면서 미래를 향해 기투한다(피투적 기투).

현존재의 현(Da)은 이와 같은 피투적 기투에 의해 열리는 진리가 근원적으로 생기하는 장이다. 기투는 이념적으로는 그것에 의해 본래적 실존의 존재방식이 지향되는 경우와 세계의 사물 속에서 자기를 잃고 일상적 퇴락에 빠지는 경우로 나누어지지만, 구체적으로는 하나의 기투 속에 다양한 가능성이 뒤얽혀진 양상을 드러낸다. 따라서 '현'에서 생기하는 진리 현상(숨지 않음)도 언제나 비진리(숨음)와의 긴장관계 속에서 나타난다.

중기의 하이데거에서는 이러한 '현'을 존재 자신의 진리가 현성하는 장이라고 생각하게 됨으로써 전기의 하이데거에게 남아 있던 관점, 즉 현존재를 초월론적인 진리의 기반으로 보는 근대 철학적인 관점이 극복된다. 중기에서 인간의 본질은 존재의 진리가 열리는 장(현)에 탈아적으로 소속하는 것이라고 생각된다(탈아적 실존{탈-존} Ek-sistenz).

후기에서는 존재와 인간의 본질(사유)이 서로 의존하고 서로에게 속하는 사건, 즉 그 속에서 세계와 사물이 서로 나누어지면서 서로 떠받치는 근원적인 현성을 생기(Ereignis)라고 부르지만, 이러한 생기야말로 하이데거에 의한 '현존재'의 사유가 다다른 극점이라고 말할 수 있을 것이다. ☞ ㈏생기, 세계-내-존재, 존재, 탈-존, 현성

—다케이치 아키히로(竹市明弘)

현존재 분석 現存在分析 [(독) Daseinsanalyse]

빈스방거에 의해 도입된 정신병리학과 정신요법의 연구 및 실천의 방법. 하이데거의 현존재 분석론에 의거하여 병자를 세계-내-존재로서의 현존재라는 관점에서 파악하고 그의 체험구조의 본질을 찾는 것이지만 어디까지나 경험과학에 속한다. 따라서 존재적 차원의 사태, 요컨대 정신병리학적인 사태들을 현존재에서 생기하는 현상으로서 기술하고 그 의미구조의 변화를 해명한다. 이러한 현존재 분석에 대해서는 약간의 비판도 있다. 예를 들면 보스는 빈스방거의 현존재 분석에서는 현존재 분석론의 실존론적 범주인 조르게가 쌍수적 존재양태와 세계-초월-존재(Über-die-Welt-hinaus-sein)에 의해 보완되지 않으면 안 되는 것으로 간주된다는 점을 파악하고, 거기서는 현존재의 실존론적 근본 짜임새인 조르게가 특정한 개인의 행동으로서,

요컨대 존재적(ontisch)인 행동양식으로서 이해되고 있다고 말한다. 철학을 정신의학에 도입하는 데서의 차원의 혼란이 이 경우에서도 지적되고 있는 것이지만, 현존재 분석이 정신병리학 연구를 심화시키고 정신요법과 사회복귀 활동의 실천에서 치료자와 병자 사이의 거리를 줄이는 데 공헌한 것은 부인할 수 없다. 이 방법에 의한 대표적인 작업으로서는 빈스방거의 『정신분열병』 및 『실패한 현존재의 세 형식』(*Drei Formen mißglückten Daseins*, 1956)이 있다. 그밖에 이 영역을 대표하는 정신과 의사로는 보스, 블랑켄부르크, 쿤, 슈토르히(A. Storch) 등이 있다. ☞ ㊓정신의학과 현상학, ㊒빈스방거, ㊔정신분열병

―우노 마사토(宇野昌人)

현출 現出 [(독) Erscheinung]

일반적으로 "Erscheinung"은 '현상現象'이라는 의미에서 사용되지만, 현상학에서는 철학자에 따라 다른 의의에서 말해진다. 브렌타노에게서 현출은 (1) 어떤 것이 나타나는 것, (2) 나타나는 어떤 것으로서의 지향적인 내재적 객관, (3) 심적 현상에 대응하는 외적인 객관이라는 다의적인 의의를 부여받는다. 후설의 경우에서도 다의적인 용법이 보여 반드시 명확하지는 않지만, 이미 『논리연구』에서 그는 현출 개념에 있어 (1) 직관이나 상기와 같은, 거기서 대상이 나타나오는 구체적인 체험(예, 눈앞에 있는 환한 빛의 체험), (2) 직관되어 나타나오는 특정한 대상(눈앞에 나타나 있는 환한 빛), (3) 잘못된 용법으로서 (1)의 의미에서의 현출의 내실적인 부분, 특히 색깔, 형태 등의 체험된 감각내용을 구별한다[LU Ⅱ/2 233f.]. 현상학적으로 대상은 체험의 지향적 대상으로서 노에마적으로 사념된 통일적인 의미현상으로밖에 되지 않기 때문에, 현출 개념에서 중요한 것은 현출과 현출하는 것의 다름, 노에시스적인 작용적 통일과 노에마적인 의미 구성요소의 다름이다. 하이데거는 존재론적인 문제제기에 기초하여 현상 개념과 현출 개념을 구별하고, 후자가 전자의 의미를 지니는 경우도 있지만, 술어적으로는 후자를 자기 자신을 내보이지 않은 채 간접적으로 알리는 것 내지 자기를 알리면서 숨은 다른 것을 암시하는 것이라는 의미에서 사용한다. 현출은 유한한 인식의 대상으로서의 존재자이며, 존재자를 '현출'(대상 Gegenstand) 및 '사물 자체'(Ent-stand)로서 이중으로 특징짓는 것은 존재자를 유한한 인식과 무한한 인식에 관계짓는 전통적인 형이상학의 두 가지 양식에 대응한다고 한다[KM 32]. 야스퍼스는 현출을 객관화하는 의미에서의 "현상에서의 객관적 기체"와 실존적 의미에서의 "암호에서의 즉자존재의 초월", "절대적 의식을 확신하는 실존"으로 구별한다[『철학』 21].

그 후 현상학이 전개되는 과정에서 특히 후기 하이데거의 사유를 받아들여 '현출론'이 현상학의 중심적인 물음의 하나가 되었다. 현출과 현출하는 것 사이에서 성립하는 차이와 자기 동일의 사태를 존재자로서 스스로를 드러내면서도 물러나 숨는 존재에 대한 물음으로서 사유해 가는 것이다. ☞ ㊓독일 관념론과 현상학, 지향성, 현상

―치다 요시테로(千田義光)

㊟ 新田義弘・村田純一, 『現象學の展望』, 國文社, 1986.

형상 形相{**에이도스**} [(독) Eidos]

『논리연구』에서 이데(Idee, 이념)라는 특히 칸트를 연상시키는 술어를 사용하여 자주 오해를 받은 후설이 그것을 피하기 위해 독일어의 Wesen(본질)과 함께 그것과 같은 뜻으로 채용한 그리스 철학적인 개념[Ideen Ⅰ 9]. 『이념들 Ⅰ』과 『경험과 판단』 등에서 사용되지만[특히 전자의 제1편 제1장, 제3편 제1장의 §71-75, 후자의 제3편 §87, §89-90, §93 참조], 중・후기에서의 사용빈도는 Wesen 쪽이 훨씬 높다. 그리스어 '이데인'에서 파생된 에이도스는 이념화작용(Ideation)의 방법과 상관적이며 그에 의해 대상적으로 파악된다. 후설에 의하면 개물은 형상을 지니며, 그런 까닭에 이념화작용이라는 일련의 주의를 요하는 조작을 통해 그것을 직관적으로 끄집어낼 수 있다. 그러함에 있어 사태내용을 포함하는 질료적 형상은 '유적 보편화'를 통해

얻어지는 최상위의 그것과 '종적 특수화'를 통해 얻어지는 '형상적 단독태'라는 최하위의 그것으로 분류된다[Ideen Ⅰ 31]. 나아가 질료적 형상은 '단적인 직관과 추상적 본질파악'에 의거하는 '유형적 형상'과 정밀한 개념 구성에 기초하는 이념화작용에 의거하는 '이념적 형상'으로 분류된다. '형식화'의 조작에 의해 질료적인 것이 제외되면 '형식적 형상'이 얻어진다. 이렇게 해서 획득된 이런저런 형상에 대응하여 현상학과 기하학을 포함하는 다양한 '형상적 학문'이 성립하는 것이다. ☞ [사]본질, 본질직관, 이념화작용, 현상학적 환원, 형식화/유적 보편화

—와다 와타루(和田 渡)

형상적 환원 形相的還元 [(독) eidetische Reduktion (불) réduction eidétique] ⇨[사]현상학적 환원

형성체 形成體 [(독) Gebilde]

『이념들 Ⅰ』 시기의 구성이론을 전제로 하여 '의미형성'이라는 주관성의 구성능력에 의해서 생기는 '형성체'라는 의미에서 사용되는 용어로 '의미형성체'라는 표현으로 많이 사용된다. 본래는 어떤 요소로부터 형성된 복합체를 가리키는 개념인데, 그런 의미에서의 일반적 용법은 『논리연구』 등에서도 사용되지 않은 것은 아니지만, 특히 후기 후설에서는 한정된 의미로 사용되고 있다. 『위기』의 제49절에서는 초월론적 구성의 문제를 <근원적인 의미형성>의 문제로 파악하고, 수동성-능동성의 모든 단계에 걸친 지향적인 능동적 작용에 의해 의미형성체가 구성되는 과정이 현상학의 연구 대상이라고 하고 있다. 나아가 '세계'마저도 말하자면 공동화(vergemeinschaften)된 상호주관성의 수행 전체의 의미형성체라고 생각된다.

—미야하라 이사무(宮原 勇)

형식적/사태내용적 形式的/事態內容的 [(독) formal/sachhaltig]

이 맞짝개념은 '분석적'과 '종합적'이라는 맞짝개념과 부분적으로 합치하며, '형식적 존재론'과 '영역적 존재론'이라는 형상학 내부에서의 학문 분류를 위한 지표가 되는 개념이기도 하다. 후설의 형상학에 관한 사고방식은 전면적으로 공리公理주의적이다. 개개의 형상학은 근저에 놓여 있는 공리와의 관련에서 파악된다. 후설은 논리주의자가 아니었기 때문에 공리는 논리학적인 공리 외에 개개의 형상학에 고유한 공리가 인정된다. 공리에 등장하는 근본 개념은 '범주'라고 불린다[Ideen Ⅰ 22]. 이 '범주'가 특정한 유-종 구조에 의해 한정된 타당성밖에 갖지 못한 경우, 요컨대 특정한 유에 의해 규정된 '영역'에서만 타당한 경우, 그것은 '사태내용적' 또는 '종합적', '영역적' 범주라고 불린다(따라서 영역적 존재론에 형식화라는 조작을 가하면 그 진리성이 손상된다). 다른 한편 확실히 형식적 '범주'도 특정한 영역에 뿌리내리고 있다고 말할 수 있지만, 그때의 '영역'은 특정한 유-종 계열에 의해 규정되는 것이 아니라, 힐베르트가 공리를 형성하는 개념들을 '무정의어'로서 다루고 전적으로 무의미한 것(또는 공리에 의해 비로소 의미를 부여받는 것)으로 간주했던 것처럼, 그 자체가 공허한 '대상 일반'으로 이루어지는 '영역'으로 생각되고 있기 때문에(따라서 본래의 의미에서의 영역이 아니다) 특정한 영역에 의해 한정되지 않는 타당성을 지니는바, 형식화에 의해서도 형식적 존재론의 진리성은 손상되지 않게 된다. ☞ [사]형식적 존재론/질료적 존재론, 형식화/유적 보편화

—미카미 신지(三上眞司)

형식적 존재론/질료적 존재론 形式的存在論/質料的存在論 [(독) formale Ontologie/materiale Ontologie]

넓은 의미에서의 형식적 존재론은 대상 일반에 관한 형식적 학을 가리킨다. 이런 의미에서의 형식적 존재론은 '대상', '사태', '통일성' '수', '관계' 등의 대상적 범주에 관한 학이며, 넓은 의미에서의 논리학의 가능적 대상성 일반에 관계하는 측면, 즉 형식적 대상학(formale Gegenstandslehre)을 가리킨다. 좁은 의미에서

의 그것은 형식적 대상학 중에서도 특히 객관적으로 타당한 대상성 일반에 관계하는 부문, 『형식논리학과 초월론적 논리학』의 용어로 말하면 형식적 진리논리학이라고 불리는 부문을 가리킨다. 형식적 존재론을 존재론 일반에 관한 형식학이라고 부를 때에는 이러한 좁은 의미에서 이해된다. 질료적 존재론은 영역적 존재론(regionale Ontologie)이라든가 형상적 존재론(eidetische Ontologie)이라고도 불리며, 개개의 학문이 다루는 대상 영역의 본질 구조에 관한 선험적인 학이다. 물질을 대상으로 하는 학문은 물질 일반의 본질—예를 들면 연장성—을 전제하며, 생물을 대상으로 하는 학문은 생물 일반의 본질—예를 들면 생명—을 전제하게 되기 때문에, 각각이 물질이나 생명체에 관한 질료적 존재론을 전제하게 된다. 유클리드 기하학의 공리계 등은 질료적 존재론의 전형이다. ☞ [사]논리학과 현상학, 영역적 존재론, 형식화/유적 보편화

—이토 하루키(伊藤春樹)

형식화/유적 보편화 形式化/類的普遍化 [(독) Formalisierung/Generalisierung]

'보편화'의 절차는 그것이 다루는 범주 및 영역의 성격에 따라 'Generalisierung'과 'Formalisierung'이라는 두 가지의 근본적으로 다른 절차로 구별된다. 요컨대 전자는 그 어원인 라틴어의 '유'(genus)라는 함의를 남김으로써 유와 종 관계의 계열을 전제한 '유적 보편화'라는 의미에서 사용되며, 후자는 사태 내용을 포함한 것을 형식적인 것으로 보편화한다는 의미에서 '형식적 보편화' 또는 단지 '형식화'라고 불린다[Ideen Ⅰ 26f.]. 예를 들면 특정한 삼각형은 삼각형 일반이라는 좀 더 고차적인 유에 포함되며, 나아가 그것들은 공간형태라는 최고류에 포함된다. 이와 같이 어떤 영역에 속하는 최저종(형상적 단독태라고 불린다)으로부터 좀 더 고차적인 유로 유–종 계열의 단계를 상승해가는 것이 '유적 보편화'이며, 역으로 하강해가는 조작은 '종적 특수화'이다. 그에 반해 '형식화'는 특정한 유–종에 구속되는 것이 아니라 그 자체로는 전적으로 의미가 없는 공허한 논리적 정식에로 변환하는 조작이며, 그 역의 조작은 공허한 논리형식을 사태내용으로 채우는 것, 즉 탈형식화이다. 이와 같은 조작을 제기한 목적의 하나는 후설이 이에 의해 칸트적인 '분석적' 및 '종합적' 규칙의 개념을 다시 규정하는 데 있었다. 요컨대 형식화에 의해 진리가 보존되는 규칙이 '분석적'이며, 형식화가 성립하지 않는 규칙이 '종합적'인 것이다[Ideen Ⅰ 30f.]. ☞ [사]형식적/사태내용적

—미카미 신지(三上眞司)

형이상학 形而上學 [(독) Metaphysik (불) métaphysique (영) metaphysics]

Ⅰ. 후설에서의 형이상학. 초월론적 주관성이라는 내재 영역에로 귀환하는 데서 출발하는 현상학에 있어 모든 초월자는 당연히 에포케에 복종하여 초월론적 영역으로부터 차단되어야만 한다. 후설에게 있어 차단되어야만 초월자는 크게 둘로 나누어진다. 한편의 초월자는 세계 및 세계 내의 사물들이며, 다른 편은 신이다[Ideen Ⅰ §58]. 이 신의 차단에 수반하여 세계 내의 사실들 속에서 간취되는 합리성이라는 "놀랍지 않을 수 없는 목적론"의 근거(로서의 신)를 묻고자 하는 형이상학 역시 차단되게 된다. 그러나 후설이 형이상학을 그야말로 처음부터 끝까지 배제하고 있었던 것은 아니다. 오히려 당초에는 "현상학을 체계적 엄밀함에서 근거짓는 동시에 전개하는 것"을 진정한 형이상학의 존립의 "부단한 전제조건"으로 위치짓고 있었던 것이다[Ideen Ⅰ 서론]. 그러나 만년에 이르러 "형이상학이라는 이념을 나는 비교적 이른 시기에 그리고 오늘에 이르기까지 내내 단념할 수밖에 없었다"고 고백하게 되는 것이다[Ideen Ⅰ에 대한 후기(1930)].

그러나 이와 같이 형이상학의 단념을 말하는 후설의 사유 안에서 형이상학에 대한 단서가 싹트고 있지 않았던 것은 아니다. 이러한 단서는 후기 후설이 현상학의 최종적인 근거짓기를 구하여 "살아 있는 현재"로의 철저한 환원을 행한 C 초고의 사유 권역 안에서 발견될 수 있다. 초월론적 주관성을 의식의 흐름으로

서 구성하는 살아 있는 현재는 그 자신이 <흐르는 것>과 <멈추어 서 있는 것(항존성)>의 통일이다. 즉 살아 있는 현재에서는 <흐르는 것>에 의해 끊임없이 자기 자신 속에 거리가 생기고 있음에도 불구하고, 이러한 자기와의 원초적인 간격은 <멈추어 서 있음>에서 다리가 놓이며, 자기 동일적인 것으로서 초월론적 주관성이 확립된다. 여기서 후설은 살아 있는 현재 내에서 이미 작용하고 있는 <자기의 통일이라는 목표(텔로스)>를 향한 목적론적 동향을 간취한다. 나아가 이러한 통일화 경향은 모나드로서의 초월론적 주관성이 살아 있는 현재 안에서 다른 모나드와 함께 존재한다는 것이 보임으로써(상호주관성의 현상학), "절대적인 모나드 전체성"[Hu **15**. 666]의 통일화 경향에로 이어진다. 이와 같은 방식으로 초월론적 사실성으로서의 살아 있는 현재 속에서 목적론이 작용하고 있다는 것의 발견이 형이상학으로의 이행 지점을 긋게 되는 것이다.

이러한 형이상학은 당초 후설의 계획에 의하면 목적론에 대한 순수하게 선험적인 이론적 고찰이 완료된 후 이 세계의 사실성들에서 작용하는 목적론의 고찰을 단서로 하여 이러한 사실성의 '근거'를 탐구하는 시도로서 전개될 것이었다[「윤리학 강의에의 서론」(1911) Hu **28**]. 그러나 결국 이 형이상학은 후설 자신에게서는 그 단서가 겨우 암시된 데 그쳤을 뿐, 착수되지 못한 채 끝났다.

II. 현상학 운동에서의 형이상학. 아주 간단하게 후설 이후의 현상학자들의 형이상학에 대한 태도를 개관해보자. (1) 하이데거에게 있어 아리스토텔레스 이래의 서구 형이상학은 철학의 시야를 <존재하는 한에서의 존재하는 것>, 즉 <존재자>로 한정하고, 그러한 존재자의 **무엇임**(quidditas)을 묻는 것으로 시종일관하게 해온 원흉이다. 즉 거기서는 존재자의 존재함, 바로 그것을 묻는 시점視點이 결정적으로 빠져버리는 것이다. 그는 한 시기에 이 물음을 (새로운) '형이상학'으로서 묻기를 시도하지만, 결국 그것은 불충분한 것으로서 방기된다. 하이데거 존재론은 이러한 서구 형이상학의 전통을 파괴하는 기도에 다름 아닌 것이다. (2) 데리다는 이러한 하이데거의 기도에서 시사를 받아 서구 형이상학의 특질을 '현전의 형이상학'으로 규정한다. 즉 의미나 본질이나 대상이 간접성이라는 모든 불순물을 배제하고 <주관 앞에 분명히 현전하는 것>을 가지고서 진리의 기준으로 삼는 태도이다. 그러나 데리다에 의하면 현전에 최고의 가치를 두는 이와 같은 태도는 하나의 형이상학적 선입견에 불과하다. 그와 같은 순수하고 티 없는 현전은 어디에도 존재하지 않으며, 모든 의미의 기원에는 부재하는 것의 대리로서의 기호, 즉 흔적밖에 없는 것이다. 따라서 현전의 형이상학은 탈구축되어야만 한다. (3) 이에 반해 레비나스는 모든 것을 인식과 앎의 대상으로 회수하고자 하는 서구 철학에 대립하여 그와 같은 인식에 결코 직접적으로 현전하지 않는 타자를 대치시키고, 이러한 타자에 그 '얼굴'에서 언제나 이미 접하고 있는 나의, 이 타자에 대한(이것도 역시 언제나 이미 이루어지고 있다) '응답'(responsabilité 응답 가능성=책임), 즉 '윤리'야말로 우리의 현실의 근본제약이라고 주장한다. 윤리학이야말로 제1의 철학인 것이며, 그것은 이 세계에 결코 직접 현전하는 일 없는 것과의 관계로서 필연적으로 형이상학(méta-physique)이라고 하는 것이다. ☞㉮목적론, 살아 있는 현재, 신, 얼굴, 현전의 형이상학, 흔적, ㉯존재와 다르게 또는 본질의 저편

—사이토 요시미치(齋藤慶典)

㊟ 후설의 학의 구분(형이상학을 포함)에 대해서는 O. Becker, *Die Philosophie Edmund Husserls*, Kant-Studien 35, 1930. 목적론과 형이상학에 대해서는 K. Held, *Lebendige Gegenwart*, Den Haag, 1966(新田義弘 外 譯, 『生き生きした現在』, 第3部 第5章, 北斗出版, 1988). 新田義弘, 「フッサールの目的論」, 立松弘孝 編, 『フッサール現象學』, 勁草書房, 1986에 수록.

형태形態 [(독) Gestalt] ⇨㉮게슈탈트 이론

혼합적 형태混合的形態 [(불) forme syncrétique] ⇨㉯행동의 구조

확실성 確實性 [(독) Gewißheit]

일반적으로는 지의 객관이 의심할 여지가 없다는 것을 보이는 특성임과 동시에 지의 주관적 활동이 그러하다는 것을 보이는 특성. 후설은 의식의 노에시스와 노에마에 대한 분석으로부터 이 특성들을 각각 <존재 확실성>과 <신념 확실성>이라고 명명했다. 존재 확실성은 그 변양으로서의 <가능성>, <개연성>, <의심스러움> 등과 함께 노에마의 존재 성격을 나타내며, 신념 확실성은 그 변양으로서의 <추찰>(Anmutung), <추측>(Vermutung), <회의> 등과 함께 노에시스의 신념 성격을 보여준다. 그러나 이들 두 확실성은 그것들의 변양으로서의 양상들에 대해 양상화되어 있지 않은 성격의 근원형식(Urform), 따라서 모든 지의 양상의 근원형식이다. 그런데 확실성은 지각 등의 전술어적 지에 대해서나 판단에서 표현되는 술어적 지에 대해서도 말해지는 것이지만, 유의해야 할 것은 지의 대상 내지 사태에 대해 그것이 확실하다고 말해지는 것이 아니라 그 의미에 대해 확실하다고 말해진다는 점이다. 예를 들면 <기쁘다>라는 술어는 '친구가 오는 것'이라는 사태에 대해 기쁘다고 말해지는 것이지만, '친구가 오는 것이 확실하다'라고 말할 때에는 친구가 온다는 사태가 아니라 그 의미에 대해 확실하다고 말해지는 것이다. 그리하여 일반적으로 '확실하다'와 같은 양상 술어는 '~가 있다'라는 존재 술어나 '~는 참이다'라는 진리 술어와 마찬가지로 변양적 술어라고 명명된다. 이 점은 확실성이 존재 성격이라는 것에서 단적으로 제시되고 있다[Ideen Ⅰ §103-105, EU §21, §73, §77 참조].

—쓰네토시 소자부로(常俊宗三郞)

확정적 다양체 確定的多様体 [(독) definite Mannigfaltigkeit]

⇨㉵다양체

환경세계 環境世界 [(독) Umwelt]

독일어의 Umwelt는 통상적으로는 생물을 둘러싼 생물학적 <환경>을 의미하지만, 20세기 초두에 야콥 폰 윅스퀼이 이 <환경>에 독자적인 정의를 부여하여 새로운 생물학 사상을 형성했다. 그 사상이 M. 셸러로 대표되는 현대의 철학적 인간학에 강한 영향을 미친 이래로 특히 인간적인 <세계(Welt)>와 구별하여 연관시키기 위해 Umwelt를 그 말의 구조에 의거하여 <환경세계>라고 번역하게 되었다.

윅스퀼은 동물이 살고 있는 그 <환경세계>를 단순한 지리적 장면으로서, 또는 인간이 거기서 간취하는 물리-화학적 과정의 총체로서 파악하는 견해를 물리친다. 동물에게 <환경세계>란 그 동물이 지각하는 것의 모두, 요컨대 그 동물이 지각 표지를 부여할 수 있는 것의 모두로 이루어지는 <지각세계>(Merkwelt)와 그 동물이 작용 표지를 부여할 수 있는 것의 모두로 이루어지는 <작용세계>(Wirkwelt)가 하나로 합쳐진 통일체인바, 말하자면 그 동물에게 <유의미>한 것의 총체이다. 당연히 <환경세계>는 지각하고 작용하는 주체를 빼놓고서는 존립할 수 없으며, 또한 각각의 종의 감각기관과 운동기관의 종류와 구조에 따라 종마다 각각 다르다. 요컨대 파리에게는 파리의, 섬게에게는 섬게의 환경세계가 있는 것이다. 동물은 지각과 작용에 의해 이 환경세계와 <기능환>(Funktionskreis)을 맺고서 그에 적응하여 살아간다.

생물학에 <주체>와 <의미>라는 범주를 도입하는 윅스퀼의 이러한 <환경세계 이론>은 생물학에 생태학이나 동물행동학 등의 새로운 방향을 열어줌과 동시에 똑같은 관점에서 호모 사피엔스도 파악하고자 하는 철

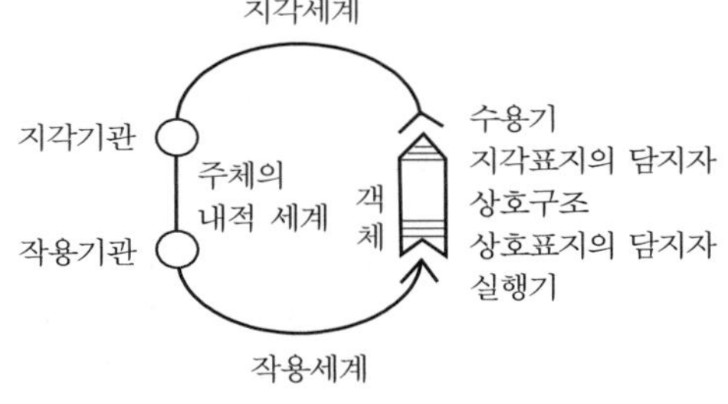

<그림> 기능환

학적 인간학의 형성에도 강력한 자극을 주었다. M. 셸러는 만년의 강연 『우주에서의 인간의 지위』(1928)에서 동물의 그러한 <환경세계 속박성>(Umweltgefangenheit)에 맞서는 인간의 독자적인 존재방식을 <세계개방성>(Weltoffenheit)으로서 파악한다. 그것을 이어받은 하이데거는 『존재와 시간』에서 그 인간의 존재방식을 <세계-내-존재>로서 파악하지만, 이 개념의 형성에 동물의 <환경-내-존재>라는 사고방식이 강한 시사점을 주었다는 것은 그의 1928년 여름과 1929년 겨울학기의 강의에서도 분명히 드러난다. 하지만 『존재와 시간』에서 <환경세계>는 도구적 존재방식을 취하는 존재자와의 배려적 교섭의 장면으로서 묘사된다. 메를로-퐁티는 특히 『행동의 구조』에서 동물의 <환경-내-존재>를 발판으로 하여 인간의 <세계-내-존재>가 형성되는 모습을 그 상징 기능과 연관시켜 세밀하게 묘사한다. ☞(사)세계개방성, 세계-내-존재, 철학적 인간학, (인)윅스퀼, (서)생물로부터 본 세계, 우주에서의 인간의 지위, 존재와 시간, 행동의 구조

—기다 겐(木田 元)

환경세계 속박성 環境世界束縛性 [(독) Umweltgefangenheit] ⇨(사)세계개방성

환상 幻像 [(독) Phantom]

후설이 『사물과 공간』과 『이념들 Ⅱ』에서 사용한 개념으로서 순수하게 가시적인 것(das Sichtbare)인 한에서의 대상을 지시하기 위해 사용된다. 이 개념은 예를 들면 스테레오스코프의 영상과 같은, 다른 사물과의 인과연관을 결여한 통상적인 의미에서의 단순한 환영을 의미함과 동시에, 우리에게 있어 사물이 구성될 때의 어떤 존재층을 의미하기도 한다. 사물은 시간에서의 일정한 위치와 지속을 가짐과 동시에 공간에서의 일정한 위치와 크기 및 형태를 지니며, 나아가서는 다른 사물과의 인과연관 속에서만 우리에게 현출하지만, 이것을 후설은 후자가 전자 없이는 성립하지 않는 <기초짓기>의 관계에 있는 사물의 세 개의 존재층으로 간주하여 그것들을 각각 '시간적인 사물'(res temporalis), '연장하는 사물'(res extensa), '질료적인 사물'(res materialis)이라고 명명하는데, 환상이란 바로 이 '연장하는 사물'이라는 제2의 존재층의 다른 이름인 것이다. 촉각 등의 다른 감각과의 관계를 결여한 이러한 순수하게 시각적인 존재층이 사물의 구성에서 성립하는지의 여부가 의문이지만, 후설은 바로 단순한 환영과 구별할 수 없는 존재층이 발견된다고 생각했기 때문에 『사물과 공간』에서 그것에 <환상>이라는 명칭을 부여했던 것이며, 또한 '질료적인 사물'의 구성 문제는 거기서 사상되었던 것이다. 그러나 거기에서는 다소의 혼란이 있었다고 생각된다. 왜냐하면 사르트르가 지각과 상상의 구별에 관해 지적하고 있듯이 사물은 음영하지만 단순한 환영은 음영하지 않기 때문이며, 신체의 운동과 더불어 행해지는 것에서 음영을 수반하는 '연장하는 사물'에 대한 지각은 시각과 운동감각(Kinästhese)과의 연관을 이미 전제하고, '질료적인 사물'에 기초지어짐으로써 비로소 구성되어야 할 신체와의 연관을 이미 전제하고 있기 때문이다. <기초짓기>라는 개념을 타파하는 듯한 사물의 구성에서의 이러한 착종된 관계는 『이념들 Ⅱ』에서 비로소 주제화된다. ☞(사)구성, 사물

—우오즈미 요이치(魚住洋一)

참 U. Claesges, *Edmund Husserls Theorie der Raumkonstitution*, Den Haag, 1964. L. Landgrebe, *Der Weg der Phänomenologie*, Gütersloh, 1963(山崎庸佑 外 譯, 『現象學の道』, 木鐸社, 1980).

환원 還元 [(독) Reduktion] ⇨(사)현상학적 환원

회오 悔悟 [(독) Reue]

'동정'이나 '수치' 등과 함께 셸러의 실질적 가치윤리학의 정서론적 측면을 보여주는 개념. 『인간에서의 영원한 것』에 수록된 「회오와 재생」에서 상세하게 논의되었다. 셸러는 일반적으로 정서를 오직 인과법칙

에 따르는 '상태적 감정'과 구별하여 인식적 의의를 지니는 '작용'이라는 측면을 강조하지만, 회오 역시 과거의 가치 내용의 인식에 대한 적극적 의미를 지닌다고 생각된다. 과거에 관한 인식으로서의 '상기'의 의의는 과거의 삶이 현재에 미치는 활동을 매개하는 데 있는 것이 아니라 오히려 역으로 과거의 '악'에 기인하는 심리적인 인과성의 흐름을 중단시키고 그 관여를 정지시키는 것, 요컨대 과거의 삶이 현재에 부여하는 활동이 지니는 숙명으로부터 우리를 구제하는 데 있다. 이러한 상기작용은 '자부'에 만족을 주고 그것을 정당화하는 것만을 과거로부터 드러나게 하는 기만에 빠지기 쉽지만, 회오의 작용은 그러한 자부의 문지방을 깨트리고 상기작용의 방향을 이끄는 정서적 운동이자 과거라는 영역의 '수술'이다. 이러한 의미에서 회오는 지나가버린 사실을 본래의 자리로 되돌리고자 하는 쓸데없는 시도가 아니라 과거의 삶의 가치를 우리의 삶의 전체적 의미 속에 어떻게 짜 넣을 것인가라는 윤리적 과제를 짊어지는 것인바, 그 활동이 향하는 곳은 과거의 개별적 행위들에 머물지 않고 그러한 행위를 낳은 과거의 자아 구조로부터 민족의 역사에까지 미치게 된다. 셸러의 이와 같은 사상이 원죄와 회심이라는 가톨릭적인 개념에 기초한다는 것은 명백하지만, 그러한 점을 도외시하더라도 현대의 윤리학과 해석학에 있어 지니는 의의는 크다. ☞ ㉯가치윤리학, ㉧셸러

—미즈타니 마사히코(水谷雅彦)

회의주의懷疑主義 [(독) Skeptizismus]

철학적 학파로서의 회의주의는 엘리스의 퓌론(Pyrrhon BC 360년경-270년경)을 창시자로 하여 헬레니즘 시기에 성립했다. 한때 서양세계에서 모습을 감추었지만, 르네상스 시기에 이르러 섹스투스의 저서가 재발견됨과 동시에 다시 유럽 사상계의 중추로 뛰어올랐다. 데카르트를 비롯한 근대의 철학자들 대부분이 회의주의와의 대결을 시도했지만, 후설 역시 전 생애에 걸쳐 회의주의 극복의 길을 찾았다고 말할 수 있을 것이다.

하지만 예를 들어 '에포케'가 본래 고대 회의주의에서의 중핵적인 술어라는 데서도 볼 수 있듯이 회의주의에 대해 모종의 공적이 인정되기도 한다. 『제일철학』에서 후설은 고르기아스(Gorgias BC 500 또는 484-391 또는 371)에 대해 언급하여 고대 회의주의에서 처음으로 소박한 세계 정립이 의심스럽게 되고 그에 따라 초월론적 주관성을 문제로 하는 차원이 열렸다고 말한다[Hu 7. 59f.]. 요컨대 고대 회의주의에서의 판단유보 속에서 '현상학적 환원'의 맹아를 본다는 것이다. 그러나 후설의 현상학은 기본적으로 회의주의에 대해 부정적이다. (1) 그에 의하면 회의주의는 상대주의이다. 이러한 회의적 상대주의에 대한 비판은 『논리연구』에서의 심리학주의 비판, 『엄밀한 학으로서의 철학』에서의 자연주의와 역사주의 그리고 세계관철학에 대한 비판, 나아가 『이념들 Ⅰ』에서의 경험주의 비판으로서 그의 대부분의 저작에서 전개된다. 이러한 비판에서 그의 논의의 기반을 이루는 것은 실재적인 것과 이념적인 것의 구별이다. 회의주의는 그 어느 것이든 이 구별을 보지 못하고 이념적인 것을 실재적인 것으로부터 도출하고자 한 점에서 잘못이다. 다시 말하면, 회의적 상대주의에는 '본질직관'의 사상이 결여되어 있다는 것이다. (2) 다른 한편 회의주의가 유아론으로서 비판되는 경우도 있다. 예를 들어 『위기』에 따르면 로크로부터 흄에 이르는 영국 경험주의는 '의식의 지향성'을 보지 못했기 때문에 외계의 존재를 수수께끼로 만들고 말았다[Krisis §22, §23]. (3) 나아가 같은 『위기』에서는 회의주의가 유럽 철학의 역사 전체라는 장대한 전망 속에 위치지어진다. 후설에 의하면 유럽적 인간은 자신의 자유로운 이성적 통찰에 의해 자기와 자기의 생활을 다룰 것을 목표로 삼아왔던바, 이러한 목표 설정에서 보면 근대의 합리주의와 회의주의의 투쟁은 유럽적 인간성의 명운을 건 사상투쟁이었던 것이다. ☞ ㉯상대주의

—미야타케 아키라(宮武 昭)

회화와 현상학繪畵—現象學

서구 중세를 통해 회화는 현실 또는 가상현실을 묘사해야 하거나 작가의 내면을 표현해야 하는 것도, 또 그 화면의 아름다움을 보는 사람의 눈을 매혹시켜야 하는 것도 아니었다. 서구 중세에 회화는 그것을 구성하는 색과 형태와 같은 모든 계기를 가지고서 마치 그것들이 기호와 문자가 되는 듯한 역할을 담당하면서 현실에서는 볼 수 없는 성스러운 세계를 표시해 나가야 하는 것이었다. 미메시스(모방, 재현)는 금지되었다. 예술 전체로부터 보아도 회화는 건축이나 음악 그리고 조각과도 달리 리베랄 아트의 반열에 들지 못했다. 로마네스크 시기와 고딕 시기를 통해 대표적 예술형태는 건축이며, 중심을 이루는 건축가의 지휘 아래 유리공, 석공, 화가 등이 모여 장대한 성당이 건설되었다. 적어도 화가가 독자적인 길드를 형성하는 것은 인정되지 않았다. 르네상스 시기에 들어서면 회화는 말하자면 반건축, 즉 '벽을 뚫고' 벽에 '창을 내는' 가상 장치로서, 그리고 또한 예술들 사이의 우열을 비교하는 파라고네(paragone, 예술 장르들 사이의 우위논쟁)를 피해 공간예술로서 서서히 자립해간다.

회화를 '열린 창'(fenestra aperta)으로 바라보는 알베르티(Leon Battista Alberti 1404-72)의 사상은 미술사가 파노프스키(Erwin Panofsky 1892-1968)에 의하면 중세 회화로부터 르네상스 회화를 구별하는 분수령을 이루지만, 르네상스 이후 그 창면에 비치는 광경만이 세평의 대상이 되고, 해당 광경을 질서지우는 (투시화법에 필연적인) 창틀(테두리를 만드는 그림틀의 기능)을 망각하기에 이른다. 후설의 「상상과 상적 표상」(1898)[Hu **23**. 108-136]에서 비롯하여 핑크의 「현전화{준현재화}와 상―비현실의 현상학 연구」(1930)에서 정설화되는 현상학적 미학의 회화 의식의 특질은 창틀(그림틀)을 매개로 하여 연속되거나 단절되는 현실과 비현실의 관계로부터 회화의 구조를 다시 파악하고자 하는 점에 있다.

연속하는 현실 속에서 그림틀에 의해 잘라내진 부분이 회화라는 비현실을 구성해간다. 그때 연속하는 현실은 회화의 저층도 지탱하는데, 이것이 물리적 상(physisches Bild)이라고 불린다. 거기에 화지와 캔버스, 화구와 액자가 속하며, 이들은 지각의 대상이다. 다음으로 종래의 예술 이해에서는 물질적 소재에 의해 정신적 상이 객관화된다는 이원론적 처리가 일반적이었던 데 반해, 현상학적 미학의 공적은 창면(화면)과 이에 비치는 대상의 상이 지닌 고유성의 발견인바, 후설은 이것을 지각이나 상상(판타지)에 없는 상의식(예술적 상상력)에 고유한 상으로 규정하여 상객체(Bildobjekt)라 이름짓고, 묘사된 해당 대상의 아날로곤의 역할을 담당한다고 주장했다. 사르트르가 상상력론에서 역설한 '아날로곤', 잉가르덴이 『문학적 예술작품』에서 '현시되는 대상성'과 더불어 후설의 지각의식에서의 음영들(Abschattungen)에 빗대어 명명한 '상면'(Ansichten)은 모두 '상객체'의 별칭이다. 이러한 층의 발견에 의해 잉크의 얼룩이나 연필의 가루가 아니라 선이, 안료나 용재溶材가 아니라 색채가 그것이 묘사하는 대상에서 분리되어 독립적으로 관찰될 수 있는 방법론이 명확화 되기에 이른다. 예술 연구는 점차 즉물적 재료 연구나 묘사된 내용의 이념사적이거나 정신사적인 연구와 다른 예술작품의 객관적인 구조 연구를 할 수 있게 되었던 것이다. 이러한 상객체에 의해 모상(투영)되어 현시되는 것이 상주체(Bildsujet)이다. 이것은 보통 말하는 그림의 주제 등인 것이 아니라 현실 또는 가상적 현실에 존재하는 등신대等身大, 질료적 내실로 가득 찬 인물이나 정물, 풍경이 존재하는 세계 그 자체이다. 회화는 이러한 3층의 중층구조로서 성립한다.

마찬가지로 창을 회화의 비유로서 사용하면서도 알베르티의 창은 어디까지나 투명하여 오로지 깊이로 사람의 눈을 흡수해가는 장치였다. 그러나 후설이 "마치 창을 통해서인 것처럼"[Hu **23**. 46, 121]이라고 말할 때 그는 창의 저편을 보는 데 그치는 보통의 미적 감상 태도에 끝나지 않고 현상학적으로는 다시 한 번 창면에 어떻게 나타나고 있는가, 요컨대 상객체의 존재방식을 묻는 데로 돌아올 것을 권유하고 있었던 것이다. 1898년 논문의 난외에 힐데브란트(Adolf von Hildebrand 1847-1921)의 이름이 기입되어 있는 것에서도 보이듯이 현상학자의 회화관은 19세기 말 이래의 회화 운동이 지닌 평면의식을 공유하고 있었다. 이리하여 현상학적 미학은 19세기 말 이래의 예술의 제작의식을 살리는 동시에 20세기의 미술사학의 방법의식에 커다란 영향을 미쳤다. ☞ [사]상상, 현상학적 미학

—가나타 스스무(金田 晉)

[참] 金田晉, 『繪畵美の構造』, 勁草書房, 1984. 金田晉, 『藝術作品の現象學』, 世界書院, 1989.

횡단 橫斷 ⇨ [사]월경

횡의 지향성 橫—志向性 [(독) Querintentionalität] ⇨ [사]시간의식

후기구조주의와 현상학 後期構造主義—現象學

후기구조주의, 포스트구조주의라고 말해지는 사상경향 중에서 현상학과의 관계가 특히 문제로 되는 것은 데리다이다. 서양 형이상학의 탈구축(déconstruction)이라고 불리는 데리다의 실천은 후설 현상학과의 대결을 돌파구로 하여 개시되었다고 말해도 지나친 말이 아니다.

데리다의 후설 해석은 단순하지 않고 몇 가지 국면을 포함한다. 그 하나는 1950년대부터 60년대에 걸친 프랑스에서 거의 자명한 것으로 여겨지고 있던 <현상학=인간주의>라는 등식의 부정이다. 사르트르, 메를로-퐁티 등의 실존주의적 현상학과 그들의 '인간주의'를 비판하는 구조주의적 인간과학은 둘 다 의미의 기원에 대한 물음의 "초월론적 성격"을 간과하고 있는데, 우선은 후설의 초월론적 현상학의 "권리상의 우선성"을 확인하지 않으면 안 된다는 것이다[『그라마톨로지에 대하여』 90, 『여백—철학에 대하여』 136ff.](헤겔의 '정신현상학'이나 하이데거의 '존재에 대한 물음'에 대해서도 동일한 오해가 보인다는 점을 데리다는 강조한다).

그러나 데리다의 후설 해석의 독창성은 오히려 그 이전에 놓여 있다. 즉 그에 의하면 초월론적 현상학은 그 물음의 엄밀함과 철저성에 불구하고, 또한 시간화의 운동 등 몇 가지 사태에 관련하여서는 전통의 틀을 돌파하는 사태를 기술하고 있음에도 불구하고, 그것의 로고스 중심주의와 초월론적 주관주의의 원리에서 의연히 형이상학적 전통에 종속되어 있으며, "현전의 형이상학의 가장 철저한 동시에 가장 비판적인 재건"에 머무르고 있는 것이다[『그라마톨로지에 대하여』 72]. 이러한 논점은 데리다의 후설 해석의 대표작이라고도 말할 수 있는 『목소리와 현상』(1967)에서 상세히 논의되었다.

'후설 철학에서의 기호의 문제에 대한 서론'이라는 부제를 달고 있는 이 저작은 『논리연구』의 '표현과 의미'에 관한 논의로부터 출발한다. 후설은 거기서 표현(Ausdruck)과 지표(Anzeichen)라는 두 종류의 기호를 "본질적"으로 구별하고, 전자가 "고독한 심적 생활" 내에서도 의미작용을 수행하는 순수한 기호라는 것을 논증하고자 하지만, 데리다는 이러한 논의에서 내적, 비물질적, 의지적 성격을 지니는 파롤을 특권시하고 외적, 물질적, 공간적 성격을 지니는 에크리튀르를 불순한 기호로서 잘라내 버리는 서양 형이상학의 전형적인 움직임을 인지한다. 왜냐하면 이것은 순수 의식의 <자기에의 현전>과 그것을 기술하는 현상학적 로고스의 명증성으로부터 경험세계에 얽혀 있는 모든 불순한 요소를 제거하는 조작과 똑같은 것이기 때문이다. 이에 대해 데리다는 표현의 순수성은 겉보기의 것에 불과하며, "의미와 현전의 근원"에는 근원-에크리튀르로서의 "차연"(différance)이 작용하고 있다는 것을 후설 자신의 현상학적 기술 내용을 역으로 파악하는 형태로 제시해 간다. 말하자면 후설을 소쉬르적인 관점에서 독해해 가는 이 저서의 자세에서 <후기구조주의>의 현상학 이해를 볼 수도 있는 것이다.

이러한 해석은 그러나 소쉬르 이상으로 하이데거의 비판적 계승이 아니라면 틀림없이 성립할 수 없었을 것이다. 현전의 형이상학의 탈구축(déconstruction)이라는 모티브는 『존재와 시간』에서의 "존재론의 역사의 해체(Destruktion)"의 이념으로부터 이른바 존재사적

사유(seinsgeschichtliches Denken)에 이르는 하이데거의 발걸음을 독자적인 방식으로 이어받고 있다. 모든 기호작용을 벗어난 초월론적 기의(signifié transcendental)의 부재를 엄밀하게 생각하기 위해서는 "하이데거에 의해, 또한 그에 의해서만 존재신학(ontothéologie)에 대해 그리고 그것을 넘어서서 세워져 있는 존재에 대한 물음을 통과하지 않으면 안 된다"[『그라마톨로지에 대하여』 36f.].

그러나 데리다는 이러한 존재에 대한 물음에 대해서도 탈구축을 시작한다. 현전의 형이상학과 로고스 중심주의에 대한 하이데거의 입장은 '애매'한바, 존재의 "근원적 의미"에 대한 탐구, 존재의 "진리"에 대한 탐구, 존재의 "목소리"에 대한 청종, 현존재 내지 인간의 본질에 대한 존재의 근접성과 같은 다양한 주제가 그의 사유를 여전히 존재신학의 시기에 "가둬 넣고 있는" 면이 있다는 것을 간과해서는 안 된다[같은 책 23ff., 『여백—철학에 대하여』 147ff.]. "차연"은 "존재론적 차이"보다 "근원적"이라고 데리다는 말한다. 다만 이러한 "근원"은 "차이의 말소"로서 기능하는 형이상학적 "근원"이 이미 아니라 "근원의 말소"로서 작용하는 "근원"인바, 오히려 "비근원"인 것이다[『그라마톨로지에 대하여』 38]. ☞ ㊅현전의 형이상학, ㊆데리다, ㊄목소리와 현상

—다카하시 데쓰야(高橋哲哉)

㊟ 高橋哲哉, 『逆光のロゴス—現代哲學のコンテクスト』, 未來社, 1992. 足立和浩, 『人間と意味の解體—現象學・構造主義・デリダ』, 勁草書房, 1978.

후치 後置 ⇨㊅선취/후치

휘감김 [(불) enroulement] ⇨㊄보이는 것과 보이지 않는 것

휠레/모르페 [(그・독) hyle/morphe]

체험은 전체로서는 지향적이지만, 체험 속에는 지향이 성립하기 위해 필요하면서도 그 자신은 지향적이지 않은 계기가 포함되어 있다. 지각에서라면 감각소여가 그것이다. 감각소여가 어떤 의미의 통일에서 파악됨으로써, 요컨대 의미가 부여됨으로써 비로소 체험이 전체로서 지향적이게 된다. 이때 감각소여는 의미가 생성하기 위한 소재이며, 의미는 소재를 통합하는 형식이다. 소재를 휠레, 형식을 모르페라고 부른다. 두 개념은 기능상의 구별에서 유래하기 때문에, 나아가서는 지각보다도 고차적인 체험에서도 전체로서의 지향적 체험에 소재로서 이바지하는 기능을 담당하는 것을 휠레라고 부를 수 있다. 또한 의미를 부여하는 계기는 노에시스라고 언표된다. 그런 의미에서 휠레는 노에시스와 대립한다. 모르페는 이러한 좁은 의미의 노에시스와 휠레를 대비하여 두드러지게 만드는 개념이다. 다만 체험의 계기를 노에시스/노에마로 이분하면, 휠레는 대상적 계기가 아니기 때문에 모르페와 더불어 넓은 의미의 노에시스에 속하며, 서로 협동함으로써 노에시스를 성립시킨다[Ideen Ⅰ §85].

그런데 의미짓기가 특정한 휠레를 전제로 하고 있다는 것은 자아가 무제약적으로는 대상을 구성할 수 없다는 것을 의미한다. 이 점에서 휠레 개념이 지니는 의의는 크다. 그러나 『이념들 Ⅰ』에서는 휠레가 의미짓기를 기다릴 뿐인 소극적인 존재에 머물고 있다. 그러나 의미가 발생하는 장에 속하는 휠레는 발생적 현상학의 심화와 더불어 단순한 혼돈이 아니라 자아가 휠레를 토대로 하여 대상을 형성하기 이전에 이미 구조화하고 있다는 것이 분명해져 간다. 즉 휠레는 동시에 함께 존재하는 것이 과거파지에서 보존되어 간다고 하는 형식 측면으로부터, 또한 유사(내지 대조)한 것이 연합된다고 하는 내용 측면으로부터 수동적으로 종합되는 것이다. 이리하여 구조화된 휠레에게로, 그로부터의 촉발에 따른 자아가 향하는 것에서 대상은 형성되기 시작한다. 따라서 휠레에 관한 연구는 시간론 및 자아론과 통한다.

덧붙이자면, 휠레는 전통적인 철학 개념으로서는 질료라고 번역되지만, 『논리연구』에서 말하는 작용질

료(Aktmaterie)와는 구별되어야만 한다. 후자는 노에마적 의미에 해당하며 휠레가 아니다. 작용질료 하에서 파악되는 내용이 뒤의 휠레 개념과 통한다. ☞ ㊖내실적/이념적, 노에시스/노에마, 발생, 수동적 종합/능동적 종합, 수용성, 연합, 파악, 촉발

—시나가와 데쓰히코(品川哲彦)

㊟ 山口一郎, 『他者經驗の現象學』, 國文社, 1985.

휴머니즘 [(독) Humanismus (불) humanisme]

역사적인 기원은 공화제 로마 시대로 소급된다. '야만적인 인간'과 대조되는 로마인의 이상적인 인간상으로서 '인간적인 인간'(homo humanus)이 추구되었다. 인간적인 인간이란 그리스인으로부터 이어받은 교양(파이데이아paideia), 특히 그리스 후기의 언어문화를 중심으로 한 교양을 몸에 익힘으로써 로마인으로서의 덕을 높인 사람을 가리킨다. 따라서 여기서 말하는 '인간성'(humanitas)은 그리스 세계를 로마적으로 바라본 것의 표현이라고 말해진다. 그 전형이 키케로이다.

14, 15세기의 이탈리아 르네상스에서의 휴머니즘은 위에서 말한 것과 같은 '로마 정신의 부활'이다. 여기서는 중세의 스콜라주의와 대비하여 고대의 언어, 문학, 예술 등의 연구에 기초하고 교회의 권위로부터 독립한 자유롭고 보편적인 인간 형성이 추구되었다. 대표적인 사상가로서는 페트라르카, 에라스무스, 보카치오, 단테, 그리고 철학자인 브루노 등을 들 수 있다.

휴머니즘의 제2기는 빙켈만, 레싱, 괴테, 헤르더, 실러 등으로 대표되는 18세기 독일의 '신휴머니즘'인데, 그들은 계몽주의의 추상적인 합리주의에 반항하여 새로운 정신운동을 일으키고 그 거점을 고전적 교양과 개성의 존중에서 찾았다. 그들은 그리스 정신과의 내적인 친화감을 지녀 고대와 가까웠지만, 그 점이 그 후 독일 철학에 깊은 영향을 미치게 된다.

휴머니즘이 인간 존재의 단순한 긍정이 아니라 '인간적인 인간'을 추구하는 것인 한에서, 그것은 다른 어떠한 존재에서도 발견될 수 없는 인간의 독자적인 가치를 인간성 속에서 발견하는 것으로부터 출발한다. 따라서 인간의 본질에 대한 이해 방식에 따라 다양한 휴머니즘이 생겨나게 된다. 맑스는 '인간적인 인간'을 사회 속에서 발견하며, 인간에게 있어 본질적인 자연적 욕구(식료, 의료, 생식, 생계)는 전부 사회에서 확보된다고 생각한다. 사르트르는 그의 실존주의를 휴머니즘이라고 선언한다. 그 의미는 스스로를 결정하는 주체로서의 인간의 실존이 그 내용 규정으로서의 본질에 선행한다는 것이다. 인간은 스스로를 주체적으로 선택함으로써 전 인류를 위한 인간상을 창조한다. 그런 의미에서 인간의 자유에는 전 인류에 대한 책임이 관계된다. 하이데거는 이와 같은 사르트르의 사고가 형이상학의 전통 내에 머물고 있으며, 인간이 인간을 넘어선 존재 자신에 의해 부름 받아 존재의 진리 안에 선다고 하는 최고의 존엄을 지닌다는 것을 보지 못하고 있다고 비판한다. ☞ ㊖실존주의

—다케이치 아키히로(竹市明弘)

흐르면서 멈추어 서 있는 현재—現在 [(독) strömend(e)-stehende Gegenwart] ⇨㊖살아 있는 현재

흔들림 [(불) bougé]

흔들림, bougé는 사진을 찍는 순간에 카메라가 움직이는 것 혹은 그 결과 생겨난 사진의 상적 뒤틀림을 의미하는 일상어인데, 메를로-퐁티는 이 일상어를 자주 지각이나 언어가 지니는 동적 특성을 표시하기 위해 사용한다. "지각되는 것의 본성은 <흔들림>을 용인한다는 것이다"[PP 18]. "현실에서는 지각되는 형태는 결코 완전하지 않으며, 언제나 <흔들림>이 있다"[SNS 103]. "언어의 특성을 이루는 재구조화의 <흔들림>"[PM 180] 등. 언어는 물론이고 지각도 이미 표현이라고 보면[RC 14], <흔들림>은 표현 일반에 특유한 현상으로 간주할 수 있을 것이다. 왜냐하면 지각은 이미 완성되어 있는 '감각적 세계'라는 것을 정적으로 재현하는 것이 아니고, 말한다든지 듣는다든지 읽는다든지 하는 언어행위도 이미 구조화되어 있는 랑그(제

도화된 파롤)를 단지 재구조화할 뿐인 것이 아니기 때문이다. 미술학도가 고전적 명화의 모사(=재구조화)에서 출발하여 나면서부터 지니고 있는 천성적인 화풍의 차이 내지 '거리'에 의해 스스로의 천분을 깨우치고 마침내 거장으로 불리는 화가로 성장하듯이, 어떠한 표현도 기존의 구조와의 사이에 <흔들림>을 발생시킨다. 이러한 <흔들림>이야말로 생의 의미인바, 요컨대 표현 행위의 창조성의 비밀이다. 그것은 단순한 왜곡이 아니라 오히려 "계통적인(일관된) 변형"[RC 12}이며, 그 계통성(일관성)에 의해 <역사> 내지 전승(전통)도 가능해진다. 만년의 메를로-퐁티는 그의 필생의 철학적 과제였던 <반성과 비반성적인 것과의 관계에 대한 해명>에 있어서도 <흔들림>이라는 말을 사용한다[VI 383]. 메를로-퐁티가 이 말을 반드시 완성된 술어로서 자각적으로 사용하고 있는 것은 아니지만, 그 점이 역으로 <흔들림>이라는 말로 그가 말하고자 한 사태에 대한 현상학적 이해의 어려움을 보이고 있다고 말할 수 있을 것이다. ☞ ㊀거리, 동일성/차이

—나카무라 후미로(中村文郎)

흔적痕迹 [(불) trace]

레비나스에게서 흔적 개념이 중요성을 지니게 된 것은 '얼굴'(visage)의 현출 양태와 관련해서이다. 그 절대적인 타자성에서 내게 '너, 살인하지 말라'고 명령하는 타자의 얼굴은 현상학적인 의미에서의 현상으로 환원할 수 없는 '현현'(épiphanie)이라고 말해지고 있었다. 그러나 현상하지 않는 자의 현출을 어떻게 이해하면 좋을 것인가? 젊고 눈부시게 활력으로 가득 찬 타자의 얼굴=현상은 그 동일한 얼굴의 흔적에 지나지 않는다. 레비나스에 의하면 기호와 달리 흔적은 그것을 남긴 주체의 의미지향을 전제하지 않고 또한 다른 기호를 지시하지도 않지만 자족적이지도 않다. 나와 생기 넘치게 의사소통하고 '우리'를 형성하는 타자-주체의 지향과 의도가 어떠하든 그 눈길의 깊이로부터 나를 응시하는=나와 관계하는(me regarder) 타자의 타자성은 현상으로서의 얼굴을 언제나 이미 벗어나 달아나기 시작한다. 그 사람의 늙음과 죽음을 향하여. 따라서 바로 나의 의식에 근원적으로 현전하지 않기 때문에 그 지향성의 다른 원천인 타자=주체가 **현재에서** 가능해진다고 하는 후설과는 달리, 타자의 타자성은 그것을 만났다고 느낀 나의 현재에 공시화共時化할 수 없는바, 나의 의식=양심(conscience)은 언제나 늦게 도래할 수밖에 없다. 현재에 의해 지배된 현재의 변양태로 이루어지는 시간성에서 나에게 주어지는 것이 의미-세계라면, 흔적이란 그 갈라진 틈이며, 나의 현재에 대한 타자의 죽음에의 선구가 지닌 효과이고, 공시화할 수 없는 쌍-시성(dia-chronie)의 **엇갈림**의 생기에 다름 아니다. 흔적으로서 끊임없이 흔적으로 화하면서 계속해서 스스로를 지시하는 얼굴은 나의 현재의 변양이 아닌 과거로부터의 타자의 **호소**임과 동시에 <그>(Il)의, 현재(=기원)에 현전한 것이 없는 무-기원(anarchie)의 과거로부터 도래하는 나의 의식=양심의 촉발이기도 하다(타-촉발hétéro-affection, '같음 속의 다름'l'autre-dans-même).

그에 반해 데리다에게서 흔적은 우선 후설 현상학의 한가운데에서 그가 찾아내는 반복 가능성으로부터 제시되었다.

모든 경험을, 특히 초월론적 경험을 가능하게 하는 절대적인 동시에 보편적인 형성인 '살아 있는 현재'에는 과거파지와 미래예지라는 비-현재의 구성계기가 포함된다. 그것 없이는 모든 이차적인 재-현전화는 물론이고 모든 현전을 보증하는 자기현전이 불가능해진다. 여기서는 그러나 비-현전의 계기나 재-현전화 모두 현재의 변양태로서 현재에 의해 지배된다. 그러나 데리다는 후설이 '표현'을 '지시기호'로부터 구별할 때에 척도로 하는 이념성, 요컨대 사실적 맥락에 의존하지 않는 반복 가능성이 '살아 있는 현재'의 기원=근원성을 불가능하게 한다는 것을 간취한다. 우선 무한에 대한 관계의 장인 이러한 기원은 언제나 내적인 차이를 포함하면서 동일한 것으로서 생기하는 것이 아니면 안 된다. 나아가 연속적으로 생기하는 그 흐름의 하나의 총체 역시 흘러가버려 유한한 과거파지에 의해 묶여 멈춰진다. 즉 '살아 있는 현재' 그 자체의

'형식'이 무한히 반복 가능한 것이다. 무한히 반복 가능한 한에서 그것은 '나'의 부재나 죽음과 양립한다. 오히려 '살아 있는 현재' 그 자체가 언제나 이미 반복된 것인바, 거기에서의 자기 동일적인 자기 현전에 대해 반복이 선행한다. 그렇다면 자기 현전은 그것을 벗어나는 반복 가능한 잔류로부터 출발하여 '사후적으로' 뒤늦게 도래할 것일 뿐이며, 그것의 온전한 실현은 무한히 뒤로 미루어질 수밖에 없다. 데리다는 이러한 잔류를 (근원)흔적이라고 부른다. (근원)흔적은 그것이 가능하게 만드는 '나'의 자기 동일성에 의해 지배되는 것이 아니다. '나'의 자기 동일성은 **누구의** 흔적도 아닌 (근원)흔적을 구성하는 **타**(자)에 대한 관계(차이)에 의해 언제나 이미 오염되어 있는 것이다. 그리고 '살아 있는 현재'의 기원=근원성이 이미 유지될 수 없는 한에서 초월론적 차원도 자족할 수 없는바, 거기에는 이미 사실적-외적인 것이 개입되어 있게 된다. 나아가 '언제나 이미'가 지시하는 <과거>나 반복 가능한 <미래>는 '방금' 내지 '이전에' 있었던 현재, '지금부터' 내지 '어느 날엔가' 도래하는 현재로서의 현재의 변양태가 아니게 된다. 타자와의 관계로부터 출발하여 '살아 있는 현재'가 사후적으로 도래하는 이러한 운동에 대해 데리다는 차연(différance, 대기, 시간의 간격화 espacement)이라는 **다른** 재-각인을 베풀고 있다.

(근원)흔적-차연은 의미작용의 의미계에 적어도 두 가지 귀결을 가져온다. (1) 의식에서 '표현'의 의미의 현전을 흠 없이 가능하게 하는 매체로서 후설이 유지하고자 한 현상학적 '목소리'(phonē)의, '지시' 기호 나아가서는 씌어진 것에 대한 우위성, 즉 서양 형이상학의 전통을 지탱해온 '음성 중심주의'가 붕괴한다—차연의 (유한한) 잔류로서의 흔적의 에크리튀르성, 텍스트성. (2) 그 음성 중심주의에도 불구하고 소쉬르가 전개한 언어에서의 차이성의 원리가 접목된다. 언어기호는 시니피앙(기표)의 차원에서도 시니피에(기의)의 차원에서도 다른 기호와의 차이로서만 작용할 수 있다. 언어를 넘어서서 일반적으로 마크(marque)가 의미를 획득하기 위해서는 차이가 잔류하는 것을 조건으로 한다. 그것은 무의미한, 탈-의미적인 반복 가능성이기도 하다. 거기서는 기원이 되는 고정점이나 종언이 되는 목적을 추구할 수 없다. 따라서 의미-세계는 차연의 유희로부터 사유해야만 하는 것이 된다.

어떤 의미에서는 후설이 연 문제권역을 벗어남으로써 레비나스와 데리다는 현상학으로는 사유 불가능한 차원을 열었던 것이다. ☞㉇반복, 차연 ㉄데리다, 레비나스

—미나토미치 다카시(港道 隆)

인명 항목

가다머 [Hans-Georg Gadamer 1900. 2. 11－2002. 3. 13]

현대 독일의 철학자. 마르부르크에서 태어나 마르부르크 대학에서 철학, 고전문헌학을 공부했다. 당초에는 나토르프에게서 사사. 마르부르크 대학 강사로서 부임한 하이데거로부터 신약・구약성서의 생생한 재해석과 고대 그리스적 사고의 특성과 원초성을 현현하게 하는 해석학적 방법을 배웠다. 교수 자격 논문 『플라톤의 변증법적 윤리학』(*Platos dialektische Ethik*, 1931)은 하이데거의 방법에 따라 플라톤의 대화편을 현상학적으로 해석한 것이다. 또한 마르부르크 수업 시절에는 독일 문예사의 거장이 된 게오르게학파의 콤메렐(Max Kommerel 1902-44)과 하이데거의 뛰어난 제자 뢰비트와 친하게 접촉했다. 1939년 라이프치히 대학에 철학 교수로서 부임했다. 철학의 동료로 블로흐(Ernst Bloch 1885-1977)가 있다. 제2차 대전 후 프랑크푸르트 대학 철학 교수를 맡은 후, 야스퍼스의 후임으로서 1949년에 하이델베르크 대학에 부임하여 1968년까지 철학 교수로 종사했다. 그의 철학적 해석학은 『진리와 방법』(*Wahrheit und Methode*, 1960. 그 제1부는 轡田收 外 譯, 法政大學出版局, 1986)에 응집되어 있다. 덧붙이자면, 플라톤, 아리스토텔레스에 대한 해석과, 시인인 횔덜린과 릴케 등을 논한 독일 문예사상사의 논고들인 4권으로 이루어진 『소론집』(*Kleine Schriften*)이 있다. 현재 그의 『전집』(*Gesammelte Werke*)이 독일에서 간행 중이다.

『진리와 방법』은 유럽 전역의 공업화와 합리화가 진행되는 가운데 <제2의 낭만주의>가 종언을 고하고 <계몽주의>의 제3파가 일어나고 있던 시대사조 와중에 저술되었다. 그 저작의 철학적 동기는 <근대 주체성>의 입장에서 유래하는 방법 신앙과 과학적 방법론이 모든 영역에 걸쳐 인간 주체에 의한 지배를 관철하고 있는 것에 맞서, 그것들이 지배할 수 없는 '진리 경험'을 탐구하고 그 진리 경험의 정당성을 묻는 것이었다. 가다머에 의하면 <근대 주체성>을 극복하는 철학적 해석학의 근간이 '영향작용사적 의식'이다. '영향작용사'란 과학적 방법론이 근대 주체성의 역사적 제약을 받고 있을 뿐만 아니라 본래 전통으로서의 역사가 역사적 현재에 영향을 미치고 있는 작용이며, '영향작용사적 의식'이란 역사적 현재를 살아가는 자가 전통으로서의 역사의 영향을 받고 있다는 것을 의식한다고 하는 것이다. 그런 까닭에 역사적 현재가 전통의 영향을 받으면서 전통을 이해하고 보전하는 과정을 해명하는 것이 그가 말하는 철학적 해석학인 것이다. 그 이해 과정은 역사적 현재와 전통이 상호적으로 작용하는 과정이며, 그 상호작용의 과정이 해석학의 전통 속에서 말해져 온 이해의 '해석학적 순환'이다. 가다머는 이해의 해석학적 순환 과정을 나와 너의 '대화'에 비교하고, 전통 이해의 매개를 '언어'에서 찾았다. 왜냐하면 전통이 말로 전해진 전승으로서의 텍스트인 이상, 전승의 의미 이해는 언어를 매개로 하여 전승의 말 걸기에 응답하는 대화로 되기 때문이다. 요컨대 전통 이해의 열쇠를 쥐고 있는 것은 대화의 매개가 되고 성취인 언어에 다름 아닌 것이다. 그런데 전통 이해가 전통의 본원적 힘으로 돌아감, 전통을 역사적 현재로 호출하는 것이기 때문에 이해는 '적용'이 된다. '적용'이란 말로 전해진 전승을 의미 이해하여 그 의미를 역사적 현재를 살아가는 자의 경험의 내실로 삼는 일이다. 그와 같은 적용이 근대 주체성의 입장에서 유래하는 인식의 객관성이나 가치판단에 지배되지 않는 '진리 경험', 요컨대 그가 말하는 '해석학적 경험'인 것이다. '해석학적 경험'은 언어를 매개로 한 예술작품과 의 대화로부터 생겨나는 예술적 경험으로서, 혹은 말로 전해진 전승의 텍스트들과의 대화로부터 생겨나는 역사적 경험으로서 성취된다.

『진리와 방법』은 현대의 해석학적 사고에 다양한 영향을 미쳤다. 첫째, 하버마스가 그를 비판한 것처럼 '영향작용사'는 전통의 권위를 중시하는 이데올로기가 아닌가, 나아가 텍스트는 비판적으로 해석될 수 없는 것인가 하는 <해석과 비판>의 문제를 던졌다. 둘째, 말로 전해진 전승으로서의 텍스트들과의 대화가 해석학적 경험을 가져온다면 해당 대화자인 독자의 역할이 마땅히 평가되어야 하는 까닭에, 독자의 역할에 대한 평가가 현대의 야우스 등의 <수용이론>에로 새로운 전개를 보게 되었다. 그러나 그와 동시에 작품이 지니는 의미 통일성을 근본적으로 의문시하는 데리다나 프랑크(Manfred Frank) 등의 <텍스트 이론>이 발생했다. ☞ ㉮영향작용사적 의식, 전통, 해석학과 현상학, 해석학적 순환, ㉯진리와 방법

—다케다 스미오(竹田純郎)

㊟ H.-G. Gadamer, *Philosophische Lehrjahre: Ein Rückschau*, Frankfurt a. M., 1977(中村志郎 譯, 『哲學修業時代』, 未來社, 1982). E. Hufnagel, *Einführung in die Hermeneutik*, Kohlhammer-Verlag, 1976(竹田純郎・齋藤慶典・日暮陽一 譯, 『解釋學の展開』, 以文社, 1991).

가이거 [Moritz Geiger 1880. 6. 26–1937. 9. 9]

독일의 미학자, 프랑크푸르트 암 마인에서 태어남. 라이프치히 대학의 W. 분트 및 뮌헨 대학의 Th. 립스 밑에서 철학, 심리학 등을 공부한다. 1904년 뮌헨의 '심리학 아카데미'에서 후설의 강연을 듣고 커다란 감명을 받아 후설과도 친교(다만 1913년경까지)를 맺는다. 특히 『논리연구』로부터 커다란 영향을 받는다. 1907년 뮌헨 대학 사강사, 15년 동 대학 조교수, 23년 괴팅겐 대학 교수. 33년 10월 나치스에 의해 추방당하지만, 미국의 바사르 대학에 초빙된다. 1913년 후설, 펜더, 라이나흐, 셸러와 함께 『철학 및 현상학 연구 연보』의 공동 편집자가 된다(1930년까지). "현상학의 오랜 학파"[H. Spiegelberg, *The Phenomenological Movement*, vol. Ⅰ]의 한 사람으로서 알려지지만, 현상학적 미학의 영역에서는 20세기 30년대까지 가장 중요한 인물이다. 주저는 「미적 향유의 현상학」("Beiträge zur Phänomenologie des ästhetischen Genusses", *in Jahrbuch für die Philosophie und phänomenologische Forschung*, Bd. Ⅰ, 1913), 『미학에의 통로』(*Zugänge zur Ästhetik*, 1928) 등. 펜더와 함께 '대상현상학', 혹은 '기술심리학'의 입장에 서서 뮌헨 현상학의 일익을 담당한다. 「미적 향유의 현상학」은 립스의 감정이입 미학에 기초하면서도 그의 심리학주의를 비판하고 미적 향유에 대한 가장 기본적인 특성을 현상학적 방법으로 해명한 것이다. 『미학에의 통로』는 미적 체험론과 더불어 예술작품의 미적 가치론에 대한 현상학적인 해명을 지향한 것으로, 거기에서는 가이거의 말하자면 미적 객관주의의 예술관이 잘 나타나 있다. 제2차 대전 후 가이거의 미학은 대부분 잊히고 말았지만, 1976년에 베르거(Klaus Berger), 헹크만(Wolfhart Henckmann)의 편집에 의해 가이거의 유고 미간행 텍스트가 『예술의 의의—실질적 가치미학에의 통로』(*Die Bedeutung der Kunst: Zugänge zu einer Materialen Wertästhetik*)라는 제명으로 출판되며, 또한 헹크만이 이 책의 권말에 논문 「가이거의 현상학적 미학 구상」을 저술하기에 이르러 가이거 미학의 전체상이, 따라서 또한 그의 현상학적 미학의 체계가 비로소 명확하게 되었다. 그의 미학의 중심 과제는 예술작품의 '미적 가치'와 그것에 걸맞은 주체의 태도(미적 향유, 예술 체험)의 해명에 있었다. 가이거는 다른 뮌헨 현상학자와 마찬가지로 후설 중기의 초월론적, 구성적 현상학에 대해서는 비판적이며, 후설과의 개인적인 친교도 1913년 이후에는 중단되었다[A. Métraux, "E. Husserl und M. Geiger", in *Die Münchener Phänomenologie*, 1975]. 덧붙이자면, 가이거에게서는 예술에 대한 실존주의적, 형이상학적인 미학 사상도 발견되지만, 이것은 주로 야스퍼스의 철학에 기초하는 것으로 가이거의

본래의 현상학적 미학과는 구별되어야 한다. ☞㊕현상학적 미학, 뮌헨학파{뮌헨 현상학}, ㊓미학에의 통로

—오타 다카오(太田喬夫)

㊟ 太田喬夫,「美的享受と美的價値—M. ガイガーの現象學的美學」, 太田喬夫・岩城見一・米澤有恒 編,『美・藝術・眞理』, 昭和堂, 1987에 수록.

가핑켈 [Harold Garfinkel 1917. 10. 29–]

미국의 사회학자. 뉴어크, 노스캐롤라이나, 하버드 대학에서 공부하고, 1966년 캘리포니아 대학 교수. 파슨스와 슈츠의 영향 하에 민속방법론(ethnomethodology)을 제창. 사회의 실재는 그 구성원이 사용하고 있는 일상지에 의해 만들어진다고 생각하고, 독자적인 실험 조사 방법을 구사하여 그 생성 과정을 연구한다. 주요 저작은 *Studies in Ethnomethodology*, 1967(山田富秋 外 編譯,『エスノメソドロジー—社會學的思考の解體』, せりか書房, 1987).『일상성의 해부학—지와 회화』, 北澤裕・西坂仰 譯, マルジュ社, 1989) 등. ☞㊕민속방법론

갈링거 [August Gallinger 1871. 8. 11–1959. 5. 26]

독일의 철학자. 1920년 뮌헨 대학 교수. 뮌헨 현상학파의 최초 시기 구성원 중 한 사람. 초기 후설의 영향 하에 심리학주의적인 입장으로부터 독자적인 논의를 전개했다. 주요 저작은 *Der Streit um das oberste Sittengesetz*, 1901, *Das Problem der objektiven Möglichkeit*, 1912, *Zur Grundlegung einer Lehre von der Erinnerung*, 1914, *Gegenrechnung*, 1921, *Die Bestie im Menschen*, 1923 등.

겔렌 [Arnold Gehlen 1904. 1. 19–76. 1. 30]

셸러, 플레스너와 더불어 철학적 인간학의 대표자. 라이프치히에서 태어나 그곳 및 쾰른에서 철학을 공부한 후, 1930년 한스 드리슈(Hans Driesch 1867-1941) 밑에서 교수 자격을 획득. 1934년 드리슈 후임으로서 라이프치히 대학 교수. 쾨니히스베르크, 빈 대학의 교수를 역임했다. 전후에는 1950년부터 슈파이어 행정관 양성대학 사회학과 교수, 62년에는 아헨 공과대학으로 옮겼다. 사후인 1979년부터 10권 예정으로 전집이 간행 중. 주저인『인간—그 본성 및 세계에서의 지위』(1940) 이래로 일관되게 인간-생물학적인 견지로부터 인간학의 탐구를 행했다. 그는 주저의 부제가 보여주듯이 선구자 셸러의 문제의식을 계승하지만, 그 정신과 충동의 이원론에 기초하는 계층이론을 형이상학적이라고 하여 비판적으로 극복하고자 하며, '결함생물', '부담면제'와 같은 개념에 의해 독자적인 언어론과 제도론을 전개했다. 그의 독자적인 사상은『원시인과 현대문명』(1956)이나『기술 시대의 영혼의 위기』(1957)와 같은 사회학적, 문명론적 저작들을 거쳐 최종적으로는『도덕과 초도덕』(1970)에서의 반계몽주의적, 보수적 '윤리학'으로 열매를 맺었다. ☞㊕철학적 인간학, ㊓인간—그 본성 및 세계에서의 지위

—미즈타니 마사히코(水谷雅彦)

겔프 [Adhémar Gelb 1887–1936]

유대계의 독일 심리학자. 골드슈타인의 연구 협력자로서 1915년부터 1920년대에 걸쳐 프랑크푸르트의 '뇌손상 후유증 연구소'에서 제1차 대전 전상환자의 진단과 훈련에 종사하고, 신경 심리학적 증상을 게슈탈트 심리학의 입장에서 고찰했다. 지각형 시각 실인환자 Sch. 등에 대한 방대한 연구("Über Farbennamenanamnesie", *Psychol. Forsch.*, 6 ; 187, 1925{골드슈타인과 공저})가 유명하지만, 후에 그 타당성이 논의의 대상이 되었다. 골드슈타인과 함께 현상학적 관점도 신경심리학에 도입했지만, 요절한 그의 최후의 전체론적 구상은 1935년 스웨덴 룬드 대학에서 행한 강연「의학적 심리학과 철학적 인간학」(Zur medizinischen Psychologie und philosophischen Anthropologie. 사후에 룬드 대학 내과의 S. Ingvar, 암스테르담 대학 심리학 전문의 G. Révész, 스톡홀름 대학 철학 전문의 E. Tegen, 베를린 카이저 빌헬름 뇌 연구소 심리학 전문의 W. Hochheimer에

의해 *Acta Psychologica*, 3; 193-271, 1937에 수록: 재판은 *Wissenschaftl. Buchges*., Darmstadt, 1969)으로 정리되는데, 질환은 단지 인간의 생물학적 실존이 아니라 실존 그 자체를 위협하는 것이라고 하는 말로 시작하여 호소하는 반맹과 그렇지 않은 반맹, 시각 실인, 병태 실인, 실어 등의 문제를 인간학적 관점에서 논의하고 있다. ☞㉦생명과학과 현상학

—가와이 가즈요시(川合一嘉)・하마나카 도시히코(濱中淑彦)

㊀ 濱中淑彦 外, 『精神醫學』, 23; 525, 1981.

고바타 쥰조 [木幡順三 1926. 6. 29-84. 9. 20]

쇼와 시기의 대표적인 현상학적 미학자. 도쿄 대학 문학부 미학과 졸업. 1966년 도요 대학 문학부 교수에서 76년 게이오기주쿠 대학 문학부 교수로 옮긴다. 미적 경험에서의 미의 본질직관이라는 점에 머무르지 않고 주관의 (경험적 각성을 넘어선) 초월론적 각성이라는 점에서도 미학과 현상학의 친근성을 간취. 광범위한 연구를 남겼지만, 특히 미의식의 심층 차원에 빛을 비추고, 나아가서는 <성聖>에 이르는 길도 개척했다. 주저는 『미와 예술의 논리』(1980), 『미의식의 현상학』(1984), 사후에 미망인이 간행한 『구도예술』(1985), 『미의식론』(1986) 등.

—다니 도오루(谷 徹)

골드슈타인 [Kurt Goldstein 1878. 11. 6-1965. 9. 19]

구 독일령 실레지아에서 태어난 유대계의 뇌 병리학자. 카시러의 사촌 아우뻘이다. 브레슬라우 대학에서 베르니케(Carl Wernicke 1848-1905)의 영향 아래 뇌 병리학에 뜻을 둔다. 1903년 의학박사 학위 취득. 1914년부터 프랑크푸르트 암 마인 신경학 연구소의 에딩거(L. Edinger) 밑에서 조교로 일한다. 1917년 때마침 발발한 제1차 세계대전의 전상 사례들을 모으고, 뇌 손상 후유증 연구소(Institut zur Erforschung der Folgeerscheinungen von Hirnverletzungen)를 창설. 실어와 정신맹 등의 치료와 연구에 집중했다. 특히 심리학자 겔프와의 협동 연구로 이루어진 일련의 「뇌 병리학적 증례의 심리학적 분석」(Psychologische Analysen hirnpathologischer Fälle, 1918-32)을 발표하여 주목받았다. 이에 의해 뇌 병리학에 비로소 게슈탈트 심리학적 관점을 도입하게 되었으며, 뇌 손상 후의 기본 장애로서 범주적 태도의 상실을 주장, 클라이스트(K. Kleist) 등의 고전적 국재론을 비판하고 전체론적 뇌 병리학의 기수가 되었다. 1930년 베를린 대학 교수도 겸하게 되지만 나치스가 대두함에 따라 추방당하며, 1934년 네덜란드에 체재한 후 1935년 미국으로 망명. 뉴욕에서 개업의로 일하면서 여러 대학과 연구소에 초청되어 계속해서 미국 심리학회에 영향을 주었다. 특히 심리학자 셰러((M. Scheerer)와의 협동으로 이루어진 추상적 태도에 관한 검사법인 골드슈타인-셰러 테스트(1941)는 후에 다양한 범주 개념 검사가 고안되는 계기가 되었다. 만년에는 고독한 생활을 보내며, 1962년 뇌졸중으로 실어와 우편 마비를 일으킨 후 뉴욕에서 86세의 생애를 마쳤다. 주저로서 『유기체의 구조生體の機能』(*Der Aufbau des Organismus*, 1934: 村上 仁・黑丸正四郎 譯, みすず書房, 1957)이 있다.

골드슈타인과 현상학과의 관련에 대해서는 A. 구르비치(1949)에 의한 지적이 있다. 그에 의하면 예를 들어 겔프-골드슈타인의 범주적 행동과 구체적 행동의 구별이 후설의 『논리연구』 등에서 보이는 범주적 통일로서의 상등성(Gleichheit als kategoriale Einheit)과 감성적 상등성 계기(sinnliches Gleichheitsmoment)에 관한 논술에 대응하는 점 등등에서 골드슈타인의 논의는 의식하고 있진 않지만 현상학적 의의를 내포하고 있다고 생각된다. 또한 골드슈타인의 연구는 메를로-퐁티의 『행동의 구조』나 『지각의 현상학』, 카시러의 『인간에 대하여』와 같은 저작에서도 빈번하게 인용되는 등, 현상학에 깊은 영향을 주고 있다. ☞㉦범주적 태도/구체적 태도, 정신의학과 현상학, 생명과학과 현상학, ㉧겔프, ㉥유기체의 구조

—가와이 가즈요시(川合一嘉)・하마나카 도시히코(濱中淑彦)

구르비치 [Aron Gurwitsch 1901. 1. 17-73. 6. 25]

리투아니아에서 태어난 현상학자. 1919년 베를린에서 수학, 물리학, 철학을 전공하기 시작했지만 슈툼프의 권유로 1922년부터 1년 정도 후설 밑에서 공부하고, 나아가 추상 문제를 연구하기 위해 프랑크푸르트의 겔프, 골드슈타인에게로 가서 게슈탈트 심리학을 공부했다. 거기서 박사논문 『주제의 현상학과 순수 자아의 현상학』(“Phänomenologie der Thematik und des reinen Ich”, in *Psychologische Forschung* 12, 1929 ; Aron Gurwitsch, *Studies in Phenomenology and Psychology*, Evanston, 1966에 영역되어 다시 수록)을 마무리했지만, 프랑크푸르트에서는 제출하기 곤란했기 때문에 결국 1928년에 가이거 밑에서 박사 학위를 취득한다. 후설에 의해 높이 평가된 이 논문에서 구르비치는 후설의 초월론적 현상학과 지각의 게슈탈트 이론의 통합에 의해 성립하는 ‘노에마적 현상학’이라고도 불리는 그의 철학의 기본을 구축했다. 계속해서 베를린에서 사회의 현상학에 관한 교수 자격 논문 「환경세계에서의 사람과 사람의 관계」(“Die mitmenschlichen Beziehungen in der Milieu-welt”)를 1931년에 완성하여 제출했지만, 나치즘의 대두로 인해 교수 자격의 취득은 불가능하게 되었다. 이 논문은 사후 A. 메트로의 편집에 의해 출판되었다(de Gruyter, 1977). 이 논문에서는 셸러에게서 자극을 받아 사회적 공동존재의 존재방식을 공동성(Partnerschaft), 귀속성(Zugehörigkeit), 융합성(Verschmelzung)이라는 세 개의 단계로 구분하고 있는데, 이들은 어디까지나 ‘자연적 환경세계’라는 장에 파묻힌 것으로 간주된다. 1933년에 파리로 탈출하여 A. 코이레 등이 망명자들을 위해 준비해둔 소르본의 과학사·기술사 연구소에서 게슈탈트 심리학과 현상학 강의를 행했다. 열심 있는 청강자 중 한 사람으로 메를로-퐁티가 있었다. 파리 망명 중에 알게 된 A. 슈츠의 도움으로 1940년에 미국으로 건너간다(여기서 맺어진 친교는 슈츠의 죽음에 이르기까지 계속됐다. R. Grathoff, Hg., *Alfred Schütz/Aron Gurwitsch Briefwechsel* 1939-1959, 1985 참조). 미국에서는 존스 홉킨스, 브란디스 대학 등 여러 장소에서 가르친 후 1959년부터 슈츠의 후임으로서 뉴스쿨(New School for Social Research)의 자리에 취임했다. 이 사이 주저인 『의식의 장』을 비롯해 지향성, 의식, 구성 등에 대한 개념사적 연구 등 수많은 논문을 발표했다. 구르비치는 후설의 초월론적 자아나 휠레 개념에 대해서는 일관되게 비판적이었지만, 실존주의나 철학적 인간학에 대해서는 어디까지나 의식 분석의 우위를 주장하여 후설적인 입장을 옹호함으로써 전후 미국에서의 현상학의 발전에 슈츠와 더불어 결정적인 영향을 주었다.

☞ ㉷뉴스쿨, ㉧슈츠, ㉥의식의 장

—무라타 준이치(村田純一)

㊢ Aron Gurwitsch, *Phenomenology and the Theory of Science*, Evanston, 1974. L. Embree, ed., *Life—World and Consciousness, Essays for Aron Gurwitsch*, Evanston, 1972.

구키 슈조 [九鬼周造 1888. 2. 15-1941. 5. 6]

쇼와 시기의 철학자. 도쿄에서 태어나, 도쿄 제국대학에서 쾨베르(Raphael Koeber 1848-1923)에게서 사사하며 철학을 공부하고, 동 대학 대학원을 거쳐 1921년 문부성 촉탁으로서 유럽으로 건너간다. 22-23년 하이델베르크에서 리케르트에게서 공부하고, 24-26년 파리에 체재, 사르트르를 가정교사로 한다. 27년 프라이부르크에서 후설, 오스카 베커에게서 배우고, 그 후 마르부르크 대학으로 옮겨 그 다음 해 여름학기까지 하이데거의 강의를 청강, 개인적으로도 <이키>에 대한 대화 기회를 갖는다. 28년 여름 파리로 돌아가 퐁티니에서 프랑스어로 두 개의 강연을 행한다. 29년 귀국, 교토 제국대학 문학부 철학과 강사, 33년 동 조교수, 35년 동 교수가 된다.

쾨베르의 가르침에서 출발하여 탁월한 어학 실력에 뒷받침된 고대·중세 이래의 서구의 정신적·철학적 전통에 대한 투철한 이해, 동서의 문학, 특히 시 전통에 대한 관심과 교양, 나아가서는 일본과 동양의 정신적·철학적 전통에 대한 깊은 관심. 이러한 관심들과 교양들의 기초 위에 현상학의 새로운 동향을 일찍부터 접하고, 특히 하이데거의 해석학적 현상학의 방법을 적확하게 이해, 수용하여 이른 시점에 일본에 대한 소개자가 됨과 동시에, 그 방법의 적용에 의한 일본과 동양의 정신적 전통에 대한 해명, 나아가서는 시간론이나 우연성 문제, 압운론 등의 영역에서 독자적인 철학적 사유의 세계를 전개한 데에 구키의 생애에 걸친 학문적 영위의 특색이 존재한다.

구키의 저작 중에 가장 널리 세상에 알려진 『'이키'의 구조』(1930)는 첫 번째 파리 체재 시절에 그 구상의 연원을 지니는 것으로 해석학적 방법에 의해 에도 시기에 생겨나는 윤리적 · 미적 의식인 <이키>의 독자적인 구조를 분석하여 그 현상의 형태들을 기술한 것인데, 일본이나 아시아의 농촌 공동체 전통에 연결되는 메이지 이후 일본 철학의 공동존재에 대한 많은 사유들 중에서 유달리 이채를 띠고 있다. 『우연성의 문제』(1935)를 중심으로 하는 <우연성>을 둘러싼 사유는 구키 자신이 필생의 저작으로 간주한 것인데, 여기서의 핵심어를 이루는 "독립된 이원二元의 해후"라는 개념도 서양 근대의 원자적인 <개체> 개념을 비판하는 한편, 일본적 · 아시아적 공동체에 매몰됨이 없이 독자적인 <개체>와 인간관계의 철학의 확립을 지향한 것이다. ☞㊕'이키'의 구조

—사카베 메구미(坂部 惠)

㊟ 坂部 惠, 『不在の歌—九鬼周造の世界』, 筑摩書房, 1991.

귀르비치 [Georges Gurvitch 1894. 11. 2–1965. 12. 12]

프랑스의 사회학자. 러시아에서 태어나며, 프라하대학 조교수. 그 후 프랑스로 이주하여 귀화. 소르본 강사, 보르도, 스트라스부르의 대학 교수가 된다. 나치스의 프랑스 진공 후인 1940-43년에는 뉴스쿨(New School for Social Research)에서 가르치며, 제2차 세계대전 후 소르본–파리 대학 교수가 된다. 잡지 『국제사회학논집』을 편찬하는 등, 국제적으로 활약. 현상학과 베르그송의 영향을 받아, 법과 계급 등에 대한 사회학적 분석에서 독자적인 경지를 연다. 포괄적 전체 사회의 현실은 '집단'적 현실들을 사이에 두고서 다양한 정도의 '강도'와 '깊이'를 지니는 '사회적 교섭'(sociality)이라고 불리는 미시적 사회 현실과 복잡하게 상호적으로 관련되어 있다는 것을 지적하고, 미크로(미시적) 사회학과 매크로(거시적) 사회학의 통합 필요성을 역설한다. 그의 사회학 이론은 '개인'과 '사회'의 양자택일에 반대하고, 양자를 상호 내재와 상호 침투의 관계로서 파악하는 등, "시계視界의 상호성"(리트Theodor Litt)의 사상과 통하는 점이 있다.

—사토 요시카즈(佐藤嘉一)

그라넬 [Gérard Granel 1930–]

프랑스의 철학자. 고등사범학교에서 알튀세르, 보프레에게 사사하고 1953년 철학교수 자격 취득. 보르도, 툴루즈, 엑스 앙 프로방스 대학을 거쳐 1972년 툴루즈 대학 교수. 현상학뿐 아니라 언어철학, 정치철학 영역에서도 활발한 논의를 전개. 주요 저작은 *Le Sens du Temps et la Perception chez Husserl*, 1968, *De l'Université*, 1982, *Écrits logiques et politiques*, 1990 등.

그림메 [Adolf Grimme 1889. 12. 31–1963]

독일의 정치가 · 종교사회학자. 할레, 뮌헨, 괴팅겐 대학에서 공부하고, 1919년 베를린 지방 학무국에서 근무. 1930년 교육대신. 그 후에도 요직을 역임. 괴팅겐 시대의 후설의 제자 중 한 사람이며, 1930년대의 후설의 연구 생활을 지원했다. 주요 저작은 *Religiöse Mensch*, 1923, *Vom Wesen der Romantik*, 1947, *Sinn und Widersinn des Christentums*, 1969 등.

기토 에이이치 [鬼頭英一 1908. 6. 26–69. 9. 9]

현상학, 실존철학자. 소학교 5년을 수료(1920)하고 아이치 1중학에 입학, 동 4년을 수료(1924)하고, 8고에 입학하여 후설학자 사타케 데쓰오佐竹哲雄에게서 논리학과 철학을 배운다. 2학년 여름 「순수 논리학에의 프롤레고메나」를 번역하여 6년 후(1931)에 출판. 도쿄대학 철학과에 입학(1927)하여 2학년 때 「순수 현상학과 현상학적 철학의 이념들純粋現象學及び現象學的哲學考案」을 번역하여 2년 후(1932)에 출판. 1930년 21세에

도쿄대 졸업. 다음 해인 31년 후설 입문의 명저 『현상학 개설』을 출판한 오제키 마사카쓰大關將一와 생애의 벗이 된다. 릿쿄立教, 무사시武藏, 가나자와金澤의 대학 교수를 역임하고, 규슈九州 대학 재직 중 "죽음의 문제로부터 철학을 배우게 되며", 최후로 죽음을 인식하기 위해 자해. 기토가 지향한 철학은 후설의 의식 속에 포함되어 있는 현상의 기술 분석에서 보이는 엄밀성과, 모든 현상을 자각존재(실존)와의 연결에서 고찰하는 하이데거의 구체성을 겸비하는 것이었다. 논문 「현상학적 관념론과 환원적 방법」(1931)은 후설 연구의 정점을 보여준다. 『하이데거의 존재학』(1935)은 입문의 명저. 주저는 『가능성의 철학』(1964). 『기토 에이이치 저작집』 전 8권(1988, 公論社)이 있다.

—구니시마 가즈노리(國嶋一則)

깁슨 [William Ralph Boyce Gibson 1869. 3. 15–1935. 4. 3]
영국의 철학자. 옥스퍼드, 예나, 파리, 글래스고 대학에서 수학, 철학을 공부한다. 런던 대학, 리버풀 대학을 거쳐 1912년 멜버른 대학 교수. 1928년, 프라이부르크에서 후설에게서 공부하고, 그 시기의 상세한 일기를 남겼다. 주요 저작은 *A Philosophical Introduction to Ethics*, 1904, *Rudolf Eucken's Philosophy of Life*, 1906, *The Problem of Logic*, 1908(공저), *God with Us*, 1909 등.

나탄손 ⇨㊅네이탄슨

나토르프 [Paul Natorp 1854. 1. 24－1924. 8. 17]

독일의 철학자로서 마르부르크 대학 교수. 신칸트학파에 속하며, 특히 코헨(Hermann Cohen 1842-1918)의 영향을 강하게 받아 마르부르크학파의 중진이 되었다. 그가 칸트로부터 계승하고 또한 독자적으로 전개하고 있던 '비판적 방법'에 대해 그는 이 비판적 방법이 "사상을 계속해서 산출하는 힘인바, 단순한 하나의 사상의 소산이 아니다"라고 말한다. 나토르프에게 있어 '비판적 방법'에 의한 철학이란 사유나 인식의 존재방식에 대한 기술에 그치는 것이 아니라 오히려 사유나 인식을 산출하는 힘인 것이다. 이 점에서 그는 자기의 입장을 "범방법주의자"(Panmethodist)라고 하고 있다.

초기에는 고대 철학 연구 및 교육철학에 관한 저작 등이 많지만, 그와 더불어 코헨의 영향을 강하게 받아 결코 대상화될 수 없는 자아의 사유의 무한한 연속성에서 학이 전개된다는 입장을 채택한다. 나아가 이 입장은 1903년의 『플라톤의 이데아론』(*Platos Ideenlehre*)에서의 관념론적 해석에서 심화된다. 그것에 의하면 플라톤의 이데아도 단순한 사물이 아니라 다름 아닌 바로 사유 그 자체이다. 플라톤이 의도한 이데아의 학으로서의 철학은 단순한 사실의 학이 아니라 생성의 학인 것이다. 학은 언제나 생성의 도상에 있는 '학들'(*Wissenschaften*)로서만 있을 수 있는바, 초월론적 논리학의 사명은 이러한 생성하는 학들의 범주 체계를 전개하고 생성시키는 것이다.

1912년의 『비판적 방법에 기초하는 일반심리학』(*Allgemeine Psychologie nach kritischer Methode*, Ⅰ, *Objekt und Methode der Psychologie*)에서 그는 자기 철학의 체계화를 목표로 하여 우선 객관화 인식의 모든 통일적 구축의 근저로서 '일반심리학'을 내세운다. 이것은 분석과 추상에 기초하는 객관화 인식 방법을 역전시켜 근원적인 종합·통일을 회복('재구성')하는 것이다. 나아가 그는 이 사상을 심화시켜 '일반논리학'의 구축으로 나아갔다. 그것에 의하면 철학은 사유, 존재 및 인식을 대상으로 하지만 그것들 모두에 선행하는 것이 존재하는데, 이것을 나토르프는 "궁극적 의미 산출자"(das letzte Sinngebende)라고 부른다. 나토르프에 의하면 '궁극적 의미 산출자'란 헤라클레이토스와 플라톤이 말하는 '로고스'를 의미하는 것에 다름 아니다. 더욱이 이 '궁극적 의미 산출자'는 하나이자 불가분하고 무제한한 전체인바, 이에 대해 말함에 있어 당장은 '그것이 있다'(Es ist)라는 '단순정립' 이외에는 다른 방법이 없다. 그러나 '단순정립'에서는 이와 같은 '궁극적 의미 산출자'로서의 '로고스'의 학, 즉 그가 말하는 '일반논리학'은 성립할 수 없게 된다. 그러나 또한 로고스는 하나의 전체자인 한에서 자기 창조, 자기 회의를 무한히 반복하는 것이며, 거기에 일종의 로고스의 자기 대화가 존재한다. 나토르프가 말하는 '일반논리학'이란 바로 이러한 자기 대화를 묘사하는 행위인 것이다. 이와 같은 입장은 일종의 논리 형식주의 혹은 범논리주의라는 비판을 받을지도 모른다. 그러나 이러한 비판은 정당하지 않은바, 나토르프에 따르면 '일반논리학'이란 생명 없는 단순한 인식상의 조화와 통일을 추구하는 것이 아니다. 참다운 '로고스'는 헤라클레이토스와 헤겔이 밝혀주듯이 모순을 통한 참다운 통일이다. 정립이란 한계의 정립도 의미하는데, 이것은 두 개의 영역을 분할함과 동시에 이들을 합일하는 것이다. 이와 같이 나토르프는 후기에 들어서면 헤겔의 강한 영향을 떠올리게 하는 체계를 구상하기에 이르며, 이론, 실천, 제작의 세 영역을 관통하는 근본적 범주의 생성학을 시도한다.

나토르프는 이상과 같이 코헨 이래의 마르부르크학파의 비판적 관념론에서 출발하여 피히테-헤겔적인 절대적 관념론에로 나아갔다. 후설과의 관계에 대해 말하자면 그는 신칸트학파에서 후설과 가장 관계가 깊었던 사람들 중 하나이며, 후설은 1888년 간행된 나토르프의 저작『심리학 입문』(*Einleitung in die Psychologie*)의 칸트 해석에서 커다란 영향을 받았다. 그들의 관계는 후설의 할레 시대에서 시작되는데, 비유클리드 기하학에 대응하는 공간 직관을 둘러싼 논쟁을 보여주는 서간(1897년)이 있다. 나토르프는 유클리드의 삼차원 공간에 머무르고 있던 기하학이 그 한정을 넘어서서 비유클리드적인 것도 포함한 일반적인 순수 다양체론으로 확장되어가는 과정에서 "사유 과정의 무한한 연속성"에서의 "아프리오리의 '생산'"을 보지만, 후설은 오히려 힐베르트적인 입장에서 비유클리드적인 체계를 옹호한다[Hu **19**. 393]. 또한『논리연구』에서도 순수 자아극을 인정하지 않는 후설과 이것을 비판하는 나토르프 사이에서 논쟁이 교환되었다. 후설은 나토르프의 비판을 받아들여 1913년의『논리연구』 제2판에서 그 취지를 기록하고 있는데, 케른과 같이 후설의 '데카르트적 자아'에 대한 '각성'의 동기를 나토르프의 후설 비판에서 찾는 논자도 있지만, 슈만은 상세한 텍스트 비판에 의해 이에 대해 부정적이다[K. Schuhmann, *Die Dialektik der Phänomenologie* Ⅰ, 1973].

일본어 역이 있는 저작: *Philosophie, ihr Problem und ihre Probleme*, 3. Aufl. 1921(橘高倫一 譯,『哲學―其の問題と其の諸問題』, 大村書店, 1925). "Husserls Ideen zu einer reinen Phänomenologie", in Logos, 1917/18(細谷恒夫 譯,『フッセル純粋現象學考案』, 岩波書店, 1932). ☞ ㊀신칸트학파와 현상학, ㊂후설의『이념들』

―모리나가 가즈히데(森永和英)

네이탄슨{나탄손} [Maurice Natanson 1924-]

알프레드 슈츠의 제자. 사르트르 연구인 *A Critique of Jean-Paul Sartre's Ontology*로 Ph. D. 취득. 더 나아가 학위 취득 후 H. 스피겔버그의 권고에 따라 1952-53년의 2년간 뉴스쿨(New School for Social Research)에서 슈츠의 연구 지도를 받아 G. H. 미드 연구로 Summa cum laude degree의 사회과학 박사 학위를 취득. 이 연구는 후에 *The Social Dynamics of George Herbert Mead*, 1956(長田攻一・川越次郎 譯,『G. H. ミードの動的社會理論』, 新泉社, 1983)으로서 간행되었다. 현재 예일 대학 교수. 행위에서의 '시간' 개념의 도입 등에 의해 미드의 자아론이나 사회적 역할론에 새로운 현상학적 해석의 국면을 열었다. 또한 슈츠의『의미 구성』의 부분적 영역이나 슈츠의 유고 저작집의 출판에도 진력하며, Th. 루크만, P. 버거, H. 와그너(Helmut R. Wagner) 등과 함께 슈츠 이론의 보급에 커다란 공헌을 이루고 있다. 그의 슈츠 연구로서는 *Anonymity: A Study in the Philosophy of Alfred Schutz*, Bloomington, 1986 등이 있다. ☞ ㊃슈츠

―사토 요시카즈(佐藤嘉一)

니시다 기타로 [西田幾多郎 1870. 6. 17(구 5. 19)-1945. 6. 7]

불교를 비롯한 동양적 사유의 전통에 서서 고금의 서양 철학을 의욕적으로 받아들임으로써 니시다 철학이라고 불리는 본격적인 철학 체계를 수립했다고 평가된다. 교토 대학 교수로서 많은 수재들을 모아 이른바 교토학파를 형성하게 되었다.

일반 독자들에게도 사랑 받은『선의 연구』에서는 지・정・의의 합일로서의 순수 경험이라는 개념을 제기했지만, 이러한 주관주의 또는 주의주의적인 입장은 서서히 '장소의 논리'로 변모해 간다. 즉 대상(노에마)으로서의 주어를 중시하는 아리스토텔레스적인 주어 논리를 비판하고, 특수로서의 주어를 포섭하는 술어(보편)의 방향을 철저화하여 모든 유적有的 술어를 넘어서는 무의 술어 측면('무의 장소')에 도달했다. 이러한 절대무는 곧바로 역사적・사회적인 변증법적

세계로서 해석되어 간다. 절대무와 개물, 또한 개물들 상호간의 관계는 '(자기) 한정'이라든가 '비추다'라는 말로 말해지며 법칙으로서 동일하게 포착될 수 없는 유일성을 지닌다. 그 배후에는 '행위적 직관'의 사상이 놓여 있다. 자기는 세계를 대상으로 보는 것이 아니라 '작업적 요청'으로서 세계 속에 존재한다. 반성적 철학의 (자기) 대상화와 달리 활동 그 자체 속에서 자기가 자기를 본다. 그로부터 대상 논리를 넘어서는 '비연속의 연속', '모순적 자기동일'의 착상도 생겨난다.

니시다는 후설의 현상학에 일찍부터 주목하여 강의나 논문으로 일본에 소개했다. 그러나 노에시스적 초월이 철저하지 않다거나 '의식된 의식'의 입장을 내놓지 않는다고 하여 후설의 초월론적 주관성의 한계를 지적한다. 현상학이 해결할 수 없는 의식과 대상의 대립 문제를 스스로의 '무의 장소' 구상으로 극복했다고 믿었던 것이다. 하이데거의 해석학적 현상학에 대해서도 이해의 개념이 "활동에 의해 자기 자신을 사실적으로 안다"고 하는 자각적 한정의 차원에 도달하지 못한다는 것, 그가 말하는 세계도 우리가 밖으로부터 보고 있는 세계에 지나지 않으며, 우리가 "그것에서 존재하는" 세계가 아니라는 것을 들어 비판한다. 야스퍼스도 현상학의 맥락에서 파악하여 그의 '실존 조명' 개념이 추상적 의식의 자기 한정에 머물러 있다는 것을 힐난하는 반면, 야스퍼스가 자기를 세계 내에 존재하는 것으로 보는 점은 니시다 자신의 모순적 자기 동일(자기와 세계의) 개념에 가까운 것인바, 자기를 세계 바깥에서 세계를 보는 눈으로 간주하는 종래의 철학을 능가한다고 긍정적으로 평가하고 있다. ☞[사]사이, [서]선의 연구

—나카오카 나리후미(中岡成文)

[참] 末木剛博,『西田幾多郎』, Ⅰ-Ⅳ, 春秋社, 1983-88.

ㄷ

다나베 하지메 [田辺 元 1885. 2. 3-1962. 4. 29]
도호쿠 제국대학 이학부에서 과학개론을 담당하고 일본의 과학철학·수리철학 분야에서 선구적인 작업을 했지만, 후에 니시다 기타로西田幾多郎의 초청으로 교토 제대 문학부 조교수가 된다. 독일에 유학하며, 후설 밑에서 현상학을 공부하고 하이데거와도 교제한다. 니시다의 절대무의 사상에 커다란 영향을 받았지만, 그 관조성을 비판하여 '절대 매개'의 필요를 주장, '종의 논리'를 내세운다. 후설 현상학의 중요함은 인정했지만, 지향성 개념은 본래 외계의 인과성과는 다른 정신 현상의 독자성을 명확히 해야 함에도 불구하고 후설이 대상의 객관적 구조의 해명에 무게를 두었다는 점을 불만스러워한다. 다나베는 오히려 정신이 그 대상에 제약(변증법적으로 말하면 '부정')되고 있다는 것을 스스로 인정하여 긍정하고, 이러한 자기부정의 자유('절대무 즉 사랑')에서 자각의 동적 발전을 이룰 것을 요구한다. 하이데거에서도 여전히 존재(초월)와 의미(내재)의 분열이 남아 있으며 통일은 의미의 내재적 측면으로부터의 요청에 머무른다고 하여 '생의 존재학'에 '죽음의 변증법'을 대치시켰다. ☞ [인]니시다 기타로

—나카오카 나리후미(中岡成文)

다우베르트 [Johannes Daubert 1877. 6. 8-1947. 12. 11]
뮌헨 현상학파의 대표자의 한 사람. 브라운슈바이크에서 태어나 괴팅겐, 라이프치히에서 공부한 후, 1899년 뮌헨의 Th. 립스 밑에서 철학을 공부한다. 후설의 『논리연구』 출판 후 일찍부터 그 가치를 이해하고, 1902년에 후설을 방문. 같은 해 '뮌헨심리학연구회'에서 '통각과 판단의 심리학에 대하여'라는 제목으로 강연하고, 이후 다양한 논의를 통해 립스의 제자들에게 후설의 현상학을 이입했다. 1905년 여름학기에 후설의 강의에 참가. 그해 제펠트에서 후설, 펜더 등과 토의를 거듭했다. 1906년부터 뮌헨에서 사적 교사(Privatgelehrter)로서 펜더, 가이거와 함께 뮌헨학파의 중심인물로서 활약. 1907년 '대상과 대상에 대한 의식'에 대해 강연. 1914년부터 병역에 종사하고, 1919년부터는 농업을 경영한다. 실재적 대상은 초월적이며, 지향적 대상과는 달리 '현실적 현실성'(wirkliche Wirklichkeit)에 속한다고 주장하는 그의 실재론적 경향은 뮌헨-괴팅겐학파의 방향에 크고 많은 영향을 주었다. 후설도 다우베르트를 대단히 높이 평가했지만, 그 자신이 생전에 출판한 논문·저작은 없다. 다만 철학 연구는 계속하여 많은 수고를 남겼다. 유고는 '다우베르트 문고'(Daubertiana)로서 보존되어 있다[E. Avé-Lallmant, *Die Nachlässe der Münchener Phänomenologen in der Bayerischen Staatsbibliothek*, Wiesbaden, 1975]. 최근 K. 슈만 등의 노력에 의해 수고의 독해가 진전되어 그의 철학의 내용이 서서히 밝혀져 왔다[K. Schuhmann and B. Smith, "Against idealism: Johannes Daubert vs. Husserl' Idea Ⅰ", *The Review of Metaphysics*, 38, 1985]. ☞ [사]뮌헨학파{뮌헨 현상학}

—모리무라 오사무(森村 修)

다카하시 사토미 [高橋里美 1886. 11. 28-1964. 5. 6]
쇼와 시기의 철학자. 1910년 도쿄 제국대학 문과대학

철학과 졸업. 동 대학원 재학 중에 「의식 현상의 사실과 그 의미」에서 니시다西田 철학에 대해 논의하여 주목받았다. 제6고등학교 등의 교사를 거쳐, 1921년 도호쿠제국대학 이학부 조교수. 주로 독일에 유학한 후 1928년 법문학부 교수, 후에 세 번 법문학부장이 된다. 나아가 1947년 산케이 고등학교장, 1949년 도호쿠 대학장에 선출되었다. 그 사이 『후설의 현상학』(1931)으로 일본에 처음으로 현상학을 소개하고, 또한 『전체의 입장』(1932)을 비롯한 저서들에 의해 현상학과 신칸트학파, 변증법 철학 등의 유럽 사상을 근거로 삼으면서도 일본 고래의 존재 감정에 뿌리박은 독자적인 철학체계를 구축하여 니시다 기타로西田幾多郎와 다나베 하지메田辺元와 나란히 일컬어졌다. 만년에는 일본학사원 회원(1950), 문화공로자(1958)가 된다. 사후에 『다카하시 사토미 전집』 전 7권(福村出版)이 묶여졌다. ☞ ㈓후설의 현상학

—다키우라 시즈오(瀧浦靜雄)

데리다 [Jacques Derrida 1930. 7. 15–2004. 10. 8]

구조주의 이후를 대표하는 프랑스의 철학자. 알제 근교의 엘비아르에서 태어난다(유대계). 1952년 에콜 노르말 쉬페리외르에 입학, 알튀세르(Louis Althusser 1918-90), 푸코(Michel Foucault 1926-84) 등을 알게 된다. 56년에 아그레가시옹(대학교수 자격시험) 합격. 르만의 리세, 소르본 등을 거쳐 65년부터 84년까지 모교인 에콜 노르말의 철학사 담당 조교수로 일했지만, 현재는 사회과학원 고등연구원 교수('철학의 제도들' 담당). 66년 이후에는 미국의 대학들에서도 매년 가르치고 있다.

서양 형이상학의 탈구축(déconstruction)이라고 불리며 현대 사상의 초점들 중 하나가 된 데리다의 활동은 후설 현상학에 대한 비판적 독해로부터 시작되었다. 에콜 노르말 재학 중(53-54년)에 씌어진 『후설 철학에서의 발생의 문제』(*Le problème de la genèse dans la philosophie de Husserl*, 1990)는 『산술의 철학』으로부터 『위기』 및 미완의 초고군을 포함하는 후설의 전 저작을 세밀히 검토하면서 현상학적 <근원>이라는 것이 언제나 이미 "또 하나의 종합"일 수밖에 없다는 것, 어떠한 분석도 현전화할 수 없는 "창설적 거리", "단순한 것의 원초적 오염"이 문제라는 것을 주장하여 이미 후년에 전개되는 차연(différance)의 모티브를 소묘하고 있다. 그것이 여기서는 아직 "근원적 변증법"이라고 불리는데, 레비나스, 사르트르, 메를로-퐁티, 리쾨르가 아니라 오히려 쩐 덕 타오, 카바이에스 등의 후설론이 중시되고 있는 것은 50년대 프랑스의 "철학적·정치적 지도"와 관계된다고 한다.

데리다의 최초로 공간된 저서가 된 것도 후설의 유고 『기하학의 기원』의 프랑스어 역과 그것에 붙인 장대한 서론이었다[*L'origine de la géométrie*, traduction et introduction par Jacques Derrida, 1962). 그는 여기서 후기 후설의 의의를 <본질의 철학의 방기>로 보는 메를로-퐁티 류의 해석을 배척하고 <역사성의 아프리오리>에 대한 엄밀하게 현상학적인 탐구의 시도로서 이 유고를 자리매김하는 한편, 이 탐구의 철저함 자체가 후설 현상학의 한계를 폭로하게 된다고 주장한다. 요컨대 데리다에 의하면 후설은 여기서 에크리튀르(문자언어)가 모든 이념적 대상성 구성의, 따라서 또한 모든 에피스테메(학적 지) 구성의 <가능성의 조건>이라는 것을 보여주고 있지만, 현상학적인 <봄> 그 자체의 조건인 이러한 심급 그 자체를 현상학적으로 <봄>은 가능하지 않다. 현상학적 언설의 가능성은 사실에 대한 권리의, 존재에 대한 의미의, 현실에 대한 지향적 기능의 "근원적 지연" 위에서 비로소 열리는 것이며, 참으로 초월론적인 것이란 이러한 '차이'에 다름 아니라는 것이다.

『목소리와 현상』에서는 이러한 초월론적 '차이'가 '차연'으로서 다시 파악되어 데리다의 가장 성숙한 후설론이 전개된다. 데리다에 의하면 서양 형이상학은 진리의 근거인 로고스의 현전을 보증하기 위해 외적, 물질적, 공간적 성격을 지니는 에크리튀르를 잘라버리고 내적, 비물질적, 의지적 성격을 지니는 파롤(음성언어)을 특권시해 왔지만, 『논리연구』로부터 『이념들』로 후설이 초월론적 현상학의 이념을 확립해 가는

과정에서 기호 문제를 처리한 방식은 그가 이러한 "목소리의 필연적인 특권"을 "최대의 비판적 정묘함을 지니고서 개발했다"는 것을 보여준다. 순수 의식의 <자기에의 현전>과 그것을 기술하는 현상학적 로고스(파롤)의 명증성은 경험세계에 따라다니는 모든 불순함을 거기에 도입하는 외적 기호(에크리튀르)의 배제에 의해서만 확립된다고 하는 것이다. 『목소리와 현상』과 마찬가지로 1967년에 간행된 『에크리튀르와 차이』 및 『여백—철학에 대하여』에서는 플라톤으로부터 소쉬르, 레비-스트로스에 이르는 서양의 지적 전통에 대해 동일한 관점에서 전반적인 탈구축이 시도된다.

데리다는 하이데거의 <존재에 대한 물음>에 대해서도 그것을 경유할 필요성과 거기에 머무르는 것의 불가능성을 함께 강조한다. 현전의 형이상학과 로고스중심주의에 대한 하이데거의 태도는 '애매'한바, 형이상학의 탈구축(déconstruction)은 '존재론의 역사의 해체(Destruktion)' 내지 '존재사적 사유' 없이는 있을 수 없었다고 말할 수 있는 한편, 존재의 '의미' 혹은 '진리'의 탐구, 존재의 '목소리'에 대한 청종, 현존재 내지 인간의 본질에 대한 존재의 근접성과 같은 하이데거의 주제 속에는 여전히 탈구축되어야 할 형이상학적 요소가 찾아진다고 하는 것이다. ☞반복, 에크리튀르, 차연, 현전의 형이상학, 후기구조주의와 현상학, ㊔기하학의 기원, 목소리와 현상

—다카하시 데쓰야(高橋哲哉)

㊟ 高橋哲哉, 『逆光のロゴス—現代哲學のコンテクスト』, 未來社, 1992. 高橋允昭, 『デリダの思想圈』, 世界書院, 1989.

데카르트 [René Descartes 1596. 3. 31-1650. 2. 11]

프랑스의 철학자. 투렌 주의 라에에서 태어난다. 예수회의 학원에서 공부하고 스콜라적 교육을 받으며, 푸아티에 대학에서 법학사 학위를 취득. 그 후 오렌지가 공자 모리스의 군에 들어가 출정. 네덜란드의 브레다에서 자연학자 베크만(Isaac Beeckman)과 알게 되고 물리수학 연구에 뜻을 둔다. 독일 원정 중인 1619년 겨울, 난로 불을 지핀 방에서 신적 계시를 받아 "경탄할 만한 학문의 기초"를 자각. 프랑스로 돌아와 28년 『정신 지도의 규칙』(*Regulae ad directionem ingenii*)을 쓴다. 이 책은 미완이긴 했지만 이미 그의 철학의 방법적 원리를 포함하며, 또한 최근의 마리온(Jean-Luc Marion)의 연구에 따르면 거기서 제시된 보편수학 구상은 전래되어 온 아리스토텔레스적인 학문관의 근본적 변혁을 예고하는 것이었다. 29년 네덜란드로 이주. 이곳에서 본격적으로 철학 연구를 시작한다. 32-33년경 『세계론』(*Le Monde*)—『인간론』(*L'Homme*)을 포함한다—을 쓰지만 갈릴레오의 이단 심문의 결과를 듣고 출판을 단념. 그러나 37년 『방법서설 및 세 개의 시론—굴절광학, 기상학, 기하학』(*Discours de la méthode, Dioptrique, Météores, Géométrie*)을 출판. 여기서 사물의 계량적 파악과 가설-연역적 방법에 기초한 자연학 연구의 성과가 결실을 맺는다. 41년 자연학의 형이상학적 근거짓기를 체계적으로 보여주는 『제일철학에 대한 성찰』(*Meditationes de prima philosophia*)을 공간. 여기서는 우선 모든 인식의 자명성을 괄호에 넣는 회의가 시도되며, 그 끝에서 사유하는 것(res cogitans)인 한에서의 <나>의 존재의 진리성이 확인된다. 이어서 성실한 신의 존재가 증명되고, 거기서 학적 지식의 확실성이 근거지어지기에 이른다. 덧붙이자면, 데카르트가 말하는 사유작용(코기토)에 대해 후설, 하이데거 등은 대상성의 지평을 여는 활동이라고 해석했지만, 최근 앙리의 연구는 그것이 내재의 체험 그 자체에 다름 아니라는 것을 보여주었다. 그런데 『성찰』의 형이상학은 사유(cogitatio)를 본성으로 하는 정신과 연장(extensio)을 본성으로 하는 물체가 실재적으로 구별된 상이한 실체라고 하지만(이원론), 인간에서의 이들 양 실체 사이의 교류 사실(심신 결합)의 까닭을 설명할 수 없다고 하는 어려움을 남긴다. 44년에는 자신의 철학 체계의 보급을 목표로 하여 『철학의 원리』(*Principia philosophiae*)를 출판. 보헤미아의 왕녀 엘리자베스의 요구에 응해 저술한 49년의 『정념론』(*Les Passions de l'âme*)에서는 심신 결합의 사실로부터 출발하여 정감의 구조에 대한 해명과 정념의 실천적 통제법에 대한 탐구를

시도했다. 같은 해 스웨덴의 크리스티나 여왕에게 초청받지만 폐렴을 앓아 스톡홀름에서 사망한다. ☞㊙데카르트와 현상학

—모치즈키 다로(望月太郞)

뒤프렌느 [Mikel Dufrenne 1910. 2. 9–]

프랑스의 철학자. 에콜 노르말 쉬페리외르에서 공부하고 파리 대학 교수를 역임. 프랑스 현상학, 특히 메를로-퐁티의 그것을 미학에 적용·전개한다. 『미적 경험의 현상학』(*Phénoménologie de l'expérience esthétique*, 1953)은 이 방면에서의 대표작. 『인간을 위해』(*Pour l'homme*, 1968)에서 제시된 인간주의적 입장과 『미학과 철학』 Ⅰ(*Esthétique et philosophie*, Tome Ⅰ, 1967)에서 제시된 자연의 철학은 그에게 있어 결코 모순되는 것이 아니다. 그의 현상학적 입장에서 수행되는 왕성한 대결주의적·대화주의적 정신은 구조주의로부터 현대 예술, 정치, 나아가서는 현대 문명에 이르기까지 발휘된다. 『언어와 철학』(*Language and Philosophy*, 1963), 『예술과 정치』(*Art et politique*, 1974)는 그와 같은 측면을 잘 전해주고 있다고 말할 수 있을 것이다. 그밖에 대표적인 저작으로서 『아프리오리의 개념』(*La notion d'«a priori»*, 1959), 『시적인 것』(*Le Poétique*, 1963)이 있다. ☞㊖미적 경험의 현상학

—시노하라 모토아키(篠原資明)

드 무랄트 [André de Muralt 1931. 9. 1–]

스위스의 철학자. 제네바 대학 교수. 후설 현상학에 입각하여 논리학의 위치짓기와 철학에서의 그 역할 및 현실적인 것과 이념적인 것의 관계 등을 연구하고 있다. 주요 저작은 *La conscience transcendantale dans le criticisme kantien, essai sur l'unité d'aperception*, 1958, *L'idée de la phénoménologie*, 1958, *Die Einheit der heutigen Philosophie*, 1966 등.

—나카무라 노보루(中村 昇)

드레이퍼스 [Hubert Lederer Dreyfus 1929. 8. 15–]

미국의 철학자. 하버드 대학에서 공부하고 1957년 브랜다이스 대학 강사, 60년 매사추세츠 공과대학 조교수, 72년 캘리포니아 대학 교수. 인공지능에 관한 독자적인 연구로 유명. 심적 과정은 현상학적으로 파악된 신체를 기반으로 하여 비로소 그 고유한 특성을 갖는다는 것을 보이고 신체를 지니지 않는 인공지능의 한계를 밝혔다. 주요 저작은 *Alchemy and Artificial Intelligence*, 1965, *Why computers must have bodies in order to be intelligent*, 1967, *What Computers Can't Do: The Limits of Artificial Intelligence*, 1979, [2]1992(黑崎政男・村若修譯,『コンピュータには何ができないか—哲學的人工知能批判』, 産業圖書, 1992) 등. ☞㊙인지과학{AI}과 현상학

디머 [Alwin Diemer 1920. 4. 16–]

독일의 철학자. 1954년 마인츠 대학 사강사, 1963년 동 대학 정교수. 후설의 현상학을 『논리연구』 제1권에서 전개된 방법론에서만 파악하는 경향을 비판. 후기 후설의 저작에 대한 검토를 통해 "지향성을 원리로 하는 형이상학적 체계"로서의 측면을 강조했다. 주요 저작은 *Edmund Husserl: Versuch einer systematischen Darstellung seiner Phänomenologie*, 1956, *Einführung in die Ontologie*, 1959 등.

딜타이 [Wilhelm Dilthey 1833. 11. 19–1911. 10. 1]

독일의 철학자. 1833년에 개혁파 목사의 아들로서 라인 강변의 비스바덴 시의 북쪽 교외에서 태어난다. 52년에 하이델베르크 대학에 입학하며, 그 다음 해에 베를린 대학으로 전학했다. 당시는 '역사학파'의 전성기로 그 중심지가 베를린이었다. 만년의 딜타이는 "그와 같은 시기에 베를린 대학에서 공부할 수 있었던 것은 엄청난 행운이었다"고 술회했다. 64년에 학위 및 교수 자격을 취득하고, 베를린 대학의 사강사가 된다. 67년에 바젤 대학에 부임하여 다음 해 키일 대학으로, 71년에 브레슬라우 대학으로 옮기며, 82년에 로

체의 후임으로서 베를린 대학의 철학교수에 취임했다. 1905년에 직을 사임했지만 이전보다 더 의욕적인 연구 활동을 계속하며, 1911년 가을, 베를린에서 티롤로 추위를 피해 여행하는 도중에 방대한 초고를 남긴 채 갑자기 사망했다.

딜타이 생전에 출판된 저작은 『슐라이어마허의 생애 제1권』(*Leben Schleiermachers*, 1870), 『정신과학 서설 제1권』(*Einleitung in die Geisteswissenschaften*, 1883 : 山本英一・上田武 譯, 以文社, 상 1979, 하 1981) 및 『체험과 시』(*Das Erlebnis und die Dichtung*, 1905)의 세 책뿐이지만, 그밖에도 다수의 논문과 평론이 전문지와 학회기요에 발표되어 있으며, 또한 방대한 양의 강의록과 초고가 남아 있다. 1914년부터 『딜타이 전집』(*Gesammelte Schriften*)의 간행이 시작되어 1990년에는 제20권이 출판되어 있다.

딜타이가 손 댄 연구는 광범위한 영역에 걸쳐 있지만 크게 둘로 분류할 수 있다. 하나는 역사적 연구인데, 이 방면에서의 연구로서는 『슐라이어마허의 생애』와 『체험과 시』를 비롯하여 독일 정신사에 대한 연구가 특히 유명하다. 또 하나는 체계적 연구인데, 그것의 중심 과제는 '정신과학의 근거짓기'이다. 이 과제의 해결을 목표로 하여 딜타이의 사유는 대단히 복잡한 궤적을 그리며 전개된다. 『정신과학 서설 제1권』에 이르는 긴 도정, 그 거대한 토르소를 둘러싼 그 후의 우여곡절에서 딜타이의 독자적인 철학이 형성되어간다. 다만 그의 '생의 철학'은 결코 체계적으로 정리된 것이 아니다. 우여곡절로 가득 찬 그의 사유에 통일성을 주는 것은 '삶을 삶 그 자체로부터 이해한다'고 하는 근본 지향뿐이다. 딜타이에서의 역사적 연구와 체계적 연구의 내적 연관도 이러한 근본 지향에 기초하고 있다.

딜타이는 형이상학적 사변과 자연과학적 방법을 모두 배척하고 '삶을 삶 그 자체로부터 이해한다'고 하는 길을 열어젖히고자 하여 그 출발점을 '내적 경험' 내지 '체험'에서 발견했다. 체험은 그것의 모든 활동에서 그 자신에 대한 앎('각지')을 수반한다. 체험에서 그 존재와 앎은 하나이자 그와 같은 것으로서 '사태 자체'이다. 더욱이 체험에서는 '심적 생의 총체'가 활동한다. '표상'뿐만 아니라 '감정'과 '의욕'이 협동하여 전체적인 연관을 형성한다. 이러한 '근원적 소여'로부터 출발하지 않으면 안 된다고 하는 것이 딜타이의 '생의 입장'이다.

이러한 '생의 입장'은 우선 '심리학' 연구로서 전개되었다. 딜타이는 체험의 각지를 전개하는 방식으로 현상학적인 의식 분석을 행하고, 체험에 내재하는 규칙적 관계, 요컨대 '구조'를 분석하고 기술하고자 했다. 이러한 심리학 연구는 이미 딜타이의 청년시대부터 착수된 것이지만, 그것이 일단 완성을 본 것은 1894년의 「기술적 분석적 심리학의 구상」에서이다.

이 '심리학'은 딜타이 자신에서는 미분화되어 있었지만 적어도 세 종류의 연구를 포함한다. 첫째는 인간적 생의 존재론이다. '체험'과 마찬가지로 '사회적 역사적 현실'도 '구조 연관'의 세계이다. 이 점을 명확히 하는 것이 딜타이 '심리학'의 당면 과제였다. 이런 의미에서 그 '심리학'은 말하자면 <정신과학의 존재론적 근거짓기>라는 지위를 지닌다. 둘째는 인간의 유형학 내지 형태학이다. 1895/96년의 '비교심리학'은 모든 인간에게 공통된 구조 연관으로부터 그 개성화로서의 다양한 <인간 유형>을 도출하여 '개성' 연구를 위한 기초를 제공하고자 한다. 「철학의 본질」(1907)이나 「세계관학」(1911)에서의 <세계관의 유형학>도 이 선상에 속한다. 그리고 셋째는 인식론이다. 1890년의 「외계의 실재성에 대한 우리의 신념의 기원과 그 정당성에 대한 문제를 해결하기 위한 기여」라는 논문에서 우선 외계의 실재성에 관한 문제가 다루어지는데, 외계의 실재성에 관한 우리의 신념은 '표상'에 의해서만 성립하는 것이 아니라 '감정'과 '의욕'을 포함하는 전체적인 '심적 구조 연관' 내지 '생의 연관'에 기초하여 성립한다는 것이 주장된다. 그러나 인식론 문제는 단지 외계의 실재성 문제로 끝나는 것이 아니라 좀 더 광범위한 연구를 필요로 한다. 본래 "사유는 생의 배후로 거슬러 올라갈 수 없다"는 것이 딜타이의 입장이었다. 그렇다면 정신과학뿐만 아니라 자연과학도 포함하여 일체의 인식을 '체험'으로부터 근거짓는 작업이 그에게 부과되게 된다. 1892년의 「경험과 사유」에서 처음으로 이 과제가 주제적으로 다루어지지만, 거기서는 딜타이의 기본적 견해의 윤곽이 묘사되고 있는 데 지나지 않는다. 다만 '생의 범주'가 주제화되어 가는 것은 이러한 연구 방향에서이다. 그 후 딜타이는 1905년의 ('정신과학의 근거짓기를 위한 연구'의) 「제1연구」에서 후설의 『논리연구』에 대해 언급하고, 후설이 자신의 심리학과 "동일한 관점"에서 출발하여 "지식론의 '엄밀한 기술적 근거짓기'를 '인식의 현상학'으로서 창시했다"고 말하며 이를 대단히 칭찬하고 있다. 요컨대 딜타이는 자신이 시도하면서도 성취하지 못한 '인식의 현상학'을 후설에게서 발견했던 것이다. 하지만 그 후 딜타이는 후설을 "심리학상의 스콜라학"이라고 하여 매우 엄격하게 비판하며, 또한 후설도 『엄밀한 학으로서의 철학』에서 딜타이를 '역사주의'로서 비판하는데, 이러한 상호 비판은 양자의 철학적 지향의 차이를 확실히 이야기해주고 있다. 어쨌든 딜타이의 '심리학'에서는 '정신과학의 근거짓기'라는 중심적 과제를 둘러싸고 다양한 문제 관심이 뒤얽혀 혼재되어 있는 것이다.

그러나 이러한 '심리학' 연구와 뒤얽혀 '해석학' 연구가 부상한다. 1900년의 '해석학의 성립'이 그것이다. 본래 해석학은 문헌 해석의 기법론이었지만, 이제 딜타이에게서 이해 내지 해석의 대상은 문헌만이 아니라 모든 '생의 표출' 내지 '표현'으로 확대되며, 그에 따라 해석학도 이해 내지 해석의 이론으로서 <정신과학의 인식론>으로 다시 만들어지게 된다. 나아가 딜타이는 1910년의 「정신과학에서의 역사적 세계의 구성」에서 새롭게 '정신과학의 근거짓기'에 몰두하여 현대적 의의를 지니는 몇 가지 중요한 생각을 내세운다. 즉 '생의 범주'가 전개되며, 또한 '체험・표현・이해'라는 연관이 정신과학의 원리로서 확립되고, 나아가 '객관적 정신'이라는 개념이 도입되어 인간의 '역사성'이 강조되어 가는 것이다. 그러나 딜타이는 이러한 새로운 발상들을 충분히 전개하지는 못한 채 여행 도중에 이 세상을 떠나고 말았다 ☞ [사]생의 연관, 생의 철학과 현상학, 세계관의 철학, 이해, 저항, 추체험, 해석학과 현상학, [서]정신과학에서의 역사적 세계의 구성, [인]볼노우, 미쉬

—마루야마 다카시(丸山高司)

[참] O. F. Bollnow, *Dilthey*, 1936(麻生 建 譯,『ディルタイ』, 未來社, 1977. O. F. ボルノウ(高橋義人 譯),『ディルタイとフッサール』, 岩波書店, 1986).

딩글러 [Hugo Dingler 1881. 7. 7－1954. 6. 29]

독일의 수학자・철학자. 수학을 클라인에게서, 철학을 후설에게서 배운다. 1920년 뮌헨 대학 교수. 32년 다름슈타트 공과대학 교수. 수학을 경험에 의하지 않은 순수하게 사유적인 것으로 파악하고 그 확실성의 근원을 의지 행위에서 찾았다. 주요 저작은 *Die Grundlagen der Naturphilosophie*, 1913, *Das System*, 1930, *Die Ergreifung des Wirklichen*, 1969, *Aufsätze zur Methodik*, 1987 등.

라스크 [Emil Lask 1875. 9. 25–1915. 5. 26]

신칸트학파, 그 중에서도 서남독일학파의 철학자. 1912년 하이델베르크 대학 교수. 1915년 전사. 주저 『철학의 논리학과 범주론』(*Die Logik der Philosophie und Kategorienlehre*, 1911 : 久保虎賀壽 譯, 『哲學の論理學並びに範疇論』, 岩波書店, 1930). 리케르트의 제자에 해당되지만 후설의 영향을 강하게 받아 스승보다도 객관주의적・논리주의적 경향이 강하다. 그리하여 그의 학설이 계기가 되어 서남독일학파는 주관주의적 경향을 약화시키게 되었다.

라스크는 H. 로체의 두 세계설, 즉 존재계와 타당계를 구별하는 학설을 개조하여 본원적 대상은 질료–형식으로 이루어진다고 하는 두 요소설을 주창했다. 즉 감성적 존재의 계기와 비감성적 타당의 계기를 각각 질료–형식 관계에서 포착하고, 그에 더하여 후자를 질료로 하는 타당적인 <형식의 형식>을 세우는 식으로 계단 형상으로 다층을 이루는 질료–형식 관계를 이야기하는 것이다. 이와 같이 객관적 대상에 대해 타당적 논리적 계기를 인정하는 것을 그는 칸트의 코페르니쿠스적 전회의 공적이라고 해석했다. 예를 들면 이러한 논리적 요소에는 대상이 존재적 영역에 속하는가 아니면 타당적 영역에 속하는가에 따라 지니는 영역 범주 등이 있는데, 감성적 계기를 질료로 하는 존재자는 존재, 비감성적 계기를 질료로 하는 타당자는 타당이라는 영역 범주를 지니는 형상이 된다. 이러한 객관적 대상의 두 요소는 초월론적 주관에 대치하기 이전의 모습에서는 초대립적(übergegensätzlich)인 합일을 보유한다. 그러나 인식에 있어서 대상은 후자에 의해 파쇄되며(zerstücken), 판단의 제1차적 객관으로서의 '진리'(예를 들면 '눈은 희다')와 '반진리'(Wahrheitswidrigkeit, 예를 들면 '눈은 검다')가 성립한다. 이를 기준으로 하여 판단은 그 '직접적 객관'인 '정당'(Richtigkeit) 또는 '허위'(Falschheit)를 지닌다. 후설에게 기대어 말하자면 진리를 진리로서 (반진리를 반진리로서) 판단하는 노에마가 정당, 노에시스가 '적중'(Treffen)이며, 진리를 반진리로서 (반진리를 진리로서) 판단하는 노에마가 허위, 노에시스가 '착오'(Verfehlen)이게 된다. 또한 판단에서의 문법적 구조는 심리적 차원에 속하는 데 지나지 않으며, 철학적 논구에 있어서는 참된 주어인 질료, 참된 술어인 형식으로 이루어진 메타 문법적 주어술어 구조를 다루어야만 한다. 예를 들면 'a는 b의 원인이다'라고 판단할 때 이러한 관점에서는 a와 b가 주어, 인과성이 술어에 속한다. ☞ ㊕신칸트학파와 현상학, 판단론

—구키 가즈토(九鬼一人)

㊟ 廣松涉, 「判斷の認識論的基礎構造」, 『世界の共同主觀的存在構造』, 勁草書房, 1972에 수록.

라이나흐 [Adolf Reinach 1883. 12. 23–1917. 11. 16]

괴팅겐 현상학파의 중심적, 지도자적 존재였던 독일의 현상학자. 1883년 마인츠의 유수한 유대인 가정에서 태어나 1901년 뮌헨 대학에 입학. 처음에 테오도르 립스 밑에서 주로 철학과 심리학을 공부했지만, 당시 마찬가지로 립스 밑에서 공부하고 있던 요한네스 다우베르트의 영향으로 서서히 후설의 『논리연구』에서 전개되는 현상학의 사고방식을 섭취. 1909년에는 괴팅겐 대학의 후설에게 교수 자격 청구논문(「판단의 본질

과 체계론」"Wesen und Systematik des Urteils")을 제출하여 자격을 취득하고 같은 해부터 동 대학의 사강사가 되었다. 그는 교사로서의 탁월한 능력으로 힐데브란트, 콘라트-마르티우스, 코이레, 한스 립스, 슈타인, 잉가르덴 등 수많은 학생들을 매료시키고 괴팅겐학파의 중심적 존재로서 활약했지만, 1914년 제1차 세계대전 개전과 함께 스스로 지원하여 병역에 나선 채 그대로 대학에 돌아오지 못하고 1917년 플랑드르 지방에서 전사했다. 33세의 젊은 나이였다.

후설의『논리연구』로부터 출발한 라이나흐는 현상학을 <본질직관(Wesenserschauung)의 방법에 의한 아프리오리에 대한 탐구의 영위>로서 파악하고 다양한 영역에 자체적으로 존립하는 선험적인 본질 연관들과 법칙들을 직접적인 본질직관에 의해 궁극적으로 해명하고자 했다[『현상학에 대하여』*Über Phänomenologie* 참조]. 따라서 그것은 당시 후설 내부에서 진행되고 있던 초월론적 현상학으로의 전회를 함께 하는 것이 아니라 오히려 최종적으로는 실재론적 방향에서의 <형식적, 질료적 본질들의 현상학적 존재론>을 지향하는 것이었다고 할 수 있다. 그러나 그 일은 그의 너무 이른 죽음에 의해 유감스럽게도 중단되었다. 여기서는 그가 남긴 현상학적 분석들 중에서 특히 주목해야 할 것으로서 <판단>과 <사회적 작용>에 대한 그의 고찰을 다루고자 한다. 우선 논문「부정판단의 이론을 위하여」("Zur Theorie des negativen Urteils", 1911. 이 논문은 이미 현존하지 않는 전술한 교수 자격 논문에 기초하여 씌어진 것으로 생각된다)에서 그의 판단에 대한 분석을 살펴보자.

<판단>(Urteil)에 대해 말하는 경우 지금까지 <확신>(Überzeugung)과 <주장>(Behauptung)이 애매한 채로 혼동되어 왔지만 양자는 근본적으로 구별되어야만 한다고 그는 말한다. 과연 양자는 모두 판단으로서 <빨간 장미>나 <2라는 수>와 같은 실재적, 이념적 대상이 아니라 <장미의 빨갛게 있음>이나 <2×2와 4가 같게 있음>과 같은 <사태>(Sachverhalt)를 상관자로 하여 이것에 지향적으로 관계해간다. 그러나 확신이 다양한 정도를 지니는 지속적인 의식의 상태이고 반드시 언어 표현과 결부될 필요가 없는 데 반해, 주장의 경우는 정도를 지니지 않는 순간적인 자발적 작용이자 언어 표현과 밀접하게 결부되어 계기적으로 이루어지는 일련의 사념작용(Meinen)인바, 양자는 근본적으로 다르다. 그러나 양자가 서로 무관계한 것은 아니다. **참된** 주장이 이루어지기 위해서는 적어도 확신이 대상들에 대한 표상작용(Vorstellen)에 기초하여 간취·인식된 <사태>에 대한 지속적인 확신(인식확신)이어야만 하며, 바로 이와 같은 확신에 **기초하여** 주장이 이루어져야만 한다. 이와 같이 라이나흐에게 있어 판단은 확신과 주장으로 구별되며, 확신이 주장에 기초를 제공한다고 간주된다. 그러나 더 나아가 **주장**의 계기야말로 판단에 있어 본질적인 것으로 파악됨으로써 판단의 언어 표현과 결부된 자발적 작용으로서의 성격이 두드러지게 되는 것이다.

그런데 판단에서 주장은 사태의 간취에 기초하는 내적인 확신의 표현이기 때문에 그것은 혼잣말이나 내적 발화의 형태로도 수행될 수 있지만, 다른 한편으로 라이나흐에 의하면 주장과 마찬가지로 언어 표현과 결부된 자발적 작용이면서 **타자로 향하는** 것이 필연적인 작용들이 존재한다. 법적 관계의 기초에서 다양한 사회적인 언어행위에 기초하는 본질연관을 발견하고, 그에 의해 실정법 이론도 자연법 이론도 아닌 <선험적인 법학>을 수립하고자 한 그의 논문「민법의 선험적인 기초」("Die apriorischen Grundlagen des bürgerlichen Rechts", in *Jahrbuch für Philosophie und phänomenologische Forschung* Bd. 1, 1913)에서는 그와 같은 작용들이 <사회적 작용>(sozialer Akt)이라고 명명되며, 그에 대한 상세한 현상학적 분석이 행해지고 있다. 다음에서 그 요점을 살펴보자.

라이나흐에 의하면 사회적 작용이란 <무언가의 사태를 지향하는 자발적 작용인 동시에 다른 인물에 관계하고(fremdpersonal), 더욱이 그 사람이 **들어주는 것이 필요한**(vernehmungsbedürftig) 작용>, 예를 들면 <명령하다>, <의뢰하다>, <약속하다>, <묻다>, <응답하다>, <전달하다>와 같은 작용들을 말한다. 이러한 작용들은 모두 다른 인물을 향해 **발화하는 것 자체**

내에서 수행되며, 또한 본질적으로 각각의 무언가의 내적 체험을 기초로서 전제한다(예를 들면 전달은 전달되는 사태에 대한 확신을, 명령은 요구되는 사태를 상대방에게 실행시키고자 하는 의지를 전제한다). 따라서 사회적 작용이 그와 같은 내적 체험에 기초하지 않는다면 그것은 진정하지 않은 그저 유사한 것일 뿐이다. 또한 사회적 작용 가운데는 전달과 같이 들어주는 것만으로 완결되는 것이 있을 뿐만 아니라 더 나아가 명령이나 물음과 같이 본질적으로 타자의 사회적 작용 내지 행동을 요구하는 것, 그리고 또한 약속과 같이 자기의 행위를 목표로 하는 것 등, 다양한 것들이 존재한다. 그리고 그러한 작용의 본질에 기초하여 예를 들면 약속에서는 약속한 당사자에게 약속 이행의 의무가, 또한 약속을 받은 사람에게는 약속 이행에 대한 권리 요구가 본질 법칙적으로 생겨나는 것이다. 나아가 사회적 작용들에서는 조건부의 것과 받는 이가 복수인 것, 복수의 인간에 의해 공동으로 수행되는 것, 대리로 행해지는 것 등, 다양한 양태가 보인다. 라이나흐는 이와 같은 상세한 현상학적 분석을 통해 법적 관계들이 사회적 작용들의 실효성(Wirklichkeit)에 의해 구성된다는 것을 본질 통찰해가는 것이다.

이상과 같은 라이나흐의 사회적 작용에 대한 현상학적 분석은 최근에 오스틴(John Langshaw Austin 1911-60)에게서 시작되는 언어행위론의 사고방식을 선취한 것으로서 특히 주목을 받고 있다. 그러나 그가 남긴 것은 물론 여기서 서술한 것에 그치지 않는다. 오랫동안 절판되어 있던 전집(*Gesammelte Schriften. Herausgegeben von Schülern*, Halle a.d.S., 1921)을 대신하여 최근 새롭게 간행된 새 전집(*Sämtliche Werke. Textkritische Ausgabe in 2 Bänden*, hrsg. von K. Schumann und B. Smith, München/Hamden/Wien, 1989)에는 생전에 공간된 논문들과 여러 유고가 가능한 한에서 모두 편자의 상세한 해설 및 원전 비판과 함께 모아져 있다. 이제부터는 이 새 전집에 기초하여 그의 현상학적 철학의 내실에 대한 연구가 한층 더 진척되어가게 될 것이다. ☞ ㊀괴팅겐학파, 뮌헨학파{뮌헨 현상학}, 사태, 아프리오리, 언어행위론과 현상학, ㊀현상학에 대하여

—사카키바라 데쓰야(榊原哲也)

㊟ K. Mulligan, ed., *Speech Act and Sachverhalt. Reinach and the Foundations of Realist Phenomenology*, Dordrecht/Boston/Lancaster, 1987. K. Schumann, "Die Entwicklung der Sprechakttheorie in der Münchener Phänomenologie", in *Phänomenologische Forschungen* Bd. 21, München, 1988. H. Spiegelberg, *The Phenomenological Movement. A Historical Introduction*, [3]1982. 榊原哲也,「言語行爲と現象學—A・ライナッハを手がかりにして」,『論集』, X, 東京大學文學部哲學硏究室 編, 1992에 수록.

라이너 [Hans Reiner 1896. 11. 19–1991. 9. 4]

독일의 철학자. 할레 대학과 프라이부르크 대학 교수를 역임. 후설과 하이데거에게 사사한다. 후설의 입장에서 출발하여 후에 하이데거의 실존적 현상학으로 옮겨가지만, 최종적으로는 초기의 현상학으로 돌아온다. 셸러와 N. 하르트만의 현상학을 재평가하고 현상학적 가치윤리학의 새로운 체계를 구축하고자 했다. 주요 저작은 *Freiheit, Wollen und Aktivität*, 1927, *Das Phänomen des Glaubens. Das Problem seines metaphysischen Gehalts*, 1934, *Die philosophische Ethik*, 1964(松本良彦 譯,『哲學としての倫理學』, 大明堂, 1967) 등.

라이프니츠 [Gottfried Wilhelm Leibniz 1646. 7. 1–1716. 11. 14]

독일의 철학자, 수학자. 나아가 법률학, 역사학, 물리학, 신학, 언어학, 지질학, 중국학 등 다방면에 독창적인 업적을 남긴 사상가. 파스칼의 계산기를 개량하는 등의 기술가로서의 측면, 정치적 팸플릿을 기초하는 실무적 정치가로서의 측면도 중요하다. 소년 시절 이미 아리스토텔레스 범주론에 관심을 기울이며, 그것을 확장할 의도도 지니는 가운데 단순관념의 결합으로 모든 것을 설명하고자 하는 이른바 결합법을 구상하기에 이른다. 보편학의 이념을 이러한 구상 위에서 실현하고자 하는 노력을 평생 기울이지만, 부분적으로 무한소 해석이나 위치 해석과 같은 수학적 분야에서의

성공 쪽이 두드러지는바, 완성이라고 말하기에는 거리가 먼 것에 머문다. 예정조화의 철학자로서 세상에 알려지기에 이르지만 간행된 철학서는 『변신론』(*Essai de Théodicée*, 1710)뿐이며, 주저라고 하기에는 너무 작지만 후에 커다란 영향을 미치게 되는 논문들인 「형이상학 서설」과 「모나드론」도 사후 상당한 시간이 흐르고서 출판된다. 또한 로크 비판인 『인간지성신론』(*Nouveaux essais sur l'entendement humain*, 1765)과 뉴턴 비판을 담고 있는 「클라크와의 왕복서간」은 칸트의 초월론적 철학 형성에 커다란 영향을 준다. 그리고 현상학이 엄밀한 학으로서의 초월론적 철학을 다듬어 보편학을 지향할 때 라이프니츠의 보편학 구상이 다시 문제가 되며, 데카르트적인 길을 넘어서서 발생적 현상학에 대한 조탁을 지향할 때에는 모나드론적인 개념이 다시 물어지게 된다. ☞ ㊄라이프니츠와 현상학, 모나드론, 보편학{보편수학}

—요네야마 마사루(米山 優)

그 후 그는 현상학에 비판적 태도를 취하게 되며, 1932년에 발표된 논문 「계통적으로 오해를 부르는 표현들」은 그를 분석철학의 희망으로서 '일상언어학파'의 영수의 지위에 올라서게 했다. 곧이어 논리적 행동주의를 기치로 내건 그의 주저 『마음의 개념』(*Concept of Mind*, 1949)이 간행되기에 이르러 라일은 현상학에 대한 최대의 적대자로 지목되기에 이르렀다. 그러나 방법론이야 전혀 다르긴 하지만 『마음의 개념』에서의 심신관계에 대한 분석이 '데카르트의 신화'의 해체를 지향하는 점에서 메를로-퐁티의 『행동의 구조』나 『지각의 현상학』과 동일한 문제의식을 공유하고 있었다는 점에 대해서는 주목할 수 있을 것이다. 그런 의미에서 라일이 밟아나간 현상학과의 만남과 헤어짐의 궤적은 현상학과 분석철학의 당연히 존재해야 할 대화와 협동이라는 '미완의 프로젝트'에 커다란 시사점을 던지고 있다. ☞ ㊄분석철학과 현상학

—노에 게이이치(野家啓一)

라일 [Gilbert Ryle 1900. 8. 19–76. 10. 15]

영국의 철학자. 브라이튼에서 태어나 옥스퍼드 대학에서 고전학을 공부하고 곧이어 철학과 논리학으로 관심을 돌려 H. 페이튼의 지도를 받으며 독일 철학, 특히 후설의 『논리연구』를 중심으로 하는 현상학 연구에 몰두했다. 1945년에 그는 R. G. 콜링우드의 뒤를 이어 옥스퍼드 대학의 형이상학 담당 교수가 되며, 47년에는 G. E. 무어의 후임으로서 영국을 대표하는 잡지 『마인드』의 편집장을 겸직했다. 그가 최초로 공간한 논문은 로만 잉가르덴 『본질적 물음』에 대한 서평(1927)이며, 1929년에는 하이데거의 『존재와 시간』에 대한 장문의 서평을 『마인드』 지상에 발표한다. 이것은 하이데거의 주저에 대한 영어권에서의 최초의 본격적인 논평이었다. 같은 1929년에 라일은 올리버 프랭크 경과 함께 프라이부르크에서 후설의 자택을 방문하는데, 거기서 후설로부터 두 번에 걸쳐 '나의 체계'에 대한 강의를 듣는다. 그러나 이 만남은 라일에게 현상학에 대한 환멸을 가져다준 데 지나지 않았다.

란즈베르크 [Paul-Ludwig Landsberg 1901. 12. 3–44. 4. 2]

독일의 철학자. 후설과 셸러에게 사사. 아우구스티누스, 파스칼, 키르케고르의 영향을 받아 인격과 초월의 관계를 문제 삼는다. 죽음과 자살에 대한 고찰이 있으며, 셸러보다도 좀 더 가톨릭적인 입장에 접근한다. 베를린의 강제수용소에서 사망. 주요 저작은 *Pascal Berufung*, 1929, *Essai sur l'expérience de la mort, Le problème moral du suicide*, 1937 등.

란트그레베 [Ludwig Landgrebe 1902. 3. 9–91. 8. 14]

독일의 철학자. 빈에서 태어나 1923년 여름학기 무렵부터 프라이부르크 대학에서 후설에 대해 공부한다. 같은 해부터 30년까지 후설의 사설 조교로 일한다. 1927년, 『딜타이의 정신과학론』(『현상학 연보』 제9권에 발표)으로 학위를 취득. 47년, 키일 대학 교수. 56년부터 71년까지 쾰른 대학 교수 겸 후설 문고장. 오이겐 핑크와 더불어 후설 만년의 직접 제자인 현상학파의

철학자로서 저명. 그밖에도 프랑스의 메를로-퐁티가 이 세대의 현상학파를 대표하지만, 그들에게 공통된 특징은 후설의 직접적인 영향 하에 있으면서도 다른 한편으로 하이데거의 존재론적인 현존재 분석을 주시하고, 압도적으로 거대한 양자 사이에서 동요하며 모색한 점에 놓여 있다. 란트그레베는 후기의 후설 현상학을 해석하여 근대적 사고의 표준적인 전통으로부터의 이반, 근대 합리주의의 완성으로서의 초월론적 주관주의의 좌절이 인정된다고 말하지만, 여기에는 하이데거가 아주 짙은 그림자를 드리우고 있다. 저서로 『현상학과 형이상학』(*Phänomenologie und Metaphysik*, 1948), 『현대의 철학』(*Philosophie der Gegenwart*, 1952: 細谷貞雄 譯, 理想社, 1971), 『현상학의 길』(*Der Weg der Phänomenologie*, 1963: 山崎庸佑・甲斐博見・高橋正和 譯, 木鐸社, 1980), 『현상학과 역사』(*Phänomenologie und Geschichte*, 1967), 논문으로 「사실성과 개체화」(Faktizität und Individuation, 1974), 「초월론적 역사론으로서의 현상학」(Die Phänomenologie als transzendentale Theorie der Geschichte, 1976) 등이 있다. 또한 후설의 『경험과 판단』을 편집하지만, 이것은 그에 대한 스승의 돈독한 신뢰를 정도를 엿보게 해준다. 『경험과 판단』은 술어적이고 대상화하는 판단에 대한 전술어적이고 생활세계적인 선소여성의 선행성을 이야기하고 있지만, 란트그레베는 후설의 생활세계(경험계)에 대한 분석에 의거하여 특히 "세계와의 관계에서 자아의 모든 자기파악에 앞서는 공동존재의 선행성"에 주목하고, 이를 유럽의 형이상학 전통을 극복하면서 계승하는 새로운 "현상학적 형이상학"의 구상을 위한 실마리로 삼을 것을 제안한다. 상호주관성은 "상호존재 지평의 선행적인 열림"으로서 자아의 의식(코기토)으로부터의 연역이 가능하지 않은 생활세계적 아프리오리로 간주되는데, 란트그레베에 의하면 역사적 세계를 뒷받침하는 초월론적인 가능성의 제약조건도 거기서 구해진다. ☞ ㉮경험과 판단, 현상학의 길, 부록: 후설 문고와 초고군

—야마사키 요스케(山崎庸佑)

랑 [Bernhard Rang 1935-]

독일의 철학자. 프랑크푸르트, 튀빙겐, 프라이부르크 대학에서 철학, 신학, 독일학을 연구. 1970년 프라이부르크 대학의 베르너 맑스 밑에서 학위 취득. 72년 이래로 프라이부르크의 후설 문고의 연구소원. '지향성' 개념에 입각하여 '인과성'과 '동기짓기'의 대립을 통해 후설의 사상을 해명하고자 한다. 주요 저작은 *Kausalität und Motivation*, 1973, *Husserls Phänomenologie der materiellen Natur*, 1990 등.

레비나스 [Emmanuel Levinas 1906. 1. 12-1995. 12. 25]

프랑스의 유대계 철학자. 리투아니아의 카우나스에서 태어나 유소년기부터 헤브라이어 성서에 친숙해진다. 카우나스 및 하리코프에서 중고등 교육을 받은 후, 스트라스부르 대학, 프라이부르크 대학, 파리 대학에서 철학을 공부한다. 스트라스부르 대학에서는 블랑쇼(Maurice Blanchot)를 알게 됨과 동시에 프라딘느(Maurice Pradines) 등의 지도를 받으며, 프라이부르크 대학에서는 후설과 하이데거의 강의와 세미나에 출석하고, 제3과정 박사논문 『후설 현상학에서의 직관 이론』(1931)을 제출한 후, 파리 대학에서 브룅슈비크(Léon Brunschvicg) 등의 지도를 받았다. 1930년에 프랑스로 귀화, 1934년부터 '전이스라엘동맹'의 위원이 된다. 1939년에 소집되며, 프랑스와 독일의 포로수용소에서 5년에 걸친 수인의 나날을 보냈다. 전후에는 '동방이스라엘 사범학교'의 교장을 맡았지만, 1961년에 『전체성과 무한』으로 국가박사 학위를 취득하고, 같은 해에 푸아티에 대학의 강사가 된다. 1967년부터 파리 제10대학, 1973년부터 파리 제4대학의 교수로 일하며, 1976년에 퇴임. 위의 논문 이외의 저작으로서는 『실존에서 실존자로』(1947), 『후설, 하이데거와 함께 실존을 발견하며』(1949, ²1965), 『존재와 다르게 또는 본질의 저편』(1974) 등의 저작군과, 『어려운 자유』(1963, ²1976), 『네 개의 탈무드 독해』(1968), 『신성에서 성결로』(1977) 등의 주해들과 유대교 논고들이 있다.

베르그송주의와 신칸트학파의 퇴조에 따른 당시의

사상 상황의 착종 속에서 철학의 방법론으로서 후설의 현상학을 발견하고 하이데거에 매료된 레비나스는 대단히 이른 시기에 후설론과 하이데거론을 저술하는 한편, 리투아니아 유대교의 가치를 재발견했다. 이러한 발걸음은 후설에서의 관조적 지향성과 표상의 우위를 비판하면서도 후설 현상학의 <망각된 의미의 지평>으로 거슬러 올라가고자 하는 발걸음과 궤를 같이 하며, 그것은 또한 하이데거가 말하는 <존재> 이전으로 거슬러 올라가 <존재의 저편>으로 초월하는 길이기도 했다. "새로운 길을 걸어 존재로부터 탈출해야만 한다. 이를 위해서는 상식과 국민들의 예지에 있어 더할 나위 없이 자명한 개념들을 전도하는 일도 마다해서는 안 된다"[「도주에 대하여」 392]라는 말 속에 레비나스의 사유가 나아갈 길을 읽어낼 수 있다. 그리스인이 알지 못했던 원리들을 그리스어로 말해야만 한다는 요청으로 이 말은 보완되는데, 한편으로는 <이방인, 고아, 과부>에 대한 자애를 이야기하는 헤브라이어 성서와 탈무드의 서구 언어로의 <번역>이, 다른 한편으로는 플라톤이 말하는 <존재성의 저편>으로서의 <선>의 이데아와 데카르트가 말하는 <무한의 관념>에 주목하여 전체성, <다름>에 규정됨이 없는 <같음>으로서의 표상, 스스로의 존재를 고집하는 자아와 같은 <서구 철학>의 기축 개념들을 뒤집고자 하는 작업이 레비나스의 과제가 된다. <있음>의 밤을 묘사한 다음, <있음>으로부터의 주체의 발생을 <위상변환>으로서 기술한 레비나스는 더 나아가 <위상변환>과 더불어 생겨난 주체의 본질적 고독을 끊는 사건으로서 타자의 <얼굴>과의 <대면>을 말한다. <대면>은 구성하는 지향성을 역전시키는 촉발로서 <고저차>를 내포한 비대칭적인 <관계없는 관계>를, 그리고 공통의 현재 없는 <격시성>(diachronie)을 나타낸다. <대면>에 의해 자발적 권능을 심문받은 자아는 타자의 초월로 향하여 <어떠한 수동성보다도 수동적인> 방식으로 자기를 증여하도록 명령받지만, <얼굴>에 새겨진 <흔적>으로서의 <그임>(illéité)으로부터 발하는 강제 없는 명령의 수수께끼는 <너, 살인하지 말라>라는 강박이며, 나의 존재 그 자체에 대한 이러한 규탄에 대한 기피 불가능한 <응답>이 나의 박해자도 포함한 임의의 타자에 대한 무제한한 동시에 일방적인 <책임>이다. 누구도 <대신>할 수 없다는 의미에서 <책임>은 나를 해체하면서도 나를 골라 개체화한다. 이리하여 레비나스는 스스로의 존재에 집착하는 바 없는 <존재와 다르게>로서의 새로운 윤리적 주체=하인을 창출하게 된다. 그러나 유일자인 나로부터 유일자인 타자에로의 <책임>은 이러한 타자 옆에 존재하는 <제3자>를 무시해서는 안 된다. 여기서 나는 타자(당신)와 <제3자>와의 <비교 불가능한 비교>를 어쩔 수 없이 하게 되지만, 레비나스는 만인이 평등한 <시민>인 <정의>의 사회 및 국가를 말함으로써 이러한 이중구속을 해소하고자 했다. <윤리>는 공정한 <정의>를 요청하며 <정의>에 의해 규제된다. 하지만 <정의>와 평등이 전쟁이나 참주제로 전환되지 않기 위해서는 타자에 대한 무제한한 <책임>이 <정의>를 계속해서 심문하지 않으면 안 된다. 이러한 왕복은 <윤리>와 <정치>, 유대적 율법과 서구의 법들의 왕복이기도 하다. 가장 죄가 무거운 나의 무조건적인 자기희생의 <윤리>와 나 이외의 자들에 대한 박해를 규탄하는 책무 그리고 법 앞에서 평등한 시민으로서의 권리 및 의무로 분열된 주체성의 균열 속에서 20세기의 증인이 말하는 <타자의 휴머니즘>의 <예지>와 어려움을 볼 수 있을 것이다. ☞ ㉴거주, 경제, 다름, 대속, 무한[2], 벌거벗음, 상처입기 쉬움, 실존자, 양식과 향유, 얼굴, 여성적인 것, 외부성, 외상, 위상변환, 의미생성, 있음, 전체성, 정의, [서]전체성과 무한, 존재와 다르게 또는 본질의 저편

—고다 마사토(合田正人)

[참] 合田正人, 『レヴィナスの思想—希望の揺籃』, 弘文堂, 1988.

레비-브륄 [Lucien Lévy-Bruhl 1857. 4. 10–1939. 3. 13]

프랑스의 철학자, 사회학자. 파리 대학(소르본) 철학사 교수. 콩트의 실증주의 영향을 강하게 받으며, 또한 뒤르켕학파에 속하고 '습속의 과학'을 제창했다. 『도덕과 습속 과학』(*La morale et la science de mœurs*, 1903)에서는 윤리적, 도덕적 현상을 집단의 조건들에 규정된

사회 현상이라고 하여 초월적인 규범의 존재를 부정하고, 경험적이고 귀납적인 비교관찰법에 의한 연구가 제창되었다. 이에 기초하여 『미개사회의 사유』(*Les fonctions mentales dans les sociétés inferieures*, 1910) 이후의 저작에서는 인간의 심성이 역사적, 사회적으로 다르다고 하는 가설을 토대로 과학적 사고를 산출하는 문화적 심성과 주술적 사고를 산출하는 미개(원시) 심성의 이질성이 강조된다. 미개 심성의 특징으로서는 모순율에 반하는 '융즉률'(loi de participation)이라는 '전논리적'인 정서에 지배되고 있다고 하는 점이 제시되었다. 후에 미개사회에서의 개념적 사고의 결여와 같은 극단적인 유럽 중심주의적 발상은 인류학자들의 현장 조사에 기초한 비판을 받아 어쩔 수 없이 수정되지만, 합리적 사유와 미개한 사유의 본질적인 단절이라는 주장은 평생 변함없이 견지되었다고 말해진다. 또한 그다지 알려져 있지는 않지만 독일 철학사 연구자이기도 했다.

현상학과의 관계에서는 후설이 『원시 신화학』(*La mythologie primitive*, 1935)을 읽은 후 저자에게 써 보냈다고 생각되는 1935년 3월 11일자 편지의 존재가 매우 흥미롭다. 『기호들』에 수록된 「철학자와 사회학」 및 『눈과 정신』에 수록된 「인간과학과 현상학」에서의 메를로-퐁티의 보고에 따르면, 이 편지에서 후설은 단순한 상상 변경만으로는 "무역사적"인 "미개인"의 경험에 도달할 수 없다는 것, 따라서 현상학에 있어서도 "사실과의 접촉"이 불가결하며 그런 한에서 "이미 크게 전개된 이와 같은 지향적 분석의 도상에서는 역사적 상대주의도 하나의 인류학에서의 사실로서 의심할 바 없는 정당성을 지닌다"고 말하고 있다. 물론 여기서 후설이 상대주의를 시인한 것은 아니라는 점은 편지의 마지막에 있다고 하는 "인류학은 모든 실증과학 및 이러한 과학들의 총체와 마찬가지로 인식의 최초의 말이라 하더라도 최후의 말은 아니다"라는 구절로부터도 명확하다. ☞ ㉳인류학과 현상학

—미즈타니 마사히코(水谷雅彦)

레비-스트로스 [Claude Lévi-Strauss 1908. 11. 28－2009. 11. 1]

프랑스의 인류학자. 브뤼셀에서 태어난 유대인. 파리 대학에서 공부하고 철학 교수 자격을 취득하고 나서 잠시 리세에서 가르친 후, 남미 상파울로 대학에 초청되어 사회학을 강의하고 사회인류학자가 되었다. 프랑스로 돌아온 후 제2차 대전 중에 프랑스의 대독 항복과 더불어 미국으로 피하며, 인류학자 로위(Robert Heinrich Lowie)의 도움으로 문화인류학 연구에 종사하면서 크로버(Alfred Louis Kroeber), 보아즈(Franz Boas), 베네딕트(Ruth Fulton Benedict) 등 문화인류학자들과 교류했다. 특히 러시아에서 태어난 세계적 언어학자 야콥슨과의 만남으로부터 결정적인 영향을 받으며, 그의 언어학 방법을 인류학에 도입하여 인류학에서의 구조주의를 확립하게 된다. 1944년 파리 해방 후 프랑스로 돌아오고, 46년 프랑스 대사관 문화 고문으로서 다시 미국으로 건너가며, 48년 프랑스로 돌아와 파리 대학에 박사논문을 제출했다. 1950년 유네스코의 문화 사절로서 파키스탄, 인도를 방문하고, 같은 해 파리 대학 고등연구원 연구지도자가 되며, 1959년 콜레주 드 프랑스 교수, 1974년 아카데미 프랑세즈 회원이 된다. 몇 차례에 걸쳐 일본을 방문하여 강연을 행했다.

학위 논문이 된 『친족의 기본 구조』에서 레비-스트로스는 인류사회에서 보편적으로 인정되는 근친혼 금지의 의미를 묻고, 미개사회에서 광범위하게 보이는 교차 사촌혼의 혼인 규제를 방대한 자료에 의해 분석하여 이것이 집단 간의 균형이 잡힌 교류를 보증하는 교환체계라는 점을 밝혔다. 언어학, 특히 음운론의 방법에서 시사를 얻어 교환이 짝수 집단 간으로 한정되는 한정교환과, 이러한 제약 없이 순환적으로 행해지는 일반교환 모델을 구별한 것은 특히 중요한 성과였다.

구조주의적 방법은 더 나아가 토테미즘과 신화의 구조 분석에 적용된다. 레비-스트로스의 독창적인 점은 신화적 언술의 구성단위로서 언어에서의 수준을 달리하는 음소와 의미소와 같은 단위보다 높은 수준의 신화소의 존재를 가정한 것인데, 신화가 말하는 사건들을 행렬로 배치하여 종렬에서 공통항이 발견될 수

있도록 한다면 유의미한 대립과 상관을 이루는 사항이 발견될 수 있다. 그가 생각하는 신화의 일반적인 구조 법칙을 간단하게 말하면 b에 대한 a의 관계는 a의 반대물에 대한 b의 관계가 된다고 하는 것이지만, 이것은 앞의 일반교환이나 음운생성 모델과도 통하는바, 후기의 대저 『신화의 논리』 네 권이나 그 밖의 경우에서도 일관되게 지침이 되고 있다. ☞㊄구조주의와 현상학, 인류학과 현상학, ㊅야콥슨

—다지마 사다오(田島節夫)

㊂ C. Lévi-Strauss, *Les Structures élémentaires de la parenté*, Mouton, 1967(馬淵東一・田島節夫 監譯, 『親族の基本構造』, 上・下, 番町書房, 1977-78). Id., *Anthropologie structurale*, Plon, 1958(荒川幾男・生松敬三・川田順造・佐々木明・田島節夫 共譯, 『構造人類學』, みすず書房, 1972).

레빈 [Kurt Lewin 1890. 9. 9–1947. 2. 12]

독일의 심리학자. 베를린 대학의 슈툼프 문하에 있었지만 베르트하이머와 쾰러, 코프카 등과 함께 게슈탈트 심리학의 확립에 기여했다. 1932년 나치스의 박해를 피하여 미국으로 이주하며, 아이오와 대학 교수를 거쳐 1945년에 매사추세츠 공과대학에 그룹 다이내믹스 연구소를 창설했다. 베를린학파의 일원이긴 했지만, 마찬가지로 장이론에 서면서도 쾰러의 심리-물리 동형설에 이의를 제기하고 토폴로지, 벡터와 같은 개념들을 도입하여 독자적인 역학적 심리학설을 체계화했다. 특히 요구 수준이나 욕구불만 등의 정의情意・욕구에 대한 연구 및 집단역학의 연구에서 뛰어난 업적을 남기며, 『퍼스낼리티의 역학설』(1935: 相良守次・小川隆 譯, 岩波書店, 1957), 『토폴로지—심리학의 원리』 (1936: 外林大作・松村康平 譯, 生活社, 1942), 『심리학적 힘의 개념적 표시와 그 측정』(1938: 上代晃 譯, 理想社, 1956) 등을 저술하는 한편, 사회심리학에 그룹 다이내믹스 분야를 개척했다. ☞㊄게슈탈트 이론, 베를린학파

—구지라오카 다카시(鯨岡 峻)

로에 [Quentin Lauer 1919. 10. 31–2007. 8. 12]

프랑스 출신의 현상학자. 소르본에서 철학박사 학위 취득. 그 후 미국으로 건너가 포담 대학 교수 역임. 『논리연구』로부터 『데카르트적 성찰』에 이르는 후설 사상의 발전 과정을 추적한 개설적인 연구로 알려진다. 주요 저작은 *Phénoménologie de Husserl: Essai sur la Genèse de l'Intentionalité*, 1955, *A Reading of Hegel's Phenomenology of Spirit*, 1976, *Hegel's Concept of God*, 1982, *The Nature of Philosophical Inquiry*, 1989 등.

로이스 [Josiah Royce 1855. 11. 10–1916. 9. 14]

미국의 철학자. 존스홉킨스 대학에서 박사 학위를 취득한 후, 라이프치히와 괴팅겐 등의 대학에서 공부한다. 1892년부터 하버드 대학 교수. 독일 관념론, 로체, 제임스 등의 영향 하에 '절대적 프래그머티즘'이라고 자칭하는 주의주의적 관념론을 전개했다. 그의 철학적 관심은 형이상학, 윤리, 종교를 중심으로 수학적 논리학과 퍼스의 기호론에도 미친다. 주저는 『세계와 개체』(*The World and the Individuality*, 1901-02), 『충절의 철학』(*The Philosophy of Loyalty*, 1908) 등. 그에 의하면 관념과 대상 존재를 분리한 종래의 존재이론으로는 지식의 문제(관념과 대상의 합치)가 설명될 수 없다. 오히려 관념이란 스스로가 의도하는 대상(외적 의미)에 의해 충족되는 목적(내적 의미)이며, 그 충족이 확정적(개체적)일 때 그 대상은 존재라고 불린다. 또한 유한한 우리의 지식이 객관성을 띠는 것은 그것이 세계를 포섭하는 절대아(신)의 목적을 단편적으로긴 하지만 표현하고 있기 때문이라고 주장한다. 현상학과의 연관에서는 마르셀 등에게 영향을 주었다.

—가쿠 도모유키(加來知之)

로체 [Rudolph Hermann Lotze 1817. 5. 21–1881. 7. 1]

독일의 철학자. 라이프치히 대학에서 실험심리학의 시조인 페히너 문하에서 공부한다. 1844년부터 괴팅겐 대학 철학 교수. 1981년부터 베를린 대학 철학 교수.

주저는 『미크로코스모스』(*Mikrokosmos*, 1856-64). 처음에는 심리학주의적인 경향이 강했지만, 후에 독자적인 형이상학을 구축. 논리학 · 형이상학 · 실천철학의 3부문에 걸친 체계를 세우고자 했지만, 앞의 둘을 공간한 상태에서 사망한다. 대체로 현실적 존재는 사물 · 사건 · 관계와 같은 존재와, 명제와 같은 타당(Geltung)의 어느 편이라고 주장한다. 전자는 다수의 영적 모나드로 이루어지며, 그 사이의 관계는 신의 통일에 의존한다. 후자는 초시간적으로 존재자가 목적으로서 지향하는 가치적 성격을 지닌다. 그것은 우리에 대해 감정을 매개로 하여 나타난다고 설파한다. 명제적 타당을 존재와 구별한 점에서 논리주의의 선구를 이룸과 동시에 서남독일학파의 가치철학에 커다란 영향을 주었다. ☞[사]가치, 타당

—구키 가즈토(九鬼一人)

로타커 [Erich Rothacker 1888. 3. 12－1965. 8. 10]

독일의 철학자. 포르츠하임에서 태어나며, 본에서 사망했다. 1912년에 튀빙겐 대학에서 철학박사 학위를, 20년에 하이델베르크 대학에서 교수 자격을 취득. 24년에 동 대학에서 조교수, 28년에 본 대학에서 정교수가 된다. 문화와 세계상의 형성을 인간의 본성으로 보고, 그 기원을 구체적이고 역사적인 인간 공동체의 창조적 삶에서 찾았다. 정신과학들의 성과를 이러한 창조적 삶 자신의 표출로서 분석했지만, 만년에는 의식의 문제를 주제화한다. 의식의 주요 형태로서 이론을 고유한 형식으로 하는 학문 실천적 의식과 전-학문적 의식의 둘을 구별하고, 문화세계의 기원을 후자에 기초하게 했다는 점에서 후기 후설의 생활세계 개념 등의 현상학적 고찰과의 연관성을 알아볼 수 있다. 주저로는 『정신과학들의 논리와 체계』(*Logik und Systematik der Geisteswissenschaften*, 1926), 『역사철학』(*Geschichtsphilosophie*, 1934), 『철학적 인간학』(*Philosophische Anthropologie*, 1964), 『인간 의식의 계보학』(*Zur Genealogie des menschlichen Bewußtseins*, 1966) 등이 있다.

—사토 도오루(佐藤 透)

롬바흐 [Heinrich Rombach 1923. 6. 10－]

독일의 철학자. 프라이부르크에서 태어남. 뷔르츠부르크 대학 교수. 독자적인 구조 사상과 형상의 철학으로 특이한 지위를 점한다. 『실체, 체계, 구조』(*Substanz, System, Struktur*, 1965-66)에서 근대의 기능주의의 원천을 니콜라우스 쿠자누스의 존재론에서 찾는다. 기능주의는 한편으로는 자연법칙으로 물질을 지배하는 체계론에 빠지지만, 다른 한편으로는 파스칼 등의 본래적인 구조 사상에 의해 완성된다고 본다. 『구조존재론』(*Strukturontologie*, 1971)에서는 기능적 파악을 철저화하여 참된 <구조>가 자기 구성적이고 자유라는 점을 지적함으로써 기성의 체계론이나 구조주의를 물리침과 동시에 모든 아프리오리(로고스 중심주의, 초월론적 주관성)를 부정한다. 프랑스의 후기 구조주의와도 겹치는 주장이지만, 차이의 래디컬리즘은 오히려 존재론적 동일성과 결부된다고 하는 독자적인 신념을 지닌다. 그것은 현상학의 새로운 단계로서의 <형상의 철학>을 제창하는 것으로 연결된다. ☞[사]구조, 체계론과 현상학, [서]구조존재론

—나카오카 나리후미(中岡成文)

뢰비트 [Karl Löwith 1897. 1. 9－1973. 5. 23]

독일의 철학자. 후설과 하이데거에게 사사하고, 1934년 나치스의 인종 정책을 피하여 해외로 이주, 도호쿠 대학(1936-41)과 미국의 하트포드 신학교 그리고 뉴스쿨(New School for Social Research) 등에서 교편을 잡았다. 1952년 이후 사망하는 해까지 하이델베르크 대학 교수. 주저 『헤겔에서 니체로』(*Von Hegel zu Nietzsche*, 1939, ^{5}1964: 柴田治三郎 譯, 岩波書店)라는 제명에서 보이듯이 19세기 독일의 정신사에 대해 상세한, 특히 역사의식에 대한 비판에 탁월한 견식을 보였다. 헤겔과 맑스뿐만 아니라 하이데거까지를 포함한 모든 역사철학의 사변적 구성을 해체하여 그 배후에서 기독교

신학적인 '구원사'의 전제를 드러낸 점에서 '현상학적 환원'과의 특이한 연결을 알아볼 수 있다. 철학이란 고전적인 의미에서의 '회의'(Skepsis)라고 생각하고 이를 의지 본위의 현대인의 작위에 대립하는 자연의 질서를 관조하는 입장으로까지 밀고 나갔다. 전 9권으로 이루어진 전집(*Sämtliche Schriften, Stuttgart*, 1988)이 있다.

—조가경(曺街京)

루만 [Niklas Luhmann 1927. 12. 8–]

독일의 사회학자. 프라이부르크 대학에서 법률과 사회학을 공부한다. 슈파이어 행정대학, 도르트문트 사회조사국을 거쳐, 1968년 빌레펠트 대학 교수. 지향성 이론을 의사소통론으로서 고쳐 읽고 독자적인 사회체계론을 전개. 주요 저작은 *Soziologische Aufklärung*, 3Bd., 1970-81(土方昭 監譯, 『法と社會システム』, 新泉社, 1983, 『社會システムのメタ理論』, 新泉社, 1984, 『社會システムと時間論』, 新泉社, 1986), *Rechtssoziologie*, 1972(村上淳一・六本佳平 譯, 『法社會學』, 岩波書店, 1977) 외 다수. ☞[사]체계론과 현상학

루크만 [Thomas Luckmann 1927. 10. 14–]

미국의 사회학자. 유고슬라비아에서 태어나 인스부르크와 빈 대학에서 공부한 후, 뉴스쿨(New School for Social Research)에서 슈츠에게 사사. 1970년 콘스탄츠 대학 교수. 버거와 더불어 현상학적 사회학의 제1인자이며, 특히 종교사회학 영역에서 활약. 주요 저작은 *The Invisible Religion*, 1967(赤池憲昭・Y. スィンゲドー 譯, 『見えない宗教』, ヨルダン社, 1976), *The Sociology of Language*, 1975, *Life-World and Social Realities*, 1983(D. リード・星川啓慈・山中弘 譯, 『現象學と宗教社會學』, ヨルダン社, 1989) 등 다수. ☞[사]뉴스쿨, 현상학적 사회학, [인]버거, 슈츠

뤼베 [Hermann Lübbe 1926. 12. 31–]

독일의 철학자・정치학자. 뮌스터와 프랑크푸르트 대학에서 신학, 철학, 사회학을 공부한다. 독일 각지의 대학에서 교편을 잡고 1971년 취리히 대학 교수. 그 사이 문부성 차관 등의 관직을 역임. 정치이론에도 조예가 깊으며 세속화, 계몽, 학교개혁 등 다양한 영역에 걸친 연구 활동을 수행하고 있다. 주요 저작은 *Säkularisierung*, 1965, *Bewußtsein in Geschichten*, 1972(川島秀一外 譯, 『歴史における意識』, 晃洋書房, 1988), *Philosophie nach der Aufklärung*, 1980, *Politischer Moralismus*, 1987 등 다수.

—고스다 겐(小須田 健)

르포르 [Claude Lefort 1924–]

프랑스의 철학자. 칸 문과대학을 거쳐 현재는 사회과학고등연구소 연구부장. 메를로-퐁티의 제자이며 유고 편찬에 관여한다. 카스토리아디스와 함께 『사회주의인가 야만인가』를 창간, 좌익의 입장에서 독자적인 정치철학을 전개하고 있다. 주요 저작은 *Mai 1968: La Brèche*(西川一郎 譯, 『學生コミューン』{공저} 合同出版, 1969), *Un Homme en trop*, 1976(宇京頼三 譯, 『余分な人間』, 未來社, 1991), *Les Formes de l'Histoire*, 1978, *Sur une Colonne absente*, 1978, *Essais sur Politique*, 1986 등.

리시르 [Marc Richir 1943–]

프랑스의 현상학자. 물리학과 철학을 공부하고, 현재는 Fonds National de la Recherche Scientifique의 연구원으로 일하는 한편, 브뤼셀 대학에서 인식론과 형이상학의 강의를 담당. 피히테를 중심으로 하는 독일 관념론 연구로부터 출발하여 현대에서의 초월론적 현상학의 가능성을 추구하고 있다. 주요 저작은 *Au-delà du Renversement copernicien*, 1976, *Le Rien et son Apparence*, 1981, *Recherches philosophiques*, 1981, 1983, *Phénomènes, Temps et Êtres*, 1987, *La Crise du Sens et la Phénoménologie*, 1990, *Le Sublime en Politique*, 1991 등.

리오타르 [Jean François Lyotard 1924. 8. 10 – 1998. 4. 21]

리오타르는 현상학자로서 출발했다고 말할 수 있지만(처녀작 『현상학』 1954), 그의 관점은 헤겔 철학과 맑스주의에 의해 현상학을 사변철학으로부터 분리하고 역사적 현실의 철학으로서 개작하는 것에 놓여 있었다. 이 점에서 리오타르는 메를로-퐁티의 계통을 잇고 있다. 전투적 맑스주의자였던 시대의 리오타르는 서서히 현상학으로부터 벗어나 프로이트와 니체로 관심을 옮긴다. 맑스, 니체, 프로이트의 종합 속에서 새로운 철학의 길을 구상하는 가운데 그는 욕망의 철학자로 변신하고, 마침내 맑스주의도 포함한 근대의 "정당화 서사"를 근본적으로 비판하게 된다. 『포스트모던의 조건』(1979)은 맑스주의로부터의 이탈 선언이자 동시에 포스트모던 논의의 불을 붙이는 역할을 하게 된다. 그리고 『글의 항쟁』(1983)에서 레비나스와 비트겐슈타인을 기둥으로 한 윤리철학을 구축한다. 이것은 하버마스의 합의 형성의 토의윤리학과 다른 윤리학을 제창한 것이다. 그것은 대화 상황으로부터 배제된 자와 죽은 자의 목소리를 대변할 수 있는 이의 제기의 이론이다. 리오타르의 또 하나의 얼굴은 미학자이다. 『담론, 형상*Discours, Figure*』(1971) 이래로 현대 예술의 비판적 이론을 구축하고 70년대 후반부터 아도르노 미학을 흡수한다. 그리고 말년에는 다시 칸트 미학으로 돌아와 숭고 미학의 현대화를 시도했다.

—이마무라 히토시(今村仁司)

리케르트 [Heinrich Rickert 1863. 5. 25 – 1936. 7. 25]

신칸트학파, 서남독일학파의 대표적 철학자 중 한 사람. 처음에는 아베나리우스 등의 현상주의에 가까운 입장을 취하고 있었지만, 빈델반트(Wilhelm Windelband 1848-1915)의 영향을 받아 가치의 관점에서 철학을 포괄적으로 체계화하는 가치철학을 구상하기에 이른다. 1896년 프라이부르크 대학 교수. 1915년 하이델베르크 대학 교수. 주저 『인식의 대상』(*Der Gegenstand der Erkenntnis*, 1892), 『자연과학적 개념 형성의 한계』(*Die Grenzen der naturwissenschaftlichen Begriffsbildung*, 1896-1902), 『철학 체계 제1부』(*System der Philosophie*, Ⅰ, 1921). 형이상학을 배척하고 실증주의와 정합적인 초월론적 관념론의 길을 모색했다.

그는 첫째로 주관에 대해 독립하여 초시간적으로 '타당한'(gelten) 초월적 가치를, 둘째로 비인칭적 작용인 의식 일반을 두 가지 주요 계기로 하여 이론을 전개했다. 또한 의식 일반이 판단을 통해 초월적 가치의 하나의 아종인 진리 가치 · 허위 가치를 각각 시인 · 거부함으로써 현실적 실재의 상재(相在, 이러저러함)가 구성된다고 생각한다. 이와 유사하게 그는 주관이 비이론적 가치(도덕 · 미 · 행복 · 일원적 성 · 다원적 성)를 현실에 부착시킴으로써 가치가 현현한다고 설명한다. 이러한 <가치의 현실화>가 어느 정도의 완-결(Voll-Endung) 상태에 있으며, 가치는 사물 · 인간의 어느 쪽에 부착되어 있는가 하는 두 가지 관점에서 가치체계의 구축을 시도했다. 덧붙여 자연과학은 무가치적 내용에 보편적 형식을 투입하고, 문화과학은 가치적 내용에 개별적 형식을 투입한다고 하는 식으로 학문을 가치론에 입각하여 분류했다. (다만 고생물학에서는 개별적 형식이, 사회학에서는 보편적 형식이 투입된다.)

하이데거는 프라이부르크 시대의 제자이며, 일반적으로는 리케르트에게서 결별하여 자기의 철학을 안출했다고 간주된다. 하지만 『존재와 시간』의 몇 가지 논점은 리케르트로부터 촉발되었다고 여겨진다. 예를 들면 '사용사태'(Bewandtnis)는 실천적 목적 연관에 의해 도구성이 성립하는 것을 의미하는데, 리케르트는 「판단과 판단작용」("Urteil und Urteilen", 1912)에서 "무언가에 대해 무엇을 수행하고 있는가"라는 목적 지향적이고 실천적인 규정성에서 도구를 파악한다. ☞ [사] 신칸트학파와 현상학, 판단론

—구키 가즈토(九鬼一人)

[참] 米田庄太郞, 『リッケルトの歷史哲學』, 改造社, 1922. 九鬼一人, 『新カント學派の價値哲學』, 弘文堂, 1989.

리쾨르 [Paul Ricœur 1913. 2. 27 – 2005. 5. 20]

프랑스의 철학자. 렌느 대학에서 철학을 배우고, 교수 자격시험을 위해 파리 대학에서 공부하며, 1935년 합격. 그 사이 마르셀의 철학적 가르침을 받고 그를 스승이라고 부르게 된다. 같은 시기에 후설의 『논리연구』를 읽고서 방법론적 계시를 받았다. 실존철학과 현상학이 리쾨르의 철학 형성 방향을 규정한다. 제2차 세계대전 발발 후 동원되지만, 독일군의 포로가 되어 1945년까지 5년간 수용소 생활을 보낸다. 그 사이에 리쾨르는 야스퍼스를 읽고, 뒤프렌느와 함께 야스퍼스론을 공동 집필하며, 후설의 『이념들 Ⅰ』을 프랑스어로 옮긴다. 이 번역은 정밀한 주해가 덧붙여져 전후에 출판되어 프랑스에서 후설을 본격적으로 소개하게 된다(*Idées directrices pour une phénoménologie d'Edmond Husserl*, 1950). 전후 곧바로 실존철학에 대한 저작들을 발표한다. 『G. 마르셀과 K. 야스퍼스』(*G. Marcel et K. Jaspers*, 1947), 『K. 야스퍼스와 실존철학』(*K. Jaspers et la philosophie de l'existence*, 1948, 뒤프렌느와 공저).

리쾨르는 스트라스부르 대학과 파리 대학에서 철학을 강의하지만, 1966년에 신설된 낭테르 분교로 옮긴다. 그곳은 1968년의 이른바 5월 혁명의 발화점이 되며, 리쾨르는 1969년에 문학부장에 선임되어 사태의 수습을 위해 노력하지만 사임한다. 이후 외국에서 강의하는 경우가 많아지고, 특히 시카고 대학 교수를 20년간 겸임하며 영어권 철학계에 대한 영향력을 강화한다.

리쾨르의 독자적인 철학 체계는 '의지의 철학'이라는 총 제목 하에 의지의 형상론, 경험론, 시학의 3부 구성으로서 구상되었다. 제1권 『의지적인 것과 비의지적인 것』(1950: 滝浦静雄 外 譯, 紀伊國屋書店, 1993)은 후설의 형상적 환원의 방법을 사용하여 의지적 행동과 비의지적 행동의 기본 구조를 순수 기술한 것이다. 제2권 『유한성과 유죄성』은 의지의 경험론인데, 그 제1편 『잘못을 범하기 쉬운 인간』(1960: 久重忠夫 譯, 『人間この過ちやすきもの』, 以文社, 1978)은 선으로 창조된 인간에 의해 악이 세계에 도입되는 가류성의 조건을 순수 반성의 방법으로 해명한 것이다. 제2편 『악의 상징론』(1960: 植島啓司 外 譯, 『悪のシンボリズム』, 溪聲社, 1979: 佐々木陽太郎 外 譯, 『悪の神話』, 溪聲社, 1980)은 악의 가능성이 인간에게서 어떻게 현실화하는가 하는 문제를 상징과 신화 해석을 통해 추구했다. 여기서 리쾨르의 방법은 현상학적 기술로부터 해석에로 <해석학적 전회>를 이루는바, 제3권 『의지의 시학』의 집필은 연기되었다. 리쾨르에게 있어서는 신화도 상징인데, 그 상징은 사고를 촉진하고 의미를 증여한다. 상징 해석은 의미의 창조라고 하는 그의 해석학적 탐구는 그 다음으로 프로이트를 대상으로 하여 『해석에 대하여—프로이트론』(*De l'interprétation. Essai sur Freud*, 1965: 久米博 譯, 『フロイトを讀む—解釋學試論』, 新曜社, 1982)을 발표한다. 이것은 프로이트의 전 저작을 철학으로서 논의한 것인데, 라캉의 『에크리』와 더불어 프랑스 철학의 급격한 <프로이트화>를 야기한 글이다. 리쾨르는 프로이트의 정신분석이 관찰과학이 아니라 "욕망의 해석학"이라고 주장한다. 그리고 맑스, 니체, 프로이트 등의 상징의 비신비화를 도모하는 "환원적 해석학"과, 불트만, 엘리아데 등의 상징의 계시적 의미 회복을 지향하는 "재흥적 해석학"을 해석의 갈등으로서 대립시켜 그 지양을 도모한다.

그러나 이 두 저작에서 언어적 상징과 비언어적 상징을 무차별적으로 다룬 것을 반성하고, 이후 텍스트 해석을 통한 자기이해라는 <언어학적 전회>가 이루어진다. 그 방법론적 전환은 60년대의 구조주의 논쟁을 통해 이루어진 것으로서 그 경과는 『해석의 갈등』(1969)을 통해 알 수 있다. 거기서 "해석학을 현상학적 방법에 접목한다"고 하는 해석학적 현상학의 과제가 명시된다. 그리고 벵베니스트(Emile Benveniste)의 언술이론을 받아들여 해석 이론을 형성해낸다. 텍스트가 지시하는 것은 텍스트 앞에서 전개되는 <텍스트 세계>이며, 그것을 해석하는 것이 텍스트 앞에서의 자기이해라는 것이다[久米博 外 譯, 『解釋の革新』, 白水社, 1978].

리쾨르의 해석학은 언어의 창조성에 대한 탐구를 지향하는데, 그것은 『살아 있는 은유』(*La métaphore vive*, 1975: 久米博 譯, 岩波書店, 1984)와 『시간과 이야기』 3권(*Temps et récit*, Ⅰ-Ⅲ, 1983-85: 久米博 譯, 新曜社, 1985-89)으로서 결실된다. 살아 있는 은유란 이질적인

두 가지 의미론적 장을 충돌시켜 상상력에 의해 양자에서 <유사>를 발견하고, 그에 의해 현실의 새로운 상을 개시시키는 것이다. 다른 한편 『시간과 이야기』는 "역사학과 이야기론과 현상학의 3자 회담"을 통해 인간의 시간 경험을 분절하는 것이 이야기의 기능이며, 역으로 시간은 이야기에 의해 언어로 가져와진다는 것을 입증하고자 한 대저작이다. 특기해 두어야 할 것은 아리스토텔레스의 미메시스 개념을 다시 다듬어 텍스트가 삶으로부터 산출되고 독자를 매개로 다시 삶으로 돌아오는 과정을 미메시스의 순환으로서 파악한 일인데, 여기서 텍스트의 <지시>는 독자의 <재형상화>로 되는 것이다.

리쾨르 철학이 윤리적 문제로 회귀하는 것을 보여준 것이 『타자로서의 자기 자신』(*Soi-même comme un autre*, 1990)이다. 그것은 니체 등에 대한 비판을 통해 "상처받은 코기토"의 재건을 지향하지만 문제는 '나'가 아니라 비인칭적인 자기(soi)인바, 그것은 <자기>와 <타자>의 변증법에 의해 구출되어 타자를 향해 열린 자기이다. ☞ ㉳메타포, 유죄성, 해석학과 현상학, ㉶의지의 철학, 해석의 갈등

—구메 히로시(久米 博)

㊟ 久米博, 『象徵の解釋學—リクール哲學の構成と展開』, 新曜社, 1978.

립스[1] [Hans Lipps(본명 Johann Heinrich Lipps) 1889. 11. 22–1941. 9. 10]

독일의 철학자. 피르나에서 태어나 뮌헨 대학에서 코르넬리우스에게 사사. 괴팅겐 대학에서 철학과 생물학, 의학을 공부하고 1936년 프랑크푸르트 대학 교수가 된다. 1941년 군의관으로서 러시아에서 전사. 괴팅겐 학파에 속하며, 『철학 및 현상학 연구 연보』 제6권에 「집합론의 패러독스」(Die Paradoxien der Mengenlehre, 1923), 『후설 고희 기념 논문집』에 「판단」(Das Urteil, 1929)을 기고했지만, 그의 관심은 일찍부터 생활세계에 있었다. 그리하여 딜타이의 생의 철학에 접근하며, 하이데거와는 무관계하게 현상학과 해석학을 결부시켰다. 다양한 이유에서 그의 사상은 망각되었지만, 현재 미쉬 등과 함께 <괴팅겐 논리학자>로서 재평가되고 있다. 주저는 『인식현상학 연구』(*Untersuchungen zur Phänomenologie der Erkenntnis*, 1927-28), 『해석학적 논리학 연구』(*Untersuchungen zu einer hermeneutischen Logik*, 1938), 『인간 본성』(*Die menschliche Natur*, 1941). 이것들에 언어학과 인간학에 관한 논문집 두 권을 더하여 저작집(*Hans Lipps Werke* Ⅰ-Ⅴ, 1976-77)이 공간되어 있다.

그의 주안점은 추상적인 사상체계를 다양한 발걸음(Schritte)을 통해 인간의 삶 수행으로 환원하는 데 있다. "어디서나 인간이 물어진다"[Werke Ⅱ. 12]. 이러한 입장에서 논리학을 생으로 환원하고, 논리학의 "근원을 폭로하는"[Ⅱ. 13] 것이 『해석학적 논리학 연구』이다. 논리학의 원칙은 "살아 있는 {생의} 수행과 결부되어 있으며"[Ⅳ. 195], 따라서 "실존이 스스로를 수행하는 발걸음의 유형학으로 치환되어야 한다"[Ⅱ. 12]. 나아가 죽음 직전에 전쟁터에서 정리한 『인간 본성』에서는 수치와 당혹, 인상과 감각, 도박자와 모험자 등으로부터 "인간의 본성과 인간 실존의 존재방식이 폭로"[Ⅲ. 8]된다. 립스 자신은 이러한 인간학적 시도를 "철학적 심리학"[Ⅴ. 161]이라고 명명하지만, 자기를 분명하게 투시함으로써 자기를 탐구하는 시도라고 이해할 수도 있다. 립스의 철학은 이와 같은 자기각성의 시도에 다름 아니다. 그때 특히 수치(Scham)가 중요한 활동을 이룬다. "자기의식의 근원에는 수치가 있다. 수치야말로 철학의 제1의 관심사이다"[Ⅲ. 31]. 요컨대 수치에 의한 돌연한 단절(Unterbrechung)에 의해 생각도 못한 자신의 모습이 자신에게 나타나는(bei etwas sich treffen) 것이다. 이러한 단절이 에포케지만, 여기서는 동시에 그의 철학의 사후적 성격도 명확히 드러난다. "철학은 새로운 근거짓기 등을 추구하지 않는다. …… 선행적으로 생기한 근거짓기에서만 사람은 자기에게 나타나는 것이다"[Ⅲ. 56, 또한 Ⅱ. 21f. 참조]. 그의 문체는 비약·생략·단문으로 이루어지는데, 이것은 현상이 지니는 미묘한 다름을 식별하여 이것을 끊임없이 새로운 방향에서 다시 시도하는 그의 기술방법에서 유래한다. 이

러한 독특한 기술방법에 더 나아가 그의 다방면에 걸친 관심이 중첩되어 립스의 사상은 난해하다고 여겨진다. 그밖에 '상념'(Konzeption)이나 '언어의 잠세력'(Potenz des Wortes) 등 오늘날 높이 평가되어야 할 사상도 많다. ☞㉶괴팅겐학파, 생의 철학과 현상학, ㉺인식현상학 연구

—마토바 데쓰로(的場哲朗)

㊟ O. F. Bollnow, *Studien zur Hermeneutik*, Bd. Ⅱ, Zur hermeneutischen Logik von Georg Misch und Hans Lipps, Freiburg/München, 1983(西村皓・高橋義人 監譯, 『解釋學硏究Ⅱ』, 玉川大學出版部). O. F. ボルノウ(的場哲朗 譯), 「ハンス・リップスの『人間性』」, ディルタイ研究5, 日本ディルタイ協會, 1992.

립스[2] [Theodor Lipps 1851. 7. 28 – 1914. 10. 17]

독일의 철학자, 심리학자. 발할벤에서 태어나 1867년부터 71년에 걸쳐 에를랑겐, 튀빙겐에서 프로테스탄트 신학을, 71년부터 위트레흐트에서 철학과 자연과학을 공부하고, 74년에 본 대학에서 『헤르바르트의 존재론』으로 박사 학위 취득. 77년에 교수 자격을 취득하여 본 대학의 사강사가 되며, 83년에 『정신생활의 근본 사실』을 출판하고 84년에 원외교수가 된다. 90년에 브레슬라우 대학에 초빙되며, 94년에는 칼 슈툼프의 후임으로서 뮌헨 대학 정교수가 된다. 헤르바르트(Johann Friedrich Herbart 1776-1841), 로체, 분트 및 영국 경험주의로부터 커다란 영향을 받은 립스는 의식 체험의 학으로서의 심리학을 철학의 기초학으로 간주했다. 이 경우 심리학으로서 첫 번째로 생각되고 있는 것은 직접 체험된 자아를 포함한 실재로서의 의식을 내관에 의해 파악하여 그 본질을 기술하는 '기술심리학'인데, 립스는 이것을 '순수 현상학'이라고도 부른다('현상학'이라는 말은 후설과는 독립적으로 1900년에 공간된 논고에서 이미 사용되고 있다). 그에 대해 자연과학과 유사하게 의식 체험을 사유에 의해 일정한 법칙 연관 하에서 포착하는 '설명심리학'이 구별된다. 그리고 이러한 두 가지 심리학은 정신물리학과 생리학과 같이 물적 현상을 대상으로 하는 과학으로부터 엄밀하게 개념적으로 구별된다. 이 점에서 립스의 심리학은 동시대의 논자들로부터 자주 '현상학적'이라는 성격을 부여받았다(예를 들면 나토르프는 '현상학적 일원론'에 가깝다고 말한다[*Allgemeine Psychologie* (1912) 참조]). 한편 1893년의 『논리학의 기초』(*Grundzüge der Logik*)에서 제시된 심리학에 의한 논리학의 근거짓기는 나토르프와 후설로부터 강한 비판을 받았다. 후설은 『논리연구』 Ⅰ에서 립스의 독창성을 높게 평가하면서도 밀 등과 더불어 "철저한 심리학주의"의 한 형태로서 립스를 거명하고 있다. 립스는 그 후 이러한 비판에 대답하고자 하는 시도를 반복하며(특히 "Inhalt und Gegenstand", 1905), 주관적인 체험과 객관적 요청의 체험을 명확히 구별하게 되었다. 그리고 립스 이상으로 『논리연구』에서 결정적 영향을 받은 다우베르트, 펜더, 라이나흐 등의 유력한 제자들은 뮌헨 현상학파를 결성하게 된다. 그러나 후설과 립스의 영향관계는 반드시 일방적인 것이 아니다. 예를 들면 후설은 립스의 '감정이입'(Einfühlung)이라는 개념에서 자아와 상호주관성 문제를 생각함에 있어 실마리를 얻고 있다[Hu **13**., 특히 77쪽 이하 ; E. Marbach, *Das Problem des Ich in der Phänomenologie Husserls*, Den Haag (1974) 참조]. 립스 자신은 이 감정이입 개념을 토대로 하여 독자적인 윤리학과 미학을 수립하여 다방면에 영향을 미쳤다. 1911년에는 제자들이 립스 회갑 기념 논문집(*Münchener Philosophische Abhandlungen*)을 출판했다. ☞㉶뮌헨학파{뮌헨 현상학}, ㉺심리학 원론

—무라타 준이치(村田純一)

㊟ Th. リップス (島田四郎 譯), 『倫理學の根本問題』, 玉川大學出版部, 1985.

마그노 [Henry Margenau 1901. 4. 30–]

독일 출신의 철학자·물리학자. 미국으로 귀화. 네브래스카 대학에서 공부하고, 1929년 예일 대학에서 물리학 박사 학위 취득. 1931년 예일 대학 교수. 물리학을 연구하는 한편, 카시러의 영향 하에 과학철학과 윤리학도 전개. 현대 과학과 철학의 협동 가능성을 추구한다. 주요 저작은 *The Nature of Physical Reality*, 1959, *Ethics and Science*, 1961, *Physics and Philosophy*, 1978, *The Miracle of Existence*, 1983 등.

—고스다 겐(小須田 健)

마르셀 [Gabriel Marcel 1889. 12. 7–1973. 10. 8]

가브리엘 마르셀은 1889년 12월 7일 파리에서 태어났다. 아버지는 국회의원, 대사, 국립도서관장 등을 역임. 세 살 때에 어머니를 사별하고, 아버지의 후처가 된 이모에 의해 양육된다. 아버지는 미술, 음악, 연극 등에 조예가 깊은 교양인이었지만 사상적으로는 불가지론자였다. 이모는 유대계였지만 합리주의적인 프로테스탄트 교회로 개종하며, 도덕적으로는 페시미스트였다. 1906년 소르본 대학 입학, 1910년 「셸링 철학과의 관계에서 콜리지의 형이상학적 이념들」로 교수 자격을 취득. 그 후 건강을 해쳐 교직에는 단속적으로밖에 나서지 못하며 저작 활동에 들어선다. 1914년 『형이상학 일기』를 쓰기 시작하고, 다른 한편 희곡집 『보이지 않은 경계』를 발표한다. 제1차 세계대전 중에는 적십자 관계의 일에 종사하며, 이 비통한 체험이 관념론의 극복과 상호주관적 실존 사상 형성에 크게 기여했다고 한다. 1919년 자클린 베니에와 결혼. 1927년 철학 상의 처녀작 『형이상학 일기』가 간행된다. 제1부는 1914년 1월 1일부터 5월 8일까지, 제2부는 1915년 9월 15일부터 23년 5월 24일까지 씌어진 것인데, 권말에는 또한 「실존과 객관성」이 수록되어 있다. 그 밖에 20년에는 『성상 파괴자』, 『올림 바장조 사중주곡』 등의 희곡을 발표. 1929년 39세 때 가톨릭에 입신. 35년 『존재와 소유』 간행. 제1부는 1928년부터 33년까지의 형이상학 일기이며, 또한 이 가운데는 「소유의 현상학 소묘」가 포함된다. 대체로 이 무렵에 확립된 기본 입장을 그는 그 후 사회적이고 정치적인 관심을 강화하면서 전개하고 원숙하게 만들어 나갔다. 덧붙이자면, 이 사이의 저작으로서는 『거절로부터 기원에로』(1940), 『여행하는 인간』(1945), 희곡으로서는 『깨뜨려진 세계』(1933), 『독침』(1936) 등이 있다. 제2차 세계대전 후에는 사르트르 등의 무신론적 실존주의에 대해 기독교적 실존주의 사상가로서 저술, 평론, 강연, 연극 등 각 방면에서 활약했다. 저작으로서는 『존재의 신비』(1951), 『인간, 그 스스로에게 등 돌리는 자』(1951), 『지혜의 조락』(1954), 『인간, 이 물어지는 자』(1955), 『상식의 쇠퇴』(1958), 『현전과 불멸』(1959), 『인간의 존엄』(1964), 희곡으로서는 『밀사』(1949), 『로마는 이미 로마가 아니다』(1951), 나아가 연극 평론집으로서 『연극의 시간』(1959)이 간행되었다. 만년에는 외국 여행도 자주 다니며, 일본도 1957년과 66년에 방문했다. 1973년 10월 8일 심장마비로 사망했다. 83세였다.

철학에서의 마르셀의 출발은 1925년에 『형이상학 도덕 평론』지에 발표된 논문 「실존과 객관성」이다. 이 논문은 그 자신이 "나의 전 작품의 열쇠"라고 말하고 있듯이 그의 그 이후의 사상의 골격을 어렴풋하게나마 소묘하고 있는 것으로 볼 수 있다. 그는 실존(existence)이라는 말을 단지 인간에만 한정하지 않고 널리 존재자 일반의 실재성이라는 뜻으로 쓰고 있는데, 그것들의 대상적 내지 개념적 규정과 대비시켜 그것들의 현실존재 자체를 가리키기 위해 사용한다. 그에게 있어 우선 불가사의하게 주어져 있는 것은 "실존하는 한에서의 세계에 대한, 혼돈스러운 커다란 체험"인바, 주체적 인간도 객체적 존재자도 거기서 유래하고 그로부터 개시되어가는 주체 대립 이전의 "절대적 존재"(présence absolue)로서의 "실존하는 우주"(l'univers existant)이다. 예를 들면 감각이란 통상적으로 나의 신체의 감각기관이 외계 사물로부터 작용을 받은 결과 나의 마음속에 생겨난 표상 내지 관념이라고 여겨진다. 그렇다면 내가 의식하고 있는 것은 사물로부터 특정한 물리적 생리적 인과 과정을 거쳐 생겨난 표상 내지 관념뿐이며, 근원인 사물 그 자체의 모습은 아니게 된다. 요컨대 감각은 그러한 물리적 생리적 해석 이전에 순수하게 직접적으로 매개 불가능한 것으로서 우선 존재한다고 말해져야만 한다는 것이다. 또한 신체에 대해서도, 과연 나의 신체는 나와 사물 사이에 존재하는 중개물 혹은 내가 사물을 취급하기 위한 도구인 것일까? 나는 못을 치기 위해 쇠망치를 도구로 하여 손으로 사용한다. 그렇다면 손을 도구라고 한다면 그것을 사용하는 것은 무엇인가? 신체를 도구로서 사용하는 제2의 신체를 상정할 수밖에 없으며, 무한후퇴에 빠진다. 이런 사태에 들어서게 된 것은 다름이 아니라 나와 사물 사이에 신체를 개재시켜 나의 신체를 내가 사용하는 쇠망치와 마찬가지로 **내가 아닌 것**, 즉 하나의 대상, 하나의 객관으로서 취급했기 때문이다. 그렇다면 신체는 곧바로 나라고 말할 수 있을까? 그러나 나의 신체를 어디까지나 하나의 대상으로서 파악할 수 있는 한에서 지각하고 행동하는 바로 그 나는 그 신체의 되어가는 형편을 지켜보는 방관자에 지나지 않게 된다. 요컨대 나는 쇠망치를 사용하는 것과 같은 식으로 내가 먼저 있고 그것이 이 신체를 사용하는 것이 아니다. 나는 나의 신체에 대해 모종의 관계에 들어서는 하나의 독립항으로서 볼 수 없는바, 내가 이 신체로부터 구별될 수 없는 것으로서 존재하고 있다는 사실을 그는 "나는 나의 신체다"라고 말하고 그것을 '육화'(Incarnation)라는 말로 표현했다.

이러한 마르셀의 육화 사상을 기본적으로 받아들여 사르트르와 메를로-퐁티는 각각의 방식으로 신체론을 비판적으로 계승했다고 말할 수 있다. 우선 사르트르의 경우 우리에 의해 이를테면 내측으로부터 주체적으로 체험되는 한에서의 신체(대자신체)와 대상적이고 객관적으로 파악된 신체(대타신체)를 상호적으로 교통 불가능한 두 개의 상이한 존재 차원으로 구별한다. 이 구별은 전기(『지각의 현상학』)의 메를로-퐁티 경우에 각각 '현상적 신체'(le corps phénoménal)와 '객관적 신체'(le corps objectif)의 구별에 대체로 대응한다. 그러나 문제는 객관적 신체를 대타에 속하고 현상적 신체를 대자에 속한다고 말하는 것만으로 마무리되지 않는바, 양자의 관계가 당연히 물어져야만 한다. 『지각의 현상학』에서 시사되었을 뿐 충분히 전개되지 못한 이 문제가 후기에 이르러 정면에서 물어지게 된다. 하지만 메를로-퐁티 경우에 후기에는 '현상적 신체'를 '느끼는 신체' 혹은 '보는 신체', '객관적 신체'를 '느껴지는 신체' 혹은 '보이는 신체'라고 부르게 된다. '현상적 신체'와 '객관적 신체'는 우리가 통상적으로 그렇게 생각하는 만큼 상호적으로 환원 불가능한 존재 차원에 속하는 것이 아닌바, 그들은 상호 전환 가능하며 '가역성'(réversibilité)을 지닌다. "객관적 신체와 현상적 신체는 서로의 주변을 둘러싸거나 상호적으로 침식하고" 있으며, 그런 의미에서 "신체는 그대로 곧바로 현상적 신체일 뿐만 아니라 객관적 신체이기도 하다"라고 말해질 수밖에 없다. 즉 "보는 것의 보이는 것에 대한, 느끼는 것의 느껴지는 것에 대한 내속에 의해 하나"인 것인바, 신체는 바로 "보이는 보는 것", "느껴지는 느끼는 것"인 것이다. '보는 신체'와 '보이는 신체', '느끼는 신체'와 '느껴지는 신체'의 관계는 신체와 세계의 관계로까지 확장된다. 보는 신체와 보이는 세계가 상호적으로 전환 가능하고 가역성을 가질 수 있는 것은 "나의 신체와 세계가 상호적으로 침범하고 서로 밟고 넘어서는 관계"에 있기 때문이며, "세계는 다름 아닌 신체라는 탄생지에서 만들어지고 있기" 때문이다. 이러한 신체와 세계의 동질성이야말로 '살'(chair)이라는 개념에 다름 아니다. 이 '살'이야말로 보는 신체와 보이는 세계의 '분열'(fission)과 '열개裂開'(déhiscence)를 가능하게 하며, 보는 신체와 보이는 신체의 상호 전환을 가능하게 하는 바로 그것이다. 동일한 것을 다른 표현을 사용하여 언표하자면, 모든 보이는 것 속에 이를테면 시각의 효모라고도 말해야 할 것이 존재하며, 사물 속에 숨어 있는 나의 보는 활동보다 좀 더 오랜 '가시성'(visibilité)과 '가감성'(sensibilité)을 재발견하는 것이라고 바꿔 말할 수 있을 것이다. 요컨대 메를로-퐁티에게 있어 '살'이란 신체와 세계를 함께 구성하고 있는 원초적인 '가시성'과 '가감성'을 가리키는바, 그것을 그는 또한 나의 시각이 그 부분을 이루는 바의 '존재'(Être), '주체'와 '객체'를 자기 속에 아울러 지니는 '존재'라고 부르는 것이다.

이상에서 마르셀의 신체론이 그 후 사르트르, 메를로-퐁티에서 어떻게 전개되었는지를 살펴봤지만, 마르셀에게 있어 대상적이고 객관적인 규정에 선행하여 우선 주어져 있는 것은 '절대적 현존'으로서의 '실존하는 우주'였다. 그 원초적 경험에 포함되는 형이상학적 내용, 즉 원초적 경험을 원초적 경험으로서 성립시키는 조건을 있는 그대로 기술하는 것이 그의 현상학적 분석인바, 통상적인 이해와 설명의 방식(예를 들면 심리학)은 자주 참된 의미를 왜곡하고 은폐하는 것이지 않을 수 없다. 그 원초적 경험을 '파내려가'(approfondir, creuser) 형이상학적 내용을 반성의 빛 속으로 떠오르게 함으로써 노정시키는 것이야말로 그의 현상학적 방법이 의미하는 것이며, 그와 동시에 "인간적인 경험에 존재론적 무게를 회복하는" 형이상학이었던 것이다. 이렇게 보면 『형이상학 일기』, 『존재와 소유』로 이어지는 그의 그 이후의 사상 전개가 이 논문에서 이미 선취되고 있다는 것을 알 수 있다. 즉 실존과 객관성이라는 두 개념을 존재와 소유라는 개념으로 대치하여 이 두 개념을 솜씨 좋게 사용하면서 문제와 신비, 표현할 수 있는 것과 표현할 수 없는 것, 자율과 자유를 구별하고, 각각 전자를 소유의 질서에 속하는 것, 후자를 존재의 질서에 속하는 것으로서 구별했기 때문이다. ☞㊔소유, 신비, ㊖존재와 소유

—아카마쓰 히로시(赤松 宏)

㊟ R. Troisfontaines, *A la recontre de Gabriel Marcel*, Bruxelles, 1947(安井源治 譯, 『サルトルとマルセル—二つの實存主義』, 弘文堂, 1950). 廣瀨京一郎・竹下敬次, 『マルセルの哲學』, 弘文堂, 1959.

마르쿠제 [Herbert Marcuse 1898. 7. 19-1979. 7. 29]

유대계의 독일 사상가. 1933년 이후 미국으로 망명. 60년대 말의 국제적 학생운동에 커다란 영향을 주었다. 프랑크푸르트학파에 속하는 헤겔 학자, 현대 사회에 대한 유토피아적 비판자로서 알려져 있지만, 그의 학문적인 출발점은 현상학, 특히 프랑크푸르트에서 사사한 하이데거에게 있었다. 28년에 발표된 철학 방면에서의 처녀 논문 「역사적 유물론의 현상학을 위하여」는 대상 자체의 개시라는 현상학적 방법에 의해 인간 존재의 근원적 역사성과 인식의 실천성을 해명한 『존재와 시간』에 공감하면서 그 추상성을 극복하기 위해 현상학과 변증법, 특히 역사적 유물론의 변증법을 매개시켜 <구체적 철학>을 지향하는 것이었다. 프랑크푸르트학파 가입 이전의 그와 유사한 일련의 작업들은 하버마스가 말하듯이 후의 사르트르와 <프락시스학파>에서 보이는 <하이데거・맑스주의>의 선취로 간주될 수 있다. ☞㊔프랑크푸르트학파와 현상학, 맑스주의와 현상학

—도쿠나가 마코토(德永恂)

마르티 [Anton Marty 1847. 10. 18-1914. 10. 1]

스위스에서 태어난 언어학자, 철학자. 1868년에 뷔르츠부르크 대학에서 브렌타노의 가르침을 받고 슈툼프 등과 함께 초기 제자들 중 한 사람이 된다. 1880년부터 34년간 민족주의 운동이 고양된 오스트리아-헝가리 제국 시대 프라하의 독일어 대학에서 교편을 잡는다. 독일어와 체코어를 둘러싼 대립이 정치적인 언어

투쟁 양상을 드러내는 가운데 편협한 민족주의와는 선을 긋고, 인간적 심리에 공통된 구조와 특징에 눈을 돌려 심리학적 견지로부터 언어의 형식과 의미에 관한 이론적 문제들에 몰두한다. 브렌타노의 기술심리학적 방법을 사용하여 독자적인 보편적 기술적 <의미이론>(semasiologie)을 수립하고, 1908년에 주저 『일반문법론 및 언어철학의 정초에 대한 연구』(*Untersuchungen zur Grundlegung der allgemeinen Grammatik und Sprachphilosophie*, Halle)를 저술한다. 브렌타노와는 생애를 통해 계속해서 친교를 맺고 충실한 이해자로서 그의 사상을 언어철학 분야에 적용하여 발전시켰다. 특히 마르티의 이중판단론(판단의 다수는 단순한 존재판단이 아니라 이중판단 즉 존재판단과 술어판단의 결합이라고 하는 고찰)은 브렌타노의 판단론을 발전시킨 것이다. 그러나 만년에 참다운 판단은 비실재적인 존재자로서의 <사태>(Sachverhalt)에 대한 인정을 포함한다고 주장하기에 이르러 비실재적 존재자를 일관되게 부정하는 브렌타노의 사고방식과의 사이에 어긋남도 생겼다. 후설과는 편지 교환을 통해 교류가 있었다. 그러나 후설은 마르티의 '의미' 개념의 취지를 오해했던 듯하다. 한편 마르티도 비실재적 존재자를 인정하기는 하지만 그것도 시간적으로밖에 생각할 수 없었던 까닭에 후설이 제창하는 무시간적인 존재자로서의 <이념적인 것>(Ideales)의 존재를 부정했다. 또한 후설의 <순수논리 문법>의 구상에 대해서도 계속해서 비판적인 등, 양자 사이에는 충분한 논의의 발전이 없었다고 말할 수 있을 것이다. 언어학에 대해서는 훔볼트(Wilhelm von Humboldt 1767-1835)의 일반 언어론의 전통을 이어받지만, 사고와 언어의 긴밀한 평행성이나 언어들과 민족문화들 사이의 상이성에 중점을 두는 분트 등의 고찰에 대해서는 비판적이었다. 사고형식과 언어형식을 분명히 구별하고, 다양한 개별적 언어형태의 일반적 유형과 모든 인간적 발화의 형식에 공통된 근본적 특질을 해명하고자 했다. 그리함에 있어 브렌타노의 기술적 심리학의 방법을 적용하고, 심적 현상을 '표상 · 판단 · 정의활동'으로 나누는 삼분법에 기초하여 언어의 정신적 측면을 고찰했다. <직접적이고 명증적인 구체적 사실>로부터 출발하여 주로 표현으로서의 언어 수단과 언어 수단이 환기하는 심적 현상의 본질을 기술할 것을 목표로 했다. 마르티는 의미를 내적인 것이라고 생각했지만, 의미 자체와 같은 것은 인정하지 않고 언어 수단에 의한 화자의 심적 상태의 고지기능이나 그에 의해 청자에게 일정한 심적 상태를 환기하는 기능을 언어 수단이라고 생각했다. 그리고 의미를 환기하는 언어 수단에 대한 고찰에서 기본적 역할을 수행하는 것이 '자의적自義的'(autosemantisch)과 '공의적共義的'(synsemantisch)의 구별이다. 마르티는 중세의 아리스토텔레스주의자를 거쳐 브렌타노로부터 이어받은 이러한 개념들의 전통적 용법을 확장하여 의미론 전체를 설명할 수 있는 개념으로 변용시켰다. 또한 후설이 사용하는 방식과도 다름이 있다. 자의적 기호는 그 자신에서 통합된 의미를 표현하며, 이름, 문장, 판단 내용을 나타내는 언명, 정의적 요소(원망, 의심 등)가 이에 포함된다. 공의적 기호란 그 자신에서 독립된 의미를 환기하지 않는 것으로서 전치사, 정형동사, 형용사 등이다. 예를 들면 <er geht>에서의 <geht>가 그러하며, 또한 비유적으로 사용된 이름이나 종속문도 공의적이라고 간주된다. 언어 수단에 대해서는 더 나아가 외부 언어형식과 내부 언어형식이 구별된다. 음성이나 기호 등 감각적으로 지각되는 외부 언어형식에 대해 의미와 음성을 중개하는 기능을 지니는 언어 수단에서 그 특징들이 내적 경험에 의해 파악되는 것이 내부 언어형식이다. 내부 언어형식이란 일정한 심적 현상 요컨대 표상을 불러일으켜 표현 전체의 이해를 돕는 것을 가리키며, 비유적 내부 언어형식과 구성적 내부 언어형식으로 구분된다. 이와 같이 훔볼트의 '내부 언어형식'의 개념에 마르티는 새로운 정의를 부여하는 등 20세기 언어학의 발전을 준비한 한 사람으로서도 평가되고 있다. ☞ ㉯기술심리학, 존재판단{존재명제}, ㉰브렌타노

—오카모토 유키코(岡本由起子)

㊂ K. Mulligan, ed., *Mind, Meaning and Metaphysics: The Philosophy and Theory of Language of Anton Marty*, Dordrecht, 1990. 中島文雄, 『意味論』, 研究社, 1971.

마리온 [Jean-Luc Marion 1946-]

프랑스의 종교철학자. 1980년 박사 학위 취득. 소르본, 푸아티에 대학을 거쳐, 현재 낭테르 대학 교수. 하이데거 존재론에 의거한 독자적인 데카르트 해석으로 주목 받는다. 그 후 데카르트 연구와 병행하여 신학, 현상학, 존재론과 같은 영역들에서 연구를 진행하고 있다. 주요 저작은 *Sur l'Ontologie grise de Descartes*, 1975, *L'Idole et Distance*, 1977, *Dieu sans l'Être*, 1982, *Réduction et Donation*, 1989 등.

마사리크 [Thomáš Garrigue Masaryk 1850. 3. 7-1937. 9. 14]

체코슬로바키아의 철학자, 사회학자, 정치가. 모라비아 지방의 농노의 아들로 태어나 어렵게 공부하며, 빈 대학, 라이프치히 대학에서 철학을 공부하고, 『자살론』(1878)으로 빈 대학의 교수 자격을 얻는다. 1882년에 프라하의 체코어 대학의 원외교수로 취임. 체코의 민족 독립운동의 지적 지도자로서 활약하며, 체코슬로바키아 공화국의 초대 대통령(1918-35년)이 된다. 1876년 가을, 라이프치히 대학에서 3학기 동안 천문학 강의를 받는 한편으로 수학과 물리학과 철학 강의를 청강하고 있던 후설은 아홉 살 위의 마사리크와 알게 된다. 마사리크는 후설에게 데카르트, 라이프니츠, 영국 경험주의 등에 주의를 돌리도록 열정적으로 말했다. 후설이 브렌타노의 이름을 알게 된 것도 마사리크가 빈에서 브렌타노의 강의에 출석했기 때문이었다. 1884년, 빈으로 돌아온 후설은 마사리크의 영향으로 신약성서를 연구한다. 만년의 후설이 프라하에서 『위기』의 토대가 되는 강연을 행한 것도 마사리크의 노력에 의한 바가 크다. 주요 저서로 『구체적 논리학 시론』(독일어 역, *Versuch einer konkreten Logik*, 1887), 『맑스주의의 철학적 사회학적 기초』(독일어 역, *Die philosophischen und soziologischen Grundlagen des Marxismus*, 2권, 1913), 『러시아와 유럽—러시아에서의 정신조류의 연구』 1913(佐々木・行田 譯, 『ロシア思想史』 2권, みすず書房, 1962-66)이 있다. ☞ ㊀데카르트와 현상학, 영국경험주의와 현상학, 프라하 구조주의, ㊁브렌타노

—야시로 아즈사(矢代 梓)

㊟ Karel Čapek, *Hovorys T. G. Masarykem*(石川達二 譯, 『マサリクの對話』, 成文社, 1993). H. R. Sepp, Hg., *E. Husserl und phänomenologische Bewegung*, München, 1988.

마이농 [Alexius Meinong, Ritter von Handschuchsheim 1853. 7. 17-1920. 11. 27]

오스트리아의 그라츠에서 활약한 철학자・심리학자. 그라츠학파의 시조. 심리학주의로부터 출발하여 그것을 극복하는 과정에서 독창적인 대상론을 전개하며, 대상에 대한 인식론적이고 심리학적인 연구의 새로운 방법을 개척하고 독자적인 가정론假定論, 명증론을 제기하며 가치론 분야에 커다란 영향을 주었다.

마이농 가는 할아버지 대에 서남 독일에서 오스트리아로 이주. 가계에는 공무원, 사제, 군인이 많으며, 아버지는 오스트리아 육군에 속하여 육군 소장까지 되었다. 마이농은 1853년에 아버지의 직무상의 사정으로 인해 갈리키아 지방의 렘베르크(현재의 우크라이나의 르보프[리보프])에서 태어난다. 귀족의 칭호를 가지고 있었지만, 생활환경은 대체로 상류 귀족의 궁정 생활과는 인연이 없이 오히려 그러한 특권의식이나 허식을 배척하는 요제프주의적 생각을 지닌 아버지의 가르침을 받으며 자라났다.

1862년, 아홉 살 때 빈으로 가 6년간을 사학에서, 2년간을 김나지움에서 공부하며, 70년 빈 대학에 들어간다. 가족에게서 떨어져 빈의 자유로운 분위기에서 지낸 것이 마이농의 인격 형성에 큰 영향을 준다. 아버지가 법률가가 될 것을 바랐을 때 마이농은 완고하게 음악가가 될 것을 주장하며—물론 본업이 되지는 않았지만 평생 첼로를 좋아하고 피아노 즉흥연주를 즐겼다—, 대학에서는 역사학을 전공하고 다른 한편으로는 어떠한 주석서의 도움도 없이 혼자 힘으로 칸트 철학을 번역한다든지 한다. 졸업 후에도 법학부에 적을 두고 74년 C. 멩거 밑에서 경제학을 공부하지만—후에 『일반 가치론의 정초』(*Zur Grundlegung der allgemeinen Werttheorie*, 1923)로서 결실된다—, 75년 브렌타

노에게 철학의 선생이 되어줄 것을 부탁하고(~77년) 철학을 평생의 직업으로 삼을 것을 결심한다. 그러나 브렌타노의 카리스마적 성격에 부담을 느꼈기 때문에 개인적으로 접하는 일은 적으며 다른 제자들과도 선을 긋고자 노력하게 되었다. 그렇지만 스승의 칸트 혐오를 그대로 이어받아 은밀하게 「칸트 철학의 분석판단과 보편개념론」을 저술하여 인식론적 관념론에 이의를 제기하고 스승의 권유에 의해 영국 경험주의에 대한 연구에 착수하며, 이후 경험적 입장에서의 과학철학을 시도하는 등, 마이농 자신이 인정하듯이 스승의 방법론과 철학적 모티브에 커다란 영향을 받는다. 77년 『흄 연구』(*Hume-Studien Ⅰ: Zur Geschichte und Kritik des Modernen Nominalismus*, 1877)로 대학 교수 자격을 취득하며, 78년 빈 대학의 사강사가 된다. 이때의 학생으로는 회플러(Alois Höfler 1853-1922), 에렌펠스, 욀첼트-네빈(Anton von Oelzelt-Newin) 등이 있다. 82년 그라츠의 원외교수로 초빙되며 그 이후 이곳에 머문다. 89년 정교수가 되지만 그것은 복잡한 사연이 있는 것이었다. 학생 시대에 두드러진 활동을 한 것은 아니지만 범게르만주의를 주창하는 두 그룹과 관계를 지닌다든지 그라츠에 오고 나서도 학우회 '아르미니아'를 지지한 일도 있어 교육장관의 블랙리스트에 파괴활동자로서 기재되고, 그로 인해 교수 승진이 3년이나 늦어졌기 때문이다. 그해 가을 빈에서 알게 된 도리스 부프홀츠 양과 결혼한다. 이 사이 후진에 대한 교육에도 큰 노력을 기울인다. 김나지움에서의 철학 교육 삭감이 결정되었을 때에는 스스로 철학 교육의 개혁에 나서 85년에 「철학적 학문과 그 예비학」에 대해 논의하고 새로운 과학철학과 그 교육적 가치를 선양하며, 심리학 실험의 실시와 교수법의 개선 등을 제안하는 데서 더 나아가 당시 김나지움 교사였던 회플러와 함께 논리학 텍스트 작성에 관여한다. 또한 '86년에는 스스로 사비를 들여 대학에서 실험심리학의 세미나를 시작하고, 94년 정부의 조성금을 얻어 오스트리아 최초의 실험심리학 연구소를 창립했으며, 92년에 철학 세미나 설치를 청원하여 97년에 그에 대한 인가를 얻어낸다.

다른 한편 마이농의 철학 연구 도정은 결코 평탄한 것이 아니었다. 마이농이 처음에 인식론적 연구를 특별히 문제 삼았던 「기억의 인식론적 평가에 대하여」("Zur erkenntnistheoretischen Würdigung des Gedächtnisses", 1886)가 스승 브렌타노의 인정을 받지 못하게 되어 스승과 제자 사이에 어두운 그림자가 드리우기 시작하고, 스승의 신임이 두터운 제자인 마르티가 회플러와 마이농의 공저 『논리학』(*Logik*, 1890)을 지목하여 혹평하기에 이름에 따라 양자 사이는 결정적으로 어긋나게 되었다. 마이농은 격노하여 마르티의 독단을 비난하고, 이후 '프라하의 브렌타노주의자'와의 대립의 골을 심화시켜 나가게 된다. 이러한 응수를 브렌타노의 제자들이 모두 다 알게 되며, 90-91년에 때마침 브렌타노에게 헌정된 슈툼프의 『음향심리학』과 후설의 『산술의 철학』은 스승의 역린을 건드릴 것을 두려워했기 때문인지 마이농의 논문을 모조리 묵살한다. 그러나 이를 계기로 하여 심적 조작에 대한 분석을 주제로 한 초기의 심리학주의 입장(1877-90)과 결별하고, 에렌펠스와 트바르도프스키에게 촉발되어 고차 대상이라는 아이디어를 안출하며(1890-99), 이어지는 이행기(1899-1904)를 거쳐 대상론적 연구(1904-20)로 향하게 된다. 이 과정에서 후설과 친밀하게 의견을 서로 교환하는 사이가 되지만, "같은 지방을 방문한 두 사람의 지리학자"라는 비유도 헛되이 우선권 다툼이 생겨나고 결국 양자가 서로에게 등을 돌리게 되었던 것은 유명한 일이다.

이리하여 인식론적 연구에서는 「대상론에 대하여」("Über Gegenstandstheorie", 1904)로부터 『가능성과 개연성에 대하여』(*Über Möglichkeit und Wahrscheinlichkeit*, 1915)에 이르기까지 대상론을 보완하는 것으로서의 파악론과 아울러 선험적인 앎이 수행하는 역할을 연구하는 한편, 심리학적 연구에서는 실험심리학의 식견들을 참조하는 가운데 『가정에 대하여』(*Über Annahmen*, 1902, [2]1910)에서는 일체의 내적 체험의 기본 종류들을 관통하는 새로운 방법을 개척하고, 그 방법론을 『정서적 현시에 대하여』(*Über emotionale Präsentation*, 1917) 등에서 심화시키고 있었다. 이와 병행하여 자기의 이론을 윤리학과 미학으로까지 확장하여 가치론의 기초를 탐구하고, 가치가 다양한 감정의 양태를 통해 이해되는 대상이라는 것을 보이며, 그러한 감정들이 어떠한 상황 속에서 적합하고 부적합하게 되는 것인지, 그 기준을 확정하고자 시도한다.

마이농은 젊은 시절부터 약시로 고통을 겪으며, 후년에는 완전히 시력을 잃었기 때문에—그 풍모 때문에 고대의 시령자에 비유되었다—만년의 저작은 구술필기에 의한 것이다. 마이농의 철학은 당초 러셀(Bertrand Russell 1872-1970), 무어(George Edward Moore 1873-1958), G. 라일 등의 해석을 통해 부정적으로만 소개되었지만, 오늘날 철학사에서의 결절점에 위치하는 것으로서 간주되어 내재적인 이해가 진전되고 있다. 고희를 축하하기 위해 제자들이 편집한 전집(3권)을 토대로 전 7권에 보유를 덧붙인 『마이농 전집』(R. Haller, R. Kindinger und R. M. Chisholm, Hg., *Alexius Meinong Gesamtausgabe*, Graz, 1968-78)이 출판되어 있다. ☞ ㊄그라츠학파, 대상론, 독오학파와 현상학, ㊆대상론에 대하여

—에리구치 아키토시(江里口明俊)

㊟ J. N. Findlay, *Meinong's Theory of Objects and Values*, Oxford, [2]1963. D. F. Lindenfeld, *The Transformation of Positivism*, Univ. of California Press, 1980. R. Haller, Hg., *Jenseits von Sein und Nichtsein*, Graz, 1972.

마흐 [Ernst Mach 1838. 2. 18–1916. 2. 19]

[illegible]트리아의 물리학자, 철학자. 모라비아에서 태어나 빈[illegible]서 공부했다. 그라츠 대학에서 수학, 프라하 대학에서 [illegible]학을 강의한 후, 1895년에 브렌타노가 빈 대학의 사강사[illegible]을 사임하고 피렌체에 은거했던 것과 엇갈려 신설된 [illegible] 역사와 [illegible]을 담당하는 교수로서 [illegible]초빙되었다. 세기말의 빈에서는 [illegible]게 마흐[illegible]철학적 <모데르네>를 대[illegible]는 인물로 지목되며, 189[illegible] 강의 '자연과[illegible]서의 두세 가지 일반적 문제에 대하여'에는 문학자인 호프마이스터도 청강자로서 이름을 올리고 있다. 1902년 귀족원 의원에 선출된 것을 계기로 교직에서 물러났지만, 그의 왕성한 연구 활동은 병을 얻은 만년까지 줄어들 줄 몰랐다.

마흐의 연구 영역은 물리학, 철학, 과학사, 심리학, 생리학, 음악학 등의 다양한 것들에 걸쳐 있으며, 각각의 분야에서 제1급의 작업을 남겼다. 물리학에서는 1886년에 충격파의 사진 촬영에 성공했으며, 초음속의 선구적 연구에 의해 속도 단위인 마하(Mach) 수에 그 이름을 남기고 있다. 또한 심리학에서의 '마흐의 띠'와 '마흐 효과'의 발견, 생리학에서의 '마흐-브로이어 설' 등, 그의 이름을 단 업적은 여럿이다. 주저인 『역학의 발달』(1883)은 『열학의 원리들』(1896) 및 『물리광학의 원리들』(1921)과 함께 과학사 3부작이라고 칭해지며, 거기서 전개된 뉴턴 역학에 대한 근본적 비판이 청년 아인슈타인에게 영향을 주어 특수상대성 이론의 형성에 기여한 것으로 알려진다. 또한 거기서 제기된 '마흐의 원리'는 일반상대성 이론에 이르는 길을 여는 것이었다.

철학 상의 주저는 『감각의 분석』(1886) 및 『인식과 오류』(1905)인데, 그 주장은 <감성적 요소일원론> 혹은 아베나리우스 등과 함께 <경험비판론>이라는 이름으로 불리고 있다. 마흐는 실체나 인과관계 등의 형이상학적 범주 및 물심이원론의 가정을 배제하고, 세계를 형성하는 궁극적인 요소는 물적이지도 심적이지도 않은 중성적인 감성적 요소들(색, 소리, 열, 누름 등등)이라고 주장했다. 이러한 요소들 사이의 함수적 의존관계를 사유경제의 원리에 따라 가능한 한 간결하고 완전하게 기술하는 것이 과학의 목적에 다름 아니다. 이러한 요소일원론의 입장에서 그는 <물리학적 현상학>을 제창하고, 형이상학적 요소를 배제한 순수 기술의 방법에 기초하여 물리법칙을 탐구하고자 시도했다. 또한 감성적 요소들의 전체적 연관과 멜로디의 이조성에 주목한 점에서 마흐는 게슈탈트 심리학의 선구자로 지목된다. 그의 사후 1928년에는 슐리크를 의장으로 하여 '마흐협회'가 설립되며, 이것이 곧이어 라이헨바흐(Hans Reichenbach 1891-1953)를 중심으로 하는 '경험철학협회'와 합체하여 '빈 학단'이 결성되기에 이른다.

그것을 통해 마흐의 사상은 논리실증주의 및 통일과학 운동에 커다란 영향을 미쳤다.

마흐 철학과 현상학의 관계는 약간 복잡하여 친화적인 면과 비판적인 면의 양 측면이 존재한다. 브렌타노는 1895년 이후 마흐와 자주 편지를 주고받으며 의견을 교환하며, 특히 『인식과 오류』에 대해서는 각 장마다 논평을 덧붙인 장대한 수고를 남긴다(이 유고는 현재 F. Brentano, *Über Ernst Machs "Erkenntnis und Irrtum"*, Amsterdam, 1988로서 공간되어 있다). 후설은 잘 알려져 있다시피 『논리연구』 제1권 제9장 '사유경제의 원리와 논리학'에서 아베나리우스-마흐의 원리에 대해 "심리학 및 특히 순수 논리학과 인식론의 근거짓기에 대해서는 그 원리가 아무런 기여도 이룰 수 없다는 것을 증명하고 싶다"[LU Ⅰ 193]고 하여 엄격한 비판을 전개한다. 그러나 동시에 그는 그 속에서 "특히 E. 마흐의 역사적-방법론적 연구들에서 우리는 실로 많은 논리학적 가르침을 받고 있으며, 그의 결론에 반드시 전면적으로(또는 전적으로) 찬동할 수 없는 곳들에서도 역시 그에게 빚지고 있는 점이 큰바, 나는 참으로 그렇게 확신한다"[LU Ⅰ 202]고도 말하고 있다. 사실 그는 그 직후인 1901년의 부활제 휴가 때 빈으로 마흐를 방문하여 정중한 대접을 받았음을 기록하고 있다[Dok Ⅰ 64]. 그 방문이 계기가 되어 후설은 마흐로부터 『역학의 발전』을 헌정 받으며, 그에 대한 사례 편지에서 그는 "사유경제에 관한 나의 장은 주로 아베나리우스학파, 특히 코르넬리우스에게로 향한 것입니다"라는 해명의 말을 써 보낸다. 이와 같은 양자의 교섭을 보면 후설의 마흐에 대한 태도가 반드시 전면적인 부정은 아니었다는 것을 엿볼 수 있다. 그렇기는커녕 후설 현상학은 마흐 철학을 모태로 하여 산출되었다고 말하는 것도 반드시 불가능하지는 않은 것이다.

후설은 '현상학'이라는 말을 사용하기 시작하기 이전인 1897년에 「논리학에 관한 독일어 문헌 보고 1894년」을 집필하며, 거기서 마흐의 논문 「물리학에서의 비교 원리에 대하여」를 다루고 그의 <물리학적 현상학> 구상에 적극적인 평가를 내리고 있다[Hu **22**. 148ff.]. 또한 후설은 마흐의 『감각의 분석』을 간행 직후에 읽으며, 그 후에도 1903년의 겨울학기와 1911년의 여름학기에 이 저작을 세미나의 텍스트로서 다룬다. 실제로 후설이 소장한 『감각의 분석』을 상세하게 검토한 H. 뤼베는 "후설은 경험비판론 철학의 주요 저작에 대한 상세한 연구에 즈음하여 지금 인용한 부분에 밑줄을 그음으로써 힘주어 강조하고, 마흐에게 동조하여 바로 지식과 인식이 현출하는 대로의 현실의 요소들 간의 직접적으로 주어지는 연관을 분석하는 것에서 현실에 대한 탐구가 성립한다고 난외에 적어두고 있다"고 보고한다. 이러한 점을 보면 "현상학적 사고의 전통에 있어서는 마흐의 저작이 후설의 논리학 연구보다 훨씬 이전부터 그러한 시작점이다"라는 뤼베의 발언도 단순한 과장일 뿐이라고 말할 수 없을 것이다. 그 증거로 후설 자신이 1928년의 「암스테르담 강연」에서 세기 전환기에 성립한 현상학이라는 새로운 학문이 "이미 그것에 선행하여 두세 사람의 자연과학자와 심리학자에 의해 요청되고 사용된 현상학적 방법을 이를테면 철저화함으로써 생겨난 것"이라는 점에 주의를 촉구하고, "이 방법은 이른바 <정밀> 자연과학을 위협하고 있던 이론 구성을 위한 기초의 결여에 반발하는 마흐나 헤링과 같은 사람들에 의해 의식되고 있었다"[Hu **9**. 302]고 명확히 말하고 있기 때문이다. 이상과 같은 견해로부터 보면 마흐는 논리실증주의의 아버지로서보다는 오히려 현상학의 어머니로서 자리매김되어야 할 철학자인 것이다. ☞ ㊕경험비판론과 현상학, 물리학적 현상학, 세기말 사상과 현상학, ㉤아베나리우스, ㊖감각의 분석

—노에 게이이치(野家啓一)

㊟ H. Lübbe, *Bewußtsein und Geschichten*, Freiburg, 1972(川島秀一 外 譯, 『歴史における意識』, 晃洋書房, 1988). 廣松涉, 『相對性理論の哲學』, 勁草書房, 1982. 野家啓一, 『無根據からの出發』, 勁草書房, 1993.

만케 [Dietrich Mahnke 1884. 10. 17-1939. 7. 25]

독일의 철학자. 1927년 마르부르크 대학 교수. 괴팅겐 시대의 후설의 제자 중 한 사람이며, 라이프니츠와

독일 관념론에 대한 연구자로서도 저명하다. 모나드의 형이상학을 이야기하고, 자연과학의 보편성과 정신과학의 개별성의 종합을 목표로 했다. 주요 저작은 *Eine neue Monadologie*, 1917, *Ewigkeit und Gegenwart*, 1922, *Leibnizens Synthese von Universalmathematik und Individualmetaphysik*, 1925 등.

맑스 [Werner Marx 1910. 9. 19-]

독일의 철학자. 프라이부르크, 베를린, 본 대학에서 공부하며, 1932년 본 대학에서 박사 학위 취득. 뉴스쿨(New School for Social Research), 프라이부르크 대학을 거쳐, 1962년 하이델베르크 대학 교수. 하이데거의 영향 하에 그의 존재사관을 서양 철학사 전통과 대비하여 검토. 독일 관념론 연구자로서도 알려진다. 주요 저작은 *Heidegger und die Tradition*, 1961, *Die Bestimmung der Philosophie im Deutschen Idealismus*, 1964, *Vernunft und Welt*, 1970, *Das Sterblichen*, 1979, *Ethos und Lebenswelt*, 1986 등.

메를로-퐁티 [Maurice Merleau-Ponty 1908. 3. 14-61. 5. 4]

20세기의 프랑스 철학, 특히 현상학 연구에서 지도적인 역할을 수행했다. 현재의 샤랑트-마리팀 주, 로슈포르-쉬르-메르에서 태어나 제1차 대전 직전 부친의 사후에 파리에서 양육되었다. 파리의 고등사범학교에서 공부하고, 1931년에 철학의 교수 자격 취득. 잠시 동안 리세와 고등사범학교에서 가르쳤지만, 제2차 대전에 육군 장교로서 종군한 후, 리옹 대학의 철학 교수(1945) 및 소르본의 심리학·교육학 교수(1949-52)를 거쳐, 1952년 콜레주 드 프랑스의 철학 교수에 임명되었다. 하지만 10년이 채 못 되어 심장마비로 인해 자택에서 짧은 생애를 마쳤다. 1945년부터 '52년까지는 사르트르와 시몬 드 보부아르 등과 함께 잡지 『Les Temps modernes(현대)』의 편집에 관여하며, 정치적인 방면에서도 다양한 언론 활동을 수행했다.

메를로-퐁티가 교수 자격시험 준비를 하고 있을 무렵, 프랑스의 철학계는 베르그송을 제외하면(하지만 그도 은퇴시기에 다다라 있었다) 오랜 비판주의 내지 주지주의의 침체된 분위기에 둘러싸여 있었지만, 다른 한편 독일이나 영미에서는 게슈탈트 학설과 정신분석학, 행동주의 심리학 등의 새로운 인간과학이 대두하고 있었다. 그리하여 메를로-퐁티는 그러한 신흥 과학들의 성과를 흡수하여 그것들에 의해 성립하는 존재론을 다시 조탁해냄으로써 새로운 철학의 수립을 목표로 했다. 그리고 그는 그러한 과학들의 근본 테마를 지각 내지 지각적 행동에서 발견했기 때문에 학위 논문의 테마로도 「지각의 본성」을 선택했다. 한편 그는 1939년의 『국제철학지』(*Revue internationale de philosophie*)의 후설 특집호(1월)에서 후기 후설의 사상을 알게 된 이래로 서서히 후설에 대한 경도를 심화시키고 있었다. 그와 같은 연구의 최초 성과가 『행동의 구조』(*La structure du comportement*, 1942: 滝浦静雄·木田元 譯, みすず書房, 1964)와 『지각의 현상학』(*Phénoménologie de la perception*, 1945: 竹内芳郎·木田元 外 譯, Ⅰ·Ⅱ, みすず書房, 1967, 1974: 中島盛夫 譯, 法政大學出版局, 1982)이다.

『행동의 구조』에서는 아직 후설의 이름은 그렇게 많이 등장하지 않는데, 이 시기에 메를로-퐁티는 '현상학'이라는 말로 오히려 골드슈타인 등의 게슈탈트 학설을 생각하고 있었던 듯하지만, 어쨌든 이 책에서 그는 한편으로 지각과 행동을 자극의 물리적 특성에서 인과적으로 설명하고자 하는 경험주의 심리학과 생리학을 철저히 비판함과 동시에, 다른 한편으로는 그것들을 혼돈된 감각의 지성에 의한 구축물로 보는 주지주의 입장도 비판하여 이른바 '양의성'의 철학을 내세운다. 그에 의하면 자극은 그 요소적 특성보다도 다른 자극과의 공간적·시간적 배치 관계에 의해 작용하며, 또한 생체 측에서도 수용기와 특정한 신경경로 그 자체보다도 생체 전체 속에서의 그것들의 구조적 역할이 더 중요하다. 요컨대 자극이란 어떤 사물(=그림)이 전체의 장(=바탕)과 함께 구성하는 게슈탈트를 가리키며, 또한 생체 자신도 특정한 기관이 신체 전체와 함께 구성하는 하나의 게슈탈트에 다름 아닌 것이다.

따라서 반사 학설 등에 의한 경험주의적 심리학·생리학이 성립하지 않는다는 것은 말할 필요도 없지만, 또한 역으로 자극이 지니는 의미를 지성이 수행하는 판단작용의 결과로 보는 주지주의 입장도 성립하지 않게 된다. 게슈탈트는 동물에게도 지각될 수 있으며, 그런 한에서 그것은 지각을 지니는 모든 생체에 있어서의 말하자면 근본 사실인 것이다. 이리하여 메를로-퐁티는 신흥 과학의 성과를 재검토함으로써 종래의 인식론이 빠져 있던 정신인가 물질인가, 지성인가 감각인가, 심리인가 생리인가와 같은 이율배반을 넘어서고자 했다.

그와 같은 입장을 후기의 후설에 의지하여 한층 더 심화시키고자 한 것이 그 다음의 『지각의 현상학』이다. 여기서도 그는 지각의 대상이 되는 게슈탈트가 종래의 경험주의나 합리주의의 인식론과 존재론으로는 파악될 수 없는 것이라는 점을 상세하게 설명하고 있지만, 거기서 더 나아가 이 책에서는 지각의 근본 전제로서 전소여적인 '지각세계'라는 것을 생각하고, 따라서 우리의 지각에 대한 완전한 현상학적 환원은 불가능하며, 또한 지각의 주체도 이른바 '초월론적 주관성'이 아니라 '육화한 주관'이어야만 한다고 주장했다. 또한 그는 그 논의를 좀 더 밀어붙여 환영지나 실어증의 문제를 다루고, 그것들도 그와 같은 '세계에 내속한 존재'(être-au-monde)로서의 주관에게만 있을 수 있다고 논의한다. 이와 관련하여 언어 그 자체에 대해서도 말하는 행위 자체가 이미 '동작적 의미'를 내장하고 있다는 점에서 언어를 '말해진 말'(parole parlée)로서가 아니라 '말하는 말'(parole parlante)로서 파악해야 한다고 제창했다. 언어 문제는 이후 그의 철학의 중요한 주제가 된다.

인간의 주관성이 '육화'하는 것이라고 한다면 그것은 바로 역사적·사회적 상황 속에서 충분히 작용할 것이라고 하여 정치 문제를 적극적으로 취급한 것이 다음 저작인 『휴머니즘과 테러』(*Humanisme et terreur; Essai sur le problème communiste*, 1947: 森本和夫 譯, 現代思潮社, 1959)이다. 여기서 그는 인간의 자유도 상황이 주어진 것인 이상, 정치에서는 끊임없이 현실세계 속에서의 유효성이 문제로 되지 않으면 안 된다고 하여 소비에트의 테러리즘에도 그 나름의 근거가 있었다는 것을 인정하고, 추상적인 자유만을 역설하는 서방 진영의 기만성을 비판하고 있다. 다만 그 후의 『변증법의 모험』(*Les Aventures de la dialectique*, 1955: 滝浦静雄·田島節夫 外 譯, みすず書房, 1972)에서 그는 입장을 바꾸어 역사는 기본적으로 우연한 것이기 때문에 특수한 계급이나 경제구조에 대한 어떠한 혁명도 역사적 과정의 유일한 수단으로는 될 수 없다고 보고 있다. 다른 한편으로 그는 사르트르의 철학을 그의 극단적인 주관주의 때문에 변증법을 결여한 '울트라 볼셰비즘'이라고 부른다. 이리하여 결국 맑스주의에 대해 유력한 이론적 무기임을 인정하면서도 그것을 현실의 역사적 조건에 비추어 구체적으로 수정해 나갈 필요가 있다고 하는 것이 이 문제에 대한 그의 궁극적인 사고방식이었다.

하지만 메를로-퐁티는 1949년부터 소르본으로 옮겨 심리학 등의 강의를 하기 때문에, 오직 맑스주의에만 전념하고 있었던 것은 아니다. 1950년부터 '51년에 걸쳐 행해진 「인간의 과학과 현상학」이나 「유아의 대인관계」 등을 포함한 심리학 개론과 아동심리학 강의는 신체 개념을 중심으로 한 그의 현상학을 심리학 등의 인간과학에 끌어들임으로써 유아의 거울상 체험이나 시샘·모방 등을 비롯한 자기와 타자의 미분화된 관계를 해명하고자 한 매우 흥미로운 것이다(이들은 일본어 역 『眼と精神』에 수록: 滝浦静雄·木田元 譯, みすず書房, 1966). 또한 그는 소르본으로 옮긴 그 해와 다음 해에 걸쳐 「의식과 언어의 획득」을 강의하는데, 그 속에서 처음으로 자신의 언어론을 명확히 소쉬르의 노선 위에서 다시 파악하게 되었다. 그리고 1951년에는 국제 현상학 회의에서 「언어의 현상학에 대하여」를 발표하고, 나아가 이듬해의 『현대』 지에 「간접적 언어와 침묵의 목소리」를 발표하는 등(모두 논문집 『기호들』(*Signes*), 1960년에 수록: 竹内芳郎 監譯, 1·2, みすず書房, 1969, 1970), 그는 급속하게 언어철학자로 변신하게 된다. 이러한 논문들에서의 그의 근본적인 발상은 언어 기호의 의미는 개개의 기호에 의해 운반되는 개별적인 개념이 아니라 오히려 "기호들 사이의 거리"로서

기호들 사이에서 배어 나오는 것인바, 요컨대 언어는 "적극적인 말의 항목 없는 차이"로서만 존재한다는 것이다. 그러나 언어는 침묵에 의해서도 무언가를 말할 수 있는 "간접적 언어"이다. 이리하여 언어에 대한 성찰은 이후 그 자체로서 보면 무의미할 우리 주위의 사물이 의미적으로 분절화하기에 이르는 과정에 대한 해명으로서 그의 철학의 중심적인 위치를 차지하게 되었다. 그것은 또한 언어에서의 화자와 청자의 상호주관적인 관계를 통해 사회와 역사, 또는 제도 일반에 이르는 길을 여는 것이기도 한바, 이 논문집에서 그는 후설이 말했던 '초월론적 주관성'이란 사실은 '상호주관성'이라고 하는 대담한 발언마저도 행하고 있다.

이와 같은 입장에서 '자연'이라는 '엄청나게 광범위한 세계'에 대한 체계적 고찰의 일부로서 씌어져 그의 생전에 마지막으로 발표된 것이 「눈과 정신」("L'oeil et l'esprit", 1961년 1월, 64년에 단행본)이다. 이것은 일종의 회화론이지만, 여기서 특히 회화가 다루어진 것은 그가 회화 속에서야말로 신체의 수수께끼와 그것의 합리화를 읽어낼 수 있다고 믿었기 때문이다. 요컨대 회화란 그 자체로서는 무의미한 색과 선이 의미를 지니기에 이른 것으로서 그것이야말로 바로 신체가 끊임없이 행하고 있는 것에 다름 아닌 것이다. 그리고 신체로부터 볼 때 공간은 본래는 '깊이'로서 주어져 있는 것임에도 불구하고 과학에 정위된 우리의 문명이 그것을 넓이와 동일한 것으로 평준화하고 있다고 하여 여기서도 과학 이전의 우리의 지각적 경험에 대한 새로운 파악이 시도되고 있다.

그는 「눈과 정신」이 발표된 해의 5월에 갑자기 사망했지만, 뒤에는 미완의 대저 『보이는 것과 보이지 않는 것』(*Le visible et l'invisible*: 滝浦静雄・木田元 譯, みすず書房, 1989)이 남겨져 있었다. 이것은 거의 완성된 원고(클로드 르포르의 편집으로 이루어진 현행판으로 200쪽)와 상당한 양의 단편적인 연구 노트(마찬가지로 116쪽)로 이루어진다. 만년의 메를로-퐁티는 위에서 언급한 『기호들』에서는 '상호신체성'(intercorporéité) 등과 같은 새로운 말을 만들어내어 개개의 인간을 마치 자연이라는 커다란 신체의 지체와 같이 파악해 본다든지, 또한 『눈과 정신』에서는 나무와 돌이 사물을 말하기 시작하더라도 이상하지 않은 세계를 묘사하는 등, 초기 무렵과는 상당히 다른 사유를 전개시키고 있지만, 더 나아가 그는 후기의 후설과 하이데거의 사상에 강한 자극을 받은 점도 있어 자신의 초기 사상을 '존재론'의 시각에서 재검토할 필요를 통감하는데, 바로 그 격투의 성과가 바로 『보이는 것과 보이지 않는 것』인 것이다. 다만 이것은 미완이라고 하는 점 때문에도(르포르의 해설에 따르면 그 표제가 결정되는 데마저도 대단히 긴 시간이 걸렸다고 한다), 그리고 그 자신이 "직접적 존재론을 형성하는 것 등이 가능한 것은 아니다"라고 변명하고 있듯이 그 서술은 그다지 명료하다고 말할 수 없다. 다만 계속해서 '살'이라든가 '교차배열', '전환 가능성' 등이라고 말하고 있는 것에서 그가 신체와 세계의 상호 매개적인 교류로부터 '존재'라는 것을 다시 파악하고, 거기서 '진리의 기원'을 찾고자 했다고 추측할 수 있다. 그리고 그와 같은 문제를 후설과 하이데거, 사르트르 혹은 정신분석학 등과 대조하여 계속해서 탐구하고 그때마다의 생각을 단편적으로 써둔 것이 '연구 노트'인데, 여기서는 그의 사유가 생생하게 숨 쉬고 있는 것이 느껴진다.

덧붙이자면, 그밖에도 『심신의 합일』(*L'union de l'âme et du corps chez Malebranche, Biran et Bergson*, 1968: 滝浦静雄・中村文郎 外 譯, 朝日出版社, 1981), 『의미와 무의미』(*Sens et non-sens*, 1948: 滝浦静雄・木田元 外 譯, みすず書房, 1983), 『자연과 언어』(*Résumés de cours. Collège de France 1952-1960*, 1968), 『세계의 산문』(*La prose du monde*, 1969: 滝浦静雄・木田元 譯, みすず書房, 1979) 등의 저서가 있으며, 특히 뒤의 두 저작은 그의 후기 사상을 잘 보여준다. ☞ ㊆상호신체성, 상호주관성, 신체, 양의성, 지각, 키아즘, ㊇보이는 것과 보이지 않는 것, 세계의 산문, 지각의 현상학, 행동의 구조

—다키우라 시즈오(瀧浦靜雄)

㊟ 木田元, 『メルロ＝ポンティの思想』, 岩波書店, 1984. R. C. Kwant, *The Phenomenological Philosophy of Merleau-Ponty*, Pittsburg, 1963(瀧浦靜雄 外 譯, 『メルロ＝ポンティの現象學的哲學』, 國文社, 1976).

메츠거[1] [Arnold Metzger 1892. 2. 24–1974. 8. 16]

독일의 철학자. 팔츠 주 란다우에서 태어나 예나 대학의 오이켄 밑에서 박사학위 취득하고(1914년 7월), 8월에 지원병으로서 입대. 동부전선에서 포로가 되어 시베리아로 보내지지만, 탈주하여 귀대. 1918년에 병사 평의회 의장으로서 브레스트 강화에 출석. 1919년, 베를린에서 문화 담당 위원장으로서 활동. 1920-24년, 후설의 조교로 일하며, 1930년에 슈프랑거 밑에서 교수 자격을 얻는다. 1938년, 프랑스로 망명. 영국을 거쳐 미국으로 향한다. 1946-48년, 보스턴의 시몬즈 대학에서 강사. 1951년에 독일로 귀국하여 뮌헨 대학의 객원교수. 『현상학 및 철학 연구 연보』 제7권(1925)에 「인식의 대상」("Der Gegenstand der Erkenntnis")을 쓴다. 주저로 『현상학과 형이상학』(*Phänomenologie und Metaphysik*, 1933, [2]1966), 『자유와 죽음』(*Freiheit und Tod*, 1955, [2]1972)이 있다. 또한 제1차 대전 직후(1919)에 씌어진 『혁명의 현상학』(*Phänomenologie der Revolution*)이 1979년에 비로소 공간되어 현상학과 맑스주의의 관계를 가장 초기에 사유했다는 것이 명료하게 되었다. ☞ ㊀맑스주의와 현상학, 정치학과 현상학

—야시로 아즈사(矢代 梓)

메츠거[2] [Wolfgang Metzger 1899. 7. 22–1979. 12. 20]

독일의 심리학자. 제1차 대전 후 베를린 대학에서 이제 막 태어난 게슈탈트 심리학을 베르트하이머, 쾰러, 레빈 등으로부터 배우고, 심리학을 전공할 것을 결심한 후 게슈탈트 심리학의 가장 뛰어난 후계자가 되었다. 1933년에 베르트하이머가 미국으로 이주한 후 그 뒤를 이어받아 프라이부르크 대학의 심리학 연구실 주임이 되며, 1942년부터 뮌스터 대학의 정교수. 그 사이 베르트하이머, 코프카, 쾰러, 레빈 등, 게슈탈트학파의 거물들이 미국으로 망명하는 중에 정치적인 어려움을 겪었던 듯하다. 그는 등질시야에 대한 조직적인 연구에 관계하며, 일정 조건 하의 등질시야를 계속해서 관찰하면 공간이 안개상이 되어 보인다는 것을 밝혔다(1930). 이것은 세계의 그림-바탕 분절구조를 '환원'한 극한조건에 관한 실험현상학적 기술記述의 하나라고 말할 수 있다. 그는 게슈탈트학파가 쌓아올린 실험적 성과를 망라하여 그 체계화를 시도하고, 명저로 이름 높은 『시각의 법칙』(1953 : 盛永四郎 譯, 岩波書店)을 저술한다.

—구지라오카 다카시(鯨岡 峻)

메트로 [Alexandre Métraux 1945–]

철학, 심리학, 헌법을 공부한 후 1973년부터 하이델베르크 대학에서 과학사, 과학이론을 연구. 가이거, 메를로-퐁티, 아론 구르비치 등에 관한 사상사적 연구로 알려진다. 주요 저작은 *Max Scheler ou la Phénoménologie des Valeurs*, 1973, *Leibhaftige Vernunft*, 1986(공편저) 등. 그밖에 편서와 논문 다수.

모스 [Marcel Mauss 1872. 5. 10–1950. 2. 10]

프랑스의 사회학자. 뒤르켕(Emile Durkheim 1858-1917)의 조카이자 그의 후계자이다. 1902년부터 29년까지 파리 대학 고등학술연구소 비문명민족 종교사 강좌 교수, 1930년부터 39년까지 콜레주 드 프랑스 교수. 뒤르켕이 창간한 『사회학 연보』(*L'Année Sociologique*)를 복간하고 그 편집을 맡는다. 초기에는 위베르(H. Hubert 1872-1927)와 공동으로 희생제사와 주술을 연구하며, 종교와 주술의 공통된 기원을 (본래는 멜라네시아의 민족들이 사용하던) '마나'라는 비인격적이고 초자연적인 힘의 관념에서 찾았다. 또한 뒤르켕과의 공저로서 사태의 분류가 사회조직에서의 분류에 의존한다는 것을 설파하는 「원시분류」는 그 후의 인식사회학의 효시가 되었다. 1925년에 『사회학 연보』에 발표된 「증여론」(『사회학과 인류학』*Sociologie et Anthropologie*, 1950에 수록)은 그 영향력의 크기로 보아 그의 주저라고 말할 수 있을 것이다. 거기서는 증여와 같은 사회현상을 오로지 경제적 측면에서만이 아니라 도덕적, 종교적, 미적 등등의 측면이 적분적인 전체를 이루는 "전체적 사회적 사실"(faits sociaux totaux)로서 파악할

필요가 있다는 주장이 전개되었다. 특히 북미 선주민에서 보이는 포틀라치(potlach)에 주목함으로써 증여를 호수적 교환이라는 관점에서 파악하는 발상은 레비-스트로스의 구조주의 인류학에 커다란 영향을 주었다. 다만 레비-스트로스는 원주민의 의식 형태와 행위 형태를 준별하는 입장에서 의식적 신념으로서의 마나를 교환의 배후에 있는 이유로 보는 것을 부정하고, 그 심층에 놓여 있는 무의식적 구조에 대한 해명에로 향했다.

또한 메를로-퐁티는 『기호들』에 수록된 「모스로부터 클로드 레비-스트로스로」에서 뒤르켕을 "타자에 대한 접근", 즉 "대상 속에 참고 견디며 들어가는 노력, 곧 대상과의 의사소통"을 결여한 상공을 비행하는 절대적 관찰자로서 비판하는 한편, 모스를 그러한 상태로부터 한 걸음 벗어난 "유연한 사회학"으로서의 사회인류학의 선구자로 평가하고 있다. ☞ ㉶인류학과 현상학

—미즈타니 마사히코(水谷雅彦)

모한티 [Jitendra Nath Mohanty 1928. 9. 26–]

인도 출신의 현상학자. 캘커타 대학, 괴팅겐 대학에서 철학, 수학, 인도학을 공부하고, 1954년, 괴팅겐 대학에서 철학박사 학위 취득. 캘커타 대학, 뉴스쿨(New School for Social Research), 오클라호마 대학, 옥스퍼드 대학을 거쳐 현재 템플 대학 교수. 초월론적 현상학을 분석철학과 대질시켜 그것이 지닌 오늘날의 의의를 끌어낸다. 인도 철학과 서양 철학을 비교 검토한 논문도 많다. 주요 저작은 *Edmund Husserl's Theory of Meaning*, 1964, *Phenomenology and Ontology*, 1970, *Husserl and Frege*, 1982(貫成人 譯, 『フッサールとフレーゲ』, 勁草書房, 1991), *The Possibility of Transcendental Philosophy*, 1985 등.

—고스다 겐(小須田 健)

무타이 리사쿠 [務臺理作 1890. 8. 8–1974. 7. 5]

니시다西田 문하의 뛰어난 인재. 교토 제국대학 문학부 철학과 졸업. 1928년 다이호쿠 제국대학 철학과 교수. 후에 도쿄 문리과 대학(현 쓰쿠바 대학), 게이오 대학 교수 역임. 일본에서의 초기 현상학 운동의 추진자 중 한 사람. 이른바 '프라이부르크 참예參詣'의 한 사람이기도 하며, 다카하시 사토미高橋里美 등과 함께 후설의 가르침을 받았다. 그 성과가 전전에 「대상론과 현상학」, 「후설과 현상학」, 「의식의 변양에 대하여」 등의 논고를 모아 『현상학 연구』(1940)로서 출판되었다. 전후에는 전쟁의 현실을 응시하고, 그때까지의 현상학적인 관점과 실존철학적 혹은 니시다 철학적 인간관 및 세계관을 반성적으로 검증하면서 인간 존재의 역사성과 사회성에 대한 파악에 사유의 노력을 기울여 양자를 통일한 것에 토대한 사회주의 휴머니즘의 입장을 호소했다. 대표적 저작으로 『헤겔 연구』(1935), 『표현과 논리』(1940), 『장소의 논리학』(1944), 『현대 윤리사상의 연구』(1954), 『철학개론』(1958), 『현대의 휴머니즘』(1961), 수필과 시가 등을 모은 『사색과 관찰』(1968) 등이 있다.

—와다 와타루(和田 渡)

묄러 [Max Müller 1906. 9. 6–]

독일의 철학자. 프라이부르크 대학 조교 시절에 하이데거에게 사사한다. 1945년 프라이부르크 대학 사강사. 60년 뮌헨 대학 정교수. 하이데거의 영향 하에 존재와 정신의 관계를 역사적 관점에서 연구. 잡지 『철학연보』, 『심포지온』의 편집에도 관여한다. 주요 저작은 *Sein und Geist*, 1940, *Die Krise des Geistes*, 1946 등.

미드 [George Herbert Mead 1863. 2. 27–1931. 4. 26]

미국의 사회철학자, 사회심리학자. 매사추세츠 주에서 태어난다. 오벌린 대학, 하버드 대학에서 공부하며, 라이프치히, 베를린에 유학. 1891년에 미시간 대학, 94년부터 사망할 때까지 시카고 대학 철학부에서 교편을 잡았다.

이른바 '상징적 상호작용주의symbolic interactionism'의 창시자로 간주되며, 사회를 상호주관적인 의미 구성의 관점에서 재구성한다든지 자아의식에 대한 타자의식의 선행성을 강조하는 등, 토머스(William Isaac Thomas 1863-1947), 쿨리(Charles Horton Cooley 1864-1929) 등과 함께 느슨한 의미에서의 현상학적 사회학자의 한 사람으로 헤아려지기도 하지만, 철학적으로는 제임스나 듀이(John Dewey 1859-1952) 등과 더불어 미국의 대표적인 프래그머티스트의 한 사람. 네 권의 저서, 『현재의 철학』(*The Philosophy of the Present*, 1932), 『정신 · 자아 · 사회』(*Mind, Self, and Society*, 1934), 『19세기 사상의 동향』(*Movements of Thought in the Nineteenth Century*, 1936), 『행위의 철학』(*The Philosophy of the Act*, 1938)은 모두 사후에 제자와 동료들에 의해 편찬된다.

프래그머티스트로서의 미드는 정신(사고)의 기능 이론을 제창하고 정신을 심적 실체로서가 아니라 환경에 대한 합리적인 적응 행위를 가능하게 하는 자극의 선택 능력으로서 파악했다. 그것은 행위 내부에서 문제 상황을 해결하고 행위의 속행을 가능하게 하는 모종의 힘이자 <도구>였다. 미드는 정신과 지성의 이러한 활동을 가설 · 검증에 기초하는 과학적 방법에 비교하여 이해했지만, 다른 한편으로 다윈과 헤겔을 따라 "문제와의 만남과 그 해결"을 인간과 환경 사이의 상호 규정적이고 변증법적인 <진보> 과정으로서도 바라보았다.

사회심리학자로서의 미드는 무엇보다도 '사회적 자아'의 논자로서 알려진다. 그는 인간의 자아 성립에는 타자의 존재가 필요 불가결하다고 보고, 자아는 타자와의 의사소통을 통한 역할 취득에 의해 자기 자신에 대해 반성적으로 될 수 있을 때 비로소 성립한다고 주장했다. 더욱이 이 자아는 고정된 것이 아니라 사회적 규범을 내재화한 '객아客我'(me)와 자발적이고 충동적인 '주아主我'(I)라는 두 가지 측면으로 이루어진 동적이고 과정적인 것으로 생각되었다. 철학과 사회심리학의 어느 분야에서든 인간을 그 창조성에서 그리고 현실을 그 창발성에서 파악하는 견해를 미드는 사회문제의 분출로 인해 소란스러운 시카고의 재건에 유용하게 쓰고자 했던 것이다. ☞ ㉔상징적 상호작용주의

—야마구치 세쓰오(山口節郎)

㊟ G. H. Mead, *Mind, Self, and Society*, 1934(稲葉三千男 外 譯, 『精神 · 自我 · 社會』, 青木書店, 1973). D. L. Miller, *George Herbert Mead: Self, Language, and the World*, Austin and London, 1973.

미쇼트 [Albert Michotte 1881 – 1965]

벨기에의 심리학자. 뷔르츠부르크의 퀼페 문하에서 퀼페를 통해 브렌타노, 후설의 업적을 알게 되며, 후에 그 영향을 인정하여 자신의 심리학 입장을 실험현상학 내지 현상학적 심리학이라고 불렀다. 1912년 루뱅 대학 실험심리학 교수. 그는 실험자가 자극조건을 다양하게 변화시킬 때에 현상세계가 피험자에게 어떻게 경험되는지를 주로 피험자의 언어 보고를 통해 밝히고자 했다. 특히 『인과성의 지각』(1954)에서는 어떤 속도로 움직이는 물체 A가 정지해 있는 물체 B에 접촉하고, 그 순간 물체 A가 정지하는 한편으로 물체 B가 움직이기 시작할 때 사람은 일반적으로 물체 A가 물체 B를 '쳐냈다'라는 인과적인 인상을 경험한다는 것을 밝혀냈다. 이 연구는 자극 조건과 살아 있는 운동 인상의 연계를 해명하는 한편, 그 운동 인상이 자극 사태에 스스로 갖춰져 있던 하나의 게슈탈트라는 것을 기술적으로 해명하고자 하는 실험현상학의 입장을 전형적으로 보여준 것이라고 말할 수 있다.

—구지라오카 다카시(鯨岡 峻)

미쉬 [Georg Misch 1878. 4. 5 – 1965. 6. 11]

독일의 철학자. 베를린에서 태어나 베를린 대학에서 공부하고 딜타이 밑에서 1899년 철학박사 학위 취득. 1905년 베를린 대학 철학 사강사, 11년 마르부르크 대학 조교수, 16년 괴팅겐 대학 조교수, 19년 동 대학 교수. 딜타이의 제자이자 사위이기도 하다. 『딜타이 전집』(1914-32)의 편자임과 동시에 생의 철학의 대표자 중 한 사람이다. 저서 · 논문의 주요한 것을 들자면,

『프랑스 실증주의의 성립에 대하여』(1900), 『자서전의 역사 Ⅰ-Ⅲ』(1907-62), 『딜타이 전집 제5권』「서문」(1924), 『철학에로의 길—어떤 철학 입문』(1926), 『생의 철학과 현상학』(1930), 『빌헬름 딜타이의 생활범위와 사상범위』(1947) 등이 있다. 딜타이의 생의 철학을 옹호하는 철학 논문과 저작을 저술하는 한편, 딜타이가 시사한 바에 따라 그의 생애 대부분을 자서전에 대한 역사적 연구에 바친다. 대저 『자서전의 역사』는 각권 400-500쪽으로 전 10권에 이르는 방대한 것이다(제1권 '고대편'에서 시작하여 생전에 완성된 것은 '중세편'의 중반까지. '중세편'의 일부와 '근대편'은 미완인 채로 남겨져 그의 사후에 제자들이 노트를 정리하여 완성했다). 『철학에로의 길』에 따르면 철학의 본질은 만물의 절대적 근거(헤아릴 수 없는 것)를 추구하는 '형이상학적 지'와 보편성을 수립하고자 하는 합리적인 '계몽적' 사고로 이루어진다. '형이상학적 지'는 철학의 역사의 제1단계에서 나타나지만, 인간적 삶의 세 가지 근본 테마('나', '나와 너(우리)', '그것(우리의 주위 세계)')에 따라 자아를 대상으로 하는 인도의 브라만 철학, 공동체를 대상으로 하는 중국의 타오(도道)의 철학, 코스모스를 대상으로 하는 그리스의 로고스 철학으로 나누어져 전개된다. 소크라테스와 플라톤에 의해 '형이상학적 지'와 '계몽적인 사유'가 통일되어 보편성을 지닌 학으로서의 철학이 탄생한다(철학의 역사의 제2단계). 이 단계도 기독교 이후 형이상학적 모티브가 변화함에 따라 그리스적인 이론적 존재론으로부터 생 체험의 인식론으로 크게 전환한다. 이와 같은 전개의 최전선에 놓여 있는 것이 '생'을 처음으로 철학의 근본 개념이라고 한 딜타이의 생의 철학이라고 미쉬는 생각했다. 또한 1930년에 저술한 『생의 철학과 현상학』은 하이데거의 『존재와 시간』에 대한 최초의 본격적인 연구서임과 동시에 (이 책의 부제 '딜타이적 방향과 하이데거, 후설과의 대결'로부터도 알 수 있듯이) 생의 철학으로부터 이루어진 대결의 책이기도 했다. 이러한 대결을 통해 동시에 미쉬가 목표로 한 것은 생의 철학의 입장으로 이루어지는 논리학의 근거짓기(해석학적 논리학)였다. 덧붙이자면 미쉬는 1922년에 프라이부르크 대학의 후설 밑에서 사강사를 하고 있던 하이데거를 괴팅겐 대학에 초빙하고자 했다. 당시 대표작이라고 말할 수 있는 저서가 없었던 하이데거가 이 요청에 기초하여 쓴 연구 계획서(이른바 『나토르프 보고』와 거의 동일한 것)가 최근 미쉬의 제자 쾨니히의 유산 중에서 발견, 공포되어 『존재와 시간』의 성립 과정을 알기 위한 귀중한 자료로서 화제를 불러일으키고 있다. ☞ ㉯생의 철학과 현상학

—스다 아키라(須田 朗)

㉾ Otto F. Bollnow, "Georg Misch"(高橋義人 譯, 「ゲオルク・ミッシュ」, 『ディルタイ硏究 4』, 日本ディルタイ協會, 1990에 수록).

미야케 고이치 [三宅剛一 1895. 1. 1–1982. 10. 8]

쇼와 전반기에 활약한 철학자. 교토 제국대학 철학과 졸업. 니가타 고등학교 교사를 한 후, 1924년에 도호쿠 제국대학 이학부 조교수(과학개론). 1930년부터 32년까지 독일에서 하이데거와 후설에게서 배우고, 귀국 후에는 46년에 동 대학 법문학부 철학과 교수. 그 후 54년에 교토 대학 문학부 철학과 철학사 제1강좌 교수가 되며, 58년에 퇴임한 후에는 65년까지 가쿠슈인 대학 문학부 철학과 교수. 68년에 일본 학사원 회원. 처음에는 서양의 자연 개념을 기초적·역사적으로 해명한 대작 『학의 형성과 자연적 세계』(1940)를 발표했지만, 인간의 실존과 역사·사회에 대해서도 그에 대응하는 영역의 과학 연구도 배려한 실증적인 사유를 전개했다. 특히 『하이데거의 철학』(1950), 『인간존재론』(1966)이 저명하지만, 만년에 아들인 미야케 마사키三宅正樹에 의해 편집된 『경험적 현실의 철학』(1980)은 저자가 수행한 연구의 전 영역을 전해주고 있다. ☞ ㉯하이데거의 철학

—다키우라 시즈오(瀧浦靜雄)

미키 기요시 [三木 淸 1897. 1. 5–1945. 9. 26]

다이쇼 말기로부터 쇼와 시기의 철학자. 효고 현에

서 태어나 소년 시대에 문학에 깊은 관심을 기울였지만, 제1고등학교 재학 중 니시다 기타로西田幾多郎의 『선의 연구』에 감격을 경험하고 교토 대학 문학부 철학과에 입학, 니시다 기타로, 하타노 세이이치波多野精一의 지도 아래 신칸트학파로부터 그리스 철학, 기독교 사조에 이르는 소양을 익힌다. 1922년 독일에 유학, 하이델베르크에서 리케르트 밑에서 공부하고, 다음해 마르부르크로 옮겨 하이데거에게 사사, 아리스토텔레스를 중심으로 연구를 심화시킨다. 1924년, 파리로 옮겨 파스칼에 끌리며, 그의 철학을 딜타이, 하이데거류의 <해석학적 존재론>의 시각에서 <생의 존재론>으로서 독해하는 작업에 착수한다. 이 연구의 성과는 1926년에 귀국한 후 『파스칼에서의 인간의 연구』로서 출판된다. 『존재와 시간』의 공간에 선행하여 하이데거의 철학 방법을 창조적으로 수용, 자신의 것으로 만들어낸 연구로서 이 저작은 뒤따르는 구키 슈조九鬼周造와 와쓰지 데쓰로和辻哲郎의 일련의 작업들과 더불어 일본 철학사 속에서 두드러진 위치를 차지하고 있다. 1926년 제3고등학교 강사, 1927년 호세이 대학 교수가 되며, 논문 「인간학의 맑스적 형태」를 시초로 철학적 인간학의 입장에서 맑스주의에 접근, 다채로운 저작 활동을 통해 논단에 커다란 영향을 준다. 1930년, 일본공산당에 자금을 제공한 혐의로 검거되며, 이후 공직에서 물러난다. 그 후 맑스주의의 직접적 영향에서 벗어나 일관되게 인간학적 휴머니즘을 관철하고, 시국과 관계하는 가운데 한 사람의 저작자로서 활발한 활동을 계속했다. 1932년에 출판된 『역사철학』은 이 저작자로서의 활동 시기의 초기 대표작인데, 아리스토텔레스로부터 헤겔, 신칸트학파, 실존철학에 이르는 광범위한 소양을 살려 스스로의 역사철학 구상을 전개한 것이다. 그 후 미키는 <신화>, <제도>, <기술>, <경험>을 주제로 하는 『구상력의 논리』를 계속해서 써나갔는데, 하이데거의 상상력론에 촉발되어 이후의 가다머 해석학 구상을 선취하는 점을 적지 않게 지닌다고 생각될 정도로 시대의 흐름을 앞선 이 저작은 결국 저자의 갑작스러운 죽음으로 인해 미완으로 끝났다. 1945년, 2차 대전 말기에 치안유지법 위반 용의자를 가석방 중에 몰래 숨겨주고 보호, 도망시킨 혐의로 검거되어 일본의 패전 후에도 석방되지 못한 채 같은 해 9월말 도요타마豊多摩 구치소에서 옥사했다.

—사카베 메구미(坂部 惠)

圖 荒川幾男, 『三木 淸』, 紀伊國屋書店, 1968.

민코프스키 [Eugène Minkowski 1885. 4. 17－1972. 11. 17]

페테르스부르크에서 태어나 바르샤바, 뮌헨, 파리에서 공부한 국제적인 정신의학자이며, 철학자로서도 저명하다. 그의 부인으로서 마찬가지로 정신의학자였던 프랑수아즈 민코프스키가 1965년에 그의 탄생 80년을 축하하여 작성한 그의 저작 일람은 저서 5권, 논문 242편을 포함한다. 다섯 권의 저서 중 『정신분열병』(*La Schizophrénie: Psychopathologie des schizoïdes et des schizophrènes*, Paris, Payot, 1927; 2d éd., Paris, Desclée de Brouwer, 1953: 村上仁 譯, みすず書房, 1954), 『체험된 시간』(*Le Temps Vécu: Etudes phénoménologiques et psychopathologiques*, Paris, D'Artrey, 1933; 2d printing, Neuchâtel, Delachaux & Niestlé, 1968: 1 中江育生・清水誠 譯, みすず書房, 1972; 2 中江育生・清水誠・大橋博司 譯, みすず書房, 1973), 『정신의 우주론으로』(*Vers une cosmologie: Fragments philosophiques*, Paris, Aubier, 1936, [2]1967: 中村雄二郎・松本小四郎 譯, 人文書院, 1983)의 세 권은 그의 말에 의하면 3부작을 이루며, 그의 그 후의 모든 작업은 이 삼각대 위에 쌓아 올려 있다. 그는 정신분열병이라는 질병 개념의 창시자인 블로일러의 조교를 한 적이 있지만, 스승의 분열병 개념을 베르그송적인 입장에서 해석하여 그에 대해 <현실과의 살아 있는 접촉의 상실> 및 <병적 기하학주의>라는 기초적 규정을 부여했다. 이것이 <3부작> 가운데 첫 번째 저작의 작업이다. 두 번째 저작은 <체험된 시간>의 형상들을 체계적으로 환원한 후에 풍부한 정신병리학적 증례들을 기재함으로써 그것들을 충실화했다. 그런데 그의 시간론이 지닌 최대의 독창성은 베르그송이 순수 지속이라고 불렀던 의식의 직접소여로서의 시간이 지니고 있는 공간성에 주목하게 했던 점에 있다. <체험된 시간>은 공간–

시간적이다. 그로 하여금 이 점에 대해 깨닫게 한 것은 그가 정신병리학자로서 행한 정신질환에 대한 관찰이다. 이상한 삶에 대한 주시가 건강한 삶의 숨어 있는 본질을 밝혀내게 했던 것이다. 이것은 현상학의 이른바 <형상적 환원>을 충분히 행하기 위해서는 <상상력의 자유로운 변양>으로는 충분치 않고 과학의 실증적 지식이 필요하다는 과학인식론(épistémologie)의 주장을 받아들이게 하는 좋은 예이다. 어쨌든 이리하여 민코프스키의 『체험된 시간』에서 '체험된 공간의 정신병리학을 위하여'라는 마지막 장이 씌어졌던 것이다. 그러나 <체험된 공간>에 관한 성찰을 그 이상으로 이 시간론 저작에 담아낼 수는 없었다. 그것들을 모아 별도의 저서로 한 것이 세 번째 저작이다. 덧붙이자면, 민코프스키의 공간론은 메를로-퐁티의 『지각의 현상학』에서 크게 다루어지고 있다. ☞ [사]체험된 시간/체험된 공간, [서]체험된 시간

—시미즈 마코토(清水 誠)

[참] L. Binswanger, *Zur Phänomenologischen Anthropologie*, Bern, 1947(荻野恒一・宮本忠雄・木村敏 譯, 『現象學的人間學』, みすず書房, 1967).

바슐라르[1] [Gaston Bachelard 1884. 6. 27–1962. 10. 16]

프랑스의 철학자. 젊은 시절 우체국에 근무하는 한편, 독학으로 수학과 자연과학을 공부한다. 30대 후반까지 중학에서 물리와 화학을 가르치면서 철학 연구도 진행하며, 『근사적 인식 시론』과 『열전도론』에 의해 본격적인 저작 활동을 시작한다. 주저로서는 『과학적 정신의 형성』(*La Formation de l'esprit scientifique*, 1938), 『적응 합리주의』(*Le Rationalisme appliqué*, 1949), 『합리적 유물론』(*Le matérialisme rationnel*, 1953), 『공간의 시학』(*La poétique de l'espace*, 1957) 등이 있다. <두 사람의 바슐라르>라고 말해지듯이 그의 생애에 걸쳐 크게 말해 두 가지 흐름의 작업을 행하는데, 그 두 방향 모두에서 프랑스 과학 인식론과 프랑스 문예비평의 한 시대를 긋는 작업을 수행했다. 다만 인식론의 영향은 소수의 전문가들 사이에만 그치며, <테마비평>이라고 말해지는 그의 문예론도 만년에 대중화되기까지 고립된 독창성을 지니는 것이었다. 기본적으로는 브룅슈비크(Léon Brunschvicg 1869-1944) 계열 하에 있는 비판주의적 이성의 역동성을 기축에 놓은 합리주의를 전개했다. 다만 동시대의 자연과학, 특히 수학, 물리학, 화학의 진전을 민감하게 통찰하고, 과학적 성과가 철학과 같은 개념적 세계에 어떠한 파급을 미치는지를 가능한 한 과학적 생산 내부에 자리 잡는 형태로 명시화하고자 했다. 한 시기에 집중적으로 시론들을 집필하지만, 그 후 다시 후기 삼부작이라고도 불리는 과학철학 관계의 저서를 썼다. 그러나 만년에 『공간의 시학』 서두 부분에서 현상학적 전회를 고지하고 풍부한 독서 체험과 풍요로운 감수성이 혼효된 독자적인 세계를 구축했다. 그 입론에서 메를로-퐁티와의 친연성을 보는 평자도 있다. 절필은 '불'을 둘러싼 철학적·시적 고찰이었다. 그러나 스스로의 고지에도 불구하고 그의 정신의 주축이 현상학적인 것이었다고는 말할 수 없다. 절대적으로 확실한 근거짓기 문제의 연기, 개념의 조작적 가치에 대한 중시, 일상생활의 경시, 추상적 개념 세계에서 정신 활동이 지니는 비직관적 성격에 대한 강조, 전체성 등의 포괄 개념에 대한 기피 등과 같은 일련의 특징은 그의 철학을 현상학보다는 콩트 이래의 프랑스 과학철학의 전통에 좀 더 깊게 결부시키는 것이다. 현대 프랑스 철학의 배경에서 현상학에 대해서는 등을 돌리는 학적 전통으로서 존재하는 인식론(épistém- ologie)의 대표자라고 하는 것이야말로 바로 그가 지닌 진면목이라고 말해야 할 것이다. ☞ ㉯공간의 시학, 합리적 유물론

—가나모리 오사무(金森 修)

㊟ 松岡達也, 『バシュラールの世界—文學と哲學のあいだ』, 名古屋大學出版會, 1984. G. Canguilhem, *Etudes d'histoire et de philosophie des sciences*, 5e éd. aug., Paris, 1983(金森修 監譯, 『科學史・科學哲學硏究』, 法政大學出版局, 1991).

바슐라르[2] [Suzanne Bachelard 1919–]

스위스의 철학자·수학자. 소르본에서 철학과 과학을 공부하며, 현재 소르본 교수. 후설의 『형식논리학과 초월론적 논리학』을 프랑스어로 번역하고, 그에 대한 상세한 연구서를 공간. 현상학적 인식론의 입장에 서서 수리과학에서의 추론적 지식과 합리적 의식의 생성을 연구하고 있다. 아버지는 가스통 바슐라르. 주요 저작은 *La Logique de Husserl*, 1957, *La Conscience de*

Rationalité, 1958 등.

바이어슈트라스 [Karl Weierstrass 1815. 10. 31-97. 2. 19]

독일의 수학자. 1864년 베를린 대학 수학과 교수. 구데르만에게서 해석학을 공부하고 해석학의 기초를 확립. 후설은 1877년부터 81년까지 그 밑에서 수학을 공부하고 83년에는 지명조교가 된다. 후설 자신이 자기는 바이어슈트라스로부터 수학의 근본적 근거짓기라는 과제와 학문적 영위의 파토스를 물려받았다고 술회하고 있다. 실제로 수를 '셈하다'라는 심적 작용으로서 파악하는 그의 입장은 『산술의 철학』으로 결실되는 초기 후설의 사유에 출발점을 제공했다. 주요 저작은 *Abhandlungen aus Funktionenlehre*, 1886 등.

바이츠제커 [Viktor von Weizsäcker 1886. 4. 21-1957. 1. 8]

독일의 신경학자, 심신의학자, 철학자. 슈투트가르트에서 태어남. 하이델베르크 및 프라이부르크 대학에서 생리학 · 철학 · 내과학을 공부한다. 1920년 하이델베르크 대학 내과학 신경학 부문 부장. 1945년 임상의학 총론 연구소 교수. 주저는 『태초에 신이 하늘과 땅을 창조했다』(*Am Anfang schuf Gott Himmel und Erde*, 1919-20: 大橋博司 譯, 『神・人間・自然』, みすず書房, 1971), 『형태순환』(*Der Gestaltkreis*) 등. 당시의 자연과학에 기초를 두는 기계론 · 유물론적 의학에 의심을 품은 그는 어디까지나 의학의 실험적 및 임상적 경험에서 벗어나는 것이 아니라 생리학적 기능 분석 또는 정신물리학적 생물학을 기반으로 하여 '의학 전체의 인간화'(Humanisierung)로서의 의학적 인간학을 구상하여 '형태순환'이라는 개념을 확립하고, 나아가 '파토조피'(Pathosophie)로 전진하여 자연과학과 자연철학, 생리학과 심리학, 기계론과 생기론, 유물론과 유심론이라는 근대의 이원론에서 유래하는 대립을 극복하고자 했다. ☞ ㉶생명과학과 현상학, ㉾형태순환

—안라쿠 가즈타카(安樂一隆) · 하마나카 도시히코(濱中淑彦)

바일 [Claude Hugo Hermann Weyl 1885. 11. 9-1955. 12. 8]

20세기를 대표하는 독일 태생의 수학자. 함부르크 근교의 마을에서 태어나 1904년 힐베르트가 있던 괴팅겐 대학에 입학, 수학을 공부했다. 08년에 학위를 취득, 10년에 괴팅겐 대학 사강사, 13년에 취리히의 스위스 연방 공과대학 교수에 취임했다. 30년 힐베르트의 후임으로서 괴팅겐 대학 교수, 33년 히틀러 정권의 탄생과 동시에 미국으로 이주하며, 아인슈타인(Albert Einstein 1879-1955) 등과 함께 프린스턴에 신설된 고등학술연구소 교수가 되어 거기서 51년의 정년까지 일하며 많은 우수한 수학자를 육성했다. 수학에 관한 저서로서는 『리만 곡면의 이념』(*Die Idee der Riemannschen Fläche*, 1913), 『공간, 시간, 물질』(*Raum, Zeit, Materie*, 1918: 管原正夫 譯, 東海大學出版會, 1973; 內山龍雄 譯, 講談社, 1973), 『군론과 양자역학』(*Gruppentheorie und Quantenmechanik*, 1928), 『고전군』(*Classical Groups*, 1939), 『대칭』(*Symmetry*, 1952) 등이 있다.

바일이 수학 연구에서 지니는 중요성은 그 철학적 함축의 깊이에 있다. 그것은 현상학적 사유에 뒷받침되어 있었다고 말해도 과언이 아니다. 바일의 학생 시기는 후설의 괴팅겐 시대에 포섭되는데, 바일이 후설의 철학 강의를 청강했다는 것이 분명할 뿐 아니라 후설이 바일의 학위 논문 심사위원의 한 사람이기도 했다. 첫 번째 부인 헬레네(Helene, 13년 결혼, 48년 사별)는 후설의 제자였다. 후설이 프라이부르크로 옮긴 16년에는 철학과 과학의 분리를 염려하는 학자들 중에 바일을 후임 철학교수로 추천하는 자도 있었을 정도이다. 수학을 선전하는 저작에서도 후설의 영향은 확연히 드러나며, 18년의 『연속체』(*Das Kontinuum*)에서는 그 영향을 분명히 말하고 있다. 21년에 간행된 「수학기초론의 새로운 위기에 대하여」는 후설의 현상학적 수학론과 브로우베르(Luitzen Egbertus Jan Brouwer 1881-1966)적인 직관주의를 결합한 논고로 해석할 수 있다. 그 기초론에서의 입장은 브로우베르의 직관주의를 완화시킨 것이었기 때문에 '반半직관주의'라고도 불린다. 일반상대성이론에 관한 최초의 교과서 중 하나인 『공간, 시간, 물질』에서는 독특한 현상학적 공간

론 위에서 아인슈타인의 물리학적 시도를 근거짓고 있다. 『수학과 자연과학의 철학』(*Philosophie der Mathematik und Naturwissenschaften*, 1927)은 현상학뿐만 아니라 카시러 등의 신칸트학파 철학을 원용하면서 균형 있게 수학과 자연과학에 대해 논의한 계몽서이다. 바일은 무의미한 추상화와 일반화가 수학의 대중화와 함께 유행이 되고 있던 시대에 고전적인 수학의 규준을 보존할 것을 호소하며 시적인 문체로 저작했기 때문에 '수학의 시인'이라고도 불렸다. ☞ [서]수학과 자연과학의 철학

—사사키 치카라(佐々木力)

[참] 佐々木力, 『科學革命の歷史構造』, 下卷, 岩波書店, 1985.

반 데어 레우 [Gerardus van der Leeuw 1890. 3. 19–1950. 11. 18]

네덜란드의 종교학자. 헤이그 시에서 태어나 레이덴 대학 신학부에서 샹트피 드 라 소세이(P. D. Chantepie de la Saussaye) 및 크리스텐젠(William Brede Kristensen) 밑에서 신학 및 종교사를 공부한다. 1918년 프로닝겐 대학의 교단에 서며, 평생 거기서 교육과 연구에 종사한다. 네덜란드의 종교사 · 종교현상학의 석학. 대단히 많은 저작과 논문이 있지만, 그 중에서 『종교현상학』(*Phänomenologie der Religion*, 1933)이 유명하다. 그의 가장 독창적인 공헌은 종교 현상 연구에서의 현상학적 접근이다. 현상학적 접근에 의해 그는 다양한 종교 현상들 안에 존재하는 의미와 구조를 밝히고자 했다. 레우에 의하면 종교는 인간이 '힘'과 만나고 힘에 '압도되는 것'이다. 인간이 주어진 생에 만족하지 않고 생을 의미지우며 생을 의미 있는 전체와 관련짓도록 해주는 뛰어난 힘을 추구한다는 사실을 종교는 보여준다. 덧붙이자면, 일본어로 번역되어 있는 저작으로서는 *Inleiding tot de Godsdienstgeschiedenis*, 1924(田丸德善 · 大竹みよ子 譯, 『宗敎現象學入門』, 東京大學出版會, 1979)가 있다. ☞ [사]종교학과 현상학

—하세 쇼토(長谷正當)

반 브레다 [Herman Leo Van Breda 1911. 2. 28–74. 3. 3]

벨기에의 신부 · 철학자. 리에르에서 태어나 루뱅에서 사망한다. 프란시스코 수도회의 일원으로 루뱅 대학에서 공부한다. 루뱅 대학 부속의 후설 문고를 설립할 때 중심적인 역할을 수행하며, 후설 이후의 현상학 운동을 조직한 것으로 알려진다. 1938년, 후설의 죽은 지 약 4개월 후에 프라이부르크를 방문한 반 브레다는 4만 페이지가 넘는 유고와 장서를 나치스의 추적을 피하여 루뱅으로 이송하는 데 성공, 후설 만년의 조교인 핑크와 란트그레베의 협력을 받아 후설 문고를 설립했다. 후설의 속기 원고를 풀어 읽는 작업은 현재도 진행 중이며, 유고는 『후설 전집(후설리아나)』으로서 간행되고 있다. 그는 또한 1951년부터 시작된 국제 현상학회를 조직하고, 동시에 『페노메놀로지카』의 창설자 및 주요한 편자로서 현상학 연구의 자료적 기초를 구축했다. ☞ 부록: 후설 문고와 초고군

—고바야시 마코토(小林 睦)

반피 [Antonio Banfi 1886. 9. 30–1957. 7. 20]

이탈리아의 철학자 · 정치가. 제노바 대학과 밀라노 대학 교수를 역임. 현대 문화의 위기적 상황을 맑스주의에 의해 극복하고자 했다. 현상학을 이탈리아에 처음으로 소개한 인물이기도 하다. 주요 저작은 *Soggi sul Marxismo*, 1958(藤沢道郞 譯, 『マルクス主義試論』, 合同出版, 1962) 등.

발 [Jean Wahl 1888. 5. 25–1974. 6. 19]

프랑스의 철학사가, 시인. 마르세유에서 태어난다. 아버지는 영어 교수로서 말라르메의 후임이었다. 브장송과 리옹의 문학부에서 가르친 후, 1936년부터 소르본의 철학 교수. 독일에 의한 점령과 동시에 유대 가계인 그는 강제 퇴직, 후에 체포와 투옥을 경험. 우인들의 노력으로 석방되어 42년 미국으로 피한다. 45년 귀국과 동시에 소르본의 교수로 복직. 키르케고르, 후설, 하이데거, 청년 헤겔 등에 대한 연구로 전후의 실존주의

조류의 일익을 담당한다. 주저로서는 『형이상학적 경험』(*L'Expérience métaphysique*, Flammarion, Paris, 1965), 『살아 있는 키르케고르』(*Kierkegaard vivant*, Gallimard, Paris, 1966) 등이 있다. 가장 유명한 것은 국가박사 부논문 『데카르트 철학에서의 순간의 역할에 대하여』(Paris, Alcan, 1920)로서, 데카르트의 시간을 순간으로 포착하는 이러한 착상은 키르케고르로부터 얻었다고 말해진다. 하지만 최근의 베사드(Jean-Marie Beyssade)의 해석에 따르면 moment인 데카르트의 시간은 불연속이기는 하지만 어느 정도의 지속을 지니는 것으로 생각된다.

—야마가타 요리히로(山形頼洋)

발덴펠스 [Bernhard Waldenfels 1934. 3. 17－]

현대 독일의 대표적인 현상학자의 한 사람으로서 뮌헨 대학에서 고대 그리스 철학과 현상학을 공부한 후, 만년의 메를로-퐁티에게서 사사, 1976년부터 루르 대학(보훔) 교수. <현상학 운동>의 현대적 전개를 가장 정력적으로 추진하는 현상학자의 한 사람으로서 맑스주의나 분석철학, 탈구축주의와의 토론, 과학이론이나 인간과학들과의 교류, 하버마스 등의 의소소통 행위이론과의 대결 등을 통해 현상학의 새로운 가능성을 추구하고 있다. 프랑스 현상학, 특히 메를로-퐁티의 연구·번역으로도 유명. 『현상학과 맑스주의』(*Phänomenologie und Marxismus*, 일본판·白水社) 전 4권, 총서 Übergänge 공동 편집자이기도 하다. 주저로 『대화의 중간영역』(*Das Zwischenreich des Dialogs. Sozialphilosophische Untersuchungen im Anschluß an E. Husserl*, 1971), 『행동의 유희공간』(*Der spielraum des Verhaltens*, 1980. 일본판 『行動の空間』, 白水社), 『생활세계의 망 안에서』(*In den Netzen der Lebenswelt*, 1985), 『박명 속의 질서』(*Ordnung im Zwielicht*, 1987), 『낯선 자의 가시』(*Der Stachel des Fremden*)가 있다. ☞ ㉮현상학과 맑스주의

—와시다 기요카즈(鷲田清一)

발렌스 [Alphonse de Waelhens 1911－81]

프랑스의 현상학자. 1936년 루뱅 대학에서 철학박사 학위 취득. 1945년 루뱅 대학 교수. 하이데거의 번역·주석을 통해 현상학을 프랑스에 소개. 철학적 인간학의 입장에서 구체적 경험의 현상학적 기술을 시도한다. 후년에는 정신분석에 접근했다. 주요 저작은 *La Philosophie de Martin Heidegger*, 1942, *Une Philosophie de l'Ambiguïté*, 1951, *Phénoménologie et Vérité*, 1953, *Existence et Signification*, 1958, *La Philosophie et les Expérience naturelles*, 1961, *La Psychose*, 1972 등. ☞ ㉮양의성

발터 [Gerda Walther 1897. 3. 18－1977. 1. 6]

독일의 철학자·심리학자. 뮌헨학파의 펜더 문하. 사회 공동체에 대한 현상학적 연구와 신비 체험의 연구로 알려진다. 또한 초심리학에 대한 관심도 강했다. 후설이 편집하는 『철학 및 현상학 연구 연보』에 게재된 논문으로서 「사회 공동체의 존재에 대한 기여」("Ein Beitrag zur Ontologie der sozialen Gemeinschaften", 1923)가 있다. 그녀는 공동체 내의 <공속감>의 본질적 구성요소로서 <내적 통일>(innere Einigung)이 어떻게 기능하는지를 펜더의 『심적 태도의 심리학』(*Zur Psychologie der Gesinnungen*, 1913, [2]1916) 등에 기초하여 상세하게 분석했다. <내적 통일>이란 지향적 대상과의 모종의 내적=심적 결합작용을 말하는 것으로 간주된다. 저서로는 『신비주의의 현상학』(*Phänomenologie der Mystik*, 1923, [2]1955) 및 자서전 『피안으로』(*Zum anderen Ufer*, 1960) 등이 있다. ☞ ㉮뮌헨학파{뮌헨 현상학}

—고바야시 마코토(小林 睦)

버거 [Peter Ludwig Berger 1929. 3. 17－]

미국의 사회학자. 빈에서 태어나 후에 미국으로 귀화. 뉴스쿨(New School for Social Research)에서 슈츠에게 사사하고, 현재 보스턴 대학 교수. 프랑크푸르트학파의 영향을 받아 현상학적 사회학을 확립. 세계의

의미 구조 해명에 몰두한다. 그의 관심 영역은 넓어 제3세계와 종교 문제에도 미치고 있다. 주요 저작은 *The Social Construction of Reality*, 1966(山口節郎 譯, 『日常世界の構成』, 공저, 新曜社, 1977), *The Sacred Canopy*, 1973(薗田稔 譯, 『聖なる天蓋』, 新曜社, 1979), *Sociology Reinterpreted*, 1981(森下伸也 譯, 『社會學再考』, 공저, 新曜社, 1987) 등 다수. ☞ ㊕뉴스쿨, 현상학적 사회학, ㊒루크만, 슈츠

베르그송 [Henri Bergson 1859. 10. 18－1941. 1. 4]

프랑스의 철학자. 파리에서 태어나 에콜 노르말 슈페리외르에서 공부하며, 1900년부터 콜레주 드 프랑스의 교수가 된다. 주저는 『시간과 자유』(*Essai sur les données immédiates de la conscience*, 1889), 『물질과 기억』(*Matière et mémoire*, 1896), 『창조적 진화』(*L'évolution créatrice*, 1907), 『도덕과 종교의 두 원천』(*Les deux source de la morale et de la religion*, 1932) 등.

공간화된 시간이 아닌, 참된 시간으로서의 지속을 제창함으로써 서양 철학사에서 중요한 위치를 차지한다. 지속이란 상호적으로 침투하는 이질성으로서 그때마다 새롭게 생성해 가는 것이다. 그와 같이 생각된 시간이란 영원히 타락한 것도 또 결정론적 인과 계열의 다른 이름인 것도 아니다. 그렇기는커녕 바로 그것이야말로 실재하는 것으로서 살아 있는 영원을 형성하는 것이다. 그리고 그것의 창조적 본성은 그 가운데 서게 되는 것만으로도 자유의 문제를 흔적도 없이 해소시킬 수 있는 그러한 것이다. 베르그송이 말하는 직관이란 바로 이와 같은 지속의 한가운데로부터 적절한 문제제기를 이끌어내는 능력에 다름 아니다.

베르그송 철학에는 '실증적 형이상학'이라는 측면이 있다. 그것은 실증적 과학들과 상보적인 관계를 맺으면서 조금씩 개연적인 형태로 진리에 접근하고자 하는 측면이다. 『물질과 기억』에서의 생리학과의 대결, 『창조적 진화』에서의 생물학과의 대결, 『도덕과 종교의 두 원천』에서의 사회학과의 대결은 그와 같은 면을 단적으로 나타낸다. 특히 생물학을 독자적으로 재차 음미함으로써 생의 철학의 대표적 철학자로 간주되기도 했다.

베르그송은 지속을 생의 진화 흐름에서 바라봄으로써 지속의 철학과 생의 철학을 융합시킨다. 특히 문제가 되는 것은 공간을 터전으로 하여 기능하는 지성과 지속을 파악하는 직관을 생의 진화로부터 도출하는 것이다. 베르그송은 아리스토텔레스적인 오랜 진화론을 일직선적인 진화 모델에 의한 것이라고 한다면 새로운 진화론은 분지 모델에 의한다고 하여 스스로 동시대의 진화론을 참조하면서 주요한 분지선을 끌어내고 있다. 특히 인류로 향하는 지성의 방향과 막시류(膜翅類, Hymenoptera)로 향하는 본능의 방향은 중요하다. 왜냐하면 지성 주변의 본능의 잔재를 강화함으로써 비로소 직관적 능력이 가능해지기 때문이다. 이러한 능력은 대상의 독자적인 부분을 공감적으로 인식하는 힘을 본능으로부터, 또한 어떠한 대상에로도 향할 수 있는 열린 성격을 지성으로부터 획득한다.

이로부터도 분명해지듯이 베르그송의 생의 철학에 있어서는 생이 지성을 어떻게 해서 보완할 수 있는가 하는 것이 문제로 된다. 지성은 확실히 도구의 제작·사용을 가능하게 함으로써 인류를 성공으로 이끌었다. 그러나 바로 그 지성 때문에 인류는 다른 생명 형태들과는 전혀 상관없을 정도의 사회 해체의 위험에 노출되기도 한다. 그와 같은 위험을 어디까지나 생의 진화의 흐름에 서 있는 것으로서의 인류가 어떻게 극복하고 새로운 창조로 향할 것인가 하는 것이 만년의 베르그송에게 있어 문제가 된다. '닫힌 것'과 '열린 것'이라는 맞짝개념은 그와 같은 문제와 대결하는 가운데 제출된 것이다. 사회 해체의 위험을 최대한 방어하는 것으로서의 닫힌 종교와 그것을 위한 능력으로서의 허구 기능이 지성 주변의 본능의 잔재로부터 나오는 압력에서 유래하는 것으로서 설명된다는 것, 그리고 또한 인류를 한층 더 높은 곳으로 나아가게 하는 열린 종교와 그 열린 종교를 이끄는 것으로서의 '사랑의 비약'이나 '신비적 직관'이 생의 진화의 가장 깊은 곳으로부터 나오는 것으로서 설명되고 있는 것은 이 철학을 생각함에 있어 대단히 시사적이다. 어쨌든 베르그송 철학은

참으로 중대한 문제를 제기하고 그에 대답하고자 했다. 그에 대한 비판으로는 실로 가혹한 것들이 있지만, 다만 그것이 제기한 문제 그 자체에 다른 철학들이 어느 정도 대답할 수 있는가 하는 것은 대단히 의문스럽지 않을 수 없다. 베르그송은 광범위한 영역에 걸쳐 많은 영향을 미쳤다. 현상학에 한정하더라도 독일어권에서는 잉가르덴이나 셸러, 프랑스어권에서는 메를로-퐁티 등이 베르그송으로부터 많은 것을 얻고 있다. ☞ [사]이마주, 이미지, 생의 철학과 현상학, 순수 지속, [서]물질과 기억

—시노하라 모토아키(篠原資明)

[참] G. Deleuze, *Le Bergsonisme*, Paris, 1966(宇波彰 譯, 『ベルクソンの哲學』, 法政大學出版局, 1974). V. Jankélévitch, *Henri Bergson*, Paris, 1959(阿部一智・桑田祀彰 譯, 『アンリ・ベルクソン』, 新評論, 1988).

베르네(트) [Rudolf Bernet 1946. 4. 4–]

차세대를 짊어질 것으로 기대되는 현상학자의 한 사람. 스위스의 루체른에서 태어나 루뱅(벨기에)과 하이델베르크에서 J. 타미니오 등에게서 배운다. 에이슬링(Samuel IJsseling), U. 멜레(Ullrich Melle)와 함께 루뱅 대학의 후설 문고를 유지한다. 현재 동 대학의 교수. 풍부한 어학 능력을 통해 후설, 하이데거, 사르트르, 메를로-퐁티, 데리다, 앙리 등의 사상을 흡수. 관계 논문 다수. 후설 『내적 시간의식의 현상학』(Felix Meiner판)을 편집하고, 데리다 『목소리와 현상』을 네덜란드어로 번역. 심리요법사로서의 교육도 받으며, 정신분석(프로이트, 라캉)에 대해서도 관심을 보인다. 저서는 *Edmund Husserl: Darstellung seines Denkens*, Felix Meiner, 1989(I. 케른, E. 마르바흐와 공저), 그리고 *La vie du sujet*, P. U. F., 1994가 간행되어 있다.

—다니 도오루(谷 徹)

베르제 [Gaston Berger 1896–1960]

세네갈 출신의 철학자. 1941년 엥상프로방스 단과대학 교수. 그 후 프랑스 철학회 회장, 프랑스 백과전서 위원회 회장 등을 역임. 후설의 초월론적 현상학 입장에서 성격학과 미래학 연구를 행한다. 주요 저작은 *Le Cogito dans la Philosophie de Husserl*, 1941(北村浩一郎 譯, 『フッサールのコギト』, せりか書房, 1977), *Caractère et personalité*, 1954, *Phénoménologie du temps et prospective*, 1964 등.

베르트하이머 [Max Wertheimer 1880. 4. 15–1943]

독일의 심리학자. 게슈탈트 심리학의 창시자의 한 사람. 베를린, 뷔르츠부르크, 빈 등의 대학들을 거친 후, 1910년에 프랑크푸르트 대학으로 옮겨 「운동시에 관한 실험적 연구」를 발표했다(1912). 이러한 가현 운동에 관한 실험은 당시 지배적이었던 감각의 모임으로 현상을 설명하는 분트의 구성주의 심리학을 타파하기 위한 결정 실험으로서의 의미를 지님과 동시에, 게슈탈트 심리학의 첫 번째 목소리가 되는 것이었다. 이 연구 및 게슈탈트 요인에 관한 연구로부터 그는 "전체 특성은 부분의 총화로 환원될 수 없다"라는 게슈탈트 심리학의 기본 테제를 도입하고, 이후 쾰러, 코프카 등과 일련의 실험 논문을 발표하는 한편, 1921년부터 *Psychologische Forschung* 지를 간행하고, 또한 1922년부터 베를린 대학 원외교수가 되어 게슈탈트 이론의 체계화에 기여했다. 1933년 나치즘의 박해를 피해 미국으로 이주했지만 그 후에도 연구 활동에 종사하며, 사후에 유명한 『생산적 사고』(1945)가 출판된다. ☞ [사]게슈탈트 이론

—구지라오카 다카시(鯨岡 峻)

베커 [Oskar Becker 1889. 9. 5–1964. 11. 13]

독일의 철학자・수학사가. 양상논리학의 건설자 중 한 사람. 라이프치히에서 태어나 같은 곳에서 수학과 철학을 공부하며, 1914년 학위 취득. 22년 프라이부르크 대학에서 후설의 지도 아래 기하학의 현상학적 근거짓기와 그것의 물리학적 응용에 관한 논문으로

교수 자격을 얻었다. 이 논문은 『철학 및 현상학 연구 연보』 제6권(1923)에 게재되어 그의 출세작이 되었다. 그 의도는 유클리드 기하학에 의거하여 초월론적 인식론의 구축을 시도한 칸트의 이론철학을 넘어서서 비유클리드 기하학도 포함한 넓은 의미의 기하학을 근거짓고자 하는 것인데, 상대성이론의 시간・공간 개념도 논구의 범위로 끌어들이고 있다. 그 결과 칸트의 이론철학과 후설 현상학의 범위 차이를 보여주게 된다. 27년에는 연보・제8권에 노작 『수학적 존재』를 게재하여 당시 수학자와 철학자 사이에서 격렬하게 전개되고 있던 수학기초론 논쟁의 한복판으로 뛰어들게 되었다. 이 무렵부터 후설만이 아니라 하이데거의 영향도 받으며, 오히려 후자에 가까운 입장을 취했다. 23-31년에는 현상학 연보의 편집자 중 한 사람으로서 후설을 도왔다. 29년 스승의 『형식논리학과 초월론적 논리학』이 공간될 때에는 논리학의 기술적인 부분을 집필한다. 28년 프라이부르크 대학의 원외교수, 31년 본 대학의 정교수에 취임했다. 수학사가로서도 일가를 이루는데, 33년에는 유클리드 『원론』 제5권에서 볼 수 있는 기하학적 비례론을 구축했다고 간주되는 에우독소스에 관한 연구를 공개하여 엄밀한 고전문헌학에 기초한 수학사 연구의 선구가 되었다. 이 분야에서는 수학기초론의 역사적 전개에 관해 논의하며, 사료집을 겸한 저작(*Grundlagen der Mathematik in geschichtlicher Entwicklung*, 1954)을 간행한다. 『수학적 사고』라는 제목으로 일본어 번역이 나와 있는 저서(*Größe und Grenze der Mathematischen Denkweise*, 1959: 中村清 譯, 『數學的思考—ピュタゴラスからゲーデルへの可能性と限界』, 工作舍, 1988)는 전기의 수리철학적 사고와 후기의 수학사 연구를 통합한 계몽적 저술이다. 미학에도 손을 대는데, 미의 덧없음과는 정반대되는 예술가의 모험적이라고도 형용할 수 있는 기투적 성격을 주장한다. 미학 논문에서의 필치는 탁월하여 하이데거적이다. ☞ ㉮수학적 존재

—사사키 치카라(佐々木力)

㊟ 久野昭 譯, 『美のはかなさと藝術家の冒險性』, 理想社, 1964.

베크 [Maximilian Beck 1887. 2. 14–1950. 4. 21]

체코슬로바키아 출신의 철학자. 1929년부터 36년까지 *Philosophische Hefte*의 편집에 관여하며, 1938년 미국으로 이주. 독자적인 철학적 심리학의 입장에서 후설에 반대하여 의지와 지향성의 본질적인 차이를 주장했다. 주요 저작은 *Wesen und Wert*, 1925, *Psychologie*, 1938 등.

보부아르 [Simone de Beauvoir 1908. 1. 9–86. 4. 14]

파리에서 태어나 소르본 대학에서 철학을 공부하고, 1929년 대학 교수 자격 취득 후 마르세유, 루앙, 파리에서 고등중학 철학 교사. 1943년 처녀 소설 『초대받은 여자』의 성공을 계기로 작가 생활에 들어서며, 소설 『타인의 피』(1945), 『사람은 모두 죽는다』(1946) 등 이외에 희곡, 평론을 계속해서 써나갔다. 전후 실존주의 작가와 지식인들을 묘사한 소설 『레 망다랭』(1954)은 공쿠르상을 수상. 학생 시대의 사르트르와의 만남은 결정적인 것으로 생애의 파트너가 됨과 동시에 그의 실존주의 사상을 공유, 잡지 『현대』(*Les Temps Modernes*)의 편집에 협력한다. 자서전의 하나인 『나이의 힘』(1960)에서는 사르트르가 레몽 아롱에게서 처음으로 후설 현상학을 가르침 받는 상황이 묘사되어 있다. 그녀 자신의 철학 상의 주저는 『제2의 성』(*Le deuxième sexe*, 1949)과 『노년』(*La Vieillesse*, 1970). <타자>로서의 여성과 노인의 실존적 <상황>을 기술하고, 인간의 자유의 가능성을 추구하여 사회 비판・문명 비판을 전개했다. ☞ ㉶실존주의, 페미니즘과 현상학, ㉤사르트르

—마루야마 도쿠지(丸山德次)

보스 [Medard Boss 1903. 10. 4–90. 12. 21]

현존재 분석적 입장의 정신요법가. 스위스에서 태어난다. 취리히, 파리, 빈에서 의학을 공부하고, 취리히 대학에서 정신의학 전공. 1925년, 프로이트(Sigmund Freud 1856-1939) 밑에서 교육 분석을 받고, 그 후 런던, 베를린에서 정신분석을 공부한다. 융(Carl Gustav Jung

1875-1961)과도 1939년부터 10년간에 걸쳐 공동 연구. 1947년부터 하이데거와의 친교가 시작되었지만, 이 사이 그의 영향을 받아 당초의 정신분석 입장으로부터 현존재 분석에로 전환한다. 그 전환의 첫걸음은 교수 자격 논문 "Sinn u. Gehalt d. sexuellen Perversionen. Ein daseinsanalytischer Beitrag z. Psychopathologie d. Phänomens d. Liebe", Bern, 1947(村上仁・吉田和夫 譯, 『性的倒錯』, みすず書房, 1973)에 기록되어 있다. 그의 현존재 분석적 정신요법의 특색은 존재이해(Seinsverständnis)의 강조에 있다. 1971년, 스위스 현존재 분석 협회 초대 회장, 현존재 분석적 정신요법・심신의학 연구소장에 취임했다. ☞ ㈐정신의학과 현상학

―우노 마사토(宇野昌人)

보이텐디크 [Frederik Jacobus Johannes Buytendijk 1887. 4. 23－1974. 10. 21]

네덜란드의 심리학자, 생리학자. 1887년 네덜란드의 북 브란반트의 지방도시 브레다에서 태어나 암스테르담 대학에서 의학을 공부하고, 1909년 박사 시험에 합격한다. 졸업 후 국내와 유럽 각지에서 실험생리학을 연구, 1913년에 프로닝겐 대학에서 생리학 조교가 된다. 제1차 세계대전 중에는 군의관으로서 정신신경학 임상 연구를 행한 후, 1919년 암스테르담 대학의 생리학 교수가 되어 동물 행동에 관한 실험적 연구에 종사했다. 그 무렵 특히 막스 셸러로부터 커다란 영향을 받으며, 헬무트 플레스너와 동물의 표정에 관해 공동 연구를 행했다. 또한 겝자텔, 바이츠제커 등과 친교를 맺은 것도 그 무렵이다. 1925년 프로닝겐 대학 의학부의 생리학 교수로 초빙되며 생리학 연구소의 소장도 맡았다. 1943년 나치스의 게슈타포에게 쫓기며, 전쟁이 끝날 때까지 지하활동에 들어섰다. 1946년 위트레흐트 대학에 일반심리학 교수로서 초빙되어 1957년 퇴임 후에도 생리학, 비교심리학 등을 강의하며 활약했다.

그의 저작은 네덜란드어로 공간되었지만, 다수가 독일어와 프랑스어 등 타국어로 번역되어 있다. 그는 50세경까지는 주로 생리학, 동물학, 비교심리학의 연구에 종사했지만, 그 후 좁은 의미의 생리학이나 심리학에 사로잡히지 않은 채 폭넓게 이론생물학, 사회학, 철학과의 경계영역에로 연구를 확장했다. 그러나 그 전후를 통해 일관되게 흐르는 기본적인 사고방식은 이른바 현상학적 인간학에 기초한 것인바, 인간과 사회도 포함한 다양한 생명현상을 단순한 생리학적 과정으로 돌린다든지 반사의 통합 결과로서 설명하는 것과 같은 인과적 설명적 방법이 아니라 이해적 현상학적 방법으로 포괄적으로 이해하고자 하는 시도였다. 그런 의미에서 그의 업적은 학회에서도 독특한 위치를 점하고 있다. 이러한 방법론에 기초하여 그는 인간이나 동물의 다양한 현상을 연구했는데, 그 대상은 여성, 고통, 놀이, 춤과 스포츠, 인간의 예술적 표현 등 대단히 다양한 영역에 걸친 것이었다. 그 중에서도 특히 '만남'이라는 개념에 의해 인간관계의 핵심에 접근하고자 한 점이 주목된다. 보이텐디크는 이상과 같은 연구로 네덜란드에서의 현상학 발전에 기여했다. ☞ ㈐생명과학과 현상학, ㈛만남의 현상학

―스즈키 유이치로(鈴木祐一郞)・하마나카 도시히코(濱中淑彦)

㊟ F. J. J. Buytendijk, *Mensch und Tier*, 1958(濱中淑彦 譯, 『人間と動物』, みすず書房, 1970). F. J. J. Buytendijk, *Die Frau*, 1953(大橋博司・齋藤正己 譯, 『女性』, みすず書房, 1977).

보프레 [Jean Beaufret 1907－82. 8. 7]

프랑스에서의 하이데거 신봉자. 보프레는 제2차 대전 중에는 레지스탕스 투사로서 활약했지만, 종전 직후에 행해진 사르트르의 실존주의 선언이라고도 말해야 할 강연 『실존주의는 휴머니즘인가』에서 자극을 받아 1946년에 하이데거에게 「어떻게 하면 <휴머니즘>이라는 말에서 그 의미를 되찾을 수 있을 것인가」라는 질문장을 보냈다. 그에 대한 답장이 기회가 되어 하이데거의 「휴머니즘 서간」이 씌어지게 되며, 이후 보프레는 하이데거의 친한 측근의 한 사람이 된다. 1955년에 하이데거는 보프레의 권유로 처음으로 프랑스를 여행하여 노르망디의 세리지-라-살에서 「철학

—그것은 무엇인가』(1956 간행)를 강연하며, 돌아오는 길에 파리의 보프레 집에서 시인인 르네 샤르, 바랑주빌에서 화가 브라크와 친교를 맺었다. 이것이 계기가 되어 1960년대 후반에 샤르의 고향인 프로방스의 르 토르에서 하이데거의 세미나가 개최된다. 보프레는 이 세미나의 기록도 담당한다. 하이데거 수문기隨聞記라고도 말할 수 있는 저서 『하이데거와의 대화』(*Dialogue avec Heidegger*, Les éditions de minuit, 1973-85) 네 권이 있다. 하이데거 사후에 하이데거의 나치스 가담을 둘러싸고 벌어진 논쟁에서 나치스의 유대인 대학살을 부정하는 R. 포리슨과 연대해서까지 하이데거를 옹호했기 때문에 V. 파리아스 등으로부터 혹독하게 비판받는다.

—기다 겐(木田 元)

볼노우 [Otto Friedrich Bollnow 1903. 3. 14-91. 2. 7]
독일의 철학자, 교육학자. 슈테틴에서 태어나 처음에는 수학과 물리학을 공부하지만 후에 철학 및 교육학으로 전향했다. 이른바 딜타이학파의 미쉬 등에게 배우며, 나아가 하이데거에게 사사한 후 마인츠 대학 교수를 거쳐 1953년부터 70년의 퇴임에 이르기까지 튀빙겐 대학 교수를 맡는다. 딜타이의 철학을 계승하여 독자적인 철학적 인간학을 구축함과 동시에 해석학에 대해서도 커다란 공헌을 이루었다. 자주 일본을 방문하여 일본과의 관계도 대단히 깊다. 주저로서 본 사전에서 다루어지고 있는 것 이외에 딜타이 연구의 기본적 입문서로 지목되는 *Dilthey: Eine Einführung in seine Philosophie*, 1936, [4]1980(麻生建 譯, 『ディルタイ―その哲學への案内』, 筑摩書房, 1977), *Studien zur Philosophie*, 2 Bd. 1982f. 등이 있다. ☞ ㉻기분의 본질, 인간과 공간

—아소 겐(麻生 建)

볼차노 [Bernhard Bolzano 1781. 10. 5-1848. 12. 18]
체코의 철학자 · 수학자. 체코의 수도 프라하에서 태어나 프라하 대학에서 가톨릭 신학, 수학, 물리학을 공부했다. 특히 수학의 순수하게 사변적이고 철학적인 부분에 대한 흥미가 강하며, 후에 바움가르텐과 라이프니츠 등의 철학자에 접했을 때에도 거기에서 보이는 논리학과 수학의 결합이라는 측면이 그의 흥미를 끌었다. 1804년에 제출된 학위논문에서 이미 유클리드적인 공간을 전제하는 칸트의 생각에 반대하여 비유클리드 기하학의 가능성을 모색하고 있었다. 1805년에 사제의 자격을 부여받고 모교 프라하 대학의 종교학 강의를 담당하게 되었다. 그 강의는 1819년까지 계속되었지만 체코 독립운동에 가담한 죄로 당시의 체코를 지배했던 오스트리아 정부에 의해 교직에서 파면되며, 종교에 관한 강연과 저서의 공간을 금지 당했다. 이후로 한 사람의 사인으로서 철학과 수학 연구에 전념하여 수많은 저작을 남겼다. 이상과 같은 경력이 말해주듯이 볼차노의 업적은 신학으로부터 수학에 이르기까지 다양한 영역에 걸쳐 있지만, 일찍부터 주목을 받고 또한 이후의 사람들에게 선구적인 영향을 미쳤다고 말할 수 있는 것은 수학자로서의 볼차노였다. 해석학의 기초 확립에 힘쓰는 과정에서 그의 이름을 달고 있는 정리('볼차노-바이어슈트라스의 정리' 등)를 남기며, 또한 집합론의 창시자인 G. 칸토어는 『무한의 역설』(사후인 1851년 공간. *Paradoxien des Unendlichen*, Leipzig, 1851: 藤田伊吉 譯『無限の逆說』みすず書房, 1878)을 남긴 볼차노를 실무한 개념의 "가장 결정적인 옹호자"로서 높이 평가하고 있었다(또한 『학문론』(1838)에서의 '논리학적 진리 개념'의 규정이 타르스키의 모형론적 규정을 선취하고 있었다는 점도 최근에 주목을 받고 있다). 그러나 철학 방면에서는 그의 철저한 반칸트주의 입장 때문이었는지 오랫동안 거의 주목을 받지 못했지만, 20세기에 들어서서 후설이 『논리연구』에서 볼차노를 "고금을 통틀어 최대의 논리학자 중 한 사람"이라고 부르기에 이르러[LU Ⅰ 225] 점차 세상의 관심을 모으게 되었다. 후설은 한때 대학의 동료이기도 했던 칸토어를 매개로 하여 볼차노의 반심리주의적 입장을 의식하기에 이르렀다고 추정되지만 여기에는 단순한 사상사적 연관을 넘어서서 구명되어야 할 논점이 많이 숨어 있는바, 볼차노의 의의에 대해서는 수학,

철학, 논리학을 포괄하는 종합적인 관점에서 해명할 필요가 있을 것이다. ☞㊕명제 자체, 무한[1], 진리 자체, ㊒학문론

—미카미 신지(三上眞司)

㊟ 藤田伊吉,『ボルツァーノの哲學』, 創文社, 1963. J. Etchemendy, *The Concept of Logical Consequence*, Harvard, 1990.

뵘 [Rudolf Boehm 1927–]

독일의 철학자. 라이프치히와 로스토크에서 철학을 공부하며, 1952년부터 후설 문고 공동연구원. 겐트Gent 대학 정교수. 후설 전집의 여러 판을 편찬한다. 현상학의 사명은 지와 행위의 원리들을 수정해 가는 데 있다고 생각했다. 주요 저작은 *Das Grundlegende und das Wesentliche*, 1965, *Vom Gesichtspunkt der Phänomenologie*, 1968, *Kritik der Grundlagen des Zeitalters*, 1974 등.

분트 [Wilhelm Max Wundt 1832. 8. 16–1920. 8. 31]

독일의 심리학자 · 철학자. 하이델베르크 대학을 거쳐 1875년부터 1918년까지 라이프치히 대학 교수. 실험심리학의 창시자. 동 대학에 세계 최초의 심리학 실험실을 설립. 의식을 요소적인 심리 과정의 통합체로 간주하고, 요소들 간의 통합 법칙에 대한 해명을 심리학의 과제로 생각했다. 이에 대한 비판으로서 후에 게슈탈트 심리학이 성립하게 된다. 주요 저작은 *Grundzüge der physiologischen Psychologie*, 1873/74, *Völker Psychologie*, 1900/20 등. ☞㊕심리학과 현상학

불트만 [Rudolf Karl Bultmann 1884. 8. 20–1976. 7. 30]

독일의 프로테스탄트 신학자. 튀빙겐, 베를린, 마르부르크 대학에서 공부하며, 1921년 마르부르크 대학 신학부 교수. 동료였던 하이데거에게 영향을 받아 새롭게 번역된 성서에 대한 실존론적 해석을 시도한다. 성서의 신화적 해석 대신에 거기에 포함되어 있는 실존 이해를 추출하는 '비신화화'의 입장을 주장했다. 주요 저작은 *Die Geschichte der synoptischen Tradition*, 1921(加山宏路 譯『共觀福音書伝承史』 Ⅰ · Ⅱ, 新敎出版社, 1983, 1987), *Jesus*, 1926(八木誠一『イエス』 新敎出版社, 1991) 등 다수.

뷜러 [Karl Bühler 1879. 5. 27–1963. 10. 24]

독일의 심리학자로서 언어심리학, 언어이론 분야에도 기여. 처음에는 의학을 공부한다. 생리학, 철학의 학위를 취득한 후, 1906년부터 퀼페의 조교가 되어 사고 과정의 심리학에 관한 연구로 뷔르츠부르크학파에 공헌. 게슈탈트 심리학의 연구로도 알려진다. 또한 발달심리학에서는『어린이의 정신발달』(*Die geistige Entwicklung des Kindes*, 1918) 등의 저작이 있다. 제1차 대전에 종군한 후, 22년 빈 대학에 정교수로서 초빙된다. 트루베츠코이(Nicholai S. Trubetskoy 1890-1938)의 음운론, 소쉬르(Ferdinand de Saussure 1857-1913)의 언어이론 및 후설의『논리연구』 등의 영향을 받아『언어이론』(*Sprachtheorie*, 1934)을 쓴다. 후설 현상학에 대해서는 소쉬르의 분석을 보완하는 것으로서 '순수 문법' 개념 등에 관심을 지니지만, 어디까지나 구체적인 고찰을 거듭하며 '본질' 개념에 대해서는 회의적이었다. 39년 나치스의 탄압을 피해 미국으로 망명하며 63년 로스앤젤레스에서 사망했다.

—오카모토 유키코(岡本由起子)

브란트 [Gerd Brand 1921–]

독일의 철학자. 1950년 루뱅 대학에서 학위를 취득. F. 티센 재단 이사를 맡고, 트리어 대학에서 교편을 잡는다. 후설의 분석을 체계화하고 존재론적으로 해석했다. 또한 생활세계를 체험된 역사('신화')로부터 해석하고 '신화의 현상학'을 제창했다. 주요 저작은 *Welt, Ich und Zeit*, 1955(新田義弘 · 小池稔 譯,『世界 · 自我 · 時間』, 國文社, 1976), *Die Lebenswelt: eine Philosophie des konkreten Apriori*, 1971 등.

브렌타노 [Franz Brentano 1838. 1. 16-1917. 3. 17]

뷔르츠부르크, 빈에서 활약한 철학자. 후설이 "철학에서의 단 한 사람의 스승"이라고 부른 현상학의 선구자. 셸러의 가치윤리학에 커다란 영향을 주며, 아리스토텔레스에 대한 박사 논문은 하이데거에게 철학에 대한 관심을 일깨우는 계기의 하나가 되었다. 독오학파의 창시자, 아리스토텔레스주의, 토마스주의의 부흥자라고도 말해지는 브렌타노의 영향력은 좁은 의미의 현상학의 범위에 한정되지 않으며, 제자인 슈툼프, 마이농, 마르티, 트바르도프스키, 나아가서는 프로이트 등을 통해 20세기의 철학, 심리학, 언어학, 논리학 모두에게 미치고 있다.

브렌타노는 라인 강변의 마리엔베르크에서 이탈리아에 기원을 지니는 독일 가정에서 태어나 로마 가톨릭 배경 하에서 양육되었다. 그의 가계는 백부와 백모로 후기 낭만파의 시인과 작가로서 유명한 클레멘스 브렌타노, 베티나 브렌타노를 지니는 명문이었다. 처음에는 수학에 흥미를 지녔지만 종교적 신앙의 문제가 계기가 되어 철학을 연구의 중심에 두었다. 뮌헨, 뷔르츠부르크, 베를린, 뮌스터 등에서 공부한 후, 1862년 튀빙겐에서 『아리스토텔레스에서의 존재자의 다양한 의미에 대하여』(*Von der mannigfachen Bedeutung des Seienden nach Aristoteles*, Freiburg, 1862)로 박사 학위를 취득한다. 이 글은 베를린 시대의 스승 트렌델렌부르크에게 바쳐졌다. 그 후 그라츠, 뮌헨, 뷔르츠부르크 등의 수도원, 대학에서 신학을 연구하고, 1864년 뷔르츠부르크에서 가톨릭 사제로 임명되었다. 1866년 뷔르츠부르크 대학에서 『아리스토텔레스의 심리학』(*Die Psychologie des Aristoteles*, Mainz, 1867)으로 교수 자격을 취득하고 사강사, 72년에는 조교수가 된다. 취임할 때에 낭독한 테제의 하나인 "철학의 방법은 자연과학의 방법에 다름 아니다"는 그의 철학관을 보여주는 것으로 유명해졌다. 실제로 브렌타노는 칸트 이래의 독일 관념론을 편견과 독단에 기초한 것으로서 비판하고, 오히려 콩트나 J. S. 밀의 실증주의나 경험주의에서 '엄밀한 학'으로서의 철학 부흥의 가능성을 보았다. 브렌타노 자신은 교수 자격 논문 이래로 철학을 심리학에 의해 근거짓는 프로그램을 지니고 있으며, 이러한 시도는 1874년의 주저 『경험적 입장에서의 심리학』으로 열매를 맺었다. 뷔르츠부르크 대학에서의 강의는 압도적인 인기를 얻으며, 청강자들 중에서 평생 친밀하게 계속해서 교류한 슈툼프나 마르티와 같은 제자들이 생겨났다. 그러나 1870년 바티칸 회의의 교황 불가류성 선포를 계기로 논리적, 과학적 정합성을 포기하는 '불가류성'의 도그마를 옹호하는 교회의 태도에 대해 그때까지의 불신이 표면화하여 '73년에는 가톨릭과 성직을 떠나며, 나아가서는 대학에서도 사직하게 되었다.

1874년에는 오스트리아의 자유주의파 교육장관 K. 슈틀레마이어의 천거에 의해 빈 대학의 정교수가 되었다. 그러나 79년에 이다 폰 리벤과 약혼하는데, 성직자였던 자의 혼인을 금한 오스트리아의 법률과 충돌했기 때문에 80년 작센의 시민권을 얻어 라이프치히에서 결혼하게 된다. 오스트리아의 시민권을 포기했기 때문에 빈 대학의 교수직도 포기할 수밖에 없게 되며, 그 후에는 사강사 직에 머물렀다. 빈 대학에서도 "소크라테스적 산파술의 거장"이자 "영원한 진리의 예언자"(후설의 말)를 생각하게 하는 브렌타노의 강의는 많은 청강자들을 매료시키게 되었다. 그리고 학생들 중에서 후설, 마이농, 에렌펠스, 마사리크, F. 힐레브란트(Franz Hillebrand 1863-1926), 트바르도프스키, S. 프로이트와 같은 제자들이 배출되었다. 이 사이 상대주의적 윤리학을 비판하여 현대의 가치론에 커다란 영향을 준 『도덕적 인식의 원천에 대하여』, 그의 철학사관을 정리한 『철학의 네 단계와 철학의 현 상황』(*Die vier Phasen der Philosophie und ihr angeblicher Stand*, 1895; 池上鎌三 譯, 岩波書店, 1930) 등 다수의 강연을 행하며, 저서를 발표하여 일반 대중에 대해서도 계속해서 영향력을 지녔다. 그러나 처 이다의 사망을 계기로 하여 그때까지 계속해서 지녀왔던 정교수로의 복귀 희망을 버리고 1894년 빈을 떠나 각지를 전전한 후, 1896년 이탈리아 시민권을 얻어 피렌체에 거처를 정했다. 공직을 떠난 후에도 학회에 출석한다든지 제자들이나 그 지역의 연구자들과의 교류를 적극적으로 계속했다. 그러나 후기의 브렌타노는 의식의 본래적인 대상으로서 '사물적인 것'만을 인정하고 추상적 존재자나 사태 등은 언어적 허구에 기초한다고 생각하게 되었기 때문에 후설이나 마이농에 대해서는 비판적이었다. 1900년대가 되면 눈의 질병이 악화되어 이후에는 눈이 전혀 볼 수 없게 되었지만, 재혼한 처 에밀리에의 협력을 얻어 연구를 정력적으로 계속함으로써 『감관심리학의 연구』(*Untersuchungen zur Sinnespsychologie*, 1907), 『경험적 입장에서의 심리학』의 개정증보판인 『심적 현상의 분류에 대하여』(1911), 나아가 아리스토텔레스에 관한 저작 등을 발표했다. 제1차 대전 발발 후 1915년에는 스위스로 옮기며, 최후의 2년간을 취리히에서 보냈다. 브렌타노의 만년의 제자로는 마르티의 제자였던 O. 크라우스와 A. 카스틸이 있는데, 그들은 마르티 사후에 브렌타노와의 접촉을 심화시키며, 브렌타노 사후에는 각각 브렌타노에 대한 저작을 발표함과 동시에 공간되지 않은 수고의 정리와 출판을 위해 노력했다. 그 후 카스틸의 작업을 이어받은 마이어-힐레브란트(Franziska Mayer-Hillebrand 1885-1978 ; 오스트리아, 인스부르크 대학에서 A. 카스틸, F. 힐레브란트 밑에서 브렌타노에 대한 논문으로 박사학위를 취득한(1919년) 후 시각심리학에 관한 연구로 교수 자격을 취득하며(1932년), 인스부르크 대학에서 사강사, 조교수를 역임한다), 나아가 치솜 등의 노력에 의해 브렌타노의 저작과 초고의 다수가 펠릭스 마이너의 철학문고에 모아져 있다. 1989년부터는 뷔르츠부르크의 연구자들을 중심으로 하여 연보 『브렌타노 연구』(*Brentano Studien*)가 공간되기 시작했다.

브렌타노 철학의 기본은 일관되게 아리스토텔레스, 그 중에서도 그의 심리학과 형이상학에 놓여 있는바, 그것을 기술심리학의 성과에 의해 새롭게 전개한 데에 있다. 그 성과는 심적 현상의 특유성을 나타내는 '지향적 내재'라는 개념, 심적 현상의 3분류(표상, 판단, 정의활동), 심적 현상에 포함되는 직접태, 간접태라는 이중의 관계성, 이러한 심리학적 연구에 기초한 존재론, 특히 후기가 되어 분명해진 사물주의(reism)라고 불리는 존재론적 관점, 진리론과 가치론을 공통으로 뒷받침하는 명증 개념, 그리고 후설의 시간의식 분석의 출발점이 되기도 한 시간공간론 등 광범위한 영역에 미치고 있다. ☞㉯내적 지각, 독오학파와 현상학, 사물적인 것, 심적 현상/물적 현상, 정의활동, 존재판단{존재명제}, 직접태/간접태, ㉮경험적 입장에서의 심리학, 도덕적 인식의 원천에 대하여

—무라타 준이치(村田純一)

㊟ 小倉貞秀, 『ブレンターノの哲學』, 以文社, 1986. A. Kastil, *Die Philosophie F. Brentanos*, München, 1951. L. McAlister, ed., *The Philosophy of Brentano*, London, 1976. R. Chisholm, *Brentano and intrinsic value*, Cambridge, 1986.

블랑켄부르크 [Wolfgang Blankenburg 1928. 5. 1–]

독일의 정신병리학자. 프라이부르크 대학 철학과에서 하이데거와 실라지(Wilhelm Szilasi)에게 철학을 배운 후, 다시 의학을 공부하여 정신과 의사가 되었다. 빈스방거의 지도를 받아 쓴 학위논문 「한 가지 예의 망상형 분열병의 현존재 분석적 연구」("Daseinsanalytische Studie über einen Fall paranoider Schizophrenie", *Schw. Arch. Neurol. Psychiat*. Bd. 81, 1958)에 의해 일약 학계의 주목을 받았다. 그 후 하이델베르크 대학 내과의 플뤼게(Herbert Plügge) 밑에서 심신의학을 공부하며, 이 당시에 바이츠제커(Viktor von Weizsäcker 1886-1957)의 사상에서 커다란 영향을 받았다. 1959년 이래로 프라이부르크 대학 정신과의 루핀(H. Ruffin) 밑에서 정신의학을 연구하며, 1969년에 하이델베르크 대학 정신과로 옮겨 폰 바이어(Walter von Baeyer) 밑에서 텔렌바흐 등과 함께 '신하이델베르크학파'의 일익을 담당하게 되었다. 바이어의 퇴임 후 짧은 기간 동안 하이델베르크 대학 정신과의 사회복귀 시설장을 했지만, 1975년에 브레멘의 시립병원 정신과 의사장, 1979년 이래로 마르부르크 대학 정신과 주임교수가 되며, 1993년에 정년퇴직했다.

블랑켄부르크의 관심은 일관되게 분열병자에서의 <자기 및 세계와의 관계> 내지 <세계-내-존재>의 근본적인 변화로 향해 있다. 주저 『자연적인 자명성의

상실—과증상성 분열병의 정신병리학에 관한 고찰』에서는 하나의 사례인 분열병자 안네 라우의 상세한 병력 제시에 기초하여 분열병자의 <생활세계>로부터의 소외(친밀하지 않음)를 세계의 <자명성>과 <비자명성>의 변증법적 관계라는 일상성으로부터의 일탈로서 분석하고 있다. 그에 의하면 세계의 실재에 대한 자연적인 신뢰는 <공통감각>으로서의 <common sense>에 의해 상호주관적으로 구성되지만, 이러한 구성이 분열병자에게서는 부조화 상태에 빠져 있다. 자연적 태도에 판단 정지를 가하는 현상학의 태도와 분열병자의 소외 사이에는 모종의 유사성이 존재한다. 분열병자에게서는 자연적인 태도의 수행자인 자아와 이것을 구성하는 초월론적 자아와의 관계가 장애에 빠져 있으며, 그리하여 <자기의 자립성>의 구성도 성립하기 어렵게 된다. 그의 분열병론은 종래의 현상학이 출발점으로 삼아 온 <초월론적 자아에 의한 세계 구성>이나 <세계-내-존재>의 성립 자체가 분열병자의 경우에서는 의문에 붙여질 수 있다는 것을 해명한 점에서 철학적 현상학에 대해 시사하는 바가 크다. ☞ ㉶자연적인 자명성의 상실

—기무라 빈(木村 敏)

㊟ 木村敏, 「ブランケンブルクの<自然な自明性の喪失>について」, 『分裂病の現象學』, 弘文堂, 1975에 수록.

비멜 [Walter Biemel 1918. 2. 19–]

루마니아 출신의 철학자. 프라이부르크 대학에서 하이데거에게서 큰 영향을 받는다. 1962년 라인 베스트팔렌 대학 교수, 1976년 뒤셀도르프 조형예술 대학 교수. 하이데거의 존재사관에 입각하여 현상학을 예술 영역에 도입하고, 독자적인 예술철학을 전개하고 있다. 주요 저작은 *Le concept de monde chez Heidegger*, 1950, *Philosophische Analysen zur Kunst der Gegenwart*, 1968, *Heidegger*, 1983(茅野良男 外 譯, 『ハイデガー』, 理想社, 1986) 등.

비트겐슈타인 [Ludwig Wittgenstein 1889. 4. 26–1951. 4. 29]

빈의 부유한 실업가의 아들로서 태어난다. 항공공학을 공부하기 위해 영국으로 건너가지만, 1912년부터 캠브리지에서 러셀(Bertrand Russell 1872-1970)에게서 철학 및 논리학을 배운다. 제1차 대전 종군 중에 전기의 대표작 『논리철학논고』(*Tractatus Logico-Philosophicus*, 1921 : 奧雅博 譯, 大修館, 1975)를 완성시킨 후, 일단 철학을 포기하고, 20년부터 26년에 걸쳐 고국의 한 마을에서 초등학교 교사를 한다. 브로우베르(Luitzen Egbertus Jan Brouwer 1881-1966)의 강연을 들은 것이 계기가 되어 철학을 재개하고, 29년에 캠브리지로 돌아간다. 그 후에도 휴가는 빈에서 보내고, 슐리크(Moritz Schlick 1882-1936) 등과 교류하지만, 빈 학단과는 일정한 거리를 둔다. 이 시기를 중기로 하여 후기는 33년의 구술필기 『청색본』(*The Blue Book*, 1958)의 의미론에서 시작된다고 간주된다. 36년부터 49년에 걸쳐 주저 『철학탐구』(*Philosophische Untersuchungen*, 1953 : 藤本隆志 譯, 大修館, 1976)를 쓴다. 캠브리지에서의 그의 강의는 그 자체가 자기의 사상과의 격투의 장이었다고 한다. 39년에 교수가 되지만, "직업적 철학자의 생활을 혐오"하여 47년 말에 사직하는 등 다양한 에피소드가 있지만, 그것들은 그가 철학에 대한 진지한 태도를 최후까지 관철했다는 것을 말해준다. 프레게와 러셀의 기호논리학을 토대로 한 『논리철학논고』의 주된 주장은 명제는 실재의 상이라고 하는 '그림 이론'과 '논리적 원자론'이다. 논리의 한계가 요컨대 언어의 한계와 세계의 한계를 의미하며 그것을 넘어서는 세계의 의미나 논리는 말할 수 없다고 하는 것이다. 중기에 '논리적 원자론'은 부정되지만, '그림 이론'은 어떤 의미에서 남는다. 중기의 '문법'적 고찰은 후기에도 계승된다. 후기의 중심적 개념은 '언어게임' 개념이지만, 서서히 언어게임을 성립시키는 조건으로서 기저에 놓여 있는 확신의 체계나 논리와 같은 <기술될 수 없는 것>에로 고찰이 심화된다. 중기 저작의 공간에 따라 전기와 후기를 대립시키는 해석 도식은 무너졌지만, 그의 사상적 발전을 통일적으로 묘사해내고자 하는 시도는 지금도 여전히 계속되고 있다. ☞ ㉴비트겐슈타인과 현상학,

[서]철학적 고찰

—오카모토 유키코(岡本由起子)

[참] *Ludwig Wittgenstein Werkausgabe in 8 Bänden*, Suhrkamp, 1984(『ウィトゲンシュタイン全集』, 전 12권, 大修館書店, 1975-78).

빈스방거 [Ludwig Binswanger 1881. 4. 13 – 1966. 2. 5]

스위스의 정신의학자, 특히 현존재 분석을 시작한 것으로 알려진다. 조부 때부터 보덴 호숫가의 크로이츨링겐에서 사립 정신병원 '사나토리움 벨뷔Sanatorium Bellevue'를 운영하는 집안에서 태어났다. 로잔, 하이델베르크, 취리히에서 의학을 공부한 후, 취리히 대학 정신과 병원 부르크횔츨리에서 블로일러(Eugen Bleuler 1857-1939), 융(Carl Gustav Jung 1875-1961) 밑에서 조교. 당시 1907년 융과 함께 방문한 프로이트(Sigmund Freud 1856-1939)와의 만남은 빈스방거의 정신의학을 처음에 크게 정신분석으로 기울어지도록 만들었다. 그 후 예나 대학 교수였던 숙부 빈스방거(Otto Binswanger 1852-1924)에게서 신경학을 연수하지만 1910년 부친의 요절로 귀향하여 그 정신병원을 이어받으며, 1956년 아들에게 물려주기까지 원장을 맡는다. 그에 의한 정신병원에로의 정신분석 요법의 도입은 당시 획기적인 것이었다. 평생 이러한 실천의 장을 떠나지 않으며, 수많은 논저도 그로부터 발표되었다.

그의 이론적 관심은 우선 20세기 초두의 정신의학에서 논의의 과녁이 되었던 문제, 즉 자연과학적 방법과 정신과학적 방법의 종합으로 향하며, 임상정신의학과 정신분석 간의 다리 놓기가 시도되었다. 그 성과로서 태어난 것이 탁월한 심리학사 『일반심리학의 문제 입문』(*Einführung in die Probleme der allgemeinen Psychologie*, 1922)이다. 한편 현상학적 방법이 표명된 것은 같은 해에 행해진 「현상학에 대하여」("Über Phänomenologie", in *Ausgewählte Vorträge u. Aufsätze*, Bd. Ⅰ.: 荻野恒一 · 宮本忠雄 · 木村敏 譯, 『現象學的人間學』, みすず書房, 1967에 수록)라는 제목의 학회 강연(1922)에서였다. 여기서 그의 인간학의 중심은 무의식으로부터 후설 현상학의 주제인 의식으로 옮겨졌다. 곧이어 하이데거의 『존재와 시간』이 발표되자 그 현존재 분석론에 의거한 독자적인 입장, 곧 현존재 분석을 전개, 정신병자의 세계의 의미 구조를 탐구한다. 이 방법에 기초한 대표작은 『정신분열병』. 빈스방거의 현존재 분석에서는 나와 너의 공동 상호존재라는 쌍수적 양태가 본래적 자기의 양태와 더불어서나 혹은 그에 앞서 취해지고 사랑이 하이데거의 실존범주인 조르게 위에 놓여 있지만, 이와 같이 존재론을 사실적 현존재 양식에 대한 경험적 현상학적 분석에 끌어들이는 것에 대해서는 이의도 제기된다. 그러나 진지한 임상 실천에 뒷받침된 그의 인간학은 정신의학에 풍부한 결실을 가져다주었다.

만년에는 후기 후설의 초월론적 현상학으로 관심을 옮겨 의식의 지향적 구성 계기에서의 왜곡으로부터 정신장애자의 세계를 이해하고자 하는 시도 『울병과 조병』(*Melancholie u. Manie*, 1960: 山本巖夫 · 宇野昌人 · 森山公夫 譯, みすず書房, 1972)을, 나아가 죽기 전 해에는 망상론을 발표했다. ☞ [사]정신의학과 현상학, 현존재 분석, [서]정신분열병

—우노 마사토(宇野昌人)

사르트르 [Jean-Paul Sartre 1905. 6. 21-80. 4. 15]

프랑스의 철학자, 문학자. 파리에서 태어난다. 그의 소년 시대에 관해서는 나중의 자서전『말』(*Les Mots*, 1964)에 상세히 기록되어 있다. 1924년 고등사범학교에 입학. 27년 소르본의 심리학 교수였던 앙리 들라크루아(Henri Delacroix 1873-1937)의 지도하에 고등교육 수료증서 취득 논문,「심리생활에서의 이마주, 그 역할과 본성」을 제출. 다음 해에 교수자격 시험을 치르지만 결과는 불합격이었다. 그러나 이 1년간의 <낭인생활>이 또 한 사람의 <우연성>의 철학자와의 해후를 가져다주게 된다. 그 구키 슈조九鬼周造와 사르트르의 만남은 다양한 사실들로부터 판단할 때 이 해의 9월부터 11월 사이로 추측된다. 다음 해인 29년 2월, 소르본에서의 후설의 강연에 사르트르는 출석하지 않는다. <현상학>과 사르트르의 <공식적인> 만남은 33년에 독일로부터 막 귀국한 아롱을 둘러싸고 몽파르나스의 어떤 카페인가에서 칵테일을 앞에 두고 이루어진 일이었다는 것이 지금까지의 정설이지만, 그 자신이 그 자리에 함께 하여 이 <신화>의 보급에 일역을 담당한 보부아르가 처음으로 사르트르를 만난 것은 29년 7월의 일이다. 31년 2월, 15개월에 걸친 병역 기간을 마치고 르아브르의 고등중학교 철학 교수가 된다. 이 무렵 이후의『구토』(*La Nausée*, 1938)의 원형이 되는『우연성에 관한 변박서』(*Factum sur la contingence*)를 쓰기 시작한다. 33년 9월부터 1년간 베를린의 프랑스 학원에 유학. 그 성과로서 후에 잡지『철학탐구』제6호에 발표된「자아의 초월」("La Transcendance de l'Ego", 1937)은 이미 후설 현상학에 대한 이해와 대결의 흔적을 분명히 보여준다.

사르트르 최초의 철학 상의 저작인『상상력』(*L'Imagination*, 1936)은 주로 '이마주'에 관한 지금까지의 '고전적' 이론들에 대한 검토, 즉 그것들에 공통된 '내재적 착각'과 '의물주의擬物主義'에 대한 비판을 다루고 있지만, 그 마지막 장에서는 전체를 후설의 학설에 대한 소개에 할당하고 있다. '이마주'에 관한 사르트르 자신의 이론 전개는『상상적인 것』(*L'Imaginaire*, 1940)에서 이루어지지만, 그것에 의하면 '이마주'란 의식 속에 있는 무언가가 아니라 지각과 더불어 의식의 또 하나의 존재방식에 다름 아니다. 그는 대상을 부재 내지 비존재로서 정립하는 상상적 의식의 활동 근저에서 의식의 '무화작용'을 보고 있지만, 이러한 '무화작용'이야말로 당시의 사르트르에게 있어 <자유>의 동의어였다. 나아가 이 무렵 '자아의 초월'로부터 출발하여『프시셰』(*La Psyché*)라는 제목 하에 구상되고 있던 또 하나의 <현상학적 심리학> 저작이 준비되고 있었지만, 결국 그 일부만이 햇빛을 보게 된다.『정서론 소고』(*Esquisse d'une théorie des émotions*, 1939)라는 제목이 붙여진 그 책의 특히 서론 부분은 짧으면서도 사르트르의 현상학관을 보는 데서 중요하다.

39년 9월, 사르트르는 동원되어 결국 한 번도 포화를 주고받지 않은 채 다음 해 6월 때마침 35번째 생일을 맞이한 날에 독일군에게 포로가 된다. 그러나 이 사이에도 그의 독서 및 집필 활동은 방해받지 않고 계속되었다. 유고로서 공간된『기묘한 전쟁—전중 일기』(*Les Carnets de la drôle de guerre*, 1983) 및『카스토르 등에 대한 편지』(*Lettres au Castor et à quelques autres*, Ⅰ, Ⅱ, 1983)의 제2권에는 후에『존재와 무』(*L'Être et le néant*, 1943)로서 열매 맺게 되는 사상의 몇 가지가 태어나고 있는 상태로 기록되어 있다. 그『존재와 무』에는 후설보다도 오히려 하이데거의 영향 쪽이 더 짙게 반영되어 있지만, 그럼에도 불구하고 후설에 대해 그러했던 것과 마찬가지로 여기서도 그는 결코 하이데거의 충실한 제자 역할에 만족하고 있지 않다. 본서는 그 말미에서 이에 이어지는 <윤리학>의 공간을 예고하고 있었지만, 이 대망된 저서는 결국 실현되지 못한 채로 끝났다.『도덕론을 위한 노트』(*Cahiers pour une morale*, 1983)로서 사르트르 사후 공간된 유고는 유산으로 끝난 그 시도에서 이루어진 사르트르의 격투의 흔적을 보여주지만, 47년부터 다음 해에 걸쳐 씌어진 이 초고에서는 45년에 그가 비로소 읽은 헤겔『정신현상학』의 영향이 엿보이긴 하지만 이미 후설의 <현상학>은 주요한 방법이 아니게 된다.

제2차 대전 후의 사르트르의 활약은 <실존주의>의 유행과 함께 시작되었지만, 45년의 10월 29일, 클럽 망트낭에서 행한 강연「실존주의는 휴머니즘인가」는 <실존주의자> 사르트르라는 이름을 결정적인 것으로 만들었다. 이 강연은 다음 해『실존주의는 휴머니즘이다』(*L'Existentialisme est un humanisme*, 1946)로서 약간의 수정을 덧붙이고 강연에서 이루어진 질의응답의 일부도 포함하여 활자화되었지만, 그 자신은 머지않아 "이것을 출판한 것은 뜻하지 않은 잘못이었다"고 후회하게 된다. 찬반양론을 아울러 수많은 논의를 불러일으키고 사르트르 철학의 다름 아닌 <통속화>에 공헌했긴 하지만, 이 강연은 이미 <현상학>과는 무관한 것이었다. 실제로 <현상학자> 사르트르의 작업은 전전까지로 사실상 끝났다고 말해야 할 것이며, <실존적 정신분석>의 구체적 실천인『성 쥬네—연기자와 순교자』(*Saint Genet, Comédien et martyr*, 1952), 맑스주의의 인간학적 근거짓기를 목표로 한『변증법적 이성 비판』(*Critique de la raison dialectique*, 1960){'역사의 가지성'이라는 부제를 달고 있는 미완의『변증법적 이성 비판』제2권(*Critique de la raison dialectique*, Ⅱ, 1985)도 유고로서 공간}, 플로베르론『집안의 천치』(*L'Idiot de la famille*, Ⅰ-Ⅲ, 1971-72)와 같은 전후의 주요 저작만을 가지고 보아도 거기서 '현상학'의 흔적을 발견하기는 어렵다. 그 점은 하이데거의 강연「진리의 본질에 대하여」를 계기로 하여 48년에 씌어진 것으로 추정되는 유고『진리와 실존』(*Vérité et existence*, 1989)의 경우도 변함이 없다. 사르트르는 확실히 현상학을 최초로 프랑스에 보급한 주역이자 그것의 몇 가지 측면에 관해서는 독창적인 성과를 덧붙였지만, 현상학이 그의 철학에 있어 어느 정도의 비중을 차지하는 것이었는지를 생각하면 그를 무조건 <현상학자>라고 부를 수는 없을 것이다. 1980년 4월 15일 한밤중에 폐수종으로 인해 파리의 병원에서 사망. 그 밖의 주요 저작으로서는 소설『자유의 길』(*Les chemins de la liberté*, 1945-49), 단편집『벽』(*Le Mur*, 1939), 희곡『악마와 신』(*Le Diable et le Bon Dieu*, 1951) 등이 있다. 평론, 대담의 주요한 것들이『상황』Ⅰ-Ⅹ(*Situations* Ⅰ-Ⅹ, 1947-76)에 묶여 져 있다. ☞ ㊄결여, 구토, 눈길, 대타존재, 레지스탕스, 맑스주의와 현상학, 마술적 실현, 무, 무익한 수난, 반투명, 상상력, 상상적인 것, 상황-내-존재, 실존주의, 앙가주망, 애무, 영유, 자기기만, 자유, 정립적 의식/비정립적 의식, 준-관찰, 즉자/대자, ㉑보부아르, ㊆상상적인 것, 존재와 무

—다니구치 가즈히로(谷口佳津宏)

㊟ F. Jeanson, *Sartre dans sa vie*, Paris, 1974(權寧 譯,『傳記サルトル』, 筑摩書房, 1976). 箱石匡行,『サルトルの現象學的哲學』, 以文社, 1980.

사타케 데쓰오 [佐竹哲雄 1889. 7. 6-1981. 3. 26]

쇼와 시기의 현상학자. 도쿄 제국대학 문과대학 철학과 졸업. 1919년 제8 고등학교 교수. 그 후 구마모토 대학, 도리쓰 대학, 도요 대학의 교수를 역임. 순수하게 학문적인 관점에서 평생 후설 현상학에 대한 포괄적 이해에 뜻을 두었다. 주요 저작은『현상학』(1943),『후설 현상학—이념적 현상학에로의 전개』(1949),『현상학 개론』(1954),『후설 현상학』(1980) 등.

—고스다 겐(小須田 健)

새먼 [Christopher V. Salmon]
영국계 미국인 철학자. 옥스퍼드 대학에서 문학 석사 취득. 흄의 의식 개념이 후설이 말하는 의미에서 현상학적이라는 점을 강조한다. 주요 저작은 *The Central Problem of David Hume's Philosophy*, 1983 등.

샤프 [Wilhelm Schapp 1884. 10. 15-1965. 3. 22]
독일의 현상학자, 법률가. 처음에 딜타이 밑에서 공부하며, 후에 괴팅겐 대학(1905-09)에서 후설의 결정적인 영향을 받게 된다. 1909년에 학위 논문 『지각의 현상학에 대한 기여』(*Beiträge zur Phänomenologie der Wahrnehmung*)를 후설에게 제출했다. 그러나 대학에 머물지 않고 이후 아우리히(Aurich bei Wilhelmshaven)에서 변호사가 되어 법학 관계의 저작 『새로운 법학』(*Die neue Wissenschaft vom Recht*, 1930-32)을 남긴다. 역사 이론을 둘러싼 오늘날의 논의 상황 속에서 특히 헤르만 뤼베의 노력을 통해 샤프의 역사철학적 통찰의 선구성에 대해서도 갑자기 재평가가 진전되었다. 뤼베도 지적하듯이 『역사들 속에 휘말려—인간과 사물의 존재에 대하여』(*In Geschichten verstrickt*, 1955), 『역사들의 철학』(*Philosophie der Geschichten*, 1959), 『자연과학의 형이상학』(*Metaphysik der Naturwissenschaft*, 1965) {후에 『역사들 속에서의 앎—자연과학의 형이상학에 대하여』로 제목이 바뀌었다}의 세 저작을 통해 샤프는 후설이 남긴 '지평의 현상학'의 전면적인 전개라는 과제에 <역사들의 철학>으로써 대답하고, 동시에 후설에게서 보이는 의식 중심주의의 잔재를 최종적으로 청산함으로써 후기 비트겐슈타인의 언어게임 이론과도 비교할 수 있는 형태로 언제나 이미 우리가 휘말려 들어가 있는 복수의 역사들의 고유한 권리를 과학주의적인 편견으로부터 구출하고자 했던 것이다. 그러나 샤프 스스로 자신의 입장을 "일종의 애니미즘"이라고 말하고 있듯이 <휘말려 있다>라는 비유 속에는 복수의 역사들을 관통하면서 인간도 그 이외의 생물들과 함께 휩싸여 들어가 있는 살아 있는 자연에 대한 사모와 동시에, 애써 획득한 역사의 복수성에 대한 통찰을 다시 체험된 역사의 전체성에로 되돌려 이야기된 역사의 재구축적인 인식 성격을 애매하게 해버릴 위험성이 잠재해 있다는 점도 부정할 수 없다. ☞ ㊕역사(성), ㊛지각의 현상학에 대한 기여

—히구라시 요이치(日暮陽一)

참 H. Lübbe, *Bewußtsein in Geschichten*, Freiburg, 1972(川島秀一・工藤和男・和田渡・森田安洋 譯, 『歴史における意識』, 晃洋書房, 1988). 日暮陽一, 「ヴィルヘルム・シャップと諸々の歴史の哲學—地平の現象學の歴史の現象學としての展開」, 實存思想協會 編, 『實存思想論集 II 實存のパトス』, 以文社, 1987에 수록.

셀름스 [Theodor Celms 1893. 6. 14-]
라트비아 출신의 철학자. 프라이부르크와 리가 대학에서 박사 학위 취득. 1927년 리가 대학 조교수, 1944년 괴팅겐 대학 교수. 후설의 '환원' 개념을 순수 의식에로의 귀환과 판단정지라는 두 개의 활동으로 구별했다. 주요 저작은 *Der phänomenologische Idealismus Husserls*, 1928, *Subjekt und Subjektivierung*, 1943, *Meditations on Axiological Relativism*, 1965 등.

셰스토프 [Léo Chestov 1866. 1. 31-1938. 11. 20]
러시아 출신의 철학자. 1866년 키예프 대학 입학, 1890년 모스크바 대학에서 학위 취득. 1920년 프랑스로 이주하여 소르본 대학 교수. 인간 이성 이전의 좀 더 깊은 현실, 즉 비극의 영역에로 참된 존재는 돌아가야 한다고 하는 독자적인 이성 비판을 전개. 만년에 후설 연구에도 착수하지만 미완에 그친다. 주요 저작은 *Dostojewskij und Nietsche: Philosophie der Tragödie*, 1903 (近田友一 譯, 『悲劇の哲學』, 現代思潮社, 1976), *Kierkegaard et la philosophie existentielle*, 1936 등.

셸러 [Max Ferdinand Scheler 1874. 8. 22-1928. 5. 19]
독일인인 신교도 아버지 Gottlieb와 대단히 정통적인

유대인 어머니 Sofie geb. Fürther와의 사이에서 뮌헨에서 태어나는데, 스스로는 가톨릭교도가 된다. 베를린에서 의학을 공부하기로 했지만 오히려 철학을 딜타이, 사회학을 짐멜에게서 배우고, 나아가 예나에서 오이켄(Rudolf Eucken)과 리프만(Otto Liebmann)에게서 철학을 배우며, "Die transzendentale und die psychologische Methode"(「초월론적 방법과 심리학적 방법」『초기 논문집』 SGW 1에 수록)로 1899년에 교수 자격을 얻어 사강사가 된다. 1901년 할레의 바이힝거 집에서 후설을 알게 된 후 04년 이래로 그와 친교를 맺고 깊은 영향을 받으며, 06년에 뮌헨으로 옮겨 '뮌헨 현상학 서클'(뮌헨학파)을 펜더, 가이거, 콘라트와 함께 설립하고 펜더와 함께 곧 그 지도자가 되었다. 이 현상학 서클은 후설의 괴팅겐 현상학 서클과 교류하는 동시에, 어느 쪽이든 다 현상학의 수용과 보급에 크게 공헌했다. 1910-17년에는 베를린과 괴팅겐에서 동시에 대학의 정규 강의가 아니라 사적인 강의를 하는 한편(처 Amélie가 일으킨 스캔들 때문에), 18년에는 제네바와 헤이그에서 문필 활동. 괴팅겐에서는 후에 프라이부르크에서 후설의 조교가 되는 에디트 슈타인이 셸러의 영향을 받아 가톨릭으로 전향하는 에피소드도 있었다. 후설 등과 더불어 1913-20년『철학 및 현상학 연구 연보』의 편집자 중 한 사람이 되고, 또한 그것에 대저『윤리학에서의 형식주의와 실질적 가치윤리학』을 1913/16년에 발표. 1919년에 쾰른 대학의 사회학 조교수, 1928년에 프랑크푸르트 대학에 정교수로 초빙되어 옮길 예정이었지만 그 해 5월 19일에 54세로 사망.

셸러는 학문적으로나 생활방식에서 언제나 극단적인 대립을 내포하고, 자기의 성실성 때문에 갈등을 낳으며, 재기발랄이라는 말이 어울리고, 천부적인 재능을 구사함으로써 현상학의 틀을 크게 확대하여 다양한 영역에서 심오한 통찰을 차례차례 발견하고, 자유활달하게 다면적인 연구를 달성했다. 또한 '지식사회학'의 창시자로서도 알려지며, 교육학에서도 무시해서는 안 되는 영향이 있다. 본래 후설에게서는 관심이 희박했던 윤리학, 인간학과 환경론, 사회학과 역사와 같은 인문과학과 종교 문제에도 셸러는 '살아 있는 직관'을 통해 격동하는 현실에서 영원하고 보편적인 실재를 파악하는 사랑의 현상학적 방법을 도입, 많은 성과를 거둠으로써 당시의 많은 젊은 지식인들 사이에 후설보다도 더 커다란 공감을 불러일으키고 감명을 주었다. 이와 같이 합리성의 극복을 명시하는 사랑을 중심으로 한 현상학적 가치론과 ordo amoris(사랑의 질서)의 철학적 인간학에 기초한 셸러의 윤리학과 종교론이 그에서 더 나아가 오랫동안 침체해 있던 가톨릭 신학을 문제와 방법론을 통해 오히려 현대 철학 안으로 끌어들이는 획기적인 새로운 경지를 열게 된 것은 잘 알려져 있는 일이다.

유럽 이성에 대한 비판과 그 한계짓기, 칸트주의의 극복 방향, 세계가 열려 있다는 것, 그리고 세계는 일차적으로 가치적인 것으로서 (인식이나 의지보다 선행하여 사랑이라는 근원적인 의식의 활동에) 주어진다는 것, 나아가 애초에 앎이란 존재이해인바, 인간의 존재로부터 형이상학을 새롭게 건설하고자 하는 시도 등을 통해 하이데거의 사상적 전개에도 영향을 주었다. 독일에서는 그밖에 부버(Martin Buber), 잉가르덴, 콘라트-마르티누스, 코이레, 슈타인에 대한 영향이 잘 알려져 있다. 프랑스의 뒤퓌이(Maurice Dupuy)나 테베나, 메를로-퐁티에 대한 영향은 과소평가되고 있다. 사회학에서는 만하임과 슈츠에 대한 영향을 빠뜨릴 수 없다. 셸러의 철학에는 현상학적인 것과 그렇지 않은 것이 있으며, 전자가 후자의 근거짓기 역할을 수행한다. 본래 파스칼이나 베르그송, 니체 등과 같은 서구 철학사 속의 반이성의 철학에 깊은 공감을 지니며, 후설과 만나 그의 현상학이 지니는 선험적인 본질직관성과 지금까지의 철학을 처음부터 다시 재구축하고자 하는 철저성(Radikalität)에 큰 감동을 받았다. 셸러는 그의 깊은 종교적 관심 때문에도 선험적인 본질이라는 가치와 사랑과 정의의 작용에서도 지향성을 발견함으로써 계몽주의 철학, 그중에서도 특히 칸트 철학의 이성주의와 형식주의에 전통 속에 숨어 있는 암묵적인 자명성이 놓여 있다는 것을 폭로하고, 그것과 대결하여 새로운 실질적 가치윤리학의 근거짓기를 현상학적 방법을 가지고서 수행했다. 이러한『윤리학에서의 형식주의와 실질적 가치윤리학』은 셸러의 주저로 간주될 뿐 아니라 현상학 시대라고 불리는 이 시기의 정점을 이루고 있다. 이것과 *Zur Phänomenologie und Theorie der Sympathiegefühle und von Liebe und Haß*, 1913(『동정의 본질과 형식들』의 초판, SGW **7** 참조)과 *Das Resentiment im Aufbau der Moralen*, 1915(「도덕의 구조에서의 르상티망」 『가치의 전도』 SGW **3**에 수록)가 3부작(Triologie)을 이룬다. 그 중심 사상은 셸러의 인간관, 즉 인간을 ens cogitans(인식하는 존재)나 ens volens(의지하는 존재)가 아니라 무엇보다도 근원적으로 ens amans(사랑하는 존재)로서 파악하는 인격론에 있지만, 그 인격은 지향적 의식의 핵심인 자아이자 윤리적 가치의 담지자로서 이것은 반성에 의해서도 절대로 대상화될 수 없다. 사랑이란 셸러에게 있어 앎이나 의지보다도 좀 더 선험적이자 좀 더 근원적으로 앎과 의지를 근거짓는 것으로서 그에 의해 세계가 인간에게 열려 있는 것이다. 따라서 이러한 사랑이나 다른 순수한 정의(reines Fühlen) 작용은 맹목이 아니라 순수한 가치인 선험적인 본질과 그 본질연관(가치질서와 윤리원칙)을 지향적 상관자로서 지니는바, 이들은 우리의 앎과 행위를 가능하게 하는 조건으로서 현시되었다. 셸러에 의하면 사태(Sache)에는 세 종류가 있는데, 그것들은 자연적 세계관의 사태, 과학과 기술을 통해 주어지는 사태, 그리고 이른바 현상학적 사태인바, 후자는 현상학적인 구조에서만 주어지며, 철학은 오로지 이러한 선험적인 본질과 그 연관을 분석하고 기술하는 것일 뿐이다. 후설은 셸러의 참신하면서 심오한 통찰에 대해서는 인정했지만, 그의 방법론적 반성의 불충분함에 대해서는 언제나 불만을 지녔다. ☞㈔가치, 가치윤리학, 사랑, 인격(성), 지식사회학, ㉶동정의 본질과 형식들, 우주에서의 인간의 지위, 윤리학에서의 형식주의와 실질적 가치윤리학

—시모미세 에이이치(下店榮一)

㊟ M. Dupuy, *La philosophie de Max Scheler* 2 Bde. Paris, 1959. M. Frings, "Bibliography", in *Max Scheler: Centennial Essays*, Den Haag, 1974. Frings, *Max Scheler*, Pittsburgh, 1965. W. Mader, *Max Scheler*, Hamburg, 1980. E. Shimomissé, *Die Phänomenologie und das Problem der Grundlegung der Ethik*, Den Haag, 1971.

소콜로우스키 [Robert Sokolowski 1934. 5. 3–]

미국에서 태어난 철학자. 아메리카 가톨릭 대학 졸업 후 동 대학에서 교편을 잡는다. 아리스토텔레스, 흄, 후설을 연구. 후설 현상학에서의 진리와 언어의 관계에 대해 고찰하고 있다. 주요 저작은 *The Formation of Husserl's Concept of Constitution*, 1964, *Husserlian Meditations: How Words Present Things*, 1974 등.

쉬츠 ⇨㉖슈츠

슈락 [Calvin O. Schrag 1928. 5. 4–]

미국의 철학자. 1957년에 하버드 대학에서 철학박사 학위 취득. 일리노이, 노스웨스턴, 인디애나 대학에서 가르친다. 처음에 화이트헤드의 철학에 경도되어 우주론, 형이상학을 연구했지만, 그 후 키르케고르와 하이데거로부터 영향을 받아 실존론적 존재론을 연구. 후설의 '생활세계'론과 칸트의 초월론적 철학에서도 영향 받는다. 주요 저작은 *Existence and Freedom: Towards an Ontology of Human Finitude, Experience and Being: Prolegomena to a Future Ontology* 등.

—나카무라 노보루(中村 昇)

슈만 [Karl Schuhmann 1941–]

독일의 철학자. 루뱅의 후설 문고에서 일하고, 그 후 네덜란드의 위트레흐트 대학에서 가르친다. 후설의 유고 정리로 유명. 1976년『이념들』의 새로운 판본 편찬. 후설 현상학의 기초적 개념들을 원점부터 재검사하여 현상학 그 자체를 근본적으로 검토하고 있다. 주요 저작은 *Die Fundamentalbetrachtung der Phänomenologie*, 1971, *Husserl-Chronik*, 1977 등.

슈미츠 [Hermann Schmitz 1928. 5. 16–]

독일의 현상학자. 본 대학, 뮌헨 대학에서 공부하고, 1965년 키일 대학 교수. 풍부한 경험과학적인 식견을 바탕으로 공간 · 신체 · 지각 · 감정 등에 관한 독자적인 체계적 · 경험적 현상학을 구축. 주요 저작은 *Subjektivität: Beiträge zur Phänomenologie und Logik*, 1968, *Neue Phänomenologie*, 1980, *System der Philosophie*, 1964-80, *Phänomenologie der Leiblichkeit und der Gefühle*, 1986(小川侃 編譯, 『身體と感情の現象學』, 産業圖書, 1986), *Die Ideenlehre des Aristoteles*, 1985 등. ☞ ㉳분위기, 성{섹슈얼리티}

슈츠 [Alfred Schütz 1899. 4. 13–1959. 5. 20]

빈 태생의 미국의 사회학자. 빈 대학에서 법률학과 사회과학을 공부한다. 라이프니츠, 베르그송, 후설 등의 철학과 막스 베버의 사회학을 흡수하여 1932년 생전의 유일한 저서 『사회적 세계의 의미 구성』을 저술하고 후설의 인정을 받는다. 나치스의 박해를 피하여 파리로 중도 망명 후 미국으로 건너간다. 은행 실무에 종사하는 한편, 뉴스쿨(New School for Social Research)에서 가르치며 M. 네이탄슨, Th. 루크만, P. 버거 등의 차세대의 뛰어난 현상학적 사회학 연구자들을 육성하고, 나아가 윌리엄 제임스와 G. H. 미드의 사회심리학에서 보이는 미국의 프래그머티즘과 유럽의 현상학 사이에 다리를 놓는 위업, 즉 <일상 생활세계의 사회이론>의 구축을 성취함으로써 현상학 운동의 국제적 발전에 기여했다. 빈 시대에 법철학자인 오다카 도모오尾高朝雄와 친교가 있었다.

『사회적 세계의 의미 구성』으로 대표되는 슈츠의 학문적 관심은 사회과학의 철학적 근거짓기라는 문제에 놓여 있다. 베버의 이해사회학의 요체인 <주관적 의미>라는 범주는 결코 자명한 사항이 아니라 오히려 해결되어야 할 문제 그 자체라고 하여 이 <주관적 의미>의 구성 문제를 후설 현상학에 의거하여 원리적으로 해명하고자 시도했다. 이 문제는 이미 베르그송의 <생의 철학>에서 지침을 얻은 그의 유고 「생의 형식들과 의미 구조」(1924-27)에서도 기도되고 있다. <과학>의 개념적 세계는 그것에 선행하여 주어지는, 다양한 층으로 이루어진 행위나 체험 등의 유의미한 구성과 마찬가지로 세계에 대해 자아의식이 취하는 태도인 <생의 형식들>의 하나에 다름 아닌바, 과학의 세계는 <생의 세계>에 근거지어져 있다는 것이 그의 기본적 주장이다. 그런데 주관적 의미의 구성에 관한 현상학적 해명은 <순수 사유의 고독한 자아>의 영역에는 타당하다 하더라도 <너>나 <우리> 또는 <그들>의 이해, 즉 타자에 관계되는 <사회적 세계>의 이해에 대해서는 엄밀하게 타당할 수는 없는바, 오로지 유비적인 타당성만을 요구할 수 있을 뿐이다. 슈츠는 사회적 세계의 구성 문제, 특히 <상호주관성> 문제가 초월론적 현상학의 입장에서는 해결하기 어렵다는 것을 분명히 통찰하고, 이 아포리아를 피하기 위해 <일상생활의 자연스러운 견해>에 대한 깊은 통찰을 헤아려 봄으로써 문제를 해결하고자 부심했다. 바로 <자연적 태도의 구성현상학> 구상이다. 미국의 프래그머티즘 토양 안에서 자라난 미드나 제임스의 사회심리학은 자연적 사회적 환경 속에서 활동하는 자아, 사회적 자아의 발생을 문제로 삼고 있는바, 슈츠의 이러한 구상을 적극적으로 추진하는 데서 적절한 소재가 되었다. 망명 후의 미국에서 슈츠의 연구들은 이러한 미국 사회학, 사회심리학과의 접촉에 따른 현상학적 고찰의 심화와 전개로서 특징지을 수 있을 것이다. 예를 들면 제임스의 <의식의 흐름>론에 대한 관심, 셸러와 사르트르의 <상호주관성>과 <타아> 이론에 대한 검토 등에서 보이는 그의 현상학적 심리학의 근거짓기 작업, 「이방인」이나 「귀향자」 등의 논문에서 보이는 사회학에 대한 그의 이론의 응용, <다원적 현실>론과 <생활세계>의 관련을 둘러싼 지식사회학적 고찰, '상징, 현실, 사회'에 대한 언어사회학적 고찰, 파슨스(Talcott Parsons)와의 사회적 행위론 논쟁, 헴펠(Carl Gustav Hempel)과 나겔(Ernest Nagel)과의 과학론 논쟁, A. 구르비치의 『의식의 장』을 둘러싼 자아론Egologie · 비자아론 논쟁 등등의 일련의 저작들에서 우리는 슈츠가 펼치는 구상의 진전을 볼 수 있다.

슈츠의 사상적 관심의 확대는 이상과 같은 철학, 사회학, 사회심리학의 주제만이 아니라 문학이나 예술에도 미치며, 특히 음악에 대한 관심(「모차르트와 철학자들」 등)의 깊이는 전문가를 능가할 정도의 것이었다. 하지만 그 다채롭고 폭넓은 관심의 근저에는 언제나 <일상생활의 세계>, 즉 우리가 태어나 자라고 죽음에서 완결되는 일상적 <노동의 세계>가 만들어내는 풍부한 <의미적 구성>의 문제가 놓여 있었다. 이 세계의 기본적 특징들의 윤곽을 압축하고 이 세계의 다원적인 관계를 밝히는 것, <상식>이라고 말해지는 세계의 전제들과 구조와 의의를 성실하게 추구하는 것에 그의 모든 학문적 정열을 쏟았던 것이다. 그의 저작은 대부분이 유고이며, 그의 친구들과 제자들에 의해 편집되었다. ☞㊄뉴스쿨, 현상학적 사회학, ㊅사회적 세계의 의미 구성, 슈츠 저작집

—사토 요시카즈(佐藤嘉一)

㉾ A. Schütz, *Der sinnhafte Aufbau der sozialen Welt*, Wien, 1932(佐藤嘉一 譯, 『社會的世界の意味構成』, 木鐸社, 1982). A. Schutz, *Collected Papers*, 3 Vols. Ⅰ(1962), Ⅱ(1964), Ⅲ(1975), The Hague(渡部光・那須壽・西原和久 譯, 『アルフレッド・シュッツ著作集第1卷, 第2卷 社會的現實の問題Ⅰ/Ⅱ』, マルジュ社, 1983/1985, 같은 역자, 『第3卷 社會理論の硏究』, マルジュ社, 1991, 『第4卷 現象學的哲學の硏究』{미간행}).

슈타벤하겐 [Kurt Stavenhagen 1885－1951]

독일의 철학자. 라이나흐의 유고에서 영향을 받아 종교의 현상학을 연구. 후에 펜더와 가이거의 연구성과를 이용하여 사회철학의 문제에 몰두한다. 제2차 대전 후 괴팅겐으로 돌아와 윤리학의 기초로서의 철학적 인간학과 생(Leben)의 현상학을 연구. 주요 저작은 *Absolute Stellungnahmen*, 1925, *Heimat als Grundlage menschlicher Existenz*, 1939, *Person und Persönlichkeit*, 1957 등.

슈타인 [Edith Stein 1891. 10. 12－1942. 8. 9]

폴란드의 여성 철학자. 브레슬라우의 유대인 가정에서 태어난다. 괴팅겐 대학에서 후설 밑에서 현상학을 공부하고 뮌스터의 독일 교육학 연구소에서 강사로서 활약하지만, 나치스에 의해 해고된다. 가톨릭 신앙에 깊이 귀의하며, 후년에 카르멜회의 수녀가 된다. 그러나 네덜란드의 에히트의 수도원에서 나치스에 의해 체포되어 아우슈비츠에서 죽임을 당한다. 그녀의 사상의 특징은 현상학적 사유와 스콜라학적인 존재론과의 만남, 그 배경을 이루는 심원한 신비주의라는 두 가지 점으로 집약된다. 그녀의 저작은 현재 15권에 이르는 저작집(진행 중)으로 정리되고 있지만, 오로지 신과 영혼에로 향하는 전통적인 형이상학적 정신으로 가득 차 있다. 그 중에서도 특히 중요하다고 생각되는 것은 동 저작집 제Ⅰ권에 수록되어 있는 『십자가의 학문, 십자가의 성 요한에 관한 연구』(*Kreuzeswissenschaft, Studie über Joannes a Cruce*), 제Ⅱ권에 수록되어 있는 『유한한 존재와 영원한 존재, 존재의 의미로의 등반 시도』(*Endliches und Ewiges Sein, Versuch eines Aufstiegs zum Sinn des Seins*), 제Ⅲ권과 제Ⅳ권에 수록되어 있는, 토마스 아퀴나스(Thomas Aquinas 1225(-27)-74)의 『진리론』(*De veritate*)의 뛰어난 번역인 『성 토마스 아퀴나스의 진리에 대한 탐구』(*Des Hl. Thomas von Aquino Untersuchungen über die Wahrheit*), 제Ⅵ권에 수록되어 있는 철학 논문집인 『세계와 인격, 기독교적 진리 탐구에 대한 기여』(*Welt und Person, Beitrag zum christlichen Wahrheitsstreben*) 등을 들 수 있다. 우선 『십자가의 학문』은 십자가의 성 요한의 사상에 대한 현상학적 연구라고 말해야 할 것인데, 그것이 간결하고도 시적인 표현으로 응축되어 있다. 『유한한 존재와 영원한 존재』에서는 유한한 자연적 존재로부터 이념적인 존재를 거쳐 영원한 신의 존재에 이르는 존재론의 구축이 시도된다. 토마스 『진리론』의 번역도 단순한 번역의 경계를 넘어서서 토마스 철학의 현상학적 해석이라고도 말해야 할 것인바, 오늘날에도 여전히 그 학문적 생명을 잃고 있지 않다. 『세계와 인격』에 정리되어 있는 논문들 중에서 특히 백미라고 말해야 할 것은

하이데거 철학에 대한 준열한 비판을 전개한 논문이다. 하이데거에서는 현존재의 유한성에 사유의 초점이 맞추어져 영원한 것에로의 전망이 열릴 때에는 언제나 그로부터 도피한다는 점이 지적되고 있다. 덧붙이자면, 슈타인은 후설의 조교로서 후설 현상학의 형성에 크게 기여하여 『내적 시간의식의 현상학』 등의 편집 등에 관여했다고 말해진다. ☞ ㉮현상학에서 스콜라학으로

—나카야마 요시키(中山善樹)

참 John M. Oesterreicher, *Walls are Crumbling: Seven Jewish Philosophers Discover Christ*, New York, 1952(稻垣良典 譯, 『崩れゆく壁』, 春秋社, 1969).

슈툼프 [Carl Stumpf 1848. 4. 21－1936. 12. 29]

독일의 심리학자. 바이에른의 비젠티드에서 태어나 1865년 뷔르츠부르크 대학에서 공부, 철학자 브렌타노의 지도를 받고, 이어서 괴팅겐 대학의 로체 밑에서 68년에 박사 학위를 취득한다. 괴팅겐에서는 생리학과 물리학도 공부했다. 다시 뷔르츠부르크 대학으로 돌아와 2년간 신학과 스콜라 철학을 연구. 70년 괴팅겐 대학의 강사가 되며, 73년 최초의 저서 『공간 표상의 심리적 기원』(*Über den psychologischen Ursprung der Raumvorstellung*, 1973)을 발표하고, 같은 해 브렌타노의 사임에 따라 뷔르츠부르크 대학 교수가 되었다. 그러고 나서 프라하 대학에서 마흐와 만나며, 82년에는 평생의 벗으로서 계속해서 서신을 교환한 미국의 심리학자 제임스가 처음으로 방문했다. 다음 해인 83년에 『음향심리학』(*Tonpsychologie*) 제1권이 간행되었다. 84년에 할레 대학 교수가 되는데, 브렌타노가 추천한 후설이 문하가 되고 이어서 강사가 되었다. 할레에서는 미개사회의 음악 연구를 시작했다. 89년에는 뮌헨 대학 교수가 되며, 90년에 『음향심리학』 제2권을 간행. 94년에 에빙하우스(Hermann Ebbinghaus 1850-1909)의 후계자로서 베를린 대학 교수에 취임, 실험실을 확대하며, 또한 96년의 국제 심리학회에서 Th. 립스와 더불어 의장이 되고, 1900년에는 베를린 아동심리학회를 창립, 1907년부터 1년간 대학 총장으로서 다방면에서 활동했다. 1898년 이후에도 음향학과 음악학에 관한 논문을 발표하고, 미개인의 음악 레코드 보관시설을 창립했다. 1921년에 W. 쾰러가 그의 자리를 이어받았다.

슈툼프는 브렌타노의 강한 영향 하에 심리학과 철학의 종합을 시도했다. 쾰러에 의하면 "슈툼프의 철학 논문 중에 가장 훌륭한 것"이자 또한 심리학자로서 최초로 '현상학'을 독립된 학문으로서 다룬 것이 「과학들의 분류에 대하여」("Zur Einteilung der Wissenschaften", 1906)였다. 거기서는 현상을 다루는 과학을 자연과학과 정신과학에 대한 <전제과학>이라고, 또한 지각 등의 <심리적 기능>을 연구하는 것을 심리학이라고 불렀다. 슈툼프는 「감정감각에 대하여」("Über Gefühlsempfindungen", 1907)에서 감정을 감각으로 환원하는 입장을 취하지만, 그런 의미에서는 요소심리학적인 경향이 남아 있다고도 말할 수 있다. 그러나 브렌타노는 이러한 슈툼프의 견해에 비판적이다[*Untersuchungen zur Sinnespsychologie*, 236ff. 참조].

슈툼프의 연구 범위는 광범위한데, 베를린에서 아동심리학회를 창립하여 아동의 정신생활, 특히 음악과 언어의 발달심리학에 주의를 기울이며, 또한 신경생리학자의 협력을 얻어 천재아동에 대한 연구를 행했다. 예를 들면 최고의 기억력을 지닌 4세 아동을 관찰하는데, 그가 나중에 유능한 교육자가 된 것을 만족스럽게 생각했다. 또한 음악의 천재아동을 연구하기도 하는데, 그 아동은 슈툼프가 기대했던 것과 같은 대작곡가가 되지는 못했지만 유명한 피아니스트가 되었다. 그와 같은 아동과 교육에 관한 심리학을 적용하여 1900년대 초에 응용심리학 분야를 개척했다. 03년에는 프라하의 기사가 레코드 발명을 베를린에서 발표했지만, 그 트릭을 생리학자와의 협동 연구로 간파하며, 다음 해인 04년에는 유명한 '영리한 한스'라고 불리는 말이 수를 세는 시범을 조교자의 미묘한 신호에 응답하는 데 불과하다는 것을 발견한다.

그 후 슈툼프는 자기 문하의 쾰러를 침팬지의 지능 테스트를 할 수 있도록 테네리프 섬에 보냈다. 쾰러를

유명하게 만든 침팬지 지능 검사가 동물의 통찰 행동에 관한 선구적인 연구가 된 것도 슈툼프의 탐구정신에서 출발하고 있는 것이다. 1910년에는 마찬가지로 쾰러의 모음 연구를 문제로 하여 그 자신이 이전에 행했던 모음의 성질과 음성에 대한 연구를 진전시키며, 그 실험적 연구를 현상학의 중요한 영역이라고 말하고 있다. 제1차 대전 중에는 음향에 대한 분석에 한층 더 노력을 경주했다. 후설과 슈툼프의 관계에 대해 어떤 연구자가 브렌타노로부터 출발하여 후에 후설에게 가까워졌다고 말한 데 대해 슈툼프는 그것을 부정하여 자신이 브렌타노로부터 벗어난 것은 자기 자신의 내면적인 발전에 의한 것으로서 후설에 의해 자신의 입장이 변한 것은 아니라고 자서전에서 말하고 있다. ☞ [사]게슈탈트 이론, 심리적 기능, 심리학과 현상학, [서]음향심리학

—미나미 히로시(南 博)

[참] "Carl Stumpf", in Carl Murchison, ed., *A History of Psychology in Autobiography*, 389-441, New York, 1930.

슈튀르만 [Josef Stürmann 1906－59]

독일의 철학자. 뮌헨 대학에서 가르친다. 펜더와 함께 현상학을 연구. 그의 주된 관심은 인간에게로 향하며, '그리움'(Sehnsucht)과 '경향'(Tendenz zu ~)을 기본 원리로 한 철학적 인간학을 수립하고자 했다. 주요 저작은 *Untersuchungen über das Wesen der philosophischen Erkenntnis*, 1931, *Der Mensch in der Geschichte. Versuch einer philosophisch-anthropologischen Geschichtsbetrachtung*, 1949 등.

슈트라서 [Stephan Strasser 1905. 3. 13－91. 7. 1]

오스트리아 출신의 철학자. 1944년 후설 문고에 참여하며, 1947년 네덜란드의 네이메헨 대학 교수. 토마스 아퀴나스와 후기 후설의 사상에 영향을 받아 독자적인 현상학적 심리학을 추구했다. 주요 저작은 *Le problème de l'âme*, 1953, *Phänomenologie und Erfahrungswissenschaft vom Menschen, Grundgedanken zu einem neuen Ideal der Wissenschaftlichkeit*, 1962(徳永恂・加藤精司 譯, 『人間科學の理念』, 新曜社, 1978), *Jenseits des Bürgerlichen*, 1982 등.

슈트라우스 [Erwin Straus 1891. 10. 11－1975. 5. 20]

현상학－인간학파에 속하는 정신병리학자. 독일의 프랑크푸르트에서 태어나 베를린, 취리히, 뮌헨, 괴팅겐에서 의학을 공부한다. 괴팅겐에서는 후설, 라이나흐, 뮌헨에서는 Th. 립스, 가이거, 베를린에서는 슈툼프, 에르트만 등의 강의와 세미나에 출석하여 철학적 소양을 쌓는다. 「만성 모르핀 중독의 병인론」(1919)으로 박사 학위 취득. 1919년부터 베를린 대학에서 보네파의 정신과 조교로 일하며, 27년부터 사강사, 30년부터 조교수로 근무한다. 28년 이래로 독일어권에서의 정신의학의 대표적인 전문지가 된 Nervenarzt의 창간과 편집에 관계한다. 정치 상황의 악화로 인해 38년에는 미국으로 이주할 수밖에 없게 되었다. 미국에서는 처음에 노스캐롤라이나 대학에서 심리학 교사로 근무한 후 46년 이후로 렉싱턴의 퇴역군인 병원에서 일하고, 그 사이 60년대 초엽부터 5회에 걸쳐 '순수 현상학과 응용 현상학에 관한 렉싱턴 회의'를 주최하여 미국과 유럽의 철학자와 정신의학자의 교류에 기여했다. 슈트라우스가 기울인 관심의 중심은 일관되게 실증주의적이고 객관적인 생리학과 심리학 혹은 정신분석에 대항하여 인간 고유의 존재방식을 확보하고 그 다양한 방식을 현상학적, 인간학적으로 기술, 이해하는 점에 놓여 있었다. 최초의 저작 『사건과 체험』(*Geschehnis und Erlebnis*, 1930)에서는 정신분석에서의 심적 외상에 대한 물리주의적이고 에너지론적인 견해에 맞서 체험 시간에 고유한 논리에 따른 해석을 제시했다. 심적 외상의 이유에 있어 중요한 것은 인과적 연관만이 아니라 체험에서 생겨나는 '의미취득'(Sinnentnahme)의 방식이라는 것이 제시되었다. 이러한 관점은 그 후의 정신분석의 해석학파의 선구로 간주될 수도 있다. 그리고 주저인 『감각의 의미』에서는 전개념적, 전대상적인 '공감적 의사소통'으로서의 감각적, 정감적 생

의 존재방식이 그것의 시・공간 구조를 비롯하여 다양한 측면에 걸쳐 기술되었다. 그 후 발표된 '직립자세', '자각', '환각' 등에 대한 논고들에서도 슈트라우스의 관심은 일관되게 심신의 통일체로서의 인간을 그 구체적인 세계-내-존재의 방식에 입각하여 해명하는 것에 놓여 있었다[E. Straus, *Psychologie der menschlichen Welt, Gesammelte Schriften*, Berlin, 1960. 참조]. 친교를 맺은 빈스방거, 겝자텔(Victor Emil von Gebsattel), 민코프스키 등과 함께 그 후의 심리학, 정신의학, 철학에서의 반객관주의, 반실증주의의 흐름에 커다란 영향을 주었다. ☞ ㉯감각의 의미

—무라타 준이치(村田純一)

슈트뢰커 [Elizabeth Ströker 1928. 8. 17-]

독일의 철학자. 쾰른 대학 교수. 본 대학에서 현상학자 리트(Theodor Litt)의 지도를 받아 박사 학위 취득. 후설 문고의 책임자. 현상학과 과학철학을 전공하며, 『공간에 대한 철학적 연구』(*Philosophische Untersuchungen zum Raum*, 1965)에서 후설의 생활세계, 하이데거의 현존재의 공간성, 메를로-퐁티의 신체성 등을 고려하여 체험된 공간을 상세하게 분석했다. 주요 저작은 그밖에 *Einführung in die Wissenschaftstheorie*, 1973, *Wissenschaftsgeschichte als Herausforderung*, 1976(常俊宗三郎・西谷敬 譯, 『科學哲學の根本問題』{위의 두 책의 번역} 晃洋書房, 1977) 등.

—나카무라 노보루(中村 昇)

슈페트 [Gustav(Gustavovich) Shpet 1879. 4. 19-1940. 3. 23]

러시아의 철학자(폴란드 계), 러시아 형식주의의 언어 사상, 러시아에서의 문화기호론의 시조 중 한 사람. 1918-20년 모스크바 대학 교수. 키예프 대학 졸업 후 1907년에 모스크바로 옮기며, 10-13년 영국, 독일에서 유학. 12-13년에 괴팅겐 대학에서 후설에게 사사하며 현상학에 전력, 후설에게 가장 우수한 제자 중 한 사람으로 평가받는다. 14년 후설의 『논리연구』, 『이념들』을 근거로 하여 후설에게 바친 『현상과 의미』(영역 *Appearance and Sense*, 1991)를 발표, '언어'와 '의미'를 주제화하는 방향에서 현상학을 발전시키고자 했다. 그 후 헤겔, W. 훔볼트 등의 영향 아래 언어・의미를 역사적 현실 속에서 파악하고자 하여 독자적인 해석학을 구상. 이에 의해 그는 필연적으로 문화 현상 모두를 언어와 기호로서 파악하고자 하는 입장을 형성하게 되었다. 스탈린의 탄압 하에 공직에서 추방된 후 거듭되는 체포 끝에 1940년 결국 옥사. 전체주의에 의한 현상학파의 최초의 희생자가 되었다. ☞ ㉮러시아 형식주의와 현상학, ㉲야콥슨

—이소야 다카시(磯谷 孝)

스피겔버그 [Herbert Spiegelberg 1904. 5. 18-90. 9. 6]

유대계 독일인으로서 스트라스부르에서 태어나며, 1922-28년의 학생 시대에는 철학과 법학을 전공했다. 24/25년 겨울학기에 후설 밑에서 공부한 후 뮌헨의 펜더에게서 사사하고, 28년에 박사 학위를 취득했다. 37년에 나치스 독일에서 망명하여 38년부터 미국에 영주, 63년에 취임한 세인트루이스의 워싱턴 대학 교수가 그의 직업 경력의 마지막이 되었다. 그는 후설류의 절대적 확실성의 요구나 초월론적 관념론을 비판하여 해석학적인 실재론적 현상학 방향을 채택했다. 그에 의하면 현상학의 주요 과제는 현상들이 나타나는 방식과 현상들의 자기구성의 장인 의식작용에 대한 고찰을 통해 일상적인 현상들의 숨겨진 의미를 해석하는 것에 있으며, 그것을 위한 준비 작업으로서 오스틴의 착상에 입각한 언어의 현상학적 연구 등도 행했다. 공간된 그의 업적의 대부분은 현상학 운동의 역사적 연구와 현상학의 방법들에 관한 것이지만, 현상학에 기초한 사회윤리학을 전개하는 것이 그의 최종 목표였다. ☞ ㉮현상학 운동

—다테마쓰 히로타카(立松弘孝)

시타호도 유키치 [下程勇吉 1904. 10. 6-]

쇼와 시기의 철학자. 교토 대학 철학과 졸업. 1937년 교토 부립 의과대학 교수. 그 후 교토 대학 문학부 교수, 마쓰카게松蔭 여자학원 대학 학장, 오사카 시 교육위원장 등을 역임. 후설 현상학에 관한 연구로부터 출발하여 후에 셸러의 영향 하에 독자적인 철학적 인간학을 표방. 교육 문제 등에도 적극적으로 몰두한다. 주요 저서는 『니노미야 손토쿠二宮尊德의 인간학적 연구』(1965), 『종교적 자각과 인간 형성』(1970), 『현상학의 방법과 그 철학』(1980) 외에 다수.

실라지 [Wilhelm Szilasi 1889. 1. 19-1966. 11. 1]

헝가리의 철학자. 부다페스트에서 태어나 헝가리 대학에서 철학과 화학을 공부하며, 1918년에 부다페스트 대학 교수, 47년에는 프라이부르크 대학 교수가 된다. 주저는 『철학으로서의 학문』(*Wissenschaft als Philosophie*, 1945), 『정신의 힘과 무력함』(*Macht und Ohnmacht des Geistes*, 1946), 『철학과 자연과학』(*Philosophie und Naturwissenschaft*, 1961). 그밖에 58/59년 겨울학기의 강의 텍스트가 『후설 현상학 입문』(*Einführung in die Phänomenologie Edmund Husserls*, 1959)으로 공간되어 있다. 그는 자연과학은 철학과 긴밀한 협력 관계를 맺음으로써 비로소 참된 학문이 되는 것이며, 이런 의미에서 자연과학은 철학에 재통일되지 않으면 안 된다고 이야기한다. 방법론적으로는 '구성'에 특별한 무게를 두는 후설의 초월론적 현상학과 현존재를 '구성'의 기초에 두는 하이데거의 기초존재론의 결합을 목표로 한다. 그의 사상은 빈스방거 등의 정신의학자들에게 영향을 주었다.

—치바 다네히사(千葉胤久)

아롱 [Raymond Aron 1905. 3. 14-83. 10. 17]

프랑스의 사회학자・문명 평론가. 1956년 파리 대학 교수. 피가로 지의 논설위원도 맡아 정치・경제・사회에 걸쳐 폭넓게 논진을 펼친다. 사르트르와는 에콜 노르말 시대부터의 친구이며 그의 눈을 현상학으로 향하게 했다. 그러나 그 후 스탈린주의의 옳고 그름을 둘러싸고 결별, 최후까지 보수적 자유주의의 입장을 관철했다. 주요 저작으로는 *La sociologie allemande contemporaine*, 1935(秋元律郎 外 譯, 『現代ドイツ社會學』, 理想社, 1956), *L'opium des intellctuels*, 1955(渡辺善一郎 譯, 『現代の知識人』, 論争社, 1960) 등이 있다.

아베나리우스 [Richard Avenarius 1843. 11. 19-96. 8. 18]

독일의 철학자. 파리에서 태어나, 라이프치히 대학에서 공부하고, 1877년 빈델반트의 후임으로 취리히 대학 교수가 된다. 마흐와 함께 <경험비판론>의 창도자로서 알려진다. 주저는 『순수경험비판』(*Kritik der reinen Erfahrung*, 1888-90) 및 『인간적 세계 개념』(*Der menschliche Weltbegriff*, 1891) 등. 그에 의하면 철학의 목적은 우리의 경험 속에 <투입작용>(Introjektion)에 의해 들어온 형이상학적 혼입물을 배제(Ausschaltung)하고, 일체의 지식의 근원인 주관-객관의 분리 이전의 <순수 경험>에로 되돌아감으로써 <자연적 세계 개념>을 재흥하며, 그것을 <최소 역량의 원리>에 따라 기술하는 것에 있다. 후설은 『논리연구』 제1권 '프롤레고메나' 제9장에서 아베나리우스의 철학을 심리학주의의 한 변종으로서 비판하고, 그의 입장에서는 "객관적 진리의 이념적 통일로서의 학문"을 근거짓는 것이 불가능하다고 단정했다. 그러나 그 비판은 "그의 학술 연구의 순수한 열의에 대한 전폭적인 존경과 훌륭하게 양립한다"고 말하고 있듯이, 그 후에도 후설은 아베나리우스의 저작을 강의(1910/11 겨울학기)에서 다루는 등 상세한 검토를 행하는데, 그 내용은 유고(**Hu 13**)에서 볼 수 있다. 유고에 대한 연구가 진전됨에 따라 후기 후설의 핵심 개념인 <생활세계>가 아베나리우스의 <자연적 세계 개념>에서 시사를 받아 성립한 것이라는 점은 오늘날에는 거의 정설이 되고 있다. 그런 의미에서 아베나리우스의 경험비판론은 후설 현상학의 전기로부터 중기로, 또한 중기로부터 후기로 라는 두 개의 중요한 전환점에서 부정적・긍정적이라는 차이가 있기는 하지만 대단히 커다란 영향을 미쳤다고 말할 수 있다. ☞ ㉮경험비판론과 현상학, ㉯인간적 세계 개념

—노에 게이이치(野家啓一)

㊟ 兒玉達童, 『新實證主義及びプラグマティズム』, 岩波講座, 「哲學」에 수록, 岩波書店, 1932.

아쥬키에비치 [Kazimierz Ajdukiewich 1890. 12. 12-1963. 4. 12]

폴란드 출신의 철학자・논리학자. 렘베르크 대학과 괴팅겐 대학에서 공부하고, 1913-14년 겨울학기에 후설의 강의와 세미나에 출석. 1925년 바르샤바 대학 교수, 1928년 르보프{리보프} 대학 교수. 함수계산에 의한 삼단논법의 공리화를 시도했다. 후년에 논리실증주의 입장에 서서 후설 철학을 비판. 주요 저작은 *Sprach und Sinn*, 1934, *Logic and Experience*, 1950 등.

앙리 [Michel Henry 1922. 1. 10–2002. 7. 3]

프랑스의 철학자, 소설가. 1994년 현재, 폴 발레리 대학(몽펠리에 제3대학) 명예교수. 구 프랑스령 인도차이나, 하이퐁에서 태어난다. 프랑스 해군 사관으로 관직을 버리고 하이퐁 항의 도선사로 일하고 있던 아버지를 자동차 사고로 잃고 일곱 살 때 모국으로 돌아와 릴의 조부에게 몸을 맡긴다. 조부는 음악원의 원장도 한 음악가·작곡가이며, 어머니도 포레 앞에서 연주한 적도 있는 피아니스트였다. 그 후 가족은 파리로 나와 앙리는 리세 앙리4세교에 다녔다. 제2차 대전 중에는 S. T. O.(비시 정권에 의한 대독 협력 강제노동)를 거부하고 마키(대독 레지스탕스 조직)에 들어가며, 조국 해방 시에는 저항군 소위였다.

전후에는 철학의 교수자격(아그레가시옹agregation)을 취득한 후, C. N. R. S.(국립과학연구센터)의 연구원과 모로코, 알제리의 리세 교수, 몽펠리에 대학의 조교를 하면서 국가박사 논문(후술하게 될 『현현의 본질』과 『철학과 신체의 현상학』)을 준비한다. 지도교수는 처음에는 데카르트와 파스칼 연구로 저명한 장 라포르트(Jean Raporte)였지만, 그가 도중에 사망했기 때문에 최종적으로는 장 이폴리트가 되었다. 1961년 몽펠리에 대학 인문학부의 조교수에 취임한 이래 1987년 퇴임하기까지 파리 대학으로의 초빙을 거절하고 그 대학에 머문다. X. 틸리에트가 '고고한 사람'이라고 부르는 이 철학자는 지중해의 감청색의 하늘, 반짝이는 빛, 건조하고 투명한 바람과 더불어 사유하기 위해 홀로 떨어져 있을 필요가 있었다.

덧붙이자면, 그는 1983년 10월부터 12월까지 일본 정부의 초청으로 오사카 대학 특별 초빙교수로서 일본에 온 바 있다. 『정신분석의 계보』는 그때의 세미나를 위해 준비된 원고가 토대를 이룬다.

소설가로서도 저명하여 갈리마르에서 세 작품{『청년사관』(1954), 『사랑은 눈을 감고』(1976), 『왕의 아들』(1981)}을 출판, 그 중에서 『사랑은 눈을 감고』는 공쿠르상에 필적하는 문학상의 하나인 르노도상(1976년도)을 획득했다.

앙리의 관심은 일관되게 존재론에 있는데, 존재하는 것은 나타나는 것이라고 하는 현상학의 대원칙을 손쉽게 방기하고 해석학의 입장을 취하는 것이 아니라 전통적인 의식 내지는 표상의 존재론에 맞서 표상에는 나타나지 않는 힘의 존재론, 즉 작용의 존재론의 가능성을 추구한다. 『현현의 본질』에서는 시간화를 본질로 하는 초월 작용에 의해 열리는 탈자적인 존재의 지평에서만 현상성을 추구하는 일원론에 맞서 그 초월 작용의 존재의미를 묻고서 초월 작용과는 다른 개시 양태를 작용의 거리를 두지 않는 근원적 자기수용에서 보고 그것을 내재로서 밝혔다. 내재에 의해 개시되는 현상성은 정감성으로서 주어지지만, 65년의 멘느 드 비랑론에서는 메를로-퐁티가 대상적 신체 개념이 내포하는 모순으로부터 간접적으로밖에 보여줄 수 없었던 현상적 신체를 내재의 존재론에 의해 비랑의 '노력의 감정'으로서 직접 파악했다. 이어지는 맑스론이나 프로이트론에서는 힘을, 살리는 노동을, 심적 에너지로서의 욕동을, 요컨대 프락시스로서의 생의 감정에서의 현현을 실재로서 포착하고 표상이나 의식을 파생적 비실재로 보는 사상이 선명하게 나타나 있다. 주저는 아래와 같다. 『현현의 본질』(*L'Essence de la manifestation*, 2 tomes, P.U.F., Paris, 1963. 덧붙이자면, 1990년의 재판에 즈음에서는 1권으로 합쳐졌다. 영역, Girard Etzkorn 역, Martinus Nijhoff, The Hague, 1973). 『철학과 신체의 현상학』(*Philosophie et Phénoménologie du corps, Essai sur l'ontologie biranienne*, P.U.F., Paris, 1965 : 영역, Girard Etzkorn 역, Martinus Nijhoff, The Hague, 1975). 『맑스』 Ⅰ, Ⅱ(*Marx*, Tome Ⅰ: *Une philosophie de la réalité*, Tome Ⅱ: *Une philosophie de l'économie*, Gallimard, Paris, 1976 ; *Tel*, Gallimard, 1991 : 杉山吉弘·水野二郎 譯, 法政大學出版局, 1991). 『정신분석의 계보』(*Généalogie de la psychanalyse*, P.U.F., 1985 : 山形賴洋·宮崎隆 外 譯, 法政大學出版局, 1993). 『야만』(*La barbarie*, Grasset, 1987 : 山形賴洋·望月太郎 譯, 法政大學出版局, 1990). 『보이지 않는 것을 보다』(*Voir l'invisible, sur Kandinsky*, François Borin, Paris, 1988). 『공산주의에서 자본주의로』(*Du communisme au capitalisme, Théorie d'une catastrophe*, Odile Jacob, 1990). 『실질적 현상학』(*Phénoménologie matérielle*, P.U.

F., 19 90). *Radikale Lebensphänomenologie, Ausgewählte Studien zur Phänomenologie*, Verlag Karl Alber, Freiburg/München, 1992(Rolf Kühn 편역의 독일어 역 논문집). ☞ [사]감각, 내재의 철학, 데카르트와 현상학, 실질적 현상학, [서]현현의 본질

—야마가타 요리히로(山形賴洋)

[참] G. Dufour-Kowalska, *Michel Henry, Un philosophe de la vie et de la praxis*, J. Vrin, 1980. *Philosophie*, numéro 15, Michel Henry 특집호, Minuit, Paris, 1987. *Les Etudes philosophiques*, janvier-mars 1988. Michel Henry 특집호, P.U.F., 1988. R. Kühn, *Leiblichkeit als Lebendigkeit, Michel Henrys Lebensphänomenologie absoluter Subjektivität als Affektivität*, Verlag Karl Alber, Freiburg/München, 1992.

야마모토 만지로 [山本万二郎 1903. 12. 14－69. 5. 3]

쇼와 시기의 현상학자. 게이오기주쿠 대학 문학부 철학과 졸업. 1949년 게이오기주쿠 대학 문학부 교수. 1958년 루뱅의 후설 문고에서 반 브레다 밑에서 생활세계 개념을 중심으로 하여 미간행 유고를 연구. 나아가 파리, 프라이부르크, 쾰른의 같은 문고에서 연구를 계속했다. 저서・논문으로 『철학개론』(1949, '현상학적 관념론' 항목 포함), "Why I am interested in Phenomenology"(1959, 『후설 탄생 백주년 기념논집』 Nijhoff에 수록), 『철학개설』(1961, '현상학' 항목 포함), 『<생명계> 개념을 중심으로 하는 후설 후기 사상의 전개』(1963) 등. 역서로 후설 『현상학 서설—데카르트적 성찰록』(1954), G. 푼케 『현상학—형이상학인가 방법인가?』(1963, 공역). 사후에 풍부한 장서는 게이오기주쿠 대학 도서관에 기증되었다(야마모토 문고).

—사이토 요시미치(齋藤慶典)

야마우치 도쿠류 [山內得立 (옛 성은 나카가와中川) 1890. 6. 12－1982. 9. 19]

Yamanouchi라고 발음되는 경우가 많지만[Dok I 색인 참조] 정식으로는 <야마우치>. 교토 제국대학에서 니시다 기타로西田幾多郎의 제1회 문하생. 1916년 리케르트의 『인식의 대상』을 번역하여 출판. 1920년 소르본 대학을 거쳐 23년까지 프라이부르크 대학에서 후설에게 배운다. 25년 도쿄 상과대학 교수. 29년 『현상학 서설』을 발표하고, 『논리연구』를 중심으로 『이념들 I』 시기까지의 후설 사상을 소개하면서 칸트 철학과의 대질을 시도했다. 30년 박사논문 「인식의 존재론적 기초」(『존재의 현상 형태』). 31년 교토 대학 교수가 되어 고대 중세 철학사, 전후에는 철학개론을 강의했다. 53년 정년퇴임 후, 6년간 교토 교육대학장, 만년에는 1980년까지 류코쿠龍谷 대학 교수. 『체계와 전상展相』(1936), 『그리스 철학』(1944, 5권본・1970), 『실존의 철학』(1948), 『실존과 소유』(1953) 등을 출판한 후, 『의미의 형이상학』(1967), 그리고 대승불교의 논리에 입각한 『로고스와 렘마』(1974) 및 유저 『번뇌의 철학隨眠の哲學』(1993)에서 독자적인 경지를 개척했다.

—마루야마 도쿠지(丸山德次)

야스퍼스 [Karl Jaspers 1883. 2. 23－1969. 2. 26]

정신병리학자로서 출발한 철학자. 독일의 올덴부르크에서 태어나 법학을 1년간 배운 후 의학으로 전환하여 베를린, 괴팅겐, 하이델베르크에서 공부한다. 1909년부터 14년까지 하이델베르크 대학 정신과에 적을 두었다. 이 사이 10년에는 지금은 고전이 된 논문 「질투망상—인격 발전인가 병적 과정인가?」("Eifersuchtwahn. Ein Beitrag zur Frage: 'Entwicklung einer Persönlichkeit' oder 'Prozeß'?")에서 내적 체험의 이해성 문제를 논의하여 정신의학에 새로운 페이지를 열었다. 이 논문은 이해성이라는 관점에서 망상 형성을 고찰하는 경우에 이해 가능한 동기 내지 의미연관을 보여주는 인격 발전의 유형과, 이해 불가능한 병적 과정의 두 유형을 구별할 수 있다고 하는 것으로서 오늘날에 이르기까지 환자의 체험을 논함에 있어 기본적인 전제가 되고 있다. 현상학은 야스퍼스의 논문 「정신병리학에서의 현상학적 연구 방향」("Die phänomenologische Forschungsrichtung in der Psychopathologie", in *Z. ges.*

Neurol. Psychiat., Original, 9:391-408, 1912 및 *Gesammelte Schriften zur Psychopathologie*, Berlin, Springer, 1963 : 藤森英之 譯, 『精神病理研究 2』, みすず書房, 1971에 수록)에서 처음으로 정신의학의 방법으로서 도입되었다. 다만 그의 현상학은 후설이 당초 기술적 심리학이라고 불렀던 것인바, 환자가 체험하는 정신 상태를 있는 그대로 마음에 그려 기술하고 근연 관계에 따라 고찰하며 가능한 한 명확하게 한정하여 엄밀한 술어를 부가하는 것을 과제로 한다. 야스퍼스는 현존재 분석에서 보이는 것과 같은 초월론적 현상학의 정신의학에로의 도입을 과학을 틀을 넘어서는 것이라고 하여 물리쳤다. 기술현상학적 방법에 의해 그는 정신병리학에서의 다양한 체험을 정리, 분류하고 있는데, 지각, 표상, 위환각僞幻覺의 성격을 각각의 특징에 대한 대비적 기술을 통해 명확히 한 것 등은 그 전형적인 예들이다. 이러한 정신병리학에서의 작업들은 『정신병리학 총론』(1913)으로 집대성된다. 그 후 1913년 빈델반트(Wilhelm Windelband 1848-1915) 밑에서 심리학 교수 자격을 취득한다. 이듬해부터 하이델베르크 대학 문학부에서 심리학 강의를 시작하며 1916년에는 심리학 조교수, 그리고 19년에는 『세계관의 심리학』(*Psychologie der Weltanschauungen*, Berlin, Springer)을 상재하고 서서히 철학에 대한 관심을 깊이 하며, 32년에는 그의 실존철학의 주저 『철학』(*Philosophie*, Berlin, Springer) 전 3권을 저술한다. 48년 이후에는 바젤 대학에서 철학을 강의했다. ☞ ㈔실존주의, 정신의학과 현상학, ㈆정신병리학 총론

—우노 마사토(宇野昌人)

야우스 [Hans Robert Jauß 1921. 12. 12–]

독일의 문학이론가, 프랑스 문학자. 하이델베르크, 뮌스터, 기센 대학을 거쳐, 1966년부터 콘스탄츠 대학의 문예학 교수. 본래 중세 프랑스 문학의 연구자지만, 동료인 이저와 함께 수용미학을 제창하여 현대 독일의 문학 연구에 중대한 영향을 주었다. 또한 바로 그 이저와 함께 학제적 연구 그룹 '시학과 해석학'(Poetik und Hermeneutik)을 주재하고, 많은 철학자, 신학자, 역사학자 등과 더불어 광범위한 학제적 연구를 계속하고 있다. 주저로 *Literaturgeschichte als Provokation der Literaturwissenschaft*, Frankfurt a. M., 1970(轡田收 譯, 『挑發としての文學史』, 岩波書店, 1976), *Ästhetische Erfahrung und literarische Hermeneutik*, Frankfurt a. M., 1982 등이 있다. 가다머, 잉가르덴, 벤야민(Walter Benjamin 1892-1940) 등의 영향이 크다. ☞ ㈔문학 · 문예비평과 현상학, 수용미학, ㉤이저

—아소 겐(麻生 建)

야콥슨 [Roman Jakobson 1896. 10. 11–1982. 7. 18]

러시아 출신의 언어학자, 구조언어학 · 문화기호론의 확립자. 1914년 모스크바 대학에 입학하여 다음 해인 15년, 민속학자 보가티료프(보가티레프, P'otr Grigorievich Bogatyr'ov 1893-1971)와 모스크바 언어학 연구회를 창설. 쉬클로프스키(Viktor Borisovich Shklovskij 1893-1984)가 창설한 시적 언어 연구회(약칭 오포야즈)와 함께 러시아 형식주의 문학 운동을 발족시켰지만, 1920년에 체코로 이주했다. 1926년 체코의 언어학자 빌렘 마테지우스(Vilém Mathesius) 등과 함께 프라하 언어학 연구회를 창설했지만 1939년 나치스의 침공에 앞서 북구로 탈출하며, 그 후 41년에 미국으로 건너간다. 뉴욕 고등연구 자유학원에서 레비-스트로스와 알게 되어 그에게 러시아 형식주의와 프라하 기능구조언어학의 업적을 소개하며, 두 사람은 전후 구조주의 사상의 창시 · 추진자가 되었다.

야콥슨의 활동은 음운론, 언어의 기능구조 연구, 시학뿐만 아니라 다른 다양한 문화 영역, 실어증 연구 등 여러 방면에 걸쳐 있는데(『야콥슨 선집』*Selected Writings*, vol. 1-8, Paris, 1971-), 그것들을 하나로 꿰뚫고 있는 것은 <기호> 사상이다. 그 형성 기반은 아방가르드 예술운동과 보두앵 드 쿠르트네(Jan Baudouin de Courtenay 1845-1929) 및 소쉬르의 언어 사상이자 모스크바 심리학 연구소의 세미나와 러시아의 현상학자 슈페트를 통해 알게 된 현상학이었다. 특히 『논리연구』에서의 '표현과 의미'에 관한 고찰은 언어학의 학

적 자율성에 대한 전망을 열어주어 야콥슨으로 하여금 <언어에서 본질적인 것>—즉 보편문법과 언어의 목적론적 기능구조, 엄밀한 의미론의 구상으로 향하게 한 것이었다. 이를 위한 출발점인 언어 단위의 설정과 그 계층적 통합을 위해서는 형태의 변이체와 불변체의 확정이 필요하지만, 그것을 위해서는 본질직관 혹은 형상적 환원, 근거짓기 등의 현상학 개념들이 유력한 방법적 기반이 되었다. <표현 그 자체를 지향한다>라는 시적 언어의 연구에서 도입된 은유–유사연합, 환유–접근연합이라는 원리는 언어・발화의 2대 원리, 실어증과 기호의 구조, 일반적으로 문화의 유형론의 원리로까지 확대되지만, 이러한 연합원리는 쿠르트네학파만이 아니라 현상학에서도 유래한다. 또한 민속학 연구는 상호주관성 개념의 충실화에도 기여하고 있다고 한다. ☞ [사]구조주의와 현상학, 러시아 형식주의와 현상학, 프라하 구조주의, [인]슈페트

—이소야 다카시(磯谷 孝)

[참] E. Holenstein, *Jakobson ou le structuralisme phénoménologique*, Paris, 1974(川本茂雄・千葉文夫 譯, 『ヤーコプソン—現象學的構造主義』, 白水社, 1983). E. Holenstein, *Linguistik, Semiotik, Hermeneutik*, Frankfurt a. M., 1976(平井正・菊池武弘・菊池雅子 譯, 『言語學・記号學・解釋學』, 勁草書房, 1987).

얀센 [Paul Janssen 1934–]

독일의 현상학자. 쾰른 대학에서 철학, 역사학을 공부한다. 쾰른의 후설 문고에서 근무. 브라운슈바이크 공업대학을 거쳐, 현재는 쾰른 대학 사강사. 후설의 유고에 기초한 후기 후설 연구로 알려진다. 주요 저작으로서 *Geschichte und Lebenswelt*, 1970, *Natur und Geschichte?*, 1973, *Edmund Husserl*, 1976, *Phänomenologische Philosophie*, 1989(공저) 등이 있다.

에디 [James M. Edie 1927. 11. 3–]

미국의 현상학자. 세인트존스 대학, 루뱅 대학에서 철학, 고전학을 공부하고, 1958년 루뱅 대학에서 철학 박사 학위 취득. 호바트 앤드 윌리엄 스미스 칼리지를 거쳐, 1971년 노스웨스턴 대학 교수. '현상학 및 실존철학 연구 총서'의 편집자이며, 메를로–퐁티의 영역자로서도 저명. 주요 저작은 *Speaking and Meaning*, 1976(滝浦静雄 譯, 『ことばと意味』, 岩波書店, 1980), *Merleau-Ponty's Philosophy of Language*, 1988 외, 편저 다수.

에렌펠스 [Christian von Ehrenfels 1859. 6. 20–1932. 9. 7]

오스트리아의 철학자, 심리학자. 그의 활동은 성윤리학과 우생학, 우주론, 또한 극작과 작곡, 특히 바그너에 관한 음악평론 등 대단히 넓은 범위에 미친다. 빈 근교에서 태어나 농과대학에 1년간 다닌 후, 1879년부터 빈에서 브렌타노와 마이농에게서 철학을 배운다. 1885년에 그라츠로 옮긴 후자 밑에서 『양적 관계와 수에 대하여』(*Über Größenrelationen und Zahlen*, 1885)로 박사 학위를, 1888년에는 빈에서 『감정과 의욕에 대하여』(*Über Fühlen und Wollen*, 1888)로 교수 자격을 취득한다. 1890년에는 유명한 「형태질에 대하여」("Über Gestaltqualitäten", 1890)를 『과학적 철학 계간지』(*Vierteljahrsschrift für wissenschaftliche Philosophie*)에 발표한다. 거기서 그는 공간 게슈탈트와 멜로디에 관한 마흐의 교설을 토대로 감각 요소와 그 총화를 넘어서는 것으로서 '형태질'이라는 개념을 제시하여 이후의 게슈탈트 심리학과 그라츠학파에게 커다란 영향을 주었다. 1893년부터 94년에 걸쳐 교수 자격 논문을 발전시킨 「가치론과 윤리학」("Werttheorie und Ethik")을 같은 잡지에 연재하고, 마이농 등과의 논의를 거친 후 1897-98년에 2권으로 이루어진 『가치론의 체계』(*System der Werttheorie*)로 집대성했다. 그 주된 안목은 브렌타노의 애증론을 비판하여 감정과 욕구가 독립된 작용이라는 것과 가치가 감정이 아니라 욕구의 상관자라고 하는 주장에 있었지만, 그것은 동시에 C. 멩거 등의 한계효용학파의 주관적 가치론에서 영향을 받은 것이기도 했다. 1896년부터 1929년까지 프라하에서 교편을 잡지만, 그곳에서는 A. 마르티 등으로 이루

어진 프라하학파의 브렌타노 정통파와 심각한 대립 관계에 있었다고 말해진다. 1903년경부터 다원주의의 영향 하에 성윤리에 관한 논문과 저서를 여럿 펴내고, 일부다처제를 채용하여 자손을 남겨야 할 뛰어난 남성을 선택함으로써 인종의 생득적 성질들의 진화를 도모할 것을 주장했다. 또한 후에는 게슈탈트의 사고방식을 심리학을 크게 넘어서서 적용하여 1916년에는 『우주론』(*Kosmogonie*, 1916)을, 1922년에는 『게슈탈트 이론에 근거하여 전개, 서술된 소수법칙』(*Primzahlgesetz, entwickelt und dargestellt auf Grund der Gestalttheorie*, 1922)을 저술했다. ☞ ㉴독오학파와 현상학, [서]형태질에 대하여

—나오에 기요타카(直江清隆)

[참] R. Fabian, Hg., *Christian von Ehrenfels: Leben und Werk*, Rodopi, 1986. R. Fabian, Hg., *Christian von Ehrenfels Philosophische Schriften 1-4, Philosophia*, 1982-89.

엘레이 [Lothar Eley 1931. 6. 19-]

독일의 철학자. 1962년 철학박사 학위 취득. 1970년 쾰른 대학 교수. 현상학 연구에서 출발하여 최근에는 윤리학이나 사회과학과 같은 영역과의 적극적인 대화를 시도하고 있다. 주요 저작은 *Die Krise des Apriori in der transzendentalen Phänomenologie Edmund Husserls*, 1962, *Metakritik der formalen Logik*, 1969, *Transzendentale Phänomenologie und Systemtheorie der Gesellschaft*, 1972, *Hegels Wissenschaft der Logik*, 1976 등.

엘리아데 [Mircea Eliade 1907. 3. 9-86, 4. 22]

종교사학자 및 종교현상학자. 루마니아의 부카레스트(부쿠레슈티)에서 태어난다. 부카레스트 대학에서 공부한 후 인도의 캘커타 대학에서 공부한다. 프랑스의 파리 대학의 객원교수를 거쳐 1965년, 미국의 시카고 대학 교수가 되어 생애 마지막까지 거기에 머문다. 주요 저작은 『종교학 개론』(*Traité d'histoire des religions*, 1949), 『영원회귀의 신화』(*The Myth of the Eternal Return*, 1954), 『샤머니즘』(*Shamanism*, 1951), 『세계종교사』(*Histoire des croyances et des idées religieuses*, 1976) 등. 루마니아어로 여러 권의 소설도 쓴다.

엘리아데는 종교를 거룩한 것의 경험으로 보고 거룩한 것의 나타남을 '히에로파니'('거룩한 것의 현현')로서 파악한다. 종교학은 모든 '거룩한 것의 현현'을 받아들여 그 의미와 형태를 밝히는 것 및 그 실존적 상황을 밝히는 것을 과제로 한다. 그로부터 그는 다양한 상징체계의 형태학을 전개함과 동시에, 그것을 거룩한 것과의 관계를 그 근본에 가지는 '종교적 인간'에 근거하여 해석한다. 일본어 역의 저작집 전 13권(監修堀一郎 : せりか書房, 1973-77)이 간행되어 있다. ☞ ㉴종교학과 현상학

—하세 쇼토(長谷正當)

엠브리 [Lester Eugene Embree 1938. 1. 9-]

미국의 현상학자. 뉴스쿨(New School for Social Research)에서 공부하고, 1972년 동 대학에서 철학박사 학위 취득. 뉴스쿨, 북일리노이 대학, 듀케인 대학을 거쳐, 현재 애틀랜타 대학 교수. 구르비치의 영향 하에 인간과학이나 과학철학과의 적극적인 대화를 시도한다. 주요 저작은 *Life-World and Consciousness*, 1972(편저), *Essays in Memory of Aron Gurwitsch*, 1984(편저), *Metaarchaeology*, 1992(편저) 등.

—고스다 겐(小須田 健)

오니시 요시노리 [大西克礼 1888. 10. 4-1959. 2. 6]

쇼와 시기의 미학자. 도쿄 제국대학 문과대학 철학과 졸업. 1931-49년 도쿄 제국대학 문학부 교수. 독일 관념론, 신칸트학파, 현상학파 등 서양 근대의 체계적 미학 사상을 토대로 하는 가운데 동양적 예술의 전통도 받아들여 독자적인 방법론을 추구한다. 재직 중의 저작으로 『현대 미학의 문제』(1927), 『칸트 '판단력비판'의 연구』(1931), 『현상학파의 미학』(1937), 『유현幽玄과 비애』(1939) 등. 퇴임 후에는 후쿠오카로 장소를 옮겨

저술에 전념. 유고는 제자의 손에 의해 『미학』 상·하(1959, 60), 『낭만주의 미학』(1961), 『동양적 예술정신』(1988)으로 공간되었다.

오닐 [John O'Neill 1933－]

영국 출신의 사회학자. 런던 스쿨에서 사회학을 전공, 그 후 미국으로 건너가 노트르담 대학 대학원에서 정치학을 전공, 스탠포드 대학 대학원에서 사회사상사 학위를 취득한다. 1993년 현재, 캐나다의 요크 대학 사회학부 교수. 기성의 사회과학을 근본적으로 재고하고, 현상학(특히 메를로-퐁티의 신체론)에 입각하여 '몸 정치학Body Politics'라는 사회적 개념을 제출했다. 주요 저작은 *Perception, Expression and History*, 1970(宮武昭·久保秀幹 譯, 『メルロ＝ポンティと人間科學』, 新曜社, 1986), *Sociology as a Skin Trade*, 1972(須田朗·宮武昭·財津理 譯, 『言語·身體·社會』, 新曜社, 1984), *Five Bodies*, 1985(須田朗 譯, 『語りあう身體』, 紀伊國屋書店, 1992) 등.

오르테가 이 가세트 [José Ortega y Gasset 1883. 5. 9－1955. 10. 18]

스페인의 철학자·비평가. 마드리드 대학 등에서 공부한 후 독일로 유학. 마르부르크 대학 등에서 철학을 공부한다. 짐멜, 카시러, 딜타이 등 '생의 철학'의 영향을 강하게 받는다. 귀국 후 마드리드 대학에서 교편을 잡지만, 1936년의 스페인 전쟁 발발과 동시에 프랑스, 네덜란드, 남미 등으로 피하며, 제2차 세계대전 후에 귀국. 주저는 『대중의 반역』(*La rebelion de las masas*, 1930), 『갈릴레오를 둘러싸고』(*En torno a Galileo*, 1933) 등. 순수 이성(이성을 위한 삶)으로부터 생 이성(삶을 위한 이성)에로의 전위를 호소하는 그의 사상은 기본적으로는 '생의 철학'이지만, 해석·신념·지평·관점과 같은 중심 개념이나 세계의 변화와 세계 속의 변화의 구별 등, 현상학과 해석학의 발상에 상당히 가까운 면이 있다. 『사람과 사람들』(*El hombre y la gente*, 1957)에서는 후설의 『데카르트적 성찰』을 논하여 후설에 대해 단지 심리적인 것이 아닌 타자의 철학적 문제를 확인한 최초의 사람이라고 말하면서, 다른 한편으로는 후설의 타아 구성이론이 내포하는 독재론적인 한계를 비판한다.

—와시다 기요카즈(鷲田淸一)

오제키 마사카쓰 [大關將一 1902. 11. 18－70. 3. 10]

쇼와 시기의 철학자. 도쿄 제국대학 문학부 철학과 졸업. 1927년 조치 대학 교수. 1952년 오사카 학예 대학 교수, 68년 퇴임. 후설 현상학을 전통적 논리학이나 기호논리학과의 관련에서 연구. 전후에는 경험주의적 입장에서 윤리학과 도덕 교육의 문제에 몰두한다. 주요 저작은 『현상학 개설—정밀논리학 별견을 덧붙임』(1931), 『근세 서양윤리학사』(1933), 『논리학 강요』(1937), 『인식—자연의 현상학』(1948), 『선에 대한 연구』(1962) 등.

오토 [Rudolf Otto 1869. 9. 25－1937. 3. 6]

독일의 신학자, 하노버의 페이네에서 태어난다. 에를랑겐과 괴팅겐 대학에서 공부하고, 괴팅겐 대학을 거쳐 1917년 마르부르크 대학 교수가 된다. 철학적 저작에 더하여 기독교나 인도의 종교 사상 및 다양한 신학적 문제들에 대한 저작도 있다. 주요한 것으로는 『거룩한 것』(*Das Heilige*, 1917 : 山谷省吾 譯 ; 岩波書店, 1969), 『서양과 동양의 신비주의』(*West-östliche Mystik*, 1926 : 華園聰麿·日野紹運·J. ハイジック 譯, 人文書院, 1993) 등이 있다.

오토의 가장 의미 있는 공헌은 종교적 감정의 독자성을 끄집어낸 것이다. 종교는 '거룩한 것'에 관계하지만, 그 감정은 칸트가 말하는 숭고의 감정과 같이 이성적인 것이 아니라 비이성적인 것인바, 그 독자성은 소름이 끼쳐 몸의 털이 곤두서는 것과 같은 "전율하지 않을 수 없는 신비"(mysterium tremendum)와 마음을 끌어들이는 "매혹하는 신비"(mysterium fascinans)의 두 면을 갖추고 있다는 데 있다. 오토는 이것을 "누미노제

Numinose"라고 명명한다. ☞ ㉳종교학과 현상학

—하세 쇼토(長谷正當)

와쓰지 데쓰로 [和辻哲郎 1889. 3. 1–1960. 11. 17]

다이쇼·쇼와 시기의 철학자. 효고 현 히메지 근교에서 태어나 제1고등학교를 거쳐 도쿄 제국대학에서 철학을 공부한다. 1920년 도요 대학 강사. 1925년 교토 제국대학 문학부 조교수. 1931년 교토 제국대학 교수. 1934년 도쿄 제국대학 문학부 윤리과 교수.

와쓰지의 본령은 저작가로서나 학자로서나 체계적 사유를 전개하는 것보다도 오히려 다니카와 데쓰조谷川徹三가 "이념을 보는 눈"이라고 형용하였듯이 문헌을 비롯한 과거의 문학적 유산에 접해 그 정신에 대한 주도면밀한 독해와 관찰을 경유하여 그 배후에 놓여 있어 눈으로 볼 수 없는 의미지향 내지 정신을 순식간에 파악하는 데 있었다. 말하자면 천성적인 <호모 페노메놀로직스>이자 <호모 헤르메네우틱스>였다고 말할 수 있을 것이다. 이러한 특질은 헤겔을 전형으로 하는 체계적 철학에 철저하게 반항한 니체나 키르케고르에 대해 시대의 흐름에 앞서 일찌감치 주목한 『니체 연구』(1913)와 『쇠렌 키르케고르』(1915), 또한 일본 고대의 불교 문화유산에 대한 관심을 세상에 불러일으키는 데서 힘이 있었던 스테디셀러 『고사순례』(1919) 등의 초기 작업에서 이미 전형적으로 나타나 있다. 다이쇼 말경의 강의록을 전후에 출판한 『호메로스 비판』(1946)의 서언에서 와쓰지는 필로소피Philosophie보다 오히려 필롤로기Philologie로부터 훨씬 더 많이 배웠다는 의미의 학생 시절의 스승 쾨베르(Raphael Koeber 1848-1923)의 말을 감격을 담아 인용하고, "유럽의 고전문헌학"의 영향이 『원시 기독교의 문화사적 의의』(1926), 『일본 정신사 연구』(1926), 『원시불교의 실천철학』(1927), 『공자』(1938)와 같은 저작들의 텍스트 분석과 해석에 똑같이 나타나 있다는 점을 말하며, 또한 "저자가 윤리학의 체계적 사유를 시도함에 있어 해석학적 현상학에 기울어질 수밖에 없었던 것도 간접적으로 이 영향이 나타난 것이라고 생각한다"고 말하고 있다. 『인간의 학으로서의 윤리학』(1934), 『풍토—인간학적 고찰』(1935), 『윤리학』(전 3권, 1937-49) 등에서 하이데거의 영향 하에 시도되는 "사이로서의 인간존재"에 대한 분석과 체험된 공간으로서의 <풍토>에 대한 분석 등은 하이데거 역시 공유하고 있는 특히 19세기 초엽 이래의 서구 해석학 전통을 흡수한 데서 이루어진 것에 다름 아니었다. ☞ ㉴풍토

—사카베 메구미(坂部 惠)

㊟ 湯淺泰雄, 『和辻哲郎—日本近代哲學の運命』, ミネルヴァ書房, 1981. 坂部惠, 『和辻哲郎』, 岩波書店, 1986.

와일드 [John Daniel Wild 1902. 4. 10–72. 10. 23]

미국의 현상학자. 시카고 대학과 하버드 대학에서 공부하고, 1926년 시카고 대학에서 철학박사 학위 취득. 하버드 대학과 노스웨스턴 대학을 거쳐 1963년 예일 대학 교수. 현상학·실존철학학회의 창설자 중 한 사람. 그의 관심영역은 현상학뿐만 아니라 플라톤, 버클리로부터 W. 제임스까지 여러 분야에 미친다. 주요 저작은 *The Challenge of Existentialism*, 1955, *Existence and the World of Freedom*, 1963, *The Radical Empiricism of William James*, 1969 등.

—고스다 겐(小須田 健)

요나스 [Hans Jonas 1903. 5. 10–93. 2. 6]

프라이부르크 대학에서 후설, 하이데거에게 배우고, 1924년부터는 마르부르크 대학에서 하이데거, 불트만(Rudolf Bultmann)에게서 배운다. 1933년 팔레스티나로 이주하여 헤브라이 대학에서 가르치며, 49년에 캐나다, 55년에 미국으로 옮겨 교편을 잡는다. 독일에서는 특히 『그노시스와 고대 말기의 정신』(*Gnosis und spätantiker Geist*, 1934)으로 저명해지며, 미국에서는 생물학의 철학(*The Phenomenon of Life: Towards a Philosophical Biology*, 1966) 및 70년대 이후에는 생명윤리학, 테크놀로지에 관한 윤리학적 고찰(*Philosophical Essays: From Ancient Creed to Technological Man*, 1974; *On Faith,*

Reason, and Responsibility, 1978)에 의해 알려진다. 주저 『책임의 원리』(*Das Prinzip Verantwortung*, 1979 ; 영어판 *The Imperative of Responsibility*, 1984)는 인류를 멸망의 위기에 처하게 할 수 있는 테크놀로지의 의미를 고찰하고 미래에 대한 책임윤리를 전개했다.

—마루야마 도쿠지(丸山德次)

요르크 폰 바르텐부르크 [Paul Yorck von Wartenburg 1835. 3. 1–97. 9. 12]

독일의 철학자. 베를린에서 태어나 브레슬라우 대학에서 브란니스(Julius Branniß 1792-1874)에게 사사. 그에 의하면 일체의 소여는 표상작용의 <시각성>에 기초하며, 표상작용은 본래 주관과 객관, 자아와 세계의 분리를 전제하기 때문에 철학은 그 분리가 생기는 근저로 거슬러 올라가지 않으면 안 된다. 철학은 일체의 소여의 근저인 생, 요컨대 인간이 살고 있다고 하는 원초적 사실로 돌아감으로써 일체의 인식의 기초를 확보하는 것이다. 그런 까닭에 철학은 인간의 생을 그 생 자체로부터 철학적으로 이해한다고 하는 <생의 자기성찰>이 된다. 생의 자기성찰은 '알아차림'(Innewerden)이라는 비대상화적 · 수동적 의식에 나타나는 '생동성'(Lebendigkeit)을 분석함으로써 인간의 생의 범주적 구조를 <시간성>, <역사성>으로서 파악할 수 있게 해준다. 요르크가 말하는 생의 자기성찰은 초기 하이데거에게 영향을 주었다[SZ 402]. ☞ ㊀생의 철학과 현상학

—다케다 스미오(竹田純郞)

우슬라 [Detlev von Uslar 1926. 3. 17–]

독일 함부르크에서 태어난 심리학자, 철학자. 괴팅겐 대학과 프라이부르크 대학에서 N. 하르트만과 하이데거에게서 배우고, 1974년 취리히 대학 정교수가 되며, 현재 동 대학 심리학 연구소 및 인간학적 심리학과 주임. 주저는 『세계로서의 꿈』(*Der Traum als Welt*, 1964), 『존재와 해석』(*Sein und Deutung*, 1987) 그리고 이 책의 제2권(1989) 등. 하이데거의 영향을 받으면서도 M. 보스의 현존재 분석과는 선을 긋고, 프로이트, 융을 중시하여 그들의 사상을 존재론적으로 근거지었다. 꿈에 대한 체계적 연구, 특히 연속하는 2,000개의 꿈에 대한 현상학적 해석을 통해 인간 존재의 개시를 시도한 <꿈의 잠재적인 역사>에 대한 연구는 획기적이다. 나아가 세계-내-존재의 입장에서 심리학적인 문제들에 대해 독자적인 고찰을 행하고, 그에 기초한 철학적 인간학의 수립을 시도하고 있다. ☞ ㊀꿈

—다니 도오루(谷 徹)

윅스퀼 [Jakob von Uexküll 1864. 9. 8–1944. 7. 25]

에스토니아 출신의 생물학자. 에스토니아의 구트 케블라스(케블라스트)의 독일계 귀족 집안에서 태어난다. 도르파트(현 타르투) 대학에서 동물학을 공부하며, 이어서 하이델베르크 대학에서 동물의 운동 기관에 대한 생리학적 연구를 진행하는 가운데 당시 지배적이었던 기계론적인 사고방식과 정면으로 대립하는 생물학 사상인 <환경세계 이론>을 구상하여 20세기의 생물학에 혁명적이라고도 말할 수 있는 새로운 방향을 개척했다. 오늘날의 생태학과 동물행동학도 이를 원천으로 한다.

윅스퀼은 드리슈(Hans Driesch 1867-1941)의 생기론에 가까운 입장을 취하며, 동물을 어디까지나 그 환경세계와의 관계 속에서 파악하고자 한다. 환경세계란 각각의 동물이 지각하고 반응할 수 있는 자극, 요컨대 그 동물에게 있어 유의미한 자극의 총체로 이루어지고 당연히 지각하고 반응하는 주체 없이는 존립할 수 없는 것인바, 감각기관과 운동기관의 종류와 구조의 다름에 따라, 즉 종에 따라 다르다. 파리에게는 파리의, 섬게에게는 섬게의 환경세계가 있게 된다. 이와 같이 생물학에 <주체>와 <의미> 개념을 도입하고, 환경세계를 말하자면 주관적인 것으로 보는 이 사상은 윅스퀼 자신도 인정하듯이 칸트의 사상에 가까운 것이다. 그러나 『동물의 환경세계와 내적 세계』(1909), 『생물학적 세계관을 위한 초석』(1913), 『이론생물학』(1920) 등에서 전개된 이 사상은 당시의 생물학계에서는 전적으

로 이단시되며, 윅스퀼은 오랫동안 대학에 자리를 얻을 수 없었다. 가까스로 1924년에 함부르크 대학이 실험 비상근 강사의 직을 부여하고 '환경세계연구소'를 설치하여 제공하지만, 그것도 실체는 수족관 안의 담배 매장이 연구실이라고 말해진 것이었다. 조야한 인종이론을 내세우는 나치즘에 대해서는 부정적이며, 1940년에는 은퇴하여 카프리 섬에 이주하고 제2차 대전 종결 직전에 거기서 사망했다.

그러나 생물학계에서 무시된 그의 사상은 일찍부터 카시러와 오르테가, 셸러와 같은 철학자들에 의해 높이 평가되어 넓은 지적 세계에 소개되고 있었다. 이것이 한편으로는 특히 셸러를 매개로 하여 K. 로렌츠, A. 포르트만, F. J. J. 보이텐디크, L. v. 베르탈란피, V. v. 바이츠제커 등 다음 세대의 생물학자들에게 커다란 영향을 주며, 다른 한편으로는 셸러, M. 플레스너, A. 겔렌, M. 란트만 등의 <철학적 인간학>에 강한 충격을 주었다. 아마도 셸러의 <세계개방성> 개념을 매개로 하여 하이데거의 <세계-내-존재> 개념 형성에 윅스퀼의 환경세계 이론이 모종의 역할을 수행한 것은 하이데거의 1928년 여름학기와 1929년 겨울학기 강의로부터도 분명하다. ☞ ㊑환경세계, ㊒생물로부터 본 세계

—기다 겐(木田 元)

윌셔 [Bruce Wilshire 1932. 2. 8–]

미국의 현상학자. 1966년 뉴욕 대학에서 철학박사 학위 취득. 퍼듀 대학, 콜로라도 대학 등을 거쳐 현재 러트거스 대학 교수. W. 제임스와 후설의 비교 연구에서 출발했으며, 근래에는 연극이나 대학 교육과 같은 주제를 채택하여 현상학적 고찰을 행하고 있다. 주요 저작은 *William James and Phenomenology*, 1968, *Role Playing and Identity*, 1982, *The Moral Collapse of the University*, 1989 등.

—고스다 겐(小須田 健)

이데 [Don Ihde 1934. 1. 14–]

미국의 현상학자. 캔자스 대학, 보스턴 대학에서 공부하고, 1964년 보스턴 대학에서 철학박사 학위를 취득. 보스턴 대학, 남일리노이 대학을 거쳐, 1969년 뉴욕 주립대학 교수. 포스트모더니즘의 동향을 시야에 넣는 가운데 현상학의 현대적 가능성을 추구. 주요 저작은 *Listening and Voice*, 1976, *Experimental Phenomenology*, 1977, *Technics and Praxis*, 1979, *Existential Technics*, 1983, *Consequences of Phenomenology*, 1986 등.

—고스다 겐(小須田 健)

이저 [Wolfgang Iser 1926. 7. 22–2007. 1. 24]

독일의 영미문학, 비교문학자. 1967년부터 콘스탄츠 대학 교수. 캘리포니아 대학 교수도 겸했다. 동료인 야우스와 함께 수용미학을 제창하고, 나아가 독자적인 미적 작용 이론을 전개했다. 특히 문학 텍스트에 본래적으로 내포되어 있는 독자의 역할을 중시하고, 그 독서 행위론에 기초하여 구조 전환한 유럽 사회에서의 문학의 새로운 기능을 재구축하고자 했다. 슈츠의 현상학적 지식사회학이나 루만의 시스템 이론의 영향도 크며, 텍스트를 둘러싼 미적경험을 생활세계에서의 경험 일반 안에 자리매김하고자 했다. 주저로 *Der Akt des Lesens. Theorie ästhetischer Wirkung*, München, 1976(轡田收 譯, 『行爲としての讀書—美的作用の理論』, 岩波書店, 1982) 등이 있다. ☞ ㊑문학·문예비평과 현상학, 수용미학, ㊐루만, 슈츠, 야우스

—아소 겐(麻生 建)

이케가미 겐조 [池上鎌三 1900. 11. 12–56. 1. 29]

철학자. 나가노 현 마쓰모토에서 태어나 마쓰모토 중학, 제2고등학교를 거쳐, 1925년 도쿄 제국대학 문학부 철학과 졸업. 그 후 도쿄 외국어학교, 세이케이 고등학교, 쇼와 의학 전문학교 등에서 교편을 잡고, 1935년 도쿄 제국대학 문학부 강사, 36년 조교수, 45년 교수. 신칸트학파와 현상학에 대한 연구·소개를 행하

고, 생의 철학, 역사철학에도 정통하여 <의미>와 그것을 성립시키는 <유의의성> 개념을 토대로 <지식철학>을 주창했다. 주요 저서로 『논리학論理學』(日本評論社, 1934), 『문화철학 기초론文化哲學基礎論』(岩波書店, 1939), 『지식철학원리知識哲學原理』(岩波書店, 1946) 등이, 또한 주요 역서로는 후설 『순수 현상학과 현상학적 철학의 이념들純粹現象學及現象學的哲學考案』(上・下, 岩波書店, 1939, 1941), 라이나흐 『현상학에 대하여現象學に就て』(岩波書店, 1928) 등이 있다.

—사카키바라 데쓰야(榊原哲也)

이폴리트 [Jean Hyppolite 1907. 1. 8–68. 10. 26]

프랑스의 철학자. 헤겔의 『정신현상학』에 대한 철저하게 내재적인 연구에 몰두하여 코제브의 헤겔 강의와 함께 프랑스에서의 헤겔 르네상스의 도화선이 된다. 그의 헤겔 연구 성과는 헤겔 『정신현상학』의 최초의 완전한 프랑스어 역으로서 열매를 맺었다(상권 1939년, 하권 41년). 이어서 그는 『정신현상학』에 대한 축조적 주석이라고도 말해야 할 연구인 『헤겔 정신현상학의 생성과 구조』(1947)를 발표한다. 이 저서는 이폴리트의 학위논문이지만, 코제브의 『헤겔 독해 입문』과 더불어 프랑스의 헤겔 연구가 이룩한 금자탑의 하나이며, 이에 자극을 받아 많은 헤겔 연구자가 생겨났다. 후에 이폴리트는 헤겔 연구의 관심을 『정신현상학』으로부터 『논리학』으로 옮기고, 나아가 현대의 정보과학의 철학적 고찰이나 정신분석학의 철학적 해석에 착수한다. 이폴리트는 라캉(Jacques Lacan)과도 친하며, 이폴리트의 문하에서 알튀세르(Louis Althusser)와 푸코(Michel Foucault)가 나왔다. ☞ ㉤코제브

—이마무라 히토시(今村仁司)

잉가르덴 [Roman Ingarden 1893. 2. 5–1970. 6. 18]

20세기에 가장 중요한 현상학적 미학자이자 철학자의 한 사람. 후설의 초기 사상을 계승하고, 존재론의 방향을 발전시켰다. 그의 저작과 논문은 주로 폴란드어로 씌어졌기 때문에 1956년 후술하는 국제회의에서 각광을 받기까지 서구에서는 단지 『문학적 예술작품』의 저자로서 알려지는 데 지나지 않았다. 1960년대 독일 콘스탄츠학파는 '수용미학'을 제창하여 20세기 후반 미학의 중요한 방향을 제시했지만, 잉가르덴의 지향적 대상성의 현상학을 그 선구적 개척자로서 평가했다.

잉가르덴은 폴란드 크라쿠프에서 태어난다. 1911년 1년간 리보프 대학에서 카시미르 트바르도프스키에게서 철학과 수학을 공부했다. 1912-14년 독일 괴팅겐 대학에 유학, 수학을 다비드 헬베르트에게서, 경험심리학을 G. E. 뮐러에게서, 철학을 그때 막 『엄밀한 학으로서의 철학』을 공간한 후설에게서 배운다. 후설이 프라이부르크 대학으로 전임하자 그 뒤를 따르며(1916-19년), 박사 논문 『앙리 베르그송에서의 직관과 지성』을 제출한다(1921년 출판. 1922년 『철학 및 현상학 연구 연보』 제5권에 재록). 1922년 「인식론에서의 선결문제요구의 오류(Petitio Principii)의 위험에 대하여」. 1924년 리보프 대학 사강사. 1925년 「철학 체계에서의 인식론의 위치에 대하여」. 1918년경부터 후설의 초월론적 관념론에 의해서는 해결할 수 없는 실재계의 실존 문제로 관심이 옮겨간다. 1925년 대학교수 자격취득 논문 「본질적 물음, 본질문제에 대한 기여」[『철학 및 현상학 연구 연보』 제7권)에서 개별적 대상과 이념의 대립 및 개별적 대상의 본질의 의미를 파악하고자 한다. 1929년 「관념론-실재론 문제 주해」(『철학 및 현상학 연구 연보』 부록, 후설 탄생 70년 기념논문집). 1931년 『문학적 예술작품—존재론, 논리학 및 문예학의 경계영역으로부터의 연구』를 간행. 그는 이 책에 의해 문예작품의 중층적 구조를 분석함과 동시에, 그것 자체로서는 존재 자율적인 실재계와 이념계에 대립하는 존재 타율성으로서의 지향적 대상성의 구조를 해명하고자 했다. 즉 인간은 다른 동물과는 달리 물질적 자연에 몸을 맡기는 것이 아니라 그것의 뒷받침을 받아 문화적 대상을 창조하는 것이지만, 이 대상은 자율성을 획득하는 데까지 이르지 못하고 인간의 지향적 의식에 의해 규율되는 존재라는 것이다. 그에게

있어 문예작품은 이러한 지향적 대상성의 대표에 지나지 않는다. 덧붙이자면, 이 책은 본래 후에 『예술존재론 연구』로서 독립하여 간행되는 음악, 회화, 건축, 영화 연구도 아우르는 논고로서 집필되었지만, 당시의 출판 사정 때문에 그 전반부만이 인쇄되게 되었다. 1933년 리보프 대학 조교수, 1945년 크라쿠프 대학 정교수, 폴란드 아카데미 회원. 스탈린 독재하의 1950-57년 교수 활동 정지. 1956년 베네치아 국제 미학 회의에 참가, 일약 세계의 각광을 받는다. 「미적 가치와 이 가치의 객관적 기초짓기의 문제」(프랑스어, 『국제미학회의 {베네치아} 발표 논문집』, 『체험, 예술작품 및 가치』 {독일어 역, 1969에 수록}). 1962년 『예술존재론 연구』. 1964-74년 『세계의 실존을 둘러싼 논쟁』(제1권 '실존적 존재론' 1964, 제2권 제1부 '형상존재론—형상과 본질' 1965, 제2권 제2부 '형상존재론—세계와 의식' 1965, 제3권 '실재계의 인과적 구조에 대하여' 1974. 폴란드판{제1, 2권}은 1947/48년). 1968년 『문학적 예술작품의 인식에 대하여』(폴란드판은 1937년). 1970년 사망. 폴란드어 저서와 논문 142. 독일어 저서와 논문 55. 영어 저서와 논문 30. 프랑스어 저서와 논문 22(P. J. 맥코믹 편 『로만 잉가르덴 미학 논문 정선』 1985에 따름). 1975년 6월 19-22일, 바르샤바 근교의 야드비신에서 폴란드 과학 아카데미 철학 및 사회학 연구소 주최 하에 「폴란드 철학 쿼털리 '변증법과 휴머니즘'」이 조직되고, 국제회의 『현상학의 맑스주의적 비판과 로만 잉가르덴의 철학』이 개최되었다. 폴란드어 저서 『인간론 소책자』(1972 : 武井勇四郎・赤松常弘 譯, 『人間論』, 法政大學出版會, 1983)도 잉가르덴 철학의 개요를 아는 데서 편리하다.

최근 잉가르덴의 제자 티미에니에츠카는 그가 주재하는 『아날렉타 후설리아나Analecta Husserliana』 지를 무대로 하여 두 번에 걸친 '잉가르디아나' 특집(제4 및 30권)을 시도하는 등, 잉가르덴 철학의 전모에 대한 재평가와 발전에 진력하고 있다. ☞ ㊕무규정성 장소, 수용미학, 현상학적 미학, ㊅티미에니에츠카, ㊒문학적 예술작품

—가나타 스스무(金田 晉)

㊟ R. Warning, *Rezeptionsästhetik*, München, 1973.

자너 [Richard Morris Zaner 1933. 9. 20 –]
미국의 현상학자. 휴스턴 대학, 뉴스쿨(New School for Social Research)에서 공부하고, 1961년 뉴스쿨에서 철학 박사 학위 취득. 트리니티 대학, 텍사스 대학, 뉴욕 주립대학, 사잔 메소디스트 대학을 거쳐, 현재 밴더빌트 대학 교수. 아카데믹한 현상학 연구로부터 출발하여 최근에는 의료기술이나 생명윤리 등의 문제에 대한 독자적인 사유를 전개하고 있다. 주요 저작은 *The Problem of Embodiment, 1961, The Way of Phenomenology,* 1970, *The Context of Self,* 1980, *Ethics and the Clinical Encounter,* 1988 등.

—고스다 겐(小須田 健)

장송 [Francis Jeanson 1922. 7. 7 –]
프랑스의 사상가. 철학 고등교육 과정 수료 후, 병역에 복무. 소집 해제 후에는 문필 활동을 개시한다. 사르트르의 제자로서 실존주의적 색채가 짙은 현상학을 주장. 알제리 분쟁 시에 장송 기관을 조직하여 활발한 정치 활동을 전개했다. 주요 저작은 *La Phénoménologie*, 1951(木田元 譯, 『現象學の意味』, せりか書房, 1967), *Sartre par lui-même*, 1955(伊吹武彦 譯, 『サルトル』, 人文書院, 1957), *Sartre*, 1966(海老坂武 譯, 『もう一人のサルトル』, 晶文社, 1971) 등.

제라츠 [Theodre Francis Geraets 1926. 3. 12 –]
네덜란드 출신의 철학자・신학자. 1969년 파리 대학 난테르 분교에서 철학박사 학위 취득. 그 후 캐나다로 귀화. 1974년 네덜란드 대학 교수. 초기 메를로-퐁티의 사상 형성에 관한 연구로 알려진다. 현상학과 함께 헤겔을 중심으로 하는 독일 관념론을 연구하고 있다. 주요 저작은 *Vers une nouvelle Philosophie transcendentale*, 1971, *Hegel: L'esprit absolu*, 1984(편저), *Rationality Today*, 1979(편저) 등.

제봄 [Thomas M. Seebohm 1934. 7. 7 –]
독일의 철학자. 요한네스 구텐베르크 대학 교수. 현상학고등연구센터 소장. 칸트, 독일 관념론, 현상학, 해석학에 대한 연구가 있다. 주요 저작은 *Die Bedingungen der Möglichkeit der Transzendental-Philosophie*, 1962, *Zur Kritik der hermeneutischen Vernunft*, 1972, *Philosophie der Logik*, 1984 등.

제임스 [William James 1842. 1. 11 – 1910. 8. 26]
미국의 심리학자, 철학자. 아버지 헨리는 신비적 종교가, 동생 헨리는 고명한 문학자인 천재 가계 출신. 아버지의 교육방침 하에 윌리엄은 소년기부터 유럽에 체류하며 국제 감각과 넓은 시야에서 사유하는 습관을 길렀다. 일시적으로는 화가에 뜻을 둔 적도 있으며, 장래의 지망을 이리저리로 바꿨다. 처음에 하버드 대학에서 화학, 생리학, 의학을 공부했지만 자연과학에 만족하지 못하며, 곧이어 심리학으로 흥미를 옮겨 독일로 건너가 헬름홀츠와 분트로 대표되는 초창기의 실험심리학의 세례를 받았다. 1872년 모교의 심리학 교사로 취임하며, 75년 세계 최초의 심리학 실험실의 하나를 창설했다. 90년, 12년간의 고심이 열매를 맺어 불후의 명저 『심리학 원리』(*Principles of Psychology*)를 출판했다. 이 책은 현대 심리학의 기본서일 뿐만 아니라 현상학적 심리학의 선구적 업적의 하나이다. 그러나 본래 실험을 좋아하는 과학자라기보다 창조적인 생각으로 넘쳐나는 사유자였던 그는 이 책을 출판한 후 '자연과학적' 심리학의 가능성에 회의적이게 되어 1895년 이후 철학과 종교 연구로 돌아섰다. 그렇지만 구체적인 인간성에 대한 연구로서의 넓은 의미의 심리학은 그의 업적 전체를 특징짓고 있다. 평생 변하지 않은 인간의 마음에 대한 강한 관심과, 편견을 배제하고 실재에 다가서는 자세는 심령 현상에 대한 과학적 연구로까지 그를 몰아세웠다. 일반적으로 생래적인 풍부한 소질에 위에서 언급한 생활사적 요인들도 더해져 그는 다양한 모습들을 지니는 유동적인 실재 그 자체를 충실한 동시에 유연하게 파악하고자 하는 사상을 탐구하여 근본적 경험론의 철학자가 되었다. 철학상의 주저로는 행동적이고 실제적인 미국인 기질을 대변하는 『프래그머티즘』(*Pragmatism*, 1907), 그 진리관을 전문가를 향해 논의한 『진리의 의미』(*Meaning of Truth*, 1909), 순수 경험의 철학을 전개하는 『근본적 경험론』(*Essays in Radical Empiricism*, 1912), 미완의 유고 『철학의 몇 가지 문제』(*Some Problems of Philosophy*, 1911) 등이 있다. 윤리학과 종교 방면에서는 『믿으려는 의지』(*Will to Believe*, 1897)나 『종교적 경험의 다양성』(*Varieties of Religious Experience*, 1902) 등이 잘 알려져 있다.

일반적으로 제임스에게는 두 개의 얼굴이 있었다. 인간 마음의 자발적이고 선택적인 활동을 강조하는 인간 본위주의적인 얼굴과, 인간의 개념적 해석이 더해지기 이전의 실재 그 자체로의 귀환을 역설하는 근본주의적인 얼굴이다. 『심리학 원리』에서는 아직 양면이 원초적인 풍요로운 혼효상태에 있었지만, 인간 본위주의적인 측면은 프래그머티즘으로 대표되고, 근본주의적인 측면은 순수 경험의 철학으로 결정되었다. 1960년대 이후 J. M. 에디, J. 와일드, B. 윌셔 등에게 '원시 현상학자'로서 주목받은 것은 주로 다름 아닌 후자의 제임스이다. 의식되는 그대로의 구체적이고 총체적인 현상을 충실하게 기술하고자 하는 『심리학 원리』의 기본자세로 인해 그것은 후설에게 "심대한 영향"을 주었다. 그 스스로 술회하듯이 그는 이 저서 덕분에 "심리학주의적인 입장으로부터 이탈"할 수 있었던 것이다. "순수 경험에로의 귀환"을 설파한 제임스와 "사태 자체로"를 호소한 후설은 소여의 근원에로의 회귀를 역설하는 <근본주의>라는 기본지점에서 일치한다. 양자의 세부적인 표현이나 맥락에는 무시할 수 없는 차이가 있음에도 불구하고 양자는 다음과 같은 점들에서 뚜렷한 유연관계에 있다. (1) 제임스의 '의식의 흐름', 특히 '프린지' 설은 후설의 '지평'의 현상학과 궤를 같이 한다. (2) 제임스의 '경험적 자아'(me)와 '순수 자아'(I)를 구별하는 자아설은 후설의 '인격적 자아'와 '현상학적 자아'를 구별하는 그것에 대응한다. (3) 사람을 사물의 지각적 현전에로 유도하는 관념이야말로 참다운 개념이라고 하는 제임스의 인식-유도설은 '의미지향'과 '의미충족'의 일치에서 진리를 보는 후설의 이론과 부합한다. (4) 최초의 '순수 경험'의 소여와 나중에 그것을 맥락 속에서 해석하는 '후속적 경험'을 구별하는 제임스의 인식론 도식은 후설에서의 전술어적인 '자연적 견해'와 술어적인 '반성적 견해'와의 구별을 상기시킨다, 등등. 특히 '프린지'나 '순수 경험'의 개념은 현상학적 사고에 다함이 없는 풍부한 광맥을 제공한다. 사실 후설 이후에도, 특히 구르비치나 슈츠 등의 현상학적 인식론에서 그것의 흥미로운 전개를 찾아볼 수 있다. 그러나 제임스의 영향력은 순수 현상학이라기보다 의식의 현상학 내지 자연적 태도의 현상학에 한정되어 있었다. ☞ [사]순수 경험, 의식의 흐름, 프린지{테두리}, [서]심리학 원리

—가토 시게루(加藤 茂)

[참]『ウィリアム・ジェイムズ著作集』, 日本教文社, 1961. William James, *Essays in Radical Empiricism*, New York, 1912(桝田啓三郎・加藤茂 譯, 『根本的經驗論』, 白水社, 1978).

젤츠 [Otto Selz 1881. 2. 14–1943. 8. 27]

독일의 심리학자. 1923년 만하임 상과대학 교수. 인간의 사고를 실험과 기술에 의해 연구하고, 보충 재생이라는 현상을 사고의 본질로 생각했다. 주요 저작은 *Zur Psychologie des produktiven Denkens und des Irrtums*, 1922 등.

좀머 [Manfred Sommer 1945. 8. 14–]

독일의 철학자. 1974년 뮌스터 대학에서 철학박사 학위 취득. 1983년 뮌스터 대학 교수. 후설과 마흐, 아베나리우스와의 관계에 대한 뛰어난 비교 연구를 행하고 있다. 주요 저작은 *Die Selbsterhaltung der Vernunft*, 1977, *Husserl und der frühe Positivismus*, 1985, *Identität im Übergang*, 1988, *Evidenz im Augenblick*, 1987, *Lebenswelt und Zeitbewußtsein*, 1989 등.

짐멜 [Georg Simmel 1858. 3. 1–1918. 9. 28]

독일의 철학자, 사회학자. 저서로서는 『화폐의 철학』(*Philosophie des Geldes*, 1900), 『생의 직관』(*Lebensanschauung*, 1918) 등이 유명하다. 특히 전자는 화폐기호론을 중심으로 하여 근대 사회의 '삶의 스타일'을 기술하고자 한 장대한 철학적 근대론이다. 성차나 유행 또는 공예품 등, 당시 "강단철학에서는 전혀 거주권을 지닐 수 없었던"(블로흐) 폭넓은 주제에 대해 탁월한 철학적 에세이를 남기고 있다.

그는 예민한 시대감각에 의해 선구적인 형태로 현상학과 공통된 주제에 주목한다. 역사 인식의 방법론에서 '타자' 이해의 문제를 주제화한다든지, '생'과 '문화' 철학의 입장에서 '시간의식'에 대한 기술이나 '체험'의 구조 분석을 행했다. 현재는 과거의 기억과 미래 기투를 포함하며 양자 '사이'에 위치한다고 하는 '체험된 시간'에 대한 생각은 하이데거의 '시간성'의 분석에 영향을 주었다. '체험' 개념("체험에서는 가장 자동사적인 개념인 생이 객관성과의 직접적인 기능적 관계에 놓인다")은 유명해졌지만, 그것은 직접적인 생의 흐름이 사태의 논리에 의해 객관화작용을 받아 문화를 형성해가는 과정을 기술하고 있다. 그러나 유대계 지식인인 그의 경우에 이러한 주제는 언제나 '동화'와 '차이화'라는 사회학적인 틀과 교차하여 나타난다. 그의 『사회학』(1906)은 사회적 미시 현상에 대한 고찰로서 이름이 높다. 예를 들면 '장식'이나 '감사' 등의 모티브에 입각하여 일상적인 장면에서의 사회적인 '차이화' 과정을 주제화하고 있는 점에서 슈츠 등의 현상학적 사회학에 영향을 주었다. ☞ [사]현상학적 사회학

—기타가와 사키코(北川東子)

쩐 덕 타오 [Trần Dúc Thảo ?–1993]

베트남인 철학자. 1910년대 생이라고 추측되지만, 상세한 개인적 경력은 거의 불명확하다. 1940년대에 파리에서 집필 활동을 개시. 논문 「맑스주의와 현상학」(*Revue internationale*, 1946-no.2에 수록; 덧붙이자면, 전 해인 1945년에 호치민의 지도하에 베트남 민주공화국의 독립선언이 이루어진다)과 『현상학과 변증법적 유물론』(*Phénoménologie et matérialisme dialectique*, 1951)으로 각광을 받는다. 초월론적 현상학과 맑스주의 철학을 상호 매개하고자 하는 시도는 사르트르와 메를로-퐁티, 카렐 코직(Karel Kosík) 등에 의해서 선구적인 업적으로서 높은 평가를 받았다. 60년대 중반 무렵 베트남 전쟁이 한창일 때 귀국하여 하노이 대학 교수에 부임. 73년에는 맑스주의를 토대로 하여 인류학, 언어과학, 정신분석 등의 방법을 구사한 의식과 언어에 대한 발생론적 연구 『언어와 의식의 기원』(*Recherches sur l'origine du langage et de la conscience*: 花崎皋平 譯, 『言語と意識の基源』, 岩波書店, 1979)을 발표한다. ☞ [서]현상학과 변증법적 유물론

—와시다 기요카즈(鷲田清一)

치솜 [Roderick Milton Chisholm 1916. 11. 27－]

현대 미국의 대표적인 철학자의 한 사람. 하버드 대학에서 학위를 취득한 후에는 주로 모교인 하버드 대학 교수로 오래 종사하며, 현재 명예교수. 브렌타노, 마이농을 비롯한 현상학의 미국에로의 소개자. 지식론, 행위론, 형이상학 등의 다양한 철학적 문제에 대한 정밀하고 독특한 분석을 통해 현상학적인 개념과 발상을 분석철학 내부에서 옹호하고 발전시키는 데 공헌했다. 그는 일관되게 지향적(intentional)인 것 혹은 심적인 것을 물리적인 것으로 환원하는 입장에 반대하고, 최종적으로는 지향적인 요인을 빼놓고서는 언어에 의한 지시가 불가능하다는 입장에까지 이른다. 초기의 저작 『지각』(*Perceiving*, 1957)에서는 지각에도 포함되는 '신념'이나 그 밖의 지향적인 심적 태도를 표현하는 말에 의해 형성되는 문장을 비지향적인 문장과 구별하는 기준을 제시함으로써 이러한 심적 태도들을 '물리적 현상'과 구별한 브렌타노 학설을 뒷받침하는 시도가 이루어진다. 치솜은 또한 "지식이란 정당화된 참된 신념이다"라는 전통적인 지식에 대한 정의를 정밀화한 것으로도 알려진다. 그때 그는 '정당화'의 기초가 되는 명증의 주된 원천인 '자기 지각'을 주체에 있어 확실한 '자기 현시'(self-presentation, 마이농의 말)적 상태라고 생각하며, 더욱이 이러한 자기 지각에서는 감각소여와 같은 내적 대상(예를 들면 빨강의 소여)과 감각 주체와의 이항관계가 생기는 것이 아니라 "빨갛게 나타난"(appeared to redly) 자기의 변용체가 자기 자신에 의해 직접 파악되는 것이라고 하는 이른바 "감각경험의 부사적 이론"을 주장한다(『사람과 대상』*Person and Object*, 1976: 中堀誠二 譯, みすず書房, 제1장). 지식론에 대해서는 『지식의 이론』(*Theory of Knowledge*, 1966, [2]1977, [3]1989: 吉田夏彦 譯, 培風館), 행위론에 대해서는 『사람과 대상』 제2장, 후기의 입장에 대해서는 『일인칭』(*The First Person*, 1981), 브렌타노의 윤리학에 관해서는 『브렌타노와 내재적 가치』(*Brentano and Intrinsic Value*, 1986) 등의 저작이 있다.

☞㈎내적 지각, 명증성, 심적 현상/물적 현상, 지향성, ㉤마이농, 브렌타노

—가토와키 슌스케(門脇俊介)

카 [David Tredway Carr 1940. 2. 1–]

미국의 철학자. 예일 대학에서 공부하고, 1964년 동 대학 조교수, 76년 오클라호마 대학 조교수, 현재 오타와 대학 교수. 후설 현상학에서의 '지향성', '생활세계', '역사' 등의 개념을 고찰하고 있다. 주요 저작은 *Maurice Merleau-Ponty: the primacy of perception*, 1965, *Interpreting Husserl: critical and comparative studies*, 1987(磯江景孜 外 譯, 『フッサール—批判的比較的研究』, 晃洋書房, 1993) 등.

카뮈 [Albert Camus 1913. 11. 7–60. 1. 4]

프랑스의 소설가, 평론가. 1936년 알제 대학 철학과 졸업. <부조리>의 철학을 전개. 인생의 근원적 무의미함에 직면하면서도 신에로의 비약도 절망도 하지 않고 계속해서 살아가는 무신론적 실존주의의 입장을 취했다. 혁명, 맑스주의 등을 둘러싼 논쟁에서 사르트르와 결별. 주요 저작은 *L'étranger*, 1942, *Le mythe de Sisyphe*, 1942, *La peste*, 1947, *L'homme révolte*, 1951 등. 일본어역 전집(佐藤朔・高畠正明 編, 『カミュ全集』 전 10권, 新潮社, 1972-73)이 있다.

카바이에스 [Jean Cavaillès 1903–44. 1.]

프랑스의 집합론 연구자・철학자. 1938년 학위 취득. 그 후 스트라스부르 대학에서 철학을 강의했다. 대독 레지스탕스의 투사이며, 그 때문에 독일군에게 사형을 선고받고 처형당했다. 등산 사고로 요절한 에르브랑(Jacques Herbrand 1908-31)과 함께 프랑스의 초기 수학 기초론 연구자이다. 학위 논문은 주논문이 공리적 방법과 형식주의에 대해, 부논문이 집합론 형성사였다. 1920년대 후반, 레비나스 등과 더불어 후설을 방문한 거의 최초의 프랑스인이기도 했다. 감옥 안에서 씌어진 유고 『논리학과 과학론』(Sur la logique et la théorie de la science, [2]1960)은 옥중에 차입하여 받은 후설의 『형식논리학과 초월론적 논리학』을 다루는데, 괴델의 불완전성정리가 나온 이후의 수학 기초론 연구를 현상학의 학문적 프로그램에 비추어 논의하는 것으로서 매우 흥미롭다. 후설을 반드시 호의적으로 평가하고 있다고는 말할 수 없지만, 프랑스의 현상학 연구사의 귀중한 한 페이지를 이루고 있다.

—사사키 치카라(佐々木力)

카스토리아디스 [Cornelius Castoriadis 1922. 3. 11–]

그리스 출신의 철학자. 1948년 소르본 국가박사 학위 취득. 1972년 프랑스로 귀화. 1948년에 르포르 등과 '사회주의인가 야만인가' 그룹을 발족. 맑스주의자로서 출발하면서도 소련의 전체주의화를 목격하며 서구 사상의 총체적 비판에로 향한다. 상상력을 사회와 역사를 형성하는 원동력으로 간주하는 독자적인 철학을 제창. 주요 저작은 *L'institution imaginaire de la société*, 1975(江口幹 譯, 『社會主義の再生は可能か—マルクス主義と革命理論』, 三一書房, 1987), *Les carrefours du labyrinthe*, 1978 등.

카스틸 [Alfred Kastil 1874. 5. 12–1950. 7. 20]

독일의 철학자. 1912년 인스부르크 대학 교수. 스승인 마르티를 매개로 하여 브렌타노와의 학문적 친교를 심화시킨다. 브렌타노 사후, 그의 유고의 편찬·출판에 종사하는 한편, 브렌타노 철학에 관한 우수한 개설서와 연구서를 저술했다. 주요 저작으로서 *F. Brentanos Kategorienlehre*, 1934, *Ontologischer und gnoseologischer Wahrheitsbegriff*, 1934, *Die Philosophie Franz Brentanos*, 1951 등이 알려져 있다.

카시러 [Ernst Cassirer 1874. 7. 28－1945. 4. 13]

독일의 철학자. 브레슬라우(현재 폴란드령 브로츠와프)에서 무역상을 하고 있던 유복한 유대계 독일인 가정에서 태어난다. 공부를 시작할 당초에는 베를린, 라이프치히, 하이델베르크로 대학을 전전했지만, 다시 방문한 베를린 대학에서 짐멜의 칸트 철학 강의를 들은 것이 계기가 되어 칸트를 축으로 하는 근대 철학에 대한 본격적인 연구에 착수할 것을 결의한다. 그 후 당시 신칸트학파의 아성이었던 마르부르크 대학으로 옮겨 주로 코헨(Hermann Cohen 1842-1918)의 지도 아래 우선은 데카르트에 대한 연구로 1899년에 학위를 취득한다. 1901년에는 베를린 아카데미가 주최한 라이프니츠에 관한 현상 논문 콘테스트에서 1등상 해당자가 없는 2등상을 수상하고, 또한 1906년에는 딜타이의 지지도 얻어 베를린 대학에서 사강사의 직을 얻을 수 있었다. 그러나 그 후에는 활발한 저작 활동에도 불구하고 장기간에 걸쳐 이러한 불안정한 지위를 감수할 수밖에 없었으며, 신설된 함부르크 대학으로부터 정교수로서 초빙 받은 것은 겨우 1919년의 일이었다. 그러나 히틀러가 정권을 잡은 1933년에는 함부르크 대학에서의 교수직을 사임하고 또한 조국 독일에게도 이별을 고하는데, 그 이후에는 영국의 옥스퍼드(1933-35), 스웨덴의 예테보리(1935-41), 미국의 예일(1941-44)과 컬럼비아(1944-45) 대학에서 교편을 잡았다.

카시러 철학의 전개에 대해서는 무엇보다도 우선 (1) 베를린 시대, (2) 함부르크 시대, (3) 망명 시대라는 세 개의 시기로 나누어 논의할 수 있을 것이다. 베를린 시대에는 라이프니츠와 칸트의 저작집을 편찬하고, 그것과 병행하여 두 철학자에 대한 상세한 연구서를 내놓았을 뿐만 아니라, 니콜라우스 쿠자누스로부터 칸트에 이르기까지의 이념사적 연구인 『근대의 철학 및 과학에서의 인식 문제』(*Das Erkenntnisproblem in der Philosophie und Wissenschaft der neueren Zeit*) 제1권(1906), 제2권(1907)을 출판하거나 더 나아가 근대 과학의 성과를 적극적으로 받아들여 인식에서 사물 개념에 대한 관계 개념의 우위를 비판적으로 근거짓고자 하는 체계적 저작 『실체 개념과 함수 개념』(*Substanzbegriff und Funktionsbegriff*, 1910) 등을 특히 문제 삼고 있다. 보편성과 필연성을 갖춘 합리적 법칙을 추구하고자 하는 수학이나 수학적 자연과학에서 인식의 기본 구조가 가장 명료하게 간취된다고 하는 입장에서 케플러, 갈릴레오, 뉴턴, 오일러 등의 논의를 철학적인 인식 문제와 직접 결부시키는 한편, 개개의 개념이나 명제는 각각의 전체적인 체계와 관련지어져 비로소 일정한 의미를 지닐 수 있다는 것을 과학적 인식에 의거하여 밝힌다고 하는 것이 이 시기 카시러의 이론적인 기본 전략이었다. 함부르크 시대에도 베를린 시대의 이러한 입장을 계승하는 저작인 『아인슈타인의 상대성 이론』(*Zur Einsteinschen Relativitätstheorie*, 1921)을 잊어서는 안 되지만, 또한 다른 한편으로는 인류의 문화 전반에 관계되는 대단히 다면적이고 방대한 자료 수집으로 이름 높은 바르부르크 문고와의 만남도 있어 카시러의 이론적인 관심은 이 시기에 비약적으로 확대된다. 그 성과는 특히 주저 『상징 형식의 철학』 제1권: 언어(1923), 제2권: 신화적 사고(1925), 제3권: 인식의 현상학(1929)에서 상세하게 전개되었다. 여기서는 상징이야말로 일반적으로 세계 이해의 매체라고 하는 관점에서 과학적 인식뿐만 아니라 언어적 활동이나 신화적 사고 등도 상징의 다양한 기능의 구체적인 전개로서 정면에서 다루어지며, 그러한 영위 속에서 상징을 통해 산출되어가는 언어적 세계나 신화적 세계 등에 대해서도 고유한 구조와 위치가가 승인되게 되었다. 그에 비해 망명 시대에는 당시의 유럽 나라들을 석권하고 있던 전체주의적인 정치체제와 사회의 존재방식에 대한 깊은 우려에서 그의 철학적인 관심은 바로 그러한 현상에 대한 윤리적 · 사회철학적 비판에로 향한다. 유작 『국가의 신화』(*The Myth of the State*, 1946)나 몇 개의 정치철학적 유고들은 물론이지만, 영어권의 독자에 대해 상징 형식의 철학의 전체상을 해설하는 것이 본래의 목적이었던 『인간에 대하여』(*An Essay on Man*, 1944)에서도 문화의 본질이 특히 인간의 점진적인 자기해방 과정이라는 시각을 기축으로 하여 논의되고 있는 데서도 그의 그와 같은 의도가 명료하게 간취된다.

그렇지만 좀 더 자세히 검토하게 되면 그의 문제설정이 생애를 통해 일관된다는 점도 확실하다. 망명 시대에서도 자연과학적 인식의 문제가 그의 철학 속에서 중요한 위치를 점하고 있었다는 것은 『현대 물리학에서의 결정론과 비결정론』(*Determinismus und Indeterminismus in der modernen Physik*, 1936)으로부터도 분명히 드러나며, 또한 이미 베를린 시대에도 『자유와 형식』(*Freiheit und Form*, 1916) 등에서 이론적인 영위가 국가나 사회와의 관련 없이는 완전하게 이해될 수 없다는 것을 주장하고 있었다. 따라서 그의 철학의 시기적 구분에서는 변화보다는 오히려 심화를 보는 것이 어울린다고 생각된다. 요컨대 베를린 시대에는 주로 자연과학적인 함수를 모델로 하여 주장된 관계의 제1차성의 테제가, 함부르크 시대에는 다양한 상징을 사용하는 일상적인 생활세계의 차원으로까지 의식적으로 확대되어 적용되며, 그러한 것을 통해 세계 이해의 다양성 그 자체를 주제화할 수 있는 상징체계라는 틀이 획득되고, 그 이후에는 그때까지의 여러 분야에 걸친 논점을 이러한 틀 속에 다시 자리매김하는 데에 역점이 두어졌다고 생각할 수 있는 것이다.

현상학파와의 관련에 대해 말하자면, 후설과의 교류나 다보스에서의 유명한 토론 이외에도 어느 정도 알려져 있는 하이데거와의 상호 대화 등이 사실로서는 지적되고 있지만, 그들의 철학과의 이론적인 포치관계에 대한 본격적인 해명은 여전히 이후의 과제로서 남아 있다. ☞ ㊄상징 형식, ㉦상징 형식의 철학

—구쓰나 게이조(忽那敬三)

㊟ E. Cassirer, *Symbol, Myth, and Culture*, New Haven, 1979(神野慧一郎 外 譯, 『象徵 · 神話 · 文化』, ミネルヴァ書房, 1985)에 수록된 편자 D. P. 비린Verene의 해설.

카우프만[1] [Felix Kaufmann 1895. 7. 4 – 1949. 12. 23]

오스트리아의 법철학 · 사회철학자. 빈에서 태어나 빈 대학에서 법학 · 정치학을 공부하며, 1922년 동 대학의 법철학 사강사가 된다. 38년 미국으로 망명. 49년까지 뉴욕에 있는 뉴스쿨(New School for Social Research)에서 강의를 계속한다. 순수 법학(Reine Rechtslehre)파에 속하며 그 기본 견해를 현상학에 입각하여 발전시켰다. 저서 『법의 표지』(*Kriterien des Rechts*, 1924)에 의하면 일반 학문론은 "절대적으로 형식적인" 본질에 관계하는 일반적인 논리학 · 방법론과, "사태적인"(sachhaltig) 본질에 관계하는 특수적인 그것으로 구별된다. 법철학은 이러한 특수적인 논리학의 하나로서의 순수 법학인데, 법의 사태에 입각하여 "법학적 인식의 선험적인 전제"인 법의 "근본 개념"을 본질직관에 의해 추구한다. 그의 후반의 연구는 특히 망명 후 일반 학문론에 중점을 두었지만, 저서 『사회과학 방법론』(*Methodenlehre der Sozialwissenschaften*, 1936)은 1944년 미국에서 번역되었다. ☞ ㊄법학과 현상학

—다케시타 겐(竹下 賢)

카우프만[2] [Fritz Kaufmann 1891. 7. 3 – 1958. 8. 9]

독일의 철학자. 괴팅겐 대학(1913-14), 프라이부르크 대학(1920-25)에서 후설에게서 배우고, 하이데거로부터도 영향을 받는다. 프라이부르크 대학의 사강사를 거쳐 1936년부터 베를린의 유대교학 대학에서 강의했지만 나치스 체제가 강화되면서 미국으로 이주했다. 그 후 노스웨스턴 대학(1938-46), 버팔로 대학(1946-58)에서 강의했다. 주저로는 『현대의 역사철학』(*Geschichtsphilosophie der Gegenwart*, 1931), 『예술과 종교』(*Kunst und Religion, 1936*) 등이 있으며, 역사로부터 종교까지 폭넓은 주제에 몰두하여 현상학을 그 접근

안에 자리매김했지만 관심의 중심은 미학에 있으며, 특히 토마스 만 연구와 관련하여 많은 저작이 있다. 1958년에 유럽에 돌아온 직후 스위스의 취리히에서 사망했다. 사후 출판된 저작집 『미의 세계』(*Das Reich des Schönen*, 1960)에는 그의 사상의 전개를 해설한 가다머의 '후기'가 붙어 있으며, 전 저작목록도 게재되어 있다.

—사토 히데아키(佐藤英明)

카츠 [David Katz 1884. 10. 1–1953. 2. 10]

독일의 심리학자. 괴팅겐 실험현상학파의 한 사람. 괴팅겐 대학에 재임 중(1901-06)인 후설에게서 직간접적인 영향을 받았다. 그는 후설의 현상학을 "이 방법은 선입관이나 편견 없이 직접 경험에 주어진 현상들을 이해하기 위한 기술적 방법이며, 현상 자체로 하여금 말하도록 하는 방법이다"라고 받아들이고, 이러한 방법적 태도 하에 『색이 나타나는 방식과 그것의 개인적 경험에 의한 변용』을 발표했다(1911). 이것은 예를 들면 하늘의 파란 색(면색)과 물체의 색(표면색)이 그 현상방식(특히 공간적인 현상방식)에서 다르다는 것을 기술적으로 명확히 한 것으로서, 이것을 후설도 그리고 또한 카츠와 친교가 있던 셸러도 높이 평가했다고 한다. 촉각에 관해서도 뛰어난 현상학적 기술을 남기고 있을 뿐만 아니라 발달심리학, 비교심리학, 동물심리학 등, 광범위한 분야에서 우수한 업적을 남겼으며, 게슈탈트 심리학자와도 교류하여 『게슈탈트 심리학』(1943)을 저술했다.

—구지라오카 다카시(鯨岡 峻)

칸토어 [Georg Cantor 1845. 3. 3–1918. 1. 6]

집합론의 창시자. 러시아의 상트페테르부르크에서 태어나 베를린 대학에서 바이어슈트라스 밑에서 수학, 특히 해석학解析學을 공부했다. 후설의 선배 제자였던 셈이다. 1867년에 학위 취득. 69년부터 할레 대학에서 교직에 들어서며, 79년에 정교수가 되었다. 70년대부터 삼각급수의 무한 특이점에 대한 연구를 시작하여 무한에도 계층성이 있다는 것을 깨닫고 서서히 <초한기수>와 <초한서수>로 이루어지는 초한수의 이론, 즉 집합론을 체계적으로 구축할 것을 목표로 하게 된다. 특히 『일반 집합론의 기초』(1883)는 무한론의 철학사적 기초를 논의하고 있는데, 후설을 포함한 수학자·철학자들에 의해 열심히 읽혀졌다. '집합' 내지 '다양체'라고 번역되는 'Mannigfaltigkeit'라는 개념은 리만(Georg Friedrich Bernhard Riemann 1826-66)과 더불어 칸토어가 사용한 것이다. 그는 1887년에 후설의 교수자격 청구논문 「수의 개념에 대하여」의 심사위원을 맡는 한편, 할레 대학에서는 동료 관계에 있었는데, 후설의 '형식논리학'이라든지 '형식적 존재론'의 중요한 사례가 바로 그의 집합 개념이었다고 여겨진다.

—사사키 치카라(佐々木力)

케른 [Iso Kern 1937. 10. 3–]

독일의 철학자. 루뱅의 후설 문고에서 일하며, 하이델베르크 대학에서 교편을 잡는다. 후설의 초월론적 현상학과 칸트 및 신칸트학파와의 관계를 연구하고 있다. 『후설 전집』 제13, 14, 15권의 편자. 주요 저작은 *Husserl und Kant*, 1964 등.

케언즈 [Dorion Cairns 1901–73. 1. 4]

미국의 현상학자. 뉴햄프셔 주 콘투쿡에서 태어나 하버드에서 공부했다. 1924년 9월 24일 유럽 여행 도중에 프라이부르크의 후설을 방문, 현상학에 매료되어 그대로 26년까지 머무르며 연구를 계속했다. 1931년 1월 23일부터 32년에 걸쳐 다시 프라이부르크를 방문해 후설 및 핑크와 현상학의 다양한 주제에 대해 대화를 거듭한다. 그 기록은 *Conversation with Husserl and Fink*, The Hague, 1976으로서 정리되어 있는데, 후설의 육성을 전하는 귀중한 증언집이다. 귀국 후 후설 현상학을 미국에 보급하고 소개하는 데 힘쓰며, 1933년부터 50년까지 록포드 칼리지에서 철학 및 심리학 교수,

50년 이후에는 뉴스쿨(New School for Social Research)에서 교편을 잡았다. 1940년에는 M. 파버를 도와 계간지 *Philosophy and Phenomenological Research*의 간행에 참가하며(잡지명은 후설의 '연보'를 본뜬 것이다), 창간호에 논문 「언어 표현의 이념성」 및 후설의 유고 「기하학의 기원」에 대한 서평을 기고한다. 또한 그는 후설의 『형식논리학과 초월론적 논리학』 및 『데카르트적 성찰』의 영역자로서도 알려져 있는데, 그 경험을 활용한 저작 *Guide for Translating Husserl*, The Hague, 1973은 영어권의 독자에 대한 가장 좋은 안내서이다. 케언즈의 현상학 이해의 적확함은 후설 자신이 인정하고 있는 바이며, 그 성과의 일부는 그가 D. Runes, ed., *Dictionary of Philosophy*, Totowa, 1962에 기고한 현상학 관계 항목에서 볼 수 있다. 그는 주저를 남기지 않았기 때문에 현재 L. 엠브리에 의해 『저작집』(Collected Papers)의 간행이 준비되고 있다.

—노에 게이이치(野家啓一)

케이시 [Edward S. Casey 1939–]

미국의 철학자. 노스웨스턴과 파리 대학에서 공부하고, 캘리포니아, 예일, 뉴욕 주립대학에서 교편을 잡는다. 상상력과 그 원천의 관계를 고찰하고, 상상력이 지니는 구조를 지적했다. 프로이트, 후설, 구조주의, 미학에 대해서도 논의하고 있다. 주요 저작은 *Imaging: A Phenomenological Study*, 1976 등.

켈젠 [Hans Kelsen 1881. 10. 11–1973. 4. 19]

오스트리아의 법률학자. 빈과 쾰른 대학의 교수를 역임한 후 미국으로 망명하여 캘리포니아 대학 교수가 된다. 법률학은 규범과학이라고 주장하고, 주관적 가치판단과 인과적 방법을 법 이론으로부터 배제. '순수 법학'을 주창한다. 후설의 영향을 받은 F. 카우프만은 켈젠의 순수 법학 이론에 현상학의 방법을 받아들였다. 주요 저작은 *Hauptprobleme der Staatsrechtslehre*, 1911, *Allgemeine Staatslehre*, 1925(淸宮四郎 譯, 『一般國家學』, 岩波書店, 1936), *General Theory of Law and State*, 1945(尾吹善人 譯, 『法と國家の一般理論』, 木鐸社, 1991) 등. ☞㉦법학과 현상학, ㉤카우프만[1]

코르넬리우스 [Hans Cornelius 1863. 9. 27–1947. 8. 23]

독일의 철학자. 뮌헨 대학에서 수학·물리학을 공부하고 후에 철학으로 전환한다. 1910년 프랑크푸르트 대학 교수. 의식의 직접소여에 관한 학으로서의 심리학에 의해 철학 및 경험과학을 근거짓고자 시도하여 후설로부터 심리학주의라고 비판받았다. 주요 저작은 *Psychologie als Erfahrungswissenschaft*, 1897, *Einleitung in die Philosophie*, 1903, *Transzendentale Systematik*, 1916 등.

코이레 [Alexandre Koyré 1892. 8. 2–1964. 8. 28]

러시아 출신의 철학사가·과학사가. 유대인의 부유한 가정에서 태어나 괴팅겐 대학에서 후설에게 철학을, 힐베르트에게 수학을 배웠다. 후설의 부인이 대모였다고 한다. 처음에는 데카르트와 야콥 뵈메에 관한 연구 등 철학사적 연구에 종사했지만 후에 과학사 연구를 개시하는데, 『갈릴레오 연구』(*Études galiléennes*, 1939: 菅谷曉 譯, 法政大學出版局, 1988)는 과학사 연구를 최전선의 학문적 영위로 만드는 데 공헌했다. 전후에는 파리의 과학기술사 중앙연구소와 프린스턴 고등학술연구소를 왕복하며 대서양을 사이에 둔 양 대륙에서 우수한 과학사가들을 교육했다. 『닫힌 세계로부터 무한 우주로』(*From the Closed World to the Infinite Universe*, 1957: 横山雅彦 譯, みすず書房, 1973)도 사상적 함축으로 가득 차 있다. 코이레의 과학사는 과학의 사상사적 배경을 탐구하는 방법에 의한 것으로서 맑스주의의 영향을 받은 사회사에 대해서는 부정적 태도를 취했다. 후설의 중기 현상학의 영향을 받았다고 말할 수 있으며, 과학에 대한 플라톤주의적·객관주의적 관점을 평생 계속해서 지녔다고 말할 수 있다. ☞㉦과학사·과학철학과 현상학

—사사키 치카라(佐々木力)

코제브 [Alexandre Kojève 1902. 4. 28－68. 6. 4]

러시아 출신의 프랑스 철학자. 1917년 러시아 혁명의 해에 서구로 망명한다. 독일에서 공부하고 프랑스에 정착한다. 코이레의 의뢰로 고등연구원에서 헤겔의 『정신현상학』을 강의한다. 이 세미나에는 바타이유(Georges Bataille 1897-1962), 라캉(Jacques Lacan 1901-81), 메를로-퐁티 등이 참가한다. 코제브의 헤겔 강의는 프랑스에서 헤겔 발견의 계기가 되었다. 그의 헤겔 독해의 중심은 '자기의식' 장에서의 '주인과 노예의 투쟁'이다. 인간이 인간으로 생성되기 위해 인간은 자연과 투쟁하며 인간 상호간에 투쟁하는 과정을 거친다. 역사란 자연과 타자를 부정하는 행위 안에서만 존재한다. 인간의 역사는 전 지구상의 민족들을 "보편적이고 동질적인 국가"로 통합하기까지 계속된다. 그리고 일단 이 이념적 '국가'(공동체)가 실현되고 부정해야 할 상대방이 없어지게 되면 그 때 "역사의 종언"이 도래한다. 20세기는 나폴레옹이 개시한 "보편적 동질국가"가 실현되는 시대이자 동시에 역사가 종언되는 시대이다. 역사의 종언을 살아가는 시대의 사상가는 이미 '철학자'(philosophe)가 아니라 '예지자'(sage)이다. 예지의 사람은 보편적 동질국가를 지향하여 실천한다. 이리하여 코제브는 제2차 대전 이후 아카데미를 떠나 유럽 공동체의 이론가로서 브뤼셀에서 계속해서 활동했다. ☞ ㉮이폴리트

—이마무라 히토시(今村仁司)

코켈만스 [Joseph J. Kockelmans 1923. 12. 1－]

네덜란드에서 태어난 철학자. 후년에 미국으로 귀화. 듀케인 대학 객원교수. 과학에 대해 현상학적 입장에서 연구한다. N. 하르트만을 통해 후설, 메를로-퐁티, 하이데거의 현상학에 접근한다. 하이데거의 영향 하에 '존재'를 시간성의 관점 하에서 연구. 주요 저작은 *Martin Heidegger, A First Introduction to His Philosophy*, 1965, *The World in Science and Philosophy*, 1969 등.

—나카무라 노보루(中村 昇)

코타르빈스키 [Tadeusz Kotarbiński 1886. 3. 31－1981]

폴란드의 철학자・논리학자. 루뱅 대학에서 철학과 고전을 공부하고, 1912년 박사 학위 취득. 18세부터 바르샤바 대학에서 가르치며, 1957-62년 폴란드 과학 아카데미 총재, 1958년 이래로 소연방 과학 아카데미 외국회원. 주요 저작은 *Wybór Pism*, 1957-58, *Wyktady z Dziejów Logiki*, 1957(松山厚三 譯, 『論理學史』, 合同出版, 1971) 등.

코프카 [Kurt Koffka 1886. 3. 18－1941. 11. 22]

독일의 심리학자. 베를린 대학에서 슈툼프의 지도를 받고 있었지만, 쾰러와 함께 프랑크푸르트의 베르트하이머를 방문하여 거기서 게슈탈트 심리학의 창시자의 한 사람으로 헤아려지는 계기를 만들었다. 1918년부터 기센 대학 교수, 1921년부터 베르트하이머, 쾰러 등과 *Psychologische Forschung* 지를 발간하고, 베를린학파의 일원으로서 시 지각에 관한 논문을 다수 발표했다. 1924년에 티체너(Edward Bradford Titchener)의 초청으로 코넬 대학을 방문한 그는 다른 게슈탈트학파 사람들보다 일찍 1928년부터 미국의 스미스 대학으로 옮기며, 1935년에는 대저 『게슈탈트 심리학의 원리』를 저술하는 한편, 베르트하이머, 쾰러 등 다수의 망명 이주자들의 편의를 봐주었다고 한다. 그는 그 주저에서 "직접 경험할 수 있는 한에서 소박하고 순수한 기술"이 현상학이라고 말하고, "환경의 장"을 지리적 환경과 행동적 환경으로 이분하고는 후자야말로 현상학적 기술의 대상이라고 주장한다.

—구지라오카 다카시(鯨岡 峻)

콘라트 [Theodor Conrad 1881. 12. 22－1969. 3. 23]

괴팅겐학파의 주요한 일원. 처음에 뮌헨의 립스와

펜더 밑에서 공부하며, 1907년 괴팅겐에 있던 후설을 방문했다. 같은 해 다른 구성원들과 함께 '괴팅겐 철학 협회'를 창설. 1912년 헤트비히 콘라트-마르티우스와 결혼. 종래의 심리학에서의 체험에 대한 일면적인 탐구에 불만을 느끼고 체험의 다층적인 구조를 사태에 입각해 고찰했다. 특히 현 상황에서의 체험만이 아니라 다른 상황으로 옮겨놓은 자신의 입장에서 상정되는 체험이 중요한 역할을 수행한다는 것을 지적하여 그것을 '대치체험'(Versetztseinserlebnisse)이라고 불렀다. 그것은 구체적으로는 추체험, 상기, 선체험, 꿈, 내적 발화, 내적 청취 등을 말한다. 체계화를 바라지 않고 사태 그 자체에 밀착한 탐구 자세에 특징이 있다. 바이에른 국립도서관에 유고가 모아져 있다. 저작으로서는 『언어철학 탐구』(1910), 『지각과 표상에 대하여』(1911), 『심적 생과 심적 체험의 본질론』(1968)이 있다. ☞ ㊕괴팅겐학파, ㊖콘라트-마르티우스

—미야사카 가즈오(宮坂和男)

콘라트-마르티우스 [Hedwig Conrad-Martius 1888. 2. 27-1966. 2. 15]

괴팅겐학파의 여성 철학자. 베를린에서 태어나 로스토크, 프라이부르크 대학에서 역사와 문학을 공부했다. 그 후 뮌헨 대학에서 철학과 심리학 및 예술사를 공부하고, 펜더의 지도를 받으며 M. 가이거의 세미나에 참가했다. 곧이어 가이거의 권유로 괴팅겐 대학의 후설과 라이나흐 밑으로 간다. 그녀는 힐데브란트가 떠난 후 그곳의 철학연구회에서 지도적 역할을 수행했다. 1912년 뮌헨 대학에 『실증주의의 인식론적 기초』(*Die erkenntnistheoretischen Grundlagen des Positivismus*)를 제출하여 학위를 취득. 당시 여성이 철학으로 자리를 얻기는 쉽지 않았다. 그녀는 동료인 T. 콘라트와 결혼하여 프파르츠 주에서 과수원을 경영하는 한편, 철학 연구에 종사한다. 『철학 및 현상학 연구 연보』 제6권(1923)에 「현실존재론」("Realontologie")을 기고하고, 그 후에는 현상학적 방법에 의한 자연철학 연구로 향한다. 1933년의 나치당의 정권 장악은 유대인 조부모를 둔 그녀에게 학위 청구를 불가능하게 만들었다.

후설의 70세 기념논문집(1929)에 기고한 「색채」("Farben")가 괴테의 형태학(Morphologie)에 대한 공감을 보여주고 있는 데서도 알 수 있듯이 그녀의 철학의 주요 동기는 존재론적 형태학(ontologische Morphologie)의 구축에 있었다. 괴테 자연학의 중심 개념인 근원현상(Urphänomen)을 생명 현상의 수수께끼로 하여 어떻게 현상학적으로 추적하는 것이 가능한가하는 문제야말로 그녀의 사유의 핵심이라고 말할 수 있다. 『진화론』(*Abstammungslehre*, 1938, [2]1949), 『자연의 자기구성』(*Der Selbstaufbau der Natur*, 1944, [2]1961) 등의 저작들에서 이 입장은 명료하게 된다. 전자는 1938년의 표제 『살아있는 우주의 기원과 구성』(*Ursprung und Aufbau des lebendigen Kosmos*)이 보여주듯이 유기체의 개체 발생 속에 존재하는 계통 발생의 문제를 정면에서 취급한 저작이며, 후자는 '엔텔레케이아와 에네르게이아'(Entelechien und Energien)라는 부제가 보여주듯이 유기체의 생명 현상이 물리적 현상과 어떻게 다른지를 추구한 저작이다.

1949년, 그녀는 뮌헨 대학에서 강의 위촉을 받는다. 50년대의 그녀는 자기의 철학을 체계화하는 3부작, 『시간』(*Die Zeit*, 1954), 『존재』(*Das Sein*, 1957), 『공간』(*Der Raum*, 1958)을 연달아 발표한다. 이들에서 제시된 존재론은 하이데거의 그것과는 뚜렷하게 다른 것이었다. 1959년의 국제 현상학자 회의에 출석한 그녀는 「초월론적 현상학과 존재론적 현상학」("Die transzendentale und ontologische Phänomenologie")을 발표하고, 프라이부르크학파에 대한 괴팅겐, 뮌헨학파의 독자성을 강조했다. ☞ ㊕괴팅겐학파, 뮌헨학파{뮌헨 현상학}, ㊖콘라트, 펜더, ㊗자연의 자기구성

—야시로 아즈사(矢代 梓)

㊟ H. Spiegelberg, *The Phenomenological Movement*, The Hague, [3]1982.

쾰러 [Wolfgang Köhler 1887. 1. 21-1967. 6. 11]

독일의 심리학자. 베를린 대학에서 슈툼프 문하에

있던 그는 1910년 코프카와 함께 프랑크푸르트의 베르트하이머를 방문하여 그의 기념비적인 실험에 협력하는 한편, 그로부터 게슈탈트 심리학의 구상을 들었다고 한다. 1912년 프랑크푸르트 대학 강사. 1913-20년에 걸쳐서는 유명한 『유인원의 지혜 시험』의 자료를 얻게 된 테네리파 섬의 유인원 연구소 소장. 1921년에 베르트하이머 등과 함께 *Psychologische Forschung* 지를 발간. 1922년에는 슈툼프의 후임으로서 베를린 대학의 정교수가 되고, 베르트하이머, 코프카, 레빈 등과 함께 이른바 베를린 학파를 형성, 내외에 커다란 영향을 미치게 된다. 그 중에서도 특히 그는 게슈탈트 심리학의 체계적 이론화를 지향하고, 심리·물리 동형설을 주창하여 대뇌 과정에 대한 해명을 전망한다. 다른 한편 그는 흔적 가설, 장이론의 도입을 시도하는 등, 학파 제일의 이론가로서 종횡무진의 활약을 보였지만, 1935년 나치즘의 박해를 피하여 미국으로 이주했다. ☞㈏게슈탈트 이론

—구지라오카 다카시(鯨岡 峻)

쿤 [Helmut Kuhn 1899. 3. 22–]

독일의 철학자. 뮌헨 대학 교수. 1957년부터 62년까지 독일철학회 회장. 플라톤, 아우구스티누스, 토마스 아퀴나스, 후설 등의 영향을 받아 미와 예술의 문제를 역사적 시야를 바탕으로 전개했다. *Bewegung mit dem Sein*, 1954(齋藤博·玉井治 譯, 『存在との出會い』, 東海大學出版會, 1973), *Wesen und Wirken des Kunstwerkes*, 1960 등.

퀼페 [Oswald Külpe 1862. 8. 3–1915. 12. 30]

독일의 심리학자, 철학자. 라이프치히 대학의 분트에게서 공부하고, 1894년 뷔르츠부르크 대학 교수가 된다. 고등 정신작용에 실험적 방법을 적용하지 않은 분트에 반해, 판단, 사고, 의지 등을 실험심리학에서 취급하여 뷔르츠부르크학파를 형성했다. 당시의 학생으로 게슈탈트 심리학의 창시자인 베르트하이머가 있다. 1904년에 본 대학 교수, 1913년에 뮌헨 대학 교수가 된다. 철학적으로는 소박실재론과 관념론을 비판하고 비판적 실재론을 설파했다. 하이데거의 최초의 논문 「현대 철학에서의 실재 문제」(“Das Realitätsproblem in der modernen Philosophie”, 1912)는 이 비판적 실재론에 관한 것이다. 『철학 입문』(*Einleitung in die Philosophie*, 1895) 등의 저작에는 후설 현상학에 대한 언급도 있으며, 브렌타노나 후설로부터의 영향이 보인다. 그러나 『논리연구』 I 이나 『이념들 I』 등에서 퀼페의 저작은 후설의 비판 대상이 된다. ☞㈏뷔르츠부르크학파

—사토 히데아키(佐藤英明)

크라우스[1] [Alfred Kraus 1934. 7. 4–]

독일의 정신병리학자. 뮐도르프에서 태어나 하이델베르크 대학의 텔렌바흐 밑에서 공부하고, 그 후 동 대학의 정신과 교수가 된다. 주저 『조울증과 대인행동』(*Sozialverhalten und Psychose Manisch-Depressiver*, 1977)이라는 표제에서도 보이는 대로 전문 영역은 조울증 및 우울증에 대한 연구이다. 현재 텔렌바흐와 블랑켄부르크 등과 함께 독일에서의 현상학적(인간학적) 정신병리학의 대표자이다. 이론적으로 주목되는 것은 울증 상태를 역할 혹은 규범에 대한 과도한 동일화로 파악하고 거기서 우울증의 인간학적 유형을 발견하고자 하는 점이다. 나아가 이러한 사고방식은 미국의 사회학자 G. H. 미드의 ‘I’와 ‘me’의 문제를 받아들여 독특한 시간 구성론으로까지 고양되게 된다. 예를 들면 역할에 대한 과잉 동일화는 ‘me’의 분출에 의한 ‘I’의 감축으로서 다시 파악되며, 그 역의 ‘I’의 범람이 조증 상태로 파악되게 된다. ☞㈐조울증과 대인행동

—고바야시 도시아키(小林敏明)

㊂ 小林敏明, 『アレーテイアの陷穽』, ユニテ, 1989.

크라우스[2] [Oskar Kraus 1872. 7. 24–1942. 9. 26]

체코슬로바키아의 철학자. 1916년 프라하 대학 정교수. 브렌타노의 철학을 다양한 방면에 적용하고, 의식

에 대한 연구를 자기 철학의 중심 문제로 삼았다. 주요 저작은 *Zur Theorie des Wertes*, 1901, *Franz Brentano*, 1919, *Die Werttheorie*, 1937 등.

크로네커 [Leopold Kronecker 1823. 12. 7–91. 12. 29]

독일의 수학자. 1883년 베를린 대학 교수. 증명의 엄밀성을 주창하고, 수를 자연수로 환원하며, 무한 개념을 배제했다. 후설은 베를린 대학에서 그에게 사사했다. 주요 저작은 *Über den Zahlenbegriff*, 1887 등.

크완트 [Remy C. Kwant 1918–]

네덜란드의 현상학자. 파리 대학과 루뱅의 고등학술 연구소에서 실존주의, 현상학, 맑스주의 등을 연구. 네덜란드의 위트레흐트 대학 교수, 미국의 듀케인 대학 객원교수를 맡는다. 메를로-퐁티를 비판적으로 계승하여 그의 <신체의 철학>의 새로운 가능성을 추구하고 있다. 주요 저작은 *The Phenomenological Philosophy of Merleau-Ponty*, 1963(滝浦静雄 ・竹本貞之・箱石匡行 譯,『メルロー＝ポンティの現象學的哲學』, 國文社, 1976), *Phenomenology of Language*, 1965(長谷川宏・北川浩治 譯,『言語の現象學』, せりか書房, 1972) 등.

클라게스 [Ludwig Klages 1872. 12. 10–1956. 7. 29]

독일의 심리학・철학자. 주저로서『마음의 항쟁자로서의 정신』(*Geist als Widersacher der Seele*, 1929-32) 등이 있다. 또한 본의 Bouvier 서점에서 전 10권의 전집이 간행되어 있다.

그의 연구로서는 우선 필적 연구에서 시작되는 표현 행위와 그에 대한 이해에 관한 연구를 들 수 있다. 그는 이것을 표현학(Ausdruckskunde)이라고 부른다. 그것에 따르면 인간에서의 타자 이해의 기반은 생명들 사이의 공진共振, 공명에서 찾아진다. 생명은 그 각각에게 고유한 미묘하게 다른 리듬을 지닌다. 타자 이해의 시원에는 그러한 리듬을 감지하는 영위가 있다고 한다. 이를 위해서는 생명 간의 공명과 같은 것이 아무리 미세한 것이라 하더라도 미리 존재하지 않으면 안 된다. 이것은 공-동성共-動性(Mitbewegtheit)[앞의 책 1041]이라고 불린다(다만 '반향'Widerhallen[앞의 책 250], '공명하다'aufeinander sich abstimmen[『표현학의 기초이론』 47]와 같은 표현도 이곳저곳에서 발견된다). 이것에 기초하여 원초적인 타자 이해가 생긴다는 것이다. 체험(Erleben)이라고도 불리는 이러한 영위는 언어적, 문화적 규정을 받은 인식(Erkennen)과는 준별된다. 전자는 후자에 선행하며, 후자를 경험 일반에서마저도 근거짓는다. 한편, 후자 및 그 소산인 정신(Geist)은 단순한 추상이자 필요악에 지나지 않는다고 한다. 이러한 그의 견해는 셸러[SMK 65-7] 등에 의해 비판된다. 그러나 슈트라우스[*Psychologie der menschlichen Welt*, Berlin/Göttingen/Heidelberg, 167-8, 177], 보이텐디크[*Allgemeine Theorie der menschlichen Haltung und Bewegung*, Berlin/Göttingen/Heidelberg, 203-253] 등의 <현상학적> 연구가 클라게스 표현학의 발전적 계승을 시도하고 있다는 점은 특기할 만한 가치가 있다. 마지막으로 클라게스의 성격 이론에 대해 언급해 두고자 한다. 그는 표현학과 마찬가지로 성격 구조를 정신적인 영위와 생명적인 영위의 대립으로서 파악했다. 전자는 자아(Ich), 후자는 에스(Es, 그것)라고 불린다. 이것은 정신분석학의 그것에 선행하여 제창된 것이다[*Prizipien der Charakterologie*(1910), Sämtliche Werke 4, Bonn, 167]. ☞ ㉳공감{동정}, 생, 표정

—가나모리 아쓰시(金森 敦)

[참] L. Klages, *Grundlegung der Wissenschaft vom Ausdruck*, Bonn, 1950(千谷七郎 譯,『表現學の基礎理論』, 勁草書房, 1964). *Grundlagen der Charakterkunde*, München, 1951(千谷七郎 譯,『性格學の基礎』, 岩波書店, 1957).

클라우스 [Ludwig Ferdinand Clauss 1892. 2. 8–1973]

독일의 철학자・심리학자. 키일, 프라이부르크, 베를린 대학에서 공부하고, 1920년 박사 학위 취득. 1918년부터 후설의 조교로 일하고, 36년 베를린 대학 강사.

아랍 나라들을 순방하고, 민족심리학적 문제를 연구했다. 주요 저작은 *Die Wüste macht frei*, 1956, *Flucht in die Wüste*, 1960 등.

클라인 [Jakob Klein 1899. 3. 3－1978. 7. 16]

미국의 고전학자 · 수학사가. 러시아의 리바우에서 태어나 브뤼셀, 베를린에서 교육을 받은 후, 1922년 마르부르크의 니콜라이 하르트만에게서 학위 취득. 프라하 대학의 강사직(수학사)에 취임했다. 유대계였기 때문에 38년에 미국으로 망명했다. 그 후 오랫동안 메릴랜드의 세인트존스 칼리지에서 고전 교육에 종사했다. 34년과 36년에 장편논문 「그리스 계산법과 대수학의 기원」(“Die griechische Logistik und die Entstehung der Algebra”, in *Quellen und Studien zur Geschichte der Mathematik, Astronomie und Physik*, Bd. 3)을 발표하여 후설의 후기 현상학의 입장을 수학사 연구에 체현했다. 이 논문은 그리스의 수론이나 계산법이 근대적 수 개념과 어떠한 계승 · 단절의 관계에 있는지를 밝힌 것이다. 40년에는 후설을 추도하여 편집한 논집에 「현상학과 과학사」(佐々木力 譯, 『思想』, 1982년 11월호)라는 논문을 발표한다. 플라톤의 『메논』, 『테아이테토스』 등에 대한 주석서도 간행했다. ☞ [사]과학사 · 과학철학과 현상학

—사사키 치카라(佐々木力)

클래스게스 [Ulrich Claesges 1937. 3. 13－]

현상학 제3세대의 한 사람. 후설의 조교였던 란트그레베 밑에서 공부한다. 1963년 『에드문트 후설의 공간 구성 이론』(*Edmund Husserls Theorie der Raumkonstitution*)으로 박사 학위를 취득. 1964년부터 71년까지 쾰른의 후설 문고 조교로 일하며, 후설 전집 제16권 “Ding und Raum, Vorlesungen 1907”을 편집. 1971년 “Geschichte des Selbstbewußtseins”(1974)로 교수 자격 취득. 1971년부터 쾰른 대학에서 교편을 잡으며, 1980년부터 동 대학 교수. 논문, 저작은 그밖에 “Zweideutigkeiten in Husserls Lebenswelt-Begriff”, in *Perspektiven transzendental-phänomenologischer Forschung* (1972), *Darstellung des erscheinenden Wissens* (1981) 등. ☞ [서]에드문트 후설의 공간 구성 이론

—누키 시게토(貫 成人)

키실 [Theodore Kisiel 1930. 10. 30－]

미국의 철학자. 듀케인 대학교 졸업. 1962년 철학박사 학위 취득. 북일리노이 대학에서 교편을 잡는다. 영미의 과학철학과 대륙의 전통적 철학을 해석학적 견지에서 결합한다. 하이데거의 과학에 대한 관심에 주목하여 그로부터 유럽의 철학을 연구한다. 주요 저작은 *Phenomenology and the Natural Sciences* (공저) 등. 역서로 Werner Marx, *Heidegger and the Tradition*이 있다.

—나카무라 노보루(中村 昇)

ㅌ

타미니오 [Jacques Taminiaux 1928 –]
벨기에의 철학자. 루뱅 대학 교수. 『현상학 총서』(Phaenomenologica) 창설 이래로 그 편집에 관여한다. 독일 관념론과 현상학에 대해 연구하고, 메를로-퐁티의 사유와 후설, 하이데거와의 관계를 검토하고 있다. 주요 저작은 *La nostalgie de la Grèce à l'aube de l'Idéalisme allemand*, 1967, *Le regard et l'excédent*, 1977 등.

테베나 [Pierre Thévenaz 1913 – 55]
프랑스의 철학자. 누샤텔 대학을 거쳐 로잔 대학 교수. 신앙과 철학의 문제를 둘러싸고 프로테스탄트 입장에서 이성 비판을 시도했다. 그 후 현상학에 접근하며, 실존철학적인 방향에서 사유를 심화시켰지만 급서. 주요 저작은 *L'Homme et sa Raison*, 1956, *La Condition de la Raison philosophique*, 1960, *De Husserl à Merleau-Ponty*, 1966(丸山靜 譯, 『現象學の展開』, せりか書房, 1968) 등.

텔렌바흐 [Hubertus Tellenbach 1914. 3. 15 –]
쾰른에서 태어나 프라이부르크, 쾨니히스베르크, 키일, 뮌헨 대학에서 의학과 철학을 공부했다. 특히 프라이부르크에서는 하이데거에게 사사한다. 『청년 니체의 인간상에서의 과제와 전개』(1938)로 철학의 학위를 취득한 후 뮌헨 대학 정신과에 들어가며, 「멜랑콜리 환자의 공간성」(1956) 연구로 현상학적·인간학적 정신병리학자로서 데뷔했다. 1958년 이후 1982년 퇴임 때까지 하이델베르크 대학 정신과 교수. 이 사이에 주저 『멜랑콜리』(1961, 41983) 외에 『맛과 분위기』(1968), 논문집 『정신적 의학으로서의 정신의학』(1987) 등의 저서, 나아가 조울병, 간질, 비교문화 정신의학 등의 테마를 중심으로 한 다수의 잡지 논문을 발표한다. 하이데거적인 현상학을 지향하는 가운데 빈스방거의 <현존재 분석>과 겝자텔(Victor Emil von Gebsattel 1882-1976)의 정신의학적 인간학으로부터 강한 영향을 받으며, 나아가 바이츠제커(Viktor von Weizsäcker 1886-1957)의 의학적 인간학 학풍을 계승하고 있다. ☞ [사]분위기, [서]멜랑콜리

—기무라 빈(木村 敏)

토이니센 [Michael Theunissen 1932 –]
독일 현대 철학을 대표하는 철학자 중 한 사람. 하이델베르크 대학 교수를 거쳐 베를린 대학 교수. 키르케고르 연구로부터 출발하여 이후 헤겔 연구를 중심으로 정력적인 집필 활동을 전개한다. 현상학 관련으로는 세계 지평과 세계 존재의 차이를 둘러싼 논고 「지향적 대상과 존재론적 차이」(1963)와, 후설의 초월론적 상호주관성 이론과 부버의 대화철학을 대비하면서 현대에서의 사회존재론의 가능성을 체계적으로 논의한 『타자』(1965)가 중요하다. 그밖에 하버마스의 비판이론에 대한 비판인 『사회와 역사』(*Gesellschaft und Geschichte*, 1969 : 小牧治・村上隆夫 譯, 『社會と歷史』, 未來社, 1981)가 있다. ☞ [서]타자

—와시다 기요카즈(鷲田淸一)

투겐트하트 [Ernst Tugendhat 1930. 3. 8－]

독일의 철학자. 1956년 튀빙겐 대학에서 철학박사 학위 취득. 하이델베르크 대학을 거쳐 1980년 베를린 자유대학 교수. 현상학 연구로부터 출발하여 후에 분석철학으로 관심을 옮긴다. 기초철학으로서의 언어분석의 중요성을 주장하고, 전통적 철학의 비판적 재구축을 시도하고 있다. 주요 저작은 *Der Wahrheitbegriff bei Husserl und Heidegger*, 1967, *Vorlesungen zur Einführung in die sprachanalytische Philosophie*, 1976, *Selbstbewußtsein und Selbstbestimmung*, 1979, *Problem der Ethik*, 1984 등.

트바르도프스키 [Kazimierz Twardowski 1866. 10. 20－1938. 2. 11]

빈에서 태어남. 빈 대학에서 주로 (당시에는 사강사였던) 브렌타노로부터 철학을 배우고, 1892년에 『이념과 지각』(*Idee und Perzeption*)으로 학위를 취득했다. 1894년에 『표상의 내용과 대상』(*Zur Lehre vom Inhalt und Gegenstand der Vorstellungen*)으로 빈 대학에서 교수자격을 얻는다. 1894-95년에 빈에서 사강사로 일한 후, 1895년에 폴란드의 르부프(독일 명 렘베르크, 현재는 우크라이나 령) 대학의 철학교수로 초빙되어 1930년까지 근무했다. 르부프에서는 폴란드의 철학자와 논리학자를 결집하여 '르부프－바르샤바학파'를 결성했다. 이 학파에서는 아이두키에비치, 코타르빈스키, 우카시에비치(Jan Łukasiewicz 1878-1956), 레스니에프스키(Stanislaw Lésniewski 1886-1939), 그리고 타르스키(Alfred Tarski 1901-83) 등이 배출되어 폴란드의 철학과 논리학을 일약 세계적으로 유명한 것으로 만들었다.

트바르도프스키의 첫 번째 공적은 심적 현상학에 관해 작용, 내용, 대상이라는 구별을 도입함으로써 브렌타노에게서는 모호했던 지향적 내용(내지 대상)이라는 개념을 명확히 하여 지향성 분석에 새로운 시야를 개척한 점에 있다(후설은 트바르도프스키의 내용에 남아 있던 대상의 상이라는 계기를 비판하고 '의미'라는 계기를 좀 더 철저화함으로써 대상과는 독립하여 규정할 수 있는 지향성 개념을 확보하며, 다른 한편 마이농은 실재성과는 독립된 대상 개념을 확대함으로써 '대상론'을 형성했다). 나아가 트바르도프스키는 볼차노의 영향을 받아 심적 현상의 분석에서도 언어분석적인 방법을 구사함과 동시에 '무대상적 표상'이라는 볼차노의 개념을 비판하여 모든 표상에는 대상이 대응한다고 주장했다. 또한 「소위 상대적 진리에 대하여」("Über sogenannte relative Wahrheit", in *Archiv für systematische Philosophie*, Bd. Ⅷ, 1902 ; D. Pearce, Hg., *Logischer Rationalismus*, 1988에 재수록: 池上鎌三 譯, 岩波書店, 1928)에서는 판단과 언표의 구별에 기초하여 언표는 다양한 판단을 표현할 수 있기 때문에 상황에 따라 진리값이 변할 수 있지만, 판단 자신의 진리값은 상황과는 독립적으로 영원불변하다는 것을 보임으로써 상대주의를 비판했다. 트바르도프스키의 이러한 논의는 르부프－바르샤바학파의 논리철학자들에게 계승되었다. ☞ ㉯표상의 내용과 대상

―무라타 준이치(村田純一)

티미에니에츠카 [Anna-Teresa Tymieniecka 1923－]

폴란드 출신의 현상학자. 소르본, 프라이부르크 등의 대학에서 공부하고, 1952년에 프라이부르크 대학에서 철학박사 학위 취득. 1954년 도미. 미국 각지의 대학에서 교단에 서며, 1972년 세인트존스 대학 교수. 『아날렉타 후설리아나』(*Analecta Husserliana*)를 비롯해 많은 잡지, 연구 기관의 운영에 관여하고 있다. 현상학적 방법을 광범위한 영역에 적용하여 인간의 창조 행위에 대한 포괄적 이해를 목표로 한다. 주요 저작은 *Phenomenology and Science in Contemporary European Thought*, 1961(北村浩一郎 譯, 『現象學と人間科學』, せりか書房, 1969), *Why is there Something rather than Nothing?*, 1976, *Logos and Life*, 1988-90 등 다수.

틸리에트 [Xavier Tilliette 1921－]

프랑스의 철학자. 셸링에 관한 논문으로 철학박사

학위 취득. 예수회 회원. 현재는 파리 가톨릭 학원 및 로마 신학대학 교수. 실존주의 전반에 대한 상세한 연구가 있다. 기독교에 대한 철학적 고찰도 시도한다. 주요 저작으로는 *Karl Jaspers*, 1960, *Merleau-Ponty ou la Mesure de l'Homme*, 1970(木田元・篠憲二 譯,『メルロ=ポンティ—あるいは人間の尺度』, 大修館書店, 1973), *Schelling*, 1970, *L'Absolu et la Philosophie*, 1987, *Le Christ de la Philosophie*, 1990 등이 있다.

ㅍ

파버 [Marvin Farber 1901. 12. 14－80. 11. 24]

하버드 대학 재학 중에 프라이부르크에서 후설에게 배우며(1922-24), 미국의 현상학 수용 초기에 주도적인 역할을 담당했다. 1940년 '국제현상학회'를 조직, 그 기관지 『철학과 현상학 연구』(*Philosophy and Phenomenological Research*)를 버팔로 대학을 거점으로 하여 간행. 주저 『현상학의 기초』(*The Foundation of Phenomenology*, 1943, [3]1967)는 주로 후설 『논리연구』의 요지를 영어권 독자층에게 소개한 고전적인 해설서로서 알려진다. 파버는 후설의 공헌을 논리학적인 것에 제한하고, 현상학적 방법은 의식의 주관적 경험을 순수하게 '기술'하는 데 그쳐야지 결코 관념론적 구성의 도구로서 전용되어서는 안 된다는 것을 역설했다. 발생론적 현상학과 생활세계 문제의 전개에 대해서는 관심을 갖지 않으며, 역사와 사회진화의 프래그머티즘을 옹호한다. 현실 문제의 해결은 다원적 방법론을 요구한다고 하고, 만년에는 맑스주의적 사회철학에 접근하며, 자기의 입장을 후설과 대조적으로 '자연주의'(Naturalism)라고 불렀다. ☞ ㉠현상학의 기초

—조가경(曺街京)

㉾ K. Cho, "Marvin Farber in memoriam: Sein Leben und Wirken für die Phänomenologie in USA", in *Phänomenologische Forschungen*, Bd. 12, 1982.

파치 [Enzo Paci 1911. 9. 18－76. 7. 21]

이탈리아의 철학자, 현상학자. 안코나 현 몬테라도에서 태어나 파비아 대학, 밀라노 대학에서 공부하며, 1934년 파르메니데스에 관한 논문으로 학위 취득. 1947년 파비아 대학 철학사 강좌 강사로부터 54년 이론철학 강좌 정교수를 거쳐, 58년 밀라노 대학 이론철학 제1강좌 정교수가 되었다. 당초에는 <존재>를 문제로 하여 실존사상에 접근했다. 그 후 경험에서의 부분과 전체의 관계를 중시하는 <관계주의>를 주창하는데, 이것과 후설의 현상학과의 친근성을 발견한다. 그리고 숨겨진 <관계>를 <(재)현전화>에 의해 개시하는 학문으로서 <관계주의적 현상학>을 구상・전개했다. 이 구상은 맑스에게도 결부되었다. 주저는 『과학들의 기능과 인간의 의의』(*Funzione delle scienze e significato dell'uomo*, 1963), 『후설 현상학에서의 시간과 진리』(*Tempo e verità nella fenomenologica di Husserl*, 1961) 등. ☞ ㉧맑스주의와 현상학

—다니 도오루(谷 徹)

파토츠카 [Jan Patočka 1907. 6. 1－77. 3. 13]

체코의 현상학자. 프랑스와 독일에 유학 중에 후설, 하이데거, 핑크 등과 알게 된다. 학위논문 『철학적 문제로서의 자연적 세계』(Praha, 1936, 프랑스어 역 *Le monde naturel comme problèm philosophique*, Phaenomenologica, Bd. 68, Den Haag, 1976) 이래로 실천적 관점에서 삶과 세계의 실존적 연관에 대한 해명을 주제로 삼는다. "현상은 <나>가 아니라 사태적인 것이지만, 자아에 대해 자아의 다양한 가능성을 들이댐으로써 자아를 볼 수 있는 것으로 만드는 성격들로 채워져 있다"고 하는 입장에서 "비주관적 현상학"을 제창(「후설 현상학의 주관주의와 <비주관적> 현상학의 가능성」{in *Philosophische Perspektiven*, 2, 1970}: 新田義弘 外 編, 『現象

學の展望』, 國文社, 1986에 수록). 이러한 관점에서 생활세계의 구조를 정착·재생산·자기이해라는 실존의 세 가지 동향에 입각하여 분석했다(「실존이란 무엇인가」, 프랑스어 역 논문 *Le monde naturel et le mouvement de l'existence humaine*, Phaenomenologica, Bd. 110, Dordrecht, 1988에 수록). '프라하의 봄' 종언 후 77년 헌장'을 공동 집필, 경찰의 심문 직후에 죽는다. 1986년부터 저작집 간행 개시(Ernst Klett Verlag, Stuttgart).

—오구마 마사히사(小熊正久)

퍼스 [Charles Sanders Peirce 1839. 10. 9–1914. 4. 19]

미국의 철학자, 논리학자. 프래그머티즘의 창시자이자 소쉬르와 함께 현대 기호론의 선구자로 지목된다. 매사추세츠 주 케임브리지에서 태어나 이름 높은 수학자였던 부친의 영재 교육을 받은 후 하버드 대학에서 공부했다. 발군의 성적으로 학위를 취득한 후 『사변철학지』를 무대로 철학 논문을 발표하며, 동시에 W. 제임스 등과 함께 '형이상학 클럽'을 결성하여 <프래그머티즘>이라고 이름 붙여진 독자적인 사상을 전개했다. 그러나 괴팍하고 강인한 성격과 이혼 문제가 빌미가 되어 대학에 정해진 자리를 얻을 수 없었으며, 측량기사로서 묻힌 채 불우한 일생을 보냈다. 퍼스의 사상이 주목 받기 시작한 것은 C. 하츠혼과 P. 와이스가 유고를 정리하여 『논문집』 전 6권(1931-35)을 간행한 이후의 일이며, 현재는 '미국에서 살았던 가장 재능이 많고 가장 심원하며 가장 독창적인 철학자'로 평가 받고 있다. 그의 철학의 기반은 데카르트적인 직관주의를 부정하고, 인간의 사고가 기호 활동에 매개되어 있다는 것을 강조하는 <기호주의>의 구상에서 찾아진다. 그로부터 그는 사고를 의심으로부터 출발하여 신념의 확정에 이르는 일련의 과정으로서 파악하고, 신념을 심리상태가 아니라 <행동의 규칙>으로서 고쳐 해석하는 <프래그머티즘의 준칙>을 정식화했다. 또한 퍼스는 자기의 과학적 철학의 체계를 '현상학', '규범과학', '형이상학'의 세 부문으로 나누고, 현상학을 "실재의 사물에 대응하는지 아닌지에 관계없이 어떠한 방식으로든, 또한 어떠한 의미에서든 마음에 나타나는 일체의 것의 종합적 전체"를 의미하는 <현상>을 기술하는 학으로 특징짓고 있다. 그가 '현상학'이라는 호칭을 사용하기 시작하는 것은 1902년 무렵의 일이지만, 후설 현상학과의 직간접적인 영향 관계는 인정되지 않는다. 퍼스에게 있어 현상이란 어디까지나 <기호현상>인바, 그의 현상학은 "범주들의 목록을 작성하고 그 목록이 충분하며 쓸데없는 것이 아니라는 것을 입증하는 것", 즉 일종의 <범주론>이었다. 따라서 반데카르트주의자 퍼스의 현상학은 데카르트주의자 후설의 초월론적 현상학과는 근본적으로 서로 용납할 수 없는 것이라고 말할 수 있다. 그러나 퍼스의 후계자인 제임스의 프래그머티즘과 후설 현상학의 친근성과 영향 관계가 지적되고 있는 현재, 퍼스와 후설의 현상 및 현상학 개념의 같음과 다름을 분명히 하는 것은 현상학 연구에 있어서도 매우 흥미로운 과제라고 할 수 있을 것이다. ☞ ㉠퍼스 논문집

—노에 게이이치(野家啓一)

펜더 [Alexander Pfänder 1870. 2. 7–1941. 3. 18]

뮌헨학파의 대표적 현상학자. 이절론에서 태어나 1888년부터 92년에 걸쳐 하노버 및 뮌헨의 공과대학에서 공학을 공부했지만, Th. 립스의 철학과 심리학에 영향을 받아 사적으로 철학을 공부한 후, 94년부터 뮌헨에서 수학, 물리학, 철학을 공부한다. 97년에 립스 밑에서 「의지의 의식」("Das Bewußtsein des Wollens", in *Zeitschrift für Psychologie und Physiologie der Sinnesorgane* XVII, 1898)으로 박사 학위를 취득. 이 논문에서 펜더는 뮌스터베르크와 제임스 등의 의지에 관한 이론을 비판적으로 검토하고, 의지에는 관념과 감각으로 환원할 수 없는 특유한 계기가 포함되어 있다는 것을 보였다. 이 성과는 더 발전되어 1900년의 『의지의 현상학』으로 결실되는데, 이 논문으로 교수 자격을 취득하며, 01년에 뮌헨 대학의 사강사가 된다. 이 사이 립스의 제자들이 결성한 '심리학 연구회'의 대표적 회원으로서 활약했다. 03/04년에 W. 분트 밑에서 연구를 수행하

며, 04년에 『심리학 입문』(*Einführung in die Psychologie*, Leipzig, 1904)을 출판한다. 또한 이 해에는 립스가 뮌헨으로 초청한 후설을 '심리학 연구회'에 초대하여 철저한 논의를 수행하며, 이를 기회로 『논리연구』를 연구하기 시작하고, 그 후에도 편지로 후설과의 교류를 계속했다. 이러한 교류에서의 영향 관계는 일방적인 것이 아니라 후설도 『심리학 입문』을 비롯하여 펜더의 저작으로부터 자아나 환원의 문제를 생각함에 있어 많은 시사를 받았다[K. Schumann, *Husserl über Pfänder*, Den Haag (1973) 참조]. 1908년에 원외교수, 11년에는 립스의 회갑 기념 논문집을 편찬하고, 거기에 「동기와 동기짓기」를 발표한다. 13년에는 후설, 셸러 등과 함께 『철학 및 현상학 연구 연보』의 창간에 참가하며, 제1권과 3권(1916)에 『심정의 심리학에 대하여』(*Zur Psychologie der Gesinnungen*), 제4권(1921)에 『논리학』(*Logik*)을 발표했다. 24년에 『성격학의 근본 문제』(*Grundprobleme der Charakterologie*)를 공간, 30년에 정교수. 33년에는 주저로 지목되는 『인간의 마음』(*Die Seele des Menschen: Versuch einer verstehenden Psychologie*, Halle)을 발표하지만, 이 사이에 건강을 해쳐 오랫동안 일해 온 뮌헨 대학을 35년에 퇴직했다. 그 후 자신의 철학을 집대성한 것으로서 『철학 입문』 및 『윤리학 개요』를 정리하고자 했지만 병으로 인해 불가능해졌다. 펜더는 뮌헨 현상학 중에서 독자적인 학파를 형성하지는 못했기 때문에 제자로서는 M. 베크, G. 발터, 스피겔버그 외에 몇 사람이 있을 뿐이다. 1960년대 이후 주로 스피겔버그의 노력으로 저서의 복간이 이루어지며, 또한 사후 남겨진 초고는 『유고집』(*Schriften aus dem Nachlass zur Phänomenologie und Ethik*, 2 Bd., München, 1973)으로서 공간되었다. 공간되지 않은 다수의 초고는 펜더 문고로서 바이에른 주립도서관에 보관되어 있다[E. Avé-Lallemant, Hg., *Die Nachlässe der Münchener Phänomenologen in der Bayerischen Staatsbibliothek*, Wiesbaden, 1975 참조].

펜더 심리학의 특징은 립스로부터 이어받은 '기술심리학'을 그 내용과 관련하여 확대함과 동시에 '이해심리학'으로서 통일화를 시도한 점에 있다. 『심정의 심리학에 대하여』에서는 전통적인 심리학에 대해 사랑과 자비, 증오와 악의와 같은 '심정'이 의지나 감정으로 환원될 수 없는 특유한 지향적 구조를 지닌다는 것을 보이고, 더 나아가 그 다양한 변양형태를 기술함으로써 이 현상이 지니는 독자적인 영역을 해명했다. 또한 『성격학의 근본 문제』에서는 인간 성격의 다양성을 기술하기 위한 틀을 제시했다. 이러한 심리학적 연구들은 『인간의 마음』에서 통일적 이해에 도달할 것이 지향되었다. 인간을 전체로서 대상으로 삼고, 더욱이 그것을 설명하는 데 그치는 것이 아니라 궁극적 이해에 도달하고자 하는 이러한 '이해심리학'은 실증주의적인 심리학에 대항하여 니체와 쇼펜하우어의 정신을 심리학 안에서 부활시키고자 하는 시도이기도 했다. 펜더의 이러한 '현상학'에서는 첫째로는 이들의 심리학에서의 방법, 요컨대 '주관적' 관점에 기초하는 기술이라는 것이 문제가 된다. 그러나 펜더는 『이념들 Ⅰ』 이후의 후설로부터 영향을 받아 '현상학적 환원'이라는 방법을 이어받게 된다. 다만 이 경우 관념론에 대해서는 명확히 부정적이며, 후설과 같은 구성적 분석을 행하지는 않는다. 그럼에도 불구하고 『유고집』에서는 철학의 기초에 현상학을 놓고, 그에 대응하여 대상을 직접적, 유체적으로 부여하는 작용으로서의 '지각'이 인식론은 말할 것도 없이 가치론과 윤리학의 기초에 놓여 있다. 이상과 같은 점에서 예를 들어 중기 이후의 후설은 펜더의 현상학을 기껏해야 『논리연구』 단계의 기술적 현상학으로서 인정할 뿐이고 철학으로서는 인정하지 않았다 하더라도, 실제로는 기원을 달리 하는 또 하나의 다른 현상학적 철학의 가능성이 엿보였다고 생각하는 것이 불가능하지는 않을 것이다.

☞ ㉳뮌헨학파{뮌헨 현상학}, ㉿의지의 현상학

—무라타 준이치(村田純一)

㊟ H. Spiegelberg und E. Avé-Lallemant, Hg., *Pfänder-Studien*, Den Haag, 1982.

포스 [Hendrik Pos 1898–1955]

네덜란드의 현상학자・언어학자. 암스테르담 대학

교수. 후설의 가르침을 받아 언어의 현상학적 연구에 착수, 말하는 주체에 대한 귀환을 제창했다. 1930년대에는 로만 야콥슨 등의 <프라하 언어학 서클>에 적극적으로 협력했다. 1929년 3월 17일-4월 6일의 다보스 대학 제2기 강좌에서의 카시러와 하이데거의 토론에도 참가한다. 「언어학에서의 대립의 개념」("La notion d'opposition en linguistique", in, *Onzième congrès international de psychologie*, 1937. Paris, Alcan, p. 246-247), 「구조주의의 전망」("Perspectives du structuralisme", in, *Travaux du Cercle linguistique de Prague* 8, p. 71-78), 「현상학과 언어학」("Phénoménologie et linguistique", in, *Revue internationale de philosophie* 1, p. 354-365) 등의 논문이 있다.

―기다 겐(木田 元)

폴랭 [Raymond Polin 1910. 7. 7-]

프랑스에서는 그 존재가 드문 가치철학자. 고등사범학교 졸업. 소르본에서 도덕·정치철학 교수, 후에는 학장도 맡는다. 후설, 셸러 및 칸트, 헤겔, 니체의 영향 하에서 객관주의적인 가치론을 비판하고 가치들의 주관적 창조를 제창했다. 현상학을 가치 현상 연구의 방법으로 받아들인다. 주저인 『가치의 창조』(*La création des valeurs*, 1944)에 따르면 현상학적 환원은 둘로 구별할 수 있다. 첫째는 순수한 가치론적인 의식으로 돌아가는 것으로서 가치들의 본질을 정의하는 것이고, 둘째는 그 이미 확정된 가치들이 주관에 가하는 압박을 저지하고 가치론적 교조주의로부터 자기를 해방하는 것이다. 따라서 폴랭의 현상학적 환원이란 객관적 가치들에 대한 확신을 비판하는 데 머무는 것이 아니라 이미 '창조된' 가치들을 영원히 계속해서 거부하는 것이다. 가치의 창조는 무언가 주어져 있지 않은 것의 정립 즉 상상으로 간주되는바, 상상력이 창조적으로 기능하는 가치평가 작용의 기초로서 도입된다.

―시마타니 요(嶋谷 洋)

폴크만-슐루크 [Karl-Heinz Volkmann-Schluck 1914. 11. 15-81]

독일의 철학자. 마르부르크 대학, 프랑크푸르트 대학, 라이프치히 대학에서 공부하며, 가다머, 불트만에게 사사. 1949년 쾰른 대학 교수. 하이데거와 가다머의 영향 하에 철학사 전반의 재해석을 시도했다. 주요 저작은 *Nicolaus Cusanus*, 1957, *Einführung in das philosophische Denken*, 1965, *Leben und Denken*, 1968, *Mythos und Logos*, 1969, *Die Metaphysik des Aristoteles*, 1979, *Politische Philosophie*, 1974, *Von der Wahrheit der Dichtung*, 1984 등.

푀겔러 [Otto Pöggeler 1928. 12. 12-]

독일의 철학자. 본 대학에서 학위, 하이델베르크 대학에서 교수 자격을 취득. 보훔 대학 철학과 정교수. J. 호프마이스터와 O. 베커의 제자이며 하이데거와도 친교를 맺고 영향을 받는다. 하이데거의 사유를 형이상학의 극복으로서 파악하여 추적하고 있다. 헤겔 연구로도 유명하다. 주요 저작은 *Der Denkweg Martin Heideggers*, 1963(大橋良介・溝口宏平 譯, 『ハイデッガーの根本問題』, 晃洋書房, 1979), *Philosophie und Politik bei Heidegger*, 1972 등.

푈레스달 [Dagfinn Føllesdal 1932. 6. 22-]

노르웨이 출신의 철학자. 스탠포드 대학 교수. 후설과 하이데거 연구로 저명하지만 다른 한편으로 그는 콰인 밑에서 논리학과 언어철학을 공부하며, 현상학과 분석철학 쌍방에 정통한 소수의 철학자들 중 한 사람으로서 알려져 있다. 처녀작 『후설과 프레게』(*Husserl und Frege*, Oslo, 1958)에서는 후설이 『산술의 철학』에서의 심리학주의 입장을 극복함에 있어 프레게가 결정적인 역할을 수행했다고 하는 학설을 발표함으로써 후설과 프레게의 관계를 둘러싼 논의, 좀 더 일반적으로는 현상학과 분석철학의 관계를 둘러싼 논의에 선구적인 기여를 했다. 또한 논문 「후설의 노에마 개념」("Husserl's Notion of Noema", in *Journal of Philosophy* 66, New York, 1969)에서는 후설이 말하는 노에마가 추상적 존재로서의 프레게적인 '의의'(Sinn)와 본질적으로 동일한 것이자 그 일반화라고 말하고, 노에마의 의미론적 분석의 하나의 모델을 제출했다. 그의 후설 해석은 특히 미국의 현상학자들(H. 드레이퍼스, D. W. 스미스, R. 맥킨타이어 등)에게 커다란 영향을 주고 있다. ☞㊀분석철학과 현상학, 프레게와 현상학

—노에 신야(野家伸也)

푼케 [Gerhard Funke 1914. 5. 12–]

독일의 철학자. 예나, 본, 프라이부르크 대학에서 공부하며, 1938년 본 대학에서 철학박사 학위 취득. 본 대학, 잘브뤼켄 대학 등을 거쳐, 1959년 마인츠 대학 교수. 그의 연구 영역은 다양한 방면에 걸쳐 있지만, 일관되게 초월론적 현상학의 입장에서 인식 일반의 근거짓기를 목표로 한다. 주요 저작은 *Gewohnenheit*, 1958, *Phänomenologie: Metaphysik oder Methode?*, 1966(山本万二郎・曾我英彦 譯, 『現象學—形而上學か方法か』, 慶応通信, 1968), 『現象學的哲學の進路』(川島秀一・山内稔 編譯, 思想社, 1968) 등 다수.

프레게 [Gottlob Frege 1848. 11. 8–1925. 7. 26]

독일의 수학자・논리학자. 프레게는 원래 수학자였지만, 수 계열에 대한 논리적 분석에서 어려움을 깨닫고서는 논리학을 수학적 엄밀함을 가지고서 표현하고자 하는 과제에 착수하며, 『개념기호법』(*Begriffsschrift*, 1879)에서 진리함수적 명제계산, (주어・술어에 의한 분석을 대신한) 함수・변항에 의한 명제 분석, 양화이론 등의 참신한 착상에 의해 논리학의 근본적인 쇄신을 도모했다. 이어서 쇄신된 그 논리체계에 기초하여 산술의 논리적 근거짓기를 시도했다(후에 논리주의라고 불리는 프로그램인데, 그 성과는 『산술의 기본법칙』*Grundgesetze der Arithmetik*의 제1권(1893)에서 정리되었다). 그 과정에서 씌어진 『산술의 기초』(*Grundlagen der Arithmetik*, 1883) 및 1890년경에 씌어진 여러 편의 논문(특히 「의미와 지시체에 대하여」)에서 제기된 기호의 의미와 그 지시대상의 연관, 개념과 대상 및 함수와의 관련 등에 관한 프레게의 착상은 단순한 수학적 논리학의 틀을 뛰어넘어 20세기 철학(주로 영미 계열의 이른바 '분석철학'에서)에서 가장 철저하게 논의된 주제가 되었다. 러셀(Bertrand Russell 1872-1970)을 제외하면 프레게의 업적에 일찍부터 주목했던 것은 후설이었지만, 양자의 관련을 올바르게 평가하기 위해서는 프레게와 후설의 관련을 역사적 맥락에서 그 위치를 확인하는 과제뿐 아니라 분석철학과 현상학이라는 20세기 철학의 2대 조류의 관련을 어떻게 생각할 것인가 하는 문제도 검토의 범위 안으로 끌어들일 필요가 있다. ☞㊀프레게와 현상학, 분석철학과 현상학

—미카미 신지(三上眞司)

프링스 [Manfred Servatius Frings 1925. 2. 27–]

독일 출신의 철학자. 쾰른 대학에서 공부하며, 1953년 동 대학에서 철학박사 학위 취득. 그 후 미국으로 귀화. 디트로이트 대학, 듀케인 대학, 쾰른 대학을 거쳐, 1968년 드폴 대학 교수. 그 사이 막스 셸러 문고 및 동 연구소의 소장을 겸임. 셸러 전집의 편집 책임자이기도 하다. 주요 저작은 *Max Scheler*, 1965(深谷昭三・高見保則 譯, 『マックス・シェーラーの倫理思想』, 以文社, 1988), *Person und Dasein*, 1969 등.

플레스너 [Helmut Plessner 1892. 9. 4–1985. 6. 12]

플레스너는 1892년 비스바덴의 의사 가정에서 태어나 대학은 의학을 지망하여 본을 목표로 하지만 결국 프라이부르크에 입학한다. 생리학을 2학기 동안 공부한 후 하이델베르크로 옮겨 동물학을 공부한다. H. 드리슈(1867-1941)의 생물학과 철학의 결합에 매혹당해 그의 권유로 일요일 정각에 M. 베버의 집을 방문, 트뢸치, 루카치, 블로흐 등과 교제했다. 빈델반트의 강의와 세미나에도 출석한다. 1913년 드리슈는 『과제로서의 논리학』을 공간하는데, 플레스너는 그 영향으

로 『학적 이념—그 형식에 관한 기도』를 처음으로 저작하여 드리슈에게 바친다. 빈델반트에게 헌정한다는 머리말을 덧붙여 학위논문으로 제출하도록 하라는 관대한 권고를 받는다. 동물학 실험과 그 밖의 연구를 그만둔다고 생각하지 않으며, 또한 철학사 특히 고대 철학사에 대해서는 아무것도 알지 못한다고 해서 지독하게 고민한다. 오랫동안 생각한 후 자신의 연구의 대강은 후설에게 의거하는 것이기 때문에 괴팅겐으로 가고 싶다고 신청한다. 21세의 일이다. 학의 진보, 즉 어떠한 종극도 보지 못하는 쉼 없는 노력이자 그 무엇에 의해서도 막히지 않는 과정인 근대적인 탐구, 이러한 의미에서의 학의 진보라는 이를테면 신학적인 문제에 당시의 플레스너는 사로잡혀 있었다.

1914년 7월 플레스너는 후설을 방문하여 전년도의 『이념들 Ⅰ』과 관련해서 후설의 자아 개념과 피히테의 그것과의 비교 연구를 제안하여 승낙 받았다. 후설 현상학은 근대적인 의미에서 학으로서 수용될 수 있는 철학에 이르는 유일한 길이라고 생각되었기 때문이다. 에렌베르크의 세미나에서 피히테의 1804년의 학문론을 접했지만, 최초로 시도된 1794년의 학문론에 몰두했다. 이리하여 당초의 피히테 자아 개념과의 비교 계획은 서서히 그림자를 감추며, 칸트를 그다지 잘 알고 있지 못하다는 점이 명료해진다. 후설은 『이념들 Ⅰ』에서 초월론적 관념론에 초기 현상학의 제자들의 선호보다 상당히 더 가까운 곳으로 전환했다. 따라서 칸트의 의도를 후설의 의도로부터 근본적으로 구획할 필요가 존재했다. 이리하여 최초의 시도는 칸트 연구로 바뀌 놓이게 되었다.

현상학이 플레스너의 동세대에게 미친 매력은 근원적인 체험에 대한 신뢰를 모든 분야에 걸쳐 내걸 뿐만 아니라 그 무엇에 의해서도 차단되지 않는 탐구 방법에 의한 자연적인 세계상의 복권이었다. 후설을 이끌었던 것은 여러 가지 성과와 그 수정이라는 형태로 열매 맺는 중단되지 않는 진보라는 근대적 탐구의 상이었다.

후설은 1916년 프라이부르크로 옮긴다. 플레스너는 칸트주의에 가까운 입장의 학위 논문 심사자를 찾아 P. 헨젤의 도움으로 에를랑겐에서 같은 해 말 학위를 취득하며, 논문은 2년 후 확대된 형태로 『초월론적 진리의 시원에서의 위기』로서 출판되었다. 1917년 뉘른베르크의 어느 박물관의 수습조수, 곧이어 잠시 에를랑겐의 대학연맹 비서로 일하며, 전후 뮌헨에서 어떤 자리를 얻었을 때 쾰른 대학의 M. 셸러와 서로 알게 되고 드리슈도 곧이어 부임한 것을 전해 듣는다. 드리슈와 연락한 결과 1920년 쾰른에서 논문 「철학적 판단력의 비판을 위한 연구들」과 언어의 기원에 관한 헤르더의 파악을 다룬 시험강의로 교수 자격을 취득했다. 1923년에는 『감각들의 통일—정신의 감성론』을 출판했지만, 그 부록 「철학의 인식론 관점 하에서 본 칸트의 체계」는 자격 논문의 최종부분에 해당된다.

플레스너는 1926년부터 33년까지 쾰른에서 조교수로 일하며, 또한 마찬가지로 26년부터 『철학통보』의 편집에 관계한다. 23년의 저작에서 식물・동물・인간의 생의 형식과 생의 범위의 상관단계설로 나아가 있었는데, 『유기체의 계층들{유기체의 계층들과 인간}』(1928)에서는 이것을 상세하게 전개했다. 원고를 N. 하르트만이 읽었으며, 그의 중재로 철학적 인간학을 1922년 이래로 강의하며 저작을 계획하고 있던 셸러도 내용이 아니라 부제에 대한 약간의 수정을 권고했을 뿐이다. 오늘날 우리는 1920년대 야스퍼스의 철학적 실존 체계에 대한 노력, 하이데거의 실존의 분석론 수행, 셸러의 철학적 인간학 구상, 플레스너의 철학적 인간학 공간을 칸트주의와 현상학의 영향을 받으며 새로운 인간론을 모색한 것으로 바라볼 뿐만 아니라 하이데거와 플레스너에 대한 딜타이의 깊은 연관도 발굴하여 20세기 인간론의 토대를 구축해야 한다.

32/33년 겨울학기에 쾰른에서의 플레스너의 교직은 끝난다. 히틀러 정권의 비아리안계 교수들에 대한 권고 때문이다. 터키에서 교수 두 사람을 찾고 있어 이스탄불로 가지만 라이헨바흐 한 사람이 결정된다. 앙카라에서 기다리는 중에 네덜란드로부터 친우 보이텐디크의 초청이 있어 34년 1월 네덜란드로 향한다. 프로닝겐 대학에서 2년을 보낸 후 사회과학 연구소가 창립되어 교수가 되지만, 독일인의 침공 후 다시 교직을 금지당하여 위트레흐트로, 그리고 다시 암스테르담으로

피한다. 1946년 해방 후 다시 프로닝겐의 철학 정교수로서 1951년까지 재임. 다음 해인 52년에 독일로 돌아와 괴팅겐 대학의 새로운 사회학 강좌의 교수가 된다. 그 후 1960/61년에는 총장직을 맡고 62년에는 퇴직하며, 63년이 저물 무렵부터 스위스에 정착했다. 1985년 6월 12일에 사망하지만 그 사이에 뉴욕의 뉴스쿨(New School for Social Research, 신사회연구소), 취리히 대학 등에서도 가르쳤다. 플레스너의 저작집은 1980년부터 85년까지 10권이 발행되었다. 외심적 위치성이라는 인간의 특질로부터 플레스너는 인간에서의 역설이 지닌 다중적인 측면들을 종횡무진하게 묘사하여 설명한다. 플레스너의 철학적 인간학은 형식적 철학인간학의 필두에 놓여 있는 것으로 생각할 수 있을 것이다.
☞ [사]철학적 인간학, [서]유기체의 계층들

—가야노 요시오(茅野良男)

[참] *Helmut Plessner*, in: L. J. Pongratz, Hg., *Philosophie in Selbstdarstellungen*, Bd. Ⅰ, Felix Meiner Verlag, Hamburg, 1975. プレスナー (森田孝 譯),「感覺の人間學」, ガーダマー・フォーグラー 編 (일본판 편・감수, 前田嘉明・正井秀夫・茅野良男・德永恂・森田孝),『講座 現代の人間學 7 哲學的人間學』, 白水社, 1979에 수록. 茅野良男,『哲學的人間學』, (제5장), 塙書房, 1969, [4]1983. 茅野良男,「哲學的人間學の成立と課題」,『理想』, No. 504, 1975년 5월호.

피셔 [Aloys Fischer 1880. 4. 10–1937. 11. 23]

독일의 교육학자. 1918년 뮌헨 대학 교수. 립스의 제자 중 한 사람. 현상학적 방법을 교육학과 미학 영역에 적용. 교육제도의 개혁에 관계하는 등, 교육 현장에서도 활약. 주요 저작은 *Psychologie der Gesellschaft*, 1922, *Familie und Gesellschaft*, 1927, *Pädagogische Soziologie*, 1931 등.

핀들레이 [John Niemeyer Findlay 1903. 11. 25–87. 9. 27]

남아프리카 출신의 현상학자. 트란스발 대학, 옥스퍼드 대학에서 공부하고, 1933년 그라츠 대학에서 철학 박사 학위 취득. 남아프리카와 영국의 대학에서 교단에 서며, 1972년 보스턴 대학 교수. 마이농 연구로부터 출발. 플라톤에서 비트겐슈타인까지를 시야에 넣고 독자적인 철학을 전개했다. 주요 저작은 *Meinong's Theory of Objects and Values*, 1933, *Hegel: A Re-Examination*, 1958, *The Discipline of the Cave*, 1966, *Ascent to the Absolute*, 1970 등.

핑크 [Eugen Fink 1905. 12. 11–75. 7. 25]

독일의 철학자. 1928년 후설 밑에서 박사학위 취득. 1929-38년 후설의 죽음까지 그의 사설 조교. 이 사이 유대인인 후설과의 협력을 이유로 전독연구조성 상조회 장학금이 중단되었지만, 스승 밑에서 최후까지 충실하게 머문다. 1939년 루뱅 대학 후설 문고의 공동 창설자가 되기 위해 벨기에로 옮겨간다. 1940년 독일군에 의한 벨기에 점령 직전에 '제5열'의 일원이라는 혐의를 받아 구류되고 후에 프랑스에서 수용소에 억류되었지만, 얄궂게도 그 후에도 타협을 거부했던 독일군에 의해 해방된다. 1946년 프라이부르크 대학에서 교수 자격을 취득하고, 강사. 1948년 조교수. 같은 해 철학 및 교육학 강좌 교수. 1949-50년 프라이부르크 대학에 후설 문고 지소를 개설. 1971년 퇴직. 현재 프라이부르크 교육대학 내에 오이겐 핑크 문고(Eugen-Fink-Archiv)가 개설되어 있다.

그의 작업에 대해 생각할 때에는 우선 두 사람의 스승인 후설과 하이데거와의 관계를 생각하지 않으면 안 된다. 당시 독일의 학계에서 대체로 고립되어 있던 후설의 조교로서 그는 거의 매일 철학적 대화를 교환하는 가운데 후설 사유의 '공동연구자' 내지 '지적 촉발'의 역할을 수행함으로써 후설 말년의 초월론적 현상학의 전개에 적지 않은 영향을 줌과 동시에, 함께 철학하는 가운데 철학적 사유의 근본적 물음으로부터 해석함으로써 그것의 선전에도 크게 공헌했다. 1930년「현전화와 상」. 1931-32년『데카르트적 성찰』의 개정증보를 후설의 부탁에 따라 수행하고, 특히『제6성찰』을 새롭게 덧붙여 써 양자의 공동 출판으로 간행할 예정이었다

(1988년, Dok Ⅱ로서 공간). 1933년 『칸트 연구』지에 「에드문트 후설의 현상학적 철학과 현대의 비판」을 발표하고 스승의 전면적 지지를 받아 현상학이란 무엇인가를 해명했다. 다른 한편으로 프라이부르크 대학에서 후설의 후임이 된 하이데거에게 배우는데, 그의 존재론적 문제제기에 강한 충격을 받아 후설 현상학의 틀을 본받으면서도 하이데거의 사유를 '현상학을 영위하기'에 대한 반성, 이러한 영위의 존재에 대한 반성이라는 형식에서 수용하고자 했다. 이미 이 시기에 양자의 통합과 매개를 시도하며, 이 점에서 메를로-퐁티 등의 프랑스 현상학에 영향을 주었다. 이 단계의 현상학론은 『현상학 연구 1930-1939년』, 『가까움과 거리』(*Nähe und Distanz*, 1976)에 수록되어 있다. 일본어 역으로서 『현상학 연구』의 세 논문이 新田義弘・小池稔 譯, 『フッサールの現象學』(以文社, 1982)에 수록되어 있다.

제2차 세계대전의 경험은 그에게 계몽시대 이래의 근대적 이성의 위기와 과학의 진보로 시작되고 있는 기술적 세계 문명에 대한 철학적 사유를 촉구하여 그의 분석의 배경이 되었다. 후설, 하이데거뿐만 아니라 서양 형이상학적 전통의 원류로 되돌아가 헤라클레이토스, 플라톤, 아리스토텔레스, 또한 데카르트, 라이프니츠, 칸트, 헤겔, 맑스, 니체와 대결하는 가운데 '우주론적 문제들'을 물어나갔다. 전통적 형이상학은 본질적으로 세계를 존재하는 것의 총체로 간주하고, 예를 들어 무한한 것을 사유한다 하더라도 주관에 실체성을 되돌려주며 세계 내부에 있는 사물의 사유에 계속해서 충실했다. 그러나 그에게 있어 세계와 세계 내부적인 존재자 사이에는 '우주론적 차이'가 성립하는바, 세계란 존재하는 것에게 시간을 허락하고 공간을 부여하는 것, 모든 유한한 것을 나타나게 하고서는 멸망시키는, 요컨대 가능한 일체의 존재하는 것을 넘어선 일자이다. 그리고 우리의 대략적이고 애매한 세계 이해를 끝까지 사유하는 것이 철학의 임무가 된다. 후설에 대해 뚜렷하게 비판적 거리를 취하고 그의 반사변적 전제에 숨어 있는 사고되지 않은 어둠을 지적하며 초월론적 문제설정에서의 시간 개념의 무세계성과 세계 개념의 주관성을 비판하여 초월론적 철학으로부터 이반하긴 하지만, 인간의 존재 관련을 인간 존재의 그것으로 본다는 점에서 하이데거 역시 원리적으로 그로부터 벗어나고 있지 않다고 한다. 이 시기의 현상학론은 『가까움과 거리』에 모아져 있는데, 일본어 역으로서는 「지향적 분석과 사변적 사고의 문제」(高橋允昭 譯, 『現象學の課題』, せりか書房, 1969에 수록), 「세계와 역사」(上妻精 譯 : 立松弘孝 外 譯, 『フッサールと現代思想』, せりか書房, 1972에 수록), 「후설 현상학에서의 조작적 개념」(新田義弘 譯 : 新田義弘・小川侃 編, 『現象學の根本問題』, 晃洋書房, 1978에 수록) 등이 있다. 또한 시간과 공간의 세계 전체성 문제와 더불어 세계의 우주론적 인간학적 문제제기가 심화되는데, 특히 프랑스의 현상학적 사유에 강한 영향을 준다. 인간은 노동과 투쟁에서 개별화와 차이라는 세계원리와의 관련에서, 그리고 사랑과 죽음에서 세계라는 무형태적 차원과의 관련에서 실존하며, 나아가 이러한 세계의 상승과 하강의 운동에서 놀이하는 가운데 이해적으로 관계한다고 한다. 이 단계의 작품은 *Sein, Wahrheit, Welt*, 1958 ; *Alles und Nichts*, 1959 ; *Spiel als Weltsymbol*, 1960(千田義光 譯, 『遊び―世界の象徴として』, せりか書房, 1976); *Nietzsches Philosophie*, 1960(吉澤伝三郎 譯, 『ニーチェの哲學』{ニーチェ全集 別巻}, 理想社, 1963); *Metaphysik und Tod*, 1969 ; *Traktat über die Gewalt des Menschen*, 1970 ; *Hegel*, 1977(加藤精司, 『ヘーゲル』, 國文社, 1987); *Grundphänomene des menschlichen Daseins*, 1979(千田義光 譯, 『人間存在の根本現象』, 哲書房, 1982); *Welt und Endlichkeit*, 1990 등. ☞ ㊀세계화, 조작 개념/주제 개념, ㊀세계 상징으로서의 놀이, 제6성찰, 현상학 연구 1930-1939년

―치다 요시테로(千田義光)

하르트만 [Nicolai Hartmann 1882. 2. 20 – 1950. 10. 9]

독일의 철학자. 리가(현재 라트비아의 수도)에서 태어나 페테르부르크 대학에서 의학, 고전문헌학, 철학을 공부한 후, 마르부르크 대학으로 옮겨 헤르만 코헨(Hermann Cohen 1842-1918)과 파울 나토르프의 지도하에 1907년에 학위를, 그리고 1909년에는 대학교수 자격을 취득한다. 그 후에는 제1차 세계대전 중의 병역 기간을 제외하면 1950년에 사망하기까지 마르부르크(1909-25), 쾰른(1925-31), 베를린(1931-46), 괴팅겐(1946-50) 대학에서 계속해서 교편을 잡았다.

하르트만은 <인식이라는 것은 대상을 산출하는 것이 아니라 오히려 모든 인식에 선행하는 동시에 인식으로부터 독립하여 존재하는 바의 무언가를 파악하는 것이다>라는 선언으로 시작되는 『인식의 형이상학』(1921, 21925)을 특히 물음의 대상으로 삼음으로써 그 이전에 스스로도 사사했던 코헨의 "사유가 존재를 성립시킨다"고 하는 인식론 중심의 사고방식과 결별하고 인식을 포함한 모든 것의 기초를 존재론에서 추구하는 방향으로 사유를 전환시켜 나가게 되었다. 즉 그는 인식의 영위를 넘어선 존재인 세계를 절대적인 사실로서 전제한 다음, 비판적인 동시에 분석적인 것으로 간주되는 방법을 사용하여 이 세계라는 자체존재에 대한 이론으로서의 존재론을 전개하고자 했던 것이다. 그 방법이 비판적이라고 하는 것은 자체존재에 이르는 인식의 다양성이 우선은 그대로 받아들여지고, 바로 그러한 인식들 상호간에 발생하는 아포리아가 그러한 인식을 진전시키는 추동력으로 간주되어 그 해결이 시도될 뿐만 아니라, 그와 동시에 우리가 획득하는 인식이 도대체 어떠한 아포리아에 대한 해답으로서 존재하는 것인지에 대해서도 이론적인 검토가 가해지게 되고, 그 결과 인식 그 자체의 원리적인 유한성-입장 의존성이 아울러 주장되기 때문이다. 또한 그의 존재론은 승인되는 해당 존재자의 다양성을 근본적인 사태로서 적극적으로 승인하고, 각 존재자에게 각각의 고유성에 걸맞은 위치가를 할당하기 위해 다양한 개별 과학의 연구 성과를 총동원하고자 하는 점에서 보아 대단히 분석적이라고도 평가된다.

그는 존재론이 취해야 하는 방법에 대한 이와 같은 반성을 실마리로 하여, 또한 그 이후에도 다양한 준비 논문이나 저작을 발표한 후, 1930년대 중반에 이르러 점차 스스로 존재론이라는 명칭을 내건 일련의 저작을 공간하게 되었다. 그것은 존재한다는 것 그 자체의 계기(정재Dasein와 상재Sosein)나 양식(실재성과 이념성)에 대해 상술하는 『존재론의 정초』(*Zur Grundlegung der Ontologie*, 1935), 존재자의 양상으로서의 필연성, 현실성, 가능성, 우연성, 비현실성, 불가능성의 관계에 대해 논의하는 『가능성과 현실성』(*Möglichkeit und Wirklichkeit*, 1938), 일반적 범주론이라는 부제가 붙여진 『실재적 세계의 구조』(*Der Aufbau der realen Welt*, 1940), 특수적 범주론으로서의 『자연의 철학』(*Philosophie der Natur*, 1950)의 전 4권으로 이루어지지만, 그의 존재론의 특징을 가장 전형적인 형태로 간취할 수 있는 것은 제3권 『실재적 세계의 구조』의 이른바 계층이론에서일 것이다. 범주를 칸트와 같이 순수 지성 개념으로서가 아니라 오히려 그러한 개념의 존립 근거이기도 한 존재자 자신의 존재 원리로서 파악해야 한다고 하는 하르트만은 실재적인 세계가 계층적인 연관구조에서 성립한다는 것을 범주에 대한 분석을 통해 논증하고자 한다. 다시 말하면, 물질적 존재 · 유기적 존재 · 심적 존재 · 정신적 존재라는 네 가지 기본적인 범주의 질적 차이를 우선 전제한 다음, 그것들 사이에서 계층적인 관계를 승인하는 가운데 낮은 존재층에 대한 높은 존재층의 의존성과 자립성을 함께 보증할 수 있는 범주 법칙을 타당 · 응집 · 계층 · 의존의 네 가지 기본 원칙으로서 정식화하는 것이 그가 여기서 지니는 목표였다. 층 내부 및 층 상호간의 범주들 사이의 규정 관계를 존재관계로서 분석해내는 그의 존재론은 한편으로는 자체존재로서의 세계 그 자체의 다양성-이질성을 확인하고자 한다는 점에서 높이 평가되어 마땅할 것이지만, 다른 한편으로는 처음에 전제된 네 개의 존재층과 그 상하관계가 정말로 의심할 수 없는 것이라고 말할 수 있는 것인지에 대한 검토가—그의 방법론에서 보면 당연히 이루어져야 함에도 불구하고—충분하게 행해지고 있지 않기 때문에, 그 계층적인 다양성의 주장과는 정반대로 근대적인 세계상을 무비판적으로 수용한 단조롭고 정태적인 이론이라는 폄하된 평가를 받을 수밖에 없다는 점도 확실하다.

그 밖의 주요 저작으로서는 위에서 언급한 존재론적 4부작에 선행하기 때문에 통상적으로는 준비적인 저작으로 생각되지만 내용적으로는 위의 『자연의 철학』과 마찬가지로 특수적 범주론의 하나로 간주할 수 있는 『정신적 존재의 문제』(*Das Problem des geistigen Seins*, 1933), 표준적인 철학사 교과서로서 현재까지 계속해서 읽히고 있는 『독일 관념론 철학』 전 2권(*Die Philosophie des Deutschen Idealismus*, 1923-29), 셸러의 실질적 가치윤리학의 구상을 계승 · 발전시켜 가치의 체계를 전개한 『윤리학』(*Ethik*, 1926)과 유고 『미학』(*Ästhetik*, 1953) 등을 들 수 있다. ☞㊕범주 법칙, 아포리아론, ㊖인식의 형이상학

—구쓰나 게이조(忽那敬三)

㉟ 高橋敬視,『ニコライ・ハルトマンの哲學』, 光の書房, 1949. 忽那敬三,「<階層理論>の基礎的枠組」,『エピステーメーⅡ』, 第1号, 朝日出版社, 1985에 수록.

하버마스 [Jürgen Habermas 1929. 6. 18–]

1965년의 프랑크푸르트 대학 취임 강연「인식과 관심」의 서두 부분에서 하버마스는 나치스의 야만 속에서 유럽적 학문의 위기를 논하고 그리스의 시원으로, 요컨대 참된 이론으로 돌아가야 할 것을 논한 후설에게 경의를 바치면서 거기에 놓여 있는 이론 개념 그 자체의 결함을 날카롭게 지적한다. 그리스에서의 테오리아는 사실은 천체의 운행 질서를 '보는' 것, '관조하는' 것이며, 그것은 또한 동시에 그러한 질서를 따라 폴리스를 형성하고 '잘 산다'고 하는 생활 실천과 불가분한 것이었다. 그리고 사실은 바로 이와 같이 처음부터 실천과 서로 뒤얽혀 있던 이론이기 때문에 유럽의 과학이, 그리고 급기야는 현대의 실증주의가 그로부터 생겨났던 것이다. 이렇게 논의하는 데서 그는 후설이 실증주의를 비판하면서도 결국은 그때까지의 이론이 지니는 객관주의에 사로잡혀 있다고 결론 맺는다. "현상학은 할 수 있는 한에서 의식이 초월론적인 필연성에 의해 활동할 때에 따르는 기준을 파악할 뿐이다. 칸트적으로 말하면 순수 이성의 법칙을 기술할 뿐인바, 실천 이성에 기초한 보편적이고 자유의지가 따를 수 있는 명법의 기준을 제공하지는 못한다." 이론이 인간 형성에 도움이 된다고 여겨지고 있었던 것은 "그것이 인식을 실증주의적인 이해관계로부터 해방하기 때문이 아니라 이론의 본래의 관심{생활 실천의 확립}을 은폐함으로써 의사적擬似的 규범성을 얻기 때문일 뿐이다." 나아가 그는 1985년의『근대의 철학적 담론』(*Der philosophische Diskurs der Moderne*, Frankfurt a. M.)의 데리다를 다룬 장에서『목소리와 현상』과 관련하여『논리연구』제2권 '표현과 의미'에 대해 어느 정도 상세히 언급한다. 거기서는 의미의 이념적 객관성을 논의하는 후설의 의미론주의는 의식 중심의 발상인바, "의미 부여를 행하는 주체 쪽이 이해에서 언어를 매개로 하여 형성되는 상호주관성에 비해 본래적인 것으로 여겨진다"고 하고 있다. 그것은 일상적인 실제의 의사소통에서 타자를 외부로 하는 데로 이어진다. 그에 반해 데리다는 의미의 플라톤주의화를 비판하고 의미보다 기호의 우위를 해명하고자 했지만, 그러한 "그의

의혹도 후설에서의 의식철학적인 전제로는 향하고 있지 않다"고 주장된다. 이와 같이 후설을 비판적으로 보는 경우가 많은 하버마스지만, 다른 한편으로 의식은 무언가에 대한 의식이며 대상은 의식의 상관물이라고 하는 지향성의 기본적인 사고방식 등은 언어와 행위능력을 지니는 행위자가 세계 내의 무언가에 대해, 또 사회관계에 관한 주제에 대해, 그리고 행위자의 내면의 무언가에 대해 상호적으로 이해한다고 말할 때에는 고수되고 있는바, 그런 의미에서 하버마스는 후설에서 의식으로 생각되고 있던 것을 공동의식과 같은 것으로 바꿔 읽으면서도 그때마다의 '대상'과의 상관성이라는 점에서는 현상학으로부터 많은 것을 얻고 있는 것이다. 이 점에서는 알프레드 슈츠의 장점과 한계를 배운 것도 큰 의미를 지닌다. 특히 그것은 하버마스의 근대화론에서 결정적으로 중요한 개념이 '생활세계'라는 것에서도 보인다. 덧붙이자면, 현상학과 관련한 주저로서는 그밖에 『이데올로기로서의 기술과 학문』(*Technik und Wissenschaft als Ideologie*, Frankfurt a. M., 1968), 『의사소통행위이론』(*Theorie des kommunikativen Handelns*, 2 Bde., Frankfurt a. M., 1981)을 들 수 있다. ☞ ㉯실증주의와 현상학, 프랑크푸르트학파와 현상학, 현상학 비판 [독일]

—미시마 겐이치(三島憲一)

하이데거 [Martin Heidegger 1889. 9. 26–1976. 5. 26]

마르틴 하이데거는 남독일의 바덴 주 메스키르히에서 1889년 9월 26일에 태어났다. 술통 만드는 일을 하던 아버지는 1887년 이래로 그곳의 성 마르틴 성당의 성당지기로 일하며, 어머니는 가까운 괴팅겐 출신이다. 성당지기의 재능이 뛰어난 장남으로 스포츠를 좋아한 하이데거는 교회 관계자의 노력으로 메스키르히 지방 기금의 장학금, 후에는 '바이스 장학금'을 얻어 보덴 호숫가 콘스탄츠의 하인리히 주조 김나지움에 1903년 입학했다. 졸업 후에는 가톨릭 교회직에 종사하는 조건으로 '에리넬 장학금'을 얻어 1906년 프라이부르크의 베르트홀트 김나지움으로 전학한다. 그 이듬해인 07년 여름, 콘스탄츠 시의 사제인 아버지 친구이자 동향인 콘라트 그뢰버로부터 F. 브렌타노의 『아리스토텔레스에서의 존재자의 다양한 의미에 대하여』(1862)를 선물 받는데, 이것이 철학에 대한 최초의 이끄는 실이 되었다고 회상한다. 그 다음 08년, 기숙사 도서실에서 아리스토텔레스의 저작을 빌리며, 레클람 문고판으로 횔덜린의 시작詩作에 감동한다. 재학 중에 프라이부르크 신학부의 칼 브라이크(Carl Braig)의 『존재에 대하여—존재론 강요』(1896)를 읽었다.

1909년, 졸업 시험을 마친 하이데거는 수도회의 길을 선택하여 예수회에 입회한다. 오스트리아의 티지스 수도원 기숙사 신입생 명부에 9월 30일자로 서명한 하이데거는 10월 13일에 제적되지만, 이는 예수회 측이 하이데거를 병약(심장의 병고)을 이유로 수도사에 적합하지 않다고 보았기 때문이다.

이 해 겨울학기부터 프라이부르크 대학 신학부에 입학한 하이데거는 처음 2년간은 주로 신학을, 그밖에 철학도 청강한다. 신학 기숙사에 입사하는 날 후설의 『논리연구』(1900-01)를 도서관에서 빌린다. 신학부 시대에는 성서에 대한 해석을 매개로 해석학을 습득하지만, 1911년 2월 <천식증>의 심장 병고가 재발, 메스키르히에서 정양하며, 같은 해 여름학기는 휴학한다. 친구・선배들과 이러저런 선후책을 강구하지만, 신학 연구의 계속을 단념한다. 장학금은 중단된다.

결국 국가시험까지 수학 연구를 위해 같은 해 겨울학기부터 철학부로 옮긴다. 다음 해인 12년 여름학기부터 프라이부르크 대학이 관리하는 장학금을 얻는다. 철학부에서는 수학・자연과학 외에 H. 리케르트의 세미나에서 당시의 학적인 철학, 즉 신칸트주의를 훈련받으며, 리케르트 문하의 E. 라스크의 저작을 알게 된다. 13년에는 학위논문 「심리학주의에서의 판단론」을 제출한다. 논문의 주심은 중세 철학사가인 A. 슈나이더, 부심은 리케르트이다. 이 해 여름학기부터 J. 에빙하우스(1885-1981)가 리케르트의 세미나에 참가한다. 하이데거는 당시 프라이부르크 사제양성소의 감독 하에 있으면서 가톨릭교회의 신조에 기초한 철학교수 직을 뜻하는 것으로 간주되고 있었다고 회상한다.

하이데거는 1913년 겨울학기부터 프라이부르크 대사교구가 관리하는 '셰츨러 장학금'을 3년간 얻을 수 있었기 때문이다.

이 해 14년 7월, 제1차 세계대전이 발발, 8월 초에 지원병으로서 등록된 하이데거는 10월 10일 소집되며, 며칠 후에 심장 발작 때문에 소집이 해제, 예비역으로 편입된다. 다음 15년 초에 「토마스 아퀴나스의 범주론과 의미론」을 완성, 여름학기에 교수 자격 논문으로 철학부에 제출한다. 주심은 리케르트이다. 7월, 시험 강의로서 「역사과학에서의 시간 개념」을 행하며, 철학 교수 자격을 취득했다. 이 해 8월 18일 다시 소집에 응해 신경쇠약과 심장병으로 4주간 뮐하임의 위수병원에 입원한 후, 11월 2일부터 18년 초두까지 국민군의 일원으로서 주간에는 프라이부르크에서 우편의 감찰 업무, 강의는 저녁시간이었다.

1915년 겨울학기, 하이데거는 철학부의 사강사가 되어 '23년 여름학기까지 가르친다. 그 사이 17년 여름학기부터 '18년 겨울학기까지는 전쟁 확대로 인해 수업계획은 내보내지만 개강하지 못한다. 18년 2월 28일부터 약 1개월간 보병 제113 보충대대에서 훈련한 후, 4-6월에는 프라이부르크로 돌아와 7월 8일 제414 전선 기상관측대에 편입되며, 베를린 교외에서 기상학 훈련을 받고 서부 전선의 세단 가까이의 알덴느에 주재, 기상관측을 수행하여 제1군단의 좌익을 원호했다. 11월 5일 소집 해제되어 16일에 프라이부르크로 돌아왔다. 강의 재개는 1919년의 여름학기부터이다. 덧붙이자면, 15년 겨울학기부터 리케르트는 하이델베르크로 옮기며, 후임은 16년 여름학기부터 E. 후설이다. 제대 후의 하이데거는 사강사를 하는 한편, 19년 1월부터 후설의 조교로 일한다. 현상학이라고 이름을 밝힌 강의에서 자신이 걸어가야 할 길의 모색에 들어서는 것은 19년의 겨울학기부터이다.

하이데거는 23년 겨울학기부터 조교수로서 마르부르크 대학에 부임한다. 이 초빙은 P. 나토르프의 계획에 의한 것이다. N. 하르트만과 R. 불트만과 동료가 된다. 다음 해 7월, 마르부르크 신학자 협회에서 「시간의 개념」을 강연한다. 시간이란 현존재이며 현존재는 시간이다. 현존재는 자기의 가장 극단적인 존재 가능성인 죽음에의 선구에서 자기의 일상성으로 되돌아온다. 시간의 근원 현상은 장래이다. 『존재와 시간』으로 사유가 열매를 맺는 도상의 이정표가 되는 강연이다.

다음 해인 25년 하르트만은 쾰른 대학으로 옮긴다. 대학 당국은 하이데거를 후임 교수의 단독 후보로 하지만, 베를린의 문교부 당국자는 업적 부족이라고 하여 두 번 거부했다. 27년 2월 『존재와 시간 전반부』가 현상학의 기관지 『철학 및 현상학 연구 연보』 제8권에 게재되고 별쇄본도 나온다. 베를린의 당국자도 태도를 바꿔 8월 하이데거는 정교수가 되었다. H. 아렌트는 하이데거의 강의와 세미나가 사강사 시대나 조교수 시대에도 철학 애호자들 사이에서 비상한 평판의 대상이었다고 전하지만, 38세의 저작 『존재와 시간』은 G. 미쉬에 의하면 "벼락이 떨어진" 듯한 "이상할 정도의 철학적 흥분을 야기한" 것이었다.

『존재와 시간』의 전반부에서는 존재를 묻는 것을 좀 더 근본적인 것에로, 즉 존재자란 무엇인가라는 '존재자에 관한'(ontisch 존재{자}적) 물음으로부터, 존재란 무엇인가라는 '존재에 관한'(ontologisch 존재론적) 물음에로, 나아가 존재의 근거 내지 의미에 대한 물음에로 파헤쳐 나가고자 한다. 구체적으로는 스스로 하나의 존재자이면서 자기의 존재뿐만 아니라 자기 이외의 존재자의 존재에 대해 모종의 이해를 지니는 인간을 현존재라고 부르고, 존재의 물음을 세우고 존재의 의미에 대한 물음을 묻는 현존재의 특유한 존재를 조르게(관심) 또는 실존이라고 부른다. 현존재의 존재방식을 일상성을 중심으로 현상학적 · 해석학적으로 분석하고, 그 기술을 매개로 하여 유한한 시간성을 조르게 내지 실존의 존재의미 즉 근거로서 발견하며, 단독의 자기의 깨달음에서 드러나게 되는 유한한 시간성에 비추어 일상적인 현존재의 존재방식과 일상적인 시간 개념을 시간에 의해 규정된 것으로서 해석해 보인다.

하이데거는 위와 같은 인간 즉 현존재의 존재론을 '기초존재론' 또는 '실존의 분석론'이라고 칭하지만, 인간의 존재에 공통적으로 독특한 실존 범주들을 빠짐

없이 망라하는 체계 구성을 목적으로 하는 것이 아니라 존재의 의미에 대한 물음에 대답할 것을 목표로 하기 때문에, M. 셸러가 1922년 이래로 계획 중인 '철학적 인간학'과 동일한 목표를 지니는 것은 아니다. 또한 각자의 자기에 대해 키르케고르나 야스퍼스와 마찬가지로 실존이라는 말을 사용하면서도 야스퍼스가 의도하는 것과 같은 '실존론적 인간학'이 목적인 것도 아니다. 그렇지만 오늘날 우리는 1923년 여름학기에 기초하기 시작하고 26년에 완성을 본 '전반부'를 M. 셸러나 야스퍼스의 철학적 인간학이나 실존철학을 향한 1920년대의 계획과 더불어 두 번의 세계대전의 중간에 싹튼 인간 존재에 공통적으로 특유한 본성을 추구하고자 하는 움직임 안에서 다시 생각해볼 필요가 있다. 후설에게서조차 초월론적 주관성으로의 전회에 의해 형이상학으로 들어갔다고 비평된 이 시기에 하이데거의 『존재와 시간』이 인간 존재, 즉 주체의 현상학적 존재론으로 받아들여진 것은 사실이다.

하이데거는 1928년 겨울학기에 후설의 후임으로서 다시 프라이부르크로 돌아온다. 1944년 겨울학기까지 강의와 세미나를 계속하지만, 11월 초에 국민돌격대에 소집되어 이후 6년간 교단에 서지 못했다.

그 사이 1933년 4월 21일의 교수 총회에서 교수 93명 중 투표수 56 가운데 52가 하이데거, 기권 3, 파면된 전 총장 묄렌도르프 1의 결과로 하이데거가 프라이부르크 대학 총장에 선출되며, 5월 1일이 취임식이었다. 첫째 주에 바덴 주 문교부 장관 바커의 의향으로 나치스 당 입당을 권고 받으며, 대학의 이해를 고려하여 총장으로서나 개인으로서나 당의 직무나 활동은 일절 하지 않는다는 조건부로 이에 응했다. 총장 취임 강연 「독일 대학의 자기주장」은 5월 27일이며, 바커로부터 세 가지 점의 비판을 받는다. 하이데거가 나치스 정권에 의한 교육 통제하의 대학의 관리 운영에 관여한 것은 1년간이다. 34년 2월, 주의 문교부 참사관 퍼를레로부터 장관의 뜻이라고 하여 의학부장과 법학부장의 파면을 요구받자 거부하고 사직을 표명, 장관과 회담하여 의향을 인정받았다고 하지만, 33년 10월부터 총장은 주의 문교부 장관의 임명제이며, 사임은 4월 23일이다. 후임 총장인 순수한 당원 케른과의 교체 의식에는 참가하지 않았다.

1945년 5월의 패전 후 하이데거의 위와 같은 경력을 둘러싸고 점령군인 프랑스군 당국, 바덴 주 당국, 대학 당국, 대학 내의 '순화위원회', 대학 내외의 하이데거의 변호자와 비판자 사이에서 복잡한 경과를 거친다. G. 리터를 포함한 5인으로 이루어진 순화위원회는 하이데거가 1933년의 단기적인 정치적 과오 때문에 대학을 떠나는 것은 커다란 손실이라고 판정하고, 하이데거가 45년 10월에 대학 당국에 제출한 조항을 감안하여 퇴직교수 건에 대해서는 고려하되 강의 허가에 대해서는 당연히 그 권리를 보유한다는 방침을 세운다. 그러나 46년 여름 및 가을에 프랑스 군정 당국은 무기한의 교직 금지를 지시한다. 이것은 대학으로부터의 면직을 의미하는 것이 아니라 연구교수로서는 머무른다는 뜻이다. 이 해 가을 J. 보프레가 산장에 처음 방문한다. 11월 10일자의 보프레의 편지에 대한 답장이 그 다음 해인 47년 『플라톤의 진리론』의 부록으로서 처음으로 하이데거의 새로운 존재 사유를 공개한 「휴머니즘에 대한 서간」이다. 45년 중반 이후로 지인들이 야스퍼스도 포함하여 복직을 위해 운동하지만, 아무래도 점령군의 의향이 우선할 뿐만 아니라 대학 내에도 여전히 반대자가 존재한다. 마침내 '49년 7월, 프랑스 군정 당국은 하이데거의 나치즘과의 관계는 '복종하지 않는 동행자'라고 최종적으로 결정한다. 9월에 프랑스 군정 당국은 하이데거의 교직 금지 기간을 한정한다.

이 49년부터 하이데거의 논저가 재판되거나 새롭게 나오게 된다. 같은 해 12월의 브레멘에서 행한 강연인 「있는 바의 것에 대한 일별」은 『존재와 시간』의 붓을 놓은 이후 「휴머니즘에 대하여」까지의 20년간의 중간기 사유를 거쳐 새롭게 도달한 경지를 처음으로 말한 것으로서 참된 후기 사유의 공표는 이 이후라고 말할 수 있을 것이다.

하이데거가 프라이부르크 대학의 교단에 1944년 11월 이후 처음으로 선 것은 1951년 여름학기이다. 복직과 동시에 퇴직교수가 된다. 바덴 주 당국은 9월에 퇴직교수직을 허가한다. 51년 겨울학기와 52년 여름학기는 세미나 외에 강의로서 「무엇이 사유를 명하는가(사유란 어떠한 의미인가)」를 행하고, 54년에 공간했다. 53년에는 『존재와 시간』의 제7판에 대한 머리말에서 '전반부'라는 말을 삭제한다는 뜻을 밝힌다. 주요한 세미나와 강의는 일반 교육을 위한 강의를 제외하면, 전자는 55년 겨울학기의 「근거율」, 후자는 55년 겨울학기 · 56년 겨울학기의 헤겔 세미나 등이다.

하이데거의 전후의 사유는 대학의 강의를 위한 것이 아니다. 새로운 사유의 발표는 대부분이 크고 작은 회중들 앞에서 이루어졌던 것이다. 그 저술 활동은 50년대 · 60년대가 정점이지만, 전기의 사유가 『존재와 시간 전반부』를 정점으로 하는 것과 같은 의미에서의 정점은 없다. 최근 『철학에의 기여』(1936-38)가 발간되어 이것이 결국은 중간기 후반의 전회기 사유의 원천으로 간주되고 있지만, 이에 이어지는 난해한 기투 군을 포함하여 40년대 중반까지의 전회기를 추적하는 시도는 『존재와 시간』으로 결실되는 초기 하이데거의 해석학적 직관에 기초한 사실적 생의 해석학을 추적하는 시도보다도 훨씬 희소하다. 가장 드문 것은 하이데거가 자주 스스로 말하는 '혁명적인 것'을 충실히 부상시키면서 연대순으로 그 모든 사유의 족적을 돌파하여 넘어서고자 하는 시도이다.

『하이데거 전집』은 1975년 제24권 『현상학의 근본문제』로 공간을 개시했다. 1993년 12월 현재 42책이 간행되었지만, 당초의 70권 이상이라는 예상을 넘어서서 거의 100권에 이른다고 말해지고 있다. 일본판의 『하이데거 전집』도 소분샤創文社에서 『이정표道標』와 『네 개의 세미나四つのゼミナール』로 간행을 시작하여 현재 16책이 공간되어 있다.

하이데거는 1976년 5월 26일, 프라이부르크에서 심장마비로 세상을 떠나 메스키르히 교외의 묘지에 매장되었다. 그의 일생에 걸친 강의와 학문의 정진은 생전의 저작에 비추어 명확하지만, 간행 중인 전집에 접할 때 그 느낌이 좀 더 강화되지 않을 수 없다. 그의 사유를 산출한 생애의 경력과 더불어 하이데거는 20세기를 대표하는 사유자인바, 그 수수께끼에 대한 추구를 후세의 사람들은 필요로 한다. 20세기 인간의 사상의 대표로서 하이데거를 읽는 것이 20세기란 무엇이었는가 하는 물음에 대한 올곧은 좁은 길이 될 것이기 때문이다. ☞ ㊀기초존재론, 실존, 조르게, 존재, 존재론적 차이, ㊂니체 강의, 숲길, 존재와 시간

—가야노 요시오(茅野良男)

㊟ 茅野良男, 『初期ハイデガーの哲學形成』, 東京大學出版會, 1972. 同, 『ハイデガーにおける世界・時間・眞理』, 朝日出版社, 1981. 同, 『ハイデガー』, 講談社, 1981, [2]1989. 同, 『中期ハイデガーの思索と轉回』, 創文社, 1985. H. Ott, *Martin Heidegger*, 1988, [2]1992. O. Pöggeler, *Neue Wege mit Heidegger*, 1992. E. Nolte, *Martin Heidegger*, 1992.

헤링 [Jean Hering 1890. 9. 12–1966. 2. 23]

후설 현상학을 프랑스에 도입하는 데 기여함과 동시에 현상학적 방법을 프로테스탄트 신학에 받아들여 성서 주석학에 공헌. 리보빌레에서 태어난다. 스트라스부르, 하이델베르크, 괴팅겐, 파리 대학에서 공부한다. 1914년 교수 자격 취득. 1937년 신학박사. 1926년 스트라스부르 대학 프로테스탄트 신학부 강사, 1938년 정교수. 주요 저서로 『현상학과 종교철학』(1925), 『예수에 의한 신의 나라와 사도 바울』(1938), 『바울의 고린도전서 주석』(1949) 등. 『현상학과 종교철학』은 후설 현상학의 기본적인 사상을 설명하고, 나아가 이 방법에 의한 종교철학을 기도한 것으로서 현상학 입문서의 역할도 수행한다. 또한 현상학 이해를 둘러싸고 셰스토프(Léo Chestov 1866-1938)와 논쟁을 벌였다. 셰스토프의 후설 비판 논문인 「메멘토 모리」(1926)에 맞서 헤링은 「영원의 상 하에서」(1927)에서 후설을 옹호하며, 나아가 셰스토프는 「진리란 무엇인가」(1927)에서 현상학을 비판했다.

—하코이시 마사유키(箱石匡行)

헬트 [Klaus Held 1936. 2. 1–]

현재 독일의 대표적 현상학자. 1936년에 뒤셀도르프에서 태어나 1956년부터 뮌헨, 프라이부르크, 쾰른,

본 대학에서 철학과 고전문헌학을 공부했다. 1961년 최종적으로 쾰른의 란트그레베 밑에서 학위를 취득했다. 이 학위 논문은 『살아 있는 현재』라는 제목으로 출판되는데, 이 책으로 학계에서 확고한 평가를 얻는 동시에 란트그레베의 조교가 된다. 1970년 헤라클레이토스에 대한 연구로 교수 자격을 얻어 아헨 공과대학 교수로 취임하며, 74년 이래로 부퍼탈 대학의 정교수직에 있다. 학위 논문에서 초월론적 자아의 존재 방식을 현재의 흐르면서 멈추어 서 있는 양의성으로서 해명한 후, 일종의 전회를 거쳐 현재는 한편으로는 후설과 하이데거의 대결을 진전시키고, 다른 한편으로는 그리스 이래의 철학사에 대한 연구와 함께 정치적 철학과 상호문화성의 방향으로 현상학의 새로운 가능성을 개척하고 있다. 전회 후의 가능성은 제2의 주저라고 해야 할 『헤라클레이토스, 파르메니데스와 철학과 학문의 시원』(1980)에 함축되어 있다. ☞ ㉺살아 있는 현재

—오가와 다다시(小川 侃)

호소야 쓰네오 [細谷恒夫 1904. 7. 6-70. 8. 17]

쇼와 시기의 철학자, 교육철학자. 야마가타에서 태어나 1927년 도쿄 제국대학 철학과 졸. 1943년 도호쿠 제국대학 교수. 신칸트학파, 생의 철학, 현상학에 영향을 받아 그 방법을 교육학 연구에 응용했다. 도호쿠 제대에서 철학과 교육학을 연구, 제자들로부터 뛰어난 연구자가 배출되었다. 주요 저작은 『인식현상학 서설』(岩波書店, 1936), 『딜타이, 나토르프』(岩波書店, '36), 『세론과 교육』(民主教育協會, 1956), 『교육의 철학—인간 형성의 기초 이론』(創文社, 1962) 등.

홀렌슈타인 [Elmar Holenstein 1937. 1. 7-]

스위스의 산크트 갈렌에서 태어나 루뱅, 하이델베르크, 취리히 대학에서 공부하며, 1970년 루뱅에서 『연합의 현상학』(*Phänomenologie der Assoziation*, Phaenomenologica 44)으로 박사 학위를 취득한다. 1973년에는 R. 야콥슨의 연구조교로서 하버드 대학에 체재. 1976년 『야콥슨—현상학적 구조주의』(*Roman Jakobsons phänomenologischer Strukturalismus*, 1975: 川本茂雄・千葉文夫 譯, 白水社, 1983)로 교수 자격을 취득, 1977년부터 보훔 대학에서 일한 후, 1990년부터 취리히의 스위스 연방공과대학(ETH)의 교수. 후설 전집 18권의 편자이기도 하다. 홀렌슈타인의 입장은 후설의 현상학과 야콥슨의 구조주의를 결합한 현상학적 구조주의라고도 말할 수 있는데, 이 입장에 기초하여 분석철학의 행동주의, 언어주의를 비판한다[『認知と言語』, 産業圖書, 1984]. 최근에는 인지과학의 성과를 적극적으로 받아들임으로써 심신 문제, 마음의 철학에 관한 논고를 다수 발표하고 있다. 지향성 분석에서는 기능주의적 견해를 취하지만, 의식, 직관, 이미지 등과 관련하여 기능주의의 한계를 지적하고 독자적인 견해를 제출하고 있다.

—무라타 준이치(村田純一)

㉾ E. ホーレンシュタイン(平井正 外 譯), 『言語學・記號學・解釋學』, 勁草書房, 1987.

후설[1] [Edmund Husserl 1859. 4. 8-1938. 4. 27]

후설이 철학자로서 활약하기 시작한 시대는 과학들의 위기가 문제로 되어 그 성립 기반을 이루는 개념들의 의미가 재검토를 강요받게 된 시대이며, 또한 철학의 세계에서도 사변적인 독일 관념론의 퇴조 후 많은 철학자가 철학 연구에서 확실성과 엄밀성을 추구함과 동시에 자연과학과 정신과학의 인식론적 근거짓기에서 철학 고유의 과제를 발견하고자 한 시대였다. 그리하여 그들이 철학 연구의 유일하고 확실한 출발점으로 인정한 것이 자아의 의식체험의 영역인데, 물론 여기서는 코기토의 명증성을 철학 연구의 원점에 놓았던 데카르트주의의 영향이 보인다. 후설의 스승 브렌타노의 『심리학』도 이 계보에 속하며, 후설 자신에게 있어서도 <필증적 명증>이 철학의 지도 원리였다. 그에게 있어 학문이란 <만인에 대해 절대 확실하게, 더욱이 영속적으로 타당한 진리>를 탐구해야 할 것이며, 또한 철학이란 <철저한 의미에서의 엄밀한 보편학>으로서

<궁극적인 근거짓기와 궁극적인 자기 책임으로부터 성립하는 학>인 것이다. 이러한 이념 하에서 그의 철학 연구는 의식작용의 구조와 기능에 대한 구명으로부터 출발하여 의식되는 대상적 존재자의 존재방식과 의미를 묻는 존재론적 연구로, 그리고 더 나아가 자아론과 시간론의 고찰에로 전개되는데, 이러한 일련의 상관적 문제들을 순차적으로 개시하는 것이 <지향성> 개념이다. 탐구의 중점과 방법에는 각각의 시기에 따라 다양한 곡절이 있지만, 전체를 관통하는 중심 테마는 유럽적 인간성의 위기감과 결부되어 있던 학문론적 고찰이며, 이를 위해 그가 거점으로 삼은 것은 참된 이성주의와 경험적 사실들을 이론적으로 이해하고 해석하기 위한 근거가 되는 본질주의였다. 덧붙이자면, 메를로-퐁티는 <후설의 철학적 노력의 진의가 철학의 위기와 인간에 관한 과학들의 위기, 나아가 과학 일반의 위기를 동시에 해결하는 것에 있었다>는 점을 강조하고, 후설이 기도한 학문의 근거짓기 과제를 <세기의 과제> 라고도 부른다. 이하에서는 그의 생애를 4기로 나누어 개관한다.

Ⅰ. 1859-1887년: 탄생부터 학업 시대까지. 후설의 생가는 당시의 오스트리아 제국령 뫼렌 주(현재는 체코령)의 소도시 프로스니츠(빈의 북북동 150km)에서 대대로 직물상을 경영하는 유복한 유대계의 오랜 가문이었다. 1876년 6월 김나지움을 졸업한 그는 같은 해 가을부터 3학기 라이프치히 대학에서 주로 천문학과 수학, 물리학을 공부했다. 같은 곳에 재학 중 9세 연장의 T. 마사리크의 인정을 받아 브렌타노와 데카르트 철학에 대해 가르침을 받으며, 영국 경험론 공부를 권유받았다. 이 사이 그의 관심은 점차 천문학에서 수학과 철학으로 옮아가며, 78년 여름학기부터 3년간 베를린 대학에서 수학을 전공한다. 당시 그에게 커다란 영향을 준 것은 C. 바이어슈트라스의 함수론 강의로부터 배운 철저주의 정신, 특히 <수학의 철저한 근거짓기>라는 테마였다. 81년 여름학기부터 모국의 빈 대학으로 옮긴 그는 83년 1월 『변분법 논고』라는 제목의 수학 논문으로 박사 학위를 취득, 그 후 같은 해 여름학기에는 베를린에서 바이어슈트라스의 조교로 일했다. 그러나 스승이 병으로 눕게 되었기 때문에 다시 모국으로 돌아와 같은 해 10월부터 1년간 지원하여 군무에 임했다. 그는 또한 이 무렵부터 마사리크의 영향으로 신약성서 연구를 시작한다. 병역을 마친 후설은 종교 문제도 포함하여 점점 더 철학에 대한 관심을 심화시키며, 84년 겨울학기부터 2년간 빈 대학에서 브렌타노를 사사하게 된다. 그가 브렌타노의 기술적 심리학으로부터 배운 최대의 수확은 현상학에 있어 가장 중요한 <의식의 지향성>이며, 그가 철학 연구를 생애의 천직으로 선택하는 결의를 굳힌 것도 스승의 강의를 통해 <철학 역시 엄밀한 학문의 정신에 입각하여 연구될 수 있다는 것>을 확신했기 때문이었다. 그리하여 그는 철학의 대학 교수 자격을 얻기 위해 86년 가을부터 할레 대학의 C. 슈툼프 곁에서 그 준비에 전념했다. 브렌타노의 수제자이자 음향심리학의 연구자로서 저명한 슈툼프는 기술심리학에 의한 논리학과 인식론의 근거짓기를 시도한 업적으로도 알려진다. 후설 자신도 위에서 언급한 세 명의 스승의 영향을 반영하는 테마에 몰두하며, 그 성과를 『수의 개념에 대하여—심리학적 분석』이라는 제목의 논문으로 정리하여 할레 대학에 제출하고 87년 7월에 교수 자격을 취득했으며, 같은 해 겨울학기부터 할레의 사강사에 취임했다. 이를 기회로 같은 해 8월 오랫동안 혼약 중이던 마르비네 슈타인슈나이더와 결혼하고 곧이어 1녀 2남을 가진다. 덧붙이자면, 그는 86년 4월에 유대교로부터 복음파 기독교로 개종한다.

Ⅱ. 1887-1901년: 할레 시대. 14년간이나 사강사라는 불안정한 지위에 머물렀던 이 시대는 사상적으로도 심각한 동요의 시대였다. 즉 95년 무렵을 경계로 전반부의 심리학주의적인 입장과 그것에 대한 자기비판을 거쳐 인식론적 현상학의 최초 구상에 도달한 후반부 사이에는 주목해야 할 변화가 있다. 전반부를 대표하는 91년에 간행된 『산술의 철학』 제1권은 <산술학을 인식론적으로 구명하고자 하는 관심>에 이끌려 다多와 기수 개념의 기원에 대해 심리학적 분석과 논리학적 분석을 시도한 저작인데, 거기서는 예를 들어 기수란 <몇 가지 표상 내용을 집합하여 헤아리는 자발적인

심적 작용에 의해 구성되는 관계 개념>이라고 하는 심리학적 구성설이 우위를 점하고 있었다. 그러나 그는 이미 그 무렵부터 라이프니츠, 볼차노, 프레게 등의 객관주의적인 논리학설과 플라톤적 이데아론에 대한 연구를 통해 예를 들어 <실재적인 표상작용>과 <객관적-이념적인 개념> 자체의 이질성을 중시하게 되고, 전자에 의한 후자의 근거짓기를 불합리한 것으로 보게 되었다. 그리하여 그는 『산술의 철학』 제2권의 공간을 단념하고, 96년 무렵부터 심리학주의의 오류를 바로잡아 순수 논리학의 이념을 해명하기 위한 저술에 전념했다. 그 성과가 1900년에 간행된 『논리연구』 제1권 '순수 논리학 서설'인데, 여기서는 예를 들어 5라는 수 그 자체는 누군가가 지니는 5의 표상이 아니라 이념적인 종개념이라고 주장된다. 이 제1권에서는 <학문론으로서의 논리학>의 성격과 과제가 고찰되며, <학문 일반을 가능하게 하는 조건들>로는 실재적인 심리학적 조건들과는 별도로, 더 나아가 두 종류의 <이념적인 조건들>과 순수하게 인식 내용에만 기초하는 <순수 논리학적인 조건들>이 있다는 것이 지적되었다. 그러나 순수 논리학의 이념학적인 성격을 강조한 이 제1권은 1901년에 공간된 제2권 '인식의 현상학과 인식론을 위한 연구들'로의 도입부에 지나지 않는바, 후설 현상학의 특징들이 비로소 적극적으로 제시된 것은 지향적 체험의 구조와 기능에 대한 상세한 분석과 기술을 포함하는 제2권에서였다. 즉 『논리연구』 전체의 주제는 <이념적인 객관 자체가 인식됨으로써 결국 주관화된다고 하는 사태를 어떻게 이해해야 할 것인가>라는 문제를 둘러싸고 인식내용과 인식작용의 상관관계를 반성하고 해명하는 것이었다. 이와 같이 주관과 객관 내지는 의식현상과 대상현상을 언제나 상관적으로 고찰하는 것이 지향성을 근본 원리로 하는 현상학적 연구의 가장 기본적인 특징이다. 덧붙이자면, 후설은 96년 말에 프로이센 국적을 취득한다.

III. 1901-1916년: 괴팅겐 시대. 후설은 01년 9월 괴팅겐 대학의 조교수에 임용되며, 나아가 06년 6월에는 교수로 승진했다. 이 무렵을 전후하여 딜타이를 비롯해서 『논리연구』를 대단히 높이 평가하는 학자가 속출하며, 그 중에서도 특히 열렬히 지지한 것이 뮌헨의 Th. 립스 문하의 펜더와 라이나흐를 중심으로 하는 신진기예의 연구자들이었다. 07년 여름학기에는 그들 중 한 사람인 Th. 콘라트의 발의에 의해 <괴팅겐 철학협회>가 결성되어 이른바 <현상학 운동>이 태동하기 시작했다. 나아가 13년에는 펜더와 셸러의 협력을 얻어 『철학 및 현상학 연구 연보』가 창간되고 후설의 『이념들』 제1권이 게재되었다. 셸러와 하이데거의 주저를 세상에 내보낸 이 기관지는 30년의 마지막 권까지 모두 11권과 별권 하나가 간행되어 현상학 운동의 최초의 융성을 오늘날에 전해주고 있다. 이 시대는 후설 자신의 현상학에 있어서도 많은 열매를 맺는 성숙기였다. 즉 엄밀한 학으로서의 철학 연구를 가능하게 하기 위한 인식 비판, 이성 비판의 중요성이 점점 더 통감되어 05년에는 그것에 불가결한 방법으로서 <인식론적 내지는 현상학적 환원>이라는 조작이 고안되며, 이어서 07-08년에는 <초월론적-현상학적 관념론>의 구상이 처음으로 표명되었다. 현상학적 환원이란 초월적인 객관적 사물들과 그 세계의 실재를 무비판적으로 소박하게 정립하는 자연적 태도를 일시 정지하여 반성의 눈길을 자아의 의식 체험의 지향적인 내재영역으로 되돌리기 위한 방법이며, 나아가 이 내재영역에서 이제 지향적인 대상으로서 파악되는 <이른바 초월적 사물>의 소여방식과 존재의미를 초월론적 주관에 의한 객관의 지향적 구성이라는 관점에서 해명하는 것이 초월론적 현상학의 과제이다. 후설의 이러한 초월론적 사고방법에는 1896년경부터 친교를 맺은 신칸트학파의 나토르프 등의 영향이, 그리고 무엇보다도 05년경에 하나의 정점에 도달한 그 자신의 칸트 연구의 영향이 반영되어 있다. 05년은 또한 그가 처음으로 내적 시간의식의 문제를 강술한 해이기도 한바, 시간을 구성하는 의식의 흐름과 시간의식의 지향성 등에 대해 논의가 이루어진다. 나아가 08년-10년에는 지각되는 사물이 나타나는 방식을 제약하는 신체의 역할과 타아 인식의 수단으로서의 신체 지각과 자기이입, 인식의 상호주관성 등의 문제들도 이미 고찰되고 있다. 이와 같이 후설 철학의 주요 테마 대다수가 이미 이

시대에 숙고되고 강술되고 있었음에도 불구하고 출판에 대해 평생 조심스러웠던 그가 이 사이에 공간한 주요 저작은 11년에 『로고스』 제1권에 기고한 「엄밀한 학으로서의 철학」과 『이념들』 제1권 두 가지뿐이었다.

Ⅳ. 1916-1938년: 프라이부르크 시대. 제1차 세계대전이 한창이던 16년 4월 후설은 리케르트의 후임으로서 프라이부르크 대학 교수에 취임했다. 이 직전의 3월에는 차남의 전사, 다음 해 17년에는 장남의 전상과 애제자 라이나흐의 전사 등, 그 자신도 전쟁의 커다란 아픔을 겪었지만, 그에 굴하지 않고 당시의 그는 시간론에 대한 새로운 고찰과 타자의 신체 지각과 자기이입 문제에 몰두하고 있었다. 18년 겨울에는 <프라이부르크 현상학회>가 발족하고 하이데거와 뢰비트 등 새로운 회원들의 활약과 여러 외국에서 온 유학생의 참가에 의해 현상학 연구의 틀은 이전보다 더욱 확대되어 활황을 보이기 시작하며, 20년대 후반에는 최고의 전성기를 맞이했다고 볼 수 있다. 이 시절 후설 자신의 주요한 연구 테마는 순수 현상학에 이르는 통로로서의 현상학적 심리학, 수동적인 세계 소유 등의 의식의 수동성, 살아 있는 현재에로의 환원과 자아 및 세계의 시간화, 모나드적인 자아의 생성과 역사성, 문화와 가치의 상호주관적 구성, 그리고 더 나아가 과학적 인식의 모태인 생활세계 등등인데, 이러한 연구들은 28년의 퇴임 후에도 정력적으로 계속되었다. 만년의 그의 관심은 외국에서의 강연 테마들에서도 나타나는데, 예를 들어 28년의 암스테르담에서는 현상학적 심리학, 29년의 파리와 스트라스부르에서는 자아의 자기구성과 상호주관성이, 그리고 35년의 빈과 프라하에서는 유럽적인 인간성과 과학의 위기가 각각 중심적인 논점이 되고 있다. 퇴임 후에 매일 10시간씩 책상 앞에서 필생의 작업의 완성에 전념한 후설의 고고한 <작업철학>을 방해한 것은 33년 1월에 성립한 히틀러 정권의 폭력이었다. 나치스의 유대인 박해의 광풍은 후설에게도 가차 없이 다가오는데, 예를 들면 33년과 37년의 국제철학회에 참가하는 것을 허가하지 않았을 뿐 아니라 대학 구내에 들어가는 것마저도 금지할 정도여서 그의 저서의 국내 출판 등은 도저히 바랄 수 없는 상황이었다. 이와 같은 어려운 형편 중에 38년 4월 27일, 그의 서거 통지의 말 그대로 "고요한 영웅적 생애"의 문을 닫았던 것이다. 덧붙이자면, 그가 이 시기에 공간한 주요 저작은 28년의 『형식논리학과 초월론적 논리학』, 31년 간행된 『데카르트적 성찰』의 프랑스어판, 36년에 베오그라드의 『필로소피아』지 제1권에 게재된 『유럽 학문의 위기와 초월론적 현상학』의 제1, 제2부, 그리고 그의 사후인 39년에 프라하에서 출판된 『경험과 판단』이다. 다만 후설은 이 저서들 이외에 더 나아가 4만 쪽이 넘는 방대한 양의 속기 원고에 그의 사유의 성과를 기록하고 있었다. 다행히 이 원고들은 38년 말에 창설된 루뱅 대학의 <후설 문고>에 보관되어 있으며, 이러한 자료들을 토대로 『후설 전집』의 편집, 출판이 계속되고 있다. ☞ ㊀구성, 상호주관성, 생활세계, 시간, 의식, 지각, 지평, 지향성, 초월론적 주관성, 현상학 운동, 현상학적 환원, ㊁나토르프, 바이어슈트라스, 브렌타노, 슈툼프, ㊂경험과 판단, 기하학의 기원, 내적 시간의식의 현상학, 논리학 연구, 산술의 철학, 엄밀한 학으로서의 철학, 유럽 학문의 위기와 초월론적 현상학, 이념들

—다테마쓰 히로타카(立松弘孝)

참 立松弘孝 編, 『フッサール』, 平凡社, 1977. 田島節夫, 『フッサール』, 人類の知的遺産 58, 講談社, 1981. 加藤精司, 『フッサール』, 清水書院, 1983. J. N. Mohanty & W. R. Mckenna, eds., *Husserl's Phenomenology: A Textbook*, Washington, 1989. K. Schuhmann, *Husserl-Chronik*, Den Haag, 1977. R. Bernet, I. Kern, E. Marbach, *Edmund Husserl, Darstellung seines Denkens*, Felix Meiner, 1989.

후설[2] [Gerhart Husserl 1893. 12. 22－1973. 9. 8]

독일의 법철학자. 에드문트 후설의 장남으로서 할레에서 태어나 괴팅겐, 프라이부르크, 라이프치히 대학에서 법학을 공부하며, 2년간의 지방재판관의 직을 거쳐 1926년 키일 대학에서 정교수의 지위에 오른다. 33년 괴팅겐 대학으로, 34년에는 프랑크푸르트 대학으로 옮기지만 같은 해 미국으로 망명. 그 후 버지니아

주립대학의 객원교수를 거쳐 40년 워싱턴 주립대학의 법학 교수가 된다. 제2차 세계대전 후인 48년부터 독일에서 미국의 점령 행정에 종사하여 베를린과 프랑크푸르트에서 근무. 52년 쾰른 대학의 객원교수가 되어 공식적으로 서독으로 귀환하며, 53년에 퇴임한다. 최초의 저서 『법의 힘과 법의 타당』(*Rechtskraft und Rechtsgeltung*, 1925)에서 그는 현상학의 입장에서 법의 타당(효력)을 법의 존재와 동일시하여 법의 존재론적 타당 개념으로 나아가는 길을 연다. 이 견해에 따르면 법이 효력을 지닌다고 하는 사태는 법이 준수되고 있는 사실을 가리키는 것이 아니며, 또한 이념에 기초하여 규범적으로 구속한다고 하는 초월성으로 해소되는 것도 아니다. 그것은 법이 "시공간적으로 주어진 어떤 단체에서 규범작용을 수반한 사회 현실로서 존재한다"는 것을 의미한다. 이와 같이 법을 현실로 간주하면서도 이념 내재적인 것이라고 생각하는 개념 규정은 한편으로는 법학적 자연주의의 실증주의를, 다른 한편으로는 신칸트주의의 규범주의를 비판하는 것이었다. 나아가 그는 『에드문트 후설 고희 기념 논문집』에 기고한 논문 「법과 세계」("Recht und Welt", 1929)에서 하이데거의 '세계-내-존재'론에 기울어지는 가운데 이와 같은 법적 타당의 근거를 구명한다. 법은 시간을 초월함과 동시에 시간에 관계하여 타당(존재)하다. 왜냐하면 그것은 법이 규범을 긍정하는 공동체 구성원의 의사에 기초하고 있기 때문인바, 그 의사라는 것은 "현존재의 본질 요소를 이루는 영구적인 의사태도"이지 심리학적인 사실이 아니다. ☞ ㊕법학과 현상학

—다케시타 겐(竹下 賢)

후설[3] [Marvine Charlotte Husserl 1860. 3. 7–1950. 11. 21]

후설 부인. 1887년 8월 6일, 후설과 결혼. 평생 후설의 연구 생활을 뒷받침하며, 또한 괴팅겐과 프라이부르크에서 후설 밑에 모인 많은 제자들을 돌본다. 후설 사후에 나치스의 대두라는 위기적 상황 하에서 후설의 방대한 양의 유고를 관리. 루뱅의 후설 문고 창설에도 전면적으로 협력했다.

힐데브란트 [Dietrich von Hildebrand 1889. 10. 12–1977. 1. 25]

독일의 철학자. 피렌체에서 태어나 뮌헨 대학, 괴팅겐 대학에서 공부하며 1918년 뮌헨 대학 교수가 된다. 나치스 대두에 의해 1933년 이후 빈 대학 교수, 툴루즈의 가톨릭 대학 교수를 역임하고, 1941년부터 60년까지 뉴욕의 포담 대학에서 교편을 잡는다. 뮌헨학파의 지도적 입장에 있으며, 특히 윤리학, 미학, 신학에 강한 관심을 보였다. 주저는 『기독교적 윤리학』(*Christian Ethics*, 1952) 등. 인식론적 저작인 『철학적 물음과 인식함의 의미』(*Der Sinn philosophischen Fragens und Erkennens*, 1950)에서 그는 후설의 '사태 자체로'를 생각나게 하는 입장을 취하고 있다. 윤리학적으로 그에게 가장 커다란 영향을 준 것은 가톨릭 시대의 셸러이다. 셸러의 실질적 가치윤리학을 독자적인 방향에서 전개하고, 가치에는 그것에 걸맞은 응답이 갖춰져 있다고 하여 가치의 실현을 주장했다. 그러나 1914년 가톨릭으로 개종한 데서도 엿볼 수 있듯이 그의 사유를 결정적으로 규정한 것은 현상학이라기보다는 가톨릭 기독교였던 것으로 생각된다. ☞ ㊕뮌헨학파, 뮌헨 현상학, ㊒기독교적 윤리학

—미야타케 아키라(宮武 昭)

힐런 [Patrick A. Heelan 1926. 3. 17–]

아일랜드 출신의 물리학자·철학자. 더블린 대학, 산 루이 대학에서 물리학과 철학을 공부한다. 1964년, 루뱅 대학에서 철학박사 학위 취득. 포담 대학, 프린스턴 대학, 보스턴 대학을 거쳐 1979년 뉴욕 주립대학 교수. 물리학자로서 양자역학을 연구한 후 철학으로 전향. 후기 후설에 정위하여 지각 현상에 대한 해석학적 연구에 몰두한다. 주요 저작은 *Quantum Mechanics and Objectivity*, 1965, *Nature and its Transformations*, 1972, *Space-Perception and the Philosophy of Science*, 1983 등.

—고스다 겐(小須田 健)

힐베르트 [David Hilbert 1862. 1. 23－1943. 2. 14]

독일의 수학자로서 형식주의적 입장의 창도자. 20세기 초두의 최대의 수학자 중 한 사람으로 지목된다. 쾨니히스베르크에서 태어나 그곳의 대학에서 학위를 취득하고 1892년에 교수가 되었다. 95년에 클라인(Felix Klein 1849-1925)의 초청으로 괴팅겐 대학으로 옮겨 괴팅겐을 세계의 수학 연구 중심지로 만드는 데 공헌했다. 99년의 『기하학의 기초』는 비유클리드 기하학이 논리적으로 유클리드 기하학과 동등하다는 것을 밝힘으로써 수학기초론 연구에 새로운 시대를 연 획기적인 책이었다. 1920년대에는 논리학과 산술(자연수론)의 둘 모두를 형식화하여 그 무모순성(정합성)을 보여주는 '초수학'(Metamathematik) 내지 '증명론'(Beweistheorie)의 프로그램을 제출, 근원적인 형식주의의 입장을 다듬어냈다. 괴팅겐 시대의 후설과는 동료 관계에 있으며, 힐베르트의 견해는 후설의 수학과 논리학에 대한 견해에 상당한 영향을 미쳤다고 생각된다. 대학에서 후설의 교수 승진을 위해 노력했던 것으로도 알려져 있다.

—사사키 치카라(佐々木力)

저작명 항목

감각의 분석感覺—分析 [*Die Analyse der Empfindungen und das Verhältnis des Physischen zu Psychischen*. 1886]

오스트리아의 물리학자이자 철학자인 에른스트 마흐의 주저. 그는 페히너의 『정신물리학 강요』(1860)에서 강한 영향을 받아 심리학의 저작을 구상하고, 1866년 무렵에는 『감각의 분석』의 전신인 그 초고를 완성하여 페히너에게 헌정했지만, 페히너로부터는 부정적 평가밖에 받지 못한 것에 의기소침하여 출판을 단념하고 초고를 20년 가까이 깊숙이 감춰 두었다. 그것을 대폭적으로 개고한 다음 1886년에 이르러서야 비로소 『감각의 분석』 초판이 간행되었지만, 헌사는 영국의 과학철학자 칼 피어슨에게 바쳐져 있다. 그 후에도 마흐는 자주 개정증보를 거듭하며, 현재는 제9판을 기초로 한 신판이 1985년에 다시 간행되어 있다. 마흐 자신이 교열의 수고를 짊어진 윌리엄스(C. M. Williams)에 의한 초판으로부터의 영역(Chicago, 1897) 및 스도 고노스케須藤吾之助와 히로마쓰 와타루廣松涉에 의한 제7판으로부터의 일본어 역(法政大學出版局, 1971)이 있다. 전체는 15장과 보유로 이루어지며, 내용은 데카르트 이래의 물심이원론과 칸트 이래의 주관-객관 이원론을 철저하게 배척하고 마흐의 독자적인 <감성적 요소일원론>을 전개한 것이다. 그에 의하면 세계를 구성하는 것은 "색, 소리, 열, 누름, 공간, 시간 등등"의 감성적 요소들이며, 이것들은 물적이지도 심적이지도 또한 주관적이지도 객관적이지도 않은 <중성적>인 요소로서 특징지어진다. 지금까지 세계의 궁극적인 구성요소로 간주되어 온 <물체>나 <자아>는 이러한 요소들의 복합체에게 주어진 사고에 있어서의 기호에 지나지 않는다. 과학의 목적은 이러한 감성적 요소들 상호간의 <함수적 의존관계>를 축약적으로 기술하는 것인바, 그때에 작용하는 것이 다름 아닌 "최소의 사고 지출로 사실을 가능한 한 완전하게 기술한다"고 하는 <사유경제의 원리>이다. 그러므로 물리학과 심리학의 상이성은 연구 대상이 아니라 연구 방향의 다름에로 귀착하는 것이다. 이와 같은 마흐의 견해는 감각소여 언어에 의한 <통일과학>의 형성을 지향하는 빈 학단의 성립을 촉진하고 그들에게 사상적 기반을 주었다. 또한 감성적 요소들이 형성하는 함수적 관련태의 <전체적 구조>에 주목하는 마흐의 지각론은 에렌펠스의 논문 「형태질에 대하여」(1890)에 심원한 영향을 미치며, 그리하여 마흐는 게슈탈트 심리학의 선구자로 지목된다. 후설은 『산술의 철학』의 어떤 주해에서 '도형적 계기'에 관한 에렌펠스의 게슈탈트 이론이 마흐의 『감각의 분석』에서 유래하는 것이라는 점을 지적하고, "나는 재기발랄한 물리학자의 이 저작을 그것이 간행됨과 동시에 읽었기 때문에 나 역시 이 책의 독해로부터 연상을 통해 자신의 사고의 큰 줄기에서 다 같이 영향을 받은 바 크다고 말할 수 있다"[Hu **12**. 211n]고 이야기한다. 그러나 심리학주의의 극복을 목표로 한 『논리연구』 제1권 제9장에서는 마흐의 사유경제 원리에 대해 부정적인 태도로 전환하여 근본적인 비판을 제기한다. 그러나 후설은 그 후에도 1903년의 겨울학기와 1911년의 여름학기에 세미나에서의 철학 연습 텍스트로서 『감각의 분석』을 다루고 있는바, 이로부터 우리는 그의 현상학이 마흐 철학과 진지하게 대결하는 가운데 형성되고 있었던 것이라는 점을 엿볼 수 있다. 그런 의미에서 『감각의 분석』은 현상학의 성립에 긍정적으로든 부정적으로든 깊이 관계하고 있는 것이다.

☞ ㉮게슈탈트 이론, 현상주의, ㉯마흐, 에렌펠스, ㉰형태질에 대하여

—노에 게이이치(野家啓一)

감각의 의미感覺—意味 [*Vom Sinn der Sinne*. 1936, ²1956]

독일의 정신병리학자 E. 슈트라우스의 주저(Springer Verlag). 2판에서 대폭적인 개정증보가 이루어졌다. 이 저작에서 슈트라우스는 데카르트 이래의 심신이원론에 기초하는 감각관과 파블로프에서 전형적으로 보이는 기계론적 신체관에 기초하는 감각관을 비판하고, 자기와 세계와의 공감적 커뮤니케이션으로서 성립하는 감각적 생의 고유한 존재방식을 다양한 측면에 걸쳐 해명했다. 슈트라우스에 의하면 감각은 인식의 일종 내지는 인식의 한 단계가 아니라 인간과 동물에서 공통적으로 보이는 세계의 전대상적, 공생적 이해의 방식이다. 그리고 이러한 이해는 각각의 세계의 의미에 응답하는 자기운동으로서 실현된다. 그러므로 감각은 세계로부터 분리된 사물 내지 체험의 '성질'이나 성질 없는 단순한 기계적 운동으로서 포착될 수 없는 것이다. 이와 같은 '감각하기'(Empfinden)에 대한 파악방식은 V. 폰 바이츠제커의 형태순환Gestaltkreis이나 골드슈타인의 환경millieu 등과 공통된 것으로서 메를로-퐁티의 감각관, 지각관에 영향을 주었다. ☞ ㉯슈트라우스

—무라타 준이치(村田純一)

개조 논문改造論文

후설 전집(*Husserliana*) 제27권 *Aufsätze und Vorträge* (1922-1937), Den Haag, 1989에 수록되어 있는 권두의 "Fünf Aufsätze über Erneuerung"을 가리킨다. 필시 다나베 하지메田辺元의 중개에 의한 것이라고 말해지는데, 일본의 월간 잡지 『개조』에 게재하기 위해 「인간과 문화의 개조」라는 제목으로 오히려 잡지의 테마에서 촉발, 구상되어 집필된 것이다. 1923-24년에 3회에 걸쳐 독일어와 일본어 번역으로 게재되었지만, 그 3부 외에 뒤의 2부가 발표되지 못한 채 유고로서 발견되었다. 이 논문의 중요성은 『위기』의 문제와 그 해결을 그보다 약 10년 앞서 이미 그 기본적인 틀 속에서 제시하고 있다는 점이다. 후설은 제1차 대전의 파괴와 그 후의 문화적 황폐, 철학과 그 밖의 사회과학의 빈곤이라는 인류의 위기를 겉보기의 합리주의가 막다른 골목에 처한 것으로서 파악하고, 그 극복은 윤리학에서 최고의 테마인 인류(서구 인간)가 본래의(유럽) 이성으로 되돌아가 그에 의해 인류와 문화를 개조하는 데 있다고 주장한다. 후설은 이 이성을 칸트가 말하는 자립적이면서 자유로운 의지로 이해하는데, 의지는 본래 목적론적이고 서구의 철학은 그 이성을 철학의 역사를 통해 실현해 온 것인바, 궁극적으로는 후설의 현상학에 의해 이 이성의 완전한 자기실현에 이르는 것에서 이 개조, 즉 위기의 극복이 이루어진다고 하는 논지를 펼치고 있다. ☞ ㉰유럽 학문의 위기와 초월론적 현상학

—시모미세 에이이치(下店榮一)

경험과 판단經驗—判斷 [*Erfahrung und Urteil*. 1938]

1919/20년 겨울학기에 행해진 후설의 강의 「발생적 논리학」을 기초로 하여 10-14년의 수고, 20년대의 다른 강의들로부터도 재료를 얻어 란트그레베가 편집했다. 처음에는 체코슬로바키아의 프라하에서 38년에 인쇄. 독일에서 간행된 것은 1948년. 하세가와 히로시長谷川宏에 의한 일본어 역(河出書房新社, 1975)이 있다.

편자의 '서문'에 따르면 본서는 내용적으로는 『형식 논리학과 초월론적 논리학』의 속편이며, 『위기』로 대표되는 후설 후기의 사상권역에 속한다. 전자에서는 "인식의 구름 위를 떠도는 절대의 존재"로서의 필증적 진리라는 것을 처음부터 가정한 데카르트에 반대하여 '경험계'의 현상학이 필요한 까닭이 설명된다. 이 책에서는 "초월론적인 판단론의 그 자체로서 가장 선행하는 테마로서의 전술어적인 경험의 명증성"이라는 테제(제86절의 표제)도 보인다. 이것을 이어받아 술어적 '판단'에 대한 전술어적 '경험'의 선행성을 본격적으로

연구한 것이 『경험과 판단』이다.

이러한 선행성을 추적한 본서의 발생적 현상학에 따르면 술어적 · 대상화적으로 판단된 것, 요컨대 '완성되어' 객관적으로 있는 것으로서 정립되는 사물이나 사태를 그 근저에서 가능하게 하는 전술어적 · 초월론적인 것의 근본 구조로서 다음과 같은 사항들이 특별히 지적된다.

첫째로, 경험에는 배경(지평)과 전경(주제)이 있다. 배경은 그로부터 전경이 부상되어 주제(대상)로 되어 가는 수동적인 선소여성의 마당, 수동적인 존재 신빙의 지평이다. 다음으로 배경과 전경의 구조는 구체적으로는 지평과 주제의 구조라는 것이 되지만, 그 지평에는 주제적 대상을 에워싼 외부 지평과 대상 그 자체에 속하는 규정성에 관계되는 내부 지평이 있다. 더욱이 각각의 지평 경험은 미규정성, 미지성과 유형성, 기지성의 양 계기가 상호적으로 뒷받침하는 것에 대한 경험이다. 마지막으로 미지성과 유형적 기지성의 뒤얽힘은 연합이라고 불리는 수동적 종합으로서 생기한다. 수동적 종합으로는 가장 근저적인 종합으로서 전술어적으로 경험되는 것의 병존과 계기를 구성하는 시간의식의 종합, 주제와 비주제적 지평의 차이 구조를 구성하는 동질적 및 이질적 연합이 있다. ☞[사]경험, 수동적 종합/능동적 종합, 지평

—야마사키 요스케(山崎庸佑)

[참] 山崎庸佑, 『現象學の展開』, 新曜社, 1974.

경험적 입장에서의 심리학經驗的立場—心理學 [*Psychologie vom empirischen Standpunkt*. 1874, ²1911, ³1924]

현상학의 선구자 브렌타노의 주저. 지향성이라는 개념을 현대 철학에 재도입한 것으로 알려진다. 제1판의 출판 후 브렌타노는 사고방식이 상당히 변화된 점도 있어 2판에서는 본문은 그대로 두면서도 많은 보유를 덧붙여 제2권(제2부 5장 이하)을 『심적 현상의 분류에 대하여』라는 제목으로 출판했다. 제3판은 제자인 크라우스가 브렌타노 사후에 편집한 것으로서, 당시 유력하게 된 후설의 현상학과 마이농의 대상론에 대항하여 브렌타노 철학을 옹호하기 위해 후기의 입장에 기초한 브렌타노 철학의 체계적 소개를 목적으로 한 서론과 다량의 주해가 덧붙여져 있다. 나아가 크라우스는 1928년에 브렌타노의 관련된 공간되지 않은 초고들을 편집하여 『감성적 의식과 사유적 의식에 대하여』라는 제목으로 제3권으로서 출판했다. 현재 손에 넣을 수 있는 펠릭스 마이너의 철학문고판은 크라우스가 편집한 판을 기초로 하여 제3권을 마이어-힐레브란트(Franziska Mayer-Hillebrand)가 편집한 것으로 치환한 것으로서 대단히 착종된 구조를 이루고 있다. 제2권의 본문에 대해서만 일본어 역이 있다(佐藤慶二 譯, 『精神現象の分類に就いて』, 世界大思想全集 43, 春秋社, 1929).

본서는 2부로 이루어지는데, 제1부는 '과학으로서의 심리학', 제2부는 '심적 현상 일반에 대하여'라는 제목으로 되어 있다. 브렌타노 자신은 서언에서 더 나아가 표상, 판단, 정의情意활동에 대하여, 그리고 마지막으로 영혼의 존재에 대한 부를 설정하여 전체적으로 6부 구성으로 할 예정이라고 말하고 있지만 실현되지 않았다. 제1부는 심리학의 방법론이 주제이다. 자연과학과 평행적으로 심리학도 경험에 기초하는 귀납과 이론 구성에 의해 성립하는 것으로 간주된다. 다만 자연과학이 외적 경험과 그 대상인 물적 현상을 기초로 하는 데 반해, 심리학은 내적 경험과 심적 현상을 기초로 한다. 여기서 내적 경험이라는 것은 이른바 내적 관찰이 아니라 어떠한 심적 현상에도 갖춰져 있는 직접적인 2차적 의식인데, 내적 관찰의 경우처럼 대상이 되는 심적 현상의 존재방식을 변화시키는 것은 아니다. 그러나 심적 현상을 대상으로 하여 분석하기 위해서는 상기에 기초하는 내적 관찰, 나아가서는 피험자의 발언 등도 심리학에 있어 불가결하다는 점이 인정된다. 이와 같이 하여 생리학 등으로는 환원되지 않는 심리학의 방법과 영역이 확보되게 되지만, 생리학 등과 결부된 심리학(발생적 심리학)에 맞서 그것과는 독립적인 심리학(기술심리학)이라는 사고방식이 명확히 되는 것은 1880년대 후반에 이르러서부터이다 [*Deskriptive Psychologie*, 1982 참조].

제2부에서는 심적 현상과 물적 현상의 구별 기준, 내적 의식, 의식의 통일성, 심적 현상의 분류 등이 논의된다. 제1장의 심적 현상과 물적 현상의 구별에 대해 논의한 부분에서 우선 "심적 현상은 표상이든가 표상에 기초한다"라는 유명한 테제가 제출된다. 이 테제에 대서는 자주 통증과 같은 현상이 반증례로서 제출되지만, 브렌타노에 의하면 그것은 신체 부위의 성질로 볼 수 있는 통증 현상(물적 현상)과 그 현상을 대상으로 하는 감각작용에 수반되는 쾌·불쾌의 감정(이것은 감각작용의 표상을 기초로 한 심적 작용. '감정감각'(Gefühlsempfindung)이라고도 불린다)을 혼동하는 것에 기초한다. 나아가 연장延長의 유무, 내적 지각과 외적 지각의 대상, 의식의 특유한 통일성 등이 구별의 기준 후보로서 검토되지만, 가장 유명한 것은 심적 현상에 특유한 '내용에 대한 관계', '대상에로의 방향' 혹은 '지향적 내재'라는 사고방식이다. 이러한 사고방식은 아리스토텔레스로부터 힌트를 얻었다고 생각된다. 다만 여기서의 정식화는 상당히 애매한바, 특히 '내재'(Inexistenz)와 '관계'라는 표현은 무언가의 심적 내재자를 전제하는 것으로 볼 수 있어 브렌타노 자신도 이러한 표현을 나중에는 사용하지 않게 된다.

내적 의식에 대한 장에서는 의식 개념의 검토가 이루어진다. 브렌타노에 의하면 의식과 심적 현상 내지 심적 작용은 같은 뜻이다. 이와 같이 말할 수 있는 것은 어떠한 심적 현상에도 객관에 대한 이중의 관계성이 갖춰져 있기 때문이다. 예를 들면 어떤 소리를 듣고 있을 때 소리는 제1차적 객관이고 듣는다는 작용이 제2차적 객관이 되는데, 이 제2차적 객관에 대한 파악이 내적 지각의 활동이다. 어떠한 심적 현상에도 이러한 내적 지각이 갖춰져 있는 한에서 무의식적 심적 현상이라는 것은 존재하지 않는다.

제2권에서는 주로 심적 현상의 분류가 논의되며, 여기서 전통적인 지·정·의의 삼분법을 대신하여 표상, 판단, 정의활동(애증)이라는 구분이 제출된다. 이 구분은 데카르트의 『성찰』에서의 구분에 기초하는 것으로 생각된다. 판단과 정의활동은 각각 승인·거부, 애·증이라는 이극성을 보이는 점에서 표상과 구별되며, 의지와 감정은 연속적인 현상이라는 점에서 하나로 통합된다. 이러한 구분은 심적 현상을 관념의 집합으로 간주하는 경험주의적 견해에 맞서 지향적인 심적 작용이라는 견해를 취함으로써 가능해졌는데, 이 구분은 판단론과 가치론에까지 이르는 범위를 지닌다. 또한 2판 이후에 덧붙여진 논문들 및 제3권에서는 오로지 후기의 입장에서 "관계와 유사한 것"(Relativliches)으로서의 지향성, 표상의 두 가지 양태, 사유적 존재체, 내적 지각 등에 대해 논의하고 있다. ☞ ㊀내적 지각, 승인/거부, 심적 현상/물적 현상, 정의활동, 지향성, ㊁브렌타노

—무라타 준이치(村田純一)

공간의 시학 空間—詩學 [*La poétique de l'espace*. 1957]

바슐라르 말년의 걸작들 중 하나. 『불의 정신분석』(*La psychanalyse du feu*, 1938)의 성공을 계기로 하여 종래의 과학철학 연구로부터 벗어나 시적 이미지에 대한 분석을 진행하고 있던 그는 좀 더 우여곡절을 거친 후 현상학에 접근하여 본서와 『몽상의 시학』(*La poétique de la rêverie*, 1960)을 저술한다. 그 <전회>는 이전의 그를 잘 알고 있는 자들에게는 놀라지 않을 수 없는 변화이자 그것을 전진으로 볼 것인가 단적인 퇴락으로 간주할 것인가 하는 것은 논자에 따라 그 판단이 나뉠 것이다. 어쨌든 그는 스스로 자주 현상학이라는 말을 사용하며, 본서의 서론에서는 그 나름의 현상학적 이미지론이 소묘되고 있다. 그 이전의 시론이 이른바 4원소를 중심으로 하는 물질적 상상력론에 기초한 것이었던 데 반해, 그 물질성 속에서 모종의 객관성의 잔재를 간취하고 그것을 시적 이미지를 살려내는 데는 유해한 것이라고 단정하기에 이른 그는 모든 전제적 지식, 내적 압력, 원형과의 상관을 내던지고 완전히 과거로부터 단절된 시점에서 창조되는 탄생시의 관념연합을 그대로 기술하는 방법을 개척하고자 한다. 전혀 새로운 상태에서 탄생하는 시적 이미지는 과거와의 인과연관으로부터 해방된 수직적인 시간 속에서 자기의 전체를 드러낸다. 이와 같은 일반적

태도 표명을 끝마친 후에 그는 내밀성을 방불케 하는 공간성을 다루고자 한다고 말하면서 지하실, 집, 찬장, 둥지, 조개껍질, 미니어처 등에 얽혀 있는 시적 이미지를 열거하고 있다. 대체로 본서의 가치는 이론적 서문보다도 그 구체적 예증 부분에 있다고 말할 수 있을 것이다. ☞ ㉑바슐라르[1]

—가나모리 오사무(金森 修)

구조존재론構造存在論 [*Strukturontologie. Eine Phänomenologie der Freiheit*. 1971]

롬바흐의 주저. 일본어 역은 『存在論の根本問題—構造存在論』(中岡成文 譯, 晃洋書房, 1983). 롬바흐에 의하면 불변하는 본질을 중심에 놓는 실체존재론을 대신하여 모든 것을 상관성으로 해소하여 파악하는 기능주의가 근대에 생겨났다. 구조주의와 다양한 체계론은 그 흐름을 흡수하고 있지만 요소들을 소여된 것으로서 고정하는 등등의 점에서 실체주의의 잔재가 보인다. 모든 계기가 서로 호응하는 참된 구조(그 전형은 예술작품)를 서술하는 것이 구조존재론인데, 이 책은 그 하나의 시도로 자리매김 된다. 사태는 어떤 구조의 계기로 환원되기 때문에 그 <본질>을 직관하는 것은 가능하지 않다. 또한 어떤 현실의 의미는 그 현실과 동시에 생기하는(자기 구성되는) 것으로서 초월론적 차원의 선행성도 부정된다. 이와 같이 종래의 현상학과 하이데거적인 존재론과는 다른 <자유의 현상학>이 문학작품과 회화, 일본의 글씨 등에 대한 해석을 아로새긴 자유분방한 문체로 전개되고 있다. ☞ ㉑롬바흐

—나카오카 나리후미(中岡成文)

기독교적 윤리학基督敎的倫理學 [*Christian Ethics*.]

힐데브란트의 주저. 미국으로 이주한 후 집필되어 영어판은 1952년, 독일어판은 1959년에 출판되었다. 그가 이 책에서 시도한 것은 셸러의 실질적 가치윤리학의 전개이다. 서론은 후설 현상학에 대한 서술에 해당되며, 제1부가 그의 윤리학의 기초 이론을 이룬다. 거기서 그가 극복하고자 한 것은 윤리적 상대주의(뒤르켕 등의 프랑스 사회학파)와 주관주의(에이어 등의 가치 정서설)이다. 힐데브란트에 의하면 우리가 행위함에 있어 동기가 되는 유의미한(bedeutsam) 것으로는 세 가지 범주가 있다. 그 첫 번째는 주관적 만족을 주는 것(das subjektiv Befriedigende)이다. 흡연자에게 있어서의 담배가 그것이다. 두 번째 범주는 인격에 있어서의 객관적 선(das objektive Gut für die Person)이다. 수술은 환자에게 고통을 주지만 그에게 있어 객관적으로 선이다. 그러나 이러한 두 가지 범주는 '~에 있어서'라는 규정을 필연적으로 수반하기 때문에 상대주의와 주관주의를 논박하는 기반이 될 수 없다. 그리하여 그는 세 번째 범주를 제시한다. 그것이 가치(der Wert)이다. 가치는 근원적 직관에 의해 파악되며 이르는 곳마다 필연적으로 전제된다고 하는 이중적인 의미에서 근원적 소여(Urgegebenheit)이다. 가치는 자율적, 절대적, 필연적이라는 것이다. 제2부에서는 이러한 기초 이론에 토대하여 자유, 선악과 같은 윤리학적 기본 개념들이 전개된다. 힐데브란트는 이 저작에서 본질직관이라든가 지향성과 같은 현상학 용어들을 많이 사용하고 있지만, 가치의 궁극적인 근거를 기독교의 인격신에서 찾고 있는 데서도 알 수 있듯이 그의 기본적인 입장은 가톨릭 기독교이다. ☞ ㉑힐데브란트

—미야타케 아키라(宮武 昭)

기분의 본질氣分—本質 [*Das Wesen der Stimmungen*. 1941, [3]1956]

볼노우의 주저들 가운데 하나로서 『인간과 공간』 등과 함께 그의 철학적 인간학을 구성한다. 시간성과 결부된 하이데거 『존재와 시간』에서의 기분론을 높이 평가하고 그것을 출발점으로 하면서도 동시에 불안이라는 이를테면 억압된, 부정적인 기분을 중시하는 하이데거의 입장을 일면적이라고 하여 엄격하게 비판한다. 볼노우의 기분론은 오히려 환희, 웃음, 사랑 등의 긍정적인 기분을 중시하는 것인바, 거기서 기분의 인간학적인 의미를 발견하고자 한다. 구성은 2편으로

나뉘어 있는데, 제1편은 '앙양된 기분과 답답한 기분', 제2편은 '행복과 시간성'으로 이루어져 있다. 후지나와 치구사藤繩千艸에 의한 일본어 역(筑摩書房, 1973)이 있다. ☞ ㊄기분, 불안, ㊉볼노우

―아소 겐(麻生 建)

기하학의 기원 幾何學―起源 [*Der Ursprung der Geometrie.*]

1936년에 씌어진 후설의 유고. 핑크가 「지향적-역사적 문제로서의 기하학의 기원에 대한 물음」이라는 제목으로 『국제철학지』(*Revue internationale de philosophie*) 제1권 제2호(1939)에 발표하며, 『위기』 제9절 a의 부록으로서 『후설 전집』 제6권에 수록되었다[Krisis 364-391]. 후설은 여기서 기하학적 진리의 "이념적 객관성"이 어떻게 구성되는지를 현상학적으로 묻고 "언어적 신체화"와 "문서화"의 필요성을 이야기하고 있지만, 메를로-퐁티는 이에 의거하여 후기 후설이 초기의 선험주의를 포기하고 이념적 존재를 "사실적 언어"에 기초짓기에 이르렀다고 주장한다[SP 59ff., RC 161ff.]. 한편 데리다는 이 유고의 프랑스어 번역에 붙인 장대한 서론에서 오히려 이 유고가 <역사성의 아프리오리>에 대한 탐구라는 것, 에크리튀르의 구성적 성격을 인정했지만 파롤의 우위는 보존되고 있다는 것, 이 탐구 자체가 현상학의 맹점으로서 '차이'의 활동을 시사한다는 것 등을 강조한다. ☞ ㊉데리다

―다카하시 데쓰야(高橋哲哉)

기호들 記號― [*Signes.* 1960]

메를로-퐁티의 중기를 대표하는 논문집. 주로 1950년대에 씌어진 철학적 시론과 시국과 관련한 발언을 모아놓음과 동시에, 저자의 철학을 이해하는 데서 대단히 중요한 서문이 덧붙여져 갈리마르 사에서 1960년에 간행되었다. 다케우치 요시로竹內芳郞 등에 의한 일본어 역 『シーニュ』(みすず書房, 2분책, 1969, 1970)가 있다.

정치로 점점 더 기울어져 가는 예전의 동료이자 친구인 사르트르에게 "철학자가 좀 더 확신을 가지고서 말할 수 있는 많은 것이 있는 것은 아닐까"(서문)라고 넌지시 물음을 던지면서도 거의 10년에 걸친 '진단의 잘못'이 없다고는 말할 수 없다고 저자 스스로 인정하는 정치적 발언을 굳이 수록하고 있다는 점에서 사유의 육화와 진리의 역사성을 강조한 이 철학자의 정신적 자세를 엿볼 수 있다. 아무리 사소한 사건이라도 그것이 확실한 사실이라면, 그것은 "인생의 잔해가 아니라 징표(signes)"이기 때문이다[「3면 기사에 대하여」]. 이 논문집이 'signes'라는 제목으로 되어 있는 것도 저자가 각 에세이를 자신이 걸어온, 그리고 또한 걷고자 하는 사상적 궤적의 <다양한 증거와 징조(signes)>로서 읽혀질 것을 바라고 있었기 때문이라고 생각할 수 있을 것이다.

『지각의 현상학』(1945) 간행 후 저자의 철학적 관심은 만년의 후설의 사상적 모티브를 계승하는 방향에서 현상학적 반성의 권리와 근거 문제, 즉 "현상학의 현상학"[「철학자와 그 그림자」]의 가능성 문제로 옮아갔다. 어떠한 현상학적 기술도 언어에 의해서밖에 수행될 수 없다. 그럼에도 불구하고 지각은 정의상 <말하지 않는 언어>이다. 그렇다면 『지각의 현상학』 그 자체는 모순된 시도인 것이 아닐까? 지각이라는 전술어적 경험을 술어적 차원에서 화제로 삼는 것은 이 체험된 경험에서 알맹이를 빼버리는 것이 아닐까? 저자가 프랑스 철학회에서 「지각의 우위성과 그 철학적 귀결들」이라는 제목의 보고를 행했을 때(1947) 브레이에(E. Bréhier 1876-1952)가 제출한 질의는 이 점에 관계되어 있었다("메를로-퐁티의 학설은 자신의 학설을 정식화{=언어적으로 표현}하는 바로 그 점에서 자신의 학설을 파괴한다"). 저자는 『지각의 현상학』, 아니 현상학 그 자체에 대한 근본적인 반성을 강요받았던 것이다. 저자가 이 시기에 소쉬르 언어학의 성과를 독자적인 관점에서 받아들이면서 "현상학은 모든 것인가 그렇지 않으면 무인가"[「언어의 현상학에 대하여」]라고 말하는 이유도 이 점에 있다. 저자는 본서에서 신체와 언어를 <표현>으로 간주한 초기의 입장을 좀 더 광범위한 전망에서 철저화하고자 시도했다. "일

체의 지각, 지각을 전제하는 일체의 행위, 요컨대 인간이 신체를 사용하는 경우는 그것이 언제이든 <시원적 표현>이다"[「간접적 언어와 침묵의 목소리」]. 저자는 이리하여 현상학적 반성의 가능성을 추구하는 한편, 저자의 독자적인 신체론을 언어, 예술(회화, 문학, 건축 등), 사회, 역사 등의 문제영역으로 확대하고 있었다. ☞ [사]체험된 세계, [서]지각의 현상학

—나카무라 후미로(中村文郎)

내적 시간의식의 현상학內的時間意識—現象學 [*Zur Phänomenologie des inneren Zeitbewußtseins*. 1928]

주로 시간의식 및 시간과 시간객관의 구성을 둘러싸고 이루어진 후설의 강의(1904-05)를 중심으로 하여 1893-1917년 사이에 씌어진 초고의 일부도 포함해서 편집한 것. 하이데거의 편집으로 『철학 및 현상학 연구 연보』 제9권에 게재되었지만, 실질적 편집 책임자는 1916년부터 3년간 후설의 조교로 일했던 슈타인(Edith Stein). 『후설 전집』 제10권에는 뵘(Rudolf Boehm)이 편집한 보완 텍스트가 덧붙여져 있다. 이 텍스트 부분만을 베르네가 약간 수정하고 밀도 있는 서문을 붙여 새롭게 1985년에 출판한다. 브라우(John Barnett Brough)에 의한 뛰어난 서론이 덧붙여진 제10권 전체의 영어 번역(Collected Works Ⅳ, Kluwer Academic Publishers, 1991), 연보 게재 부분을 뒤소르(Henri Dussort)가 옮긴 프랑스어 번역(P.U.F., 1964), 다테마쓰 히로타카立松弘孝에 의한 일본어 번역(みすず書房, 1967)이 있다.

시간 및 시간의식에 대한 관심은 생애 내내 후설의 염두를 떠난 적이 없었지만, 본서에서는 그 어려운 문제와 격투를 벌이는 강인하고 끈질긴 사유의 궤적이 곳곳에서 엿보인다. 거기서는 이미 후년의 의식의 심층에로 향하는 발생적 현상학과 생성의 언어화를 둘러싼 반성적 고투로서의 '살아 있는 현재'론의 전개를 예상케 하는 투철한 관점도 보인다. 나아가 아우구스티누스적인 시간의식 분석의 심화, 베르그송과 W. 제임스의 치밀한 의식론과의 유사성 등도 뚜렷하게 찾아볼 수 있는바, 본서는 바로 핑크가 말하는 "의식의 거대한 생체 해부"가 펼쳐지는 마당이라고도 말할 수 있을 것이다. 거기에서의 주된 목표는 시간객관(Zeitobjekt)의 의식에 대한 소여방식을 반성의 기점으로 하여 시간의식의 대상 구성적 과정과 작용 성격 등을 꼼꼼하게 분석하는 것에 있다. "의식 과정의 내재적 시간"[Hu **10**. 5] 과정에 대한 내성을 통해 주제화되는 것이 '근원적 인상', '지각', '과거파지'(제1차 기억), '미래예지'(제1차 예기), '상기'(제2차 기억), '재생' 등의 개념에서 시사되는, 끊임없이 흘러가는 의식의 양태들이다. 이러한 양태들에 대한 반성이 본서의 절정이라고 말해야 할 "시간을 구성하는 절대적 의식류"(der absolute zeitkonstituierende Bewußtseinsfluß)[Hu **10**. 73]에 관한 고찰로 직결되는데, 그러한 이미 명명할 수 없는 절대적 차원의 발견이 의식의 경이적인 불가사의함을 둘러싼 이후의 사유 단서가 된다. 근원적 의식과 반성적 언어, 메타포, 현상학적 반성의 한계와 같은 문제군은 <명명할 수 없는 것>과의 관계에서 유래하는 것이다. ☞ ㊕과거파지/미래예지{파지/예지}, 의식류, 현재화/준현재화/공현재화, ㊒슈타인

—와다 와타루(和田 渡)

㊔ D. Wood, *The Deconstruction of Time*, NJ, 1989.

논리연구論理研究 [*Logische Untersuchungen*.]

본서는 후설 현상학의 탄생을 알림과 동시에 현상학 운동의 출발점이 되기도 한 모두 2권으로 이루어진 기념비적인 대저인데, 그 제1권 『순수 논리학 서설』은 1900년에 그리고 6편의 연구로 이루어진 제2권 『인식의 현상학과 인식론을 위한 연구들』은 그 이듬해에 출판되었다. 그 후 13년에는 제1권의 개정판과 제2판부터 2분책으로 된 제2권의 개정 제1분책(제5연구까지)

이 공간되며, 같은 권의 개정 제2분책은 제1차 세계대전의 영향으로 인해 21년에야 겨우 출판되었다. 본서는『후설 전집』의 제18권과 제19권의 제1, 제2분책으로 다시 수록되는데, 초판과 개정판의 같음과 다름도 명시되어 있다. 또한 4분책으로 이루어진 일본어 역이 미스즈쇼보みすず書房에서 출판되어 있다(立松弘孝 外 譯,『論理學硏究』 1~4, 1968-76).

본서 전체의 목적은 논리학의 인식론적 해명에 더하여 선험적 보편타당성을 지녀야 하는 학문적 인식을 가능하게 하는 이념적인 객관적 조건들과 주관적 조건들을 상관적으로 구명하는 것이었다. 그리하여 우선 제1권에서는 당시 대다수의 논리학자가 신봉하고 있던 심리학주의적인 논리학 해석에 대한 철저한 비판을 통해 순수 산술학도 포섭하는 형식논리학은 심리학과 그 밖의 사실학에는 전혀 의존하지 않는 선험적인 순수 논리학이라는 점이 논증되어 이른바 객관주의적인 주장이 표명된다. 여기서 말하는 심리학주의란 논리학이 취급하는 개념들과 명제들도 심적 작용들의 형성물이며, 나아가 논리학의 법칙들마저도 심리학적인 사실법칙에 다름 아니라고 하여 심리학에 의해서만 논리학을 근거짓고자 하는 사고방식을 가리킨다. 사실은 후설 자신도 1891년에 간행된『산술의 철학』에서는 심리학주의에 준거하여 여럿이나 기수의 개념은 모은다든지 헤아린다든지 하는 심적 작용의 소산이라고 생각하고 있었다. 따라서 그에게 있어 제1권은 엄혹한 자기비판의 글이기도 했다. 그 비판 과정에서 후설은 논리학이 문제로 삼는 판단은 어떤 시점에 누군가가 행하는 실재적인 판단작용이 아니라 무시간적으로 타당한 이념적인 의미 통일체이며, 따라서 논리학의 법칙들은 선험적으로 타당한 이념적 법칙이지 심리학의 법칙들처럼 개개의 경험적 사실로부터 귀납되는 개연적인 자연법칙이 아니라는 것 등을 상술함으로써 이러한 이질성들을 깨닫지 못하는 심리학주의의 시도가 회의론적인 상대주의에 빠질 수밖에 없는 이유를 명시했다. 그렇다면 도대체 순수 논리학의 과제는 무엇인가? 그것은 이론 구성의 근간이 되는 순수 의미 범주(개념, 명제, 추론 등)와 순수 대상적 범주(대상, 사태, 단일성, 다수성, 관계 등)를 확정하고, 나아가 그것들 상호간의 복합 법칙을 명시하는 것 등에 의해 학문 일반을 가능하게 하는 이념적인 형식적 조건들을 제시하는 것이다. 다만 본서는 이러한 과제들을 실제로 수행하지는 않고 그 구상을 표현하는 것에 그친다.

다음으로 제2권의 제1연구 '표현과 의미'에서는 인식은 언어에 의해 표현되어야만 한다는 것으로부터 표제의 테마가 고찰되는데, 표현의 본질은 의미를 지향하고 의미를 지니는 것에 있으며 의미를 매개로 하여 표현이 대상을 표시하는 것이지만, 표상과 대상의 이러한 관계는 표현의 의미지향이 지각과 상상의 직관에 의해 충족된 경우에 비로소 실현되어 인식의 기능을 수행할 수 있다는 것 등이 명시된다. 제2연구의 '종의 이념적 단일성과 근대의 추상 이론'의 과제는 종(Spezies), 즉 보편적 대상의 이념적 존재 성격을 논증함으로써 의미와 본질만을 연구하는 현상학의 성립 기반을 확보하는 것에 있다. 그 때문에 여기서는 종이 사고의 내부에 실재적으로 존재한다고 생각하는 종의 심리학적 실체화와, 역으로 사고 바깥에 실재한다고 주장하는 형이상학적 실체화, 그리고 더 나아가 추상에 관한 감각주의 이론들 등이 비판되며, 그 과정에서 후설의 독자적인 이념화작용(Ideation)의 이론이 제시된다. 제3연구인 '전체와 부분에 관한 이론'은 <선험적 대상론>의 기초를 이루는 연구들인데, 여기서는 독립적 대상과 무언가의 부분으로서밖에 존재할 수 없는 비독립적 대상의 차이가 고찰되며, 이어서 전체와 부분의 다양한 결합형식 등이 구명된다. 제4연구인 '독립적 의미와 비독립적 의미의 차이 및 순수 문법학의 이념'에서는 자의적(autosemantisch) 표현과 공의적(synsemantisch) 표현 및 그 배후에 있는 독립적 의미와 비독립적 의미의 차이를 고찰한 다음, 몇 가지 의미를 결합하여 형식적인 무의미에 빠지지 않고서 새로운 의미를 형성하기 위한 순수 문법학적인 법칙들이 탐구된다. '지향적 체험과 그 내용들'이라는 표제의 제5연구에서는 의식 체험 일반의 본질적인 구조와 기능을 나타내는 <지향> 개념이 처음으로 상세하게 고찰된다. <지향하다>란 표상과 사념 및 그 밖의 의식작용에 의해 의식 주관이 무언가의 대상에 관계하는 것인데, 무언가가 참으로 주관의 대상이 되는 것은 무언가의 방식으로 지향되는 경우에 한정된다는 것 등이 해설되며, 나아가 의식, 표상, 내용, 대상 등과 같은 중요한 개념들의 다의성도 검토된다. 제6연구인 '인식의 현상학적 해명의 요소들'에서는 인식 및 명증이란 직관에 의한 의미지향의 충족화의 종합이라는 관점에서 의미지향과 의미충족의 관계를 논구한 다음, 직관적 표상과 기호적 표상, 완전한 직관과 불완전한 직관 등의 차이를 고찰하여 지각과 직관의 개념을 확대 해석할 필요를 지적하고, 실재적인 개물에 대한 감성적인 지각과 직관 이외에, 더 나아가 범주적 개념들도 포함하는 이념적 대상에 대한 범주적 지각과 직관(즉 본질직관)도 존재한다고 논증한다. 나아가 직관의 다양성에 대응하여 인식과 명증에도 몇 가지 단계가 있다는 것 등도 지적된다.

개략적으로 이상과 같은 내용의 두 권의 『논리연구』에 대한 동시대인의 이해와 평가에는 후설의 기대에 반하는 바가 있었다. 예를 들면 심리학주의에 비판적인 뮌헨 현상학 서클의 사람들은 제1권의 객관주의적 논고를 열렬히 지지한 반면, 후설 자신이 가장 중시하고 딜타이가 일찌감치 절찬한 제2권의 제5, 제6연구에 대해서는 심리학주의로의 역행이라고 보고 실망의 기색을 숨기지 않았다. 확실히 제2권의 초판에는 "현상학은 기술적 심리학이다"라는 등으로 씌어진 부분들도 있어(개정판 삭제) 더욱더 그와 같은 비판을 초래하게 되었다. 그러나 후설 자신이 본서 전체에 부과한 테마는 <객관적인 이념적 대상들이 인식됨으로써 주관화된다고 하는 것을 어떻게 이해해야 하는가>라는 문제를 해명하기 위해 <인식작용의 주관성과 인식내용의 객관성의 상관관계의 짜임새>를 지향적 체험의 구조와 기능을 기술함으로써 해명하고, 나아가 그 작업을 통해 <순수 논리학과 인식론의 현상학적 근거짓기>를 행하는 것이었다. 그렇지만 본서의 <초판>은 최초의 현상학적 저술인 만큼, 그 후의 그의 저작과 대비할 경우 중요한 차이도 적지 않다. 그 차이의 주된 점은 예를 들어 순수 자아의 존재가 부인되는 것, 현상학적 환원의 방법이 아직 고안되지 않은 것, 초월론적 견해가 아직 확립되지 않은 것 등이다. 그러나 그 후의 후설 현상학의 초월론적 관념론과 주관주의에 반대하는 사람들에게는 오히려 본서가 가장 중요한 저작으로 간주되기도 한다. ☞㉴독립적 의미/비독립적 의미, 순수 논리학, 심리학주의, 의미지향/의미충족, 종{스페치에스}, [서]산술의 철학

—다테마쓰 히로타카(立松弘孝)

니체 강의—講義 [*Nietzsche*. 1961]

하이데거는 1930년대 후반부터 프라이부르크 대학에서 니체를 주제로 한 강의를 행하는데, 오늘날(1993년)에는 전집의 43・44・47・48・50권에서 1936년 겨울학기부터 1940년대 중엽까지의 강의안과 계획을 추적할 수 있지만, 아직 모든 것을 포함하는 것은 아니다.

여기서 말하는 『니체 강의』란 1961년의 『니체』 두 권을 가리킨다. 제1권은 1936/37년의 겨울학기, 37년 여름학기, 39년 여름학기의 강의안, 제2권은 같은 학기에 강의되지 않은 부분, 40년 제1소학기의 강의안, 1944/46년의 논고 하나와 1941년의 논고 셋을 각각 포함한다. 즉 4학기 사이의 강의안과 수기 4종으로 1936년 후반부터 1946년까지의 10년간의 사유의 경과와 추세를 니체를 주제로 하는 것들에서 정리하고자 한 것이다.

원래 하이데거는 1950년대에 그때까지의 사유의 결집을 시도했지만 성취하지 못하며, 현재 형태의 『니체 강의』를 공간하게 되었다. 당초에는 1930년부터 47년까지 자신이 걸어간 사유의 발걸음을 '서론'으로서 앞에 두고 '후기'를 덧붙이고자 했지만 결국은 단념한 것으로 생각된다. 오늘날에는 본 저서에서의 강의안을 위에서 언급한 전집판의 본문과 대비할 수 있기 때문에 이 두 권짜리 판본을 편집할 당시의 하이데거의 니체에 대한 태도와 더 나아가서는 50년대 후반의 하이데거 자신의 사유의 특징이 그 대비를 매개로 하여 떠오를 수 있을 것이다. 그러나 40년대의 수기手記 부분에 해당하는 전집판도 여전히 결여되어 있다.

니체가 하이데거 사유의 권역에 들어오는 것은 대체로 1930년부터지만, 이 저작 내용의 성립도 『숲길』과 마찬가지로 1936년부터의 10년간이다. 하이데거 중간기의 후반부 10년, 즉 사유의 전회기의 소산이다. 하이데거는 니체를 서양 형이상학의 완성자로 바라보고 있지만, 『철학에의 기여』의 구상기와 중첩되는 제1권의 최초의 두 강의와 그 완료 후인 1939년의 강의 이후에는 하이데거 자신의 형이상학에 대한 태도의 전회와 형이상학의 사유를 따라잡는 '존재역사적 사유'로부터 말해지는바, '형이상학의 극복'이 말해지게 된다.

『철학에의 기여』가 공간된 오늘날에는 하이데거의 전회기 사유에서 '존재'라고 불리는 것이 종래의 존재자를 존재자이게끔 하는 특유의 존재 즉 '존재자성'(Seiendheit)을 가리키는 것인지, 아니면 존재자와 존재의 존재론적 차이가 위의 존재자와 존재자의 존재 즉 존재자성의 구별의 할당(내어나름, Austrag)으로서 '형이상학의 본래적인 발판을 형성하는' 한에서 형이상학에 있어 형이상학을 내측으로부터 지탱하는 이러한 구별・차이의 할당이야말로 존재자도 존재자성도 아니고 또 존재자라는 말을 사용하는 것이 허락되지 않으며 따라서 형이상학의 외부에 서지 않는 한에서 말해지지 않는 'Seyn 근원존재'의 힘을 가리키고 있는 것은 아닌지 다시 한 번 근원으로 거슬러 올라가 다시 생각함으로써 「휴머니즘에 대하여」 이후의 '존재 그 자신'의 사유와 접속케 해주는 시도가 이루어져야 할 것이다.

—가야노 요시오(茅野良男)

㉰ 茅野良男, 『ハイデッガー』, 講談社, 1984, [2]1989. 茅野良男, 『中期ハイデッガーの思索と轉回』, 創文社, 1985.

대상론에 대하여對象論— [Über die Gegenstandstheorie. 1904]

그라츠학파의 시조 마이농의 저서(미야케 미노루三宅実 譯, 『對象論に就いて』, 哲學論叢38, 岩波書店, 1930). 1904년 그라츠 대학의 심리학 연구소 설립 10주년 기념으로 『대상론과 심리학에 관한 연구들』(*Untersuchungen zur Gegenstandstheorie und Psychologie*)이라는 제목으로 출판된 논문집의 권두를 장식한 논문이다.

마이농에 의하면 심적 사실의 커다란 특징은 '어떤 것으로 향해 있음'(auf etwas Gerichtetsein)이라는 점에 있는데, 예를 들어 표상과 판단은 그 어떤 것을 표상하고 판단하는 것이다. 이 어떤 것, 즉 대상은 현실 존재하는 물적 대상에 한정되지 않는바, 황금산과 같은 실재하지 않는 대상, 둥근 사각형과 같은 사고에서 모순된 것, 동등성과 차이성, 수 등의 추상적인 이념적 대상, 나아가서는 사태 등등에 이르기까지 광범위할 수 있다. 그러나 이러한 대상을 일단 인정하게 되면, 예를 들어 그 존재를 부정하기 위해서는 그 대상이 미리 주어지고 확정되어 있지 않으면 안 된다고 하는 문제가 생겨난다. 이 선소여성에 대한 이해와 관계되는 문제를 돌파하는 비책을 발견하고, 종래의 형이상학에 놓여 있었던 현실존재 편중의 선입견에서 벗어나 대상을 광범위하게 일반적으로 연구하는 학=대상론의 구축을 선언한 것이 이 책이다. 우선 실재, 존립에서 다음가는 준존재(Quasisein)라는 제3의 존재 개념을 도입하는 방도가 불식되고, 그것을 대신하여 순수 대상의 초존재, 대상의 상相존재에 의한 확정의 우위가 주장된다. 존재・비존재는 객관적인 것(Objektiv)의 사항이지 객체(Objekt)와는 상관없는 바이다. 그러므로 순수한 대상은 존재와 비존재를 넘어서며, 대상의 확정과 그 존재는 분리되어야 하고, 대상의 선소여성이란 상존재가 확정하는 것이라고 해석된다. 여기서 상존재가 확정한 대상을 존재로부터 독립적으로 고찰하는 대상론의 가능성이 개시되고 다른 학들과의 경계 설정이 행해진다. 대상론은 우리의 심적 작용을 연구하는 심리학을 단서로 하지만 결코 이러한 심리학으로 해소될 수는 없으며, 또한 사고작용과 인식작용에만 관심을 집약하는 논리학과 인식론과도 다른 학이다. 그러한 심리주의를 배제하고 인식작용 등에 대한 관심을 돌파하여 인식작용에 대립하는 인식되어야 할 것, 나아가서는 대상 일반에 주목하는 것이야말로 대상론의 첫걸음이다. 따라서 대상론은 인식론과는 다른 관심과 독특한 과제를 지닌다. 수학은 우연히 이와 같은 특수 대상론으로서 전개되었던 것인바, 일반 대상론은 더 나아가 이러한 수학도 포섭하는 최고의 보편성과 최대의 외연을 지니는 학문이어야만 한다고 주장된다. ☞ ㊇객관적인 것, 대상론, 상존재, 초존재, ㉑마이농

—에리구치 아키토시(江里口明俊)

데카르트적 성찰—的省察 [*Cartesianische Meditationen.*]

후설의 대표적 저작의 하나로서 1929년의 파리(소르본)에서의 강연{『초월론적 현상학 입문』이라는 제목으로 행해지며, 레비-브륄, 레비나스, 마르셀, 민코프스키, 셰스토프, 파토츠카 등이 청강했다고 한다} 및 스트라스부르에서의 강연에 기초하여 집필되며, 처음에 1931년 파리에서 프랑스어판이 출판되었다. 독일 국내 독자의 관심에 맞춰 독일어판을 위한 퇴고를 여러 차례 시도하지만 완성되지 못한 채, 1934년 프라

하에서의 강연을 기회로 후설은 '새로운 서론'으로 관심을 옮기고 있었다{이것이 머지않아 『위기』로 열매를 맺는다}. 완성되지 못한 채 남겨진 독일어판 원고는 후설의 사후, 1950년이 되어 파리 강연 원고와 함께 『후설 전집』 제1권으로서 출판되었다{퇴고로부터 좀 더 근본적인 개작으로 나아가고 있던 후설의 계획은 당시 조교로 일했던 핑크에게 공저로서 위탁되며, 핑크에 의해 정리되어 현재 『제6성찰』로서 출판되어 있다[Dok Ⅱ/1, Ⅱ/2]}. 다섯 개의 성찰로 이루어지고, 첫 번째부터 네 번째까지의 성찰에서도 데카르트론, 명증론, 모나드론, 발생적 현상학 등 살펴보아야 할 것들이 많지만, 강연으로부터 출판에 이르는 퇴고 과정에서 대폭적으로 가필되어 대체로 제1로부터 제4까지의 성찰을 합한 것에 필적하는 분량이 된 제5성찰이 가장 주목받아 왔다. 바로 이렇게 팽창된 제5성찰이야말로 종래 후설 타자론・상호주관성론의 대표적인 서술로서 논의되어 온 부분이다{그러나 이 문제를 논의하기 위해서는 현재로서는 『상호주관성의 현상학』 Ⅰ-Ⅲ[Hu **13**.-**15**.]에 수록된 방대한 초고군과의 대결이 필요해진다}. 『이념들 Ⅰ』(1912)에서 제시된 현상학적 환원은 후설 자신에 의해 나중에 '데카르트적인 길'이라고 불리며 비판되지만[Krisis 157f.], 이미 강의 『제일철학』 Ⅱ(1923/24)에서 '새로운 길'이 모색되며[Hu **8**. 126], "데카르트주의로부터의 결별"(란트그레베)이 일어나고 있었음에도 불구하고 이 『데카르트적 성찰』에서는 {강연이 데카르트의 모국, 더욱이 데카르트 강당에서 행해진 것도 무관계하지는 않겠지만} 데카르트주의를 철저화함으로써 데카르트를 극복하는 길이 다시금 더듬어졌다. 거기서 유아론이 심각한 문제로서 떠오르게 되어 타자론과 철저히 대결하게 되었던 것이다. ☞ ㊅타자, 현상학적 환원, ㊃핑크, ㊄유럽 학문의 위기와 초월론적 현상학, 제6성찰

—하마우즈 신지(浜渦辰二)

도덕적 인식의 원천에 대하여 道德的認識—源泉—對—

[*Vom Ursprung sittlicher Erkenntnis*. 1889, [4]1955]

『경험적 입장에서의 심리학』과 더불어 전기 브렌타노의 주저. 1889년 1월 23일에 빈 법학협회에서 행한 '정당한 것과 도덕적인 것에 대한 자연적인 시인에 대하여'라는 제목의 강연에 상세한 주와 「무주어문에 대한 미클로지히의 견해」라는 다른 논문을 더하여 출판되었다. 철학문고판에서는 이 논문은 삭제되며, 편자 오스카 크라우스에 의해 따로 8편의 보유가 덧붙여져 있다. 미즈치 무네아키水地宗明에 의한 일본어역(中央公論社, 1970)이 있다. 이미 『경험적 입장에서의 심리학』에서 맹아적으로 전개되었던 기술심리학의 방법에 기초하여 심적 작용의 본질을 '지향성'에 두고, 그러한 관점에서 심적 현상을 '표상', '판단', '정의情意활동'의 세 종류로 분류하며, 도덕적 인식으로서 '사랑과 미움', '마음에 듦과 마음에 들지 않음'이라는 정의활동(판단작용에서의 '승인과 부인'에 해당한다)을 들었다. 그러나 이것은 주관주의적인 쾌락주의를 의미하는 것이 아닌바, '사랑할 만한 것'에 대한 고차적인 정의작용에는 '자연적 시인'이라는 독자적인 명증성이 존재한다고 생각되고 있다. 후설뿐만 아니라 도덕적 인식으로서 지향적 정서작용을 생각하고 그것이 독자적인 명증성을 지닐 수 있다고 주장한 점에서 셸러의 '실질적 가치윤리학'에 커다란 영향을 주었지만, 가치론으로서는 이른바 '가산加算의 원리'를 제출한 데 그치고 있다. ☞ ㊅승인/거부, 심적 현상/물적 현상, 정의활동, ㊃브렌타노

—미즈타니 마사히코(水谷雅彦)

동정의 본질과 형식들 同情—本質—形式— [*Wesen und Formen der Sympathie*. 1923]

셸러의 '동정・공감'에 대한 저작. 처음에는 1913년에 『동정감정의 현상학과 이론에 대하여 및 사랑과 미움에 대하여』(*Zur Phänomenologie und Theorie des Sympathiegefühle und von Liebe und Haß*)라는 형태로 출판되며, 제2판부터 현재의 서명이 되었다. 초판과의 가장 큰 차이는 '일체감'이 새롭게 도입된 점인데, 그것을 실마리로 셸러는 동정에서부터 사랑으로까지 확대

되는 감정의 형이상학을 목표로 한다. 제1부 '공감'에서는 동정 현상에 대한 분석으로부터 일체감이 추감득追感得을 근거짓고, 추감득이 공감을 근거지으며, 공감이 사랑을 근거짓는다고 생각된다. 제2부 '사랑과 미움'에서는 사랑이 가치 창조적인 지향적 운동으로 파악된다. 제3부 '타아에 대하여'에서는 자아와 타아의 의식과는 떨어져 무엇보다도 우선 우리라는 형태로 체험이 주어지는 것에 대한 탁월한 주목이 이루어진다. 다만 그 우리와 일체감의 관계에 대해 셸러 자신에게서 동요가 보이며, 그리하여 공감의 근거짓기에서 애매함이 생겨난다. ☞ ㊄사랑, 일체감, 공감{동정}, ㊅셸러

—이케가미 데쓰지(池上哲司)

만남의 현상학—現象學 [(독) *Phänomenologie der Begegnung.* (불) *Phénoménologie de la rencontre.*]

보이텐디크의 저작(독일어판 1951년, 프랑스어판 1952년). 그는 현상학적 인간학의 입장에서 다양한 생명 현상을 연구 대상으로 삼았지만, 특히 여기서는 만남이라는 관점에서 인간의 광범한 현상들을 탐구한다. 그 기본적 입장은 실증주의의 관점을 내던지고 만나는 인간에게 우리의 존재를 연결하는 존재 관계 그 자체를 추구하고자 하는 것이다. 우선 바이츠제커의 형태순환Gestaltkreis 개념을 원용하는 가운데 놀이에서의 어린아이의 행동 및 만남의 발생기원에 대한 탐구로 향하며, 그 과정에서 놀이, 눈길, 미소, 표정의 이해 등이 만남 개념을 축으로 하여 상세하게 고찰된다. 나아가 만나게 되는 상대의 존재에 대한 물음으로부터 타자 문제의 실마리가 주어지며, 또한 인간과 신체의 관계에 대해서도 깊이 고찰된다. 또한 성과 종교 문제에 대해서 언급되고 있는바, 만남의 현상학은 많은 시사점들로 가득 찬 내용을 포함하고 있다. 가미야 미에코神谷美惠子에 의한 초역이 있다. ☞ ㉷표정, ㉹보이텐디크

—스즈키 유이치로(鈴木祐一郎) · 하마나카 도시히코(濱中淑彦)

멜랑콜리—문제사 · 내인성 · 성격유형 · 병인 · 임상—問題史 · 內因性 · 性格類型 · 病因 · 臨床 [*Melancholie: Problemgeschichte, Endogenität, Typologie, Pathogenese, Klinik.* 1961, ²1974, ³1976, ⁴1983]

텔렌바흐의 주저. 초판은 1961년에, 그 후 두 차례의 개정판이, 그리고 1983년에는 개정증보판이 출판되었다. 단극형 울병(1983년판에서는 쌍극형 조울병을 포함)에 관해 다수의 증례에 기초하여 그 병전 성격과 발병 상황을 분석하고 있다. <내인성 정신병>(endogene Psychosen)의 원인 영역으로 여겨지는 <내>(Endon)를 인간 존재의 내면에서의 <자연>으로 이해하고, 이것이 주위 상황과의 관련에서 나타내는 움직임의 특수성으로서 질서에 갇혀 몸을 움직일 수 없는 <Inkludenz(봉입성)>와 자신의 달성목표에 뒤쳐져 있어 이를 추구하고자 노력하는 <Remanenz(부채성)>의 두 표지를 특징으로 하는 <멜랑콜리 친화형>(Typus melancholicus)이라는 병전 성격유형을 추출했다. 영어, 프랑스어, 스페인어, 이탈리아어로의 번역들 외에 기무라 빈木村敏에 의한 일본어 역(みすず書房, 1978, 개정증보판, 1985)이 있으며, 특히 일본에서의 인간학적 정신병리학에 커다란 영향을 주었다. ☞ ㉹텔렌바흐

—기무라 빈(木村 敏)

목소리와 현상—現象 [*La voix et le phénomène.* 1967]

데리다의 저작. '후설 철학에서의 기호 문제에 대한 서론'이라는 부제를 갖는다. 데리다의 후설론으로는 이밖에 『후설 철학에서의 발생의 문제』(1953-54년 집필, 1990 공간), 「<발생과 구조>와 현상학」(1959), 『기하학의 기원 · 서설』(1962), 「형식과 의의작용—언어의 현상학에 대한 노트」(1967) 등이 있지만, 초월론적 현상학을 '현전의 형이상학'의 "가장 근대적이고 가장 비판적이며 가장 세심한 형태"[『입장들』 13]라고 규정하는 데리다의 입장이 가장 명확하게 제시된 본서는 그 중에서도 대표적인 것이라고 말할 수 있을 것이다.

문제가 되는 것은 『논리연구』 제2권 제1편 '표현과 의미'의 논의이다. 후설은 거기서 표현(Ausdruck)과 지표(Anzeichen)라는 두 종류의 기호가 지니는 "본질적 구별"을 세움으로써 "고독한 심적 생활" 속에서도 의미를 지니는 표현의 순수성을 확보하고자 하지만, 데리다에 의하면 이 작업은 로고스의 현전을 보증하기 위해 내적, 비물질적, 의지적 성격을 지니는 파롤을 특권시하고, 외적, 물질적, 공간적 성격을 지니는 에크리튀르를 불순한 기호로서 잘라 내버린 서양 형이상학의 전통 안에 있다. 왜냐하면 그것은 순수 의식의 <자기에의 현전>과 그것을 기술하는 현상학적 로고스의 명증성으로부터 경험세계에 얽혀 있는 모든 불순함을 제거하는 조작에 다름 아니기 때문이다. "목소리(포네)의 필연적인 특권은 형이상학의 역사 전체가 관계되어 있는 것이지만, 후설은 그것의 모든 자료를 최대의 비판적 정묘함을 가지고서 개발하여 그것을 철저화한다."

그러나 목소리 또는 파롤, 요컨대 표현의 순수성은 "겉보기의 것"에 불과하다. 데리다는 그것을 기호 일반의 무제한한 재현전(représentation) 구조, 순간적 현재의 지각에서의 과거 파지적인 반복의 필연성 등에서 보이는 한편, 의미지향의 직관적 충족에 대한 자율성이라는 후설의 테제를 뒤집어 철저한 "언어의 자유"에 의해 "현전으로서의 존재"의 텔로스를 무너뜨리고자 시도한다. 그렇지만 데리다는 단순히 초월론적 현상학을 비판하는 데 그치는 것이 아니다. "의미와 현전의 근원"에서 '차연'이 움직이고 있다는 것을 알기 위해서는 어쨌든 한 번은 초월론적-현상학적 환원을 거치지 않으면 안 되는바, 그 위에서 비로소 차연이 '근원'의 말소라는 것도 알려진다는 것이다. ☞㊄고독한 심적 생활, 지표와 표현, ㊁데리다

—다카하시 데쓰야(高橋哲哉)

문학적 예술작품 文學的藝術作品 [*Das literarische Kunstwerk*. 1931]

로만 잉가르덴은 1920년대 이래로 후설을 스승으로 모시면서 실재론-관념론의 전통적 대립을 독자적인 현상학적 존재론에 의해 극복하기 위해 인간 실존이 기투하는 지향적 대상성이라는 제3의 영역(실재적 대상도 이념적 대상도 존재 자율적인 데 반해 지향적 대상성은 존재 타율적)이 있다는 것을 제창하는데, 그 전형적 범례로서 선택한 것이 문학작품이었다. 본서는 원래 1927-28년, 나중에 가필되어 독일어판 『예술존재론 연구』로서 출판되는(1962년) 음악, 회화, 건축, 영화 연구 부분을 부록으로 덧붙여 집필된 것이지만, 1931년에 본론 부분만이 분리되어 출판되었다. 따라서 이 책에는 두 가지 과제가 있다. 하나는 문학적 예술작품의 구조와 존재방식을 분석하여 종래의 단층적 파악을 배척하고 작품의 다층적 조성인 폴리포니(Polyphonie) 구조를 해명하는 것이다. 잉가르덴에 의하면 문학적 예술작품이란 낱말소리와 발화적 형성체, 의미단위들(단어, 문장, 문장연관 등), 묘사된 대상성, 도식화된 상면象面의 네 층으로 이루어지며, 각 층이 고유성을 보존하면서 전체에 대해 각각의 역할을 수행함으로써 하나의 유기적 전체로 형성된 것이다.

그러나 본서의 참된 목표는 실재론-관념론 문제의 해결에 있는바, 이를 위해 의미단위들에 관한 논술은 그것에 전후하여 출판된 후설의 『형식적 논리학과 초월론적 논리학』과 밀접하게 관련되어 일반적으로 논리학 자체의 문제로 발을 내딛고 있다. 또한 대상성과 상면에 대한 연구는 형식존재론과 실존론적 존재론을 논의의 영역에 끌어들이고 있다.

그의 문학작품론은 문학만이 아니라 예술 각 장르의 구조 분석에도 커다란 영향을 주었다. 또한 본서에서는 문학작품의 객관적 조성 구조가 문제로 되어 그 때문에 가치문제가 사상되어 있다고 하는 여러 사람의 비판이 있었지만, 그는 이에 대해 문학작품과 그 구체화(Konkretisation)를 구별해야 한다고 말하고 후자가 전자 속에 포함되는 대상성의 무규정성 자리와 관점의 도식성을 충족시키고자 하는 과정(독서과정)에서 가치문제가 떠오른다고 주장했다[『문학적 예술작품의 인식에 대하여』 참조]. ☞㊄무규정성 자리, 문학·문예비평과 현상학, ㊁잉가르덴

—가나타 스스무(金田 晉)

물질과 기억物質—記憶 [*Matière et mémoire*. 1896]

베르그송 철학을 표명한 것으로서는『시간과 자유』(1889)에 이어지는 두 번째 저작에 해당한다. 여기서 베르그송은『시간과 자유』단계에서는 애매한 채로 남아 있던 정신과 물질의 관계를 명확히 함과 동시에 전통적인 심신관계 문제에 대해 독자적인 입장에서 해결을 제안하고 있다.

정신의 실재성과 물질의 실재성을 모두 인정하는 점에서 베르그송은 명확히 이원론적 입장에 선다. 그러나 기억의 문제를 실마리로 삼음으로써 정신과 물질의 상호적인 독립성을 보존하면서도 이원론이 지니는 난점을 가볍게 없애고자 하는 것이다. 물질에 대해서는 그것을 이마주와 등치시킴으로써 실재론과 관념론의 이를테면 바로 앞에 놓여 있는 위치로부터 물질의 세계에 접근하고자 한다. 그 경우에 중요한 것은 자기의 신체라는 이마주를 어디까지나 행동의 기관으로서 이해하는 것이다. 지각이란 이 이마주의 가능적 행동이 물질적 우주라는 이마주의 총체로부터 떠오르게 하는 것에 다름 아니다. 그렇다면 지각이란 물질적 세계의 한가운데로부터 출현하는 것으로서 지각과 물질은 단지 정도의 차이밖에 지니지 않는 것으로 여겨진다.

기억의 문제를 실어증이라는 좁은 영역에 한정함으로써 베르그송은 회상이 물질에 의해 보존되는 것이 아니라 그것 자체로서 말하자면 즉자적으로 존속하는 것이라는 점을 증명하고자 한다. 다만 기억에는 회상이라는 측면과 더불어 수축이라는 측면이 있다. 즉, 다수의 순간을 수축시킨다고 하는 측면이다. 정신과 물질을 중재하는 것으로서 이 측면이 주목되는 것은, 그것이 예를 들어 빨간 색깔이라면 무수히 많은 진동수라는 양적인 것을 빨강이라는 질적인 것으로 전환하는 역할을 수행하기 때문이다. 이리하여 질과 양의 거리를 수축과 이완의 다름으로서 일원화하는 길이 열리며, 정신과 물질도 그 길에 따라서 긴장(tension)의 다양한 단계 속에 위치지어지게 된다. 물질의 외연성(extension)이란 바로 그 긴장 이완의 극단에 있는 것에 다름 아닌 것이다.

이 저작은 실어증을 중심으로 하는 데이터의 수집과 분석에 의해 베르그송이 나중에 말하는 '실증적 형이상학'의 훌륭한 금자탑을 이루고 있기도 하다. 현상학과 관련하여 말하자면, 실어증 문제에 초점을 맞추는 방법과 함께 메를로-퐁티의『행동의 구조』에 있어 모델이 되었다는 점을 잊어서는 안 된다. ☞[사]기억, 이마주, [인]베르그송, [서]행동의 구조

—시노하라 모토아키(篠原資明)

미적 경험의 현상학美的經驗—現象學 [*Phénoménologie de l'expérience esthétique*. 1953]

프랑스의 철학자 뒤프렌느의 대표적 저작임과 동시에 현상학적 미학의 고전적 저작이기도 하다. 본 저작에서의 현상학 및 미학과 관련해서는 각각 명확한 한정이 이루어지고 있다. 즉, 우선 현상학에 대해서는 사르트르와 메를로-퐁티에 의해 프랑스에 이식된 한에서의 현상학이, 다음으로 미학에 대해서는 창작자의 입장이라기보다는 향유자의 입장이 각각 생각되고 있는 것이다. 전체는 '미적 대상'과 '미적 지각'의 2권으로 이루어지며, 미적 대상으로서는 예술작품이 중심적으로 다루어진다. 현전, 재현, 표현이라는 세 가지 계기가 미적 대상에 대해서나 미적 지각에 대해 고찰을 진전시켜 나감에 있어 중요한 디딤돌이 된다. 예술에 대한 섬세하고 공들인 기술을 중첩시켜 나가는 가운데 마지막으로는 미적 경험의 존재론적인 의미에 대해서까지 언급하는 본 저작에는 뒤프렌느가 이후에 전개하는 아프리오리 문제 등의 다양한 모티브가 이미 포함되어 있다. ☞[인]뒤프렌느

—시노하라 모토아키(篠原資明)

미학에의 통로美學—通路 [*Zugänge zur Ästhetik*. 1928]

M. 가이거의 현상학적 미학의 주저들 가운데 하나.

본서는 Ⅰ. '예술 체험에서의 딜레탄티즘에 대하여'("Vom Dilettantismus im künstlerischen Erleben"), Ⅱ. '예술의 표면효과와 심부효과'("Oberflächen- und Tiefenwirkung der Kunst"), Ⅲ. '예술의 심적 의의'("Die psychische Bedeutung der Kunst"), Ⅳ. '현상학적 미학'("Phänomenologische Ästhetik")의 논문 4편으로 이루어진다. 가이거 미학의 중심 과제는 '미적 가치론'이다. 그가 말하는 미적 가치는 (1) 객관성, (2) 비실재성, (3) 단계질서와 같은 특성을 지닌다. 또한 가치는 그것을 파악하고 평가하는 데 적합한 주관의 미적인 태도에 의해서만 실현된다. Ⅰ, Ⅱ의 논문은 이러한 본래적인 미적 태도, 정당한 예술 체험이 어떠한 특성을 지녀야만 하는가, 가치미학에 있어 위험한 정신적 상황이란 무엇인가, 예술에 의한 깊은 실존적 의의란 무엇인가와 같은 것들을 고찰한 것으로서 '미적 향유의 현상학'에 이어지는 이를테면 작용현상학의 입장에 서는 연구라고 말할 수 있다. 이에 반해 Ⅲ의 논문은 바로 가이거의 미적(예술적) 가치론을 보여준다. 미적 가치는 직관의 계기에 의해 발견되는 세 개의 그룹으로, 즉 형식적 가치, 모방적 가치, 그리고 내용적・적극적 가치로 분류된다. 이 세 개의 그룹은 유기적으로 서로 연관되어 통일적인 미적 가치층 내지 복합체를 형성한다. 가이거의 미적 가치론은 파노프스키(Erwin Panofsky 1892-1968)와 N. 하르트만에서의 합리적인 성격을 강하게 지니는 작품의 층구조론과는 다르지만, 크렌츨린에 의하면 가이거 미학은 콘라트(Waldemar Conrad)로부터 R. 잉가르덴에 이르는 객관주의적 현상학적 미학 흐름의 출발점에 위치하고 있다[Norbert Krenzlin, *Das Werk rein für sich*, 1979]. 가이거의 미적 가치론은 그의 유고를 출판한 『예술의 의의』에서 좀 더 상세하게 서술되고 있다. 논문 Ⅳ는 가이거의 현상학적 방법의 특색을 기술한 것이다. 그는 다른 뮌헨학파의 사람들과 마찬가지로 "현상으로서의 소여성으로 하여금 순수하게 그 자체로서, 그 전체적인 충실한 모습에서 말하게 하는" 것을 중시한다. 다른 한편 주관 측에서는 직접적 태도 및 본질직관을 중요시한다. 따라서 현상학적 방법은 '위로부터의 미학'의 연역적 방법과 '아래로부터의 미학'의 귀납적 방법을 대신하는 직관적 방법을 의미하며, 또한 형식주의와 내용주의와 같은 이론으로부터도 자유롭게 되어 개개의 미적 체험에서 "의식에 직접 주어진 것 안에서 대답하기"를 의미했다. 현상학적 미학은 대상의 현상적 품질(Qualität)에 깃들어 있다고 생각되는 미적 가치의 계기들에 대한 기술과 분석에서 출발하여 이와의 관련에서 미적 체험의 본질에 대한 기술과 분석을 행할 것을 중심적 과제로 하는 것이었다. 덧붙이자면, 본서의 일본어 역은 전전에 『현상학적 예술론現象學的藝術論』이라는 제목으로 출판되었다(高橋禎二 譯, 神谷書店, 1929). ☞ ㉔현상학적 미학, ㉧가이거

—오타 다카오(太田喬夫)

㊟ 太田喬夫, 「美的享受と美的價値—M. ガイガーの現象學的美學」, 太田喬夫・岩城見一・米澤有恒 編, 『美・藝術・眞理』, 昭和堂, 1987에 수록.

보이는 것과 보이지 않는 것 [*Le visible et l'invisible*. 1964]

메를로-퐁티의 유고집. 그는 생애의 최후 시기인 1959년 봄 무렵부터 이 표제 하에 새로운 저작 구상을 세우고 일부 집필에도 착수했지만, 그 시도는 1961년 5월의 돌연한 죽음으로 중단되었다. 그 서론에 해당하는 부분의 미화정원고와 '연구 노트'라는 제목의 준비를 위한 메모를 클로드 르포르가 정리, 편집하여 1964년에 간행한 것이 이 책이다. 링기스(Alphonso Lingis)에 의한 영역(1968), 지울리아니(Regula Giuliani)와 발덴펠스에 의한 독일어 역(1986), 다키우라 시즈오滝浦静雄·기다 겐木田元에 의한 일본어 역(みすず書房)이 있다.

메를로-퐁티는『행동의 구조』(1942)와『지각의 현상학』(1945)에서 후설, 셸러, 하이데거에 의해 전개된 독일의 현상학을 독창적인 방식으로 계승하여 <전체적 인간학>이라고도 말해야 할 초기의 입장을 확립했지만, 1959년 초두 이래로 이러한 초기의 입장에 근본적인 반성을 가하면서 사유의 새로운 전개를 시도했다. 그 전개는 후설과 하이데거 각각의 후기의 존재론적 사유에서 강한 자극을 받아 자기의 초기 사상에 내포된 인간주의를 청산하고자 하는 것이었다. 이러한 전개에 대해 "현상학으로부터 존재론으로"(틸리에트)라는 성격을 부여할 수 있을지도 모른다. 예를 들어 "나의 최초의 두 저서를 다시 파악하여 파고 들어가 수정하며", "전면적으로 존재론의 시각에서 생각한다"와 같은 표현들에서도 그 의도를 엿볼 수 있을 것이다.

이렇게 하여 구상된 존재론은 <살>, <키아즘>, <접합>, <뒤얽힘>, <휘감김>과 같은 이를테면 색다른 모양의 개념들을 구사하면서 주관-객관, 본질존재-사실존재의 구별에 앞서 있는 <야생의 존재>가 현성하는 그 현장에서 내부로부터 겨루고자 하는 <내부존재론>이다. 거기서 증시되어야 했고 또 아직 본 적도 없는 사상적 풍경의 얼마간이 남겨진 단상에서 살짝 엿보인다. 그렇지만 기본적으로 인간주의 입장에 서는 서양철학의 근본적인 극복을 도모한 이 <반철학>이 불발로 끝난 것은 참으로 안타까운 일이 아닐 수 없다. ☞ ㊕반철학, 살, 야생의 존재, 키아즘

―기다 겐(木田 元)

㊟ 木田元,『メルロ=ポンティの思想』, 岩波書店, 1984. X. Tilliette, *Merleau-Ponty ou la mesure de l'homme*, Paris, 1970(木田元・篠憲二 譯,『メルロ=ポンティ―あるいは人間の尺度』, 大修館, 1973).

브리태니커 초고군―草稿群 [Encyclopaedia Britanica Artikel]

후설은『브리태니커 백과사전』의 항목 '현상학'을 집필했지만(이른바「브리태니커 논문」), 이에는 최종고를 포함하여 네 개의 수고가 있으며, 또한 이 각각에 복수의 사본(써넣은 것이 있다)이 있어 '브리태니커 초고군'이라고 총칭된다.『후설 전집』 제9권에 상당한 부분이 수록되어 있다. 1927년 여름부터 12월에 걸쳐 씌어지며, 최종원고는 이듬해 2월에 새먼(C. V. Salmon)의 자유로운 영역에 의해 출판. 초고는 후설과 하이데거의 공동 작업에 의한 것으로서 양자는 각각이 써넣은 사본을 서로 교환하여 대화를 나누고 란트그레베도 수정 의견을 제출했다. 두 번째 원고는 전반부를 하이데거가, 후반부를 후설이 집필하고 양자에 의해 가필 교정되는데, 또한 하이데거에 의한 비판적 주해와 후설에게 보낸 관련 서간이 있다. 세 번째 원고는 하이데

거의 내용과 문체를 떠올리게 하는 부분을 포함하며, 최종원고는 명확히 후설 한 사람의 손으로 이루어지는데, 두 원고 모두 하이데거는 보정하고 있지 않다. 이리하여 '브리태니커 초고군'은 두 사람의 현상학자의 열의를 담은 공동 작업과 대립・결렬의 기록이다. 초월론적 주관성에 의해 절대적으로 근거지어진 보편적 학으로서의 후설 현상학을 간결하게 요약하는 한편, 초월론적 구성을 사실적으로 실존하는 구체적 인간(현세적인 사물이 아니라 세계-내-존재)의 가능성으로서 포착하는『존재와 시간』시기의 하이데거 철학의 경위를 보여준다. 후설의 이전의 말인 "현상학, 그것은 나와 하이데거다"가 현상학의 분지를 예시하고 있었다고 하는 아이러니를 이 초고군은 단적으로 증언하고 있다. 일본어 역은 다하라 하치로田原八郎 譯(せりか書房, 1980).

—고토 요시야(後藤嘉也)

사회적 세계의 의미 구성 社會的世界―意味構成 [*Der sinnhafte Aufbau der sozialen Welt*. 1932, [2]1960]

M. 베버의 이해사회학의 기초 개념들, 즉 <주관적 의미> 개념 등을 후설의 현상학과 베르그송의 생의 철학 사상에 기초하여 면밀하게 검토함으로써 사회(과)학의 현상학적 근거짓기에 부심했던 알프레드 슈츠의 생전의 단 한 권의 주저. 사토 요시카즈佐藤嘉一에 의한 일본어 역(木鐸社, 1982)이 있다.

<주관적 의미>라 하더라도 그것이 <나>에 의한 것인가, <당신>, <그>, <우리>, <그들>과 같은 <나> 외부에 위치하는 <나> 이외의 <타자>에 의한 것인가에 따라 그 의미의 현상방식이 다르다. 슈츠는 이 점에 주목하여 『의미 구성』에서 (1) 자기 자신의 지속에서 유의미한 체험의 구성, 즉 자기 이해의 문제(어떻게 해서 자아는 스스로의 의식 체험 속에서 <의미>를 구성하는가) 및 (2) 타아의 유의미한 체험의 구성, 즉 타자 이해의 문제(어떻게 해서 자아는 타자를 이해하는가), (3) 사회적 세계의 구조 분석―사회적 대면face to face의 세계, 사회적 동시대의 세계, 사회적 선구자의 세계, 사회적 후계자의 세계의 의미적 구성 문제, 나아가서는 (4) 사회과학자에 의한 '유형적 의미 구성'의 문제들을 구별하고, 이러한 문제들에 대한 통일적 파악에 부심했다. 이러한 슈츠의 시도에 대해 (1)의 문제수준과 (2) 이하의 문제수준 사이에 일종의 논리적 비약이 보이는바, 그의 시도는 중도에 끝났다고 하는 지적이 있다. 이것은 슈츠 자신이 지적하는 다음과 같은 논점과도 관련된다. (1)은 자기 체험의 자기 해석에 특유한 구조의 문제, 즉 나에게 내재적으로 방향지어진 지향 체험의 문제로서 엄밀하게 <현상학적>으로 해명되지만, (2)는 해석되는 지향 대상이 자기에게 내재적이 아니라 <초월적으로> 자기와는 다른 체험류에 속하기 때문에 지향작용과 그 대상이 동일한 체험류에 속할 수 없다는 점에서 엄밀한 의미에서의 <현상학적> 분석이 적용될 수 없다. 그리하여 (2)에 대해 슈츠는 엄밀한 의미에서의 <현상학적> 분석 대신에 일상생활의 <소박한> 자연적인 견해를 <소여>로서 받아들이고, 이것을 기술하는 입장('자연적 태도의 구성현상학')을 채용했다. 만년의 슈츠는 타자와 상호주관성(사회적 현실)을 <초월론적 주관의 구성된 산물>로서 설명하는 시도는 <잘못된 문제제기>라고 하여 이를 포기하고 <자연적 태도의 구성현상학>에로 수렴하는 <일상적 생활세계의 사회학> 방향을 명확하게 내세웠다. ☞ ㉤슈츠

―사토 요시카즈(佐藤嘉一)

㊟ Alfred Schütz und Thomas Luckmann, *Strukturen der Lebenswelt* Ⅰ, Ⅱ, Frankfurt a. M., 1975/84.

산술의 철학 算術―哲學 [*Philosophie der Arithmetik*.]

후설의 철학에서의 처녀작(부제 '심리학적 · 논리학적 연구'). 1891년에 제1권으로서 출판되었지만, 그 제2권은 완성되지 못한 채 끝났다. 당초에 수학자로서 출발한 후설은 이에 의해 철학자로서의 첫걸음을 내딛게 되었다.

이 책은 산술의 기본 개념인 수(기수) 개념의 성립을 심리학적으로 분석하고 근거지을 것을 목표로 한 것으로서, '여럿과 하나와 기수의 본래적 개념'이라는 제목의 제1부와, '기호적 기수 개념과 기수-산술학의 논리학적 원천들'이라는 제목의 제2부로 이루어져 있다.

이 가운데 제1부의 제1장부터 제4장에 해당하는 부분은 후설이 1887년에 할레 대학에 제출한 대학교수 자격 취득 논문 『수의 개념에 대하여』(부제 '심리학적 분석')의 내용을 개정 증보한 것이다. 제1부의 주제는 본래적(직관적) 표상에 의해 뒷받침된 수 개념의 심리학적 기원을 해명하는 것인데, 여기서는 수 개념이 "규정된 여럿의 개념"으로서 정의된 다음, 여럿의 개념을 산출하는 심적 작용으로서의 집합적 결합의 작용이 브렌타노 류의 기술심리학 입장에서 반성적으로 기술되고 있다. 이어서 제2부에서는 수의 기호적(비본래적) 표상 및 그것을 사용하여 행해지는 계산 조작을 심리학적・논리학적으로 근거짓는 시도가 이루어진다.

『산술의 철학』 전체의 기조를 이루는 것은 수 개념을 심적 작용의 소산으로 간주하는 심리학주의적 해석이다. 후설은 곧이어 『논리연구』 제1권에서 이러한 해석을 스스로 논박하고 파기하게 된다. 그러나 그 이후의 성숙한 현상학 입장에서 돌이켜 보면, 수 개념을 그것을 산출하는 의식(그것은 아직 경험적 수준에서의 '실재로서의 의식'이지만)으로까지 거슬러 올라가 해명하는 방법 속에 현상학적 의식 분석의 맹아적인 형태를 간취할 수 있다. 후설 자신이 후기의 저작인 『형식논리학과 초월론적 논리학』에서 『산술의 철학』에서의 연구가 "현상학적-구성적 연구"인바, 수 개념과 같은 범주적 대상성을 "구성적인 지향적 능동성으로부터 해명하고자 하는 최초의 연구"였다고 말하고 있다[FTL 91]. 또한 오스카 베커는 "본래적 표상"과 "기호적 표상"의 구별에서 『논리연구』 제2권 이후의 저작에서 보이는 "대상의 자체부여"와 "단순한 기호적 사념"을 구별하는 것의 원형을 읽어낼 수 있다고 지적한다. ☞ ㉯범주적 직관, 수, 수학과 현상학, 심리학주의, 집합적 결합

—노에 신야(野家伸也)

살아 있는 현재—現在 [*Lebendige Gegenwart*. 1966]

현상학에서의 "전후 최고의 수확"이라고도 평가되는 클라우스 헬트의 시간론・반성론・자아론의 명저. C 초고군을 중심으로 한 후설의 유고에 대한 연구를 주안점에 두고 있다. 1962년에 학위 청구 논문으로서 쾰른 대학에 제출되고 1966년에 간행된다. 일본어 역은 新田義弘・小川侃・谷徹・斎藤慶典 譯(北斗出版, 1988). <살아 있는 현재>란 초월론적 자아의 가장 근원적인(선시간적인) 존재 양태를 언표하는 명칭이며, 그러므로 현상학의 근본 문제이다. 후설은 1930년대에 이 <살아 있는 현재>를 반성적으로 파악하고자 했지만 결국 좌절했다. 본서는 이러한 경위를 사태적인 동시에 문헌학적으로 증시하고, 나아가 이러한 좌절을 넘어설 가능성을 보여주었다.

본서 제1부에서는 후설의 현상학적 시간론이 요약된다. 모든 대상 구성은 시간화이기도 하다. 대상 구성이란 기본적으로는 자아가 과거파지・근원인상・미래예지의 음영들의 이행 종합에 의해 개체적 동일자를 정립하는 것이지만, 그 수행의 장은 현재이다. 이른바 과거(와 미래)의 구성은 이러한 현재에 속하는 과거파지 연쇄(와 미래예지 연쇄)를 구성적 전제로 한다. 이러한 현재의 흐름이 모든 시간화의 원천이며, <흘러가는 시간객관>의 구성은 물론이고 고차적인 대상으로서의 형상 등의 <멈추어 서 있는 편遍시간성>의 구성도 이 현재에 의거한다. 그러나 자아만큼은 모든 대상의 시간화와 편시간화의 전제로서 **선시간적인** 동시에 **근원수동적**으로 자기를 구성한다. 자아의 현재는 선시간적이다.

후설은 30년대에 <철저한 환원>에 의해 자아의 선시간적인 현재, 즉 <살아 있는 현재>를 반성적으로 주제화하고자 했다. 자아는 모든 구성의 중심이며 현재의 유동 속에서 미리 자기를 동일자로서 구성한다. 그러나 본서 제2부는 이러한 자아의 현재가 반성에 의해서는 파악되지 않는다는 것을 보여준다. 자아가 자기를 반성(대상화)하면 자아는 멈추어 서 있으면서 반성하는 자아와 흘러가는 반성된 자아로 분열된다. 이러한 분열이 산출하는 거리는 시간적인 사후성으로서 의식된다. 자아가 흘러가는 동일자이면서 현재에 멈추어 서 있기 위해서는 그것은 반성 이전에 <흐른다>는 계기와 <멈추어 선다>는 계기를 통일하지 않으면 안

되지만, 반성은 그 가운데 어느 쪽 계기밖에 파악하지 못한다. 반성은 선시간적인 자아 현재를 <흘러가는 시간 객관> 혹은 <멈추어 서 있는 형상>으로서 파악할 뿐이다. 선시간적인 수행 양태에서의 통일적인 자아 현재는 수수께끼에 머문다.

그러나 이러한 자아 현재는 전혀 알려지지 않는 것이 아니라 감촉되고 있다. 이러한 감촉에 기초하여 제3부에서는 현상학적인 <형이상학>의 가능성이 제시된다. 그 작동의 한가운데에서 자아 현재는 견고하게 자기 완결된 것이 아니라 약함을 지님과 동시에 상호주관성을 허용한다. 이러한 선시간적 · 근원수동적인 의식 차원에서의 자기성과 상호주관성은 <종합>와 대비하여 <공동화>로서 파악된다. 나아가서는 이러한 상호주관성의 목적론적 구조의 근거로서 <신>의 문제도 제기된다.

헬트가 제기한 문제는 반성적 주제화에 의해 역으로 은폐되어 버리는 것인바, 이것은 하이데거의 문제로 연결된다. 본서 이후에 헬트 자신은 <기분성>, <세계>, <타자>를 통해 후설과 하이데거 사이에 철학적 다리 놓기를 시도하고 있다. 본서는 <비현상성의 현상학>을 시도하는 데서 단서를 이루는 획기적인 연구이다. ☞ ㉴반성, 살아 있는 현재, 시간, 자아{에고}

—다니 도오루(谷 徹)

상상적인 것 想像的— [*L'imaginaire*. 1940]

사르트르 초기의 현상학적 연구 저작. '상상력의 현상학적 심리학'이 부제. 제1부 '확실한 것들'에서 상상적 의식에 대한 현상학적 분석이 행해져 상상이란 대상을 무로서 정립하는 의식이라고 생각되며, 지각으로부터 엄격하게 구별된다. 제2부 이후는 경험적 소여에 대한 연구에 바쳐지고 있는데, 이것은 개연성의 영역을 넘어서지 않는다는 뜻일 것이다. 이와 같은 내용 구성은 사르트르가 후설의 구상에 기초하여 심리학에 대해 현상학이 선행해야 하며 심리학은 현상학에 종속한다고 생각했기 때문일 것이다. 상상적 의식의 현상학적 연구를 통해 그는 인간 존재에 대한 탐구의 기초적 개념들(부정작용, 무, 무화, 상황, 초월, 자유 등)을 획득함과 동시에 인간 존재가 의식 그 자체에서 자유라는 것을 분명히 하고 있다. 프레치트먼(Bernard Frechtman)의 영역(*Psychology of the Imagination*, 1948), 쇤베르크(Dt. v. H. Schönberg)의 독일어 역(*Das Imaginäre*, 1971), 히라이 히로유키平井啓之에 의한 일본어 역(『想像力の問題』, 人文書院, 1955, [2]1976)이 있다. ☞ ㉴상상력, 상상적인 것, ㉤사르트르

—하코이시 마사유키(箱石匡行)

상징 형식의 철학 象徵形式—哲學 [*Philosophie der symbolischen Formen.*]

카시러의 세 권으로 이루어진 주저. 1923년에 제1부: 언어, 1925년에 제2부: 신화적 사고, 그리고 1929년에 제3부: 인식의 현상학(이 제3부의 표제는 카시러 자신의 자기 이해에 따르자면 의식의 경험 과정을 주제로 하여 논의하고 있는 헤겔 『정신의 현상학』의 기본 원리를 계승하고자 하는 의도에서 만들어진 것이어서 20세기 현상학의 흐름과는 직접적인 관계가 없다. 그렇지만 여기서 논의의 하나의 핵심적 부분이라고도 말할 수 있는 '상징적 회임' 장에서 후설의 지향작용 개념이 적극적으로 평가되는 것 등으로부터 분명히 드러나듯이 양자 사이에 내용적인 관련이 없는 것은 물론 아닌데, 이 점에 관한 이후의 연구가 기대된다)이 출판되었다. 일본어 역에 관해서는 1941년에 야타베 다쓰로矢田部達郎에 의한 세 권 모두의 초역이, 또한 1972년에는 다른 역자 3인에 의한 제1권의 번역이 간행되었지만, 이 번역작업의 중심에 있던 이키마쓰 게이조生松敬三가 그 후 타계했기 때문에 그의 유지를 계승하는 형태로 기다 겐木田元에 의한 새로운 번역이 현재 진행 중이다(岩波文庫, 제1분책: 1989, 제2분책: 1991, 제3분책: 1994, 제4분책: 1997).

카시러는 이 저작에서 언어적 활동, 정신적 사고, 과학적 인식 등과 같은 문화적인 영위의 구체적인 모습에 대한 상세한 검토를 행하고 이를 통해 인간의 "정신적인 표현 형식에 대한 일반 이론"을 구축하고자

한다. 그의 주장을 한 마디로 정리한다면 인간에 의한 세계의 대상화인 바의 문화적인 어떠한 영위도 바로 상징을 형성하는 영위에 다름 아니라는 것이 될 것이다. 즉 그의 입장에서 보면 상징은 결코 개념 기호와 일상 언어 등과 병렬적으로 논의될 수 있는 단지 하나의 표현형식이 아니라 오히려 "정신적인 모든 형성작용이 설령 아무리 다양하다 하더라도 그것들 속에서 만나게 되는 포괄적인 매체"인 것이다. 상징은 일반적으로 지시구조를 지니는 까닭에 언제나 무언가의 의미를 회임하고 있다고 말할 수 있지만, 카시러는 이러한 상징의 존재방식을 인간의 정신적인 모든 대對세계 관계에 있어서의 보편적인 구성요건으로서 파악한다. 이리하여 그에게 있어서는 한편으로 과학적 세계뿐 아니라 언어적 세계와 신화적 세계 등도 상징에 의해 형성되는 문화적인 세계로서, 요컨대 상징 형식으로서 통일적으로 파악할 수 있는 공통의 지반이 설정됨과 동시에, 다른 한편으로는 각 세계가 지니는 고유성도 각각의 세계를 구성하는 상징체계의 기능적인 특이성으로부터 설명하는 것이 가능해진다. 그리하여 문화적 세계의 다양성과 통일성을 논증하기 위해 각각의 상징이 지니는 구체적인 기능에 대한 해명이 다양한 경험과학의 연구 성과를 토대로 이러한 일반 이론 속에서 대담하게 시도되었던 것이다. 상징의 포괄성, 언어과학의 필요성, 신화적 논리의 중요성 등, 통상적인 인식론의 범위를 훨씬 넘어선 수많은 참신한 지적들로 인해 이 저작이 현대 철학에 대해 선구적인 의의를 지니는 것은 틀림없다. 게다가 방대한 경험과학의 식견들을 정리하는 그의 탁월한 솜씨에 대해서는 누구도 혀를 내두를 수밖에 없을 것이다. 그러나 역으로 이 점이 본서에 대한 정당한 철학적 평가를 어렵게 만드는 하나의 원인이 된다고도 생각된다. ☞ ㊅상징 형식, ㊄카시러

—구쓰나 게이조(忽那敬三)

생물로부터 본 세계 [生物から見た世界]

야콥 폰 윅스퀼은 1934년에 베를린에서 '알기 쉬운 과학' 총서의 한 책으로서 자신의 <환경세계 이론>을 일반 독자를 향해 알기 쉽게 해설한 『동물과 인간의 환경세계로의 산보』(*Streifzüge durch die Umwelten von Tieren und Menschen*)라는 책을 쓴다. 이 책에는 '보이지 않는 세계의 그림책'이라는 부제가 붙어 있는데, 제자인 게오르크 크리사트(Georg Kriszat)가 그린 재미있는 삽화가 첨부되어 있었다. 그는 또한 1940년에 학문상의 호적수인 막스 하르트만(Max Hartmann)의 비판에 대응하여 논쟁의 책인 『의미론』(*Bedeutungslehre*)을 쓴다. 1970년에 S. 피셔 사가 '인간의 탐구' 총서의 한 책으로 이 두 책을 합하여 재수록했는데, 총서의 편집자 중 한 사람이자 야콥의 아들인 툴레 폰 윅스퀼이 긴 서문을 붙이고, 아돌프 폴트만이 해설 '새로운 생물학의 개척자'를 첨부했다. 『동물로부터 본 세계動物から見た世界』는 이것을 히다카 도시타카日高敏隆・노다 야스유키野田保之 두 사람이 일본어로 번역한 것인데, 윅스퀼 사상에 대한 안성맞춤의, 아니 오늘날 유일한 입문서이다. ☞ ㊅환경세계, ㊄윅스퀼

—기다 겐(木田 元)

생의 철학과 현상학 生の哲學と現象學 [*Lebensphilosophie und Phänomenologie*. 1930]

게오르크 미쉬가 1930년에 저술한 저서. 1929년의 후설 탄생 70년 기념논문집(『철학 및 현상학 연구 연보』 제10권 보권)에 대한 기고를 '젊은 현상학자 그룹'으로부터 의뢰받은 미쉬가 딜타이 그룹에 호의적인 이 권유에 응해 집필한 비교적 긴 논문이 토대를 이룬다. 하이데거의 『존재와 시간』에 대한 최초의 본격적인 연구서임과 동시에 (이 책의 부제 '딜타이적 방향과 하이데거, 후설과의 대결'에서도 알 수 있듯이) 딜타이적인 <생의 철학> 입장에서 이루어진 현상학과의 대결서이기도 했다. 1911년에 잡지 『로고스』에 발표한 논문 「엄밀한 학으로서의 철학」에서 후설은 자기의 현상학이 '엄밀한 학으로서의 철학'인 데 반해 딜타이의 세계관의 철학은 역사주의, 상대주의, 회의주의에 지나지 않는다고 비판했는데, 이 논문이 계기가 되어

그때까지 이어져 온 양자의 친밀한 관계는 이후 (왕복서간에 의한 개인적인 화해에도 불구하고) 어색해져 가고 있었다. 그러나 젊은 현상학자들, 특히 하이데거는『존재와 시간』집필 당시 딜타이에 상당히 접근하고 있었다.『존재와 시간』에서 딜타이의 생의 철학에 대해 상당히 높은 평가가 주어지고 있다는 점으로부터도 그 점을 알아볼 수 있다. 그렇지만 하이데거는 딜타이가 '생'과 '의식'과 '역사적인 것'의 존재를 존재론적으로 한층 더 근원적으로 해석하지 못하고 방치하고 있다고 하여 딜타이 해석학의 불철저성을 비판하기도 한다. 미쉬의 이 저서는 이러한 하이데거의 딜타이 비판에 대응하여 딜타이 철학의 방향을 한층 더 명확히 함과 동시에 그와 아울러『존재와 시간』에 의해 조성된 새로운 사상 상황 속에서 새롭게 현상학과 대결한다는 이중의 사명을 지니고 있었다. 미쉬에 의하면 생의 철학과 '현존재의 실존론적 분석론'은 기본적으로 생의 해석학이라는 공통된 출발점과 원리를 지니지만 (그런 한에서『존재와 시간』은 지금까지 대립적으로 파악되어 온 후설과 딜타이를 좀 더 깊은 곳에서 종합하는 시도로서 높이 평가된다), 하이데거는 생의 해석학이라는 이 출발점을 '기초존재론'이라는 목표와 결부시키고자 한다. 바로 그 점에 딜타이 해석학과의 결정적인 차이점이 있음과 동시에 또한 거기에 하이데거의 의도가 지닌 문제점도 있다. 인간적 생의 구체적인 분석에서 출발하여 아직 도상에 있는 이 사유가 그것이 계획한 대로 '존재'라는 목표에 도달할 수 있는지의 여부는『존재와 시간』이 전반부밖에 씌어지지 않은 이상 확실하지 않지만, 애써 사태에 입각하여 파악된 생의 '실존적' 역동성이 '존재론적인' 문제설정에 의해 오히려 사상되어 버리는 것은 아닐까? 미쉬는 그러한 궁금함과 의혹을 본서에서 표명하고 있다. 어쨌든 본서는『존재와 시간』출판 직후의 정신적 분위기를 여실히 전해주는바, 초기 하이데거 연구에 불가결한 문헌 가운데 하나임은 틀림없다. 덧붙이자면, 앞에서 말한 기념논문 권유가 계기가 되어 성립한 원고는 "기념 논문의 틀을 훨씬 넘어서는" 많은 분량의 것이 되었기 때문에 결국 이 기념논문집에 수록되지 못하고 *Philosophischer Anzeiger* 지(1929-30년호)에 연재 형식으로 발표되었다. 저작으로 만들어질 때 덧붙여진 후반부(제4장)는 1929년의 하이데거의 저술(「근거의 본질」,『칸트와 형이상학의 문제』,「형이상학이란 무엇인가」)을 토대로 씌어졌다. ☞ ㉠미쉬

—스다 아키라(須田 朗)

생활세계의 구조 生活世界—構造 [*Strukturen der Lebenswelt.* Bd. 1, 1975; Bd. 2, 1984]

슈츠는 말년에 자기의 연구를 집대성한 것이 되어야 할 한 권의 책을 상재할 예정으로 그 준비를 진전시키고 있었다. 그러나 1959년 5월에 그에게 닥친 돌연한 죽음으로 그 계획은 실현될 수 없었다. 그의 사후에 장 구분 구상과 각 장의 내용 등을 기록한 방대한 파일 카드와 다섯 권의 노트(본서 제2권 권말에 '부록'으로 수록되어 있다)가 남겨졌다. 그것들을 토대로 슈츠의 수제자 토머스 루크만이 집필하여 두 권으로 이루어진 책으로서 간행한 것이 본서이다. 본서에는 일상생활세계의 자명성의 양상, 그 세계의 시간적・공간적・사회적인 차원들, 일상생활을 지탱하고 있는 지식의 사회적 성격과 그 구조화의 계기들, 일상생활에서의 행위의 수행방식, 기호와 상징 등에 의한 초월의 양상들 등, 슈츠가 생전에 취급한 개별적인 테마들이 '생활세계의 구조론'으로 수렴되어가는 형태로 체계적으로 망라되어 있다. 그러나 루크만이 본서 집필 과정에서 슈츠 자신의 구상을 수정・확대・삭제하고 있다는 의미에서 본서는 문자 그대로 두 사람의 공저라고 불러야 할 것이다. 제이너(Richard M. Zaner), 잉겔하트(Tristram Engelhardt, Jr.), 페어런트(David J. Parent)에 의한 영어 번역(vol. 1, 1973; vol. 2, 1989)이 있다. ☞ ㉠슈츠, 루크만

—나스 히사시(那須 壽)

선의 연구 [善の研究. 1911]

니시다 기타로西田幾多郎의 초기 대표작으로 니시다

철학의 출발점이 된 저작.

이 책의 특색은 순수 경험(또는 직접 경험)을 유일한 실재로 간주하여 그로부터 모든 것을 설명하고자 하는 태도이다. 순수 경험이란 사려분별과 판단이 가해지기 이전의 주관·객관의 구별이 없는 '경험 그대로'의 의식 현상을 말한다. W. 제임스 등의 영향 하에 받아들여진 것으로 보이는 이 개념은 '현재의식'인 한에서의 정신 현상을 가리킨다. 즉 감각과 지각은 물론 기억(과거에 대한 현재의 감정으로서), 추상적 개념(그 대표적 요소를 현전에서 일종의 감정으로서 포착했을 때), 경험적 사실 간의 관계에 대한 의식도 순수 경험에 속한다. 수학의 공리와 추론도 어떤 직각, 즉 순수 경험 없이는 성립하지 않는다. 나아가 쾌와 불쾌의 감정, 의지(현재의 욕망으로서), 표상적 경험(시작詩作 등)도, 그리고 꿈마저도 순수 경험으로 헤아려진다. 이와 같이 순수 경험의 범위를 확대했기 때문에 순수 경험이 희박화되고 불순화되었다고 다카하시 사토미高橋里美 등에게 비판받게 되었다. 의미와 판단은 경험이 자기 속에서 분화함으로써 비로소 생긴다고 니시다가 처음에 말했음에도 불구하고, 여기서는 분화 이전의 순수 경험 속에 이미 의미적인 것이 침입해 있다는 것이다.

순수 경험을 이해하기 위해서는 그 통일의 시간적 성격에 주의를 기울이지 않으면 안 된다. 순수 경험은 앞에서 말한 대로 현재의 의식이지만, 그 현재란 반드시 순간적이 아니라 일정한 폭을 지닌다. 음악가가 숙련된 곡을 연주할 때 지각은 처음부터 마지막까지 연속성을 지니고서 통일되어 있다. 직접적인 동시에 순수하게 주어져 있는 것은 이와 같은 구체적 의식이다. 모든 의식은 복잡한 경험으로 이루어진 '체계'이며, 좀 더 혼돈된 형태로부터 정치한 것으로 분화, 발전한다. 순수 경험은 개인을 초월한다. 좀 더 커다란 자기의 실현에 의해 다방면의 종합이 성취되며, "가장 구체적인 경험의 사실"에 접근한다. 그것이 진리이다. 자기를 없애고 객관적으로 됨으로써 지와 의지 모두 참으로 능동적이게 된다.

니시다는 후에 이 책을 '의식의 입장'에 서는 것으로서 자기비판하지만, 직접 경험이 이와 같은 (헤겔의 '개념'에 비교되는) 구체적인 동시에 발전적인 전체인 한에서 나중의 '변증법적 일반자'의 입장과의 거리는 그 정도로 크지는 않다. ☞[인]니시다 기타로

—나카오카 나리후미(中岡成文)

[참] 上田閑照 編, 『西田哲學への問い』, 岩波書店, 1990.

세계 상징으로서의 놀이 世界象徵— [*Spiel als Weltsymbol*. 1960]

핑크의 저작. 일본어 역 『遊び—世界の象徵として』는 치다 요시테로千田義光에 의해 1976년(せりか書房)에 공간. 후설과 하이데거, 나아가 그리스 이래의 서구 형이상학과의 대결을 토대로 그 사고를 비판하면서 세계는 존재하는 것으로부터 근원적으로 존재하며, 철학적 사유란 인간을 세계로 향해 여는 것이라고 주장한다. 그에게 있어 세계는 존재하는 것의 총체 내지 지평이 아니라 거기서 모든 것이 전체로 접합되고 정돈되어 발생되고 생멸하는 운동에 다름 아닌바, 세계적 사물에 입각하여 파악될 수 없다. 그러나 인간과 세계 사이에 우주론적 비유가 성립하고 이해하는 존재라는 점에 의해 인간은 세계로 열리며 의미지평에서 살아간다. 인간적 실존의 다섯 가지 근본 현상에서 인간 존재의 탈자적인 세계 개시적 성격이 드러나지만, 특히 놀이는 놀이하는 자가 없는 세계의 놀이로서 그리고 개별화·차이와 무차별성 원리 사이를 유동하는 세계의 운동으로서 노동, 지배와 사랑, 죽음의 현상에 대해 독자적인 존재론적 의의를 지닌다. ☞[사]놀이, [인]핑크

—치다 요시테로(千田義光)

세계의 산문 世界—散文 [*La prose du monde*. 1969]

클로드 르포르가 교정하여 사후에 출판된 메를로-퐁티의 저서. 저자가 1951-52년경에 집필했다고 추정되는 미완의 초고군으로 이루어진다. 다키우라 시즈오滝浦静雄·기다 겐木田元에 의한 일본어 역(みすず서방, 1979)이 있다. 언어와 표현을 고찰 주제로 하는 그

초고들은 『지각의 현상학』으로 대표되는 그의 초기 사상으로부터 『보이는 것과 보이지 않는 것』에 나타나 있는 그의 만년의 사상으로의 이행 모습을 보여준다는 점에서 중요하다. 현상학에서 존재론으로라고 말할 수 있는 이 이행은 언어론을 매개로 하여 가능해졌다. 『보이는 것과 보이지 않는 것』에는 『지각의 현상학』의 언어론을 엄격하게 비판하는 노트가 포함되어 있다. 초기의 언어론은 결국 <표현>을 <지각>에 종속시키고 있었던 것이 아닐까? 『지각의 현상학』에서 의미의 <창설>을 언어활동을 범형으로 하여 생각하는 데 이르지 못했던 것은 그 때문이 아닐까? 『세계의 산문』의 초고들을 집필하는 중에 그는 『지각의 현상학』의 언어론이 지니는 이러한 불충분성을 깨닫고 『보이는 것과 보이지 않는 것』의 존재론으로 이끄는 관점을 획득했다고 생각된다. 그렇다면 언어론이 <표현>과 <근원적 역사성>의 지평을 개방한 것이게 된다. 언어론이야말로 자연계와 문화적 세계=사회적 제도(헤겔의 <세계의 산문>)의 차이, <구성>(constitution)과 <제도화>(institution)의 차이를 가르쳤던 것이다. <표현>의 문제에 대해 언어학은 <지각>의 문제에 대해 게슈탈트 심리학이 수행한 것과 같은 역할을 수행했다고 말할 수 있을 것이다. 그리고 그것이 메를로-퐁티에서의 <전회>를 불러일으켰다고 말할 수 있다. ☞ ⓘ메를로-퐁티

—시미즈 마코토(清水 誠)

수학과 자연과학의 철학 數學―自然科學―哲學 [*Philosophie der Mathematik und Naturwissenschaft*. 1927]

헤르만 바일의 저서. 1950년에는 개정증보 영역판이 올라프 헬머(Olaf Helmer)에 의해 간행되며, 그 판을 일본어로 번역한 것이 스가와라 마사오菅原正夫・시모무라 도라타로下村寅太郎・모리 시게오森繁雄에 의해 59년에 이와나미 서점岩波書店에서 출판되었다. 독일어판도 초판 간행 후 몇 차례 간행되었다. 제1부 '수학'에서는 수, 연속체, 공간 등의 기초적 개념들에 대해 논의하며, 제2부 '자연과학'에서는 일반상대성 이론을 우선적인 목표로 정립한 물리학적 기초 개념이 취급된다. 저자의 입장은 일반 독자를 염두에 두고 있기 때문에 공평하지만, 인식론적으로 후설과 카시러의 영향을 받고 있는 점은 부정할 수 없다. 본서는 바일의 수학기초론적인 저작이나 『공간, 시간, 물질』의 철학적・방법론적 기초를 아는 데서 필수 불가결한 저서이다. 본서 이전에 푸앵카레(Jules Henri Poincaré 1854-1912)가 수학과 자연과학에 관한 함축적인 일반서를 써 사람들을 계발시켰지만, 본서의 출현 이후 어떤 의미에서는 이 정도의 깊이와 일반성을 갖춘 과학서는 전혀 없다고 말해도 지나치지 않을 것이다. ☞ ⓘ바일

—사사키 치카라(佐々木力)

수학적 존재 數學的存在 [*Mathematatische Existenz*. 1927]

오스카 베커의 저작. '수학적 현상의 논리학과 존재론을 위한 연구들'(Untersuchungen zur Logik und Ontologie mathematischer Phänomene)이라는 부제를 갖는다. 단행본으로서도 간행되었지만, 본래는 『철학 및 현상학 연구 연보』 제8권(1927)에 하이데거의 『존재와 시간』에 이어 인쇄되었다[pp. 439-809]. 20세기 초두, 특히 20년대에 격렬한 논쟁이 벌어진 <수학기초론 논쟁>에 현상학 입장에서 참여를 시도한 책이라고 규정할 수 있다. 후설의 현상학 전체가 칸토어의 집합론이 등장한 이후의 수학의 근거짓기 시도라고 해석될 수 있지만, 제자인 베커의 논고는 논쟁의 맥락 등에 대해 명시적으로 언급하고 있기 때문에 현상학 그 자체에 대한 연구를 위해서도 중요한 문헌이라고 말할 수 있다. 베커는 『철학 및 현상학 연구 연보』 제6권(1923)에 비유클리드 기하학과 상대성 이론의 근저에 놓여 있는 공간 개념의 정당화를 시도한 『기하학과 그 물리학적 응용의 현상학적 근거짓기에 대한 기여』(*Beiträge zur phänomenologischen Begründung der Geometrie und ihrer physikalischen Anwendungen*)를 발표했다. 이 저작은 지도교수인 후설과, 바일이 저술한 일반상대성 이론의 수학적 해설서인 『공간, 시간, 물질』의 관점에서 영향을 받은 것이었다. 베커는 『수학적 존재』에서 좀 더

나아가 무한 개념을 중심으로 하는 수학적 대상이 어떠한 의미에서 존재하는 것인가(혹은 존재하지 않는 것인가)를 둘러싸고 논의를 전개한다. 목적은 브로우베르(Luitzen Egbertus Jan Brouwer 1881-1966)의 직관주의와 힐베르트의 형식주의를 인식론적 관점에서 검토하고 그 종합과 조정을 시도하는 것이다. 그 입장은 후설과 바일의 관점에 더하여 하이데거의 해석학적 현상학에 의거한 것이었다. 그 점은 저서의 제목 자체로부터도 엿볼 수 있다. 베커는 논고 후반부에서 수학적 존재에 관한 플라톤에서 칸트까지의 사유의 역사에 대해서도 점검하고 있다. 같은 해에 간행된 바일의 『수학과 자연과학의 철학』 및 29년에 출판된 후설의 『형식논리학과 초월론적 논리학』 그리고 카시러의 『상징 형식의 철학』 제3권 '인식의 현상학' 등과 더불어 수학기초론에 대한 인식의 심화와 논쟁을 진정시키는 데 공헌한 것으로 평가된다. ☞ ㉤베커

—사사키 치카라(佐々木力)

㊟ 中村清, 『數學的思考』, 工作舍, 1988.

숲길 [*Holzwege*. 1950, [2]1952]

제2차 세계대전 후의 하이데거가 독일에서 처음으로 세상에 내놓은 저작이다. 1935년 후반부터 1946년 말까지 그 사이에 성립한 네 개의 강의와 두 개의 논고의 본문을 수록하고 있다.

1936-38년은 하이데거 중기·후기 사유의 참된 원천인 『철학에의 기여』의 성립기이다. 1946년에는 J. 보프레의 질문에 대한 답장으로서 「휴머니즘에 대하여」를 쓰고, 다음 해인 47년에 스위스에서 간행된 『플라톤의 진리론』의 부록으로서 앞의 「<휴머니즘>에 대한 서간」이 공표되며, 49년에는 이 부록의 독일에서의 출판 허가가 이루어짐으로써 점차 하이데거의 새로운 '존재 사유'가 알려지게 되었다. 주저 『존재와 시간』 전반부의 완성은 1926년이었다. 즉 『존재와 시간』의 붓을 놓을 때부터 「휴머니즘에 대하여」를 기초하기까지의 20년 사이—이것을 중간기라고 부른다면—의 후반이 『숲길』의 성립기인 것이다. 덧붙이자면, 10여 년 후의 『니체 강의』 2권(1961)도 마찬가지로 동일한 이 후반기에 성립했다. 앞에서 언급한 중간기의 전반부는 『존재와 시간』이 쏟아내는 빛줄기 아래에서 사유가 전개되는 시기이며, 후반부는 『철학에의 기여』의 난삽한 기투와 비슷한 여러 시도를 거쳐, 40년대 전반에 어느 정도 새로운 '존재 사유'의 발효를 보기에 이르기까지 어려움으로 가득 찬 시절이다. 후반부를 특히 전회기라고 부르기로 한다면, 그 "성찰의 그때마다의 수준"과 도달 범위를 여실하게 전해주는 것이 이 『숲길』이다.

숲은 나무와 수풀로 가득 차 있는 곳이다. 원제 중의 홀츠(Holz)는 나무들이 빽빽하게 서 있는 것을 가리키는 옛 표현이다. 숲길은 보통 삼림의 작은 길로서 짐승들이 다니는 길로 소실된다든지 두절된다든지 하여 사람들이 사는 마을로는 통하지 않는다. 하이데거는 형이상학의 다양한 견해들이 집적되고 퇴적된 삼림의 한가운데에 하늘로 열린 빈터, 즉 Waldlichtung(수림의 밝게 트인 곳)으로부터 거기에서 스미어 나오는 맑은 물과 조우하여 그로부터 좀 더 아득한 수원을 찾아 형이상학이라는 삼림의 숲길을 홀로 걸어가고자 한다. "근원존재의 산맥"이 감싸 안고 있는 여러 가지 미지의, 혹은 망각된 지 오래인 암반과 그 암벽을 더듬어 형이상학이라는 수맥의 원천을 구명하고자 하고, 경우에 따라서는 그 원천 바로 앞에서 따로 유출되고 있을지도 모르는 다른 수맥의 시원에로 이끌려 나아간다. 앞에서 언급한 『니체 강의』와 함께 하이데거의 중간의 전회기에 이루어진 서양 형이상학의 본질 및 역사에 대한 성찰이다. 요컨대 그것은 존재의 의미로부터 존재의 참된 모습으로, 그리고 존재의 소재로 향해 더딘 발걸음으로 선회하고 전회하며, 갈피를 못 잡고 의심하며, 때때로 한탄하며 노래하는 그때마다의 성찰이다.

만년의 하이데거는 1927-36년이 더듬어 나가지 않을 수 없었던 숲길이었다고 말한다. 『철학에의 기여』에서 기어코 "존재의 참모습"을 말하고자 시도하기까지의 10년간은 "끊임없이 존재론적 차이를 끌어내는" 사유인바, 그것을 숲길이라고 부르고 있다. 그러나

하이데거에게 있어서는 계속해서 이어지는 전회기의 10년도, 그리고 또한 후기나 만년도 모두 말해져야 할 근본의 말을 찾아 헤매는 숲길에 다름 아니었다. 형이상학 내부에서든 외부에서든 사유하는 숲 사람은 원천에로 향하는 숲길의 좁은 길을 걸어가는 것이다.

—가야노 요시오(茅野良男)

참 茅野良男 譯, 『杣徑』, 創文社, 1988, ²1993. 茅野良男, 『中期ハイデガーの思索と轉回』, 創文社, 1985.

슈츠 저작집—著作集 [*Collected Papers*. vol. 1, 1962; vol. 2, 1964; vol. 3, 1966]

알프레드 슈츠의 논문집. 슈츠의 만년의 관심들 가운데 하나는 도미 후에 다양한 잡지 등에 공표한 논고들을 정리하여 책의 형태로 출판하는 데 있었다. 제1권 '사회적 현실의 문제', 제2권 '사회이론의 연구', 제3권 '현상학적 철학의 연구'로 이루어지는 본 논문집은 네이탄슨, 브로더센(Arvid Brodersen), 슈츠 부인(Ilse Schutz)이 그의 그와 같은 의지를 계승하여 미국 시대에 그가 공표한 36편의 논고와 평론들 가운데 30편과, 공표되지 않은 서평 초고의 일부 및 그 스스로의 손으로 이루어낸 유일한 저서 『사회적 세계의 의미 구성』의 일부 번안까지 총 32편을 편집하여 간행한 것이다. 각권에 수록되어 있는 논고의 선택과 그 편찬은 슈츠 자신이 생전에 작성한 목차를 대체로 따르고 있다. 루크만(Benita Luckmann), 그라트호프(Richard Grathoff), 바이어(Alexander von Baeyer)에 의한 독일어 번역(Bd. 1, 1971; Bd. 2, 1972; Bd. 3, 1971), 와타베 히카루渡部光·나스 히사시那須壽·니시하라 가즈히사西原和久에 의한 일본어 번역(マルジュ社, 1983, 1985, 1991)이 있다.

본 논문집에 수록된 각 논고는 예를 들면 '사회과학 방법론', '다원적 현실론', '상징론', '사회적 행위론', '사회적 세계론', '이방인론', '평등론', '후설론', '셸러론', '사르트르론', '제임스론' 등, 다양한 주제를 취급하고 있다. 그러나 그러한 외견상의 다양성에도 불구하고 그러한 각 논고들을 관통하고 있는 것은 자연적 태도 속에 있는 사람들이 자명하게 여기고 사회적 현실을 취급하는 사회과학자가 테마로서 대부분 고려하지 못했던 일상적인 생활세계의 본질적 구조를 해명한다고 하는, 그가 초기에 제기하고 평생 계속해서 물었던 그의 중심적 테마이다.

본 논문집은 슈츠가 미국 땅에서 W. 제임스, 듀이(John Dewey), G. H. 미드, 쿨리(Charles H. Cooley) 등의 이질적인 사상과 만남으로써 자기의 중심적 테마를 좀 더 분절화하고 계속해서 더욱 풍부화해 나간 그 성과의 집대성임과 동시에, 당시 미국의 지적 토양에는 친숙하지 못했던 현상학이 미국의 지적 전통과의 대화를 통해 그 땅에 뿌리내리는 계기가 된 논고들의 집대성이기도 하다. ☞ ㉿다원적 현실, ㉧슈츠

—나스 히사시(那須 壽)

참 江原由美子·山岸健 編, 『現象學的社會學—意味へのまなざし』, 三和書房, 1985. 西原和久 編著, 『現象學的社會學の展開—A. シュッツ繼承へ向けて』, 青土社, 1991.

실재의 사회적 구성實在—社會的構成 [*Social Construction of Reality*. 1966]

버거와 루크만 두 사람에 의해 저술된 현상학적 접근법을 채택한 지식사회학 책(山口節郎 譯, 『日常世界の構成』, 新曜社, 1977). 둘 다 슈츠의 제자인데, 체계적인 사상과 이데올로기만을 대상으로 하는 전통적인 지식사회학의 틀을 돌파하여 일상생활자의 상식적 사고와 의식에 의해 체험되고 구성되는 한에서의 사회와 거기서의 인간의 아이덴티티가 형성되는 구조에 대해 슈츠 이론의 적용뿐만 아니라 베버, 뒤르켐, 맑스 등 능란한 '개념절충법'(각 논자의 핵심개념의 통합)을 사용하여 설명한 저서이다. 여기서는 사회가 객관적 현실로서 존재함과 동시에 주관적 존재로서도 존재한다고 하는 입장에서 사회가 지니는 이러한 두 가지 측면을 동시에 부각시키기 위해 사회를 외재화, 객체화, 내재화라는 세 가지 계기로 이루어지는 부단한 변증법적 과정으로서 이해할 것이 제창되는바, 그러한 사회이론을 기초로 한 의식의 사회적 연구에 새로운 국면을 열었다.

☞[사]현상학적 사회학, [인]루크만, 버거, 슈츠

―야마구치 세쓰오(山口節郞)

실존철학과 형이상학의 위기 實存哲學―形而上學―危機

[*Existenzphilosophie im geistigen Leben der Gegenwart*. 1949, [2]1957, [3]1964]

M. 뮐러의 주저. 원제는 『현대의 정신적 삶에서의 실존철학』이며, 본 항목의 표제어로 제시된 것은 박찬국의 우리말 번역의 제목이고, 일본어 역은 『실존철학과 신형이상학』(大橋良介 譯, 創文社, 1974)이라는 제목으로 되어 있다. 뮐러는 본서에서 "근대의 사유의 역사 내부에서 오늘날 철학한다고 하는 사건"을 특징짓고자 하지만, 그때 그는 하이데거의 사유와 작품을 현재 철학함의 "유일한" "진정함과 근원성"의 전형으로 간주하고 있다. 그 과제를 수행하기 위해 그는 한편으로 하이데거의 철학을 "인간학적・실존주의적" 해석으로부터 해방하고, "서양 형이상학의 위대한 전승과 고전적 전통"인 "영원의 철학"으로부터 하이데거의 사유와 대화를 시작하기 위한 준비를 행함과 동시에(제1부), 다른 한편 그에 머물지 않고 (1) 하이데거의 "존재 사유"에 내재하면서도, (2) 그것과 대결하여 넘어서고자 한다. 그것은 (3) 역사성의 입장에 섬으로써 이루어진다(제2부). 뮐러는 하이데거의 "형이상학의 완결"론에 반대하여 일관되게 형이상학의 입장에 선다. 하이데거는 '전회'를 매개로 '형이상학'으로부터 이탈하고자 하지만, 뮐러는 이에 반대하여 오히려 '전회'를 형이상학 '내부'의 사건으로 간주해야 한다고 주장하고, 하이데거의 "존재 사유의 새로운 방식"을 "<고전형이상학>을 해체하는 <신형이상학>"이라고 부를 것을 제안한다. 이러한 '신형이상학'의 특징은 "대상으로부터 존재자로의 초월", "환경세계로부터 세계로의 초월", "세계로부터 존재로의 초월"이라는 "3중의 초월"이다. 또한 이 '신형이상학'은 "존재의 의미의 형이상학"이어야만 하지만, 그것은 "역사철학"으로서 서술되어야만 한다고 한다. 왜냐하면 "존재 이해와 그 변천의 역사성은 <역사의 핵>으로서의 <존재의 역사>"인바, "이 역사의 핵으로부터 다른 모든 역사가 단지 <생성>과 <발전>으로 되는 대신에 비로소 진실한 <역사>로 되기" 때문이다. ☞[사]전회, [인]뮐러, 하이데거

―스기타 마사키(杉田正樹)

심리학 원론 心理學原論 [*Leitfaden der Psychologie*. 1903, [2]1906, [3]1909]

테오드르 립스의 심리학에 관한 주저. 2판, 3판으로 대폭적인 개정 증보를 거듭했다. 일본어 역(大脇儀一 譯, 岩波書店, 1934)은 제3판에 의한 것이다. 립스에게 있어 심리학은 철학의 기초를 형성하는 '기술심리학'임과 동시에 의식 체험의 다양한 법칙을 탐구하는 경험적인 '설명심리학'이기도 했다. 여기서 의식 체험은 단지 감각 내용과 심상을 소유하는 것이 아니라 의식을 초월하는 대상을 사유하는 통각의 활동, 그 대상의 객관성을 의식하는 요청(Forderung)의 체험과 그 요청을 승인하는 판단의 활동, 그리고 미적 체험과 상호주관적 체험에 있어서의 기초가 되는 '감정이입' 등으로 구별되며, 그러한 구별에 기초하여 이 저서에서는 감각, 통각, 의지, 감정이입, 그리고 이상異常심리학의 문제들이 논의되고 있다. 특히 타자 인식에 관한 유추설을 비판하고, 생의 표출과 표정 지각을 본능으로 간주한 감정이입설에서는 감정이입이 의식의 '개인성'의 기초로 간주되고 있는데, 이 점에서 후설을 비롯하여 많은 논자에게 영향을 주었다. 나아가 '감정이입'이라는 말(영어로는 empathy라고 번역되었다)은 대상의 종류에 관계없이 대상 속에 자기를 집어넣음으로써 자아감정을 객관화하는 체험의 방식을 나타내는 것으로서 특히 미적 체험에 대한 분석에서 중요한 역할을 수행했다. ☞[인]립스[2]

―무라타 준이치(村田純一)

심리학 원리 心理學原理 [*Principles of Psychology*. 2 vols., 1890]

제임스가 12년간에 걸친 고심 끝에 1890년에 출판한

처녀작. 상하 2권, 1,400쪽, 28장으로 이루어진 대저. "일찍이 심리학에 대해 씌어진 가장 성공한 저서"(스피어맨), "로크와 흄의 철학서에 필적하는 영원한 고전"(듀이)과 같은 평언이 이 책의 진가를 말해준다. 저자 자신은 이 저서에 의해 19세기 후반의 독일에서 탄생하고 있던 헬름홀츠와 분트의 실험심리학에서 배우고 철학으로 되돌아가지 않는 자연과학적 심리학의 수립을 지향했지만, 그 내용은 대단히 풍부한 철학적 창의와 깊은 인간 통찰로 가득 차 있다. 20세기 후반에는 현상학적 심리학의 하나의 원류로서 다시 각광을 받게 되었다. 제임스는 철학과 같은 심리학과 심리학과 같은 철학을 썼지만, 심리학과 철학이 융합한다는 점에 대해서는 현상학자들과 공통적이다. 제임스는 스펜서 심리학을 비판하고, 마음의 능동적인 관심성과 선택성을 강조하는 데서 출발하며, 이러한 의식의 능동성을 뇌수의 기계론과 어떻게 조화시킬 것인지를 논의했다. 그러나 그의 본령은 오히려 마음이라는 <사태 자체>에 육박하여 그것을 구체적으로 기술하고자 하는 근본주의에 있는데, 이러한 기본자세가 후설에게 용기를 주었다. 이 방면에서 가장 중요한 것이 '의식의 흐름'과 그 중추를 이루는 '프린지' 설이다. 그것은 1883년에 그의 뇌리를 스친 '느낌과 생각'의 다름에 대한 '심리학적 진리'에서 연원하는 독창적인 이론에 다름 아니다. 이에 의해 그는 연상심리학과 헬름홀츠의 과학적 심리학을 지배하는 요소주의를 배척하여 총체적인 의식생활의 가변성과 유동성을 역설하고, 의식의 장의 초점을 달무리처럼 둘러싸고 있는 미규정적이고 유동적인 주변영역인 프린지야말로 마음 생활의 변화와 관계 및 의미를 성립시키는 기저라고 이야기한다. 이밖에도 자아, 신체, 실재, 공간, 시간 등에 대한 탁월한 발상이 많은 현상학자들의 사유를 자극하고 있다. 제임스 심리학은 의식을 인간의 환경에 적응하는 기능적인 심적 과정으로 간주하는 기능심리학의 기초를 놓았을 뿐 아니라 의식의 동적인 흐름에 대한 구체적 기술을 중시하여 현상학적 심리학에도 길을 열었다. ☞㉯의식의 흐름, 프린지{테두리}, ㉮제임스

—가토 시게루(加藤 茂)

㉾ W. James, *Psychology, Briefer Course*, 1892(今田恵 譯,『心理學』, 岩波書店, 1962).

엄밀한 학으로서의 철학嚴密—學—哲學 [*Philosophie als strenge Wissenschaft*. 1911, ²1972, ³1987 (Hu **25**)]

잡지 『로고스』 제1권에 게재되어 광범한 영향을 준 논고. '엄밀한 학으로서의 철학'이라는 이념은 현재에 이르기까지 달성된 적이 없었다 하더라도 약간의 시대를 제외하면 단념된 적도 없다. 그러나 현재, 인식비판을 결여한 헤겔 철학의 영향으로 인해 저 이념에 대한 충동은 약체화되고, 또한 그 반동으로서 <자연주의적 철학>(naturalistische Philosophie)이 압도적인 힘을 획득하며, 다른 한편 헤겔의 형이상학적 역사철학이 회의주의적 역사주의로 대체됨으로써 <세계관 철학>(Weltanschauungsphilosophie)이 출현했다. 철학이 처한 이러한 상황에 근거하여 위의 이념의 실현 가능성과 그 방도를 보이기 위해 자연주의적 철학 및 정신물리학적 <실험적> 심리학, 그리고 세계관의 철학에 대한 비판적 검토가 이루어지고, 의식의 '본질학'으로서 '엄밀학'임과 동시에 다른 학의 기초학일 수 있는 현상학의 개요가 제시된다. 일본어 역은 사타케 데쓰오佐竹哲雄 譯, 岩波書店, 1967; 고이케 미노루小池稔 譯, 『世界の名著51 ブレンターノ, フッサール』, 中央公論社, 1970에 수록. ☞ ㊕본질학/사실학, 엄밀학

—오구마 마사히사(小熊正久)

에드문트 후설의 공간 구성 이론—空間構成理論 [*Edmund Husserls Theorie der Raumkonstitution*, 1964]

란트그레베 문하의 클래스게스의 저서. 이른바 '쾰른학파'의 대표적 성과의 하나. 후설의 구성 이론의 중요한 한 부문인 공간 구성을 다룬다. 칸트가 공간을 직관의 선험적인 형식으로 간주한 것과는 대조적으로 후설에게서 공간은 신체적 능력의 체계, 즉 운동감각(Kinästhese) 의식에 의해 기초지어진다. 운동감각 의식이란 신체 운동계와 그 상관자를 포괄하는 것인데, 클래스게스에 의하면 이것은 동시에 (1) 시간의식, (2) 공간의식, (3) 지평의식, (4) 세계의식, (5) 신체의식, (6) 자기의식이다[120-122]. 운동감각 의식이 지각의식의 구성적 아프리오리를 이루는 것이라고 하는 관점에서 보면, 의식의 수용성(Rezeptivität)은 운동감각적 상황 또는 경과에 의존하며, 동시에 운동계로서의 운동감각은 자발성(Spontaneität)이기 때문에, 결국 무언가의 소여를 전제하는 분석은 내적 시간의식의 분석을 포함하여 운동감각 의식을 전제하게 된다. 또한 운동능력의 발동 공간(Spielraum)은 다름 아닌 세계의 지평인바, 따라서 세계의식과 그에 기초하는 대상의식 역시 운동감각적 의식의 수용성, 나아가서는 자발성에 기초를 지닌다[128-130]. 이리하여 공간 구성의 이론은 후설적인 현상학 내에서 독자적인 지위를 점할 뿐 아니라 "철학적 의식론 일반의 범주들의 갱산"을 가져오는 것이라고 클래스게스는 논의하는 것이다. ☞ ㊕공간, 운동감각, ㊇클래스게스

—누키 시게토(貫 成人)

우주에서의 인간의 지위宇宙—人間—地位 [*Die Stellung des Menschen im Kosmos*. 1928]

셸러 생전의 최후의 저서. '인간이란 무엇인가'를 일관되게 과제로 삼아온 셸러는 『철학적 인간학』의 출판을 예정하고 있었지만 죽음으로 인해 그 계획은

수행될 수 없었다. 본서는 이 『철학적 인간학』의 간결한 요약이라고 말할 수 있다. 셸러는 생명적인 것을 심적인 것으로 생각하고, 심적인 것을 감정충박, 본능, 연상적 기억, 실천적 지능의 단계들로 구분한다. 식물에는 감정충박만이 해당되며, 본능으로부터 위로는 동물의 고등화에 대응한다. 그러나 인간이 다른 동물과 결정적으로 다른 것은 그 정신 때문이다. 그와 같은 인간의 특성으로서 세계개방성(환경세계에 속박되지 않음), 자기의식(대상화 능력), 작용성(순수한 수행 속에서만 존재함)이 제시된다. 다만 주의해야 할 것은 생과 정신은 대립하는 것이 아니라 상호적으로 질서가 부여되어 있다는 점이다. 정신에는 그의 고유한 에너지는 없는데, 그것을 부여하는 것이 생의 충박이며 생을 조종하는 것이 정신이다. ☞ ㊄감정, 철학적 인간학, 충박, ㊂겔렌, 셸러, ㊀인간—그 본성 및 세계에서의 지위

—이케가미 데쓰지(池上哲司)

유기체의 계층들과 인간 有機體—階層—人間 [*Die Stufen des Organischen und der Mensch*. 1928, ^{2}1965]

『유기체의 계층들과 인간{유기체의 계층들}』은 H. 플레스너의 주저. 최초의 부제는 '철학적 인간학의 근거짓기'였지만, M. 셸러의 권유로 '철학적 인간학에로의 도입'이라고 하여 출판되었다. 플레스너는 식물·동물·인간이 위치하는 영역과 그 고유한 위치의 차이에 대한 검토로부터 인간의 본질에 다가서고자 한다.

비생물과 생물은 밖과 안의 관계라는 점에서 구별된다. 쌍방은 한계짓는 매체 M으로부터 한계지어진 물체 K이다. 비유기적 물체의 경우 한계는 K에도 M에도 속하지 않은 채로 K에도 M에도 속해 있다. 생명적 물체에서 한계는 K에 속하며, K는 그 한계에 의해 M에 대해 한계지어진다. 요컨대 무기체에서 한계는 K와 M의 중간에 있으며, 유기체에서 한계는 K 자신에 속하고 이 한계가 그것 자신(K)과 타자(M)의 한계인 것이다. 물체로서의 생물은 내면에 대한 상相과 외면에 대한 상의 이중상을 지닌다. 밖에 대한 관계와 안에 대한 관계가 존재에 속하는 K만이 살아 있다. 비생물과 생물은 이러한 이중의 초월 내지 이중상을 지니는가 아닌가로 결정된다. 스스로를 넘어서고 스스로에 대립하며 스스로의 안에 들어가는 것이 생물의 고유한 위치 성격이다. 생물은 자기와 타자의 한계를 자기 안에 지니며 대자존재임과 동시에, 공간과 환경에 대해 완결성을 지니고서 타자로부터 두드러진다. 비생물은 공간에 위치를 점하고 있는 데 지나지 않는다.

생물은 그것이 위치하는 삶의 권역의 내용임과 동시에 이러한 위치영역의 중심점이다. 살아 있는 유기체는 그것이 위치하는 영역의 일부임과 더불어 그 중심으로서 스스로의 위치영역에 대립한다. 생물에 고유한 위치란 이러한 성격의 것이다. 식물·동물·인간에서 이것은 아래와 같이 특수화한다. 식물은 그 삶의 권역으로부터 독립적이 아니라 그 위치영역에 대해 개방적이다. 동물은 그 삶의 권역 내부에서 독립적이며 그 위치영역에 대해 폐쇄적이다. 동물은 식물과 마찬가지로 K이지만 식물과 달리 K 안에 자기·중심, 요컨대 영혼을 지니며 자기와 신체라는 구조를 지닌다. 그러나 이러한 자기 내지 영혼은 인간의 자아와 같은 것이 아니다. 동물에서는 외계와 신체가 소여이지만 동물은 스스로의 중심 내지 자기를 의식하고 있지 않다. 그러나 자기·중심을 지니는 점에서 식물보다 자발적·의식적이며 환경의 중심이다. 동물의 위치성은 자발성과 의식의 토대가 되는 중심성, 그리고 신체 바깥의 환경에 대립하는 정대성正對性의 둘이다.

동물에게는 중심·자기가 발생했지만, 이러한 자기 내지 중심이 의식되고 체험될 때 인간의 자아가 생겨난다. 동물의 생명을 자기중심적이라고 부른다면 인간의 생명은 중심을 지닌다는 것을 파쇄함이 없이 동시에 밖으로 나서는바, 외심적이다. 인간도 동물과 마찬가지로 신체를 지니지만 신체의 중심인 자기는 이를테면 그 밖으로 나서는바, 이러한 외심성이야말로 인간이 환경에 정면으로 마주대할 때의 위치이다.

인간은 살아 있는 것으로서 K 즉 신체를 지니며, 이러한 신체 속에서 영혼 내지 내적 생명을 지닌다.

더욱이 자아라는 조망점으로서 신체의 외측에 존재한다. 이러한 3중의 위치성을 지니는 개체가 인격이다. 신체와 영혼의 이중상을 통일하는 자아는 신체와 영혼과 같은 시간과 공간에 의한 속박을 벗어나 있다. 인격은 신체와 영혼이라는 이원성을 외심적인 자아에 의해 분리하여 결합하며, 이러한 외심적인 자아의 이를테면 무적無的인 매개에 의해 자기를 체험할 수 있는 것이다.

인간은 외심적인 동시에 불완전하기 때문에 동물처럼 본능에 의해 자유롭게 직접적으로 살아가지 못하고 인위적인 사물의 기교에 의한 보충이 필요하다. 도구와 문화의 필요는 외심성에 기초한다. 이것이 인간학에서의 자연적인 기교성의 법칙이다. 다음은 외심성에 기초하는 매개적인 직접성의 법칙인바, 외심성에 기초하는 표현성 일반의 원칙이다. 셋째는 유토피아적인 입장의 법칙이다. 외심성이라는 위치에 기초하는 이 세 가지 법칙은 인간이 문화를 지니고 역사를 지니며 종교를 지니는 수수께끼에 대한 플레스너의 해답이다. ☞ [인]플레스너

—가야노 요시오(茅野良男)

[참] 茅野良男, 『哲學的人間學』, (第5章), 塙書房, 1969, [4]1983. 茅野良男, 「文化と缺如存在としての人間」, 『理想』, No. 418, 1968년 3월호. 茅野良男, 「哲學的人間學の成立と課題」, 『理想』, No. 504, 1975년 5월호. G. Arlt, "Der Mensch als Macht", in *Philosophisches Jahrbuch*, 1993, 1. Halbband.

유기체의 구조 有機體―構造 [*Der Aufbau des Organismus*. 1934]

1934년에 헤이그에서 출판된 K. 골드슈타인의 저작으로 그의 학설의 총설이라고도 말해야 할 중요성을 지닌다. 무라카미 마사시村上仁와 구루마루 세이시로黑丸正四郎에 의한 일본어 역(『生體の機能』, みすず書房, 1957)이 있다. 뇌손상과 그에 의한 실어, 실행失行 등의 신경심리학적 증상의 관련에 대해서는 옛날부터 많은 논의가 있는데, 특히 증상들을 대뇌의 각각의 국재적 병소의 기능 탈락으로 보는 입장과 대뇌 내지 생체 전체의 반응으로 보는 입장의 대립, 즉 국재론적 입장과 전체론적 입장의 역사적 대립이 있었다. 전자의 입장에 서는 베르니케(Carl Wernicke 1848-1905), 클라이스트[1934](Karl Kleist 1879-1960) 등에 맞서 골드슈타인은 후자의 입장, 즉 전체론에 토대하여 비판을 전개한 대표적 논객의 한 사람으로 간주된다.

이 저작에도 일관되게 그의 전체론적 견해가 기조로서 흐르고 있다. 그는 우선 종래의 유기체 이해의 시도가 모두 '아래로부터 위로'의 방법에 입각해 있었다는 점을 비판하고, 이른바 '저급한' 유기체의 '단순한' 과정이 '좀 더 고급한' '복잡한' 유기체의 과정에 비해 결코 이해하기 쉬운 것이 아니라는 점을 지적한다. 따라서 예를 들면 '반사'라는 현상을 환자 또는 동물이 놓여 있는 전체적 상황으로부터 분리하여 추상, 분석한다 하더라도 유기체에 대한 이해에는 도달하지 못하게 된다. 나아가 어떠한 유기체 과정도 특정한 한 영역과만 관련되는 것이 아니라 반드시 다른 부분과의 관계를 지닌다는 점이 다양한 실례를 들어 반복해서 강조되며, 국재성이라는 것에 대해서는 다음과 같은 결론을 내린다. "이른바 수행(Leistung)의 국재란 일정 부위의 흥분이 아니라 오히려 신경계통 전체 혹은 유기체 전체에서 행해지는 하나의 동력학 현상인바, 각각의 수행은 모두 다른 흥분 형태로서 나타난다는 사실을 가리키는 것에 다름 아니다. 이러한 흥분 형태는 일정 부위에서 특히 눈에 띄며, 형(Figur)으로서 자기를 표현한다. 일정 부위의 국재성은 그 부위의 특수한 구조가 현상 전체에 미치는 영향에 의해, 그리고 또한 흥분이 그 부위의 구조에 따라 현상 전체에 의해 규정된다"[일본어 역 132쪽].

또한 본서의 후반부에서는 불안과 무의식과 같은 정신분석적인 테마들에 대해서도 다루고 있으며, 나아가서는 생명관과 질병관, 게슈탈트 심리학 등으로까지 화제가 확대되고 있기 때문에 다양한 전문 영역의 독자들에게 흥미를 불러일으킬 수 있을 것이다. 덧붙이자면, 현상학에 대한 언급은 직접적으로는 보이지 않지만 "모든 현상을 (우열의 차이를 두지 않고) 공평하게 관찰하는" 태도와 전체론적인 이념의 중시 등에서 공통된 면이 존재하는 것으로 생각된다. ☞ [사]생명

과학과 현상학, ㉤골드슈타인

—가와이 가즈요시(川合一嘉)・하마나카 도시히코(濱中淑彦)

유럽 학문의 위기와 초월론적 현상학—學問—危機—超越論的現象學 [*Die Krisis der europäischen Wissenschaften und die transzendentale Phänomenologie*. 1954, ²1962]

후설 말년의 사상을 대표하는 저작. 1935년 5월의 빈에서의 강연「유럽의 인간성의 위기에 즈음한 철학」[Krisis 314ff.]의 성공을 이어서 같은 해 11월에 행한 프라하에서의 강연「유럽 학문들의 위기와 심리학」의 내용을 좀 더 전개함으로써 성립했다. 전체의 세 부분 가운데 제1부와 제2부만이 베오그라드의 잡지『필로소피아』에 게재되며(1936), 미완의 제3부를 포함한 이 책의 전모는 W. 비멜이 편집한 후설 전집 제6권(1954)에서 마침내 밝혀졌다. 호소야 쓰네오細谷恒夫와 기다 겐木田元에 의한 일본어 역(中央公論社)이 있다.

이 책 전반부의 두드러진 특징은 파시즘의 대두에 의해 유럽의 정치적 위기가 절박해지고 있는 시대를 배경으로 한, 그 이전의 저작들에서는 보이지 않은 강렬한 역사의식이다. 동시대 유럽의 학문이 객관주의와 실증주의를 신봉함으로써 빠져 있는 위기를 유럽의 이성적 인간상을 규정하는 보편적 철학의 이상의 위기라고 파악하고, 더 나아가 유럽 근대의 역사를 이와 같은 철학적 이성의 자기발현으로서의 목적론적 운동으로 간주하는 것이 그것이다(제1부). 이와 같은 목적론적 운동은 갈릴레오에 의한 자연의 수학화를 전형으로 하는 물리학적 객관주의를 주관성으로의 귀환을 통해 극복하고자 하는 데카르트 이래의 초월론적 주관주의의 역사 속에서 구체화되어 있는바, 후설 자신의 초월론적 현상학은 이러한 목적론의 완성이라고 주장된다(제2부).

후반부의 제3부는 이러한 초월론적 현상학이 성립한 이후의 두 가지 근본문제를 재검토하는 데 바쳐진다. 첫 번째 문제는 현상학적 환원에 의해 의식에로 해소되는 것으로 보인 '세계' 개념을 어떻게 생각할 것인가 하는 것에 관계되는데, 후설은 이에 대해 '생활세계' 개념을 가지고서 대답한다. 즉 경험과학의 기초가 되는 지각적 세계이자 더욱이 역사적이고 문화적인 실천세계이기도 한 '생활세계'는 갈릴레오 이래의 물리학적 객관주의에 의해 은폐되었지만, 현상학은 환원의 제1단계로서 이러한 생활세계를 드러나게 하는 기능을 지니며, 나아가 초월론적 주관성에로의 제2의 환원에 의해 이 세계를 좀 더 근원적으로 이해할 수 있게 된다는 것이다. 두 번째 문제는 동일한 주관성에 관한 학으로서의 현상학과 심리학의 관계인데, 당대의 학문 위기의 하나의 초점인 심리학은 객관주의와 손을 끊고 지향성에 대한 기술적 심리학으로서 철저화됨으로써 초월론적 현상학으로 전화할 수 있다는 것이 제시된다. ☞ ㉧객관주의, 생활세계, 역사(성), 이념의 옷, 이념화, 현상학적 과학론

—가토와키 슌스케(門脇俊介)

㊟ E. Paci, *Funzione delle scienze e significato dell'uomo*, Milano, 1963(上村忠男 監譯,『諸科學の機能と人間の意義』, 法政大學出版局, 1991).

윤리학에서의 형식주의와 실질적 가치윤리학倫理學—形式主義—實質的價値倫理學 [*Der Formalismus in der Ethik und die materiale Wertethik*. 1913/16]

셸러의 주저임과 동시에 현상학적 윤리학의 고전(이하에서는 본 사전의 생략표기에 따라『윤리학』, Formailsmus라고 줄인다). 요시자와 덴자부로吉澤伝三郎・오구라 유키요시小倉志祥의 분담 번역에 의해 일본어 역『셸러 저작집シェーラー著作集』(白水社)에 수록되어 있다(제1권・제2권 1976, 제3권 1980). 그는 이미 학위 논문(1897)에서 '심정'(Gesinnung)을 윤리학의 근본 개념으로 삼는 입장을 밝히고 교수자격 논문(1899)을 포함하는 초기의 논문들에서 '정감적 생'(das emotionale Leben)을 중시하는 사상을 전개했지만, 후설과의 만남(1901)을 전후한 현상학 수용은 셸러에게 그러한 윤리 사상을 전개하는 체계적 방법을 제공하는 것이었다. 그 방법이란 셸러 류에게 이해된 '현상학적 경험'이다. 후설의 그것을 근거로 한 '본질직관'의 방법에 의해

해명되는 것은 '정감적 체험'에서의 '선험성 영역'에 다름 아니다[Formalismus 248]. 1913년 그 제1부가 『철학 및 현상학 연구 연보』 제1권에, 제2부가 그 제2권에 발표된 『윤리학』이야말로 방법으로서의 현상학을 수용한 윤리학의 기본 구상을 보여주는 것이었다고 말할 수 있을 것이다.

『윤리학』은 가치론과 인격론을 두 개의 기둥으로 하여 성립한다. 그 양자를 결합하는 것은 파스칼의 말을 빌려 '심정의 윤리'(logique du cœur)라고도 불리는 '실질적 선험주의'이다[82]. 경험주의처럼 단지 '아포스테리오리'한 것이 아니고 더욱이 칸트 윤리학에서 그러하듯이 단지 '형식적'인 것도 아닌 '정감'이라는 '실질'(Materie)에 내재하는 질서를 해명하는 것이 『윤리학』에서의 셸러의 과제인바, 그것을 가능하게 하는 것이 그 나름대로 이해한 '본질직관' 혹은 '현상학적 직관'[68]이었다. 『윤리학』 전체에서 셸러가 눈앞에 두고 넘어서고자 한 것이 칸트의 형식주의적 윤리학의 체계였다는 것은 그 책의 제목이 보여주는 바이지만, 가치론 영역에서는 그 중에서도 특히 신칸트학파의 가치철학이 셸러의 주요한 표적의 하나였다고 말할 수 있을 것이다. "선이 <선>으로서 <타당>(gelten)하지 않다 하더라도 그것은 여전히 선일 것이다"[66]라고 말하는 그는 신칸트학파의 논객들과 가치객관주의라는 전제를 공유한다. 하지만 신칸트학파에게 있어 가치문제는 우선 가치판단과 <타당>의 문제이며, 인식판단도 또한 '참'이라는 가치에 관계하는 가치판단의 일종이다. 그러나 셸러에게 있어서는 이에 반해 가치판단에 대해 어디까지나 바로 '가치체험'이 선행하며[SGW **1**. 383], "참은 일반적으로 어떠한 <가치>도 아니다"[Formalismus 197]라는 것이다. 실질적인 가치는 어디까지나 자체적으로 존재하는 것임과 동시에 더 나아가 '감득'(Fühlen)이라는 지향적 작용에서 주어진다. 가치 감득에 기초지어진 가치인식의 작용에는 가치의 '선취'(Vorziehen)와 '후치'(Nachsetzen)의 활동이 포함되어 있으며, 그 작용에 의해 '가치 서열'(Rangordnung der Werte) 그 자체가 현시되는 것이다. 가치 서열 그 자신은 (1) 쾌적 가치, (2) 생명 가치, (3) 정신 가치, (4) 성聖 가치로 이루어지는데, 좀 더 고차적인 가치는 좀 더 저차적인 가치보다 객관적으로는 영속성이 높고, 주관적으로는 감득에 있어 만족이 좀 더 깊다고 간주된다. 셸러에 의하면 그러나 "윤리적으로 선 및 악일 수 있는 것은 (근원적으로는) 인격뿐이다"[103]. 실질적인 가치론에 대한 탐구는 이리하여 인격론의 전개와 결부된다. 인격이란 작용들의 구체적 통일이며, 체험 그 자체에서 직접적으로 주어지는 통일이다. 작용들의 중심인 인격들이 상호적으로 응답하는 것, 거기서 생겨나는 "연대성의 원리"야말로 "유한한 윤리적 인격의 우주에서의 근본 조항"이 된다[523]. 덧붙이자면, 셸러는 개별 인격 외에 인격들 사이의 상호 공동 체험 작용의 작용 중심인 바의 '총체인격'(Gesamtperson) 차원을 인정하고, 그것은 "개별 인격과 마찬가지로 하나의 정신적 개체이다"[514]라고 논의한다. 이러한 사회학적 관심과 에토스의 다양성에 대한 시선이 이후 지식사회학으로 전개되는 것으로서 결실되며, 또한 인격론 배후에 있는 인간관을 명시적으로 드러내는 것이 후년의 철학적 인간학으로 직결되어가게 된다. 『윤리학』에 있어서도 셸러는 이미 '만물에서의 인간의 지위'라는 문제가 일체의 윤리학적 사고에 있어 불가피한 물음이라는 점을 인정하고 있었다[294]. 정신과 생명의 엄격한 구별이라는 그의 관점이 '세계개방성'에서 우주에서의 인간의 지위를 확정하는 이후의 소론을 이미 준비하고 있다고 말할 수도 있을 것이다. 셸러가 『윤리학』에서 제기한 현상학적 가치윤리학의 방향은 N. 하르트만에게 커다란 영향을 주어 하르트만 자신의 대저작 『윤리학』을 산출하게 되는 외에, 그의 인격론도 오늘날에 이르기까지 고전으로서의 커다란 의미를 계속해서 지니고 있다. ☞ ㉺가치, 가치윤리학, 선취/후치, 세계개방성, 인격(성), ㉾셸러

―구마노 스미히코(熊野純彦)

㊟ 和辻哲郎, 「實質的價値倫理學の構想」, 『和辻哲郎全集 第9卷』, 岩波書店, 1962에 수록. 小倉志祥, 「現象學とシェーラー」, 『講座現象學 第1卷』, 弘文堂, 1980에 수록.

음향심리학 音響心理學 [*Tonpsychologie*. Bd. Ⅰ, 1883 ; Bd. Ⅱ, 1890]

슈툼프의 음향과 음악에 관한 저서. 생리학자 헬름홀츠(Ludwig Ferdinand von Helmholtz 1821-94]의 음감각과 음악에 관한 생리학의 고전적인 명저『음악 이론을 위한 음감각의 생리학적 기초에 관한 연구』(*Die Lehre von den Tonempfindungen als physiologischer Grundlage für die Theorie der Musik*, 1863)에서 촉발되어 저술되며, 음향과 음악의 현상심리학적인 접근으로 이루어진 선구적 저서. 음의 심리학이라는 것은 없으며 음을 수취하는 감각에 대한 현상적인 분석이 음향심리학이라고 하는 입장을 취한다. 음에 대한 정신물리학적인 분석에 그치지 않고 예를 들어 음의 협화를 두 음의 <융합>(Verschmelzung)으로 간주하는 '융합설' 등에서 새로운 분야를 개척했지만, 융합설은 이후의 연구자들에 의해 부정되었다. 소년 시대부터 음악의 재능을 보이고 음을 예술적인 직관으로 파악한 점에서 엄밀한 음의 실험심리학을 목표로 한 분트와의 사이에서 격렬한 논쟁이 일어났다. ☞ ㉾게슈탈트 이론, ㉹슈툼프

—미나미 히로시(南 博)

㊟ Edwin G. Boring, *Sensation and Perception in the History of Experimental Psychology*, New York, 1942.

의식의 장 意識—場 [*The Field of Consciousness*. 1964]

구르비치의 주저. 미국에서의 출판이 어려웠기 때문에 원전인 영어판(Duquesne U. P.)보다 앞서 프랑스어 번역이 1957년에 출판되었다. 독일어 번역은 사후인 1975년에 출판되었다. 이미 1929년의 박사 논문에서 기초가 구축된 후설 현상학과 게슈탈트 이론의 통합 시도를 집대성한 책이다. 이 저서의 주제는 의식의 시간공간적인 통일성을 지각 체험을 모델로 하여 '장'(Field)이라는 개념에 의해 분석하는 것이다. 이를 위해 W. 제임스의 의식류와 피아제의 도식Schema 개념이 검토되지만, 결정적으로 중요한 것은 게슈탈트 원리이다. 이러한 식견들에 기초하여 의식의 지향성에 관한 후설의 지평구조에 대한 분석이 구체화되며, 의식의 장은 주제(적 대상), 주제의 장, 변경의 장이라는 세 가지 구분을 지니는 것으로 간주된다. 그리고 각각의 장의 통일성을 구성하는 활동은 순수 자아에서가 아니라 관련성의 원리(주제의 장의 경우)와 의식의 시간구조(변경의 장의 경우)에서 발견된다. 현상학적 지각론의 대표적 저작의 하나이자 전후 미국의 현상학에서 가장 중요한 문헌의 하나이다. ☞ ㉾장, ㉹구르비치

—무라타 준이치(村田純一)

의지의 철학 意志—哲學 [*Philosophie de la volonté*. tome 1. 1950 ; tome 2, 1960]

리쾨르 철학 체계의 총 제목. 리쾨르는 이 총 제목하에 의지 문제를 다양한 관점과 방법으로써 체계적으로 고찰하고자 했다. 그것은 의지의 형상론, 의지의 경험론, 의지의 시학의 3부 구성으로 구상되었다. 제1권『의지적인 것과 비의지적인 것』(*Le volontaire et l'involontaire*, 1950)은 <잘못>과 <초월성>을 괄호에 넣고 일상의 의지적 행위와 비의지적 행위를 형상적 환원의 방법으로 순수 기술한 것으로서 의지와 비의지의 상보적 구조를 해명했다. 제2권『유한성과 유죄성』은 의지의 경험론을 이루며, 제1권의 괄호를 벗겨내어 인간의 가류성의 조건을 추구한다. 그 제1편『잘못을 범하기 쉬운 인간』(*L'homme fallible*, 1960)은 <취약하고 잘못을 범하기 쉬운> 본성을 순수 반성의 방법으로 추구했다. 제2편『악의 상징론』(*La Symbolique du mal*, 1960)은 악의 가능성이 어떻게 해서 죄라는 인간의 현실로 되는지를 신화 해석을 통해 해명하고, 방법론적으로 기술로부터 해석에로 이행했다. 제3권『의지의 시학』은 미완인 채로 남았다. ☞ ㉾유죄성, ㉹리쾨르

—구메 히로시(久米 博)

의지의 현상학 意志—現象學 [*Phänomenologie des Wollens, Eine psychologische Analyse*. 1900, [2]1930, [3]1963]

뮌헨학파의 대표적 현상학자인 펜더의 교수 자격

논문. 프로샴머 상Frohschammer-Preis를 획득했다. 2판 이후에는 1911년에 Th. 립스의 회갑 기념 논문집에 발표된 논문 「동기와 동기부여」("Motive und Motivation")가 덧붙여져 있다. 러시아어 역, 스페인어 역 외에 스피겔버그에 의한 영역(Evanston, 1967)이 있다. 이 저작에서 펜더는 후설보다 일찍이 '현상학'이라는 말을 사용하지만, 특히 그 말을 정의하고 있거나 본문 속에서 사용하는 것이 아니라 립스와 마찬가지로 생리학과 정신물리학의 전제를 배제한 순수 심리학적 기술에 의한 분석과 같은 의미에서 사용하고 있다. 그럼에도 불구하고 이 말은 후설과 같은 시기에 유사한 방향의 연구가 독립적으로 이루어지고 있었음을 시사한다. 펜더는 스스로의 방법을 '주관적' 방법이라고 불러 외적 신체적 현상의 관찰에 기초하는 '객관적' 방법에 대립시키고 있다. 펜더의 이러한 방법은 '내관'(Introspektion)이라기보다는 과거의 체험을 되돌아보는 '회고'(Retrospektion)에 의한 것이며, 또한 분석에 있어서는 일상 언어를 중요한 실마리로 하는 것이다.

의지라는 현상은 상황이나 선택의 가능성에 관한 고려로부터 시작되어 결단을 매개로 하여 본래적인 의미에서의 의지 상태와 그 의지를 실현하는 과정이라는 전체로 이루어지지만, 여기서는 오로지 그 중핵을 이루는 의지의 의식, 요컨대 "무언가에 내적으로 향해 있다"고 하는 상태가 분석의 대상이 된다. 이러한 의미에서의 의지를 분석하기 위해 우선 첫째로, 원망, 욕구, 두려움, 증오 등을 포함한 '목표로 하다(노력하다)'(Streben)라는 의식이 다루어진다. 그리고 목표로 한다는 것은 현전하지 않는 것으로서 표상된 체험을 목표로 삼는 것으로서 해명되며, 나아가 감정의 존재방식에 의해 '목표로 하는' 것과 '반발하는'(Widerstreben) 것이 구별된다. 이상과 같은 '목표로 하는' 것에 반해 좁은 의미에서의 **의지**는 목표로 된 것이 스스로의 행위에 의해 실현 가능한 것으로서 믿어진다는 점에서 구별된다. 그리고 이러한 의지의 구조에 기초하여 목적과 수단, 동기와 동기지어진 것의 관계가 '체험되는 관계'라는 것이 제시되며, '인식되는 관계'인 원인과 결과의 관계와 구별된다. 후설에게서 '견실한 직인'이라는 말을 들은 펜더에 의한 이상과 같은 의지 현상에 관한 훌륭한 분석은 언어분석과 기술현상학의 수법을 구사한 뮌헨 현상학의 가장 중요한 성과 중 하나이다. 후설의 경우에는 지각을 지향성의 기본으로 하고 의지는 기초지어진 현상으로 간주되는 데 반해, 오히려 의지를 기본으로 하는 독자적인 현상학의 세계를 여는 것으로 볼 수도 있다. 최근에는 분석철학에서의 행위론과의 연관이 논의되기도 한다(리쾨르, 스피겔버그). ☞ ㉧펜더

—무라타 준이치(村田純一)

이념들 理念— [*Ideen zu einer reinen Phänomenologie und phänomenologischen Philosophie.*]

Ⅰ. 후설은 54세 때에 중기 괴팅겐 시대의 주저 『이념들 Ⅰ』을 자기가 감수하는 현상학의 기관지 『철학 및 현상학 연구 연보』 제1권의 벽두를 장식하는 대저로서 1913년 4월 중순을 지나 공간했다. (1) 『이념들』이란 정확하게는 『순수 현상학과 현상학적 철학을 위한 이념들』이라는 긴 표제를 지닌 저작의 간략화한 호칭이다. 후설은 1930년 7월 16일자의 깁슨(W. R. Boyce Gibson)에게 보낸 편지에서 "세상 사람들은 오늘날 일반적으로 '이념들'이라고만 간단하게 말하며 인용하고 있습니다. 그리고 나 자신도 언제나 그렇게 하고 있습니다"[Hu **3** (1). XV]라고 말하고 있다. 『이념들』이라는 표제는 헤르더(Johann Gottfried Herder 1744-1803)와 딜타이 그리고 로체의 저작들에서도 보이는데, 후설은 특히 로체의 영향 하에서 이 표제를 채용한 것이 아닐까 하는 의견이 있다[Hu **3** (1). XXXIII]. (2) 그것은 어쨌든지 간에 이 『이념들』은 원래 '3권'으로 이루어진 저작으로서 구상되었지만[Ideen Ⅰ 5], 후설 생전에 공간된 것은 그 제1권인 『이념들 Ⅰ』뿐이었다. 그 『이념들 Ⅰ』에는 정확하게는 '순수 현상학에 대한 전반적 서론'이라는 제목이 붙어 있다. 중기 후설의 생각으로는 이제 '순수 현상학'이 수립되고 그 기초 위에 곧이어 '현상학적 철학'의 체계가 구축되어야 하는바, 그것들 전체를 위한 근거짓기 '구상들Ideen'로서 『이념들』이

라는 대저작의 집필이 시도된 것이었다. 일반적으로 초기 할레 시대의 후설이 수학과 논리학으로부터 현상학으로 향했다고 한다면, 중기 괴팅겐 시대의 그는 '순수 현상학'에 기초하여 '현상학적 철학'의 확립을 목표로 하는 체계적 철학 연구에 몰두했으며, 후기 프라이부르크 시대의 그는, 특히 가장 늦은 시기에는, 시대의 위기 속에서 사명감에 쫓기는 가운데 현상학을 인류 문화의 역사적 의의를 짊어지는 철학으로서 수립하는 시도에 착수했다고 말할 수 있을 것이다. (3) 이리하여 후설은 당초 구상에 의하면 『이념들』의 제1권에서는 '순수 현상학에 대한 전반적 서론'을 전개하여 현상학에 이르는 "도정"[Ideen Ⅰ 3]을 개척한 후, 이어서 제2권에서 그 순수 현상학의 "둘, 셋의 특별히 중요한 문제군"[Ideen Ⅰ 5]을 논구하여 "분석"[Ideen Ⅱ XIV]을 전진시킴과 동시에 더 나아가 "학문론적 고찰" [Ideen Ⅱ XIV]도 행하여 "순수 현상학"과 "물리적 자연과학과 심리학 및 정신과학" 그리고 "선험적인 학문들 전체"와의 관계를 논의할 예정[Ideen Ⅰ 5]이었다. 그에 더하여 더 나아가 제3권에서는 "철학의 이념"을 논의하고, "제일철학"으로서의 "순수 현상학"에 기초하여 "현상학적 철학"을 수립하며, '학'으로서의 "형이상학 및 그 밖의 철학"을 세울 예정이었다[Ideen Ⅰ 5]. 그러나 제2, 3권은 생전에는 간행되지 못했다. 제2차 세계대전 후 『후설 전집』에서 위에서 언급한 제2권 전반 부분을 형성할 예정이었던 "둘, 셋의 특별히 중요한 문제군"이라는 "분석" 부분이 "구성에 관한 현상학적 연구"라는 제목으로 『이념들 Ⅱ』(1952)로서 유고 형태로 공간되며, 더 나아가 당초 제2권 후반 부분을 형성할 예정이었던 "학문론적 고찰" 부분이 "현상학과 학문의 기초"라는 제목을 달고 『이념들 Ⅲ』(1952)으로서 마찬가지로 유고 형태로 공간되는 데 그쳤다. 당초 제3권으로서 예정된 "철학의 이념"을 논의하는 부분은 끝내 그대로의 형태로는 씌어지지 못하며, 그것은 결국 『이념들』의 구상과는 분리되어 그 이후의 후설의 『제일철학』 강의와 그밖에 "현상학적 철학" 체계 수립을 위한 논술들로 대신할 수밖에 없는 결과가 되었다.

Ⅱ. 그런데 생전에 공간된 『이념들 Ⅰ』에는 까다로운 텍스트 상의 문제가 있다. (1) 생전에 이 글은 세 차례 판을 거듭했지만(1913, ²1922, ³1928), 후설은 그 간행본을 4권 곁에 두고서 끊임없이 다시 검토하며, 그 중에서도 특히 2권에는 많은 양의 메모를 해두었다. 즉 ① 페이지의 여백 부분에 가필 수정한다든지(이것이 '난외주기'라고 불린다), ② 페이지 사이에 종잇조각을 끼워 넣고 그 위에 조금 긴 메모를 기록한다든지 했다(이것이 '삽입부록'이라고 불린다). 나아가 ③ 『이념들 Ⅰ』 집필 개시 전의 여러 초고도 남아 있으며(이것이 '원고를 쓰기 위한 초고'라고 불린다), ④ 그에 더하여 1929년 가을 깁슨이 『이념들 Ⅰ』을 영어로 번역할 때에 모여지고 또 기록해 둔 다양한 수정고도 남아 있다(이것이 '깁슨 용 서류군'이라고 불린다). 이것들 전부가 오늘날 『이념들 Ⅰ』의 사상권역을 보여주는 '부록'이라고 칭해지며, 후설 현상학의 정확한 이해를 위한 불가결한 자료로서 중시되고 있다. (2) 제2차 세계대전 후 새롭게 『후설 전집』이 간행되기 시작했을 때 그 제3권으로 W. 비멜이 편집자가 되어 『이념들 Ⅰ』(1950)이 간행되었지만, 이 비멜판은 위에서 언급한 것들 중 특히 ①②의 '부록' 중에서 짧은 가필수정원고는 후설의 본문 안으로 받아들여 새롭게 텍스트를 다시 작성하고, 또한 장문의 메모는 권말에 부록으로서 첨부하는 형태로 『이념들 Ⅰ』의 전적으로 새로운 판을 제공함으로써 대단히 중요한 의의를 지니는 것이었다. 그러나 그 후의 편집 작업이 진전된 결과 오늘날에는 이 비멜판은 폐간되고, 1976년에 마찬가지로 『후설 전집』의 틀 내에서 새롭게 K. 슈만이 편자가 되어 그 제3권으로 『이념들 Ⅰ』이 재편집되어 공간되었다. 그것은 생전의 간행 부분을 그대로 복원함과 동시에 부록 류는 모두 별책으로서 독립된 서책으로 정리하여 간행한 것으로, 오늘날 『이념들 Ⅰ』의 원서는 이러한 2분책으로 간행되어 있다. (3) 또한 『이념들 Ⅰ』과 관련해서는 후년에 후설이 그 '후기'를 발표한 것도 간과할 수 없다. 이것은 깁슨의 영역본에 기고한 서문의 독일어 원문으로서 1930년에 발표되는데, 오늘날에는 위에서 언급한 『이념들 Ⅲ』의 권말[Ideen Ⅲ 138-162]에 수록되어 있다. 또한 『이념들 Ⅰ』과 관련해서는 상세

한 주석이 붙은 리쾨르의 프랑스어 번역본(1950)도 있어 유익하다. (4) 어쨌든 『이념들 Ⅰ』은 중기 후설의 철학적 주저로서 후설 자신이 오랜 세월에 걸쳐 숙고를 거듭하며 애착을 보인 저서라는 점이 분명한바, 후설 현상학 이해에 있어 대단히 중요한 의의를 지니는 기본 문헌의 하나라고 말해야만 한다. 덧붙이자면, 와타나베 지로渡辺二郎에 의한 일본어 역 『イデーンⅠ-1, 2』(みすず書房, 1979, 1984)는 상기의 자료들 모두에 관한 해설과 소개를 포함하고 있다.

Ⅲ. 『이념들』의 철학적 내용에 관해 중요한 점을 아래에서 아주 간략하게 지적해 두고자 한다. (1) '순수' 현상학이란 소극적으로는 '경험적 요소를 포함하지 않는다'는 것이지만, 적극적으로는 '초월론적' 현상학이라는 것을 의미한다. (2) '초월론적'이란 의식의 활동을 '초월'하여 향하는 측에 있는 세계가 그럼에도 불구하고 의식의 '지향성'의 행함에 의해 '의미'가 부여되고 파악되어 가는 모습을 반성적으로 다시 더듬어 재구성해 보고자 하는 철학적 태도를 표시하는 말이다. (3) 따라서 '순수한 동시에 초월론적인 현상학'이란 '의식의 지향적 현상학'이기도 하지만, 동시에 '세계의 구성적 현상학'이기도 하다는 점을 보지 못해서는 안 된다. (4) 이러한 현상학적 고찰에 있어서는 경험적 사실이 아니라 사항의 '본질'에 대한 고찰이 중시된다. 그런 까닭에 『이념들 Ⅰ』 제1편은 당시의 실증주의적 경험론을 반박하여 본질 고찰의 세계를 개척하는 논술이 되었다. (5) 그러나 현상학은 단순한 본질 고찰이 아니라 초월론적 주관성에 의한 세계의 구성 내지 의미부여의 모습에 관한 본질 고찰이기 때문에, 세계 속에 자기 망각적으로 매몰되어 있는 지향적 의식 내지 초월론적 주관성의 자각이 필요하다. 이를 위한 절차가 『이념들 Ⅰ』 제2편에서 논술되는 '현상학적 환원'의 방법이었다고 말할 수 있을 것이다. 이에 의해 세계의 의미가 분출되는 근원적인 장면이 열어젖혀지는 것이다. (6) 그에 이어 초월론적 주관성에 의한 세계 구성의 근본적 짜임새가 『이념들 Ⅰ』 제3편에서 '노에시스 · 노에마의 구조'로서 해명된다. 노에시스란 지향적 의식의 작용을 말하며, 노에마란 그에 의해 대상들, 나아가서는 세계가 특히 그 '의미'에서 구성되는 방식을 가리키는 것에 다름 아니다. 여기서 문제가 되는 것은 다름 아닌 바로 세계 내지 대상들이 그 '존재'와 '의미'에서 파악되고 구성되어가는 기본 구조 그 자체이다. (7) 마지막으로 『이념들 Ⅰ』 제4편은 이상과 같은 구상에 기초하여 세계가 그 '진리'와 '현실성'에서 구체적으로 구성되는 짜임새에 대한 해명으로 향하는 기본적인 준비를 갖춘다. (8) 그 결과, 유고가 된 『이념들 Ⅱ』는 '물질적 자연의 구성'(제1편), '마음을 지니고서 활동하는 자연의 구성'(제2편), '정신적 세계의 구성'(제3편)에 대한 고찰로 향한다. 그리고 특히 그 말미에서[Ideen Ⅱ 183f.] '자연주의적 태도'에 의한 과학의 세계가 그 성립의 '자기 망각'을 수반하는 가운데 '부당하게 절대화'되어 성립해 가는 과정이 비판적으로 구명됨으로써 만년에 강조하여 역설하게 되는 생활세계를 은폐하는 객관적 과학의 세계에 대한 비판이 일찍이 나타나기 시작하는 것이다. ☞ [사]현상학적 환원, [인]후설[1]

—와타나베 지로(渡辺二郎)

'이키'의 구조 ['いき'の構造. 1930]

구키 슈조九鬼周造의 저작. 일반적으로 구키의 대표작으로 간주되며 널리 계속해서 읽히고 있다.

이 저작의 구상은 구키의 8년에 달하는 유럽 체류 가운데 첫 번째 파리 체재 시기(1925-26)의 준비원고 「'이키'의 본질」에서 연원하며, 27-28년 하이데거 밑에서의 연찬 시기, 나아가 두 번째의 파리 체재를 거쳐 1929년에 귀국한 다음 해 1, 2월에 우선 잡지 『사상』에 발표하고, 같은 해 11월 다소간의 손질을 가하여 단행본으로서 간행되었다. 이와 같은 성립 경위로 인해 학문적으로 말하자면 세 개의 이본의 진행에 따라 본질론적인 현상학으로부터 하이데거 풍의 해석학적 존재론의 방법에로의 이행이 진행되는 과정이 간취되며, 또한 내용적으로는 이문화 속에서의 긴장 혹은 망향의 그리움으로부터 문화문정기 이후의 스스로도 깊이 친숙한 생활감각, 가치의식으로서의 <이키>가 거리를 두고서 자각화되어 가는 이문화 상호간의 긴장감이 본서가 발하는 매력의 배경의 일단을 이루고 있다.

저작 전체는 <이키> 개념이 이런저런 외국어의 동류어에 의해서는 충분히 드러낼 수 없는 일종의 공약불가능한 민족적 생활체험에 뿌리박은 독자성을 갖추고 있음을 설명하고 <이키>의 연구는 <형상적>이 아니라 <해석적>이어야만 하는 까닭을 서술한 "1. 서설", 지향체험으로서의 <이키>의 구성계기를 "세련되고(체諦), 생기 있는(의기지意氣地), 요염함(미태媚態)"으로서 분석하는 "2. '이키'의 내포적 구조", <이키>의 개념을 <촌스러움>, <거칢>, <수수함>, <고상함> 등의 개념과의 위치관계에서 분석한 "3. '이키'의 외연적 구조", <이키>의 구체적 표현 모습들을 분석·기술한 "4. '이키'의 자연적 표현", "5. '이키'의 예술적 표현", 나아가 의미 체험 내지는 의식 현상으로서의 <이키>의 <터득>의 중요성을 새롭게 설명하고 "'이키'의 연구는 민족적 존재의 해석학으로서만 성립할 수 있다"고 맺는 "6. 결론"의 6장으로 이루어진다.

이후의 저작 『우연성의 문제』의 표현을 빌려 말하자면 "독립된 이원二元의 해후"로서의 양성 간의 긴장에 기초를 두고 <우아한 여자인 체험> 속에서 굳이 서구의 개인주의 윤리에 저항하는 가치관의 존재를 확인해 낸 이 저작 속에는 여러 겹의 굴절을 내포한 구키의 시대 비판과 근대 일본 비판이 포함되어 있다고 말할 수 있을 것이다. ☞ ㊞구키 슈조

—사카베 메구미(坂部 惠)

인간과 공간人間—空間 [*Mensch und Raum*. 1963, ^{3}1976]

볼노우의 주저의 하나이자 『기분의 본질』 등과 함께 그의 철학적 인간학을 구성하는 저서. 민코프스키, 뒤르크하임 백작(Graf Eckbrecht von Dürckheim 1812-91), 보이텐디크, 바슐라르 등에서의 <살아진>(gelebt) 내지 <체험된>(erlebt) 공간 혹은 하이데거에서의 <내-존재>(In-Sein) 등을 실마리로 하여 인간의 현존재의 공간성을 분석하고 그 중요성을 주장한다. 하이데거에서의 시간성의 우위에 맞서 여기서도 그 일면성이 비판되며, 오히려 공간의 초월론적 관념성을 주장한 칸트로 돌아가 시간성과 언제나 관련되어 서로 보완하는 것으로서의 공간성을 다양하고 구체적인 <체험된 공간>에 대한 분석을 토대로 하여 인간학적으로 근거짓고자 시도한다. 오쓰카 게이치大塚惠一·이케가와 겐지池川健司·나카무라 고헤이中村浩平에 의한 일본어 역(せりか書房, 1978)이 있다. ☞ ㊕공간, 시간, ㊞민코프스키, 바슐라르[1], 보이텐디크, 볼노우

—아소 겐(麻生 建)

인간—그 본성 및 세계에서의 지위人間—本性—世界—地位 [*Der Mensch: Seine Natur und seine Stellung in der Welt*. 1940, ^{4}1950, ^{12}1978]

겔렌의 주저이자 현대의 철학적 인간학을 대표하는 대저작. 1940년에 초판이 간행되었지만, 1950년의 제4판에서는 대폭적인 가필 수정이 행해진다. 간행 중인 저작집에는 제3권에 그 비판본Kritische Ausgabe이 수록될 예정이다. 히라노 토모平野具男에 의한 일본어 역(法政大學出版局, 1985)이 있다. 현대의 철학적 인간학의 효시는 말할 필요도 없이 셸러의 『우주에서의 인간의 지위』이지만, 본서의 부제는 그 문제의식을 계승하는 것이라는 점을 보여준다. 그러나 본서에서는 서론 이후로 일관되게 셸러의 인간학이 정신과 충동의 형이상학적 이원론에 기초하는 계층이론에 지나지 않는다는 비판이 전개되고 있다. 우선 인간은 미확정동물(니체), 결함동물(헤르더)이라는 정식이 현대의 생물학적 지식을 원용하여 재확인되며, 이어서 그 결함에 대한 대처로서의 '부담면제'라는 개념에 기초하여 독특한 언어발생론과 제도론, 교육론이 전개된다. ☞ ㊕철학적 인간학, ㊞겔렌, 셸러, ㊖우주에서의 인간의 지위

—미즈타니 마사히코(水谷雅彦)

인간적 세계 개념人間的世界概念 [*Der menschliche Weltbegriff*. 1891, ^{2}1912]

아베나리우스의 『순수경험비판』(*Kritik der reinen Erfahrung*, 1888-90)에 비교되는 주요 저작. 제2판에서 「심리학의 대상 개념에 대한 논평」("Bemerkungen zum Begriff des Gegenstandes der Psychologie", 1894-95)과 슈페(Wilhelm Schuppe)에 의한 소론 등이 덧붙여졌다. 아베나리우스의 출발점을 이루는 것은 "자신이 어떤 환경(Umgebung)의 한가운데에 있다"고 하는 사태이자 바로 그런 까닭에 이 환경(거기에는 동료인간{Mitmensch}과 그의 언명도 포함된다)을 구성하는 모든 구성요소의 전체로서의 <자연적 세계 개념>이다. 그는 이러한 구성요소들을 R(환경구성요소)과 E(타인의 언명내용) 등의 기호를 사용하여 표시하고, 그것들 상호간의 혹은 그것들과 체계 C(신경 중추기관의 전체)의 의존관계를 서술하고자 시도한다. 아베나리우스가 이러한 세계 개념을 주관적-객관적, 내적-외적이라는 분리・대립보다 명확히 선행시키고, 이러한 변양들의 기원을 <투입작용>(Introjektion)에서 찾고 있는 점에 대해서는 주의할 필요가 있다. <투입작용>이란 무엇보다도 우선 지각적으로 발견되는 나 M의 경험적 사태(예를 들면 지각된 '나무')를 동료인간 T와 관계짓고, 그것에 T가 지니는 '나무의 지각'을 대응시킴으로써 나 M에 대해 환경 내의 '사태'와 그것과 대립하는 T의 '지각'의 구별, 요컨대 경험적인 '외적 세계'와 T의 내적인 '내적 세계'의 구별을 만들어내는 활동을 가리킨다. 나아가 자기 M – 타자 T의 각각이 지니는 관점이 교환되어 자기 투입(Selbsteinlegung)이 이루어짐으로써 나 M의 내적 세계와 외적 세계의 대립이 이로부터 도출되게 된다. 따라서 아베나리우스에게 있어 <투입작용>은 자연적 세계 개념을 파괴하고 거기에 이원론적 대립을 가지고 들어와 다양하게 변양된 세계를 형성하는 활동을 의미하는바, 그것을 배제함(ausschaten)으로써 근원적이고 보편적인 자연적 세계 개념을 재흥시키는 것이 그에게 있어 필수적인 과제가 된다. 이리하여 이원론을 대신하여 아베나리우스가 발견하는 것이 예를 들면 '중심항'(Zentralglied)인 '자아-표시'(Ich-Bezeichnete)와 '대립항'(Gegenstand)인 '환경구성요소'(사람과 사물)라는 두 갈래의 공속성인 <경험비판론적인 원리적 병렬성>(empiriokritische Prinzipialkoordination)이다. 후설은 아베나리우스의 실증주의와 감각주의를 『논리연구』에서 강하게 비판했지만, 다른 한편으로 본서에서 표명된 <자연적 세계 개념>이나 <투입작용> 등의 개념은 특히 『논리연구』로부터 『이념들』에 이르는 시기의 후설에게 비판적으로 수용되어 '자연적 태도의 일반정립' 개념이나 그의 구성론과 타자론 등에 커다란 영향을 주었다[예를 들면 Hu. **13**. 111ff., **16**. 162f., Ideen Ⅱ 166f., 175f. 참조]. 특히 <자연적 세계 개념>은 다양한 과학에 선행하는바, 다양한 문화세계의 기반을 이루는 '생활세계'라는 개념의 선구로 간주될 수도 있다. ☞ ㉶경험비판론과 현상학, 생활세계, ㉧아베나리우스

—나오에 기요타카(直江淸隆)

㊟ Manfred Sommer, *Husserl und der frühe Positivismus*, Frankfurt a. M., 1985.

인식론의 메타비판 認識論—批判 [*Zur Metakritik der Erkenntnistheorie*. 1956]

아도르노(Theodor Wiesengrund Adorno 1903-69)는 1934-37년의 옥스퍼드 망명 시대에 현상학 비판의 노트를 작성하고 있었는데, 그 후 발표한 잡지 논문을 정리하여 『인식론의 메타비판』으로 출판했다. 현상학적으로 이루어진 인식의 자기비판은 필연적으로 변증법으로 귀착될 수밖에 없음에도 불구하고 후설은 그것을 소홀히 하고 있다고 하는 바로 그 점이야말로 비판되어야 한다는 '비판의 비판', 요컨대 메타비판이 목표이다. 후설이 전개하고 있는 것은 '논리학 절대주의'라는 점을 그는 『논리연구』를 실마리로 하여 논의한다. 요컨대 일체의 사실성에 대한 무시에 기초하여 논리학이 절대화되고 있는바, 거기에는 내용과 형식의 관념론적인 이원론이 살아 있다. 그러한 이원론이 극복되고 있지 않다는 점은 "학문을 철학의 법정으로 끌어내고는 있지만, 동시에 그 철학의 이상으로서 학문을 승인하고 있다"는 순환관계에서도 보인다고 주장된다. 논리적 사고 그 자체를 사고에 있어서의 객관적인

관찰과 기술의 대상으로 하는 것은 사고의 물상화인바, 그 과정에서 사고가 변질한다는 것을 깨닫지 못한다. 또한 중요한 것은 "논증적 논리학이 발전시키고 있는 사상의 보편성, 요컨대 개념 영역에서의 지배는 현실에서의 지배라는 기반 위에 성립한다"는 점이다. 개념의 보편성과 현실의 개별성이라는 대립 속에서 사상이 "단순한 부정"에 의해 아무리 애쓴다 하더라도, 그것은 그물 속에서 몸부림치면 칠수록 오히려 더 탈출할 수 없게 되는 것과 마찬가지로 개념과 그 형식에 의해 조직된 시민사회의 현실 그리고 근대 국가에서의 관료제도화의 현실을 강고하게 할 뿐이라는 것이다. 그런 의미에서 후설의 모델은 그의 발전이 거쳐 가는 어떠한 단계에서도 수학인바, 예를 들어 『이념들』에서 수학과 철학의 혼동에 아무리 이의를 제기한다 하더라도 그것은 변하지 않는다고 아도르노는 본다. 그러나 다른 한편으로 사태 그 자체에 다가서고자 하는 사고에는 어떤 자발성의 계기가 있는데, 그것은 본래 변증법적 계기도 품고 있었다. "후설은 사고를 그 물상화된 형태에서 받아들이고 있지만, 역으로 그 물상화에 철저히 따름으로써 결국 그 물상화 형태가 자기 자신을 넘어서서 나아가게 되었다." 그러나 결국 그것은 본질직관과 같은 것에로 귀착하고 만다. 아도르노의 말에 따르면 이 점에서는 그가 일관되게 비판하는 베르그송과 후설이 만나게 되는바, 그 점이 깨닫게 해주는 것은 "유럽의 합리주의에는 불가피하게 비합리주의가 따라다닌다"고 하는, 나중에 『계몽의 변증법』에서 전개되는 사상이다. ☞ ㈔프랑크푸르트학파와 현상학, 현상학 비판{독일}

—미시마 겐이치(三島憲一)

인식의 형이상학 認識—形而上學 [*Grundzüge einer Metaphysik der Erkenntnis*. 1921, [5]1965]

인식의 영위 중에 언제나 이미 전제될 수밖에 없는 형이상학적인 것에 주목함으로써 인식론에서 모든 것의 기초를 구하고자 한 신칸트학파 마르부르크학파의 영향권에서 벗어나 존재론을 기축으로 하는 철학적 사유로의 전환을 소리 높여 선언한 니콜라이 하르트만의 저작. 1921년에 초판이 그리고 1925년에 증보 수정판이 출판되었지만 그 후에는 개정 없이 판이 거듭되며, 현재는 제5판이 입수 가능하다. 일본어 역으로 이름을 내건 것은 없지만, 초역이라고 말할 수 있을 정도로 상세한 내용 소개가 다카하시 게이시高橋敬視 저 『니콜라이 하르트만의 철학ニコライ・ハルトマンの哲學』(光の書房, 1949)의 전반부분에서 이루어지고 있다.

본서에서의 하르트만은 "인식함이란 산출함이 아니라 파악함이다"(Erkennen ist nicht Erzeugen, sondern Erfassen)[2]라는 테제를 우선 도입하고, 세계가 우리의 인식에 선행하여 자체적으로 존재한다는 것이야말로 근본적인 사실이라는 주장을 전개한 다음, 이 세계가 도대체 어떻게 해서 그리고 또한 어느 정도로 우리에게 인식될 수 있는지를 묻고 있다. 요컨대 여기서는 자체 존재로서의 세계 그 자체에 대한 고찰이 주제적으로 이루어진다기보다는 오히려 바로 우리가 거기에 이르기까지의 방법론이 검토되고 있는바, 따라서 이 저작은 그가 후에 드러내 보이게 되는 체계적 존재론에 대한 말하자면 서론이라고 파악하는 것이 가장 적당할 것이다. 그 주된 논점은 우리가 존재론을 구축할 때는 현상학과 아포리아론이 그 전제가 되어야만 한다고 하는 점에 놓여 있다. 예를 들어 세계가 자체적으로 존재한다 하더라도 그 존재의 구조에 대해 우리는 인식을 통해서 밖에 알 수 없는 까닭에, 우선은 인식이라는 현상을 있는 그대로 기술할 것이 요구된다. 하르트만에 의하면 이 과제를 수행하는 것이 현상학이다. 그렇지만 현상학이 기술하는 다양한 인식 현상 중에는 여러 가지 아포리아가 생길 수밖에 없으며, 그 정식화에 몰두하는 아포리아론이 다음 단계로서 요청된다. 그러나 물론 아포리아의 정식화에 의해 기대되는 것은 다름 아닌 바로 그 해결이다. 아포리아 성립의 궁극적인 근거가 인식과 그 대상인 자체 존재의 원리적 불일치라는 완전하게는 극복이 불가능한 관계에서 찾아지고 있는 한에서 그 해결에는 어디까지나 "영원한 미완결성"[445]이 따라붙을 수밖에 없지만, 그렇다고 해서 정식화된 아포리아의 해결을 위해 노력하는 존재론의 의의가 훼손되는 것은 아니다. 하르트만은 오히려 자기의 존재론의 시도를 현상 기술과 그것에 연결된 문제분석이라는 끝없는 구체적인 경험 맥락과 적극적으로 관련지음으로써 독단성을 벗어난 비판적-분석적인 존재론의 가능성을 열고자 했던 것이다. ☞㊔아포리아론, ㉤하르트만

—구쓰나 게이조(忽那敬三)

㊟ 長屋喜一, フリッツ・カルシュ, 『ハルトマンの哲學』, 中文館書店, 1936.

인식현상학 연구認識現象學硏究 [*Untersuchungen zur Phänomenologie der Erkenntnis.* Ⅰ Teil, 1927; Ⅱ Teil, 1928]

한스 립스의 처녀작. '사물과 그 고유성'과 '진술과 판단'의 2부로 이루어진다. 본서는 라이나흐에게 헌정되어 있는데, 기본적으로는 괴팅겐학파의 입장을 취한다. 따라서 당시 이 학파에 일반적이었듯이 후설의 초월론적 현상학에 대해서는 비판적인 입장에 있다. 이것은 예를 들어 "여기에는 후설의 많은 정식과 다른 방향이 있지만, 그럼에도 불구하고 나는 그의 제자라고 믿는다"[Ⅰ. a 5]는 서론의 말에서 잘 나타나 있다. 립스의 비판점은 후설의 초월론적 자아에 있다. "세계는 내세계적(intramundan)으로밖에 파악될 수 없다"[Ⅰ. a 51]. 따라서 "초월론적 환원의 잔여로서의 절대적 존재 등은 획득할 수 없을 것이다"[Ⅰ. a 49]. "우리가 사실적으로 지니는 것은 …… {의식의} 지향성이 아니라 사물과의 구체적인 교제(der konkrete Umgang mit den Dingen)뿐이다"[Ⅰ. a 89]. 요컨대 "사람은 …… 현실 속에 휘말려 들어가 있다"[Ⅰ. a 88]. 본서의 중요성은 현상학을 생의 철학과 결부지어 같은 해 공간된 하이데거의 『존재와 시간』과 궤를 같이 하는 형태로 인간의 사실적 생과 세계와의 결합에 이르는 길을 연 데 있다. 이런 의미에서 본서는 쾨니히(Joseph König)가 증언하듯이 "현대 철학운동의 가장 생생한 기록"[독일 비평잡지에 수록된 서평]이라고 말할 수 있을 것이다. 로디(Frithjof Rodi)는 "괴팅겐의 립스는 프라이부르크에서 취한 {존재론적} 방향을 전적으로 독자적으로, 그것도 하이데거와는 무관계하게 제시했던바, 여기에 역사의 얄궂음이 있다"[딜타이 연보 6권 69]고 평가하고 있다. 본래 본서는 미쉬 등과의 깊은 친교를 매개로 1924/25년 겨울학기 강의 '인식현상학' 등으로부터 성립했다. 특히 '비인칭동사'에 관한 강의[본서 제1부 13장 '비인칭동사']가 출발점을 이룬다. 제1부에서 사물과 그 고유성을 둘러싼 헤르바르트의 아포리아를 실마리로 하여 칸트의 인식론과 후설의 초월론적 현상학의 문제점이 추출되며, 생의 수행・예취・상념(Konzeption) 등이 발굴된다. 이어지는 제2부에서는 하이데거의 실존론적 분석론을 실마리로 하여 말・언어・진술・판단・범주와 같은 문제들이 주제가 된다. "인식론은 사실상으로는 해석에 다름 아니다"[Ⅰ. a 51]. 공간 당시 딜타이학파와 일부 논리학자로부터 본서에 대한 반향이 있었지만, 후설, 베커, 잉가르덴 등은 그 난해함에 "어찌할 바를 몰랐다"[딜타이 연보 6권 73]고 전해진다. 또한 하이데거는 사신에서 "내게 있어 립스는 경험 있고 원숙한 사람 중에서도 장래에도 사유의 대화 속에서 상기하게 될 유일한 사람이다"[같은 책 97]라고 말하면서도, 공간된 저작들에 한해서는 "사유에서의 립스와의 이웃 관계"[같은 책 80]에 대해 시종일관 침묵을 지켰다. 어쨌든 본서는 현상학 운동을 아는 데서나 하이데거의 현상학을 아는 데서 주목해야 할 저작이라고 할 수 있다. ☞㊔괴팅겐학파, ㉤립스[1]

—마토바 데쓰로(的場哲朗)

㊟ *Dilthey-Jahrbuch für Philosophie und Geschichte der Geisteswissenschaften* (Hrsg. von Frithjof Rodi), Bd. 6, Göttingen, 1989.

ㅈ

자연의 자기구성 自然—自己構成 [*Der Selbstaufbau der Natur*. 1944, [2]1961]

콘라트-마르티우스의 주저. '엔텔레키와 에네르기'라는 부제로부터 알 수 있듯이 H. 드리슈가 제기한 생기론을 유기체론 안에서 다시 파악하고 물리적 질서와는 다른 생명 현상의 독자성을 추적한 저작이다. 최근 신과학의 근대 과학 비판과 더불어 생기론과 헤켈의 자연관이 다시 발견되고 있지만, 콘라트-마르티우스가 시도하고자 한 생물의 형태학적 존재론은 이러한 동향의 선구적인 작업이라고 할 수 있다. 셸러, 플레스너, 겔렌의 철학적 인간학에 대해 그녀의 접근이 지닌 특질은 유기체의 현상 그 자체에 입각하여 생각하는 점에서 대단히 현상학적이라고 말할 수 있다. 더욱이 괴팅겐학파로부터 출발한 그녀는 괴테의 '근본현상'에 의거하여 살아 있는 것의 형태화(Gestaltung)에 숨어 있는 수수께끼에 접근하고자 했다. 이 점에서 다시 읽혀져야 할 중요한 저서이다. ☞ [사]괴팅겐학파, 뮌헨학파{뮌헨 현상학}, [인]콘라트-마르티우스

—야시로 아즈사(矢代 梓)

[참] H. Spiegelberg, *The Phenomenological Movement*, The Hague, [3]1982.

자연적인 자명성의 상실—과증상성 분열병의 정신병리학에 관한 고찰 自然的—自明性—喪失—寡症狀性分裂病—精神病理學—關—考察 [*Der Verlust der natürlichen Selbstverständlichkeit: Ein Beitrag zur Psychopathologie symptomarmer Schizophrenien*. 1971]

블랑켄부르크의 주저. 일본어 역 제명은 『자명성의 상실—분열병의 현상학』(木村敏・岡本進・島弘嗣 譯, みすず書房, 1978). 본서의 가장 큰 특징은 분열병자의 세계-내-존재를 고찰함에 있어 종래의 정신병리학처럼 망상 체험에서 근거를 구하지 않는다는 점이다. 저자는 망상과 그 밖의 병적 체험에 의해 은폐되지 않는 좀 더 기저적인 <자기 및 세계와의 관계> 속에서 현존재의 분열병적 변화의 특이성을 발견하고자 한다. 현상학이 일체의 <자연적 태도>에 판단정지를 가하여 초월론적 자아의 구성을 기술하고자 하는 것과는 반대로 분열병자에게 있어서는 이러한 일상적인 자연적 태도를 지탱하고 있는 <자연적인 자명성>에 대한 기본적인 신뢰가 상실되어 있다. 환자는 이러한 상실을 경험적 자아의 노력에 의해 보상하고자 한다. 이리하여 저자는 분열병의 기본 장애를 초월론적 자아와 경험적 자아의 관계의 장애로서 이해하고자 한다. 저자는 이러한 자명성 상실의 사례를 젊은 여성환자 안네 라우(Anne Rau)의 상세한 병력 제시에 기초하여 소개함으로써 분열병의 현상학적 정신병리학에 커다란 영향을 주었다. ☞ [인]블랑켄부르크

—기무라 빈(木村 敏)

전체성과 무한 全體性—無限 [*Totalité et infini*. 1961]

레비나스의 국가박사 학위 청구논문으로 장 발을 주심으로 하는 논문 심사는 1961년 6월 6일에 행해지며, 같은 해에 네덜란드의 나이호프 사에서 페노메놀로기카 총서의 한 책으로 공간되었다. 링기스(Alphonso Lingis)에 의한 영역(1969), 틸레마-드 프리스(J. M. Tillema-de Vries)에 의한 네덜란드어 역(1966), 크레바니

(Wolfgang Nikolaus Krewani)에 의한 독일어 역(1987), 고다 마사토合田正人에 의한 일본어 역(國文社, 1989)에 더하여 스페인어 역, 세르비아어 역이 있다. '독일어 역에 대한 서문'은 본서의 문고판(1990)에 덧붙여진 후 『우리 사이에서』(*Entre nous*, 1990)에 수록되었다. 덧붙이자면, 『파리 대학 연보』(1961)에 게재된 레비나스 자신에 의한 본서 개요의 번역이 일본어 역의 '역자 후기'에 수록되어 있다.

오랜 세월에 걸친 후설과 하이데거 연구의 성과로서, 그리고 또한 베르그송, 마르셀, 부버(Martin Buber), 로젠츠바이크(Franz Rosenzweig)의 작업도 토대로 한 고찰로서 저자 자신이 제시하는 본서는 30여 년에 걸친 레비나스 사유의 하나의 정점을 표시하는 대저작임과 동시에, 『존재와 무』나 『지각의 현상학』과 마찬가지로 프랑스에서의 <현상학> 전개에서 이룩된 가장 커다란 성과의 하나일 것이다. 메를로-퐁티가 사망한 해에 출판된 본서는 또한 사상사적으로는 『기호들』, 사르트르의 『변증법적 이성 비판』, 푸코(Michel Foucault)의 『고전주의 시대에서의 광기의 역사』, 아도르노(Theodor W. Adorno)의 『부정변증법』 등과 매우 흥미로운 연관을 지닌다. 잔켈레비치(Vladimir Jankélévitch)의 『제일철학』이 본서의 논의에 있어 중요한 의미를 지니는 저작이라는 점도 지적해 두고자 한다. <중성적인 것>에 대한 주관성의 해체가 사상의 추세가 된 시대에 있어 <주관성 옹호의 책>이고자 하는 본서의 반시대적 고찰은 서문, Ⅰ부 '<같음>과 <다름>', Ⅱ부 '내면성과 가정', Ⅲ부 '얼굴과 외부성', Ⅳ부 '얼굴의 저편으로', 결론이라는 구성 하에 전개되고 있다. <절대적으로 다른 것>에 대한 <형이상학적 욕망>, 이 <무한>의 <무한화>에 의해 가능해지는 <같음>과 <다름>의 절대적 차이를 <대면對面>으로서 기술한 후, 레비나스는 <향유>, <거주>, <노동>과 같은 경제적인 개념들을 구사하여 초월 없는 내재의 영역인 <무신론적 자아>의 생성을 더듬어 감과 동시에 이러한 자아의 자족을 깨트리는 <얼굴>의 초월을 말하고, 나아가 <얼굴의 저편>을 <아들>로서 파악함으로써 <에로스>와 <가족>의 <현상학>을 전개한다. 플라톤, 아리스토텔레스, 플로티노스, 칸트, 헤겔과 같은 대철학자들에 더하여 탈무드의 <메시아적 평화의 종말론>에서도 착상을 끌어내는 본서의 논의를 <현상학> 관점에서만 생각할 수는 없겠지만, "본서에서 사용된 개념들은 현상학적 방법에 전면적으로 의거한다"[『전체성과 무한』 14], "빛 속에 자리잡음으로써 이해하고자 하는 것인 한에서 현상학은 존재 그 자체의 궁극적 사건이 아니다"[같은 책 13], "하이데거 존재론은 제국주의적 지배, 참주제로 불가피하게 이끌린다"[같은 책 38]라는 일련의 말들의 연계 속에 본서의 위치를 부여할 수 있을 것이다. 익명의 <전체성>에 저항하는 것으로서 자아의 분리와 <내면성>과 <변명>을 평가하면서도 자아의 폭력적 권능으로부터 <무한책임>을 짊어진 <선민>에로의 전환을 기술하고, 이와 같이 선택된 자아와 타자들의 뒤틀린 <상호주관적 공간>을 하이데거적 <공동존재>와는 다른 것으로서 묘사함으로써 본서는 니체적인 도덕 비판, <전쟁>의 존재론, 헤겔적인 국가적 이성, 키르케고르적인 단독자의 반항의 어떤 것에 대해서도 저항하는 <윤리>의 양태를 찾고자 하고 있다. 하지만 그 과정에서 후설에서의 <관조적 지향성>의 우위, 노에시스-노에마의 상관관계, <제1차 세계>를 전제로 한 타아 구성이 <지평>, <의미부여>, <나는 할 수 있다> 등의 관념과 함께 거부되며, 다른 한편으로는 하이데거의 철학도 대지에 대한 뿌리박음의 폭력과 익명의 <존재>에 대한 예종을 긍정한 타자 없는 <같음>의 옳지 못한 철학으로 통렬하게 공격받게 된다. 메를로-퐁티가 말하는 <신체적 지향성>에 대한 비판적 언급도 본서의 중요한 계기를 이룬다.

본서에 대해 가장 날카로운 비판을 들이댄 것으로서는 데리다의 「폭력과 형이상학」과 『끝없는 대화』에 수록된 블랑쇼(Maurice Blanchot)의 일련의 레비나스론이 있지만, 특히 데리다의 비판에 충격을 받은 레비나스의 사유는 본서 출판 직후부터 새로운 단계에 들어서며, <흔적>, <그임>과 같은 새로운 관념을, 그리고 또한 새로운 서술 스타일을 다듬어내게 된다. 레비나스 자신은 이러한 변용을 <존재론적 언어>를 회피하는 과정으로서, 그리고 <윤리>와 <정의>의 분열 과정으로서

파악하고 있다. ☞㉮무한[2], 전체성, ㉤레비나스, ㉦존재와 다르게 또는 본질의 저편

—고다 마사토(合田正人)

정신과학에서의 역사적 세계의 구성精神科學―歷史的世界―構成 [*Der Aufbau der geschichtlichen Welt in den Geisteswissenschaften*. 1910]

『딜타이 전집』 제7권에는 말년의 딜타이의 논문과 초고가 수록되어 있다. 딜타이는 1904년부터 프러시아 과학 아카데미에서 '정신과학의 근거짓기'를 위한 일련의 연구를 발표하는데, 그것들을 하나의 논문집으로 묶은 것이 1910년의 『정신과학에서의 역사적 세계의 구성』이다. 이 논문집은 『정신과학 서설 제2권』의 완성을 목표로 한 딜타이 최후의 시도이다. 오가타 료스케尾形良助에 의한 일본어 역(『精神科學における歷史的世界の構成』 以文社, 1981)이 있다.

이 최후의 시도도 완성되지 못하고 끝나지만, 거기서는 지금까지 없던 중요한 생각이 제기된다. 첫째는 '생의 범주'의 전개이다. 본래 '구성'(Aufbau)이라는 것은 체험을 기반으로 하여 다양한 사유적 조작을 더하면서 지식을 형성해 가는 것이다. 정신과학도 그것이 과학인 한에서 개념을 필요로 한다. 체험은 개념 규정을 부여받아 비로소 지식으로 고양된다. 다만 정신과학의 개념은 체험의 '구조 연관'에 뿌리박고 있으며, 더욱이 그것을 기술할 수 있는 개념이어야만 한다. 딜타이는 이러한 '생의 범주'로서 '전체와 부분', '시간성', '의미', '가치', '목적' 등을 들고 있지만 그것들을 체계적으로 확정하는 것은 불가능하다고 말한다. 둘째는 '체험 · 표현 · 이해'라는 연관이다. '체험'은 자기의식과 내성이 비추어 드러낼 수 없는 깊이를 지니지만, '표현'에서 체험 내용이 구체적인 형태를 취하게 된다. 그리고 '이해'는 표현된 풍부한 의미 내실을 좀 더 분절하여 명확한 규정성으로 고양시킨다. 요컨대 '체험 · 표현 · 이해'의 순환운동에서 인간적 생의 깊이와 개성의 내실이 파악되게 되는 것이다. 이리하여 '체험 · 표현 · 이해'라는 연관이 정신과학의 새로운 원리가 된다. 셋째는 '객관적 정신'이라는 개념이다. '객관적 정신'이라는 것은 "개인들 사이에서 성립하는 공통성이 감성계에 객관화된 다양한 형식"을 말한다. 인간은 언제나 이미 역사적으로 형성된 공통의 의미지평(요컨대 '객관적 정신') 속에 놓여 있으며 언제나 그에 의해 규정된다. 우리의 자기 이해와 세계 이해는 그것을 기반으로 하여 성립한다. 그러므로 딜타이는 '객관적 정신'을 '생의 지평'이라 부르며 인간의 역사성과 역사적 유한성을 강조한다.

딜타이의 이러한 생각은 20세기 철학을 크게 규정하게 되지만 그 자신은 그것을 충분히 전개할 수 없었다. ☞㉮역사(성), 이해, 지평, 해석학적 순환, ㉤딜타이

—마루야마 다카시(丸山高司)

정신병리학 총론精神病理學總論 [*Allgemeine Psychopathologie*. 1913]

야스퍼스의 정신병리학에 관한 고전적 명저. 1913년 초판(Berlin, Springer), 최신판은 1965년의 제8판. 일본어 역은 초판이 니시마루 시호西丸四方에 의해 『정신병리학 원론精神病理學原論』(みすず書房, 1971)으로서, 제5판이 우치무라 유시內村祐之 · 니시마루 시호 · 시마자키 도시키島崎敏樹 · 오카다 게이조岡田敬藏 역 『정신병리학 총론』 상 · 중 · 하 전 3권(岩波書店, 1953-56)으로서 출판되어 있다. 제3판(1922)의 프랑스어 번역이 1928년에, 제4판(1946)의 스페인어 번역이 1950년에, 제7판(1959)의 영어 번역이 1963년에 각각 간행된다.

제1판: 338쪽, 제2판(1920): 416쪽, 제3판: 458쪽, 제4판: 748쪽으로, 그 사이의 정신병리학에 관한 지식의 증가 및 야스퍼스 자신의 사유의 심화에 따라 판을 거듭하며 가필, 개정되었다. 그러나 기본적인 사상, 구성에 변화는 없으며, 제4판 이후에는 최후의 제8판까지 개정은 행해지지 않는다.

1911년, 아직 하이델베르크 대학 정신과의 무급 조교였던 야스퍼스가 본서의 집필을 시작할 당시, 20세기 초두의 정신병리학은 아직 독자적인 방법론적 의식에 눈뜨고 있었다고는 말할 수 없는데, 학파들은 각각에

게 독자적인 술어와 개념을 사용하고 있었기 때문에 학계의 상황은 매우 혼돈스러운 형편이었다. 이러한 정세 속에서 본서에 의해 비로소 학문적으로 만족할 만한 정신병리학이 탄생했다고 말해진다. 저자는 본서에서 무언가 하나의 이론체계를 제시하고자 한 것이 아니라 시대의 학문 상황에 대해 비판적 정리를 행한 것이었다. 요컨대 다양한 정신 활동을 포괄적으로 다루어 그 병리 현상을 사실에 입각하여 정리하고 이것을 방법론적인 자각 위에서 분류하는 것이 목적이었다. 따라서 본서의 구성은 주로 방법론에 따라 짜여 있다. 그 중에서도 특히 중요한 것은 현상학과 이해심리학의 방법인바, 이에 의해 본서는 불후의 것이 되었다고 할 수 있다. 이 현상학은 기술현상학(deskriptive Phänomenologie)인데, 정적 이해(statisches Verstehen)라고도 불리는 그것은 환자의 내적 체험들을 의식 현상으로서 관찰자의 마음에 그려내 기술하는 것이다. 이해심리학의 경우는 발생적 이해(genetisches Verstehen), 감정이입적 이해(einfühlendes Verstehen)라고도 말해지는데, 환자의 체험세계가 지니는 동기연관, 의미연관을 찾아내고자 하는 방법이다. ☞ [사]정신의학과 현상학, [인]야스퍼스

—우노 마사토(宇野昌人)

[참] K. Schneider, "25 Jahre *Allgemeine Psychopathologie* von Karl Jaspers", in *Nervenarzt*, 11: 281-283, 1938.

정신분열병 精神分裂病 [*Schizophrenie*. 1957]

빈스방거가 자신이 제창하는 현존재 분석의 입장에서 정신분열병자의 존재 양태를 증례에 입각해서 기술한 저서(Pfullingen, Neske). 일본어 역은 신카이 야스히코新海安彦 · 미야모토 다다오宮本忠雄 · 기무라 빈木村敏에 의해 2부(I : 1960, II: 1961, みすず書房)로 나뉘어 출판되었다. 종래에 정신분열병의 증상들은 자연과학적으로 요청된 모종의 병적 과정과 관련하여 병자의 인격과는 관계가 없는 무의미한 것, 이해 불가능한 것으로 파악되는 경우가 많았다. 이에 반해 이 정신분열병론의 특색은 병자의 특이한 행동과 체험이 실패한 기투이긴 하지만, 사실은 역사성을 짊어진 하나의 통합된 독자적인 의미세계(현존재 분석적 질서)를 구성하는 것이라는 점을 제시한 점에 놓여 있는바, 이러한 해명에 사용되고 있는 것이 현존재 분석이라는, 하이데거의 현존재 분석론에 의거한 방법이다.

본서는 다섯 가지 증례에 대한 기술, 분석으로 이루어지는데, 서두에는 그 논술에 필요한 기초 개념들에 대한 해설이 서론으로서 덧붙여져 있다. 이 개념들은 저자가 병자와 현존재 분석적으로 관계하여 그 정신분열병성 존재 양태를 밝히는 과정에서 골라내게 된 것들이다. 기초 개념으로서 제시되고 있는 것은 '경험의 비일관성', '경험의 양자택일로의 분열', '양자택일의 받아들이기 어려운 일면의 은폐', '모순의 긴장 극단으로서의 현존재의 소모'이다. 이러한 존재방식에 의해 다섯 가지 증례는 정신분열병으로서 특징지어진다. 증례들은 1944년부터 1953년에 걸쳐 전문지에 따로따로 발표되었는데, 각각 제1례 일제, 제2례 엘렌 웨스트, 제3례 윌크 췬트, 제4례 로라 보스, 제5례 쉬잔 우르반이라고 불린다.

현존재 분석에서는 현존재의 양태로서 복수적 존재양태, 사랑의 만남에 대한 예감으로서의 세계-초월-존재(Über-die-Welt-hinaus-sein)와 같은 현존재 분석론에는 없는 사태가 강조되는데, 이에 대해서는 비판도 있지만, 본서에서는 정신분열병 세계에서의 이 양태의 왜곡이 특히 제2례 및 제3례에서 기술되고 있다. 임상정신의학적으로 보면, 제1, 4, 5례는 관계, 박해와 같은 주제의 망상에 환각도 더해진 이상체험의 세계를 제시하지만, 제3례는 과증상형의 정신분열병이며, 제2례에서는 신경성 무식욕증 등과의 감별이 문제가 된다. ☞ [사]정신의학과 현상학, 현존재 분석, [인]빈스방거

—우노 마사토(宇野昌人)

제6성찰 第六省察 [VI. *Cartesianische Meditation*. 2 Bde. 1988]

핑크가 후설의 의뢰에 따라 1930-32년에 집필한 저작. 당시 후설은 그의 출판 계획에서 『데카르트적 성찰』의 개정 · 증보와 자기 철학의 체계화 사이를 동요

하는데, 핑크가 5 '성찰'의 개정 및 「제6성찰」(1932)의 집필을 행하여 두 사람의 공저로서 공간할 예정이었다. 1988년에 이르러서야 비로소 Dok Ⅱ로서 처음 간행되었다. 그 제1권은 「제6성찰」로서 '초월론적 방법론의 이념'이라는 부제를 가지며, 후설의 1933/34년의 주와 부론이 덧붙여져 있고, 제2권은 보권으로서 핑크에 의한 후설의 체계적 작품을 위한 조교 초고와 제1~제5 '성찰'의 개정 및 후설의 주, 부론을 수록하고 있다. Dok Ⅱ의 본권인 「제6성찰」은 12장으로 이루어지며, 후설의 『성찰』이라는 제약 속에서 초월론적 현상학의 틀을 따르는 가운데 후설에서 잠재적으로 머물러 있던 '현상학의 현상학, 현상학을 영위하는 것에 대한 반성', 요컨대 현상학의 자기비판을 현상학 그 자체의 방법론으로서 수행한다. 핑크에게 있어 초월론적 방법론은 초월론적 주관성의 자각 과정이다. 현상학적 환원에 의해 세계를 구성하는 초월론적 존재가 비로소 드러나게 되는데, 그 존재에서 한편으로는 "초월론적으로 구성하는 존재"와 다른 한편으로는 "현상학을 영위하는 방관자의 생"의 대립과 통일이 분석된다. 대립하는 동시에 불가분하게 통일되는 양자의 "변증법적 통일"의 진리에 대한 해명이 그에게 있어 현상학적 인식의 핵심을 이루는 것으로 간주된다. ☞㊀핑크, ㊁데카르트적 성찰

—치다 요시테로(千田義光)

조울병과 대인행동 躁鬱病—對人行動 [*Sozialverhalten und Psychose Manisch-Depressiver*. 1977]

정신병리학자 A. 크라우스의 주저. 종래에 멜랑콜리의 병전 성격에 대해서는 그 근면성과 집착성, 과거에 대한 얽매임과 같은 것들이 지적되어 왔지만, 크라우스는 이것을 역할 및 그것을 지탱하는 규범에 대한 과잉된 자기 동일화라고 파악한다. 평소 우리의 행위는 역할에 대해 적당한 거리를 유지하면서 말하자면 그 어긋남을 윤활유로 하고 있는 것이지만, 울병 환자는 그 거리가 유지되지 않기 때문에 주어진 역할 속에서 자기를 상실한다. 크라우스는 이러한 어긋남의 의미를 적극적으로 파악하고 이것 없이는 자아(Ich)가 자아일 수 없다고 생각한다. 요컨대 인간에게 있어서는 이 '자아 아이덴티티'와 '역할 아이덴티티'의 '균형을 유지하는 아이덴티티'가 중요한 것인바, 이것이 어느 쪽으로 기울어져 버리는 것이 조울병의 특징이라고 여겨지는 것이다. '자아 아이덴티티'를 잃어버린 울병 환자는 이미 탈자적인 자기 기투가 가능하지 않다. 이러한 상태는 또한 '탈역사화'라든가 '물상화'라고도 불린다. ☞㊀크라우스[1]

—고바야시 도시아키(小林敏明)

존재와 다르게 또는 본질의 저편 存在—本質 [*Autrement qu'être ou au-de là de l'essence*. 1974]

레비나스의 제2의 주저라고도 말해야 할 본서(일본어 역: 『存在するとは別の仕方で あるいは存在することの彼方へ』, 合田正人 譯, 朝日出版社, 1990)는 1968년부터 72년에 걸쳐 씌어지거나 이미 발표된 논문을 모아 편집한 형태를 취하고 있지만 그 내실은 이른바 논문집과는 다르다. 전체는 6장으로 이루어져 있지만 그 중심에 놓인 제4장 '대속'이 본서의 사상의 핵심을 이루며, 연대적으로도 가장 일찍 씌어졌다(1968년 이전). 그 후 이 핵심으로부터 몇 가지 부분이 따로 추출되어 주제에 따라 수정을 받아 독립된 논문으로서 발표되었다. 말하자면 본서의 모든 장은 이 제4장에서 파생된 것인바, 동일한 테마를 각각 '다르게' 말하면서 반복하는('다시 말하는') 것이다. 그렇다면 본서의 테마는 무엇인가? 그것은 고대 그리스 이래의 서구 철학 전체를 모든 것을 존재로 환원하는 '존재론'으로 파악하고, 그 존재의 지배 하에서 철학의 시원(아르케)에서 말소된 무언가를 '타자'라는 이름 아래 존재인가 비존재(무)인가의 양자택일의 앞 혹은 저편에서 '존재와 다르게'로서 사유하는 것이다. 타자는 일관되게 레비나스 사유의 원점이지만, 그것을 제1의 주저 『전체성과 무한』은 모든 것을 로고스(인식)의 대상으로서 자기 속으로 회수하고자 하는 주체로서의 '나'를 무한히 능가하는 것으로서 드러냈다. 그에 반해 본서에서는 이러

한 타자 아래에서 무한히 능가되는 '나'로 고찰의 초점이 옮겨진다. 그리고 전자에서는 아직 존재론의 권역 내에서 움직이고 있었다고 생각되는 사유를 '존재와 다르게'로서, 즉 '윤리'로서 다시 말하고자 하는 시도가 이루어진다. 윤리란 언제나 이미 타자 아래에 복종하고 있는 '나'에게서 이미 이루어져 있는 타자에 대한 '응답'에 다름 아니라는 것이다. 또한 존재와 윤리의 상이한 차원성이 단지 윤리의 우위성에 대한 주장으로서가 아니라 존재와의 밀접하고 불가분적인 관계 속에서 철저하게 추구된다.

내가 무언가를 **말하고** 사유할 때 그것은 언제나 **누군가**에 대해 이루어지는 응답이다. 의미의 생성(signifiance)은 이렇게 해서 이루어지는 **누군가**로 향한 응답에서 성취되는 것이며, 이 응답에서 비로소 '나'는 말하고 사유하는 주체로서 성립한다. 따라서 '나'에게는 타자가 절대적으로 선행하는바, 타자에게로 향해 있음(응답 가능성responsabilité)이 '책임'으로서의 윤리의 근원성을 드러내 보이는 것이다. 타자의 '대신代身'(substitution = 타자 아래 위치하는 것)으로서의 '나'란 이러한 근원성의 표시에 다름 아니다. 여기서 윤리는 '당위'로서가 아니라 가장 근본적인 '사실'로서 증시되고 있다. 그러나 이러한 윤리의 차원은 거기에 머물러 자기 충족적인 것이 아니라 필연적으로 '정치' 차원을 요청한다. 나의 타자에 대한 전면적 책임은 복수의 타자들을 앞에 두고 타자의 타자에 대한 옳지 못함을 판가름할 수 있는(타자라는 '비교 불가능한 것을 비교하는') 공간의 설정을 요구하기 때문이다. 이때 타자는 이러한 공간 내에 **존재**하는 자로서 대상화되며, 나도 포함하여 모두가 동등한 권한과 의무를 지닌 '시민'(citoyen)이 된다. '정의'로서의 정치 차원이 성립하는 것이다. 이성이란 이러한 등질적인 공공 공간을 설정할 수 있는 능력을 말한다. 이때 앞의 윤리적 차원은 결코 정치에 의해 극복되는 것이 아니라 오히려 정의로서의 정치 차원을 요청하는 것으로서 끊임없이 그 속에서 활동하고 있는 것이다.

타자들과의 공동체로서의 국가론도 포함하는 본서는 서구 철학 전체의 발걸음을 시야에 넣은 다음 그에 대한 근본적 비판에서, 더욱이 그 단순한 극복이 아니라 존재 지배의 불가피성(정치)과 '존재와 다르게'의 근본성(윤리)이라는 양자를 다 함께 사유하는 그 철저한 사유의 힘에서 현대 철학의 중요한 성과들 가운데 하나라고 말할 수 있을 것이다. ☞ ㉚대속, 정의, ㉧레비나스, ㉢전체성과 무한

—사이토 요시미치(齋藤慶典)

[참] 合田正人, 『レヴィナスの思想』, 弘文堂, 1988. 齋藤慶典, 「倫理・政治・哲學—E. レヴィナス, 『存在するとは別の仕方で…』をめぐって」, 『思想』, No. 798, 岩波書店, 1990에 수록.

존재와 무 存在—無 [*L'être et le néant*. 1943]

사르트르의 주저. 초기에 상상력을 갖추고 있는 인간적 의식이 초월론적으로 자유로운 존재라는 점을 해명한 그는 <자유 그 자체라는 이 코기토로 하여금 철저하게 자기를 말하게 함>으로써 『존재와 무』의 독자적인 존재론을 전개했다. 그 부제 '현상학적 존재론의 시도'가 보여주고 있듯이 『존재와 무』는 후설의 현상학 및 하이데거의 현존재에 대한 기초 분석의 영향을 받고 있다.

그 서론 '존재의 탐구'에서 사르트르는 현대 사상이 현상과 존재 그 자체의 구별을 폐기한다는 점을 지적하고, 따라서 현상의 존재란 다름 아닌 존재의 현상이라고 하여 의식적 존재에 대한 현상학적 탐구를 행하고자 하는 그의 의도를 표명한다.

<모든 의식은 무언가에 대한 의식이다>라는 의식의 지향성에서 출발하여 사르트르는 반성 이전의 코기토의 존재와 현상의 존재, 대자존재와 즉자존재라는 절대적으로 분리된 두 개의 존재 영역을 구별한다. 즉자는 절대적 긍정성이다. 한편 대자는 무를 분비한다. 이것은 대자는 근원적인 의미에서의 존재 부정이기 때문이다. 대자란 그것이 있는 바의 것이 아니라 그것이 있지 않은 바의 것이기 때문이다. 요컨대 대자로서의 의식의 존재야말로 자기의 본질을 창출한다고 하는 것이다. 여기에서 인간의 근원적 자유를 소리 높여 부르짖는 사르트르의 철학이 제시되고 있는바, 이것이

제2차 세계대전 후의 실존주의의 근본적 테제가 되는 것이다.

『존재와 무』는 개개의 사태에 대한 현상학적 분석을 많이 포함하지만, 이 저서는 현상학적 존재론의 탐구라기보다는 오히려 즉자와 대자의 이원론에 선 데 기초하여 반성 이전의 코기토를 둘러싸고 행해진 형이상학적 사변이라고 하는 비판을 받는 경우도 있다.

메를로-퐁티는 사르트르의 세계-내-존재 개념을 둘러싸고 그의 즉자-대자의 이원론을 날카롭게 비판했다. 또한 독자적인 현상학자 가브리엘 마르셀은 은총을 부정하는 사르트르의 형이상학이 인간이 지니는 가장 좋은 것에 대한 인식을 불가능하게 하고, 위축되고 모순된 세계상을 묘사하는 결과로 된다고 지적하고 있다. 반즈(Hazel E. Barnes)에 의한 영역(*Being and Nothingness*, 1958), 슈트렐러, 바그너 및 오트(J. Streller, A. Wagner und K. Ott)에 의한 독일어 역(*Das Sein und das Nichts*, 1962), 마쓰나미 신자부로松浪信三郎에 의한 일본어 역(人文書院, 全3冊, 1956, 58, 60)이 있다. ☞ [사]실존주의, 즉자/대자, [인]사르트르

—하코이시 마사유키(箱石匡行)

[참] 竹内芳郎, 『サルトル哲學序說』, 筑摩書房, 1956, ²1966, ³1972.

존재와 소유 存在—所有 [*Être et Avoir*. 1935]

『존재와 소유』는 마르셀의 1928년부터 33년까지의 형이상학적 일기로서 실존주의 사상가로서 출발한 그의 철학에서의 처녀작인 『형이상학 일기』(1927)의 속편이라고도 말해야 할 작품이다. 덧붙이자면 이 『존재와 소유』에는 1933년에 리옹 철학회에서 행한 보고인 「소유의 현상학 소묘」가 포함되어 있다. 그는 1923년 3월 16일자의 일기에서 다음과 같이 기록하고 있다. "결국 모든 것은 사람이 지니는(avoir) 것과 사람이 있는(être) 것과의 다름으로 귀착한다. 단 이러한 다름은 개념의 형태로 나타내기가 대단히 어렵다. 그렇지만 그렇게 하는 것은 가능할 것이다." 마르셀에게 있어 '존재'와 '소유'라는 두 개념은 사물과 사항을 분류하기 위한 분류개념이나 조작 개념이 아니지만, 두 개념을 내세움으로써 상호적으로 다른 개념을 명확히 하는 데 이바지하고 있다. 그는 두 개념을 솜씨 있게 사용하는 가운데 문제와 신비, 비밀과 신비, 표현할 수 있는 것(특질을 부여할 수 있는 것)과 표현할 수 없는 것(특질을 부여할 수 없는 것), 자율과 자유를 구별하고, 각각 전자가 소유의 질서에 속하는 것, 후자를 존재의 질서에 속하는 것이라고 생각한다. 우선 문제란 내가 부딪치는 것, 전적으로 내 앞에 모습을 나타내는 것이자 그것만으로 내가 둘러싸고 분해 가능한 것이다. 이에 반해 신비란 나 자신이 이미 관계를 지니는 것이자 그 본질이 전면적으로 내 앞에 드러나지 않는 것, 분해 불가능한 것이며, 따라서 표현하고 특질을 부여할 수 없는 것이다. 이 점에서 마르셀은 비밀과 신비가 본질적으로 다르다고 본다. 비밀이 비밀인 것은 내가 그것을 스스로에게 받아들이고 있기 때문이지만, 또한 동시에 내가 그것을 내어놓을 수도 있기 때문이다. 사실 나는 비밀을 가진다고는 말할 수 있지만, 신비를 가진다고는 말할 수 없다. 이와 같이 파헤치고 찾아내는 것이 가능하다는 점이 비밀의 본질에 속한다. 요컨대 비밀은 문제적인 것이자 소유의 질서에 속한다. 그러나 신비는 참여하고 인지하는 것은 가능해도 그것을 받아들인다든지 내어놓는다든지 파헤친다든지 할 수는 없다. 소유의 질서에 속한다는 것은 모종의 의미에서 안과 밖, 자기와 타자의 대립이 의미를 지니는 차원에 한정된다. 마르셀에 의하면 자율은 타율을 전제하며, 따라서 소유의 질서에 속한다고 본다. 자율은 어떠한 형식으로 생각하든지간에 일종의 관리가 가능한 영역인 곳에서 성립한다. 이에 반해 가진다고 하는 범주가 적용될 수 없는 영역에서는 어떠한 의미에서도 관리라는 것이 말해질 수 없으며, 따라서 가진다고 하는 것도 말할 수 없게 된다. 어떤 인간은 천재**이고**, 그는 재능을 **가진다**고는 말할 수 있지만, 천재를 가진다고는 말할 수 없다. 인간이 전면적 활동에 들어서면 들어설수록 자율이라는 표현의 정당성은 상실된다. 자율적이지 않다는 사태는 이 경우 곧바로 타율을 의미하지 않으며, 가진다는 것 일체를 초월한 지대에,

즉 깊이 존재의 질서 속에 뿌리박고 있는바, 이 자율적이지 않다는 사태야말로 자유 그 자체인 것이다. ☞㊅소유, 신비, ㊁마르셀

—아카마쓰 히로시(赤松 宏)

㊟ 廣瀨京一郎・竹下敬次, 『マルセルの哲學』, 弘文堂, 1959.

존재와 시간 存在—時間 [*Sein und Zeit*. 1927, 71953]

38세의 M. 하이데거는 E. 후설이 편집하는 현상학파의 기관지 『철학 및 현상학 연구 연보』 제8권(1927)에 『존재와 시간 전반부』를 발표하여 일약 독일뿐만 아니라 서양의 철학계에 그 이름을 알리게 되었다. 이 '전반부'라는 속표지와 목차 사이에는 1926년 4월 8일자로 후설에 대한 헌사가 인쇄되어 있다. 본문의 처음은 플라톤의 『소피스테스』 인용으로 시작되며, 이어서 "<존재>의 의미에 대한 물음의 구체적인 취급"이 본 논술의 목적이며, "모든 존재이해 일반의 가능적인 지평으로서 시간을 해석하는 것"이 그 목적의 당장의 목표라고 말하고 있다.

하이데거가 출신지인 프라이부르크로부터 조교수로서 마르부르크로 옮긴 것은 1923년 겨울학기부터이다. 2년 후 N. 하르트만의 전출에 따라 마르부르크의 대학 당국자는 후임교수로서 단독 후보로 하이데거를 추천하지만, 베를린의 문교부 당국자는 업적 부족을 이유로 두 차례 거부하며, 가까스로 27년 2월의 『존재와 시간』 전반부의 공간에 의해 결국 8월에 정교수 승격이 결정되었다. 『존재와 시간』은 그의 존재 사유의 전기의 정점이자 중기・후기 사유의 출발점이 된다는 의미에서 하이데거의 주저라고 말할 수 있다. 또한 그것이 20세기 철학을 대표하는 저작의 하나라는 점에 대해서는 이의가 존재하지 않는다. 그러나 그 탄생은 위와 같이 교수직 취임을 위한 업적으로서였다. 앞에서 언급한 후설에 대한 헌사도 그 과정 중에 인쇄에 붙여진 교정쇄에 덧보탠 것이다.

『존재와 시간』은 전반부・후반부의 2분책으로 예정되어 있었다. 2장으로 이루어진 '서론'과 그에 이어지는 '제1부' 중의 각각 6장으로 구성된 제1편과 제2편까지가 '전반부'이다. 서론에서는 존재의 의미에 대한 물음의 마무리를 목표로 하기 위해서는 '현존재'(Dasein)에 대한 존재론적 분석론을 선행시켜 이 물음을 위한 지평을 발굴하고 드러내 필요가 있다고 설명하고, 탐구의 방법과 논술의 윤곽을 제시한다. 제1부의 제1편은 '현존재의 준비적인 기초적 분석'으로서 일상적인 현존재의 '세계에 있음{세계-내-존재}'(In-der-Welt-sein)이라는 존재방식을 실마리로 현존재의 존재를 전체적으로 '조르게{염려}'로서 파악한다. 제2편의 '현존재와 시간성'에서는 양심과 책임, 죽음과 각오성이라는 실존 현상에 대한 고찰을 매개로 하여 염려라는 현존재의 존재의 존재론적인 의미가 유한한 '시간성'(Zeitlichkeit)이라고 하고, 지금까지 노정된 현존재의 존재방식을 이러한 시간성에 기초하여 한층 더 근원적으로 다시 받아들이며, 현존재의 일상성, 통속적으로 이해된 역사와 시간 개념 등에서 현존재의 존재의미인 시간성으로부터의 시간적 해석을 제공한다.

'전반부'를 총괄하여 '후반부'로 건네주는 과제를 명시한 '전반부' 말미의 문절을 살펴보자.

"<존재>와 같은 어떤 것은 존재이해 속에서 개시되며, 존재이해는 이해로서 실존하는 현존재에 속한다. 개념으로서 파악되어 있지 않다 하더라도 존재가 선행적으로 개시된다는 것은 실존하면서 세계에 있음으로서의 현존재가 내세계적으로 만나게 되는 존재자이든, 실존하면서 있는 존재자로서의 현존재 그 자체이든, **존재자로 향하여** 자기를 서로 관계하게 할 수 있다는 것을 가능하게 하는 것이다. **존재를 개시하면서 이해하는 것은 현존재에게는 본래 어떻게 해서 가능한 것일까?** 이 물음은 그 대답을 존재를 이해하고 있는 현존재의 **근원적인 존재 체제**로 되돌아옴으로써 획득할 수 있는 것일까? 현존재의 전체성의 실존론적인 존재론적 체제는 시간성에 기초한다. 따라서 탈자적인 시간성 그 자신의 어떤 근원적인 시숙의 방식이 존재 일반의 탈자적인 기투를 가능하게 함에 틀림없다. 시간성의 이러한 시숙 양태는 어떻게 해석되어야 할 것인가? 근원적인 **시간**으로부터 **존재**의 의미로 어떤 길이 이끌

고 있는 것일까? **시간** 그 자신이 **존재**의 지평으로서 자기를 드러나게 하는 것일까?"

공표된 '전반부'에 따르는 한, 이러한 물음은 '후반부'의 첫 머리, 즉 제1부 제3편 '시간과 존재'에서 매듭지어져야 할 것이었다. '후반부'의 계획은 서론의 제6장과 제8장에서 엿볼 수 있다. 즉 '시간과 존재' 후에 '제2부'는 역시 3편으로, 칸트의 도식론, 데카르트의 '나는 생각한다, 나는 존재한다', 아리스토텔레스의 시간론으로 소급하여 존재가 시간에 의해 규정된 성질, 즉 '시간성'(Temporalität)이라는 문제설정을 실마리로 하여 서양의 존재론의 역사를 현상학적으로 해체하고, 존재와 시간의 시원에서의 밀접한 관련으로 되돌아가 이를 들여다보고자 한다.

또한 '시간과 존재'에서 취급되어야 할 사항에 대해 말하자면, 그것들은 명시된 네 가지 사항만이 아니라 과제로서 남겨져 있는 다섯 가지 사항, 그리고 예를 들면 제2편까지에서 전제되고 선취되어 있는 스무 종류의 이상의 이념의 통일 문제이자 존재자일 수 없는 존재, 의미, 즉 자기, 세계, 진리, 시간 등의 <존재>와 그 통일의 문제 등등이다. 필자는 『존재와 시간』의 성립사와 그 내재적 고찰에서 '시간과 존재'에서 하이데거가 매듭지어야 할 항목들을 빠짐없이 열거한 적이 있다. 오로지 그것만으로도 '시간과 존재'의 퇴고에 있어 하이데거가 고심에 고심을 거듭할 수밖에 없었던 사실에 대해 몇 가지 납득할 만한 계기가 주어질 수 있었다.

『존재와 시간』은 그것이 태어날 때의 사정뿐만 아니라 그 성장에서도 그것을 길러내는 사유를 오랫동안 필요로 했다. '후반부'의 소기의 목표에 따른 강의와 저술은 1920년대 말기까지 단속적으로 이어진다. 논자에 따라서는 1953년의 『존재와 시간』 제7판에 대한 '머리말'에서 '전반부'라는 글자의 말소에 대해 말하기까지 하이데거의 마음에 '후반부'라는 것이 걸려 있었다고 말할 것이다. 그러나 그것은 어쨌든 하이데거의 사유에서는 전회가 생겼던 것이다. "4반세기가 지난 오늘날에 이르러 후반부는 이미 이어질 수 없다. 그러나 만약 존재에 대한 물음이 우리의 현존재를 움직이는 모든 것이라고 한다면, 후반부의 길은 오늘날에도 여전히 더욱 더 필수적인 길로 남아 있다."

오늘날에는 『존재와 시간』 이전의 하이데거의 사실적 생의 해석학 동향을 거의 추적할 수 있는 연구상황이 된 이상, 자기 즉 실존의 존재방식에 대한 염려를 핵심으로 하는 1920년 전후부터의 하이데거의 주안점을 『존재와 시간』으로 결실하기까지의 그의 사유의 숨은 흐름으로 간주할 수 있다. 『존재와 시간』이 당시의 신칸트주의 내지 학적일 것을 모토로 내건 철학이 주류를 이루고 있는 학계에 등장하기 위해 갖추지 않을 수 없었던 여러 가지 차림새에 마음을 빼앗겨 숨은 흐름을 보지 못하거나 잘못 보지 않도록 우리의 주의가 긴요하다고 할 수 있다.

나아가서는 존재자와의 교섭・경험 ⇄ 이것을 가능하게 하는 존재이해 ⇄ 존재이해를 이끌어 이것을 가능하게 하는 시간성 내지 시간. 즉 현상학적 환원 내지 구성이 결국은 초월론적 문제설정에 기초한다. 이러한 학적 문제제기에 의한 인간 존재의 표상화・대상화・객관화의 위험. 이 위험으로부터의 탈피. 1930년대 이후의 오랜 고심을 필요로 한다는 점에 대한 이해가 필수적인 것이 되는 까닭이다. ☞ ㊓기초존재론, 시간, 실존, 조르게, 존재, 현존재, ㊒하이데거

―가야노 요시오(茅野良男)

[참] 茅野良男, 『初期ハイデガーの哲學形成』, 東京大學出版會, 1972. 茅野良男, 『ハイデガーにおける世界・時間・眞理』, 朝日出版社, 1981. W. ビーメル (茅野良男 監譯), 『ハイデガー』, 理想社, 1986.

지각의 현상학知覺―現象學 [*Phénoménologie de la perception*, 1945]

『행동의 구조』(1942)와 함께 메를로-퐁티의 학위논문(갈리마르 사, 1945)을 이룬다. 저자의 자기 해석에 의하면 둘 다 "지각 세계의 재구성 시도"이지만, 전자가 "지각 행위의 출현"에 바깥쪽으로부터 입회하고자 노력했던 데 반해, 본서는 일거에 "지각 행위 안에 위치하여 주체와 그의 신체와 그의 세계와의 기묘한

관계에 대한 분석"을 추구한 것이다[「미공간 문서」]. 후년에 본서에서 제기된 문제들은 "의식과 대상{객관}의 구별"을 전제하고 있는 까닭에 해결 불가능하다[VI 253]고 회고하고 있지만, 이것은 역으로 본서의 문제제기가 어떻게 저자의 철학적 영위의 저류를 이루고 있었는지에 대한 증좌라고 생각될 수 있을 것이다. 어쨌든 저자가 그 철학적 명성을 확립한 것은 본서에 의해서이며 그 냉철한 서술 스타일은 지금도 현상학적 기술 실천의 가장 좋은 규범이라는 평가를 상실하고 있지 않다. 다케우치 요시로竹内芳郎 외에 의한 일본어역(みすず書房, 2분책, 1967, 1974), 나카지마 모리오中島盛夫에 의한 개인번역(法政大學出版局, 1982)이 있다.

전체는 3부 구성으로 이루어져 있다. 저자의 독자적인 현상학 해석을 보여준 '서문'. 여기서 주목해야 할 것은 <지향성>이라는 널리 알려진 개념이 저자의 <현상학이란 무엇인가>에 대한 논술에 있어 마지막으로 화제가 되어야 할 개념이라고 하는 점이다. 데카르트적 코기토를 지향적 코기토로 변화시켜 본 데서 <에 대하여>라는 "의식의 접두어를 세계의 접미어로 변화시키는 것이 되지는 않는다."(틸리에트) 지향성은 "현상학의 근본 관념"(사르트르)이지만, 저자에게 있어 그것은 결코 자명한 관념이 아니라 오히려 현상학적 실천의 끝에서 발견되어야만 하는 <사실성>인 것이다. '서론'에서는 <현상의 장>이라는 풍요로운 개념이 제출되며, 이하에서 제1부 '신체', 제2부 '지각된 세계', 제3부 '대자존재와 세계-내-존재'로 이어진다. 거기서 저자는 시종일관 관념론적 주관주의(=주지주의)와 과학적 객관주의(=경험주의)의 쌍방을 교호적으로 반복해서 비판하는 "양의적인" 서술 태도를 지켜나가면서 "세계에 몸을 바치고 있는 주체"[PP V]에 대한 철학적 선양과 그 구체적인 현상학적 기술에 몰두한다. 왜냐하면 "현상학의 가장 중요한 수확은 세계, 즉 합리성이라는 개념 속에서 극단적인 주관주의와 극단적인 객관주의를 접합시킨" 것에 있기 때문이다[같은 책 XI]. 저자는 이러한 접합의 마당을 신체 또는 <실존>에서 찾았다. 보부아르의 회상기에 의하면 사르트르가 지향성 개념에 접하여 "감동으로 거의 창백해져서" 현상학에 몸을 맡긴 것도 "관념론과 실재론의 대립의 초극, 의식의 절대성과 세계의 사실성(=우연성)의 동시 긍정"을 원했기 때문이지만, 저자가 이 시기에 굳이 실존주의자를 표방한 것도 실존(existence)이 "절대적인 원천"[같은 책 III]이면서 그 탈자성(ek-stase)에 의해 세계로 열려 있는 지향적 의식의 담지자로 생각되었기 때문이다. 그렇지만 실존을 강조하는 철학은 주관주의에 빠지기 쉬운바, 저자도 끊임없이 그 위험에 주의하여 서술하고 있다. 실제로 '서론'은 주지주의와 경험주의가 공통적으로 빠져 있는 <객관주의>를 단죄하지만, 그것 자체가 반대로 저자의 입론이 주관주의적 경향으로 기울어져 있음을 보여주는 것은 아닐까? 그런 까닭에 저자는 우선 이러한 의혹을 일소하는 것에서 시작하지 않으면 안 되었다. 제1부의 문제설정은 다음과 같다. "보는 활동은 어떤 곳으로부터 행해지는 것임에도 불구하고 어째서 그 조망 속에 갇혀 버리지 않는 것일까?"[같은 책 81] 혹은 "<즉자>가 <우리에게 있어> 존재하는 것은 어째서일까?"[같은 책 86] 저자는 『논리연구』 제2권에서 후설이 제기했던 물음을 다시 묻고 있는 것이다. 즉 "대상이 <즉자적으로> 존재하고 더욱이 인식에 <주어진다>고 하는 것은 어떠한 것인가"[LU II/1 13] 하는 것이다.

후설은 이러한 인식론적 물음에 대해 바로 지향성 개념으로 대답하고자 했지만, 저자가 묻고 있는 물음의 의미는 동시에 그 인간주의적 의미를 감안하지 않으면 밝혀지지 않는다. 왜냐하면 저자는 다른 맥락에서 <절대자(=신)는 무슨 까닭에 우리에 대해 현상(=예수의 육화)한 것일까>라고 묻고 있기 때문이다. 이것은 헤겔적 물음이다. 후설과 헤겔을 동일한 철학적 문제 권역에서 화제로 삼은 점에 프랑스 실존주의적 현상학이 지닌 다산성의 비밀이 놓여 있지만, 저자는 <절대자>의 <현상>이라는 <생기사건>으로부터 대단히 인간주의적인 귀결을 끌어낸다. 신은 자기의 진리성을 인류에게 확증하기 위해 예수의 존재를 필요로 했다. 그런 까닭에 "우리가 있지 않은 경우의 신의 무능력이라고도 말해야 할 것이 있다. 그것은 그리스도의 존재 그 자체가 증거하고 있다. 신은 인간적 조건에 들어맞는 것이 아니라면 완전한 의미에서의 신일 수 없을 것이다. {클로델의 사상에서 보면} 초월은 이미 인간 위로 튀어 나와 있는 것이 아니다. 인간은 기묘한 일이긴 하지만 그것의 특권적인 담지자가 되는 것이다"[Signes 88]. 저자가 즉자 내지 초월을 인간의 피안에 정립하는 객관주의를 물리치는 것은 이러한 의미에서 일종의 인간주의에 의해서였다. 지향성은 인간 그 자체의 별명인 것이다.

그렇지만 객관주의에 대한 단죄는 저자에게 있어 주관주의의 연명책을 의미하는 것도 아니었다. 확실히 실존은 "절대적인 원천"이고, 그런 한에서 저자는 "넘어서기 어려운 체험된 유아론"[PP 411]의 진리성을 인정한다. 그러나 저자에 의하면 "내가 나의 실존을 체험하는 바로 그 순간에서도, 또한 반성이 극한까지 다다른 그 끝에서도 여전히 나에게는 나를 시간으로부터 벗어나게 해주는 절대적인 밀도가 결여되어 있다. 요컨대 나는 내가 절대적으로 개인이라는 것을 방해하고 인간들 사이에서의 한 사람의 인간으로서 타자들의 눈길에 노출되는 일종의 내적인 약함을 내 속에서 발견하는 것이다"[같은 책 VII, 489]. 인간을 결여한 경우의 "신의 무능력"이 존재했듯이, 타인을 결여한 경우의 주관의 "내적인 약함"이라고도 말해야 할 것이 있다. 저자가 후설에게 돌리고 있는 사상에 따르면 "초월론적 주관성은 상호주관성인 것이다"[같은 책 VIII]. 따라서 인간주의는 관념론적 주관주의에 대한 단호한 거부이다. 시각이 조망의 주관성 속에 갇혀 버리지 않는 것도 그것이 이미 타인의 존재를 전제하기 때문이다. "<사람>이 내 속에서 지각하는 것이지 내가 지각하는 것이 아니다"[같은 책 249]. 저자는 이러한 전인칭적인 <사람>의 수준에서 활동하는 지향성을 "작동하고 있는 지향성"이라고 부르고, 대상 정립적인 "작용 지향성"과 구별했다[같은 책 VIII]. 저자가 즐겨 인용하는 후설의 말에 따르면 "아직 침묵한 채 말해지지 않는 바로 그 경험을 그 경험 자신의 순수 표현에로 가져와야 한다"[같은 책 X]. 혹은 "우리는 우리 경험의 깊은 곳 그 자체 속에서 객관의 기원을 발견해야만 한다"[같은 책 86]. 본래 객관(즉자, 초월)이 주관(대자, 내재)에 <있어> 존재한다는 것은 객관과 주관이 서로 말하자면 공모하고 뒤얽혀 하나의 세계를 만들어내고 있다는 것에 다름 아니다. 저자는 만년에 이러한 사태를 <살>(chair)이라는 난해한 말로 표현하게 되지만, 저자의 철학적 직관은 본서에서 이미 주관-객관의 전통적 용어법과는 어울리지 않았다고 말할 수 있을 것이다. 저자는 지향성 개념을 신체 수준에 정위함으로써 새로운 주관 개념, 새로운 객관 개념을 모색하고 있었던 것이다. ☞ [사]신체, 양의성, 지각, 지향성, 체험된 세계, 현상의 장, [서]기호들, 보이는 것과 보이지 않는 것

―나카무라 후미로(中村文郎)

[참] メルロ＝ポンティ,「未公刊文書」(瀧浦靜雄・木田元 譯,『言語と自然』, 付祿 1, みすず書房, 1979에 수록). X. Tilliette, *Merleau-Ponty ou la mesure de l'homme*, Paris, 1970(木田元・篠憲二 譯,『メルロ＝ポンティ―あるいは人間の尺度』, 大修館, 1973). S. de Beauvoir, *La force de l'âge*, Paris, 1960(朝吹登水子・二宮フサ 譯,『女ざかり』, 紀伊國屋書店, 1969). 木田元,『メルロ＝ポンティの思想』, 岩波書店, 1984.

지각의 현상학에 대한 기여 知覺―現象學―對―寄与

[*Beiträge zur Phänomenologie der Wahrnehmung*. 1910, ²1976]

1909년에 후설에게 제출된 빌헬름 샤프의 박사학위 논문. 1925년에 판을 거듭한 후, 1976년에 그라우만(C. F. Graumann)의 서언을 붙인 판이 클로스터만 사에서 다시 간행되었다. 메를로-퐁티도 그의『지각의 현상학』에서의 분석에서 자주 원용하는 이 논문에서 샤프가 의도한 것은 당시 지배적이었던 실증주의와 경험주의에 대항하면서 그에게 독특한 방식으로 다시 파악된 본질현상학적 방법을 사용하여 지각과 환상의 활동을 분석하는 것이자 그에 의해 사물 세계의 선험적인 구조를 기술하는 것이었다. 그러함에 있어 샤프는 <선험적인 관계>에 대해 <선험적인 관계>란 예를 들어 시각과 촉각이 전적으로 다른 지각작용임에도 불구하고 우리가 만진 책상과 본 책상이 동일한 것이라는 불가사의한 확신을 가지고 있는 것을 뒷받침하는 관계

라 설명하고, 그와 같은 선험성의 대상 측면에서의 상관자가 다름 아닌 <본질>이라고 해명했다. ☞ ⓘ샤프

―히구라시 요이치(日暮陽一)

진리와 방법 眞理―方法 [*Wahrheit und Methode*. 1960]

가다머가 1960년에 철학적 해석학의 요강으로서 간행한 그의 주저. 제1부의 일본어 역으로서 구츠와다 오사무轡田收 외 역 『眞理と方法 Ⅰ』(法政大學出版局, 1986)이 있다. 그의 저작의 철학적 동기는 <근대 주체성>의 입장에서 유래하는 방법 신앙과 과학적 방법론이 모든 영역에 걸쳐 인간 주체의 지배를 관철하고 있는데 맞서 그것들이 지배할 수 없는 '진리 경험'을 탐구하고 그 진리 경험의 정당성을 묻는 것이었다. 가다머에 의하면 근대 주체성을 초극하는 철학적 해석학의 근간이 '영향작용사적 의식'이다. '영향작용사'란 과학적 방법론이 근대 주체성의 역사적 제약을 받고 있을 뿐 아니라 본래 전통으로서의 역사가 역사적 현재에 영향을 미치고 있는 작용을 가리키는바, '영향작용사적 의식'이란 역사적 현재를 살아가는 자가 전통으로서의 역사의 영향을 받고 있다는 것을 의식한다는 것이다. 그러므로 '영향작용사적 의식'에 기초하여 진리 경험을 탐구하는 것, 즉 역사적 현재가 전통의 영향을 받으면서 전통을 이해하고 보존하는 과정을 해명하는 것이 철학적 해석학인 것이다.

역사적 현재가 전통의 영향을 받으면서 전통을 이해하고 보존하는 과정은 역사적 현재와 전통이 상호적으로 작용하는 과정이다. 그 상호작용 과정이 이해의 '해석학적 순환'이라고 불린다. 그리고 이해의 해석학적 순환 과정이 나와 너의 '대화' 모델과 비교되며, 전통 이해의 매개는 '언어'에서 찾아진다. 왜냐하면 전통이 말로 전해진 전승인 이상, 전승의 의미 이해는 언어를 매개로 하여 전통에 응답하는 대화로 되기 때문이다. 전통 이해의 열쇠를 쥐고 있는 것은 대화의 매개가 되고 대화의 성취인 바의 언어에 다름 아니다. 그런 까닭에 "이해되고 있는 존재는 언어"인 것이다. 전통 이해가 전통의 힘으로 돌아가 전통을 역사적 현재로 불러내기 때문에 이해는 '적용'이 된다. '적용'이란 말로 전해진 전승을 의미 이해하여 그 의미를 역사적 현재를 살아가는 자의 경험의 내실로 만드는 것이다. 그와 같은 적용이 근대 주관성의 입장에 선 인식의 객관성과 가치판단에 지배되지 않는 진리 경험, 요컨대 '해석학적 경험'이다. '해석학적 경험'은 언어를 매개로 한 예술작품과의 대화로부터 생겨나는 예술경험으로서, 또는 말로 전해진 전승의 텍스트들과의 대화로부터 생겨나는 역사적 경험으로서 성취된다. ☞ ⓢ영향작용사적 의식, 전통, 지평융합, 해석학적 순환, ⓘ가다머

―다케다 스미오(竹田純郎)

㉶ E. Hufnagel, *Einführung in die Hermeneutik*, Kohlhammer-Verlag, 1976(竹田純郎・齋藤慶典・日暮陽一 譯, 『解釋學の展開』, 以文社, 1991).

철학과 자연적 경험 哲學—自然的經驗 [*La philosophie et les expériences naturelles*. Phaenomenologica 9, 1961]

『양의성의 철학―모리스 메를로-퐁티의 실존주의』(1951)의 저자 A. 드 발렌스가 메를로-퐁티의 사상에서 강한 영향을 받아 쓴 현상학적 존재론의 저작으로 메를로-퐁티에 대한 회상에 바쳐져 있다. 초월과 사실성, 시간성, 세계의 존재 등 현상학에 고유한 주제를 중심으로 구성되어 있지만, 논의의 기축을 이루는 것은 과학적 경험과 철학적 반성의 기본으로서 언제나 이미 활동하고 있는 '비철학적인 것'으로서의 자연적・선코기토적인 경험의 분석이다. 코기토로서의 주체의 체험이 거기에 뿌리박고 있는 선코기토적인 경험의 위상이 신체적 주체, 그리고 인칭 이전의 선주체(présujet)에 입각하여 분석된다. 특히 중요한 것은 '타자'에 관한 장으로서, 거기서는 '현재와 부재의 놀이'로서의 언어와, 무의식과 주체 형성을 둘러싼 라캉의 정신분석을 참조하여 코기토의 내재 영역에로의 닫힘이 불가능한 구조, 즉 주체의 근원적으로 상호주관적인 구조를 밝혀내고 있다. "타자의 개시, 의미의 창설, 주관성에로의 도달은 동시적인 동시에 동근원적인 사실일 뿐만 아니라 더 나아가 그것들의 근원으로부터 이루어진 복와상배열(覆瓦狀配列, imbrication)에 의해서만 명료하게 이해되는 사건이다"[157]라는 관점에서 존재가 '열개裂開'해 가는 모습이 현상학적・변증법적으로 묘사되고 있다. ☞ ㊞발렌스

―와시다 기요카즈(鷲田淸一)

철학적 고찰 哲學的考察 [*Philosophische Bemerkungen*. 1964, [2]1970]

비트겐슈타인의 중기를 대표하는 저작의 하나로서 1929년부터 다음 해에 걸친 날짜가 적힌 타이프 원고가 저본을 이룬다. 이것에 이어지는 저서가 『철학적 문법』(*Philosophische Grammatik*, 1969)이며, 그밖에 중기에 대해 아는 실마리로서는 29년 12월부터 31년 12월 사이에 이루어진 슐리크(Moritz Schlick 1882-1936)와의 대화 기록을 담고 있는 『비트겐슈타인과 빈 학단』(*Ludwig Wittgenstein und der Wiener Kreis*, 1967)이 있다. 전기의 『논리철학논고』와 후기의 『철학탐구』 사이에는 언뜻 보아 뚜렷한 단절을 느끼게 할 정도의 서술스타일, 개념들과 내용의 차이가 보이지만, 중간기라고 말해야 할 시기에 씌어진 이 저작은 그것들 사이에 다리를 놓는 것으로서 주목된다. 『논리철학논고』의 논리적 원자론의 파기와 '문법(구문법)' 개념의 제시 그리고 '현상학'의 구상 등 이외에 문법과 체계 개념에 기초한 수학적 식견도 본서의 특색을 이룬다. 그는 『논리철학논고』에서 모든 명제의 '요소명제'로의 분석 가능성과 요소명제 상호간의 독립성을 주장하며 이른바 '논리적 원자론'을 전개했지만, 『철학적 고찰』에서는 '요소명제' 간의 상호 의존성을 인정하고 '논리적 원자론'을 부정한다[『철학적 고찰』 §80, §83]. 나아가 '명제의 체계'라는 사고방식 및 명제들에게 상호적 관련을 부여하는 '문법' 개념과 더불어 '공간', '좌표계'와 같은 개념에 의해 고찰이 진행된다. 기호의 의미는 체계로서의 좌표계에 의해 주어지는데, 이 좌표계가 문법의 공간이다. 예를 들면 문법으로서의 '색8면체'는 색에 대해 어떠한 것이 말해지는가 하는 가능성의 체계로서의 '색 공간'이다[§221]. 또한 본서에서

주장되는 '의미의 검증원리'도 <문법> 개념을 토대로 고찰되는데, 논리실증주의의 그것과는 달리 '현실에서 주어지는' 것은 '요소명제'가 아니라 '명제들의 체계'이다[§82]. 나아가 검증이 유일한 현실과의 관계방식이 아니라는 사고방식으로의 전환도 보인다[§§ 227-229]. 그밖에 후기의 언어게임 이론을 예상케 하는 '문장의 의미는 그 (사용)목적이다'라는 발언도 있는데 [§15], 이 책에는 후기로의 이행을 더듬어 확인할 수 있는 다양한 발상이 담겨 있다. 서두에서는 '현상학적 언어'의 단념과 함께 "우리의 언어에서 본질적인 것을 비본질적인 것으로부터 분리하는 것, 이것이 가능한 동시에 필요한 모든 것이다"라고 서술되고 있다. '현상학적'과 '현상학'이라는 용어는 몇 차례 등장한다. 그는 "현상학은 가능성들만을 연구하는" 것이라고 말하여 현상학적 연구와 물리학적 연구를 엄격히 구별하며 [§1, §218], 마흐의 견해에 대해서는 비판적이다. 그밖에 '지향'(Intention)과 {경험에 대립할 가능성이라는 의미에서의} '지향성'이라는 용어도 등장하지만[§20, §138], 이 이후 이 개념의 내용은 변화하여 '의도'(Absicht)와 거의 같은 뜻으로 사용된다. 본서는 비트겐슈타인과 현상학의 관계를 탐구하는 데서도 귀중한 자료라고 할 수 있다. ☞ [사]비트겐슈타인과 현상학, [인]비트겐슈타인

—오카모토 유키코(岡本由起子)

[참] A. Kenny, *Wittgenstein*, 1973(野本和幸 譯,『ウィトゲンシュタイン』, 法政大學出版局, 1981). 瀧浦静雄,『ウィトゲンシュタイン』, 岩波書店, 1980.

체험된 시간 體驗—時間 [*Le temps vécu*. 1933]

E. 민코프스키(Eugène Minkowski)의 저서. 현상학적 정신병리학의 고전. 일본어 역은 1권 中江育生・清水誠 역(みすず書房, 1972), 2권 中江育生・清水誠・大橋博司 역(みすず書房, 1973)으로서 출판되어 있다. 본서에서 민코프스키는 시간을 베르그송적인 생성으로 보고 그 형상들을 환원했다. 다만 시간을 참으로 체험하기 위해서는 그것을 단지 동적인 것으로 볼 뿐만 아니라 동시에 또한 그것을 정적인 것으로도 보지 않으면 안 된다고 하여 시간과 공간을 상호 융합적인 것으로서 파악했다. 시간이 동적으로 체험될 때 자아가 실현되어가지만, 그것이 세계로부터의 개인의 고립을 가져오는 것이어서는 안 된다. <인격적 약동>은 <현실과의 생명적 접촉>을 잃어서는 안 된다. 정신의학은 정신병질의 2대 유형으로서 <분열성>과 <동조성>을 도출했지만, 이러한 두 가지 인자들은 대립하는 것이기는 하지만 모순되는 것이 아니라 오히려 다소나마 주기적으로 발현하여 인격의 발전을 실현하는 것이다. 그럼에도 불구하고 시간이 동적으로 체험되어야 하는 것이라고 한다면 기술해야 할 시간의 양상으로서는 과거보다 미래가 앞서지 않으면 안 된다. 그렇지만 하이데거처럼 <죽음의 선구적 결단>을 말하고자 하기 때문이 아니라 시간은 알려지기 전에 우선 체험되어야 할 것이라고 생각하기 때문이다. 그리고 체험된 미래를 직접적 미래, 간접적 미래, 지평의 셋으로 나누고 그것들 각각을 체험하는 태도로서 <기대>, <희망>, <기원>이 있다고 주장했다. 이어서 과거에 대해서도 직접, 간접, 지평으로 3단계를 나누고, 이들을 체험하는 태도로서 <후회>, <아쉬움>, <단순한 회상>을 제시했다. <체험된 시간>에서는 <단순한 회상>은 <죽음>과 동등한 것이다. ☞ [사]체험된 시간/체험된 공간, [인]민코프스키

—시미즈 마코토(清水 誠)

코페르니쿠스설의 전복—說—顚覆 [(독) *Umsturz der kopernikanischen Lehre*]

후설은 1934년 5월 7일부터 9일에 걸쳐 현재는 D17로 분류되는 초고를 쓰고 봉투 위에 다음과 같이 적었다. "통상적인 세계관에 의해 해석되는 코페르니쿠스설의 전복. <근원적인 의미에서의 방주>(Ur-Arche)로서의 지구는 움직이지 않는다. 자연과학적으로 첫 번째 의미에서의 자연이 지니는 공간성 및 물체성의 현상학적 기원에 대한 기초적 연구들. 모든 것은 필요한 연구를 위한 단서이다." 이 초고는 '자연의 공간성의 현상학적 기원에 관한 기초 연구'라는 제목으로 M. 파버가 편집한 후설 기념 논문집(*Philosophical Essays in Memory of Edmund Husserl*, 1940)의 부록으로서 공간되었다. 일본어 역은 『강좌・현상학講座・現象學』 제3권(新田義弘・村田純一 譯: 弘文堂, 1980)에 수록되었다. 후설은 여기서 공간 및 공간 내의 물체의 운동에 대한 구성적 연구를 수행하고, 공간과 운동의 경험에는 '지반'으로서 기능하는 지구의 경험이 언제나 선행한다는 것을 보여주었다. 이 지반으로서의 지구(이것을 후설은 방주{Arche}라고 부른다)는 모든 물체 경험에 선행하는 이상, 통상적인 물체와 동일한 의미에서는 물체로서 이해될 수 없으며, 또한 모든 운동과 정지의 의미를 가능하게 하는 기능을 수행하고 있는 이상, 그 자신은 운동한다고는 말할 수 없다. 이러한 사정은 구성적 분석이 신체에서 단순한 하나의 물체로서는 이해될 수 없는 '초월론적' 의의를 발견한 것에 대응하는바, 어떠한 경우에도 근대적 세계관의 '기원'에로의 소급이 그것의 일종의 '역전'을 가져오는 것과 같은 체험된 세계를 개시한다는 것을 보여주고 있다. ☞ ㉦대지, 지반

—무라타 준이치(村田純一)

타자他者 [*Der Andere. Studien zur Sozialontologie der Gegenwart.* 1965]

후설의 <상호주관성> 이론이 제기하고 있는 문제의 범위와 그 중요성을 그것이 내포하는 문제성과 함께 체계적으로 논의한 M. 토이니센의 500쪽이 넘는 연구서이다. 토이니센은 여기서 후설이 남긴 상호주관성을 둘러싼 방대한 초고군에 대한 극명한 분석을 통해 초월론적인 입장에서 이루어지는 상호주관성 이론의 한계(복수의 주관성의 초월론적인 공동태를 자아에 의한 자기 다수화에 의해 근거짓고자 하는 방법의 한계)를 지적한다. 그리고 부버로 대표되는 대화주의의 입장(<사이>의 근원적 실재성이라는 생각)에 의해 그것을 보완함으로써 '사회존재론'으로서의 상호주관성 이론의 가능성을 찾고 있다. 본서와 K. 헬트의 「상호주관성 문제와 현상학적 초월론적 철학의 이념」("Das Problem der Intersubjektivität und die Idee einer phänomenologischen Transzendentalphilosophie", in *Perspektiven transzendental-phänomenologischer Forschung*, 1972)에 의해 현상학의 <상호주관성> 개념이 내포하는 다양한 문제는 거의 그 전모가 밝혀졌다고 말할 수 있을 것이다. 덧붙이자면, 초역(鷲田淸一 譯)이 『현상학의 근본문제現象學の根本問題』(新田義弘・小川侃 編, 晃洋書房)에 수록되어 있다. ☞ ⓘ토이니센

—와시다 기요카즈(鷲田淸一)

특성 없는 남자特性—男子 [*Der Mann ohne Eigenschaften.*]

프루스트의 『잃어버린 시간을 찾아서』 및 조이스의 『율리시즈』와 함께 20세기의 3대 소설로 일컬어지는 무질(Robert Musil 1880-1942)의 대표작. 무질은 1880년 오스트리아의 클라겐푸르트에서 태어나 빈의 육군공과대학에 입학했지만, 도중에 군인 지망을 단념하고 베를린 대학의 칼 슈툼프 밑에서 철학과 실험심리학을 공부했다. 1908년에 박사 논문 『마흐 학설의 가치판단에 관한 논고』를 제출하여 학위를 취득했지만, 이후에는 작가가 되는 길을 선택하여 후반부 삶은 대작 『특성 없는 남자』의 완성에 심혈을 기울였다. 『특성 없는 남자』는 1930년에 제1권이, 1933년에 제2권 제1부가 간행되었지만, 1942년에 무질이 망명지인 스위스에서 갑자기 사망했기 때문에 완성되지 못한 채 끝났다. 이 소설은 그가 '카카니아'라고 부르는 제1차 세계대전 직전의 오스트리아-헝가리 제국의 수도 빈을 무대로 하며, 작가의 분신인 울리히(그는 현실사회를 살아가는 <특성>을 상실한 잉여존재이다)를 주인공으로 하여 전개된다. 독일의 <교양 소설> 전통을 근거로 하여 <순수 소설>과 <전체 소설>을 하나로 통합하는 방법적 모험을 감행한 이 소설은 그러나 19세기적인 소설 작법을 의식적으로 일탈한 문체로 씌어진다. 토마스 만이 "이것은 이미 소설(로망)이 아니다"라는 역설적인 찬사를 바친 까닭이다. 무질의 방법론에 현상학이 영향을 주고 있다는 점은 자주 지적되고 있으며, 사실 그가 남긴 『일기』에서는 후설 『논리연구』에 대한 상세한 언급이 보인다. F. 펠만은 '현실 감각'에 대한 '가능성 감각'의 우위를 설파하는 무질의 태도에서 후설 현상학의 명시적인 영향을 인정하고 있다. 또한 사회학자 P. 버거의 논문 「다원적 현실의 문제—슈츠와 무질」은 현상학적 사회학의 관점에서 『특성 없는 남자』의 구조를 해명한 것으로서 주목할 만하다.

—노에 게이이치(野家啓一)

퍼스 논문집—論文集 [*Collected Papers of Charles Sanders Peirce.*]

프래그머티즘의 창시자 C. S. 퍼스의 공간 논문 및 유고를 묶은 논문 선집. 퍼스는 생전에『사변철학잡지』를 비롯한 각종 잡지에 다수의 논문을 발표했지만, 계획됐던『대논리학』,『방법의 탐구』,『정밀논리학』등의 저작은 모두 간행되지 못한 채 끝났다. 그의 사후에 C. 하츠혼(Charles Hartshorne, 1897～2000)과 P. 와이스(Paul Weiss, 1901~2002)의 편집에 의해 유고가 대부분을 차지하는『퍼스 논문집』전 6권(1931-35)이 간행되어 퍼스 철학의 전모가 밝혀지게 되었다. 1958년에 A. 벅스(Arthur W. Burks)의 편집에 의해 2권이 더 덧붙여져 현재는 4분책 8권의 체재로 간행되고 있다. 내용은 주제에 따라 편집되어 있는데, '현상학' 관계 논문은 제1권 '철학의 원리들' 제3부에 170쪽에 걸쳐 수록되어 있다. 이『논문집』은 퍼스의 사상을 소개하고 보급하는 데서 커다란 역할을 수행했지만, 유고의 일부를 수록한 것에 불과하고 또한 편집상의 문제점도 지적되고 있기 때문에 현재는 M. 피쉬(Max Fisch)를 총편집장으로 하여 편년체의『퍼스 저작집』(*Writings of C. S. Peirce*)이 인디아나 대학 출판국에서 간행 중이다. 그러나 하버드 대학의 호튼 도서관에 수집되어 있는 퍼스의 유고는 간행된 논문만으로도 1만 2천 쪽, 나아가 공간되지 않은 손으로 쓴 초고가 8만 쪽에 달하는 방대한 것인바, 이『저작집』마저도 완벽한 전집이 아니다. 덧붙이자면, 위에서 말한『논문집』의 부분 번역이『퍼스 저작집パース著作集』전 3권(1. 현상학, 2. 기호학, 3. 형이상학)으로서 勁草書房(1985-86)에서 간행되어 있다. 또한 공간된 주요 논문의 번역이 <세계의 명저> 제48권『퍼스, 제임스, 듀이』(中央公論社, 1968)에 수록되어 있다. ☞ ㉤퍼스

—노에 게이이치(野家啓一)

표상의 내용과 대상表象—內容—對象 [*Zur Lehre vom Inhalt und Gegenstand der Vorstellungen, Eine psychologische Untersuchung*. 1894, 21982]

폴란드의 철학자 트바르도프스키의 주저(川村安太郎, 岩波書店, 1928). 1982년에 할러(Rudolf Haller)의 서문을 붙여 재판되었다. 트바르도프스키는 이 책에서 그의 스승 브렌타노의 심적 현상의 지향성 및 표상과 판단의 원리적 구별이라는 사고방식을 계승하는 한편, 그에 더하여 작용-내용-대상이라는 구별을 도입함으로써 발전시켰다. 명사가 화자의 심적 상태를 '고지'(Kundgeben)하고 전달해야 할 내용을 '의미'(Bedeuten)하며 그리고 대상을 '지명하는'(Benennen) 세 가지 활동을 하는 것과 유사하게 표상에는 작용, 내용, 대상의 세 계기가 언제나 속해 있다. 내용과 대상 모두 '표상된' 것이라고 말할 수 있지만, 이 경우 '그려진 풍경'이라는 표현이 그림을 나타냄(형용사의 변용적 용법)과 동시에 풍경 자신을 나타내는(규정적 용법) 이의성을 지니듯이, '표상된'이라는 형용사는 이의적으로 기능하는 것이다. 대상이 표상을 '통해' 표상되는 '제1차적 객관'인 데 반해, 내용은 표상 '속'에서 표상되는 '제2차적 객관'인 것이다. 이상과 같은 구별에 기초하여 트바르도프스키는 '무대상적 표상'의 문제, 내용의 전체-부분 관계에 대한 분석, 그리고 보편적 표상의 문제 등을 다루고 있다. 후설은 이 저서에 대한 서평[Hu **22**. 349ff.]

을 썼지만 생전에는 공간되지 않았다. 또한 후설은 '무대상적 표상'을 주제로 한 미공간 초고[「지향적 대상」(1984), Hu **22**. 303ff.]에서 트바르도프스키의 해결책(대상의 지향적 실재와 참된 실재의 구별)이 불충분하다는 점을 지적하고 있다. 지향성 개념에 대한 분석은 그 후 현상학, 대상론, 분석철학 등의 흐름 속에서 분지, 발전해 가게 되지만, 본서는 그 원류의 위치를 점한다고 할 수 있을 것이다. ☞㊄무대상적 표상, 지향성, ㉧트바르도프스키

—무라타 준이치(村田純一)

풍토 [風土. 1935]

와쓰지 데쓰로和辻哲郎의 대표작의 하나. 『고사순례』, 『쇄국』 등과 더불어 그의 저작 중에서 가장 일반적으로 널리 읽히고 영향을 미친 것에 속한다. 와쓰지가 46세에 원숙기에 들어선 시기에 성립했다.

와쓰지는 이 저작에서 <풍토> 개념 하에 "어떤 토지의 기후, 기상, 지질, 토양, 지형, 경관"을 이해한다. 그러나 그것들은 여기서는 단순한 객관적인 자연현상이 아니라 인간에 의해 체험된 공간, 인간의 지향성의 상관자로서의 생활공간으로서, 해석학적 현상학의 방법에 의한 노에마-노에시스 양면의 상관적인 유형 분석의 대상으로 생각된다. 1927년 유럽 유학을 향해 가는 항해 도중의 <사막적>, <목장적> 풍토와의 만남이라는 선명하고 강렬한 현실체험을 계기로 하고, 다른 한편으로 하이데거의 『존재와 시간』이 시간의 분석에 기울어져 공간 문제를 비교적 경시하는 것에 대한 비판을 담은 야심작으로서 이 저작은 씌어졌다. 와쓰지는 더 나아가 여기서 라이프니츠의 내외상즉의 철학을 기반으로 하여 인간의 역사를 자연사의 일환으로 간주하고 '인간의 정신의 풍토학'을 구상함으로써 넓은 의미에서의 나중의 해석학과 필롤로지 전통에도 연결되는 헤르더의 자세를 자각적으로 계승하고 있다.

우리는 추위와 같은 풍토적 현상을 향해 우리로부터 '밖에 나가 있지만'(ex-sistere), 이미 그에 앞서 '다른 나 속으로 나가는' 것에서 존재한다. "우리는 '풍토'에서 우리 자신을, 사이로서의 우리 자신을 발견하는 것이다." 이러한 마당에서 공간과 시간은 상즉불리인바, "역사는 풍토적 역사이고 풍토는 역사적 풍토이다." 와쓰지는 또한 풍토의 현상 속에서 "예부터 이어져온 인간학에서 육체 문제"의 연장과 구체화를 확인한다. "심신관계의 가장 근원적인 문제는 '인간'의 심신관계에, 즉 역사와 풍토의 관계도 포함한 개인적·사회적인 심신관계에 존재한다고 말할 수 있다."

이상과 같은 방법론적 기초에 토대하여 와쓰지는 남아시아를 중심으로 하는 <몬순>, 서아시아의 <사막>, 유럽의 <목장>의 세 가지 기본 유형을 추출하여 각각에 대응하는 세계관과 심성의 특수성을 분석하며, 또한 "몬순적 풍토의 특수 형태"로서 중국과 일본의 풍토적 특성을 기술하고 있다. ☞㊄풍토, ㉧와쓰지 데쓰로

—사카베 메구미(坂部 惠)

하이데거의 철학 [ハイデッガーの哲學. 1950]

미야케 고이치三宅剛一의 저서. 편지 형식의 제1부 '하이데거의 입장'은 처음에 1934년 도호쿠 대학 문학부의 기관지 『문화』에 발표되었지만, 『휴머니즘에 대하여』와 『숲길』이 나온 직후 그 두 저서에서 보이는 하이데거의 후기 사상을 소개한 제2부 '최근 저서에서 나타난 철학사상'과 합쳐져 1950년에 고분도弘文堂에서 출판된 것이 본서이다(1975년 재간행). 제1부에서 저자는 어떠한 반성도 역사성과 소박성을 벗어날 수 있는 것이 아니고 또한 현상학적 환원도 마찬가지인데, 바로 그러한 인간의 역사성을 자각하고 유럽의 시대적 상황을 스스로 받아들이는 것에서 현상학적 방법의 가능성을 찾은 것이 전기 하이데거의 기본적인 입장이었다는 것을 정열을 다해 이야기하고 있다. 제2부에서도 밝힘(Lichtung)으로서의 존재와 '존재의 역사'와 같은 개념 등, 후기 사상의 중심적인 사고방식을 명쾌하게 소개하여 오늘날 연구의 선구자가 되었다. ☞㉧미야케 고이치

—다키우라 시즈오(瀧浦靜雄)

학문론學問論 [*Wissenschaftslehre*. 1838]

예전에는 『지식학』이라고도 번역된 독일어의 'Wissenschaftslehre'라는 명칭은 피히테가 자기의 주저 제목으로 삼은 이래로 독일어권의 학문적 세계에서 유포된 것이지만, 볼차노는 이 순수하게 독일적인 명칭을 남기면서도 그것을 객관주의적인 논리학과 같은 뜻의 것으로서 다루었기 때문에 피히테와의 연속성은 희박해졌다. 후설이 볼차노의 『학문론』을 "전 세계의 문헌이 제시하는 논리학의 모든 구상을 훨씬 능가하는 명저"라고 찬양하고[LU Ⅰ 225] 논리학의 이념을 거기서 본 것도 볼차노가 독일 관념론의 전통에 반항하여 수학적인 이론 체계를 모범으로 하는 논리학 관의 소유자였기 때문이다. 볼차노를 한층 더 발전시키는 형태로 후설이 규정한 학문론이란 집합론이 수학의 개별적 학과들을 근거짓는 과제를 짊어지는 것과 거의 같은 의미에서 논리학을 포함한 모든 학문을 근거짓는 철학적 이론 형식을 가리킨다[LU Ⅰ 227ff.]. ☞㉧볼차노

—미카미 신지(三上眞司)

합리적 유물론合理的唯物論 [*Le matérialisme rationnel*. 1953]

바슐라르 최후의 과학철학 저서. 인식론(épistémologie)의 최대 성과의 하나이자 그 일련의 주장에 의해 현상학적 세계의 대척점을 지시하고 있다. 그러나 부정을 통해 견해의 긍정적인 특성이 잘 보이는 경우도 있다. 주요한 준거과학은 초급의 양자화학이다. 직관적 의식이 지니는 명석한 파악을 본질에 이르는 길이라기보다는 오류에 이르는 길이라고 파악하는 그는 직접성, 전체성, 절대성에 근거하는 것을 의문시하고, 인식주체의 구성적 계기를 그 정도로 중시하지 않는 입장을 취한다. 형상과의 친화성을 지니는 기하학적 자아는 극도의 복잡성을 지니는 물질계의 풍부함을 단독으로는 절대로 조감할 수 없다. 화학의 가르침이 주어지지 않으면 안 된다. 객관주의는 소박한 출발점이 아니라 교묘한 도달점이다. 철학자의 유물론은 단순하고 조야한 유물론에 지나지 않지만, 좀 더 기구 상관적이고

객체 상호간의 성좌적 배치가 어떤 의미를 표현하게 되는 현대 화학은 심리 유형마저도 상회하는 복잡함과 섬세함을 지닌다. 이러한 착상에서 출발하여 그는 옛날부터 내려온 기하학적인 물질관을 비판하고, 다른 한편으로 동위체, 초우라늄 원소, 원자가, 혼성궤도, 메소메리(mesomerism) 개념 등이 지니는 인식론적 의미에 대한 검토를 진행한다. 또한 방사선 화학의 성과와 라마르크의 색채론을 대비적으로 소개하면서 생활세계와의 거리화에서야말로 과학적 개념의 본질적 핵심이 존재한다고 역설한다. 이와 같은 의미에서 본서는 후설과 메를로-퐁티의 대척점에 놓인 작업의 하나라고 말할 수 있을 것이다. ☞[인]바슐라르[1]

—가나모리 오사무(金森 修)

해석의 갈등 解釋—葛藤 [*Le conflit des interprétation*. 1969]

리쾨르가 1960년대에 발표한 논문들 중에서 22편을 골라 편집한 논문집. 리쾨르 철학이 방법론적 전환을 수행하고 해석학적 현상학으로 명확한 방향을 잡았음을 보여준 저서임과 동시에, 이른바 구조주의 논쟁에 참가하여 구조언어학에 대항하는 이론으로써 텍스트 해석에 새로운 언어학적 근거짓기를 행한 책이기도 하다. 권두의 논문 「실존과 해석학」은 리쾨르 철학의 선언이라고도 말해야 할 것으로서 "전통적인 해석학의 문제를 현상학이라는 어린 나무에 접목하는 것"이 자기 철학의 과제라고 언명한다. 해석학을 현상학에 의해 근거짓는 데는 리쾨르에 의하면 두 개의 길이 있다. 하나는 하이데거의 <이해의 존재론>이라는 가까운 길이다. 그것은 존재양태로서의 <이해>를 개시하기 위해 텍스트 해석을 거치지 않고서 유한한 존재의 존재론으로 일거에 다가간다. 그에 반해 리쾨르는 텍스트 해석을 경유하는 <해석의 인식론>이라는 먼 우회로를 선택한다. 데카르트적인 코기토의 직증성에 의한 자기 인식에 반대하여 리쾨르는, 우리는 자기가 발하는 개인적, 문화적 기호를 해석함으로써 자기 인식하는 것이라고 주장한다. 그와 같은 텍스트 해석을 통한 자기 인식에서는 세 개의 단계가 구별된다. 우선 의미론적 분석, 다음으로 그에 대한 반성적 분석의 단계, 그리고 마지막으로 실존적 해석의 단계이다. 이해의 존재론이야말로 궁극적인 도달점이다.

본서는 5부로 나뉘며, 그것이 포괄하는 문제성의 넓이가 특징이다. Ⅰ. '해석학과 구조주의'에서는 구조언어학이란 말하는 주체로부터 독립하여 그 자신이 자율적인 기호우주 내에 갇혀 있는 언어학이라고 규정하고, 그에 대항하여 리쾨르는 기호란 현실을 표상하고 지시하는 것이라고 하는 벵베니스트(Emile Benveniste)의 담론의 언어학을 선택한다. Ⅱ. '해석학과 정신분석'에서는 프로이트의 정신분석이야말로 데카르트의 코기토를 환상으로서 비판하는 철학이라고 평가하는 한편, 주체는 시원(아르케)뿐만 아니라 목적(텔로스)도 지닌다고 하여 프로이트의 주체의 시원론을 비판한다. Ⅲ. '해석학과 현상학'에서는 말하는 주체로부터 자율적인 기호 우주를 전제하는 기호학은 주체의 철학에 대한 도전이라고 파악하고, 언어의 현상학으로부터 언어의 존재론에 이르는 길을 찾는다. Ⅳ. '해석된 악의 상징론'에서는 종교적 상징과 신화의 해석학이 전개된다. Ⅴ. '종교와 신앙'에서는 불트만(Rudolf Bultmann)의 비신화화론과 몰트만(Jürgen Moltmann)의 '희망의 신학'을 긍정적으로 논의하지만, 특히 「종교・무신론・신앙」에서는 무신론의 종교적 의의를 평가하는 점에서 주목된다. ☞[사]해석학과 현상학, [인]리쾨르

—구메 히로시(久米 博)

행동의 구조 行動—構造 [*La structure du comportement*. 1942]

모리스 메를로-퐁티의 저서. 『지각의 현상학』(1945)과 더불어 그의 학위논문이 된 것으로서 인간을 문자 그대로 '세계-내'의 '존재'로서 파악하고자 한 기념비적인 저작이다. 다키우라 시즈오滝浦静雄・기다 겐木田元에 의한 일본어 역(みすず書房, 1964)이 있다. 그는 우선 근대 이래의 인간과학이 언제나 물질인가 정신인가, 즉자인가 대자인가와 같은 양자택일에 빠져 있는 것에 불만을 느끼고, 새롭게 성립한 게슈탈트 심리학 등에 의거하여 고전적 반사설과 조건반사학설 등을

재검토함으로써 자극은 그 물리적 특성보다도 오히려 공간적 내지 시간적 배치에 의해 작용하는 '게슈탈트'라는 점을 해명한다(두 개의 곡물 더미 중에서 언제나 상대적으로 <옅은 회색> 쪽을 선택하는 쾰러의 닭의 예 등을 참조). 또한 그는 어떤 반사회로만을 고립적으로 다루는 것도 불가능한바, 개개의 행동에 그 '중추영역'을 지정하고자 하는 '기능국재론'이 성립하지 않는다는 것을 특히 골드슈타인 등의 자료를 원용하여 역설하고 있다. 그에게 있어서는 유기체 자신이 게슈탈트가 되고 있는 것이지만, 다만 그의 입장은 신경활동의 부분들을 모두 동일시하는 극단적인 전체론이 아니라 특정한 부위가 유기체 전체와의 관계에서 의미를 변화시킬 수 있다고 하는 절충적 국재론이다.

그러나 이 입장은 인간의 지각과 행동에 관한 근대 이래의 존재론에 중대한 변경을 압박하는 것이 된다. 게슈탈트는 반드시 자극의 물리적 특성과 생체의 해부학적 구조에는 의존하지 않지만, 다른 한편으로 그것은 동물에 의해서도 지각되는 이상, 지성의 판단의 결과 등일 수는 없기 때문이다. 더욱이 그러한 인간의 행동 자신도 '혼합적 형태'와 '가환적 형태' 그리고 '상징적 형태'라는 구조의 분화를 지닌다. 그것은 대부분 자연 조건에 유착된 첫 번째 구조(그것은 이른바 '본능'보다도 좀 더 닫힌 것으로 생각된다)로부터 신호에 반응할 수 있는 두 번째 구조를 거쳐, 순수한 의미와 가치 자체로 열려 있는 인간적 구조에 이르는 계층구조이다. 따라서 그것은 당연히 실체적인 구별이 아니라 게슈탈트로서의 유기체의 행동이 통합화되는 정도의 다름인 것이다. 또한 그는 이에 거의 대응하는 것으로서 '물리적 질서'와 '생명적 질서' 그리고 '인간적 질서'라는 계층을 생각하고 있지만, 이것은 이른바 '물질', '생명', '정신'을 역시 구조의 다름으로 다시 파악하고, 구조의 철학 안으로 명확한 위치 부여를 시도한 것이라고 할 수 있다. ☞ ㉿메를로-퐁티

—다키우라 시즈오(瀧浦靜雄)

현대의 철학 現代—哲學 [*Philosophie der Gegenwart*. 1952]

에리히 로타커가 감수하는 『현대과학』 시리즈(Athenaeum-Verlag, Bonn)의 한 권으로서 1952년에 란트그레베가 쓴 특이한 현대 철학 입문서. '특이한'이라고 말한 것은 '현대의 철학'이라는 제목을 내걸면서도 다루어지고 있는 범위가 20세기의 독일 철학, 그것도 딜타이, 후설, 하이데거라는 세 사람의 이름으로 둘러싸인 사상권역에 한정되고, 영미계열의 프래그머티즘과 논리실증주의・분석철학은 물론 맑스주의조차도 의식적으로 거의 무시되고 있기 때문이다. 후설의 만년에 그의 연구조교를 했던 란트그레베가 그 후 하이데거의 사상에 깊이 경도된 시기에 씌어진 것인 까닭에 하이데거가 말하는 '존재 물음'에 시종일관 초점이 맞춰져 있긴 하지만, 인간・세계・자연・역사・예술, 인식과 행위・존재와 같은 문제들에 입각하여 20세기 전반의 독일 철학의 전개를 정리해 보고자 하는 그 솜씨는 참으로 뛰어나다고 하지 않을 수 없다. 호소야 사다오細谷貞雄에 의한 일본어 역(理想社, 1971)은 오늘날에도 여전히 하나의 탁월한 철학 입문서로서의 가치를 잃지 않고 있다. ☞ ㉿란트그레베

—기다 겐(木田 元)

현상학 연구 1930-1939년 現象學硏究—年 [*Studien zur Phänomenologie 1930-1939*. 1966]

1930년부터 39년에 걸쳐 발표된 4편으로 이루어진 핑크의 현상학 연구 논문집. 60세 탄생을 기념하여 반 브레다, 타미니오, 뵘이 편집하여 출판했다. 후설의 조교 재임 중에 또는 사후에 곧바로 발표되었는데, 당시 독일 학계에서 고립된 스승의 현상학에 대한 프로파간다로서도 이후의 현상학의 전개에 커다란 영향을 주었다.

제1편 「현전화와 상, 비현실성의 현상학에 대한 기여」(1930)는 프라이부르크 대학에 박사논문으로 제출된 것으로서 후설의 『철학 및 현상학 연구 연보』 제11권에 처음으로 실렸다. 스승이 창시한 현상학의 궤도에 따른 개별 분석으로서 지각, 상기, 공상의 현상에 대한 구성적 분석을 행하여 전통적인 해석의 밑바닥에

깊이 뿌리내린 애매함을 명확히 하고, 나아가 절대적인 체험의 흐름의 차원으로까지 전진할 것을 목표로 한다. 제2편 이하에서는 후설 현상학이 품고 있는 문제들에 대한 독자적인 해석을 행하지만, 두 번째 논문으로 『칸트 연구』에 발표된 「에드문트 후설의 현상학적 철학과 현대의 비판」은 칸트주의로부터 가해진 오해에 기초한 비판에 대해 반론하면서 환원이라는 현상학적 방법의 방법론적 자기 이해에서 표명된 세계의 근원에 대한 물음으로서 현상학의 물음을 제기하고, 후설에게서 말해진 적이 없는 현상학적 문제들에 따라다니는 다양한 역설도 지적한다. 덧붙이자면, 본 논문은 "확실히 나 자신이 확신하며 승인할 수 없는 문장은" 여기에는 "한 문장도 없다"는 후설의 서문을 붙여 발표되었다. 세 번째 논문 「에드문트 후설의 현상학적 철학은 무엇인가?」는 처음에 학술잡지에 발표된 것으로서 동시대에 대해 역설적 상황에 놓인 후설 현상학의 본래적인 중심적 의미를 해명하고 그것을 근거짓는 이념을 해석적으로 드러낸다. 네 번째 논문 「에드문트 후설의 현상학의 문제」는 처음에 학술잡지에 게재된 것으로서 동명의 저작의 처음 부분으로서 씌어진 것이지만 미완으로 끝났다. 현상학의 기본 개념들, 즉 현상, 사태 자체, 자체부여, 명증, 지향적 분석 등의 개념을 끊임없이 철저해져가는 근본 물음으로부터 해명해간다. 뒤의 세 편은 닛타 요시히로新田義弘・고이케 미노루小池稔 역 『후설의 현상학フッサールの現象学』(以文社, 1982)으로 번역되어 있다. ☞ ㉑핑크

—치다 요시테로(千田義光)

현상학 운동現象學運動 [*The Phenomenological Movement*. 1960, 3 1982]

1925년부터 약 10년간 뮌헨 현상학 서클의 일원으로서 활약하고 38년 이후 미국에 영주한 저자 스피겔버그가 50년대 전반에 두 번에 걸친 유럽 장기 체재에 의해 얻은 조사 자료를 토대로 집필한 것이 본서이다. 증보 제3판에서는 800쪽이 넘는 본서의 최대의 특징은 후설의 스승 브렌타노와 슈툼프가 현상학의 성립에 준 영향으로부터 이야기를 시작하여 다수의 넓은 의미의 현상학자(예를 들면 N. 하르트만)들도 등장시키고, 독일, 프랑스 이외에 벨기에, 네덜란드, 북미의 그 밖의 현상학 운동에 대해서도 논급하는 등, 글로벌한 시야에서 각국의 각양각색의 현상학이 보이는 특색을 광범위하게 개괄적으로 설명한다는 점에 있다. 특히 후설과 하이데거에게 직접 사사한 현상학자들의 동향에 대해서는 저자의 경력을 살려 상세하고도 생생하게 묘사하고 있다. 나아가 제3판에서는 예를 들어 레비나스에 관한 38쪽 분의 해설을 새롭게 슈트라서에게서 집필해 받는 등, 본서의 내용을 초판 이후의 현상학 연구의 진보에 걸맞게 하기 위한 개선이 이루어지고 있다. ☞ ㉔현상학 운동, ㉑스피겔버그

—다테마쓰 히로타카(立松弘孝)

현상학과 맑스주의現象學—主義 [*Phänomenologie und Marxismus*. 4Bde., 1977-79]

1975년부터 78년에 걸쳐 유고슬라비아의 두브로브니크에서 해마다 개최된 국제연구회의 석상에서 발표된 논문을 발덴펠스, 브뢰크만, 파자닌이 4권으로 편집한 논문집(주어캄프 사). 전체적으로 34편으로 이루어지지만, 일본판(닛타 요시히로新田義弘 편, 닛타 외 역, 白水社, 1982)에서는 19편이 선택되어 2권으로 다시 편집되어 있다. 집필자로는 편자들 외에 란트그레베, 리쾨르, 오닐, 동구권에서는 지메크, 바이더 등이 있다. 이와 같은 형태로 맑스주의와 현상학의 대화가 가능해졌던 것은 한편으로는 동구에서 일종의 맑스주의의 '르네상스'가 일어나고 있었기 때문이고(그 중 하나가 유고의 '프락시스 그룹'), 다른 한편으로는 현상학 측에서 방법적으로는 해석학과의 결부, 주제로서는 역사, 신체, 생활세계와 같은 형태를 띤 전개가 이루어지고 있었기 때문이다. 회의의 주제는 개념과 방법(1권), 실천철학(2권), 사회철학(3권), 인식론과 과학론(4권)으로 다방면에 걸쳐 있었지만, 중심에는 구체적인 역사적 생활세계에 대한 분석과 그 비판 가능성이 놓여 있었다. ☞ ㉔맑스주의와 현상학

—무라타 준이치(村田純一)

현상학과 변증법적 유물론現象學—辨證法的唯物論 [*Phénoménologie et matérialisme dialectique*. 1951]

예를 들면 B. 발덴펠스 등이 편집한 『현상학과 맑스주의』(*Phänomenologie und Marxismus*) 전 4권의 논문들(특히 P. 리쾨르의 「소행적 물음과 이념성의 환원—후설의 『위기』와 맑스의 『독일 이데올로기』」)에서도 엿볼 수 있듯이 맑스가 말하는 사회의 '토대'(하부구조)를 '생활세계'라는 현상학의 개념을 가지고서 다시 해석할 필요를 이야기하는 논자는 많지만, 이 생각은 이미 1946년에 쩐 덕 타오가 논문 「맑스주의와 현상학」에서 제기했던 것인바, 타오 자신은 그보다 5년 후 맑스주의와 현상학의 상호매개라는 과제를 본서에서 전면적으로 전개하게 된다. 본서는 1951년에 베트남어 사전 등을 간행하는 파리의 출판사 민 탄에서 출판되었다. 일본어 역은 다케우치 요시토모竹內良知 역, 『現象學と辨證法的唯物論』(合同出版, 1971). 내용은 2부 구성으로 이루어지는데, 제1부 '현상학의 방법과 그 실제의 참된 내용'에서는 후설의 초월론적 현상학의 이념 및 방법과 그것들의 한계가 논의되며, 제2부 '현상학 운동의 변증법'에서는 (후에 『언어와 의식의 기원』(*Recherches sur l'origine du langage et de la conscience*)에서 전개되는 의식발생론의 준비 연구라고도 말해야 할) 맑스주의 입장에서 이루어지는 의식과 사회의 구조 분석이 시도된다. 현상학과 관련하여 중요한 것은 말할 필요도 없이 제1부인데, 거기서는 현상학이 이른바 현상학적 환원이라는 조작과 함께 주관성의 영역으로 귀환한다는 것이 지닌 의의가 주로 '본질직관' 및 '구성'이라는 개념에 입각하여 논의되며, 나아가 현상학이 발생적 현상학과 초월론적 감성론의 형태로 전술어적 경험의 발생론으로 전개해 나가고 있던 그 필연성이 상세하게 추적된다. 그렇게 한 다음 초월론적 현상학에서는 세계와 여러 존재자들이 의식대상성으로서 파악되기 위해 사물의 존재가 의식의 상관자로 관념론적으로 환원되어 버린다는 것을 비판적으로 지적하면서 후설의 '구성하는 주관'이라는 개념을 '실재의 운동'으로 변증법적 유물론적으로 구체화할 필요를 이야기해 나간다. 타오는 그 후 의식과 자연을 매개하는 것으로서 (자연의 변증법에 대치하는 형태로) 행동의 변증법을 드러내 보이지만, 여기에서는 분명히 메를로-퐁티의 『행동의 구조』의 영향을 간취할 수 있다. 후기 후설의 마지막 사상적 범위까지 충분히 염두에 둔 타오의 현상학적 해석은 1940년대라는 집필 시기를 고려하면 획기적인 것인바, 카렐 코직(Karel Kosik)과 사르트르를 비롯한 많은 철학자들에게서 주목 받았다. ☞ ㊔맑스주의와 현상학, ㊒쩐 덕 타오

—와시다 기요카즈(鷲田淸一)

현상학에 대하여現象學—對— [“Über Phänomenologie”. 1921]

라이나흐가 1914년 1월에 마르부르크에서 행한 강연. 그의 사후에 제자들에 의해 편집된 전집(1921)에서 유고로서 처음으로 공간되며, 나아가 1951년 『현상학이란 무엇인가』라는 제목으로 단행본으로서 출판되었다(Adolf Reinach, *Was ist Phänomenologie? Mit einem Vorwort von Hedwig Conrad-Martius*, München). 켈리(Devers Kelly), 윌러드(Dallas Willard) 각각에 의한 영역(1968, 1969), 이케가미 겐조池上鎌三에 의한 일본어 역(『現象學に就て』, 岩波書店, 1928)이 있다. 라이나흐는 이 강연에서 어떠한 대상 영역에도 선험적인 본질적 연관들과 법칙들이 자체적으로(주관에서 독립하여) 존립하고 있다는 것, 그리고 그러한 형식적, 질료적 아프리오리를 본질 직관하는 것이 현상학의 과제라는 것을 이야기하고 있지만, 당시 나토르프를 중심으로 하는 신칸트학파의 아성이었던 마르부르크에서의 이 강연은 동시에 아프리오리를 주관화하여 형식적인 것으로 한정해버린 그들에 대한 근본적 비판도 담고 있었다고 말할 수 있을 것이다. ☞ ㊔신칸트학파와 현상학, ㊒라이나흐

—사카키바라 데쓰야(榊原哲也)

현상학에서 스콜라학으로 現象學—學— [現象學からスコラ學へ]

후설의 제자였던 폴란드의 여성철학자 에디트 슈타인의 철학 논문들 중에서 특히 그녀의 학적 생애의 각 시기를 대표한다고 생각되는 것들을 나카야마 요시키中山善樹가 골라 일본어로 번역·편찬하고, 1986년에 규슈 대학 출판회에서 간행한 것이다. 특히 소개의 의미를 담아 부론으로서 발트라우트 헤르프슈트리트(Waltraud Herbstrith)가 쓴 짧은 전기를 번역해 싣고 있다. 그러한 논문들로는 Ⅰ. 후설의 현상학과 성 토마스 아퀴나스의 철학; 대결의 시도, Ⅱ. 현상학의 세계관적 의의, Ⅲ. 에드문트 후설에 대한 두 개의 고찰, Ⅳ. 마르틴 하이데거의 실존론적 철학, Ⅴ. 신 인식의 다양한 길—디오니시우스 아레오파기타와 그의 상징신학—이 선택되어 있다. 그에 의해 슈타인 사상에 대한 입문서로서의 역할을 담당할 것이 기대된다. ☞㊁슈타인

—나카야마 요시키(中山善樹)

현상학의 기초 現象學—基礎 [*The Foundation of Phenomenology*. 1943, [3]1967]

파버가 저술한 고전적인 현상학 해설서. 파버는 1936년경에 후설에게서 그의 『논리연구』를 영어로 번역할 것을 종용받았지만, 현상학에 어두운 당시 미국의 실정을 감안하여 비교적 자유로운 해석과 비판을 염두에 둔 절충안을 선택했다. 우선 후설의 사상적 발전의 배경으로서 독일의 논리학사를 소개하고 심리학주의 및 그것을 배척하는 논지를 설명하며, 본론에 들어와서 '표현과 의미', '전체와 부분', '순수 문법과 의미 분석', '지향적 경험과 그 내용' 등 『논리연구』의 주요 문제들을 평이하고도 상세하게 해설했다. 모두 17장으로 이루어지는데, 후반부의 3장에서는 『형식논리학과 초월론적 논리학』, 『이념들 Ⅰ』, 『경험과 판단』 등의 저작들에 대해서도 언급하면서 후설의 논리학적 공헌을 높이 평가했다. 비판의 요점은 본래 의식경험을 순수하게 '기술'하기 위해 고안된 특수한 방법에 지나지 않는 현상학을 실재 일반의 자연적 소여를 부정하면서 관념론적 구성을 통해서만 존립할 수 있게 하는 방법론적 오류를 저질렀다고 하는 데 있다. ☞㊁파버

—조가경(曺街京)

현상학의 길 現象學— [*Der Weg der Phänomenologie*. 1963]

1939년부터 62년까지 발표된 란트그레베의 8편의 논문으로 이루어진 논문집. 논문 「후설의 현상학과 그 변경의 동기들」, 「데카르트주의로부터의 후설의 이반」에서 보이듯이 그의 연구는 하이데거의 '세계-내-존재'의 영향을 받으면서도 후설의 지향적 코기토를 어떻게 수용할 것인가에 그 초점이 놓여 있다. 후설은 '나의 있음'이라는 데카르트적 명증을 절대적인 전체로서 다시 파악했다. 그것이 전술어적인 지평의식과 수동적 종합을 포함한 전체로서의 초월론적 주관성, 단순한 데카르트주의를 넘어선 세계 경험으로서의 '나의 있음'의 장이다. 이 장이 하이데거의 '세계-내-존재'와 후설의 지향적 코기토 사이에서 고심한 결과 란트그레베에게 보인 후설의 통찰이다. 야마사키 요스케山崎庸佑·가이 히로미甲斐博見·다카하시 마사카즈高橋正和에 의한 일본어 역(木鐸社, 1980)이 있다. ☞㊅세계-내-존재, 초월론적 주관성, ㊁란트그레베

—야마사키 요스케(山崎庸佑)

현현의 본질 顯現—本質 [*L'Essence de la manifestation*. 1963, [2]1990]

앙리의 국가박사 정논문(『철학과 신체의 현상학』은 부논문). 이 위대한 글은 출판 후 10년이 경과한 지금도 알려지지 않은 채로 남아 있다고 틸리에트가 74년에 쓴 바 있지만, 이 상황은 93년 현재에도 그 사상이 점점 더 그 빛을 발하고 있음에도 불구하고 크게 변하지 않았다. 덧붙이자면, 일본어 역은 아직 존재하지 않는다. 현현의 본질이란 일체의 나타남을—현상학에 있어서 존재한다는 것은 나타난다는 것에 다름 아니기 때문에—일체의 존재를 궁극적으로 가능하게

하는 사태를 의미한다.

저자에 의하면 서양 철학은 전통적으로 이 본질을 "현상학적 거리"를 열어놓는 데서 찾았다. 거리를 취함으로써 열리는 외재적인 장이 현상을 가능하게 한다. 이 거리 취함이 예를 들어 인식의 철학에서는 객관에 대한 주관이었고, 의식의 철학에서는 최종적으로 현상학이 지향성으로서 해명하는 의식의 자기 이외의 것에 대한 관계였다. 좀 더 나아가 의식이 지니는 이러한 지향적인 관계를 하이데거의 존재의 철학은 시간화를 본질로 하는 초월의 작용으로서 이해한다. 초월의 작용이 표상작용으로서 순수 시간인 존재론적 지평을 앞에-세워 놓는다. 그 순수한 지평에서 받아들여짐으로써 일체의 존재자의 존재는 그 현상성을 얻고 있다. 일체의 현상성은 초월의 작용으로서 수행되는 표상에 기초한다고 생각되었다.

역사를 이와 같이 정리한 후 앙리는 묻는다. 그렇다면 현상의 본질인 초월의 작용은 어떠한 의미에서 있는 것일까? 그것도 역시 초월의 작용에 의해 열리는 순수한 지평에서 주어지는 것일까? 이 물음에 대한 대답이 그의 '내재'라는 개념이다. 초월의 작용 그 자신은 자기 자신을 자신에 대해서 어떠한 초월적이고 벗어나 있는 거리도 세워두지 않는 내재라고 불리는 근원적 수용성에서 받아들인다. 작용이 자기 자신을 현상학적 거리 없이 직접 받아들이는 데에 본원적인 자기촉발이 있으며, 거기에 자기(나)성의 본질이 있다. 초월의 현상성이 지각에 있다고 한다면, 그것의 근거, 아니 근거가 없는 것의 근거가 되는 절대적 수동성인 내재는 정감성으로서, 구체적으로는 감정으로서, 또한 기쁨과 고통이 자아내는 생으로서, 독자적인 현현을 우리에게 준다. ☞[사]감각, 내재의 철학, [인]앙리

—야마가타 요리히로(山形頼洋)

형식논리학과 초월론적 논리학 形式論理學—超越論的論理學 [*Formale und transzendentale Logik*. 1929]

『형식논리학과 초월론적 논리학』(이하에서는 『논리학』이라고 약기)은 1929년 『철학 및 현상학 연구 연보』의 제10권에 발표되었다. 『논리연구』에서 다뤄진 문제를 초월론적 현상학 수준에서 다시 채택할 것을 후설은 진작부터 바라고 있었지만, 그것을 실현한 것이 『논리학』이다. 생전에 간행된 후설의 저작이 예외 없이 그렇듯이 이 책도 주제를 논리학에서 구하고 있긴 하지만, 있을 수밖에 없는 오해를 풀어 초월론적 현상학의 철학적인 정당성을 보이고 그 구체적인 내용에로의 입문을 시도하는 계몽적인 목표를 지닌다. '논리학적 이성 비판의 시도'를 부제로 지니는 이 작품은 제1부 '객관적 형식적 논리학의 구조들과 범위', 제2부 '형식논리학에서 초월론적 논리학으로'로 이루어진다. 전체에 대한 서론을 이루는 50쪽 가량의 머리말 부분과 제1부는 『논리연구』 제1권 『프롤레고메나』와 내용적으로 중첩되며 『프롤레고메나』의 마지막 장 '순수 논리학의 이념'을 좀 더 완전한 형태로 다시 전개한 것이다. 그 자체가 형식적인 학인 논리학은 학문들의 학문성에 규범을 부여하는 학문론이기도 하다는 일관된 입장에 의해 주도되고 있다. 이 제1부는 더 나아가 두 개의 부분으로 이루어지는데, 전반부에서는 『프롤레고메나』에서는 애매했던 논리학의 양면성과 계층 구분이 제시된다. 즉 전통적인 삼단논법을 포함하는 형식적 명제론과 순수 수학을 포함하는 형식적 존재론의 양면성이다. 그리고 각각의 측면에서 순수 형식학이라고 불리며 판단의 구성 규칙을 특별히 지정하는 제1층, 정합성을 문제로 하는 제2층, 그리고 형식적 진리성을 문제로 하는 제3층의 삼층구조가 명시된다. 여기서 비로소 제3층 '형식적 진리논리학'이 제2층 '정합성 논리학'과 구별되게 된다. 제1부의 후반부에서는 전술한 양면성에 대한 현상학적 근거짓기가 시도되는데, 초월론적인 눈길이 의미로 향하는가 아니면 대상으로 향하는가의 다름으로서 그 양면성이 하나의 형식논리학 하에 통일된다. 제1부를 통해 논리학적 개념들과 원리들의 이념성이 확인되지만, 이 이념성을 초월론적인 주관성에 의해 구성된 것으로서 해명하는 것이 제2부의 과제가 된다. 논리학은 다양한 이념적 존재를 전제함으로써 가능해진다. 논리학이 학문론이어야 한다면 논리학은 이것들을 소박하게

전제하고 말아서는 안 된다. 이러한 전제들의 타당성을 그러한 이념들이 초월론적인 주관성에서 구성된다는 것을 통해 보여줄 필요가 있다. 이것을 후설은 논리학에 대한 구성적 비판이라고 부른다. 형식논리학의 현상학적 근거짓기를 목표로 한 제2부에서 후설은 논리학적인 진리 개념을 실마리로 삼는다. 논리학은 단순한 형식학이 아니다. 거기서는 어디까지나 진리가 문제로 된다. 모순율과 배중률은 진리의 원리로서도 기능한다. 배중률 하에서 모든 판단이 원리적으로 합치(Adäquation)하게 될 수 있다는 것이 전제된다. 모든 판단은 그 자체에서 참 내지 거짓인 것이다. 논리학은 이와 같이 진리 자체(Wahrheit an sich)라는 이념적인 진리 개념을 전제한다. 진리 자체에 대한 구성적 비판은 논리적인 명증 개념에 대한 비판을 통해 한편으로 전통적인 논리학의 소박함을 비판하고, 다른 한편으로 경험의 통일성에 대한 해명과 상호주관성의 구성을 포함하는 초월론적 주관성의 문제영역을 개시하게 된다. 『논리학』은 이러한 비판 그 자체를 이성의 자각으로서 지향성 자체가 지니는 목적론적 구조 속에 자리매김하는 것이다. ☞㈔논리학과 현상학, 순수 논리학, 진리 자체, 학문론, ㈐논리연구

—이토 하루키(伊藤春樹)

형태순환 形態循環 [*Der Gestaltkreis*. 1940, ²1950]

V. 바이츠제커의 대표적 저작. 칸트 철학과 기계론적 및 생기론적 생리학에 대한 비판과 셸러의 인간학의 영향 하에 기능 변동, 회전문 원리, 생물학적 행위, 지각과 운동의 상호 은폐성 및 등가원리 등, 그의 그때까지의 생물학적 기능 분석 또는 이론생물학 내지 신경학의 연구 성과를 정리하여 이것을 그가 구상한 의학적 인간학과 결부시켜 체계화를 시도하고자 한 것이다. 기무라 빈木村 敏・하마나카 도시히코濱中淑彦에 의한 일본어 역(みすず書房, 1974)이 있다. 현기증에 대한 실험으로부터 지각과 운동의 구조적 원환(Gestaltkreis)으로서의 생물학적 행위(biologischer Akt)라는 개념을 확립하고, 생명의 학문에 주체 개념을 도입했다. 형태순환의 개념이란 요컨대 운동과 지각, 주체와 객체, 내계와 외계, 목적론과 인과론의 병존 또는 한편의 다른 편으로의 환원이라는 사고방식을 부정하고, 양자를 이러한 이분법적 대립에 선행하는 구조적 원환 속에, 즉 변증법적 긴장 속에 있는 것으로서 이해하고자 하는 시도이다. ☞㈔생명과학과 현상학, ㉤바이츠제커

—안라쿠 가즈타카(安樂一隆)・하마나카 도시히코(濱中淑彦)

형태질에 대하여 形態質—對— [Über "Gestaltqualitäten". 1890, ²1922]

에렌펠스의 주요 논문. 처음에 『과학적 철학 계간지』(*Vierteljahrsschrift für wissenschaftliche Philosophie*)에 발표되며, 나중에 보론을 추가하여 『게슈탈트 법칙을 토대로 전개, 기술한 소수법칙』(*Primzahlgesetz*)에 다시 수록되었다. 게슈탈트라는 생각은 마흐의 『감각의 분석』(초판 1886)에서 이미 발견되지만, 그는 그것을 '형태질'이라는 개념으로 좀 더 명확화하고, 감각요소의 총화와는 다른 새로운 수준의 표상내용으로서 자리매김한다. 게슈탈트에는 공간적 형태와 멜로디 외에 감각의 변화와 운동, 나아가서는 유사성・상이성 등의 관계와 모순 개념 등까지 포함되지만, 어떠한 경우이든 게슈탈트는 요소감각이라는 '기저'(Fundament)와 그 복합체와 같은 '기초'(Grundlage)와 결부된, 그것들 <이상>의 어떤 내용으로서 이해된다. 이 기저와 게슈탈트의 관계는 게슈탈트 심리학과 그라츠학파에서 각각의 방향으로 발전되었다. 또한 후설은 에렌펠스와는 독립적으로 『산술의 철학』에서 게슈탈트에 상당하는 "도형적 계기"[PA 203]라는 개념을 제시하고 있다. ☞㈔게슈탈트 이론, ㉤에렌펠스

—나오에 기요타카(直江淸隆)

후설의 『이념들』 —理念— ["Husserls Ideen zu einer reinen Phänomenologie", in Logos. 1917/18]

나토르프는 후설의 『논리연구』 제2권이 간행된 19

01년에 *Kant Studien*에 그에 대한 서평 「논리학적 방법에 대한 물음에 대하여」(“Zur Frage nach der Logischen Methode”)를 발표하고, 거기서 후설의 입장을 “형식적인 것과 질료적인 것, 선험적인 것과 경험적인 것, 따라서 또한 논리적인 것과 심리적인 것 …… 이념적인 것과 실재적인 것”의 대립이 해결되지 않고 있다고 비판한다. 이 비판은 후설로 하여금 기술심리학으로부터 초월론적 현상학에로 전진하게 만드는 동기의 하나가 되며, 『이념들』의 제1권 및 『논리연구』의 제2판을 1913년에 간행하는 것과 결부되었다. 이에 대해 나토르프는 1917년 『로고스』에 『이념들』에 대한 서평을 기고했다. 거기서 나토르프는 『이념들』을 “비판철학의 새로운 근거짓기”로서 평가한다. 그리고 “‘비판’의 정신과 양립하지 않는 절대주의의 모종의 모습이 아직도 남아 있긴 하지만, 좀 더 나아간 세밀한 검사를 통해 이것 역시 소멸해갈 것이다. 그 점을 제외하면 이것은 순정하면서도 정당한 ‘순수 의식’의 이론을 확실히 근거짓고자 하는 가장 고매하고 노고가 깃든 시도이다”라고 말하고 있다. 나토르프는 후설의 ‘순수 의식’의 장으로의 현상학적인 환원이라는 구상을 ‘비판철학’의 시도로서 평가하지만, 플라톤의 이데아를 ‘사유’ 그 자체로 환원하고자 하는 그에게 있어 형상적 환원이란 모종의 형이상학적인 절대주의의 잔재로 보였던 것이다. ☞㊞나토르프

—모리나가 가즈히데(森永和英)

후설의 현상학 [フッセルの現象學. 1931]

다카하시 사토미高橋里美의 저서로서 1931년 다이이치쇼보第一書房에서 간행. 일본에서 현상학의 단행본으로서는 구키 슈조九鬼周造의 『‘이키’의 구조』(1931)에 이은 세 번째 저서. 1926년 가을부터 다음 해 여름까지 후설 밑에서 공부하고 그와 직접 나눈 대화를 토대로 씌어진 「후설의 현상학—특히 그의 현상학적 환원」과 현상학을 신칸트학파 등과 관련지어 논의한 「비판론과 현상학」, 그에 더하여 후설의 세미나에서 저자가 제출한 리포트인 「분석과 종합」, 나아가 후설에 대한 회상인 「후설의 일」을 담고 있다. 첫 번째 논문은 분량이 적지 않은 부분에서 당시의 후설과 직접 접하고 있었던 점과 「자연과 정신」이라는 그의 강의 노트를 참조할 수 있었던 점 등도 있었던 까닭에 이미 ‘영역적 존재론’의 구상과 ‘상호주관적 환원’의 생각 등도 소개하고 있으며, 일본의 현상학 연구에 대해 대단히 선구적인 역할을 수행했다. ☞㊞다카하시 사토미

—다키우라 시즈오(瀧浦靜雄)

부 록

— 후설 문고와 초고군
— 현상학 관계 주요 저작 일람
— 『철학 및 현상학 연구 연보』 내용
— 한국어로 읽을 수 있는 현상학 관련 문헌 일람

※ 후설 문고와 초고군 ※

와다 와타루(和田 渡)

Ⅰ. 후설의 유고 구출과 후설 문고 창설

일찍이 메를로-퐁티와 쩐 덕 타오(Trän Dúc Thảo) 등이 방문한 루뱅의 후설 문고는 1984년 이후에는 같은 루뱅 대학 철학고등연구소 부지 내의 다른 건물(프레지덴트 하우스)의 2, 3층에 설치되어 오늘날에도 의연히 '현상학 운동'의 중요한 일익을 담당하고 있다.

(1) 후설의 유고 구출로부터 후설 문고 창설까지

후설 문고 창설의 역사를 알기 위해서는 나치스 시대의 독일의 긴박한 정치적 상황 및 그 상황 하에서 분투한 루뱅 대학의 젊은 철학도 반 브레다(Herman Leo Van Breda 1911-74)의 활약을 상기하지 않으면 안 된다.[1] 널리 알려진 대로 후설은 1938년 4월 27일, 그의 유대인 출신 때문에 고립되고 사회적으로도 거의 매장당한 상태에서 긴 투병생활 후에 프라이부르크에서 죽음을 맞이했다. 당시 환원에 관한 이론으로 박사논문을 준비하고 있던 V. 브레다는 후설이 생전에 자신의 중요한 철학적 유산으로 간주하고 있던 초고를 열람할 목적으로 같은 해 8월에 프라이부르크로 향했다. 그의 또 하나의 목적은 당시의 철학고등연구소 소장인 노엘(Monsignore Leon Noël)의 허가를 받아 후설의 초고 중에 가장 중요한 것의 일부를 벨기에에서 출판하는 것의 가부에 대해 미망인인 말비네(Malvine)와 상의하는 것이었다.

그러나 핑크(Eugen Fink)도 동석한 말비네 부인과의 최초의 면회(8월 29일) 후에 V. 브레다는 예상 밖의 사실에 직면한다. 후설의 철학적 유산은 대단히 방대한 것이었다. 그가 본 것은 4만 쪽 이상에 달하는, 대부분이 15×21㎝의 종이에 가벨스베르거 방식으로 씌어진 속기초고, 1916-38년 사이에 후설의 조교였던 슈타인(Edith Stein), 란트그레베(Ludwig Landgrebe), 핑크에 의해 작성된 약 1만 쪽의 전사본轉寫本(필사와 타이프 둘 다), 연필에 의한 촘촘한 코멘트와 서명이 된 것을 포함한 약 2,700책의 장서, 약 2,000점의 별쇄 논문 등이었다. 철학적으로 대단히 귀중한 이 유산들을 앞에 두고 V. 브레다는 당초의 계획을 대폭적으로 확대하여 브뤼셀의 동부에 위치하는 루뱅 지역에 후설 유고의 정리, 편집, 출판을 전문적으로 수행하는 연구소를 창설할 것을 제안한다. 당시의 독일 상황은 국내에 그러한 종류의 시설을 설치하는 것을 허용하는 것이 아니었다. 그렇지만 이를 위해서는 대학 측의 인가, 전임 스태프의 확보, 급여, 출판비용의 염출 등등에 관한 수많은 어려움이 상정되어 실현 가능성은 확실하지 않았다. 그럼에도 불구하고 후설 부인은 V. 브레다의 계획을 곧바로 지지했다(9월 1일). 유대인 박해가 날마다 격화되어가고 있던 현실은 물론이거니와 또한 학술 간행물의 질이 높은 것으로

1_ 후설의 유고 구출로부터 문고 창설에 이르기까지의 V. 브레다의 경과보고는 문헌 3)에 대단히 감동적으로 서술되어 있다. 본고의 Ⅰ 부분은 그 서술에 대부분을 빚지고 있다. 지금은 돌아가신 V. 브레다 신부에게 깊은 감사를 드리지 않을 수 없다.

알려져 있던 루뱅 가톨릭 대학에 대한 부인의 전폭적인 신뢰가 그 신속한 결단의 배후에서 작용한 것이었다.

9월 3일에 부인을 방문한 베르제(Gaston Berger)는 후설의 초고에 가해진 위해를 염려하여 V. 브레다의 제안을 적극적으로 지지한다는 뜻을 부인에게 전한다. 이틀 후에 종래부터 해오던 전사轉寫 작업의 계속을 의도했던 란트그레베가 프라이부르크에 도착한다. 6일에 핑크, 란트그레베, V. 브레다의 세 사람이 긴 시간에 걸친 회합을 가지는데, 그 자리에서 앞의 두 사람은 장래의 루뱅 연구소에 대한 협력을 약속한다. 이리하여 밝은 전망을 얻고 더 나아가 후설 부인으로부터도 다시 연구소 창설을 위탁받은 V. 브레다는 자신의 지도교수 도프(Joseph Dopp)에게 사정을 전하는 장문의 서간을 보낸다(9월 8일). 노엘과의 연명에 의한 답신은 대체로 호의적이었지만, 경제적 지원에 대해서는 책임을 지지 않는다는 뜻이 주의 깊게 기록되어 있었다.

9월 16일, 후설 부인으로부터 V. 브레다에게 긴급한 전화가 걸려온다. 그 며칠 전에 나치스 독일에 의한 체코슬로바키아 공격이 개시되고, 계속해서 독일 제국의 대규모의 군사행동이 예측되었다. 그것은 동시에 가까운 장래에 독일과 프랑스 양국 간에 전투가 발발한다는 것을 의미했다. 그 경우 프랑스 국경에 인접한 프라이부르크가 전화에 휘말려 후설 유산의 모든 것이 잿더미로 화할 위험성이 증대한다. 그리하여 부인은 후설의 대량의 자필초고만이라도 국외의 안전한 장소로 옮기는 것을 V. 브레다에게 의뢰한다. 이를 위한 수단으로서 그는 독일 주재 벨기에 외교기관(영사관이나 대사관)과의 접촉을 생각했다. 다음 날 그는 프라이부르크에서 가장 가까운 프랑크푸르트 암 마인의 벨기에 영사관을 방문하지만, 거기서 그는 특정한 수하물에 대해 검열을 받지 않고 국경을 통과할 수 있는 '외교관'의 특권을 행사할 수 있는 것은 베를린의 대사관뿐이라는 것을 알게 된다. 부인과의 상의에서 베를린 행이 결정된다.

그러나 교섭이 오래 걸릴 수도 있었다. 그리하여 최악의 사태를 회피하기 위해 초고를 우선 국내의 안전한 장소로 옮길 것이 검토되었다. 유대인의 문서를 내밀하게 보관한다고 하는, 어쩌면 생명의 위험마저 각오하지 않으면 안 되는 시도에 협력을 제안한 것이 이전에 후설 강의를 청강하고 그의 최후에는 밤을 새워 헌신적인 간호를 아끼지 않은 아델군디스(Adelgundis Jaegerschmid) 수녀였다. 그녀는 스위스 국경에 인접한 콘스탄츠에 있는 수도원 소유의 기숙사로 초고를 옮기고, 거기서 기회를 보아 조금씩 스위스로 초고를 반출할 것을 제안했다. V. 브레다는 초고의 국외 반출에 관해서는 비관적이었지만, 일단 초고를 콘스탄츠로 옮기는 것에는 동의했다. 이리하여 19일 아침, 세 개의 무거운 트렁크에 넣은 4만 쪽이 넘는 원본 초고가 프라이부르크를 떠났다. 다음 날 V. 브레다는 초고의 스위스 반입이 나치스의 삼엄한 국경경비의 상황으로 인해 거의 불가능하다는 보고를 받는다. 그날 밤, 부인의 집에서 핑크, 아델군디스 수녀 사이에 장시간의 토의가 이루어져 베를린 대사관에 대한 의뢰에 필요한 서류가 작성되었다.

22일, 콘스탄츠에서 초고가 들어 있는 트렁크를 수취한 V. 브레다는 그날 저녁 베를린으로 향한다. 다음 날, 그의 이야기를 주의 깊게 들은 베리에(J. Berryer) 대사관 서기관은 외교 특별편을 준비하는 데 브뤼셀의 외무부의 동의가 필요하다는 것, 루뱅 대학 당국의 조언이 있으면 좀 더 좋겠다는 것을 시사한다. 24일, 베리에의 노력으로 초고가 대사관의 금고라는 안전한 장소에 넣어졌다.

26일 밤, 후설 부인에 대한 작별 인사를 건넨 V. 브레다는 다음날 아침 프라이부르크를 떠나 루뱅으로 돌아간다. 전쟁 전야, 병력 동원이 한참 진행 중인 혼란스러운 상황 속에서 그는 겨우 10월 1일이 되어서야 노엘과 도프, 은사인 라이마케르(Louis de Raeymaeker)를 만나 긴장으로 가득 찬 사실경과를 하나하나 자세히 보고한다. 그들은 V. 브레다가 취한 조치에 찬동한다는 뜻을 표시하고 후설 부인의 제안에 대해서도 적극적으로 대응할 것을 약속한다. 그 날부터 15일까지의 사이에 노엘은 이미 고령의 몸이자 거의 시력을 잃었음에도 불구하고 문고 창설을 위해 정력적으로 움직였다. 그는 우선 학장의, 다음으로 벨기에 사교단의 승인을 얻은 다음, 연구소 설립에 필요한 기금을 획득하기 위해 벨기에 학술연구재단에 학장과의 연명으로 신청서를 제출했다. 그에 기초하여 프랑키 재단 이사회는 1938년 10월 27일, 후설 문고에 대해 최소 2년간의 조성금 제공을 결정한다. 그에 의해 란트그레베와 핑크의 루뱅 체재가 가능해졌다. 이 날이 루뱅 대학 부속 후설 문고의 참된 탄생일로 간주되고 있다. 12월 25일에는 노엘과 후설 유고의 권리 소유자인 게르하르트 후설이 후설 문고 헌장에 서명한다.

외교 특별편에 의한 수송에 관한 노엘과 외무부의 교섭은 시종일관 잘 진행되어 후설의 초고는 11월 말일을 기다리지 않고서 베를린 대사관의 금고로부터 루뱅 대학 내의 금고로 옮겨졌다. 1939년 4월 하순에는 루뱅 대학에 의한 후설 장서의 구입 신청을 G. 후설이 수락하며, 이후 그것은 루뱅 대학의 귀중한 재산이 된다. 덧붙이자면, 후설이 생전에 프라하 대학에 봉직한 란트그레베와의 관계로 인해 프라하철학협회에 위탁했던 일부 원본 초고도 히틀러의 체코슬로바키아 병합에 의해 위험에 노출되었기 때문에 마찬가지로 외교 특별편에 의해 1939년 6월 12일에 루뱅으로 옮겨졌다.

이상으로 후설 문고 창설에 이르는 역사는 일단락되며, 이어서 문고에서의 작업이 개시되게 된다. 1939년 3월 16일에 우선 핑크가, 4월 24일에는 란트그레베가 가족과 함께 각각 루뱅에 도착하며, 곧바로 전사 작업에 착수한다. 머지않아 유고의 독해 정리에 필요한 법적 절차가 정식으로 계약서에 의해 규정되며, 1940년 5월 10일의 독일군 부대에 의한 벨기에 진공까지 작업은 정력적으로 계속되었다. 그날 그들은 신병을 구속당해 남프랑스로 옮겨지지만, 프랑스 항복 후인 7월에 귀환을 허가받는다. 벨기에군에 참가할 의무가 있었던 V. 브레다는 5월 13일부터 약 3개월에 걸쳐 루뱅을 떠난다. 나치스의 벨기에 점령에 의해 후설 문고는 공식적으로 폐쇄되며, 프랑키 재단의 조성금도 중단된다. 11월에는 나치스의 혐의를 받기 시작하기도 하여 란트그레베와 핑크라는 두 사람의 우수한 전임 스태프가 귀국하지 않을 수 없게 되었다. 그러나 이러한 타격에도 불구하고 침략자가 주둔하고 있는 1942년에 이미 슈트라서(Stephan Strasser)가 최초의 협력자(Mitarbeiter)로서 비공식적이면서 은밀하게 전사 작업을 계속해서 수행했다. 같은 시기에 V. 브레다는 나중에 슈타인의 유고 정리도 직접 취급한 게르버(Lucie Gerber)와 공동으로 후설의 유고 정리와 카탈로그 작성 등의 작업에 종사한다.

(2) 전후의 후설 문고

전후에는 당초의 계획에 따라 유고의 편집과 출판 작업에 중점이 두어지며, 오늘날에 이르기까지 한 번의 중단도 없이 계속되고 있다. 유네스코(1947-69), 벨기에 학술장려기금(1960-89), 루뱅 대학(1990-현재)이 재정적 지원을 행하고 있다. 독일의 두 군데 후설 문고 지부(쾰른 및 프라이부르크)는 북라인·베스트팔렌 학술 아카데미 및 독일학술협의회의 지원을 받고 있다.

그 후 현상학에 대한 관심이 높아짐에 따라 후설 초고의 열람을 요구하는 연구자의 수가 늘어나는 한편, 그들의 편의를 도모하기 위해 각지에 후설 문고 지부가 설치되기 시작했다. 이미 1947년에 파버(Marvin Farber)의 노력으로 미국의 버펄로에 지부가 설치된다(현재는 폐쇄). 1949년부터 1950년에 걸쳐 핑크에 의한 프라이부르크 대학 부속 후설 문고 개설. 1951년, 폴크만-슐루크(Karl-Heinz Volkmann-Schluck)에 의한 쾰른 대학 부속 후설 문고 개설. 1957년에는 메를로-퐁티 등의 여러 해에 걸친 노력의 뒤를 이어 리쾨르(Paul Ricœur)의 손으로 파리의 소르본 대학에 지부가 설치되었다. 1966년에는 슈츠(Alfred Schütz)를 기념하여 뉴욕에도 후설 문고가 설치된다. 1972년에는 타미니오(Jacques Taminiaux)의 노력에 의해 루뱅-라-누브의 루뱅 가톨릭 대학 내에 현상학연구센터라는 명칭으로 지부가 설치된다. 이러한 지부들에는 카탈로그 및 후설의 미완성 초고 전사본의 복사본이 보관되어 있다. 1984년 이후에는 피츠버그의 듀케인 대학의 사이먼 실버만 현상학 센터에도 같은 모양의 복사본이 보관되고 있다.

V. 브레다가 갑작스럽게 죽은(1974) 후에는 에이슬링(Samuel IJsseling)이 후설 문고의 소장을 맡고 있으며, 뵘(Rudolf Boehm)이 출판 관계의 책임자로서 보좌의 일을 수행하고 있다.

Ⅱ. 유고의 분류

앞에서 기술했듯이 1942년에 유고의 정리와 분류 작업이 개시되었다. 그러함에 있어 1935년에 후설의 의뢰를 받아 란트그레베와 핑크가 수행하고 있던 이하의 A~F의 분류가 무엇보다 우선되었다.

A. 세간적 현상학

Ⅰ. 논리학과 형식적 존재론 {41의 유고 묶음}[2]

Ⅱ. 형식적 윤리학, 법철학 {1}

Ⅲ. 존재론(형상학과 그 방법론) {13}

Ⅳ. 학문론 {22}

Ⅴ. 지향적 인간학(인격과 환경세계) {26}

Ⅵ. 심리학(지향성에 관한 교설) {36}

Ⅶ. 세계 통각의 이론 {31}

{주로 생활세계에 관련된 문제들을 중심으로 하여 정리된 것으로 인격, 실천, 동물과 인간, 탄생, 죽음, 무의식, 전통, 역사, 지평과 같은 문제군이 다루어진다.}

B. 환원

Ⅰ. 환원에로의 길 {38}

Ⅱ. 환원 자체와 그 방법론 {23}

Ⅲ. 잠정적인 지향적 분석론 {12}

Ⅳ. 현상학의 역사적, 체계적 자기묘사 {12}

{환원을 중심으로 하여 그것과 관계되는 문제군(자연적 및 초월론적 태도, 에포케, 자아, 세계의 선소여성 등)이 다루어진다.}

C. 형식적 구성으로서의 시간 구성 {17}

{1930년대의 생생하게 흐르는 현재에 관한 집중적인 사유를 중심으로 묶은 것으로 휠레, 근원적 흐름, 근원구성, 노에시스·노에마적 시간화, 근원모나드, 구체적 현재와 같은 문제들이 다루어진다.}

D. 원초적 구성("근원구성") {18}

{C 초고와 내용적, 시기적으로 약간 중첩되는 부분을 포함하는 이 초고에서는 근원연합, 최하층의 단계에서의 자아의 연합적 수동성과 자아의 능동성, 각성과 수면, 타자 및 신체의 구성과 같은 문제가 다루어진다.}

E. 상호주관적 구성

2_ 이하의 { } 안의 수자는 각 그룹의 유고의 묶음수를 나타낸다. 예를 들면 A I 에 대해서는 A I 1 ~ A I 41의 분류(이하 마찬가지)가 이루어지고 있다. 각각의 매수는 일정하지 않고 상당한 불균형을 보인다.

Ⅰ. 직접적 타자 경험의 구성적 기초적 교설 {7}
Ⅱ. 간접적 타자 경험의 구성(완전한 사회성) {3}
Ⅲ. 초월론적 인간학(초월론적 목적론, 목적론 등) {11}
{목적론, 대상극과 자아극, 사랑, 본능, 충동가치, 공동생활과 실존, 윤리적 · 인격적 세계의 자각과 자기의 자각과 같은 문제가 다루어진다.}

F. 강의록 및 강연 기록
Ⅰ. 강의록 및 그 일부 {44}
Ⅱ. 부록이 붙어 있는 강연 기록 {7}
Ⅲ. 후에 부록이 붙여진 인쇄논문의 사본 {1}
Ⅳ. 정리되지 않은 단편적 지편 {4}
{가치론을 중심으로 하는 윤리학적 문제들, 지향적 심리학과 딜타이 비판을 포함하는 심리학적 환원에 관계되는 유고 등이 모아져 있다.}
이것들에 더하여 더 나아가 이하와 같은 분류(K~X) 아래 각종 초고가 배열되었다.

K. 자필의 속기 초고
Ⅰ. 1910년 이전의 속기 초고 {69}
Ⅱ. 1910-30년의 속기 초고 {5}
Ⅲ. 1930년 이후의 속기 초고{'위기-논고'에 관한 초고} {33}
Ⅳ. Ⅴ. 단편적 지편
Ⅵ. 후년에 후설 문고에 받아들여지게 된 유고
Ⅷ. 후설 논문의 초판 인쇄의 사본
Ⅸ. Ⅹ. 하이데거의 저작 『존재와 시간』, 『칸트와 형이상학의 문제』에 대한 여백 메모의 사본
{생활세계의 존재론, 역사적 세계, 인간학, 심리학, 표현의 객관성 등에 관한 유고가 모아져 있다.}

L. 베르나우 초고
Ⅰ. {21}
Ⅱ. {21}
{핑크가 오랫동안 손수 보관하고 있던 주로 시간의식에 관한 자필의 속기 초고로 1969년에 후설 문고에 받아들여졌다. 1917/18년의 시간문제에 관한 후설의 집중적인 사유 성과이다. 『후설 전집』 제10권에서의 내적 시간의식의 현상학적 고찰들과 깊은 관련성이 보이며, 근원적인 시간 구성적 의식류, 근원적 인상, 의식의 변양, 파악과 파악 내용과 같은 시간의식에 관한 문제들이 다루어진다.}

M. 1938년 이전에 프라이부르크 시대의 조교들에 의해 이루어진, 필사 또는 타이프에 의한 후설 초고의 사본
Ⅰ. 강의록('현상학 입문', '철학 입문', '제일철학', '현상학적 심리학') {4}
Ⅱ. 강연 기록(베를린 강연, 파리에서의 '데카르트적 성찰'의 강연 등) {3}
Ⅲ. 출판 예정의 초고(슈타인, 란트그레베에 의한 '이념들' Ⅱ, Ⅲ권의 필사본, 란트그레베의 그것에 대한 후설에 의한 교정, 의식구조에 관한 연구, 『개조』 및 『브리태니커 백과사전』에 대한 기고논문 등) {17}

N. 후설의 강의 노트, 초고의 사본 등

P. 후설의 유고 중에 들어 있던 다른 저자의 초고(후설 자신이 주석을 붙인 것을 포함)
Q. 학생 시대의 후설의 강의 노트
R. 서간(Ⅰ. 후설의 서간, Ⅱ. 후설이 받은 서간, Ⅲ. 제3자가 후설에 대해 언급하는 서간, Ⅳ. 결혼, 사망 통지와 같은 인쇄물, X. 1938년부터 1950년까지의 말비네 부인의 서간, Y. 현상학자와 후설의 제자들이 서로 간에 주고받은 서간)
X. 사료(출생증명서, 결혼증명서, 임면장 등의 공식문서, 일기, 사적인 편지, 서평, 강의의 일람표 등)

Ⅲ. 유고의 특징과 그 해독 · 편집 작업

후설의 유고는 주로 두 개의 그룹으로 나누어진다. 한편은 그 달성 정도는 별도로 하여 그가 출판을 의도하여 써나가고 있던 것이며, 다른 한편은 공개할 것을 의식하지 않고서 씌어진 모놀로그적인 성격이 강한 연구초고(Forschungsmanuskripte)이다. 후설은 생각하기와 쓰기를 긴밀하게 일체화한 철학자인바, 속기는 그것을 위해 필요 불가결한 수단이었다. 그 오랜 습관 속에서 그는 자기의 독자적인 속기 스타일마저도 만들어내는데, 자주 맥락에 따라 다섯 개 가량의 의미를 지니는 문자를 사용한다. 거침없이 흐르는 물줄기처럼 솟아나는 사유를 그 자리에서 써 붙잡아두는 이러한 속기라는 수단이 방대한 유고군을 오늘날 나타나게 했다는 것은 말할 필요도 없지만, 그 반면에 유고에는 반복, 중단, 집중적인 전개, 돌연한 비약, 새로운 전개로 향한 맹아와 같은 즉흥적이라고도 말해야 할 특징이 많이 남아 있다. 더 나아가 또한 후설은 사유의 진전에 따른 새로운 시야의 획득에 따라 초고의 배열을 자유롭게 바꾼다. 그런 까닭에 당초부터 유고 정리의 목적은 (1) 한정된 사람들밖에 읽을 수 없는 속기 초고의 가능한 한 많은 것을 전사하여 관심 있는 연구자들에게 도움을 주는 것, (2) 전사본을 충분히 음미 선택하고 그 배열 방식에 대해서도 신중히 검토한 다음, 중요한 것들에 한해 엄밀한 원전 주해를 붙여 출판하는 것의 두 가지에 놓였다.

(1)에 관해서는 1944년 말에는 프라이부르크 시대의 조교들에 의한 것과 프라하에서의 란트그레베에 의한 것도 포함하여 유고의 3분의 1 이상, 1969년까지는 그 5분의 3, 현재의 시점(1993년)에서는 그 약 5분의 4가 전사되어 있다. 후설 문고에서는 오늘날에도 이 작업이 계속되고 있으며, 전 유고의 전사를 위해서는 현재의 작업 속도를 유지한다 하더라도 적어도 3년 이상이 필요할 것으로 보인다. 옮겨 쓰기는 원본 존중을 첫 번째 원칙으로 하여 후설에 의한 보충과 여백의 주 등도 원전 비평 하에 기재하고, 그가 무용한 것으로 간주하고 사인을 한 부분도 재현하고 있다. 문장구조, 구두점의 변화와 추가 보충 등에서 문장이 통하지 않는 부분에 손을 가한 경우에는 그 뜻을 명기하고 있다.

(2)에 관해서는 (1)의 작업과 병행하여 진전되고 있는데, 현재에 이르기까지 『후설 전집』(1~29)이 간행되어 있다.[3] 어떠한 전집에서도 주요 텍스트에는 유고에 기초한 보충 텍스트가 덧붙여져 있다. 오로지 연구 초고에 의거하여 간행하는 경우에는 사전에 주제에 입각한 유고의 선택이 주의 깊게 이루어지며, 상세한 사태적이고 역사적인 검토가 가해진다. 그간의 사정은 편집자의 서론 및 텍스트의 성립에 관한 보고 속에 상술되어 있다. 유고의 편집 과정에서는 정확성을 기하기 위해 사용된 지편의 사이즈, 표제, 날짜, 속기 방식의 차이, 논의방식의 정도 등에 주의가 기울여진다. 덧붙이자면, 개개의 유고 묶음들에는 자주 사태적으로나 연대적으로

3_ 지금까지 출판된 『후설 전집』의 목록에 대해서는 본 사전의 다음 쪽 이하의 '현상학 관계 주요 저작 일람'의 후설 항을 참조.

이질적인 것이 서로 포함되어 있고, 또한 통일적인 주제를 다룬 유고군이 다른 유고 그룹의 묶음들 속에 분산되어 있는 경우도 많은 관계로 인해 주제별 전집 간행에 있어서는 수시로 각 유고군으로부터 필요한 텍스트가 수집되어 있다. 유고와 전집의 대응 관계가 보이는 실제 모습에 대해서는 각 전집 말미에 덧붙여진 원본 초고의 취사선택 목록이 참고가 된다.

편집자가 텍스트에 개입하는 것은 문법이나 구두점의 표기방식을 현대적인 것으로 고치는 경우뿐이며, 그 이외에 개입이 필요 불가결한 경우에는 < >로 명시된다. 문법상의 이유로 말의 위치가 변하든가 아니면 분명한 쓰기 잘못의 정정으로 전후의 의미가 변하는 경우에는 원전에 대한 주해 자리에서 각각 원형이 제시된다. 이러한 조치에 의해 개입 이전과 이후의 비교 대조가 가능해질 뿐 아니라 독자는 유고의 원래 모습에도 접할 수 있다.

『후설 전집』 출판 계획 중에서 현재 준비 중인 것은 이하의 세 가지이다. (1) *Ergänzungsband zu den "Logischen Untersuchungen". Texte zur Umarbeitung der VI. Logischen Untersuchung*. (『논리연구』 제6연구의 보충권, 루뱅), (2) *Zeit und Individuation. Texte aus dem Nachlaß (1917-1918)*. (시간과 개체화, 1917-18년의 유고=베르나우 초고를 선택, 분류, 배열한 것, 루뱅), (3) *Logik als Theorie der Erkenntnis. Vorlesungen 1910/11*. (인식론으로서의 논리학, 1910/11년의 강의, 쾰른). 그에 이어 '윤리학에의 서론' 강의(1920), '철학에의 서론' 강의(1922/23)의 정리, 편집에 기초한 전집 간행이 각각 순서대로 루뱅 라 누브, 프라이부르크의 후설 문고에서 예정되어 있다. 심정 및 의지 분석을 주제로 하는 권(루뱅)도 장래의 계획에 들어 있다.

루뱅의 후설 문고에서는 금후 연구 초고에 기초하는 몇 가지 중요한 주제들마다 편집 계획이 입안되어 지향성, 지각, 주의의 문제를 비롯하여 자연과 정신, 초월론적 관념론, 후기 시간론 등의 주제에 입각한 전집 간행이 검토되고 있다. 후기의 연구 초고에 기초한 것으로서는 더 나아가 초월론적 감성론, 생활세계, 지향적 인간학, 목적론, 신학과 같은 문제군이 테마의 후보로 거론되고 있다. 후기 초고에는 주제적 통일성이 결여되어 있기 때문에 장래의 편집 작업에는 역시 많은 어려움이 예상된다. 그밖에 전임 스태프의 제약, 경제적 문제들 등도 있어 금후에는 매우 더디게 전개되겠지만, 최종적인 전집 권수는 40권 전후에 달할 것으로 생각된다.

Ⅳ. 후설 문고의 현재

유고의 해독・편집이라는 중심적 작업 외에도 후설 문고는 본부와 지부의 상호협력 하에서 아래와 같은 출판활동을 수행하고 있다.

(1) '페노메놀로지카Phaenomenologica' 시리즈 출판. 1958년 V. 브레다에 의해 개시되어 주로 후설 및 현상학에 관한 역사적, 체계적, 사태적 연구가 중심이다. 이미 130권 가까이 출판되었다.

(2) 후설의 가장 중요한 저작의 대학생 용 염가판 간행(1979년 이후). 『후설 전집』 중에서 선택한 부분들을 사진식자 인쇄한 시리즈이다. 최신의 것으로서는 1991년에 『사물과 공간 1907년의 강의』가 출판되었다.

(3) 『후설 전집』에 이은 『후설리아나 도쿠멘테Husserliana Dokumente』 시리즈 출판. 이 계열에서 최신의 것으로서는 전 10권에 이르는 '후설 서간집'(*Edmund Husserl: Briefwechsel*. 브렌타노학파, 뮌헨학파, 신칸트학파와 같은 학파들로 편지가 구분되어 있다)이 간행되었다. 금후에는 후설의 저작 및 유고의 전체 색인, 포괄적인 후설 문헌목록의 출판이 예정되어 있다.

(4) 『후설 저작집』(*Husserl. Collected Works*) 시리즈 출판. 앵글로색슨 권에서의 후설 및 현상학에 대한 관심이

고조되는 것에 호응하여 기획된『후설 전집』의 영역판으로 1980년 이후 4권이 간행되어 있다. 출판 준비 중인 것으로서는 '초기의 논리학과 수학에 관한 철학적 저작', '산술의 철학', '암스테르담 강의 및 브리태니커 백과사전 논문'이 거론된다.

그 밖의 활동으로서 후설 문고는 브뤼셀과 클레펠트, 파리, 루뱅 등에서 개최되어온 현상학 국제회의의 전통을 계승하는 한편, 후설뿐만 아니라 메를로-퐁티, 레비나스 등을 주제로 하는 소규모의 현상학 회의나 콜로키움 등도 때때로 접촉하여 조직하고 있다. 루뱅의 후설 문고는 현상학 관련 문헌의 수집과 충실화를 통해 루뱅을 방문하는 연구자를 측면에서 지원하는 일에도 주의를 기울이고 있다. 또한 당 문고는 후설과 관련한 자료 수집에도 힘쓰고 있는데, 1990년에는 카시러에게 보낸 엽서의 사본, 하이데거에게 보낸 서간의 사본 등을, 1991년에는 란트그레베와의 모든 왕복서간을 수집한다. 1992년에는 A. 구르비치의 유고 일부(많은 별쇄본 외에 후설, 카시러, M. 파버 등과의 학문상의 서간을 포함한다)가 당 문고의 수집 목록에 덧붙여졌다.

후설 문고에 대해서는 이후에도 세계의 현상학 운동을 활성화하는 역할이 크게 기대된다.

V. 후설의 초고 및 후설 문고에 관한 문헌

1) Herman Leo Van Breda, "Das Husserl-Archiv in Löwen", in *Hamburger Zeitschrift für Kultur*, 1947, 750-752.

2) Ders., "Das Husserl-Archiv in Löwen", in *Zeitschrift für philosophische Forschung* 2, 1947, 172-176.

3) Ders., "Le sauvetage de l'héritage husserlien et la fondation des Archieves Husserl", in *Husserl et la Pensée Moderne*, La Haye (=Phaenomenologica, Bd. 2.), 1959, 42-77. (立松弘孝 譯「フッサールの遺稿救出とフッサール文庫の創設」『フッサールと現代思想』 せりか書房, 1972에 수록)

4) Ders., "Geist und Bedeutung des Husserl-Archivs", in *Edmund Husserl*, La Haye (=Phaenomenologica, Bd. 4.). 1959, 116-122.

5) Ders., "Maurice Merleau-Ponty et les Archieves Husserl à Louvain", in *Revue de Métaphysique et de Morale*, 1962-n 4, 410-430. (前田耕作 譯「モーリス・メルロ=ポンティとルーヴァンのフッサール文庫」『現象學硏究』 創刊號, せりか書房, 1972에 수록)

6) Herman Leo Van Breda und Rudolf Boehm, "Aus dem Husserl-Archiv zu Löwen", in *Philosophisches Jahrbuch* 62, 1953, 241-252.

7) Samuel IJsseling, "Das Husserl-Archiv in Leuven und die Husserl-Ausgabe", in *Buchstabe und Geist. Zur Überlieferung und Edition philosophischer Texte*, Hamburg, 1987, 137-146.

8) Sabine Mödersheim, "Husserls Nachlaß und seine Erschließung", in *Edmund Husserl und die phänomenologische Bewegung. Zeugnisse in Text und Bild*, Freiburg/München, 1988, 103-115. (Mechtild Gilzmer에 의한 아래의 프랑스어 역이 있다. "L'exploitation de l'œuvre posthume de Husserl", in *Husserl*, Grenoble, 1989, 185-197.)

9) Walter Biemel, "Louvain: La «Montagne Magique» phénoménologique", in *Husserl*, Grenoble, 1989, 207-218.

10) Ders., "Dank an Löwen. Erinnerungen an die Zeit von 1945-1952", in *Phänomenologische Forschungen* 22, 1989, 236-268.

11) Jean-François Courtine, "Fondation et proto-fondation des Archieves Husserl à Paris", in *Husserl*, Grenoble, 1989, 199-205.

12) "Notiz zu Husserls Nachlaß", in *Edmund Husserl: Darstellung seines Denkens*, Hamburg, 1989, 225-228.

(본고를 정리함에 있어 루뱅의 후설 문고 소장 S. 에이슬링 교수 등 당 문고의 스태프 여러분들에게서 유익한 자료와 정보 제공을 비롯하여 적지 않은 도움을 받았다. 이에 대해 깊이 감사드리지 않을 수 없다.)

※ 현상학 관계 주요 저작 일람 ※

(1) 본 목록은 현상학사에서 특별히 언급해야 할 8명(브렌타노, 후설, 셸러, 하이데거, 사르트르, 메를로-퐁티, 레비나스, 슈츠)의 주요한 저작들의 일람으로, 현상학 운동에 관계되는 다수의 인물들의 저작과 연구서 그리고 이차문헌까지 망라한 것은 아니다.

문헌목록을 망라한 것으로서는 1970년대까지라는 한정이 붙기는 하지만, 『강좌 현상학 제4권講座現象學第4卷』(弘文堂, 1980)의 권말에 수록되어 있는 '문헌 일람'이 참고가 될 수 있다.

(2) 원칙적으로 단행본(전집)으로 간행되어 있는 저작에 한정했지만, 각각 텍스트의 상황이 다르기 때문에 반드시 기계적인 통일을 시도하지는 않았다.

(3) 작성에는 편집위원 4명 외에 나오에 기요타카直江清隆, 후쿠다 오사무福田收, 다니구치 가즈히로谷口佳津宏, 고다 마사토合田正人, 니시하라 가즈히사西原和久가 참여했지만, 정보의 수집과 점검에 여러분의 협력을 받았다.

□ Franz Brentano

1. **『철학문고』(Philosophische Bibliothek{PhB})판** {펠릭스 마이너(Felix Meiner) 및 일부는 프랑케(Francke Verlag, Bern)에서 출판되어 있다}. 브렌타노의 저작은 유고를 포함하여 그 대부분이 이 『철학문고』판에 수록되어 있다. 이하에서 괄호 안의 출판 연도는 철학문고판 이전에 출판된 초판의 연도를 나타낸다.

Vom Ursprung sittlicher Erkenntnis. Mit Einleitung und Anmerkungen, hrsg. von Oskar Kraus. PhB 55. 1921 (1889).
水地宗明 譯, 『道德的認識の源泉について』, 世界の名著 51, 『ブレンターノ, フッサール』, 中央公論社, 1970.

Psychologie vom empirischen Standpunkt.

Bd. 1 Mit Einleitung, Anmerkungen und Register (in Bd. Ⅱ), hrsg. von Oskar Kraus. PhB 192. 1924 (1874).

Bd. 2 *Von der Klassifikation der psychischen Phänomene*. Mit neuen Abhandlungen aus dem Nachlaß. Mit Einleitung, Anmerkungen und Register hrsg. von Oskar Kraus. PhB 193. 1925 (1911). 佐藤慶二 譯, 『精神現象の分類に就て』, 世界大思想全集 43, 春秋社, 1929.

Bd. 3 *Vom sinnlichen und noetischen Bewußtsein*. Äußere und innere Wahrnehmung, Begriffe. Mit Anmerkungen hrsg. von Oskar Kraus. Neu eingeleitet und revidiert von F. Mayer-Hillebrand. PhB 207. 1928.

Versuch über die Erkenntnis. Aus seinem Nachlaß, hrsg. von Alfred Kastil. Erweitert und neu eingeleitet von F. Mayer-Hillebrand. PhB 194. 1925, ^{2}1968.

Die vier Phasen der Philosophie und ihr augenblicklicher Stand, nebst Abhandlungen über Plotinus, Thomas von Aquin, Kant, Schopenhauer und Auguste Comte. Mit Anmerkungen hrsg. von Oskar Kraus. Neu eingeleitet von F. Mayer-Hillebrand. PhB 195. 1926, ^{2}1968. [Die vier Phasen der Philosophie und ihr augenblicklicher Stand. 1895. 池上鎌三 譯, 「哲學の4段階と斯學の現狀」, 岩波書店, 1930을 포함한다.]

Wahrheit und Evidenz. Erkenntnistheoretische Abhandlungen und Briefe, ausgewählt, erläutert und eingeleitet von Oskar Kraus. PhB 201. 1930.

Kategorienlehre. Mit Einleitung und Anmerkungen hrsg. von Alfred Kastil. PhB 203. 1933.

Über die Zukunft der Philosophie nebst den Vorträgen "Über die Gründe der Entmutigung auf philosophischem Gebiet", "Über Schellings System" sowie den 25 Habilitationsthesen. Mit Anmerkungen hrsg. von Oskar Kraus. Neu eingeleitet von Paul Weingartner. PhB 209. 1928 (1893), [2]1968.

Vom Dasein Gottes. Mit Einleitung und Anmerkungen, hrsg. von Alfred Kastil. PhB 210. 1929.

Philosophische Untersuchungen zu Raum, Zeit und Kontinuum. Aus dem Nachlaß mit Anmerkungen von Alfred Kastil hrsg. und eingeleitet von Stephan Körner und Roderick M. Chisholm. PhB 293. 1976. [유고 Zur Lehre von Raum und Zeit (*Kant-Studien*, 25, 1920). 和田平次 譯, 『空間時間論』, 岩波書店, 1932를 포함한다.(S. 193ff.)]

Aristoteles und seine Weltanschauung. Mit einer Einleitung von Roderick M. Chisholm. PhB 303. 1977 (1911).

Aristoteles' Lehre vom Ursprung des menschlichen Geistes. Mit einer Einleitung von Rolf George. PhB 304. 1980 (1911).

Grundlegung und Aufbau der Ethik. Nach den Vorlesungen über "Praktische Philosophie" aus dem Nachlaß hrsg. von F. Mayer-Hillebrand. PhB 309. 1952.

Religion und Philosophie. Ihr Verhältnis zueinander und ihre gemeinsamen Aufgaben. Aus dem Nachlaß mit Zugrundlegung der Vorarbeiten A. Kastils hrsg. von F. Mayer-Hillebrand. PhB 310. 1954.

Die Lehre vom richtigen Urteil. Nach den Vorlesungen über Logik mit Benützung anderer Manuskripte aus dem Gebiete der Erkenntnistheorie aus dem Nachlaß hrsg. von F. Mayer-Hillebrand. PhB 311. 1956.

Grundzüge der Ästhetik. Aus dem Nachlaß hrsg. von F. Mayer-Hillebrand. PhB 312. 1959. [*Das Genie*. Vortrag gehalten im Saale des Ingenieur- und Architektenvereins in Wien. Leipzig, Duncker & Humblot, 1892. 篠田英雄 譯, 『天才』, 岩波書店, 1928 (후에 岩波文庫, 1936). *Das Schlechte als Gegenstand dichterischer Darstellung*. Leipzig, Duncker & Humblot, 1892. 篠田英雄 譯, 『惡』, 岩波書店, 1928 (후에 岩波文庫, 1936)을 포함한다.]

Geschichte der griechischen Philosophie. Nach den Vorlesungen über Geschichte der Philosophie aus dem Nachlaß hrsg. von F. Mayer-Hillebrand. PhB 313. 1963.

Die Abkehr vom Nichtrealen. Nur Dinge sind vorstellbar und können existiren. Briefe und Abhandlungen aus dem Nachlaß mit einer Einleitung hrsg. von F. Mayer-Hillebrand. PhB 314. 1966.

Untersuchungen zur Sinnespsychologie. Zweite, durchgesehene und aus dem Nachlaß erweiterte Auflage hrsg. von Roderick M. Chisholm und Reinhard Fabian. PhB 315. 1979 (1907).

Geschichte der mittelalterlichen Philosophie im christlichen Abendland. Aus dem Nachlaß hrsg. und eingeleitet von Klaus Hedwig. PhB 323. 1980.

Deskriptive Psychologie. Aus dem Nachlaß hrsg. und eingeleitet von Roderick M. Chisholm und Wilhelm Baumgartner. PhB 349. 1982.

Geschichte der Philosophie der Neuzeit. Aus dem Nachlaß hrsg. und eingeleitet von Klaus Hedwig. PhB 359. 1987.

Über Aristoteles. Nachgelassene Aufsätze, hrsg. von Rolf George. PhB 378. 1986.

2. 『철학문고』판 이외의 저작

Von der mannigfachen Bedeutung des Seienden nach Aristoteles. Freiburg, Herder, 1862; Hildesheim, Olms, [4]1984. 岩崎勉

譯,『アリストテレスの存在論』, 理想社, 1923.

Die Psychologie des Aristoteles, insbesondere seine Lehre vom nous poietikos. Mainz, Kirchheim, 1867; 2. (unveränd.) Aufl. Wissenschaftliche Buchgesellschaft, Darmstadt, 1967.

Der Creatianismus des Aristoteles. Wien, Carl Gerold's Sohn, 1882.

Offener Brief an Herrn Professor Dr. Eduard Zeller. Leipzig, Duncker & Humblot, 1883.

Meine letzten Wünsche für Österreich. Stuttgart, Cotta, 1895.

Die Lehre Jesu und ihre bleibende Bedeutung, mit einem Anhange: Kurze Darstellung der christlichen Glaubenslehre. Hrsg. aus seinem Nachlaß von Alfred Kastil. Leipzig, Felix Meiner, 1922.

Über Ernst Machs "Erkenntnis und Irrtum". Aus dem Nachlaß hrsg. und eingeleitet von Roderick M. Chisholm und Johann C. Marek, Amsterdam, Rodopi, 1988.

❑ Edmund Husserl

1. <Husserliana>

Edmund Husserl Gesammelte Werke, hrsg. in Gemeinschaft mit dem Husserl-Archiv an der Universität Köln vom Husserl-Archiv Löwen unter Leitung von H. L. Van Breda und S. IJsseling, Den Haag, Martinus Nijhoff, 1950ff. (현재는 Kluwer Academic Publishers, Dordrecht/Boston/London에서 출판되어 있다.)

Bd. Ⅰ *Cartesianische Meditationen und Pariser Vorträge*, hrsg. von S. Strasser, 1950, ^{2}1963. 山本万二郎 譯,『現象學序説—デカルト的省察錄』, 創文社, 1954; 船橋弘 譯,「デカルト的省察」, 世界の名著 51,『ブレンターノ, フッサール』, 中央公論社, 1970.

Bd. Ⅱ *Die Idee der Phänomenologie*. Fünf Vorlesungen, hrsg. von W. Biemel, 1950, ^{2}1958. 立松弘孝 譯『現象學の理念』みすず書房, 1965.

Bd. Ⅲ *Ideen zu einer reinen Phänomenologie und phänomenologischen Philosophie*. Erstes Buch. Allgemeine Einführung in die reine Phänomenologie, hrsg. von W. Biemel, 1950. Als neue Erscheinung: Erstes Halbband. Texte der 1. 2. 3. Auflage; Zweites Halbband. Ergänzende Texte (1912-1929), hrsg. von K. Schuhmann, 1976. 鬼頭英一 譯,『純正現象學及現象學的哲學觀』, 世界大思想全集 75, 春秋社, 1932; 池上鎌三 譯,『純粹現象學及現象學的哲學考案』, 全2冊, 岩波文庫, 岩波書店, 1939, 1941; 渡辺二郎 譯,『イデーンⅠ』全2冊 (Ⅰ-1, Ⅰ-2), みすず書房, 1979, 1984.

Bd. Ⅳ *Ideen zu einer reinen Phänomenologie und phänomenologischen Philosophie*. Zweites Buch. Phänomenologische Untersuchungen zur Konstitution, hrsg. von W. Biemel, 1952.

Bd. Ⅴ *Ideen zu einer reinen Phänomenologie und phänomenologischen Philosophie*. Drittes Buch. Die Phänomenologie und die Fundamente der Wissenschaften, hrsg. von W. Biemel, 1952.

Bd. Ⅵ *Die Krisis der europäischen Wissenschaften und die transzendentale Phänomenologie*, hrsg. von W. Biemel, 1954, ^{2}1962. 細谷恒夫・木田元 譯,『ヨーロッパ諸學の危機と超越論的現象學』, 中央公論社, 1974. [Die Krisis des europäischen Menschentums und die Philosophie (1935). 清水多吉 外 譯,「ヨーロッパ的人間性の危機と哲學」,『三十年代の危機と哲學』, イザラ書房, 1976; 谷征紀 譯,「西歐的人間性の危機と哲學」,『現象學と人間性の危機』, 御茶

の水書房, 1983을 포함한다.]

Bd. Ⅶ *Erste Philosophie* (1923/24). Erster Teil. Kritische Ideengeschichte, hrsg. von R. Boehm, 1956. [Die Idee einer philosophischen Kultur, in *Japanisch-deutsche Zeitschrift für Wissenschaft und Technik*, 1, 1923을 포함한다.]

Bd. Ⅷ *Erste Philosophie* (1923/24). Zweiter Teil. Theorie der phänomenologischen Reduktion, hrsg. von R. Boehm, 1959.

Bd. Ⅸ *Phänomenologische Psychologie*. Vorlesungen Sommersemester 1925, hrsg. von W. Biemel, 1962. [Der Encyclopaedia Britannica Artikel. 木田元・宮武昭 譯,「現象學「ブリタニカ」論文」,『現代思想』6卷13号, 青土社, 1978; 田原八郎 譯,『ブリタニカ草稿』, せりか書房, 1980을 포함한다.]

Bd. Ⅹ *Zur Phänomenologie des inneren Zeitbewußtseins (1893-1917)*, hrsg. von R. Boehm, 1966. 立松弘孝 譯,『內的時間意識の現象學』, みすず書房, 1967.

Bd. Ⅺ *Analysen zur passiven Synthesis*. Aus Vorlesungs-und Forschungsmanuskripten (1918-1926), hrsg. von M. Fleischer, 1966.

Bd. Ⅻ *Philosophie der Arithmetik*. Mit ergänzenden Texten (1890-1901), hrsg. von L. Eley, 1970. 寺田弥吉 譯,『算術の哲學』, モナス, 1933. [*Über den Begriff der Zahl. Psychologische Analysen*. Habilitationsschrift. Halle a. d. S., Heynemann'sche Buchdruckerei (F. Beyer), 1887을 포함한다.]

Bd. XIII *Zur Phänomenologie der Intersubjektivität*. Texte aus dem Nachlaß. Erster Teil: 1905-1920, hrsg. von I. Kern, 1973.

Bd. XIV *Zur Phänomenologie der Intersubjektivität*. Texte aus dem Nachlaß. Zweiter Teil: 1921-1928, hrsg. von I. Kern, 1973.

Bd. XV *Zur Phänomenologie der Intersubjektivität*. Texte aus dem Nachlaß. Dritter Teil: 1929-1935, hrsg. von I. Kern, 1973.

Bd. XVI *Ding und Raum*. Vorlesungen 1907, hrsg. von U. Claesges, 1973.

Bd. XVII *Formale und transzendentale Logik*. Versuch einer Kritik der logischen Vernunft, hrsg. von P. Janssen, 1974. 山口等澍 譯,『形式的論理學と先驗的論理學』, 和広出版, 1976.

Bd. XVIII *Logische Untersucungen*. Erster Band. Prolegomena zur reinen Logik, hrsg. von E. Holenstein, 1975. 鬼頭英一 譯,『純粹論理學へのプロレゴーメナ』, 世界大思想全集 56, 春秋社, 1931; 立松弘孝 譯,『論理學硏究』1, みすず書房, 1968.

Bd. XIX/1 *Logische Untersucungen*. Zweiter Band. Untersuchungen zur Phänomenologie und Theorie der Erkenntnis. Erster Teil, hrsg. von U. Panzer, 1984. 立松弘孝・松井良和・赤松宏 譯,『論理學硏究』2, 3, みすず書房, 1970, 1974.

Bd. XIX/2 *Logische Untersucungen*. Zweiter Band. Untersuchungen zur Phänomenologie und Theorie der Erkenntnis. Zweiter Teil, hrsg. von U. Panzer, 1984. 立松弘孝 譯,『論理學硏究』4, みすず書房, 1976.

Bd. XXI *Studien zur Arithmetik und Geometrie*. Texte aus dem Nachlaß (1886-1901), hrsg. von Ⅰ. Strohmeyer, 1983.

Bd. XXII *Aufsätze und Rezensionen (1890-1910)*. Mit ergänzenden Texten, hrsg. von B. Rang, 1979.

Bd. XXIII *Phantasie. Bildbewußtsein, Erinnerung. Zur Phänomenologie der anschaulichen Vergegenwärtigungen*. Texte aus dem Nachlaß (1898-1925), hrsg. von E. Marbach, 1980.

Bd. XXIV *Einleitung in die Logik und Erkenntnistheorie*. Vorlesungen 1906/07, hrsg. von U. Melle, 1984.

Bd. XXV *Aufsätze und Vorträge (1911-1921)*, hrsg. von Th. Nenon und H. R. Sepp, 1987. [*Philosophie als strenge Wissenschaft*. in *Logos* 1, 1911; Frankfurt a. M., Klostermann, ^{2}1971. 佐竹哲雄 譯,『嚴密な學としての哲學』, 岩波書店, 1969; 小池稔 譯,「嚴密な學としての哲學」世界の名著 51,『ブレンターノ, フッサール』, 中央公論社, 1970. Erinnerungen an Franz Brentano. in Kraus, O., *Franz Brentano: Zur Kenntnis seines Lebens und seiner Lehre*, München, C. H. Beck, 1919. 和辻哲郎 譯,「フランツ・ブレンタノの思ひ出」,『思想』18号, 岩波書店, 1923. Die reine Phänomenologie, ihr Forschungsgebiet und ihre Methode. in *Tijdschrift voor Filosofie* 38, 1976. 立松弘孝 譯,「純粹現象學, その硏究領域と方法」,『現代思想』6卷 13号, 青土社, 1978을 포함한다.]

Bd. XXVI *Vorlesungen über Bedeutungslehre*. Sommersemester 1908, hrsg. von U. Panzer, 1987.

Bd. XXVII *Aufsätze und Vorträge (1922-1937)*, hrsg. von Th. Nenon und H. R. Sepp, 1989. [Erneuerung. Ihr Problem und ihre Methode.「革新──その問題とその方法」,『改造』5卷3号, 1923. Erneuerung als individualethisches Problem.「個人倫理問題の再新」,『改造』6卷 2号, 1924. Die Methode der Wesensforschung.「本質硏究の方法」,『改造』6卷 4号, 1924. Phänomenologie und Anthropologie, in *Journal of philosophy and phenomenological research*, 2, 1941. 粉川哲夫 譯,「現象學と人間學」,『現象學硏究』2号, せりか書房, 1974를 포함한다.]

Bd. XXVIII *Vorlesungen über Ethik und Wertlehre 1908-1914*, hrsg. von U. Melle, 1988.

Bd. XXIX *Die Krisis der europäischen Wissenschaften und die transzendentale Phänomenologie*, Ergänzungsband Texte aus dem Nachlaß 1934-1937, hrsg. von R. N. Smid, 1993.

* Husserliana에 포함된 Husserl 자신의 저작이 아닌 것

Husserliana Dokumente

Bd. I. Schumann, K. *Husserl-Chronik, Denk-und Lebensweg Edmund Husserls*. Den Haag. M. Nijhoff, 1977.

Bd. II/1 Fink, E., *VI. Cartesianische Meditation*. Teil 1. Die Idee einer transzendentalen Methodenlehre, hrsg. von H. Ebeling, J. Holl und G. van Kerckhoven, 1988.

Bd. II/2 Fink, E., *VI. Cartesianische Meditation*. Teil 2. Ergänzungsband, hrsg. von G. van Kerckhoven, 1988.

2. <Husserliana 이외의 저작>

Beiträge zur Theorie der Variationsrechnung. Dissertation. Wien, 1982. Soweit, bekannt, ungedruckt. Phenomenology, in *Encyclopaedia Britannica*, 14 ed., vol. 17, 1929.

Erfahrung und Urteil, hrsg. von L. Landgrebe, Prag, Academia/Verlagsbuchhandlung, 1939; Hamburg, Felix Meiner, PhB 280. ^{4}1972. 長谷川宏 譯,『經驗と判斷』, 河出書房新社, 1975.

Entwurf einer "Vorrede" zu den "Logischen Untersuchungen", hrsg. von E. Fink, in *Tijdschrift voor Filosofie* 1, 1939.

Grundlegende Untersuchungen zum phänomenologischen Ursprung der Räumlichkeit der Natur. in Farber, M. ed., *Philosophical essays in memory of Edmund Husserl*, Cambridge, Harvard University Press, 1940. (Urtitel: Umsturz der kopernikanischen Lehre in der gewöhnlichen weltanschaulichen Interpretation. Die Ur-Arche Erde bewegt sich nicht.) 新田義弘・村田純一 譯,「自然の空間性の現象學的起源に關する基礎硏究──コペルニクス說の顚覆」,『講座・現象學』3卷, 弘文堂, 1980.

Notizen zur Raumkonstitution, hrsg. von A. Schütz, in *Journal of Philosophy and phenomenological research* 1, 1940. Die Welt der lebendigen Gegenwart und die Konstitution der außerleiblichen Umwelt, hrsg. von A. Schütz, in *Journal of Philosophy and phenomenological research* 6, 1946.

Über psychologische Begründung der Logik. Ein unveröffentlichter Eigenbericht Husserls über einen von ihm am 2. Mai 1900 gehaltenen Vortrag, hrsg. von H. Reiner, in *Zeitschrift für philosophische Forschung* 13, 1959.

Briefe an Roman Ingarden. Mit Ergänzungen und Erinnerung, hrsg. von R. Ingarden. *Phenomenologica*, Bd. 25, 1968. 桑野耕三・佐藤眞理人 譯, 『フッサール書簡集 1915-1938』, せりか書房, 1982.

R. Hirsch, Edmund Husserl und Hugo von Hofmannstahl. Eine Begegnung und ein Brief, in *Sprache und Politik. Festgabe für Dolf Sternberger*, hrsg. von C.-J. Friedrich, Heidelberg, Lambert Schneider, 1968, S. 108-115.

Phenomenolgy as Cooperative Task: Husserl-Farber Correspondence during 1936-37, ed. by Kah Kyung Cho, in *Philosophy and phenomenological research* 50, Supplement, 1990. 榊原哲也・寺田誠一 譯, 「共同作業としての現象學― 1936~37年におけるフッサールとファーバーの往復書簡」, 『國學院雜誌』 92卷 11号, 1991.

3. 전집판을 기초로 하여 출판된 저작

V. Logische Untersuchung. Über intentionale Erlebnisse und ihre »Inhalte«. Nach dem Text der 1. Aufl. von 1901 hrsg., eingeleitet und mit Registern versehen von E. Ströker. PhB 290. 2. durchges. Aufl. 1988.

Cartesianische Meditationen. Eine Einleitung in die Phänomenologie, hrsg., eingeleitet und mit Registern versehen von E. Ströker. PhB 291. 2. verb. Aufl. 1987.

Die Krisis der europäischen Wissenschaften und die transzendentale Phänomenologie. Eine Einleitung in die phänomenologische Philosophie, hrsg., eingeleitet und mit Registern versehen von E. Ströker. PhB 292. 2. verb. Aufl. 1982.

Grundprobleme der Phänomenologie (1910/11). Aufgrund der »Husserliana«. Bd. XIII, hrsg. von I. Kern. PhB 348. 1977; Den Haag, Nijhoff, 1977.

Texte zur Phänomenologie des inneren Zeitbewußtseins (1893-1917). Text nach »Husserliana«, Bd. X. Eingeleitet, hrsg. und mit Registern versehen von R. Bernet. PhB 362. 1985.

Die Konstitution der geistigen Welt. Text nach »Husserliana«, Bd. IV. Eingeleitet, hrsg. und mit Registern versehen von M. Sommer. PhB 369. 1984.

Die Idee der Phänomenologie. Text nach »Husserliana«, Bd. II. Eingeleitet, hrsg. und mit Registern versehen von P. Janssen. PhB 392. 1986.

Die Phänomenologie und die Fundamente der Wissenschaften. Text nach »Husserliana«, Bd. V. Eingeleitet, hrsg. und mit Registern versehen von K. H. Lembeck. PhB 393. 1986.

Ding und Raum. Vorlesungen 1907. Text nach »Husserliana«, Bd. XVI. Mit einer Einleitung von Smail Rapic hrsg. von K. H. Hahnengreß und Smail Rapic. PhB 437. 1991.

Die phänomenologische Methode. Ausgewählte Texte I. Mit einer Einleitung, hrsg. von K. Held, Stuttgart, Reclam, 1985.

Phänomenologie der Lebenswelt. Ausgewählte Texte II. Mit einer Einleitung, hrsg. von K. Held, Stuttgart, Reclam, 1986.

Edmund Husserl Gesammelte Schriften, hrsg. von E. Ströker, Hamburg, Felix Meiner, 1992.

Bd. 1 Philosophie der Arithmetik.
Bd. 2 Logische Untersuchungen. Erster Band.
Bd. 3 Logische Untersuchungen. Zweiter Band. I.
Bd. 4 Logische Untersuchungen. Zweiter Band. II.

Bd. 5　Ideen zu einer reinen Phänomenologie und phänomenologischen Philosophie. Erstes Buch. Nachwort (1930).

Bd. 6　Erste Philosophie. I, II.

Bd. 7　Formale und transzendentale Logik.

Bd. 8　Cartesianische Meditationen. Die Krisis der europäischen Wissenschaften und die transzendentale Phänomenologie.

Zusatzband　E. Ströker, Husserls Werk. Zur Ausgabe der Gesammelten Schriften. Register.

Arbeiten an den Phänomenen. Ausgewählte Schriften. Hrsg. und mit einem Nachwort versehen von B. Waldenfels, Frankfurt a. M., Fischer Taschenbuch Verlag, 1993.

* 위의 2.에서 제시된 Husserliana에 수록되지 않은 공간 저작 목록은 완벽한 것이 아니다. 특히 서간류는 많은 것이 다양한 형태로 인쇄되어 있지만, 머지않아 서간집이 공간될 것도 고려하여 두 가지를 제외하고서는 수록하지 않았다. 현재 '후설 저작 목록'(Husserl Bibliographie) 중에서 가장 완성도가 높은 것은 다음의 것이다. M. Schmitz, Bibliographie der bis zum 8. April 1989 veröffentlichten Schriften Edmund Husserls, in *Husserl Studies* 6, 1989.

❑ Max Scheler

(Gesammelte Werke) Bern und München, Francke Verlag.

Bd. 1　*Frühe Schriften*, hrsg. von Maria Scheler und M. S. Frings, 1971. 小倉志祥 外 譯, 『初期論文集』, シェーラー著作集 14, 白水社, 1979; 다만 「勞働と倫理」("Arbeit und Ethik")는 飯島宗享 外 譯, 『社會學および世界觀論集』 下, シェーラー著作集 10, 白水社, 1978에 수록.

Bd. 2　*Der Formalismus in der Ethik und die materiale Wertethik*, hrsg. von Maria Scheler, 1954; Neudruck 1966, Neuauflage 1980. 吉澤伝三郎 外 譯, 『倫理學における形式主義と實質的價値倫理學』, 上・中・下, シェーラー著作集 1・2・3, 白水社, 1976, 1980.

Bd. 3　*Vom Umsturz der Werte*, hrsg. von Maria Scheler, 1955, Neuauflage 1972. 林田新二 外 譯, 『價値の轉倒』, 上・下, シェーラー著作集 4・5, 白水社, 1977.

Bd. 4　*Politisch-pädagogische Schriften*, hrsg. von M. S. Frings, 1982.

Bd. 5　*Vom Ewigen in Menschen*, hrsg. von Maria Scheler, 1954, Neuauflage 1968. 小倉貞秀 譯, 『人間における永遠なるもの』, 上・下, シェーラー著作集 6・7, 白水社, 1977, 1978.

Bd. 6　*Schriften zur Soziologie und Weltanschauungslehre*, hrsg. von Maria Scheler, 1963, Neuauflage 1986 (hrsg. von M. S. Frings). 飯島宗享 外 譯, 『社會學および世界觀論集』 上・下, シェーラー著作集 9, 白水社, 1978.

Bd. 7　*Wesen und Formen der Sympathie/Die deutsche Philosophie der Gegenwart*, hrsg. von M. S. Frings, 1973. 青木茂 外 譯, 『同情の本質と諸形式』, シェーラー著作集 8, 白水社, 1977.

Bd. 8　*Die Wissensformen und die Gesellschaft*, hrsg. von Maria Scheler, 1960, Neuauflage 1980. 浜井修 外 譯, 『知識形態と社會』 上・下, シェーラー著作集 11・12, 白水社, 1978.

Bd. 9　*Späte Schriften*, hrsg. von M. S. Frings, 1976. 龜井裕 外 譯,『宇宙における人間の地位・哲學的世界觀』, シェーラー著作集 13, 白水社, 1977.

Bd. 10　*Schriften aus dem Nachlaß. Bd. I: Zur Ethik und Erkenntnislehre*, hrsg. von Maria Scheler, 1957, Neuauflage 1986 (hrsg. von M. S. Frings).「羞恥と羞恥心」(“Über Scham und Schamgefühl”),「典型と指導者」(“Vorbilder und Führer”),「現象學と認識論」(“Phänomenologie und Erkenntnistheorie”)의 3편은 浜田義文 外 譯,『羞恥と羞恥心・典型と指導者』, シェーラー著作集 15, 白水社, 1978;「死と永生」(“Tod und Fortleben”)은 小倉貞秀 譯,『人間における永遠なるもの』上, シェーラー著作集 6, 1977;「愛の秩序」(“Ordo Amoris”)는 飯島宗享 外 譯,『社會學および世界観論集』下, シェーラー著作集 10, 白水社, 1978.

Bd. 11　*Schriften aus dem Nachlaß. Bd. II: Erkenntnislehre und Metaphysik*, hrsg. von M. S. Frings, 1979.

Bd. 12　*Schriften aus dem Nachlaß. Bd. III: Philosophische Anthropologie*, hrsg. von M. S. Frings, 1987.

Bd. 13　*Schriften aus dem Nachlaß. Bd. IV: Philosophie und Geschichte*, hrsg. von M. S. Frings, 1990. “Zur Idee des Ewigen Friedens und des Pazifismus”에 대해서는 駒井義昭 譯,『平和の理念と平和主義』, 富士書店, 1991.

Bd. 14　*Schriften aus dem Nachlaß. Bd. V: Varia I*, hrsg. von M. S. Frings, 1993.

□ Martin Heidegger

1. <단행본>

Die Lehre vom Urteil im Psychologismus: Ein kritisch-positiver Beitrag zur Logik. Leipzig, Barth, 1914. 大野木哲 譯,『心理學主義の判斷論』, ハイデッガー選集 29, 理想社, 1982.

Die Kategorien- und Bedeutungslehre des Duns Scotus. Tübingen, Mohr, 1916.

Sein und Zeit: Erste Hälfte. Halle, Germany, Niemeyer, 1927. 松尾啓吉 譯,『存在と時間』上・下, 勁草書房, 1960, 1966; 細谷貞雄・龜井裕・船橋弘 譯,『存在と時間』上・下, ハイデッガー選集 16・17, 理想社, 1963, 1964; 辻村公一 譯,『有と時』, 世界の大思想 28, 河出書房新社, 1967; 原佑・渡辺二郎,「存在と時間」,『ハイデッガー』, 世界の名著 74, 中央公論社, 1980.

Kant und das Problem der Metaphysik. Bonn, Cohen, 1929. 木場深定 譯,『カントと形而上學の問題』, ハイデッガー選集 19, 理想社, 1967.

Vom Wesen des Grundes. in *Festschrift für Edmund Husserl*. Halle, Germany, Niemeyer, 1929. 齊藤信治 譯『根據の本質』理想社, 1939.

Was ist Metaphysik?. Bonn, Cohen, 1929. 大江精志郎 譯,『形而上學とは何か』, ハイデッガー選集 1, 理想社, 1954 (1961).

Die Selbstbehauptung der deutschen Universität. Breslau, 1933. (hrsg. von H. Heidegger, Frankfurt, Klostermann, 1983.) 荒木時次 譯,『獨逸大學の自己主張』, 獨逸小論文對譯叢書 第3編, 大學書林, 1934; 菅谷規矩雄・矢代梓 譯,「ドイツ的大學の自己主張」,『30年代の危機と哲學』, イザラ書房, 1976.

Vom Wesen der Wahrheit. Frankfurt, Klostermann, 1943. 木場深定 譯,「眞理の本質について」,『眞理の本質について・プラトンの眞理論』, ハイデッガー選集 11, 理想社, 1961.

Erläuterungen zu Hölderlins Dichtung. Frankfurt, Klostermann, 1944. 手塚富雄・齊藤信治・土田貞夫・竹內豊治 譯,『ヘルダーリンの詩の解明』, ハイデッガー選集 3, 理想社, 1955 (1962).

Platons Lehre von der Wahrheit: Mit einem Brief über den "Humanismus". Berne, Francke, 1947. 木場深定 譯, 「プラトンの眞理論」, 『眞理の本質について・プラトンの眞理論』, ハイデッガー選集 11, 理想社, 1961; 佐々木一義 譯, 『ヒューマニズムについて』, ハイデッガー選集 23, 理想社, 1974.

Holzwege. Frankfurt, Klostermann, 1950. 茅野良男・H. ブロッカルト 譯, 『杣徑』, ハイデッガー全集 5, 創文社, 1988. [細谷貞雄 譯, 『ニーチェの言葉「神は死せり」/ヘーゲルの「經驗」概念』, ハイデッガー選集 2, 理想社, 1954. 田中加夫 譯, 『アナクシマンドロスの言葉』, ハイデッガー選集 4, 理想社, 1957. 手塚富雄・高橋英夫 譯, 『乏しき時代の詩人』, ハイデッガー選集 5, 理想社, 1958. 菊池榮一 譯, 『藝術作品のはじまり』, ハイデッガー選集 12, 理想社, 1961. 桑木務 譯, 『世界像の時代』, ハイデッガー選集 13, 理想社, 1962.]

Der Feldweg. Frankfurt, Klostermann, 1953. 高坂正顯・辻村公一 譯, 「野の道」, 『野の道・ヘーベル──家の友』, ハイデッガー選集 8, 理想社, 1960.

Einführung in die Metaphysik. Tübingen, Niemeyer, 1953. 川原榮峰 譯, 『形而上學入門』, ハイデッガー選集 9, 理想社, 1960.

Aus der Erfahrung des Denkens. Pfullingen, Germany, Neske, 1954. 辻村公一 譯, 『思惟の經驗より』, ハイデッガー選集 6, 理想社, 1960.

Vorträge und Aufsätze. Pfullingen, Germany, Neske, 3 vols., 1954. 宇都宮芳明 譯, 『ロゴス・モイラ・アレーテイア』, ハイデッガー選集 33, 理想社, 1983 (제3부의 번역).

Was heisst Denken? Tübingen, Niemeyer, 1954. 四日谷敬子・H. ブフナー 譯, 『思惟とは何の謂いか』, ハイデッガー全集 別卷 3, 創文社, 1986.

Was ist das—die Philosophie? Pfullingen, Germany, Neske, 1956. 原佑 譯, 『哲學とは何か』, ハイデッガー選集 7, 理想社, 1960.

Zur Seinsfrage. Frankfurt, Klostermann, 1956. 柿原篤弥 譯, 『有の問いへ』, ハイデッガー選集 22, 理想社, 1970.

Der Satz vom Grund. Pfullingen, Germany, Neske, 1957. 辻村公一・H. ブフナー 譯, 『根據律』, 創文社, 1962.

Identität und Differenz. Pfullingen, Germany, Neske, 1957. 大江精志郎 譯, 『同一性と差異性』, ハイデッガー選集 10, 理想社, 1961.

Hebel—Der Hausfreud. Pfullingen, Germany, Neske, 1957. 高坂正顯・辻村公一 譯, 「ヘーベル──家の友」, 『野の道・ヘーベル──家の友』, ハイデッガー選集 8, 理想社, 1960.

Gelassenheit. Pfullingen, Germany, Neske, 1957. 辻村公一 譯, 『放下』, ハイデッガー選集 15, 理想社, 1963.

Unterwegs zur Sprache. Pfullingen, Germany, Neske, 1959. 三木正之 譯, 「詩のなかの言語」, 「言葉」, 『詩と言葉』, ハイデッガー選集 14, 理想社, 1963; 手塚富雄 譯, 『ことばについての對話』, ハイデッガー選集 21, 理想社, 1968; 佐々木一義 譯, 「言葉への道」, 『ヒューマニズムについて』, ハイデッガー選集 23, 理想社, 1974.

Nietzsche. Pfullingen, Germany, Neske, 2 vols., 1961. 細谷貞雄 譯, 『ニーチェ』 上・下, ハイデッガー選集 24・25, 理想社, 1975, 1977; 薗田宗人 譯, 『ニーチェ』 Ⅰ・Ⅱ・Ⅲ, 白水叢書 1・7・21, 白水社, 1976, 1977, 1977.

Kants These über das Sein. Frankfurt, Klostermann, 1962. 辻村公一 譯, 『有についてのカントのテーゼ』, ハイデッガー選集 20, 理想社, 1972.

Die Technik und die Kehre. Pfullingen, Germany, Neske, 1962. 小島威彦・L. アルムブルスター 譯, 『技術論』, ハイデッガー選集 18, 理想社, 1965.

Die Frage nach dem Ding: Zu Kants Lehre von den transzendentalen Grundsätzen. Tübingen, Niemeyer, 1962. 木場深定・近藤

功 譯,『物への問い』, ハイデッガー選集 27, 理想社, 1979; 有福孝岳 譯,『物への問い──カントの超越論的原則論に寄せて』, 晃洋書房, 1978; 高山守・K. オピリーク 譯,『物への問い』, ハイデッガー全集 第41卷, 創文社, 1989.

Wegmarken. Frankfurt, Klostermann, 1962. 辻村公一・H. ブフナー 譯,『道標』, ハイデッガー全集 第9卷, 創文社, 1985.

Zur Sache des Denkens. Tübingen, Niemeyer, 1969. 辻村公一・H. ブフナー 譯,『思索の事柄へ』, 筑摩書房, 1973.

Martin Heidegger-Eugen Fink: Heraklit Seminar Wintersemester 1966/67. Frankfurt, Klostermann, 1970.

Martin Heidegger im Gespräch. hrsg. vom R. Wisser, München, Karl Alber Freiburg, 1970. 川原榮峰 譯「ハイデッガーは語る」, R. ヴィッサー 編,『ハイデッガーは語る』, 理想社, 1973.

Phänomenologie und Theologie. Frankfurt, Klostermann, 1971. 渡部清 譯,『現象學と神學』, ハイデッガー選集 28, 理想社, 1981.

Schelling Abhandlung: Über das Wesen der menschlichen Freiheit (1809). Tübingen, Niemeyer, 1971.

Frühe Schriften. Frankfurt, Klostermann, 1972.

Die Grundprobleme der Phänomenologie. Frankfurt, Klostermann, 1975.

Vier Seminare. Frankfurt, Klostermann, 1977. 大橋良介・H. ブロッカルト 譯,『四つのゼミナール』, ハイデッガー全集 別卷 1, 創文社, 1985.

Denkerfahrungen 1910-1976. hrsg. von H. Heidegger, Frankfurt, Klostermann, 1983.

Zollikoner Seminare. hrsg. von M. Boss, Frankfurt, Klostermann, 1987. 木村敏・村本詔司 譯,『ツォリコーン・ゼミナール』, みすず書房, 1991.

Aufenthalte. hrsg. von L. Michaelsen, Frankfurt, Klostermann, 1989.

Der Begriff der Zeit. hrsg. von H. Tietjen, Tübingen, Niemeyer, 1989.

Martin Heidegger/Karl Jaspers Briefwechsel 1920-1963. hrsg. von W. Biemel/H. Saner, Frankfurt, Klostermann, 1990.

Europa und die deutsche Philosophie. 1936. in: hrsg. von H. H. Gander, *Europa und die Philosophie*. Frankfurt, Klostermann, Schriftenreihe der Martin-Heidegger-Gesellschaft Band 2, 1993.

2. <전집>

『하이데거 전집』, M. Heidegger: Gesamtausgabe, Frankfurt am Main. Vittorio Klostermann.

{이미 간행된 것과 계획}

제Ⅰ부 공간서 (1910−1976년)

Bd. 1 *Frühe Schriften* (1912-1916), hrsg. von F. W. von Hermann, 1978.

Bd. 2 *Sein und Zeit* (1927), hrsg. von F. W. von Hermann, 1977. 松尾啓吉 譯,『存在と時間』上・下, 勁草書房, 1960, 1966; 細谷貞雄・龜井裕・船橋弘 譯,『存在と時間』上・下, ハイデッガー選集 16・17, 理想社, 1963, 1964; 辻村公一 譯,『有と時』, 世界の大思想 28, 河出書房新社, 1967; 原佑・渡辺二郎「存在と時間」,『ハイデッガー』, 世界の名著 74, 中央公論社, 1980.

Bd. 3 *Kant und das Problem der Metaphysik* (1929), hrsg. von F. W. von Hermann, 1991. 木場深定 譯,『カントと形而上學の問題』, ハイデッガー選集 19, 理想社, 1967.

Bd. 4 *Erläuterungen zu Hölderlins Dichtung* (1936-1968), hrsg. von F. W. von Hermann, 1981. 手塚富雄・齊藤信治・土

田貞夫・竹內豊治 譯, 『ヘルダーリンの詩の解明』, ハイデッガー選集 3, 理想社, 1955 (1962); 杮原篤弥 「ヘルダーリンの地と天」「詩」, 『ヘルダーリン論』, ハイデッガー選集 30, 理想社, 1983(1971년 제4판 이후 수록된 논고의 번역).

Bd. 5 *Holzwege* (1935-1946), hrsg. von F. W. von Hermann, 1977. 茅野良男・H. ブロッカルト 譯, 『杣徑』, ハイデッガー全集 5, 創文社, 1988. [細谷貞雄 譯, 『ニーチェの言葉「神は死せり」/ヘーゲルの「經驗」概念』, ハイデッガー選集 2, 理想社, 1954. 田中加夫 譯, 『アナクシマンドロスの言葉』, ハイデッガー選集 4, 理想社, 1957. 手塚富雄・高橋英夫 譯, 『乏しき時代の詩人』, ハイデッガー選集 5, 理想社, 1958. 菊池榮一 譯, 『藝術作品のはじまり』, ハイデッガー選集 12, 理想社, 1961. 桑木務 譯, 『世界像の時代』, ハイデッガー選集 13, 理想社, 1962.]

Bd. 6. 1, Bd. 6. 2 *Nietzsche Ⅰ* (1936-1939), *Nietzsche Ⅱ* (1939-1946). 細谷貞雄 譯, 『ニーチェ』上・下, ハイデッガー選集 24・25, 理想社, 1975, 1977; 薗田宗人 譯, 『ニーチェ』 Ⅰ・Ⅱ・Ⅲ, 白水叢書 1・7・21, 白水社, 1976, 1977, 1977.

Bd. 7 *Vorträge und Aufsätze* (1936-1953), hrsg. von F. W. von Hermann, 준비 중. 宇都宮芳明 譯, 『ロゴス・モイラ・アレーテイア』, ハイデッガー選集 33, 理想社, 1983 (제Ⅲ부의 번역).

Bd. 8 *Was heisst Denken?* (1951-1952). 四日谷敬子・H. ブフナー 譯, 『思惟とは何の謂いか』, ハイデッガー全集 別巻 3, 創文社, 1986.

Bd. 9 *Wegmarken* (1919-1961), hrsg. von F. W. von Hermann, 1976. 辻村公一・H. ブフナー 譯, 『道標』, ハイデッガー全集 第9巻, 創文社, 1985.

Bd. 10 *Der Satz vom Grund* (1955-1956). 辻村公一・H. ブフナー 譯, 『根據律』, 創文社, 1962.

Bd. 11 *Identität und Differenz* (1955-1957). 大江精志郎 譯, 『同一性と差異性』, ハイデッガー選集 10, 理想社, 1961.

Bd. 12 *Unterwegs zur Sprache* (1950-1959), hrsg. von F. W. von Hermann, 1985. 三木正之 譯「詩のなかの言語」「言葉」, 『詩と言葉』, ハイデッガー選集 14, 理想社, 1963; 手塚富雄 譯, 『ことばについての對話』, ハイデッガー選集 21, 理想社, 1968; 佐々木一義 譯「言葉への道」, 『ヒューマニズムについて』, ハイデッガー選集 23, 理想社, 1974.

Bd. 13 *Aus der Erfahrung des Denkens* (1910-1976), hrsg. von H. Heidegger, 1983. 辻村公一 譯, 『思惟の經驗より』, ハイデッガー選集 6, 理想社, 1960.

Bd. 14 *Zur Sache des Denkens* (1962-1964). 辻村公一・H. ブフナー 譯, 『思索の事柄へ』, 筑摩書房, 1973.

Bd. 15 *Seminare* (1951-1973), hrsg. von C. Ochwadt, 1986. 大橋良介・H. ブロッカルト 譯, 『四つのゼミナール』, ハイデッガー全集 別巻 1, 創文社, 1985.

Bd. 16 *Reden* (1925-1976), hrsg. von H. Heidegger, 준비 중.

제Ⅱ부 강의 (1919–1944년)

* 마르부르크 강의 (1923-1928년)

Bd. 17 *Der Beginn der neuzeitlichen Philosophie* (Wintersemester 1923/24), hrsg. von F. W. von Hermann, 준비 중.

Bd. 18 *Aristoteles: Rhetorik* (Sommersemester 1924).

Bd. 19 *Platon: Sophistes* (Wintersemester 1924/25), hrsg. von I. Schüßler, 1992.

Bd. 20 *Prolegomena zur Geschichte des Zeitbegriffs* (Sommersemester 1925), hrsg. von P. Jaeger, 1979. 常俊宗三郎・嶺秀樹・L. デュムペルマン 譯, 『時間概念の歷史への序說』, ハイデッガー全集 第20巻, 創文社, 1988.

Bd. 21 *Logik. Die Frage nach der Wahrheit* (Wintersemester 1925/26), hrsg. von W. Biemel, 1976. 佐々木亮・伊藤聰・S.

ミュラー 譯,『論理學──眞性への問い』, ハイデッガー全集 第21卷, 創文社, 1989.

Bd. 22 *Grundbegriffe der antiken Philosophie* (Sommersemester 1926), hrsg. von F. K. Blust, 1993.

Bd. 23 *Geschichte der Philosophie von Thomas v. Aquin bis Kant* (Wintersemester 1926/27), hrsg. von E. Kettering, 준비 중.

Bd. 24 *Die Grundprobleme der Phänomenologie* (Sommersemester 1927), hrsg. von F. W. von Hermann, 1975.

Bd. 25 *Phänomenologische Interpretation von Kants der reinen Vernunft* (Wintersemester 1927/28), hrsg. von I. Görland, 1977.

Bd. 26 *Metaphysische Anfangsgründe der Logik im Ausgang von Leibniz* (Sommersemester 1928), hrsg. von K. Held, 1978.

* 프라이부르크 강의 (1928-1944년)

Bd. 27 *Einleitung in die Philosophie* (Wintersemester 1928/29), hrsg. von O. Saame, 준비 중.

Bd. 28 *Der Deutsche Idealismus (Fichte, Hegel, Schelling) und die philosophische Problemlage der Gegenwart* (Sommersemester 1929), hrsg. von I. Görland, 준비 중.

Bd. 29/30 *Die Grundbegriffe der Metaphysik. Welt-Endlichkeit-Einsamkeit* (Wintersemester 1929), hrsg. von F. W. von Hermann, 1983.

Bd. 31 *Vom Wesen der menschlichen Freiheit. Einleitung in die Philosophie* (Sommersemester 1930), hrsg. von H. Tietjen, 1982. 齋藤義一・W. シュラーダー 譯,『人間的自由の本質について』, ハイデッガー全集 第31卷, 創文社, 1987.

Bd. 32 *Hegels Phänomenologie des Geistes* (Wintersemester 1930/31), hrsg. von I. Görland, 1980. 藤田正勝・A. グッツオーニ 譯,『ヘーゲル「精神現象學」』, ハイデッガー全集 第32卷, 創文社, 1987.

Bd. 33 *Aristoteles: Metaphysik IX* (Sommersemester 1931), hrsg. von H. Hüni, 1981.

Bd. 34 *Vom Wesen der Wahrheit. Zu Platons Höhlengleichnis und Theätet* (Wintersemester 1931/32), hrsg. von H. Mörchen, 1988.

Bd. 35 *Der Anfang der abendländischen Philosophie (Anaximander und Parmenides)* (Sommersemester 1932), hrsg. von H. Hüni, 준비 중.

Bd. 36/37 *Sein und Wahrheit*: 1. *Die Grundfrage der Philosophie* (Sommersemester 1933). 2. *Vom Wesen der Wahrheit* (Wintersemester 1933/34), hrsg. von H. Tietjen, 준비 중.

Bd. 38 *Über Logik als Frage nach der Sprache* (Sommersemester 1934).

Bd. 39 *Hölderlins Hymnen »Germanien« und »Der Rhein«* (Wintersemester 1934/35), hrsg. von S. Ziegler, 1980. 木下康光・H. トレチアック 譯,『ヘルダーリンの讃歌「ゲルマーニエン」と「ライン」』, ハイデッガー全集 第39卷, 創文社, 1986.

Bd. 40 *Einführung in die Metaphysik* (Sommersemester 1935), hrsg. von P. Jaeger, 1983. 川原榮峰 譯,『形而上學入門』, ハイデッガー選集 9, 理想社, 1960.

Bd. 41 *Die Frage nach dem Ding: Zu Kants Lehre von den transzendentalen Grundsätzen* (Wintersemester 1935/36), hrsg. von P. Jaeger, 1984. 木場深定・近藤功 譯,『物への問い』, ハイデッガー選集 27, 理想社, 1979; 有福孝岳 譯,『物への問い──カントの超越論的原則論に寄せて』, 晃洋書房, 1978; 高山守・K. オピリーク 譯,『物への問い』,

ハイデッガー全集 第41卷, 創文社, 1989.

Bd. 42 *Schelling: Vom Wesen der menschlichen Freiheit (1809)* (Sommersemester 1936), hrsg. von I. Schüßler, 1988.

Bd. 43 *Nietzsche: Der Wille zur Macht als Kunst* (Wintersemester 1936/37), hrsg. von B. Heimbüchel, 1985. 薗田宗人・S. ウンジン 譯,『ニーチェ, 藝術としての力への意志』, ハイデッガー全集 第43卷, 創文社, 1992; 細谷貞雄 譯,『ニーチェ』上, ハイデッガー選集 24, 理想社, 1975; 薗田宗人 譯,『ニーチェ』Ⅰ, 白水叢書 1, 白水社, 1976.

Bd. 44 *Nietzsches metaphysische Grundstellung im abendländischen Denken: Die ewige Wiederkehr des Gleichen* (Sommersemester 1937), hrsg. von M. Heinz, 1986. 細谷貞雄 譯,『ニーチェ』上, ハイデッガー選集 24, 理想社, 1975; 薗田宗人 譯,『ニーチェ』Ⅰ, 白水叢書 1, 白水社, 1976.

Bd. 45 *Grundfragen der Philosophie. Ausgewählte »Probleme« der »Logik«* (Wintersemester 1937/38), hrsg. von F. W. von Hermann, 1984. 山本幾生・柴嵜雅子・W. クルンカー 譯,『哲學の根本的問い—「論理學」精選「諸問題」』, ハイデッガー全集 第45卷, 創文社, 1990.

Bd. 46 *Nietzsche Ⅱ. Unzeitgemäße Betrachtung* (Wintersemester 1938/39), hrsg. von B. Heimbüchel, 준비 중.

Bd. 47 *Nietzsches Lehre vom Willen zur Macht als Erkenntnis* (Sommersemester 1939), hrsg. von E. Hanser, 1989. 細谷貞雄 譯,『ニーチェ』中, ハイデッガー選集 25, 理想社, 1977; 薗田宗人 譯,『ニーチェ』Ⅱ, 白水叢書 7, 白水社, 1977.

Bd. 48 *Nietzsche: Der europäische Nihilismus* (Ⅱ. Trimester 1940), hrsg. von P. Jaeger, 1986. 細谷貞雄 譯,『ニーチェ』中, ハイデッガー選集 25, 理想社, 1977; 薗田宗人 譯,『ニーチェ』Ⅱ, 白水叢書 7, 白水社, 1977.

Bd. 49 *Die Metaphysik des deutschen Idealismus (Schelling)*, hrsg. von G. Seubold, 1991.

Bd. 50 *Nietzsches Metaphysik* (1941/42년에 고시된 데 그친 강의); *Einleitung in die Philosophie—Denken und Dichten* (Wintersemester 1944/45), hrsg. von P. Jaeger, 1990. 薗田宗人 譯「ニーチェの形而上學」,『ニーチェ』Ⅲ, 白水叢書 21, 白水社, 1977.

Bd. 51 *Grundbegriffe* (Sommersemester 1941), hrsg. von P. Jaeger, 1981. 角忍・E. ヴァインマイア 譯,『根本諸概念』, ハイデッガー全集 第51卷, 創文社, 1987.

Bd. 52 *Hölderlins Hymne »Andenken«* (Wintersemester 1941/42), hrsg. von C. Ochwadt, 1982. 三木正之・H. トレチアック 譯,『ヘルダーリンの讚歌「回想」』, ハイデッガー全集 第52卷, 創文社, 1989.

Bd. 53 *Hölderlins Hymne »Der Ister«* (Sommersemester 1942), hrsg. von W. Biemel, 1984. 三木正之・E. ヴァインマイア 譯,『ヘルダーリンの讚歌「イスター」』, ハイデッガー全集 第53卷, 創文社, 1987.

Bd. 54 *Parmenides* (Wintersemester 1942/43), hrsg. von M. S. Frings, 1982.

Bd. 55 *Heraklit:* 1. *Der Anfang des abendländischen Denkens (Heraklit)* (Sommersemester 1943). 2. *Logik. Heraklits Lehre vom Logos* (Sommersemester 1944), hrsg. von M. S. Frings, 1979. 辻村誠三・岡田道程・A. グッツオーニ 譯,『ヘラクレイトス』, ハイデッガー全集 第55卷, 創文社, 1990.

* 초기 프라이부르크 강의 (1919-1923년)

Bd. 56/57 *Zur Bestimmung der Philosophie*: 1. *Die Idee der Philosophie und das Weltanschauungsproblem* (Kriegnotsemester 1919). 2. *Phänomenologie und transzendentale Wertphilosophie* (Sommersemester 1919). 3. *Anhang: Über das Wesen der Universität und des akademischen Studiums* (Sommersemester 1919), hrsg. von B. Heimbüchel, 1987.

北川東子・E. ヴァインマイアー 譯,『哲學の使命について』, ハイデッガー全集 第56/57巻, 創文社, 1993.

Bd. 58 *Grundprobleme der Phänomenologie* (Wintersemester 1919/20), hrsg. von H. H. Gander, 1993.

Bd. 59 *Phänomenologie der Anschauung und des Ausdrucks. Theorie der philosophischen Begriffsbildung* (Sommersemester 1920), hrsg. von C. Strube, 1993.

Bd. 60 *Augustinus und der Neuplatonismus* (Sommersemester 1921), hrsg. von B. Heimbüchel, 준비 중.

Bd. 61 *Phänomenologische Interpretation zu Aristoteles. Einführung in die phänomenologische Forschung* (Wintersemester 1921/22), hrsg. von W. Bröcker, K. Bröcker-Oltmanns, 1985.

Bd. 62 *Phänomenologische Interpretation ausgewählter Abhandlungen des Aristoteles zur Ontologie und Logik* (Sommersemester 1922).

Bd. 63 *Ontologie. Hermeneutik und Faktizität* (Sommersemester 1923), hrsg. von K. Bröcker-Oltmanns, 1988. 篠憲二・E. ヴァインマイアー 譯,『オントロギー(事實性の解釋學)』, ハイデッガー全集 第63巻, 創文社, 1992.

제Ⅲ부 공간되지 않은 논문

Bd. 64 *Der Begriff der Zeit* (1924).

Bd. 65 *Beiträge zur Philosophie. (Vom Ereignis)* (1936-1938), hrsg. von F. W. von Hermann, 1989.

Bd. 66 *Besinnung* (1938/39).

Bd. 67 *Die Überwindung der Metaphysik* (1938/39).

Bd. 68 *Hegel* (1938/39, 1942/43): 1. *Die Negativität*. 2. *Erläuterung der »Einleitung« zu Hegels »Phänomenologie des Geistes«*, hrsg. von I. Schüssler, 1993.

Die Geschichte des Seyns.

Über den Anfang (1941).

Das Ereignis (1041/42).

Die Stege des Anfangs (1944).

Feldweggespräche—Abendgespräche (1945 etc.).

Das abendländische Gespräch (1946-1948).

Der Spruch des Anaximander (1946).

Das Wesen des Nihilismus (1946-1948).

Bremer und Freiburger Vorträge (1949, 1957 etc.).

Vorträge.

Gedachtes.

제Ⅳ부 수기와 메모

□ Jean-Paul Sartre

L'Imagination. Paris, Félix Alcan, 1936; Paris, P.U.F., «Nouvelle Encyclopédie philosophieque», 1949, [7]1969; P.U.F.,

«Quadrige», n° 1, 1983. 平井啓之 譯, 「想像力」, 『哲學論文集』, サルトル全集 23, 人文書院, 1957.

La Transcendance de l'ego: esquisse d'une description phénoménologique. in *Recherches philosophiques*, n° 6, 1936-1937, pp. 85-123; Réédition en volume, introduction, notes et appendices par Sylvie Le Bon, Paris, J. Vrin, «Bibliothèque des textes philosophiques», 1965. 竹内芳郎 譯, 「自我の超越」, 『哲學論文集』, サルトル全集 23, 人文書院, 1957.

La Nausée. Paris, Gallimard, 1938, 1944; Gallimard, «Pourpre», 1950; Sauret, «Grand Prix des meilleurs romans du demi-siècle», n° 11, 1951; Gallimard, «Le Rayon d'or», n° 3, 1951; Le Club du Meilleur Livre, «Romans», 1954; Gallimard, «Le Livre de poche», n° 160, 1956; Gallimard, «Soleil», 1960; *Œuvre romanesque* t. I, Lidis, 1965; Gallimard, «Le Livre de poche Université», 1966; Culture, arts, loisirs, 1967; Gallimard, «Folio», n° 46 (n° 805), 1972, 1986; *Œuvre romanesque* de Jean-Paul Sartre et de Simone de Beauvoir, t. I, *La Nausée, Le Mur*, Club de l'Honnête Homme, 1979; *Œuvre romanesque*, édition établie par Michel Contat et Michel Rybalka avec la collaboration de Geneviève Idt et de George H. Bauer, Gallimard, «Bibliothèque de la Pléiade», 1981. 白井浩司 譯, 『嘔吐』, 青磁社, 1947; サルトル全集 6, 人文書院, 1952, [2]1980; 『現代世界文學全集 20』, 新潮社, 1953; 『サルトル著作集 4』, 人文書院, 1961; 『世界の文學 49』, 中央公論社, 1964; 『新潮世界文學 47』, 新潮社, 1969.

Esquisse d'une théorie des émotions. Paris, Hermann, «Actualités scientifiques et industrielles», n° 838, 1939; Hermann, «L'Esprit et la main», 1960. 竹内芳郎 譯, 「情緒論粗描」, 『哲學論文集』, サルトル全集 23, 人文書院, 1957.

Une idée fondamentale de la phénoménologie de Husserl: l'intentionnalité. in *La Nouvelle Revue française*, n° 304, janvier 1939, pp. 129-131; Repris dans: *Situations* Ⅰ, Paris, Gallimard, 1947; *Situations philosophiques*, Paris, Gallimard, «Tel», n° 171, 1990. 白井健三郎 譯, 「フッサールの現象學の根本的理念─志向性」, 『アメリカ論』, サルトル全集 11, 人文書院, 1953; 『シチュアシオン Ⅰ─評論集』, サルトル全集 11, 人文書院, 1965.

Visages. in: *Verve*, n° 5-6, 1939, pp. 43-44; Repris dans: *Visage*, Paris, Seghers, 1948; Contat, Michel, Rybalka, Michel, *Les Écrits de Sartre*, Paris, Gallimard, 1970. 石崎晴已 譯 「顔」, 『いま, サルトル─サルトル再入門』, 現代詩手帖特集版, 思潮社, 1991.

L'Imaginaire, psychologie phénoménologique de l'imagination. Paris, Gallimard, «Bibliothèque des Idées», 1940; Gallimard, «Idées», 1966; Gallimard, «Folio/Essais», n° 47, 1986, [2]1990. 平井啓之 譯, 『想像力の問題─想像力の現象學的心理學』, サルトル全集 12, 人文書院, 1955, [2]1980.

L'Être et la néant, Essai d'ontologie phénoménologique. Paris, Gallimard, «Bibliothèque des Idées», 1943; Gallimard, 1947; Gallimard, «Tel», n° 1, 1976. 松浪信三郎 譯, 『存在と無』 Ⅰ, Ⅱ, Ⅲ, サルトル全集 18, 19, 20, 人文書院, 1956, 1958, 1960.

A propos de l'existentialisme: Mise au point. in: *Action*, n° 17, 29 décembre 1944, p. 11; Contat, Michel, Rybalka, Michel, *Les Écrits de Sartre*, Paris, Gallimard, 1970.

L'Existentialisme est un humanisme. Paris, Nagel, «Pensées», 1946. 伊吹武彦 譯, 『實存主義とは何か─實存主義はヒューマニズムである』, サルトル全集 13, 人文書院, 1955, [2]1968; 『サルトル著作集 7』, 人文書院, 1961.

Situations Ⅰ. Paris, Gallimard, 1947. 佐藤朔 外 譯, 『シチュアシオン Ⅰ─評論集』, サルトル全集 11, 人文書院, 1965. [『アメリカ論』 サルトル全集 11, 人文書院, 1953의 개정판]

Qu'est-ce que la littérature? in: *Les Temps modernes*, n° 17, février 1947, pp. 769-805; n° 18, mars 1947, pp. 961-988; n° 19, avril 1947, pp. 1194-1218; n° 20, mai 1947, pp. 1410-1429; n° 21, juin 1947, pp. 1607-1641; n° 22, juillet 1947, pp. 77-114; Version définitive dans; *Situations II*, Paris, Gallimard, 1948; Gallimard, «Idées», n° 58, 1964. 加藤周一・白井健三郎 譯,『文學とは何か』, サルトル全集 9, 人文書院, 1952;『サルトル著作集 7』, 人文書院, 1961;『シチュアシオン II ── 文學とは何か』, サルトル全集 9, 人文書院, 1964.

Situations II. Paris, Gallimard, 1948. 加藤周一・白井健三郎 外 譯,『シチュアシオン II ── 文學とは何か』, サルトル全集 9, 人文書院, 1964. [『文學とは何か』, サルトル全集 9, 人文書院, 1952의 개정판].

Conscience de soi et connaissance de soi, communication faite devant la Société française de Philosophie, séance du 2 juin 1947. in: *Bulletin de la Société française de Philosophie*, XLIIe année, n° 3, avril-juin 1948, pp. 49-91.

Situations III. Paris, Gallimard, 1949. 佐藤朔 外 譯,『シチュアシオン III』, サルトル全集 10, 人文書院, 1964. [『唯物論と革命』, サルトル全集 10, 人文書院, 1953의 개정판]

Saint Genet, Comédien et martyr. Paris, Gallimard, 1952. 白井浩司・平井啓之 譯,『聖ジュネ── 演技者と殉教者』 I, II, サルトル全集 34, 35, 人文書院, 1966.

Questions de méthode. in: *Les Temps modernes*. n° 139, septembre 1957, pp. 338-417; n° 140, octobre 1957, pp. 658-698; Repris sans variantes majeures, mais avec l'adjonction d'une Conclusion, dans: *Critique de la raison dialectique, précédé de Question de méthode*. Paris, Gallimard, «Bibliothèque des Idées», 1960, [2]1985, pp. 13-111; Repris en volume indépendent: *Questions de méthode*, Paris, Gallimard, «Idées», 1967; Gallimard, «Tel», n° 111, 1986. 平井啓之 譯,『方法の問題── 辨證法的理性批判 序說』, サルトル全集 25, 人文書院, 1962.

Critique de la raison dialectique, précédé de Question de méthode, tome I, Théorie des ensembles pratiques. Paris, Gallimard, «Bibliothèque des Idées», 1960, [2]1985. 竹内芳郎・矢内原伊作 譯,『辨證法的理性批判 第一卷 實踐的總體の理論』 I, サルトル全集 26, 人文書院, 1963. 平井啓之・森本和夫 譯,『辨證法的理性批判 第一卷 實踐的總體の理論』 II, サルトル全集 27, 人文書院, 1965. 平井啓之・足立和浩 譯,『辨證法的理性批判 第一卷 實踐的總體の理論』 III, サルトル全集 28, 人文書院, 1973.

Les Mots. in: *Les Temps modernes*, n° 209, octobre 1963, pp. 577-649; n° 210, novembre 1963, pp. 769-834; Paris, Gallimard, 1964. 白井浩司 譯,『言葉』, サルトル全集 29, 人文書院, 1964.

Situations IV: littérature et peinture. Paris, Gallimard, 1964. 佐藤朔 外 譯,『シチュアシオン IV── 肖像集』, サルトル全集 30, 人文書院, 1964.

Situations V: colonialisme et néo-colonialisme. Paris, Gallimard, 1964. 白井健三郎 外 譯,『シチュアシオン V ── 植民地問題』, サルトル全集 31, 人文書院, 1965.

Situations VI: problèmes du marxisme 1. Paris, Gallimard, 1964. 白井健三郎 外 譯,『シチュアシオン VI── マルクス主義の問題 1』, サルトル全集 22, 人文書院, 1966. [『スターリンの亡靈』, サルトル全集 22, 人文書院, 1957의 개정판]

Situations VII: problèmes du marxisme 2. Paris, Gallimard, 1965. 白井浩司 外 譯,『シチュアシオン VII── マルクス主義の問題 2』, サルトル全集 32, 人文書院, 1966.

L'Idiot de la famille: Gustave Flaubert de 1821 à 1857. tome I, Paris, Gallimard, «Bibliothèque des Idées», 1971, [2]1988; Gallimard, «Tel», n° 75, 1983. 平井啓之・鈴木道彦・海老坂武・蓮實重彦 譯,『家の馬鹿息子 I ── ギュスターヴ・フローベール論 (1821-1857)』, 人文書院, 1982.

L'Idiot de la famille: Gustave Flaubert de 1821 à 1857. tome II, Paris, Gallimard, «Bibliothèque des Idées», 1971, [2]1988; Gallimard, «Tel», n° 76, 1983. 平井啓之・鈴木道彦・海老坂武・蓮實重彦 譯,『家の馬鹿息子 II ── ギュスターヴ・フローベール論 (1821년부터 1857년까지)』, 人文書院, 1989. [일본어 역 제2권은 원서 제2부의 I 의

번역, 원서 제2부의 II, III은 일본어 역 제3권으로서 공간 예정]

L'Idiot de la famille: Gustave Flaubert de 1821 à 1857. tome III, Paris, Gallimard, «Bibliothèque des Idées», 1972, [2]1988; Gallimard, «Tel», n° 77, 1983.

Situations VIII: autour de 68. Paris, Gallimard, 1972. 鈴木道彦 外 譯,『シチュアシオン VIII』, サルトル全集 36, 人文書院, 1974.

Situations IX: mélanges. Paris, Gallimard, 1972. 鈴木道彦 外 譯,『シチュアシオン IX』, サルトル全集 37, 人文書院, 1974.

Situations X: politique et autobiographie. Paris, Gallimard, 1976. 鈴木道彦 外 譯,『シチュアシオン X』, サルトル全集 38, 人文書院, 1977.

Sartre, Un film réalisé par Alexandre Astruc et Michel Contat. avec la participation de Simone de Beauvoir, Jacques-Laurent Bost, André Gorz, Jean Pouillon, Texte intégral, Paris, Gallimard, 1977. 海老坂武,『サルトル―自身を語る』, 人文書院, 1977.

Cahiers pour une morale. Paris, Gallimard, «Bibliothèque des Idées», 1983.

Les carnets de la drôle de guerre, Novembre 1939-Mars 1940. Paris, Gallimard, 1983. 海老坂武・石崎晴巳・西永良成 譯,『奇妙な戰爭―戰中日記』, 人文書院, 1985.

Lettres au Castor et à quelques autres, I: 1926-1939. édition établie présentée et annotée par Simone de Beauvoir, Paris, Gallimard, 1983. 朝吹三吉・二宮フサ・海老坂武 譯,『女たちへの手紙―サルトル書簡集 I』, 人文書院, 1985. 二宮フサ・海老坂武・西永良成 譯,『ボーヴォワールへの手紙―サルトル書簡集 II』, 人文書院, 1988.

Lettres au Castor et à quelques autres, II: 1940-1963. édition établie présentée et annotée par Simone de Beauvoir, Paris, Gallimard, 1983.

Critique de la raison dialectique, tome II (inachevée), *L'intelligibilité de l'Histoire*. Établissement du texte, notes et glossaire par Arlette Elkaïm-Sartre, Paris, Gallimard, «Bibliothèque des Idées», 1985.

Vérité et existence. Texte établi et annoté par Arlette Elkaïm-Sartre, Paris, Gallimard, «NRF essais», 1989.

❑ Maurice Merleau-Ponty

La structure du comportement, Paris, P.U.F., 1942. 滝浦静雄・木田元 譯,『行動の構造』, みすず書房, 1964.

Phénoménologie de la perception. Paris, Gallimard, 1945. 竹内芳郎・木田元・宮本忠雄 譯,『知覺の現象學』1, 2, みすず書房, 1967, 1974.

Humanisme et terreur. Essai sur le problème communiste, Paris, Gallimard, 1947. 森本和夫 譯,『ヒューマニズムとテロル』, 現代思潮社, 1959; 개정판, 1965.

Sens et non-sens Paris, Nagel, 1948. 永井多喜雄 譯,『意味と無意味』, 國文社, 1970; 滝浦静雄・粟津則雄・木田元・海老坂武 譯,『意味と無意味』, みすず書房, 1982.

Éloge de la philosophie et autres essais, Paris, Gallimard, 1953. 滝浦静雄・木田元 譯,「哲學をたたえて」(『眼と精神』, みすず書房, 1964에 수록).

Les aventures de la dialectique, Paris, Gallimard, 1955. 滝浦静雄・木田元・田島節夫・市川浩 譯,『弁証法の冒険』, みすず書房, 1972.

Signes, Paris, Gallimard, 1960. 竹内芳郎 監譯, 『シーニュ』, みすず書房, 1969, 1970.

L'œil et l'esprit, Paris, Gallimard, 1964. 滝浦静雄・木田元 譯, 「眼と精神」 (『眼と精神』, みすず書房, 1964에 수록).

L'visible et l'invisible, Paris, Gallimard, 1964. 滝浦静雄・木田元 譯, 『見えるものと見えないもの』, みすず書房, 1989.

Résumés de cours, Collège de France 1952-1960, Paris, Gallimard, 1968. 滝浦静雄・木田元 譯, 『言語と自然』, みすず書房, 1979.

La prose du monde, Paris, Gallimard, 1969. 滝浦静雄・木田元 譯, 『世界の散文』, みすず書房, 1979.

L'union de l'âme et du corps chez Malebranche, Biran et Bergson, Paris, J. Vrin, 1978. 滝浦静雄・中村文郎・砂田陽一 譯, 『心身の結合, マールブランシュとビランとベルクソンにおける』, 朝日出版社, 1981.

Merleau-Ponty à la Sorbonne, résumé de cours, 1949-1952, Paris, Cynara, 1988.

"Le primat de la perception et ses conséquences philosophiques", in *Bulletin de la Société française de Philosophie*, vol. 49 (1947). 菊川忠夫 譯, 『メルロ=ポンティは語る―知覺の優位性とその哲學的歸結』, 御茶ノ水書房, 1981.

<일본에서 편집된 것>

『眼と精神』(滝浦静雄・木田元 編譯, みすず書房, 1966.)― 위의 두 저서 *Éloge de la philosophie et autres essais* (1953), *L'œil et l'esprit* (1964, 콜레주 드 프랑스 취임 강의) 외에 두 개의 소르본 강의("Les relations avec autrui chez l'enfant", 1951-52; "Les sciences de l'homme et la phénoménologie", 1951-52)를 포함한다.

『言語と自然』(滝浦静雄・木田元 編譯, みすず書房, 1966.)― 위의 *Résumés de cours, Collège de France 1952-1960* (1968) 외에 "Un inédit de Merleau-Ponty", *Revue de métaphysique et de morale*, 1962-n° 4); "Husserl et la notion de Nature, Notes prises au cours de M. Merleau-Ponty", *Revue de métaphysique et de morale*, 1965-n° 3); Préface à l'ouvrage de A. Hesnard: *L'œuvre de Freud et son importance dans le monde moderne*, Paris, Payot, 1960을 포함한다.

『知覺の本性』(加賀野井秀一 編譯, 法政大學出版局, 1988)― 아래의 논고들이 수록되어 있다. "Projet de travail sur la nature de la Perception", in *Ver une nouvelle philosophie transcendantale de Geraets*, La Haye, M. Nijhoff, 1971; "La nature de la Perception", in *Ver une nouvelle philosophie transcendantale*; "Christianisme et ressentiment", in *La Vie Intellectuelle*, 7 juin 1935; "Etre et Avoir", in *La Vie Intellectuelle*, 8 oct. 1936; "Imagination", in *Journal de Psychologie Normale et Pathologique*, 33: 9-10, nov.-déc. 1936; "Les mouches par J.-P. SARTRE", in *Confluences*, 3: 25, sep.-oct. 1943; "La Philosophie de l'existence", in *Dialogue, Revue conadienne de philosophie*, 5: 3, déc. 1966.

* 위에서 언급된 것들 이외의 M. 메를로-퐁티의 저작(논문・강의 기록・강의 요약・ 강연 기록 등) 및 참고문헌에 대해서는 현재로서는 木田元, 『メルロ=ポンティの思想』(岩波書店, 1984)에 덧붙여진 '문헌표'― 알렉상드르 메트로에 의한 서지「모리스 메를로-퐁티에 관한 주요한 네 가지 문헌목록」(Xavier Tilliette, *Merleau-Ponty ou la mesure de l'homme*, Paris, Éditions Seghers, 1970. 木田元・篠憲二 譯, 『メルロ=ポンティ, あるいは人間の尺度』, 大修館書店, 1973에 수록)을 좀 더 교정・보완한 것―가 가장 상세하다.

❑ Emmanuel Levinas

La théorie de l'intuition dans la phénoménologie de Husserl. Paris, Alcan, 1930. 佐藤眞理人・桑野耕三 譯,『フッサール現象學の直觀理論』, 法政大學出版局, 1991.

De l'évasion. Recherches Philosophiques, Ⅴ, 1935/1936, pp. 373-392; Montpellier, Fata Morgana, 1982. 內田樹・合田正人 編譯,『超越, 外傷, 神曲』, 國文社, 1986.

De l'existence à l'existant. Paris, Editions de la revue Fontaine, 1947, Paris, J. Vrin, 1947, 1978. 西谷修 譯,『實存から實存者へ』, 朝日出版社, 1987.

Le temps et l'autre. Le Choix-Le Monde-L'Existence, 1947, pp. 125-196; Paris, P.U.F., 1982. 原田佳彦 譯,『時間と他者』, 法政大學出版局, 1986.

En découvrant l'existence avec Husserl et Heidegger. Paris, J. Vrin, 1949, 1967, 1974. 丸山靜 譯{초역},『フッサールとハイデガー』, せりか書房, 1977.

Totalité et infini. La Haya, Martinus Nijhoff, 1961. 合田正人 譯,『全體性と無限』, 國文社, 1989.

Difficile liberté. Paris, Albin Michel, 1963, 1976. 內田樹 譯{초역},『困難な自由』, 國文社, 1985.

Quatre lectures talmudiques. Paris, Minuit, 1968. 內田樹 譯,『タルムード四講話』, 國文社, 1987.

Humanisme de l'autre homme. Montpellier, Fata Morgana, 1972. 小林康夫 譯,『他者のユマニスム』, 水聲社, 1990.

Autrement qu'être ou au-delà de l'essence. La Haya, Martinus Nijhoff, 1974. 合田正人 譯,『存在するとは別の仕方で あるいは存在することの彼方へ』, 朝日出版社, 1990.

Sur Maurice Blanchot. Montpellier, Fata Morgana, 1975. 內田樹 譯,『モーリス・ブランショ』, 國文社, 1992.

Noms propres. Montpellier, Fata Morgana, 1976. 合田正人 譯,『固有名』, みすず書房, 1994.

Du sacré au saint. Paris, Minuit, 1977. 內田樹 譯,『タルムード新五講話 神聖から聖潔へ』, 國文社, 1990.

De Dieu qui vient à l'idée. Paris, J. Vrin, 1982.

L'au-delà du verset. Paris, Minuit, 1982.

Ethique et infini. Paris, Fayard, 1982. 原田佳彦 譯,『倫理と無限』, 朝日出版社, 1985.

Transcendance et intelligibilité. Genève, Labor et Fides, 1984.

Hors sujet. Montpellier, Fata Morgana, 1987.

Emmanuel Lévinas (avec François Poirié). Lyon, La Manufacture, 1987. 內田樹 譯,『暴力と神聖』, 國文社, 1991.

A l'heure des nations. Paris, Minuit, 1988. 合田正人 譯,『諸國民の時に』, 法政大學出版局, 1993.

Entre nous. Paris, Grasset, 1991. 合田正人・谷口博史 譯,『われわれのあいだで』, 法政大學出版局, 1993.

La mort et le temps. Paris, L'Herne, 1991. 合田正人 譯,『死と時間』, (『みすず』, 1992-1994).

Dieu, la mort et le temps. Paris, Grasset, 1993.

❑ Alfred Schutz (다만 독문의 경우에는 Schütz라고 표기)

Der sinnhafte Aufbau der sozialen Welt. Vienna, Springer, 1932. 2 Aufl., 1960. [Frankfurt, Suhrkamp, 1974.] 佐藤嘉一 譯,『社會的世界の意味構成』, 木鐸社, 1982.

Collected Papers Ⅰ: The Problems of Social Reality. ed. by M. Natanson, The Hague, Nijhoff, 1962. 渡部光・那須壽・西原和久

譯,『アルフレッド・シュッツ著作集 第一卷 社會的現實の問題 [Ⅰ]』,『アルフレッド・シュッツ著作集 第二卷 社會的現實の問題 [Ⅱ]』, マルジュ社, 1983, 1985; 부분 번역으로서 深谷昭三 譯,『現象學と社會の學』, 三和書房, 1974; 松井清 譯「社會科學における概念構成と理論構成」, エメット, マッキンタイア 編, 松井清・久保田芳広 譯,『社會學理論と哲學的分析』, 弘文堂, 1976.

Collected Papers II: Studies in Social Theory. ed. by A. Brodersen, The Hague, Nijhoff, 1964. 渡部光・那須壽・西原和久 譯,『アルフレッド・シュッツ著作集 第三卷 社會理論の研究』, マルジュ社, 1991; 부분 번역으로서 桜井厚 譯,『現象學的社會學の應用』, 御茶の水書房, 1980; 松井清 譯「社會的世界における合理性の問題」, エメット, マッキンタイア 編, 松井清・久保田芳広 譯,『社會學理論と哲學的分析』, 弘文堂, 1976; 丘澤靜也 譯「よそものの現象學」,『現代思想』, 第5卷 第2号, 1977.

Collected Papers III: Studies in Phenomenological Philosophy. ed. by I. Schutz, The Hague, Nijhoff, 1966.

Reflections on the Problem of Relevance. ed. by R. M. Zaner, New Haven, Yale University Press, 1970.

Alfred Schutz on Phenomenology and Social Relations. ed. by H. Wagner, Chicago, University of Chicago Press, 1970. 森川眞規雄・浜日出夫 譯,『現象學的社會學』, 紀伊國屋書店, 1980.

Strukturen der Lebenswelt. mit Thomas Luckmann, Neuwied, Luchterhand, 1975. [Frankfurt, Suhrkamp, 1979.]

The Theory of Social Action: The Correspondence of Alfred Schutz and Talcott Parsons. ed. by R. Grathoff, Bloomington, Indiana University Press, 1978. 佐藤嘉一 譯,『A. シュッツ=T. パーソンズ往復書簡 社會理論の構成』, 木鐸社, 1980.

Theorie der Lebensformen. hrsg. von I. Srubar, Frankfurt, Suhrkamp, 1981.

Strukturen der Lebenswelt. Bd. 2. mit Thomas Luckmann, Frankfurt, Suhrkamp, 1984.

Alfred Schütz-Aron Gurwitsch Briefwechsel 1939-1959. hrsg. von R. Grathoff, München, Wilhelm Fink, 1985. 부분 번역으로서 佐藤嘉一 譯「『アルフレッド・シュッツ=アロン・ギュルヴィッチ往復書簡 1939-1959』あとがき」,『立命館 産業社會論集』, 第27卷 1号, 1991.

Briefwechsel über »Die Neue Wissenschaft der Politik«. mit Eric Voegelin, Leo Strauss, Aron Gurwitsch, hrsg. von P. J. Opitz, Freiburg/München, Karl Alber, 1993.

※『철학 및 현상학 연구 연보』(1913-1930) 내용 ※

(에드문트 후설 편집, 막스 니마이어 출판사)

1913. 1er Band. Teil 1. (1913년 제1권 제1부)

Ideen zu einer reinen Phänomenologie und phänomenological Philosophie. Edmund Husserl.; 1-323. {에드문트 후설, 『순수 현상학과 현상학적 철학을 위한 이념들』}

Zur Psychologie der Gesinnungen. (Erster Artikel.) Alexander Pfänder.; 325-404. {알렉산더 펜더, 『심정의 심리학에 대하여』 (제1논문)}

1913. 1er Band. Teil 2. (1913년 제1권 제2부)

Der Formalismus in der Ethik und die materiale Wertethik. (1. Teil) Max Scheler.; 405-565. {막스 셸러, 『윤리학에서의 형식주의와 실질적 가치윤리학』 (제1부)}

Beiträge zur Phänomenologie des ästhetischen Genusses. Moritz Geiger.; 567-684. {모리츠 가이거, 『미적 향유의 현상학 논고』}

Die apriorischen Grundlagen des bürgerlichen Rechtes. Adolf Reinach.; 685-847. {아돌프 라이나흐, 『시민권의 선험적 기초들』}

1916. 2er Band. (1916년 제2권)

Phänomenologie und Experiment in der Frage der Bewegungsauffassung. Paul F. Linke.; 1-20. {파울 F. 링케, 『운동 파악 문제에서의 현상학과 실험』}

Der Formalismus in der Ethik und die materiale Wertethik. (2. Teil) Max Scheler.; 21-478. {막스 셸러, 『윤리학에서의 형식주의와 실질적 가치윤리학』 (제2부)}

1916. 3er Band. (1916년 제3권)

Zur Psychologie der Gesinnungen. (Zweiter Artikel.) Alexander Pfänder.; 1-125. {알렉산더 펜더, 『심정의 심리학에 대하여』 (제2논문)}

Die Idee der sittlichen Handlung. Dietrich von Hildebrand.; 126-251. {디트리히 폰 힐데브란트, 『윤리적 행위의 이념』}

Über analytische Urteile. Eine Studie zur Phänomenologie des Begriffs. Hermann Ritzel.; 253-344. {헤르만 리첼, 『분석적 판단에 대하여—개념의 현상학에 대한 연구』}

Zur Ontologie und Erscheinungslehre der realen Außenwelt. Verbunden mit einer Kritik positivistischer Theorien. Hedwig Conrad-Martius.; 345-542. {헤트비히 콘라트-마르티우스, 『실재적 외계의 존재론과 현출론—실증주의적

이론에 대한 비판』}

1921. 4er Band. (1921년 제4권)

Fragment über den Begriff des Unbewußten und die psychische Realität. Ein Beitrag zur Grundlegung des immanenten psychischen Realismus. Moritz Geiger.; 1-137. {모리츠 가이거, 『무의식 개념과 심적 실재성에 관한 단장—내재적 심적 실재론의 정초를 위한 기여』}

Logik. Alexander Pfänder.; 139-494. {알렉산더 펜더, 『논리학』}

Bemerkungen über das Wesen, die Wesenheit und die Idee. Jean Hering.; 495-568. {장 헤링, 『본질 · 본질성 · 이념에 대한 소견』}

1922. 5er Band. (1922년 제5권)

Beiträge zur philosophischen Begründung der Psychologie und der Geisteswissenschaften. Edith Stein.; 1-283. {에디트 슈타인, 『심리학 및 정신과학들의 철학적 근거짓기를 위한 논고들』}

Intuition und Intellekt bei Henri Bergson. Darstellung und Versuch einer Kritik. Roman Ingarden.; 285-461. {로만 잉가르덴, 『앙리 베르그송에서의 직관과 지성—서술과 비판의 시도』}

Sittlichkeit und ethische Werterkenntnis. Eine Untersuchung über ethische Strukturproblem. Dietrich von Hildebrand.; 463-602 {디트리히 폰 힐데브란트, 『인륜과 윤리적 가치인식—윤리적 구조문제에 관한 연구』}

Bemerkungen zu den Zenonischen Paradoxen. Alexandre Koyré.; 603-628. {알렉상드르 코이레, 『제논의 역설에 대한 소견』}

1923. 6er Band. (1923년 제6권)

Zur Ontologie der sozialen Gemeinschaften (mit einem Anhang zur Phänomenologie der sozialen Gemeinschaften). Gerda Walther.; 1-158. {게르다 발터, 『사회적 공동체의 존재론에 대하여(사회적 공동체의 현상학에 대한 보유와 함께)』}

Realontologie. (1. Buch.) Hedwig Conrad-Martius.; 159-333. {헤트비히 콘라트-마르티우스, 『실재존재론』 (제1권)}

Über die Bedingungen der Möglichkeit einer deduktiven Theorie. Ein Beitrag zu einer Mannifaltigkeitslehre. Fritz London.; 335-384. {프리츠 론돈, 『연역적 이론의 가능성의 조건들에 대하여—집합론에 관한 논고』}

Beiträge zur phänomenologischen Begründung der Geometrie und ihrer physikalischen Anwendungen. Oskar Becker.; 387-560. {오스카 베커, 『기하학과 그 물리학적 응용의 현상학적 근거짓기에 관한 논고들』}

Die Paradoxien der Mengenlehre. Hans Lipps.; 561-571. {한스 립스, 『집합론의 역설들』}

1925. 7er Band. (1925년 제7권)

Eine Untersuchungen über den Staat. Edith Stein.; 1-123. {에디트 슈타인, 『국가에 대한 연구』}

Essentiale Fragen. Ein Beitrag zu dem Wesensproblem. Roman Ingarden.; 125-304. {로만 잉가르덴, 『본질적 물음들—본질문제에 대한 기여』}

Leibnizens Synthese von Universalmathematik und Individualmetaphysik. Dietrich Mahnke.; 305-612. {디트리히 만케, 『보편수학과 개체형이상학의 라이프니츠에 의한 종합』}

Der Gegenstand der Erkenntnis. Studien zur Phänomenologie des Gegenstandes. (Erster Teil) Arnold Metzger.; 613-769. {아르놀트 메츠거, 『인식의 대상—대상의 현상학을 위한 연구들』 (제1부)}

1927. 8er Band. (1927년 제8권)

Sein und Zeit. Martin Heidegger.; 1-438. {마르틴 하이데거, 『존재와 시간』}

Mathematische Existenz. Untersuchungen zur Logik und Ontologie mathematischer Phänomene. Oskar Becker.; 439-809. {오스카 베커, 『수학적 존재—수학적 현상의 논리학과 존재론에 대한 연구들』}

1928. 9er Band. (1928년 제9권)

Die Philosophie des Grafen Paul Yorck von Wartenburg. Fritz Kaufmann.; 1-235. {프리츠 카우프만, 『파울 요르크 폰 바르텐부르크 백작의 철학』}

Wilhelm Diltheys Theorie der Geisteswissenschaften. (Analyse ihrer Grundbegriffe.) Ludwig Landgrebe.; 237-366. {루트비히 란트그레베, 『빌헬름 딜타이의 정신과학의 이론(그 기본개념들의 분석)』}

Edmund Husserls Vorlesungen zur Phänomenologie des inneren Zeitbewußtseins. Martin Heidegger.; 367-496. {마르틴 하이데거, 『내적 시간의식의 현상학에 대한 에드문트 후설의 강의』}

1929. 10er Band. (1929년 제10권)

Formale und transzendentale Logik. Edmund Husserl.; 1-298. {에드문트 후설, 『형식논리학과 초월론적 논리학』}

The Central Problem of David Hume's Philosophy. C. V. Salmon.; 299-449. {C. V. 새먼, 『데이비드 흄의 철학의 중심문제』}

Zur Ontologie der Vergleichungssachverhalte. Philipp Schwarz.; {필립 슈바르츠, 『비교라는 사태의 존재론에 대하여』}

Zur Logik der Annahme. (1. Artikel.) Ernst Heller.; 485-513. {에른스트 헬러, 『가정의 논리학에 대하여』 (제1논문)}

Der Ekel. Aurel Kolnai.; 515-569. {아우렐 콜나이, 『혐오』}

1930. 11er Band. (1930년 제11권)

Über das Wesen der Idee. Eine ontologische Untersuchung. Herbert Spiegelberg.; 1-238. {헤르베르트 스피겔버그, 『이념의 본질에 대하여—존재론적 연구』}

Vergegenwärtigung und Bild. Beiträge zur Phänomenologie der Unwirklichkeit. (1. Teil.) Eugen Fink.; 239-309. {오이겐 핑크, 『준현재화와 이미지—비현실성의 현상학을 위한 논고들』 (제1부)}

Die Einbildungskraft bei Kant. Hermann Mörchen.; 311-495. {헤르만 뫼르헨, 『칸트에서의 상상력』}

Zur Logik der Modalitäten. Oskar Becker.; 497-548. {오스카 베커, 『양상논리학에 대하여』}

Nachwort zu meinen "Ideen zu einer reinen Phänomenologie und phänomenologischen Philosophie". Edmund Husserl.; 549-570. {에드문트 후설, 『"순수 현상학과 현상학적 철학을 위한 이념들"에 대한 후기』}

1929. (1929년 별권)

Ergänzungsband zum Jahrbuch für Philosophie und phänomenologische Forschung.; Festschrift. Edmund Husserl zum 70. Geburtstag gewidmet. {『철학 및 현상학 연구 연보』 별권—에드문트 후설 탄생 70주년 기념논문집}

Zum deutschen Impersonale. Hermann Ammann.; 1-25. {헤르만 암만, 『독일어의 비인칭동사에 대하여』}

Von der Hinfälligkeit des Schönen und der Abenteuerlichkeit des Künstlers. Eine ontologische Untersuchung im ästhetischen Phänomenbereich. Oskar Becker.; 27-52. {오스카 베커, 『미와 예술가의 모험적 성격의 쇠약에 대하여—미적 현상영역에서의 존재론적 연구』}

Das Verstehen des sprachlichen Kunstwerks. Ein Streifzug durch Grundfragen der verstehenden Wissenschaften. L. F. Clauß.; 53-69. {L. F. 클라우스, 『언어 예술작품의 이해—이해과학의 근본물음에 의한 소묘』}

Vom Wesen des Grundes. Martin Heidegger.; 71-110. {마르틴 하이데거, 『근거의 본질에 대하여』}

Recht und Welt. Gerhart Husserl.; 111-158. {게르하르트 후설, 『법과 세계』}

Bemerkungen zum Problem "Idealismus-Realismus". Roman Ingarden.; 159-190. {로만 잉가르덴, 『"관념론-실재론" 문제에 대한 주해』}

Die Bedeutung des künstlerischen Stimmung. Fritz Kaufmann.; 191-223. {프리츠 카우프만, 『예술적 기분의 의미』}

Die Gotteslehre Jakob Boemes. Ein Fragment. Alexandre Koyré.; 225-281. {알렉상드르 코이레, 『야콥 뵈메의 신론—단장』}

Das Urteil. Hans Lipps.; 283-296. {한스 립스, 『판단』}

Die Sinneinheit des Satzes und das indogermanische Verbum. Friedrich Neumann.; 297-314. {프리드리히 노이만, 『문장의 의미통일과 인도-게르만어족의 동사』}

Husserls Phänomenologie und die Philosophie des hl. Thomas von Aquino. Versuch einer Gegenüberstellung. Edith Stein.; 315-338. {에디트 슈타인, 『후설의 현상학과 성 토마스 아퀴나스의 철학—대비의 시도』}

Farben. Ein Kapitel aus der Realontologie. (Aus technischen Gründen an den Schluß gestellt.) {헤트비히 콘라트-마르티우스, 『색채—실재존재론의 한 장』 (기술적 이유에서 권말에 놓임)}

⊠ 한국어로 읽을 수 있는 현상학 관련 문헌 일람 ⊠

이신철

(수록 범위는 2011년 12월 현재까지 단행본으로 출간된 후설을 비롯한 현상학자들의 원전 번역들과 연구서들의 번역서 및 저서를 포함한 연구문헌들로 제한했다. 먼저 Ⅰ에서는 현상학자들[여기서는 일본 현상학사전 편집 체재를 따라 후설, 셸러, 하이데거, 사르트르, 메를로-퐁티, 레비나스로 한정했다. 브렌타노와 슈츠의 경우에는 아쉽게도 원전 번역을 찾을 수 없었다]의 원전 번역들을, 그리고 Ⅱ에서는 저서와 번역서를 막론한 연구문헌들을 저작명의 가나다순으로 수록했으며, 동일 저자나 역자의 판본이 여럿일 경우 개정작업이나 독자들의 이용 편의를 고려하여 가능한 한 최근 것을 수록했다. 현상학의 방대한 영역을 다 망라한 것이 아님은 물론이다.)

Ⅰ. 현상학자들의 저작의 번역

▪ 1. 후설 ▪

『경험과 판단: 논리학의 발생론 연구』, 이종훈 옮김, 민음사, 2009.
『데카르트적 성찰』, 이종훈 옮김, 한길사, 2002.
『순수 현상학과 현상학적 철학의 이념들』, 최경호 옮김, 문학과지성사, 1997.
『순수현상학과 현상학적 철학의 이념들 1, 2, 3』, 이종훈 옮김, 한길사, 2009.
『시간의식』, 이종훈 옮김, 한길사, 1998.
『심리현상학에서 선험현상학으로: 후설의 현상학적 심리학 2』, 신오현 옮김, 민음사, 1994.
『엄밀한 학문으로서의 철학』, 이종훈 옮김, 지만지고전천줄, 2008.
『유럽학문의 위기와 선험적 현상학』, 이종훈 옮김, 한길사, 1997.
『현상학의 이념—엄밀한 학으로서의 철학』, 이영호·이종훈 옮김, 서광사, 1988.
『현상학적 심리학 강의: 후설의 현상학적 심리학(Phanomenologische psychologie)』, 신오현 옮김, 민음사, 1992.
『형식논리학과 선험논리학—논리적 이성비판 시론』, 이종훈·하병학 옮김, 나남출판, 2010.

▪ 2. 셸러 ▪

『공감의 본질과 형식』, 이을상 옮김, 지만지, 2009.
『동감의 본질과 형태들』, 조정옥 옮김, 아카넷, 2006.
『동정의 본질과 형식』, 이을상 옮김, UUP, 2002.
『우주에서 인간의 지위』, 진교훈 옮김, 아카넷, 2001.

『우주에 있어서 인간의 위치』, 이을상 옮김, 지만지고전천줄, 2008.
『윤리학에 있어서 형식주의와 실질적 가치 윤리학』, 이을상 외 옮김, 서광사, 1998.
『지식의 형태와 사회 1, 2』, 정영도 · 이을상 옮김, 한길사, 2011.
『철학적 인간학』, 신상호 옮김, 정음사, 1987.

■ 3. 하이데거 ■

『강연과 논문』, 박찬국 · 신상희 · 이기상 옮김, 이학사, 2008.
『논리학—진리란 무엇인가』, 이기상 옮김, 까치글방, 2000.
『니체와 니힐리즘』, 박찬국 옮김, 철학과현실사, 2000.
『니체의 신은 죽었다』, 강윤철 옮김, 스타북스, 2011.
『니체 1』, 박찬국 옮김, 길, 2010.
『동일성과 차이』, 신상희 옮김, 민음사, 2000.
『마르틴 하이데거 존재론—현사실성의 해석학』, 김재철, 이기상 옮김, 서광사, 2002.
『빌헬름 딜타이의 탐구작업과 역사적 세계관—마르틴 하이데거의 카셀 강연』, 김재철 옮김, 누멘, 2010.
『사유란 무엇인가』, 권순홍 옮김, 길, 2005.
『사유의 사태로』, 신상희 · 문동규 옮김, 길, 2008.
『셸링』, 최상욱 옮김, 동문선, 1997.
『숲길』, 신상희 옮김, 나남출판, 2008.
『시간의 개념』, 서동은 옮김, 누멘, 2009.
『아리스토텔레스에 대한 현상학적 해석』, 김재철 옮김, 누멘, 2010.
『예술작품의 근원』, 오병남 · 민형원 옮김, 예전사, 1996.
『이정표 1』, 신상희 옮김, 한길사, 2005.
『존재와 시간』, 소광희 옮김, 경문사, 1995.
『존재와 시간』, 이기상 옮김, 까치글방, 1998.
『존재와 시간』, 전양범 옮김, 동서문화사, 2008.
『종교적 삶의 현상학』, 김재철 옮김, 누멘, 2011.
『진리의 본질에 관하여—플라톤의 동굴의 비유와 테아이테토스』, 이기상 옮김, 까치글방, 2004.
『철학 입문』, 김재철 · 이기상 옮김, 까치글방, 2006.
『칸트와 형이상학의 문제』, 이선일 옮김, 한길사, 2001.
『현상학의 근본문제들』, 이기상 옮김, 문예출판사, 1994.
『형이상학의 근본개념들—세계-유한성-고독』, 강태성 · 이기상 옮김, 까치글방, 2001.
『형이상학이란 무엇인가』, 이기상 옮김, 서광사, 1995.
『형이상학이란 무엇인가』, 최동희 옮김, 서문당, 1999.
『형이상학입문』, 문예출판사, 박휘근 외 옮김, 1994.
『회상』, 신상희, 이강희 옮김, 나남출판, 2011.
『횔덜린 시의 해명』, 신상희 옮김, 아카넷, 2009.
『횔덜린의 송가—게르마니엔과 라인강』, 최상욱 옮김, 서광사, 2009.

■ 4. 사르트르 ■

『구토. 더러운 손』, 방곤 옮김, 중앙출판사, 1994.
『구토』, 김재경 옮김, 혜원출판사, 1999.
『구토』, 방곤 옮김, 문예출판사, 1999.
『구토』, 이혜정 옮김, 소담출판사, 2002.
『구토』, 김미선 옮김, 청목, 2003.
『구토』, 강명희 옮김, (주)하서, 2006.
『나의 사랑 나의 연인』, 최영환 옮김, 신원문화사, 1995.
『더러운 손』, 최성민 옮김, 서문당, 1996.
『말』, 이경석 옮김, 홍신문화사, 1993.
『말』, 정명환 옮김, 민음사, 2008.
『무덤없는 주검』, 최성민 옮김, 서문당, 1997.
『문학이란 무엇인가』, 정명환 옮김, 민음사, 1998.
『방법의 탐구』, 윤정임 옮김, 현대미학사, 1995.
『버림받은 자유』, 정돈영 옮김, 문조사, 1990.
『벽』, 김희영 옮김, 문학과지성사, 2005.
『변증법적 이성비판 1, 2, 3—실천적 총체들의 이론』, 박정자 · 윤정임 · 변광배 · 장근상 옮김, 나남출판, 2009.
『사랑의 삶을 향하여』, 서시원 옮김, 청하, 1990.
『사르트르—더러운 손, 무덤없는 주검』, 박윤영 옮김, 지양사, 1991.
『사르트르와의 대화』, 이병영 옮김, 도서출판 호암, 1993.
『사르트르의 상상계』, 윤정임 옮김, 기파랑, 2010.
『사르트르의 상상력』, 지영래 옮김, 기파랑, 2008.
『상황극』, 박형범 옮김, 영남대학교출판부, 2008.
『시대의 초상—사르트르가 만난 전환기 사람들』, 윤정임 옮김, 생각의나무, 2009.
『실존주의는 휴머니즘이다』, 방곤 옮김, 문예출판사, 1999.
『실존주의는 휴머니즘이다』, 박정태 옮김, 이학사, 2008.
『자유의 길 1, 2, 3, 4』, 최석기 옮김, 고려원, 1996.
『존재와 무 I, II』, 손우성 옮김, 삼성출판사, 1993.
『존재와 무』, 정소성 옮김, 동서문화사, 2009.
『죽음의 철학』, 정동호 옮김, 청람, 2004.
『지식인을 위한 변명』, 조영훈 옮김, 한마당, 1999.
『지식인을 위한 변명』, 방곤 옮김, 보성출판사, 2000.
『지식인을 위한 변명』, 박정태 옮김, 이학사, 2007.
『지식인이여 무엇을 할 것인가』, 민희식 편역, 두로, 1997.
『책읽기와 글쓰기』, 김붕구 옮김, 삼문, 1994.

■ 5. 메를로-퐁티 ■

『간접적인 언어와 침묵의 목소리』, 김화자 옮김, 책세상, 2005.
『눈과 마음—메를로-퐁티의 회화론』, 김정아 옮김, 마음산책, 2008.
『보이는 것과 보이지 않는 것』, 남수인 옮김, 동문선, 2004.
『의미와 무의미』, 권혁민 옮김, 서광사, 1990.
『지각의 현상학』, 류의근 옮김, 문학과지성사, 2002.
『행동의 구조』, 김웅권 옮김, 동문선, 2008.
『현상학과 예술』, 오병남 옮김, 서광사, 1989.
『휴머니즘과 폭력—공산주의 문제에 대한 에세이』, 박현모 · 유영산 · 이병택 옮김, 문학과지성사, 2004.

■ 6. 레비나스 ■

『모리스 블랑쇼에 대하여』, 박규현 옮김, 동문선, 2003.
『시간과 타자』, 강영안 옮김, 문예출판사, 1996.
『윤리와 무한』, 양명수 옮김, 다산글방, 2000.
『존재에서 존재자로』, 서동욱 옮김, 민음사, 2003.
『존재와 다르게—본질의 저편』, 김연숙 옮김, 인간사랑, 2010.
『탈출에 관해서』, 김동규 옮김, 지만지, 2011.

II. 현상학 관련 단행본 연구문헌

『가치와 인격: 막스 셸러의 실질적 가치윤리학』, 이을상 지음, 서광사, 1996.
『가치론의 문제와 역사』, 이대희 지음, 정림사, 2001.
『가치론의 역사적 조명』, W. H. 베르크마이스터 지음, 최병환 옮김, 서광사, 1999.
『감정과 에로스의 철학: 막스 셸러의 철학』, 조정옥 지음, 철학과현실사, 1999.
『건축과 철학 02 하이데거』, Sharr, Adam 지음, 송규만 · 장정제 옮김, 시공문화사, 2010.
『공간의 시학』, 가스통 바슐라르 지음, 곽광수 옮김, 동문선, 2003.
『공동체적 삶의 현상학』, 한국현상학회 편, 한국현상학회, 2004.
『공포와 두려움 그리고 불안—하이데거의 기분 분석을 바탕으로』, 구연상 지음, 청계, 2002.
『과학혁명의 구조』, 토머스 S. 쿤 지음, 김명자 옮김, 까치, 2007.
『교육연구와 현상학적 접근』, L. S. Baritt 외 지음, 홍기형 옮김, 문음사, 2010.
『교육현상학의 기초』, 김춘일 지음, 태학사, 1997.
『교육현상학의 이해』, 김춘일 지음, 미진사, 1985.
『극단의 예언자들: 니체 · 하이데거 · 푸코 · 데리다』, 앨런 메길 지음, 정일준 · 조형준 옮김, 새물결, 1996.
『기술시대와 현상학: 실천철학으로서의 현상학의 가능성』, 박인철 지음, 경희대학교 출판국, 2005.
『나는 철학자다—부르디외의 하이데거론』, 피에르 부르디외 지음, 김문수 옮김, 이매진, 2005.
『니체, 횔덜린, 하이데거, 그리고 게르만 신화』, 최상욱 지음, 서광사, 2010.

『다른 하이데거—정치철학의 시선으로 조명한 새로운 하이데거론』, 프레드 달마이어 지음, 신충식 옮김, 문학과지성사, 2011.
『대화의 철학: 진리에 이르는 길』, 이규호 지음, 시공사, 1999.
『들길의 사상가』, 하이데거, 박찬국 지음, 동녘, 2004.
『레비나스』, 베른하르트 타우렉 지음, 변순용 옮김, 인간사랑, 2004.
『레비나스와 기독교—기독교 신학적 관점에서 바라본 현대철학』, 박원빈 지음, 북코리아, 2010.
『레비나스의 타자철학—소통과 초월의 윤리를 찾아서』, 윤대선 지음, 문예출판사, 2009.
『레비나스 타자윤리학』, 김연숙 지음, 인간사랑, 2001.
『레비나스 평전』, 마리 안느 레스쿠레 지음, 변광배, 김모세 옮김, 살림, 2006.
『마르틴 하이데거, 너무나 근본적인』, 티모시 클라크 지음, 김동규 옮김, 앨피, 2008.
『마르틴 하이데거와 존재사유』, 조규철 지음, 울산대학교출판부, 2004.
『마르틴 하이데거와 토마스 아퀴나스』, John D. Caputo 지음, 정은해 옮김, 시간과공간사, 1993.
『마르틴 하이데거: 현상학과 존재론』, 박만준 엮음, 청운, 1983.
『막스 셸러의 가치철학: 가치의 현상학』, 금교영 지음, 철학과현실사, 2005.
『막스 셸러의 철학: 인간에 있어서 영원한 것의 의미』, 이양호 지음, 이문출판사, 1996.
『막스 셸러 철학의 이해』, 만프레드 프링스 지음, 금교영 옮김, 한국학술정보, 2003.
『메를로 뽕띠와 애매성의 철학』, 김형효 지음, 철학과현실사, 1996.
『메를로-퐁티의 지각의 현상학』, 모니카 M. 랭어 지음, 서우석·임양혁 옮김, 청하, 1992.
『메를로 뽕띠의 철학』, 송석랑 지음, 문경출판사, 2005.
『메를로 뽕띠의 현상학』, 송석랑 지음, 문경출판사, 2001.
『메를로 퐁티』, J. 슈미트 지음, 홍경실 옮김, 지성의샘, 1994.
『모더니티와 타자의 현상학』, 권성우 지음, 솔, 1999.
『목소리와 현상—후설 현상학에서 기호 문제에 대한 입문』, 자크 데리다 지음, 김상록 옮김, 인간사랑, 2006.
『몸의 세계, 세계의 몸—메를로 퐁티의 <지각의 현상학>에 대한 강해』, 조광제 지음, 이학사, 2004.
『몸의 현상학』, 한국현상학회 편, 철학과현실사, 2000.
『몸 주체 권력—메를로 퐁티와 푸코의 몸 개념』, 강미라 지음, 이학사, 2011.
『무용의 현상학』, 맥신 쉬츠-존스톤 지음, 김말복 옮김, 예전사, 1994.
『문학과 시간현상학』, 한스 마이어 홉 지음, 김준오 옮김, 심상사, 1979.
『문화과학과 자연과학』, 하인리히 리케르트 지음, 이상엽 옮김, 책세상, 2004.
『문학에 관한 현상학적 명상』, 이경수 지음, 문학아카데미, 1997.
『문학현상학과 해체론적 비평론』, 김진국 지음, 예림기획, 1999.
『문학현상학: 오늘의 문학론』, 김진국 편역, 대방출판사, 1982.
『문학현상학 이론과 실제』, 김진국 편저, 명진사, 1980.
『문화와 생활세계』, 한국현상학회 편, 철학과현실사, 1999.
『물과 꿈: 시의 현상학』, 가스똥 바슐라르 지음, 이가림 옮김, 문예출판사, 1984.
『미적 체험의 현상학 상·중·하』, 미켈 뒤프렌 지음, 김채현 옮김, 이화여자대학교출판부, 1991.

『미학과 현상학』, 박상규 지음, 문예출판사, 1991.
『바슐라르』, 곽광수 지음, 민음사, 2009.
『보부아르와 사르트르 천국에서 지옥까지』, 헤이젤 로울리 지음, 김선형 옮김, 해냄, 2006.
『보살핌의 현상학』, 한국현상학회 편, 철학과현실사, 2002.
『본연의 현상학』, 이수정 지음, 생각의나무, 2011.
『빈센트의 구두—하이데거, 사르트르, 푸코, 데리다의 그림으로 철학읽기』, 박정자 지음, 기파랑, 2005.
『사르트르』, 김화영 지음, 고려대학교출판부, 1990.
『사르트르』, 발터 비멜 지음, 한길사, 1999.
『사르트르—상, 중, 하』, 안니 콘엔 솔랄 지음, 우종길 옮김, 창, 1993.
『사르트르』, 필립 소디 지음, 하워드 리드 그림, 정해영 옮김, 김영사, 2008.
『사르트르가 들려주는 실존 이야기』, 심옥숙 지음, 자음과모음, 2007.
『사르트르와 보부아르의 계약결혼』, 변광배 지음, 살림, 2007.
『사르트르와 보브와르』, 아셀 매드셍 지음, 김심온 옮김, 일신서적, 1994.
『사르트르와 20세기』, 한국사르트르연구회 지음, 문학과지성사, 1999.
『사르트르와 카뮈—우정과 투쟁』, 로널드 애런슨 지음, 변광배, 김용석 옮김, 연암서가, 2011.
『사르트르의 문학적 세계』, 김치수 지음, 문학과지성사, 1989.
『사르트르의 실존주의 철학』, 무라카미 요시타카 지음, 정돈영 옮김, 문조사, 1988.
『사르트르 참여문학론』, 변광배 지음, 살림, 2006.
『사르트르 평전』, 베르나르 앙리 레비 지음, 변광배 옮김, 을유문화사, 2009.
『사회학, 현상학과 맑스주의 분석』, 배리 스마트 지음, 방영준 옮김, 형설출판사 1986.
『살아있는 구조』, H. 롬바흐 지음, 전동진 옮김, 서광사, 2004.
『30분에 읽는 사르트르』, 조지 마이어슨 지음, 전대호 옮김, 랜덤하우스코리아, 2006.
『30분에 읽는 하이데거』, 마이클 와츠 지음, 전대호 옮김, 랜덤하우스코리아, 2006.
『상상력과 가스통 바슐라르』, 홍명희 지음, 살림, 2005.
『상징형식의 철학. 1: 언어』, 에른스트 카시러 지음, 박찬국 옮김, 아카넷, 2011.
『생성의 철학—하이데거의 존재론과 롬바흐의 생성론』, 전동진 지음, 서광사, 2008.
『생활세계의 담론: 에드문드 후설의 현상학』, 김영필 지음, 태일출판사, 1995.
『생활 세계의 현상학과 해석학』, 한국현상학회 편, 서광사, 1992.
『서늘한 광채: 뇌과학과 현상학으로 알아본 의식의 해석』, 댄 로이드 지음, 강동화 옮김, 위즈덤하우스, 2009.
『선과 하이데거』, 이승훈 지음, 황금알, 2011.
『선: 새로운 의식차원의 정립을 위한 선의 현상학적 고찰』, 최경호 지음, 경서원, 2001.
『선의 연구』, 니시다 기타로 지음, 서석연 옮김, 범우사, 2001.
『세계와 인간 그리고 의식 지향성』, 한국현상학회 지음, 서광사, 1992. 철학과 현상학 연구; 제6집.
『소리의 현상학』, 돈 아이디(Don Ihde) 지음, 박종문 옮김, 예전사, 2006.
『쉽게 풀어 쓴 하이데거의 생애와 사상 그리고 그 영향』, 이기상 지음, 누멘, 2010.
『시간과 이야기 1·2·3』, 폴 리쾨르 지음, 김한식 옮김, 문학과지성사, 2011.

『시간과 존재의 빛—하이데거의 시간이해와 생기사유』, 신상희 지음, 한길사, 2000.
『신체의 현상학』, 리차드 M 자너 지음, 최경호 옮김, 인간사랑, 1994.
『실존철학과 형이상학의 위기—하이데거 철학의 이해를 위해』, 막스 뮐러 지음, 박찬국 옮김, 서광사, 1988.
『실존철학 입문』, O. F. 볼노우 지음, 최동희 옮김, 간디서원, 2006.
『실험적 사랑—사르트르와 보부아르』, 발터 반 로숨 지음, 양인모・정승화 옮김, 생각의나무, 2003.
『심리학의 원리 1・2・3』, 윌리엄 제임스 지음, 정양은 옮김, 아카넷, 2005.
『아렌트와 하이데거』, Dana R. Villa 지음, 서유경 옮김, 교보문고, 2000.
『악의 상징』, 폴 리쾨르 지음, 양명수 옮김, 문학과지성사, 1999.
『어느 현상학자의 일기』, 엔조 파치 지음, 이찬웅 옮김, 이후, 2000.
『언어와 현상학』, 수잰 커닝햄 지음, 이종훈 옮김, 철학과현실사, 1995.
『언어의 현상학』, 한국현상학회 편, 한국현상학회, 2004.
『에드문드 후설: 그의 현상학에 대한 체계적 설명』, 알뷘 디머 지음, 조주환 옮김, 이문출판사, 1990.
『에드문드 훗설의 현상학』, 파울 얀센 지음, 신귀현・배의용 옮김, 이문출판사, 1987.
『엠마누엘 레비나스와의 대담. 1992-1994』, 미카엘 드 생 쉐롱 지음, 김웅권 옮김, 동문선, 2008.
『엠마누엘 레비나스—타자를 향한 욕망』, 콜린 데이비스 지음, 김성호 옮김, 다산글방, 2001.
『역사와 현상학』, 한국현상학회 편, 철학과현실사, 1999.
『예술과 연금술: 바슐라르에 관한 깊고 느린 몽상』, 이지훈 지음, 창작과비평사, 2004.
『예술과 현상학』, 한국현상학회 편, 철학과 현실사, 2001.
『원효와 하이데거의 비교 연구』, 박찬국 지음, 서강대학교출판부, 2010.
『월드 스펙테이터—하이데거와 라캉의 시각철학』, 카자 실버만 지음, 전영백과 현대미술연구회 옮김, 예경, 2010.
『유식불교의 거울로 본 하이데거』, 권순홍 지음, 길, 2008.
『음악현상학』, 서우석 지음, 서울대학교출판부, 1989.
『의미의 논리』, 질 들뢰즈 지음, 이정우 옮김, 한길사, 1999.
『의식과 신체: 사르트르의 인간 개념에 대한 분석적 접근』, P. S. 모리스 지음, 서광사, 1993.
『의식의 장: 형태의 지각에 뿌리를 둔 선험적 현상학』, A. 구르비치, 최경호 지음, 인간사랑, 1994.
『의식의 85가지 얼굴—후설 현상학의 주요 개념들』, 조광제 지음, 글항아리, 2008.
『이키의 구조』, 구키 슈조 지음, 이윤정 옮김, 한일문화교류센터, 2001.
『인간의 실존과 초월: 종교현상학』, 한국현상학회 편, 철학과현실사, 2001.
『인간과 실존—하이데거의 경우』, 이서규 지음, 이문출판사, 2000.
『인간과 행복에 대한 철학적 성찰』, 박찬국 지음, 집문당, 2010.
『인식비판과 현상학』, 김준연 지음, 문경, 1999.
『자아, 윤리, 그리고 철학: 한 현상학적 접근』, 이길우 지음, 고려대학교출판부, 2006.
『자연의 현상학』, 한국현상학회 편, 철학과현실사, 1998.
『장 폴 사르트르—시선과 타자』, 변광배 지음, 살림, 2004.
『제2의 성』, 시몬느 드 보부아르 지음, 이희영 옮김, 동서문화사, 2009.

『존재와 탈근거—하이데거의 빛의 형이상학』, 권순홍 지음, 울산대학교출판부, 2000.
『존재와 표현—메를로-퐁티의 애매성 철학에 대한 비판적 해석』, 박이문 지음, 생각의나무, 2010.
『존재의 철학자 하이데거 VS 의미의 철학자 비트겐슈타인』, 윤용아 지음, 숨비소리, 2007.
『종교문화의 인식과 해석: 종교현상학의 전개』, 정진홍 지음, 서울대학교출판부, 1997.
『종교와 예술』, 게라두스 반 데르 레우후 지음, 윤이흠 옮김, 열화당, 1994.
『종교적 경험의 다양성』, 윌리엄 제임스 지음, 김재영 옮김, 한길사, 2000.
『종교현상학 이론과 실제』, 노윤식 지음, 한울림, 2000.
『종교현상학 입문』, 게라르두스 반 델 레에우 지음, 손봉호・길희성 옮김, 분도, 1995.
『진리의 현상학: 후설의 명증 이론에 관한 연구』, 김영필 지음, 서광사, 1993.
『집안의 천치—사르트르의 플로베르론』, 지영래 지음, 고려대학교출판부, 2009.
『창조적 존재와 초연한 인간—하이데거가 말하는 존재의 구조』, 전동진 지음, 서광사, 2002.
『철학의 현재』, H. 롬바흐 지음, 전동진 옮김, 서광사, 2001.
『체험연구: 해석학적 현상학의 인간과학 연구방법론』, 밴 매넌 지음, 신경림・안규남 옮김, 동녘, 1994.
『카페의 아나키스트, 사르트르—자유를 위해 반항하라』, 박홍규 지음, 열린시선, 2008.
『커뮤니케이션 현상학』, 리처드 래니건 지음, 박기순 외 옮김, 나남, 1997.
『크로스오버 하이데거—분석적 해석학을 위하여』, 이승종 지음, 생각의나무, 2010.
『타인의 얼굴—레비나스의 철학』, 강영안 지음, 문학과지성사, 2005.
『피상성 예찬: 매체 현상학을 위하여』, 빌렘 플루서 지음, 김성재 옮김, 커뮤니케이션북스, 2004.
『하나님의 타자성—웨슬리, 바르트와 레비나스의 타자성 연구』, 황덕형 지음, 서울신학대학교출판부, 2009.
『HOW TO READ 사르트르』, 로버트 베르나스코니 지음, 변광배 옮김, 웅진지식하우스, 2008.
『HOW TO READ 하이데거』, 마크 A. 래톨 지음, 권순홍 옮김, 웅진지식하우스, 2008.
『하이데거』, G. 스타이너 지음, 임규정 옮김, 지성의샘, 1996.
『하이데거』, 발터 비멜 지음, 신상희 옮김, 한길사, 1997.
『하이데거』, 성홍기 지음, 이문출판사, 2001.
『하이데거』, 귄터 피갈 지음, 김재철 옮김, 인간사랑, 2008.
『하이데거』, 제프 콜린스 지음, 김민훈 옮김, 김영사, 2008.
『하이데거가 들려주는 존재 이야기』, 조극훈 지음, 자음과모음, 2008.
『하이데거—그의 물음들을 묻는다』, 이수정 지음, 생각의나무, 2010.
『하이데거—그의 생애와 사상』, 이수정 지음, 서울대학교출판부, 1999.
『하이데거는 나치였는가?』, 박찬국 지음, 철학과현실사, 2007.
『하이데거 사유의 길』, 오토 페겔러 지음, 이기상・이말숙 옮김, 문예출판사, 1993.
『하이데거 사유의 도상에서』, 리하르트 비서 지음, 강학순 옮김, 철학과현실사, 2000.
『하이데거에서 가다머로』, 최윤식 지음, 조명문화사, 1992.
『하이데거에서 리쾨르까지』, 김영한 지음, 박영사, 2003.
『하이데거에 있어서 존재와 현존재』, 김종두 지음, 서광사, 2000.
『하이데거 연구—제9집』, 한국하이데거학회 엮음, 세림엠앤비, 2004.
『하이데거와 가다머의 예술 이해』, 서동은 지음, 누멘, 2009.

『하이데거와 근대성』, 한국하이데거학회 엮음, 철학과현실사, 1999.
『하이데거와 기독교』, 존 맥쿼리 지음, 강학순 옮김, 한들출판사, 2006.
『하이데거와 나치』, 제프 콜린스 지음, 이경현 옮김, 이제이북스, 2004.
『하이데거와 나치즘』, 박찬국 지음, 문예출판사, 2001.
『하이데거와 로고스—하이데거의 언어사상에 대한 해명』, 배상식 지음, 한국학술정보, 2007.
『하이데거와 마음의 철학』, 김형효 지음, 청계, 2001.
『하이데거와 불교』, 김진 지음, 울산대학교출판부, 2004.
『하이데거와 비트겐슈타인—침묵의 시학』, Steven L. Bndeman 지음, 황애숙 옮김, 부산대학교출판부, 2011.
『하이데거와 선』, 한스 페터 헴펠 지음, 이기상, 추기연 옮김, 민음사, 1995.
『하이데거와 신』, 신상희 지음, 철학과현실사, 2007.
『하이데거와 여성적 진리』, 최상욱 지음, 철학과현실사, 2006.
『하이데거와 윤리학』, 박찬국 지음, 철학과현실사, 2002.
『하이데거와 인간실존의 본래성—본래성과 퇴락의 양립 가능성에 대하여』, 설민 지음, 한국학술정보, 2009.
『하이데거와 자연 환경 생명』, 한국하이데거학회 엮음, 철학과현실사, 2000.
『하이데거와 철학자들』, 소광희 지음, 철학과현실사, 1999.
『하이데거와 현대 철학자들』, 한국하이데거학회 지음, 살림, 2003.
『하이데거와 화엄의 사유』, 김형효 지음, 청계, 2002.
『하이데거와 형이상학 그리고 불교』, 김종욱 지음, 철학과현실사, 2003.
『하이데거의 사이-예술론—예술과 철학 사이』, 김동규 지음, 그린비, 2009.
『하이데거의 삶의 해석학』, 조형국 지음, 채륜, 2009.
『하이데거의 실존과 언어』, 이기상 지음, 문예출판사, 1991.
『하이데거의 언어사상』, 한국하이데거학회 엮음, 철학과현실사, 1998.
『하이데거의 예술철학』, F. W. 폰 헤르만 지음, 이기상 옮김, 문예출판사, 1997.
『하이데거의 예술철학』, 철학과현실사 편집부 엮음, 철학과현실사, 2002.
『하이데거의 존재물음에 대한 강의』, 구연상 지음, 채륜, 2011.
『하이데거의 존재사건학』, 이기상 지음, 서광사, 2003.
『하이데거의 존재사유』, 한국하이데거학회 엮음, 철학과현실사, 1995.
『하이데거의 존재와 시간을 찾아서』, 프리드리히 빌헬름 폰 헤르만 지음, 신상희 옮김, 한길사, 1997.
『하이데거의 존재와 현상』, 이기상 지음, 문예출판사, 1992.
『하이데거의 존재의 역사와 언어의 변형』, 로버트 베르나스코니 지음, 송석랑 옮김, 자작아카데미, 1995.
『하이데거의 철학사상』, 그리스도교철학연구소 엮음, 서광사, 1988.
『하이데거의 철학세계』, 한국하이데거학회 엮음, 철학과현실사, 1997.
『하이데거의 철학 읽기—일상 · 기술 · 무의 사건』, 조형국 지음, 누미노스, 2010.
『하이데거: 존재사유의 길』, 최양부 지음, 문경출판사, 1997.
『하이데거 존재와 시간 강의』, 소광희 지음, 문예출판사, 2003.
『하이데거 철학』, 이서규 지음, 서광사, 2011.
『하이데거 철학과 동양사상』, 한국하이데거학회 엮음, 철학과현실사, 2001.

『하이데거 철학에의 안내』, 이기상 지음, 서광사, 1993.
『하이데거 철학의 근본문제』, 안상진 지음, 철학과현실사, 1996.
『해석학적 현상학과 간호연구』, Patricia E. Benner 편, 지성애 외 옮김, 정담미디어, 2002.
『현대의 철학: 실존주의. 현상학. 비판이론 1』, 한전숙 지음, 서울대학교출판부, 1983.
『현대의 철학적 인간학』, O. F. 볼노브 지음, 이을상 옮김, 문원출판, 1994.
『현대의 현상학: 게오르그 짐멜 연구』, 김덕영 지음, 나남출판, 1999.
『현대 존재론—하이데거의 자화사건적 존재론과 가다머의 지평융합』, 정은해 지음, 철학과현실사, 2010.
『현대철학』, L. 란트그레베 지음, 강영계 외 옮김, 서광사, 1989.
『현대철학과 신학; 하이데거』, 현상학과 신학, 이정복 지음, 종로서적, 1987.
『현대철학: 브렌타노에서 하르트만까지』, W. Stegmuller 지음, 김익현 옮김, 지평문화사, 1996.
『현대철학입문』, 홍승식 지음, 철학과현실사, 2009.
『현상과 진리: 에드문드 후설 현상학 입문서』, 김영필 지음, 태일출판사, 1993.
『현상학』, 박이문 지음, 고려원, 1992.
『현상학』, 한전숙 지음, 민음사, 1998.
『현상학강의』, W. 질라시 지음, 이영호 옮김, 종로서적, 1984.
『현상학과 개별과학』, 한국현상학회 편, 대학출판사, 1986.
『현상학과 교육학: 현상학적 교육학에서 육체의 문제』, 조상식 지음, 원미사, 2002.
『현상학과 뉴마르크시즘』, 원형갑 지음, 평범서당, 1986.
『현상학과 문학』, R. R. 마그라올라 지음, 최상규 옮김, 예림기획, 1998.
『현상학과 분석철학』, C. A. 반 퍼어슨 지음, 손봉호 옮김, 탑출판사, 1980.
『현상학과 분석철학—후설, 하이데거, 사르트르, 메를로-퐁티, 무어, 러셀, 카르납, 비트겐슈타인』, 박이문 지음, 지와사랑, 2007.
『현상학과 상호문화성: 한국현상학회 창립 20주년 기념 국제학술회의』, 한국현상학회 편, 1998.
『현상학과 시간』, 김영민 지음, 까치, 1994.
『현상학과 실존주의』, R. 그로스만 지음, 이인건 옮김, 이문출판사, 1998.
『현상학과 실천철학』, 한국현상학회 편, 철학과 현실사, 1993.
『현상학과 심리학 연구』, 아메데오 지오르지 지음, 신경림, 장연집, 박인숙 옮김, 현문사, 2004.
『현상학과 유식론』, 윤명로 지음, 시와진실, 2006.
『현상학과 윤리학: 흄, 칸트, 피히테, 브렌타노, 후설, 셸러, 하르트만』, 조관성 지음, 교육과학사, 2003.
『현상학과의 대화』, 양해림 지음, 서광사, 2003.
『현상학과 정신분석』, 한국현상학회 편, 철학과현실사, 2000.
『현상학과 정치철학』, 김홍우 지음, 문학과 지성사, 1999.
『현상학과 한국사상』, 한국현상학회 편, 철학과현실사, 1996.
『현상학과 해석학: 후썰의 초월론적 현상학과 하이데거의 해석학적 현상학』, 이남인 지음, 서울대학교출판부, 2004.
『현상학과 해석학』, 김진 지음, 울산대학교출판부, 2005.
『현상학과 현대철학』, 윤명로 지음, 문학과지성사, 1987.

『현상학과 휴머니즘: 현상학적 심리학 입문』, 여종현 지음, 철학과현실사, 2001.
『현상학: 그 발생과 전망』, 퀸틴 라우어 지음, 최경호 옮김, 경문사, 1987.
『현상학으로 가는 길』, 후설 외 지음, 이영호 편역, 성균관대학교출판부, 1995.
『현상학의 근원과 유역』, 한국현상학회 편, 철학과현실사, 1996.
『현상학의 발아와 전개』, 한국현상학회 편, 한국현상학회, 2003.
『현상학의 어제와 오늘』, 철학연구회, 철학연구회, 1976.
『현상학의 이해』, 한전숙 지음, 민음사, 1984.
『현상학의 이해』, 김영필 지음, UUP, 1998.
『현상학의 전개』, 한국현상학회 편, 한국현상학회, 1988.
『현상학의 지평』, 베른하르트 발덴펠스 지음, 최재식 옮김, 울산대학교출판부, 1998.
『현상학의 흐름: 훗설, 하이데거, 사르뜨르, 메를로 뽕띠』, 키다 겐 지음, 이수정 옮김, 이문출판사, 1989.
『현상학이란 무엇인가』, 한국현상학회 편, 심설당, 1983.
『현상학이란 무엇인가』, 장-프랑소와 리오타르 지음, 김연숙・김관오 옮김, 까치, 1988.
『현상학이란 무엇인가』, 피에르 테브나즈 지음, 심민화 옮김, 문학과지성사, 1989.
『현상학이란 무엇인가—후설에서 메를로퐁티까지』, 피에르 테브나즈 지음, 김동규 옮김, 그린비, 2011.
『현상학적 간호연구방법의 재조명』, 대한질적연구간호학회 편, 대한질적연구간호학회, 2002.
『현상학적 구성이란 무엇인가』, 로버트 소콜로브스키 지음, 최경호 옮김, 이론과 실천, 1992.
『현상학적 대화철학』, 슈테판 슈트라서 지음, 김성동 옮김, 철학과 현실사, 2002.
『현상학적 사회철학: 마르크스』, 후설, 메를로-퐁티의 상호주관적 공동체, 신인섭 지음, 우신출판사, 2003.
『현상학적 연구』, 신경림 지음, 현문사, 2001.
『현상학적 운동 1, 2』, 허버트 스피겔버그 지음, 박인철・최경호 옮김, 이론과실천, 1991, 1992.
『현상학적 정신이론』, 이길우 지음, 강원대학교출판부, 1986.
『현상학적 지평에서 규명한 선』, 최경호 지음, 경서원, 2002.
『현상학 탐구』, 데바브라타 신하 지음, 김도종・전영길 옮김, 원광대학교출판국, 1991.
『후기 하이데거와 자유현상학—해석학연구 3』, 한국해석학회 엮음, 지평문화사, 1997.
『후설』, 이영호 지음, 고려대학교출판부, 1990.
『후설과 칸트』, 이소 케른 지음, 배의용 옮김, 철학과현실사, 2001.
『후설과 현대철학』, 한국현상학회 지음, 서광사, 1990.
『후설 사상의 발달』, Theodorus de Boer, Theodore Plantinga 지음, 최경호 옮김, 경문사, 1986.
『후설 & 하이데거: 현상학, 철학의 위기를 돌파하라』, 박승억 지음, 김영사, 2007.
『후설 유럽학문의 위기와 선험적 현상학』, 김영필 지음, 울산대학교출판부, 1999.
『후설 「유럽학문의 위기」』, 정은해 지음, 서울대학교 철학사상연구소, 2004.
『후설의 현상학』, 조셉 J. 코켈만스 지음, 임헌규 옮김, 청계, 2000.
『후설의 현상학과 현대 철학』, 이남인 지음, 풀빛미디어, 2006.
『후설이 들려주는 현상 이야기』, 조극훈, 자음과모음, 2008.
『후설: 현상학의 위기』, H. 파인 지음, 김영필 옮김, 형설출판사, 1991.
『훗설에서 사르트르에로』, Edo Pivcevic 지음, 이영호 옮김, 지학사, 1982.

색 인

⊠ 우리말 사항 색인 ⊠

(ㄱ)

(ㅂ)

(ㅈ)

(ㅊ)

(ㅋ)

(ㅌ)

⊠ 구미어 사항 색인 ⊠

(F)

(G)

(H)

(I)

(J)

(K)

(L)

(M)

(N)

(O)

(P)

(Q)

(R)

(S)

⊠ 인명 색인 ⊠

1. 후설, 하이데거, 메를로-퐁티 세 사람에 대해서는 중요한 곳들로만 한정했다.
2. 유럽인과 일본인을 포함하여 모든 인명을 우리말의 가나다순으로 배열하고, 각각의 이름 뒤에 알파벳 표기나 한자를 덧붙였다.

(ㄱ)

(ㄴ)

(ㄷ)

(ㄹ)

(ㅁ)

(ㅂ)

(ㅅ)

(ㅇ)

(ㅈ)

(ㅊ)

(ㅋ)

(ㅌ)

(ㅍ)

(ㅎ)

저작명 색인

현 대 철 학 사 전 V

현상학사전

초판 1쇄 발행_2011년 12월 24일
2쇄 발행_2017년 6월 10일

엮은이_기다 겐+노에 게이이치+무라타 준이치+와시다 기요카즈
옮긴이_이신철
펴낸이_조기조
기획_이성민+이신철+정지은+조영일
편집_김장미+백은주
표지디자인_미라클인애드
인쇄_상지사P&B
펴낸곳_도서출판 b

등록_2003년 2월 24일 제12-348호
주소_08772 서울특별시 난곡로 288 남진빌딩 401호
전화_02-6293-7070(대) / 팩시밀리_02-6293-8080
홈페이지_b-book.co.kr / 이메일_bbooks@naver.com

정가_80,000원

ISBN 978-89-91706-25-5 94100
ISBN 978-89-91706-20-0 (세트)